3 Edition

원가관리회계

Cost&Management Accounting

김용남

김용남

연세대학교 경제학과 졸업
공인회계사/세무사
한영회계법인 근무
현대증권 근무
선진회계법인 근무
서대문구의회 예산검사위원
현) 바른생각 스마트러닝 강사
현) GARAGE경영어드바이스그룹 대표

- 저서 및 논문
  IFRS회계원리
  원가관리회계
  객관식 원가관리회계
  회계사 원가관리회계연습
  세무사 원가관리회계연습
  회계사·세무사를 위한 원가관리회계 FINAL
  회계사 원가관리회계연습 FINAL
  영문재무제표 회계원리
  용감한 회계 Start
  용감한 전산회계1급
  용감한 전산회계2급
  용감한 전산세무2급

원가관리회계 3 Edition
Cost&Management Accounting

발 행 일 2025년 3월 17일 3판 6쇄
초판발행일 2006년 7월 30일

저 자 **김용남**
발 행 인 권부순
등 록 제300-2015-136호
발 행 처 용감한출판사
주 소 서울시 종로구 자하문로1길 45-4, B101호 (필운동, 승훈빌딩)
I S B N 979-11-86913-13-0 (13320)
가 격 45,000원

저자와의 협의 하에 인지를 생략합니다.

PREFACE

이 교재는 저자가 그동안 공인회계사와 세무사시험을 준비하는 수험생들과 기업의 실무담당자들에게 원가회계를 강의하면서 준비하고 설명했던 많은 내용들을 보다 체계적으로 서술하겠다는 마음으로 집필하였다. 수년간 강의를 하면서 수강생들이 이해하지 못하고 질문하는 내용을 정리해서 빠짐없이 설명하는데 최대한 역점을 두었고 원가를 처음 접하는 독자들도 쉽게 이해할 수 있도록 설명을 많이 넣었다. 또한 공인회계사나 세무사시험을 준비하는 학생들에게 실제시험에 최대한 근접하는 학습범위를 공부할 수 있도록 하였다. 초보자도 본 교재를 통해서 쉽게 원가관리회계의 체계를 잡을 수 있을 것이라고 본다. 이런 목적들을 위해 본 서는 다음과 같은 사항을 중시하였다.

첫째, 각 장별로 개념설명을 자세히 해서 초보자가 쉽게 체계를 잡을 수 있도록 했다. 물론 기본체계를 설명한 뒤에 난이도가 높은 주제에 대해서도 예제와 함께 설명해서 기본에서 깊이 있는 주제까지 일관성 있게 이해할 수 있도록 구성하였다.

둘째, 각 장별로 객관식 문제와 주관식 문제를 체계적으로 배열하여 본문에서 설명한 주제들을 충분히 연습할 수 있도록 구성하였다.

셋째, 문제의 해설에 많은 지면을 할애해서 문제를 풀고 해설을 보면서 본문내용을 다시 한번 정리할 수 있도록 하였다.

넷째, 성과보상과 대리인 이론에 대해서 자세히 설명하였다. 최근 시험에서 비중이 커지고 있는 성과보상제도의 여러 논의와 대리인이론과 대리인모형에 대해 자세히 설명하였다.

다섯째, 제약이론에 대해서도 그 기초가 되는 DBR스케줄링과 집중개선프로세스까지 설명하였으므로 제약이론의 개념을 보다 명확하게 이해할 수 있을 것이다.

집필과정에서 공인회계사나 세무사 수험생들의 의견을 최대한 반영하기 위해 노력하였고 원가관리회계의 학문적 흐름을 이해할 수 있도록 하는 점에 심혈을 기울였지만 아직은 부족함을 다시 한번 느낀다. 독자여러분의 날카롭고 애정 어린 충고를 기대하며 앞으로도 더 좋은 책을 만들기 위해 최선을 다할 것을 다짐한다.

끝으로 본 교재가 나오기까지 원고의 교정과 책의 완성에 열정을 아끼지 않은 편집실 유서영 차장의 노고에 고마움의 뜻을 전하고자 한다.

2019년 1월 3일

저 자 씀

CONTENTS

PART 01

재무보고를 위한 제품원가계산

원가관리회계

Cost & Management Accounting

CHAPTER 01

Cost & Management Accounting

원가관리회계의 기초개념

제1절 원가관리회계의 의의

회계는 전문화된 정보시스템으로서, 그 목적은 한 조직의 과거와 현재 및 미래 활동과 관련된 경제적 정보를 경영자나 투자자, 채권자, 정부기관과 같은 다양한 정보이용자에게 제공하는 것이다. 따라서 회계는 정보이용자가 누구인가에 따라 필요한 정보의 내용과 보고방식이 달라지므로 정보이용자의 유형에 따라 재무회계와 관리회계로 구분해서 발전하여 왔다.

1. 재무회계와 관리회계

① 재무회계 : 주주나 채권자 및 정부와 같은 외부정보 이용자의 경제적 의사결정에 유용한 회계정보를 제공하는 것을 목적으로 한다. 재무회계는 외부정보 이용자의 다양한 이용목적 중에서 공통적인 목적을 충족시킬 수 있는 일반적인 재무제표를 작성해서 보고하게 된다.

② 관리회계 : 기업의 내부이해관계자인 경영자가 기업과 관련된 경제적 의사결정을 할 때 유용한 정보를 제공하는 것을 목적으로 한다. 기업의 경영자는 회계정보를 작성하는 회계담당자와 직접 의사소통을 할 수 있으므로 경영자의 특수한 요구에 적합한 회계보고서를 작성하여 제공할 수 있다.

재무회계와 관리회계의 비교

	재무회계	관리회계
목적	외부정보이용자의 경제적 의사결정에 유용한 정보제공	내부정보이용자의 경제적 의사결정에 유용한 정보제공
보고대상	외부정보이용자 (주주, 채권자, 소비자, 정부 등)	내부정보이용자 (최고경영자나 부문경영자)
준거기준	일반적으로 인정된 회계처리기준	의사결정에 목적 적합한 방법 (일반적 기준이 없다)
보고수단	재무제표	일정한 형식이 없다.
특징	과거정보의 집계와 보고	미래와 관련된 정보 위주

2. 원가회계의 역할

'원가회계'는 제품원가의 계산이 기본적인 목적이며, 그 외에도 원가의 관리와 통제, 성과의 측정과 평가에 필요한 정보를 제공하는 목적도 가지고 있다. 여기서 제품원가의 계산은 재무회계의 한 부분으로 재무상태표의 재고자산을 평가하고 손익계산서상의 매출원가를 결정하기 위한 목적이다. 반면에 원가의 관리와 통제 및 성과의 측정과 보상에 필요한 정보는 관리회계의 한 부분으로 기업내부의 중간관리자나 최고경영자가 기업을 경영하기 위해 필요한 정보를 제공하는 목적이다. 이처럼 원가회계는 재무회계목적과 관리회계목적을 모두 가지고 있다.

다시 말해, 원가회계는 기업의 제품제조와 관련된 원가자료를 바탕으로 필요에 따라 외부정보이용자를 위한 정보(재무회계)와 경영자를 위한 정보(관리회계)를 모두 제공한다.

회계의 구분

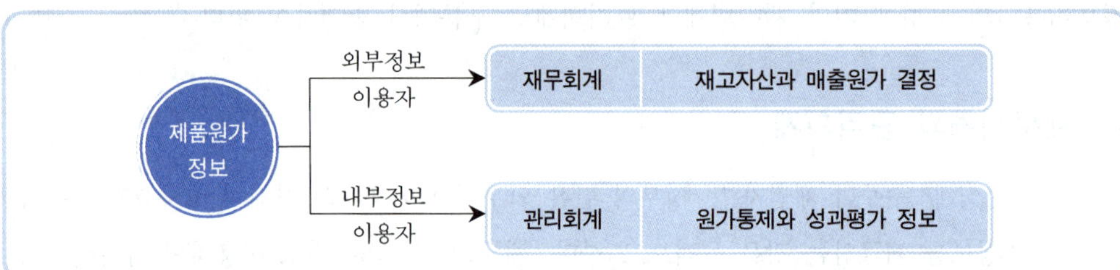

원가회계와 관리회계의 구분

원가회계와 관리회계의 차이를 찾는다면 원가회계는 제품의 원가를 계산하는 것이 초점이고 관리회계는 경영자에게 유용한 정보를 제공하는 것이 초점이다. 그렇지만 관리회계를 위한 기초자료는 대부분 제품원가자료이므로 원가회계와 관리회계를 구분하는 것은 쉽지 않으며, 원가정보의 생산과 활용에 대한 강조점의 차이 정도라고 할 수 있다.

즉, 원가회계는 원가자료의 집계와 배부 및 분석에 초점을 두고 있다면, 관리회계는 기업내부의 계획과 통제 및 특수한 의사결정에 원가정보를 활용하는 측면에 초점을 두고 있다.

이처럼 원가회계와 관리회계는 서로 연관되어 중복되는 내용도 많고, 구분도 명확하지 않아서 최근에는 원가회계와 관리회계를 거의 같은 의미로 사용하는 경우도 많다. 하지만 본 서에서는 이해의 편의를 위해 원가회계는 제품원가 계산에 강조를 둔 부분을 의미하고, 관리회계는 산출된 원가정보를 의사결정에 활용하는 것에 초점을 둔 부분을 의미하는 것으로 정의하고 설명하겠다.

01

제 2 절 원가의 개념과 분류

'원가(cost)'는 특정한 목적을 달성하기 위해 희생된 경제적 자원을 화폐단위로 측정한 것을 말한다. 즉, 재고자산평가나 경영자의 의사결정 등과 같이 원가정보의 이용목적을 위해서 소비된 원재료, 노동력 등의 경제적 가치를 가지는 자원을 모든 자원의 경제적비용을 측정할 수 있는 화폐단위로 표시한 것을 말한다.

원가의 정의는 이렇게 간단하지만, 구체적으로 원가자료를 이용하기 위해 원가를 분류하고 집계하는 방법은 다양하다. 원가를 분류할 때 "상이(相異)한 목적에 따라 상이한 원가를 적용한다"는 말을 사용하는데 이는 원가정보의 활용목적에 따라 원가를 분류하고 측정하는 방법도 달라진다는 것을 의미한다.

따라서 원가관리회계를 공부하기 위해서는 원가의 개념과 원가를 분류하는 다양한 방법들에 대한 기본적인 내용을 정확히 이해하고 있어야 하므로 이에 대해 살펴보도록 하겠다.

1. 원가의 개념

원가는 유·무형의 경제적 효익을 얻기 위해 희생된 자원을 말하는데, 그 희생으로 미래의 경제적 효익(용역잠재력)을 얻을 수 있다면 이를 '미소멸원가(unexpired cost)'라고 하여 자산으로 기록한다. 반면에 그 희생으로 얻은 용역잠재력이 소멸되어 더 이상 미래의 경제적 효익을 제공할 수 없다면 '소멸원가(expired cost)'라고 하며, 소멸원가 중에서 수익을 창출하는데 기여한 소멸원가는 '비용(expense)'이라고 하고, 수익창출에 기여하지 못하고 소멸한 원가는 '손실(loss)'이라고 한다.

원가 · 자산 · 비용 · 손실의 관계

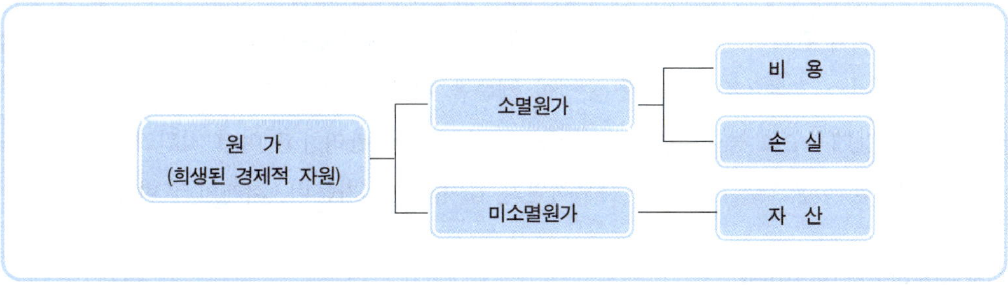

예를 들어 제품생산에 사용할 원재료를 구입해서 창고에 보관하고 있으면, 이는 미래의 용역잠재력을 가지고 있으므로 미소멸원가로 원재료라는 자산이 된다. 반면에 원재료를 사용해서

제품을 생산하여 판매한 경우에는 미래의 용역잠재력이 없어졌으므로 원재료는 소멸원가가 되며 매출원가로 비용화된다. 한편, 원재료를 사용한 제품이 판매되지 않고 비정상적인 원인으로 불량이 되어 폐기되었다면 수익창출에 기여하지 못하였으므로 손실이 된다.

2. 원가의 분류

원가는 원가정보의 이용목적과 분류기준에 따라 다양하게 구분할 수 있는데, 대표적으로 많이 사용하는 원가의 분류기준에 따른 유형을 정리하면 다음과 같다.

원가의 분류기준과 분류유형

원가의 분류기준	원가의 분류	
제조와의 관련성	• 제조원가	• 판매관리비
자산화 여부	• 제품원가	• 기간원가
추적가능성	• 직접원가	• 간접원가
원가요인 변동과의 관련성	• 변동원가	• 고정원가
원가의 통제가능성	• 통제가능원가	• 통제불능원가

(1) 제조원가와 판매관리비

원가는 제조활동과의 관련성에 따라 제조원가와 판매관리비로 분류할 수 있는데, 원가관리회계는 이중에서 제조원가를 중심으로 발전해 왔다. 제조원가와 판매관리비를 구분하면 제품원가에 포함되는 금액을 정확하게 파악할 수 있기 때문에 재고자산을 평가할 때 유용하다.

① **제조원가** : 제품을 제조하는 과정에서 사용되어 소멸되는 모든 원가를 의미한다. 제품을 생산하기 위해서는 원재료를 공정에 투입하고, 작업자가 생산설비를 이용해서 이를 가공하며, 그 과정에서 여러 가지 유형의 제조원가가 발생한다.

② **판매비와 관리비** : 제품의 생산과 관계없이 판매나 관리활동에서 발생하는 원가를 의미한다. 판매비는 고객으로부터 주문을 받아 제품을 제공하는데 소요되는 비용으로 광고비, 운반비, 판매수수료 등이 있다. 관리비는 기업 조직을 관리하고 여러 지원기능을 유지하는데 필요한 비용으로 경영자와 사무직원의 급여, 법률 자문비, 회계처리 비용 등이 있다.

(2) 제품원가와 기간원가

원가는 자산화 여부에 따라 제품원가와 기간원가로 구분할 수 있는데, 이는 수익과 비용을 대응시키는 시기를 기준으로 원가를 분류하는 것이다.

① **제품원가** : 매입이나 제조과정에서 발생한 원가로 발생한 시점에는 재고자산의 원가를 구성했다가 제품이 판매되어 수익이 창출된 시점에 매출원가라는 비용으로 처리되어 매출(수익)과 대응된다. 제품원가는 그 지출로 인해서 미래에 수익을 창출할 수 있기 때문에 발생한 시점에는 자산으로 인식한다. 예를 들어 재고매입 부대비용은 영업활동기간 중 지속적으로 발생하지만 발생시점에는 재고자산화했다가 제품이 매출되는 시점에 매출원가로 비용처리된다.

② **기간원가** : 제품의 제조와 직접적인 관련없이 발생하는 원가로서, 매입원가나 제품원가에 포함되지 않고 발생한 기간에 비용으로 처리하는 원가이다. 제품원가 이외의 원가는 그 지출과 관련해서 미래에 발생할 수 있는 경제적 효익을 객관적으로 측정하기 어렵기 때문에 실무의 편의상 발생한 시점에 비용으로 인식한다. 기간원가의 예로는 본사임직원의 급료, 판매원의 급료, 여비, 광고비 등과 같은 판매관리비가 있다.

(3) 직접원가와 간접원가

원가는 제품이나 부문과 같은 원가계산 대상에 추적가능한가에 따라 직접원가와 간접원가로 구분할 수 있다.

① **직접원가** : 특정제품 또는 특정부문과 관련해서 물리적으로 명확하게 추적할 수 있는 원가를 말한다. 예를 들어 자동차 제조업체에서 자동차 엔진원가는 완성된 자동차별로 추적할 수 있으므로 직접원가에 해당한다.

② **간접원가** : 특정제품 또는 특정부문과 관련은 있지만 실질적으로 추적할 수 없는 원가를 말하며, 공통원가(common costs)라고도 한다. 예를 들어 전력비나 소모품비는 제품을 생산하기 위해 필수적으로 발생하지만 그 발생액을 특정제품으로 추적할 수는 없기 때문에 간접원가에 해당한다.

(4) 변동원가와 고정원가

원가는 생산량과 같은 원가요인(조업도)의 변동과 관련해서 변동원가와 고정원가로 구분할 수 있다. 변동원가와 고정원가를 파악하면 생산량이 변동될 때 원가가 어떻게 변동되는지를 예측할 수 있으므로 경영계획과 통제목적으로 유용하게 활용할 수 있다.

① **변동원가** : 생산량과 같은 원가요인이 변동되는 경우 비례하여 원가총액이 증감하는 원가를 말한다. 예를 들어 제품생산시의 부품원가, 식당의 식료품원가, 판매량에 따른 판매수수료 등이 변동원가에 해당한다.

② **고정원가** : 원가요인의 변동과 관계없이 원가총액이 변하지 않는 원가를 말한다. 고정원가는 주로 현재의 생산능력을 유지하기 위해 투자된 설비규모와 관련해서 발생하므로 설비원가(capacity costs)라고 부르기도 한다. 고정원가의 예로는 기계장치의 정액법에 의한 감가상각비나 공장건물의 임차료가 있다.

(5) 통제가능원가와 통제불능원가

원가는 특정경영자가 발생액을 통제할 수 있는가에 따라 통제가능원가와 통제불능원가로 구분할 수 있다. 특정경영자가 통제가능한 원가를 파악하면 해당 경영자가 얻어낸 성과를 정확하게 집계할 수 있기 때문에 성과평가목적에 유용하다.

① **통제가능원가** : 특정 경영자가 일정기간 동안 특정원가를 통제하고 책임질 수 있는 권한을 가지고 있어서 실질적인 영향을 미칠 수 있는 원가를 말한다. 특정 경영자의 성과를 평가할 때는 통제가능원가와 통제가능이익을 기준으로 하는 것이 바람직하다.

② **통제불능원가** : 특정 경영자가 원가발생을 통제할 수 없으며 책임도 없는 원가를 말한다. 예를 들어 특정사업부의 성과보고서에 본사관리비용이 포함되어 있다고 생각해 보자. 그 사업부책임자 입장에서 본사관리비용은 통제불가능한 원가일 것이다. 그러므로 특정사업부 책임자의 성과를 평가할 경우 본사관리비용은 제외하고 통제가능한 수익과 비용을 집계하여 평가자료로 사용해야 한다.

제 3 절 제조원가의 구분과 흐름

원가는 어떤 목적으로 사용하는가에 따라 다양하게 분류될 수 있는데 원가회계는 그 중에서 생산과정에서 발생하는 제조원가를 특정제품이나 특정부문에 집계하는 일반적인 절차와 방법을 중심으로 발전해 왔다. 이번 절에서는 원가회계에서 중심적으로 논의하는 제조원가의 분류와 흐름에 대해 살펴보겠다.

1. 제조원가의 분류

'제조원가(manufacturing cost)'란 노동력과 기계설비를 사용해서 원재료를 완성품으로 가공하는 제조과정에서 소요되는 모든 원가를 말한다. 제조원가는 제조과정에서 발생하는 모든 원가를 포함하기 때문에 제조원가를 구성하는 비용항목은 다양한데 이를 크게 직접재료원가, 직접노무원가, 제조간접원가로 분류하여 관리한다.

(1) 직접재료원가

'직접재료원가(direct material costs)'는 제품을 생산하는데 사용되는 주요 재료의 원가로서 특정 제품에 추적할 수 있는 원가를 말한다. 직접재료원가의 예로는 자동차제조업의 엔진, 가구제조업의 목재에 대한 원가를 들 수 있다. 재료의 투입량은 제품의 생산량에 따라 변동되므로 직접재료원가는 변동원가에 해당한다.

(2) 직접노무원가

'직접노무원가(direct labor costs)'는 제품제조에 직접 참여하는 제조부문 작업자들에게 지급되는 임금으로 특정 제품에 추적할 수 있는 원가를 말한다. 직접노무원가의 예로는 조립공이나 기계운전공이 특정제품을 생산하는데 소비한 시간을 기준으로 지급되는 임금을 들 수 있다. 작업자들의 작업시간이나 작업량은 생산량에 따라 변동되므로 직접노무원가도 직접재료원가와 같이 변동원가에 해당한다.

(3) 제조간접원가

'제조간접원가(factory overhead costs)'는 직접재료원가와 직접노무원가를 제외한 모든 제조원가를 말한다. 제조간접원가는 간접재료원가와 간접노무원가 및 기타제조간접원가로 구성된다.

① 간접재료원가 : 윤활유, 세척제, 수선을 위한 부품과 같이 특정제품에 직접 추적할 수는 없지만, 제품을 생산하는데 반드시 필요한 재료의 소비액을 말한다.

② 간접노무원가 : 생산 감독자, 수리공과 같이 특정제품의 생산과 관련해서 직접 작업을 하지는 않지만 공장운영을 위해 필요한 노동자에게 지급하는 임금을 말한다.

③ 기타제조간접원가 : 공장건물이나 설비의 감가상각비, 보험료, 공장운영을 위해 발생하는 전력비 등이 여기에 해당한다.

이처럼 제조원가는 직접재료원가와 직접노무원가 및 제조간접원가로 구성되는데, 이를 제조원가의 3요소라고 하며, 이는 편의상 직접원가와 가공원가로 다시 분류하기도 한다.

- **직접원가(direct cost)** : 직접재료원가와 직접노무원가를 합한 것으로 특정 제품에 추적할 수 있는 모든 원가를 합한 금액을 의미하며, '기본원가(prime cost)'라고도 한다.
- **가공원가** : 직접노무원가와 제조간접원가를 합한 것으로 직접재료를 가공해서 완성품으로 전환하는 과정에서 발생한 원가를 의미하며, '전환원가(conversion cost)'라고도 한다.

제조원가의 구분

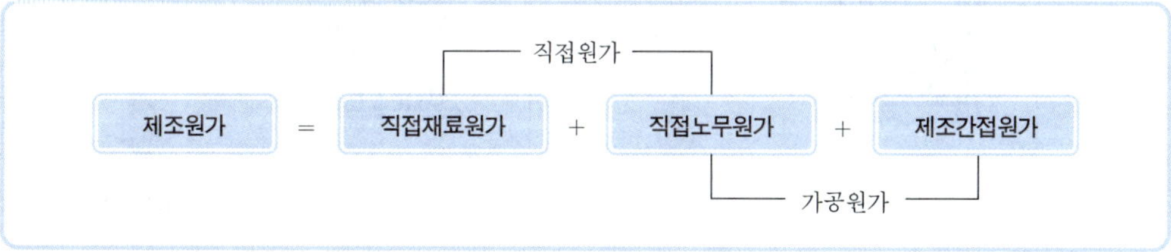

2. 제조원가의 집계

제조원가를 집계하는 과정을 이해하기 위해서는 제조과정의 흐름을 파악하고 관련되는 재고자산 계정을 이해해야 한다.

(1) 제조과정의 흐름

공장에서 제품이 생산되어 판매되는 과정은 먼저 원재료를 공정에 투입해서 작업자들이 기계 등을 사용해서 제품을 생산하고, 제품을 완성하면 제품창고에 보관하다가, 제품이 판매되면 고객에게 제공되고 매출을 얻게 된다.

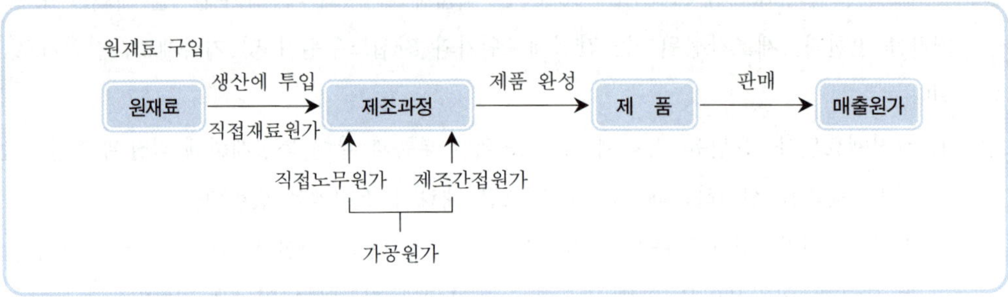

(2) 재고자산의 흐름

제조과정의 흐름에 따라서 공장의 재고자산도 움직여 간다. 공장에 있는 재고자산은 제조흐름에 따라 ① 원재료, ② 재공품, ③ 제품이 있다.

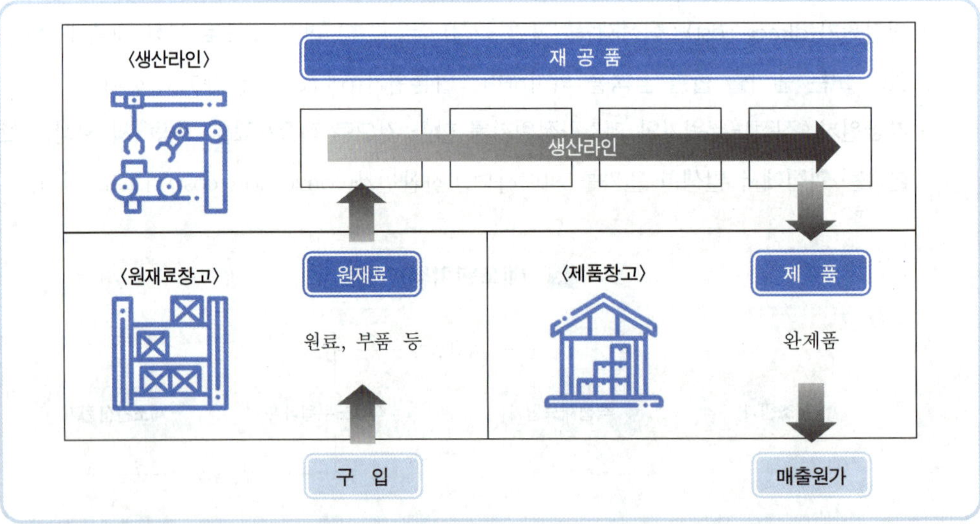

(3) 제조원가의 흐름

제조원가는 재고자산의 흐름에 따라서 집계되고 비용화된다. 수익·비용대응의 원칙에 따라 제조원가가 발생하는 시점에는 재고자산에 포함했다가 제품이 판매되는 시점에 비용화되어 매출과 대응되도록 한다.

- 제조원가는 발생한 시점에는 수익이 창출되지 않기 때문에 비용으로 처리하지 않고 재고자산원가에 포함한다.
- 제품이 판매되면 수익이 창출되었으므로 그 기간에 매출원가로 비용화해서 매출(수익)과 대응되도록 한다.

제조원가는 발생한 시점에는 재고자산화 되어야 하는데 제조원가를 재고자산원가에 포함하는 계정은 재공품계정을 주로 많이 사용한다. 즉, 직접재료원가와 직접노무원가 및 제조간접원가는 발생한 시점에 재공품계정에서 재고자산원가에 포함된다.

제조원가의 흐름과 집계

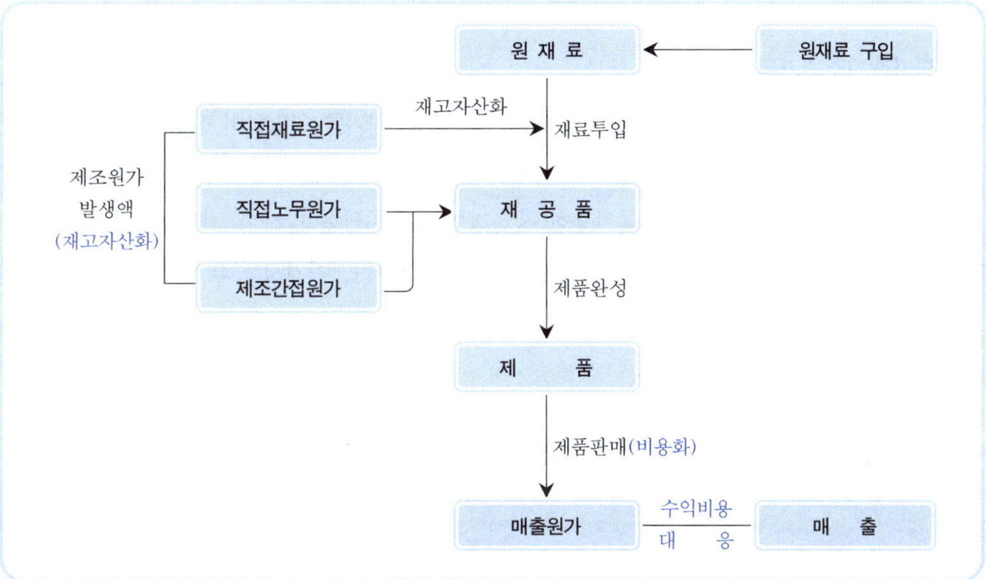

위의 그림에서 알 수 있듯이 원재료를 구입해서 원재료창고에 보관하였다가 공정에 투입해서 직접재료원가로 사용하고, 여기에 직접노무원가와 제조간접원가를 투입하여 제품을 제조하는데, 이 제조과정에서 발생한 모든 제조원가는 재공품계정에 집계되어 재고자산원가로 자산화된다. 그리고 재공품이 완성되면 제품으로 대체되어 제품원가를 구성하고, 제품이 판매되면 매출원가로 대체되어 매출(수익)과 대응되면서 비용화된다.

이상에서 살펴본 제조원가의 집계절차를 순서대로 살펴보면 ① 직접재료원가의 계산, ② 당기총제조원가의 집계, ③ 당기제품제조원가의 계산, ④ 매출원가의 계산으로 진행된다.

(4) 직접재료원가의 계산

직접재료원가는 특정제품을 생산하기 위하여 공정에 투입된 재료의 원가로서 제조공정이 진행되는 동안 계속적으로 공정에 투입되면서 발생한다. 따라서 직접재료원가는 원재료의 투입시점마다 매번 집계하는 것이 아니라 회계연도 말에 기초원재료 재고금액에 당기매입원가를 가산하고, 실사를 통해서 파악된 기말원재료 재고금액을 차감해서 계산한다.

> 직접재료원가＝기초원재료＋당기매입－기말원재료

예를 들어 기초원재료계정의 잔액이 ₩100,000이었고, 당기 매입액이 ₩800,000이었으며, 기말에 원재료의 재고실사금액이 ₩200,000이라면 당기직접재료원가는 ₩700,000(＝₩100,000＋₩800,000－₩200,000)이 된다.

(5) 당기총제조원가의 집계

당기총제조원가는 한 회계기간에 발생한 모든 제조원가를 의미하며 직접재료원가와 직접노무원가 및 제조간접원가로 구성된다. 이 중에서 직접재료원가는 공정에 투입된 원가를 말하며, 직접노무원가는 제품별로 추적가능한 생산작업자의 임금을 말하고, 제조간접원가는 직접재료원가와 직접노무원가를 제외한 모든 제조원가를 말한다. 여기서 주의할 점은 직접노무원가와 제조간접원가는 현금지급된 금액을 집계하는 것이 아니라 발생주의에 따라 계산된 금액을 집계한다는 것이다.

> 당기총제조원가＝직접재료원가＋직접노무원가＋제조간접원가
> 발생주의에 따라 집계된 금액

예제 [1-1] 당기총제조원가

다음은 (주)나무의 제조과정에서 당기에 발생한 원가자료를 집계한 것이다.

(1)	기초원재료	₩100,000
	당기원재료 매입액	₩800,000
	기말원재료	₩200,000

(2) 당기노무원가 지급액	₩670,000		
기말 노무원가 미지급액	₩150,000		
(3) 공장건물 감가상각비	₩200,000	본사건물 감가상각비	₩300,000
본사건물 보험료	60,000	기계장치 보험료	100,000
광고비	100,000	기계수선유지비	180,000

01

요구사항

당기의 다음 항목을 계산하시오.

1. 직접재료원가
2. 직접노무원가
3. 제조간접원가
4. 당기총제조원가

해답

1. 직접재료원가

₩100,000(기초원재료)+₩800,000(당기매입액)−₩200,000(기말원재료)=₩700,000

2. 직접노무원가

₩670,000(당기지급액)+₩150,000(기말미지급액)=₩820,000 ← 직접노무원가 발생액

3. 제조간접원가

공장건물 감가상각비	₩200,000
기계장치보험료	100,000
기계수선유지비	180,000
제조간접원가	₩480,000 ← 제조간접원가 발생액

* 광고비 ₩100,000과 본사보험료 ₩60,000 및 본사건물감가상각비 ₩300,000은 제조과정과 관련이 없는 원가이다.

4. 당기총제조원가

₩700,000(직접재료원가)+₩820,000(직접노무원가)+₩480,000(제조간접원가)=₩2,000,000 ← 당기에 발생한 제조원가총액

예제에서 살펴본 바와 같이 당기총제조원가는 당기에 발생한 직접재료원가와 직접노무원가 및 제조간접원가를 모두 합한 금액이다. 당기총제조원가는 발생한 시점에 재공품계정에 집계되어 재고자산 원가로 자산화된다.

(6) 당기제품제조원가의 계산

당기제품제조원가는 당기에 제품으로 완성되어 제조공정에서 제품창고로 대체된 물량의 원가를 말한다. 당기에 제조공정이 진행되는 동안 제조공정에서는 계속적으로 제품을 완성하므로 당기제품제조원가도 직접재료원가처럼 회계기간 종료시점에 기초재공품원가에 당기총제조원가를 가산하고 기말재공품원가를 차감하여 계산한다.

당기제품제조원가=기초재공품+당기총제조원가−기말재공품

예제[1-2] 당기제품제조원가의 계산

다음은 (주)나무의 제조과정에서 당기에 발생한 원가자료를 집계한 것이다.

직접재료원가	₩700,000
직접노무원가	₩820,000
제조간접원가	₩480,000

(주)나무의 기초재공품원가는 ₩250,000이였고, 기말재공품원가는 ₩150,000이였다.

요구사항

(주)나무의 당기제품제조원가를 계산하시오.

해답

1. 당기총제조원가

   ₩700,000(직접재료원가)+₩820,000(직접노무원가)+₩480,000(제조간접원가)=₩2,000,000

2. 당기제품제조원가

   ₩250,000(기초재공품원가)+₩2,000,000(당기총제조원가)−₩150,000(기말재공품원가)=₩2,100,000 ← 제품으로 완성된 금액

예제에서 알 수 있듯이 당기제품제조원가는 당기에 완성되어 제품창고에 입고된 재고자산의 원가를 말하며, 당기총제조원가와는 전혀 다른 개념으로 기초재공품원가와 기말재공품원가의 차이만큼 서로 차이가 난다.

(7) 매출원가의 계산

제조기업의 매출원가는 제품이 판매되어 고객에게 제공된 제품의 원가를 말한다. 매출원가는 기초제품원가에 당기제품제조원가를 합해서 판매가능 제품금액을 계산하고, 이 금액에서 기말제품 원가를 차감해서 계산한다. 참고로 상기업은 상품을 매입하는 반면에 제조기업은 제품을 제조하므로 상기업의 매입액에 해당하는 금액이 제조기업에서는 당기제품제조원가이다.

01

매출원가=기초제품+당기제품제조원가−기말제품

예제[1-3] 매출원가

다음은 (주)나무의 제조과정에서 당기에 발생한 원가자료를 집계한 것이다.

	원 재 료	재 공 품	제 품
기초재고금액	₩100,000	₩250,000	₩300,000
기말재고금액	200,000	150,000	120,000

당기에 매입한 원재료는 ₩800,000이였고, 발생한 직접노무원가는 ₩820,000이였으며, 제조간접원가는 ₩480,000이였다.

요구사항

(주)나무의 당기매출원가를 구하시오.

해답

1. 직접재료원가
   ₩100,000(기초원재료)+₩800,000(당기매입액)−₩200,000(기말원재료)=₩700,000

2. 당기총제조원가
   ₩700,000(직접재료원가)+₩820,000(직접노무원가)+₩480,000(제조간접원가)=₩2,000,000 ← 제조원가 발생액

3. 당기제품제조원가
   ₩250,000(기초재공품)+₩2,000,000(당기총제조원가)−₩150,000(기말재공품)=₩2,100,000

4. 매출원가
   ₩300,000(기초제품)+₩2,100,000(당기제품제조원가)−₩120,000(기말제품)=₩2,280,000 ← 제조원가 비용화 금액

이상에 살펴본 바와 같이 제조원가는 수익과 비용을 대응시킬 수 있도록 제조원가가 발생하는 시점에는 재공품계정에서 자산화하고, 제품이 완성되면 제품계정으로 대체되었다가 제품이 판매되는 시점에 매출원가로 비용화한다.

제조원가의 흐름

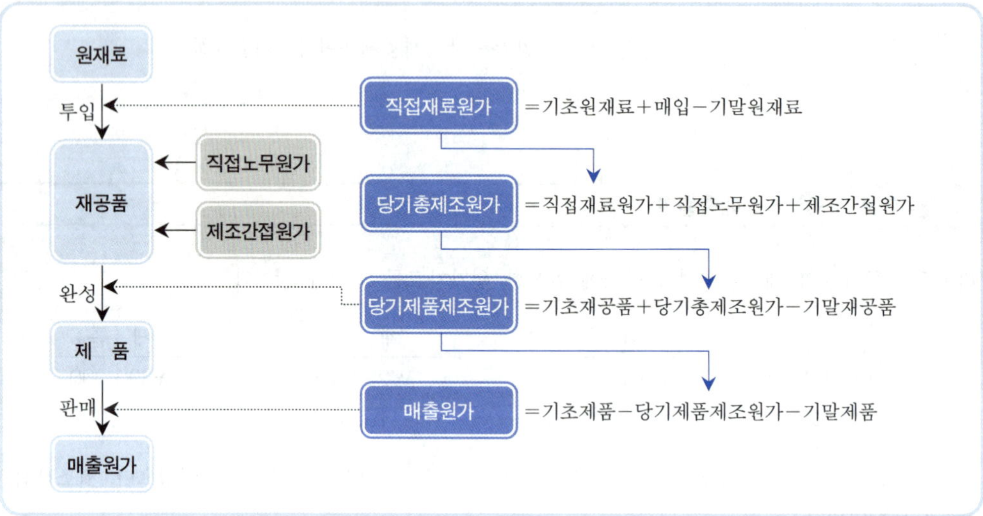

제 4 절 제조원가의 회계처리

앞 절에서는 제조원가의 계산절차에 대해 살펴보았다. 이번 절에서는 다음의 공통예제를 이용해서 제조원가의 집계과정과 회계처리에 대해서 살펴보도록 하겠다.

공통예제 제조원가의 회계처리

다음은 (주)나무의 제조과정에서 당기에 발생한 원가자료를 집계한 것이다.

(1) (주)나무의 기초재고자산금액은 다음과 같으며, 당기에 매입한 원재료금액은 ₩800,000이다.

	원 재 료	재 공 품	제 품
기초재고금액	₩100,000	₩250,000	₩300,000

(2) 당기에 노무원가 지급액은 ₩670,000이고, 기말에 노무원가 미지급액은 ₩150,000으로 파악되었다.

(3) 제조간접원가와 판매관리비와 관련되는 자료는 다음과 같다.

	제조간접원가	판매관리비	성격별총금액
감가상각비	₩200,000	₩300,000	₩500,000
보험료	100,000	60,000	160,000
기계수선유지비	180,000		180,000
광고비		100,000	100,000
합 계	₩480,000	₩460,000	₩940,000

(4) 당기의 매출액은 ₩3,000,000이고 당기의 기말재고자산은 다음과 같다.

	원 재 료	재 공 품	제 품
기말재고금액	₩200,000	₩150,000	₩120,000

1. 당기총제조원가의 회계처리

당기총제조원가는 직접재료원가와 직접노무원가 및 제조간접원가로 구성되는데, 이 모든 제조원가는 재공품계정의 차변에 집계되어 재고자산화된다.

(1) 직접재료원가의 회계처리

직접재료원가는 원재료계정의 회계처리를 통해서 재공품계정에 집계되는데 시점별 회계처리는 다음과 같다.

① **회계기간 중에 원재료 매입시점** : 매입액을 원재료계정 차변에 기록(가산)한다.

(차) 원 재 료	800,000	(대) 매 입 채 무	800,000

② **기말원가 계산시점** : 회계연도 기말에는 원재료 계정잔액(기초원재료+당기매입액)에서 기말잔액을 차감해서 직접재료원가를 집계하고 이 금액을 원재료 계정의 대변에 기록하고 재공품계정의 차변에 기록(가산)해서 재고자산화한다.

(차) 재 공 품	700,000*	(대) 원 재 료	700,000

* 직접재료원가 : ₩100,000+₩800,000−₩200,000=₩700,000

공통예제의 직접재료원가를 재공품 계정에 집계하는 과정을 T계정을 이용해서 살펴보면 다음과 같다.

원재료			
기 초 재 고	100,000	직접재료원가	700,000
당 기 매 입	800,000	기 말 재 고	200,000
합 계	900,000	합 계	900,000

재공품		
기 초 재 고	250,000	⋮
직접재료원가	700,000	
⋮		

(차) 재 공 품 700,000 (대) 원 재 료 700,000

(2) 직접노무원가의 회계처리

직접노무원가는 발생주의에 따라 현금지급액과 미지급액을 모두 노무원가계정에 집계했다가 재공품계정에서 재고자산화하며 시점별로 다음과 같이 회계처리한다.

① **회계기간 중에 노무원가 지급시점** : 노무원가를 현금으로 지급하는 경우 노무원가계정의 차변에 기록한다.

(차) 노 무 원 가 670,000 (대) 현 금 670,000

② **기말 미지급노무원가 기록시점** : 노무원가 미지급액이 있는 경우에는 당기발생액에 포함해야 하므로 노무원가계정의 차변에 해당금액을 기록하고, 미지급비용계정의 대변에 기록한다.

(차) 노 무 원 가 150,000 (대) 미 지 급 비 용 150,000

③ **기말원가 계산시점(직접노무원가의 집계시점)** : 노무원가가 전액 노무원가계정 차변에 집계되고 나면 노무원가를 재공품계정에 집계하기 위해 노무원가 계정의 대변과 재공품계정의 차변에 노무원가 금액을 기록하여 노무원가를 재고자산화한다.

(차) 재 공 품 820,000 (대) 노 무 원 가 820,000

공통예제의 직접노무원가를 재공품계정에 집계하는 과정을 T계정을 이용해서 살펴보면 다음과 같다.

노무원가			
현금지급액	670,000	직접노무원가	820,000
미지급급여	150,000		
합 계	820,000	합 계	820,000

재공품		
기 초 재 고	250,000	⋮
직접재료원가	700,000	
직접노무원가	820,000	
⋮		

(차) 재 공 품 820,000 (대) 노 무 원 가 820,000

(3) 제조간접원가의 회계처리

제조간접원가는 직접재료원가와 직접노무원가를 제외한 모든 제조원가로 감가상각비·동력비·수도광열비 등과 같이 구성항목이 매우 다양하다. 따라서 제조간접원가는 관리의 편의를 위해서 제조간접원가계정을 별도로 설정해서 제조간접원가 구성하는 원가항목들은 제조간접원가계정에 집계하며 시점별로 다음처럼 회계처리한다.

① **제조간접원가 발생액의 집계시점** : 제조간접원가의 구성항목에 해당하는 다양한 원가계정의 대변에 발생액을 기록하고 제조간접원가계정의 차변에 기록해서 제조간접원가를 집계한다.

(차)	제조간접원가	480,000	(대)	감가상각비	200,000
				보험료	100,000
				수선유지비	180,000

② **기말원가계산시점** : 제조간접원가계정의 대변과 재공품계정의 차변에 제조간접원가 금액을 기록하여 제조간접원가를 재고자산화한다.

(차)	재공품	480,000	(대)	제조간접원가	480,000

공통예제의 제조간접원가를 재공품계정에 집계하는 과정을 T계정을 이용해서 살펴보면 다음과 같다.

제조간접원가

차변		대변	
감가상각비	200,000	제조간접원가	480,000
보험료	100,000		
수선유지비	180,000		
합계	480,000	합계	480,000

재공품

차변		대변
기초재고	250,000	⋮
직접재료원가	700,000	
직접노무원가	820,000	
제조간접원가	480,000	
합계	2,250,000	

제조간접원가 발생액을 재공품 계정에 재고자산화

한편, 제조간접원가와 구분해서 파악해야 하는 원가로는 판매비와 관리비가 있다. 제조간접원가는 공장에서 발생하는 원가인 반면에 판매관리비는 제조활동과 관련이 없이 발생한 원가로 광고비, 본사건물의 감가상각비, 판매직원 급여, 사무용 건물의 전력비 등이 이에 해당한다. 판매관리비는 제조활동과 무관하므로 발생한 시점에 기간비용으로 처리하며 재고자산화하지 않는다.

제조간접원가와 판매관리비의 비교

	제조간접원가	판매비와 관리비
원가구분기준	제조와 관련된 원가	제조와 관련 없는 원가
비용처리방법	• 원가발생시점 – 재고자산화 • 제품판매시점 – 비용화(매출원가)	• 원가발생시점 – 기간비용화

2. 당기제품제조원가와 매출원가의 회계처리

직접재료원가와 직접노무원가 및 제조간접원가를 회계처리하면 결과적으로 당기총제조원가를 재공품계정의 차변에 집계하게 된다. 공통 예제의 재공품계정 차변에도 직접재료원가 ₩700,000과 직접노무원가 ₩820,000 및 제조간접원가 ₩480,000이 기록되어 당기총제조원가 ₩2,000,000(₩700,000+₩820,000+₩480,000)이 집계된다. 당기총제조원가가 집계되고 나면 당기제품제조원가와 매출원가를 회계처리 한다.

(1) 당기제품제조원가의 회계처리

당기총제조원가가 재공품계정 차변에 모두 집계되고 나면 당기제품제조원가를 계산해야 한다. 이를 위해서는 재고실사(수량확정)와 원가계산(단가확정)을 통해서 기말재공품 금액을 확정하고 재공품계정의 차변금액(기초재공품원가+당기총제조원가)에서 기말재공품 원가를 차감해서 당기제품제조원가를 계산하며 다음과 같이 회계처리한다.

① **기말 원가계산시점(당기제품제조원가의 계산시점)**

(차) 제 품	2,100,000*	(대) 재 공 품	2,100,000

* 당기제품제조원가 : ₩250,000+₩2,000,000−₩150,000=₩2,100,000

공통예제의 당기제품제조원가를 제품계정으로 대체하는 과정을 T계정을 이용해서 살펴보면 다음과 같다.

재 공 품

기 초 재 고	250,000	당기제품제조원가	2,100,000
직접재료원가	700,000		
직접노무원가	820,000		
제조간접원가	480,000	기 말 재 고	150,000
합 계	2,250,000	합 계	2,250,000

제 품

기 초 재 고	300,000	⋮	
당기제품제조원가	2,100,000		
합 계	2,400,000	합 계	2,400,000

• 당기총제조원가
당기에 발생한 전체 제조원가로 재공품계정의 차변에 집계된다.

• 당기제품제조원가
완성된 제품의 원가를 재공품에서 제품으로 대체하는 금액

(2) 매출원가의 회계처리

당기제품제조원가가 제품계정 차변에 집계되고 나면 재고실사를 통해서 기말제품금액을 확정하고 판매가능제품금액(기초제품+당기제품제조원가)에서 기말제품원가를 차감해서 매출원가를 계산하며 다음과 같이 회계처리한다.

① 매출원가 계산시점

(차) 매 출 원 가	2,280,000*	(대) 제 품	2,280,000

* 매출원가 : ₩300,000+₩2,100,000−₩120,000=₩2,280,000

공통예제의 매출원가가 비용화되는 과정을 T계정을 이용해서 살펴보면 다음과 같다.

제 품

기 초 재 고	300,000	매 출 원 가	2,280,000
당기제품제조원가	2,100,000	기 말 재 고	120,000
합 계	2,400,000	합 계	2,400,000

→

매출원가

제 품	2,280,000		

• 매출원가
판매된 제품의 원가를 제품계정에서 매출원가 계정으로 대체한다.

이상에서 살펴본 제조원가의 흐름을 원재료, 재공품, 제품계정을 중심으로 요약해서 살펴보면 다음과 같다.

원 재 료(DM)

기 초	100,000	D M	700,000
매 입	800,000	기 말	200,000
	900,000		900,000

직접노무원가(DL)

지 급	670,000	D L	820,000
미 지 급	150,000		
	820,000		820,000

제조간접원가(OH)

감가상각비	200,000	O H	480,000
보 험 료	100,000		
⋮			
	480,000		480,000

재 공 품

기 초	250,000	당기제품제조원가	2,100,000
D M	700,000		
D L	820,000		
O H	480,000	기 말	150,000
	2,250,000		2,250,000

제조원가 발생시점에 재고자산화

제 품

기 초	300,000	매출원가	2,280,000
당기제품제조원가	2,100,000	기 말	120,000
	2,400,000		2,400,000

제품판매시점에 비용화

제 5 절 한국채택국제회계기준에 의한 손익보고

한국채택국제회계기준에서는 포괄손익계산서에 비용을 표시하는 방법으로 ① 기능별 분류방법과 ② 성격별 분류방법 중에서 선택하도록 하고 있다.

① 기능별 분류방법(function of expense method) : 비용을 매출원가, 물류비용, 관리활동비용 등과 같이 기능별로 분류하는 방법으로 매출원가법이라고도 한다.

② 성격별 분류방법(nature of expense method) : 당기손익에 포함된 비용을 그 성격(예 감가상각비, 원재료사용, 운송비, 급여, 광고비등)별로 통합하는 것으로 기능별로 재배분하지 않는다.

손익계산서 분류	손익계산서의 특징
기능별 분류	비용을 매출원가, 물류비용, 관리활동비용 등과 같이 기능별로 분류하는 방법
성격별 분류	비용을 종업원급여, 감가상각비 같이 그 성격별로 분류하는 방법

1. 기능별 분류방법의 손익계산서

전통적으로 원가회계는 기능별 분류방법에 따라 회계처리하는 내용을 기초로 발전하였으므로 앞 절에서 공부한 매출원가를 비용으로 처리해서 손익계산서를 작성하면 기능별분류방법의 손익계산서가 된다.

상기업과 제조기업의 손익계산서는 매출원가의 구성내용을 제외하면 동일하다. 다만, 매출원가를 계산할 때 상기업의 상품매입액에 해당하는 금액이 제조기업은 당기제품제조원가라는 점이 차이가 난다. 다음 두 기업의 요약손익계산서를 살펴보면 상기업과 제조기업의 기능별 포괄손익계산서를 비교해서 살펴볼 수 있다.

상기업과 제조기업의 손익계산서

나무백화점(상기업)			(주)나무(제조기업)		
매출액		₩200,000	매출액		₩3,000,000
매출원가			매출원가		
기초상품	₩10,000		기초제품	₩300,000	
당기매입액	120,000		당기제품제조원가	2,100,000	
기말상품	(20,000)	110,000	기말제품	(120,000)	2,280,000
매출총이익		₩90,000	매출총이익		₩720,000
판매관리비			판매관리비		
감가상각비	30,000		감가상각비	300,000	
보험료	20,000		보험료	60,000	
광고비	10,000	60,000	광고비	100,000	460,000
영업이익		₩30,000	영업이익		₩260,000

앞의 손익계산서에서도 알 수 있듯이 제조기업은 상품을 매입하는 대신에 제품을 제조해서 판매하고, 그 원가로 당기제품제조원가를 계산한다.

한편, 상품의 매입과정은 단순하지만 제품의 제조과정은 복잡하므로 제조기업은 당기제품제조원가의 계산과정을 정리해서 제조원가명세서를 작성하기도 한다. 제조원가명세서는 부속명세서로 재공품계정을 중심으로 직접재료원가와 직접노무원가 및 제조간접원가의 발생액을 집계하고, 재공품의 증감을 표시하여 당기제품제조원가가 계산되는 과정을 표시한다. 공통예제의 자료를 기초로 제조원가명세서를 작성하면 다음과 같다.

제조원가명세서

Ⅰ. 직접재료원가		
1. 기초원재료	₩100,000	
2. 당기매입액	800,000	
3. 사용가능액	₩900,000	
4. 기말원재료	(200,000)	₩700,000
Ⅱ. 직접노무원가		820,000
Ⅲ. 제조간접원가		480,000
Ⅳ. 당기총제조원가		₩2,000,000
Ⅴ. 기초재공품재고액		250,000
합 계		₩2,250,000
Ⅵ. 기말재공품재고액		(150,000)
Ⅶ. 당기제품제조원가		₩2,100,000

2. 성격별 분류방법

성격별 분류방법은 비용을 그 성격별로 통합해서 표시하여 성격별 총발생액을 쉽게 파악할 수 있도록 손익계산서를 작성하는 방법이다. 예를 들어 감가상각비가 공장에서도 발생하고 본사건물에서도 발생했다면, 기능별 손익계산서는 공장감가상각비는 제조원가에 포함되고 본사건물감가상각비는 판매관리비에 포함되어 기업전체의 감가상각비가 얼마인지를 파악하기가 어렵다. 반면에 성격별 손익계산서는 각 비용항목의 총발생액이 다음과 같이 표시되므로 총감가상각비를 쉽게 파악할 수 있다.

성격별 포괄손익계산서

Ⅰ. 매출액		…
Ⅱ. 제품과 재공품변동	…	
원재료사용액	…	
종업원급여	…	
감가상각비	…	
⋮	⋮	…
Ⅲ. 영업이익		…

한편, 성격별 손익계산서와 기능별 손익계산서는 비용을 어떻게 집계해서 표시하는가에 차이가 있는 것이지 발생주의 원칙을 지켜야 하는 것은 동일하다. 따라서 성격별 손익계산서와 기능별 손익계산서는 비용의 공시방식이 차이가 나는 것뿐이고 영업이익의 크기는 같아야 한다. 영업이익이 동일해지도록 하기 위해서 성격별 총발생액이 발생주의에 따라 비용화되는 금액과 일치하도록 재공품과 제품의 재고변동이 조정되어야 한다.

(1) 발생액과 비용화금액의 차이 원인

성격별 손익계산서는 각 성격별 비용항목의 총액을 파악하기는 쉽지만 그 총액은 발생액총액을 의미하며 비용화된 총금액과는 차이가 있어서 이를 조정해야 한다. 발생액과 비용화된 금액의 차이는 제조원가에서 생긴다. 제조원가는 발생한 시점에는 재고자산(재공품)화되었다가 판매되는 시점에 비용(매출원가)화되어 손익계산서에 표시되므로 제조원가 발생액과 비용화된 금액의 차이를 조정해야만 총발생액과 비용화된 총액이 일치하게 되는데 이 차이금액이 재공품과 제품의 재고변동금액이다.

발생액과 비용화 금액의 차이 원인

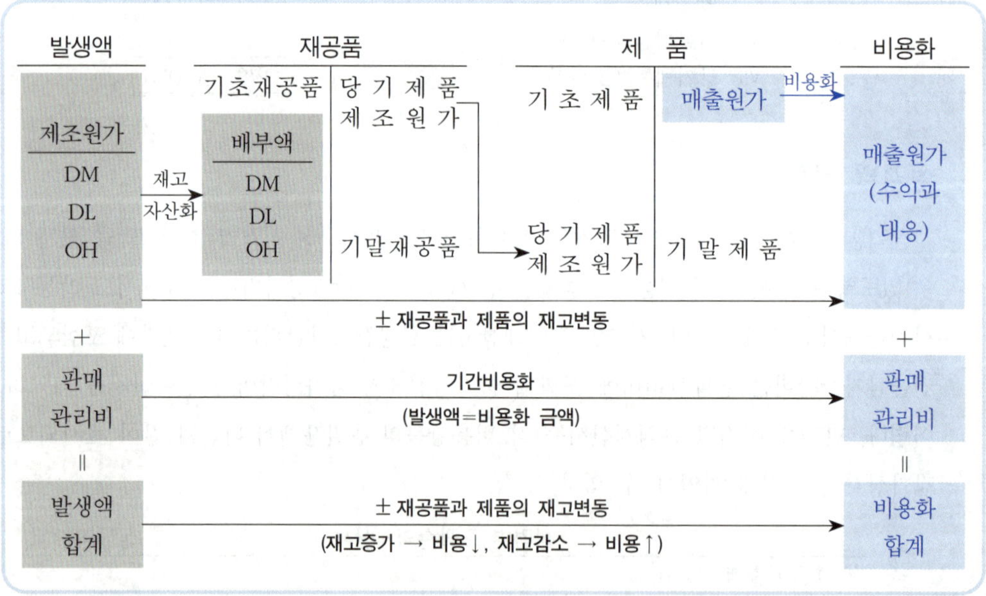

공통예제에서도 기업전체의 발생액 총액과 총비용화된 금액의 차이는 재공품과 제품의 재고변동액만큼 차이가 난다.

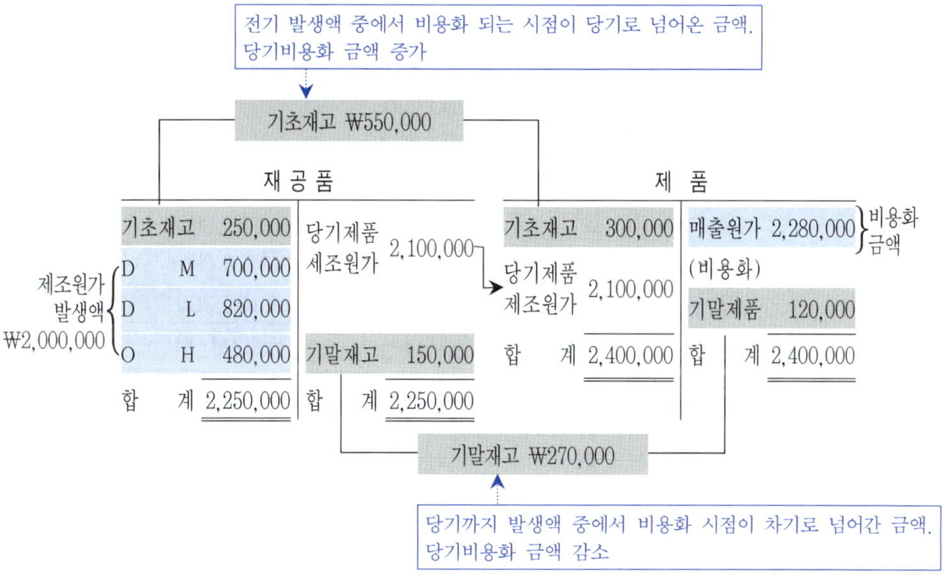

제조원가발생액(당기총제조원가)		₩2,000,000
비용화된 제조원가(매출원가)		2,280,000
발생액과 비용화금액의 차이		₩280,000
재공품과 제품의 기초재고 합계	₩250,000+₩300,000=	₩550,000
재공품과 제품의 기말재고 합계	₩150,000+₩120,000=	270,000
재공품과 제품의 재고감소액		₩280,000

(크기가 동일함)

여기에서 알 수 있듯이 총발생액과 비용화된 금액의 차이는 재공품과 제품의 재고변동만큼 차이가 나며 다음과 같이 영향을 미친다.

① 재공품과 제품의 재고 증가 : 제조원가 발생액 중에서 일부가 기말재고자산에 남는 것이므로 비용화되는 금액이 감소하게 된다. 따라서 손익계산서를 작성할 때 발생액과 비교해서 재고증가액만큼 비용화금액을 차감해야 한다.

② 재공품과 제품의 재고 감소 : 당기제조원가발생액 이외에 재고감소액만큼 추가적으로 비용화된 것이므로 손익계산서를 작성할 때 발생액과 비교해서 재고감소액만큼 비용화금액에 가산해야 한다.

공통예제에서는 재공품과 제품의 재고감소액 ₩280,000만큼 추가적으로 비용화된 것이므로 발생액보다 비용화된 금액이 ₩280,000만큼 더 크다.

	기능별 분류		
	제조원가	판매관리비	성격별 금액
원재료사용액	₩700,000		₩700,000
종업원급여	820,000		820,000
감가상각비	200,000	₩300,000	500,000
보험료	100,000	60,000	160,000
수선유지비	180,000		180,000
광고비		100,000	100,000
발생액합계	₩2,000,000	₩460,000	₩2,460,000
기초재공품	250,000	발생액과 비용화 금액의 차이	
기말재공품	(150,000)		
기초제품	300,000		
기말제품	(120,000)		
재공품과 제품의 변동액	₩280,000		₩280,000
비용화된 총금액	₩2,280,000	₩460,000	₩2,740,000
	↑ 매출원가	+ ↑ 판매관리비	= ↑ 성격별 비용합계

손익계산서 유형	비용화된 금액 합계
기능별 손익계산서	₩2,280,000 (매출원가) + ₩460,000 (판매관리비) = ₩2,740,000 (비용화된 총액)
성격별 손익계산서	₩2,460,000 (성격별 발생액) + ₩280,000 (재공품/제품의 변동액) = ₩2,740,000 (비용화된 총액)

(2) 성격별 손익계산서의 작성

성격별 손익계산서는 각 성격별 비용항목의 총액을 표시하고 재공품과 제품의 재고변동을 조정해서 비용화된 총액과 일치하도록 조정해서 다음과 같이 작성한다.

성격별 포괄손익계산서

Ⅰ. 매출액		₩3,000,000
Ⅱ. 제품과 재공품변동	₩280,000*	
원재료사용액	700,000	
종업원급여	820,000	
감가상각비	500,000	
보험료	160,000	
수선유지비	180,000	
광고비	100,000	2,740,000
Ⅲ. 영업이익		₩260,000

* 재고가 감소했으므로 비용화된 금액에 가산해야 한다.

성격별 손익계산서를 작성할 때 주의할 점은 원재료의 재고변동은 재고자산변동액을 계산할 때 제외해야 한다는 것이다. 원재료와 관련된 발생액은 구입액이 아니라 사용액이다. 원재료 사용액을 계산할 때 기초원재료에 매입을 가산하고 기말원재료를 차감하므로 원재료재고변동이 반영된다. 따라서 비용발생액에 원재료사용액을 표시하는 대신에 원재료재고는 재고변동에 포함하지 않는다.

3. 손익계산서의 비교

공통예제의 성격별 분류에 따른 손익계산서와 기능별 분류에 따른 손익계산서는 손익계산서에 제공되는 정보의 제공방식이 다른 뿐이고 비용화된 총 금액은 서로 동일한다. 기업에서 발생한 금액의 합계와 비용화된 금액의 합계는 다음과 같이 차이가 나게 된다. 두 손익계산서는 모두 이를 반영하므로 영업이익은 최종적으로 동일하게 계산된다.

재공품과 제품의 재고변동	재고 변동이 비용화 금액에 미치는 효과
재고 증가	비용화금액에서 차감 : 당기제조원가 발생액 중에서 재고증가액만큼 기말재고자산에 남는 것이므로 비용화되는 금액이 감소
재고 감소	비용화금액에 가산 : 당기제조원가 발생액 이외에 재고감소액만큼 추가적으로 비용화된 것이므로 비용화되는 금액이 증가

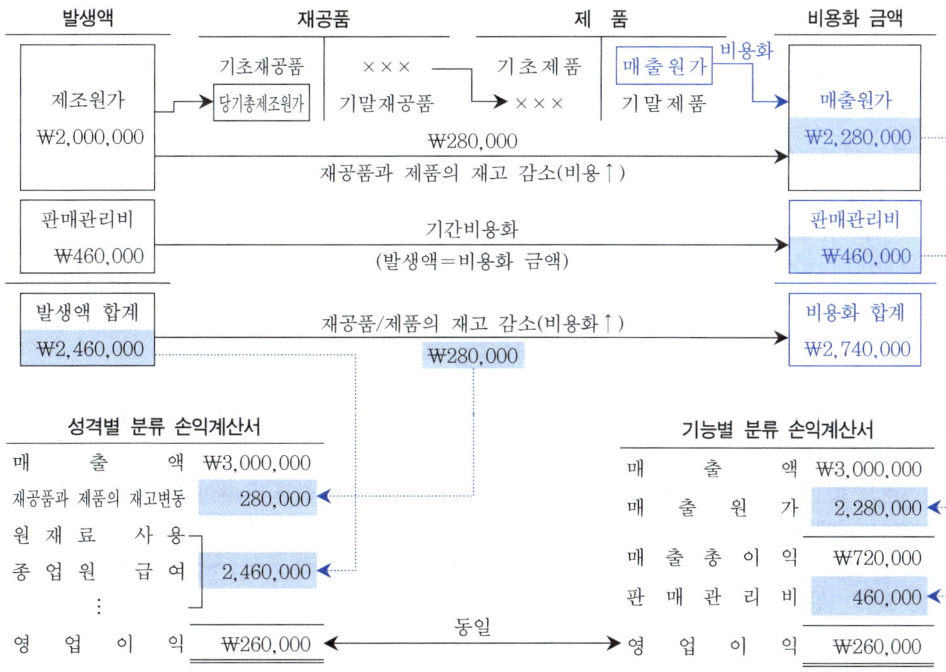

01 연습문제

객관식 문제

01 원가흐름의 이해

다음의 문장 중에서 맞는 문장을 고르시오.

① 직접재료원가는 재료원가 중에서 추적가능성과 관계없이 모든 재료원가를 의미한다.
② 직접노무원가는 생산직 종업원에게 지급되는 임금으로 제품별로 추적가능한 원가를 의미한다. 제품별로 추적되지 않는 간접노무원가는 제조원가에 포함되지 않는다.
③ 제조간접원가는 재료원가와 노무원가를 제외한 모든 제조원가를 의미한다. 따라서 제조간접원가에는 재료원가와 노무원가는 포함되지 않는다.
④ 당기제품제조원가는 직접재료원가와 직접노무원가 및 제조간접원가를 합한 금액을 의미한다.
⑤ 당기총제조원가와 당기제품제조원가의 차이는 기초재공품과 기말재공품의 차액만큼 차이가 난다.

02 원가배분의 개념정리 (2010, KICPA수정)

(주)원가는 기계장치를 생산, 판매하는 기업으로 사업 첫 해에 다음과 같은 원가가 발생했다. 이 자료를 바탕으로 원가계산을 했을 경우 (가)부터 (마)까지의 설명 중 타당하지 않은 것을 모두 고르면? (단, 기초재공품재고액은 없고, 기말재공품재고액이 ₩10 존재한다)

직접재료원가	₩110	간접재료원가	₩30	판매직급여	₩30
직접노무원가	120	간접노무원가	60	관리직급여	70
기타간접원가	200	광고선전비	20	이자비용	10

(가) 당기제품제조원가는 ₩510이다.
(나) 기본원가(기초원가, prime costs)는 ₩230이다.
(다) 제조간접원가에는 어떤 재료원가도 포함되지 않으므로 간접노무원가와 간접경비를 합한 ₩260이다.
(라) 당기총제조원가는 ₩520으로, 기본원가에 가공원가를 합한 금액이다.
(마) 판매관리비와 영업외비용의 합계는 ₩130으로 재고불가능원가에 해당한다.

① (가), (나) ② (다), (라) ③ (라), (마)
④ (나), (다), (마) ⑤ (다), (라), (마)

03 매출원가 추정 (2011. 세무사 수정)

(주)용감한의 공장에서 4월에 발생한 원가관련 자료는 다음과 같다.

• 재고자산 현황

일 자	직접재료	재공품	제 품
4월 1일	₩1,000	₩5,000	₩3,000
4월 30일	2,000	3,000	4,000

• 4월에 매입한 직접재료금액은 ₩4,500이다.
• 4월 1일 미지급임금은 ₩2,000이며, 4월 30일 미지급임금은 ₩4,000이다.
• 4월에 지급한 임금은 ₩6,000이다.
• (주)용감한의 공장에서 발생한 임금의 50%는 생산직 종업원의 임금이다.
• 4월에 발생한 제조간접원가 중 임금을 제외한 나머지 부분은 ₩1,500이다.

(주)용감한의 4월의 매출원가 금액은 얼마인가?

① ₩12,500　② ₩13,000　③ ₩13,500
④ ₩14,500　⑤ ₩14,000

04 당기제품제조원가의 계산

다음 자료를 이용하여 당기제품제조원가를 구하면 얼마인가?

기초원재료재고	₩70,000	기말원재료재고	₩40,000
당기원재료매입	200,000	직접노무원가	150,000
제조간접비	100,000	기초재공품재고	80,000
기말재공품재고	100,000	기초제품재고	60,000
기말제품재고	150,000		

① ₩460,000　② ₩470,000　③ ₩390,000
④ ₩480,000　⑤ ₩500,000

05 직접노무원가의 추정

(주)서울은 5월 중 ₩43,000의 직접재료를 구입하였다. 5월 중 제조간접원가의 합은 ₩27,000이었고 총제조원가는 ₩106,000이었다. 직접재료의 5월초 재고가 ₩8,000이었고 5월말 재고가 ₩10,000이었다면 5월 중 직접노무원가는 얼마인가?

① ₩34,000　② ₩38,000　③ ₩36,000
④ ₩45,000　⑤ ₩35,000

06 당기제품제조원가의 추정

(주)남송의 1월 중 발생한 비용과 월초 및 월말재고자산자료는 다음과 같다.

직접노무원가	₩300
감가상각원가－공장	50
감가상각원가－영업점포	50
감가상각원가－본부사옥	100
공장감독자급여	100
그 밖의 제조간접원가	250

재고자산	1월초	1월말
재 공 품 재 고	₩1,000	₩800
직 접 재 료 재 고	300	100

1월 중 직접재료의 매입은 발생하지 않았다. (주)남송의 1월 당기제품제조원가는?

① ₩850　② ₩900　③ ₩1,050
④ ₩1,100　⑤ ₩1,200

07 기초원가의 추정

(주)원가의 20×1년 12월 매출원가는 ₩3,000,000이었다. 제조간접원가는 직접노무원가의 25%였으며, 기타관련 자료는 다음과 같다.

	20×1. 12. 1	20×1. 12. 31
직 접 재 료	₩100,000	₩300,000
재 공 품	300,000	200,000
제 품	1,200,000	1,300,000

20×1년 12월 중 직접재료 구입액 : ₩1,200,000

20×1년 12월의 기초(기본)원가는?

① ₩2,150,000　② ₩2,000,000　③ ₩1,750,000
④ ₩2,250,000　⑤ ₩2,600,000

08 원재료매입액의 추정

(주)한국은 실제원가계산을 적용하고 있으며, 20×9년 1월의 월초 및 월말 재고자산 금액은 다음과 같다.

	직접재료	재 공 품	제 품
1월초	₩25,000	₩30,000	₩40,000
1월말	15,000	20,000	30,000

1월 중에 가공원가는 ₩230,000이 발생하였으며, 재공품 계정의 차변합계 금액은 ₩330,000이었다. 20×9년 1월의 직접재료 구입액과 매출원가는 각각 얼마인가?

	직접재료 구입액	매출원가
①	₩70,000	₩325,000
②	70,000	350,000
③	65,000	325,000
④	60,000	320,000
⑤	60,000	350,000

09 매출원가 계산 : 재고변동액, 제조간접원가

6차년도 12월 31일 기말 현재 (주)희망의 회계장부로부터 다음 자료를 얻어냈다.

원재료재고의 증가	₩15,000
완제품재고의 감소	35,000
원재료매입분	430,000
매입운임	45,000
직접노무원가	200,000
감가상각비	100,000
감가상각비－본부사옥	50,000
공장감독자급여	20,000
판매사원급여	30,000
그 밖의 제조간접원가	180,000

기초와 기말에 재공품은 없었다. 6차년도 (주)희망의 매출원가는?

① ₩950,000　② ₩965,000　③ ₩975,000
④ ₩995,000　⑤ ₩1,050,000

10 제조경비의 추정

다음 자료는 나무회사의 6월 중 발생한 제조경비의 내용이다.

(1) 전력비	당월 지급액	₩4,588,960
	전월 미지급액	1,270,800
	당월 미지급액	1,530,000
(2) 세금과 공과	당월 지급액	920,690
(3) 임차료	당월 지급액	6,720,000
	전월 미지급액	2,400,000
	당월 미지급액	1,950,000
(4) 보험료	당월 지급액	8,720,060
	7월분 선급액	3,651,800

나무회사의 6월 중 제조경비(제조간접원가)의 발생액은 얼마인가?

① ₩20,949,710　② ₩24,429,710　③ ₩21,140,510
④ ₩17,488,710　⑤ ₩17,107,110

11 매출액 추정

다음 자료를 이용하여 (주)원가의 총매출액을 산출하면 얼마인가?

매출총이익	₩2,500,000
당기 제품제조원가	8,000,000
기초재공품	700,000
기초제품	1,000,000
기말재공품	850,000
기말제품	1,500,000

① ₩5,500,000　② ₩7,500,000　③ ₩8,000,000
④ ₩8,580,000　⑤ ₩10,000,000

12 기말재고자산의 추정

(주)원가의 20×1년 기초 재고자산은 다음과 같다.

직접재료	재 공 품	제　품
₩39,000	₩52,000	₩40,000

당기 중 직접재료매입액은 ₩150,000, 직접노무원가 발생액은 실제가공원가의 60%이며 제조간접원가 실제발생액은 ₩50,000이다. 기중 매출액은 ₩500,000이며 실제 매출총이익률은 30%이다. 20×1년 기말재고자산(직접재료+재공품+제품)의 총합계는 얼마인가?

① ₩31,000　② ₩39,000　③ ₩56,000
④ ₩75,000　⑤ ₩92,000

01

13 재고자산통합추정

(주)한국의 20×0년 기초 및 기말 재고자산은 다음과 같다.

	20×0년 초	20×0년 말
원 재 료	₩300,000	₩400,000
재 공 품	200,000	400,000
제 품	500,000	?

20×0년 중 (주)한국의 원재료 매입액은 ₩1,600,000이었으며, 제조간접원가는 가공원가의 50%인 ₩2,500,000이 발생하였다. (주)한국의 20×0년도 매출액이 ₩7,200,000이고, 이는 매출원가의 120%에 해당한다. 20×0년 말 제품재고액은 얼마인가?

① ₩400,000　② ₩500,000　③ ₩600,000
④ ₩700,000　⑤ ₩800,000

14 기말 재공품원가의 추정

20×1년 7월 31일 원가회사에서는 태풍으로 재공품이 전부 유실되었다. 다행히 원재료 및 제품은 손실이 발생하지 않았으며 실사를 해 본 결과 원재료는 ₩62,000, 제품은 ₩119,000이다. 한편, 1월 1일 재고자산은 원재료 ₩33,000, 재공품 ₩100,000, 제품 ₩140,000이었다. 1월부터 7월까지 회사장부 및 기록을 검토한 결과 다음의 사실을 알아냈다. 이 자료를 기초로 7월 31일에 유실된 재공품원가를 구하시오.

(1) 매출총이익률 : 25%
(2) 매출액 : ₩340,000
(3) 원재료 매입액 : ₩115,000
(4) 직접노무원가 : ₩80,000
(5) 제조간접원가 : 직접노무원가의 50%

① ₩69,000　② ₩70,000　③ ₩71,000
④ ₩72,000　⑤ ₩73,000

15 원가흐름과 영업이익의 계산 (2009. 세무사)

본사와 생산 공장이 동일 건물에 소재하는 (주)대한의 3월 중 발생한 비용과 재고자산 자료는 다음과 같다. 3월 중 직접재료 매입액은 ₩1,200,000이며, 매출액은 ₩7,400,000이다.

〈3월 중 발생비용〉

직접노무원가	₩3,000,000
공장감독자급여	100,000
기타 제조간접원가	200,000
전기료(본사에 40%, 공장에 60% 배부)	200,000
감가상각비(본사에 20%, 공장에 80% 배부)	500,000
본사의 기타 판매관리비	400,000
합 계	₩4,400,000

〈재고자산〉

	3월초	3월말
재공품재고	₩1,000,000	₩800,000
직접재료재고	300,000	100,000
제품재고	700,000	300,000

위의 자료를 토대로 (주)대한의 3월 1일부터 3월 31일까지의 영업이익을 구하면 얼마인가?

① ₩1,000,000 ② ₩1,100,000 ③ ₩1,280,000
④ ₩1,600,000 ⑤ ₩1,680,000

해 답 *Answer*

01 ⑤

① 직접재료원가는 재료원가 중에서 제품별로 추적가능한 원가를 의미하며 추적되지 않는 간접재료원가는 제조간접원가로 분류된다.

② 제품별로 추적되지 않는 간접노무원가는 제조간접원가로 분류된다.

③ 제조간접원가는 재료원가와 노무원가중에서 간접재료원가와 간접노무원가가 포함된다.

④ 당기제품제조원가는 제품으로 완성된 원가를 의미하며 직접재료원가와 직접노무원가 및 제조간접원가를 합한 금액은 당기총제조원가를 의미한다.

02 ②

(가) 당기제품제조원가 = 기초재공품 + 당기총제조원가 − 기말재공품

= ₩0 + ₩520 − ₩10 = ₩510

(나) 기본원가는 직접재료원가(₩110)와 직접노무원가(₩120)를 합계한 ₩230이다.

(다) 제조간접원가(₩290)는 간접재료원가와 간접노무원가 및 기타제조간접원가로 구성된다.

(라) 당기총제조원가는 직접재료원가(DM)에 가공원가(DL+OH)를 합계한 금액이거나 기본원가(DM+DL)에 제조간접원가(OH)를 합계한 금액으로 ₩520이다.

(마) 판매관리비와 영업외 비용(이자비용)은 기간원가로 재고불가능원가라고 한다.

03 ⑤

직접재료원가 : ₩1,000+₩4,500−₩2,000=₩3,500

노무원가발생액 : ₩6,000−₩2,000+₩4,000=₩8,000

직접노무원가 : ₩8,000×50%=₩4,000

제조간접원가 : ₩8,000×50%+₩1,500=₩5,500

당기총제조원가 : ₩3,500+4,000+₩5,500=₩13,000

당기제품제조원가 : ₩5,000+₩13,000−₩3,000=₩15,000

매출원가 : ₩3,000+₩15,000−₩4,000=₩14,000

원재료

차변	금액	대변	금액
기 초	1,000	D M	3,500
매 입	4,500	기 말	2,000
	5,500		5,500

재공품

차변	금액	대변	금액
기 초	5,000	당기제품제조원가	15,000
D M	3,500	기 말	3,000
D L	4,000		
O H	5,500		
	18,000		18,000

제 품

차변	금액	대변	금액
기 초	3,000	매출원가	14,000
당기제품제조원가	15,000	기 말	4,000
	18,000		18,000

04 ①

직접재료원가=₩70,000+₩200,000−₩40,000=₩230,000

당기총제조원가=직접재료원가+직접노무원가+제조간접원가

=₩230,000+₩150,000+₩100,000=₩480,000

당기제품제조원가=기초재공품+당기총제조원가−기말재공품

=₩80,000+₩480,000−₩100,000=₩460,000

원재료

차변	금액	대변	금액
기초	70,000	D M	230,000
매입	200,000	기말	40,000
	270,000		270,000

재공품

차변	금액	대변	금액
기 초	80,000	당기제품제조원가	460,000
D M	230,000	기 말	100,000
D L	150,000		
O H	100,000		
	560,000		18,000

제 품

차변	금액	대변	금액
기 초	60,000	매출원가	370,000
당기제품제조원가	460,000	기 말	150,000
	520,000		520,000

05 ②

직접재료원가

차변	금액	대변	금액
기 초	8,000	사 용	41,000
매 입	43,000	기 말	10,000
	51,000		51,000

총제조원가

직접재료원가	41,000
직접노무원가	38,000
제조간접원가	27,000
	106,000

06 ④

Ⅰ. 직접재료원가		
기 초 재 고	₩300	
당 기 매 입	0	
기 말 재 고	(100)	₩200
Ⅱ. 직접노무원가		300
Ⅲ. 제조간접원가		
감가상각비-공장	₩50	
공장감독자급여	100	
기타제조간접원가	250	400
Ⅳ. 당기총제조원가		₩900
Ⅴ. 기초재공품재고액		1,000
Ⅵ. 기말재공품재고액		(800)
Ⅶ. 당기제품제조원가		₩1,100

원재료

차변		대변	
기 초	300	D M	200
매 입	0	기 말	100
	300		300

재공품

차변		대변	
기 초	1,000	당기제품제조원가	1,100
D M	200	기 말	800
D L	300		
O H	400		
	1,900		1,900

07 ⑤

원재료

차변		대변	
기 초	100,000	소 비	1,000,000
매 입	1,200,000	기 말	300,000
	1,300,000		1,300,000

재공품

차변		대변	
기 초	300,000	당기제품제조원가	3,100,000
직접재료원가	1,000,000	기 말	200,000
직접노무원가	x		
제조간접원가	$0.25x$		
	3,300,000		3,300,000

제품

차변		대변	
기 초	1,200,000	매출원가	3,000,000
당기제품제조원가	3,100,000	기 말	1,300,000
	4,300,000		4,300,000

∴ ₩300,000＋₩1,000,000＋x＋$0.25x$＝₩3,300,000　　x＝₩1,600,000

∴ 기초원가 : ₩1,000,000(직접재료원가)＋₩1,600,000(직접노무원가)＝₩2,600,000

08 ④

재공품

차변		대변	
기 초	₩30,000	당기제품제조원가	₩310,000
D M	?		
D L, O H	230,000	기 말	20,000
	₩330,000		₩330,000

제품

차변		대변	
기 초	₩40,000	매출원가	₩320,000
당기제품제조원가	310,000	기 말	30,000
	₩350,000		₩350,000

직접재료원가 ₩330,000−(₩30,000+₩230,000)=₩70,000

재료구입액 x+₩25,000−₩15,000=₩70,000 ∴ x=₩60,000

매출원가 ₩40,000+₩310,000−₩30,000=₩320,000

09 ④

(1) 직접재료원가

₩430,000(원재료매입)+₩45,000(매입운임)−₩15,000(재고증가액)=₩460,000

(2) 당기총제조원가

₩460,000(직접재료원가)+₩200,000(직접노무원가)+₩100,000+₩20,000+₩180,000(제조간접원가)=₩960,000

(3) 매출원가

₩960,000(당기제품제조원가*)+₩35,000(재고감소액)=₩995,000

* 기초와 기말재공품이 없으므로 당기 총 제조원가와 당기제품제조원가가 동일하다.

10 ⑤

전력비	₩4,588,960(당월지급액)+(₩1,530,000−₩1,270,800)(미지급비용 감소액)=	₩4,848,160
세금과 공과		920,690
임차료	₩6,720,000−(₩2,400,000−₩1,950,000)(미지급비용 증가액)=	6,270,000
보험료	₩8,720,060−₩3,651,800(선급비용증가)=	5,068,260
		₩17,107,110

11 ⑤

제 품

기 초 제 품	1,000,000	매 출 원 가	7,500,000
당기제품제조원가	8,000,000	기 말 제 품	1,500,000
	9,000,000		9,000,000

매출원가 ₩1,000,000+₩8,000,000−₩1,500,000=₩7,500,000

매출액 ₩7,500,000(매출원가)+₩2,500,000(매출총이익)=₩10,000,000

12 ③

(1) 당기발생가공원가 : ₩50,000÷40%=₩125,000

(2) 노무원가 : ₩125,000×60%=₩75,000

(3) 매출원가 : ₩500,000×70%=₩350,000

(4) 원가의 흐름

원 재 료

차변		대변	
기 초	39,000	사 용	a
매 입	150,000	기 말	?
	189,000		189,000

재 공 품

차변		대변	
기 초	52,000	당기제품제조원가	b
직접재료원가	a		
직접노무원가	75,000		
제조간접원가	50,000	기 말	?
	?		?

제 품

차변		대변	
기 초	40,000	매출원가	350,000
당기제품제조원가	b		
		기 말	?
	?		?

모든 재고자산계정의 차변과 대변을 모두 합치면 다음과 같다.

₩406,000+a+b=a+b+₩350,000+기말재고자산(원재료, 재공품, 제품)

따라서 기말재고자산의 합계는 ₩56,000으로 계산된다.

이상의 재고자산을 하나의 계정으로 통합해서 분석하면 전체 기말재고금액을 추정할 수 있다.

재고자산(원재료+재공품+제품)

차변				대변	
기 초	원 재 료	39,000		매 출 원 가	350,000
	재 공 품	52,000			
	제 품	40,000	131,000		
매 입			150,000		
직접노무원가			75,000		
제조간접원가			50,000	기 말	56,000
			406,000		406,000

① 재고자산을 통합하는 분석과 ② 성격별 손익계산서에서 조정하는 원재료와 관련 재고자산 항목은 다음과 같이 차이가 있으므로 주의해야 한다.

분석유형	발생액 집계항목	재고자산 조정항목
재고자산을 통합분석	원재료 매입액	원재료+재공품+제품
성격별 손익계산서	원재료 사용액	재공품+제품

13 ⑤

직접재료원가 : ₩300,000+₩1,600,000−₩400,000=₩1,500,000

당기총제조원가 : ₩1,500,000(DM)+₩2,500,000*(DL)+₩2,500,000(OH)=₩6,500,000

* 직접노무원가 : 가공원가의 50%

당기총제품제조원가 : ₩200,000+₩6,500,000−₩400,000=₩6,300,000

매출원가 : ₩500,000(기초제품)+₩6,300,000(당기제품제조원가)−x(기말제품)$=\frac{₩7,200,000}{1.2}$(매출원가) ∴ x=₩800,000

별해 재고자산통합

재고자산

기 초	1,000,000	매출원가	6,000,000*
매 입	1,600,000		
D L	2,500,000		
O H	2,500,000	기 말	800,000+x
	₩7,600,000		₩7,600,000

* ₩7,200,000÷1.2=₩6,000,000

14 ④

(1) 당기총제조원가

직접재료원가 : ₩33,000+₩115,000−₩62,000=₩86,000

직접노무원가 : ₩80,000

제조간접원가 : ₩80,000×50%=₩40,000

당기총제조원가 : ₩206,000

(2) 당기제품제조원가

₩255,000*+₩119,000−₩140,000=₩234,000

* 매출원가 : ₩340,000×(1−0.25)=₩255,000

(3) 기말재공품원가

₩100,000+₩206,000−₩234,000=₩72,000

원가의 흐름을 T계정에 나타내면 다음과 같다.

원재료

기 초	33,000	D M	86,000
매 입	115,000	기 말	62,000

노무원가

		D L	80,000

제조간접원가

		O H	40,000*1

재공품

기 초	100,000	당기제품제조원가	234,000
D M	86,000	기 말	x
D L	80,000		
O H	40,000		
	306,000		306,000

제 품

기 초	140,000	매출원가	255,000
당기제품제조원가	234,000	기 말	119,000

매출원가

255,000*2	

* 1. ₩80,000×50%=₩40,000 2. ₩340,000×(1−0.25)=₩255,000

재고자산

기 초	₩273,000	매출원가	₩340,000×0.75
매 입	115,000		=255,000
D L	80,000		62,000+x+119,000
O H	40,000	기 말	? → 283,000
	₩508,000		₩508,000

15 ①

(1) 제조간접원가와 판매관리비의 구분

	발생액	제조간접원가	판매관리비
공장감독자급여	₩100,000	₩100,000	
기타 제조간접원가	200,000	200,000	
전기료	200,000	120,000(60%)	₩80,000(40%)
감가상각비	500,000	400,000(80%)	100,000(20%)
기타판매관리비	400,000		400,000
합계	₩1,400,000	₩820,000	₩580,000

(2) 매출원가의 계산

직접재료원가			
기초원재료재고액	₩300,000		
당기원재료 매입액	1,200,000		
기말원재료재고액	(100,000)	₩1,400,000	
직접노무원가		3,000,000	
제조간접원가		820,000	
당기총제조원가		₩5,220,000	← 발생액
기초재공품재고액		1,000,000	재공품과 제품의 재고변동
기말재공품재고액		(800,000)	
당기제품제조원가		₩5,420,000	
기초제품재고액		700,000	
기말제품재고액		(300,000)	
매출원가		₩5,820,000	← 비용화된 금액

(3) 영업이익의 계산

Ⅰ. 매출액	₩7,400,000
Ⅱ. 매출원가	5,820,000
Ⅲ. 매출총이익	₩1,580,000
Ⅳ. 판매관리비	580,000
Ⅴ. 영업이익	₩1,000,000

별해

Ⅰ. 매출액	₩7,400,000	
Ⅱ. 재공품과 제품의 재고 감소	600,000	
원재료 사용	1,400,000	
직접노무원가	3,000,000	₩4,400,000
공장감독자급여	100,000	
기타제조간접원가	200,000	
전기료	200,000	
감가상각비	500,000	
본사의 기타 판매관리비	400,000	
Ⅲ. 영업이익	₩1,000,000	

주관식 문제

01 원가의 흐름과 손익계산서

(1) (주)원가가 당기매입한 원재료는 ₩300,000이며 재료원가 이외의 원가는 다음과 같다.

	제조원가	판매관리비	발생금액
급 여	₩240,000	₩100,000	₩340,000
감가상각비	100,000	50,000	150,000
보험료	100,000	50,000	150,000
기계수선유지비	60,000		60,000
광고비		50,000	50,000
합 계	₩500,000	₩250,000	₩750,000

(2) (주)원가의 매출액은 ₩900,000이며 재고자산금액은 다음과 같다.

	원 재 료	재 공 품	제 품
기초재고금액	₩100,000	₩200,000	₩250,000
기말재고금액	200,000	150,000	400,000

【물음 1】 당기총제조원가를 계산하시오.

【물음 2】 당기제품제조원가를 계산하시오.

【물음 3】 당기의 매출원가를 계산하시오.

【물음 4】 당기의 영업이익을 계산하시오.

【물음 5】 영업이익을 성격별 손익계산서 형식으로 표시하시오.

해답

[물음 1] 당기총제조원가

₩200,000* (직접재료원가) + ₩240,000 (직접노무원가) + ₩260,000 (제조간접원가) = ₩700,000 ← 제조원가 발생액

* 직접재료원가 = ₩100,000+300,000−₩200,000=₩200,000

[물음 2] 당기제품제조원가

₩200,000 (기초재공품) + ₩700,000 (당기총제조원가) − ₩150,000 (기말재공품) = ₩750,000

[물음 3] 당기의 매출원가

₩250,000 (기초제품) + ₩750,000 (당기제품제조원가) − ₩400,000 (기말제품) = ₩600,000 ← 비용화 금액

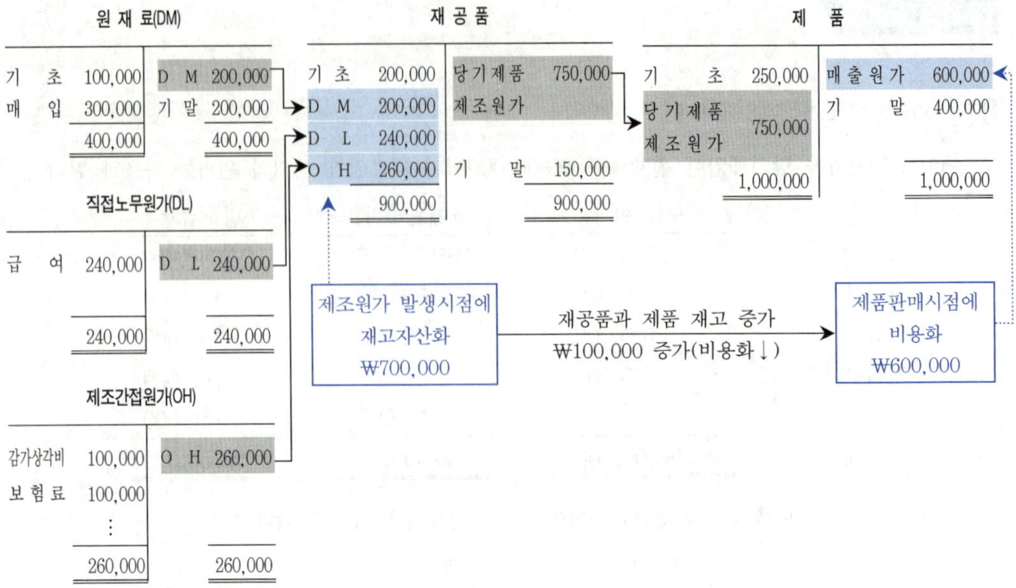

[물음 4] 영업이익

Ⅰ. 매 출 액		₩900,000
Ⅱ. 매출원가		600,000
Ⅲ. 매출총이익		₩300,000
Ⅳ. 판매관리비		
1. 급여	₩100,000	
2. 감가상각비	50,000	
3. 보험료	50,000	
4. 광고비	50,000	250,000
Ⅴ. 영업이익		₩50,000

[물음 5] 성격별 손익계산서

매 출 액		₩900,000
비 용 발 생 액		
재공품과제품변동	₩(100,000)	
원재료사용액	200,000	
급 여	340,000	
감가상각비	150,000	
보 험 료	150,000	
수선유지비	60,000	
광 고 비	50,000	850,000
영 업 이 익		₩50,000

손익계산서 유형	비용화된 금액 합계
기능별 손익계산서	₩600,000 + ₩250,000 = ₩850,000 매출원가 판매관리비 비용화된 총액
성격별 손익계산서	₩950,000 − ₩100,000 = ₩850,000 성격별 발생액 재공품/제품의 변동액 비용화된 총액

	기능별 분류		
	제조원가	판매관리비	성격별 금액
원재료사용액	₩200,000		₩200,000
종업원급여	240,000	100,000	340,000
감가상각비	100,000	50,000	150,000
보험료	100,000	50,000	150,000
수선유지비	60,000		60,000
광고비		50,000	50,000
발생액합계	₩700,000	₩250,000	₩950,000
기초재공품	200,000	발생액과 비용화 금액의 차이 (± 재공품과제품의 재고변동)	
기말재공품	(150,000)		
기초제품	250,000		
기말제품	(400,000)		
재공품과 제품의 변동액	₩100,000		₩100,000
비용화된 총금액	₩600,000	₩250,000	₩850,000
	↑ 매출원가 +	↑ 판매관리비 =	↑ 성격별 비용합계

02 원가의 흐름

(주)원가의 5월의 재고자산 관련 자료는 다음과 같다.

	기초잔액	기말잔액
원재료	₩30,000	₩20,000
재공품	40,000	20,000
제품	50,000	40,000

(1) 당기원재료 매입액은 ₩120,000이며 매입부대비용으로 ₩20,000을 지급하였다.

(2) 당기에 급여 현금지급액은 ₩227,500이며 소득세 등 원천징수액은 ₩10,000이다. 급여 중에서 제조부문의 작업자부분은 80%이며 20%는 영업부문의 급여이다.

(3) 감가상각비는 ₩100,000이며 이 중에서 제조부문에 40%가 배분된다.

(4) 5월의 매출액은 ₩800,000이며 기타의 비용의 내역은 다음과 같다.

공장수도광열비	₩20,000	본사임차료	₩30,000
공장기타경비	50,000	공장임차료	100,000

【물음 1】 직접재료원가를 계산하시오.

【물음 2】 직접노무원가를 계산하시오.

【물음 3】 제조간접원가를 구하시오.

【물음 4】 당기제품제조원가를 계산하시오.

【물음 5】 당기의 영업이익을 계산하시오.

【물음 6】 회사의 20×1년 발생한 원가 중에서 당기총원가의 성격별 발생액을 계산하시오.

【물음 7】 영업이익을 성격별 손익계산서 형식으로 표시하시오.

해답

[물음 1] 직접재료원가

₩30,000+₩140,000*−₩20,000=₩150,000
기초원재료 당기매입액 기말원재료

* 당기매입액=₩120,000+₩20,000(매입부대비용)=₩140,000

[물음 2] 직접노무원가

₩227,500+₩10,000*=₩237,500 ← 직접노무원가 발생액
현금지급액 예수금

* 소득세등 공제액은 예수금으로 회사에서 근로자에게는 지급하지 않지만 세무서등에 납부하는 예수금으로 노무원가 발생액에 포함해야 한다.

직접노무원가 ₩237,500×80%=₩190,000

[물음 3] 제조간접원가

공장감가상각비	₩100,000×40%=	₩40,000
공장수도광열비		20,000
공장기타경비		50,000
공장임차료		100,000
합계		₩210,000

[물음 4] 당기제품제조원가

(1) 당기총제조원가

₩150,000+₩190,000+₩210,000=₩550,000
직접재료원가 직접노무원가 제조간접원가

(2) 당기제품제조원가

₩40,000+₩550,000−₩20,000=₩570,000
기초재공품 당기총제조원가 기말재공품

원재료

차변	금액	대변	금액
5/1	₩30,000	직접재료원가	₩150,000
매 입	140,000	5/31	20,000
	₩170,000		₩170,000

재공품

차변	금액	대변	금액
5/1	₩40,000	당기제품제조원가	₩570,000
직접재료원가	150,000	5/31	20,000
직접노무원가	190,000		
제조간접원가	210,000		
	₩590,000		₩590,000

제품

차변	금액	대변	금액
5/1	₩50,000	매 출 원 가	₩580,000
당기제품제조원가	570,000	5/31	40,000
	₩620,000		₩620,000

[물음 5] 영업이익

Ⅰ. 매출액			₩800,000
Ⅱ. 매출원가			
1. 기초제품재고원가		₩50,000	
2. 당기제품제조원가		570,000	
3. 기말제품재고원가		(40,000)	580,000
Ⅲ. 매출총이익			₩220,000
Ⅳ. 판매관리비			
1. 급여	₩237,500×20%=	₩47,500	
2. 감가상각비	₩100,000×60%*=	60,000	
3. 본사임차료		30,000	137,500
Ⅴ. 영업이익			₩82,500

* 다른 가정이 없는 한 제조부문은 제외한 부분(1－40%)은 판매관리비에 배분한다.

[물음 6] 성격별 원가와 기능별 원가

(1) 당기총원가의 성격별 발생액

재료비		₩150,000
급여		237,500
감가상각비		100,000
수도광열비		20,000
공장기타경비		50,000
임차료	₩100,000+₩30,000=	130,000
비용발생액 합계		₩687,500

[물음 7] 성격별 손익계산서

매출액		₩800,000
비용발생액		
재공품과제품변동*	₩30,000	
재료사용	150,000	
급여	237,500	
감가상각비	100,000	
수도광열비	20,000	
공장기타경비	50,000	
임차료	130,000	717,500
영업이익		₩82,500

발생액 ₩687,500 (재료사용~임차료)

* 재고자산변동

기초재공품	₩40,000
기말재공품	(20,000)
기초제품	50,000
기말제품	(40,000)
재고감소액	₩30,000

03 재고자산의 원가추정

(주)동대문은 4차년도 6월 1일 공장에 큰 화재가 발생하였다. 불행 중 다행으로 회계자료 중 일부는 본사 건물에 보존되어 있었다. 4차년도 1월 1일부터 화재발생일인 4차년도 6월 1일까지의 회계자료는 다음과 같다.

	재고자산	
	4차년도 1. 1.	4차년도 6. 1.
원재료	₩15,000	?
재공품	20,000	?
제품	130,000	?

[추가자료]

당기원재료매입원가	₩150,000	매출액	₩600,000
직접노무원가	150,000	매출총이익률	35%
기본원가	290,000	총판매가능제품	₩500,000
제조간접원가	가공원가의 40%		

[물음] 4차년도 6월 1일에 소실된 재고자산의 원가를 추정하시오.

해답

1. 원가의 흐름

원 재 료

1/1	15,000	직접재료원가	140,000[*1]
매 입	150,000	6/1	25,000
	165,000		165,000

재 공 품

1/1	20,000	당기제품제조원가	370,000[*4]
직접재료원가	140,000	6/1	40,000
직접노무원가	150,000[*1]		
제조간접원가	100,000		
	410,000[*2]		410,000

제 품

1/1	130,000	매 출 원 가	390,000[*3]
당기제품제조원가	370,000[*4]	6/1	110,000
	500,000		500,000

*1. ₩290,000 = a + ₩150,000 ∴ 직접재료원가(a)=₩140,000
기본원가 직접재료원가 직접노무원가

2. b = (₩150,000+b)×40% ∴ 제조간접원가(b)=₩100,000
제조간접원가 가공원가

3. ₩600,000 − c = ₩600,000×35% ∴ 매출원가(c)=₩390,000
매출액 매출원가 매출총이익

4. ₩130,000 + d = ₩500,000 ∴ 당기제품제조원가(d)=₩370,000
기초제품재고원가 당기제품제조원가 총판매가능제품

2. 4차년도 6월 1일 소실된 재고자산의 추정원가

원 재 료	₩25,000
재 공 품	40,000
제 품	110,000
합 계	₩175,000

별해

소실된 재고자산의 총액만을 구할 때는 재고자산계정을 원재료, 재공품, 제품으로 구분하지 않고 통합해서 소실된 재고자산의 총계를 추정할 수도 있다.

재고자산(원재료+재공품+제품)

기 초	₩165,000*	매 출 원 가	₩390,000
매 입	150,000		
직접노무원가	150,000		
제조간접원가	100,000	기 말 재 고	175,000
	565,000		565,000

* 기초재고 : ₩15,000+₩20,000+₩130,000=₩165,000

CHAPTER

02

Cost & Management Accounting

개별원가계산

제1절 원가계산의 의의

원가계산은 제품의 원가를 집계해서 계산하는 과정으로 이를 구분하면 ① 제조에 투입된 원가를 집계하는 과정과 ② 제조한 산출물의 원가를 계산하는 과정으로 구분할 수 있다.

① 투입원가의 집계 : 공정에 투입된 직접재료원가와 직접노무원가 및 제조간접원가를 재공품계정의 차변에 집계해서 당기총제조원가를 파악한다. 재공품계정의 차변에 집계되는 기초재공품원가와 당기총제조원가는 제조과정에 투입된 원가로서 발생주의에 따라 회계처리하면 알 수 있으므로 별도로 원가계산이 필요하지 않다.

② 산출물원가의 계산 : 당기제품제조원가와 기말재공품원가는 기업내부에서 제조를 통해 산출한 물량으로 그 단가가 확정되어 있지 않다. 예를 들어 기말에 제조공정에 남아 있는 재공품은 재고실사를 통해서 수량은 파악할 수 있지만 원가계산을 하지 않으면 단가를 알 수 없다. 따라서 산출물의 단가를 확정하기 위해 원가계산과정이 필요하다.

재 공 품

기 초 재 고	×××	당기제품제조원가	×××
직 접 재 료 원 가	×××		
직 접 노 무 원 가	×××		
제 조 간 접 원 가	×××	기 말 재 고	×××
합 계	×××	합 계	×××

① 공정투입원가
발생주의에 따라 당기총제조원가를 집계

② 산출물 원가 → 원가계산이 필요
• 개별원가계산 : 주문생산기업
• 종합원가계산 : 연속대량생산기업

산출물의 단위당 원가를 결정하기 위해서는 기말재공품이나 완성된 제품에 각각 투입된 재료원가나 노무원가 및 제조간접원가가 얼마인지를 계산하는 원가계산과정이 필요하다. 이런 목적으로 원가를 계산하는 방법에는 크게 개별원가계산과 종합원가계산이 있다.

① 개별원가계산 : 조선업, 기계제작업과 같이 여러 종류의 제품을 주문에 의해 생산하는 업종에 사용하는 원가계산방법이다.

② 종합원가계산 : 정유업, 화학공업과 같이 한 종류의 제품을 대량으로 반복 생산하는 업종에서 사용하는 원가계산방법이다.

개별원가계산이나 종합원가계산을 적용해서 기말재공품·기말제품의 원가를 계산하고 나면 이를 기초로 당기제품제조원가와 매출원가를 계산한다. 원가계산을 통해 얻어진 제품이나 용역의 원가정보는 재무제표작성을 위해서 필수적이지만 그 목적이외에도 제품의 가격결정이나 수익성 파악 또는 입찰계약의 낙찰여부를 파악할 때에도 중요한 정보로 활용된다.

제 2 절 개별원가계산의 기본개념

'개별원가계산(job-order costing)'은 개별제품이나 작업별로 원가를 집계하고 배부하는 방법으로 주문에 따라 다양한 종류의 제품을 생산하는 조선업이나 기계제작업 및 항공기산업 등에서 사용하는 원가계산방법이다. 여기서 '작업(job)'은 별도로 원가를 집계하는 단위를 말하며, 제품 각각을 별도의 작업 단위로 정할 수도 있고, 묶음(batch)생산방식에 의해 생산되는 동종의 여러 제품(예 수제의자 5개)을 하나의 작업단위로 정할 수도 있다.

1. 개별원가계산의 계산절차

개별원가계산은 각 작업별로 독립적으로 원가를 집계한다. 따라서 개별원가계산을 적용하기 위해서는 우선 원가계산 대상이 되는 작업을 설정해야 한다. 작업이 설정되고 나면 제조원가를 작업별로 집계해야 하는데 그 과정은 다음과 같이 두 단계를 거쳐 계산된다.

1단계 : 직접원가의 집계

작업별로 추적가능한 직접원가(직접재료원가+직접노무원가)를 파악하여 각 작업 단위에 바로 추적해서 집계한다. 즉, 원재료가 작업에 투입될 때마다 직접재료원가로 바로 집계하고, 생산작업자가 작업시간을 사용할 때마다 직접노무원가로 바로 집계한다.

2단계 : 제조간접원가의 배분

작업별로 추적할 수 없는 제조간접원가는 구성항목이 다양하므로 우선 제조간접원가라는 계정에 집계하여 이를 적절한 배부기준에 따라 개별작업에 배부한다. 제조간접원가에는 간접재료원가, 간접노무원가, 공장감가상각비, 동력비 등이 포함된다.

개별원가계산의 계산절차

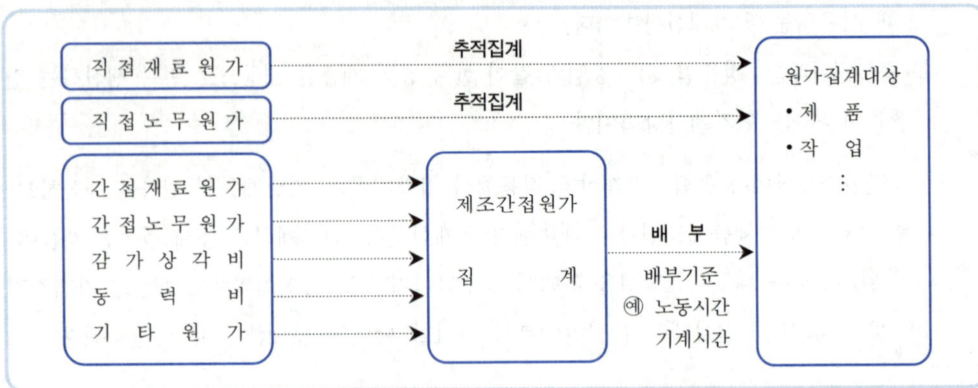

개별원가계산을 적용하고 있는 기업은 개별작업별로 원가를 분리하여 기록하기 위해, 작업별로 원가를 집계하는 작업원가표(job cost sheet)에 투입된 원가를 기록한다. 따라서 다음의 사례와 같은 작업원가표에는 각 작업이 완성되어감에 따라 직접재료원가와 직접노무원가가 모두 추적되어 집계되며 제조간접원가만 추가적으로 배분하면 개별작업의 원가를 모두 계산할 수 있다.

작업원가표의 사례

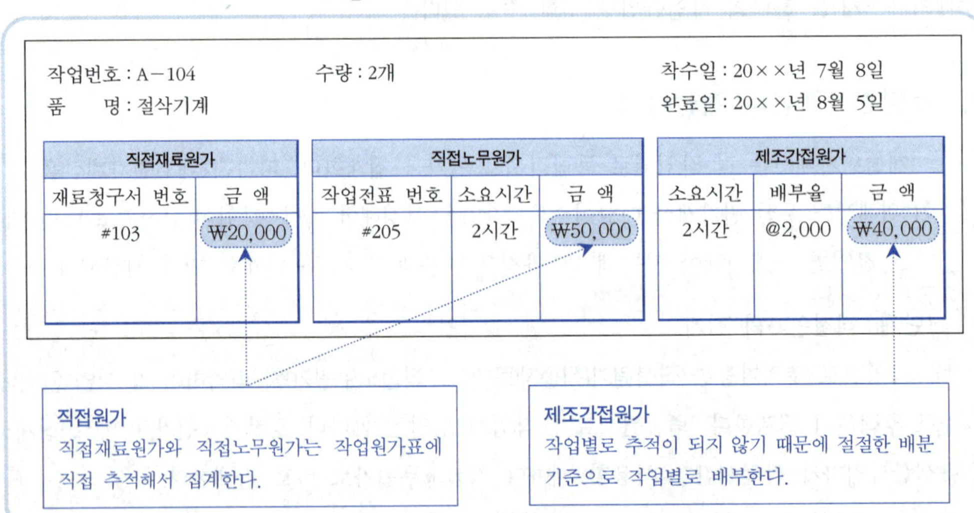

2. 제조간접원가의 배부

제조간접원가를 각 작업에 배분하기 위해서는 작업별로 측정가능한 공통적인 배분기준을 선택해서 배분해야 한다. 제조간접원가를 작업에 배분하기 위한 배분기준으로는 주로 ① 노동시간이나 ② 기계시간 또는 ③ 직접노무원가가 많이 사용된다. 제조간접원가 배부기준을 결정할 때는 다음의 항목을 고려해서 선택한다.

- 제조간접원가와 상관관계가 높고 논리적으로 타당한 인과관계가 있는 기준
- 쉽게 적용할 수 있는 기준

제조간접원가 배부기준을 결정하고 나면 제조간접원가계정에 집계된 금액을 배부기준의 조업도로 나누어서 제조간접원가 배부율을 결정한다. 여기서 조업도는 배부기준의 실제 사용량을 말한다.

$$\text{제조간접원가 배부율} = \frac{\text{제조간접원가 발생액}}{\text{배부기준의 조업도}}$$

제조간접원가 배분기준
- 제조간접원가와 상관관계가 높고 적용이 쉬운 기준
- ① 노동시간, ② 기계시간, ③ 직접노무원가가 많이 사용된다.

작업원가표에는 직접재료원가와 직접노무원가가 이미 집계되어 있으므로, 작업별로 집계된 배부기준량에 제조간접원가 배부율을 곱해서 제조간접원가를 배부하고 나면 개별작업의 원가는 모두 집계된다.

예제 [2-1] 개별원가계산의 적용

(주)원가산업의 4월 월초재고는 없었으며, 4월 중 다음의 세 가지 작업을 착수해서 진행하였고, 작업이 진행될 때마다 직접원가를 작업원가표에 다음과 같이 집계하였다.

	#401	#402	#403	합 계
직접재료원가	₩100,000	₩250,000	₩150,000	₩500,000
직접노무원가	150,000	200,000	250,000	600,000
직접노동시간	200시간	250시간	350시간	800시간

제조간접원가의 배부기준으로는 직접노동시간을 사용하기로 결정하였고, 4월 중에 발생한 제조간접원가를 집계한 결과 ₩800,000이 발생하였다.

요구사항

1. 제조간접원가 배부율을 구하시오.
2. 작업별 제조원가를 구하시오.

해답

1. 제조간접원가배부율

$\frac{₩800,000}{800시간}$ = 직접노동시간당 ₩1,000

2. 작업별 제조원가

	#401	#402	#403	합 계
직접재료원가	₩100,000	₩250,000	₩150,000	₩500,000
직접노무원가	150,000	200,000	250,000	600,000
제조간접원가*	200,000	250,000	350,000	800,000
합 계	₩450,000	₩700,000	₩750,000	₩1,900,000

직접원가는 작업별로 추적해서 집계

제조간접원가 배부액
작업별 실제노동시간에 제조간접원가 배부율을 곱해서 배부
* 작업별 직접노동시간×@1,000(배부율)

제 3 절 개별원가계산의 회계처리

앞 절에서는 개별원가의 계산절차에 대해 살펴보았다. 이번 절에서는 다음의 예제를 이용해서 제조원가의 집계과정과 개별원가계산의 회계처리에 대해 살펴보도록 하겠다.

예제 [2-2] 개별원가계산의 회계처리

(주)원가는 공작기계를 제작하는 회사로 매월 원가계산을 하고 있다. 4월초에는 기초재공품으로 #303작업이 있었으며, 4월에 작업 #401, #402가 새로 착수되었다. (주)원가의 제조 및 판매활동과 관련된 자료는 다음과 같다.

(1) (주)원가의 3월말 재고자산은 다음과 같으며 4월 중에는 ₩550,000의 원재료를 외상으로 매입하였으며, 노무원가 발생액은 ₩800,000이였다.

원재료	₩100,000
재공품(#303)	120,000
제　품(#302)	800,000

(2) 4월 중에 발생한 제조관련원가와 판매관리비는 다음과 같으며 제조간접원가의 배부기준으로는 직접노무원가를 사용하기로 결정하였다.

기계장치감가상각비	₩130,000	본사건물감가상각비	₩300,000
기계장치보험료	120,000	본사건물화재보험료	160,000
기계수선유지비	280,000	판매수수료	120,000
공장수도광열비	100,000	여비교통비	150,000

(3) (주)원가는 4월에 월초에 남아 있던 #303작업과 4월 중에 신규로 착수한 #401, #402를 작업하였으며, #303과 #401이 완성되었고, 작업이 진행될 때마다 직접원가는 작업원가표에 다음과 같이 집계하였다.

	#303	#401	#402	합　계
직접재료원가	₩100,000	₩250,000	₩150,000	₩500,000
직접노무원가	120,000	300,000	180,000	600,000

(4) 재고실사 결과 4월말의 원재료 재고금액은 ₩80,000이었고, 재공품 재고로는 작업#402가 있었으며, 제품재고로는 작업 #401이 남아 있었다.

(5) 4월 동안 #302가 ₩1,500,000에 판매되었고, #303이 ₩950,000에 판매되었다.

요구사항

1. 투입된 원가를 집계하는 회계처리를 하시오.
2. 산출물에 대한 회계처리를 하시오.
3. 기능별 구분방법과 성격별 구분방법에 따라 손익계산서를 작성하시오.

1. 투입원가집계의 회계처리

공정에 투입된 직접재료원가와 직접노무원가 및 제조간접원가는 발생주의에 따라 회계처리하면 발생액을 알 수 있고 그 금액을 재공품계정의 차변에 집계하여 당기총제조원가를 파악한다.

(1) 직접재료원가의 회계처리

원재료는 매입하는 시점에 매입액을 원재료계정에 기록하고, 생산을 위해 원재료가 출고될 때에는 개별작업의 작업원가표에 직접재료원가로 기록한다. 단, 작업원가표에는 재료가 사용될 때마다 직접재료원가를 기록하지만, 직접재료원가를 원재료계정에서 재공품계정으로 대체하는 것은 회계연도 기말에 일괄해서 분개한다.

한편, 원재료계정에서 사용된 재료원가가 각 작업원가표에 집계된 직접재료원가보다 더 큰 경우에 이 차이금액은 개별작업으로 추적되지 않는 간접재료원가에 해당하므로 제조간접원가의 차변에 집계한다.

① **회계기간 중에 원재료 매입시점** : 매입액을 원재료계정의 차변에 기록한다.

(차) 원 재 료	550,000	(대) 매 입 채 무	550,000

② **기말원가계산시점** : 재고실사를 통해서 기말원재료의 원가를 확정하고 원재료의 사용가능액(기초원재료+당기매입액)에서 기말원재료원가를 차감한 금액이 재료원가가 된다.

(차) 재 공 품	500,000	(대) 원 재 료	570,000*1
제조간접원가	70,000*2		

* 1. 재료원가 : ₩100,000+₩550,000−₩80,000=₩570,000
  2. 간접재료원가 : ₩570,000−₩500,000=₩70,000

간접재료원가
원재료사용액 중에서 직접재료원가를 초과하는 금액은 간접재료원가로 제조간접원가에 집계해야 한다.

여기서 주의할 점은 원재료계정을 통해서 계산된 재료원가는 ₩570,000이지만 작업원가표에 집계된 직접재료원가는 ₩500,000이므로 그 차이인 ₩70,000은 간접재료원가로 제조간접원가계정의 차변에 집계되어야 한다.

(2) 직접노무원가의 회계처리

현금으로 지급한 노무원가와 미지급노무원가를 모두 집계하여 노무원가발생액을 파악하고 이를 재공품계정의 차변에 기록한다. 한편, 당기발생액이 각 작업원가표에 집계된 직접노무원가보다 큰 경우에 그 차이금액은 개별작업으로 추적되지 않는 간접노무원가에 해당하므로 제조간접원가의 차변에 집계한다.

① 기말원가계산시점(노무원가의 집계시점)

(차) 재 공 품	600,000	(대) 노 무 원 가	800,000
제 조 간 접 원 가	200,000*		

* 간접노무원가 : ₩800,000−₩600,000=₩200,000

간접노무원가
노무원가 발생액 중에서 직접노무원가를 초과하는 금액은 간접노무원가로 제조간접원가에 집계해야 한다.

예제에서 노무원가발생액은 ₩800,000이지만 작업원가표에 집계되어 있는 직접노무원가는 ₩600,000이므로 그 차이인 ₩200,000은 간접노무원가로 제조간접원가 계정의 차변에 집계되어야 한다.

(3) 제조간접원가의 회계처리

감가상각비·동력비·수도광열비 등과 같은 다양한 제조간접원가의 구성비용 발생액을 제조간접원가계정에 집계한 뒤에 재공품계정에 기록한다.

① **제조간접원가 발생액의 집계시점** : 각 원가계정은 그 대변에 발생액을 기록하고 제조간접원가계정의 차변에 동일금액을 기록해서 제조간접원가에 해당하는 모든 원가발생액을 제조간접원가계정의 차변에 집계한다.

(차)	제조간접원가	900,000	(대)	간접재료원가	70,000
				간접노무원가	200,000
				감가상각비	130,000
				보험료	120,000
				수선유지비	280,000
				수도광열비	100,000

② **기말원가계산시점** : 제조간접원가 계정에 집계된 금액을 재공품계정의 차변에 집계한다.

(차)	재공품	900,000	(대)	제조간접원가	900,000

제조간접원가까지 재공품계정 차변에 집계하면 직접재료원가와 직접노무원가 및 제조간접원가를 모두 재공품계정의 차변에 집계되어 당기총제조원가를 파악할 수 있다.

₩500,000	+	₩600,000	+	₩900,000	=	₩2,000,000
직접재료원가		직접노무원가		제조간접원가		당기총제조원가

한편, 판매관리비는 발생시점에 기간비용으로 처리하므로 발생액을 집계해서 바로 손익계산서에 보고한다. 판매관리비는 제조활동과 관련이 없이 발생한 원가로 광고비, 본사건물의 감가상각비, 판매직원 급여, 사무용 건물의 전력비 등이 있다.

2. 산출물의 원가계산과 회계처리

완성된 제품이나 기말재공품은 공정에서 생산한 재고자산으로 외부에서 구입한 원재료처럼 단가가 결정되어 있지 않다. 따라서 산출물의 단가를 결정하기 위해서는 원가계산을 해야 하는데 개별원가계산에서는 개별작업별로 원가를 집계하여 계산한다. 원가계산이 이루어지고 나면 계산된 원가정보를 기초로 기말재공품과 기말제품의 금액을 확정하고 회계처리를 한다.

(1) 개별원가계산에 의한 산출물 금액 결정

각 작업원가표에는 직접원가만 파악되어 있기 때문에 제조간접원가는 제조간접원가 배부율을 계산한 후에 각 작업에 배부해서 작업별 제조원가를 계산한다.

① **제조간접원가 배부율 계산** : 실제제조간접원가를 직접노무원가총액으로 나누어 배부율을 계산한다.

$$\frac{₩900,000}{₩600,000} = \text{직접노무원가의 } 150\%$$

② **작업별 제조원가계산** : 각 작업별로 작업원가표에 집계된 직접원가와 직접노무원가에 배부율을 곱해서 구한 제조간접원가를 합해서 계산한다.

	#303	#401	#402	합 계	
기초재공품원가	₩120,000	–	–	₩120,000	
직접재료원가	100,000	250,000	150,000	500,000	당기 총제조 원가
직접노무원가	120,000	300,000	180,000	600,000	
제조간접원가*	180,000	450,000	270,000	900,000	
합 계	₩520,000	₩1,000,000	₩600,000	₩2,120,000	

* 직접노무원가×150%

(2) 당기제품제조원가의 회계처리

작업별 제조원가를 계산하고 나면 기말재공품으로 남아 있는 작업의 원가합계가 기말재공품원가가 된다. 따라서 재공품 계정의 차변금액(기초재공품원가+당기총제조원가)에서 기말재공품 원가를 차감해서 당기제품제조원가를 계산한다.

$$\underbrace{₩120,000}_{\text{기초재공품(\#303)}} + \underbrace{₩2,000,000}_{\text{당기총제조원가}} - \underbrace{₩600,000}_{\text{기말재공품(\#402)}} = ₩1,520,000$$

① **당기제품제조원가의 계산시점** : 당기제품제조원가는 재공품계정의 대변에 기록하고 제품계정의 차변에 기록한다.

(차) 제 품 1,520,000 (대) 재 공 품 1,520,000

(3) 매출원가의 회계처리

당기제품제조원가를 제품계정 차변에 집계하고 나면 판매가능제품(기초제품+당기제품제조원가)을 파악할 수 있고, 판매가능제품금액에서 기말제품계정잔액을 차감해서 매출원가를 계산한다.

② **매출원가의 계산시점** : 매출원가금액은 제품계정의 대변에 기록하고 매출원가 계정의 차변에 기록한다.

(차) 매 출 원 가	1,320,000*	(대) 제 품	1,320,000

* 매출원가 : ₩800,000+₩1,520,000−₩1,000,000=₩1,320,000
  (₩800,000: 기초제품(#302), ₩1,000,000: 기말제품(#401))

02

(4) 발생액과 비용화금액이 차이

공통예제의 발생한 당기총제조원가를 집계하고 비용화된 매출원가를 회계처리하는 과정을 T계정을 이용해서 살펴보면 다음과 같다.

재공품

차변		대변	
기 초 재 고	120,000	당기제품제조원가	1,520,000
직접재료원가	500,000		
직접노무원가	600,000		
제조간접원가	900,000	기 말 재 고	600,000
합 계	2,120,000	합 계	2,120,000

(직접재료원가, 직접노무원가, 제조간접원가: 당기총제조원가)

제 품

차변		대변	
기 초 재 고	800,000	매출원가	1,320,000
당기제품제조원가	1,520,000	기말제품	1,000,000
합 계	2,320,000	합 계	2,320,000

당기발생액(당기총제조원가)	₩2,000,000	재공품과 제품의 기초재고	₩920,000
비용화된 금액(매출원가)	1,320,000	재공품과 제품의 기말재고	1,600,000
발생액과 비용화금액의 차이	₩680,000	재고증가액	₩680,000

(₩680,000 ↔ ₩680,000: 동일한 금액)

제조원가 발생액인 당기총제조원가와 비용화된 매출원가의 차이 ₩680,000은 재공품과 제품의 재고변동금액 ₩680,000과 일치하며 재고증가액만큼 비용화된 금액이 감소한다.

3. 손익계산서의 작성

손익계산서는 기능별 구분방법에 의한 손익계산서와 성격별 구분방법에 의한 손익계산서를 모두 작성할 수 있다. 두 가지 유형의 손익계산서를 작성하고 비교하기 위해서 우선 총원가 발생액과 비용화된 금액을 분석해 보면 다음과 같다.

	기능별 분류		
	제조원가	판매관리비	성격별 금액
원재료사용액	₩570,000*		₩570,000
종업원급여	800,000*		800,000
감가상각비	130,000	₩300,000	430,000
보험료	120,000	160,000	280,000
수선유지비	280,000		280,000
수도광열비	100,000		100,000
판매수수료		120,000	120,000
여비교통비		150,000	150,000
발생액합계	₩2,000,000	₩730,000	₩2,730,000
기초재공품	120,000		
기말재공품	(600,000)		
기초제품	800,000		
기말제품	(1,000,000)		
재공품과 제품의 변동액	₩(680,000)		₩(680,000)
비용화된 총금액	₩1,320,000	₩730,000	₩2,050,000

* 성격별 금액을 집계하는 경우에는 직접원가와 간접원가로 구분하는 것이 아니라 성격이 같은 금액은 함께 표시하므로 간접재료원가도 원재료사용액에 포함되고 간접노무원가도 종업원급여에 포함된다.

(1) 기능별 구분방법에 의한 포괄손익계산서

기능별 구분방법에 의한 손익계산서는 매출원가와 판매관리비가 표시되어 매출총이익과 영업이익 나타나도록 다음과 같이 손익계산서를 작성한다.

기능별 포괄손익계산서

Ⅰ. 매출액	₩1,500,000+₩950,000=	₩2,450,000
Ⅱ. 매출원가		
1. 기초제품재고원가	₩800,000	
2. 당기제품제조원가	1,520,000	
3. 기말제품재고원가	(1,000,000)	1,320,000
Ⅲ. 매출총이익		₩1,130,000
Ⅳ. 판매비와 관리비		
1. 감가상각비	₩300,000	
2. 보험료	160,000	
3. 판매수수료	120,000	
4. 여비교통비	150,000	730,000
Ⅴ. 영업이익		₩400,000

한편, 원재료부터 시작해서 당기제품제조원가가 계산되는 과정을 제조원가명세서를 이용해서 살펴보면 다음과 같다.

제조원가명세서

I. 직접재료원가		
1. 기초원재료	₩100,000	
2. 당기매입액	550,000	
3. 사용가능액	₩650,000	
4. 타계정대체*	(70,000)	
5. 기말원재료	(80,000)	₩500,000
II. 직접노무원가		600,000
III. 제조간접원가		900,000
IV. 당기총제조원가		₩2,000,000
V. 기초재공품재고액		120,000
합 계		₩2,120,000
VI. 기말재공품재고액		(600,000)
VII. 당기제품제조원가		₩1,520,000

* 간접재료원가로서 제조간접원가계정으로 대체된 금액

(2) 성격별 구분방법에 의한 포괄손익계산서

성격별 구분방법에 의한 손익계산서는 비용성격별로 총금액이 표시되도록 손익계산서를 작성한다. 한편 성격별비용발생액 총액과 비용화된 총액과의 차이인 재공품과 제품의 재고변동금액이 다음과 같이 표시되어 기능별 구분방법에 의한 손익계산서와 영업이익은 동일한 금액이 계산된다.

성격별 포괄손익계산서

I. 매출액		₩2,450,000
II. 제품과 재공품변동	₩(680,000)	
원재료사용액	570,000	
종업원급여	800,000	
감가상각비	430,000	
보험료	280,000	
수선유지비	280,000	
수도광열비	100,000	
판매수수료	120,000	
여비교통비	150,000	2,050,000
III. 영업이익		₩400,000

제 4 절 부문별 제조간접원가 배부

제조기업에는 여러 제조부문을 통해서 제품을 생산하는 경우가 많은데, 각 제조부문의 작업환경이 서로 크게 다른 경우에는 부문별로 제조간접원가가 발생하는 방식도 달라진다. 예를 들어 조립부문은 주로 노동력에 의존해서 작업이 진행되고 용접부문은 주로 로봇에 의해서 작업이 진행된다면 조립부문과 용접부문의 제조간접원가는 서로 다른 원인에 따라 발생한다.

1. 부문별 제조간접원가 배부방법

이런 경우에는 공장전체 제조간접원가를 하나의 배부율로 배부하는 방법보다는 부문별로 구분해서 제조간접원가를 집계하고, 부문별로 별도의 배부기준으로 제조간접원가를 배분할 때 보다 정확하게 제조간접원가를 배분할 수 있다. 공장전체배부율을 사용하는 경우와 부문별 배부율을 사용하는 경우의 차이는 다음과 같다.

구 분	공장전체배부율	부문별 배부율
① 제조간접원가의 집계	공장전체 제조간접원가집계	부문별로 제조간접원가 집계
② 제조간접원가 배부율	$\frac{\text{공장전체 제조간접원가}}{\text{공장전체 배부기준 조업도}}$	$\frac{\text{부문별 제조간접원가}}{\text{부문별배부기준 조업도}}$
③ 작업별 배부	작업별 배부기준×배부율	∑(부문별 배부기준×부문 배부율)

예제[2-3] 부문별 제조간접원가배부율의 적용

(주)원가산업은 조립부문과 용접부문을 거쳐서 제품이 생산되고 있으며 부문별 제조간접원가배부율을 사용한다. 두 공정에서 발생한 제조간접원가와 관련된 자료는 다음과 같다.

	조립부문	용접부문	전체합계
제조간접원가	₩400,000	₩500,000	₩900,000

4월에 월초재고는 없었으며 다음의 세 가지 작업을 착수해서 진행하였고, 작업이 진행될 때마다 직접원가는 작업원가표에 다음과 같이 집계하였다.

	#401	#402	#403	합 계
직접재료원가	₩100,000	₩250,000	₩150,000	₩500,000
직접노무원가	150,000	200,000	250,000	600,000
노 동 시 간				
조 립 부 문	200시간	250시간	350시간	800시간
용 접 부 문	100시간	50시간	50시간	200시간
합 계	300시간	300시간	400시간	1,000시간
기 계 시 간				
조 립 부 문	200시간	100시간	200시간	500시간
용 접 부 문	150시간	100시간	250시간	500시간
합 계	350시간	200시간	450시간	1,000시간

요구사항

1. 공장전체 제조간접원가 배부율을 사용하는 경우에 다음을 구하시오. 제조간접원가 배부기준으로는 노동시간을 사용한다.
   (1) 제조간접원가 배부율
   (2) 작업별 제조원가
2. 부문별 제조간접원가배부율을 구하시오. 단, 조립부문은 직접노동시간을, 용접부문은 기계시간을 기준으로 제조간접원가를 작업에 배부한다.
   (1) 부문별 제조간접원가 배부율
   (2) 작업별 제조원가

해답

1. 공장전체 제조간접원가 배부율
   (1) 제조간접원가배부율

$$\text{실제 제조간접원가 배부율} = \frac{₩900,000}{1,000\text{시간}} = \text{직접노동시간당 } ₩900$$

   (2) 작업별 제조원가

	#401	#402	#403	합 계
직접재료원가	₩100,000	₩250,000	₩150,000	₩500,000
직접노무원가	150,000	200,000	250,000	600,000
제조간접원가*	270,000	270,000	360,000	900,000
합 계	₩520,000	₩720,000	₩760,000	₩2,000,000

* 작업별 직접노동시간×@900(배부)

2. 부문별 제조간접원가 배부율

(1) 제조간접원가배부율

① 조립부문의 제조간접원가배부율 $= \frac{₩400,000}{800시간}$ = 직접노동시간당 ₩500

조립부문에서 사용한 노동시간을 기준으로 배부율을 계산

② 용접부문의 제조간접원가배부율 $= \frac{₩500,000}{500시간}$ = 직접기계시간당 ₩1,000

용접부문에서 사용한 기계시간을 기준으로 배부율을 계산

(2) 작업별 제조원가

	#401	#402	#403	합 계
직접재료원가	₩100,000	₩250,000	₩150,000	₩500,000
직접노무원가	150,000	200,000	250,000	600,000
제조간접원가				
조 립 부 문*1	100,000	125,000	175,000	400,000
용 접 부 문*2	150,000	100,000	250,000	500,000
작업별 원가	₩500,000	₩675,000	₩825,000	₩2,000,000

*1. 작업별 직접노동시간×@500(배부율)
2. 작업별 기계시간×@1,000(배부율)

부문별 제조간접원가 배부
- 부문별로 다른 배부기준을 사용
- 총제조간접원가 배부액은 공장전체배부율을 사용하는 경우와 동일하다.

공장전체 제조간접원가배부율이 부문별 제조간접원가배부율보다 구하기 쉽고, 사용하기도 간편하다. 하지만 제조부문 사이에 제조간접원가의 규모가 크게 다르거나, 각 부문마다 투입되는 노동시간이나 노무원가가 상이한 경우에는 공장전체제조간접원가배부율을 사용하는 것보다 부문별 제조간접원가배부율을 사용하는 것이 보다 정확하게 제조간접원가를 배부할 수 있어서 바람직하다.

2. 보조부문의 개념과 원가배분

제조기업에는 제조부문이외에 보조부문도 있다. '보조부문(service department)'은 제조활동에 직접 관여하지는 않지만 제조활동을 촉진시키는 활동을 수행하거나 제조활동을 보조하는 활동을 수행하는 부문이다. 보조부문의 예로는 수선부문, 식당부문, 동력부문 등이 있으며 다음과 같은 특징이 있다.

• 보조부문에서 발생한 원가는 제조부문의 생산활동을 보조하기 위해서 발생한 원가로 보조부문원가는 제조간접원가에 해당한다.

• 보조부문은 제품생산에 직접 참여하지 않기 때문에 보조부문원가와 제품사이의 인과관계가 없어서 제품에 직접으로 배부할 배부기준이 없다는 문제가 있다.

부문 / 특징	제조부문	보조부문
부문별 역할	제조에 직접 참여해서 제품생산	제조부문에 서비스제공
원가배분방법	제품에 직접 배분 (노동시간 등의 배분기준 사용)	제조부문에 배분 (제품에 직접 배분기준 없음)

02

(1) 보조부문원가의 배분과정

보조부문원가는 이처럼 제품에 직접 원가를 배부할 기준이 없기 때문에 보조부문원가를 배분할 때는, 우선 보조부문원가를 제조부분에 배분하고 다음으로 제조부문에서 발생한 제조간접원가와 보조부문에서 배분된 원가를 합해서 개별작업에 배부하는 두 단계를 거치게 된다.

1단계 : 제조간접원가의 부문별 집계

제조간접원가를 부문별로 집계하고 이 중 보조부문에 집계된 제조간접원가를 일정한 배분기준으로 제조부문에 배분한다.

2단계 : 제조간접원가의 제품별 집계

제조부문에서는 제조부문 자체에서 발생한 제조간접원가와 보조부문에서 배분받은 제조간접원가를 합한 합계액을 개별작업에 배부한다.

보조부문원가의 배분 절차

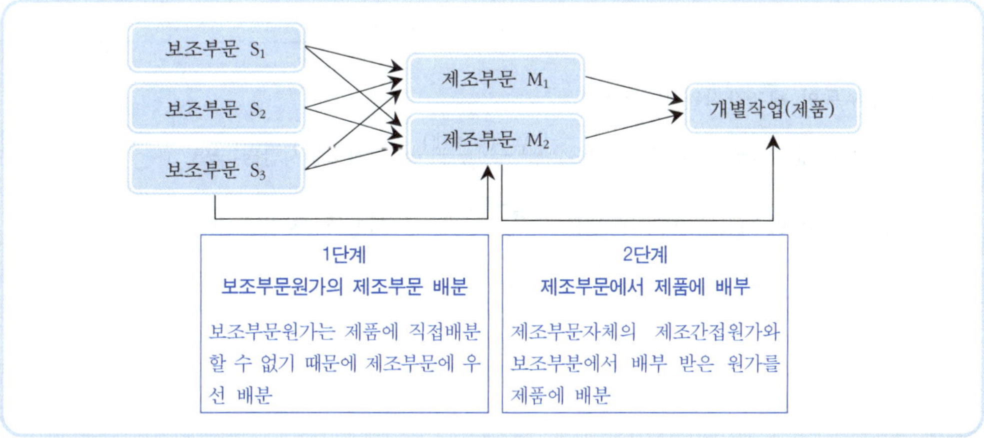

예제 [2-4] 보조부문원가의 배분

[예제 2-3]의 자료를 사용하시오. (주)원가산업은 제조부문인 조립부문과 용접부문이외에 보조부문으로 전력부문이 추가로 있다고 가정하자. 전력부문에서는 ₩500,000의 원가가 추가로 발생해서 전력을 생산했으며 제조부문이 다음과 같이 전력을 소비했다.

	전력부문	조립부문	용접부문	전체합계
제조간접원가	₩500,000	₩400,000	₩500,000	₩1,400,000
실제사용량		300kW	200kW	500kW
최대사용가능량		400kW	600kW	1,000kW

요구사항

1. 전력부문의 원가를 실제사용량을 기준으로 배부하는 경우에 제조부문에서 배부할 제조간접원가 총액을 구하시오.
2. 제조부문별 제조간접원가배부율을 구하시오.
3. 작업별 제조원가를 구하시오.

해답

1. 보조부문원가의 배분

	보조부문	제조부문		합 계
	전력부문	조립부문	용접부문	
배분전 원가	₩500,000	₩400,000	₩500,000	₩1,400,000
전력부문원가*	(500,000)	300,000	200,000	–
배분후 원가	₩0	₩700,000	₩700,000	₩1,400,000

보조부문원가는 배분이 끝나고 나면 배분후 잔액은 '0' 이 되어야 한다. 보조부문에 잔액이 남으면 제조부문에 배분할 수 없기 때문이다.

* 서비스 실제 사용량을 기준으로 제조부문에 배분한다.
조립비문 : 용접부문=300kw : 200kw

2. 제조부문의 제조간접원가배부율

① 조립부문의 제조간접원가배부율 $=\frac{₩700,000}{800시간}$ =직접노동시간당 ₩875

② 용접부문의 제조간접원가배부율 $=\frac{₩700,000}{500시간}$ =직접기계시간당 ₩1,400

3. 작업별 제조원가

	#401	#402	#403	합 계
직 접 재 료 원 가	₩100,000	₩250,000	₩150,000	₩500,000
직 접 노 무 원 가	150,000	200,000	250,000	600,000
제 조 간 접 원 가				
조 립 부 문*1	175,000	218,750	306,250	700,000
용 접 부 문*2	210,000	140,000	350,000	700,000
작업별 제조원가	₩635,000	₩808,750	₩1,056,250	₩2,500,000

* 1. 작업별 직접노동시간 × @875(배부율)
2. 작업별 기계시간 × @1,400(배부율)

(2) 단일배분율법과 이중배분율법

보조부문에서 발생하는 원가는 여러 비용항목으로 구성되는데 그 항목들은 크게 변동원가와 고정원가로 구분할 수 있다. 변동원가는 용역생산량에 비례해서 발생하는 원가를 말하며 고정원가는 용역생산량과 무관하게 일정하게 발생하는 원가를 말한다. 예를 들어 변동원가인 유류비는 동력부문에서 전기를 생산하는 과정에서 발생하므로 전력생산량에 비례해서 발생하는 반면에 고정원가인 감가상각비는 동력부문의 설비확보 규모와 관련되어 발생하는 원가로 전력생산량과 무관하게 일정하게 발생한 원가이다.

이처럼 보조부문원가도 여러 원인에 의해서 발생하므로 이를 고려해서 배부하는 방법에 ① 단일배분율법과 ② 이중배분율법이 있다.

① **단일배분율법** : 보조부문원가를 변동원가와 고정원가로 구분하지 않고, 하나의 배부기준을 이용하여 총원가를 배부하는 방법이다. 단일배분율법은 적용이 간편한 장점이 있지만 보조부문원가를 정확하게 배분하지 못한다는 단점이 있다.

② **이중배분율법** : 보조부문원가를 변동원가와 고정원가로 구분해서 각각 별개의 배부기준으로 제조부문에 배분하는 방법이다. 변동원가는 서비스의 실제사용량이 증가할수록 증가하는 원가이므로 실제사용량을 기준으로 배분하고, 고정원가는 주로 생산설비의 유지비용이 많은데, 이러한 설비자산은 각 부문의 최대사용량을 고려하여 구입하는 경우가 대부분이므로 최대사용가능량을 기준으로 배분한다.

단일배분율법과 이중배분율법의 배부기준

	이중배분율법	단일배분율법
변동원가	서비스 실제사용량	변동원가와 고정원가를 구분하지 않고 서비스 실제사용량으로 배분
고정원가	서비스 최대사용가능량	

예제[2-5] 단일배분율법과 이중배분율법

[예제 2-4]의 자료를 사용하시오. 단, 전력부문에서 발생한 ₩500,000은 고정원가인 전력설비의 감가상각비로 ₩300,000이 발생했고, 변동원가로 ₩200,000이 발생하였다.

요구사항

이중배분율법을 적용하여 보조부문원가를 제조부문에 배부하는 경우에 부문별로 제조간접원가 배부율을 구하시오.

해답

1. 보조부문원가의 배분

	보조부문	제조부문		합 계
	전력부문	조립부문	용접부문	
배 분 전 원 가	₩500,000	₩400,000	₩500,000	₩1,400,000
전력부문변동원가	(200,000)*1	120,000	80,000	–
전력부문고정원가	(300,000)*2	120,000	180,000	–
배 분 후 원 가	₩0	₩640,000	₩760,000	₩1,400,000

* 1. 서비스의 실제사용량 기준
조립부문 : 용접부문＝300kW : 200kW
2. 서비스의 최대사용가능량 기준
조립부문 : 용접부문＝400kW : 600kW

* 변동원가 : 서비스 실제 사용량기준 배분

* 고정원가 : 서비스 최대사용가능량기준 배분

2. 제조부문의 제조간접원가배부율

① 조립부문의 제조간접원가배부율 $=\frac{₩640,000}{800시간}=$ 직접노동시간당 ₩800

② 용접부문의 제조간접원가배부율 $=\frac{₩760,000}{500시간}=$ 직접기계시간당 ₩1,520

이중배분율법을 사용하여 보조부문원가를 제조부문에 배분하는 것이 단일배분율법을 사용하는 것보다 정확하게 보조부문원가를 제조부문에 배분할 수 있다.

3. 복수의 보조부문이 있는 경우의 원가배분

보조부문이 두 개 이상인 경우에는 보조부문 사이에 서로 용역을 주고 받는 문제가 나타난다. 예를 들어 보조부문으로 전력부문과 수선부문이 있는 경우에 전력부문은 제조부문만이 아니라 수선부문에도 전력을 공급하고, 수선부문도 전력부문에 수선용역을 제공할 수 있다. 이 경우 보조부문원가는 제조부문만이 아니라 다른 보조부문에도 배분해야 하기 때문에 보조부문원가를 배분하는 것이 복잡해진다.

이와 같이 보조부문 상호간에 용역을 주고받는 경우에는 이를 적절히 고려하면서 보조부문원가를 제조부문에 배분해야 한다. '보조부문 상호간의 용역수수관계를 고려하는 방법'에는 ① 직접배분법, ② 단계배분법, ③ 상호배분법이 있다.

02

(1) 직접배분법

'직접배분법(direct allocation method)'은 보조부문 상호간의 용역수수관계를 전혀 고려하지 않고 보조부문 원가를 제조부문에만 직접 배분하는 방법이다. 직접배분법은 적용이 간편한 장점이 있지만 보조부문 상호간에 용역수수가 실제로 존재함에도 불구하고 이를 고려하지 않기 때문에 정확하게 원가를 배분하지 못하는 단점이 있다. 다음 예제를 이용해서 직접배분법을 살펴보자.

예제 [2-6] 보조부문 상호간의 용역수수관계 고려방법 : 직접배분법

(주)대한은 두 개의 보조부문인 동력부문과 수선부문, 그리고 두 개의 제조부문인 용접부문과 조립부문을 가지고 있으며 각 부문에 대한 자료는 다음과 같다.

	보조부문		생산부문	
	동력부문	수선부문	용접부문	조립부문
각 부문의 제조간접원가	₩200,000	₩300,000	₩400,000	₩100,000
동력부문의 공급량	–	500kW	100kW	400kW
수선부문의 수선시간	400시간	–	300시간	300시간

요구사항

1. 직접배분법을 이용해서 보조부문원가를 제조부문에 배분하시오.
2. 용접부문의 제조간접원가 배분기준이 기계시간이며, 1,000시간의 기계시간을 사용한 경우에 용접부문의 제조간접원가배부율을 구하시오.

해답

1. 직접배분법

	보조부문		생산부문		합 계
	동력부문	수선부문	용접부문	조립부문	
배 분 전 원 가	₩200,000	₩300,000	₩400,000	₩100,000	₩1,000,000
동력부문원가배분*1	(200,000)	−	40,000	160,000	−
수선부문원가배분*2	−	(300,000)	150,000	150,000	−
배 분 후 원 가	₩0	₩0	₩590,000	₩410,000	₩1,000,000

* 보조부문 상호간의 용역수수는 고려하지 않음.

* 보조부문원가를 제조부문에만 배분

*1. 동력부문 원가의 배분비율 용접부문 : 조립부문=100kW(20%) : 400kW(80%)

2. 수선부문 원가의 배분비율 용접부문 : 조립부문=300시간(50%) : 300시간(50%)

2. 용접부문의 제조간접원가배부율

$$\frac{₩590,000}{1,000\text{시간}} = \text{기계시간당 } ₩590$$

(2) 단계배분법

'단계배분법(step method)'은 보조부문 상호간의 용역수수 관계를 부분적으로 고려하는 방법으로, 보조부문의 배분순서를 결정해서 이에 따라 보조부문원가를 순차적으로 배분하는 방법이다. 단계배분법에서는 보조부문원가를 제조부문만이 아니라 다른 보조부문에도 배분한다.

단계배분법을 적용할 때 주의할 점은 특정 보조부문원가를 배분하고 나면 배분이 끝난 보조부문에는 다시 원가를 배분하지 않는다는 것이다. 왜냐하면 보조부문원가는 원가를 배분하고 나서 잔액이 남아 있으면 제품이나 작업에 배분할 수 없기 때문에 배분후에 잔액이 남지 않도록 하기 위해서이다.

02

예제[2-7] 보조부문 상호간의 용역수수관계 고려방법 : 단계배분법

[예제 2-6]의 자료를 이용해서 다음 물음에 답하시오.

요구사항

1. 단계배분법을 이용해서 보조부문원가를 제조부문에 배분하시오. 단, 동력부문부터 배분하시오.
2. 조립부문의 제조간접원가 배분기준은 노동시간이며, 5,000시간의 노동시간을 사용한 경우에 조립부문의 제조간접원가 배부율을 구하시오.

해답

1. 단계배분법

	보조부문		생산부문		
	동력부문	수선부문	용접부문	조립부문	합 계
배 분 전 원 가	₩200,000	₩300,000	₩400,000	₩100,000	₩1,000,000
동력부문원가*1	(200,000)	100,000	20,000	80,000	–
수선부문원가*2		(400,000*3)	200,000	200,000	–
배 분 후 원 가	₩0	₩0	₩620,000	₩380,000	₩1,000,000

첫째부문은 서비스 정확하게 고려

순차적 배분

* 배분을 종료한 보조부문에는 다시 배분하지 않는다.

*1. 수선부문 : 용접부문 : 조립부문=500kW(50%) : 100kW(10%) : 400kW(40%)
2. 용접부문 : 조립부문=300시간(50%) : 300시간(50%)
3. 두 번째로 배분되는 보조부문은 자기부문에서 발생한 원가만이 아니라 다른 보조부문으로부터 배분받은 원가까지도 합한 금액을 배분해야 한다. 이렇게 해야만 원가배분 후에 보조부문에 원가잔액이 남지 않기 때문이다.

2. 조립부문의 제조간접원가 배부율

$$\frac{₩380,000}{5,000시간} = 노동시간당\ ₩76$$

단계배분법은 보조부문상호간의 용역수수관계를 부분적으로 고려하는 방법으로 보조부문의 배분순서가 달라지면 배분후의 결과가 달라진다. [예제 2-7]에서도 수선부문 원가부터 배분할 경우의 배분결과는 다음과 같이 달라지게 된다.

	보조부문		생산부문		
	동력부문	수선부문	용접부문	조립부문	합 계
배 분 전 원 가	₩200,000	₩300,000	₩400,000	₩100,000	₩1,000,000
수선부문원가배분*1	120,000	(300,000)	90,000	90,000	–
동력부문원가배분*2	(320,000)	–	64,000	256,000	–
배 분 후 원 가	₩0	₩0	₩554,000	₩446,000	₩1,000,000

* 1. 동력부문 : 용접부문 : 조립부문=400시간(40%) : 300시간(30%) : 300시간(30%)
  2. 용접부문 : 조립부문=100kW(20%) : 400kW(80%)

위의 결과에서 보듯이 어느 보조부문의 원가를 먼저 배분하느냐에 따라 제조부문에 배분되는 제조간접원가가 크게 달라질 수 있으므로 단계배분법에서는 보조부문원가의 배분순서를 합리적으로 결정하는 것이 중요하다. 보조부문원가의 배분순서는 다음과 같은 기준을 기초로 결정한다.

① 다른 보조부문에 제공하는 용역의 비율이 큰 부문부터 배분한다.
② 다른 보조부문에 제공한 보조부문원가의 금액이 큰 부문부터 배분한다.
③ 보조부문에서 발생한 원가가 큰 보조부문부터 배분한다.

(3) 상호배분법

'상호배분법(reciprocal method)'은 다른 보조부문에 제공한 용역사용비율을 정확하게 고려해서 보조부문원가를 배분하는 방법으로 보조부문 사이의 용역제공비율까지도 정확하게 고려해서 보조부문원가를 다른 모든 부문에 배분하는 방법이다. 상호배분법은 다음의 두 가지 목적을 모두 달성하도록 보조부문의 원가를 배분한다.

① 보조부문 사이의 용역수수관계를 완전히 고려해서 배분한다.
② 보조부문원가를 배분하고 나면 보조부문에는 잔액이 남지 않아야 한다. 왜냐하면 보조부문에 제조간접원가가 남아 있으면 해당 원가는 제품에 배분할 수 없기 때문이다.

다음의 식을 이용해서 배분할 금액을 계산하면 위의 두 가지 목적을 모두 달성할 수 있다. 즉, 자기부문원가만이 아니라 배분받은 원가까지 합한 금액을 배분해야만 배분한 뒤에 잔액이 남지 않는다.

보조부문에서 배분할 총원가=자기부문 발생원가+배분받은 원가

상호배분법에서는 위의 식을 이용해서 배분할 총원가를 찾는 연립방정식을 만들고 이를 풀어서 각 보조부문에서 배분할 총원가를 계산한다. 그리고 이 금액을 다른 모든 부문에 배분한다.

예제 [2-8] 보조부문 상호간의 용역수수관계 고려방법 : 상호배분법

[예제 2-6]의 자료를 이용해서 다음 물음에 답하시오.

요구사항

1. 상호배분법을 적용하기 위해 각 보조부무에서 배분할 총원가를 구하시오.
2. 상호배분법을 적용해서 보조부문원가를 제조부문에 배분하시오.

해답

1. 보조부문에서 배분할 총원가

동력부문에서 배분할 총원가를 A, 수선부문에서 배분할 총원가를 B라고 하면, 각 부문에 배분되는 원가는 다음과 같다.

	보조부문		생산부문		
	동력부문	수선부문	용접부문	조립부문	합 계
배분전원가	₩200,000	₩300,000	₩400,000	₩100,000	₩1,000,000
동력부문원가[*1]	(A)	0.5A	0.1A	0.4A	–
수선부문원가[*2]	0.4B	(B)	0.3B	0.3B	–
배분후원가	₩0	₩0	?	?	₩1,000,000

서비스제공비율에 따라 가로방향으로 배분한다.

* 배분후 잔액이 '0'이 되도록 세로방향으로 연립식을 만든다.

각 보조부문에서는 보조부문의 원가를 배분하고 나면 배분 후에 잔액이 남지 않아야 하므로 배분해야 할 총원가는 배분 전에 집계된 자기부문의 원가와 다른 부문으로부터 배분받은 금액의 합계액이 되어야 한다. 이를 이용해서 연립방정식을 만들면 다음과 같다.

A=₩200,000+0.4B … ①

B=₩300,000+0.5A … ②

②식을 ①식에 대입하여 풀면 다음과 같다.

A=₩200,000+0.4×(₩300,000+0.5A)

0.8A=₩320,000

그러므로 A의 금액은 ₩400,000이며, 이 금액을 ②식에 대입하면

B=₩300,000+0.5×₩400,000=₩500,000

따라서 A=₩400,000이고, B=₩500,000이다.

2. 보조부문원가의 배분

배분할 총원가를 배분하면 용역수수비율은 완전히 고려하면서도 배분후에 보조부문에 잔액이 남지 않는다.

	보조부문		생산부문		
	동력부문	수선부문	용접부문	조립부문	합 계
배 분 전 원 가	₩200,000	₩300,000	₩400,000	₩100,000	₩1,000,000
동력부문원가배분*1	(400,000)	200,000	40,000	160,000	–
수선부문원가배분*2	200,000	(500,000)	150,000	150,000	–
배 분 후 원 가	₩0	₩0	₩590,000	₩410,000	₩1,000,000

* 1. 수선부문 : 용접부문 : 조립부문＝500kW(50%) : 100kW(10%) : 400kW(40%)
  2. 동력부문 : 용접부문 : 조립부문＝400시간(40%) : 300시간(30%) : 300시간(30%)

지금까지 보조부문이 두 개 이상인 경우에 보조부문 상호간의 용역수수를 고려하는 세 가지 방법에 대해 살펴보았는데 이를 비교해서 특징을 살펴보면 다음과 같다.

보조부문 상호간의 용역수수를 고려한 배분방법의 특징

배분방법	배분방법의 특징	
직접배분법	보조부문 상호간의 용역수수를 고려하지 않는다. • 보조부문원가를 제조부문에만 배분한다.	
	장점	① 적용이 용이하다. ② 배분순서에 영향을 받지 않는다.
	단점	① 원가배분의 정확성이 낮다.
단계배분법	보조부문 상호간의 용역수수를 일부 고려한다. • 배분순서가 달라지면 배분 후의 결과가 달라진다.	
상호배분법	보조부문 상호간의 용역수수를 전부 고려한다. • 가장 정확한 방법이지만 계산이 복잡하다.	
	장점	① 보조부문원가의 배분이 정확하다. ② 배분순서에 영향을 받지 않는다.
	단점	① 배분과정이 복잡하다.

4. 제조간접원가배부방법 요약

제조간접원가를 작업에 배부하는 방법은 우선 크게 공장전체배부율을 사용하는 경우와 부문별 배부율을 사용하는 경우로 구분할 수 있다. 그리고 부문별 배부율을 사용하는 경우는 다시 제조부문만 존재하는 경우와 보조부문이 존재하는 경우로 구분할 수 있다.

① **공장전체배부율을 사용하는 경우** : 보조부문과 제조부문을 구분하지 않고 공장전체제조간접원가를 집계해서 하나의 배부기준으로 개별작업에 배부한다. 따라서 보조부문원가를 제조부문에 배분하는 문제는 발생하지 않는다.

② **부문별 배부율을 사용하는 경우(제조부문만 존재)** : 각 제조부문별로 제조간접원가 발생과 인과관계가 높은 배부기준을 적용하여 각 부문별 제조간접원가 배부율을 계산해서 개별작업에 배분한다.

③ **부문별 배부율을 사용하는 경우(보조부문 존재)** : 보조부문에 집계된 제조간접원가를 제조부문에 배분한 뒤에 제조부문의 원가를 제품에 배분한다. 이 때 보조부문의 원가를 배분하는 방법에는 단일배분율법과 이중배분율법 중에서 선택하며 보조부문이 두 개이상인 경우에는 직접배분법·단계배분법·상호배분법 중에서 선택해야 한다. 따라서 보조부문 사이에 용역수수관계가 있는 경우에 보조부문원가를 제조부문에 배분하는 방법은 6가지(2×3)가 존재하게 된다.

제조원가의 배분방법

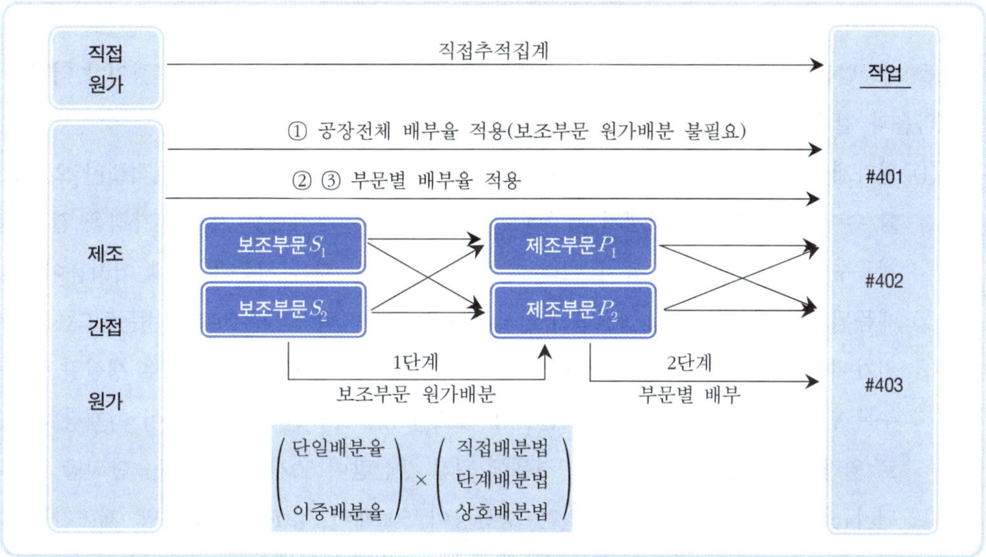

제 5 절 정상개별원가계산

1. 정상개별원가계산의 의의

'정상개별원가계산(normal job-order costing)'은 직접재료원가와 직접노무원가는 실제로 발생한 원가를 제품에 배부하고, 제조간접원가는 제조간접원가 예정배부율을 이용하여 제품에 배부하는 원가계산방법으로 평준화원가계산이라고도 한다. 정상개별원가계산은 경영자입장에서 실제개별원가계산의 문제점을 보완하기 위해 만들어진 원가계산제도이다.

(1) 실제개별원가계산의 문제점

실제개별원가계산을 적용하는 경우 제조원가 중 직접재료원가와 직접노무원가는 개별작업과 직접적인 대응관계에 있기 때문에 발생시점에 바로 집계할 수 있으나, 제조간접원가는 회계연도의 종료시점이 되어야만 비로소 모든 제조간접원가 집계가 가능해지고 집계된 제조간접원가를 배부해야 제품원가를 계산할 수 있다.

기말이 지나서야 개별제품의 원가를 계산할 수 있다는 점은 회계연도가 종료된 후에 정보를 제공받는 외부회계정보이용자 입장에서는 문제가 되지 않는다. 그러나 경영자 입장에서는 다음과 같은 문제점이 있다.

① **원가계산의 지연** : 제품원가를 회계연도가 종료된 뒤에 계산하므로 시기적절한 의사결정을 할 수 없다. 경영자는 회계기간 중에도 개별작업의 원가정보를 기초로 가격을 결정하거나 제품수익성을 파악하는 등의 여러 가지 의사결정을 해야 하는데 이에 어려움이 있다.

② **제품원가의 변동성** : 실제생산량이 달라지는 경우에 단위당 제품원가가 변동된다. 제조간접원가에 포함된 고정원가는 생산량 변동과 관계없이 일정하게 발생하므로 생산량이 많아질수록 단위당 배부액이 작아져서 단위당 제조원가가 달라진다. 예를 들어 기계장치 리스료로 월간 ₩500,000이 발생하는 경우에 월간 생산량이 50개인 경우에는 단위당 제조간접원가는 ₩10,000이 되지만, 월간 생산량이 500개인 경우에는 단위당 제조간접원가가 ₩1,000이 되므로 단위당 제조원가가 크게 변동된다.

실제개별원가계산에서 이런 문제점이 나타나는 이유는 제조간접원가 실제발생액이 기말이 되어야만 비로소 집계되기 때문이다.

(2) 정상개별원가계산의 개념

정상개별원가계산은 실제개별원가계산의 단점을 보완하기 위해 만들어진 원가계산모형으로 기중에도 금액을 알 수 있는 직접재료원가와 직접노무원가는 실제로 발생된 원가를 제품에 배부하고 제조간접원가는 예정배부함으로써, 제조과정이 완료되면 회계기간 중에도 즉시 제품원가계산이 가능해지고 기간별로 제품원가가 변동되는 문제점을 해결할 수 있다.

02

실제개별원가계산과 정상개별원가계산의 비교

구 분	실제개별원가계산	정상개별원가계산
주요정보이용자	외부정보이용자	내부정보이용자(경영자)
원가계산시점	회계연도의 기말	제품생산 완료시점(적시성 확보)
제조간접원가 배부방법	실제배부율×실제조업도	예정배부율×실제조업도
직접재료원가와 직접노무원가	실제발생액 배부	실제발생액 배부

2. 정상개별원가계산의 적용

정상개별원가계산을 적용하기 위해서는 우선 회계연도가 시작되기 전에 제조간접원가 예정배부율(predetermined overhead rate)을 결정해야 하는데, 이는 제조간접원가 예상액을 배부기준의 사용예상량(예정조업도)으로 나누어 계산한다.

제조간접원가를 예상할 때는 고정원가와 변동원가로 분류하여 추정하는 것이 유용하다. 그리고 배부기준의 사용량(조업도)을 예상할 때는 과거의 생산량증감과 다음 1년간의 예상판매량을 고려해서 결정한다.

$$\text{제조간접원가 예정배부율} = \frac{\text{제조간접원가 예상액(제조간접원가 예산)}}{\text{배분기준의 사용예상량(예정조업도)}}$$

회계연도초에 제조간접원가 예정배부율이 정해지면 회계기간 중에는 개별작업이 진행될 때마다 직접재료원가와 직접노무원가는 실제원가를 개별작업의 작업원가표에 집계하고 제조간접원가는 예정배부율을 적용해서 작업원가표에 집계한다.

예제 [2-9] 정상개별원가계산의 적용

(주)원가의 원가담당자는 회계연도가 시작되기 전에 과거의 원가자료를 분석하여 다음과 같은 제조간접원가를 예상할 수 있는 예산식을 만들었으며 총 직접노동시간은 500시간(예정조업도)으로 예상하고 있다.

연간 제조간접원가예산=₩300,000(고정제조간접원가)+@400×직접노동시간(변동제조간접원가)

(주)원가는 당년도에 다음의 세 가지 작업을 수행하여 #401(3월 완성)과 #402(9월 완성)가 완성되었고, #401이 판매되었으며, 작업원가표에 다음과 같이 원가를 집계하였다.

	#401	#402	#403	합 계
직접재료원가	₩400,000	₩200,000	₩100,000	₩700,000
직접노무원가	500,000	280,000	120,000	900,000
노 동 시 간	400시간	300시간	300시간	1,000시간

당년도에 기초재고자산은 없었으며, 회계연도말에 실제 발생한 제조간접원가를 집계한 결과 ₩1,200,000으로 파악되었다.

요구사항

1. 위의 자료에 의하여 당해 연도의 제조간접원가 예정배부율을 구하시오.
2. 정상원가계산을 적용해서 기말재공품, 기말제품, 매출원가를 계산하시오.
3. 제조간접원가 발생액과 배부액의 차이를 구하시오.

해답

1. 제조간접원가 예정배부율

제조간접원가 예산=₩300,000+@400×500시간=₩500,000

$$\text{제조간접원가 예정배부율} = \frac{₩500,000}{500\text{시간}} = \text{직접노동시간당 ₩1,000}$$

2. 제조간접원가 배부 및 작업별 원가계산

(1) 작업별 제조간접원가 예정배부

	매출원가 (#401)	제 품 (#402)	재공품 (#403)	누적 합계
실제조업도	400시간	300시간	300시간	1,000시간
예정배부율	×@1,000	×@1,000	×@1,000	
예정배부액	₩400,000	₩300,000	₩300,000	₩1,000,000

각 작업이 진행될 때 마다 작업원가표에 집계된 실제조업도에 제조간접원가 예정배부율을 곱해서 계산한 제조간접원가 예정배부액으로 작업에 배부한다. 이렇게 정상원가를 적용하면 기말이

되지 않더라도 각 작업이 종료시점에 즉시 작업별 원가를 계산할 수 있기 때문에 경영자에게 적시정보를 제공할 수 있다. 예를 들어 #401이 3월에 종료되었다면 즉시 제조간접원가를 배부해서 작업원가를 경영자에게 제공할 수 있는 것이다.

(2) 작업별 원가계산

	매출원가 (#401)	제 품 (#402)	재공품 (#403)	합 계
직접재료원가	₩400,000	₩200,000	₩100,000	₩700,000
직접노무원가	500,000	280,000	120,000	900,000
제조간접원가*	400,000	300,000	300,000	1,000,000
합 계	₩1,300,000	₩780,000	₩520,000	₩2,600,000

3월에 경영자에게 제공 (#401 합계)

9월에 경영자에게 제공 (#402 합계)

제조간접원가 예정배부액 합계 (제조간접원가 합계 1,000,000)
정상원가를 적용하면 기중에는 작업별로 제조간접원가를 예정배부하고 그 금액들을 누계해서 예정배부액의 합계가 파악된다.

3. 제조간접원가 발생액과 배부액의 차이
₩1,200,000(발생액)−₩1,000,000(예정배부액 합계)=₩200,000 과소배부

3. 제조간접원가 배부차이

정상원가계산을 적용하면 회계기간 중에 배분된 제조간접원가 예정배부액 합계와 회계연도 말에 집계된 실제 총 제조간접원가는 서로 일치하지 않는데, 그 차이를 '제조간접원가 배부차이'라고 한다. 앞의 예제에서도 제조간접원가 예정배부액은 ₩1,000,000으로 실제로 발생한 제조간접원가 ₩1,200,000과 ₩200,000의 제조간접원가 배부차이가 발생했다.

(1) 제조간접원가 배부차이의 조정목적

정상원가계산을 적용하면 회계기간 중에는 제조간접원가를 예정배부하여 경영자에게 의사결정이나 통제목적에 유용한 정보를 제공한다. 그런데 회계연도말이 되면 외부정보이용자에게 재무제표를 제공해야 한다. 외부정보이용자에게는 실제원가를 기초로 재무제표가 작성되어야 하므로, 이를 위해 제조간접원가 배부차이를 조정해서 제조간접원가 실제발생액과 배부액이 일치하도록 해야 한다.

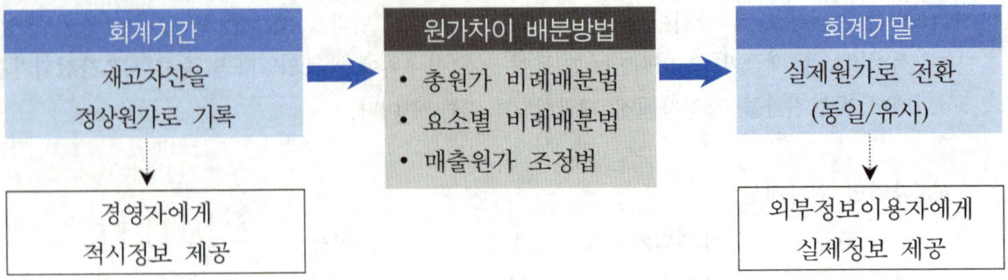

(2) 제조간접원가 배부차이의 유형

제조간접원가 배부차이는 ① 과소배부와 ② 과대배부로 구분할 수 있으며 다음과 같이 조정해야 한다.

① **과소배부** : 실제발생액에 비해서 예정배부액이 적은 상태를 말한다. 실제발생액 중에서 배부차이만큼 아직 원가계산에 포함되지 못한 상태이다. 실제원가가 배부되려면 배부차이를 추가적으로 배부해야 한다.

① 과소배부 : 실제제조간접원가 > 제조간접원가 예정배부액

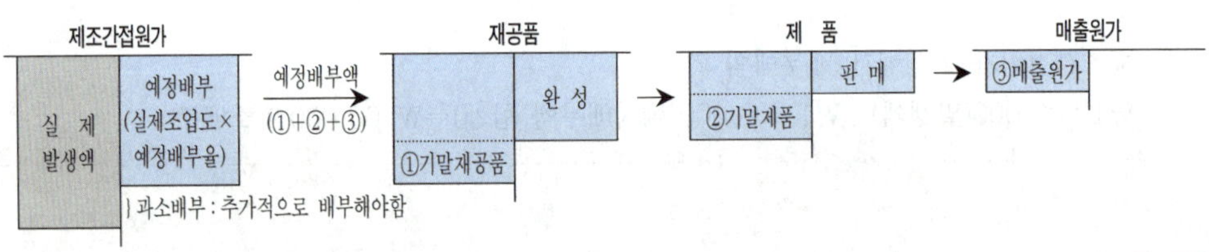

앞의 그림에서처럼 과소배부차이의 경우에는 실제발생액이 더 크므로 제조간접원가계정은 차변잔액이 남는다. 제조간접원가 과소배부차이는 불리한 차이라고도 말하는데 그 이유는 실제발생액이 예정배부액보다 더 많이 발생해서 원가가 커지고 이익이 감소되는 효과가 있기 때문이다.

② **과대배부** : 실제발생액에 비해서 예정배부액이 더 큰 상태를 말한다. 실제발생액보다 배부차이만큼 더 큰 금액이 원가계산에 포함되어 있으므로 실제원가가 배부되려면 배부차이를 배부액에서 차감해야 한다.

② 과대배부 : 실제제조간접원가 < 제조간접원가 예정배부액

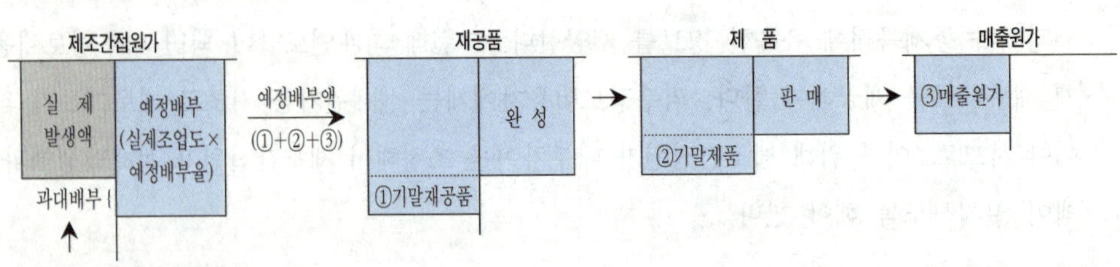

과대배부차이의 경우에는 실제발생액이 예정배부액보다 작기 때문에 제조간접원가 계정은 대변잔액이 남는다. 제조간접원가 과대배부차이는 유리한 차이라고도 하는데 그 이유는 실제발생액이 예정배부액보다 적게 발생해서 원가가 작아지고 이익이 증가하는 효과가 있기 때문이다.

과소 배부차이	과대 배부차이
실제발생액 > 예정배부액	실제발생액 < 예정배부액
제조간접원가 차변잔액	제조간접원가 대변잔액
불리한 차이	유리한 차이
계정잔액에 가산조정	계정잔액에 차감조정
원가증가효과, 이익감소효과	원가감소효과, 이익증가효과

앞의 예제에서 각 작업별로 배부한 제조간접원가 예정배부액 중에서 재공품과 제품 및 매출원가의 기말잔액에 포함된 제조간접원가 예정배부액을 합계하면 당기의 전체 예정배부액 ₩1,000,000이 된다. 실제로 발생한 제조간접원가 ₩1,200,000이 예정배부액 ₩1,000,000보다 크기 때문에 제조간접원가 배부차이는 ₩200,000 과소배부되어 있다. 예제에서 각 계정에 예정배부된 제조간접원가를 계정별로 표시해 보면 다음과 같다.

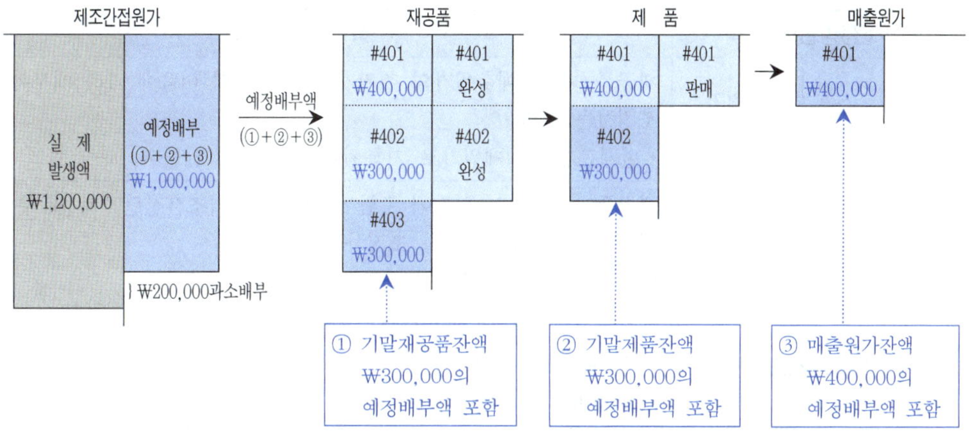

예제에서 제조간접원가 배부차이를 조정하기 전의 각 계정잔액들을 기준으로 계정들의 잔액을 모아 놓은 수정전시산표를 만들어 보면 다음과 같다.

20×1. 12. 31

차 변	계정과목	대 변
⋮	⋮	
×××	원 재 료	
520,000	재 공 품	
780,000	제 품	
1,300,000	매 출 원 가	
200,000	제조간접원가	
	매 출	×××
⋮	⋮	⋮
⋮	계	⋮

원재료 잔액
실제원가로 기록되어 있어서
배부차이 조정대상이 아니다.

제조간접원가 예정배부액이 포함되어 배부차이를 배부해야 하는 계정들이다.

재 공 품(예정배부액)	₩300,000
제 품(예정배부액)	300,000
매출원가(예정배부액)	400,000
예정배부액 합계	₩1,000,000

배부차이
과소배부액이 차변잔액으로 남아 있다.

4. 제조간접원가 배부차이의 조정방법

제조간접원가 배부차이를 각계정의 잔액에 조정하여 회계처리하는 방법에는 ① 비례배분법과 ② 매출원가조정법 및 ③ 기타비용조정법이 있다.

조정방법의 유형		조정방법별 특징
비례배분법	총원가 비례배분법	재공품, 제품, 매출원가의 총원가(기말잔액)의 비율에 따라 배부차이를 조정하는 방법 • 원재료계정(실제원가로 기록됨)은 배부하지 않는다.
	요소별 비례배분법	재공품, 제품, 매출원가에 포함된 원가요소(제조간접원가예정배부액)의 비율에 따라 배부차이를 조정하는 방법 • 배부차이 조정후에는 정확한 실제원가로 전환됨
매출원가조정법		배부차이전액을 매출원가에서 조정 • 과소배부 → 이익 최소 • 과대배부 → 이익 최대

(1) 비례배분법

제조간접원가를 예정배부하게 되면 재공품계정부터 제품과 매출원가계정까지 제조간접원가 예정배부액을 기준으로 계정잔액이 계산되므로 재공품과 제품 및 매출원가계정은 실제원가를 적용하는 경우와 차이가 나타나게 된다. '비례배분법(proration method)'은 제조간접원가 배부차이를 재공품과 제품 및 매출원가에 배부하여 이들 계정이 실제원가로 계산되었을 경우와 가까워지도록 만드는 방법으로 안분법이라고도 한다. 비례배분법을 적용할 때 주의할 점은 원재료계정에는 배분하지 않는다는 것이다. 원재료계정은 실제원가로 기록되어 있으므로 제조간접원가 배부차이를 배분해서는 안된다. 비례배분법은 다시 ① 원가요소별기준법과 ② 총원가기준법으로 나눌 수 있다.

① 원가요소별 비례배분법

이 방법은 재공품과 제품 및 매출원가에 포함되어 있는 제조간접원가 예정배부액의 비율에 따라 제조간접원가 배부차이를 배분하는 방법으로 제조간접원가기준법이라고도 한다. 원가요소별 비례배분법은 가장 정확한 배부차이조정 방법으로 배부차이 금액이 중요한 경우에 적용된다. [예제 2-9]에서 계산된 제조간접원가 배부차이 ₩200,000을 원가요소별 비례배분법으로 배분하면 다음과 같다.

	계정별 예정배부액	배분비율	배부차이 배분액
재 공 품(#403)	₩300,000(300시간)	30%	₩60,000
제 품(#402)	300,000(300시간)	30	60,000
매출원가(#401)	400,000(400시간)	40	80,000
합 계	₩1,000,000(1,000시간)	100%	₩200,000

배부차이 중에서 각 계정에 조정할 금액이 계산되고 나면 이를 해당계정에 기록하는 분개를 해서 제조간접원가(또는 제조간접원가 배부차이)계정의 잔액이 남아있지 않도록 한다. [예제 2-9]의 배부차이는 다음과 같이 분개해야 한다.

(차)		(대)	
재 공 품	₩60,000	제 조 간 접 원 가	₩200,000
제 품	60,000	(과 소 배 부 액)	
매 출 원 가	80,000		

과소배부액의 가산
제조간접원가 과소배부액은 각 계정 잔액에 가산하여 조정한다.

제조간접원가 배부차이 잔액의 제거
제조간접원가 과소배부액은 차변잔액이므로 잔액을 없애기 위해 대변에 기록한다.

이와 같이 요소별로 비례배분을 하고 나면 배분후의 각 계정 잔액은 실제제조간접원가를 배부하는 실제원가계산과 동일한 계산결과가 만들어진다.

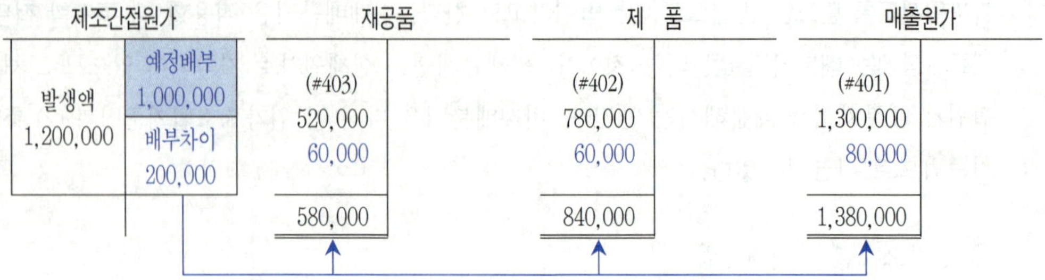

예제에서 회계연도 기말에 실제발생한 제조간접원가를 집계하고 나서 실제원가를 기준으로 작업별 원가를 계산했다면 다음과 같이 계산되어 원가요소별 비례배분법을 적용한 결과와 동일해진다는 것을 알 수 있다.

• 실제 제조간접원가배부율

$$\text{실제 제조간접원가 배부율} = \frac{₩1,200,000}{1,000\text{시간}} = \text{직접노동시간당 } ₩1,200$$

• 실제원가계산의 작업별 제조원가

	매출원가 (#401)	제 품 (#402)	재공품 (#403)	합 계
직접재료원가	₩400,000	₩200,000	₩100,000	₩700,000
직접노무원가	500,000	280,000	120,000	900,000
제조간접원가*	480,000	360,000	360,000	1,200,000
합 계	₩1,380,000	₩840,000	₩580,000	₩2,800,000

* 작업별 직접노동시간×@1,200(배부)

② 총원가비례배분법

이 방법은 재공품과 제품 및 매출원가의 총원가(기말 계정잔액)의 비율에 따라 제조간접원가 배부차이를 배분하는 방법이다. [예제 2-9]에서 계산된 제조간접원가 배부차이 ₩200,000을 총원가비례배분법으로 배분하면 다음과 같다.

	총원가(계정잔액)	배분비율	배부차이 배분액
재공품(#403)	₩520,000	20%	₩40,000
제품(#402)	780,000	30	60,000
매출원가(#401)	1,300,000	50	100,000
합 계	₩2,600,000	100%	₩200,000

배부차이 중에서 각 계정에 조정할 금액이 계산되고 나면 이를 해당계정에 기록하는 분개를 해서 제조간접원가(또는 제조간접원가 배부차이)계정의 잔액이 남아있지 않도록 한다. [예제 2-9]의 배부차이는 다음과 같이 분개해야 한다.

(차) 재 공 품	₩40,000	(대) 제 조 간 접 원 가	₩200,000
제 품	60,000	(과 소 배 부 액)	
매 출 원 가	100,000		

과소배부액의 가산
제조간접원가 과소배부액은 실제금액에 중요한 차이가 없도록 각 계정 잔액에 가산조정한다.

제조간접원가 배부차이 잔액의 제거
제조간접원가 과소배부액은 차변잔액이므로 잔액을 없애기 위해 대변에 기록한다.

이와 같이 총원가비례배분을 적용하고 나면 배분후의 각 계정 잔액은 실제제조간접원가를 중요한 차이가 없는 금액으로 전환되어 외부정보이용자에게 제공된다.

제조간접원가

차변	대변
발생액 1,200,000	예정배부 1,000,000
	배부차이 200,000

재공품

차변	대변
(#403) 520,000	
40,000	
560,000	

제 품

차변	대변
(#402) 780,000	
60,000	
840,000	

매출원가

차변	대변
(#401) 1,300,000	
100,000	
1,400,000	

(2) 매출원가조정법

이 방법은 제조간접원가 배부차이가 중요하지 않은 경우에 매출원가계정에서 전액을 조정하는 방법으로 제조간접원가 과소배부액은 매출원가에 가산하며 과대배부액은 매출원가에서 차감하게 된다. [예제 2-9]의 배부차이는 다음과 같이 분개한다.

(차) 매 출 원 가	₩200,000	(대) 제 조 간 접 원 가	₩200,000
		(과 소 배 부 액)	

과소배부액의 전액 매출원가 가산
과소배부액 전액이 매출원가에 가산되어 매출원가가 제일 커지고 이익이 제일 작아진다.

제조간접원가 배부차이 잔액의 제거
제조간접원가 과소배부액은 차변잔액이므로 잔액을 없애기 위해 대변에 기록한다.

제조간접원가

차변	대변
발생액 1,200,000	예정배부 1,000,000
	배부차이 200,000

재공품

차변	대변
(#403) 520,000	
520,000	

제 품

차변	대변
(#402) 780,000	
780,000	

매출원가

차변	대변
(#401) 1,300,000	
200,000	
1,500,000	

매출원가조정법을 사용하면 과소배부액은 전액이 매출원가에 가산되므로 매출원가가 제일 커져서 이익차이조정방법 중에서 이익이 제일 작아진다. 반대로 과대배부액은 전액이 매출원가에서 차감되므로 매출원가가 제일 작아져서 이익이 제일 커진다.

(3) 기타비용조정법

이 방법은 제조간접원가 배부차이를 기타손익으로 처리하는 방법으로서 제조간접원가 과소배부되어 있으면 그 금액을 기타비용으로 처리하고, 과대배부되어 있으면 기타수익으로 처리한다. [예제 2-9]의 배부차이를 기타비용조정법에 따라 회계처리하면 다음과 같다.

(차) 기 타 비 용 ₩200,000 (대) 제 조 간 접 원 가 ₩200,000

이상에서 살펴본 정상개별원가계산의 적용절차를 회계기간의 시간흐름에 따라 요약하면 다음과 같다.

정상개별원가계산의 적용절차

<table>
<tr><th>회계기간의 흐름</th><th colspan="2">정상개별원가계산의 적용절차</th></tr>
<tr><td>회계기간 개시 전</td><td colspan="2">제조간접원가 예정배부율을 계산한다.
$$제조간접원가\ 예정배부율 = \frac{제조간접원가예산}{예정조업도}$$</td></tr>
<tr><td>회계기간 중</td><td colspan="2">직접원가는 실제발생액을 집계하되 제조간접원가는 예정배부 하여 적시(생산종료시점)에 경영자에게 제품원가 정보를 제공한다.</td></tr>
<tr><td rowspan="5">회계기간 종료시점</td><td colspan="2">제조간접원가 계정에 배부차이가 남게 되는데 이 금액은 실제발생한 제조간접원가와 예정배부액의 차이다.</td></tr>
<tr><td>요소별 비례배분법</td><td>제조간접원가 예정배부액 기준 배분
배분후에는 실제원가로 전환</td></tr>
<tr><td>총원가 비례배분법</td><td>계정잔액기준 배분</td></tr>
<tr><td>매출원가조정법</td><td>차이전액을 매출원가에서 조정
• 과소배부 → 이익 최소
• 과대배부 → 이익 최대</td></tr>
<tr><td>기타비용조정법</td><td>배부차이를 기타손익으로 처리</td></tr>
<tr><td>재무제표의 작성</td><td colspan="2">제조간접원가 배부차이를 제품원가에 배부해서 제품원가 속에 실제로 발생한 제조간접원가를 모두 포함시킨 후에 재무제표를 작성하여 외부정보이용자에게 제공한다.</td></tr>
</table>

02 연습문제

객관식 문제

01 개별원가계산의 개념

다음 설명 중에서 맞는 것을 고르시오.

① 제조간접원가 배분기준으로는 제조간접원가와 상관관계가 높고, 논리적으로 타당한 인과관계가 있으며, 쉽게 적용할 수 있는 기준을 선택한다. 그 예로 작업자의 노동에 의존하는 회사의 경우에는 기계시간을 배분기준으로 선택한다.

② 부문별 제조간접원가 배부율을 사용하는 경우에는 공장전체제조간접원가 배부율을 사용하는 경우보다 정확하게 제조간접원가를 배분할 수 있다. 또한 부문별로 제조간접원가를 집계하는 과정에서 보조부문에 집계된 제조간접원가도 직접 제품에 배분하면 된다.

③ 이중배분율법은 변동원가와 고정원가를 구분해서 고정원가는 서비스의 실제사용량을 기준으로 배분하고 변동원가는 최대사용가능량을 기준으로 배분한다.

④ 공장전체제조간접원가 배부율을 사용하는 경우에는 보조부문의 원가를 제조부문에 배분할 필요가 없다.

⑤ 단계배분법과 상호배분법에서는 배분순서와 관계없이 배분후의 결과는 일정하게 계산된다.

02 제조간접원가 배부 : 직접노무원가 기준 (2000. 세무사)

(주)영산강은 개별원가계산을 실시하고 있다. 제조간접원가는 직접노무원가의 120%이다. 작업 #201에서 발생한 직접재료원가는 ₩1,764,000이며, 제조간접원가는 ₩1,058,400이다. 또한 작업 #301에서 발생한 직접재료원가는 ₩294,000이며, 직접노무원가는 ₩735,000이다. 작업 #201에서 발생한 직접노무원가 및 작업 #301의 총원가는 얼마인가?

	#201 직접노무원가	#301 총원가
①	₩1,270,000	₩2,263,800
②	1,058,400	1,234,800
③	2,116,800	2,263,800
④	1,045,800	2,123,400
⑤	882,000	1,911,000

03 기말재공품 요소별 가액 역산

회사의 재공품 기초금액은 ₩24,000이며, 당기 중 직접재료원가 ₩80,000, 직접노무원가 ₩60,000, 제조간접원가 ₩54,000이 발생하였고, 제조간접원가는 직접노무원가의 90%로 배부하고 있다. 당기 중 완성품 계정으로 대체된 금액은 ₩200,000이다. #601은 6월 중 유일한 미완성품으로 제조간접원가가 ₩4,500일 때 #601의 직접재료원가는 얼마인가?

① ₩11,450 ② ₩11,000 ③ ₩10,550
④ ₩8,500 ⑤ ₩7,650

04 개별원가계산의 매출원가계산

다음은 나무산업(주)의 3월의 원가자료이다.

(1) 2월말 현재 미완성 작업 #101이 있었으며, 집계된 원가는 다음과 같다.

직접재료비	₩21,000
직접노무비	25,000
제조간접비	10,000
합 계	₩56,000

(2) 3월에 작업 #102, #103이 새로이 시작되었으며, 3월 중 작업 #101, #102은 완성되었고, 3월 말 현재 작업 #103은 미완성 상태이다.

(3) 3월중 작업 #101, #102, #103에서 발생한 원가는 다음과 같다.

	#101	#102	#103	합 계
직접재료비	–	₩36,000	₩28,000	₩64,000
직접노무비	₩12,000	43,000	35,000	90,000
제조간접비				57,600
합 계				₩211,600

(4) 2월 말 제품 재고는 ₩100,000이 있었고 3월 말에는 #102가 제품 재고로 남아 있다.

회사는 개별원가계산제도를 채택하고 있으며, 제조간접비는 직접노무비를 기준으로 배부하고 있다. 3월의 매출원가는 얼마인가?

① ₩182,200 ② ₩219,800 ③ ₩228,200
④ ₩235,600 ⑤ ₩175,680

05 부문별 제조간접원가 배분

(주)백송의 공장에는 두 개의 제조부문 X, Y가 있다. 회사의 기초재공품은 ₩180,000(작업 #101)이며 당기 중 새로운 작업 #102, #103이 착수되었고 작업 #101, #102가 완성되었다. 당기 중 발생한 제조원가와 기타자료는 다음과 같다.

	#101	#102	#103	합 계
직접재료원가	₩50,000	₩100,000	₩60,000	₩210,000
직접노무원가	80,000	70,000	90,000	240,000
직접노동시간				
X 부 문	200시간	150시간	150시간	500시간
Y 부 문	150	260	240	650
기 계 시 간				
X 부 문	200	140	110	450
Y 부 문	150	250	200	600

X부문과 Y부문에서 발생한 제조간접원가는 각각 ₩100,000과 ₩90,000이고 X부문은 직접노동시간을 기준으로, Y부문은 기계시간을 기준으로 제조간접원가를 각 제품에 배부한다. 기초제품은 ₩150,000이었고 기말제품은 #102가 남아 있다. (주)백송의 매출원가는 얼마인가?

① ₩600,000 ② ₩410,000 ③ ₩522,500
④ ₩588,410 ⑤ ₩588,373

06 보조부문 원가배분 단일배분율법

나무산업은 2개의 제조부문과 3개의 서비스부문으로 이루어져 있는 바 서비스부문의 원가와 두 제조부문에 대한 정보는 아래와 같다.

컴퓨터 부문	₩260,000,000
건물관리 부문	₩600,000,000
공장인사 부문	₩110,000,000

	제조부문 1	제조부문 2
사 용 면 적	2,000평	4,000평
임 금	₩370,000,000	₩180,000,000
컴퓨터 사용시간	1,900시간	2,100시간

위의 정보를 이용하여 제조부문1에 배분해야 할 서비스부문의 원가는 얼마인가?

① ₩410,500,000 ② ₩397,500,000 ③ ₩572,500,000
④ ₩359,500,000 ⑤ ₩597,500,000

07 단일배분율법과 이중배분율법

(주)원가는 A와 B의 두 제조부문이 있으며 제조과정에서 필요한 설비의 수선을 할 수 있는 수선부문을 보조부문으로 두고 있다. 두 제조부문의 최대사용가능량은 A가 4,000시간이고 B가 6,000시간이며 실제로 사용한 수선시간은 A가 4,000시간이고 B가 4,000시간이다. 변동원가는 ₩4,000,000이며 고정원가는 ₩6,000,000이다. 단일배부율을 사용하는 경우에 이중배분율을 사용하는 경우와 비교하여 제조부문A에 배부되는 수선부문원가는 얼마나 차이가 나는가?

① ₩400,000 ② ₩500,000 ③ ₩600,000
④ ₩700,000 ⑤ ₩800,000

08 단계배분법

D사는 두 개의 제조부문 A, B와 두 개의 보조부문 S_1, S_2를 두고 있다. 당년도 6월 중에 각 보조부문에서 생산한 보조용역의 사용원가율은 다음과 같았다.

보조용역 사용부문 / 보조용역 제공부문	S_1	S_2	A	B
S_1	0	0.2	0.4	0.4
S_2	0.4	0	0.2	0.4

S_1부문과 S_2부문에서 당월에 발생한 변동원가는 각각 ₩400,000과 ₩200,000이었다. D사는 보조부문원가의 배분에 단계배분법을 사용하며 S_2부문부터 배분한다. 제조부문A에 배분해야 하는 보조부문 총변동원가는 얼마인가?

① ₩310,000 ② ₩140,000 ③ ₩200,000
④ ₩220,000 ⑤ ₩280,000

09 단계배분법 (2003. 세무사)

부문별 개별원가계산을 채택하고 있는 대한조선의 다음 원가계산 자료를 이용하여 화물선에 배부될 제조간접원가를 구하시오.

(1) 제조간접원가에 대한 부문원가 내역

제조부문		보조부문		
제1공장	제2공장	수선부	동력부	생산관리부
₩3,800,000	₩3,200,000	₩1,100,000	₩900,000	₩2,000,000

(2) 보조부문원가의 배부는 단계(계단식)배분법을 사용하며, 보조부문 상호간의 배부순서는 생산관리, 동력, 수선부문의 순으로 하여 다음의 배부기준에 의한다.

	제1공장	제2공장	수선부	동력부
생산관리부	40%	40%	15%	5%
동력부	50%	40%	10%	–
수선부	30%	20%	30%	20%

(3) 제품별 제조간접원가 배부를 위한 공장별 작업시간 집계표

	제1공장	제2공장
화물선	800시간	400시간
유조선	500	300
군함	700	300
	2,000시간	1,000시간

① ₩4,686,000 ② ₩4,595,000 ③ ₩4,400,000
④ ₩4,690,000 ⑤ ₩4,658,000

10 보조부문원가의 배분 : 상호배분법

D사는 두 개의 제조부문 A, B와 두 개의 보조부문 S_1, S_2를 두고 있다. 당년도 6월 중에 각 보조부문에서 생산한 보조용역의 사용원가율은 다음과 같았다.

보조용역 제공부문 \ 보조용역 사용부문	S_1	S_2	A	B
S_1	0	0.4	0.2	0.4
S_2	0.2	0	0.4	0.4

S_1부문과 S_2부문에서 당월에 발생한 변동원가는 각각 ₩200,000과 ₩380,000이었다. D사는 보조부문원가의 배분에 상호배분법을 사용한다. 제조부문A에 배분해야 하는 보조부문 총변동원가는 얼마인가?

① ₩60,000 ② ₩140,000 ③ ₩200,000
④ ₩220,000 ⑤ ₩260,000

11 상호배분법 : 제조간접원가 배부율 계산

(주)백송의 공장에는 두 개의 보조부문 A, B와 두 개의 제조부문 X, Y가 있다. 각 부문간 용역제공관계와 부문별 발생원가는 다음과 같다.

	보조부문		제조부문	
제공부문	A	B	X	Y
A	–	30%	20%	50%
B	40%	–	40	20
발생원가	₩18,000	₩65,000	₩58,000	₩19,000
부문별 노동시간			2,000시간	4,000시간

상호배분법을 사용할 경우 제조부문 X에서 제품에 배부할 노동시간당 제조간접원가 배부율은 얼마인가?

① ₩40　　② ₩50　　③ ₩60
④ ₩70　　⑤ ₩80

12 보조부문원가의 배분 : 자부문 소비용역

(주)대한공업은 두 개의 제조부문과 두 개의 보조부문을 가지고 있다. 각 부문간의 용역수수 관계는 다음과 같다. 회사는 상호배분법으로 보조부문원가를 각 제조부문에 배부하고 있다.

용역부문 / 용역제공	보조부문		제조부문	
	S_1	S_2	M_1	M_2
S_1	50%	15%	20%	15%
S_2	30	–	50	20
부문발생원가	₩100,500	₩120,000	₩225,000	₩600,000

제조부문 M_2에서 개별제품에 배부해야 할 원가총액은 얼마인가?

① ₩750,000　　② ₩765,000　　③ ₩695,000
④ ₩742,500　　⑤ ₩678,000

13 상호배분법과 직접배분법 비교 (2010. KICPA)

(주)서로는 자동차를 생산하고 있다. 회사는 승용차를 생산하는 부문과 승합차를 생산하는 부문을 이익중심점으로 운영하고, 그 밖에 이들 생산 부문을 지원하는 자재부와 시설관리부를 두고 있다. 자재부는 시설관리부를 위해 자재를 구입하여 주고, 시설관리부는 자재부의 시설을 관리한다. 갑과 을은 각각 승용차와 승합차 생산부문을 책임지고 있는데, 부문별 성과평가를 앞두고 신경이 매우 곤두서 있는 상태다. 아래의 원가자료를 부문간 배부기준으로 사용하여 직접배분법 또는 상호배분법에 의해 부문별 원가계산을 하려 한다. 아래의 원가자료를 제외하고 승용차와 승합차 생산부문간에 다른 모든 사항이 동일하다면 다음 중 타당한 것은? (단, 지원부문인 자재부와 시설관리부의 배부대상원가는 각각 ₩100이다.)

〈부문간 배부기준 자료〉

사용부서 / 공급부서	자재 부문	시설관리 부문	승용차 부문	승합차 부문	합 계
자재부문	–	₩5	₩45	₩50	₩100
시설관리부문	₩10	–	₩40	₩50	₩100

① 갑에게는 직접배분법, 을에게는 상호배분법이 유리하다.

② 갑에게는 상호배분법, 을에게는 직접배분법이 유리하다.

③ 갑, 을 모두 직접배분법이 유리하다.

④ 갑, 을 모두 상호배분법이 유리하다.

⑤ 갑, 을 모두 어떤 방법을 사용하든 유리하거나 불리하지 않다.

14 판매가격결정 : 제조원가 대비 목표이익률 존재 (2000. KICPA)

(주)대한은 두 개의 보조부문 A와 B, 두 개의 생산부문 C와 D를 가지고 있다. 3월의 각 부문에 대한 자료는 다음과 같다.

	보조부문		제소부문	
	A (동력부문)	B (시간관리부문)	C	D
기계시간	–	500시간	400시간	100시간
사용면적	400㎡	–	200㎡	400㎡
각 부문의 제조간접원가	₩30,000	₩50,000	₩10,000	₩20,000
직접노무시간			200시간	300시간

C부문에서만 40시간의 직접노무시간이 발생하여 50단위의 갑제품이 생산되었는데, 갑제품에 대한 단위당 기초원가(prime cost)는 ₩500이다. (주)대한은 갑제품의 제품제조원가에 20%를 가산해서 판매가격을 결정한다. 보조부문의 원가는 상호배분법을 사용하여 생산부문에 배분하며, A부문의 원가는 기계시간에 의하여, B부문의 원가는 사용면적에 의하여 배분한다. 갑제품에 대한 월초 및 월말 재공품잔액은 모두 ₩0이다. 갑제품의 단위당 판매가격은 얼마인가? (단, C부문은 직접노무시간을 기준으로 제조간접원가를 배분한다.)

① ₩830　② ₩705　③ ₩205
④ ₩846　⑤ ₩246

15 보조부문 원가배분의 개념

원가배부에 대한 내용으로 옳지 않은 것은?

① 직접배분법은 모든 보조부문비를 제조부문에 제공하는 용역비율에 따라 제조부문에 직접배부하는 방법이다.
② 단계배분법은 보조부문들 간에 일정한 배부순서에 따라 보조부문비를 단계적으로 다른 보조부문과 제조부문에 배부하는 방법이다.
③ 상호배분법은 보조부문 상호간의 용역 수수 관계를 완전히 고려하는 방법이다.
④ 보조부문원가를 어떻게 배부하더라도 기말재고가 없다면, 회사의 총이익은 변동이 없다.
⑤ 보조부문비를 가장 정확하게 배부하는 방법은 단계배분법이다.

16 정상개별원가계산의 개념

다음 설명 중에서 틀린 것을 고르시오.

① 제조간접원가예산과 제조간접원가예정배부액은 일반적으로 일치하지 않으며 연도초의 예정조업도와 실제조업도가 일치하는 경우에만 동일한 금액이 된다.
② 실제개별원가계산을 적용하는 경우에 경영자입장에서 원가계산이 지연되고 제품원가가 변동되는 문제가 있다.
③ 제조간접원가 과소배부액은 계정잔액이 차변잔액이며 원가차이를 조정하면 각 계정잔액에 원가차이가 가산된다.
④ 제조간접원가 과대배부액을 조정하는 방법 중에서 매출원가조정법이 조정후의 이익이 가장 작게 된다.
⑤ 기초재고가 없는 경우에 재공품과 제품 및 매출원가의 기말잔액에 포함된 제조간접원가예정배부액의 합계는 제조간접원가 예정배부액과 일치한다.

17 제조간접원가 배부차이

(주)민국은 제조간접원가를 직접노무시간 기준으로 배부하고 있다. 추정제조간접원가 총액은 ₩1,020,000이고, 추정직접노무시간은 400,000시간이다. 전기말의 제조간접원가 잔액은 ₩1,080,000이고, 실제사용 직접노무시간은 420,000시간이다. 전기의 제조간접원가의 과소(대)배부액은?

① ₩9,000 과대배부 ② ₩9,000 과소배부 ③ ₩60,000 과대배부
④ ₩30,000 과소배부 ⑤ ₩54,000 과소배부

02

18 제조간접원가 배부차이의 계산

(주)원가는 정상개별원가계산을 사용하고 있으며, 직접노무원가의 150%를 제조간접원가로 예정배부하고 있다. 이에 발생되는 과대 또는 과소배부액은 매월말 매출원가에서 조정하고 있다. (단, 기말재공품은 없다.)

기초재공품 관련 원가자료		당월 관련 원가자료	
직접재료원가	₩6,000	직접재료청구액	₩45,000
직접노무원가	4,000	직접노무원가발생액	36,000
제조간접원가배부액	6,000	실제제조간접액	59,000
계	₩16,000	계	₩140,000

당월 중 제조간접원가 배부차이와 당기제품제조원가(정상원가기준)를 구하시오.

	제조간접원가 배부차이	당기제품제조원가
①	₩2,000(과소배부)	₩156,000
②	차이 없음	₩148,000
③	₩2,000(과소배부)	₩160,000
④	₩5,000(과소배부)	₩151,000
⑤	₩5,000(과소배부)	₩149,000

19 제조간접원가예산의 추정

(주)한국은 정상개별원가계산을 적용하고 있으며 직접작업시간을 기준으로 제조간접원가를 예정배부한다. 20×9년 제조간접원가 예정배부율은 직접작업시간당 ₩60이다. 20×9년 실제 발생한 제조간접원가는 ₩1,500,000이었고, 제조간접원가가 ₩300,000 과소배부된 것으로 나타났다. 20×9년의 실제조업도는 예정(예산)조업도의 80%였다. 20×9년 제조간접원가 예산 금액은 얼마인가?

① ₩1,250,000 ② ₩1,300,000 ③ ₩1,460,000
④ ₩1,500,000 ⑤ ₩1,625,000

20 중급문제 (2013. 세무사)

(주)용감한은 정상개별원가계산을 사용하며, 직접노무시간을 기준으로 제조간접원가를 배부하고 있다. 20×1년 연간 제조간접원가 예산은 ₩5,000,000이다. 20×1년 실제 발생한 제조간접원가는 ₩4,800,000이고, 실제직접노무시간은 20,000시간이다. 20×1년 중 제조간접원가 과소배부액이 ₩800,000이라고 할 때 연간 예산직접노무시간은?

① 22,000시간 ② 23,000시간 ③ 24,000시간

④ 25,000시간 ⑤ 26,000시간

21 제조간접원가배부차이의 계산과 분개 (2009. 세무사)

다음은 정상원가계산을 사용하는 (주)대한의 2009년 1년 동안의 제조간접비계정으로서 배부차이를 조정하기 직전 기록이다.

제조간접비	
90,000	60,000

다음 물음에 대한 답을 올바르게 나열한 것은?

(A) 2009년의 제조간접비 실제발생액은 얼마인가?
(B) 2009년의 제조간접비 배부액은 얼마인가?
(C) 회사는 제조간접비 배부차이를 매출원가에서 조정하고 있다. 배부차이를 조정하기 위해 필요한 분개는?

	(A)	(B)	(C)			
①	₩60,000	₩90,000	(차) 매 출 원 가	30,000	(대) 제조간접비	30,000
②	60,000	90,000	(차) 제조간접비	30,000	(대) 매 출 원 가	30,000
③	90,000	60,000	(차) 제조간접비	30,000	(대) 매 출 원 가	30,000
④	90,000	60,000	(차) 매 출 원 가	30,000	(대) 재 공 품	30,000
⑤	90,000	60,000	(차) 매 출 원 가	30,000	(대) 제조간접비	30,000

22 재공품가액 평가

다음은 A회사의 5차년도 부문별 제조원가예산이다.

	A부문	B부문	합 계
직접재료원가	₩700,000	₩800,000	₩1,500,000
직접노무원가	200,000	400,000	600,000
제조간접원가	400,000	100,000	500,000
합 계	₩1,300,000	₩1,300,000	₩2,600,000

A회사는 각 부문별로 직접노무원가에 기준한 예정제조간접원가 배부율을 정하여 제조간접원가를 배부하는 정상개별원가계산제도를 채택하고 있으며, 배부차액은 매출원가에서 수정하고 있다. 다음은 주문품 X의 생산과 관련된 자료이다.

	A부문	B부문	합 계
직접재료원가	₩12,000	₩15,000	₩27,000
직접노무원가	20,000	4,000	24,000
합 계	₩32,000	₩19,000	₩51,000

5차년도 공정 중에 있는 주문품 X의 평가액은?

① ₩10,000　② ₩31,000　③ ₩51,000
④ ₩71,000　⑤ ₩92,000

23 정상개별원가계산의 개념정리

(주)원가는 20×1년 1월 영업을 개시하였으며 정상원가계산을 사용하고 있으며 제조간접원가 예정배부율은 ₩250이고, 총직접노동시간은 800시간으로 예상하였다. 당기의 기말시점에 각 계정잔액에 포함된 금액은 다음과 같으며 실제로 발생한 제조간접원가는 ₩150,000이다. 다음의 설명 중 틀린 것은?

	재공품	제 품	매출원가	합 계
직접재료원가	₩50,000	₩67,000	₩147,500	₩264,500
직접노무원가	10,000	18,000	82,500	110,500
직접노동시간	80시간	140시간	280시간	500시간

① 제조간접원가예산은 ₩200,000이었으며 제조간접원가 예정배부액은 ₩125,000이고 이 차이는 예상노동시간 800시간과 실제노동시간 500시간이 차이가 나서 발생한다.
② 제조간접원가 배부차이를 조정하기 전의 당기총제조원가는 ₩500,000이며, 당기제품제조원가는 ₩420,000이다.
③ 제조간접원가예산 ₩200,000과 실제발생한 제조간접원가 ₩150,000의 차이 ₩50,000이 제조간접원가 배부차이이다.
④ 제조간접원가 배부차이를 매출원가조정법으로 조정하는 경우에 ₩25,000의 과소배부액을 매출원가에 가산한다.
⑤ 요소별 비례배분법을 적용하는 경우에 재공품에 조정되어야 하는 배부차이는 과소배부액에 80시간/500시간을 곱한 금액을 가산한다.

24 정상원가계산의 적용 (2014. KICPA)

(주)한국은 정상개별원가계산을 사용하고 있으며, 제조간접원가 배부기준은 기계시간이다. 회사는 20×1년 초에 연간 제조간접원가를 ₩600, 기계시간을 200시간으로 예상하였다. 20×1 회계연도중 수행한 작업과 관련된 정보는 다음과 같다.

(1) 당기중 세 가지 작업 #101, #102, #103을 착수하여, #101과 #102를 완성하였고, #103은 기말 현재 작업 중에 있다.
(2) 당기중 ₩800의 원재료를 구입하였고 기말 현재 ₩280의 원재료가 재고로 남아 있다.
(3) 당기중 지급한 노무원가는 ₩700이며, 기초 미지급노무원가는 ₩40, 기말 미지급노무원가는 ₩100이었다.
(4) 당기중 발생한 제조경비는 총 ₩560이며, 이는 감가상각비 ₩260, 임차료 ₩200, 수도광열비 ₩100으로 구성되어 있다.
(5) 당기중 작업별 실제발생 원가자료와 실제 사용된 기계시간은 다음과 같다.

구 분	#101	#102	#103	합계
직접재료원가	₩200	₩200	₩100	₩500
직접노무원가	300	160	260	720
기 계 시 간	90시간	63시간	27시간	180시간

(6) 기초재고자산은 없었고, 작업 #101은 당기 중에 ₩1,100에 판매되었으나 작업 #102는 기말 현재 판매되지 않았다.

(주)한국은 기말에 제조간접원가 배부차이를 전액 매출원가에 조정한다. (주)한국의 20×1년 매출총이익은 얼마인가?

① ₩250　　② ₩270　　③ ₩290
④ ₩310　　⑤ ₩330

※ 다음은 25~27번과 관련된 자료이다.

(주)정상기계는 직접노동시간을 기준으로 제조간접원가를 예정배부하고 있다. 회사는 연초에 연간제조간접원가를 ₩1,200,000, 직접노동시간을 2,400시간으로 예상하였다. 20×1년 중 작업번호가 #101, #102, #103인 세 가지 작업을 시작하여 작업 #101, #102가 완성되었으며 작업 #101은 외부로 판매되었다. 이 세 가지 작업에 대한 당기 중의 원가자료는 다음과 같다.

	#101	#102	#103
직접재료원가	₩610,000	₩740,000	?
직접노무원가	540,000	360,000	₩300,000
직접노동시간	900시간	600시간	500시간

20×1년 중 제조간접원가 발생액은 ₩1,200,000이다.

25 매출원가조정법을 적용한 배부차이 조정

제조간접원가 배부차이를 전액 매출원가에서 조정할 경우 (주)정상기계의 외부보고용 재무제표상의 매출원가는 얼마인가?

① ₩1,400,000　② ₩1,500,000　③ ₩1,600,000
④ ₩1,700,000　⑤ ₩1,800,000

26 총원가비례배분법

제조간접원가 배부차이를 총원가비례배분법에 의해서 배분할 경우 매출원가에 배분되는 제조간접원가 배부차이가 ₩80,000이었다. 기말재공품에 포함된 직접재료원가는 얼마인가?

① ₩350,000　② ₩400,000　③ ₩450,000
④ ₩500,000　⑤ ₩550,000

27 배부차이 조정방법의 이익차이

원가요소별 비례배분법에 따라 이익차이를 조정하는 경우에 총원가 비례배분법에 비해 이익이 어떻게 달라지는가?

① ₩10,000 증가　② ₩5,000 증가　③ ₩5,000 감소
④ ₩10,000 감소　⑤ 변화 없음

28 제조간접원가 배부차이가 당기순이익에 미치는 영향 비교

제조간접원가 배부차액계정의 차변잔액은 ₩5,000이다. 배부차액을 보충률법(비례배분법)에 의하여 회계처리 할 때, 매출원가가감법에 의해 처리할 때에 비하여 당기순이익에는 어떠한 영향을 미치겠는가?

매출원가	기말재공품	기말제품	원재료
₩6,000	₩1,000	₩3,000	₩2,000

① ₩3,000만큼 당기순이익이 증가한다.
② ₩2,000만큼 당기순이익이 증가한다.
③ ₩1,500만큼 당기순이익이 증가한다.
④ ₩500만큼 당기순이익이 증가한다.
⑤ ₩5,000만큼 당기순이익이 증가한다.

29 배부차이조정후 이익변화액 (2009. 세무사)

(주)대한은 사업 첫 해에 정상개별원가계산을 사용하며, 제조간접비는 직접노무시간기준으로 배부한다. 제조간접비 배부차이 조정전 매출원가에 포함된 제조간접비 배부액은 ₩1,400,000이다. 다음의 자료를 사용하여 제조간접비 배부차이를 매출원가에서 전액 조정한다면, 정상개별원가계산의 영업이익과 실제개별원가계산의 영업이익의 차이는 얼마인가?

예상총제조간접비	₩2,500,000	예상총직접노무시간	500,000시간
실제총제조간접비	₩2,100,000	실제총직접노무시간	300,000시간

① 정상개별원가계산의 영업이익이 ₩40,000만큼 더 적다.
② 정상개별원가계산의 영업이익이 ₩50,000만큼 더 적다.
③ 정상개별원가계산의 영업이익이 ₩100,000만큼 더 많다.
④ 정상개별원가계산의 영업이익이 ₩300,000만큼 더 많다.
⑤ 영업이익에 차이가 없다.

해 답 *Answer*

01 ④

① 작업자의 노동에 의존하는 회사의 경우에는 노동시간이나 노무원가를 배분기준으로 선택한다.

② 보조부문에 집계된 제조간접원가는 제품에 직접배분할 수 없기 때문에 먼저 제조부문에 배분한다.

③ 이중배분율법에서 고정원가는 서비스의 최대사용가능량을 기준으로 배분하고 변동원가는 실제 사용량을 기준으로 배분한다.

④ 공장전체제조간접원가 배부율을 사용하는 경우에는 공장전체의 제조간접원가 총액만을 파악하면 되므로 보조부문의 원가를 제조부문에 배분할 필요가 없다.

⑤ 단계배분법의 경우에는 배분순서가 달라지면 배분후의 결과가 달라지므로 배분순서를 적절하게 결정하는 것이 중요한 절차이다.

02 ⑤

제조간접원가는 직접노무원가의 120%를 배부하므로,

#201 직접노무원가 : $₩1,058,400 \times \frac{100\%}{120\%} = ₩882,000$

#301 제조간접원가 : $₩735,000 \times 120\% = ₩882,000$

	#201	#301	합 계
직접재료원가	₩1,764,000	₩294,000	₩2,058,000
직접노무원가	882,000	735,000	1,617,000
제조간접원가	1,058,400	882,000	1,940,400
총 제 조 원 가	₩3,704,400	₩1,911,000	₩5,615,400

03 ④

(1) 기말재공품가액

기 초 재 공 품	₩24,000
당 기 발 생 원 가	194,000
완성품 대체가액	(200,000)
기말재공품가액	₩18,000

재공품

차변		대변	
기 초	24,000	완 성	200,000
당 기	194,000	기 말	?
	218,000		218,000

→ 미완성품 #601

(2) 직접노무원가

기말재공품의 제조간접원가 ₩4,500은 직접노무원가의 90%이므로 다음 식이 성립한다.

직접노무원가 × 90% = ₩4,500

∴ 직접노무원가 $= ₩4,500 \times \frac{1}{90\%} = ₩5,000$

(3) #601의 직접재료원가

직접재료원가 + ₩5,000(직접노무원가) + ₩4,500(제조간접원가) = ₩18,000

∴ 직접재료원가 = ₩8,500

재공품				#601	
기초	24,000	완성	200,000	직접재료원가	? ← ₩8,500
당기발생원가	194,000	기말	18,000	직접노무원가	5,000
	218,000		218,000	제조간접원가	4,500
					18,000

04 ⑤

(1) 작업별 원가계산

	#101	#102	#103	합 계
기초재공품	₩56,000			₩56,000
DM		₩36,000	₩28,000	64,000
DL	12,000	43,000	35,000	90,000
OH	7,680	27,520	22,400	57,600
	₩75,680	₩106,520	₩85,400	₩267,600
		(기말제품)	(기말재공품)	

(OH 57,600: 직접노무원가의 64%)

재공품			
기초	₩56,000	당기제품제조원가	₩182,200
DM	64,000		
DL	90,000		
OH	57,600	기말	85,400
	₩267,600		₩267,600

제품			
기초	₩100,000	매출원가	₩175,680
당기제품제조원가	182,200	기말	106,520
	₩282,200		₩282,200

(2) 매출원가계산

월초재공품원가	₩56,000
당월총제조원가	211,600
계	₩267,600
월말재공품원가	(85,400)
완성품원가	₩182,200
월초제품재고액	100,000
월말제품재고액	(106,520)
매출원가	₩175,680

05 ③

		#101	#102	#103	합 계	
기초재공품		₩180,000			₩180,000	
DM		50,000	₩100,000	₩60,000	210,000	
DL		80,000	70,000	90,000	240,000	
OH	X	40,000*1	30,000	30,000	100,000	제조간접원가
	Y	22,500*2	37,500	30,000	90,000	₩190,000
		₩372,500	₩237,500	₩210,000	₩820,000	
			(기말제품)	(기말재공품)		

* 1. X부문 ₩100,000÷500시간=@200
  2. Y부문 ₩90,000÷600시간=@150

재 공 품

기 초	₩180,000	당기제품 제조원가	₩610,000
D M	210,000		
D L	240,000		
O H	190,000	기 말	210,000
	₩820,000		₩820,000

제 품

기 초	₩150,000	매출원가	₩522,500
당기제품 제조원가	610,000	기 말	237,500
	₩760,000		₩760,000

06 ②

보조부문	제조부문 1	제조부문 2	합 계
컴퓨터 부문 (사용시간기준)	₩123,500,000 (1,900시간)	₩136,500,000 (2,100시간)	₩260,000,000 (4,000시간)
건물관리부문 (사용면적기준)	200,000,000 (2,000평)	400,000,000 (4,000평)	600,000,000 (6,000평)
공장인사부문 (임금기준)	₩74,000,000 (₩370,000,000)	₩36,000,000 (₩180,000,000)	₩110,000,000 (₩550,000,000)
	₩397,500,000	₩572,500,000	₩970,000,000

07 ③

(1) 단일배분율법에 의한 부문별 원가배분액

A부문 4,000시간×₩1,250*=₩5,000,000

B부문 4,000시간×₩1,250*=₩5,000,000

* 시간당 배부율(₩4,000,000+₩6,000,000)÷8,000시간=시간당 ₩1,250
  (8,000시간: 실제 사용 수선시간 합계)

(2) 이중배분율법에 의한 부문별 원가배분액

		A부문		B부문	합 계
변 동 원 가	4,000시간×₩500[*1]=	₩2,000,000	4,000시간×₩500[*1]=	₩2,000,000	₩4,000,000
고 정 원 가	4,000시간×₩600[*2]=	2,400,000	6,000시간×₩600[*2]=	3,600,000	6,000,000
부분별원가		₩4,400,000		₩5,600,000	₩10,000,000

* 1. 변동원가배부율 ₩4,000,000÷8,000시간=시간당 ₩500
실제 사용 수선시간 합계

2. 고정원가배부율 ₩6,000,000÷10,000시간=시간당 ₩600
최대사용가능 수선시간 합계

(3) A부문의 배분액의 차이

₩5,000,000−₩4,400,000=₩600,000

08 ⑤

	S_1	S_2	A	B	합 계
배분전원가	₩400,000	₩200,000	?	?	₩600,000
S_1 원가배분	(480,000)		240,000[*2]	240,000[*2]	0
S_2 원가배분	80,000[*1]	(200,000)	40,000[*1]	80,000[*1]	0
배분후원가	₩0	₩0	₩280,000	₩320,000	₩600,000

* 1. S_2의 서비스 제공비율 0.4 : 0.2 : 0.4

2. S_1의 서비스 제공비율(S_2 제공서비스 제외) 0.4 : 0.4

09 ③

	1공장	2공장	수선부	동력부	생산관리부
자체발생금액	₩3,800,000	₩3,200,000	₩1,100,000	₩900,000	₩2,000,000
생 산 관 리 부	800,000(40%)	800,000(40%)	300,000(15%)	100,000(5%)	(2,000,000)
동 력 부	500,000(50%)	400,000(40%)	100,000(10%)	(1,000,000)	
수 선 부	900,000(60%)	600,000(40%)	(1,500,000)		
계	₩6,000,000	₩5,000,000	₩0	₩0	₩0

화물선 배부제조간접원가

₩6,000,000×800시간/2,000시간+₩5,000,000×400시간/1,000시간=₩4,400,000

(1공장 제조간접원가) (2공장 제조간접원가)

10 ⑤

각 보조부문에서 배부할 총액을 각각 S_1, S_2라 하면,

S_1=₩200,000+0.2S_2 … ①

S_2=₩380,000+0.4S_1 … ②

①과 ②의 식을 풀면

S_1=₩300,000

S_2=₩500,000

∴ 제조부문 A에 배부된 보조부문원가

$0.2S_1+0.4S_2$=0.2×₩300,000+0.4×₩500,000=₩260,000

11 ②

(1) X부문에서 배부할 제조간접원가

	A	B	X	Y	합 계
배분전원가	₩18,000	₩65,000	₩58,000	₩19,000	₩160,000
A 원가배분	(50,000)*	15,000	10,000	25,000	0
B 원가배분	32,000	(80,000)*	32,000	16,000	0
배분후원가	₩0	₩0	₩100,000	₩60,000	₩160,000

* 보조부문 A, B의 배분될 총원가를 각각 A, B라 하면,

A=₩18,000+0.4B

B=₩65,000+0.3A

이 연립방정식을 풀면, A=₩50,000, B=₩80,000

(2) X부문에서의 노동시간당 배분율 : ₩100,000÷2,000시간=시간당 @50

12 ⑤

자부문 소비용역(self-service)이란 식당부문 종업원이 자기가 만든 음식을 먹는 경우처럼 자기부문이 생산한 용역을 자기부문에서 소비하는 것을 말한다. 자부문 소비용역도 자기부문에 배분하는 것이 보다 정확한 방법이나, 보조부문의 원가를 제조부문에 배분할 때에는 보조부문에서 발생한 모든 원가를 궁극적으로 제조부문에 배분하여야 하므로 자부문 소비용역을 고려하지 않는 방법도 사용된다. 상호배분법에 의할 경우 자부문 소비용역을 무시하는 방법과 고려하는 방법 사이에 최종배분결과는 영향이 없다.

보조부문 S_1에서 자체소비한 용역 50%를 무시하면 S_1은 M_1에 40%, M_2에 30% 그리고 S_2에 30%의 용역을 제공했다고 볼 수도 있다. 따라서 다음과 같이 푸는 것이 간편하다.

	S_1	S_2	M_1	M_2	합 계
배분전	₩100,500	₩120,000	₩225,000	₩600,000	₩1,045,500
S_1	(S_1)	0.3	0.4	0.3	
S_2	0.3	(S_2)	0.5	0.2	
배분후	₩0	₩0	?	?	₩1,045,500

S_1=₩100,500+$0.3S_2$ … ①

S_2=₩120,000+$0.3S_1$ … ②

①과 ②의 식을 연립하여 풀면

S_1=₩150,000

S_2=₩165,000

따라서 $M_2=0.3S_1+0.2S_2+₩600,000=₩678,000$

별해 자부문 소비용역 고려

(1) 각 보조부문에서 배부할 총액을 각각 S_1, S_2라 하면,

$S_1=₩100,500+0.3S_2+0.5S_1$ ························ ①

$S_2=₩120,000+0.15S_1$ ························ ②

①과 ②의 식을 연립하여 풀면

$S_1=₩300,000$

$S_2=₩165,000$

(2) M_2에서 개별제품에 배부해야 할 원가총액 : $M_2=0.15S_1+0.2S_2+₩600,000=₩678,000$

13 ①

(1) 직접배부법을 적용하는 경우

배분원가	보조부문		제조부문		합 계
	자재부문	시설관리부문	승용차부문	승합차부문	
배 분 전 원 가	₩100	₩100			₩200
자 재 부 문 원 가*1	(100)		₩47.37	₩52.63	0
시설관리부문원가*2		(100)	44.44	55.56	0
배 분 후 원 가	₩0	₩0	₩91.81	₩108.19	₩200

* 1. 승용차부문 : 승합차부문=₩45 : ₩50
  2. 승용차부문 : 승합차부문=₩40 : ₩50

(2) 상호배부법을 적용하는 경우

보조부문인 자재부문과 시설관리부문이 배분할 총원가를 각각 A, B라고 하면

$$A(\text{자재부문})=₩100+\frac{₩10}{₩100}B$$

$$B(\text{시설관리부문})=₩100+\frac{₩5}{₩100}A$$

이 연립방정식을 풀면, A=₩110.55, B=₩105.53이다.

배분원가	보조부문		제조부문		합 계
	자재부문	시설관리부문	승용차부문	승합차부문	
배 분 전 원 가	₩100	₩100			₩200
자 재 부 문 원 가*1	(110.55)	5.53	₩49.75	₩55.27	0
시설관리부문원가*2	10.55	(₩105.53)	42.21	52.77	0
배 분 후 원 가	₩0	₩0	₩91.96	₩108.04	₩200

* 1. 시설관리부문 : 승용차부문 : 승합차부문=₩5 : ₩45 : ₩50
  2. 자재부문 : 승용차부문 : 승합차부문=₩10 : ₩40 : ₩50

따라서 갑은 직접배분법이 유리하고, 을은 상호배분법이 유리하다.

14 ④

	A	B	C	D	합 계
배분전	₩30,000	₩50,000	₩10,000	₩20,000	₩110,000
A	(A)	0.5	0.4	0.1	
B	0.4	(B)	0.2	0.4	
배분후	₩0	₩0	?	?	₩110,000

02

(1) 보조부문원가의 배부

각 보조부문에서 배부할 총액을 각각 A, B라 하면

A=₩30,000+0.4B … ①

B=₩50,000+0.5A … ②

①과 ②의 식을 연립하여 풀면

A=₩62,500, B=₩81,250

(2) C부문의 총제조간접원가

$$₩62,500\times\frac{400시간}{1,000시간}+₩81,250\times\frac{200m^2}{1,000m^2}+₩10,000=₩51,250$$

(3) C부문 직접노무시간당 제조간접원가

₩51,250÷200시간=₩256.25

(4) C부문에서 생산하는 갑제품의 단위당 판매가격

단위당 기초원가		₩500
단위당 제조간접원가 :	40시간×₩256.25÷50단위=	205
단위당 제조원가		₩705
		×120%
단위당 판매가격		@846

15 ⑤

보조부문비를 가장 정확하게 배부하는 방법은 상호배부법이다.

16 ④

제조간접원가 과대배부액을 조정하면 각 계정잔액에서 차감해야 하는데 매출원가조정법은 원가차이 전액을 매출원가에서 차감하므로 매출원가가 가장 작아져서 조정후의 이익은 가장 크게 된다.

17 ②

배부율 : ₩1,020,000÷400,000시간=직접노무 시간당 @2.55

실제제조간접원가	₩1,080,000	
제조간접원가 예정배부액 : 420,000시간×@2.55=	1,071,000	
	₩9,000	과소배부

제조간접원가

차변	대변
실제발생액 ₩1,080,000	예정배부액 420,000시간×@2.55 =₩1,071,000
	} 과소배부 ₩9,000

18 ④

(1) 제조간접원가 배부차이

당월제조간접원가 예정배부액 : ₩36,000×150%=₩54,000

당월실제제조간접원가 발생액 : ₩59,000

∴ 당월제조간접원가 과소배부액 : ₩59,000−₩54,000=₩5,000

(2) 당기제품제조원가

₩16,000+₩45,000+₩36,000+₩54,000−₩0=₩151,000

기초재공품 직접재료원가 직접노무원가 제조간접원가 기말재공품

* 제조간접원가 배부차이는 전액 매출원가에서 조정하므로 당기제품제조원가에 포함되는 제조간접원가는 예정 배부액을 사용한다.

제조간접원가

차변	대변
실제발생액 ₩59,000	예정배부 ₩54,000
	} 과소배부 ₩5,000

재 공 품

기 초	₩16,000	당기제품 제조원가	₩151,000
D M	45,000[*1]		
D L	36,000[*1]		
O H	54,000[*2]	기 말	0
	₩151,000		₩151,000

* 1. DM, DL : 실제원가로 배부
  2. OH : 예정배부

19 ④

제조간접원가

차변	대변
실제발생액 ₩1,500,000	예정배부 ₩1,200,000
	} 과소배부 ₩300,000

재 공 품

차변		대변
기 초		
D M	×××	
D L	×××	
O H	1,200,000	

20,000시간×@60
실제조업도 예정배부율

제조간접원가 예정배부액 : ₩1,500,000−₩300,000=₩1,200,000

실제조업도 : ₩1,200,000÷₩60=20,000시간

예정조업도 : 20,000시간÷0.8=25,000시간

제조간접원가 예산 : 20,000시간÷80%×₩60=₩1,500,000

20 ④

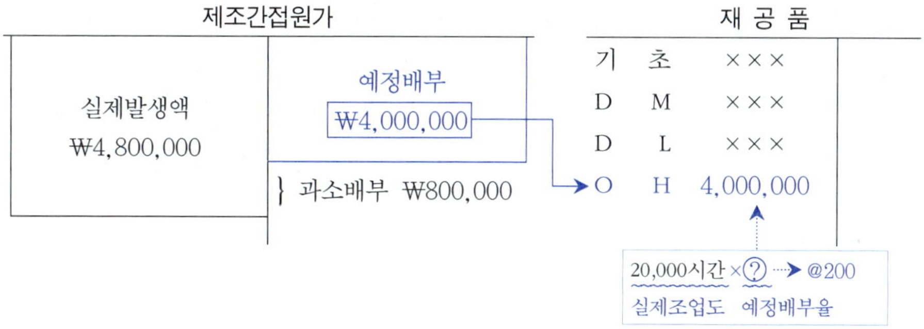

(1) 제조간접원가 배부액 : 실제 제조간접원가 발생액－과소배부액
 ₩4,800,000－₩800,000＝₩4,000,000

(2) 제조간접원가 배부율 : 제조간접원가 배부액÷실제직접노무시간
 ₩4,000,000÷20,000시간＝@200

(3) 연간 예산 직접노무시간
 ₩5,000,000÷@200＝25,000시간

21 ⑤

제조간접비 배부차이 : ₩90,000(실제원가)－₩60,000(예정배부액)＝과소배부 ₩30,000
과소배부액 ₩30,000을 매출원가에 가산한다.

(차) 매 출 원 가	30,000	(대) 제 조 간 접 비	30,000

22 ⑤

A부문 제조간접원가 예정배부율 : ₩400,000÷₩200,000＝직접노무원가의 200%
B부문 제조간접원가 예정배부율 : ₩100,000÷₩400,000＝직접노무원가의 25%

	A부문	B부문	합 계
직접재료원가	₩12,000	₩15,000	₩27,000
직접노무원가	20,000	4,000	24,000
제조간접원가	40,000*1	1,000*2	41,000
합 계	₩72,000	₩20,000	₩92,000

* 1. 직접노무원가×200%
 2. 직접노무원가×25%

23 ③

(1) 제조간접원가 예산 800시간×@250＝₩200,000
 제조간접원가 예정배부액 500시간×@250＝₩125,000

(2) 기초재고가 없는 경우에 재공품과 제품 및 매출원가계정에 포함되어 있는 금액의 합계는 당기 총제조원가에 해당한다.

	재공품	제 품	매출원가	합 계
직 접 재 료 원 가	₩50,000	₩67,000	₩147,500	₩264,500
직 접 노 무 원 가	10,000	18,000	82,500	110,500
제조간접비 예정배부액	20,000*	35,000*	70,000*	125,000
합 계	₩80,000	₩120,000	₩300,000	₩500,000

* 직접노동시간×₩250

[제조원가의 흐름]

재공품

차변		대변	
기 초	0	당기제품제조원가	420,000
재료원가	264,500		
노무원가	110,500		
간접원가	125,000	기 말	80,000
	500,000		500,000

제 품

차변		대변	
기 초	0	매출원가	300,000
당기제품제조원가	420,000		
		기 말	120,000
	420,000		420,000

매출원가

차변		대변	
매출원가	300,000		
	300,000		

(3) 제조간접원가 배부차이는 제조간접원가 실제발생액과 예정배부액의 차이로 제조간접원가예산은 배부차이와 무관한다.

₩150,000(발생액)−₩125,000(예정배부)=₩25,000 과소배부

(4) 매출원가 조정법

제조간접원가

차변		대변	
실 제	₩150,000	배 부	₩125,000
		배부차이	25,000

재공품

차변		대변
	₩80,000	

제 품

차변		대변
	₩120,000	

매출원가

차변		대변
	₩300,000	
배부차이	25,000	

(5) 원가요소별 비례배분법

제조간접원가 예정배부액의 비율은 실제노동시간의 비율과 동일하다.

	제조간접원가 예정배부액		비 율	배부차이
기 말 재 공 품	80시간×@250=	₩20,000	16%	₩4,000
기 말 제 품	140시간×@250=	35,000	28	7,000
매 출 원 가	280시간×@250=	70,000	56	14,000
합 계	500시간×@250=	₩125,000	100%	₩25,000

제조간접원가

차변		대변	
실 제	₩150,000	배 부	₩125,000
		배부차이	25,000

재공품

차변		대변
	₩80,000	
배부차이	4,000	

제 품

차변		대변
	₩120,000	
배부차이	7,000	

매출원가

차변		대변
	₩300,000	
배부차이	14,000	

24 ①

1. 제조간접원가 발생액 계산

(1) 제조원가발생액

	제조원가
원재료사용액	₩520[*1]
노무원가	760[*2]
감가상각비	260
임차료	200
수도광열비	100
발생액합계	₩1,840

* 1. ₩800−₩280=₩520
  2. ₩700+₩100−₩40=₩760

(2) 제조간접원가 발생액

간접재료비:	₩520−₩500(직접재료비)=	₩20
간접노무비:	₩760−₩720(직접노무비)=	40
감가상각비:		260
임차료:		200
수도광열비:		100
제조간접원가:		₩620

2. 매출원가 및 매출총이익

(1) 작업별원가의 계산

	매출원가 #101	제품 #102	재공품 #103	합계
직접재료원가	₩200	₩200	₩100	₩500
직접노무원가	300	160	260	720
제조간접비	270*	189*	81*	540
합계	₩770	₩549	₩441	₩1,760

* 제조간접원가 배부율 : ₩600÷200시간=@3
  기계시간×@200

(2) 매출원가의 계산

배부차이 조정 전 매출원가(#101)	₩770	
불리한 배부차이(과소배부)	80	(=₩620−₩540)
배부차이 조정 후 매출원가	850	

(3) 매출총이익

₩1,100−₩850=₩250

[25~27]

(1) 제조간접원가 예정배부율 : ₩1,200,000/2,400시간=@500/노동시간

(2) 당기 제조간접원가 과소배부액

제조간접원가 실제발생액		₩1,200,000
제조간접원가 배 부 액	@500×(900시간+600시간+500시간)=	1,000,000
제조간접원가 과소배부액		₩200,000

작업번호 #101, #102인 작업이 완성되고 이 중 작업번호 #101인 작업이 판매되었으므로 작업번호 #101에 집계된 원가가 매출원가이고, 작업번호 #102에 집계된 원가가 기말제품재고액이며 작업번호 #103에 집계된 원가가 기말재공품재고액이 된다.

25 ⑤

		매출원가
직접재료원가		₩610,000
직접노무원가		540,000
제조간접원가 예정배부	900시간×@500=	450,000
제조간접원가 과소배부액		200,000
합 계		₩1,800,000

26 ③

제조간접원가 배부차이를 조정하기 전 매출원가와 기말제품, 기말재공품 잔액

	매출원가	기말제품	기말재공품
직접재료원가	₩610,000	₩740,000	?
직접노무원가	540,000	360,000	₩300,000
제조간접원가 예정배부(@500)	450,000	300,000*	250,000*
합 계	₩1,600,000	₩1,400,000	x

* 직접노동시간×@500

매출원가에 ₩80,000의 과소배부액이 배부되었으므로 다음의 관계가 성립한다.

$$\frac{₩1,600,000}{₩1,600,000+₩1,400,000+x}=\frac{₩80,000}{₩200,000} \quad \therefore\ x=₩1,000,000$$

그러므로 기말재공품에 포함되어 있는 직접재료원가는 ₩450,000(₩1,000,000−₩300,000−₩250,000)이다.

27 ④

매출원가에 배부된 배부차이

원가요소별 비례배분법	₩200,000×₩450,000/₩1,000,000=	₩90,000
총 원 가 비례배분법		80,000
		₩10,000

원가요소별 비례배분법에서 매출원가에 배분한 배부차이가 ₩10,000이 크기 때문에 이 금액만큼 매출원가가 증가해서 이익이 감소된다.

28 ②

(1) 보충률법에 의한 회계처리

(차)	매 출 원 가	3,000	(대) 제조간접원가	5,000
	기 말 재 공 품	500		
	기 말 제 품	1,500		

(2) 매출원가가감법에 의한 회계처리

(차)	매 출 원 가	5,000	(대) 제조간접원가	5,000

(3) 이익차이

① 매출원가에 전액 가감시키는 경우
매출원가가 ₩5,000 증가

② 원가요소별 비례배분법에 따라 조정하는 경우
매출원가가 ₩3,000* 증가

→ 당기순이익이 ₩2,000 증가

* ₩5,000×₩6,000/₩10,000=₩3,000

별해

제조간접원가 배부차액계정의 잔액을 보충률법과 매출원가가감법에 의해 조정하는 것을 다음과 같이 이해할 수 있다.

[보충률법]

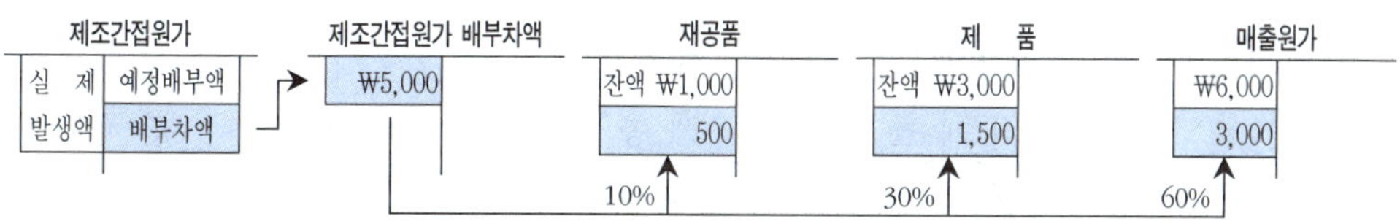

[매출원가가감법]

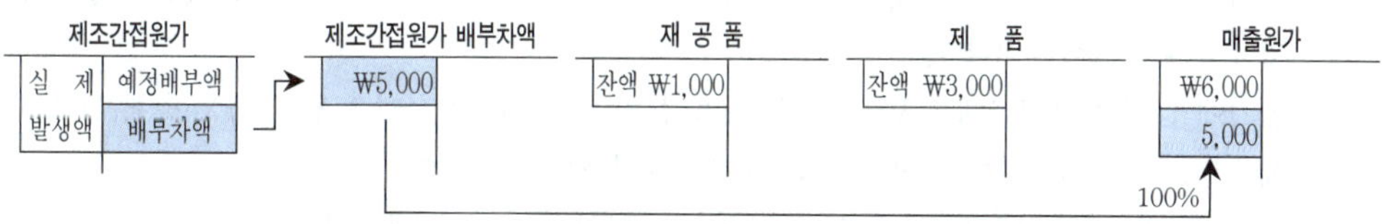

29 ①

제조간접원가 예정배부액

제조간접원가 예정배부율=₩2,500,000÷500,000시간=직접노동시간당 ₩5

제조간접원가 예정배부액 300,000시간×₩5=₩1,500,000

제조간접비 배부차이 ₩2,100,000(발생액)−₩1,500,000(예정배부)=₩600,000 과소배부

정상개별원가계산에서 매출원가에 조정하는 배부차이 ₩600,000

요소별 비례배분하는 경우에 매출원가에서 조정하는 배부차이

$$₩600,000 \times \frac{₩1,400,000}{₩1,500,000} = \quad 560,000^{*}$$

₩40,000

* 실제개별원가를 적용하는 경우에는 요소별 비례배분후의 결과와 동일하다.

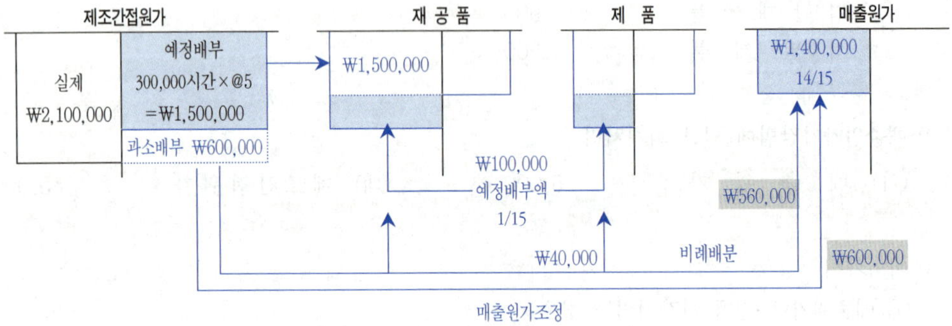

따라서 정상원가계산에서 매출원가에 가산되는 배부차이가 ₩40,000이 더 크기 때문에 이익이 ₩40,000만큼 적게 된다.

주관식 문제

01 원가흐름과 개별원가계산

(주)원가의 5월 기초재고자산의 관련 자료는 다음과 같다.

	원 재 료	재 공 품	제 품
기초재고금액	₩50,000	₩200,000	₩250,000

(1) 당기원재료 매입액은 ₩300,000이며 매입부대비용으로 ₩50,000을 지급하였고 기말원재료 재고금액은 ₩100,000이다.

(2) 당기에 급여 현금지급액은 ₩100,000이며 소득세 등 원천징수액은 ₩25,000이다. 급여 중에서 제조부문의 작업자부분은 80%이며 20%는 영업부문의 급여이다.

(3) 감가상각비는 ₩100,000이며 이 중에서 제조부문에 60%가 배분된다.

(4) 보험료는 ₩150,000이며 이 중에서 60%는 공장분이고 40%는 본사건물분이다.

(5) 5월의 매출액은 ₩1,000,000이고, 판매수수료는 ₩25,000이 발생하였다.

(6) 제조간접원가는 직접노동시간을 배분기준으로 사용한다.

(7) 기초재공품은 #401이었고, 당기에 착수한 작업은 #402, #403이었으며, 이 중 #402은 기말제품재고로 남아있고 #403이 기말재공품으로 남아 있다.

	#403	#402	#401	합 계
직접재료원가	₩50,000	₩20,000	₩200,000	₩270,000
직접노무원가	20,000	30,000	30,000	80,000
노 동 시 간	300시간	300시간	400시간	1,000시간

02

【물음 1】 회사의 20×1년 발생한 원가 중에서 다음 금액을 계산하시오.

(1) 당기총원가의 성격별 발생액

(2) 당기총제조원가의 요소별 발생액

【물음 2】 작업별 원가를 계산하시오.

【물음 3】 영업이익을 기능별 손익계산서 형식으로 표시하시오.

해답

[물음 1] 성격별 원가와 기능별 원가

(1) 당기총원가의 성격별 발생액

	기능별 분류		
	제조원가	판매관리비	성격별 금액
원 재 료 사 용 액	₩300,000*1		₩300,000
종 업 원 급 여	100,000	₩25,000	125,000*2
감 가 상 각 비	60,000	40,000	100,000
보 험 료	90,000	60,000	150,000
판 매 수 수 료		25,000	25,000
발 생 액 합 계	₩550,000	₩150,000	₩700,000

*1. 매입부대비용은 매입액에 가산해야 한다.
₩50,000+₩350,000−₩100,000=₩300,000

2. 소득세 등 공제액은 세무서 등에 납부하는 예수금으로 노무원가 발생액에 포함해야 한다.

(2) 당기총제조원가의 요소별 발생액

직 접 재 료 비 :			₩270,000
직 접 노 무 비			80,000
제 조 간 접 비			
간접재료비 :	₩300,000−₩270,000(직접재료비)=	₩30,000	
간접노무비 :	₩100,000−₩80,000(직접노무비)=	20,000	
감가상각비 :		60,000	
보 험 료 :		90,000	200,000
당기총제조원가 발생액			₩550,000

[물음 2] 작업별원가의 계산

(1)

	#403	#402	#401	합 계
기 초 재 공 품			₩200,000	₩200,000
직 접 재 료 원 가	₩50,000	₩20,000	200,000	270,000
직 접 노 무 원 가	20,000	30,000	30,000	80,000
제 조 간 접 비	60,000*	60,000*	80,000*	200,000
합 계	₩130,000	₩110,000	₩510,000	₩750,000

* 제조간접원가 배부율 ₩200,000 ÷ 1,000시간 = @200
  노동시간 × @200

(2) 매출원가의 계산

당기총제조원가 :	₩550,000	: 제조원가 발생액
기 초 재 공 품 :	200,000	
기 말 재 공 품 :	(130,000)	재공품과 제품의 재고변동
당기제품제조원가	₩620,000	+₩210,000 감소
기 초 제 품	250,000	(발생액과 비용화된 금액의 차이)
기 말 제 품 :	(110,000)	
매 출 원 가	₩760,000	: 비용화된 제조원가

(3) 영업이익의 계산

매 출 액	₩1,000,000
매 출 원 가	760,000
매 출 총 이 익	₩240,000
판 매 관 리 비	150,000
영 업 이 익	₩90,000

[물음 3] 기능별 손익계산서

(1) 매출원가의 계산

당기총제조원가 :	₩550,000	: 제조원가 발생액
기 초 재 공 품 :	200,000	
기 말 재 공 품 :	(130,000)	재공품과 제품의 재고변동
당기제품제조원가	₩620,000	+₩210,000 감소
기 초 제 품	250,000	(발생액과 비용화된 금액의 차이)
기 말 제 품 :	(110,000)	
매 출 원 가	₩760,000	: 비용화된 제조원가

(2) 영업이익의 계산

매 출 액	₩1,000,000
매 출 원 가	760,000
매 출 총 이 익	₩240,000
판 매 관 리 비	150,000
영 업 이 익	₩90,000

02

02 기능별 손익계산서와 성격별 손익계산서

(주)원가는 선입선출법을 적용하여 제품원가를 계산하고 있다. 기말 현재 원가계산과 관련된 계정의 내용은 다음과 같다.

(1) 급여발생액은 ₩155,000이며, 급여의 60%는 공장에서 발생하였고, 40%는 영업관련부서 종사자의 급여이다.

(2) 수선유지비 발생액 중에서 현금지급액은 ₩30,000이다. 공장소모품비로 지급한 금액은 ₩50,000이다.

(3) 감가상각비 계상액은 ₩50,000이며, 이 중에서 40%가 공장에서 사용하는 자산의 감가상각비이며, 60%는 영업부서와 본사에서 사용하는 자산의 감가상각비이다.

(4) 20×1년의 매출액은 ₩670,000이며 판매수수료로 지급한 금액은 ₩35,000이고, 기타판매관리비는 ₩20,000이 발생하였다.

(5) 기초재공품은 #401이었고, 당기에 착수한 작업은 #402, #403이었으며, 이 중 #402은 기말제품재고로 남아있고 #403이 기말재공품으로 남아 있다.

	#403	#402	#401	합 계
직접재료원가	₩50,000	₩67,000	₩147,500	₩264,500
직접노무원가	10,000	18,000	45,000	73,000
직접노동시간	80시간	140시간	280시간	500시간

(6) 제조간접비는 실제발생액을 직접노동시간을 기준으로 배부한다.

(7) (주)원가의 20×1년 1월 1일 현재 재무제표상의 각 계정잔액은 다음과 같다.

원 재 료	₩20,000	재 공 품	₩50,000	제 품	₩100,000
소 모 품	5,000	미지급수선유지비	2,000		

(8) (주)원가의 20×1년 12월 31일 현재 재무제표상의 각 계정잔액은 다음과 같다.

원 재 료	₩93,500	소 모 품	₩10,000	선급판매수수료	₩5,000
원재료매입액	370,000	미지급수선유지비	5,000		

【물음 1】 회사의 20×1년 발생한 원가 중에서 다음 금액을 계산하시오.

(1) 당기총원가의 성격별 발생액

(2) 당기총제조원가의 요소별 발생액

(3) 당기판매관리비 발생액

【물음 2】 영업이익을 기능별 손익계산서 형식으로 표시하시오.

【물음 3】 영업이익을 성격별 손익계산서 형식으로 표시하시오.

해답

[물음 1] 성격별 원가와 기능별 원가

(1) 당기총원가의 성격별 발생액

재료비	₩20,000+₩370,000−₩93,500=	₩296,500
급여		155,000
수선유지비	₩30,000+₩5,000−₩2,000=	33,000
공장소모품비	₩5,000+₩50,000−₩10,000=	45,000
감가상각비		50,000
판매수수료	₩35,000−₩5,000=	30,000
기타판매관리비		20,000
비용발생액 합계		₩629,500

(2) 당기총제조원가의 요소별 발생액

직접재료비			₩264,500
직접노무비			73,000
제조간접비			
간접재료비	₩296,500−₩264,500(직접재료비)=	₩32,000	
간접노무비	₩155,000×60%−₩73,000(직접노무비)=	20,000	
수선유지비		33,000	
공장소모품비		45,000	
감가상각비	₩50,000×40%=	20,000	150,000
당기총제조원가 발생액			₩487,500

(3) 당기판매관리비 발생액

급여	₩155,000×40%=	₩62,000
감가상각비	₩50,000×60%=	30,000
판매수수료		30,000
기타판매관리비		20,000
실제 발생한 판매관리비		₩142,000

[물음 2] 기능별 손익계산서

(1) 작업별원가의 계산

	#403	#402	#401	합 계	
기 초 재 공 품			₩50,000	₩50,000	
직접재료원가	₩50,000	₩67,000	₩147,500	264,500	당기총제조원가
직접노무원가	10,000	18,000	45,000	73,000	
제 조 간 접 비	24,000*	42,000*	84,000*	150,000	
합 계	₩84,000	₩127,000	₩326,500	₩537,500	

* 제조간접원가 배부율 ₩150,000÷500시간=@300
노동시간×@300

(2) 매출원가의 계산

당기총제조원가	₩487,500	: 제조원가 발생액
기 초 재 공 품	50,000	
기 말 재 공 품	(84,000)	재공품과 제품의 재고변동
당기제품제조원가	₩453,500	−₩61,000
기 초 제 품	100,000	(발생액과 비용화된 금액의 차이)
기 말 제 품	(127,000)	
매 출 원 가	₩426,500	: 비용화된 제조원가

(3) 영업이익의 계산

매 출 액	₩670,000
매 출 원 가	(426,500)
매 출 총 이 익	₩243,500
판 매 관 리 비	(142,000)
영 업 이 익	₩101,500

[물음 3] 성격별 손익계산서

(1) 원가총발생액의 집계

	기능별 분류		
	제조원가	판매관리비	성격별 금액
원재료사용액	₩296,500		₩296,500
급여	93,000	₩62,000	155,000
수선유지비	33,000		33,000
공장소모품비	45,000		45,000
감가상각비	20,000	30,000	50,000
판매수수료		30,000	30,000
기타판매관리비		20,000	20,000
발생액합계	₩487,500	₩142,000	₩629,500
기초재공품	₩50,000		
기말재공품	(84,000)		
기초제품	100,000		
기말제품	(127,000)		
재공품과 제품의 변동액	(₩61,000)		(₩61,000)
비용화된 총금액	₩426,500	₩142,000	₩568,500
	↑	↑	↑
	매출원가 +	판매관리비 =	성격별 비용합계

(2) 성격별 손익계산서

매출액		₩670,000
비용발생액		
재공품과제품변동*	(₩61,000)	
재료비	₩296,500	
급여	155,000	
수선유지비	33,000	
공장소모품비	45,000	
감가상각비	50,000	
판매수수료	30,000	
기타판매관리비	20,000	568,500
영업이익		₩101,500

* 재고자산변동

기초재공품	₩50,000
기말재공품	(84,000)
기초제품	100,000
기말제품	(127,000)
재고증가액	(₩61,000)

03 제조간접원가의 부문별 배부

(주)원가는 가구를 생산하고 있다. 5월의 원가자료는 다음과 같다.

(1) 4월말의 재공품에 남아 있는 작업은 제조지시서 No. 101이며, 이 작업의 작업원가표에 기재된 직접재료원가는 ₩20,000, 직접노무원가는 ₩10,000, 그리고 제조간접원가는 ₩10,000이다.

(2) 5월 중에 2개의 작업(제조지시서 No. 102, No. 103)이 새로 착수되었으며, 5월 중에 제조지시서 No. 101, No. 102가 완성되었다.

(3) 5월 중에 발생한 직접재료원가와 직접노무원가는 다음과 같다.

구 분	No. 101	No. 102	No. 103	합 계
직접재료원가	–	₩60,000	₩70,000	₩130,000
직접노무원가	₩50,000	70,000	40,000	160,000
직접노동시간	200시간	500시간	300시간	1,000시간

(4) 5월 중에 실제로 발생한 그 밖의 원가는 다음과 같다.

간접재료원가	₩45,000	간접노무원가	₩30,400
설비감가상각원가	30,000	영업사원급료	40,000
건물감가상각원가	40,000*	차량유지원가	36,000*

* 건물감가상각원가와 차량유지원가는 40%가 본사 사무실분이고 60%가 공장분이다.

【물음 1】 직접노동시간을 기준으로 제조간접원가를 배부할 경우 기말재공품원가를 구하시오.

【물음 2】 회사는 부품가공부문과 조립부문을 거쳐 제품생산이 이루어지고 보조부문으로 수선부문이 있다. 회사의 부문별 제조간접원가와 관련 자료가 다음과 같을 때 당기제품제조원가를 구하시오. 단, 회사는 부품가공부문의 제조간접원가는 기계작업시간을 기준으로, 조립부문의 제조간접원가는 직접노동시간을 기준으로 작업에 배분한다.

부문별 자료

	수선부문	부품가공부문	조립부문	합 계
부문별 원가	₩20,000	₩71,000	₩60,000	₩151,000
수선시간		80시간	20시간	100시간
기계작업시간		500	100	600
직접노동시간		200	800	1,000

작업별 자료

	No. 101	No. 102	No. 103	합 계
직접노동시간				
부품가공부문	–	100시간	100시간	200시간
조립부문	200시간	400	200	800
기계작업시간				
부품가공부문	–	300	200	500
조립부문	50시간	30	20	100

【물음 3】 당기에 No. 101의 작업을 통해 의자 200개를 생산하였고, 그 중 125개를 개당 ₩800에 판매하였다. 또한 No. 102의 작업을 통해 책상 140개를 생산하였고, 그 중 100개를 개당 ₩2,000에 판매하였다. [물음 2]에 따라 제품원가계산을 하였을 경우 당기의 매출총이익을 구하시오.

해답

[물음 1] 공장전체 제조간접원가배부율 적용

(1) 실제제조간접원가

₩45,000+₩30,400+₩30,000+₩40,000×60%+₩36,000×60%=₩151,000

(2) 제조간접원가배부율

₩151,000÷1,000시간=직접노동시간당 ₩151

(3) 기말재공품 원가

제조지시서 No. 103작업이 기말재공품이므로 기말재공품 원가는 다음과 같다.

₩70,000+₩40,000+300시간×₩151=₩155,300

[물음 2] 부문별 제조간접원가배부율 적용

(1) 부문별 제조간접원가 1차 배분(보조부문원가를 제조부문에 집계)

	수선부문	부품가공부문	조립부문	합 계
부 문 별 원 가	₩20,000	₩71,000	₩60,000	₩151,000
보조부문원가배분	(20,000)	16,000*	4,000	–
배 분 후 원 가	₩0	₩87,000	₩64,000	₩151,000

* ₩20,000×80시간/100시간

(2) 부문별 제조간접원가 2차 배분을 위한 배분율

부품가공부문 : ₩87,000÷500시간=기계작업 시간당 ₩174

조립부문 : ₩64,000÷800시간=직접노동 시간당 ₩80

(3) 당기제품제조원가

제조지시서 No. 101과 No. 102의 작업이 완성되었으므로 당기제품제조원가는 다음과 같다.

No. 101 :	₩40,000(기초재공품원가)+₩50,000(직접노무원가)+200시간×₩80(제조간접원가)=	₩106,000
No. 102 :	₩60,000(직접재료원가)+₩70,000(직접노무원가)+400시간×₩80+300시간×₩174(제조간접원가)=	214,200
당기제품제조원가		₩320,200

[물음 3] 매출총이익

(1) 제품별 단위당 원가

의 자 : ₩106,000÷200개=₩530

책 상 : ₩214,200÷140개=₩1,530

(2) 매출총이익

의 자 : (₩800−₩530)×125개=	₩33,750
책 상 : (₩2,000−₩1,530)×100개=	47,000
	₩80,750

04 단일배분율법과 이중배분율법 (2009. KICPA 수정)

회사는 갑과 을의 두 사업부가 있으며 (주)원가는 제품생산에 필요한 전기를 자체 발전설비를 통하여 공급하고 있다. 두 사업부의 월간 정상 전기사용량은 각각 60,000kWh와 40,000kWh이다. 월간 정상 사용량인 100,000kwh(60,000kwh와 40,000kwh의 합)의 전기 생산에 필요한 예산 원가는 ₩37,500,000이고 이는 ₩30,000,000의 고정원가와 ₩7,500,000의 변동원가로 구성된다. 지난달 회사의 실제 전기 사용량은 80,000kwh이었고 이는 갑사업부의 사용량 60,000kwh와 을사업부의 사용량 20,000kwh의 합이다. 지난달 발생한 전기 생산에 대한 고정원가와 변동원가는 각각 ₩30,000,000과 ₩6,000,000이었다.

【물음 1】 실제단일배분율법에 따라 보조부문의 원가를 제조부문에 배분하시오.

【물음 2】 실제이중배분율법에 따라 보조부분원가를 제조부문에 배부하시오.

해답

[물음 1] 단일배분율법에 의한 사업부별 원가배분액

갑사업부 60,000kWh×₩450* =₩27,000,000

을사업부 20,000kWh×₩450* =₩9,000,000

* kWh당 배부율(₩30,000,000+₩6,000,000)÷80,000kWh=kWh당 ₩450

[물음 2] 이중배분율법에 의한 사업부별 원가배분액

		갑사업부		을사업부	합 계
변 동 원 가	60,000kWh×₩75*1=	₩4,500,000	20,000kWh×₩75*1=	₩1,500,000	₩6,000,000
고 정 원 가	60,000kWh×₩300*2=	18,000,000	40,000kWh×₩300*2=	12,000,000	30,000,000
단위당 원가		₩22,500,000		₩13,500,000	₩36,000,000

*1. 변동원가배부율 ₩6,000,000÷80,000kWh=kWh당 ₩75

2. 고정원가의 배부율 ₩30,000,000÷100,000kWh=kWh당 ₩300

05 보조부문이 두 개 이상인 경우의 원가배분

(주)혜화는 두 개의 보조부문인 식당부문과 동력부문이 있으며, 두 개의 제조부문인 조립부문과 도장부문이 있다. 보조부문인 식당부문과 동력부문에 대한 각 부문의 월간 최대사용량과 4월의 실제사용량은 다음과 같다.

(1) 최대사용가능량

용역제공부문	용역사용부문				합 계
	보조부문		제조부문		
	식당부문	동력부문	조립부문	도장부문	
식 당 부 문		500명분	500명분	1,500명분	2,500명분
동 력 부 문	6,000kWh		4,500kWh	4,500kWh	15,000kWh

(2) 실제사용량

용역제공부문	용역사용부문				합 계
	보조부문		제조부문		
	식당부문	동력부문	조립부문	도장부문	
식 당 부 문		200명분	300명분	500명분	1,000명분
동 력 부 문	3,750kWh		3,000kWh	750kWh	7,500kWh

(3) 각 부문의 원가발생은 다음과 같다.

용역제공부문	용역사용부문				합 계
	보조부문		제조부문		
	식당부문	동력부문	조립부문	도장부문	
변 동 비	₩200,000	₩100,000	₩400,000	₩300,000	₩1,000,000
고 정 비	900,000	300,000	1,200,000	2,100,000	4,500,000
합 계	₩1,100,000	₩400,000	₩1,600,000	₩2,400,000	₩5,500,000

【물음 1】 단일배분율법에 따라 보조부문의 원가를 제조부문에 배분하되 다음 방법을 따르시오.

(1) 직접배분법 (2) 상호배분법

【물음 2】 이중배분율법에 따라 보조부문의 원가를 제조부문에 배분하되 식당부문부터 배분하는 단계배분법을 사용하시오.

【물음 3】 제조지시서 #101 작업은 당기에 착수하여 제품 A를 100개 완성하였는데, 직접재료원가가 ₩400,000, 직접노무원가가 ₩500,000 발생하였고, 조립부문에서 직접노동시간이 150시간, 도장부문에서 기계작업시간이 200시간 발생하였다. 조립부문의 당기 총 직접노동 시간이 2,000시간, 도장부문의 당기 총 기계작업 시간이 4,000시간이고 회사가 제조간접원가의 배부방식을 [물음 2]에 따를 경우, 제품 A의 단위당 원가를 구하시오.

해답

[물음 1] 단일배분율법

단일배분율법에 따라서 보조부문의 제조간접원가를 제조부문에 배분하는 경우에는 실제사용량을 기준으로 배분한다.

(1) 직접배분법

배분원가	보조부문		제조부문		합 계
	식당부문	동력부문	조립부문	도장부분	
배 분 전 원 가	₩1,100,000	₩400,000	₩1,600,000	₩2,400,000	₩5,500,000
식당부문원가*1	(1,100,000)		412,500	687,500	0
동력부문원가*2		(400,000)	320,000	80,000	0
배 분 후 원 가	₩0	₩0	₩2,332,500	₩3,167,500	₩5,500,000

* 1. 조립부문 : 도장부문=300명분 : 500명분
  2. 조립부문 : 도장부문=3,000kWh : 750kWh

(2) 상호배분법

① 각 보조부문에 배분될 총원가의 계산

보조부문인 식당부문과 동력부문이 배분할 총원가를 각각 A, B라고 하면

$$A(\text{식당부문})=₩1,100,000+\frac{3,750\text{kWh}}{7,500\text{kWh}}B$$

$$B(\text{동력부문})=₩400,000+\frac{200\text{명분}}{1,000\text{명분}}A$$

배분할 총원가=자기부문 발생원가+타부문에서 배분받은 원가

이 연립방정식을 풀면,

A(식당부문이 배분할 총원가)=₩1,444,444

B(동력부문이 배분할 총원가)=₩688,889이다.

② 보조부문원가의 배분

배분원가	보조부문		제조부문		합 계
	식당부문	동력부문	조립부문	도장부분	
배 분 전 원 가	₩1,100,000	₩400,000	₩1,600,000	₩2,400,000	₩5,500,000
식당부문원가*1	(1,444,444)	288,889	433,333	722,222	0
동력부문원가*2	344,444	(688,889)	275,556	68,889	0
배 분 후 원 가	₩0	₩0	₩2,308,889	₩3,191,111	₩5,500,000

* 1. 동력부문 : 조립부문 : 도장부문=200명분 : 300명분 : 500명분
  2. 식당부문 : 조립부문 : 도장부문=3,750kWh : 3,000kWh : 750kWh

[물음 2] 이중배분율법을 사용하는 경우

이중배분율법을 사용하는 경우에는 고정원가는 최대사용량을 기준으로 배분하며, 변동원가는 실제사용량을 기준으로 배분한다.

(1) 변동원가의 배분

	보조부문		제조부문		
배분원가	식당부문	동력부문	조립부문	도장부분	합 계
배 분 전 원 가	₩200,000	₩100,000	₩400,000	₩300,000	₩1,000,000
식당부문원가*1	(200,000)	40,000	60,000	100,000	0
동력부문원가*2		(140,000)	112,000	28,000	0
배 분 후 원 가	₩0	₩0	₩572,000	₩428,000	₩1,000,000

* 1. 동력부문 : 조립부문 : 도장부문=200명분 : 300명분 : 500명분
  2. 조립부문 : 도장부문=3,000kWh : 750kWh

(2) 고정원가의 배분

	보조부문		제조부문		
배분원가	식당부문	동력부문	조립부문	도장부분	합 계
배 분 전 원 가	₩900,000	₩300,000	₩1,200,000	₩2,100,000	₩4,500,000
식당부문원가*1	(900,000)	180,000	180,000	540,000	0
동력부문원가*2		(480,000)	240,000	240,000	0
배 분 후 원 가	₩0	₩0	₩1,620,000	₩2,880,000	₩4,500,000

* 1. 동력부문 : 조립부문 : 도장부문=500명분 : 500명분 : 1,500명분
  2. 조립부문 : 도장부문=4,500kWh : 4,500kWh

[물음 3] 제품의 단위당 원가

(1) 부문별 제조간접원가 배부율

조립부문 : (₩572,000+₩1,620,000)÷2,000시간=₩1,096

도장부문 : (₩428,000+₩2,880,000)÷4,000시간=₩827

(2) #101 작업의 원가

직접재료원가		₩400,000
직접노무원가		500,000
제조간접원가		
조 립 부 문	150시간×₩1,096=	164,400
도 장 부 문	200시간×₩827=	165,400
합 계		₩1,229,800
생 산 량		÷100개
단 위 당 원 가		@12,298

06 정상개별원가계산

20×1년 1월 영업을 개시한 (주)원가는 제조간접원가를 예정배부하고 있다. 고정제조간접원가예산은 ₩100,000이고 변동제조간접원가 배부율은 노동시간당 ₩50이며 직접노동시간의 예정조업도는 2,000시간이다. 기말 현재 원가계산과 관련된 계정의 내용은 다음과 같다.

	#103	#102	#101
직접재료원가	₩50,000	₩67,000	₩147,500
직접노무원가	10,000	18,000	45,000
직 접 경 비			37,500
직접노동시간	200시간	350시간	700시간

(1) 원재료 매입액은 ₩325,000이고 매입부대비용으로 ₩45,000이 발생하였으며 기말 원재료 재고액은 ₩73,500이다.

(2) 노무원가 지급액은 ₩60,000이며 기말 미지급액이 ₩33,000이다.

(3) 제조경비 소비액은 ₩135,500이며 이중 직접경비는 ₩37,500이다.

(4) 작업 #101, #102, #103이 착수되어 #101, #102가 완성되었으며 #101이 판매되었다.

【물음 1】 회사의 20×1년 발생한 원가 중에서 다음 금액을 계산하시오.
(1) 정상원가계산에 의한 각 계정잔액
(2) 당기발생제조간접원가
(3) 제조간접원가 배부차이

【물음 2】 아래의 방법으로 제조간접원가 배부차이를 배부하시오.
(1) 매출원가 조정법
(2) 총원가 비례배분법
(3) 원가요소별 비례배분법

【물음 3】 제조간접원가 배부차이를 매출원가조정법을 사용하는 경우와 원가요소별 비례배분법을 적용하는 경우에 어느 방법의 이익이 얼마나 더 크게 계산되는가?

해답

[물음 1] 제조간접원가 배부차이

(1) 정상원가계산에 의한 각 계정잔액

	재공품	제 품	매출원가	합 계
직 접 재 료 원 가	₩50,000	₩67,000	₩147,500	₩264,500
직 접 노 무 원 가	10,000	18,000	45,000	73,000
직 접 경 비*			37,500	37,500
제조간접비배부액	20,000*	35,000*	70,000*	125,000*
합 계	₩80,000	₩120,000	₩300,000	₩500,000

* 제조간접원가 예정배부율 (₩100,000+₩50×2,000시간)÷2,000시간=노동시간당 ₩100
 제조간접원가 예정배부액 실제노동시간×@100

* 제조경비 : 실무용어로 재료원가와 노무원가를 제외한 금액을 제조경비라는 용어로 집계하기도 한다. 이 경우 제조경비 중에서 직접경비를 제외한 간접경비가 제조간접원가에 해당한다.

(2) 실제발생한 제조간접원가

간접재료비 : ₩296,500* − ₩264,500(직접재료비) =	₩32,000
간접노무비 : ₩60,000 + ₩33,000 − ₩73,000(직접노무비) =	20,000
간 접 경 비 : ₩135,500 − ₩37,500(직접경비) =	98,000
실제 발생한 제조간접원가	₩150,000

* 재료원가 ₩325,000 + ₩45,000 − ₩73,500(기말원재료) = ₩296,500

(3) 제조간접비 배부차이

₩150,000(발생액) − ₩125,000(예정배부) = ₩25,000 과소배부

[물음 2] 배부차이의 처리

(1) 매출원가 조정법

제조간접원가		재공품		제품		매출원가	
실 제 ₩150,000	배 부 ₩125,000	₩80,000		₩120,000		₩300,000	
	배부차이 25,000					배부차이 25,000	

(2) 총원가비례배분법

	총원가	비 율	배부차이
기 말 재 공 품	₩80,000	16%	₩4,000
기 말 제 품	120,000	24	6,000
매 출 원 가	300,000	60	15,000
합 계	₩500,000	100%	₩25,000

제조간접원가		재공품		제품		매출원가	
실 제 ₩150,000	배 부 ₩125,000	₩80,000		₩120,000		₩300,000	
	배부차이 25,000	배부차이 4,000		배부차이 6,000		배부차이 15,000	

(3) 원가요소별 비례배분법

	예정배부액	비 율	배부차이
기 말 재 공 품	₩20,000	16%	₩4,000
기 말 제 품	35,000	28	7,000
매 출 원 가	70,000	56	14,000
합 계	₩125,000	100%	₩25,000

제조간접원가		재공품		제품		매출원가	
실 제 ₩150,000	배 부 ₩125,000	₩80,000		₩120,000		₩300,000	
	배부차이 25,000	배부차이 4,000		배부차이 7,000		배부차이 14,000	

[물음 3] 원가차이의 배분방법별 이익의 차이

매출원가조정법에 의한 매출원가	₩300,000+₩25,000=	₩325,000
원가요소별 비례배분법에 의한 매출원가		314,000
이익차이		₩11,000

원가요소별 비례배분법에 의해 배분하는 경우가 ₩11,000만큼 이익이 크다.

02

07 정상개별원가계산–제조간접원가 배부차이 조정

당년도에 영업을 처음 시작한 (주)한강은 고객의 주문에 따라 기계를 생산하는 회사이다. 원가계산은 개별작업별로 수행하되 제조간접원가는 직접노무원가를 기준으로 예정배부하고 있는데, 당년도의 직접노무원가와 제조간접원가 예산은 각각 ₩380,000과 ₩228,000이었다. 당년도 말에 미완성으로 남아 있는 작업은 #304작업과 #406작업이며, 두 작업에 집계된 원가자료는 다음과 같다.

	#304 작업	#406 작업
직접재료원가	₩42,000	₩72,000
직접노무원가	11,000	39,000

한편 (주)한강의 당년도 원가관련 자료는 다음과 같고 기말제품재고액에는 직접노무원가 ₩40,000이 포함되어 있다.

매출원가	₩1,600,000
기말제품재고액	206,000
제조간접원가 실제발생액	186,000
총직접노무원가	400,000
총직접노무시간	20,000시간

【물음 1】 제조간접원가 배부차이를 조정하기 전 기말재공품, 기말제품, 매출원가에 포함된 직접재료원가, 직접노무원가, 제조간접원가를 각각 계산하고 제조간접원가 과소배부액 또는 과대배부액을 산출하시오.

【물음 2】 [물음 1]에서 계산된 제조간접원가 과대(과소)배부액을 총원가 비례배분법에 의해 처리한다면 외부공표용 재무제표상의 재공품, 제품, 매출원가는 각각 얼마인가?

【물음 3】 [물음 1]에서 계산된 제조간접원가 과대(과소)배부액을 원가요소별 비례배분법에 의해 처리한다면 외부공표용 재무제표상의 재공품, 제품, 매출원가는 각각 얼마인가?

【물음 4】 [물음 1]에서 계산된 제조간접원가 과대(과소)배부액을 매출원가의 조정항목으로 처리한다면 [물음 2~3]의 결과와 비교할 때 영업이익은 각각 얼마나 증가, 혹은 감소하겠는가?

【물음 5】 (주)한강이 당년도의 제조간접원가 과소 및 과대배부액을 처리함에 있어서 원가요소별 비례배분법을 사용할 경우 #406작업의 원가는 얼마이겠는가?

해답

[물음 1] 계정잔액 및 배부차이

(1) 제조간접원가 예정배부율

$$\text{제조간접원가예정배부율} = \frac{\text{제조간접원가 예산}}{\text{예정조업도}} = \frac{₩228,000}{₩380,000} = \text{직접노무원가의 } 60\%$$

(2) 기말재공품의 정상원가

	#304 작업	#406 작업	합 계
직접재료원가	₩42,000	₩72,000	₩114,000
직접노무원가	11,000	39,000	50,000
제조간접원가	6,600*	23,400*	30,000
합 계	₩59,600	₩134,400	₩194,000

* 직접노무원가의 60%

(3) 각 계정의 정상원가

	재공품	제 품	매출원가	합 계
직접재료원가	₩114,000	₩142,000*3	₩1,104,000*4	₩1,360,000
직접노무원가	50,000	40,000	310,000*1	400,000
제조간접원가	30,000	24,000*2	186,000*2	240,000
합 계	₩194,000	₩206,000	₩1,600,000	₩2,000,000

* 1. ₩400,000−(₩50,000+₩40,000)=₩310,000
2. 직접노무원가의 60%
3. ₩206,000−(₩40,000+₩24,000)=₩142,000
4. ₩1,600,000−(₩310,000+₩186,000)=₩1,104,000

(4) 제조간접원가 배부차이

제조간접원가 실제발생액	₩186,000
제조간접원가 예정배부액	240,000
제조간접원가 과대배부액	₩54,000

[물음 2] 총원가 비례배분법

	기말잔액	배분원가율	배분액	배분후 잔액
재 공 품	₩194,000	9.7%	₩(5,238)	₩188,762
제 품	206,000	10.3	(5,562)	200,438
매 출 원 가	1,600,000	80.0	(43,200)	1,556,800
합 계	₩2,000,000	100.0%	₩(54,000)	₩1,946,000

[물음 3] 원가요소별 비례배분법

	기 말 잔 액	제조간접원가	배분원가율	배분액	배분후 잔액
재 공 품	₩194,000	₩30,000	12.5%	₩(6,750)	₩187,250
제 품	206,000	24,000	10.0	(5,400)	200,600
매 출 원 가	1,600,000	186,000	77.5	(41,850)	1,558,150
합 계	₩2,000,000	₩240,000	100.0%	₩(54,000)	₩1,946,000

02

[물음 4] 매출원가 조정법

제조간접원가 과대배부액을 총원가비례배분법에 의해 조정하면 ₩10,800이 자산계정(재공품과 제품)에서 차감되고 ₩43,200이 매출원가에서 차감되며, 원가요소별 비례배분법에 의해 조정하면 ₩12,150이 자산계정에서 차감되고, ₩41,850이 매출원가에서 차감된다. 반면에 제조간접원가와 과대배부액을 매출원가에서 조정하면 ₩54,000이 전액 매출원가에서만 차감되고, 재공품이나 제품은 조정하기 전과 동일하다. 따라서 제조간접원가 과대배부액을 전액 매출원가에서 조정하면 총원가비례배분법을 사용한 경우에 비교해서 이익이 ₩10,800만큼 증가하고, 원가요소별 비례배분법을 사용한 경우에 비교해서 이익이 ₩12,150만큼 증가하게 된다.

[물음 5] #406작업 원가계산

제조간접원가 과대배부액을 원가요소별 비례배분법으로 조정하면 기말재공품에서 ₩6,750이 차감되어야 한다. 이를 다시 #304작업과 #406작업에 제조간접원가 배부액의 원가율대로 안분하면 다음과 같다.

작 업	제조간접원가	배분원가율	배분액
#304	₩6,600	22%	₩(1,485)
#406	23,400	78	(5,265)
합 계	₩30,000	100%	₩(6,750)

따라서 #406 작업의 조정 후 원가는 ₩134,400−₩5,265=₩129,135이다.

CHAPTER

03

Cost & Management Accounting

활동기준원가계산

제1절 활동기준원가계산의 개요

1. 활동기준원가계산의 의의

최근 제조기술이 발달되고 공장이 자동화되면서 제조원가에서 제조간접원가가 차지하는 비중이 커지고 있다. 이에 따라 정확한 제품원가를 계산하기 위해서는 제조간접원가의 배부를 어떻게 할 것인지가 핵심적인 요소로 대두되고 있다. 이러한 필요성에 의해 개별원가계산을 발전시켜 개발한 원가계산방법이 활동기준원가계산이다. 활동기준원가계산(activity based costing : ABC)은 기업이 자원을 획득하는 과정에서 원가가 발생하고, 자원을 소비하여 활동들을 수행함으로써 제품이 생산된다고 보는 원가계산 방법이다.

① **자원(resource)** : 수익창출활동에 이용되는 물적 자료 및 노동력·기술을 말한다. 예를 들어 기업이 10명의 간접노동자를 고용하고 있다면 이들이 자원이며 간접노동자를 고용하는 과정에서 간접노무원가라는 비용이 발생한다.

② **활동(activity)** : 기업이 수익창출과정에서 수행하는 반복적인 업무를 말한다. 예를 들어 간접노동자들에 의해서 재료이동·기계수선·작업준비·공구준비의 업무가 수행된다면 이런 업무가 활동이 되며 자원을 소비해서 활동이 수행된다.

'활동기준원가계산(activity based costing : ABC)'은 활동을 중심으로 자원과 활동 및 제품사이의 인과관계에 따라 원가를 배분하는 방법으로 개별원가계산보다 정확한 개별제품원가를 계산하는 원가계산방법이다.

(1) 활동기준원가계산의 기본절차

활동기준원가계산에서는 제품생산과정을 자원이 원가를 발생시키고, 활동이 자원을 소비하여 제품을 생산한다고 파악하므로, 제품원가 계산은 ① 자원원가를 활동별로 집계하는 단계와 ② 활동원가를 제품에 배부하는 두 단계를 거쳐서 계산된다. 다음 그림은 활동기준원가계산의 두 단계 원가배분 과정을 쉽게 보여주고 있다.

활동기준원가계산의 원가배분 과정

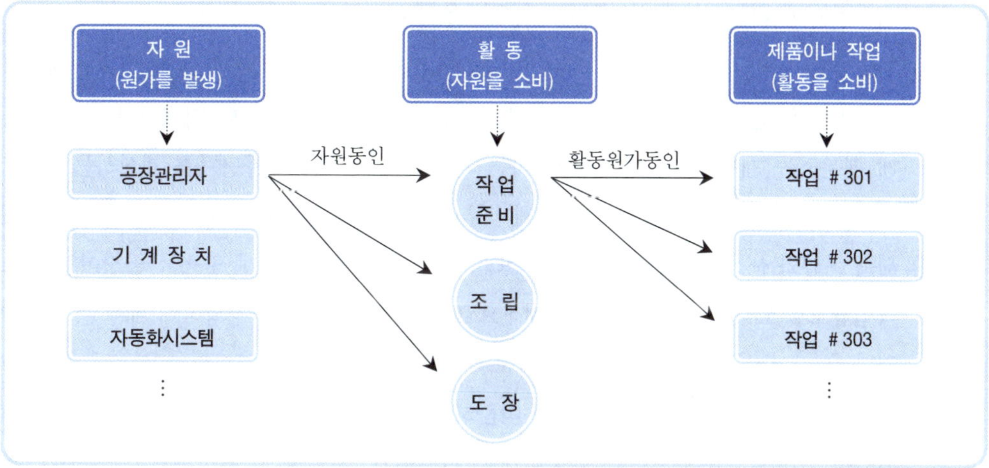

1단계 : 자원원가의 활동별 집계

기업이 자원을 확보하기 위해 지출한 자원원가(resource cost)를 각 활동별로 소비된 자원동인을 기준으로 활동에 배부하여 활동원가(activity cost)를 집계한다. 여기서 '자원동인(resource driver)'은 자원원가를 활동별로 배분하는 기준으로 활동에 의해 소비되는 자원의 양을 측정할 수 있는 항목을 선택한다.

예컨대, 공장관리자(자원)가 작업준비활동과 조립활동 및 품질검사활동을 수행하고 있다면 공장 관리자에게 지급하는 급여(자원원가)는 공장관리자가 각 활동별로 사용한 시간(자원동인)에 비례해서 각 활동에 배분하게 되는데, 이 경우 사용시간이 자원동인이 되는 것이다.

2단계 : 활동원가의 제품별 집계

활동별로 집계된 원가는 활동을 소비한 활동원가동인(activity cost driver)을 기준으로 개별제품이나 작업에 배부하게 된다. 여기서 '활동원가동인(activity cost driver)'은 제품에 의해 소비되는 활동의 양을 측정하기 위한 기준으로 활동원가를 제품에 배부하는 기준이 된다.

예컨대, 작업준비활동에 집계된 원가는 작업준비횟수에 따라 개별제품에 배부된다고 하면 작업준비횟수가 활동원가동인이 되는 것이다.

(2) 활동기준원가계산의 개발배경

활동기준원가계산은 원가발생의 인과관계에 따라 제조간접원가를 정확하게 배부하는 방법인데, 활동기준원가계산이 개발되게 된 배경을 구체적으로 살펴보면 다음과 같다.

① 다품종 소량생산 체제를 적용하는 회사들이 늘어나면서 개별제품의 수익성을 정확하게 파악하는 것이 매우 중요해졌다. 치열한 경쟁환경에서 기업은 여러 종류의 제품을 생산하고

있으므로 수익성 있는 제품을 파악하고 기업의 역량을 집중할 필요성이 커지면서 정확한 제품원가계산을 할 수 있는 활동기준원가계산이 필요하게 되었다.

② 제조기술이 발달되고 공정이 자동화되면서 직접노동의 투입량은 감소된 반면에 제조간접원가의 비중은 증가되었다. 이로 인해 제조간접원가를 노동시간이나 기계시간 등으로 단순하게 배분하는 개별원가 계산을 적용하는 경우에는 정확한 제품원가를 계산하는 것이 어렵게 되어서 제조간접원가를 정확하게 배부하는 활동기준원가계산이 필요하게 되었다.

③ 제품 종류와 생산공정의 다양성이 커졌다. 제품마다 기능과 설계 및 생산공정이 다르고 1회 작업규모도 차이가 있어 개별원가계산으로는 제조간접원가를 정확하게 배부할 수 없게 되었다.

④ 컴퓨터와 정보처리 기술이 발전하여 다양하고 방대한 정보를 적은 비용으로 수집할 수 있게 되었다. 활동기준원가계산을 적용하려면 자원원가, 자원동인, 활동원가, 활동원가동인 등에 대한 방대한 정보를 수집하고 집계해야 하는데 정보처리기술이 발달되어 이를 적은 비용으로도 수행할 수 있게 되었다.

개발배경	내 용
① 정확한 수익성 판단의 필요성	다품종 소량생산을 하는 회사들이 많아지면서 수익성 있는 제품에 기업의 역량을 집중할 필요성이 증가
② 제조간접원가 증가	제조기술이 발달되고 공정이 자동화 직접노동의 투입량 감소 / 제조간접원가의 비중은 증가
③ 제품별 다양성 증가	제품마다 기능, 생산공정 등이 다르고 1회 작업규모도 상이함 개별원가계산으로는 제조간접원가를 정확하게 배부하기 어려움
④ 정보수집기술 발달	ABC는 자원동인, 활동원가, 활동원가동인 등에 대한 방대한 정보를 수집하고 집계해야 함 정보처리기술이 발달되어 이를 적은 비용으로 수행 가능

2. 활동의 유형

활동기준원가계산을 적용하기 위해서는 기업이 수행하는 활동이 무엇인가를 파악해야하는데 기업이 생산과정에서 수행되는 활동들은 일반적으로 다음 네 가지의 '원가계층(cost hierarchy)'으로 구분한다.

① **제품단위수준활동**(unit level activities) : 제품 한 단위를 생산할 때마다 수행되는 활동이다. 그 예로는 제품을 조립하는 활동, 밀링이나 절삭 등의 기계활동, 도장활동 등이 있다. 제품단위수준활동은 제품의 생산수량에 비례하여 원가발생액이 달라진다.

② **생산묶음수준활동**(batch level activities) : 한 묶음(batch)의 제품을 처리하거나 생산할 때마다 수행하는 활동이다. 그 예로는 구매주문활동, 재료수령활동, 품질검사활동, 선적활동 등이 있다.

생산묶음수준활동은 제품의 생산수량에 비례하여 원가발생액이 달라지는 것이 아니라 묶음의 수에 비례하여 원가발생액이 달라진다.

③ **제품수준활동**(product level activities) : 생산하는 제품라인을 유지하기 위하여 수행하는 활동이다. 그 예로는 제품설계활동, 제품개발활동, 제품제조기술변경활동 등이 있다.

제품수준활동은 제품단위의 수나 묶음의 수에 비례하여 원가발생액이 달라지는 것이 아니라 제품종류의 수에 비례하여 원가발생액이 달라진다.

④ **공장설비수준활동**(facility level activities) : 공장의 일반적인 제조공정을 유지하고 관리하기 위하여 수행하는 활동이다. 그 예로는 공장관리활동, 조경활동, 냉난방활동, 조명활동 등이 있다.

공장설비수준활동은 생산단위 묶음 또는 제품수와 직접적인 관련성 없이 제조공정 전체 차원에서 필요한 활동이다. 공장설비 수준활동에서 발생한 원가는 제조간접비에 해당하므로 제품원가에 포함하여야 하지만 개별제품과 관련성 없이 발생하므로 자의적인 배분기준으로 제품에 배분할 수밖에 없다. 따라서 개별제품의 수익성을 판단하기 위한 관리회계적인 원가자료에는 포함시키지 않는다.

활동의 유형과 특징

활동유형	활동유형별 특징
단위수준활동	제품을 한 단위 판매할 때마다 수행되는 활동 • 밀링활동, 절삭활동, 조립활동, 도장활동, 품질검사(전수)활동
묶음수준활동	묶음 단위마다 수행되는 활동 • 구매주문활동, 재료수령활동, 재료처리활동, 작업준비활동, 선적활동 • 품질검사활동 : 표본검사－묶음수준, 전수검사－단위수준
제품수준활동	제품의 품목별 생산라인을 유지하기 위해 수행되는 활동 • 제품설계활동, 제품테스트활동, 제품설계변경활동
설비수준활동	공장 설비를 유지하고 관리하기 위하여 수행되는 활동 • 공장관리활동, 조경활동, 냉난방활동, 조명활동 • 자의적인 배분기준을 설정 • 제품별 수익성분석에서는 설비수준활동원가는 제외하는 것이 유용

03

제 2 절 활동기준원가계산의 절차

앞에서 살펴본 바와 같이 활동기준원가계산은 수익창출과정에서 자원을 소비하면서 발생한 원가를 활동별로 추적하여 집계하고, 이를 다시 개별제품이나 고객 등의 원가대상(cost objective)에 배분하는 원가계산시스템이다. 따라서 이와 같은 활동기준원가계산시스템을 적용하기 위해서는 일반적으로 다음과 같이 다섯 단계를 수행하게 된다.

자원원가를 활동에 배부하는 단계	① 활동분석 ② 활동중심점의 설정 및 자원원가의 활동별 집계
활동원가를 제품에 배부하는 단계	③ 활동원가동인의 선택 ④ 활동별 제조간접원가배부율의 계산 ⑤ 제조간접원가의 배부(활동원가의 제품별 배부)

1. 활동분석

'활동분석(activity analysis)'이란 종업원들과의 구조화된 인터뷰나 직무차트를 통해서 기업이 수행하고 있는 주요활동의 흐름을 파악하는 과정을 말하며 공정가치분석(process value analysis)이라고 한다. 활동분석을 통해서 제품생산과 서비스 제공을 위해 수행하는 다양한 활동들을 파악하고 나면, 활동들의 흐름을 나타내는 활동흐름도를 작성하고 활동들을 부가가치활동과 비부가가치활동으로 구분한다.

① 부가가치활동 : 고객의 욕구를 만족시키는데 기여하는 활동을 말한다.
② 비부가가치활동 : 고객의 욕구를 만족시키는데 기여하지 못하는 활동을 말한다.

비부가가치활동이 파악되면 이를 제거하거나 감소시켜야 하며 부가가치활동은 효율성을 높일 수 있도록 관리해야 한다.

2. 활동중심점의 설정 및 자원원가의 활동별 집계

활동분석을 마치고 나면 활동중심점을 설정하고 자원동인을 기준으로 자원원가를 활동중심점에 집계하게 된다. 여기서 활동중심점이란 관련활동의 원가를 별도로 분리하여 집계하는 '원가집계단위'라고 정의할 수 있으며 원가중심점(cost center 또는 cost pool)이라고도 한다.

기업이 가치를 창출하기 위해 수행하는 활동은 매우 많기 때문에 이를 모두 독립적인 활동중심점으로 구분하면 원가를 집계하기 위해 과다한 비용이 지출되므로 몇몇 관련된 활동을 하나의 활동중심점으로 통합하여 원가를 집계하는 것이 일반적이다. 예컨대, 원재료의 처리와 운반에는 여러 활동들이 일련의 과정으로 수행되는데 이를 재료처리라는 하나의 활동중심점으로 보고 원가를 집계할 수 있다.

03

예제 [3-1] 자원원가의 활동중심점별 집계

(주)희망은 제조간접원가를 활동기준원가계산에 따라 개별제품에 배부하기로 하고 활동을 분석한 결과 작업준비, 조립, 도장, 품질검사 활동을 각각 활동중심점으로 결정하였다. 각 활동중심별로 소비된 자원과 각 자원에 지출된 원가는 다음과 같다.

(1) (주)희망이 제품을 생산하기 위해서 자원으로 기계장치, 자동화시스템을 갖추고 간접노동자 가 전력을 사용하면서 활동을 수행하고 있다. 자원을 취득하기 위해서 지출한 원가는 다음과 같다.

자 원	자원원가		
공장관리자	간접노무원가	5명×₩40,000=	₩200,000
기계장치	감가상각비		500,000
자동화시스템	리스료		150,000
전력	전기료		150,000
			₩1,000,000

(2) 자원을 사용(소비)해서 활동이 수행되어 제품이 생산된다. 각 활동이 소비한 자원에 대한 자료는 다음과 같다.

활동중심점	자원별 자원동인과 사용량			
	공장관리자 사용시간	기계장치 사용비율	자동화시스템 사용비율	전력사용량
작업준비	400시간	35%	40%	120kW
조립	150	15	10	180
도장	150	20	20	60
품질검사	300	30	30	240
합계	1,000시간	100%	100%	600kW

요구사항

자원을 획득하기 위해 발생한 원가를 각 활동중심점에 집계하시오.

해답

활동중심점	자원원가				활동원가
	공장관리자	기계장치	자동화시스템	전 력	
작업준비	₩80,000	₩175,000	₩60,000	₩30,000	₩345,000
조 립	30,000	75,000	15,000	45,000	165,000
도 장	30,000	100,000	30,000	15,000	175,000
품질검사	60,000	150,000	45,000	60,000	315,000
합 계	₩200,000	₩500,000	₩150,000	₩150,000	₩1,000,000

* 자원원가×자원동인의 비율

기계장치 감가상각비 : ₩500,000×기계장치 사용비율

자원원가가 각 활동별로 배부되어 활동원가가 집계된다.

이렇게 각 자원원가를 자원동인을 기준으로 활동중심점에 배부하면 각 활동별로 활동을 수행하는 과정에서 발생한 원가를 정확하게 집계할 수 있다.

자원원가의 활동중심점별 배분

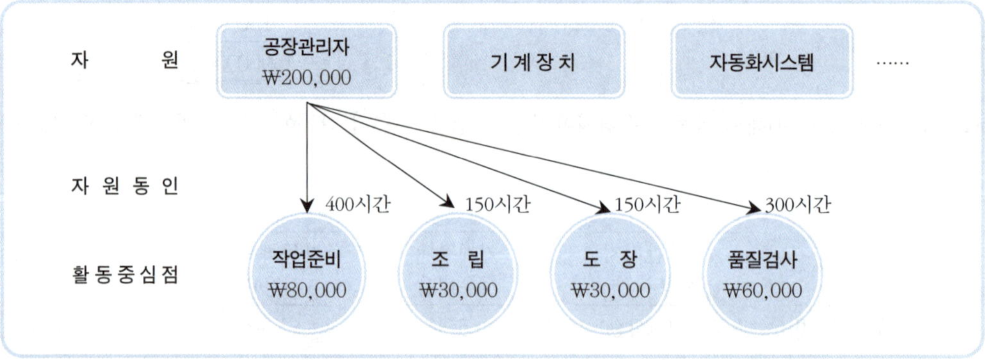

3. 활동원가동인의 선택

활동원가동인(activity cost driver)이란 활동원가를 제품에 배부하는 기준으로 활동의 작업량을 결정하고, 그 작업을 수행하기 위해 필요한 노력의 정도를 결정하는 요소를 말하며 일반적으로 원가동인이라고 하면 활동원가동인을 뜻한다. 활동중심점별로 사용할 수 있는 활동원가동인은 매우 다양한데 이를 유형별로 분류하면, ① 거래건수동인, ② 기간동인, ③ 직접동인으로 구분할 수 있다.

① **거래건수동인**(transaction drivers) : 수행된 활동의 횟수(활동빈도)를 집계하여 원가동인으로 사용하는 것으로 주문건수, 작업준비건수, 제품의 수 등을 그 예로 들 수 있다.

거래건수를 원가동인으로 사용하는 경우에 원가동인을 측정하기 위해 지출되는 비용이 적다는 장점이 있다. 하지만 활동 1회 발생에 소비되는 자원은 항상 동일한 것으로 간주되므로 만일 활동 1회에 소비되는 자원의 크기가 제품별로 다른 경우에는 원가계산의 정확성이 상대적으로 떨어진다는 단점이 있다.

② **기간동인(duration drivers)** : 활동을 수행하기 위하여 소요된 시간을 원가동인으로 사용하는 것으로 작업준비시간, 검사시간, 노동시간 등을 그 예로 들 수 있다.

기간동인은 하나의 활동에 소요되는 시간이 제품마다 크게 다른 경우에 거래건수 동인보다 더 정확하게 원가계산을 할 수 있다. 예를 들어, 단순한 제품은 작업준비시간이 10분 소요되는 반면에, 복잡한 제품은 30분이 소요된다면 작업준비횟수보다는 작업준비시간을 원가동인으로 사용하면 보다 정확하게 원가를 계산할 수 있는 것이다.

③ **직접동인(intensity drivers)** : 각 활동을 1회 수행할 때 소요된 자원을 직접 측정하여 발생한 비용을 집계하는 것이다.

앞에서 살펴 본 기간동인은 활동의 수행과정에서 동일시간 동안에 발생하는 비용이 모든 제품에서 동일한 것으로 간주하므로 일정시간 동안에 소요되는 비용이 제품마다 현저히 다를 경우에는 기간동인으로도 정확하게 제품원가를 계산할 수 없게 된다는 문제점이 있다. 따라서 이런 경우에는 수행된 활동마다 비용을 직접 집계하는 방법을 사용하는 것이 보다 정확하다.

예를 들어, 생산방식이 매우 복잡한 제품이 있어서 작업준비에 숙련된 인력과 특수 장비가 필요하여 동일한 활동시간에도 투입되는 자원이 달라지는 경우에는 각 활동별로 발생한 원가를 직접 집계하여 원가계산을 하는 것이 보다 정확할 것이다. 그러나 직접동인은 가장 정확하게 원가를 계산할 수 있는 원가동인이지만 적용할 때 측정비용이 가장 많이 소요된다. 따라서 일반적으로 직접동인은 각 활동에서 발생하는 비용이 크고, 활동마다 비용의 크기가 현저히 다른 경우에만 사용한다.

활동원가동인의 유형

구 분	원가동인	적용상황	측정비용	원가계산 정확성
거래건수동인	소요된 활동의수	건수당 원가가 동일한 경우	가장 적음	가장 부정확
기간동인	소요된 활동시간	건수당 원가는 다르나 시간당 원가가 동일한 경우	중 간	중 간
직접동인	소요된 자원을 직접측정	시간당 원가가 다른 경우	가장 많음	가장 정확

4. 활동별 제조간접원가 배부율의 계산

각 활동중심점별로 원가를 집계하고 나면 집계된 활동원가 총액을 원가동인의 수량으로 나누어서 활동중심점별로 활동원가동인당 배부율을 계산한다.

예제 [3-2] 원가동인당 배부율

(주)희망은 [예제 3-1]과 같이 활동중심점을 구분하고 원가를 집계하였으며, 각 활동중심점별로 다음과 같이 원가동인을 결정하였다. 회사는 당기에 #301, #302를 착수하여 완성하였다. 각 작업별로 집계된 활동원가동인의 수는 다음과 같다.

요구사항

각 활동중심점별로 제조간접원가 배부율을 계산하시오.

활동중심점	원가동인	#301	#302	합 계
작업준비	준비횟수	60회	9회	69회
조립	조립시간	1,600시간	1,400시간	3,000시간
도장	도장시간	1,800시간	1,700시간	3,500시간
품질검사	품질검사횟수	35회	7회	42회

해답

활동중심점	집계된 활동원가		활동원가동인의 수		활동원가동인당 배부율
작업준비	₩345,000	÷	69 회	=	@5,000
조립	165,000	÷	3,000 시간	=	@55
도장	175,000	÷	3,500 시간	=	@50
품질검사	315,000	÷	42 회	=	@7,500
활동별 원가의 합계	₩1,000,000				

자원원가를 각 활동별로 배부해서 집계한 활동원가

5. 제조간접원가의 배부(활동원가의 제품별 배부)

활동중심점별로 원가동인당 배부율을 계산한 뒤에는 개별작업이나 제품에서 발생한 원가동인의 수를 이용하여 개별작업이나 제품에 활동원가를 배부한다.

03

예제[3-3] 활동원가의 제품별 배부

[예제 3-1]의 (주)희망은 당기에 착수하여 완성한 #301, #302와 관련된 직접제조원가를 다음과 같이 파악하였다.

	#301	#302	합 계
직접재료원가	₩150,000	₩200,000	₩350,000
직접노무원가	250,000	400,000	650,000

요구사항

[예제 3-2]의 활동별 배부율과 활동원가 동인의 수를 이용하여 각 작업별 제조원가를 계산하시오.

해답

	#301	#302	합 계
직접재료원가	₩150,000	₩200,000	₩350,000
직접노무원가	250,000	400,000	650,000
제조간접원가			
작업준비*	300,000	45,000	345,000
조립	88,000	77,000	165,000
도장	90,000	85,000	175,000
품질검사	262,500	52,500	315,000
합계	₩1,140,500	₩859,500	₩2,000,000

직접원가는 추적해서 집계 (→ ₩350,000, 650,000)

활동원가를 작업별로 배부 (→ 345,000 ~ 315,000)

9회 × @5,000 (→ 45,000)

* 작업별 활동원가 동인수×활동원가동인당 배부율

6. 활동중심점의 수와 활동원가동인의 결정시 고려사항

원가계산시스템의 총비용은 ① 원가측정비용과 ② 경영자의 잘못된 의사결정으로 인한 손실로 구성되므로 이 두 비용의 합계를 최소화 할 수 있도록 원가계산시스템을 구축해야 한다.

① **원가측정비용** : 원가계산의 정확성을 높이기 위해서는 원가측정비용이 증가한다. 예를 들어 활동중심점의 수를 증가시키면 원가계산의 정확성을 높일 수 있으며 활동원가동인도 거래건수동인보다는 기간동인을 사용하는 경우, 기간동인보다는 직접동인을 사용하는 경우에 원가계산의 정확성을 높일 수 있다. 그러나 원가계산의 정확성을 높이기 위해서는 원가측정비용이 증가하게 된다.

② **경영자의 잘못된 의사결정으로 인한 손실** : 원가계산의 정확성이 높아지면 경영자가 원가정보를 기초로 잘못된 의사결정을 해서 발생하는 손실이 감소한다. 예를 들어 개별원가계산으로는 수익성이 낮은 것으로 판단되어 생산중단을 고려하는 제품이 정확한 원가정보로는 수익성이 높은 것으로 확인되어 계속 생산될 수 있다.

따라서 경영자는 원가측정비용과 부정확한 원가정보로 인해 잘못된 의사결정을 하여 발생할 수 있는 손실을 고려해서 이 두 비용의 합계가 최소화되도록 활동중심점의 수와 활동원가동인의 종류를 결정해야 한다.

원가시스템의 총원가 관리

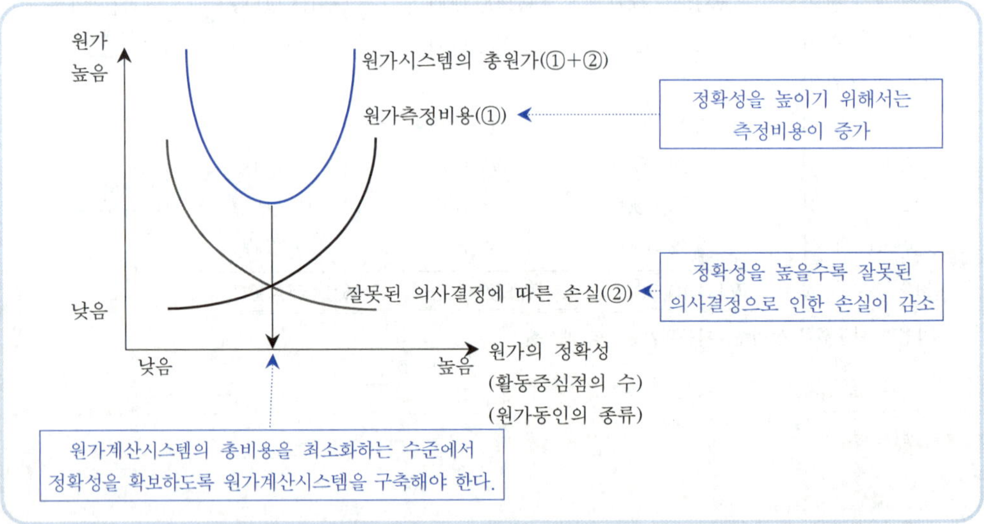

제 3 절 ABC와 개별원가계산의 비교

지금까지 활동기준원가계산의 개념과 적용절차에 대해 설명하였다. 이번 절에서는 개별원가계산을 적용하는 경우에 원가왜곡이 나타나는 이유를 활동기준원가계산과 비교해서 살펴보겠다.

1. 개별원가계산의 원가왜곡

기업이 제품을 생산하기 위해서는 조립이나 절삭 같은 단위수준활동과 구매주문, 작업준비, 제품설계 등과 같은 비단위수준활동을 수행한다. 여기서 비단위수준활동(non-unit-based activity)은 묶음수준활동, 제품수준활동, 설비수준활동 등을 말하며, 이와 같은 활동을 수행하는 과정에서 자원을 소비하고 원가가 발생한다.

활동기준원가계산에서는 이와 같은 비단위수준활동의 원가동인을 적절하게 고려해서 원가를 배분하므로 정확한 원가를 계산할 수 있다. 반면에 개별원가계산은 노동시간이나 기계시간처럼 단위수준과 관련된 배분기준으로 비단위수준활동의 원가를 제품에 배부해서 원가왜곡의 문제가 발생한다.

(1) 원가왜곡의 원인

개별원가계산에서는 비단위수준활동의 원가를 단위수준배부기준으로 평균화해서 배분하기 때문에 원가평준화현상이 나타나서 원가왜곡이 나타나고, 제품별 원가왜곡이 서로 영향을 주어서 모든 제품의 원가가 왜곡되어 계산된다.

① 원가평준화(cost smoothing) : 개별원가계산에서 비단위수준활동원가를 단위수준의 배부기준으로 광범위하게 평균화해서 여러 원가대상에 균일하게 배분한 것을 말하며 피넛-버터 원가계산(peanut-butter costing)라는 말로 설명하기도 한다.

② 제품원가의 상호보조(product-cost cross-subsidization) : 원가평준화 현상이 나타나서 한 제품의 원가가 과대평가되면 그 영향으로 다른 제품의 원가도 과소평가되는 것을 말한다.

(2) 원가왜곡의 유형

원가왜곡의 유형으로는 생산량(조업도)은 적지만 구매주문, 작업준비 등의 비단위수준활동을 자주 수행해야 하는 경우가 대표적이며, 이때 제품의 원가는 실제보다 과소평가되고, 그 반대유형의 경우에는 과대평가된다.

① 묶음크기가 작은 제품 : 묶음수가 많아서 묶음수준활동을 많이 수행하므로 비단위수준원가가 많이 발생한다. 그런데 개별원가계산은 이를 고려하지 않고 단위수준과 관련되는 배분기준으로 제조간접원가를 배분하므로 원가가 과소평가된다.

② 묶음크기가 큰 제품 : 묶음수가 적어서 묶음수준활동을 조금 수행하므로 비단위수준원가가 적게 발생한다. 그런데 개별원가계산은 이를 고려하지 않고 단위수준과 관련되는 배분기준으로 제조간접원가를 배분하므로 원가가 과대평가된다.

	묶음크기가 작은 제품 (묶음수 많은 제품)	묶음크기가 큰 제품 (묶음수 적은 제품)	
	묶음수준원가 큼	묶음수준원가 작음	
활동기준원가계산	원가 많이 발생함	원가 적게 발생함	← 정확한 원가 (묶음수준고려)
개 별 원 가 계 산	과소평가	과대평가	← 원가왜곡 비단위수준고려 못함 (원가평준화)
	↑ 원가왜곡 (제품원가의 상호보조)	↑	

예제 [3-4] 개별원가계산의 원가왜곡

(주)희망의 제조공정에서 작업 #301(제품 A), #302(제품 B)을 착수하여 완성하였으며, 관련 원가자료는 다음과 같다.

	#301	#302	합 계
직 접 재 료 원 가	₩200,000	₩600,000	₩800,000
직 접 노 무 원 가	400,000	300,000	700,000
직 접 노 동 시 간	3,000시간	2,000시간	5,000시간
생 산 량	3,000단위	2,000단위	
단위당 판매가격	₩450	₩600	

(1) 당기 중에 제조공정에서 발생한 제조간접원가는 ₩1,000,000이였으며 제조간접원가 배부기준으로는 노동시간을 사용하고 있다. 모든 제품은 1단위를 생산하는데 1시간의 노동시간이 사용된다.

(2) (주)희망은 제품의 수익성을 정확하게 파악하기 위해 활동기준원가계산을 적용하려고 하며 다음과 같이 제조간접원가를 활동별로 집계했다.

활동중심점	원가동인	활동원가	원가동인수		
			#301	#302	합 계
조립작업	노무시간	₩250,000	3,000시간	2,000시간	5,000시간
품질검사	검사횟수*	400,000	150회	10회	160회
작업준비	작업준비시간	350,000	450시간	50시간	500시간
		₩1,000,000			

* 품질검사는 표본검사로 생산배치마다 1회씩 검사를 한다.

(3) 작업 #301(제품 A)은 한 배치를 20개로 작업하고, #302(제품 B)는 한 배치를 200개로 작업해서 #302(제품 B)의 배치크기가 크다. 묶음수준활동인 품질검사와 작업준비의 원가동인은 다음과 같이 파악되었다.

활동원가동인자료	#301	#302	합계
제품생산량	3,000개	2,000개	5,000개
생산배치크기	÷20개	÷200개	
생산배치수	150회	10회	160회
생산 1회당준비시간	×3시간	×5시간	
작업준비시간	450시간	50시간	500시간

요구사항

1. (주)희망이 개별원가계산을 적용하는 경우에 다음을 계산하시오.
   (1) 작업별 제조원가와 제품단위당 원가
   (2) 제품별 단위당 이익

2. (주)희망이 활동기준원가계산을 적용하는 경우에 다음을 계산하시오.
   (1) 활동중심점별 원가동인당 배부율
   (2) 작업별 제조원가와 제품단위당 원가
   (3) 제품별 단위당 이익

해답

1. 개별원가계산을 적용하는 경우
   (1) 작업별 제조원가와 제품별 단위당 원가

	#301	#302	합 계
직접재료원가	₩200,000	₩600,000	₩800,000
직접노무원가	400,000	300,000	700,000
제조간접원가*	600,000	400,000	1,000,000
합계	₩1,200,000	₩1,300,000	₩2,500,000
생산량	÷3,000개	÷2,000개	
단위당 제조원가	₩400	₩650	

* 직접노동시간으로 배부, 제조간접원가 배부율 ₩1,000,000÷5,000시간=₩200/노동시간

(2) 제품별 단위당 이익

	제품 A	제품 B
단위당 판매가격	₩450	₩600
단위당 제조원가	400	650
단 위 당 이 익	₩50	₩(50)

묶음크기가 작은 제품의 원가는 과소배분되어 수익성이 있는 것으로 오판

묶음크기가 큰 제품의 원가는 과대배분되어 수익성이 낮은 것으로 오판

2. 활동기준원가계산을 적용하는 경우

(1) 활동중심점별 원가동인당 배부율

활동중심점	집계된 원가		활동원가동인의 수		활동원가동인당 배부율
조 립	₩250,000	÷	5,000시간	=	@50
품 질 검 사	400,000	÷	160회	=	@2,500
작 업 준 비	350,000	÷	500시간	=	@700
활동별 원가의 합계	₩1,000,000				

(2) 작업별 제조원가와 제품별 단위당 원가

	#301	#302	합 계
직 접 재 료 원 가	₩200,000	₩600,000	₩800,000
직 접 노 무 원 가	400,000	300,000	700,000
제 조 간 접 원 가			
조 립	150,000	100,000	250,000
품 질 검 사	375,000	25,000	400,000
작 업 준 비	315,000	35,000	350,000
합 계	₩1,440,000	₩1,060,000	₩2,500,000
생 산 량	÷3,000개	÷2,000개	
단위당 제조원가	₩480	₩530	

(3) 제품별 단위당 이익

	제품 A	제품 B
단위당 판매가격	₩450	₩600
단위당 제조원가	480	530
단 위 당 이 익	₩(30)	₩70

묶음크기가 작은 제품의 정확한 원가를 기준으로 손실 판단

묶음크기가 큰 제품의 정확한 원가를 기준으로 이익 판단

예제에서 알 수 있는 것처럼 개별원가계산을 적용하면 비단위수준원가까지도 단위수준의 배분기준에 의해 평균적으로 배분되는 원가평준화현상 때문에 원가왜곡이 발생하며 제품원가의 상호보조가 나타나 모든 제품의 원가가 왜곡된다.

	제품 A (#301) (묶음수 많은 제품)	제품 B (#302) (묶음수 적은 제품)	
활동기준원가계산	₩480 원가 많이 발생함	₩530 원가 적게 발생함	← 정확한 원가 (묶음수준고려)
개 별 원 가 계 산	₩400↓ 과소평가	₩650↑ 과대평가	← 원가왜곡 비단위수준고려 못함 (원가평준화)

원가왜곡
(제품원가의 상호보조)

2. 원가왜곡이 수익성에 미치는 효과

(1) 제품별 매출액과 이익효과

경영과 관련된 일반적인 법칙으로 '20−80법칙'이 있다. 매출액에서도 이 법칙은 성립해서 매출액의 상위 20%의 제품이 총매출액의 80%를 창출하고 하위 80%의 제품이 총매출액의 20%밖에 창출하지 못한다.

수익구조(Revenue Structure)

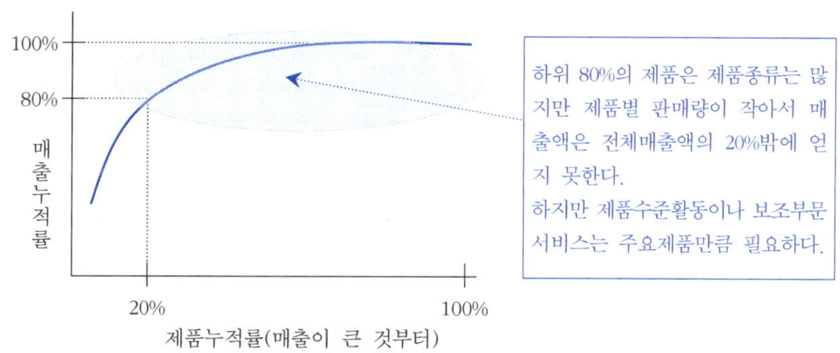

판매량이 적은 하위 80%의 제품은 매출액의 20% 밖게 얻지 못하지만 제품수준활동이나 보조부문 서비스는 주요제품만큼 필요하다.

전통적인 원가계산시스템에서는 모든 원가를 단위수준으로 배분하므로 판매량이 적은 하위 80%의 제품은 원가가 과소평가된다. 이런 원가를 기초로 수익성을 분석하면 하위 80%의 제품도 수익성이 있는 것으로 사실과 다르게 파악된다. 과소평가된 원가를 기준으로 이익을 가산해서 가격을 결정하면 가격도 낮게 설정되어 소량판매제품도 경쟁력이 있는 것으로 잘못된 판단을 할 수 있다.

	상위 20% (판매량이 많은 제품)	하위 80% (판매량이 적은 제품)
제품수준/보조부문원가	과대배분 → 원가과대평가	과소배분 → 원가과소평가
제품가격(원가기준가격)	판매가격 높게 설정	판매가격 낮게 설정
수익성 효과	가격경쟁력하락으로 판매감소 기업전체 수익성 하락	판매집중으로 매출증가 기업전체수익성 악화

(2) 고래그래프(whale curve)

다음의 그래프는 ABC 계산결과를 기초로 제품별 누적수익성을 보여주고 있다. 이 그래프를 '고래그래프(whale curve)'라고 하는데 가로축은 가장 수익성이 높은 제품부터 가장 수익성이 낮은 제품의 순서로 배열하고 세로축에는 누적이익을 나타내고 있다.

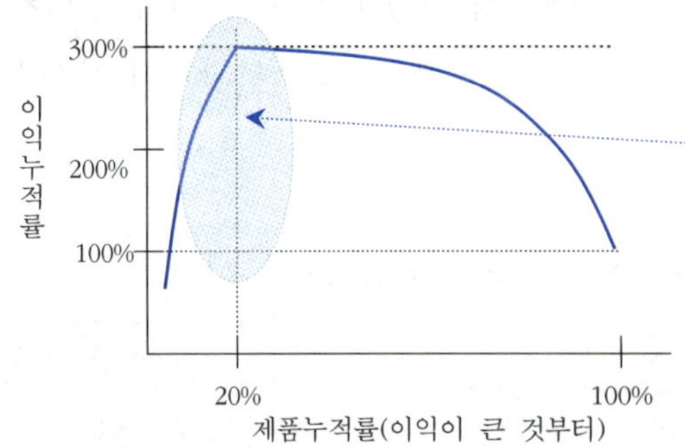

고래그래프에서 보여주는 것과 같이 ABC원가정보를 기초로 제품의 이익을 파악해 보면 가장 수익성이 높은 20%의 제품이 회사전체이익의 300%를 창출하고, 나머지 80%의 제품은 이익이 없거나 손실을 보고하고 있는 제품으로 이익의 200%를 잃게 한다.

(3) 원가왜곡 기업의 유형

개별원가계산을 적용했을 때 원가왜곡이 심하게 나타나서 활동기준원가계산을 도입하면 제품의 수익성에서 고래그래프가 나타나는 기업은 다음의 두 가지 특징을 주로 가지고 있다.

① 제조간접원가나 지원원가의 비중이 크다.

② 제품, 고객 및 프로세스가 매우 다양하다.

이와 같은 특징을 가지는 기업들이 개별원가계산을 적용하였을 때 제조간접원가가 왜곡되는 현상이 크게 나타나 고래그래프가 관찰된다.

3. 개별원가계산과 활동기준원가계산의 비교

앞에서 살펴본 바와 같이 개별원가계산과 활동기준원가계산은 제조간접원가 배분방법에서 크게 차이가 나며, 그 외에도 다음과 같은 차이점이 있다.

① 개별원가계산은 제품이나 부문별로 원가를 집계하는 반면에 활동기준원가계산은 활동별로 원가를 집계한다.

② 개별원가계산은 제품이나 서비스를 원가동인으로 파악하는 반면에 활동기준원가계산에서는 자원을 소비하는 활동을 원가동인으로 파악하므로 원가와 제품 사이의 인과관계를 정확하게 파악할 수 있다.

③ 개별원가계산은 단순한 재무적인 배부기준을 사용하는 반면에 활동기준원가 계산은 비재무적인 다양한 원가동인을 배부기준으로 사용하므로 경영자의 의사결정에 유용한 정보를 보다 많이 제공한다.

④ 개별원가계산은 제품이나 부문 등의 제한된 원가대상에 원가를 배부할 수 있는 반면에 활동기준원가계산은 제품뿐만 아니라 고객, 공정, 유통경로 등 다양한 원가대상에 원가를 배부할 수 있다.

개별원가계산과 활동기준원가계산의 비교

구 분	개별원가계산	활동기준원가계산
원가집합	공장전체, 부문	활동
원가배분기준	단위수준원가동인	해당 활동의 원가동인
원가대상	제품, 작업	제품, 고객, 공급자등 다양
원가계산의 정확성	낮다(원가왜곡)	높다
원가측정비용	낮다	높다

제 4 절 활동기준원가계산의 장단점

1. 활동기준원가계산의 장점

활동기준원가계산은 개별원가계산의 원가왜곡문제를 해결하기 위해 만들어진 원가계산방법으로서 다음과 같은 장점을 가지고 있다.

① 정확한 제품원가계산 : 각 활동별로 인과관계를 추적하여 원가를 배분하므로 개별원가계산에 비해 제품원가가 정확하게 계산되며 이를 토대로 경영자가 제품수익성에 대한 올바른 의사결정을 할 수 있다.

② 효율적 원가절감과 통제 : 비부가가치활동은 제거하고 부가가치활동 중에서 많은 자원을 소비하는 활동은 활동에 소요되는 자원이나 시간을 감소시켜 원가를 효율적으로 절감하고 통제할 수 있다.

③ 성과평가방법의 개선 : 활동기준원가계산은 실제로 수행된 활동과 원가동인을 측정하므로 이를 이용하여 성과평가를 수행하면 업무실적과 성과평가 사이의 관계가 명확해지고 피평가자가 평가결과를 쉽게 받아들일 수 있게 된다.

④ 신축적인 원가계산 : 활동기준으로 원가계산을 수행하므로 제품구성이 변화하는 경우에도 신축적으로 원가계산이 가능하다.

2. 활동기준원가계산의 단점

활동기준원가계산은 다음과 같은 단점도 있으므로 경영자는 이를 충분히 고려하여 활동기준원가계산의 도입여부를 결정해야 한다.

① 과다한 운영비용 : 활동기준원가계산은 도입초기에 활동을 분석하고 활동중심점별로 원가동인을 결정하고 측정하는 방법을 개발하는 과정에서 많은 비용이 발생한다. 또한 이를 운영하는 과정에서도 원가동인을 측정하기 위해 많은 비용이 발생한다.

② 설비수준원가의 자의적인 배분 : 공장감가상각비, 공장의 냉난방비 등 공장설비수준원가는 그 원가동인이 명확하지 않기 때문에 기계시간이나 직접노동시간 등의 자의적인 배부기준으로 원가대상에 원가를 배부하게 된다.

③ 기준의 부재 : 기업이 수행하는 수많은 활동을 정의하고 구분하기 위한 명확한 기준이 현재까지 적립되어 있지 않다.

④ 재고과잉의 유인 : 활동기준원가계산에서 원가절감방안으로 사용하는 대표적인 방법이 묶음크기를 증가시키는 것이다. 묶음크기를 증가시키는 경우 묶음 수가 감소되어 묶음수준활동원가를 절감할 수 있지만 공정의 평균재고가 증가하여 재고유지비용이 늘어나 재무적 성과에 악영향을 줄 수 있다.

3. 활동기준원가계산의 효익이 큰 회사유형

활동기준원가계산은 몇 가지 단점에도 불구하고 많은 장점을 가지고 있기 때문에 최근에는 많은 기업들이 이를 도입하고 있는데 특히 다음 상황이 존재하는 회사는 활동기준원가계산을 적용하는 경우에 보다 큰 효익을 얻을 수 있다.

① 제품마다 생산량, 1회 작업량, 제조과정이 크게 다르다.
② 제품마다 작업준비, 검사 등 제조공정과 관련된 여러 가지 활동의 필요량이 매우 다르다.
③ 기존의 원가시스템이 확립된 후에 제조하는 제품의 종류가 크게 증가하고 있다.
④ 제조간접원가의 비중이 크고 지속적으로 증가하고 있다.
⑤ 최고경영자나 판매담당자가 가격결정이나 제품에 대한 여러 의사결정을 할 때 기존의 원가시스템에서 얻어진 원가정보를 신뢰하지 않는다.
⑥ 기존의 원가시스템이 확립된 후에 공장자동화나 생산라인 재설계 등 제조기술이 크게 변화했다.

03

제 5 절 활동기준원가계산의 활용

활동기준원가계산은 정확한 제품원가를 계산하기 위해 만들어진 원가계산방법이지만 최근에는 제품원가만이 아니라 판매관리비까지도 활동별로 집계하여 경영자의 다양한 의사결정에도 활용할 수 있도록 발전하고 있다. 이번 절에서는 활동기준원가계산을 발전시켜 활용하는 대표적인 유형인 고객수익성분석, 공급자원가계산에 대해 살펴보도록 하자.

1. 고객수익성분석

고객수익성분석이란 특정고객에게 얻어지는 수익에서 해당고객으로 인해 발생하는 비용을 차감해서 고객별로 이익을 파악하는 것을 말하며, 경영자는 고객수익성분석 자료를 바탕으로 고객별로 수익성을 확보할 수 있는 적절한 의사결정을 하는데 활용한다. 고객수익성을 정확하게 파악하기 위해서는 활동기준원가계산이 많이 활용되는데, 이때는 제조원가뿐만 아니라 고객별로 추적가능한 판매관리비까지도 포함해야 한다.

(1) 고객원가계층

고객수익성을 분석하기 위해서는 우선 고객별로 발생하는 수익과 원가를 정확하게 집계하여야 한다. 고객별로 발생하는 원가를 정확하게 집계하기 위해서는 활동기준원가 계산 자료를 사용해야 하며, 이 경우에는 제조원가뿐만 아니라 판매활동까지 활동기준원가계산을 적용하여 수익성을 파악하는데 이를 위해 판매활동원가를 원가계층별로 다음과 같이 구분한다.

① 고객판매단위수준원가(customer output-unit-level costs) : 고객에게 제품을 한 단위 판매할 때마다 수행되는 활동으로 인하여 발생하는 원가로 그 예로는 청량음료를 병단위로 판매하는 회사라면 판매된 병당 제품취급원가를 들 수 있다.

② 고객묶음수준원가(customer batch-level costs) : 고객에게 판매된 제품의 묶음 수와 관련하여 발생한 원가로 그 예로는 주문처리원가나 배달원가를 들 수 있다.

③ 고객유지원가(customer-sustaining costs) : 고객이 구입한 제품수나 묶음의 크기와 관계없이 개별 고객을 유지하기 위하여 발생하는 원가로 그 예로는 고객마다 정기적으로 발송하는 우편발송원가나 고객방문원가를 들 수 있다.

④ 유통경로원가(distribution-channel costs) : 판매제품 단위, 판매제품의 묶음, 특정고객과 관계없이 특정유통경로와 관련하여 발생하는 원가로 그 예로는 소매유통경로 관리자의 급여 등을 들 수 있다.

⑤ 기업유지원가(corporate-sustaining costs) : 특정고객이나 유통경로로는 추적할 수 없고 기업의 일반적인 판매활동과 관련해서 발생하는 원가로 그 예로는 최고경영자급여나 일반관리비를 들 수 있다.

이상의 원가계층 중에서 고객별로 추적 가능한 원가계층은 고객판매단위수준원가, 고객묶음수준원가, 고객유지원가이므로 고객수익성을 분석할 때는 이 활동들까지를 포함한다. 한편 판매관리활동을 활동별로 구분해서 파악하면 고객수익성 뿐만 아니라 유통경로의 수익성도 파악할 수 있다. 유통경로의 수익성을 파악할 때는 특정유통경로에 포함된 고객별 이익의 합계에서 해당 유통경로원가를 차감해서 계산한다.

(2) 고객수익성 계산

다음 예제를 토대로 활동기준 원가계산이 어떻게 적용되어 고객별 수익성과 유통경로별 수익성을 파악할 수 있는지 살펴보자.

예제 [3-5] 고객별 수익성과 유통경로별 수익성 분석

(주)원가통신판매는 인터넷 사이트로 주문을 받거나 상품안내 책자를 우편으로 발송하여 전화주문을 받아 제품을 판매하는 회사로 매출총이익률이 25%가 되도록 판매가격을 결정하고 있다. (주)원가통신판매는 최근에 마케팅비용, 물류비용, 관리비용이 급격히 증가하여 그 원인을 찾기 위해 많은 관심을 기울이고 있다. 그 원인규명을 위해 우선적으로 고객을 분석한 결과 고객유형을 다음과 같이 세 종류로 구분할 수 있었으며, 각 유형별로 1인당 평균자료는 다음과 같다.

	고객유형 A	고객유형 B	고객유형 C
총 매 출 액	₩100,000	₩100,000	₩250,000
반 품 수 량	0개	4개	2개
반 품 금 액	₩0	₩20,000	₩50,000
연 간 주 문 수	1건	6건	7건
연간전화주문수	1	0	4
전화주문당 소요시간	0.25시간	0시간	1시간
긴 급 배 송 수	1건	0건	0건
일 반 배 송 수	0	6	7

(주)원가통신판매는 고객별 수익성을 정확하게 판단하기 위해서 고객별로 추적가능한 판매관리비용의 활동별 원가동인을 분석하여 다음과 같은 결과를 얻었다.

활 동	원가동인당 배부율	
인 터 넷 주 문	주 문 당	@500
전 화 주 문	주 문 시 간 당	@8,000
반 품 처 리	반 품 수 량 당	@500
긴 급 배 송	긴급배송횟수당	@400
고 객 유 지	1 인 당 연 간	@5,000

고객유지활동은 고객에게 통신판매 안내책자를 발송하고 고객의 요구와 불만을 처리하는 활동이다.

요구사항

1. 활동기준원가계산에 따라서 고객유형별 수익성을 파악하시오.
2. 나무통신판매는 지역별로 판매대리점을 운영하고 있다. 서울과 부산의 판매대리점에서 추가적으로 발생한 원가와 각 대리점별 고객수가 다음과 같다면 대리점별 수익성을 파악하시오.

	서울대리점		부산대리점	
고 객 분 포	A유형 고객	100명	A유형 고객	70명
	B유형 고객	50	B유형 고객	40
	C유형 고객	75	C유형 고객	115
		225명		225명
대리점운영비용	₩2,800,000		₩2,800,000	

해답

1. 고객유형별 수익성

(1) 활동별 원가동인의 수

	고객유형 A	고객유형 B	고객유형 C
인터넷주문	1건−1건=0건	6건−0건=6건	7건−4건=3건
전화주문	1건×0.25=0.25시간	0시간	4건×1시간=4시간
반품처리	0개	4개	2개
긴급배송	1건	0건	0건
고객유지	1명	1명	1명

(2) 활동기준원가계산에 의한 고객의 수익성

	고객유형 A	고객유형 B	고객유형 C
총매출액	₩100,000	₩100,000	₩250,000
반품금액	0	(20,000)	(50,000)
순매출액	₩100,000	₩80,000	₩200,000
매출원가	(75,000)	(60,000)	(150,000)
매출총이익	₩25,000	₩20,000	₩50,000
판매관리비			
인터넷주문*	0	3,000	1,500
전화주문*	2,000	0	32,000
반품처리*	0	2,000	1,000
긴급배송*	400	0	0
고객유지*	5,000	5,000	5,000
	(7,400)	(10,000)	(39,500)
고객별 이익	₩17,600	₩10,000	₩10,500
매출액이익률	17.6%	10%	4.2%

* 원가동인×동인당 배부율

2. 유통경로별 수익성

	서울 대리점		부산 대리점	
A 유형 고객	100명×₩17,600=	₩1,760,000	70명×₩17,600=	₩1,232,000
B 유형 고객	50명×₩10,000=	500,000	40명×₩10,000=	400,000
C 유형 고객	75명×₩10,500=	787,500	115명×₩10,500=	1,207,500
고객별 영업이익합계		₩3,047,500		₩2,839,500
대리점운영비용		(2,800,000)		(2,800,000)
대리점별 영업이익		₩247,500		₩39,500

예제에서 가장 수익성이 좋은 고객유형은 유형A이다. 이 유형의 고객은 주문건수와 전화주문당 소요시간이 적고, 추가비용이 발생하는 긴급배송도 적기 때문에 매출원가 이외에 서비스와 관련된 판매관리비를 적게 발생시키는 고객유형으로서 수익성이 가장 높다. 반면에 고객유형C는 매출총이익은 가장 크지만 판매관리비를 많이 발생시키므로 수익성은 낮다.

한편, 유통경로별로 수익성을 분석한 결과, 동일한 고객수와 대리점 운영비용이 발생하더라도 수익성이 좋은 고객유형을 많이 확보한 서울 대리점이 부산 대리점에 비하여 수익성이 높은 유통경로임을 알 수 있다. 이러한 분석을 통해 각 유통경로는 수익성을 높이기 위해서 어느 고객에게 역량을 집중할 것인지를 파악할 수 있고, 기업전체 입장에서는 어떤 유통경로를 강화시킬 것인지 판단할 수 있다.

03

2. 공급자 원가계산

활동기준원가계산은 원재료의 공급업체를 선택할 때도 활용된다. 기업이 어느 공급자로부터 원재료를 공급받는가에 따라 기업 내부의 여러 활동이 영향을 받는다. 따라서 공급자 원가를 파악할 때도 단순히 공급자의 납품가격 만이 아니라 품질이나 신뢰도, 지연납기 등으로 기업활동이 영향을 받는 것을 고려하여 구매와 관련되는 모든 활동원가를 포함해서 파악하는 것이 바람직하다.

예제 [3-6] 공급자원가계산

(주)원가는 경주용 모형자동차를 생산하는 회사이다. (주)원가는 모형자동차 생산에 필요한 모터를 A회사와 B회사 두 곳에서 구매를 할 수 있다. A회사의 모터는 품질이 우수하여 단위당 ₩1,000으로 다소 비싸며, B회사의 모터는 단위당 ₩900이다. 현재 회사는 자동차 생산에 필요한 40,000단위의 모터 중 8,000단위만 품질이 우수한 A회사에서 구매하고, 나머지 32,000단위는 가격이 싼 B회사에서 구매한다. (주)원가는 공급업체를 선택함에 있어서 구매와 관련된 모든 원가를 파악하기 위해서 모터의 품질이나 납기 때문에 영향을 받는 활동을 파악한 결과 다음과 같은 활동이 조사되었다.

활동유형	활동의 내용	활동원가
모터대체활동	불량모터를 대체하는 활동	₩1,600,000
긴급주문처리	지연납품된 모터로 인한 활동	2,000,000
보증수리활동	모터로 인한 불량제품 보증수리활동	3,600,000
		₩7,200,000

요구사항

A회사와 B회사에서 납품받은 모터로 발생한 구매 관련활동의 원가동인이 다음과 같이 파악되었다. 물음에 답하시오.

활동유형	원가동인	A회사 모터	B회사 모터
모터대체활동	수리한 수량	20단위	1,980단위
긴급주문처리	처리횟수	2회	198회
보증수리활동	수리횟수	60회	2,440회

1. 구매관련활동의 원가동인당 배부율을 계산하시오.
2. 구매원가와 공급업체 관련활동의 원가를 포함하여 A회사와 B회사의 단위당 공급업체원가를 계산하시오(단, 단위당 원가는 소수점 셋째 점에서 반올림하시오).

해답

1. 모터공급 관련활동 원가동인당 배부율

활동중심점	집계된 원가		원가동인의 수		원가동인당 배부율
모 터 대 체 활 동	₩1,600,000	÷	2,000단위	=	@800
긴급주문처리활동	2,000,000	÷	200회	=	@10,000
품 질 보 증 활 동	3,600,000	÷	2,500회	=	@1,440

2. 공급업체 원가

	A회사		B회사	
구 매 원 가	8,000단위×@1,000=	₩8,000,000	32,000단위×@900=	₩28,800,000
모 터 대 체 원 가	20단위×@800=	16,000	1,980단위×@800=	1,584,000
긴급주문처리원가	2회×@10,000=	20,000	198회×@10,000=	1,980,000
품 질 보 증 원 가	60회×@1,440=	86,400	2,440회×@1,440=	3,513,600
합 계		₩8,122,400		₩35,877,600
구 매 수 량		÷8,000단위		÷32,000단위
단 위 당 원 가		₩1,015.3		₩1,121.18

예제에서 단위당 납품가격만으로 판단하면 B회사가 A회사보다 낮은 원가의 공급업체이지만 모터공급 관련 활동원가를 모두 고려하면 A회사가 더 낮은 원가의 공급업체 이므로 A회사로부터 모터를 납품받는 것이 기업전체의 원가를 최소화할 수 있다.

제 6 절 원가배분의 이론적인 고찰

제2장에서 살펴 본 보조부문의 제조간접원가 배부와 본 장에서 살펴 본 활동기준원가 계산은 정확한 제품원가 계산을 위해서 제조간접원가를 어떻게 제품에 배부할 것인지가 논의의 핵심이다. 따라서 본 절에서는 이러한 원가배분과 관련된 이론적인 내용들에 대해서 보다 구체적으로 살펴보기로 한다.

03

1. 원가배분의 의의

'원가배분(cost allocation)[1]'이란 공통적으로 발생한 원가를 원가집합에 집계하여 합리적인 원가배부기준으로 원가대상에 배부하는 과정을 말하며 여기서 원가대상, 원가집합, 원가배분기준의 의미는 다음과 같다.

① **원가대상**(cost object) : 원가정보의 이용목적에 따라 독립적으로 원가를 집계하고 측정할 필요가 있는 목적물을 말한다. 예를 들어, 외부보고 목적이라면 제품이, 고객별 수익성분석이라면 고객이, 프로젝트의 수익성분석이라면 프로젝트가 원가대상이 된다.

② **원가집합**(cost pool 또는 cost center) : 원가대상에 직접적으로 추적할 수 없는 원가를 집계하는 단위를 말한다. 예를 들어 공장전체제조간접원가, 부문별 제조간접원가, 활동별 원가가 원가집합이다.

③ **원가배분기준**(cost allocation base) : 원가집합에 집계된 간접원가와 원가대상 사이의 관계를 체계적으로 연결시켜 주는 요소를 말한다. 원가배분기준으로는 주로 원가동인(cost driver)을 사용하는데 원가동인은 원가대상에 의해 총원가의 변화를 유발하는 요인을 의미한다.

원가대상에 원가를 집계하는 과정을 자세히 살펴보자. 우선 직접원가(직접재료원가, 직접노무원가, 직접경비)는 원가대상에 추적가능하므로 직접 집계하고, 간접원가는 원가집합에 상호 유사성이 있는 원가를 집계한 후에 합리적인 배부기준으로 원가대상에 배분하여 원가를 집계한다.

---

1) 원가배분(cost allocation)과 원가배부(cost application)는 정확하게 정의한다면 구분되는 개념이다. 즉, 원가배분(cost allocation)은 원가집합에 집계된 원가를 원가대상에 배분하는 과정을 의미하며, 원가배부(cost application)는 원가집합이나 원가대상에 집계된 원가를 최종적으로 제품에 배부하는 것을 의미한다. 즉, 제품을 원가대상으로 하는 원가배분을 원가배부라고 한다. 그러나 일반적으로 원가배분과 원가배부를 혼용하여 사용하고 있다.

원가집합과 원가대상과의 관계

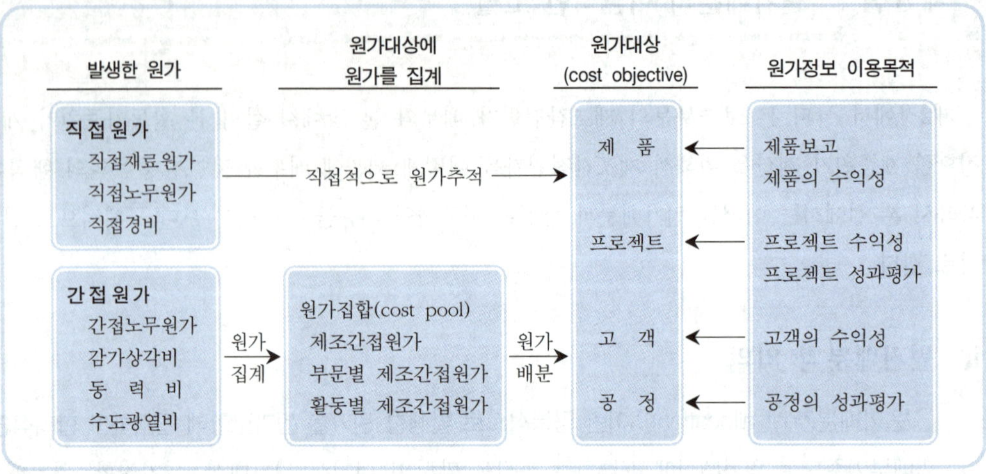

한편, 활동은 제품이나 고객이 원가대상인 경우에는 원가집합의 역할을 하지만 활동별 성과를 평가하는 경우에는 활동자체가 원가대상이 될 수도 있다.

2. 원가배분의 목적

원가배분은 정보이용자에게 유용한 정보를 만드는 과정이므로 정보이용자가 어떤 목적에 원가정보를 이용하는가에 따라서 원가배분도 달라지게 된다. 정보이용자가 원가정보를 이용하는 목적은 크게 다음과 같은 네 가지로 구분할 수 있다.

① **외부보고 목적** : 외부보고를 위해 재고자산을 평가하고 매출원가를 계산하는 목적이다. 이 목적은 원가회계의 가장 기본적인 목적으로 외부보고용 재무제표를 작성하기 위한 재고자산과 매출원가를 계산하기 위해서 원가를 배분하게 된다. 이 목적을 위한 원가대상은 제품이나 서비스가 되며 일반적으로 인정된 회계원칙에 따라 원가배분이 이루어져야 한다.

② **경영자의 의사결정목적** : 경영자의 의사결정에 유용한 정보를 제공하는 목적이다. 경영자는 제품의 판매가격결정이나 신제품개발결정, 설비투자결정 등 다양한 경제적 의사결정을 하게 되는데 이를 위해서도 원가배분을 한다. 이 경우에 경영자의 의사결정 내용에 따라 제조와 직접 관련된 원가 이외에도 연구개발비나 판매관리비까지도 통합적으로 고려해서 의사결정에 관련되는 원가를 배분해야 한다.

③ **성과평가 목적** : 부문책임자나 종업원의 성과평가를 위한 목적이다. 이 목적의 원가대상은 성과평가대상에 따라서 부문이나 사업부, 활동 등이 될 수 있으며 성과평가가 동기부여를 할 수 있도록 하기 위해 원가발생의 통제가능성에 주의를 두고 원가배분을 해야 한다.

④ **계약금액결정 목적** : 정부나 계약당사자간의 계약금액을 결정하기 위한 목적이다. 최저입찰 가격을 결정하거나 원가보상계약(cost-plus contracts)을 체결하는 경우에 원가대상은 계약 대상자산이나 서비스가 되고 계약상의 내용에 따라 원가를 보상받고 이익이 보장되는 가격을 결정하기 위해서 원가배분을 하게 된다.

3. 원가배분의 기준

03

원가정보 이용자의 다양한 목적에 유용한 정보를 제공하기 위해서는 발생한 원가와 원가집합(cost pool)에 집계된 공통원가를 원가대상(cost objective)에 배분하여야 하는데 이때 사용하는 기준에는 다음의 지침을 사용한다.

① **인과관계기준(cause and effect criterion)** : 공통원가의 발생과 원가대상 사이에 명확한 인과관계가 존재하는 경우에 그 인과관계를 배분기준으로 하여 원가집합의 원가를 원가대상에 배분하는 방법으로 가장 이상적이다. 예를 들어, 작업준비활동원가를 작업준비시간기준으로 배분하는 것이 이에 해당한다. 인과관계에 의한 원가배분이 실현가능한 경우에는 반드시 인과관계 기준으로 원가를 배분해야 한다.

② **수혜기준(benefits-received criterion)** : 공통원가로 원가대상에 제공된 경제적 효익을 측정할 수 있는 경우에 그 효익의 비율에 따라 원가집합의 원가를 배분하는 기준이다. 예를 들어, 대기업에서 기업이미지 광고에 지출된 비용을 생각해 볼 수 있다. 이 비용은 일반적으로 각 계열사의 매출액을 기준으로 배분된다. 그 이유는 매출액이 큰 계열사가 보다 많은 광고혜택을 얻을 것이므로 보다 많은 원가를 배분받아야 할 것이기 때문이다.

③ **부담능력기준(ability-to-bear criterion)** : 공통원가와 원가대상 사이에 인과관계를 알 수 없는 경우에 원가대상이 부담할 수 있는 능력의 비율에 따라 원가집합의 원가를 배분하는 기준이다. 예를 들어, 대기업의 최고경영자에게 지급하는 급여를 각 사업부의 영업이익에 근거해서 배분하는 것이 이에 해당한다. 이와 같이 배분하는 경우에 영업이익이 큰 사업부가 보다 많은 원가를 부담할 수 있는 능력이 있다는 가정이 전제되는 것이다.

④ **증분원가기준(incremental cost criterion)** : 기존에 원가가 발생하고 있던 공통원가에 추가적인 원가대상이 공통원가를 추가발생시킨 경우에 증가된 공통원가만을 추가적인 원가대상에 배분하는 기준이다.

⑤ **공정성과 공평성기준(fairness and equity criterion)** : 공통원가를 배분할 때 공정하고 공평하게 해야 한다는 기준이다. 이 기준은 원가배분을 실행하기 위한 기준이라기 보다는 그 자체가 원가배분을 통해서 달성하고자 하는 목표에 해당한다.

이와 같이 원가배분 기준은 다양한데 원가배분의 목적이 경제적 의사결정이나 동기부여에 있는 경우에는 인과관계기준과 수혜기준이 보다 바람직한 배분기준이다. 활동기준원가계산은 특히 인과관계기준을 가장 많이 사용하고 있는데, 각 활동과 원가집합에 집계된 원가 사이의 인과관계를 가장 잘 반영하는 원가동인을 식별하여 이를 배분기준으로 하고 있기 때문이다.

03 연습문제

객관식 문제

01 활동기준원가계산의 이해

다음 중 활동기준원가계산제도에 대한 설명 중에서 타당하지 않은 것은?

① 산업이 고도화 되면서 직접노동의 투입량이 감소된 반면에 제조간접원가의 비중이 증가되었다.
② 제품의 다양성이 증가되면서 개별제품이나 작업에 직접 추적이 어려운 원가의 비중이 증가되었다.
③ 원가정보의 수집 및 처리기술이 발전하여 원가측정비용이 크게 감소되었다.
④ 구매주문활동, 재료처리활동, 선적활동은 제품수준활동이며 제품조립활동, 기계작업활동, 도장활동 등은 묶음수준활동이다.
⑤ 공장관리활동, 냉난방활동, 조명활동 등은 공장설비수준활동으로 개별제품과 관련성이 없는 활동들은 개별제품의 수익성을 파악할 때는 포함하지 않는 경우가 일반적이다.

02 활동기준원가계산의 적용범위

활동기준원가계산(ABC)과 관련된 다음 설명 중에서 적절하지 못한 것은?

① 활동기준원가계산은 원가 중에서 제조간접원가의 비중이 높은 기업에 적용할 경우 도움이 된다.
② 활동기준원가계산은 활동을 원가대상의 중심으로 삼아 활동의 원가를 계산하고 이를 토대로 하여 다른 원가를 계산하는 것을 중점적으로 다루는 원가계산시스템이다.
③ 다품종 소량생산의 제조업체가 이를 적용할 경우 도움이 된다.
④ 자원동인은 활동에 의해 소비되는 자원의 양을 측정한 것으로 활동원가를 제품에 배부하는 기준이다.
⑤ 활동기준원가계산은 연구개발(R&D)에서 고객서비스에 이르기까지 경영기능 전반에 걸친 원가계획 및 통제에 유용한 정보를 제공해 줄 수 있다.

03 활동기준원가계산의 개념 (2010. KICPA)

다음 중 활동기준원가계산제도가 생겨나게 된 배경으로 타당하지 않은 것은?

① 수익성 높은 제품의 선별을 통한 기업역량 집중의 필요성
② 산업구조의 고도화 및 직접노동 투입량의 증가
③ 제품 및 생산공정의 다양화
④ 원가정보의 수집 및 처리기술의 발달
⑤ 개별제품이나 작업에 직접 추적이 어려운 원가의 증가

04 활동의 유형별 특징 (2015. 세무사)

활동기준원가계산에 관한 설명으로 옳지 않은 것은?

① 활동기준원가계산은 생산환경의 변화에 따라 증가되는 제조간접원가를 좀 더 정확하게 제품에 배부하고 효과적으로 관리하기 위한 새로운 원가계산방법이라 할수 있다.

② 활동기준원가계산에서는 일반적으로 활동의 유형을 단위수준활동, 묶음수준활동(배치수준활동), 제품유지활동, 설비유지활동의 4가지로 구분한다.

③ 제품유지활동은 주로 제조공정이나 생산설비 등을 유지하고 관리하기 위하여 수행되는 활동으로서 공장시설관리, 환경관리, 안전유지관리, 제품별 생산설비관리 등의 활동이 여기에 속한다.

④ 묶음수준활동은 원재료구매, 작업준비 등과 같이 묶음단위로 수행되는 활동을 의미하는데 품질검사의 경우 표본검사는 묶음수준활동으로 분류될 수 있지만, 전수조사에 의한 품질검사는 단위수준활동으로 분류된다.

⑤ 단위수준활동은 한 단위의 제품을 생산하는데 수반되어 이루어지는 활동으로서 주로 생산량에 비례적으로 발생하며, 주로 직접노무시간, 기계작업시간 등을 원가동인으로 한다.

05 자원원가의 배부와 활동원가의 배부 (2015. KICPA)

상품매매기업인 (주)한국유통이 활동기준원가계산을 적용하여 간접원가(overheads)를 고객별로 배부하기 위해, 20×1년 초에 수집한 연간 예산자료는 다음과 같다.

(1) 연간 간접원가

간접원가항목	금 액
급 여	₩1,200,000
판 매 비	₩800,000
계	₩2,000,000

(2) 활동별 간접원가 배부비율

간접원가항목	활 동		계
	고객주문처리	고객관계관리	
급 여	20%	80%	100%
판 매 비	40%	60%	100%

(3) 활동별 원가동인과 연간 활동량

활 동	원가동인	활동량
고객주문처리	고객주문횟수	500회
고객관계관리	고객수	50명

(주)한국유통은 20×1년 중 주요 고객인 (주)대한이 20회의 주문을 할 것으로 예상하고 있다. (주)대한의 주문 1회당 예상되는 평균매출액은 ₩20,000이며, 매출원가는 매출액의 75%이다. 활동기준원가계산을 적용하여 간접원가를 고객별로 배부하는 경우, (주)한국유통이 20×1년 중 (주)대한으로부터 얻을 것으로 예상할 수 있는 이익은 얼마인가? 단, 매출원가를 제외한 어떠한 직접원가도 발생하지 않는다.

① ₩46,300 ② ₩48,800 ③ ₩50,400
④ ₩52,600 ⑤ ₩54,500

03

06 활동기준원가계산의 개념 (2009. 세무사)

활동기준원가계산 시스템에 대한 설명 중 옳은 것을 모두 묶은 것은?

ㄱ. 제품과 고객이 매우 다양하고 생산공정이 복잡한 경우, 일반적으로 활동기준원가계산이 전통적 원가계산보다 정확한 제품원가 정보를 제공한다.
ㄴ. (ㄱ)설명의 주된 이유는 활동기준원가계산은 원가 발생행태보다 원가를 소모하는 활동에 초점을 맞추어 원가를 집계하여 배부하기 때문이다.
ㄷ. 생산과정에서 거액의 간접원가가 발생하는 경우 활동기준원가계산이 전통적 원가계산보다 원가관리에 효과적이다.

① ㄱ ② ㄱ, ㄴ ③ ㄱ, ㄷ
④ ㄴ, ㄷ ⑤ ㄱ, ㄴ, ㄷ

07 ABC의 계산절차 (2001. 세무사)

아래에서 올바른 활동기준원가계산(ABC)의 절차를 나타낸 것은?

A. 활동중심점의 설정 B. 원가동인의 선택
C. 활동분석 D. 제조간접원가의 배부
E. 활동별 제조간접원가배부율의 계산

① C→A→E→B→D ② C→A→D→B→E
③ C→A→B→E→D ④ C→B→A→D→E
⑤ C→B→A→E→D

08 활동원가계산과 개별원가계산의 비교 (2009. KICPA)

(주)호남은 두 종류의 제품(X와 Z)을 생산하고 있다. 이 회사의 원가담당자는 간접원가 중 엔지니어링변경원가에 관심을 가지고 있다. 1회 엔지니어링 변경에 소요되는 원가는 ₩900이다. 제품별 생산량, 엔지니어링 변경횟수, 기계시간은 다음과 같다.

	X제품	Z제품
생 산 량	1,000단위	1,000단위
엔지니어링 변경횟수	14회	6회
생산량 단위당 기계시간	1시간	2시간

엔지니어링변경원가를 엔지니어링 변경횟수가 아닌 기계시간을 기준으로 배부한다면, X제품에 과대배부 혹은 과소배부 되는 금액은 얼마인가?

① ₩15,000 과소배부 ② ₩14,400 과대배부 ③ ₩12,200 과소배부
④ ₩7,200 과대배부 ⑤ ₩6,600 과소배부

09 활동원가동인의 계산

(주)원가는 개별제품의 수익성분석을 위해 다음과 같은 원가배분자료를 검토하고 있다.

	제품 A	제품 B
생산량	500개	500개
제품별 재료처리횟수	10회	30회
재료처리횟수당 필요시간	2시간	1시간
단위당 직접노무비	₩2,000	₩2,000

예산상의 재료처리비는 ₩500,000이다. 활동원가계산 기준에 의하여 재료처리비를 배부하고 원가동인으로 재료처리시간을 결정한 경우에 제품 B의 한 단위에 배분되는 재료처리비는 얼마인가?

① ₩500 ② ₩600 ③ ₩750
④ ₩1,000 ⑤ ₩1,500

10 활동기준원가계산에 의한 작업원가계산 (2002. 세무사)

(주)원가는 각 작업에 대한 원가계산을 위하여 다음의 자료를 수집하였다. 작업 A의 기초원가는 ₩300,000이고, 각 활동의 원가동인이 다음과 같다면 작업 A의 총원가는 얼마인가?

활 동	원 가	원가동인	최대활동량
생 산 준 비	₩20,000	생산준비시간	1,000시간
재 료 처 리	30,000	재료처리횟수	2,000회
기 계 사 용	500,000	기계작업시간	20,000시간
품 질 관 리	100,000	품질관리횟수	12,500회
수 선 유 지	40,000	기계작업시간	20,000시간

작 업	기초원가	생산수량	생산준비	재료처리	기계작업	품질관리
A	₩300,000	12,000개	30시간	56회	4,000시간	70회

① ₩610,000　② ₩110,000　③ ₩482,000
④ ₩420,000　⑤ ₩410,000

11 용역수수료 결정

(주)원가컨설팅은 3월에 진행된 (주)다움의 경영자문건에 대한 자문료를 청구하고자 한다. 경영자문건별로 컨설턴트의 투입시간을 측정하여 직접노무원가를 추적하고, 그 밖에 일반 사무직과 비서의 인건비, 사무실 임차료, 기타 비용을 모두 간접원가로 처리하여 컨설턴트 투입시간을 기준으로 예정배부하고 있다. 연간 간접원가는 ₩12,000,000으로 예상되고 컨설턴트의 연간 예상투입시간은 2,000시간이다. (주)원가컨설팅은 정상개별원가의 150%를 자문료로 청구할 때 (주)다움에 대한 청구액은 얼마인가?

	(주)다움건 투입시간	시간당 임률
책임컨설턴트	20시간	₩30,000
담당컨설턴트	100시간	10,000

① ₩3,480,000　② ₩2,700,000　③ ₩2,320,000
④ ₩3,600,000　⑤ ₩1,080,000

12 활동기준원가계산에 의한 제품원가계산

(주)원가는 복사기와 팩스를 생산하는 업체이다. 회사의 경영자는 활동기준원가계산 시스템을 적용하여 회사의 원가를 계산하고자 한다. 회사는 당월에 복사기 100대와 팩스 200대를 생산하였다. 활동원가계산 관련 자료는 다음과 같다.

활 동	원가동인	활동원가	제품별 원가동인수		
			복사기	팩 스	합 계
조립활동	부품수	₩45,000	200개	100개	300개
기계활동	기계시간	60,000	60시간	40시간	100시간
작업준비활동	작업준비횟수	12,000	8회	4회	12회
제품설계활동	제품설계횟수	30,000	4회	2회	6회
합 계		₩147,000			

복사기와 팩스의 단위당 직접재료비는 각각 ₩400과 ₩450이다. 직접재료원가를 제외한 다른 원가는 가공원가로 분류하여 활동별로 집계하였다. 복사기와 팩스의 단위당 제조원가는 각각 얼마인가?

	복 사 기	팩 스
①	₩1,440	₩665
②	1,340	715
③	1,310	730
④	1,260	755
⑤	1,130	820

13 원가왜곡의 사례

회사의 기존원가계산시스템이 적절히 기능하지 않고 있음을 보여주고 있는 징후와 가장 거리가 먼 것은?

① 경쟁업체의 가격이 비현실적으로 낮아 보인다.
② 제품별 이익률의 차이에 대한 설명이 쉽지 않다.
③ 고객들이 특정제품에 대한 가격이 인상되어도 크게 불만스러워하지 않는다.
④ 생산량이 많은 제품에 비해서 생산이 까다로우며 생산량이 적은 제품이 낮은 이익을 발생시키는 것으로 파악된다.
⑤ 생산담당자는 생산묶음크기(batch size)가 작은 특정제품의 원가가 낮은 이유를 납득하지 못한다.

※ 다음은 14~15번에 관련된 자료이다.

(주)원가 콘트롤러가 수립한 활동별 원가집계와 원가동인들은 다음과 같다.

활　동	제조간접원가예산	원가동인	예정원가동인수	활동별 배부율
기계준비작업활동	₩200,000	준비횟수	100회	₩2,000/준비횟수
재료처리활동	100,000	원재료무게	50,000파운드	2/파운드
위험폐기물통제활동	50,000	위험폐기물무게	10,000파운드	5/파운드
품질관리활동	75,000	검사횟수	1,000회	75/검사횟수
기타제조활동	200,000	기계시간	20,000시간	10/기계시간
합　계	₩625,000			

필름 1,000상자 주문에 대하여 다음과 같은 활동으로 생산하였다.

기계준비횟수	4회
원재료	10,000파운드
위험폐기물	2,000파운드
검사횟수	10회
기계시간	500시간
직접재료원가	₩120,000
직접노무원가	40,000

회사는 제조원가에 40%의 이익을 가산하여 주문에 대한 가격을 결정한다.

14 활동기준제조간접원가 배부

활동별 제조간접원가 배부율을 적용하여 필름 1상자당 제조간접원가는 얼마인가?

① ₩43.75　② ₩31.25　③ ₩20.375
④ ₩15.625　⑤ ₩15.25

15 조업도기준원가계산의 원가왜곡

기계시간에 근거한 단일의 제조간접원가 예정배부율을 사용하여 원가계산 한다면 활동기준원가계산에 의할 때보다 필름 1,000상자의 판매가격은 얼마나 달라지는가?

① ₩39,375 증가　② ₩28,125 증가　③ ₩28,125 감소
④ ₩39,375 감소　⑤ ₩61,250 감소

16 ABC—개별원가계산과 비교

(주)원가는 고급형과 표준형 두 가지 건축자재를 생산하고 있으며 2004년 회사는 ₩2,400,000의 제조간접원가와 고급형 500단위, 표준형 4,000단위의 생산을 예측하고 있다. 고급형은 단위당 1.6직접노동시간, 표준형은 단위당 0.8직접노동시간을 필요로 한다. 단위당 재료원가와 노무원가는 다음과 같다.

	고급형	표준형
직접재료원가	₩9,000	₩6,720
직접노무원가	960	480

회사의 제조간접원가를 활동중심점별로 추적한 예측자료는 다음과 같다.

활동중심점	활동측정치	활동원가	활동수준		
			계	고급형	표준형
자 재 주 문	주 문 횟 수	₩100,800	1,200	400	800
재작업지시	작업지시횟수	259,200	900	300	600
제 품 검 사	검 사 횟 수	540,000	15,000	4,000	11,000
기 계 수 리	기계가동시간	1,500,000	50,000	20,000	30,000
제조간접원가 합계		₩2,400,000			

제조간접원가를 직접노무시간을 기준으로 배부하였을 경우와 활동기준으로 배부하였을 경우에 고급형의 단위당 제조원가는 각각 얼마인가?

	직접노무원가기준	활동기준
①	₩10,000	₩11,200
②	10,920	10,344
③	10,920	11,688
④	10,344	12,725
⑤	10,920	12,725

17 다음 중 활동기준원가계산제도에 대한 설명 중에서 타당하지 않은 것은?

① 활동기준원가계산은 활동별로 원가를 관리함으로써 상대적으로 많은 자원을 소비하는 활동을 줄여나가거나 불필요한 활동(비부가가치활동)을 제거함으로써 효율적인 원가통제가 가능하다.

② 활동기준원가계산에서도 설비수준원가에 대해서는 자의적인 배분을 피할 수 없다.

③ 활동기준원가계산은 업무실적과 성과평가의 인과관계가 명확해지고 담당자가 평가결과를 쉽게 받아들일 수 있게 된다.

④ 활동기준원가계산은 도입초기에 활동을 분석하고 활동중심점별로 원가동인을 결정하고 측정하는 방법을 개발하는 과정에서 많은 비용이 지출된다.

⑤ 활동기준원가계산에서는 활동중심점의 수를 증가시키면 원가계산의 정확성을 높일 수 있으며 최대한 정확성을 높일 수 있도록 활동중심점의 수를 증가시켜야 한다.

03

18 활동기준원가계산의 효익 (2002. KICPA)

활동기준원가계산(Activity Based Costing)시스템은 조업도기준원가계산(Volume Based Costing)시스템에 비하여 보다 정확한 제품원가를 제공할 수 있다. 다음 중에서 활동기준원가계산시스템을 도입함에 따라서 그 효과를 크게 볼 수 있는 기업의 일반적 특성에 해당되지 않는 것은?

① 생산과정에 거액의 간접원가가 발생하는 경우

② 제품, 고객 및 생산공정이 매우 복잡하고 다양한 경우

③ 회사가 치열한 가격경쟁에 직면한 경우

④ 제품의 제조와 마케팅 원가에 대해서 생산작업자와 회계담당자 사이에 심각한 견해차이가 있는 경우

⑤ 생산과 판매에 자신 있는 제품의 이익은 높고 생산과 판매에 자신 없는 제품의 이익이 낮은 경우

19 활동기준원가계산에 의한 제품수익성분석

대양기계는 사출기를 생산하여 판매하는 회사로 활동기준에 따라서 원가계산을 하고 있다. 이 회사의 각 활동과 활동별 원가배부율이 다음과 같다.

활 동	원가동인	예정원가배부율	
재료처리	부품	부품당	₩80
기계작업	기계시간	기계시간당	120
조립작업	조립라인시간	조립라인시간당	75
검사	검사시간	검사시간당	110

대양기계가 50대의 사출기를 단위당 ₩19,500에 주문받았다. 사출기 한대에는 ₩10,000의 직접재료비가 소요되고 40개의 부품이 필요하며 12시간의 기계시간, 15시간의 조립라인시간, 4시간의 검사시간이 필요하다면 이 주문으로 얻을 수 있는 이익은 얼마인가?

① ₩164,750　② ₩185,640　③ ₩187,320
④ ₩223,000　⑤ ₩246,000

20 활동기준원가계산에 의한 고객수익성분석 (2001. KICPA 수정)

우편 및 전화주문 판매를 하는 (주)통판은 활동기준원가시스템을 통해 주요 고객의 수익성을 파악하고자 한다. 주요 고객의 연간 자료는 다음과 같다.

	갑	을	병
총매출	₩8,000	₩10,000	₩20,000
반품－수량	4개	0개	2개
반품－액수(판매가)	₩2,000	₩0	₩5,000
연간 총전화주문건수	0건	4건	8건
연간 총우편주문건수	4건	0건	2건
전화주문당 평균처리시간	0시간	0.25시간	0.20시간

배송비용은 고객이 부담하며, 반품에 따른 배송비를 고객이 부담하면 반품은 항상 허용된다. 매출원가는 판매가의 60%이다. 활동 및 활동원가의 동인율(activity cost driver rate)이 다음과 같을 경우, ABC를 통해 계산한 고객 병으로부터의 연간 이익은?

활 동	활동원가 동인율
우편주문처리	₩50/주문접수
전화주문처리	800/주문처리 시간
반 품 처 리	100/반품수량
고 객 유 지	500/고객

① ₩3,920 ② ₩5,040 ③ ₩6,000
④ ₩4,420 ⑤ ₩8,000

21 고객별수익성 분석 (2010. KICPA)

(주)한야의 영업팀은 활동원가에 근거하여 고객의 수익성을 평가한다. 당기에 주문처리와 고객관리를 위해 수행한 활동 및 원가 자료는 다음과 같다. 긴급주문 처리를 위해서는 통상적인 주문처리 원가에 추가하여 1회당 ₩100의 원가가 발생한다.

활동 및 원가항목	원가
주문처리	₩70/1회 주문
긴급주문 처리를 위한 추가원가	100/1회 긴급주문
고객상담	450/1회 상담
고객관계관리	80,000/고객 1인

상기 원가 이외에 매출원가는 매출액의 70%에 해당한다. 당기 중에 (주)한야의 주요 고객인 A와 관련하여 매출액 ₩500,000, 주문처리 횟수 300회(이 중 70%는 긴급주문임), 고객상담 횟수 140회가 발생하였다. 고객관계관리는 모든 고객에게 공통으로 적용된다. 회사가 고객 A로부터 얻은 이익(혹은 손실)은 얼마인가?

① ₩5,000 이익 ② ₩76,000 이익 ③ ₩64,000 손실
④ ₩35,000 손실 ⑤ ₩85,000 손실

03

22 활동기준원가계산에 의한 제품군별 수익성 분석

왕창싸마트는 할인매장을 운영하고 있는데 과일, 과자, 냉동식품의 세 가지 제품군에 대해서 활동기준으로 개별제품군의 수익성을 파악해 보고자 한다. 이 회사의 각 활동과 활동별 원가배부율이 다음과 같이 조사되었다.

활동	활동별 원가배부율	
주문	구매주문횟수당	₩10,000
상품배달과 접수	배달횟수당	8,000
선반진열	진열시간당	2,000
고객지원보조	판매수량당	20

냉동식품군의 수익과 원가관련자료가 다음과 같은 경우에 냉동식품군에서 얻어지는 영업이익은 얼마인가?

냉동식품매출액	₩2,360,000
매출원가	480,000
배달횟수	90회
진열시간	183시간
주문횟수	30회
판매수량	15,500개
판매고객	865명

① ₩176,000 ② ₩184,000 ③ ₩197,000
④ ₩203,000 ⑤ ₩246,000

23 원가배분의 개념 (2001. 세무사)

원가배부와 관련된 다음의 설명 중에서 올바른 것은?

① 원가배부기준은 인과관계기준에 의해서만 설정해야 한다.

② 제조간접원가가 전체제조원가에서 차지하는 비중이 증가할수록 단순한 원가배분기준을 설정해야 보다 정확한 원가계산을 할 수 있다.

③ 활동기준원가계산제도에서는 제품의 생산수량과 직접 관련이 없는 비단위수준원가동인(ununit-based cost drivers)을 사용하지 않는다.

④ 제조간접원가의 배부가 정확하게 이루어질 수 없기 때문에 원가배부는 어떠한 경우에도 경제적 의사결정을 위한 정보를 제공하지 않는다.

⑤ 활동기준원가계산제도에서 원가배부기준으로 선택된 원가동인이 원가발생의 인과관계를 잘 반영하지 못하는 경우 제품원가계산이 왜곡될 가능성이 있다.

해 답 *Answer*

01 ④

제품조립활동, 기계작업활동, 도장활동 등은 제품단위수준활동이며 구매주문활동, 재료처리활동, 선적활동은 묶음수준활동이다.

02 ④

활동기준원가계산은 자원동인은 활동에 의해 소비되는 자원의 양을 측정하는 것으로 자원원가를 활동에 배분하는 기준이 되며 활동원가동인이 활동원가를 제품에 배부하는 기준이다.

03 ②

② 공장이 자동화되어 직접노동이 감소되고 제조간접원가가 증가하여 개별원가계산으로는 정확한 원가계산이 어려워져서 활동기준원가계산이 만들어졌다.

04 ③

설비수준활동은 제조공정이나 생산설비 등을 유지하고 관리하기 위해서 수행되는 활동으로서 공장시설관리, 환경관리, 안전유지관리, 제품별 생산설비관리 등의 활동이 여기에 속한다.

05 ②

(1) 활동원가동인당 배부율

고객주문처리 : (₩1,200,000×20%+800,000×40%)÷500회=₩1,120/회

고객관계관리 : (₩1,200,000×80%+800,000×60%)÷50명=₩28,800/명

(2) 고객관련원가 고객별 배부액

		(주)대한	
매출액	₩20,000×20회=		₩400,000
매출원가	₩400,000×75%=		300,000
매출총이익			₩100,000
활동별 간접원가			
주문처리원가	₩1,120×20회=	22,400	
고객관계관리	₩28,800×고객 1명=	28,800	51,200
고객별 이익			₩48,800

03

06 ⑤

ㄱ, ㄴ, ㄷ의 모든 내용이 활동기준원가계산에 대한 내용으로 타당한 설명이다.

07 ③

활동기준원가계산의 절차는 다음과 같다.

① 활동구분과 활동별 원가의 집계 : 활동을 분석하여 활동을 구분한 후 활동중심점을 설정하여 활동중심점별로 원가를 집계한다.

② 원가동인의 선택 : 각 활동중심점별로 활동의 소비와 높은 상관관계를 가지는 원가동인을 선택한다.

③ 제조간접원가의 배부 : 각 활동중심점별로 집계된 원가총액을 원가동인의 총수로 나누어서 활동별 제조간접원가배부율을 계산한 후 각 작업이나 제품에 제조간접원가를 배부한다.

08 ⑤

(1) 활동기준에 따라 배분된 원가

₩900×14회=₩12,600

(2) 기계시간기준으로 배분된 원가

엔지니어링변경원가 총액 ₩900×20회=₩18,000

기계시간당 배부율 ₩18,000÷(1,000단위×1시간+1,000단위×2시간)=₩6

X제품에 배분된 원가 1,000단위×1시간×₩6=₩6,000

(3) 배부차이 ₩6,000−₩12,600=₩6,600 과소배부

09 ②

(1) 원가동인의 총수계산

	제품 A	제품 B	합 계
제품별 재료처리횟수	10회	30회	40회
재료처리횟수당 필요시간	×2시간	×1시간	
제품별 재료처리시간	20시간	30시간	50시간

(2) 재료처리시간당 배부율 : ₩500,000÷50시간=시간당 ₩10,000

(3) 제품 B 한 단위에 배분되는 재료처리비

제품 B에 배분되는 재료처리비 :	30시간×@10,000=	₩300,000
제품 B 생산량		÷500개
		₩600

10 ⑤

(1) 활동별 배부율

활 동	활동원가		원가동인의 총수	활동별 배부율
생 산 준 비	₩20,000	÷	1,000시간	시간당 @20
재 료 처 리	30,000	÷	2,000회	회당 @15
기 계 사 용	500,000	÷	20,000시간	시간당 @25
품 질 관 리	100,000	÷	12,500회	회당 @8
수 선 유 지	40,000	÷	20,000시간	시간당 @2

(2) 작업 A의 총원가

기 초 원 가		₩300,000
생 산 준 비 :	30시간×@20=	600
재 료 처 리 :	56회×@15=	840
기 계 사 용 :	4,000시간×@25=	100,000
품 질 관 리 :	70회×@8=	560
수 선 유 지 :	4,000시간×@2=	8,000
총 원 가		₩410,000

11 ①

(1) 간접원가의 예정배부율 : ₩12,000,000 ÷ 2,000시간=₩6,000

(2) (주)다움건의 정상개별원가

직접노무원가			
	20시간×₩30,000=	₩600,000	
	100시간×₩10,000=	1,000,000	₩1,600,000
간접원가배부액			
	(20시간+100시간)×₩6,000=		720,000
합 계			₩2,320,000

(3) 자문료청구액 : ₩2,320,000×150%=₩3,480,000

12 ②

(1) 원가동인별 배부율

활 동	가공원가		원가동인수	배 부 율
조립활동	₩45,000	÷	300개	₩150
기계활동	60,000	÷	100시간	600
작업준비활동	12,000	÷	12회	1,000
제품설계활동	30,000	÷	6회	5,000

(2) 제품단위당 가공비

활 동	복 사 기		팩 스	
조립활동	200개×₩150=	₩30,000	100개×₩150=	₩15,000
기계활동	60시간×₩600=	36,000	40시간×₩600=	24,000
작업준비활동	8회×₩1,000=	8,000	4회×₩1,000=	4,000
제품설계활동	4회×₩5,000=	20,000	2회×₩5,000=	10,000
계		₩94,000		₩53,000
단위당가공원가		₩940		₩265

(3) 제품단위당 원가

원가구분	복 사 기	팩 스
직접재료원가	₩400	₩450
가공원가	940	265
단위당원가	₩1,340	₩715

13 ④

생산이 까다로우며 생산량이 적은 제품은 비단위수준활동을 많이 야기시키는 제품이므로 기존원가시스템이 비단위수준원가를 적절히 배부할 수 있었다면 높은 원가가 계상되고 이익은 낮게 측정될 것이다. 기존원가시스템이 비단위수준원가를 적절히 배부하지 못하는 시스템이라면 생산량이 적은 제품에 낮은 원가가 배부되고 따라서 이익이 높게 측정될 것이다.

14 ①

활동의 종류	활동별 배부율		사용된 활동의 수		제조간접원가 배부율
기계준비작업활동	₩2,000/준비횟수	×	4회	=	₩8,000
재료처리활동	2/파운드	×	10,000파운드	=	20,000
위험폐기물통제활동	5/파운드	×	2,000파운드	=	10,000
품질관리활동	75/검사횟수	×	10	=	750
기타제조활동	10/기계시간	×	500시간	=	5,000
			작업별총제조간접비		₩43,750
			작업별 제품수량		÷1,000상자
			제품단위당제조간접비		₩43.75

15 ④

(1) 제조간접원가 예정배부율 : ₩625,000÷20,000시간=기계시간당 ₩31.25

(2) 필름생산에 배부할 제조간접원가 : 500시간×@31.25=₩15,625

(3) 판매가격의 감소

기계시간을 제조간접원가 배부기준으로 하였을 때는 제조간접원가가 ABC에 비해 ₩28,125만큼 적게 배부되므로 감소된 원가에 140%만큼의 판매가격이 감소되어 요구된다.

(₩15,625−₩43,750)×140%=₩(39,375)

16 ③

(1) 직접노동시간기준

①제조간접원가의 시간당 배부율

₩2,400,000÷(500개×1.6시간+4,000개×0.8시간)=시간당 ₩600

②고급형의 단위당 제조원가

직접재료원가		₩9,000
직접노무원가		960
제조간접원가	1.6시간×@600=	960
		₩10,920

(2) 활동기준

①제조간접원가배부

활동유형	고급형	표준형	합 계
자 재 구 분	₩33,600	₩67,200	₩100,800
재작업지시	86,400	172,800	259,200
제 품 검 사	144,000	396,000	540,000
기 계 수 리	600,000	900,000	1,500,000
	₩864,000	₩1,536,000	₩2,400,000

②고급형의 단위당 제조원가

직접재료원가		₩9,000
직접노무원가		960
제조간접원가	₩864,000÷500개=	1,728
		₩11,688

17 ⑤

경영자는 부정확한 원가정보로 인해 잘못된 의사결정을 하여 발생할 수 있는 손실과 원가측정비용을 고려해서 이 두 비용의 합계가 최소화되도록 활동중심점의 수와 활동원가동인의 종류를 결정해야 한다.

18 ⑤

개별제품의 수익성을 정확하게 알 수 없는 기업에서 활동기준원가시스템의 효과가 크다.

19 ①

수익:	50대×₩19,500=		₩975,000
비용			
직접재료원가:	50대×₩10,000=	₩500,000	
재료처리:	50대×40개×₩80=	160,000	
기계작업:	50대×12시간×₩120=	72,000	
조립작업:	50대×15시간×₩75=	56,250	
검사:	50대×4시간×₩110=	22,000	810,250
이익			₩164,750

20 ①

매출액(총매출－반품):	₩20,000－₩5,000=		₩15,000
매출원가	₩15,000×60%=		9,000
매출총이익			₩6,000
판매관리비			
우편주문처리:	2건×@50=	₩100	
전화주문처리:	8건×0.2시간×@800=	1,280	
반품처리:	2개×@100=	200	
고객유지:	고객 1명×@500=	500	2,080
연간이익			₩3,920

21 ④

매출액			₩500,000
매출원가	₩500,000×70%=		350,000
매출총이익			₩150,000
판매관리비			
주문처리비용	300회×₩70=	₩21,000	
긴급주문처리비용	300회×70%×₩100=	21,000	
고객상담비용	140회×₩450=	63,000	
고객유지비용	고객 1명×₩80,000=	80,000	185,000
연간이익			(₩35,000)

22 ②

매 출			₩2,360,000
매 출 원 가			480,000
매 출 총 이 익			₩1,880,000
활 동 별 원 가			
주 문:	30회×@10,000=	₩300,000	
상품배달과 접수:	90회×@8,000=	720,000	
선 반 진 열:	183시간×@2,000=	366,000	
고 객 지 원 보 조:	15,500개×@20=	310,000	1,696,000
냉동식품군의 영업이익			₩184,000

23 ⑤

① 설비수준활동을 개별제품에 배부할 때에는 자의적인 배부기준을 선택할 수밖에 없다.

② 제조간접원가가 전체 제조원가에서 차지하는 비중이 증가할수록 복잡하더라도 좀 더 정확한 원가배분기준을 설정해야 보다 정확한 원가계산을 할 수 있다.

③ 묶음수준활동, 제품수준활동은 제품의 생산수량과 직접 관련이 없는 비단위수준원가동인(nonunit-based cost drivers)을 사용하여 원가배분한다.

④ 활동기준원가계산을 적용하면 제조간접원가의 배부가 좀 더 정확하게 이루어져서 경제적 의사결정을 위한 정보를 제공할 수 있다.

주관식 문제

01 활동기준원가계산의 적용

(주)원가가구는 사무용 가구를 생산하여 공급하는 작은 회사다. 이 회사는 그 동안 직접노동시간을 기준으로 제품원가를 계산하였는데, 최근에 활동기준원가계산을 도입하기로 결정하고, ABC팀을 구성하였다. ABC팀은 수개월 동안 회사의 원가를 분석하여 네 가지의 활동원가집합으로 구성되는 활동기준원가계산시스템을 구축하였으며, 제조간접원가는 연간 ₩1,370,000 발생하였고, 다음과 같은 자료를 파악하였다.

(1) 간접노동자 급여	₩400,000
기계장치 감가상각비	300,000
동 력 비	80,000
공장관리직원급여	300,000
공장사무실운영비	40,000
공 장 소 모 품 비	250,000
제조간접원가 합계	₩1,370,000

(2) 각 부서의 직원들과 많은 인터뷰를 하여 여러 활동을 수행하는 과정에서 소비되는 자원의 원가를 다음과 같이 배분하기로 결정하였다.

자원원가	가구제조	주문처리	고객유지	기타원가	합　계
간 접 노 동 자	30%	40%	10%	20%	100%
감 가 상 각 비	90			10	100
동　력　비	30			70	100
공장관리직원급여		20	30	50	100
공장사무실운영비		30	10	60	100
공 장 소 모 품 비			60	40	100

(3) 각 활동별 원가동인 및 원가동인총수는 다음과 같다.

	가구제조	주문처리	고객유지	기타원가
원　가　동　인	직접노동시간	주문횟수	고객수	없음(설비수준)
원 가 동 인 총 수	100,000시간	2,000회	100명	

(4) 나무가구는 다음 두 고객의 수익성을 파악하는 것에 관심을 두고 있다.

	A회사	B회사
연 간 주 문 횟 수	2회	3회
연 간 주 문 량	200개	1,300개
직 접 노 동 시 간	300시간	2,000시간
매　출　액	₩12,500	₩68,000
직 접 재 료 원 가	4,200	18,500
직 접 노 무 원 가	5,400	36,000

【물음 1】 각 활동원가집합의 원가를 계산하시오.

【물음 2】 원가동인당 배부율을 계산하시오.

【물음 3】 A회사와 B회사의 수익성을 계산하시오.

【물음 4】 활동원가집합의 수를 결정할 때 고려할 요소를 설명하시오.

해답

[물음 1] 활동원가의 집계

자원원가	가구제조	주문처리	고객유지	기타원가	합　계
간 접 노 동 자	₩120,000	₩160,000	₩40,000	₩80,000	₩400,000
감 가 상 각 비	270,000			30,000	300,000
동　력　비	24,000			56,000	80,000
공장관리직원급여		60,000	90,000	150,000	300,000
공장사무실운영비		12,000	4,000	24,000	40,000
공 장 소 모 품 비			150,000	100,000	250,000
활 동 별 원 가	₩414,000	₩232,000	₩284,000	₩440,000	₩1,370,000

[물음 2] 원가동인당 배부율

원가구성항목	원가동인	활동원가		원가동인의 총수		원가동인당 배부율
가구제조	직접노동시간	₩414,000	÷	100,000시간	=	₩4.14/시간
주문처리	주문횟수	232,000	÷	2,000회	=	₩116/회
고객유지	고객수	284,000	÷	100명	=	₩2,840/명
기타원가	없음					

[물음 3] 고객별 수익성 분석

		A회사		B회사
매출액		₩12,500		₩68,000
직접재료원가		4,200		18,500
직접노무원가		5,400		36,000
제조간접원가 및 판매관리비				
가구제조	300시간×@4.14=	1,242	2,000시간×@4.14=	8,280
주문처리	2회×@116=	232	3회×@116=	348
고객유지	1명×@2,840=	2,840	1명×@2,840=	2,840
고객별 영업이익		₩(1,414)		₩2,032

[물음 4] 활동원가집합 수의 결정

활동원가집합의 수를 증가시키면 원가계산의 정확성은 높아지지만 원가측정비용이 증가하게 된다. 따라서 경영자는 부정확한 원가정보를 바탕으로 잘못된 의사결정을 하여 발생할 수 있는 손실과 정확한 원가집계를 위해 발생할 원가측정비용을 고려하여 이 두 비용의 합계가 최소화되는 수준에서 활동원가집합의 수를 결정해야 한다.

02 활동원가동인의 선택

(주)희망은 갑제품과 을제품을 생산하여 판매하고 있다. 공정은 원재료수령, 작업준비, 조립, 선적활동 등 네 종류의 제조활동으로 구성되는데 이와 관련된 활동별 원가동인과 활동원가자료는 다음과 같다.

(1) 활동별 원가동인의 수

제품	원재료수령	작업준비	조립	선적활동
원가동인	수령횟수	작업준비횟수	제품수량	선적횟수
갑제품	20회	14회	2,000개	15회
을제품	5	6	1,000	4
합계	25회	20회	3,000개	19회

갑 제품과 을 제품을 생산하는 과정에서 활동별로 1회의 작업을 할 때마다 소요되는 시간이 차이가 나는데 각 제품의 활동횟수별 소요시간은 다음과 같다.

제 품	원재료수령	작업준비	조 립	선적활동
갑제품	1회당 1시간	1회당 2시간	1개당 2시간	1회당 2시간
을제품	1회당 1시간	1회당 3시간	1개당 5시간	1회당 2시간

(2) 활동중심점별 원가

활 동	활동원가
원 재 료 수 령	₩225,000
작 업 준 비	423,200
조 립 활 동	1,800,000
선 적 활 동	219,640
총 활 동 원 가	₩2,667,840

(3) 각 제품의 생산량과 활동원가 이외의 기본원가

	갑제품	을제품
생 산 량	2,000개	1,000개
기 본 원 가	₩2,000,000	₩1,500,000

【물음 1】 (주)희망이 네 가지 활동중심점의 원가동인을 거래건수동인으로 결정한 경우에 다음을 계산하시오. 단, 제품의 단위당 원가는 소수점 셋째자리에서 반올림할 것.

(1) 활동별 원가동인당 배부율

(2) 각 제품의 단위당 원가

【물음 2】 회사는 외부컨설턴트에게 활동원가동인에 대한 자문을 구하였다. 그리고 제품별로 활동원가를 배분할 때 거래건수동인보다는 기간동인이 적용되어야 보다 합리적인 제품원가계산이 가능한 활동중심점이 존재한다는 조언을 들었다. 이러한 조언에 따라 작업준비활동과 조립활동의 원가동인을 기간동인으로 변경한다면 을제품의 단위당 원가가 [물음 1]의 결과보다 증가하는 금액은 얼마인가?

【물음 3】 (주)희망의 경영자는 활동의 수나 원가동인의 종류를 결정할 때 어떠한 요소를 고려해야 하는지 설명하시오.

해답

[물음 1] 거래건수동인을 사용하는 경우

(1) 원가동인당 배부율

활 동	활동원가		원가동인의 총수		원가동인의 배부율
재 료 수 령	₩225,000	÷	25회	=	횟수당 @9,000
작 업 준 비	423,200	÷	20	=	횟수당 @21,160
조 립	1,800,000	÷	3,000개	=	개당 @600
선 적	219,640	÷	19회	=	횟수당 @11,560

(2) 각 제품의 단위당 원가

	갑제품		을제품		합 계
기본원가		₩2,000,000		₩1,500,000	₩3,500,000
활동원가					
원재료수령	20회×@9,000=	180,000	5회×@9,000=	45,000	225,000
작업준비	14회×@21,160=	296,240	6회×@21,160=	126,960	423,200
조립	2,000개×@600=	1,200,000	1,000개×@600=	600,000	1,800,000
선적	15회×@11,560=	173,400	4회×@11,560=	46,240	219,640
총제조원가		₩3,849,640		₩2,318,200	₩6,167,840
생산량		÷2,000개		÷1,000개	
단위당 제조원가		₩1,924.82		₩2,318.2	

[물음 2] 기간동인을 사용하는 경우

(1) 원가동인당 배부율

① 기간동인의 총수

활 동	갑 제 품		을 제 품		원가동인의 총수
작업준비	14회×2시간=	28시간	6회×3시간=	18시간	46시간
조립	2,000개×2시간=	4,000시간	1,000개×5시간=	5,000시간	9,000시간

② 원가동인당 배부율

활 동	활동원가		원가동인의 총수		원가동인당 배부율
작업준비	₩423,200	÷	46시간	=	시간당 @9,200
조립	1,800,000	÷	9,000시간	=	시간당 @200

(2) 을제품의 단위당 원가 변화액

작업준비활동원가 :	18시간×@9,200−₩126,960=	₩38,640	
조립활동원가 :	5,000시간×@200−₩600,000=	400,000	
활동원가배부액차이		₩438,640	
생산량		÷1,000단위	
단위당 원가차이		₩438.64	증가

[물음 3]

거래건수동인을 사용하는 경우보다는 기간동인을 사용하는 경우에 좀 더 정확한 제품원가계산이 가능하므로 경영자가 잘못된 의사결정을 하여 발생할 수 있는 손실은 감소된다. 반면에 기간동인을 사용하는 경우에는 원가를 측정하는 비용이 거래건수동인을 사용하는 경우보다 많이 소요된다. 그러므로 경영자는 잘못된 의사결정으로 인한 손실과 원가측정비용을 고려하여 이 두 비용의 합계가 최소화되도록 원가동인을 결정해야 한다.

별해

[물음 2]에 의한 각 제품의 단위당 원가를 계산하면 다음과 같다.

	갑제품		을제품		합 계
기 본 원 가		₩2,000,000		₩1,500,000	₩3,500,000
활 동 원 가					
원 재 료 수 령	20회×@9,000=	180,000	5회×@9,000=	45,000	225,000
작 업 준 비	28시간×@9,200=	257,600	18시간×@9,200=	165,600	423,200
조 립	4,000시간×@200=	800,000	5,000시간×@200=	1,000,000	1,800,000
선 적	15회×@11,560=	173,400	4회×@11,560=	46,240	219,640
총 제 조 원 가		₩3,411,000		₩2,756,840	₩6,167,840
생 산 량		÷2,000개		÷1,000개	
단위당제조원가		₩1,705.5		₩2,756.84	

03 개별원가계산과 활동기준원가계산 (2007. 세무사 수정)

(주)원가는 자동차 부품을 생산하는 회사이다. 제조간접원가의 배부기준으로 직접노동시간을 사용해 왔으며 2007년도 제조간접원가 예산은 ₩60,000, 연간 직접노동시간은 총 400시간으로 예상된다. 회사는 원가시스템의 정교화를 위하여 활동기준원가계산을 적용하려고 계획하였다. 제조간접원가는 다음과 같은 다섯 가지 활동으로 구분하였다.

활동구분	원가동인	활동별 제조간접원가 배부율
기 계 작 업	기 계 시 간	₩10
생 산 준 비	생산준비횟수	6
검 사 활 동	검 사 시 간	16
조 립 활 동	조 립 시 간	12
재 료 처 리	부 속 품 수	1.2

생산되는 자동차부품은 A, B 두 종류이며 생산 및 판매와 관련된 자료는 다음과 같다.

	부품 A	부품 B
판 매 가 격	₩1,000	₩800
연 간 생 산 량	200단위	400단위
직 접 재 료 비	₩80,500	₩120,000
직 접 노 무 비	₩20,580	₩22,920
직접노동시간	220시간	180시간
기 계 시 간	760시간	600시간
생산준비횟수	1,980회	2,500회
검 사 시 간	150시간	350시간
조 립 시 간	400시간	500시간
부 속 품 수	200개	400개

【물음 1】 기존의 제조간접원가 배부방법을 사용하여 자동차부품 A와 B의 단위당 원가를 구하시오.

【물음 2】 활동기준원가계산을 사용할 경우 자동차부품 A와 B의 단위당 원가를 구하시오.

해답

[물음 1] 전통적 방식의 단위당 원가

	부품 A		부품 B	
직접재료비		₩80,500		₩120,000
직접노무비		20,580		22,920
제조간접원가	220시간×₩150* =	33,000	180시간×₩150* =	27,000
총제조원가		₩134,080		₩169,920
생산량		÷200개		÷400개
단위당 원가		₩670.4		₩424.8

* 제조간접원가 배부율=₩60,000÷400시간=시간당 ₩150

[물음 2] 활동기준 단위당 제조원가

	부품 A		부품 B	
직접재료비		₩80,500		₩120,000
직접노무비		20,580		22,920
제조간접원가				
기계작업	760시간×₩10=	7,600	600시간×₩10=	6,000
생산준비	1,980회×₩6=	11,880	2,500회×₩6=	15,000
검사활동	150시간×₩16=	2,400	350시간×₩16=	5,600
조립활동	400시간×₩12=	4,800	500시간×₩12=	6,000
재료처리	200개×₩1.2=	240	400개×₩1.2=	480
총제조원가		₩128,000		₩176,000
생산량		÷200개		÷400개
단위당 원가		₩640		₩440

04 활동기준원가계산의 활용 (2005. KICPA 수정)

한국산업은 A, B, C 세 가지의 제품을 생산하여 판매하고 있다. 한국산업의 20×5 회계연도의 각 제품별 관련자료는 다음과 같다. 단, 기초 및 기말재고는 없는 것으로 가정한다.

	A	B	C
생산및판매수량	5,000단위	3,000단위	800단위
단위당판매가격	₩500	₩400	₩600
단위당직접재료원가	180	130	200
단위당직접노무원가	100	100	100

이 회사의 총제조간접원가는 ₩1,320,000이며, 총판매관리비는 ₩125,400이다.

【물음 1】 제조간접원가는 직접노무원가를 기준으로 판매관리비는 매출액 기준으로 배부할 때 각 제품별 영업이익률을 계산하라.

【물음 2】 제조간접원가와 판매관리비를 분석한 결과 다음과 같은 4개의 활동원가로 구분할 수 있다.

활 동	활동원가
생산준비활동	₩560,000
검 사 활 동	400,000
제품유지활동	360,000
고객관리활동	125,400

또한 각 제품별로 활동원가를 계산하기 위하여 필요한 활동관련 자료는 다음과 같다.

활동원가동인자료	A	B	C
생 산 횟 수	10회	2회	8회
생산 1회당 준비시간	2시간	2시간	4시간
고 객 수	6명	4명	10명

검사는 매회 생산된 제품에서 첫 5단위만 실시한다. 검사에 소요되는 시간은 제품 종류에 관계없이 일정하다. 제품유지 활동은 각 제품의 설계, 제품사양, 소요재료 등의 자료를 관리하는 활동으로 각 제품별로 유사하다. 고객관리 활동은 제품종류에 관계없이 한 고객에게 투입되는 자원이 유사하다. 활동원가 계산을 사용하여 각 제품별로 영업이익률을 계산하라.

【물음 3】 [물음 1]과 [물음 2]에서 계산된 제품 C의 영업이익률 차이의 원인을 설명하라.

해답

[물음 1] 개별원가계산에 의한 영업이익

(1) 제조간접비 배부율

직접노무비 발생액 : 5,000개×₩100+3,000개×₩100+800개×₩100=₩880,000

제조간접비 배부율 : ₩1,320,000÷₩880,000=노무비의 150%

(2) 판매관리비 배부율

총매출액 : 5,000개×₩500+3,000개×₩400+800개×₩600=₩4,180,000

판매관리비 배부율 : ₩125,400÷₩4,180,000=매출액의 3%

(3) 제조간접비와 판매관리비 배부

	A	B	C
매출	₩2,500,000	₩1,200,000	₩480,000
직접재료비	900,000	390,000	160,000
직접노무비	500,000	300,000	80,000
제조간접비	750,000*1	450,000	120,000
매출총이익	₩350,000	₩60,000	₩120,000
판매관리비	75,000*2	36,000	14,400
영업이익	₩275,000	₩24,000	₩105,600
영업이익률	11%	2%	22%

* 1. 제조간접비 배부 : ₩500,000×150%
2. 판매관리비 배부 : ₩2,500,000×3%

[물음 2] ABC에 의한 영업이익

(1) 활동원가동인당 배부율

활 동	활동원가	활동별 원가동인 총수	동인당 배부율
생산준비활동	₩560,000	10회×2시간+2회×2시간+8회×4시간= 56시간	₩10,000/시간
검사활동	400,000	10회+2회+8회= 20회	20,000/회
제품유지활동	360,000	3종류	120,000/종류
고객관리활동	125,400	6명+4명+10명= 20명	6,270/명

(2) 제조간접비와 판매관리비 배부율

	A	B	C
매출	₩2,500,000	₩1,200,000	₩480,000
직접재료비	900,000	390,000	160,000
직접노무비	500,000	300,000	80,000
제조간접비			
생산준비	200,000*1	40,000	320,000
검사	200,000*2	40,000	160,000
제품유지	120,000	120,000	120,000
고객관리	37,620*3	25,080	62,700
영업이익	₩542,380	₩284,920	₩(422,700)
영업이익률	21.7%	23.7%	(88)%

* 1. 10회×2시간×@10,000
2. 10회×@20,000
3. 6명×@6,270

[물음 3] 영업이익차이의 원인

[물음 1]에서는 제조간접비와 판관비를 단위수준과 관련되는 직접노무비와 매출액을 기준으로 제품에 배부하였지만, [물음 2]에서는 활동별로 원가동인을 파악하여 이를 기준으로 배부했다. 따라서 비단위수준활동을 많이 사용하는 제품 C의 영업이익률이 나쁘게 나타나게 되었다.

05 개별원가계산과 활동기준 원가계산 비교

03

나무전자회사는 기본형과 고급형, 2개의 모터를 생산하고 있다. 나무사의 원가 구조는 2개의 직접원가분류(직접재료비와 직접노무비)와 1개의 제조간접비로 구성되어 있다. 나무사는 모든 제조간접비는 직접 노무시간을 이용하여 할당하고 있다. 최근 제품 디자인, 생산, 판매, 마케팅 부서의 책임자들은 하나의 제조간접비 동인을 세 개의 원가동인으로 대체하고자 한다. 회사는 현재의 원가시스템이 각각의 상품이 요구하는 제조간접비를 정확히 나타내지 못한다고 생각했다.

	합 계	기본형	고급형	
모터수		30,000개	15,000개	
판매가격		₩300	₩400	
직접재료비(단위당)		100	150	
단위당 노동시간(시간당 @20)		2시간	2.5시간	
셋업	₩600,000			셋업시간에 비례
셋업 배치당 모터수		500개	100개	
배치당 셋업 시간		10시간	16시간	
운반활동	₩315,000			운반거리에 비례
모터당 운반거리		1	1.5	
관리활동	₩390,000			직접노무시간에 비례

【물음 1】 현재의 원가 체계하에서 기본형과 고급형의 단위당 원가를 구하여라. 단, 소수점 둘째자리에서 반올림하시오.

【물음 2】 ABC하에서 기본형과 고급형의 단위당 원가를 구하여라.

【물음 3】 [물음 1, 2]의 단위당 원가를 비교하여라. 현재의 원가시스템과 ABC하의 원가시스템의 차이는 왜 발생하는가? 이러한 차이는 나무 회사에 왜 중요한가?

해답

[물음 1] 기본형과 고급형의 단위당 원가

	기본형		고급형	
직접재료비		₩100		₩150
직접노무비		40		50
제조간접비	2시간×₩13.4*=	26.8	2.5시간×₩13.4*=	33.5
단위당 원가		₩166.8		₩233.5

* 제조간접비 발생액 ₩600,000+315,000+390,000=₩1,305,000
총 직접 노무시간 30,000개×2시간+15,000개×2.5시간=97,500시간
직접 노무시간 당 제조간접비 ₩1,305,000÷97,500시간=@13.4

[물음 2] ABC하에서 단위당 원가

(1) 원가동인당 배부율

활 동	원가동인	총비용	원가동인의 수			원가동인당
			기본형	고급형	합 계	배부율
셋 업	셋업시간	₩600,000	600*	2,400	3,000	₩200
운 반	운반거리	₩315,000	30,000	22,500	52,500	₩6
관 리	직접노무시간	₩390,000	60,000	37,500	97,500	₩4

* 30,000개÷500개×10시간=600시간

(2) 제품의 제조간접원가

	기본형	고급형
셋 업	₩120,000	₩480,000
운 반	180,000	135,000
관 리	240,000	150,000
합 계	₩540,000	₩765,000

(3) 단위당 제조원가

		기본형		고급형
직접재료비		₩100		₩150
직접노무비		40		50
제조간접비	₩540,000÷30,000개=	18	₩765,000÷15,000개=	51
단위당 제조원가		₩158		₩251

[물음 3] 현재의 원가시스템과 ABC하의 원가시스템의 차이의 원인

단위당 원가	기본형	고급형
현 재	₩166.8	₩233.5
ABC	158	251
ABC / 현재	95%	107%

직접노무시간(현재의 원가시스템의 제조간접비 원가 동인) 소비 패턴이 기본형과 고급형의 새로운 원가 동인의 소비패턴과 다르기 때문에 단위당 원가 차이가 발생한다. ABC에서는 고급형이 셋업, 재료운반의 자원을 더 많이 사용하는 것을 볼 수 있다. 고급형이 기본형보다 배치크기가 작으며, 운반거리도 더 크기 때문이다. 그래서 고급형은 ABC하에서 기존의 원가시스템보다 단위당 원가가 더 높다. 이러한 차이는 나무회사에 중요한데 그 이유는 자원의 사용을 근거로 하여 가격을 결정할 뿐 아니라 ABC를 사용함으로써 원가를 줄일 수 있고 간접비로부터 부가가치를 극대화하여 공정을 최적화시킬 수 있기 때문이다.

06 수익성분석 (2002. KICPA)

(주)크린정수기의 수원공장은 표준형과 고급형 두 가지 모델의 정수기를 제조하여 판매하고 있다. 고급형 정수기는 3년 전에 새로 도입되어 해를 거듭함에 따라 판매량이 증가하고 있는 실정이며, 지난 해의 제품별 손익계산서 및 생산, 판매량은 다음과 같다.

[20×1년 회계연도 제품별 손익계산서]

	표 준 형	고 급 형	계
매 출 액	₩3,000,000	₩3,000,000	₩6,000,000
매 출 원 가	1,950,000	1,900,000	3,850,000
매 출 총 이 익	₩1,050,000	₩1,100,000	₩2,150,000
판매비와관리비	625,000	625,000	1,250,000
영 업 이 익	₩425,000	₩475,000	₩900,000
생 산 판 매 량	3,000단위	2,000단위	5,000단위

(주)크린정수기의 20×1년도 회계연도 매출원가 ₩3,850,000에는 제조간접원가 ₩1,800,000이 포함되어 있다. (주)크린정수기의 현행원가제도에서 제조간접원가는 직접노무시간을 배부기준으로 판매비와관리비는 매출액을 배부기준으로 각 제품에 배부된다.

20×1년도에 각 모델을 생산할 때 실제로 사용한 직접노무시간은 각각 18,000시간이었으며 직접노무임률은 시간당 ₩25이었다. 단위당 직접재료원가는 표준형의 경우 ₩200, 고급형의 경우 ₩275이 발생하였다.

또한 표준형 정수기에 대한 고객의 평균 주문 1회당 수량은 50단위이며, 고급형은 20단위이다. 각 고객 주문마다 한 번의 배치생산이 필요하며, 각 배치생산마다 표준형은 3시간의 작업준비시간, 고급형은 5시간의 작업준비시간이 소요된다.

고급형 정수기의 성공적인 도입으로 고급형 정수기의 시장점유율이 상승했음에도 불구하고, 지난 3년 동안에 걸쳐 (주)크린정수기의 수익성이 하락하고 있는 것으로 나타났다. 이와 같은 수익성의 지속적인 감소에 대한 원인을 파악하기 위해, 20×2년 1월초 (주)크린정수기의 재무담당이사 정회계씨는 20×1 회계연도의 실제 원가 및 운영자료를 이용하여 활동기준원가계산을 통해 제품별 수익성 분석을 하고자 한다. 이를 위해 그는 20×1 회계연도 제조간접원가 ₩1,800,000에 대한 활동분석을 수행함으로써, 다음과 같은 활동별 원가집합과 원가동인을 파악할 수 있었다.

활 동	활동원가	원가동인
품 질 검 사	₩480,000	생 산 량
작 업 준 비	680,000	작업준비시간
고 객 주 문 처 리	640,000	고객주문처리횟수
합 계	₩1,800,000	

또한 20×1년에 발생한 총 판매비와관리비를 면밀히 분석한 결과, 총 판매비와 관리비에는 표준형 정수기 매출액의 5%에 해당하는 판매수수료와 고급형정수기 매출액의 10%에 해당하는 판매수수료가 포함되어 있음을 알 수 있었다. 20×1년 중에 표준형 정수기와 관련하여 발생한 광고 및 판매 촉진비는 ₩120,000, 고급형의 경우에는 ₩200,000으로 추적되었다. 그리고 나머지 판매비와 관리비 ₩480,000은 각 제품에 대한 고객주문횟수에 비례하여 발생하는 것으로 나타났다.

【물음 1】 (주)크린정수기의 재무담당이사 정회계 씨가 적용하고자 한 활동기준원가계산을 이용하여 20×1 회계연도의 각 모델별 단위당 제조원가 및 영업이익을 계산하시오.

【물음 2】 (주)크린정수기의 현행 원가제도하에서 각 모델의 단위당 제조원가 및 영업이익이 왜곡될 수 있는 주된 이유를 설명하시오.

【물음 3】 (주)크린정수기의 재무담당이사 정회계 씨가 적용하고자 한 활동기준원가계산제도를 이용하여 어느 모델의 정수기가 보다 수익성이 높은지 영업이익률에 입각하여 평가하시오.

【물음 4】 [물음 3]의 수익성분석에 입각하여 (주)크린정수기의 수익성 증대를 위해 당신은 생산과 관련된 어떠한 권고 사항을 제시하겠는가? (3줄 이내)

【물음 5】 [물음 3]의 수익성분석에 입각하여 (주)크린정수기의 수익성 증대를 위해 당신은 판매와 관련된 어떠한 권고사항을 제시하겠는가? (3줄 이내)

해답

[물음 1] 활동기준원가계산에 의한 수익·비용 분석

(1) 활동원가동인 분석

활동원가동인	표준형		고급형		합계
생산 및 판매량		3,000단위		2,000단위	5,000단위
고객주문처리횟수(배치생산횟수)	3,000단위÷50단위/회=	60회	2,000단위÷20단위/회=	100회	160회
작업준비시간	60회×3시간=	180시간	100회×5시간=	500시간	680시간

(2) 활동별 원가분석(제조간접비)

활동	활동원가		활동동인수		활동동인당 배부율
품질검사	₩480,000	÷	5,000단위(생산량)	=	₩96
작업준비	680,000	÷	680시간(작업준비시간)	=	1,000
고객주문처리	640,000	÷	160회(주문처리횟수)	=	4,000

(3) 활동기준원가계산에 의한 모델별 단위당 제조원가와 영업이익

① 모델별 단위당 제조원가

	표준형 정수기			고급형 정수기		
직접재료비	3,000단위×@200=		₩600,000	2,000단위×@275=		₩550,000
직접노무비	18,000시간×@25=		450,000	18,000시간×@25=		450,000
제조간접비						
품질검사	3,000단위×@96=	₩288,000		2,000단위×@96=	₩192,000	
작업준비	180시간×@1,000=	180,000		500시간×@1,000=	500,000	
고객주문처리	60회×@4,000=	240,000	708,000	100회×@4,000=	400,000	1,092,000
총제조원가			₩1,758,000			₩2,092,000
생산량			÷3,000단위			÷2,000단위
단위당제조원가			₩586			₩1,046

② 모델별 영업이익

	표준형 정수기			고급형 정수기		
매출액			₩3,000,000			₩3,000,000
매출원가			1,758,000			2,092,000
매출총이익			₩1,242,000			₩908,000
판매관리비						
판매수수료	₩3,000,000×5%=	₩150,000		₩3,000,000×10%=	₩300,000	
광고및판촉비		120,000			200,000	
기타판관비	₩480,000×(60/160)=	180,000	450,000	₩480,000×(100/160)=	300,000	800,000
영업이익			₩792,000			₩108,000

[물음 2] 조업도기준원가계산의 원가왜곡

현행 원가계산제도인 조업도기준원가계산에서는 비단위수준활동이 제조간접비에 미치는 영향을 무시하고 직접노무시간을 기준으로 제조간접비를 배부하므로 생산묶음의 크기가 작은(따라서 비단위수준활동이 많은) 고급형에는 간접원가가 과소배분되고, 생산묶음의 크기가 큰(따라서 비단위수준활동이 적은) 표준형에는 간접원가가 과대배부되어 제품원가가 왜곡된다. 또한, 현행 원가제도에서 판매관리비는 매출액만을 기준으로 배부하므로 판매관리비의 다양한 발생요인을 반영하지 못하여 판매관리비가 많이 발생하는 고급형에 과소배부되고 있다.

[물음 3] ABC에 의한 모델별 수익성 파악

표준형 정수기 영업이익률 : ₩792,000÷₩3,000,000=26.4%

고급형 정수기 영업이익률 : ₩108,000÷₩3,000,000=3.6%

따라서 ABC에 따라 모델별 수익성을 파악해 보면 표준형 정수기의 수익성이 보다 높은 것으로 파악된다.

[물음 4] 생산활동과 관련한 수익성 증대방안

고급형 정수기에 있어서 생산묶음당 생산량을 늘리고 작업준비시간을 단축할 수 있는 방안을 강구하며, 고급형 정수기의 품질개선과 고급사양 채택으로 판매가격을 높일 수 있도록 한다.

[물음 5] 판매활동과 관련한 수익성 증대방안

수익성이 높은 표준형 정수기의 판매를 촉진하기 위해 표준형 정수기의 판매수수료를 높이고 광고판촉비를 표준형 중심으로 재편성한다. 또한 고객의 평균 주문수량이 증가할 수 있는 마케팅 전략을 강구한다.

07 원가배부—서비스업

나무회계 법인은 5명의 파트너회계사와 20명의 사원회계사로 구성되어 있으며, 벤처기업에 특화하여 높은 인지도를 가지고 있는 회계법인이다. 회계사 1인당 평균연봉으로 ₩78,000,000을 지급할 것으로 예상하고 있으며, 모든 전문가들이 각각 연간 1,600시간을 고객서비스에 사용할 것으로 예상하고 있고, 회계사에게 지급되는 연봉은 고객서비스시간을 기준으로 각 고객별로 추적가능하다. 회계사에게 지급되는 연봉 이외의 모든 원가는 하나의 간접원가 계정에 집계하여 회계사의 고객서비스 시간을 기준으로 개별고객원가에 배부하고 있으며, 간접원가 예산은 ₩1,650,000,000이다. 나무회계법인은 원가의 30%를 가산한 금액을 서비스 수수료로 청구하는 정책을 유지하고 있다.

【물음 1】 고객서비스시간당 예산직접원가와 예산간접원가를 계산하시오.

【물음 2】 나무회계법인의 주요거래처인 다음 두 회사에 대한 대금청구금액을 계산하시오.

(1) 100시간의 고객서비스시간이 예상되는 새롬기술의 인수합병용역

(2) 150시간의 고객서비스시간이 예상되는 나무산업의 회계감사용역

※ 다음 자료를 이용하여 [물음 3~5]에 답하여라.

나무회계법인은 현재의 원가계산구조가 지나치게 단순하여 고객별 수수료청구액이 정확하지 않은 것으로 판단하고 좀 더 정확한 원가계산을 위해서 비용이 발생하는 원인을 분석하였다. 그 결과로 원가중심점(cost center)을 나누어서 직접비인 회계사 연봉을 두 개의 원가중심점(파트너회계사와 사원회계사)으로 구분하고 간접비도 두 개의 원가중심점(총무지원과 비서지원)으로 구분하여 고객별 원가를 계산하기로 하였으며, 각 범주별 예산정보는 다음과 같다.

	직접원가	
	파트너 회계사	사원 회계사
회계사의 수	5명	20명
1인당 평균보수	₩150,000,000	₩60,000,000

	간접원가	
	총무지원	비서지원
연간총예산액	₩1,350,000,000	₩300,000,000
원가동인	총회계사 시간	파트너회계사 시간

【물음 3】 각 범주별로 서비스시간당 예산직접원가와 예산간접원가를 계산하시오.

【물음 4】 나무회계 법인의 주요거래처인 다음 두 회사에 대한 대금청구금액을 계산하시오.

	새롬기술	나무산업
파트너회계사	60시간	30시간
사원회계사	40시간	120시간

【물음 5】 최근의 많은 기업들이 간접원가의 원가중심점을 세분하는데 많은관심을 기울이고 있다. 그 이유와 원가중심점을 어느 정도까지 세분화하는 것이 타당한지에 대하여 설명하시오.

【물음 6】 원가집합에 집계된 원가를 원가대상에 배부할 때 사용하는 배부기준을 다섯 가지만 열거하시오.

해답

[물음 1] 서비스시간당 원가예산

고객서비스시간당 직접원가	₩78,000,000÷1,600시간=	₩48,750
고객서비스시간당 간접원가	₩1,650,000,000÷40,000시간*=	41,250
고객서비스시간당 총원가		₩90,000

* 총서비스시간 : 1,600시간×25명=40,000시간

[물음 2] 대금청구금액

		새롬기술		나무산업
예상서비스시간		100시간		150시간
시간당총원가예산		×₩90,000		×₩90,000
총원가예산액		₩9,000,000		₩13,500,000
이익가산액	₩9,000,000×30%=	2,700,000	₩13,500,000×30%=	4,050,000
대금청구금액		₩11,700,000		₩17,550,000

[물음 3] 원가중심점별 서비스시간당 원가예산

	원가중심점	서비스 시간당 원가계산	
직접원가	파트너회계사 시간당 직접원가	₩150,000,000÷1,600시간=	₩93,750
	사원회계사 시간당 직접원가	₩60,000,000÷1,600시간=	37,500
간접원가	총회계사 시간당 총무지원 간접원가	₩1,350,000,000÷40,000시간=	33,750
	파트너회계사 시간당 비서지원 간접원가	₩300,000,000÷8,000시간*=	37,500

* 총 파트너시간 : 1,600시간×5명=8,000시간

[물음 4] 대금청구금액

		새롬기술		나무산업
파트너회계사원가	60시간×₩93,750=	₩5,625,000	30시간×₩93,750=	₩2,812,500
사원회계사원가	40시간×₩37,500=	1,500,000	120시간×₩37,500=	4,500,000
총무지원원가	100시간×₩33,750=	3,375,000	150시간×₩33,750=	5,062,500
비서지원원가	60시간×₩37,500=	2,250,000	30시간×₩37,500=	1,125,000
총원가예산액		₩12,750,000		₩13,500,000
이익가산액	₩12,750,000×30%=	3,825,000	₩13,500,000×30%=	4,050,000
대금청구금액		₩16,575,000		₩17,550,000

[물음 5] 원가중심점의 수 결정

원가중심점의 수가 많아지면 원가계산이 정확해지므로 경영자가 부정확한 원가정보를 바탕으로 잘못된 의사결정을 하여 발생하는 손실이 감소되는 반면에 원가측정비용은 증가하게 된다. 따라서 경영자는 부정확한 의사결정으로 인한 손실과 원가측정 비용의 합계인 원가시스템의 총원가가 최소화 되도록 원가중심점의 수를 결정해야 한다.

[물음 6] 원가배분기준

① 인과관계기준
② 수혜기준
③ 부담능력기준
④ 증분원가기준
⑤ 공정성과 공평성기준

CHAPTER 04

Cost & Management Accounting

종합원가계산

제1절 종합원가계산의 의의

04

1. 종합원가계산의 개요

제품원가계산방법은 기업의 생산방식에 따라 크게 개별원가계산과 종합원가계산으로 나누어 볼 수 있는데 개별원가계산에 대해서는 이미 2장에서 살펴보았으므로 이번 장에서는 종합원가계산에 대해 설명하도록 하겠다.

'종합원가계산(process costing)'은 제약업, 석유화학산업, 제지업, 시멘트제조업, 식품가공업 등과 같이 표준화된 작업공정을 통해 한 가지 제품만을 대량생산하는 제조환경에서 사용하는 원가계산방법으로 공정별 원가계산이라고도 한다.

종합원가계산을 적용하는 기업은 한 종류의 제품을 대량으로 생산하기 때문에 개별원가계산처럼 개별 제품별로 원가를 집계하는 것은 비효율적이다. 따라서 종합원가계산은 제품별로 원가를 집계하지 않고, 생산라인에서 일정 기간 동안 발생한 제조원가를 집계하여 같은 기간 동안에 생산된 제품의 총 수량으로 나누어 제품의 단위당 원가를 계산한다. 즉, 제품의 단위당 원가를 계산하기 위하여 다음과 같은 접근방법을 사용한다.

제품 단위당 제조원가＝공장에서 발생한 제조원가÷공장에서 생산된 수량

예를 들어 제약회사에서 ₩50,000의 재료원가와 ₩50,000의 가공원가를 투입해서 산출량 1,000개의 두통약을 생산했다면, 종합원가계산에서는 총제조원가 ₩100,000을 생산량 1,000개로 나누어서 단위당 제조원가를 ₩100으로 계산한다.

제조원가 ₩100,000÷생산량 1,000개＝제품 단위당 원가 ₩100

이와 같이 종합원가계산은 제조공정에서 일정기간 동안 발생한 제조원가를 일정기간 동안 생산된 산출량으로 나누어 평균화된 단가를 계산하는 방식을 사용한다. 다만, 실제 기업의 산출물 중에는 기말에 미완성된 재공품이 존재하기 때문에 재공품에 포함된 산출물의 수량을 결정하는 것이 중요한 과제가 된다.

2. 완성품환산량의 개념

종합원가계산에서 공정에 투입된 원가(기초재공품원가+당기총제조원가)를 당기제품제조원가(완성품원가)와 기말재공품에 배분할 때 사용하는 배분기준은 산출물량 자체를 직접 사용하지 않고 완성품환산량을 사용한다. '완성품환산량(equivalent unit)'이란 특정 공정에서의 모든 노력이 완성품만을 생산하는데 사용되었을 경우 완성되었을 완성품의 수량을 말하며 종합원가계산의 실질적인 배분기준이다.

종합원가계산에서 완성품환산량의 개념이 필요한 이유는 원가가 모두 투입되지 않은 재공품이 존재하기 때문이다. 예를 들어 ₩600의 제조원가가 투입되어 10개가 완성되었고, 20개는 평균적으로 50%가 완성된 상태로 기말에 공정에 남아있다고 하자. 이 경우 완성품(제품)과 기말재공품의 수량비율이 10개 : 20개이기 때문에 제조원가를 수량비율로 배분해서 제품원가와 기말재공품원가를 계산하는 것은 타당하지 않다. 왜냐하면 기말재공품 20개는 50%만 완성되어 있으므로 20개를 완성하기 위해 필요한 모든 원가가 투입되어 있지 않기 때문이다.

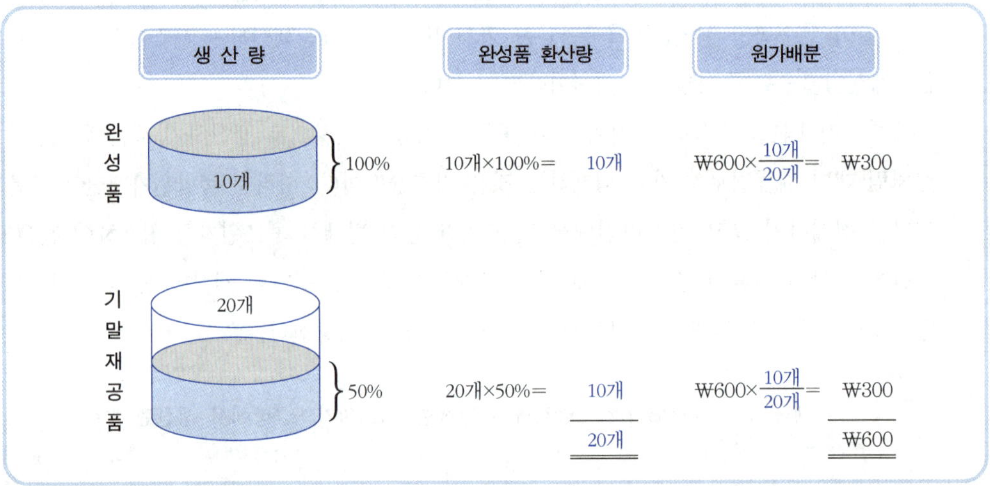

그러면 기말재공품을 몇 개로 보고 원가를 배분하는 것이 타당하겠는가? 기말재공품의 완성도가 50%이므로 기말재공품에는 약 10개(20개×50%)의 완성품을 만들 수 있는 원가가 투입되어 있다고 보면 타당할 것이다. 이 10개의 수량을 완성품환산량이라고 하는 것이다. 따라서 ₩600의 제조원가는 완성품환산량 비율인 10개 : 10개(20개×50%)의 비율로 완성품과 기말재공품에 배분하여 완성품원가 ₩300과 기말재공품원가 ₩300을 계산하는 것이 합리적이다.

이와 같이 종합원가계산에서는 공정에 투입된 원가(기초재공품원가+당기총제조원가)를 완성품과 기말재공품에 배분할 때 생산량자체를 배분기준으로 사용하지 않고 완성품환산량을 배분기준으로 사용한다.

3. 완성품환산량의 계산

앞의 예에서는 이해가 쉽도록 모든 원가의 완성품환산량이 동일한 것으로 단순화해서 살펴보았지만 실제로 원가를 계산하는 과정에서는 완성품환산량이 원가요소별로 달리 계산된다. 일반적으로 종합원가계산에서는 원가요소를 재료원가와 가공원가로 구분해서 완성품환산량을 계산한다. 원가요소를 이와 같이 구분하는 이유는 재료원가와 가공원가가 공정에 투입되는 시점이 달라서 완성품환산량이 서로 다르기 때문이다.

① **재료원가** : 일반적으로 공정의 착수시점에 투입된다. 따라서 기말에 완성되지 않은 재공품의 경우에도 재료원가는 모두 투입되어 있는 경우가 일반적이다.

② **가공원가** : 공정이 진행되면서 가공이 일어나므로 가공원가(직접노무원가와 제조간접원가)는 공정전반에 걸쳐서 투입된다. 따라서 기말재공품은 완성도가 얼마나 진행되었는가에 따라 완성품환산량이 달라진다.

04

예제 [4-1] 완성품환산량 계산

(주)원가화학은 혼합공정을 통해 페인트를 생산하는 회사이다. 당기에 1,000개의 제품을 생산할 수 있는 재료를 투입해서 800개는 완성하고, 200개는 60%가 완성된 상태로 기말재공품으로 남아 있다. 원재료는 공정의 착수시점에 전부 투입하고, 가공원가는 공정전반에 걸쳐서 발생하고 있다.

요구사항

재료원가와 가공원가의 완성품환산량을 구하시오.

해답

			완성품 환산량	
	물량의 흐름	공정진행도	재료원가	가공원가
완 성 품	800	100%	800	800
기 말 재 공 품	200(60%)	60	200	120
합 계	1,000개		1,000개	920개

예제에서 완성품 800개는 모든 원가가 투입되어 있으므로 완성품환산량은 800개로 계산하면 되지만 기말재공품은 완성도가 60%이므로 재료원가와 가공원가에 대한 완성품환산량을 검토해 보자.

① 재료원가 : 공정의 착수시점에 원재료가 모두 투입되므로 기말재공품 200개에는 재료원가가 모두 투입되어 있을 것이다. 따라서 재료원가의 기말재공품 완성품환산량은 200개이다.

② 가공원가 : 공정전반에 걸쳐 균등하게 발생하므로 기말재공품 200개에는 가공원가가 모두 투입되어 있지 못하고 120개(200개×60%)정도를 완성할 수 있는 가공원가가 투입되어 있을 것이다. 따라서 가공원가의 기말재공품 완성품환산량은 120개이다.

4. 종합원가계산의 절차

종합원가계산은 공정에 투입된 원가를 완성품 환산량을 기준으로 완성품과 기말재공품에 배분하는 방법인데 이를 가장 이해하기 쉽게 적용하는 방법이 5단계법이다. 5단계법은 다음과 같이 다섯 단계를 거쳐 완성품원가와 기말재공품원가를 계산한다.

① 1단계 물량의 흐름 파악 : 공정에 투입된 기초재공품과 당기투입량을 파악하고 공정에서 산출된 완성물량과 기말재공품 물량도 파악한다.

② 2단계 완성품환산량 계산 : 물량흐름자료를 기초로 공정에 투입되는 시점이 다른 재료원가와 가공원가를 구분해서 원가요소별로 산출물의 완성품환산량을 계산한다.

③ 3단계 총원가의 요약 : 기초재공품원가와 당기발생원가를 파악하고, 원가요소별(재료원가와 가공원가)로 구분해서 배분대상이 되는 원가를 집계한다.

④ 4단계 단위당 원가의 계산 : 원가요소별(재료원가와 가공원가)로 배부대상원가를 완성품환산량으로 나누어 완성품환산량 단위당 원가를 계산한다.

⑤ 5단계 원가의 배분 : 완성품의 완성품환산량에 단위당 원가를 곱해서 완성품원가를 계산하고 기말재공품의 완성품환산량에 단위당 원가를 곱해서 기말재공품원가를 계산하여 산출물원가를 결정한다.

예제 [4-2] 종합원가계산의 절차

(주)원가화학은 혼합공정을 통해 페인트를 생산하는 회사로 당기에 영업을 개시하였다. 당기에 1,000단위를 착수해서 800단위는 완성하고, 200단위는 60%가 완성된 상태로 기말재공품으로 남아 있다. 원재료는 공정의 착수시점에 전부 투입되며, ₩300,000이 발생하였고, 가공원가는 공정전반에 걸쳐서 투입되었으며, ₩184,000이 발생하였다.

요구사항

5단계법에 따라 종합원가계산을 수행해서 완성품원가와 기말재공품원가를 구하시오.

해답

	[1단계] 물량의 흐름	[2단계] 완성품환산량 재료원가	가공원가	
기 초 재 공 품	0개			
당 기 착 수	1,000			
	1,000개			
당 기 완 성	800개	800개	800개	
기 말 재 공 품	200(60%)	200	120	← 200개가 60% 가공되었으므로 120개분 완성품환산량이 된다.
	1,000개	1,000개	920개	
[3단계] 총원가의 요약				합 계
기초재공품원가				₩0
당 기 발 생 원 가		₩300,000	₩184,000	484,000
합 계				₩484,000
[4단계] 환산량 단위당 원가				
완 성 품 환 산 량		÷1,000개	÷920개	
환산량단위당원가		@300	@200	
[5단계] 원가의 배분				
완 성 품 원 가		800개×@300+800개×@200=		₩400,000
기말재공품원가		200개×@300+120개×@200=		84,000
합 계				₩484,000

이와 같은 5단계법은 계산과정을 크게 구분하면 원가배분기준계산, 배분대상원가의 집계, 원가의 배분으로 나눌 수 있으며 이 과정에 따라 5단계를 자세히 살펴보자.

원가배분기준계산

우선 원가배분기준을 계산하는 과정이 1단계와 2단계이다. 1단계의 물량흐름은 산출가능물량과 실제산출물량을 파악하며, 이를 기초로 2단계에서는 완성품환산량을 계산해서 완성품과 기말재공품에 원가를 배분할 기준을 계산한다.

		[1단계] 물량의 흐름	[2단계] 완성품 환산량 재료원가	가공원가
산출 가능량	기 초 재 공 품	0		
	당 기 착 수	1,000		
		1,000개		
실제 산출량	당 기 완 성	800	800	800
	기 말 재 공 품	200(60%)	200	120
		1,000개	1,000개	920개

재료원가와 가공원가의 투입시점이 달라서 구분

배분대상원가의 집계

3단계는 전기산출물 중에서 남아 있던 기초재공품원가와 당기에 새로 투입한 제조원가를 합해서 배분대상이 되는 전체원가를 파악한다. 이 금액은 재공품계정의 차변에 집계된 총금액으로 산출물에 배분해야 할 전체금액이다. 3단계에서는 제조원가를 재료원가와 가공원가라는 원가요소별로 구분해서 집계한다.

[3단계] 총원가의 요약

	재료원가	가공원가	합 계	
기초재공품원가	₩0	₩0	₩0	배분대상 전체원가
당기발생원가	300,000	184,000	484,000	(재공품의 차변금액)
합 계	₩300,000	₩184,000	₩484,000	

원가의 배분

4단계와 5단계는 배분대상 전체원가를 산출물에 배분하는 과정이다. 4단계에서는 완성품환산량 단위당 원가를 계산하고, 5단계에서는 완성품환산량에 단위당 원가를 곱해서 완성품원가와 기말재공품원가를 계산한다. 5단계가 끝나면 산출물의 원가를 알 수 있으며 5단계내용이 재공품계정의 대변에 기록되는 금액이다.

[4단계] 환산량 단위당 원가

	재료원가	가공원가	합 계
원가합계	₩300,000	₩184,000	₩484,000
완성품환산량	÷1,000개	÷920개	
환산량단위당원가	@300	@200	

[5단계] 원가의 배분

완성품원가	800개×@300+800개×@200=	₩400,000	산출물원가
기말재공품원가	200개×@300+120개×@200=	84,000	(재공품의 대변내용)
합계		₩484,000	

이처럼 물량정보와 투입원가정보를 기초로 5단계법에 따라 종합원가계산을 하고 나면 완성품원가와 기말재공품의 원가를 알 수 있다.

종합원가계산전에 파악해야 하는 정보(1단계, 3단계)

물량				재공품(배분대상원가)			
기초	0개	완성	800개	기초	₩0	완성품	?
착수	1,000	기말	200(0.6)	재료원가	300,000		
	1,000개		1,000개	가공원가	184,000	기말	?
					₩484,000		₩484,000

5단계법 적용 →

종합원가계산으로 파악한 정보(5단계)

완성품	₩400,000
기말재공품	84,000
	₩484,000
(산출물 원가)	

5. 종합원가계산과 개별원가계산의 비교

종합원가계산의 원가계산목적은 개별원가계산과 동일하게 배분대상원가(기초재공품원가+당기총제조원가)를 산출물인 제품과 기말재공품에 배분해서 당기제품제조원가와 기말재공품원가를 계산하는 것이다. 단, 그 배분방식이 개별원가계산은 개별작업별로 직접 추적해서 집계하는 반면에 종합원가계산은 공정에서 생산한 산출물의 수량을 기준으로 한다는 점에서 차이가 있다.

재 공 품

차변		대변	
기초재공품원가	×××	당기제품제조원가	?
직접재료원가	×××	기말재공품	?
직접노무원가	×××		
제조간접원가	×××		
	×××		×××

산출물의 원가배분방식

- 개별원가계산
  작업별로 추적하여 집계
- 종합원가계산
  공정에서 생산한 물량기준 배분

지금까지 살펴본 종합원가계산이 개별원가계산과 어떤 차이점을 가지고 있는지를 살펴보면 다음과 같다.

① 종합원가계산은 동일제품을 대량생산하는 업종에 적용되는 반면에 개별원가계산은 여러 종류의 제품을 소량으로 생산하는 업종에 적용된다.

② 종합원가계산은 생산되는 제품 전체를 대상으로 원가를 집계하므로 개별작업별로 원가를 집계하지 않고 각 제조공정별로 원가를 집계한다. 반면에 개별원가계산은 특정의 작업별로 원가를 집계한다. 이런 이유로 종합원가계산을 적용하는 경우에는 제품단위별로 원가통제와 성과평가를 할 수 없으며, 제조공정별로 해야만 한다. 반면에 개별원가계산을 적용하는 경우에는 특정제품별로 실제원가를 보고하므로 제품단위별로 원가통제와 성과평가를 한다.

③ 종합원가계산은 원가요소를 재료원가와 가공원가로 구분하는 반면에 개별원가계산은 직접원가와 간접원가로 구분한다. 종합원가계산은 원가요소가 공정에 투입되는 시점이 다르면 완성품환산량이 달라져서 배분비율이 다르므로 원가요소를 투입시점을 기준으로 구분해서 재료원가와 가공원가로 나눈다. 반면에 개별원가계산은 작업별로 원가를 추적해서 집계하므로 추적가능성을 기준으로 원가요소를 직접원가와 간접원가로 구분한다.

개별원가계산과 종합원가계산의 비교

구　분	개별원가계산	종합원가계산
생산형태	다품종, 소량, 주문생산 (주문생산방식)	동종제품, 대량, 반복생산 (연속흐름 생산방식)
원가계산접근법	작업원가표별 집계 (주문서, 제품 중심)	기간별 평균단가 (공정 중심)
원가요소의 구분	직접원가와 간접원가 (추적가능성 기준)	재료원가와 가공원가 (공정투입시점 기준)
원가배분기준	노동시간이나 기계시간 등	완성품 환산량
기말재공품평가	미완성된 작업원가표에 집계된 원가	기말재공품완성품환산량×평균단가
전형적 업종	건설업, 조선업, 회계법인, 법률사무소 등	시멘트제조업, 식품가공업, 정유, 화학 등

제 2 절　평균법과 선입선출법의 비교

기초재고자산이 존재하는 경우에는 원가흐름의 가정을 선택해야 한다. 원가흐름의 가정(cost flow assumptions)은 완성품과 기말재공품의 단가를 결정하는 것으로 종합원가계산에서는 완성품환산량을 기준으로 원가를 배분하며 이 때 적용할 수 있는 원가흐름의 가정으로 ①평균법과 ②선입선출법이 있다. 원가흐름의 가정을 적용하기 위해서는 먼저 기초재공품의 단위당 원가와 당기환산량의 단위당 원가를 계산할 수 있어야 한다.

1. 기초재공품 완성품환산량과 당기완성품환산량

기초재공품이 존재하는 경우에는 기초재공품에 포함된 전기의 환산량 단위당 원가와 당기분인 당기 완성품환산량 단위당 원가를 계산할 수 있어야 한다. 이를 위해서 다음의 예제를 살펴보자.

예제 [4-3]　기초재공품이 존재하는 경우(재료원가만 존재)

(주)원가는 재료원가만 발생하며 재료는 착수시점에 전부 투입하는 것으로 가정한다. 기초재공품이 200개가 있었으며 기초재공품금액은 ₩60,000이였다. 당기에는 재료원가가 ₩385,200이 발생하였다. 당기에 완성되어 제품창고로 대체된 수량은 1,000개이고, 기말재공품은 400개가 남아있다.

재공품(재료원가만 존재)

기 초	수 량	200개	완 성	수 량	1,000개
	금 액	₩60,000		금 액	?
당기발생	수 량	?	기 말	수 량	400개
	금 액	₩385,200		금 액	?

요구사항

1. 재료원가의 당기완성품환산량을 구하시오.
2. 다음의 완성품환산량 단위당 원가를 각각 구하시오.
   (1) 기초재공품에 포함된 전기 완성품환산량 단위당 원가
   (2) 당기발생원가의 완성품환산량 단위당 원가
   (3) 가중평균한 완성품환산량 단위당 원가
3. 선입선출법과 평균법에 따라 다음 산출량의 원가를 계산하시오.
   (1) 완성품원가
   (2) 기말재공품원가

(1) 당기완성품환산량

완성품환산량(재료원가)

기 초	200개	완 성 품	1,000개
당 기	?	기말재공품	400개
			1,400개

전체 완성품 환산량에는 당기재료원가와 기초재료원가가 모두 들어가서 산출된 물량이다.

전체 산출량 1,400개 속에 포함되어 있는 200개의 기초재공품 부분을 제외한 1,200개가 당기재료원가로 산출된 당기완성품환산량이다.

완성품 1,000개+기말재공품 400개 − 200개 = 1,200개
(기초분과 당기분이 모두 포함된 환산량 − 기초환산량 = 당기환산량)

전체산출물량에는 당기에 완성된 완성품 1,000개와 기말재공품 400개를 모두 합쳐서 1,400개의 완성품환산량에 해당하는 재료원가가 포함되어 있다. 전체산출량 1,400개 속에는 기초재공품에 포함된 200개의 재료원가와 당기발생분이 모두 들어가서 산출된 것이다. 따라서 당기분 재료원가로 산출한 당기분 완성품환산량은 전체완성품환산량 1,400개에서 기초재공품완성품환산량 200개를 제외한 1,200개가 된다. 즉, 전체산출량 1,400개는 전기산출량 중에서 남아있던 기초재공품 200개와 당기분산출량으로 구성되므로, 전체산출량 1,400개에서 전기분산출량 200개를 제외하면 당기분산출량 1,200개가 계산되는 것이다.

(2) 기초재공품과 당기완성품환산량의 단위당 원가

① 기초재공품의 환산량 단위당 원가 :

₩60,000 ÷ 200개 = @300
기초재공품원가 기초환산량 기초단가

기초재공품의 환산량이 200개였고 기초재공품의 재료원가가 ₩60,000이였으므로 기초재공품의 완성품환산량 단위당 원가는 @300이다.

② 당기발생원가의 환산량 단위당 원가 :

₩385,200 ÷ 1,200개 = @321
당기발생원가 당기환산량 기초단가

당기에 발생한 재료원가는 ₩385,200이고 당기원가로 산출한 당기완성품환산량은 1,200개이므로 당기발생원가의 완성품환산량 단위당 원가는 @321이다.

③ 전체완성품환산량의 가중평균한 단위당 원가 :

(₩60,000+₩385,200) ÷ 1,400개 = @318
전체재료원가 ₩445,200 전체완성품환산량 평균단가

가중평균한 단가를 계산하기 위해서는 기초재료원가와 당기재료원가를 합계한 전체재료원가 ₩445,200을 기초분과 당기분이 모두 포함된 전체완성품환산량 1,400개로 나누어 계산한다.

(3) 원가흐름가정에 따른 완성품과 기말재공품 원가

기초재공품에 200개(단가 @300)가 있었고 당기발생한 원가는 1,200개분(단가 @321)이였다. 이 재료원가로 산출한 수량이 완성품은 1,000개이고 기말재공품은 400개이다. 원가흐름의 가정에 따라 선입선출법은 최초 산출량에 기초재공품 단가를 적용하는 것이고 평균법은 기초와 당기를 가중평균한 단가를 적용하는 것이다.

재공품

기 초 200개× @300 (전기단가)	완 성 품 1,000개× ?
당 기 1,200개× @321 (당기단가)	기말재공품 400개× ?

선입선출법－전기단가부터 적용
평균법－가중평균단가 적용

① 완성품 1,000개의 원가

선입선출법 : 200개×@300+800개×@321=₩316,800
전기단가 우선 적용 당기단가 적용물량(기초제외)

가중평균법 : 1,000개×@318=₩318,000
　　　　　　전체물량에 평균단가 적용

선입선출법에서는 기초재공품 200개가 먼저 완성된 것으로 보아 기초단가 @300을 적용하고, 남은 물량 800개는 당기단가를 적용해서 완성품 원가를 계산한다. 반면에 평균법에서는 전체완성량 1,000개에 평균단가를 적용한다.

② 기말재공품 400개의 원가

선입선출법 : 400개×@321=₩128,400
　　　　　　당기단가 적용

가중평균법 : 400개×@318=₩127,200
　　　　　　평균단가 적용

선입선출법에서는 기말재공품 400개에 당기단가 @321을 적용하고, 평균법에서는 평균단가 @318을 적용한다.

예제에서 살펴본 바와 같이 종합원가계산에서도 원가흐름 가정에 따라서 단가를 적용하는 순서가 달라지게 되는데 이때 단가적용수량에 완성품환산량을 사용하면 되는 것이다. 종합원가계산에서 완성품환산량에 원가흐름을 적용하는 것을 예제의 내용으로 나타내보면 다음과 같다.

재공품(재료원가만 포함)

기 초	200개×@300 =₩60,000	완성품 1,000개	FIFO : 200개×@300(전기단가)+800개×@321(당기단가)= ₩316,800 평균법 : 1,000개×@318(평균단가)= ₩318,000
당 기	1,200개×@321 =₩385,200		
합 계	1,400개×@318 =₩445,200	기 말 400개	FIFO : 400개×@321(당기단가)= ₩128,400 평균법 : 400개×@318(평균단가)= ₩127,200

원가흐름가정에 완성품환산량을 적용하는 것을 좀 더 자세히 살펴보기 위해 가공원가만을 포함한 다음의 예제를 생각해 보자.

예제 [4-4] 기초재공품이 존재하는 경우(가공원가만 존재)

(주)원가는 가공원가만 존재하는 것으로 가정한다. 가공원가는 공정전반에 걸쳐서 투입된다. 기초재공품이 200개가 60% 완성도로 가공되어 있었으며 기초재공품금액은 ₩24,000이였다. 당기에는 가공원가가

₩243,840이 발생하였다. 당기에 완성되어 제품창고로 대체된 수량은 1,000개이고, 기말재공품은 400개가 20%의 완성도로 남아 있다.

재공품(가공원가만 존재)

기초	수량	200개	완성	수량	1,000개
	금액	₩24,000		금액	?
당기발생	수량	?	기말	수량	400개
	금액	₩243,840		금액	?

요구사항

1. 다음의 완성품 환산량을 구하시오.
   (1) 기초재공품의 완성품환산량
   (2) 기말재공품의 완성품환산량
   (3) 당기완성품 환산량
2. 다음의 완성품환산량 단위당 원가를 각각 구하시오.
   (1) 기초재공품에 포함된 전기 완성품환산량 단위당 원가
   (2) 당기발생원가의 완성품환산량 단위당 원가
   (3) 가중평균한 완성품환산량 단위당 원가
3. 선입선출법과 평균법에 따라 다음 산출량의 원가를 계산하시오.
   (1) 완성품원가
   (2) 기말재공품원가

---

(4) 가공원가의 당기완성품환산량

① 기초재공품의 완성품 환산량 : 200개(기초재공품수량) × 60%(기초완성도) = 120개(기초완성품환산량)

② 기말재공품의 완성품 환산량 : 400개(기말재공품수량) × 20%(기말완성도) = 80개(기말완성품환산량)

③ 가공원가의 당기완성품환산량

완성품환산량(가공원가)

기초	120개	완성품	1,000개
당기	?	기말재공품	80개
			1,080개

전체 완성품 환산량에는 당기가공원가와 기초가공원가가 모두 들어가서 산출된 물량이다.

가공원가의 전체 산출량 1,080개 속에 포함되어 있는 120개의 기초재공품 부분을 제외한 960개가 당기가공원가로 산출한 당기완성품환산량이다.

완성품 1,000개+기말재공품 80개 − 120개 = 960개
기초분과 당기분이 모두 포함된 전체환산량 기초환산량 당기환산량

전체산출물량에는 당기에 완성된 완성품 1,000개와 기말재공품 완성품환산량 80개(400개×20%)를 모두 합쳐서 1,080개의 완성품환산량에 해당하는 가공원가가 포함되어 있다. 전체산출량 1,080개 속에는 기초재공품에 포함된 120개(200개×60%)의 가공원가와 당기발생 가공원가분이 모두 들어가서 산출된 것이다. 따라서 당기분 가공원가 완성품환산량은 전체완성품환산량 1,080개에서 기초재공품완성품환산량 120개를 제외한 960개가 된다.

04

(5) 기초재공품과 당기완성품환산량의 단위당 원가

① 기초재공품의 환산량 단위당 원가 :

₩24,000 ÷ 120개 = @200
기초재공품원가 기초환산량 기초단가

기초재공품의 가공원가 완성품환산량이 120개였고 기초재공품의 가공원가가 ₩24,000이였으므로 기초재공품의 가공원가 완성품환산량 단위당 원가는 @200이다.

② 당기발생원가의 환산량 단위당 원가 :

₩243,840 ÷ 960개 = @254
당기발생원가 당기환산량 기초단가

당기에 발생한 가공원가는 ₩243,840이고 당기발생원가로 산출한 당기완성품환산량은 960개이므로 당기발생 가공원가의 완성품환산량 단위당 원가는 @254이다.

③ 전체완성품환산량의 가중평균한 단위당 원가 :

(₩24,000+₩243,840) ÷ 1,080개 = @248
전체가공원가 ₩267,840 전체완성품환산량 평균가공단가

가공원가의 가중평균한 단가를 계산하기 위해서는 기초가공원가와 당기가공원가를 합계한 전체가공원가 ₩267,840을 기초분과 당기분이 모두 포함된 전체완성품환산량 1,080개로 나누어 계산한다.

(6) 원가흐름가정에 따른 완성품과 기말재공품 원가

기초재공품에 가공원가가 120개분(단가 @200)이 있었고 당기발생한 가공원가는 960개분(단가 @254)였다. 이 가공원가로 산출한 수량이 완성품은 1,000개이고 기말재공품은 80개분이다. 원가흐름의 가정에 따라 선입선출법은 최초 산출량에 기초재공품 단가를 적용하는 것이고 평균법은 기초와 당기를 가중평균한 단가를 적용해서 산출물 금액을 계산한다.

재공품(가공원가)

차변		대변	
기 초	120개 × @200 (전기단가)	완 성 품	1,000개 × ?
당 기	960개 × @254 (당기단가)	기말재공품	80개 × ?

선입선출법－전기단가부터 적용
평균법－가중평균단가 적용

① 완성품 1,000개의 가공원가

선입선출법 : 120개 × @200 + 880개 × @254 = ₩247,520
(120개 × @200: 전기단가 우선 적용, 880개: 당기단가 적용물량(기초제외))

가중평균법 : 1,000개 × @248 = ₩248,000
(전체물량에 평균단가 적용)

선입선출법에서는 기초재공품의 가공원가 완성품환산량 120개가 먼저 완성된 것으로 보아 기초단가 @200을 적용하고, 남은 물량 880개는 당기단가 @254를 적용해서 완성품원가를 계산한다. 반면에 평균법에서는 완성량 1,000개에 평균단가 @248을 적용한다.

② 기말재공품 400개의 가공원가

선입선출법 : 80개 × @254 = ₩20,320
(당기단가 적용)

가중평균법 : 80개 × @248 = ₩19,840
(평균단가 적용)

기말재공품은 400개이지만 가공원가 완성품 환산량은 80개이므로 80개분의 가공원가를 배분한다. 선입선출법에서는 기말재공품 80개에 당기단가 @254를 적용하고, 평균법에서는 평균단가 @248을 적용한다.

가공원가를 완성품환산량을 기준으로 원가흐름을 적용하면 산출물원가가 어떻게 계산되는지를 예제의 내용으로 나타내면 다음과 같다.

재공품(가공원가 완성품환산량 기준)

차변		대변		
기 초	120개 × @200 = ₩24,000	완 성 품 1,000개	FIFO : 120개 × @200(전기단가) + 880개 × @254(당기단가) =	₩247,520
당 기	960개 × @254 = ₩243,840		평균법 : 1,000개 × @248(평균단가) =	₩248,000
합 계	1,080개 × @248 = ₩267,840	기 말 400개	FIFO : 80개 × @254(당기단가) =	₩20,320
			평균법 : 80개 × @248(평균단가) =	₩19,840

2. 평균법의 5단계 적용

'평균법(weighted average method, 가중평균법)'은 기초재공품원가와 당기발생원가를 구분하지 않고 평균화해서 완성품과 기말재공품에 배분하는 방법이다. 따라서 평균법은 원가요소별로 기초재공품의 금액과 당기발생액을 합계한 전체원가를 전체완성품환산량으로 나누어 평균단가를 계산하고 이를 기준으로 완성품과 기말재공품에 원가를 배분한다.

평균법에서는 평균단가만 사용하기 때문에 기초단가나 당기단가를 사용하지 않는다. 따라서 평균법으로 종합원가계산하는 경우에는 평균단가를 계산하는데 초점을 두고 5단계를 적용한다.

① **1단계 물량의 흐름 파악** : 공정에 투입된 기초재공품과 당기투입량을 파악하고 공정에서 산출된 완성품물량과 기말재공품물량도 파악한다.

② **2단계 완성품환산량 계산** : 재료원가와 가공원가를 구분해서 원가요소별로 완성품과 기말재공품의 전체완성품환산량을 계산한다. 왜냐하면 재료원가와 가공원가는 투입시점이 다르므로 기초재공품이나 기말재공품에 포함된 완성품 환산량이 서로 다르기 때문이다.

③ **3단계 총원가의 요약** : 기초재공품원가와 당기발생원가를 합계하여 배분대상 전체금액을 원가요소별(재료원가와 가공원가)로 파악한다. 원가배분기준인 완성품환산량이 원가요소별로 다르므로 원가도 원가요소별로 구분한다.

④ **4단계 단위당 원가의 계산** : 원가요소별(재료원가와 가공원가)로 배부대상 전체원가를 전체완성품환산량으로 나누어 완성품환산량 단위당 원가를 구한다. 이렇게 계산된 완성품환산량 단위당 원가는 평균적인 원가에 해당한다.

⑤ **5단계 원가의 배분** : 완성품의 완성품환산량에 단위당 평균원가를 곱해서 완성품원가를 계산하고 기말재공품의 완성품환산량에 단위당 평균원가를 곱해서 기말재공품원가를 계산한다.

이와 같이 적용되는 평균법에 따른 종합원가계산을 이해하기 위해서 다음의 예제를 살펴보도록 하자.

예제 [4-5] 기초재공품이 존재하는 경우-평균법

(주)원가도자기는 성형공정을 통해서 도자기접시를 생산해서 판매하는 회사이다. 원재료인 흙은 공정의 착수시점에 전부 투입하고 가공원가는 공정전반에 걸쳐서 발생하고 있으며 원가계산과 관련된 자료는 다음과 같다.

물 량			
기초재공품	200개(0.6)	당기완성	1,000개
당기착수	1,200	기말재공품	400(0.2)
	1,400개		1,400개

재공품(원가)			
기초재공품	₩84,000	완성품원가	?
직접재료원가	385,200		
직접노무원가	120,000		
제조간접원가	123,840	기말재공품원가	?
	₩713,040		₩713,040

기초재공품에는 ₩60,000의 재료원가와 ₩24,000의 가공원가가 포함되어 있고, 가공원가 완성도는 60%였으며, 기말재공품의 가공원가완성도는 20%였다.

요구사항

평균법의 원가흐름을 가정하고 완성품과 기말재공품원가를 계산하시오.

해답

	[1단계] 물량의 흐름	[2단계] 완성품 환산량 재료원가	가공원가	합 계
기초재공품	200(60%)			
당기착수	1,200			
	1,400개			
당기완성품	1,000	1,000개	1,000개	
기말재공품	400(20%)	400	80	
	1,400개	1,400개	1,080개	
[3단계] 총원가의 요약				
기초재공품원가		₩60,000	₩24,000	₩84,000
당기발생원가		385,200	243,840*	629,040
합계		₩445,200	₩267,840	₩713,040
[4단계] 환산량 단위당 원가				
완성품환산량		÷1,400개	÷1,080개	
환산량단위당원가		@318	@248	
[5단계] 원가의 배분				
완성품원가		1,000개×@318+1,000개×@248=		₩566,000
기말재공품원가		400개×@318+80개×@248=		147,040
합계				₩713,040

전체완성품환산량 계산

기초와 당기원가를 합한 전체원가를 집계

평균단가

평균단가를 사용해서 산출물에 원가배분

* 가공원가 : ₩120,000+₩123,840=₩243,840

예제에서 알 수 있듯이 종합원가계산을 하기 위해서는 물량흐름정보(1단계)와 공정에 투입된 원가정보(3단계)를 원가계산 전에 미리 알고 있어야 하며, 5단계법에 따라 종합원가계산을 해서 산출물원가(5단계)인 완성품원가와 기말재공품원가를 계산하게 된다. 이 때 평균법은 기초재공품원가와 당기발생원가를 구분하지 않고, 전체합계금액을 전체완성품환산량으로 나누어 계산한 평균단가를 기준으로 배분한다.

3. 선입선출법의 5단계 적용

'선입선출법(first-in first-out method : FIFO)'은 기초재공품이 먼저 작업되어 완성품이 되고, 당기착수물량은 그 다음으로 작업되어 완성되고 일부는 기말재공품으로 남는 것으로 원가흐름을 가정하는 것으로 실제물량흐름에 가까운 방법이다. 선입선출법을 적용해서 종합원가계산을 하게 되면 기초재공품은 먼저 완성된 것으로 보기 때문에 기초재공품원가는 전액을 완성품원가에 가산해야 한다. 그리고 당기발생원가만을 완성품환산량 단위당원가를 계산해서 당기완성품과 기말재공품에 배분한다.

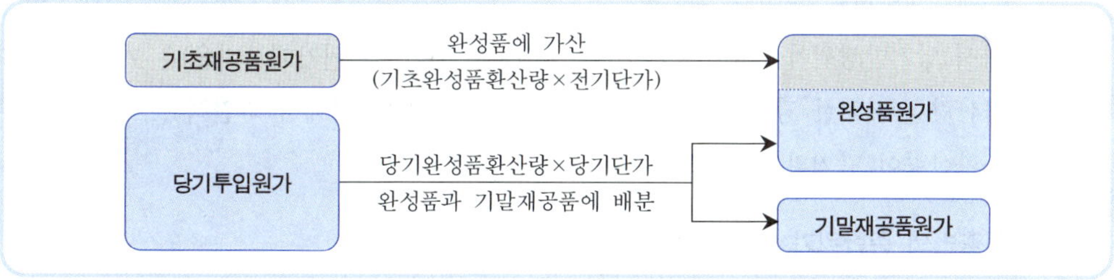

(1) 선입선출법 완성품 환산량

선입선출법이 평균법과 가장 크게 차이나는 점은 기초재공품원가의 처리다. 선입선출법에서는 기초재공품이 먼저 완성된 것으로 가정하므로 기초재공품원가는 전액이 완성품에 가산된다. 왜냐하면 선입선출법에서는 기초재공품에 있던 전기단가를 제일 먼저 완성품에 적용하게 된다. 그러면 결과적으로 기초재공품원가 전액이 완성품에 포함된다. 따라서 간편하게 선입선출법을 적용하면 기초재공품원가 전액을 완성품에 배분하면 된다. 한편, 당기발생원가를 배분하기 위한 완성품환산량(당기원가배분비율)은 기초재공품의 완성품환산량을 제외한 당기완성품환산량을 계산해야 한다. [예제 4-5]의 자료를 기초로 선입선출법을 이용하여 당기완성품 환산량을 계산하면 다음과 같다.

	[1단계] 물량의 흐름	[2단계] 완성품 환산량	
		재료원가	가공원가
기 초 재 공 품	200(60%)	200	120
당 기 착 수	1,200		
	1,400개		
당 기 완 성			
기 초 재 공 품	200	0	80
당 기 착 수	800	800	800
기 말 재 공 품	400(20%)	400	80
	1,400개	1,200개	960개

기초재공품원가는 완성품에 가산하므로 기초재공품완성품환산량은 당기완성품환산량에서 제외함

당기완성품환산량을 계산한다. (당기완성품환산량은 당기발생원가를 배분하는 기준의 역할을 한다.)

[예제 4-5]의 물량 중에서 기초재공품 200개가 60%의 완성도를 가지고 있다. 따라서 기초재공품에는 이미 200개의 재료원가와 120개의 가공원가가 투입되어 있는 상태였고, 기초재공품원가 ₩84,000은 이 물량과 관련된 원가이다. 그런데 선입선출법에서는 ₩84,000의 기초재공품원가는 전액이 완성품에 가산될 것이므로 기초재공품의 물량과 단가는 원가배분을 위해 별도로 파악하지 않아도 된다.

따라서 당기발생원가를 배분하기 위한 완성품환산량(당기원가배분비율)은 기초재공품의 완성품환산량을 제외한 당기완성품환산량을 계산해야 하며, 앞에서 파란색으로 표시된 부분의 완성품환산량이 당기완성품환산량이다.

(2) 선입선출법의 종합원가계산 절차

선입선출법에서는 기초재공품이 먼저 완성된 것으로 가정하므로 기초재공품원가는 전액이 완성품원가에 가산된다. 그래서 3단계에서 원가를 요약할 때도 기초재공품원가는 총액만 파악하고, 5단계를 적용할 때도 기초재공품원가는 완성품원가에 바로 가산된다. 선입선출법을 사용해서 5단계를 적용하는 경우에 각 단계별로 주의할 점은 다음과 같다.

① **1단계 물량의 흐름 파악** : 산출물량을 파악할 때 완성품을 기초재공품완성품과 당기착수완성품으로 구분하여 파악하고 기말재공품물량도 파악한다.

② **2단계 완성품환산량 계산** : 기초완성품과 당기완성품 및 기말재공품에 포함된 당기투입된 완성품환산량을 원가요소별로 계산한다. 단, 기초재공품에 이미 포함되어 있는 완성품환산량은 제외한다.

③ **3단계 총원가의 요약** : 기초재공품원가는 총액만 파악하고 당기발생원가만 원가요소별(재료원가와 가공원가)로 파악한다.

④ **4단계 단위당 원가의 계산** : 원가요소별(재료원가와 가공원가)로 당기발생원가를 당기완성품환산량으로 나누어 당기완성품환산량 단위당 원가를 계산한다.

⑤ **5단계 원가의 배분** : 기초재공품원가는 전액을 완성품에 배분하고 당기완성품환산량에 단위당 원가를 곱해서 완성품원가와 기말재공품원가를 구한다.

선입선출법에 따라서 종합원가계산을 적용하는 절차를 이해하기 위해서 [예제 4-5]의 자료를 기초로 종합원가계산을 하면 다음과 같다.

제조원가보고서(선입선출법)

	[1단계] 물량의 흐름	[2단계] 완성품 환산량 재료원가	[2단계] 완성품 환산량 가공원가	합 계
기초재공품	200(60%)			
당기착수	1,200			
	1,400개			
당기완성				
┌ 기초재공품	200	0	80	← 당기완성품 환산량만 계산 기초재공품 완성품환산량 제외
└ 당기착수	800	800	800	
기말재공품	400(20%)	400	80	
	1,400개	1,200개	960개	
[3단계] 총원가의 요약				
기초재공품원가				₩84,000
당기발생원가		₩385,200	₩243,840	629,040
합 계				₩713,040
[4단계] 환산량 단위당 원가				
완성품환산량		÷1,200개	÷960개	
환산량단위당원가		@321	@254	← 당기단가
[5단계] 원가의 배분				
완성품원가	₩84,000 +800개×@321+880개×@254=			₩ 564,320
기말재공품원가	400개×@321+80개×@254=			148,720
합 계				₩713,040

기초재공품원가는 전기단가가 적용된 물량이므로 선입선출법에서 기초재공품원가는 총액을 파악하였다가 완성품원가에 모두 가산한다.

이와 같이 5단계에 따라 선입선출법을 적용하면 3단계에 집계된 기초재공품원가 ₩84,000은 단가 계산없이 완성품원가에 바로 가산되고, 완성품과 기말재공품에 배분해야 하는 원가는 당기발생재료원가 ₩385,200과 당기발생가공원가 ₩243,840이다. 따라서 완성품환산량은 당기발생원가를 배분할 수 있도록 당기완성품환산량을 계산하며, 기초재공품의 완성품환산량은 포함하지 않는다.

4. 평균법과 선입선출법의 비교

평균법은 기초재공품원가와 당기발생원가를 구분하지 않고 전체원가를 전체완성품환산량을 기준으로 완성품과 기말재공품에 배분한다. 반면에 선입선출법은 기초재공품은 먼저 완성된 것으로 가정하여 기초재공품원가는 완성품원가에 바로 가산하고, 당기발생원가만을 당기완성품환산량을 기준으로 배분한다. 평균법과 선입선출법의 차이점을 요약하면 다음과 같다.

구 분	평 균 법	선입선출법
원가계산방법	기초재공품을 당기에 착수하여 완성한 것으로 가정하여 당기발생원가와 함께 완성품과 기말재공품에 안분함	기초재공품원가는 전액 완성품원가에 배분하고 당기발생원가는 완성품원가와 기말재공품원가에 안분함
완성품환산량	총원가에 대하여 계산됨	당기발생원가로 이루어진 작업량만으로 계산됨
환산량 단위당 원가	$\frac{\text{기초재공품원가}+\text{당기발생원가}}{\text{총완성품환산량}}$	$\frac{\text{당기발생원가}}{\text{당기완성품환산량}}$
특 징	계산과정은 간편하지만 전기와 당기의 원가가 가중평균되므로 원가계산의 정확성이 떨어짐	전기의 작업능률과 당기의 작업능률을 구분하므로 원가통제상 유용한 정보를 제공함
원가흐름가정	실제 물량흐름과 부합하지 않음	실제 물량흐름에 보다 충실함

참고로 평균법과 선입선출법의 당기완성품 환산량은 기초재공품의 완성품환산량만큼 차이가 난다.

$$\underbrace{\text{평균법 완성품환산량}}_{\text{전체완성품환산량}}=\underbrace{\text{기초재공품 완성품환산량}}_{\text{전기분완성품환산량}}+\underbrace{\text{선입선출법 완성품환산량}}_{\text{당기완성품환산량}}$$

[예제 4-5]의 완성품환산량을 비교하면 다음과 같다.

원가요소	완성품환산량 기초재공품(전기분)		선입선출법(당기)		평균법(전체)
재료원가	200개	+	1,200개	=	1,400개
가공원가	120개	+	960개	=	1,080개

[예제 4-3]에서 평균법과 선입선출법에 따라 단가가 어떻게 적용되는지를 비교하면 다음의 그림과 같다.

		기초재공품원가(전기단가)	당기발생원가(당기단가)	전체원가(평균단가)
배분 대상 원가	재료원가	₩60,000(200개×@300)	₩385,200(1,200개×@321)	₩445,200(1,400개×@318)
	가공원가	₩24,000(120개×@200)	₩243,840(960개×@254)	₩267,840(1,080개×@248)
		₩84,000	₩629,040	₩713,040

배분

산출물 원가 (배분)		완성품원가(기초물량×기초단가+당기물량×당기단가)			기말재공품원가(당기단가)
	선입선출법				
	재료원가	200개×@300(₩60,000)	+	800개×@321(₩256,800)	400개×@321
	가공원가	120개×@200(₩24,000)	+	880개×@254(₩223,520)	80개×@254
		₩564,320			₩148,720

산출물 원가 (배분)		완성품원가(전체물량×평균단가)	기말재공품원가(평균단가)
	평균법		
	재료원가	1,000개×@318(₩318,000)	400개×@318
	가공원가	1,000개×@248(₩248,000)	80개×@248
		₩566,000	₩147,040

예제와 같이 기초재공품의 단가가 당기단가보다 작은 경우에는 선입산출법의 완성품원가가 평균법의 완성품원가보다 작다. 왜냐하면 선입선출법에서 단가가 작은 기초재공품이 완성품에 가산되기 때문이다.

04

제 3 절 종합원가계산의 회계처리

앞 절에서는 종합원가계산의 계산절차에 대해 살펴보았다. 이번 절에서는 다음의 예제를 이용해서 종합원가계산의 회계처리에 대해 살펴보도록 하겠다.

예제 [4-6] 종합원가계산외 회계처리

(주)원가도자기는 성형공정을 통해서 도자기접시를 생산해서 판매하는 회사이다. 원재료인 흙은 공정의 착수시점에 전부 투입하고 가공원가는 공정전반에 걸쳐서 발생하고 있으며 원가계산과 관련된 자료는 다음과 같다.

(1) (주)원가의 4월초 재공품과 제품의 기초잔액은 다음과 같다.

재공품(200개)	₩84,000(재료원가 ₩60,000, 가공원가 ₩24,000)
제　품(100개)	50,000(100개×@500)

(2) 4월 중의 제조관련원가와 판매관리비는 다음과 같다.

	제조원가	판매관리비	성격별 금액
원재료사용액	₩385,200		₩385,200
종업원급여	120,000		120,000
감가상각비	30,000	₩50,000	80,000
보 험 료	50,000	60,000	110,000
수선유지비	20,000		20,000
수도광열비	23,840		23,840
판매수수료		20,000	20,000
여비교통비		50,000	50,000
합 계	₩629,040	₩180,000	₩809,040

(3) 기초재공품은 200개(완성도 60%)가 있었고 당기착수량은 1,200개, 완성량은 1,000개, 기말재공품은 400개(완성도 20%)였다. ([예제 4-3]의 재공품계정과 동일한 물량과 원가금액을 가정한다.)

(4) 기말제품재고는 200개이고 제품의 단위당 평균판매가격은 ₩1,000이였다. 재고자산의 원가흐름가정은 선입선출법이다.

요구사항

1. 투입된 원가를 집계하는 회계처리를 하시오.
2. 산출물에 대한 회계처리를 하시오.
3. 기능별 구분방법과 성격별 구분방법에 따라 손익계산서를 작성하시오.

1. 투입원가집계의 회계처리

재공품계정의 차변에 당기발생원가를 집계하는 회계처리는 개별원가계산과 동일하게 발생주의에 따라 집계하면 된다. 당기발생원가는 종합원가계산을 하기 전에 미리 집계되어 있어야만 원가를 배분할 수 있다. 예제의 당기총제조원가를 재공품계정에 집계하는 분개를 살펴보면 다음과 같다.

(차) 재 공 품	629,040	(대) 원 재 료	385,200
		직접노무원가	120,000
		제조간접원가	123,840

2. 산출물의 원가계산과 회계처리

각 공정별로 제조원가를 재공품계정에 집계한 뒤에는 종합원가계산을 적용해서 완성품원가와 기말재공품원가를 계산한다. 종합원가계산을 통해서 파악한 단위당 제조원가를 기초로 당기제품제조원가와 매출원가를 계산해서 회계처리한다.

(1) 당기제품제조원가의 회계처리

종합원가계산에서는 산출물인 완성품과 기말재공품의 원가를 계산하기 위해서 재공품계정을 5단계법을 통해 계산해야 한다. [예제 4-4]는 [예제 4-3]의 선입선출법 종합원가계산결과와 동일하므로 완성품원가는 ₩564,320이 되며 당기에 완성된 제품의 단위당 원가는 @564.32(₩564,320÷1,000개)이다.

- **당기제품제조원가의 계산시점** : 당기제품제조원가는 재공품계정의 대변에 기록하고 제품계정의 차변에 기록한다.

(차) 제 품	564,320	(대) 재 공 품	564,320

(2) 매출원가의 회계처리

당기제품제조원가를 제품계정 차변에 집계하고 나면 판매가능제품(기초제품+당기제품제조원가)을 파악할 수 있고, 판매가능제품금액에서 기말제품계정잔액을 차감해서 매출원가를 계산한다. 이때 선입선출법은 기초제품단가와 당기제품단가를 구분해서 원가흐름가정에 따라 적용한다.

₩50,000+₩564,320−₩112,864*=₩501,456

* 기말제품재고 : 200개×@564.32=₩112,864

- **매출원가의 계산시점** : 매출원가금액은 제품계정의 대변에 기록하고 매출원가 계정의 차변에 기록한다.

(차) 매 출 원 가	501,456	(대) 제 품	501,456

(3) 발생액과 비용화금액이 차이

종합원가계산에서도 개별원가계산과 동일하게 발생액과 비용화된 금액의 차이는 재공품과 제품의 재고변동액만큼 차이가 난다. [예제 4-4]의 발생한 당기총제조원가를 집계하고 비용화된 매출원가를 회계처리하는 과정을 T계정을 이용해서 살펴보면 다음과 같다.

재공품

	차변		대변	
	기 초 재 고	84,000	당기제품제조원가	564,320
당기총제조원가	직접재료원가	385,200		
당기총제조원가	직접노무원가	120,000		
당기총제조원가	제조간접원가	123,840	기 말 재 고	148,720
	합 계	713,040	합 계	713,040

제 품

차변		대변	
기 초 재 고 (100개×@500)	50,000	매 출 원 가	501,456
당기제품제조원가 (1,000개×@564.32)	564,320	기 말 제 품 (200개×@564.32)	112,864
합 계	614,320	합 계	614,320

당기발생액(당기총제조원가)	₩629,040	재공품과 제품의 기초재고	₩134,000
비용화된 금액(매출원가)	501,456	재공품과 제품의 기말재고	261,584
발생액과 비용화금액의 차이	₩127,584	재고증가액	₩127,584

금액크기가 동일

제조원가 발생액인 당기총제조원가와 비용화된 매출원가의 차이 ₩127,584은 재공품과 제품의 재고변동금액 ₩127,584과 일치하며 재고증가액만큼 비용화된 금액이 감소한다.

3. 손익계산서의 작성

손익계산서는 기능별 구분방법에 의한 손익계산서와 성격별 구분방법에 의한 손익계산서를 모두 작성할 수 있다.

(1) 기능별 구분방법에 의한 포괄손익계산서

기능별 구분방법에 의한 손익계산서는 매출원가와 판매관리비가 표시되어 매출총이익과 영업이익 나타나도록 다음과 같이 손익계산서를 작성한다.

기능별 포괄손익계산서

Ⅰ. 매출액	900개×@1,000=	₩900,000
Ⅱ. 매출원가		
1. 기초제품재고원가	₩50,000	
2. 당기제품제조원가	564,320	
3. 기말제품재고원가	(112,864)	(501,456)
Ⅲ. 매출총이익		₩398,544
Ⅳ. 판매비와 관리비		
1. 감가상각비	₩50,000	
2. 보험료	60,000	
3. 판매수수료	20,000	
4. 여비교통비	50,000	(180,000)
Ⅴ. 영업이익		₩218,544

(2) 성격별 구분방법에 의한 포괄손익계산서

성격별 구분방법에 의한 손익계산서는 비용성격별로 총금액이 표시되도록 손익계산서를 작성하며 성격별비용발생액 총액과 비용화된 총액과의 차이인 재공품과 제품의 재고변동금액이 다음과 같이 표시되어 기능별 구분방법에 의한 손익계산서와 영업이익은 동일한 금액이 계산된다.

성격별 포괄손익계산서

Ⅰ. 매출액			₩900,000
Ⅱ. 제품과 재공품변동	₩(127,584)		
원재료사용액	385,200		
종업원급여	120,000		
감가상각비	80,000		
보험료	110,000		
수선유지비	20,000		
수도광열비	23,840		
판매수수료	20,000		
여비교통비	50,000		(681,456)
Ⅲ. 영업이익			₩218,544

04

제 4 절 전공정원가의 개념과 원가계산

많은 기업들은 여러 공정을 거쳐서 제품을 생산하는 경우가 일반적이다. 이런 경우에는 종합원가계산과정에서 다음의 사항을 주의해야 한다.

① 여러 공정이 존재하는 경우에는 공정별로 각각 종합원가계산을 해야 한다. 이런 이유로 종합원가계산을 공정별원가계산(process costing)이라고도 한다.

② 최초공정에서 완성된 완성품은 제품이 되는 것이 아니라 다음 공정에 다시 투입되어 추가로 가공된다. 이와 같이 앞 공정의 완성품이 다음 공정에 다시 투입되는 품목을 '전공정대체품(transferred-in)'이라 한다.

③ 최초공정의 완성품원가(transferred-out cost)는 다음공정 입장에서는 전공정대체품의 원가이므로 그 원가를 '전공정원가(transferred-in costs)'라고 한다.

전공정원가는 후속공정입장에서는 공정의 시작시점에 새로 투입되는 재료원가와 동일한 성격을 가진다. 차이가 있다면 재료원가는 외부에서 구입한 금액인 반면에 전공정원가는 앞 공정에서 제조해서 받은 금액이라는 것 뿐이다. 전공정원가를 이해하기 위해서 성형공정과 굽기공정이 있는 다음의 고급접시회사를 가정해보자.

- 성형공정 : 찰흙을 재료로 돌림판을 이용해서 반제품인 건조한 접시를 만드는 공정이다. 이 공정에서 사용하는 원재료는 찰흙이고 완성품은 건조한 접시이다. 건조한 접시(완성품)의 원가를 계산하기 위해서는 종합원가계산을 해야 한다.

• 굽기공정 : 성형공정에서 받은 건조한 접시에 유약을 바르고 가마에서 굽는 과정을 거쳐서 판매 가능한 고급접시로 만드는 공정이다. 굽기공정의 주재료는 건조한 접시이며 부재료로 유약이 들어간다.

이 예에서 굽기공정의 경우에 앞 공정(성형공정)의 완성품인 건조한 접시를 주재료로 사용하므로 건조한 접시가 전공정대체품이고 건조한 접시의 원가는 전공정원가가 된다. 즉, 성형공정과 굽기공정은 각각 종합원가계산해야 하며, 앞 공정인 성형공정의 완성품원가(건조한 접시)는 뒷공정인 굽기공정 입장에서는 전공정원가가 된다.

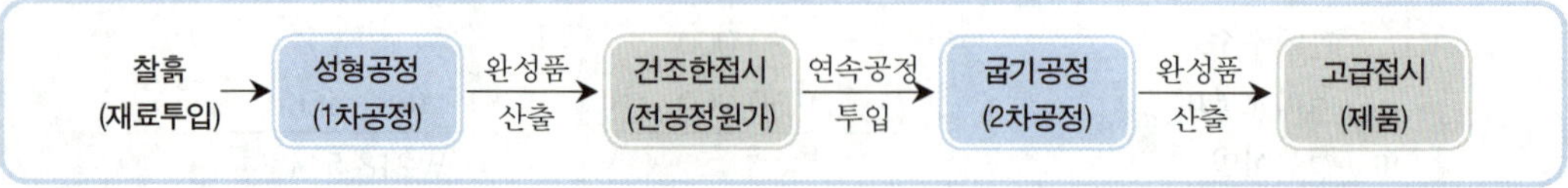

앞의 [예제 4-3]의 자료가 성형공정에 대한 자료라고 하면 성형공정의 완성품원가 ₩566,000 (평균법 적용)은 제품이 되는 것이 아니라, 전공정대체품이 되어 다음공정인 굽기공정에 투입되어 추가로 가공되고, ₩566,000은 다음 공정 입장에서 보면 전공정원가로서 다음공정의 재공품계정 차변에 집계된다. 이를 T계정으로 살펴보면 다음과 같다.

재공품(성형공정)

차변		대변	
기초재고	84,000	완성품원가	566,000
직접재료원가	385,200		
직접노무원가	120,000		
제조간접원가	123,840	기말재고	147,040
합계	713,040	합계	713,040

재공품(굽기공정)

차변		대변	
기초재고	×××	당기제품 제조원가	×××
전공정원가	566,000		
직접재료원가	×××		
직접노무원가	×××	기말재고	×××
제조간접원가	×××		
합계	×××	합계	×××

연속공정이 있는 경우에 종합원가계산을 하는 과정에서 전공정원가와 관련해서 주의할 내용을 정리하면 다음과 같다.

① 전공정원가는 공정의 착수시점에 투입하는 것으로 가정한다. 공정이 연속되어 있는 경우 앞공정의 완성품을 후속공정에서 추가가공하는 것이므로 전공정원가는 후속공정 입장에서 주재료인 경우가 대부분이며 따라서 주재료인 전공정원가는 공정의 착수시점에 투입되는 경우가 일반적이다.

② 재료원가는 투입시점를 정확히 검토해야 한다. 후속공정입장에서는 전공정원가가 주재료이고 재료원가(예 유약)는 부재료이므로 투입시점이 착수시점이 아닌 경우가 대부분이다. 따라서 완성품환산량을 계산하기 위해서 투입시점을 정확하게 파악해야 한다.

③ 앞 공정의 완성품 산출량이 후속공정의 투입량이 된다. 앞 공정에서 완성된 반제품이 후속공정에 투입되어 가공되는 것이므로 앞 공정의 산출량이 그대로 다음공정의 투입량이 되는 것이 일반적이다. 따라서 앞 공정의 완성품원가가 그대로 후속공정의 당기발생 전공정원가로 집계된다.

예제 [4-7] 후속공정의 종합원가계산

(주)원가도자기는 각 공정별로 별도로 종합원가계산을 적용하고 있으며 성형공정에서 완성한 건조한 접시를 굽기공정에 투입해서 고급접시로 만들어 판매하고 있다. 굽기공정은 반제품인 건조한 접시를 전공정대체물로 받아서 공정의 30%시점에 유약을 바르고 가마에서 굽기를 거쳐서 고급접시를 완성한다. 후속공정인 굽기공정의 원가관련 자료는 다음과 같다.

재공품(물량)

차변		대변	
기초재공품	200개(0.1)	당기완성	800개
당기착수	1,000	기말재공품	400(0.2)
	1,200개		1,200개

재공품(원가)

차변		대변	
기초재공품	₩134,000	완성품원가	?
전공정원가	566,000		
직접재료원가	160,000		
직접노무원가	150,000		
제조간접원가	128,640	기말재공품원가	?
	₩1,138,640		₩1,138,640

기초재공품의 전공정원가는 ₩124,000이고 가공원가는 ₩10,000이며 완성도는 10%이고 기말재공품의 완성도는 20%이다.

요구사항

1. 평균법의 원가흐름을 가정하고 완성품과 기말재공품원가를 계산하시오.
2. 선입선출법의 원가흐름을 가정하고 완성품과 기말재공품원가를 계산하시오.

1. 평균법

후속공정인 굽기공정에서는 앞 공정에서 받은 건조한 접시(전공정원가)를 공정착수시점에 투입하여 가공하다가 공정의 30%시점에 유약(재료원가)을 추가로 투입하고 나서 계속 가공해서 고급접시(제품)를 완성한다. 따라서 굽기공정입장에서는 전공정원가(건조접시)와 재료원가(유약) 및 가공원가의 투입시점이 서로 다르므로 완성품환산량을 계산할 때는 이 세 가지 원가요소를 구분해서 계산해야 한다.

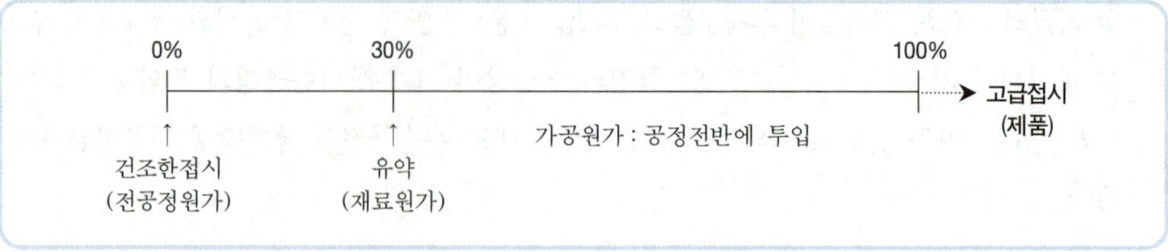

예를 들어 기말재공품 400개(완성도 20%)에는 건조한 접시(전공정원가)는 400개분이 모두 투입되어 있지만 유약(재료원가)은 입히지 않은 상태이고, 가공원가는 80개(400개×20%)만 투입되어 있다. 따라서 완성품환산량은 이 3가지 원가요소를 구분해서 계산해야 하며 평균법에 따라 후속공정인 굽기공정을 종합원가계산하면 다음과 같다.

제조원가보고서(평균법)

	[1단계] 물량의 흐름	[2단계] 완성품 환산량			
		전공정원가	재료원가	가공원가	
기초재공품	200(10%)				
당기착수	1,000				
	1,200개				
당기완성	800	800	800	800	
기말재공품	400(20%)	400	0	80	
	1,200개	1,200개	800개	880개	
[3단계] 총원가의 요약					합계
기초재공품원가		₩124,000	₩0	₩10,000	₩134,000
당기발생원가		566,000	160,000	278,640*	1,004,640
합계		₩690,000	₩160,000	₩288,640	₩1,138,640
[4단계] 환산량 단위당 원가					
완성품환산량		÷1,200개	÷800개	÷880개	
환산량단위당원가		@575	@200	@328	
[5단계] 원가의 배분					
완성품원가		800개×@575+800개×@200+800개×@328=			₩882,400
기말재공품원가		400개×@575+0개×@200+80개×@328=			256,240
합계					₩1,138,640

재료원가는 30% 시점에 투입하므로 20%가 완성된 기말재공품에는 재료가 투입되지 않는다.

* 가공원가 : ₩150,000+₩128,640=₩278,640

2. 선입선출법

선입선출법에서는 기초재공품원가를 당기원가의 배분비율 계산대상에서 제외하므로 당기완성품환산량을 찾을 때도 기초재공품의 완성품환산량은 제외한다. 대신에 기초재공품원가를 별도로 파악해 두었다가 완성품에 직접 가산한다. 예제의 자료를 이용해서 선입선출법에 따라 종합원가계산을 적용하는 것을 구체적으로 살펴보면 다음과 같다.

제조원가보고서(선입선출법)

	[1단계] 물량의 흐름	[2단계] 완성품 환산량 전공정원가	재료원가	가공원가	합계
기초재공품	200(10%)				
당기착수	1,000				
	1,200개				
당기완성					
┌ 기초재공품	200	0	200	180	
└ 당기착수	600	600	600	600	
기말재공품	400(20%)	400	0	80	
	1,200개	1,000개	800개	860개	
[3단계] 총원가의 요약					합계
기초재공품원가					₩134,000
당기발생원가		₩566,000	₩160,000	₩278,640	1,004,640
합계					₩1,138,640
[4단계] 환산량 단위당 원가					
완성품환산량		÷1,000개	÷800개	÷860개	
환산량단위당원가		@566	@200	@324	
[5단계] 원가의 배분					
완성품원가	₩134,000+600개×@566+800개×@200+780개×@324=				₩886,320
기말재공품원가	400개×@566+0개×@200+80개×@324=				252,320
합계					₩1,138,640

전기에 기초재공품에 이미 투입되어 있던 물량은 제외하고 당기완성품환산량만 계산한다.

여기서 기초재공품 200개에는 건조한 접시(전공정원가)는 200개분이 모두 투입되어 있었고 유약(재료원가)은 입히지 않은 상태였으며, 가공원가는 20개(200개×10%)만 투입되어 있었으며 그 물량의 금액이 기초재공품원가인 ₩134,000이다. 선입선출법에서는 3단계에서 기초재공품원가 ₩134,000을 총액만 파악해 놓았다가 5단계에서 전액을 완성품원가에 직접 가산한다. 이런 이유로 2단계의 완성품환산량을 계산할 때 선입선출법에서는 기초재공품의 완성품환산량은 제외한다. 그리고 당기발생원가들만 당기완성품환산량(기초완성품환산량은 제외)을 기준으로 배분하게 된다.

3. 원가흐름의 회계처리(연속되는 제조공정)

지금까지 연속되는 제조공정이 존재하는 경우에 종합원가계산을 적용하는 방법에 대해 살펴보았는데 이에 대한 회계처리는 어떻게 되는지에 대해서도 살펴보도록 하자.

[예제 4-3]의 성형공정이 선행공정이고, [예제 4-5]의 굽기공정이 후속공정인 경우에 평균법을 적용하면 각 공정별로 재공품계정이 필요하며 두 재공품 계정에는 다음과 같은 내용이 기록된다.

앞 공정의 완성품원가가 뒷 공정의 전공정원가가 된다.

재공품(성형공정)

차변		대변	
기 초 재 고	84,000	완성품원가	566,000*
직접재료원가	385,200		
직접노무원가	120,000		
제조간접원가	123,840	기 말 재 고	147,040
합 계	713,040	합 계	713,040

재공품(굽기공정)

차변		대변	
기 초 재 고	134,000	당기제품 제조원가	882,400
전 공 정 원 가	566,000		
직접재료원가	160,000		
직접노무원가	150,000	기말재고	256,240
제조간접원가	128,640		
합 계	1,138,640	합 계	1,138,640

① **성형공정에 투입된 원가의 집계** : 성형공정에 투입된 제조원가를 성형공정 재공품의 차변에 집계한다.

(차) 재공품-성형공정	629,040	(대) 원 재 료	385,200
		직 접 노 무 원 가	120,000
		제 조 간 접 원 가	123,840

② **성형공정의 완성품원가의 굽기공정 대체** : 성형공정을 종합원가계산해서 완성품원가를 계산한 후에 완성품원가를 굽기공정 재공품의 차변으로 대체한다. 이 금액이 전공정원가에 해당한다.

(차) 재공품-굽기공정	566,000	(대) 재공품-성형공정	566,000

③ **굽기공정의 제조원가 집계** : 성형공정에서 받은 전공정원가를 집계한 뒤에는 굽기공정에서 새로 투입한 제조원가를 굽기공정 재공품의 차변으로 집계한다.

(차) 재공품-굽기공정	438,640	(대) 원 재 료	160,000
		직 접 노 무 원 가	150,000
		제 조 간 접 원 가	128,640

④ **굽기공정의 완성품원가의 제품 대체** : 굽기공정을 종합원가계산해서 완성품원가를 계산한 후에 완성품원가를 제품계정의 차변으로 집계한다. 이 금액이 당기제품제조원가에 해당한다.

(차) 제 품	882,400	(대) 재공품-굽기공정	882,400

이상에서 살펴본 바와 같이 여러 공정을 통해서 제품이 생산되는 경우에는 공정별로 별도의 재공품계정을 두고, 투입된 원가를 집계한 뒤에 공정별로 물량을 파악해서 각각 종합원가계산을 한다.

한편, 앞에서 살펴본 두 공정의 내용을 기초로 제조원가명세서를 작성하면 다음과 같다.

제조원가명세서

	성형공정		굽기공정		
Ⅰ. 직접재료원가	₩385,200	+	₩160,000	=	₩545,200
Ⅱ. 직접노무원가	₩120,000	+	₩150,000	=	270,000
Ⅲ. 제조간접원가	₩123,840	+	₩128,640	=	252,480
Ⅳ. 당기총제조원가					₩1,067,680
Ⅴ. 기초재공품재고원가	₩84,000	+	₩134,000	=	218,000
합　계					₩1,285,680
Ⅵ. 기말재공품재고원가	₩147,040	+	₩256,240	=	(403,280)
Ⅶ. 당기제품제조원가					₩882,400

이와 같이 종합원가계산에서도 제조원가명세서를 작성하게 되는데 여기서 주의할 점은 전공정원가는 제조원가명세서에 나타나지 않는다는 것이다. 전공정원가는 공정별로 공정사이에 대체되는 반제품인데 제조원가명세서를 작성할 때는 재공품계정을 통합해서 기록하므로 재공품 사이에서 대체되는 전공정원가는 나타나지 않게 된다. 즉, 재무제표에는 전공정원가가 나타나지 않는다.

제 5 절 공손의 구분과 원가배분

'공손품(spoilage)'은 품질표준에 미달해서 품질검사에서 불합격한 불량품을 말한다. 공손품은 폐기되거나 정상가격 이하로 처분되므로 공손품을 제조하는 과정에서 투입된 원가는 대부분 수익을 창출할 수 없으므로 공손품은 일반적인 재고자산으로 평가할 수 없다. 이번 절에서는 이와 같은 공손품의 회계처리에 대해 살펴보도록 하겠다.

1. 정상공손과 비정상공손

공손품에 대한 회계처리의 핵심은 공손품원가를 어떻게 배분할 것인가에 있으며 이를 위해 공손품은 정상공손과 비정상공손으로 구분한다.

① 정상공손(normal spoilage) : 효율적인 작업환경에서 나타나는 공손으로 정상제품을 생산하는 과정에서 피할 수 없이 발생하는 공손을 말한다. 정상공손으로 인해 발생한 원가는 정상제품을 생산하기 위해서 불가피하게 발생하는 것이므로 일반적으로 제조원가의 일부로 판단한다.

② 비정상공손(abnormal spoilage) : 기계고장이나 사고를 최소화하고 효율적으로 작업을 수행하면 회피할 수 있는 공손으로 효율적인 작업환경에서는 나타나지 않았어야 하는 공손을 말한다. 비정상공손의 원가는 수익창출활동과 무관하므로 제조원가에 포함하지 않고 발생시점에 기간비용(기타비용)으로 처리한다.

(1) 정상공손수량의 결정기준

원가계산을 위해서는 우선 정상공손수량을 파악해야 하는데, 현실적으로 정상공손과 비정상공손을 구분하는 것이 힘들다. 따라서 많은 기업에서 공손품은 품질검사를 통해서 발견되므로 정상공손은 품질검사에 합격한 합격품의 일정비율 등으로 허용수준을 정의하는 것이 일반적이다.

> (당기)정상공손수량 = 당기품질검사합격물량 × 정상공손허용률
> (당기품질검사합격물량: 전기합격물량 제외)

여기서 주의할 점은 검사합격물량을 계산할 때 전기검사합격물량은 제외하고 당기합격물량만을 계산해야 한다는 것이다. 왜냐하면 전기검사합격물량은 전기에 검사를 통과하면서 공손품을 남겼을 것이므로 전기에 발견된 공손품과 관련되고, 당기에 발생한 공손품과는 관련이 없기 때문이다.

이렇게 계산된 정상공손의 허용수준 이내에서 발생하는 공손은 정상공손으로 판단하고 이를 초과해서 발생한 공손은 비정상공손으로 판단한다.

예제 [4-8] 당기검사합격물량의 파악 및 정상공손수량계산

나무산업은 목재를 가공해서 한 종류의 야구방망이를 대량으로 생산하는 회사로 원재료인 목재는 공정의 착수시점에 모두 투입되고 가공원가는 공정 내에서 균등하게 발생한다. 나무산업은 품질검사에 합격한 수량의 10%를 정상적인 공손품으로 판단하고 있으며 지난 1년간의 생산관련 자료는 다음과 같다.

재공품의 물량흐름

기 초 재 공 품	400개(0.4)	당 기 완 성 량	1,000개
당 기 착 수 량	1,400개	공 손 수 량	200개
		기 말 재 공 품	600개(0.8)
합 계	1,800개	합 계	1,800개

기초재공품의 가공원가 완성도는 40%이고, 기말재공품의 가공원가 완성도는 80%이다.

요구사항

품질검사를 시행한 시점이 다음과 같은 경우에 정상공손수량을 구하시오.

(1) 10%시점에서 품질검사를 시행한 경우

(2) 50%시점에서 품질검사를 시행한 경우

(3) 100%시점에서 품질검사를 시행한 경우

당기에 산출된 공손수량 중에서 정상공손수량을 결정하기 위해서는 당기검사합격물량을 계산해야 하는데 당기검사합격물량을 계산하는 방법에는 직접계산법과 전기합격물량 차감법이 있다.

(2) 당기검사합격물량의 계산–직접계산법

직접계산법은 품질검사에 합격할 가능성이 있는 산출물량을 유형별로 구분해서 당기합격여부를 직접 검토하는 방법으로 선입선출법을 사용할 때 주로 적용된다. 당기 검사에 합격할 가능성이 있는 전체 물량은 기초재공품완성량, 당기착수완성량, 기말재공품이며, 이를 검토해서 당기검사합격물량을 계산한다. 주의할 점은 기초재공품이 전기에 이미 검사에 통과한 경우에는 당기검사합격물량에서 제외해야 한다는 것이다.

예제에서 품질검사시점이 10%, 50%, 100%인 경우에 선입선출법에 따라 예제의 물량 중에서 품질검사에 합격할 수 있는 물량을 구분해서 당기합격물량을 파악하면 다음과 같다.

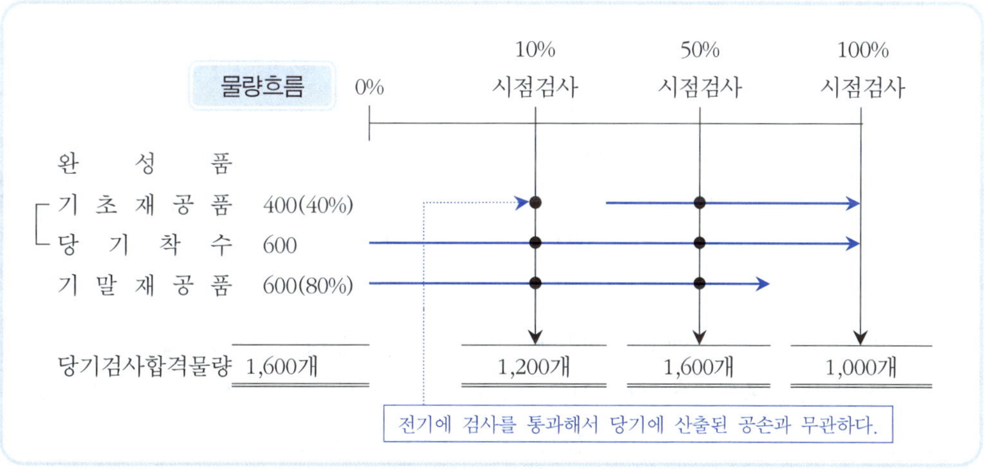

당기검사합격물량계산을 위해 품질검사를 10%에 실시한 경우를 각 물량의 유형별로 당기합격여부를 판단해 보자

① 기초재공품 400개 : 기초에 완성도가 40%여서 전기에 이미 10%의 검사시점을 통과한 상태이므로 당기합격물량이 아니다. 기초재공품이 전기에 검사를 통과했다면 검사를 통과하면서 발생한 정상공손은 전기의 공손품이며 당기정상공손과는 관계가 없기 때문에 전기에 검사를 통과한 기초재공품은 당기합격물량에 포함하지 않는다.

② 당기착수완성물량 600개 : 당기에 검사를 합격한 물량이며 당기에 정상공손을 발생시키면서 검사를 통과했다.

③ 기말재공품 600개 : 80%까지 완성되었으므로 당기에 10%검사시점을 통과해서 검사에 합격하였다.

따라서 당기에 검사에 합격한 물량은 1,200개이며, 이 물량이 당기에 검사를 합격하는 과정에서 검사에 불합격하여 공손품이 된 수량이 200개인 것이다.

다음으로 품질검사를 50%에 실시하는 경우를 생각해 보자. 이 경우에는 기초재공품도 당기에 검사시점을 통과했을 것이므로 이를 당기품질검사합격물량에 포함시켜야 한다. 마지막으로 품질검사를 100%에 실시하는 경우에는 기말재공품은 품질검사를 통과하지 못했기 때문에 당기검사합격물량에 포함시켜서는 안된다.

(3) 당기검사합격물량의 계산－전기합격물량 차감법

전기합격물량 차감법은 품질검사에 합격한 전체물량 중에서 전기에 검사에 합격한 물량을 차감하여 당기에 합격한 물량을 계산하는 방법이다. 이는 주로 평균법으로 종합원가계산하는 경우에 사용되는 방법으로 전기검사합격물량을 차감하는 이유는 전기에 검사합격물량은 전기의 정상공손수량과 관련되며 당기공손품과는 관련이 없기 때문이다.

검사시점	전체검사합격물량 완성품		기말재공품		합격물량(①)	전기합격물량(②)	당기검사합격물량(①－②)
10%	1,000개	+	600개	=	1,600개	400개	1,200개
50	1,000	+	600	=	1,600	0	1,600
100	1,000	+	0	=	1,000	0	1,000

여기에서 전기에 검사에 이미 합격했을 가능성이 있는 물량은 기초재공품이다. 따라서 기초재공품의 완성도를 검토해서 검사시점을 통과한 경우에는 전기합격물량으로 보아 전체검사합격물량에서 이를 차감해야만 당기검사합격물량을 계산할 수 있다.

이와 같이 당기검사합격물량을 계산하는 방법에는 두 가지가 있는데, 어느 방법을 사용하든 당기검사합격물량은 동일하게 계산된다. 다만, 적용의 편의상 선입선출법에서는 직접계산법을 주로 사용하고 평균법에서는 전기합격물량 차감법을 사용한다.

(4) 정상공손수량

당기검사합격물량에 정상공손비율을 곱하여 정상공손수량을 계산하고 총공손수량에서 정상공손수량을 차감하여 비정상공손수량을 계산한다. 이렇게 계산한 정상공손수량은 정확하게 표현하면 당기정상공손수량이다. 당기공손 중에서 정상공손을 계산한 것이므로 당기정상공손수량에 해당하는데 일반적으로 그냥 정상공손수량이라고 사용한다. 예제에서 정상공손수량을 검사에 합격한 수량의 10%라고 간주하므로 정상공손수량과 비정상공손수량은 다음과 같이 계산된다.

04

검사시점	정상공손수량 (당기검사합격수량×10%)	비정상공손수량 (총공손수량－정상공손수량)
10%	1,200개×10%=120개	200개－120개= 80개
50	1,600개×10%=160개	200개－160개= 40개
100	1,000개×10%=100개	200개－100개=100개

한편, 당기검사합격물량이 평균법과 선입선출법이 동일하므로 정상공손수량도 평균법과 선입선출법이 동일하다.

2. 정상공손원가의 처리

정상공손원가는 검사합격물의 원가에 가산했다가 검사합격물량이 판매되는 시점에 매출원가로 비용화되어 매출과 대응되도록 한다. 그 이유는 정상공손이란 제품을 생산하기 위해 불가피하게 발생한 공손을 의미하므로 수익과 비용을 적절히 대응시키려면 정상공손과 관련된 검사합격물량이 판매되어 수익이 창출되는 시점에 정상공손원가가 비용화되어야 하기 때문이다. 정상공손원가의 처리와 관련해서 주의할 사항을 정리하면 다음과 같다.

① 공손품은 회계처리목적을 위해 정상공손과 비정상공손으로 구분한다. 이를 위해 당기검사합격물량을 계산한 후에 당기검사합격물량에 정상공손률을 곱해서 정상공손수량을 결정하고 나머지 공손품을 비정상공손수량으로 파악한다.

② 공손품의 가공원가 완성도는 검사시점의 완성도를 사용한다. 검사시점에 공손품이 발견되면 그 이후로는 가공을 하지 않기 때문에 검사시점의 완성도만큼 공손품은 가공이 이루어진다.

③ 정상공손원가는 검사합격물량에 따라 당기완성품과 기말재공품에 배분해야 한다. 검사합격물량이 정상공손을 발생시키면서 수익창출능력을 가지게 된 물량이므로 완성품과 기말재공품에 포함된 검사합격물량을 기준으로 정상공손원가를 배분한다.

④ 비정상공손은 기간비용으로 처리한다. 제조활동을 효율적으로 수행하면 방지할 수 있는 것이므로 비정상공손원가는 재고자산화하지 않고 발생시점에 기간비용으로 처리해야 한다.

⑤ 선입선출법에 의해 원가계산을 할 경우 모든 공손품은 당기에 착수한 물량에서 발생하고 기초재공품은 모두 당기에 완성된 것으로 가정하고 완성품환산량을 계산하는데, 이를 수정된 선입선출법(modified first-in first-out method)이라고 한다. 선입선출법이라도 실제물량은 기초재공품 중에 일부가 공손품이 되었겠지만 이를 고려하게 되면 종합원가계산이 매우 복잡해지는 반면에 그 실익은 크지 않다. 따라서 기초재공품에서 발생한 공손품도 당기에 착수한 물량에서 발생한 것처럼 당기의 완성품환산량 단위당 원가를 적용한다.

예제 [4-9] 공손–기말재공품이 검사를 통과하지 않은 경우

(주)원가는 제작공정을 통해 만년필을 대량생산하는 기업이다. 원재료는 공정의 착수시점에 전부 투입하고 가공원가는 공정전반에 걸쳐서 발생하고 있으며 원가계산과 관련된 자료는 다음과 같다.

	물량자료	재료원가	가공원가
기 초 재 공 품	400개(40%)	₩148,000	₩62,400
당 기 착 수	1,400	392,000	273,600
당 기 완 성	1,000		
공 손	200		
기 말 재 공 품	600개(80%)		

품질검사를 합격한 수량의 10%에 해당하는 공손수량은 정상공손으로 간주한다. 검사는 공정의 100% 완성시점에서 이루어진다.

요구사항

1. 평균법의 원가흐름을 가정하는 경우에 완성품원가와 기말재공품원가를 구하시오.
2. 선입선출법의 원가흐름을 가정하는 경우에 완성품원가와 기말재공품원가를 구하시오.

정상공손원가를 집계하고 배분하는 방법을 이해하기 위해 예제의 자료를 평균법에 따라 5단계를 적용해서 계산하는 과정을 순서대로 살펴보자.

1단계 : 물량흐름 파악

산출물을 물리적으로 구분하면 완성품과 공손품 및 기말재공품으로 구분되는데, 이 중에서 공손품은 회계처리목적을 위해 정상공손과 비정상공손으로 구분한다. 이를 위해 당기검사합격물량을 계산한 후에 당기검사합격물량에 정상공손률을 곱해서 정상공손수량을 결정하고 나머지 공손품을 비정상공손수량으로 파악한다.

• 당기검사합격물량(전기합격물량차감법) : 1,000개(완성)+0개(기말)−0개(기초)=1,000개
전체합격 전기합격

• 정상공손수량 : 1,000개×10%=100개

2단계 : 완성품환산량의 계산

공손이 존재하는 경우에 산출물량은 완성품, 정상공손, 비정상공손, 기말재공품의 네 가지 물량으로 파악되며, 각 물량별로 완성품환산량을 계산한다.

	[1단계] 물량의 흐름	[2단계] 완성품 환산량	
		재료원가	가공원가
기초재공품	400(40%)		
당기착수	1,400		
	1,800개		
당기완성	1,000	1,000	1,000
정상공손	100(100%)	100	100
비정상공손	100(100%)	100	100
기말재공품	600(80%)	600	480
	1,800개	1,800개	1,680개

공손품의 가공원가완성도는 검사시점의 완성도로 한다.

주의할 점은 공손품의 가공원가 완성도는 검사시점의 완성도를 사용한다는 것이다. 예제의 경우 검사시점이 공정의 100% 완성시점이므로 공손품의 가공원가 완성도는 100%이다.

3단계와 4단계 : 총원가의 요약과 환산량 단위당 원가의 계산

[3단계] 총원가의 요약	재료원가	가공원가	합 계
기초재공품원가	₩148,000	₩62,400	₩210,400
당기발생원가	392,000	273,600	665,600
합 계	₩540,000	₩336,000	₩876,000
[4단계] 환산량 단위당 원가			
안성품환산량	÷1,800개	÷1,680개	
환산량단위당원가	@300	@200	

평균단가

5단계 1차 배분 : 원가의 배분

네 가지 산출물량인 완성품, 정상공손, 비정상공손, 기말재공품에 원가를 배분해서 네 가지 산출물량의 원가를 계산한다.

[5단계] 원가의 배분(1차 배분)

		합 계
완 성 품 원 가	1,000개×@300+1,000개×@200=	₩500,000
정 상 공 손 원 가	100개×@300+100개×@200=	50,000
비정상공손원가	100개×@300+100개×@200=	50,000
기말재공품원가	600개×@300+480개×@200=	276,000
합 계		₩876,000

5단계 2차 배분 : 정상공손원가의 배분

5단계 2차 배분에서 정상공손원가는 검사합격물량에 배분한다. 이때 기말재공품이 검사시점을 통과했는지에 따라 정상공손원가를 검사합격물량에 배분하는 대상이 다르다.

① **기말재공품이 검사를 통과하지 않은 경우** : 정상공손품의 원가는 완성품에만 배분해야 한다. 왜냐하면 기말재공품이 아직 검사를 통과하지 않아서 당기검사합격물량이 포함되어 있지 않기 때문에 정상공손원가도 배분하지 않는다.

② **기말재공품이 검사시점을 통과한 경우** : 정상공손원가는 완성품과 기말재공품에 배분한다. 기말재공품에도 당기검사합격물량이 포함되어 있으므로 정상공손원가를 검사합격물량에 따라 당기완성품과 기말재공품에 배분해야 한다.

정상공손원가의 배분

기말재공품이 검사통과하지 않은 경우	기말재공품이 검사통과한 경우
정상공손원가를 완성품에만 배분한다.	정상공손원가를 당기검사합격물량에 따라 완성품과 기말재공품에 배분한다.

예제의 경우에 기말재공품이 검사시점을 통과하지 않았기 때문에 정상공손원가는 전액 완성품에만 배분한다.

[5단계] 원가의 배분(2차 배분)

	배분 전 원가	정상공손원가배분	배분 후 원가
완 성 품 원 가	₩500,000	₩50,000	₩550,000
정 상 공 손 원 가	50,000	(50,000)	0
비정상공손원가	50,000		50,000
기말재공품원가	276,000		276,000
합 계	₩876,000	₩0	₩876,000

정상공손원가는 당기검사합격물량에 배분한다.

(1) 평균법

이상에서 살펴본 공손이 포함된 종합원가계산을 5단계법에 따라 적용하는 과정을 제조원가보고서 형태로 한 번에 정리하면 다음과 같다.

제조원가보고서(평균법)

	[1단계] 물량의 흐름	[2단계] 완성품환산량 재료원가	가공원가	
기초재공품	400(40%)			
당기착수	1,400			
	1,800개			
당기완성	1,000	1,000	1,000	
정상공손	100(100%)	100	100	검사시점이 100%이므로 공손품의 가공원가완성도는 100%이다.
비정상공손	100(100%)	100	100	
기말재공품	600(80%)	600	480	
	1,800개	1,800개	1,680개	
[3단계] 총원가의 요약				합계
기초재공품원가		₩148,000	₩62,400	₩210,400
당기발생원가		392,000	273,600	665,600
합계		₩540,000	₩336,000	₩876,000
[4단계] 환산량 단위당 원가				
완성품환산량		÷1,800개	÷1,680개	
환산량단위당원가		@300	@200	
[5단계] 원가의 배분				
(1차 배분)				
완성품원가		1,000개×@300+1,000개×@200=		₩500,000
정상공손원가		100개×@300+100개×@200=		50,000
비정상공손원가		100개×@300+100개×@200=		50,000
기말재공품원가		600개×@300+480개×@200=		276,000
합계				₩876,000

(2차 배분)

	배분 전 원가	정상공손원가배분	배분 후 원가
완성품원가	₩500,000	₩50,000	₩550,000
정상공손원가	50,000	(50,000)	0
비정상공손원가	50,000		50,000
기말재공품원가	276,000		276,000
합계	₩876,000	₩0	₩876,000

(2) 선입선출법

[예제 4-9]의 원가자료를 이용해서 선입선출법을 적용하는 경우에 정상공손원가를 배분하는 방법에 대해 살펴보자. 공손이 있는 경우 1단계에서는 정상공손수량을 파악해야 하고 이를 위해 당기검사합격물량을 찾아야 한다. 선입선출법으로 물량흐름을 가정하는 경우에 당기검사합격물량은 직접계산법을 사용해서 파악하는 것이 간편하다.

> 당기검사합격물량 : 400개(기초완성)+600개(당기완성)+0개(기말재공품)=1,000개

당기검사합격물량이 1,000개로 파악되었으므로 정상공손수량은 100개(1,000개×10%)가 된다. 정상공손수량은 평균법과 선입선출법이 동일하다. 그 이유는 평균법이나 선입선출법 모두 당기검사합격물량을 기준으로 정상공손수량을 계산하기 때문이다.

제조원가보고서(선입선출법)

	[1단계]	[2단계] 완성품 환산량		
	물량의 흐름	재료원가	가공원가	
기초재공품	400(40%)			
당기착수	1,400			
	1,800개			
당기완성				
┌기초재공품	400	0	240	← 기초재공품에 전기에 투입된 완성품환산량은 제외
└당기착수	600	600	600	
정상공손	100(100%)	100	100	
비정상공손	100(100%)	100	100	
기말재공품	600(80%)	600	480	
	1,800개	1,400개	1,520개	
[3단계] 총원가의 요약				합 계
기초재공품원가				₩210,400
당기발생원가		₩392,000	₩273,600	665,600
합계				₩876,000
[4단계] 환산량 단위당 원가				
완성품환산량		÷1,400개	÷1,520개	
환산량단위당원가		@280	@180	← 당기단가
[5단계] 원가의 배분				
(1차 배분)				
완성품원가	₩210,400+600개×@280+840개×@180=			₩529,600
정상공손원가	100개×@280+100개×@180=			46,000
비정상공손원가	100개×@280+100개×@180=			46,000
기말재공품원가	600개×@280+480개×@180=			254,400
합계				₩876,000

(2차 배분)

	배분 전 원가	정상공손원가배분	배분 후 원가
완 성 품 원 가	₩529,600	₩46,000	₩575,600
정 상 공 손 원 가	46,000	(46,000)	0
비정상공손원가	46,000		46,000
기말재공품원가	254,400		254,400
합 계	₩876,000	₩0	₩876,000

선입선출법을 적용하는 경우에 기초재공품원가 ₩210,400을 바로 완성품에 가산한다는 점을 제외하면 정상공손수량과 정상공손원가를 배분하는 방법은 평균법과 차이가 없다.

한편, 선입선출법은 수정된 선입선출법(modified first-in first-out method)을 적용한다. 이는 모든 공손품은 당기에 착수한 물량에서 발생하고 기초재공품은 모두 당기에 완성된 것으로 가정하고 완성품환산량을 계산하는 방법을 말한다. 기초재공품이 검사를 통과하지 않은 상태였다면 이 물량이 당기중에 검사를 하는 과정에서 일부는 공손품이 될 것이다. 따라서 기초재공품원가의 일부는 공손품에도 배분하는 것이 실제 물리적 물량흐름에 부합한다. 하지만 이를 고려하게 되면 종합원가계산이 매우 복잡해지는 반면에 그 실익은 크지 않아서 기초재공품에서 발생한 공손품도 당기에 착수한 물량에서 발생한 것처럼 당기의 완성품환산량 단위당 원가를 적용한다.

3. 기말재공품이 검사시점을 통과하는 경우

기말재공품이 검사시점을 통과한 경우에는 정상공손원가 중에 일부를 기말재공품에 배분해야 한다. 당기정상공손원가는 당기검사합격물량 중에서 완성품과 기말재공품에 포함되어 있는 수량의 비율대로 배분하면 되는데 다음 예제를 통해서 구체적으로 살펴보도록 하자.

예제[4-10] 공손–기말재공품이 검사를 통과한 경우

(주)용감한은 종합원가계산방법을 사용하고 있는데 재료는 공정초기에 전량이 투입되며 가공비는 공정 전반에 걸쳐 발생한다. 20×2년의 원가자료는 다음과 같다.

기 초 재 공 품:	수 량	4,000개	당 기 완 성 량	8,000개
	재 료 비	₩100,000	공 손 수 량	1,000개
	가 공 비	80,000	기 말 재 공 품: 수 량	1,000개
	완 성 도	20%	완 성 도	60%

당기발생원가 : 착 수 량　　6,000개
　　　　　　　재 료 비　₩180,000
　　　　　　　가 공 비　　830,000

품질검사는 공정의 50% 시점에 이루어지며, 품질검사를 합격한 수량의 10%에 해당하는 공손수량은 정상공손으로 간주한다.

요구사항

1. 평균법의 원가흐름을 가정하는 경우에 완성품원가와 기말재공품원가를 구하시오.
2. 선입선출법의 원가흐름을 가정하는 경우에 완성품원가와 기말재공품원가를 구하시오.

기말재공품이 검사시점을 통과한 경우에 정상공손원가를 집계하고 배분하기 위해 주의해야 할 단계는 5단계 중에서 1단계인 물량흐름 파악과 5단계 2차 배분이다. 이 단계들에서 주의할 사항을 우선 살펴보면 다음과 같다.

1단계 : 물량흐름 파악

공손수량을 회계처리목적을 위해 당기검사합격물량을 계산해야 하는데 이 때 기말재공품도 검사를 통과했으므로 이를 고려해서 당기검사합격물량을 파악해야 한다.

• 전기합격물량차감법(평균법에서 적용)
8,000개(완성)+1,000개(기말)−0개(기초)=9,000개
(8,000개(완성)+1,000개(기말): 전체합격, 0개(기초): 전기합격)

• 직접계산법(선입선출법에서 적용)
4,000개(기초완성)+4,000개(당기완성)+1,000개(기말재공품)=9,000개
(4,000개(기초완성)+4,000개(당기완성): 완성량 중 당기합격, 1,000개(기말재공품): 기말재공품중 당기합격)

• 정상공손수량(당기정상공손수량)
9,000개(당기합격)×10%(정상공손비율)=900개
(평균법과 선입선출법이 동일)

정상공손수량은 900개(9,000개×10%)이며, 비정상공손수량은 총공손수량 1,000개에서 정상공손수량 900개를 차감한 100개이다. 참고로 전기합격물량차감법을 사용하든 직접계산법을 사용하든 당기검사합격물량 자체는 동일하다는 것은 이미 설명한 바와 같다.

5단계 : 2차 배분 정상공손원가의 배분

정상공손원가는 당기검사합격물량에 배분하는데 검사합격물량은 검사를 통과한 후에 완성되었거나 기말재공품에 남아 있으므로 정상공손원가는 완성품과 기말재공품에 포함되어 있는

당기검사합격물량의 비율에 따라 배분하면 된다. 예제에서 완성품과 기말재공품에 포함되어 있는 당기검사합격물량을 계산해 보면 다음과 같다.

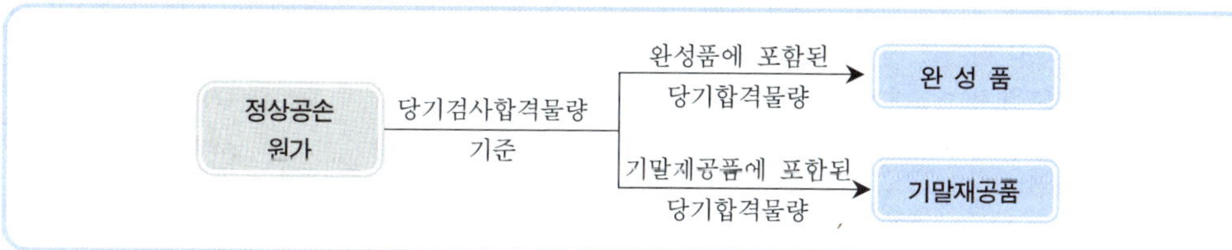

따라서 예제에서 당기정상공손원가는 완성품과 기말재공품에 8,000개 : 1,000개의 비율로 배분하면 된다.

(1) 평균법

이상의 주의할 점을 고려해서 예제의 원가자료를 토대로 평균법으로 물량흐름을 가정하고 5단계법에 따라서 종합원가계산을 하면 다음과 같다.

	[1단계] 물량의 흐름	[2단계] 완성품 환산량 재료원가	가공원가	
기 초 재 공 품	4,000(20%)			
당 기 착 수	6,000			
	10,000개			
당 기 완 성	8,000	8,000	8,000	
정 상 공 손	900(50%)	900	450	검사시점이 50%이므로 공손품의 가공원가 완성도는 50%이다.
비 정 상 공 손	100(50%)	100	50	
기 말 재 공 품	1,000(60%)	1,000	600	
	10,000개	10,000개	9,100개	

[3단계] 총원가의 요약	재료원가	가공원가	합 계
기초재공품원가	₩100,000	₩80,000	₩180,000
당기발생원가	180,000	830,000	1,010,000
합 계	₩280,000	₩910,000	₩1,190,000
[4단계] 환산량 단위당 원가			
완성품환산량	÷10,000개	÷9,100개	
환산량단위당원가	@28	@100	평균단가

[5단계] 원가의 배분

(1차 배분)

완 성 품 원 가	8,000개×@28+8,000개×@100=	₩1,024,000
정 상 공 손 원 가	900개×@28+450개×@100=	70,200
비정상공손원가	100개×@28+50개×@100=	7,800
기말재공품원가	1,000개×@28+600개×@100=	88,000
합 계		₩1,190,000

(2차 배분)

	배분전원가	정상공손원가배분	배분후원가
완 성 품 원 가	₩1,024,000	₩62,400*	₩1,086,400
정 상 공 손 원 가	70,200	(70,200)	0
비 정 상 공 손 원 가	7,800		7,800
기 말 재 공 품 원 가	88,000	7,800*	95,800
합 계	₩1,190,000	₩0	₩1,190,000

완성품과 기말재공품의 검사합격물량 기준으로 배분

* 정상공손원가는 검사시점을 통과한 물량을 기준으로 완성품과 기말재공품에 배분한다.
완성품 배분액 : ₩70,200×8,000개/(8,000개+1,000개)=₩62,400
기말재공품 배분액 : ₩70,200×1,000개/(8,000개+1,000개)=₩7,800

정상공손원가 ₩70,200은 당기검사합격물량 9,000개가 검사를 합격하면서 발생한 당기정상공손품 900개의 원가이므로 완성품과 기말재공품에 포함되어 있는 당기검사합격물량 8,000개와 1,000개의 비율에 따라 완성품과 기말재공품에 배분한다.

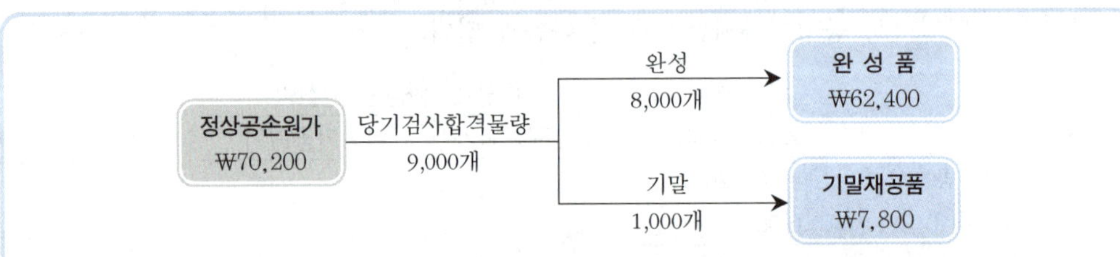

(2) 선입선출법

이번에는 선입선출법을 적용하는 경우에 5단계법에 따라 종합원가계산을 하면 어떻게 적용되는지 살펴보자

	[1단계] 물량의 흐름	[2단계] 완성품 환산량 재료비	[2단계] 완성품 환산량 가공비	합 계
당 기 완 성				
┌ 기 초 재 공 품	4,000(20%)	0	3,200	
└ 당 기 착 수	4,000	4,000	4,000	
정 상 공 손	900(50%)	900	450	
비 정 상 공 손	100(50%)	100	50	
기 말 재 공 품	1,000(60%)	1,000	600	
	10,000개	6,000개	8,300개 ← 당기완성품환산량	
[3단계] 총원가의 요약				
기 초 재 공 품 원 가				₩180,000
당 기 발 생 원 가		₩180,000	₩830,000	1,010,000
합 계				₩1,190,000

[4단계] 환산량 단위당 원가

완성품환산량	÷6,000개	÷8,300개
환산량단위당원가	@30	@100 ←당기단가

[5단계] 원가의 배분

(1차 배분)

완성품원가	₩180,000+4,000개×@30+7,200개×@100=	₩1,020,000
정상공손원가	900개×@30+450개×@100=	72,000
비정상공손원가	100개×@30+50개×@100=	8,000
기말재공품원가	1,000개×@30+600개×@100=	90,000
합계		₩1,190,000

(2차 배분)

	배분전원가	정상공손원가배분	배분후원가
완성품원가	₩1,020,000	₩64,000*	₩1,084,000
정상공손원가	72,000	(72,000)	0
비정상공손원가	8,000		8,000
기말재공품원가	90,000	8,000*	98,000
합계	₩1,190,000	₩0	₩1,190,000

* 정상공손원가는 검사시점을 통과한 물량을 기준으로 완성품과 기말재공품에 배분한다.
완성품 배분액 : ₩72,000×8,000개/(8,000개+1,000개)=₩64,000
기말재공품 배분액 : ₩72,000×1,000개/(8,000개+1,000개)=₩8,000

이와 같이 정상공손원가를 완성품과 기말재공품에 배분하고 나면 정상공손원가는 발생시점에 기간비용으로 처리되지 않고 검사합격물원가에 가산되었다가 검사합격물량이 판매되는 시점에 매출원가로 비용화되어 매출(수익)과 대응된다. 반면에 비정상공손원가는 발생 즉시 기타비용으로 기간비용화된다. 참고로 앞에서 계산한 선입선출법의 완성품원가와 비정상공손손실의 회계처리를 살펴보면 다음과 같다.

완성품과 비정상공손원가의 대체

(차)	제품	1,084,000	(대) 재공품－조각공정	1,092,000
	비정상공손손실	8,000		

재공품

기초재공품	₩180,000	제품	₩1,084,000	→ 제품계정으로 대체
재료원가	180,000	비정상공손손실	8,000	→ 비정상공손손실로 대체
가공원가	830,000	기말재공품	98,000	→ 기말재공품 ₩98,000이 차변에 남음
	₩1,190,000		₩1,190,000	

4. 공손품 처분가치의 회계처리

공손품은 제품의 정상 판매가격으로는 판매할 수 없으며, 처분가치가 없는 경우가 많지만 공손품도 소액이나마 처분가치를 가지는 경우도 있다. 공손품이 처분가치가 있는 경우에는 공손품의 순실현가치만큼은 회수가 가능하므로 공손품원가(손실)에서 차감한다.

따라서 비정상공손원가 중에서 공손품의 순실현가치를 차감한 순공손원가만 순수한 손실금액이므로 이 금액을 비정상공손손실(기타비용)로 처리한다. 또한 정상공손원가도 공손품의 순실현가치를 차감한 순정상공손원가를 완성품과 기말재공품에 배분해야 한다. 그리고 공손품의 순실현가치는 공손품원가에서 차감해서 공손품계정(재고자산)으로 계상해야 한다.

> 정상공손손실＝정상공손원가－정상공손의 순실현가치*
> (정상공손원가: 투입원가, 정상공손의 순실현가치: 회수가능액)
>
> 비정상공손손실＝비정상공손원가－비정상공손의 순실현가치*
>
> * 공손품이라는 자산으로 계상한다.

이를 정리하면 공손품이 순실현가치를 가지는 경우에 5단계 2차배분에서 공손품의 순실현가치를 공손원가에서 차감하여 공손품이라는 자산계정으로 기록하고, 순정상공손원가만을 완성품과 기말재공품에 배분한다.

예제 [4-11] 공손품 순실현가치의 회계처리

[예제 4-10]의 자료를 참조하시오. 단, 공손품을 단위당 ₩30에 처분할 수 있으며, 이를 위해서 단위당 ₩20의 추가가공원가가 발생한다.

요구사항

1. 공손품으로 기록되어야할 금액을 계산하시오.
2. 선입선출법의 원가흐름을 가정하는 경우에 5단계 2차 배분과정을 보이시오.

해답

1. 공손품의 순실현가치

정상공손	900개×(₩30－₩20)＝	₩9,000
비정상공손	100개×(₩30－₩20)＝	1,000
공손품 계상금액(회수가능금액)		₩10,000

2. 5단계 2차배분

	배분전원가	공손품순실현가치 차감	정상공손원가배분	배분후원가
완 성 품 원 가	₩1,020,000		₩56,000*	₩1,076,000
정상공손원가	72,000	(9,000)	(63,000)	0
비정상공손원가	8,000	(1,000)		7,000
기말재공품원가	90,000		7,000*	97,000
공 손 품		10,000		10,000
합 계	₩1,190,000	₩0	₩0	₩1,190,000

* 정상공손원가배분 : 당기검사 합격물량을 기준으로 배분한다. 8,000개(완성) : 1,000개(기말재공품)

이와 같이 배분하면 공손품은 순실현가치인 ₩10,000(1,000개×₩10)으로 평가하여 자산으로 기록하고 이를 초과하여 투입된 원가를 비정상공손손실과 정상공손원가배분액으로 처리하는 것이다. 공손품이 이후에 추가 가공되어 판매되는 경우에 회계처리를 살펴보면 다음과 같다.

• 추가가공원가 발생시점 : 1,000개×₩20=₩20,000

(차) 공 손 품	20,000	(대) 현 금	20,000

• 공손품 처분시점 : 1,000개×₩30=₩30,000

(차) 현 금	30,000	(대) 공 손 품	30,000

5. 전공정원가가 존재하는 경우

전공정원가가 존재하는 경우에도 공손이 발생하면 정상공손원가를 배분해야 한다. 이 경우에는 검사시점과 재료의 투입시점을 고려해서 공손품에 재료가 투입되는지를 주의해서 판단해야 한다. 다음 예제를 통해서 구체적으로 살펴보도록 하자.

예제[4-12] 공손-기말재공품이 검사를 통과한 경우(전공정원가)

(주)원가는 만년필을 연속으로 대량생산하는 기업이다. 제작공정에서는 일반만년필을 만들고, 조각공정에서 일반만년필에 난초를 조각하고 코팅을 해서 고급 만년필을 생산한다. 연속공정인 조각공정에서는 제작공정에서 생산한 만년필을 공정의 착수시점에 전부투입하고 전공정원가로 기록하고 있으며, 가공원가는 공정전반에 걸쳐서 발생하고 있고, 코팅재료는 공정의 60%시점의 검사 식후에 선량을 투입한다. 조각공정의 원가계산과 관련된 자료는 다음과 같다.

	물량자료	전공정원가	재료원가	가공원가
기 초 재 공 품	200개(40%)	₩146,000	₩0	₩34,400
당 기 착 수	1,000	550,000	300,000	165,600
당 기 완 성	600			
공 손	200			
기 말 재 공 품	400개(70%)			

품질검사는 공정의 60% 시점에 이루어지며, 품질검사를 합격한 수량의 10%에 해당하는 공손수량은 정상공손으로 간주한다.

요구사항

1. 평균법의 원가흐름을 가정하는 경우에 완성품원가와 기말재공품원가를 구하시오.
2. 선입선출법의 원가흐름을 가정하는 경우에 완성품원가와 기말재공품원가를 구하시오.

(1) 평균법

예제의 원가자료를 토대로 평균법으로 물량흐름을 가정하고 5단계법에 따라서 종합원가계산을 하면 다음과 같다.

제조원가보고서(평균법)

	[1단계] 물량의 흐름	[2단계] 완성품 환산량 전공정원가	재료원가	가공원가	합 계
기초재공품	200(40%)				
당기착수	1,000				
	1,200개				
당기완성	600	600	600	600	
정상공손	100(60%)	100	0	60	
비정상공손	100(60%)	100	0	60	
기말재공품	400(70%)	400	400	280	
	1,200개	1,200개	1,000개	1,000개	
[3단계] 총원가의 요약					
기초재공품원가		₩146,000	₩0	₩34,400	₩180,400
당기발생원가		550,000	300,000	165,600	1,015,600
합계		₩696,000	₩300,000	₩200,000	₩1,196,000
[4단계] 환산량 단위당 원가					
완성품환산량		÷1,200개	÷1,000개	÷1,000개	
환산량단위당원가		@580	@300	@200	

재료는 검사직후에 투입되므로 공손품에는 투입되지 않는다.

[5단계] 원가의 배분

(1차 배분)

완성품원가	600개×@580+600개×@300+600개×@200=	₩648,000
정상공손원가	100개×@580+0개×@300+60개×@200=	70,000
비정상공손원가	100개×@580+0개×@300+60개×@200=	70,000
기말재공품원가	400개×@580+400개×@300+280개×@200=	408,000
합계		₩1,196,000

(2차 배분)

	배분 전 원가	정상공손원가배분	배분 후 원가
완 성 품 원 가	₩648,000	₩42,000*	₩690,000
정 상 공 손 원 가	70,000	(70,000)	0
비정상공손원가	70,000		70,000
기말재공품원가	408,000	28,000*	436,000
합 계	₩1,196,000	₩0	₩1,196,000

완성품과 기말재공품의 검사합격물량 기준으로 배분

* 공손원가 배분 : 당기 검사 합격 물량을 기준으로 배분한다. 600개(완성) : 400개(기말재공품)

정상공손원가 ₩70,000은 당기검사합격물량 1,000개 검사를 합격하면서 발생한 당기정상공손품 100개의 원가이므로 완성품과 기말재공품에 포함되어 있는 당기검사합격물량 600개와 400개의 비율에 따라 완성품과 기말재공품에 배분한다.

• 정상공손원가 배분액

완 성 품	₩70,000×600개/1,000개=	₩42,000
기 말 재 공 품	₩70,000×400개/1,000개=	28,000
		₩70,000

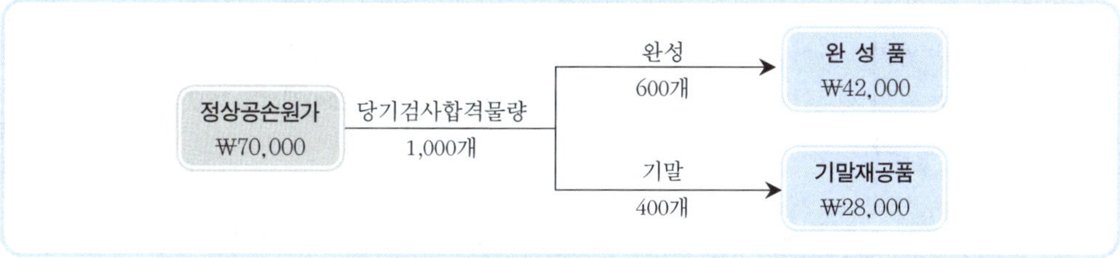

(2) 선입선출법

이번에는 선입선출법을 적용하는 경우에 5단계법에 따라 종합원가계산을 하면 어떻게 적용되는지 살펴보자.

제조원가보고서(선입선출법)

	[1단계] 물량의 흐름	[2단계] 완성품 환산량		
		선공정원가	재료원가	가공원가
기 초 재 공 품	200(40%)			
당 기 착 수	1,000			
	1,200개			

당기완성				
┌ 기초재공품	200	0	200	120
└ 당기착수	400	400	400	400
정상공손	100(60%)	100	0	60
비정상공손	100(60%)	100	0	60
기말재공품	400(70%)	400	400	280
	1,200개	1,000개	1,000개	920개

[3단계] 총원가의 요약				합계
기초재공품원가				₩180,400
당기발생원가	₩550,000	₩300,000	₩165,600	1,015,600
합계				₩1,196,000
[4단계] 환산량 단위당 원가				
완성품환산량	÷1,000개	÷1,000개	÷920개	
환산량단위당원가	@550	@300	@180	

[5단계] 원가의 배분

(1차 배분)

완성품원가	₩180,400+400개×@550+600개×@300+520개×@180=	₩674,000
정상공손원가	100개×@550+0개×@300+60개×@180=	65,800
비정상공손원가	100개×@550+0개×@300+60개×@180=	65,800
기말재공품원가	400개×@550+400개×@300+280개×@180=	390,400
합계		₩1,196,000

(2차 배분)

	배분 전 원가	정상공손원가배분	배분 후 원가
완성품원가	₩674,000	₩39,480*	₩713,480
정상공손원가	65,800	(65,800)	0
비정상공손원가	65,800		65,800
기말재공품원가	390,400	26,320*	416,720
합계	₩1,196,000	₩0	₩1,196,000

* 정상공손원가배분 : 당기검사합격 물량을 기준으로 배분한다. 600개(완성) : 400개(기말재공품)

앞에서 계산한 선입선출법의 완성품원가와 비정상공손손실을 회계처리를 살펴보면 다음과 같다.

완성품과 비정상공손원가의 대체

(차)	제품	713,480	(대) 재공품－조각공정	779,280
	비정상공손손실	65,800		

재공품

기초재공품	₩180,400	제　　품	₩713,480	⋯→ 제품계정으로 대체
전공정원가	550,000	비정상공손손실	65,800	⋯→ 비정상공손손실로 대체
재료원가	300,000	기말재공품	416,720	⋯→ 기말재공품 ₩416,720이 차변에 남음
가공원가	165,600			
	₩1,196,000		₩1,196,000	

6. 기초재공품이 전기에 검사시점을 통과한 경우 – 선입선출법

기초재공품이 검사시점을 통과한 경우에는 관련된 정상공손을 전기에 남겼으며 당기에는 정상공손을 발생시키지 않는다. 따라서 당기에 검사에 합격할 수 있는 물량은 당기착수완성품과 기말재공품뿐이므로 이 두 물량을 검토해서 당기검사합격물량을 찾고 여기에 일정비율을 곱해서 정상공손수량을 계산한다.

또한, 5단계 2차 배분에서 정상공손원가를 배분할 때도 기초재공품 물량은 제외하고 당기검사합격물량의 비율에 따라 당기정상공손원가를 완성품과 기말재공품에 배분해야 한다. 기초재공품이 전기에 검사를 통과한 경우에는 전기에 이미 정상공손원가를 배분받고 나서 당기로 넘어왔기 때문에 당기정상공손원가를 한 번 더 배분하면 정상공손원가를 두 번이나 중복해서 배분하는 것이 된다. 이런 이유로 당기정상공손원가를 배분할 때는 전기에 검사를 통과한 기초재공품은 제외해야 한다. 다음 예제를 이용해서 기초재공품이 전기에 검사를 통과한 경우를 살펴보도록 하자.

예제[4-13] 기초재공품이 전기에 검사시점을 통과한 경우–선입선출법

(주)원가는 종합원가계산방법을 사용하고 있으며, 원가계산관련 자료는 다음과 같다. 원재료는 공정초기에 전량 투입되며 가공원가는 공정전반에 걸쳐서 균등하게 발생한다.

(1) 물량자료

기초재공품	1,000개(완성도 60%)	당기완성량	2,500개
당기착수량	3,000개	공손수량	500개
		기말재공품	1,000개(완성도 70%)

(2) 원가자료

	재료원가	가공원가	정상공손 손실
기초재공품	₩70,000	₩37,600	₩7,300
당기착수량	₩150,000	₩112,000	

(주)원가는 공정의 40% 시점에서 품질검사를 수행하며 검사에 합격한 전체수량의 10%를 정상공손으로 처리하고 있다.

요구사항

1. 정상공손수량과 비정상공손수량을 계산하시오.
2. 완성품과 기말재공품에 정상공손원가를 배분하는 비율을 계산하시오.
3. 선입선출법에 의한 제조원가보고서를 작성하시오.

해답

1. 정상공손수량

(1) 당기검사합격물량(직접법) : 0개(기초완성품) + 1,500개(당기착수 완성품) + 1,000개(기말재공품)=2,500개

(2) 정상공손수량 : 2,500개×10%=250개

(3) 비정상공손수량 : 500개−250개=250개

2. 정상공손원가 배분비율

완성품에 포함된 당기검사합격물량	1,500개(전기합격물량 제외)
기말재공품에 포함된 당기검사합격물량	1,000
	2,500개

따라서 정상공손원가는 완성품과 기말재공품에 1,500개 : 1,000개의 비율로 배분한다.

제조원가보고서(선입선출법)

	[1단계] 물량의 흐름	[2단계] 완성품 환산량	
		재료원가	가공원가
기초재공품	1,000(60%)		
당기착수	3,000		
	4,000개		
당기완성			
┌ 기초재공품	1,000	0	400
└ 당기착수	1,500	1,500	1,500
정상공손	250(40%)	250	100
비정상공손	250(40%)	250	100
기말재공품	1,000(70%)	1,000	700
	4,000개	3,000개	2,800개

[3단계] 총원가의 요약			합 계
기초재공품원가			₩114,900
당기발생원가	₩150,000	₩112,000	262,000
합 계			₩376,900
[4단계] 환산량 단위당 원가			
완성품환산량	÷3,000개	÷2,800개	
환산량단위당원가	@50	@40	

[5단계] 원가의 배분

(1차 배분)

완성품원가	₩114,900+1,500개×@50+1,900개×@40=	₩265,900
정상공손원가	250개×@50+100개×@40=	16,500
비정상공손원가	250개×@50+100개×@40=	16,500
기말재공품원가	1,000개×@50+700개×@40=	78,000
합 계		₩376,900

(2차 배분)

	배분 전 원가	정상공손원가배분	배분 후 원가
완성품원가	₩265,900	₩9,900	₩275,800
정상공손원가	16,500	(16,500)*	0
비정상공손원가	16,500		16,500
기말재공품원가	78,000	6,600	84,600
합 계	₩376,900	₩0	₩376,900

* 정상공손원가 배분비율=1,500개 : 1,000개

예제에서 살펴본 바와 같이 기초재공품은 전년도에 검사를 통과했으므로 당기정상공손수량을 파악할 때 기초재공품이 완성된 물량은 제외된다. 그리고 5단계 2차 배분에서 정상공손원가를 배분할 때도 기초재공품은 제외하고 당기에 검사를 통과한 물량의 비율에 따라 배분한다.

이해를 돕기 위해 예제의 기초재공품을 살펴보면 기초재공원가에는 이미 정상공손원가 ₩7,300이 포함되어 있다. 이 금액은 기초재공품이 전기에 검사를 통과하면서 발생시킨 정상공손수량 100개(1,000개×10%)로 인해서 발생한 정상공손원가이다. 따라서 기초재공품은 전기에 정상공손을 남겨서 전기분 정상공손원가를 이미 배분받았으므로 당기정상공손원가를 배분할 때는 제외하는 것이다.

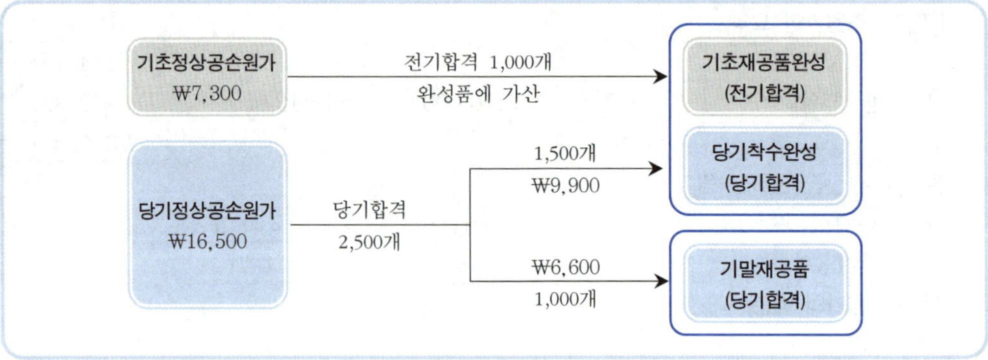

제 6 절 작업공정별 원가계산

작업공정(operation)은 표준화된 공정에서 작업주문에 따라 다른 제품들이 만들어지는 공정을 말한다. 작업공정에서는 주문의 성격과 관계없이 생산되는 모든 제품이 한 단위를 생산하는 과정에서 동일한 양의 자원을 소비한다. 이와 같은 작업공정은 재료원가의 경우에는 개별원가계산처럼 식별이 가능하고 가공원가의 경우에는 공정별로 처리한 물량을 파악할 수 있다. 따라서 작업공정별원가계산(operation-costing)은 작업공정에서 가공한 여러 가지 제품의 원가를 계산하는 방법으로 다음과 같은 특징이 있다.

① 작업공정에서는 일반적으로 각 작업별로 투입되는 재료가 식별이 가능하므로 직접재료원가는 개별원가계산에서와 같이 해당 작업별로 집계한다.

② 각 공정별 단위당 가공원가는 종합원가계산에서와 같은 방식으로 계산한다. 즉, 가공원가는 각 공정별로 집계하여 이를 해당 작업공정을 통과한 모든 물량으로 나누어서 작업공정의 단위당 가공원가를 계산한 후에 개별작업의 물량을 기준으로 개별작업에 배분한다.

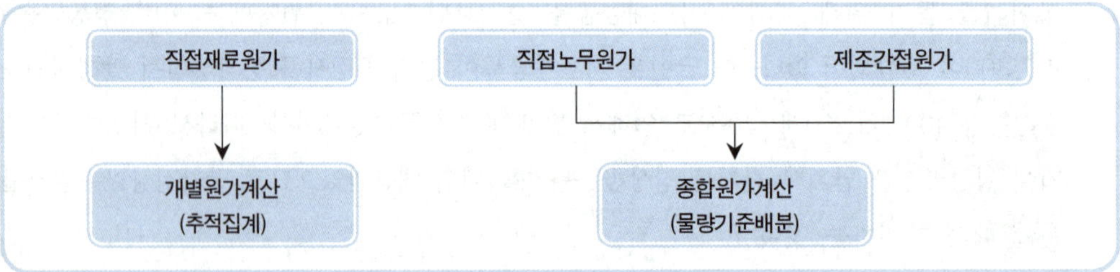

③ 예외적으로 작업별로 재료원가가 식별이 되지 않는 경우에는 재료원가도 종합원가계산에서와 같은 방식으로 계산한다.

예제[4-14] 작업공정별 원가계산

(주)삿갓은 야구용 모자를 전문으로 생산하는 제조업체이다. 일반형, 표준형, 고급형 세 가지 종류의 모자를 생산하여 판매하고 있다. 기본공정에서 일반형 모자가 생산되면 일부는 판매되고 일부는 염색공정에 투입된다. 염색공정을 거치면 표준형 모자가 생산되며 이 중 일부가 부착공정에 투입되어 고급형 모자가 된다. 각 공정에서는 공정별 원재료가 공정초기에 전량 투입되며 공정별 단위당 가공비는 모자의 종류와 관계없이 공정 내에서는 동일하다. 가공비는 각 공정 전반에 걸쳐 균등하게 발생한다. 기초재고는 없으며, 당기에 총 ₩844,000의 제조원가가 발생하였다. 제품별 생산량과 직접재료비는 다음과 같다.

	생산수량	기본공정	염색공정	부착공정	합 계
일 반 형	5,000개	₩60,000	₩0	₩0	₩60,000
표 준 형	6,000	72,000	24,000	0	96,000
고 급 형	5,000	60,000	20,000	15,000	95,000
합 계	16,000개	₩192,000	₩44,000	₩15,000	₩251,000

또한 당기 중 발생한 직접노무원가와 제조간접원가는 다음과 같다.

	기본공정	염색공정	부착공정	합 계
직접노무원가	₩152,000	₩60,000	₩30,000	₩242,000
제조간접원가	240,000	72,000	39,000	351,000
합 계	₩392,000	₩132,000	₩69,000	₩593,000

예제의 기본공정은 일반형, 표준형, 고급형이 모두 가공되는 반면에 부착공정에서는 고급형만 가공이 이루어진다. 예제에서 각 공정에서 생산이 이루어지는 생산방식을 구체적으로 살펴보면 아래 그림과 같다.

작업공정별 원가계산의 생산방식

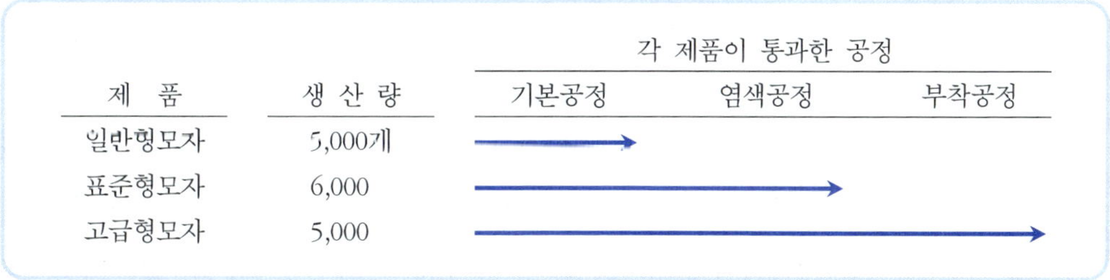

이런 경우 개별 제품의 원가계산을 하게 되면 직접재료원가는 각 제품별로 식별이 가능하므로 개별원가계산에서와 같이 개별 제품이나 작업에 직접 배부하고, 가공원가는 공정별로 집계하여

종합원가계산에서와 같이 공정을 거쳐간 제품에 대해서 비례배분하게 된다. 각 공정에서 제품단위당 원가를 계산하면 다음과 같다.

	기본공정	염색공정	부착공정
공정별가공원가	₩392,000	₩132,000	₩69,000
공정별 총생산량	÷16,000개	÷11,000개	÷5,000개
공정별 단위당 가공원가	₩24.5	₩12	₩13.8

이와 같이 가공원가는 공정별로 집계하여 공정별 총생산량으로 나누어서 공정별 단위당 가공원가를 계산하여 원가배분한다. 이를 이용하여 각 제품별 총원가를 계산해 보면 다음과 같다.

	일 반 형		표 준 형		고 급 형	
직접재료원가		₩60,000		₩96,000		₩95,000
가 공 원 가						
기 본 공 정	5,000개×@24.5=	122,500	6,000개×@24.5=	147,000	5,000개×@24.5=	122,500
염 색 공 정			6,000개×@12=	72,000	5,000개×@12=	60,000
부 착 공 정					5,000개×@13.8=	69,000
제품별 총원가		₩182,500		₩315,000		₩346,500

보론 감손

1. 감손의 의의

'감손'이란 액체, 가스, 분말과 같이 낱개로 나눌 수 없는 생산품을 가공하는 과정에서 증발이나 소실 등으로 인한 원재료 감소분을 말한다. 감손은 기본적으로 공손과 동일한 방식으로 원가를 배분하지만 다음과 같은 차이가 있다.

① 감손은 증발 등으로 물리적인 실체의 가치가 사라지므로 공손품과는 달리 처분가치가 없다.

② 감손은 공정전반에 걸쳐서 발생하여 정상감손과 비정상감손을 구분하는 것이 곤란하므로 감손물량 전부를 정상적인 감손으로 간주하여 원가배분한다.

③ 감손은 공손처럼 일정한 검사시점에 발견되는 것이 아니라 공정전반에 걸쳐서 발생한다.

감손이 존재하는 경우의 종합원가계산을 이해하기 위해서는 우선적으로 수율과 감손율을 알아야 한다. 수율(yield)이란 원재료의 투입량에 대한 제품산출량의 비율을 의미하며, 감손율이란 원재료의 투입량에 대한 감손량의 비율을 의미한다.

$$\text{수 율} = \frac{\text{산 출 량}}{\text{투 입 량}} \qquad \text{감 손 율} = \frac{\text{감 손 량}}{\text{투 입 량}}$$

예를 들어, 100ℓ의 액체를 가열하는 공정을 거치면서 20ℓ가 증발되고 80ℓ가 완성품이 되었다면 수율은 80%(80ℓ/100ℓ)이고 감손율은 20%(20ℓ/100ℓ)가 된다. 여기서 수율과 감손율을 더하면 1이 된다.

수율(80%)+감손율(20%)=100%

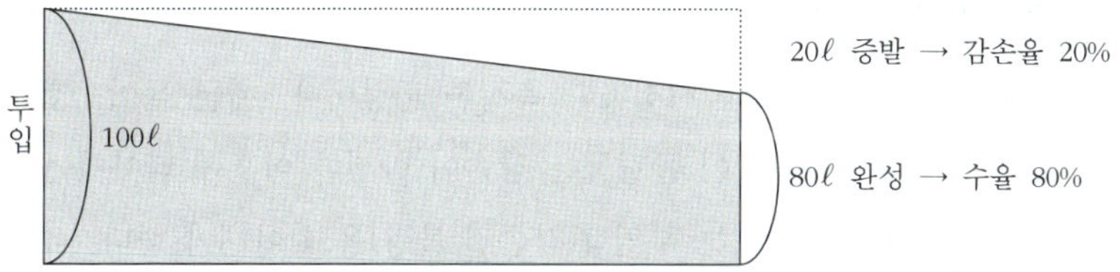

2. 투입량의 계산과 제조원가의 배분

감손 물량은 전부 정상적인 감손으로 간주하므로 산출량과 관련된 감손은 해당 산출물에 배부해야 하는데 산출량에 감손량을 더하면 투입량(감손전 물량)이 된다. 그러므로 감손이 있는 경우의 종합원가계산은 산출량이 아니라 감손을 포함한 투입량을 기준으로 계산하게 된다. 즉, 산출량을 투입량으로 환산한 후에 투입량을 기준으로 원가배분을 하면 감손이 이미 고려된 원가배분이 되는 것이다. 예제를 이용해서 구체적으로 살펴보도록 하자.

보론예제 감손이 공정전체에 걸쳐 발생하는 경우

(주)대한은 하나의 제조공정을 거쳐서 동일 종류의 제품을 생산하고 있다. 제조과정의 전공정을 통하여 20%의 감손이 발생하며, 재료는 공정초기에 모두 투입되며 가공비는 공정전반에 걸쳐 균등하게 발생한다.

	수 량	완 성 도
기 초 재 공 품	1,800kg	50%
당 기 착 수	4,000	
당 기 완 성	3,200	
기 말 재 공 품	1,840	40

	재료원가	가공원가	합 계
기 초 재 공 품	₩100,000	₩112,090	₩212,090
당 기 발 생 액	200,000	324,710	524,710
			₩736,800

요구사항

1. 감손전 물량(투입량)을 구하시오.
2. 평균법에 따라 완성품의 kg당 원가를 구하시오.
3. 선입선출법에 따라 완성품의 kg당 원가를 구하시오.

(1) 감손전 물량(투입량)의 계산

예제에서 주어진 물량은 해당 시점마다 측정한 물량이다. 예를 들어, 당기완성 3,200kg은 완성된 물량을 측정한 양이다. 이 물량들은 감손이 발생한 이후에 남아있는 산출량이므로 감손량이 얼마인지를 알기 위해서는 투입량(감손전 물량)을 찾아내야 한다. 예제에 제시된 완성품과 기말재공품의 산출량을 기초로 완성품과 기말재공품의 투입량을 계산하면 다음과 같다.

	측정한 물량 (감손후물량)	총감손율	완성도	감손율 (총감손율 ×완성도)	수 율 (1－감손율)	투입량 $\left(\frac{\text{감손후물량}}{\text{수율}}\right)$
기초재공품	1,800(50%)	20%	50%	10%	90%	2,000
당 기 착 수	4,000	20	0	0	100	4,000
	5,800kg					6,000kg
당 기 완 성	3,200	20	100	20	80	4,000
기말재공품	1,840(40%)	20	40	8	92	2,000
	5,040kg					6,000kg

예제에서 기초재공품의 측정량 1,800kg을 기준으로 착수시점의 투입량을 추정하는 과정을 자세히 살펴보면 다음과 같다.

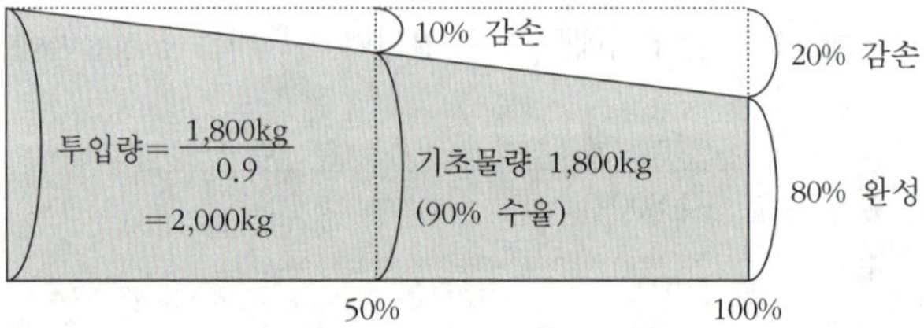

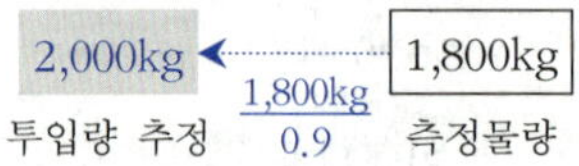

(2) 감손존재시 원가배분–평균법

완성품의 산출물 3,200kg과 그 투입량 4,000kg의 차이 800kg이 감손물량이 되는데 이 감손물량은 완성품과 관련이 있으므로 완성품물량에 포함해야 한다. 결국 완성품의 산출물 3,200kg과 관련되는 감손물량 800kg을 더하면 투입량 4,000kg이 되는 것이다.

$$\underbrace{3,200kg}_{\text{산출량}} + \underbrace{800kg}_{\text{감손량}} = \underbrace{4,000kg}_{\text{투입량(감손전 물량)}}$$ ← 정상감손 포함

따라서 투입량을 기준으로 종합원가계산을 하면 관련감손까지 고려하여 원가배분이 이루어지는 것이다. 투입량을 기준으로 예제의 제조원가보고서를 작성하여 보면 다음과 같다.

제조원가보고서(평균법)

	[1단계] 물량의 흐름	[2단계] 완성품환산량 재료원가	[2단계] 완성품환산량 가공원가	
기초재공품	2,000(50%)			
당기착수	4,000			
	6,000kg			
당기완성	4,000	4,000	4,000	감손전 물량 (정상감손 포함)
기말재공품	2,000(40%)	2,000	800	
	6,000kg	6,000kg	4,800kg	
[3단계] 총원가의 요약				합 계
기초재공품원가		₩100,000	₩112,090	₩212,090
당기발생원가		200,000	324,710	524,710
합 계		₩300,000	₩436,800	₩736,800
[4단계] 환산량 단위당 원가				
완성품환산량		÷6,000kg	÷4,800kg	
환산량단위당원가		@50	@91	
[5단계] 원가의 배분				
완성품원가		4,000kg×@50+4,000kg×@91=		₩564,000
기말재공품원가		2,000kg×@50+800kg×@91=		172,800
합 계				₩736,800

여기서 완성품에 원가를 배분할 때는 감손물량까지 포함된 4,000kg을 사용하지만 실제로 제품창고로 대체된 물량(산출량)은 3,200kg이므로 완성품의 단위당 원가는 다음과 같이 계산된다.

$$₩564,000 \div \underbrace{3,200kg}_{\text{산출량}} = ₩176.25$$

(3) 감손존재시 원가배분－선입선출법

제조원가보고서(선입선출법)

	[1단계] 물량의 흐름	[2단계] 완성품환산량 재료원가	가공원가	합 계
기 초 재 공 품	2,000(50%)			
당 기 착 수	4,000			
	6,000kg			
당 기 완 성				
┌ 기 초 재 공 품	2,000	0	1,000	
└ 당 기 착 수	2,000	2,000	2,000	
기 말 재 공 품	2,000(40%)	2,000	800	
	6,000	4,000kg	3,800kg	
[3단계] 총원가의 요약				합 계
기초재공품원가				₩212,090
당기발생원가		₩200,000	₩324,710	524,710
합 계				₩736,800
[4단계] 환산량 단위당 원가				
완성품환산량		÷4,000kg	÷3,800kg	
환산량단위당원가		@50	@85.45	
[5단계] 원가의 배분				
완 성 품 원 가	₩212,090＋2,000kg×@50＋3,000kg×@85.45＝			₩568,440
기말재공품원가	2,000kg×@50＋800kg×@85.45＝			168,360
합 계				₩736,800

완성품의 kg당 원가 : ₩568,440÷3,200kg＝₩177.64

04 연습문제

객관식 문제

01 평균법 완성품환산량의 개념 (2005. 세무사)

다음 중 가중평균법에 의한 종합원가계산에서 완성품환산량 단위당 원가는 어느 원가를 사용하는가?

① 당기투입원가
② 당기투입원가+기초재공품원가
③ 당기투입원가+기말재공품원가
④ 당기투입원가−기초재공품원가
⑤ 당기투입원가−기말재공품원가

02 선입선출법의 개념

선입선출법에 의한 당기완성품환산량 단위당 원가계산에 대하여 올바르게 설명한 것은?

① 선입선출법은 당기투입원가만을 고려하여 계산한다.
② 선입선출법은 당기투입원가에 기초재공품원가를 가산하여 계산한다.
③ 선입선출법은 당기투입원가에 기초재공품원가를 차감하여 계산한다.
④ 선입선출법은 당기투입원가에 기말재공품원가를 가산하여 계산한다.
⑤ 선입선출법은 당기투입원가에 기말재공품원가를 차감하여 계산한다.

03 평균법과 선입선출법의 비교

다음 중에서 평균법과 선입선출법에 대한 설명으로 적절하지 않은 것은?

① 선입선출법은 기초재공품원가는 전액을 완성품에 배분하고 당기발생원가는 완성품과 기말재공품에 배분해서 산출물의 원가를 계산한다.
② 평균법은 선입선출법에 비해서 계산이 간편하지만 전기와 당기의 원가가 가중평균되므로 다양한 원가정보를 제공하지 않는다.
③ 선입선출법은 완성품환산량을 계산할 때 전기완성품환산량은 제외한다.
④ 선입선출법은 실제물량흐름에 부합하는 방법으로 전기의 작업능률과 당기의 작업능률을 구분해서 원가통제목적상 보다 유용한 정보를 제공한다.
⑤ 선입선출법의 완성품환산량합계는 평균법의 완성품환산량의 합계에 기초재공품의 완성품환산량을 합한 수량과 같다.

04 가중평균법의 특징 (2001. KICPA 수정)

가중평균법(weighted average method)을 적용한 공정별 원가계산에 대한 설명으로 가장 부적절한 것은?

① 가중평균법은 기초재공품 모두를 당기에 착수, 완성한 것처럼 가정한다.
② 가중평균법은 완성품환산량의 평균단가를 이용해서 원가를 배분하므로 기초재공품원가가 완성품과 기말재공품에 평균적으로 배분된다.
③ 가중평균법은 착수 및 원가발생시점에 관계없이 당기완성량의 평균적 원가를 계산한다.
④ 선입선출법에 비해 가중평균법은 당기의 성과를 이전의 기간과 독립적으로 평가할 수 있는 보다 적절한 기회를 제공한다.
⑤ 흐름생산의 경우 선입선출법이 가중평균법에 비해 실제 물량흐름(physical flow)에 보다 충실한 원가흐름의 가정이라 볼 수 있다.

05 평균법의 완성품환산량계산

(주)한우리는 단일제품을 대량으로 생산하고 있다. 원재료는 공정초기에 모두 투입되고 가공원가는 공정전반에 걸쳐 균등하게 발생하며 기말재공품의 평가는 평균법을 사용한다. 당기원가계산에 대한 자료는 다음과 같다. 당기완성품과 기말재공품 평가에 적용할 재료원가와 가공원가의 완성품환산량 단위당 원가는 각각 얼마인가?

기초재공품 :	수 량	400개	당기완성량 :		1,800개
	재료원가	₩120,000			
	가공원가	48,000	기말재공품 :	수 량	200개
	완 성 도	60%		완 성 도	40%
당기발생원가 :	착 수 량	1,600개			
	재료원가	₩380,000			
	가공원가	328,000			

	재료원가	가공원가		재료원가	가공원가
①	₩250	₩200	②	₩200	₩250
③	200	150	④	250	150
⑤	150	150			

06 기말재공품 가공비의 추정 (2008. 세무사)

대한회사는 평균법에 의한 종합원가계산을 채택하고 있다. 기초재공품이 75,000단위이고 당기착수량이 225,000단위이다. 기말재공품이 50,000단위인데 직접재료는 전량 투입되었고, 가공비완성도는 70%이다. 기초재공품에 포함된 가공원가가 ₩42,500이고 당기발생 가공원가가 ₩100,000이면 기말재공품에 얼마의 가공원가가 배부되어야 하는가?

① ₩20,000 ② ₩10,000 ③ ₩17,500
④ ₩8,000 ⑤ ₩14,000

07 기말재공품의 가공비 추정 (2009. 세무사)

(주)대한의 3월 제조와 관련된 자료는 다음과 같다. 선입선출법을 사용하는 경우 월말 재공품에 포함되는 가공원가는 얼마인가?

월초 재공품 완성도	60%
월말 재공품 완성도	40%
월초 재공품 수량	9,200개
당월 착수량	20,000개
월말 재공품 수량	2,000개
월초 재공품 가공원가	₩30,320
당월 발생 가공원가	₩65,192

① ₩1,782 ② ₩2,320 ③ ₩3,422
④ ₩4,432 ⑤ ₩5,880

08 선입선출법의 완성품원가

(주)한얼은 단일제품을 대량으로 생산하고 있다. 원재료는 공정초기에 모두 투입되고 가공원가는 공정전반에 걸쳐 균등하게 발생하며 기말재공품의 평가는 선입선출법을 사용한다. 당기원가계산에 대한 자료는 다음과 같다.

기초재공품 :	수 량	500개	당기완성량 :		1,300개
	재료원가	₩22,000			
	가공원가	18,000	기말재공품 :	수 량	200개
	완 성 도	60%		완 성 도	50%
당기발생원가 :	착 수 량	1,000개			
	재료원가	₩150,000			
	가공원가	132,000			

당기 완성품 원가는 얼마인가?

① ₩240,000 ② ₩260,000 ③ ₩280,000
④ ₩300,000 ⑤ ₩320,000

09 선입선출법에서의 완성품원가 (2007. KICPA 수정)

(주)신라는 한 가지 종류의 플라스틱 장난감을 제조한다. 이번 기의 자료는 다음과 같다.

	단 위	재료원가	가공원가
기초 재공품	1,000	₩11,000	₩12,000
당 기 착 수	30,000	₩240,000	₩305,000
기말 재공품	500	−	−

모든 재료는 공정의 초기단계에 100% 투입된다. 기초 재공품은 가공원가가 40% 투입되었으며, 기말 재공품에는 80%가 투입되었다. 이 회사는 공정별원가계산방법(process costing)을 사용하고 있으며, 원가흐름에 대한 가정으로 선입선출법(FIFO)을 사용하고 있다. 이번 기에 발생한 전출원가(transfer-out cost)는 얼마인가? 단, 공손은 발생하지 않았다.

① ₩531,000 ② ₩552,000 ③ ₩558,000
④ ₩549,000 ⑤ ₩560,000

10 평균법과 선입선출법비교

(주)단일은 종합원가계산방법을 사용하고 있다. 재료는 공정초기에 전량이 투입되며, 가공원가는 공정전반에 걸쳐서 균등하게 발생한다. 기초재공품의 가공원가 완성도는 60%였고, 기말재공품의 가공원가 완성도는 40%였다. 다음의 설명 중에서 틀린 것은?

	물량자료	재료원가	가공원가
기 초 재 공 품	100개	₩20,000	₩9,000
당 기 착 수	200	52,000	34,200
당 기 완 성 량	200		
기 말 재 공 품	100		

① 선입선출법의 완성품 환산량은 재료원가 200개, 가공원가 180개이며 기초재공품의 완성품환산량은 재료원가 100개, 가공원가 60개이다. 선입선출법 완성품환산량에 기초재공품완성품환산량을 가산하면 평균법 완성품환산량이다.

② 전기의 완성품환산량단위당 원가는 재료원가 ₩200 가공원가 ₩150이며, 당기의 완성품환산량 단위당 원가는 재료원가 ₩260 가공원가 ₩190이다.

③ 평균법의 완성품원가는 ₩84,000이며 선입선출법의 완성품원가는 ₩81,600이다.

④ 재료원가의 경우에 기초재공품의 완성품환산량단위당 원가가 당기분 단위당 원가보다 작기 때문에 선입선출법의 완성품에 포함된 재료원가가 평균법보다 작다.

⑤ 가공원가의 경우에 당기분의 완성품환산량 단위당 원가가 전기의 단위당 원가보다 크기 때문에 평균법에서 완성품에 포함된 가공원가가 선입선출법보다 작다.

11 선입선출법의 완성품원가계산

(주)새맛은 식료품제조회사이다. 다음 자료를 보고 선입선출법을 적용하여 (주)새맛의 완성품제조원가를 계산하면 얼마인가? (단, 단위당 원가는 소수점 이하 셋째 자리에서 반올림할 것)

	물 량		완성도
기초재공품	3,000개	직 접 재 료	80%
		가 공 원 가	50
완 성 품 량	9,000		100
기말재공품	4,000	직 접 재 료	80
		가 공 원 가	50

	직접재료원가	가공원가	합 계
기 초 재 공 품	₩320,000	₩180,000	₩500,000
당기총제조비용	1,100,000	900,000	2,000,000

① ₩1,951,334 ② ₩1,512,399 ③ ₩1,318,519
④ ₩1,126,329 ⑤ ₩548,658

12 완성도의 효과

나무회사는 단일의 생산공장에서 단일의 제품을 생산하고 있다. 결산시 원가계산을 실시함에 있어서 회계직원이 기말재공품에 대한 완성도를 실제 90%보다 낮은 70%로 평가하여 결산을 하였다. 당기에 생산된 제품은 모두 판매되어 기말에 제품재고액은 없으며, 당해 재공품과 관련되는 상황 이외에 다른 오류는 없다. 이러한 재공품의 환산 오류결과로 표시된 결산재무제표에 대하여 가장 옳지 않은 것은?

① 유동자산이 과소계상되어 있다. ② 매출원가가 과대계상되어 있다.
③ 영업이익이 과소계상되어 있다. ④ 재고자산이 과소계상되어 있다.
⑤ 이익잉여금이 과대계상되어 있다.

13 선입선출법 완성품환산량 추정

(주)원가는 종합원가시스템을 사용한다. 다음은 6월의 자료이다.

	단 위	완성도(%) 재료원가	가공원가
6월 1일 현재 재공품	60,000	65%	30%
6월 30일 현재 재공품	30,000	80	40

6월에 350,000단위의 생산에 착수하였으며 380,000단위를 완성하였다. 이 회사가 선입선출법(FIFO)을 사용한다고 할 때, 6월 작업분에 대한 완성품환산량을 계산하시오.

	직접재료비	가공원가		직접재료비	가공원가
①	365,000단위	374,000단위	②	383,000단위	350,000단위
③	341,000	362,000	④	404,000	392,000
⑤	386,000	398,000			

14 완성품환산량계산 : 선입선출법, 복수재료

(주)영주는 종합원가계산시스템을 채택하고 있으며, 재료 A와 재료 B를 제조과정에 투입하여 동일 종류의 제품을 생산하고 있다. 3월의 기초재공품은 3,000개이고 당월에 25,000개를 제조과정에 투입하였다. 당기에 완성되어 제품계정으로 대체된 수량은 20,000개이다. 그리고 재료 A는 공정시작시점에 전량투입되며, 재료 B는 70% 완성시점에서 일시에 투입된다. 그리고 가공비는 공정전반에 걸쳐 균일하게 소비된다. 기초재공품의 가공비 완성도가 80%이고, 기말재공품의 가공비 완성도가 50%인 경우 선입선출법에 의한 완성품환산량은 몇 개인가?

	재료 A	재료 B	가공원가
①	28,000개	20,000개	24,000개
②	25,000	17,000	21,600
③	17,000	17,000	17,600
④	20,000	20,000	18,000
⑤	20,000	17,000	16,000

15 선입선출법의 기말재공품원가의 추정 (2008. 세무사 수정)

대한회사는 선입선출법에 의한 종합원가계산을 채택하고 있다. 제품제조를 위하여 원재료 A와 원재료 B가 사용되는데 원재료 A는 공정초기에 전부 투입되고 원재료 B는 공정의 50% 시점에 전부 투입된다. 그리고 가공원가는 공정 전체를 통하여 균등하게 발생한다. 대한회사의 당기 제품제조활동과 관련한 다음의 자료를 토대로 당기에 완성된 제품의 원가와 기말재공품의 원가를 구하면 각각 얼마인가?

- 기초재공품의 수량은 5,000개이며 가공비완성도는 60%이다.
- 당기 완성품의 수량은 80,000개이다.
- 기말재공품의 수량은 10,000개이며 가공비완성도는 30%이다.
- 기초재공품의 원가와 당기에 발생한 원가의 현황은 다음과 같다.

구 분	원재료 A	원재료 B	가공원가	합 계
기초재공품원가	₩850,000	₩900,000	₩360,000	₩2,110,000
당기발생원가	3,400,000	4,500,000	1,600,000	₩9,500,000

	완성품원가	기말재공품원가
①	₩11,025,000	₩625,000
②	11,150,000	460,000
③	11,190,000	460,000
④	9,600,000	2,050,000
⑤	10,200,000	1,450,000

16 재료원가 발생이 복수인 종합원가계산 (2001. 세무사)

(주)안국은 종합원가계산제도를 채택하고 있다. 이 제품의 생산을 위해 두 종류의 직접재료 A와 B를 투입하는데, 직접재료 A는 공정초기에 전부 투입되며, 직접재료 B는 공정의 70% 시점에서 전부 투입된다. 가공원가는 전공정을 통해 균등하게 발생한다. 기초재공품은 1,000개, 당기착수량은 14,000개, 기말재공품은 4,000개이다. 기초재공품의 완성도는 60%이고, 직접재료원가 ₩30,000, 가공원가 ₩13,000이다. 기말재공품의 완성도는 50%이고, 당기에 발생한 원가는 직접재료 A의 원가 ₩280,000, 직접재료 B의 원가 ₩165,000, 가공원가 ₩372,000이다. 이 경우 선입선출법을 적용하여 계산한 기말재공품의 원가는 얼마인가?

① ₩139,000 ② ₩140,000 ③ ₩150,750
④ ₩178,600 ⑤ ₩131,780

17 재공품금액의 변동 원인

(주)합동은 평균법에 의한 실제종합원가계산을 이용하여 재고자산평가와 매출원가계산을 하는데 회계연도초에 비해 연도말에 재공품 재고자산의 잔액이 증가하였다. 그러나 회계연도초와 회계연도말의 재공품 물량은 동일하다. 이 현상을 설명하는 요소가 아닌 것은?

① 전년도에 비해 고정제조간접원가가 증가하였다.
② 전년도에 비해 노무임률이 상승하였다.
③ 연초보다 연말 재공품재고의 완성도가 증가하였다.
④ 전년도에 비해 판매량이 감소하였다.
⑤ 전년도에 비해 생산량이 감소하였다.

18 연속공정의 선입선출법 종합원가계산

(주)원가는 부문 A에서 시작하여 부문 B에서 완성되는 두 개의 공정을 이용하여 단일제품을 대량으로 생산하고 있다. 재료는 부문 A에서 공정 초기에 투입되며 추가재료는 부문 B의 공정 말기에 투입된다. 가공원가는 공정 전반에 걸쳐 균등하게 발생한다. 부문 B에 대한 자료는 다음과 같다.

〈물량에 관한 자료〉

기초재공품	8,000개(20% 완성)
당기투입량	40,000
당기완성량	32,000
기말재공품	16,000(75% 완성)

〈원가에 관한 자료〉

	전공정원가	직접재료원가	가공원가
기초재공품	₩1,120,000	–	₩316,000
당기투입원가	3,200,000	₩1,600,000	2,968,000

선입선출법을 사용할 때 B공정 기말재공품의 평가액은?

① ₩1,920,000 ② ₩2,000,000 ③ ₩2,080,000
④ ₩2,120,000 ⑤ ₩2,240,000

19 연속공정의 종합원가계산

2월 중 선진기업의 제조공정의 마지막 단계인 완성부문에서 발생한 제조수량 및 원가에 관한 자료는 다음과 같다.

항목	금액	수량
월초재공품		3,000단위
전공정대체원가	₩4,800,000	
직접재료원가	1,080,000(20% 완성)	
가공원가	600,000(25% 완성)	
당기제조원가		
전공정대체원가	₩9,600,000	
직접재료원가	20,460,000	
가공원가	7,640,000	

완성부문에서 2월 중에 제품 8,000단위의 생산을 신규로 착수하였으며, 2월말에는 기말재공품 2,000단위가 잔존하게 되었다. 기말재공품은 직접재료에 대해 45%, 가공비에 대해 65%의 완성도를 보여주고 있다. 선진기업의 완성부문에서는 선입선출법 종합원가계산을 실시하고 있는데, 완성부문에서의 2월 중 완성품원가는 얼마인가?

① ₩3,020,000 ② ₩5,420,000 ③ ₩7,480,000
④ ₩38,760,000 ⑤ ₩44,180,000

20 연속공정의 종합원가계산 (2015. 세무사)

(주)국세는 두 개의 연속된 제조공정을 통하여 제품을 생산하며, 제1공정의 완성품은 전량 제2공정으로 대체된다. 재고자산의 단위원가 결정방법으로 가중평균법을 사용하며, 공손은 없다. 제2공정의 완성품원가는?

공정	항목	세부	금액/수량
제1공정	기초재공품 수량		없음
	당기착수량		25,000단위
	기말재공품 수량		7,000단위
	완성품 단위당 제조원가		₩200
제2공정	기초재공품	수량	12,000단위
		전공정원가	₩3,000,000
		직접재료원가	₩1,440,000
		전환원가(가공원가)	₩2,160,000
	당기완성품	수량	20,000단위
	완성품 단위당 제조원가	전공정원가	?
		직접재료원가	₩120
		전환원가(가공원가)	₩180

① ₩8,268,000　② ₩10,400,000　③ ₩10,812,000
④ ₩12,720,000　⑤ ₩14,628,000

21 정상공손수량의 파악

나무회사는 단일제품을 대량으로 생산하고 있다. 원재료는 공정의 초기에 모두 투입되고, 가공비는 공정전반에 걸쳐 균등하게 발생한다.

기초재공품 : 수　량	500개	당기완성량		4,000개
완성도	30%	공손수량		300개
당기착수량	4,500개	기말재공품 : 수　량		700개
			완성도	70%

품질검사를 합격한 수량의 5%에 해당하는 공손수량은 정상공손으로 간주한다. 검사가 공정의 10%, 50%, 100% 완성시점에 이루어진다고 각각 가정할 경우 정상공손수량으로 맞는 것은?

	검사시점 10%	검사시점 50%	검사시점 100%
①	210개	200개	235개
②	200개	235개	210개
③	210	235	200
④	210	250	235
⑤	235	210	200

22 정상공손수량의 계산 (2006. KICPA 수정)

(주)원가는 컴퓨터칩을 생산하고 있다. 직접재료는 생산공정의 초기에 투입되며, 가공원가는 공정의 전반에 걸쳐 균등하게 발생한다. 생산공정에서 공손품이 발생하는데 이러한 공손품은 제품을 검사하는 시점에서 파악된다. 정상적인 공손품은 품질검사시점을 통과한 합격품의 10%의 비율로 발생한다. 5월의 생산자료를 보면, 월초재공품(완성도 30%) 10,000개, 당월 생산착수량 75,000개, 당월 완성품 62,000개, 월말재공품(완성도 80%) 15,000개이다. 품질검사가 생산공정의 20% 시점에서 실시되는 경우 정상공손품 수량은 얼마인가? 만약 생산공정의 40% 시점에서 품질검사가 실시된다면, 정상공손품 수량은 얼마인가?

	20% 검사시점	40% 검사시점
①	7,500개	8,500개
②	7,500개	7,700개
③	5,200	7,700
④	6,200	7,700
⑤	6,700	7,700

23 비정상공손의 파악 (2000. KICPA 수정)

(주)인천은 종합원가계산에 의하여 제품을 생산한다. 재료는 공정의 초기단계에 투입이 되며, 가공원가는 전체 공정에 고르게 투입된다. 20×5년 6월 1일의 재공품 10,000단위에 대해서는 공정이 50% 진행되었고, 동년 6월 30일의 재공품 20,000단위에 대해서는 공정이 90% 진행되었다. 품질검사는 공정이 80% 진행되었을 때에 실시하며, 불합격품에 대해서는 재작업을 실시하지 않는다. 정상공손은 당월의 품질검사에서 합격한 제품의 4%로 설정하고 있다. 6월 중 55,000단위가 착수되었으며, 총 40,000단위가 완성이 되었다. 6월에 발생한 비정상공손품의 가공원가 완성품환산량은 얼마인가?

① 2,080단위　② 1,600단위　③ 5,000단위
④ 3,000단위　⑤ 2,400단위

04

24 공손포함 종합원가계산의 개념 (2005. KICPA)

다음 중 기말재공품 평가시 사용되는 평균법과 선입선출법에 대한 설명으로 옳지 않은 것은?

① 선입선출법을 이용하여 종합원가계산을 수행하는 회사가 기말재공품의 완성도를 실제보다 과대평가할 경우 완성품환산량과 완성품원가는 과대평가된다.
② 기초재공품이 존재하지 않을 경우에는 평균법과 선입선출법에 의한 완성품환산량이 같지만, 기초재공품이 존재할 경우에는 평균법에 의한 완성품환산량이 선입선출법에 의한 완성품환산량보다 크다.
③ 선입선출법은 평균법에 비해 실제 물량흐름에 충실한 원가흐름의 가정이며, 당기의 성과를 이전의 기간과 독립적으로 평가할 수 있어 계획과 통제목적에 유용한 방법이다.
④ 정상적인 공손수량은 평균법을 적용하나 선입선출법을 적용하나 동일하며, 정상적인 공손원가는 완성품과 기말재공품원가에 가산되나 비정상적인 공손원가는 기타비용으로 처리한다.
⑤ 공손품에 대한 가공원가의 완성도를 검사시점으로 하며, 선입선출법을 사용할 경우 공손품은 모두 당기에 착수된 물량에서 발생한 것으로 가정한다.

25 정상공손원가의 계산

나무공업의 생산활동에 관한 자료는 다음과 같다. 검사는 100% 시점에 실시되며 검사합격물량의 10%를 정상공손으로 본다. 기말재공품평가는 평균법에 의한다.

	물 량	완성도	재료원가	가공원가
기 초 재 공 품	100개	80%	₩5,400	₩8,800
당 월 투 입	900		50,000	94,600
완 성 품	700			
기 말 재 공 품	150	60		

위 자료에 근거하여 정상공손원가를 계산하면 얼마인가?

① ₩11,578　② ₩12,578　③ ₩13,780
④ ₩14,380　⑤ ₩15,680

26 평균법에서 정상공손원가의 배분

(주)세종은 단일제품을 대량으로 생산하고 있다. 원재료는 공정초기에 모두 투입되고 가공원가는 공정 전반에 걸쳐 균등하게 발생하며 기말재공품의 평가는 평균법을 사용한다. 당기원가계산에 대한 자료는 다음과 같다.

기초재공품 :	수　　량	400개	당기완성량 :		2,300개
	재료원가	₩150,000	공 손 수 량 :		200개
	가공원가	310,000	기말재공품 :	수　　량	500개
	완 성 도	30%		완 성 도	60%
당기발생원가 :	착 수 량	2,600개			
	재료원가	₩600,000			
	가공원가	500,000			

품질검사를 합격한 수량의 5%에 해당하는 공손수량은 정상공손으로 간주한다. 검사는 공정의 50% 완성시점에서 이루어진다. 완성품에 배분되는 정상공손원가는 얼마인가?

① ₩56,000　② ₩48,250　③ ₩46,000
④ ₩40,250　⑤ ₩40,000

27 정상공손포함된 완성품 가공원가의 계산

종로공업사는 종합원가시스템을 이용하고 있으며, 20×5년 7월 중의 생산관련 자료는 다음과 같다.

월초재공품 수량	70단위	완성품 수량	300단위
월말재공품 수량	60	공손품 수량	50
월초재공품 완성도	30%	완성품 단위당 가공원가	₩60
월말재공품 완성도	70		

공손품 중 합격품의 5%는 정상적인 것으로 간주하며, 공손은 공정의 50% 시점에서 발생된다. 가공원가는 공정 전반에 걸쳐 일정하게 발생하고 기말재공품은 평균법에 의하여 평가한다. 20×5년 7월 중 제품계정에 대체되는 원가 중 가공원가는 얼마인가?

① ₩15,000　② ₩18,000　③ ₩18,450
④ ₩19,800　⑤ ₩21,000

28 정상공손원가 배분대상 (2000. 세무사)

(주)북한강은 완성도 65% 수준에서 검사하는 생산공정을 가지고 있다. 2월의 월초재고는 완성도가 40%였으며, 월말재고는 완성도가 70%였다. (주)북한강이 선입선출법을 사용하고 있을 때 생산품에 대한 정상적인 공손원가를 할당하는 것으로 옳은 것은?

	당월 착수·완성	월말재고	월초재고
①	아니오	아니오	아니오
②	아니오	예	예
③	예	예	아니오
④	예	아니오	예
⑤	예	예	예

29 정상공손이 포함된 완성품가공원가 (2002. 세무사 수정)

조립공정은 (주)남산제작소의 두 가지 공정 중 첫 번째 공정이다. 공손품은 조립공정의 완료시점에서 확인되며 정상적 공손품의 원가는 공손품이 확인된 기간에 완성되어 다음 공정으로 대체되는 완성품 원가에 가산되고 비정상적 공손은 발생한 기간에 비용화한다. 정상적 공손품 비율은 조립공정을 성공적으로 완성한 합격품의 5%로 추정된다. 다음은 20×5년 1월의 조립공정에서 발생한 가공원가와 관련된 정보이다.

	단 위	가공원가
기초재공품(50% 완성)	2,000개	₩10,000
당월 중 착수량	8,000	85,000
공 손 품	500	
당월 완성 및 차공정 대체	7,000	

기말재공품의 기말 현재 가공원가에 대한 완성도는 80%이다. (주)남산제작소가 가중평균법을 적용한다고 가정한다면 두 번째 공정으로 대체된 완성품의 가공원가는 얼마인가?

① ₩63,000 ② ₩64,125 ③ ₩66,150
④ ₩67,500 ⑤ ₩73,500

30 공손원가의 배분 (2015. 세무사)

(주)국세의 당기 중 생산 및 원가자료는 다음과 같다.

기초재공품	직접재료원가		₩1,000
	전환원가(가공원가)		₩2,475
당기투입원가	직접재료원가		₩5,600
	전환원가(가공원가)		₩8,300
기말재공품	수량		500단위
	완성도	직접재료원가	20%
		전환원가(가공원가)	15%
공손품	수량		200단위
	완성도	직접재료원가	50%
		전환원가(가공원가)	40%

완성품 수량은 2,000단위이고, 공손품원가를 전액 별도로 인식하고 있다. 재고자산의 단위원가 결정방법이 가중평균법인 경우, 공손품원가는?

① ₩300　② ₩420　③ ₩540
④ ₩670　⑤ ₩700

31 선입선출법에서 정상공손원가 배분

(주)경기는 선입선출법에 의한 종합원가계산을 적용하고 있으며 당기완성품환산량 단위당 원가는 전공정비 ₩30, 재료원가 ₩20, 가공원가 ₩25이었다. 당기 원가계산자료는 다음과 같다.

기초재공품	1,500개(완성도 60%)
당기착수량	5,500
당기완성품	5,000
기말재공품	1,200개(완성도 70%)

원재료는 공정 초기에 전량투입되고 가공원가는 공정 전반에 걸쳐 균등하게 발생한다. 검사는 공정의 50% 완성시점에서 이루어지며 품질검사는 합격한 수량은 10%를 정상공손으로 간주한다. 모든 공손품은 개당 ₩20에 판매된다. 당기 기말재공품에 포함된 정상공손원가는 얼마인가?

① ₩5,100　② ₩5,700　③ ₩5,685
④ ₩7,500　⑤ ₩8,000

32 선입선출법의 공손원가배분

(주)청송의 20×5년 4월의 재공품계정은 다음과 같다.

재 공 품			
기초재고(2,000단위)	₩44,000	완성품으로 대체(12,000단위)	
재료원가	96,000	정상공손(1,000단위)	
가공원가	150,000	기말재고(1,000단위)	

모든 재료는 공정의 초기에 투입되며 가공원가는 공정 전반에 걸쳐 균등하게 발생한다. 기초재고는 재료원가 ₩16,000과 가공원가 ₩28,000으로 구성되었으며 가공원가 완성도는 50%이다. 기말재고의 가공원가 완성도는 70%이며 재고자산 평가방법은 선입선출법이다. 제품이 80% 완성되었을 때 공손이 발견되고 이에 대한 원가를 정상공손으로 보아서 배부한다면 완성된 제품의 원가는 얼마인가?

① ₩207,143　② ₩238,400　③ ₩246,000
④ ₩256,000　⑤ ₩273,600

04

※ 다음 자료를 이용하여 33~34번에 답하시오.

(주)한국공업은 두 개의 공정을 거쳐서 제품을 생산한다. 회사의 재공품 평가방법은 선입선출법(FIFO)이고, 공정별 종합원가계산을 적용하여 제품원가를 계산한다. 다음은 두 번째 공정의 생산 및 원가자료이다. 두 번째 공정의 원재료는 50% 시점에서 모두 투입되고, 가공원가는 전 공정을 통해 균등하게 발생한다. 공정의 80% 시점에서 품질검사를 실시하며, 정상공손 허용수준은 합격품의 10%이다. 공손품은 모두 폐기되며, 정상공손원가는 합격품원가에 가산되고, 비정상공손비는 기간비용으로 처리된다.

구 분	물량단위	전공정대체원가	직접재료원가	가공원가
기초재공품	1,000(60%)	₩172,000	₩450,000	₩320,000
당기투입	5,000	625,000	1,470,000	924,000
완성품	4,000			
기말재공품	1,500(40%)			

* 괄호 안의 숫자는 가공원가 완성도를 의미함.

33 비정상공손비의 계산 (2008. KICPA 수정)

두 번째 공정의 비정상공손비는 얼마인가?

① ₩71,300　② ₩142,600　③ ₩174,500
④ ₩192,300　⑤ ₩213,900

34 완성품원가의 계산 (2008. KICPA 수정)

완성품의 단위당 원가는 얼마인가?

① ₩812.4 ② ₩822.75 ③ ₩848.7
④ ₩858.4 ⑤ ₩894.05

35 작업공정별 원가계산 (2001. 세무사)

서울공업사는 세 가지 형태의 제품 A, B, C를 생산하고 있다. 이들 제품은 두 가지의 가공작업 갑, 을을 거쳐 최종제품으로 완성되는데, C제품은 반제품형태로 판매되기 때문에 을작업이 불필요하다. 가공작업 갑, 을의 원가는 각 제품의 수량에 비례하여 균등하게 발생한다.

(1) 당월 중의 생산량 및 재료원가

	생 산 량	직접재료원가
제 품 A	9,000개	₩2,070,000
제 품 B	4,000	1,320,000
제 품 C	6,000	1,740,000

(2) 당월 중의 가공원가 발생액

	작업 갑	작업 을
직접노무원가	₩500,000	₩1,000,000
제조간접원가	70,000	300,000

기초 및 기말의 재공품은 없다고 가정할 때, 당월 중 B제품의 단위당 제조원가는 얼마로 계산되는가? (원 미만은 반올림할 것)

① ₩400 ② ₩414 ③ ₩428
④ ₩460 ⑤ ₩474

36 작업공정별 원가계산 (2006. 세무사 수정)

대한자동차는 배치(batch) 제조공정에 의하여 옵션품목이 장착되지 않은 기본형과 기본형에 옵션품목이 장착된 고급형 및 고객의 특별주문에 의해 고급형에 특수컬러를 도색한 주문형의 3가지 유형의 승용차를 생산하고 있으며, 작업별 원가계산을 하고 있다. 다음 원가계산 자료를 활용하여 주문형의 1대당 제조원가를 계산하면 얼마인가?

(1) 재료원가

유 형	생산된 단위	공정별 재료비 총액		
		기본공정	옵션품목장착	특수컬러도장
기본형	100대	₩408,000,000	–	–
고급형	80		₩96,000,000	–
주문형	20			₩8,000,000

(2) 가공원가

유 형	생산된 단위	공정별 가공비 총액		
		기본공정	옵션품목장착	특수컬러도장
기본형	100대	₩840,000,000	–	–
고급형	80		₩72,000,000	–
주문형	20			₩5,000,000

① ₩8,640,000 ② ₩8,940,000 ③ ₩8,620,000
④ ₩8,570,000 ⑤ ₩8,520,000

해 답 *Answer*

01 ②
가중평균법에서는 당기투입원과와 기초재공품원가를 합한 금액을 전체완성품환산량으로 나누어 완성품환산량 단위당 원가를 계산하고 선입선출법에서는 기초재공품원가는 모두 완성품에 가산하고 당기발생원가만 당기완성품환산량으로 나누어 완성품환산량 단위당 원가를 계산한다.

02 ①
선입선출법에서는 기초재공품원가는 모두 완성품원가에 포함시키며 당기발생한 원가만을 기준으로 완성품환산량 단위당 원가를 계산하여 완성품과 기말재공품에 배분한다.

03 ⑤
선입선출법의 완성품환산량합계는 평균법의 완성품환산량의 합계에서 기초재공품의 완성품환산량을 차감한 수량과 같다.
평균법 완성품환산량=기초재공품 완성품환산량+선입선출법 완성품환산량

04 ④
가중평균법은 전기에 투입되어 이월된 원가와 당기에 투입된 원가를 평균하는 방법이므로 당기의 성과와 이전기간의 성과를 독립적으로 평가하기에는 부적절하다.

05 ①

	[1단계] 물량의 흐름	[2단계] 완성품환산량 재료원가	가공원가	
기 초 재 공 품	400(60%)			
당 기 착 수	1,600			
	2,000개			
당 기 완 성	1,800	1,800	1,800	
기 말 재 공 품	200(40%)	200	80	
	2,000개	2,000개	1,880개	← 전체완성품환산량
[3단계] 총원가의 요약				합 계
기초재공품원가		₩120,000	₩48,000	₩168,000
당기발생원가		380,000	328,000	708,000
합 계		₩500,000	₩376,000	₩876,000
[4단계] 환산량 단위당 원가				
완성품환산량		÷2,000개	÷1,880개	
환산량단위당원가		@250	@200	← 평균단가
[5단계] 원가의 배분				
완 성 품 원 가		1,800개×@250+1,800개×@200=		₩810,000
기말재공품원가		200개×@250+80개×@200=		66,000
합 계				₩876,000

평균법은 기초재공품원가와 당기발생원가를 구분하지 않고 동일하게 취급하여 완성품과 기말재공품원가에 안분한다.

06 ③

	물량의 흐름	가공원가	
기 초 재 공 품	75,000개		
당 기 착 수	225,000		
	300,000개		
당 기 완 성	250,000	250,000	
기 말 재 공 품	50,000(70%)	35,000	← 50,000개가 70% 가공되었으므로 35,000개
	300,000개	285,000개	
[3단계] 총원가의 요약			합 계
기초재공품원가		₩42,500	₩42,500
당기발생원가		100,000	100,000
합 계		₩142,500	₩142,500
[4단계] 환산량 단위당 원가			
완성품환산량		÷285,000개	
환산량단위당원가		@0.5	
[5단계] 원가의 배분			
완 성 품 원 가		250,000개×@0.5=	₩125,000
기말재공품원가		35,000개×@0.5=	17,500
합 계			₩142,500

별해

$$(₩42,500+₩100,000)\times\frac{50,000개\times0.7}{250,000개+50,000개\times0.7}=₩17,500$$

07 ②

	물량의 흐름	가공원가	
기초재공품	9,200(60%)	(5,520)	◀ 전기투입완성환산량 제외
당기착수	20,000		
	29,200개		
당기완성			
┌ 기초재공품	9,200	3,680	◀ 당기원가로 산출한 수량
└ 당기착수	18,000	18,000	
기말재공품	2,000(40%)	800	
	29,200개	22,480	◀ 당기완성품환산량

[3단계] 총원가의 요약		합 계
기초재공품원가		₩30,320
당기발생원가	₩65,192	65,192
합 계		₩95,512
[4단계] 환산량 단위당 원가		
완성품환산량	÷22,480개	
환산량단위당원가	@2.9 ◀ 당기단가	
[5단계] 원가의 배분		
완성품원가	₩30,320+21,680개×@2.9=	₩93,192
기말재공품원가	800개×@2.9=	2,320
합 계		₩95,512

평균법을 가정하고 구한 당기완성품환산량에는 기초재공품환산량이 포함되어 있으므로 이를 제거해주면 선입선출법을 가정하였을 경우에 구한 환산량과 동일하다.

별해

재공품(물량)

기 초	9,200개(0.6)	완 성	27,200개
당 기	20,000	기 말	2,000(0.4)
	29,200개		29,200개

$$기말재공품\ ₩65,192\times\frac{2,000\times0.4}{\underbrace{\underbrace{27,200+2,000\times0.4}_{전체완성품환산량}-\underbrace{9,200\times0.6}_{기초환산량}}_{당기완성품환산량}}=₩2,320$$

08 ③

	[1단계] 물량의 흐름	[2단계] 완성품환산량 재료원가	가공원가	
기초재공품	500(60%)			
당기착수	1,000			
	1,500개			
당기완성				
┌ 기초재공품	500	0	200	← 당기원가로 산출한 수량
└ 당기착수	800	800	800	
기말재공품	200(50%)	200	100	
	1,500개	1,000개	1,100개	← 당기완성품환산량

[3단계] 총원가의 요약				합계
기초재공품원가				₩40,000
당기발생원가		₩150,000	₩132,000	282,000
합계				₩322,000
[4단계] 환산량 단위당 원가				
완성품환산량		÷1,000개	÷1,100개	
환산량단위당원가		@150	@120	← 당기단가
[5단계] 원가의 배분				
완성품원가	₩40,000+800개×@150+1,000개×@120=			₩280,000
기말재공품원가	200개×@150+100개×@120=			42,000
합계				₩322,000

종합원가계산의 제조원가보고서[3단계]는 재공품계정의 차변내용을, [5단계]는 재공품계정의 대변내용을 나타낸다. 즉, [3단계]의 당기발생원가가 당기총제조원가이고, [5단계]의 완성품 원가가 곧 당기제품제조원가이다.

선입선출법은 기초재공품원가와 당기발생원가를 명확히 구분하여 완성품 원가는 기초재공품원가와 당기발생원가로 구성되어 있고 기말재공품원가는 당기발생원가로만 구성되어 있다고 가정한다.

09 ⑤

전출원가(transfer-out cost)는 다음 공정으로 대체된 원가로 완성품원가를 말하며 다음공정 입장에서 전공정원가(transfer-in cost)에 해당한다.

제조원가보고서(선입선출법)

	[1단계] 물량의 흐름	[2단계] 완성품환산량 재료원가	가공원가
기초재공품	1,000(40%)		
당기착수	30,000		
	31,000개		

당기완성			
┌ 기초재공품	1,000	0	600
└ 당기착수	29,500	29,500	29,500
기말재공품	500(80%)	500	400
	31,000개	30,000개	30,500개

전기투입원가로 산출한 수량은 제외

			합 계
[3단계] 총원가의 요약			
기초재공품원가			₩23,000
당기발생원가	₩240,000	₩305,000	545,000
합 계			₩568,000
[4단계] 환산량 단위당 원가			
완성품환산량	÷30,000개	÷30,500개	
환산량단위당원가	@8	@10	
[5단계] 원가의 배분			
완성품원가	₩23,000+29,500개×@8+30,100개×@10=		₩560,000
기말재공품원가	500개×@8+400개×@10=		8,000
합 계			₩568,000

10 ⑤

① 선입선출법 종합원가계산

(선입선출법)	[1단계] 물량의 흐름	[2단계] 완성품환산량 재료원가	가공원가
기초재공품	100(60%)		
당기착수	200		
	300개		
당기완성			
┌ 기초재공품	100	0	40
└ 당기착수	100	100	100
기말재공품	100(40%)	100	40
	300개	200개	180개

전기원가로 산출한 수량은 제외하고 당기투입원가로 산출한 수량만 계산

			합 계
[3단계] 총원가의 요약			
기초재공품원가			₩29,000
당기발생원가	₩52,000	₩34,200	86,200
합 계			W115,200
[4단계] 환산량 단위당 원가			
완성품환산량	÷200개	÷180개	
환산량단위당원가	@260	@190	
[5단계] 원가의 배분			
완성품원가	₩29,000+100개×@260+140개×@190=		₩81,600
기말재공품원가	100개×@260+40개×@190=		33,600
합 계			₩115,200

당기단가

② 기초재공품의 완성품환산량 단위당 원가

재료원가 ₩20,000÷100개=@200

가공원가 ₩9,000÷60개=@150

③ 평균법 종합원가계산

(평 균 법)	[1단계] 물량의 흐름	[2단계] 완성품환산량 재료원가	가공원가	합 계
기 초 재 공 품	100(60%)			
당 기 착 수	200			
	300개			
당 기 완 성	200	200	200	
기 말 재 공 품	100(40%)	100	40	
	300개	300개	240개	← 기초재공품까지 포함한 전체완성품환산량
[3단계] 총원가의 요약				합 계
기초재공품원가		₩20,000	₩9,000	₩29,000
당기발생원가		52,000	34,200	86,200
합 계		₩72,000	₩43,200	₩115,200
[4단계] 환산량 단위당 원가				
완성품환산량		÷300개	÷ 240개	
환산량단위당원가		@240	@180	← 당기단가
[5단계] 원가의 배분				
완 성 품 원 가		200개×@240+200개×@180=		₩84,000
기말재공품원가		100개×@240+40개×@180=		31,200
합 계				₩115,200

④ 재료원가의 완성품 배분액

선입선출법 100개×@200+100개×₩260=₩46,000

평균법 200개×@240=₩48,000

⑤ 가공원가의 완성품 배분액

선입선출법 60개×@150+140개×₩190=₩35,600

평균법 200개×@180=₩36,000

11 ①

(1) 당기완성품환산량

①직접재료원가 : 9,000개+4,000개×80%−3,000개×80%=9,800개

②가공원가 : 9,000개+4,000개×50%−3,000개×50%=9,500개

(2) 완성품환산량 단위당 원가

①직접재료원가 : ₩1,100,000÷9,800개=₩112.24

②가공원가 : ₩900,000÷9,500개=₩94.74

(3) 완성품 제조원가

₩500,000+₩112.24×(9,000개−3,000개×80%)+₩94.74×(9,000개−3,000개×50%)

=₩1,951,334

12 ⑤

기말재공품 완성도 과소평가

⇒ 당기완성품환산량 감소

⇒ 완성품 환산량 단위당 원가 증가

⇒ 당기제품제조원가 증가(완성량×단위당 원가↑)

⇒ 매출원가 증가(∵ 기말제품재고×)

⇒ 영업이익 감소(이익잉여금 과소)

13 ①

	[1단계] 물량의 흐름	[2단계] 완성품환산량 재료원가	가공원가
기초재고	60,000(65%, 30%)		
당기착수	350,000		
	410,000단위		
완성품			
┌ 기초재공품	60,000	21,000	42,000
└ 당기착수	320,000	320,000	320,000
기말재고	30,000(80%, 40%)	24,000	12,000
합계	410,000단위	365,000단위	374,000단위

전기완성품환산량 제외

별해

(1) 재료원가 완성품환산량

60,000개×35%+320,000개×100%+30,000개×80%=365,000개

(기초재공품완성량 / 당기착수완성량 / 기말재공품완성량)

(2) 가공원가 완성품환산량

60,000개×70%+320,000개×100%+30,000개×40%=374,000개

(기초재공품완성량 / 당기착수완성량 / 기말재공품완성량)

14 ②

	[1단계] 물량의 흐름	[2단계] 완성품환산량 재료 A	재료 B	가공원가
기초재공품완성량	3,000(80%)	0개	0개	600개*1
당기투입완성량	17,000	17,000	17,000	17,000
기말재공품	8,000(50%)	8,000*2	0	4,000*3
합계	28,000개	25,000개	17,000개	21,600개

* 1. 3,000개×0.2=600개
2. 8,000개×1.0=8,000개
3. 8,000개×0.5=4,000개

별해

(1) 재료 A 완성품환산량

0개 + 17,000개×100%+8,000×100%=25,000개
(0개: 기초재공품완성량 / 17,000개×100%: 당기착수완성량 / 8,000×100%: 기말재공품완성량)

* 재료 A는 공정을 시작할 때 전량투입하므로 기말재공품은 재료원가 A를 받게 된다.

(2) 재료 B 완성품환산량

0개+17,000개×100%+8,000개×0%=17,000개

(3) 가공원가 완성품환산량

3,000개×20%+17,000개×100%+8,000개×50%*=21,600개
(3,000개×20%: 기초재공품완성량 / 17,000개×100%: 당기착수완성량 / 8,000개×50%: 기말재공품완성량)

* 가공원가는 공정 전반에 걸쳐 균등하게 발생하므로 공정의 50%에 도달한 기말재공품은 가공원가 완성도가 50%이다.

15 ②

	[1단계] 물량의 흐름	[2단계] 완성품 환산량 재료원가 A	재료원가 B	가공원가	합계
기초재공품	5,000(60%)				
당기착수	85,000				
	90,000개				
당기완성					
┌ 기초재공품	5,000	0	0	2,000	
└ 당기착수	75,000	75,000	75,000	75,000	
기말재공품	10,000(30%)	10,000	0	3,000	
	90,000개	85,000개	75,000개	80,000개	
[3단계] 총원가의 요약					합계
기초재공품원가					₩2,110,000
당기발생원가		₩3,400,000	₩4,500,000	₩1,600,000	9,500,000
합계					₩11,610,000
[4단계] 환산량 단위당 원가					
완성품환산량		÷85,000개	÷75,000개	÷80,000개	
환산량단위당원가		@40	@60	@20	
[5단계] 원가의 배분					
완성품원가	₩2,110,000+75,000개×@40+75,000개×@60+77,000개×@20=				₩11,150,000
기말재공품원가	10,000개×@40+0개×@60+3,000개×@20=				460,000
합계					₩11,610,000

(기초재공품 재료원가 B 0: 전기에 이미 투입된 부분)

(기말재공품 재료원가 B 0: 기말재공품이 완성도가 30%로 B가 안 들어감)

16 ②

(1) 완성품환산량

기말재공품에는 재료 A와 가공원가만 투입되어 있고, 재료 B는 포함되어 있지 않다. 따라서 재료 A와 가공원가의 완성품환산량 단위당 원가만을 계산하면 된다.

	[1단계] 물량의 흐름	[2단계] 완성품환산량		
		A재료원가	B재료원가	가공원가
기초재공품완성량	1,000(60%)			
당기투입완성량	14,000			
합계	15,000개			
당기완성				
┌ 기초재공품	1,000	0	1,000	400
└ 당기착수	10,000	10,000	10,000	10,000
기말재공품	4,000(50%)	4,000	0	2,000
	15,000개	14,000개	11,000개	12,400개

B의 투입시점이 70%로 기초재공품은 당기에 B 투입

50% 완성도인 기말재공품에는 70%에 투입되는 B가 안 들어감

(2) 환산량 단위당 원가

재료 A : ₩280,000÷14,000개=₩20

가공원가 : ₩372,000÷12,400개=₩30

(3) 기말재공품원가

4,000개×@20+2,000개×@30=₩140,000

17 ④

재공품물량이 동일하더라도 원가가 상승하면 재공품으로 표시되는 금액은 증가한다. 또 동일한 원가가 발생하더라도 완성품의 생산량이 감소하거나 기말재공품의 완성도가 증가한다면 기말재공품에 배부되는 원가가 늘어날 것이다. 제품판매량은 재공품원가와 아무런 관련이 없다.

18 ④

	[1단계] 물량의 흐름	[2단계] 완성품 환산량		
		전공정비	재료원가	가공원가
기초재공품	8,000(20%)			
당기착수	40,000			
	48,000개			
당기완성				
┌ 기초재공품	8,000	0	8,000	6,400
└ 당기착수	24,000	24,000	24,000	24,000
기말재공품	16,000(75%)	16,000	0	12,000
	48,000개	40,000개	32,000개	42,400개

B부문재료는 공정말기에 투입되므로 모두 당기 투입

75% 완성되어 재료 안 들어감

[3단계] 총원가의 요약				합 계
기초재공품원가				₩1,436,000
당기발생원가	₩3,200,000	₩1,600,000	₩2,968,000	7,768,000
합 계				₩9,204,000
[4단계] 환산량 단위당 원가				
완성품환산량	÷40,000개	÷32,000개	÷42,400개	
환산량단위당원가	@80	@50	@70	
[5단계] 원가의 배분				
완성품원가	₩1,436,000+24,000개×@80+32,000단위×@50+30,400개×@70=			₩7,084,000
기말재공품원가	16,000개×@80+12,000개×@70=			2,120,000
합 계				₩9,204,000

19 ④

(1) 환산량 단위당 당기원가

	[1단계] 물량의 흐름	[2단계] 완성품환산량 전공정원가	재료원가	가공원가
기초재고	3,000(20%, 25%)			
당기착수	8,000			
	11,000개			
완성품				
기초재공품	3,000	0	2,400	2,250
당기착수	6,000	6,000	6,000	6,000
기말재공품	2,000(45%, 65%)	2,000	900	1,300
	11,000개	8,000개	9,300개	9,550개

전공정원가 ₩9,600,000÷8,000개=@1,200

재료원가 ₩20,460,000÷9,300개=@2,200

가공원가 ₩7,640,000÷9,550개=@800

(2) 완성품원가

₩6,480,000(기초재공품원가)+6,000개×@1,200(당기분전공정원가)+8,400개×@2,200(당기분 재료원가)+8,250개×@800(당기분 가공원가)=₩38,760,000

별해

	[1단계] 물량의 흐름	[2단계] 완성품 환산량 전공정원가	재료원가	가공원가	합계
기초재공품	3,000(20%, 25%)				
당기착수	8,000				
	11,000개				
완성품					
┌ 기초완성품	3,000	0	2,400	2,250	
└ 당기착수완성품	6,000	6,000	6,000	6,000	
기말재공품	2,000(45%, 65%)	2,000	900	1,300	
	11,000개	8,000개	9,300개	9,550개	
[3단계] 총원가의 요약					
기초재공품					₩6,480,000
당기발생원가		₩9,600,000	₩20,460,000	₩7,640,000	37,700,000
합계					₩44,180,000
[4단계] 환산량 단위당 원가					
완성품환산량		÷8,000개	÷9,300개	÷9,550개	
환산량단위당원가		@1,200	@2,200	@800	
[5단계] 원가의 배분					
완성품원가	₩6,480,000+6,000개×@1,200+8,400개×@2,200+8,250개×@800=				₩38,760,000

20 ②

1공정 완성량 : 0개(기초) + 25,000개(당기착수) − 7,000개(기말) = 18,000개(1공정 완성량이 2공정 착수량임)

1공정의 당기완성품원가(2공정의 당기전공정대체원가) : 18,000개 × ₩200 = ₩3,600,000

전공정원가의 환산량 단위당 원가 : (₩3,000,000 + ₩3,600,000)(전체전공정원가) ÷ (12,000개 + 18,000개)(전체완성품환산량) = ₩220(평균단가)

2공정의 완성품원가 : 20,000개(완성량) × (₩220 + ₩120 + ₩180)(평균단가) = ₩10,400,000

재공품(1공정)

기초	0개	완성	18,000개
당기	25,000	기말	7,000
	25,000개		25,000개

재공품(2공정)

기초 ┌ 전공정원가	₩3,000,000	완성품	20,000개
재료원가	1,440,000	20,000개×(@220+@120+@180)	
└ 가공원가	2,160,000		=₩10,400,000
→ 전공정원가	18,000개×@200		
	=₩3,600,000	기 말	10,000개
재료원가	?		
가공원가	?		
합계 ┌ 전공정원가	30,000개×@220		
	=₩6,600,000		
재료원가	?		
└ 가공원가	?		

21 ③

검사시점	정상공손수량(당기정상공손수량)
10%	(0개+3,500개+700개)×5%= 210개
50%	(500개+3,500개+700개)×5%= 235개
100%	(500개+3,500개+0개)×5%= 200개

별해 전기합격물량차감법

재 공 품

차변		대변	
기 초	500개(0.3)	완 성	4,000개
당 기	4,500	공 손	300
		기 말	700(0.7)
	5,000개		5,000개

	당기검사합격물량		
	10%	50%	100%
완 성	4,000개	4,000개	4,000개
기 말	700	700	0
전체합격	4,700	4,700	4,000
전기합격	(500)	(0)	(0)
당기합격	4,200개	4,700개	4,000개

22 ⑤

(1) 직접계산법

	물 량		20%	40%
기 초 완 성 품	10,000단위	(30%)	0	10,000단위
당 기 착 수 완 성	52,000		52,000단위	52,000
기 말 재 공 품	15,000	(80%)	15,000	15,000
당기검사합격물량	77,000단위		67,000단위	77,000단위
정 상 공 손 수 량			6,700단위	7,700단위

전기합격, 당기합격 제외

(2) 전기합격물량차감법

① 당기검사합격물량

20% 시점검사 : 62,000단위+15,000단위−10,000단위=67,000단위

40% 시점검사 : 62,000단위+15,000단위−0단위=77,000단위

② 정상공손수량(당기정상공손)

20% 시점검사 : 67,000단위×10%=6,700단위

40% 시점검사 : 77,000단위×10%=7,700단위

23 ①

(1) 비정상공손수량

재 공 품

차변		대변	
기 초	10,000개(50%)	완 성	40,000개
착 수	55,000	공 손	5,000(80%)
		기 말	20,000(90%)
	65,000개		65,000개

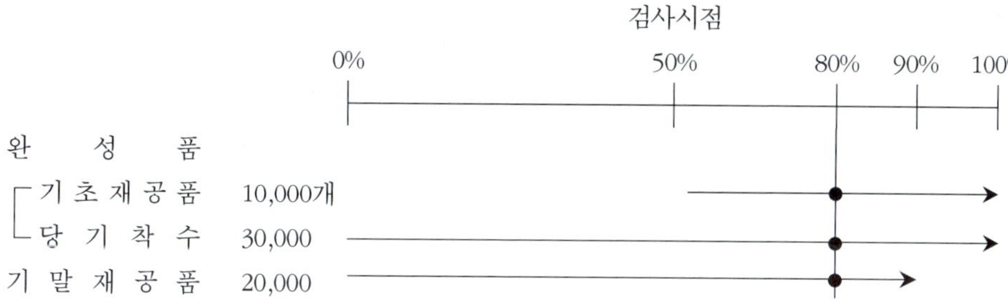

∴ 정상공손수량 : (10,000+30,000+20,000)×4%=2,400단위

비정상공손수량 : 5,000단위−2,400단위=2,600단위

(2) 비정상공손품의 가공원가 완성품환산량 : 2,600단위×80%=2,080단위

24 ①

기말재공품의 완성도를 실제보다 과대평가하는 경우 완성품환산량이 과대평가되고 기말재공품원가도 과대평가되며, 완성품원가는 과소평가된다.

25 ①

(1) 공손수량

100개(기초재공품)+900개(당기착수)−700개(완성품)−150개(기말재공품)=150개

(2) 정상공손수량 : 700개×10%=70개

(3) 완성품환산량

	[1단계] 물량의 흐름	[2단계] 완성품환산량	
		재료원가	가공원가
기 초 재 공 품	100단위(80%)		
당 기 착 수 량	900		
	1,000단위		
당 기 완 성 품	700단위	700단위	700단위
정 상 공 손	70(100%)	70	70
비 정 상 공 손	80(100%)	80	80
기 말 재 공 품	150(60%)	150	90
	1,000단위	1,000단위	940단위

(4) 완성품환산량 단위당 원가

재료원가 : (₩5,400+₩50,000)÷1,000단위=단위당 @55.4

가공원가 : (₩8,800+₩94,600)÷ 940단위=단위당 @110

(5) 정상공손원가

70개×@55.4+70개×@110=₩11,578

26 ③

(1) 정상공손수량

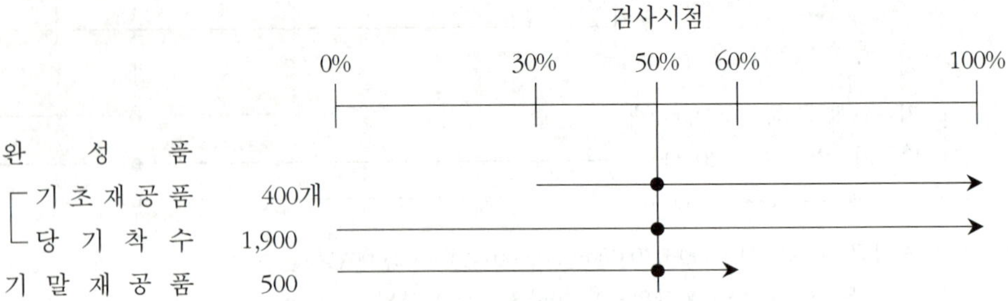

∴ 정상공손수량 : (400개+1,900개+500개)×5%=140개

(2) 정상공손원가의 배분

	[1단계] 물량의 흐름	[2단계] 완성품환산량 재료원가	가공원가
기 초 재 공 품	400(30%)		
당 기 착 수	2,600		
	3,000개		
당 기 완 성	2,300	2,300	2,300
정 상 공 손	140(50%)	140	70
비 정 상 공 손	60(50%)	60	30
기 말 재 공 품	500(60%)	500	300
	3,000개	3,000개	2,700개

공손품의 가공원가 완성도는 검사시점 완성도

[3단계] 총원가의 요약			합 계
기초재공품원가	₩150,000	₩310,000	₩460,000
당기발생원가	600,000	500,000	1,100,000
합 계	₩750,000	₩810,000	₩1,560,000
[4단계] 환산량 단위당 원가			
완성품환산량	÷3,000개	÷2,700개	
환산량단위당원가	@250	@300	

[5단계] 원가의 배분

(1차 배분)

완 성 품 원 가	2,300개×@250+2,300개×@300=	₩1,265,000
정 상 공 손 원 가	140개×@250+70개×@300=	56,000
비정상공손원가	60개×@250+30개×@300=	24,000
기말재공품원가	500개×@250+300개×@300=	215,000
합 계		₩1,560,000

(2차 배분)

당기합격물량 기준 배분

	배분전원가	정상공손원가배분*	배분후원가
완 성 품 원 가	₩1,265,000	₩46,000	₩1,311,000
정 상 공 손 원 가	56,000	(56,000)	0
비정상공손원가	24,000		24,000
기말재공품원가	215,000	10,000	225,000
합 계	₩1,560,000	₩0	₩1,560,000

* 정상공손원가배분 : 기말재공품이 검사시점을 통과하였기 때문에 정상공손원가를 완성품과 기말재공품의 물량을 기준으로 하여 배분한다.

완 성 품	₩56,000×2,300/(2,300+500)=	₩46,000
기말재공품	₩56,000×500/(2,300+500)=	10,000
합 계		₩56,000

별해

완성품과 관련된 정상공손수량은 115개(2,300개×5%)이다. 따라서 이 물량에 대한 원가를 직접 계산할 수도 있다.

115개×@250+115개×50%×@300=₩46,000

27 ③

(1) 정상공손원가

① 정상공손수량 : (300단위+60단위−0단위)×5%=18단위

② 정상공손가공원가 : 18단위×50%×₩60=₩540

(2) 완성품 가공원가

① 완성품 가공원가 : 300단위×₩60=₩18,000

② 정상공손 가공원가 배부액 : ₩540×300/360=₩450 (300/360: 당기합격물량비율)

③ 배부후 완성품 가공원가 : ₩18,000+₩450=₩18,450

28 ⑤

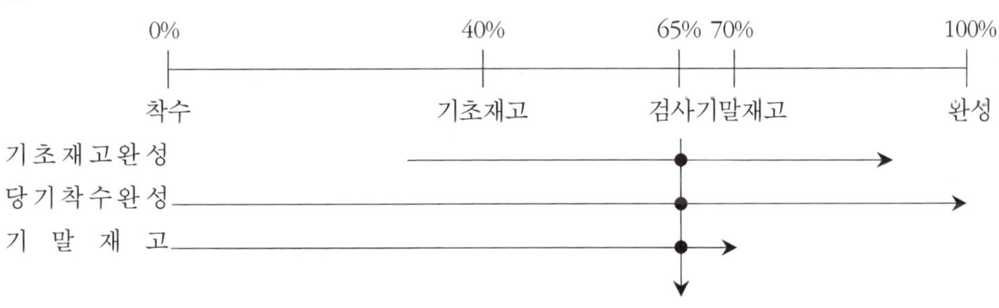

정상공손원가는 당기에 검사시점을 통과하는 수량에만 할당한다. 모두 당기에 검사시점을 통과하므로 월초재고, 당기착수·완성, 월말재고에 모두 배분하여야 한다.

29 ⑤

(1) 정상공손수량

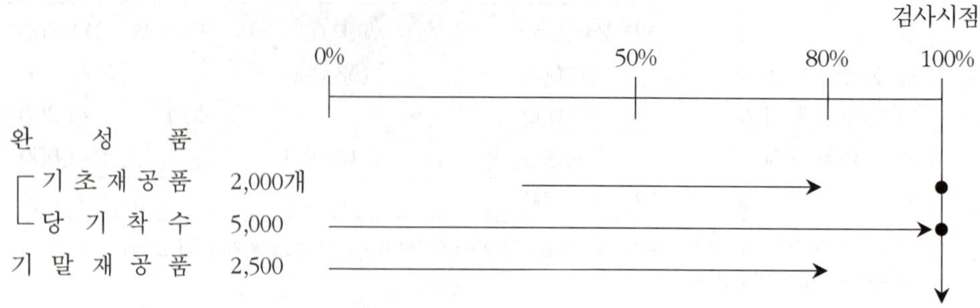

∴ 정상공손수량 : (2,000개+5,000개)×5%=350개

(2) 완성품의 가공원가

①가공원가 완성품환산량

7,000개+350개+150개+2,500개×80%=9,500개

②가공원가 완성품환산량 단위당 원가

(₩10,000+₩85,000)÷9,500개=@10

③완성품의 가공원가

(7,000개+350개)×₩10=₩73,500

완성량 정상공손

30 ⑤

	[1단계]	[2단계] 완성품환산량		
	물량의 흐름	재료원가	가공원가	
당 기 완 성	2,000	2,000	2,000	
공 손 품	200(50%,40%)	100	80	
기 말 재 공 품	500(20%,15%)	100	75	
	2,700개	2,200개	2,155개	
[3단계] 총원가의 요약				합 계
기초재공품원가		₩1,000	₩2,475	₩290,000
당기발생원가		5,600	8,300	1,000,000
합 계		₩6,600	₩10,775	₩1,290,000
완성품환산량		÷2,200개	÷2,155개	
환산량단위당원가		@3	@5	

공 손 원 가 100개×@3+80개×@5= ₩700

31 ①

(1) 정상공손수량

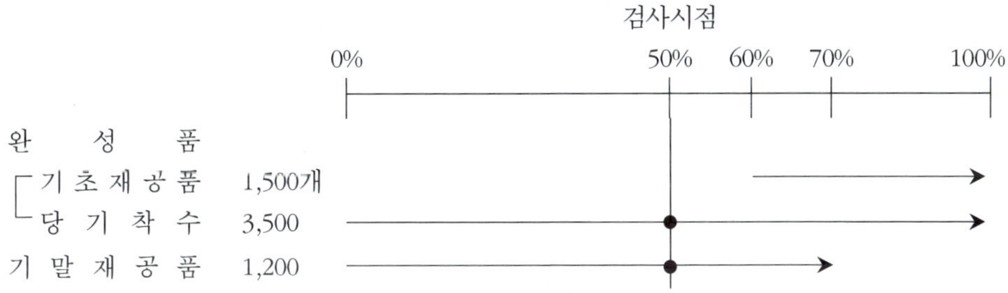

재 공 품

기 초(60%)	1,500	완 성	5,000
착 수	5,500	공 손(50%)	800
		기 말(70%)	1,200
	7,000		7,000

전기 합격가능 (기초 1,500)

전체 합격가능 (완성 5,000, 기말 1,200)

∴ 정상공손수량 : (3,500개+1,200개)×10%=470개

또는 (5,000개+1,200개−1,500개)×10%=470개

비정상공손수량 : 800개−470개=330개

(2) 원가배분

	전공정비	재료원가	가공원가
정상공손수량의 완성품환산량	470개	470개	235개

정상공손원가 : 470개×@30+470개×@20+235개×@25=₩29,375

기말재공품에 배분되는 정상공손원가

$$\underbrace{(₩29,375-\overbrace{470개\times₩20}^{공손품\ NRV})}_{당기정상공손\ 손실}\times\frac{\overbrace{1,200개}^{기말재공품}}{\underbrace{3,500개+1,200개}_{당기합격}}=₩5,100$$

32 ⑤

	[1단계] 물량의 흐름	[2단계] 완성품환산량 재료원가	[2단계] 완성품환산량 가공원가
기 초 재 공 품	2,000(50%)		
당 기 착 수	12,000		
	14,000단위		
당 기 완 성			
┌ 기 초 재 공 품	2,000	0	1,000
└ 당 기 착 수	10,000	10,000	10,000
정 상 공 손	1,000(80%)	1,000	800
기 말 재 공 품	1,000(70%)	1,000	700
	14,000단위	12,000단위	12,500단위

[3단계] 총원가의 요약			합 계
기초재공품원가			₩44,000
당기발생원가	₩96,000	₩150,000	246,000
합 계			₩290,000
[4단계] 환산량 단위당 원가			
완성품환산량	÷12,000개	÷12,500단위	
환산량단위당원가	@8	@12	
[5단계] 원가의 배분			
완성품원가	₩44,000+10,000단위×@8+11,000단위×@12=		₩256,000
정상공손원가	1,000단위×@8+800단위×@12=		17,600
기말재공품원가	1,000단위×@8+700단위×@12=		16,400
합 계			₩290,000

기말재공품이 검사시점을 통과하지 않은 상태이므로 정상공손원가는 전액 완성품원가에 배분되어야 한다.

∴ 완성품원가 : ₩256,000+₩17,600=₩273,600

(또는 ₩44,000+11,000개×@8+11,800개×@12=₩273,600)

33 ①

34 ⑤

[33~34]

정상공손수량 (4,000개+0개−0개)×10%=400개 (당기합격: 4,000개+0개−0개; 전체합격: 4,000개+0개; 전기합격: 0개)

	[1단계] 물량의 흐름	[2단계] 완성품 환산량 전공정원가	재료원가	가공원가
기초재공품	1,000(60%)			
당기착수	5,000			
	6,000개			
당기완성				
┌기초재공품	1,000	0	0	400
└당기착수	3,000	3,000	3,000	3,000
정상공손	400(80%)	400	400	320
비정상공손	100(80%)	100	100	80
기말재공품	1,500(40%)	1,500	0	600
	6,000개	5,000개	3,500개	4,400개

[3단계] 총원가의 요약

				합 계
기 초 재 공 품 원 가				₩942,000
당 기 발 생 원 가	₩625,000	₩1,470,000	₩924,000	3,019,000
합 계				₩3,961,000

[4단계] 환산량 단위당 원가

완 성 품 환 산 량	÷5,000개	÷3,500개	÷4,400개
환 산 량 단 위 당 원 가	@125	@420	@210

[5단계] 원가의 배분

(1차 배분)

완 성 품 원 가	₩942,000+3,000개×@125+3,000개×@420+3,400개×@210=	₩3,291,000
정 상 공 손 원 가	400개×@125+400개×@420+320개×@210=	285,200
비 정 상 공 손 원 가	100개×@125+100개×@420+80개×@210=	71,300
기 말 재 공 품 원 가	1,500개×@125+0개×@420+600개×@210=	313,500
합 계		₩3,961,000

(2차 배분)

	배분 전 원가	정상공손원가배분	배분 후 원가
완 성 품 원 가	₩3,291,000	₩285,200	₩3,576,200
정 상 공 손 원 가	285,200	(285,200)	0
비 정 상 공 손 원 가	71,300	당기합격물량기준배분	71,300
기 말 재 공 품 원 가	313,500		313,500
합 계	₩3,961,000	₩0	₩3,961,000

완성품의 단위당 원가 ₩3,576,200÷4,000개=₩894.05

35 ④

		작업 갑	작업 을
A	9,000개	9,000개	9,000개
B	4,000개	4,000	4,000
C	6,000개	6,000	
가공원가완성품환산량		19,000개	13,000개
발생가공원가		₩570,000	₩1,300,000
완성품환산량단위당 가공원가		@30	@100

B제품 재료원가 단위당 원가 : ₩1,320,000/4,000개=@330

B제품원가=@330(재료원가)+@30(작업갑)+@100(작업을)=@460

36 ④

각각의 재료원가와 가공원가를 해당되는 제품 생산량 합계로 나누어 단위당 원가를 구한 다음 해당 제품에 배분한다.

	기본형	고급형	주문형	계
생 산 량	100대	80대	20대	200대
재 료 원 가				
기 본 공 정	₩204,000,000	₩163,200,000	₩40,800,000	₩408,000,000
옵 션 공 정	–	76,800,000	19,200,000	96,000,000
특 수 공 정	–	–	8,000,000	8,000,000
가 공 원 가				
기 본 공 정	₩420,000,000	336,000,000	84,000,000	840,000,000
옵 션 공 정	–	57,600,000	14,400,000	72,000,000
특 수 공 정	–	–	5,000,000	5,000,000
총 원 가	₩624,000,000	₩633,600,000	₩171,400,000	₩1,429,000,000
	÷100대	÷80대	÷20대	
단 위 당 원 가	@6,240,000	@7,920,000	@8,570,000	

이 문제는 재료원가도 공정별로 발생해서 공정에서 처리한 물량기준으로 배분한다.

주관식 문제

01 평균법과 선입선출법

(주)단일은 종합원가계산방법을 사용하고 있다. 5월의 원가자료는 다음과 같다. 재료는 공정초기에 전량이 투입되며, 가공원가는 공정전반에 걸쳐서 균등하게 발생한다. 기초재공품의 가공원가 완성도는 70%였고, 기말재공품의 가공원가 완성도는 40%였다.

	물량자료	재료원가	가공원가
기 초 재 공 품	2,000개	₩50,000	₩58,000
당 기 착 수	8,000	200,000	600,000
당 기 완 성 량	9,000		
기 말 재 공 품	1,000		

【물음 1】 재공품의 평가를 위한 물량흐름의 가정을 평균법으로 할 때, 당기완성품의 단위당 원가와 기말재공품원가를 구하시오.

【물음 2】 물량흐름의 가정을 선입선출법으로 할 때 당기완성품 원가를 구하시오.

해답

[물음 1] 평균법

(1) 환산량 단위당 원가

① 재료비 : (₩50,000+₩200,000)÷(9,000개+1,000개)=₩25

② 가공비 : (₩58,000+₩600,000)÷(9,000개+1,000개×40%)=₩70

(2) 당기완성품 단위당 원가 : ₩25+₩70=₩95

(3) 기말재공품 원가 : 1,000개×₩25+1,000개×40%×₩70=₩53,000

[물음 2] 선입선출법 적용

(1) 당기 완성품 환산량 단위당 원가

① 재료원가 : ₩200,000÷(0개+7,000개+1,000개)=₩25

(0개: 기초완성품, 7,000개: 당기완성품, 1,000개: 기말재공품)

② 가공원가 : ₩600,000÷(2,000개×30%+7,000개+1,000개×40%)=₩75

(2,000개×30%: 기초완성품, 7,000개: 당기완성품, 1,000개×40%: 기말재공품)

(2) 당기완성품 원가

₩50,000+₩58,000+7,000개×₩25+(2,000개×30%+7,000개)×₩75=₩853,000

(₩50,000+₩58,000: 기초재공품원가, 7,000개×₩25: 당기재료원가, (2,000개×30%+7,000개)×₩75: 당기가공원가)

별해

종합원가계산을 할 때 본문설명은 5단계법에 충실했다. 그러나 시험을 준비하는 경우에는 시험장에서는 5단계법을 응용해서 풀 수 있어야 한다. 따라서 연습문제는 주로 응용방법을 중심으로 해답을 설명하였다. 물량흐름의 가정별로 5단계법에 따라 제조원가보고서를 작성하면 다음과 같다.

제조원가보고서(평균법)

	[1단계] 물량의 흐름	[2단계] 완성품환산량 재료원가	가공원가	
기초재공품	2,000(70%)			
당기착수	8,000			
	10,000개			
당기완성	9,000	9,000	9,000	
기말재공품	1,000(40%)	1,000	400	
	10,000개	10,000개	9,400개 ← 전체완성품환산량	
[3단계] 총원가의 요약				합계
기초재공품원가		₩50,000	₩58,000	₩108,000
당기발생원가		200,000	600,000	800,000
합계		₩250,000	₩658,000	₩908,000

[4단계] 환산량 단위당 원가

완 성 품 환 산 량	÷10,000개	÷9,400개	
환산량단위당원가	@25	@70 ◀ 평균단가	

[5단계] 원가의 배분

완 성 품 원 가	9,000개×@25+9,000개×@70=	₩855,000
기 말 재 공 품 원 가	1,000개×@25+400개×@70=	53,000
합 계		₩908,000

제조원가보고서(선입선출법)

	[1단계] 물량의 흐름	[2단계] 완성품환산량 재료원가	가공원가	
기 초 재 공 품	2,000(70%)			
당 기 착 수	8,000			
	10,000개			
당 기 완 성				
┌기 초 재 공 품	2,000	0	600	◀ 전기에 투입된 완성품환산량은 제외
└당 기 착 수	7,000	7,000	7,000	
기 말 재 공 품	1,000(40%)	1,000	400	
	10,000개	8,000개	8,000개	◀ 당기완성품환산량

[3단계] 총원가의 요약

			합 계
기 초 재 공 품 원 가			₩108,000
당 기 발 생 원 가	₩200,000	₩600,000	800,000
합 계			₩908,000

[4단계] 환산량 단위당 원가

완 성 품 환 산 량	÷8,000개	÷8,000개	
환산량단위당원가	@25	@75 ◀ 당기단가	

[5단계] 원가의 배분

완 성 품 원 가	₩108,000+7,000개×@25+7,600개×@75=	₩853,000
기 말 재 공 품 원 가	1,000개×@25+400개×@75=	55,000
합 계		₩908,000

02 연속되는 제조공정

(주)연속은 갑공정과 을공정의 두 공정이 있으며, 종합원가계산방법을 사용하고 있다. 갑공정에서 완성된 반제품은 을공정의 초기에 전량이 투입되고 원재료는 을공정의 종료시점에 투입되며 가공원가는 공정전반에 걸쳐서 발생한다. 6월의 을공정의 원가자료는 다음과 같다.

기초재공품 :	수량	1,000개	당기완성량 :		8,000개
	전공정원가	₩30,000			
	가공원가	66,000	기말재공품 :	수량	2,000개
	완성도	50%		완성도	60%
당기발생원가 :	착수량	9,000개			
	재료원가	₩200,000			
	가공원가	348,000			

한편, 갑공정은 평균법에 의하여 기말재공품을 평가하고 있으며, 재료원가와 가공원가 모두 전공정에 걸쳐 균등하게 발생한다. 6월의 완성품환산량 단위당 원가는 재료원가가 ₩20, 가공원가가 ₩10이다. 6월말 갑공정의 기말재공품은 2,000단위로 재료원가의 완성도는 80%, 가공원가의 완성도는 60%이다.

04

【물음 1】 을공정에 대하여 평균법에 의할 경우 당기제품제조원가를 계산하시오.

【물음 2】 을공정에 대하여 선입선출법에 의할 경우 회사의 재공품계정의 6월말 금액을 계산하시오.

해답

[물음 1] 평균법에 의한 당기제품제조원가

(1) 당기발생 전공정원가

9,000개×(₩20+₩10)=₩270,000

(2) 을공정의 평균법에 의한 완성품환산량 단위당 원가

① 전공정원가

(₩30,000+₩270,000)÷(8,000+2,000개×100%)=@30
(총원가) (총완성품환산량)

② 재료원가

(₩0+₩200,000)÷(8,000개+2,000개×0%*)=@25

* 을공정의 재료원가는 을공정 종료시점에서 전액 투입되므로 종료시점에 도달하지 못한 기말재공품은 을공정의 재료원가에 대한 완성도가 0%이다.

③ 가공원가

(₩66,000+₩348,000)÷(8,000개+2,000개×60%)=@45

(3) 당기제품제조원가

8,000개×(@30+@25+@45)=₩800,000

[물음 2] 선입선출법에 의한 기말재공품원가

(1) 갑공정 기말재공품원가

2,000단위×80%×@20+2,000단위×60%×@10=₩44,000

(2) 을공정의 선입선출법에 의한 당기완성품환산량 단위당 원가

① 전공정원가

₩270,000÷(0개+7,000개+2,000개×100%)=@30

당기원가 / 선입선출법완성품환산량

② 재료원가

₩200,000÷(1,000개×100%+7,000개+2,000개×0%)=@25

당기완성품환산량

③ 가공원가

₩348,000÷(1,000개×50%+7,000개+2,000개×60%)=@40

(3) 을공정 기말재공품원가

2,000개×100%×@30+2,000개×0%×@25+2,000개×60%×@40=₩108,000

(4) 6월 기말재공품원가 : ₩44,000+₩108,000=₩152,000

회사의 6월말 기말재공품은 갑공정에 2,000개, 을공정에 2,000개가 있으므로 재공품계정의 6월말 금액은 이러한 두 종류의 기말재공품원가를 합산하여야 한다.

제조원가보고서(평균법)

을 공 정

	[1단계] 물량의 흐름	[2단계] 완성품환산량 전공정원가	재료원가	가공원가	
기 초 재 공 품	1,000(50%)				
당 기 착 수	9,000				
	10,000개				
당 기 완 성	8,000	8,000	8,000	8,000	
기 말 재 공 품	2,000(60%)	2,000	0	1,200	
	10,000개	10,000개	8,000개	9,200개	
[3단계] 총원가의 요약					합 계
기초재공품원가		₩30,000	₩0	₩66,000	₩96,000
당기발생원가		270,000*	200,000	348,000	818,000
합 계		₩300,000	₩200,000	₩414,000	₩914,000
[4단계] 환산량 단위당 원가					
완성품환산량		÷10,000개	÷8,000개	÷9,200개	
환산량단위당원가		@30	@25	@45	
[5단계] 원가의 배분					
완 성 품 원 가	8,000개×@30+8,000개×@25+8,000개×@45=				₩800,000
기말재공품원가	2,000개×@30+0개×@25+1,200개×@45=				114,000
합 계					₩914,000

재료원가는 100% 사전에 투입하므로 기말재공품에는 안 들어가 있다.

평균단가

* 당기에 갑공정에서 을공정으로 투입된 물량이 9,000개이므로 당기 발생 전공정원가는 9,000개×(@20+@10)=₩270,000이다.

제조원가보고서(선입선출법)

을 공 정

	[1단계] 물량의 흐름	[2단계] 완성품환산량 전공정원가	재료원가	가공원가	
기 초 재 공 품	1,000(50%)				
당 기 착 수	9,000				
	10,000개				
당 기 완 성					
┌ 기 초 재 공 품	1,000	0	1,000	500	
└ 당 기 착 수	7,000	7,000	7,000	7,000	
기 말 재 공 품	2,000(60%)	2,000	0	1,200	
	10,000개	9,000개	8,000개	8,700개	
[3단계] 총원가의 요약					합 계
기초재공품원가					₩96,000
당기발생원가		₩270,000	₩200,000	₩348,000	818,000
합 계					₩914,000
[4단계] 환산량 단위당 원가					
완성품환산량		÷9,000개	÷8,000개	÷8,700개	
환산량단위당원가		@30	@25	@40	
[5단계] 원가의 배분					
완 성 품 원 가	₩96,000+7,000개×@30+8,000개×@25+7,500개×@40=				₩806,000
기말재공품원가	2,000개×@30+0개×@25+1,200개×@40=				108,000
합 계					₩914,000

전공정원가는 착수시점에 투입되어 기초재공품에는 전기에 모두 투입됨. 당기분으로 추가 투입된 부분 없음

당기단가

직접재료원가가 공정의 초기에 투입되는 것이 아니라 공정의 종료시점에 투입되므로 완성품 환산량이 직접재료원가를 공정의 초기에 투입하는 경우와 달라지게 된다. 여기에서는 당기에 완성된 분에 대해서만 직접재료원가를 배분할 수 있으며, 기말재공품에는 직접재료원가를 배분하지 못한다.

03 종합원가계산–연속되는 제조공정

다음은 (주)안국의 제1공정에 관한 자료이다. 원재료는 공정초에 모두 투입되며, 가공원가는 전공정에 걸쳐 균등하게 발생한다. 제1공정에서는 선입선출법을 적용하여 제품원가를 계산하고 있다.

(1) 생산자료

	물량단위	가공원가완성도
기 초 재 공 품	10,000개	80%
기 말 재 공 품	20,000	40
당 기 투 입	100,000	
완 성 품	90,000	

(2) 원가자료

	직접재료원가	가공원가	합 계
기 초 재 공 품	₩135,000	₩318,800	₩453,800
당 기 투 입	1,500,000	900,000	2,400,000

【물음 1】 제1공정의 완성품환산량과 환산량 단위당 원가를 계산하시오.

【물음 2】 제1공정의 완성품원가와 기말재공품원가를 계산하시오.

【물음 3】 다음은 제2공정에 관한 자료이다.

완성품환산량 단위당 원가

전공정원가	₩20	직접재료원가	₩30	가공원가	₩15

기말재공품 수량

30,000단위(가공원가 완성도 60%)

제2공정의 원재료는 공정말에 투입되며, 가공원가는 전공정에 걸쳐 균등하게 발생한다. 기말재공품원가는 얼마인가?

해답

[물음 1] 제1공정의 완성품환산량과 환산량 단위당 원가

(1) 완성품 환산량

	물량의 흐름	재료원가	가공원가
기 초 재 공 품	10,000(80%)		
당 기 착 수	100,000		
	110,000개		
당 기 완 성			
┌ 기 초 재 공 품	10,000	0	2,000
└ 당 기 착 수	80,000	80,000	80,000
기 말 재 공 품	20,000(40%)	20,000	8,000
	110,000개	100,000개	90,000개

(2) 환산량 단위당 원가

	재료원가	가공원가	합 계
당 기 발 생 원 가	₩1,500,000	₩900,000	₩2,400,000
완 성 품 환 산 량	÷100,000개	÷90,000개	
환산량단위당원가	@15	@10	

[물음 2] 제1공정의 완성품원가와 기말재공품원가

완 성 품 원 가	₩453,800+80,000개×@15+82,000개×@10=	₩2,473,800
기말재공품원가	20,000개×@15+8,000개×@10=	₩380,000
합 계		₩2,853,800

[물음 3] 제2공정의 기말재공품원가

	기말재공품의 완성품환산량	환산량 단위당 원가	기말재공품원가
전 공 정 원 가	30,000개×100%= 30,000개	@20	₩600,000
재 료 원 가	30,000개×0%= 0개	@30	0
가 공 원 가	30,000개×60%= 18,000개	@15	270,000
			₩870,000

별해

1. 완성품환산량의 계산(간편법)

선입선출법 완성품환산량은 산출물 전체의 완성품환산량(평균법 완성품환산량)에서 기초 완성품환산량을 차감하여 계산할 수도 있다.

	전체 완성품환산량						기초재공품		선입선출법
	완성품		기말재공품		합 계		완성품환산량		완성품환산량
재료원가	90,000개	+	20,000개	=	110,000개	−	10,000개	=	100,000개
가공원가	90,000	+	8,000	=	98,000	−	8,000	=	90,000

04 원가흐름과 종합원가계산 (2004. 세무사기출 수정)

(주)한국은 생산부와 영업부로 구분되어 있으며, 생산부는 단일공정에서 원재료를 투입하여 가공작업을 거쳐 제품을 생산하며, 영업부는 생산된 제품을 판매하고 있다.

[자료 1] 7월 1일의 재무상태

현 금	₩12,300,000	기계장치	₩40,000,000	비 품	₩5,500,000
원 재 료	1,400,000	재 공 품	1,100,000	제 품	800,000
선 급 급 여	240,000	소 모 품	360,000		(@8,000×100kg)
미지급전기수도료	240,000	이익잉여금	5,690,000	자 본 금	55,770,000

[자료 2] 7월 1일부터 7월 31일까지의 원가계산기간 동안의 거래내용

- 원재료 ₩5,800,000을 현금으로 구입하였다.
- 급여 ₩7,160,000을 현금으로 지급하였다.
- 전기수도료 명목으로 ₩1,080,000을 현금으로 지급하였다.
- 전액 생산부에서 사용하는 기계장치의 감가상각비는 ₩400,000/월, 전액 영업부에서 사용하는 비품의 감가상각비는 ₩100,000/월이다.

• 7월 발생분 급여의 20%는 영업부에서, 80%는 생산부에서 부담한다.
• 7월 발생분 전기수도료의 10%는 영업부에서, 90%는 생산부에서 부담한다.
• 소모품은 전액 영업부에서 사용하며, 7월 중 소모품 ₩1,500,000을 현금으로 구입하였다.
• 7월 중 제품 1,000kg은 kg당 ₩20,000에 현금으로 매출하였다.
• 7월 31일 계정잔액은 다음과 같다.

원 재 료	₩480,000	선 급 급 여	₩100,000
소 모 품	120,000	미지급전기수도료	360,000

[자료 3] 원가계산자료
• 생산부에서는 선입선출법의 원가흐름을 가정하여 종합원가계산을 실시하고 있다.
• 기초재공품의 수량은 500kg이며, 재료원가진척도(가공도)는 60%, 가공원가진척도(가공도)는 40%이다.
• 7월 중 생산부에 신규로 투입된 원재료는 1,000kg이며, 작업과정 중에 공손품, 감손품은 발생하지 않았다.
• 기말재공품의 수량은 400kg이며 재료원가진척도(가공도)는 40%, 가공원가진척도(가공도)는 80%이다.
• 영업부에서도 선입선출법의 원가흐름을 가정하여 재고자산을 판매·관리하고 있다.

【물음 1】 7월의 총제조원가를 계산하시오.
【물음 2】 7월의 당기제품제조원가를 계산하시오.
【물음 3】 7월의 영업이익을 구하시오.
【물음 4】 7월의 성격별 손익계산서를 작성하시오.

해답

[물음 1] 당기총제조원가

직접재료원가	₩1,400,000+₩5,800,000−₩480,000=		₩6,720,000
직접노무원가	(₩240,000+₩7,160,000−₩100,000)×0.8=		5,840,000
제조간접원가			
전기수도료	(₩1,080,000(현금지급액)−₩240,000(기초미지급)+₩360,000(기말미지급))×0.9=	₩1,080,000	
감가상각비		400,000	1,480,000
당기총제조원가			₩14,040,000

[물음 2] 당기제품제조원가

	[1단계] 물량의 흐름	[2단계] 완성품환산량 재료비	가공비
기초재공품	500(0.6, 0.4)		
당기착수	1,000		
	1,500kg		
당기완성			
┌ 기초재공품	500	200	300
└ 당기착수	600	600	600
기말재공품	400(0.4, 0.8)	160	320
	1,500kg	960kg	1,220kg

기초재공품은 전기에 60% 재료가 투입되었으므로 당기투입으로 40%가 산출되었다.

기말재공품 재료완성도가 40% 투입되었다.

[3단계] 총원가의 요약			합계
기초재공품원가			₩1,100,000
당기발생원가	₩6,720,000	₩7,320,000*	14,040,000
합계			₩15,140,000
[4단계] 환산량 단위당 원가			
완성품환산량	÷960kg	÷1,220kg	
환산량 단위당 원가	@7,000	@6,000	

당기단가

[5단계] 원가의 배분		
완성품원가	₩1,100,000+800kg×@7,000+900kg×@6,000=	₩12,100,000
기말재공품원가	160kg×@7,000+320kg×@6,000=	3,040,000
합계		₩15,140,000

* 가공원가 ₩5,840,000+₩1,480,000=₩7,320,000

[물음 3] 영업이익

Ⅰ. 매출액:	1,000kg×₩20,000=		₩20,000,000
Ⅱ. 매출원가:	₩800,000+₩12,100,000−₩2,200,000*1=		10,700,000
Ⅲ. 매출총이익			₩9,300,000
Ⅳ. 판매관리비			
1. 급여		₩1,460,000	
2. 소모품비*2		1,740,000	
3. 전기수도료		120,000	
4. 감가상각비		100,000	3,420,000
Ⅴ. 영업이익			₩5,880,000

*1. 기말제품 수량: 100kg+1,100kg−1,000kg=200kg
2. 기말제품 ₩12,100,000/1,100kg×200kg=₩2,200,000
3. 소모품비: ₩360,000+₩1,500,000−₩120,000=₩1,740,000

[물음 4] 성격별 손익계산서

(1) 성격별 비용발생액

비용항목		발생액	제조원가	판매관리비
재 료 원 가	₩1,400,000+₩5,800,000−₩480,000=	₩6,720,000	₩6,720,000	
급 여	₩240,000+₩7,160,000−₩100,000=	7,300,000	5,840,000	₩1,460,000
전기수도료	₩1,080,000+₩360,000−₩240,000=	1,200,000	1,080,000	120,000
감가상각비		500,000	400,000	100,000
소 모 품 비	₩1,500,000+₩360,000−₩120,000=	1,740,000		1,740,000
합 계		₩17,460,000	₩14,040,000	₩3,420,000

(2) 성격별 손익계산서

매 출		₩20,000,000
비 용 발 생 액		
재공품과 제품의 재고변동액	(₩3,340,000)*	
재 료 원 가	6,720,000	
급 여	7,300,000	
전 기 수 도 료	1,200,000	
감 가 상 각 비	500,000	
소 모 품 비	1,740,000	14,120,000
영 업 이 익		₩5,880,000

* ₩1,100,000−3,040,000(기말재공품원가)+800,000−2,200,000(기말제품원가)=재고증가액 ₩3,340,000

05 연속공정의 종합원가계산

나무공업사는 두개의 연속적인 공정을 거쳐 완구를 생산하고 있다. 제1공정에서는 재료를 공정 초기에 전액 투입하며, 제2공정에서는 공정초에 재료 30%를, 공정 50% 시점에서 재료 40%를 공정말에 나머지 재료 30%를 투입하고 있다. 가공원가는 두 공정에서 모두 균일하게 발생한다. 작업과정 중에 공손 및 감손은 발생하지 않았다.

(1) 두 개의 제조공정 1공정과 2공정을 위해서, 두 개의 보조부문 A, B가 있으며 회사는 단계배분법에 의하여 보조부문원가를 제조공정에 배부한다.(A부문부터 배분) 다음은 각 부문별 제조간접원가 당기 발생액이다.

제공 \ 사용	보조부문		제조부문		합 계
	A	B	1공정	2공정	
A	−	20%	50%	30%	100%
B	10%	−	45%	45%	100%
계	₩40,000	₩30,000	₩21,000	₩49,000	₩140,000

(2) 각 공정의 기말 재공품 평가는 제1공정에서는 평균법, 제2공정에서는 선입선출법에 의한다. 기타 자료는 다음과 같다.

		제1공정	제2공정
기초 재공품	수 량	1,000개	1,000개
	완성도	20%	40%
	전공정원가	₩0	₩150,000
	직접재료원가	₩60,000	₩100,000
	가공원가	₩100,000	₩200,000
당기 투입품	수 량	2,000개	?(각자 계산)
	직접재료원가	₩90,000	₩102,500
	노무원가	₩50,000	120,000
완성품	수 량	?	2,000개
기말재공품	수 량	1,500개	500개
	완성도	40%	80%

【물음 1】 보조부문원가를 배분해서 1공정과 2공정의 제조간접원가를 계산하시오.

【물음 2】 제1공정의 완성품원가와 기말재공품원가를 계산하시오.

【물음 3】 제2공정의 완성품원가와 기말재공품원가를 계산하시오.

【물음 4】 당기의 제조원가명세서를 작성하시오.

【물음 5】 기초제품은 존재하지 않으며 기말제품이 500개라면, 당기의 매출총이익을 계산하시오. 단, 제품의 단위당 판매가격은 ₩600이다.

【물음 6】 당기에 발생한 제조원가와 비용화된 제조원가의 차이를 재고자산의 변동으로 설명하시오.

해답

[물음 1] 보조부문원가의 배분

	A	B	1공정	2공정	합 계
배분전원가	₩40,000	₩30,000	₩21,000	₩49,000	₩140,000
A부문원가*1	(40,000)	8,000	20,000	12,000	–
B부문원가*2	–	(38,000)	19,000	19,000	–
배분후원가	–	–	₩60,000	₩80,000	₩140,000

*1. 20% : 50% : 30% 비율로 배분

2. 45% : 45% 비율로 배분

[물음 2] 1공정의 완성품원가와 기말재공품원가

	[1단계] 물량의 흐름	[2단계] 완성품환산량 재료원가	가공원가	합계
기초재공품	1,000(0.2)			
당기착수	2,000			
	3,000개			
당기완성	1,500	1,500	1,500	
기말재공품	1,500(0.4)	1,500	600	
	3,000개	3,000개	2,100개	
[3단계] 총원가의 요약				
기초재공품원가		₩60,000	₩100,000	₩160,000
당기발생원가		90,000	110,000*	200,000
합계		₩150,000	₩210,000	₩360,000
[4단계] 환산량 단위당 원가				
완성품환산량		÷3,000개	÷2,100개	
환산량 단위당 원가		@50	@100	
[5단계] 원가의 배분				
완성품원가		1,500개×@50+1,500개×@100=		₩225,000
기말재공품원가		1,500개×@50+600개×@100=		135,000
합계				₩360,000

* 당기가공원가 ₩50,000+₩60,000=₩110,000

[물음 3] 2공정의 완성품원가와 기말재공품원가

	[1단계] 물량의 흐름	[2단계] 완성품환산량 전공정원가	재료원가	가공원가
기초재공품	1,000(40%)			
당기착수	1,500			
	2,500개			
당기완성				
┌ 기초재공품	1,000(40%)	0	700	600
└ 당기착수	1,000	1,000	1,000	1,000
기말재공품	500(80%)	500	350	400
	2,500개	1,500개	2,050개	2,000개

착수시점 30% + 50%시점 40%

기초재공품 완성도가 40%였으므로 공정 초에 투입되는 30%는 전기에 투입되었으므로 당기분으로 완성한 부분은 70%이다.

[3단계] 총원가의 요약

				합 계
기초재공품원가				₩450,000
당기투입원가	₩225,000	₩102,500	₩200,000*	527,500
합 계				₩977,500

[4단계] 환산량 단위당 원가

완성품환산량	÷1,500개	÷2,050개	÷2,000개
환산량단위당원가	@150	@50	@100

[5단계] 원가의 배분

완성품원가	₩450,000+1,000개×50+1,700개×@50+1,600개×@100=	₩845,000
기말재공품원가	500개×@150+350개×@50+400개×@100=	132,500
합 계		₩977,500

* 가공원가 ₩120,000+₩80,000=₩200,000

[물음 4] 제조원가명세서

	1공정 2공정	
Ⅰ. 직접재료원가	₩90,000+₩102,500=	₩192,500
Ⅱ. 직접노무원가	₩50,000+₩120,000=	170,000
Ⅲ. 제조간접원가		140,000
Ⅳ. 당기총제조원가		₩502,500
Ⅴ. 기초재공품재고원가	₩160,000+₩450,000=	610,000
합 계		₩1,112,500
Ⅵ. 기말재공품재고원가	₩135,000+₩132,500=	(267,500)
Ⅶ. 당기제품제조원가		₩845,000

[물음 5] 매출총이익

Ⅰ. 매출액	1,500개×₩600=	₩900,000
Ⅱ. 매출원가	(₩845,000÷2,000개)×1,500개=	633,750
Ⅲ. 매출총이익		₩266,250

[물음 6] 발생한 제조원가와 비용화된 제조원가의 차이

Ⅰ. 당기총제조원가		₩502,500
기초재공품원가		610,000
기말재공품원가		(267,500)
Ⅱ. 당기제품제조원가		₩845,000
기초제품		0
기말제품	(₩845,000÷2,000개)×500개=	(211,250)
Ⅲ. 매출원가		₩633,750

예제에서 살펴본 제조원가의 흐름을 T계정에 표시해보면 다음과 같다.

재공품(1공정)

차변		대변	
기 초	₩160,000	완 성	₩225,000[*1]
D M	90,000		
D L	50,000		
O H	60,000	기 말	135,000
	₩360,000		₩360,000

재공품(2공정)

차변		대변	
기 초	₩450,000	당기제품제조원가	₩845,000[*2]
전공정원가	225,000		
D M	102,500		
D L	120,000	기 말	132,500
O H	80,000		
	₩977,500		₩977,500

제 품

차변		대변	
기 초	0	매출원가	₩633,750
당기제품제조원가	₩845,000		₩211,250
	₩845,000		₩845,000

(재공품(1공정)의 DM·DL·OH와 재공품(2공정)의 DM·DL·OH: 당기총제조원가)

*1. 1공정의 종합원가계산결과
2. 2공정의 종합원가계산결과

06 종합원가계산의 역산 (2013년 KICPA)

한국회사는 제1공정을 거쳐 제2공정에서 단일의 완제품을 생산하고 있다. 한국회사의 제2공정에서는 공정초에 직접재료를 전량 투입하며, 가공원가는 제2공정 전반에 걸쳐 균등하게 발생한다.

한국회사의 제2공정은 월초재공품 3,000단위(가공원가 완성도 : 30%)로 2013년 6월을 시작했다. 제2공정에서의 6월 중 생산착수량은 17,000단위이고, 6월말 재공품은 4,000단위(가공원가 완성도 : 50%)이고, 6월 중 완성품 수량은 14,000단위이다.

2013년 6월 한국회사 제2공정의 월초재공품원가와 가중평균법에 의하여 계산한 원가요소별 완성품환산량 단위당 원가자료는 다음과 같다.

	전공정원가	직접재료원가	가공원가
월 초 재 공 품 원 가	₩40,000	₩48,000	₩20,700
완성품환산량 단위당 원가	₩19	₩17.7	₩23

한국회사의 제2공정에서는 공손품 검사를 공정의 40% 시점에서 실시하며, 당월에 검사를 통과한 합격품의 10%를 정상공손으로 간주한다. 6월 중 제2공정에서 발견된 공손품은 추가가공 없이 처분하며, 판매부대비용은 발생하지 않을 것으로 예상되고 예상 판매가격은 단위당 ₩4이다.

한국회사는 정상공손의 원가를 당월완성품과 월말재공품에 배부하는 회계처리를 적용한다.

위에 주어진 자료를 이용하여 다음 각 물음에 답하시오.

【물음 1】 선입선출법을 이용하여 6월 한국회사 제2공정의 원가요소별 완성품환산량을 계산하시오.

【물음 2】 선입선출법을 이용하여 6월 한국회사 제2공정의 원가요소별 완성품환산량 단위당 원가를 계산하시오.

【물음 3】 다음 물음에 답하시오.

(1) 선입선출법을 이용하여 6월 한국회사 제2공정에서의 당월완성품원가와 월말재공품원가를 계산하시오.

(2) (1)과 관련된 월말 분개를 하시오.

【물음 4】 한국회사의 6월 제2공정에서 발생한 원가요소별로 원가가 전월인 5월과 비교하여 어떻게 변화하였는지 설명하시오.

해답

[물음 1] 선입선출법 완성품 환산량

① 공손수량=3,000단위+17,000단위 14,000단위−4,000단위=2,000단위
(3,000단위+17,000단위: 전체 투입량, 14,000단위: 완성품수량, 4,000단위: 기말재공품)

	[1단계]	[2단계] 완성품환산량		
	물량의 흐름	전공정비	재료비	가공비
당기완성				
┌ 기초재공품	3,000(30%)	0	0	2,100
└ 당기착수	11,000	11,000	11,000	11,000
공손품	2,000(40%)	2,000	2,000	800
기말재공품	4,000(50%)	4,000	4,000	2,000
	20,000개	17,000개	17,000개	15,900개

[물음 2] 선입선출법의 완성품환산량 단위당원가

(1) 평균법 완성품 환산량

	[1단계]	[2단계] 완성품환산량		
	물량의 흐름	전공정비	재료비	가공비
당기완성	14,000	14,000	14,000	14,000
공손품	2,000(40%)	2,000	2,000	800
기말재공품	4,000(50%)	4,000	4,000	2,000
	20,000개	20,000개	20,000개	16,800개

(2) 원가요소별 당월발생원가

	전공정비	재료비	가공비	
완성품환산량(평균법)	20,000개	20,000개	16,800개	
평균법 환산량단위당원가	×₩19	×₩17.7	×₩23	합계
원가요소별 총원가	₩380,000	₩354,000	₩386,400	₩1,120,400
기초재공품원가	−40,000	−48,000	−20,700	108,400
당월발생원가	₩340,000	₩306,000	₩365,700	₩1,011,700

(3) 선입선출법에 의한 완성품환산량 단위당원가

	전공정비	재료비	가공비	합계
당기발생원가	₩340,000	₩306,000	₩365,700	₩1,011,700
완성품환산량	÷17,000개	÷17,000개	÷15,900개	
환산량 단위당 원가	@20	@18	@23	

[물음 3] 선입선출법 완성품원가와 기말재공품원가

(1) 정상공손수량

정상공손수량=(3,000단위+11,000단위+4,000단위)×10%=1,800단위

비정상공손수량=2,000단위−1,800단위=200단위

(2) 원가의 배분

(1차 배분)

완성품원가	₩108,700+11,000단위×@20+11,000단위×@18+13,100단위×@23=	₩828,000
정상공손원가	1,800단위×@20+1,800단위×@18+720단위×@23=	84,960
비정상공손원가	200단위×@20+200단위×@18+80단위×@23=	9,440
기말재공품원가	4,000단위×@20+4,000단위×@18+2,000단위×@23=	198,000
합 계		₩1,120,400

(2차 배분)

	배분전원가	공손품의 NRV	정상공손원가배분*	배분후원가
완 성 품	₩828,000	−	₩60,480	₩888,480
정 상 공 손	84,960	(₩7,200)	(77,760)	−
비 정 상 공 손	9,440	(800)	−	8,640
기 말 재 공 품	198,000	−	17,280	215,280
공 손 품		8,000	−	8,000
	₩1,120,400			₩1,120,400

* 정상공손원가 배분

완성품 배분액=₩77,760×14,000단위/18,000단위=₩60,480

기말재공품 배분액=₩77,760×4,000단위/18,000단위=₩17,280

(3) 완성품과 비정상공손원가의 대체

(차)	제 품	888,480	(대)	재 공 품−2공정	905,120
	비정상공손손실	8,640			
	공 손 품	8,000			

[물음 4] 완성품환산량 단위당 원가의 비교

(1) 기초재공품의 완성품환산량 단위당 원가

	전공정비	재료비	가공비
기 초 재 공 품	₩40,000	₩48,000	₩20,700
완 성 품 환 산 량	÷3,000개	÷3,000개	÷900개
환산량 단위당 원가	@13.33	@16	@23

(2) 완성품환산량 단위당 원가의 비교

	전공정비	재료비	가공비
5월	@13.33	@16	@23
6월	@20.00	@18	@23

5월과 비교해서 6월에 전공정원가와 재료원가는 단위당 원가가 증가하였고 가공원가는 변화가 없었다.

04

07 기초재공품이 검사시점을 통과한 경우 (1996. 세무사)

나무공업은 조립공정과 도색공정을 거쳐 제품을 생산한다. 다음은 도색공정의 20×4년 7월의 생산 및 원가자료이다.

(1) 생산자료

기초재공품	12,000개(완성도 90%)
조립공정으로부터의 대체수량	36,000
완성수량	34,000
공손수량	4,000
기말재공품	10,000(완성도 75%)

(2) 원가자료

	전공정대체원가	직접재료원가	가공원가
기초재공품	₩915,000	–	₩834,560
당기투입원가	2,268,000	₩850,000	2,278,000

(3) 기 타

① 재료는 공정의 마지막에 투입하고, 가공원가는 공정진행에 따라 균등하게 투입한다.

② 품질검사는 공정의 70% 시점에 실시하며, 정상공손은 검사합격수량의 5%로 한다.

③ 재공품 평가는 선입선출법에 의한다.

【물음 1】 위의 자료를 토대로 도색공정의 다음을 구하시오.

(1) 정상공손 및 비정상공손수량

(2) 제조원가보고서

【물음 2】 공손품의 판매가격이 단위당 ₩20이며, 판매부대비용이 ₩4인 경우 다음에 답하시오.

(1) 완성품과 기말재공품, 공손품의 원가를 계산하시오.

(2) 완성품과 관련된 회계처리를 하시오.

해답

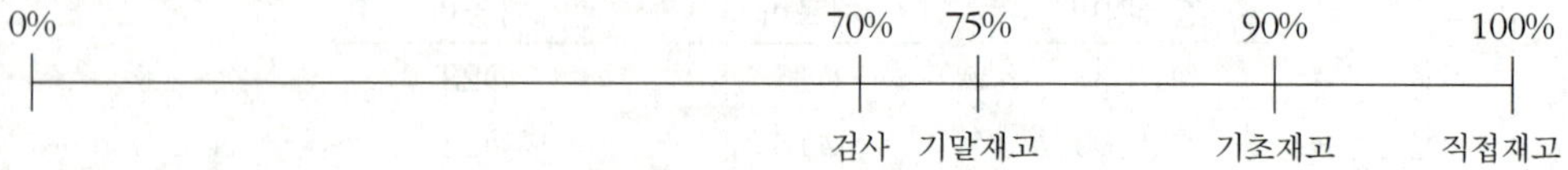

정상공손 : (34,000개+10,000개−12,000개)×5%=1,600개

재 공 품

기 초 재 고	12,000(90%)	완 성	34,000
당 기 투 입	36,000	기 말 재 고	10,000(75%)
		공 손 { 정 상 공 손	1,600(70%)
		공 손 { 비정상공손	2,400(70%)
	48,000		48,000

[물음 1] 기초재공품이 검사시점을 통과한 경우 정상공손원가 배분

(1) 검사시점통과수량 : 22,000개(당기투입완성량)+10,000개(기말재공품)=32,000개

정상공손수량 : 32,000개×5%=1,600개

비정상공손 : 4,000개−1,600개=2,400개

(2) 제조원가보고서

	[1단계] 물량의 흐름	[2단계] 완성품 환산량 전공정원가	재료원가	가공원가
기 초 재 공 품	12,000(90%)			
당 기 착 수	36,000			
	48,000개			
당 기 완 성				
┌ 기 초 재 공 품	12,000(90%)	0	12,000	1,200
└ 당 기 착 수	22,000	22,000	22,000	22,000
정 상 공 손	1,600(70%)	1,600	0	1,120
비 정 상 공 손	2,400(70%)	2,400	0	1,680
기 말 재 공 품	10,000(75%)	10,000	0	7,500
	48,000개	36,000개	34,000개	33,500개

[3단계] 총원가의 요약

				합 계
기초재공품원가				₩1,749,560
당기투입원가	₩2,268,000	₩850,000	₩2,278,000	5,396,000
합 계				₩7,145,560

[4단계] 환산량 단위당 원가

완성품환산량	÷36,000개	÷34,000개	÷33,500개
환산량단위당원가	@63	@25	@68

[5단계] 원가의 배분

(1차 배분)

완성품원가	₩1,749,560+22,000개×@63+34,000개×@25+23,200개×@68=	₩5,563,160
정상공손원가	1,600개×@63+1,120개×@68=	176,960
비정상공손원가	2,400개×@63+1,680개×@68=	265,440
기말재공품원가	10,000개×@63+7,500개×@68=	1,140,000
합 계		₩7,145,560

(2차 배분)

	배분전원가	정상공손원가배분	배분후원가
완성품원가	₩5,563,160	₩121,660*	₩5,684,820
정상공손원가	176,960	(176,960)	0
비정상공손원가	265,440		265,440
기말재공품원가	1,140,000	55,300*	1,195,300
합 계	₩7,145,560	₩0	₩7,145,560

* 정상공손원가배부

완성품 : ₩176,960×22,000개/(22,000개+10,000개)=₩121,660

기말재공품 : ₩176,960×10,000개/(22,000개+10,000개)=₩55,300

[물음 2] 공손품이 처분가치가 있는 경우

(1) 완성품과 기말재공품, 공손품의 원가

공손품이 처분가치가 있는 경우에는 5단계의 1차 배분까지는 위의 제조원가보고서와 동일하고 2차 배분에서 차이가 난다.

① 공손품의 처분가치

정 상 공 손 :	1,600개×(₩20−₩4)=	₩25,600
비 정 상 공 손 :	2,400개×(₩20−₩4)=	38,400
합 계		₩64,000

② 정상공손원가의 배분

	배분전원가	공손품처분가치계상	정상공손원가배분	배분후원가
완성품원가	₩5,563,160	₩0	₩104,060*	₩5,667,220
정상공손원가	176,960	(25,600)	(151,360)	0
비정상공손원가	265,440	(38,400)	0	227,040
기말재공품원가	1,140,000	0	47,300*	1,187,300
공손품		64,000	0	64,000
합계	₩7,145,560	₩0	₩0	₩7,145,560

* 정상공손원가배분

완 성 품 : ₩151,360×22,000개/(22,000개+10,000개)=₩104,060

기말재공품 : ₩151,360×10,000개/(22,000개+10,000개)=₩47,300

(2) 완성품과 관련된 회계처리

(차)	제품	₩5,667,220	(대)	재공품	₩5,958,260
	비정상공손원가	227,040			
	공손품	64,000			

해설

기초재공품이 전기에 검사시점을 통과한 상태이므로 전기에 발생한 정상공손원가를 전기에 이미 배부받았을 것이다. 문제에 제시되어 있는 기초재공품의 원가 중에는 가공원가 ₩834,560 안에 전기의 도색공정 정상공손원가가 포함되어 있다고 보아야 한다. 평균법을 적용한다면 기초재공품에 포함되어 있는 정상공손원가를 당기의 정상공손원가에 합하여 그 합계금액을 당기완성품이나 기말재공품에 배분해야 한다. 그러나 이 문제와 같이 선입선출법을 적용하면 기초재공품원가는 전액 완성품원가를 구성하는 것으로 가정되므로 기초재공품에 포함되어 있는 정상공손원가를 분리해 낼 필요가 없기 때문에 풀이에는 지장이 없다.

08 종합원가계산–두 종류의 원재료 투입

(주)한울은 단일제품을 생산하고 있으며, 선입선출법에 의한 종합원가계산제도를 운영하고 있다. 이 제품의 생산과정에서는 두 가지 재료가 추가로 투입되는데, A재료는 공정진척도 25% 시점에서 공정에 투입되고, B재료는 75%시점에서 공정에 투입된다. 재공품의 검사는 B재료 투입직전에 실시하고, 검사를 통과한 합격품에만 B재료가 투입된다. 그리고 정상공손은 검사를 통과한 합격품의 2%이다. 8월의 제품과 관련된 사항은 다음과 같다.

(1) 월초재공품수량은 2,500단위이고, 가공원가완성도는 40%이다.

(2) 월말재공품수량은 1,900단위이고, 가공원가완성도는 900단위는 10%, 1,000단위는 80%이다.

(3) 당월에 착수된 수량은 3,520단위이며, 완성된 수량은 4,000단위이다.

(4) 8월에 발생한 원가 및 기초재공품 원가는 다음과 같다.

A재료원가	₩524,000
B재료원가	415,000
가공원가	1,194,000
기초재공품원가	677,000

【물음 1】 정상공손수량과 비정상공손수량을 계산하시오.

【물음 2】 제조원가보고서를 작성하시오.

해답

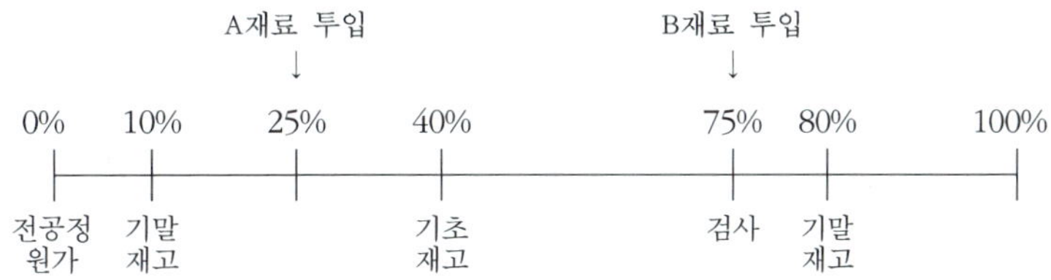

완성품	
기초재공품	2,500개
당기착수	1,500
기말재공품	
10% 완성	900개
80% 완성	1,000
공손품	120
합계	6,020개

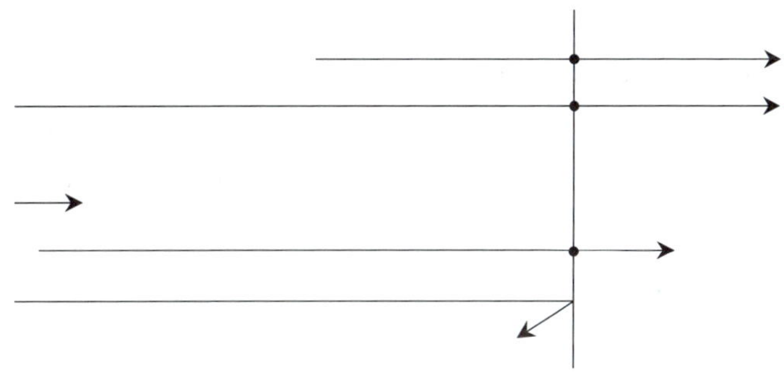

[물음 1] 공손수량

(1) 전체공손수량 : 2,500개+3,520개−4,000개−1,900개=120개

(2) 정상공손수량 : (4,000개+1,000개)×2%=100개

(3) 비정상공손수량 : 120개−100개=20개

04

[물음 2] 제조원가보고서

	[1단계] 물량의 흐름	[2단계] 완성품 환산량 A재료원가	B재료원가	가공원가
기 초 재 공 품	2,500(40%)			
당 기 착 수	3,520			
	6,020개			
당 기 완 성				
┌ 기 초 재 공 품	2,500(40%)	0	2,500	1,500
└ 당 기 착 수	1,500	1,500	1,500	1,500
정 상 공 손	100(75%)	100	0	75
비 정 상 공 손	20(75%)	20	0	15
기 말 재 공 품	900(10%)	0	0	90
	1,000(80%)	1,000	1,000	800
	6,020개	2,620개	5,000개	3,980개

[3단계] 총원가의 요약				합 계
기초재공품원가				₩677,000
당기발생원가	₩524,000	₩415,000	₩1,194,000	2,133,000
합 계				₩2,810,000
[4단계] 환산량 단위당 원가				
완성품환산량	÷2,620개	÷5,000개	÷3,980개	
환산량단위당원가	@200	@83	@300	

[5단계] 원가의 배분

(1차 배분)

완 성 품 원 가	₩677,000+1,500개×@200+4,000개×@83+3,000개×@300=	₩2,209,000
정 상 공 손 원 가	100개×@200+75개×@300=	42,500
비정상공손원가	20개×@200+15개×@300=	8,500
기말재공품원가	1,000개×@200+1,000개×@83+890개×@300=	550,000
합 계		₩2,810,000

(2차 배분)

	배분전원가	정상공손원가배분	배분후원가
완 성 품 원 가	₩2,209,000	₩34,000*	₩2,243,000
정 상 공 손 원 가	42,500	(42,500)	0
비정상공손원가	8,500		8,500
기말재공품원가	550,000	8,500*	558,500
합 계	₩2,810,000	₩0	₩2,810,000

* 정상공손원가배부

완성품 : ₩42,500×4,000개/(4,000개+1,000개)=₩34,000

기말재공품 : ₩42,500×1,000개/(4,000개+1,000개)=₩8,500

별해

2. (1) 완성품환산량 계산

완성품환산량 합계와 환산량 단위당 원가를 계산하는 경우에는 공손수량을 정상공손과 비정상공손으로 구분하지 않고 전체수량을 이용하는 것이 보다 신속하게 원가계산을 할 수 있다.

	전체 완성품환산량						기초재공품		선입선출법
	완성품		공손품		기말재공품		완성품환산량		완성품환산량
재료 A	4,000	+	120	+	1,000	−	2,500	=	2,620
재료 B	4,000	+	0	+	1,000	−	0	=	5,000
가공원가	4,000	+	120×0.75	+	900×0.1+1,000×0.8	−	2,500×0.4	=	3,980

(2) 기말재공품원가

기말재공품원가는 5단계법에 따라서 계산할 수도 있지만 재료비와 가공비의 완성품환산량 단위당 원가를 아는 경우에는 물량에 단가를 곱해서 다음과 같이 신속하게 계산할 수도 있다.

기말재공품원가 :	1,000개×@200+1,000개×@83+(90개+800개)×@300=	₩550,000
정상공손원가 :	1,000개×2%×(@200+@300×75%)=	8,500
		₩558,500

CHAPTER 05

Cost & Management Accounting

연산품과 부산물의 원가결정

제1절 결합원가계산의 의의

결합제품(joint products)은 하나의 공정에서 동일한 재료를 사용하여 생산되는 두 종류 이상의 서로 다른 제품을 말하며 연산품이라고 한다. 결합제품의 공정에서는 동일한 재료가 생산과정을 거쳐서 일정한 생산단계에 도달하면 개별제품으로 분리되는 시점이 있는데 이 시점을 분리점(split-off point)이라고 하며, 분리점 이후에는 각 결합제품은 다른 제품으로 인식된다. 이와 같은 결합제품의 원가를 계산하기 위해서는 결합원가와 개별원가의 개념을 알고 있어야 한다.

① **결합원가(joint costs)** : 분리점에 도달하기까지 결합제품을 생산하는 과정에서 발생한 모든 제조원가를 말한다. 결합원가는 결합공정에서 발생한 공통원가이므로 이를 어떻게 결합제품에 배분할 것인지가 결합원가계산의 제일 중요한 주제이다.

② **개별원가** : 분리점 이후에 추가가공과 관련하여 발생하는 원가를 말하며 분리원가 또는 추가가공원가라도 한다. 개별원가는 개별제품과 직접 관련해서 발생하기 때문에 원가발생액을 각 제품별로 추적할 수 있다.

이해를 위해 결합제품의 예로 원유의 정제공정을 생각해 보자. 정유회사는 ₩1,000,000의 원가로 원유를 정제가공하여 휘발유와 등유를 생산하며, 휘발유는 ₩100,000의 개별원가를 추가로 지출해서 고급휘발유로 만들어 판매한다고 하자.

분리점과 결합원가 및 개별원가

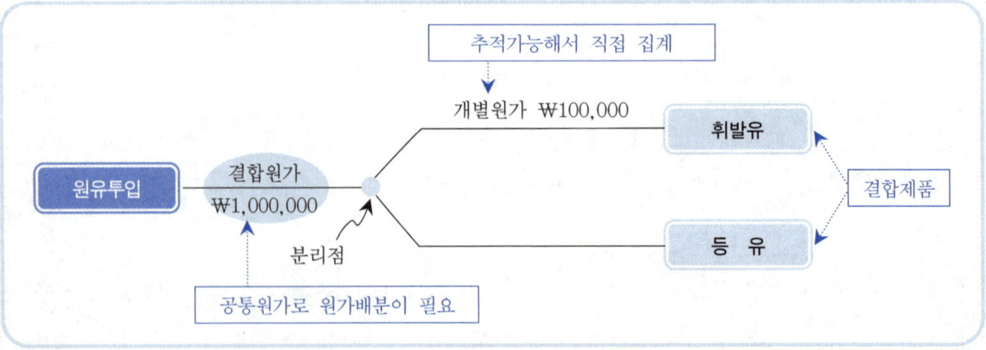

여기서 분리점 이전에 정제공정에서 발생한 원가는 결합원가이며, 분리점 이후에 휘발유를 추가가공하는 과정에서 발생한 원가는 개별원가이다. 개별원가는 휘발유로 추적이 가능하므로 휘발유원가로 직접 집계하면 되지만, 결합원가는 두 가지 결합제품과 관련해서 발생한 공통원가이므로 결합원가를 어떻게 결합제품에 배분하느냐가 중요한 주제가 된다.

제 2 절 결합원가의 배부방법

05

결합원가를 결합제품에 배부하는 방법에는 ① 물량기준법, ② 상대적 판매가치법, ③ 순실현가치법, ④ 균등매출총이익율법 등이 있다. 한편, 결합원가의 배부방법은 분리점에서 즉시 판매되는 경우와 분리점 이후에 추가가공 되는 경우로 나눌 수도 있는데, 물량기준법과 상대적 판매가치법은 분리점에서 즉시 판매되는 경우에 적용되고, 순실현가치법과 균등매출총이익율법은 분리점 이후에 추가가공 되는 경우에 적용된다.

결합원가의 배분방법

분리점에서 즉시 판매되는 경우	분리점 이후 추가가공 하여 판매되는 경우
① 물량기준법 ② 상대적 판매가치법	③ 순실현가치법 ④ 균등매출총이익율법

(1) 물량기준법

'물량기준법(physical measure method)'은 중량이나 부피, 면적 등 공통된 물리적 속성의 상대적인 비율에 따라 결합원가를 배부하는 방법이다. 물량기준법을 이해하기 위해서 다음의 예제를 살펴보도록 하겠다.

예제 [5-1] 결합원가 배분－물량기준법

(주)원가는 화학재료 4,000kg을 투입해서 복잡한 정제공정을 거쳐 3 : 1의 비율로 제품 X와 제품 Y를 생산하였으며, 분리점 이전에 발생한 제조원가는 다음과 같다.

직접재료원가	₩350,000
직접노무원가	120,000
제조간접원가	130,000
합　　계	₩600,000

결합제품의 단위당 판매가격은 제품 X가 ₩200이고, 제품 Y가 ₩400이다.

요구사항

물량기준법에 따라 결합원가를 결합제품에 배분하시오.

해답

제　품	생산수량	배 부 율	결합원가배부액	단위당 제조원가
X	3,000kg	75%	₩450,000	₩150
Y	1,000	25	150,000	150
합　계	4,000kg	100%	₩600,000	

kg당 원가가 동일하다

물량기준법의 장점은 ① 적용이 간편하고 ② 결합제품의 판매가격을 알 수 없는 경우에도 사용이 가능하다. 단점으로는 ① 물리적 속성이 다른 결합제품이 산출되는 경우에는 적용할 수 없다는 점이 있고, ② 결합제품 중에서 판매가치가 낮은 제품은 수익성이 낮아지는 문제가 있다. 즉, 물량기준법에서 사용되는 물리적 속성은 개별제품의 수익창출능력과 관계가 없기 때문에 판매가치와 관계없이 물량이 많은 결합제품에 원가를 부담시켜서 수익성이 왜곡되는 문제가 있다.

(2) 상대적 판매가치법

'상대적 판매가치법(relative sales value method)'은 분리점에서의 각 제품의 상대적 판매가치에 비례해서 결합원가를 배부하는 방법이다. 상대적 판매가치법은 각 제품의 수익창출능력의 비율에 따라 결합원가를 배부하는 방법으로 여기서 수익창출능력은 상대적 판매가치로 측정된다.

예제 [5-2] **결합원가 배분－상대적 판매가치법**

[예제 5－1]의 자료를 이용하시오.

요구사항

1. 상대적 판매가치법에 따라 결합원가를 결합제품에 배분하시오.
2. 각 제품별로 매출총이익율을 계산하라.

해답

1. 결합원가배분

제 품	분리점의 판매가치		배부율	배부된 결합원가	단위당 생산원가
X	3,000kg×₩200=	₩600,000	60%	₩360,000	₩120
Y	1,000kg×₩400=	₩400,000	40	240,000	240
합 계		₩1,000,000	100%	₩600,000	

2. 제품별 매출총이익율

	제품 X	제품 Y	합 계
매 출	₩600,000	₩400,000	₩1,000,000
결 합 원 가	360,000	240,000	600,000
매 출 총 이 익	₩240,000	₩160,000	₩400,000
매출총이익율	40%	40%	40%

상대적 판매가치법은 분리점에서 매출총이익률이 동일해진다.

상대적 판매가치법을 기준으로 결합원가를 배분하면 판매가치가 높은 제품에는 원가를 많이 배분하고 판매가치가 낮은 제품에는 원가를 낮게 배분해서 수익과 비용이 적절히 대응될 수 있도록 한다. 상대적 판매가치법을 사용하면 분리점에서 개별제품의 매출총이익율이 동일해진다. 이는 개별제품의 원가율이 동일한 것으로 개별제품의 원가가 수익을 창출하는데 동일한 공헌을 했다고 바라보는 것이다.

상대적 판매가치법의 장점은 분리점에서 제품별 매출총이익율이 동일하게 계산되므로 ① 결합제품의 수익성을 분석할 때 잘못된 판단을 하지 않을 수 있다는 점과 판매가치가 높은 제품에는 원가를 많이 배분하고 판매가치가 낮은 제품에는 원가를 낮게 배분해서 ② 수익과 비용이 적절히 대응되도록 한다는 점이 있다. 단점으로는 ① 분리점에서 판매가치가 없는 결합제품이 존재하는 경우에는 사용할 수 없다는 점과 수익을 기준으로 원가를 배분하기 때문에 원가를 기준으로 가격을 결정하는 ② 원가기준가격결정방법은 사용할 수 없다는 점이 있다.

(3) 순실현가치법

'순실현가치법(net realizable value method : NRV법)'은 순실현가치를 기준으로 결합원가를 배부하는 방법이다. 여기서 순실현가치란 예상판매가격에서 예상개별원가와 예상판매관리비를 차감한 것을 말한다.

> 분리점의 순실현가치＝최종판매가치－예산개별원가－예산판매관리비

순실현가치법은 분리점에서 판매가치를 알 수 없는 경우에 사용되며, 분리점에서 개별제품의 판매가치를 즉시 알 수 있는 경우에는 상대적 판매가치법을 기준으로 결합원가를 배분한다. 분리점에서 결합제품의 가치는 순실현가치보다는 분리점의 판매가치가 보다 적절한 금액이기 때문이다.

예제 [5-3] 결합원가 배분－순실현가치법

[예제 5－1]의 자료를 이용하시오. 단, 제품 Y는 분리점에 시장이 형성되어 있지 않아서 제품 X는 분리점에서 단위당 ₩200에 판매할 수 있지만, 제품 Y는 ₩300,000의 원가를 투입해서 추가가공한 후에 단위당 ₩900에 판매한다.

요구사항

1. 순실현가치법에 따라 결합원가를 결합제품에 배분하시오.
2. 각 제품별로 매출총이익율을 계산하라.

해답

■ 공정흐름도

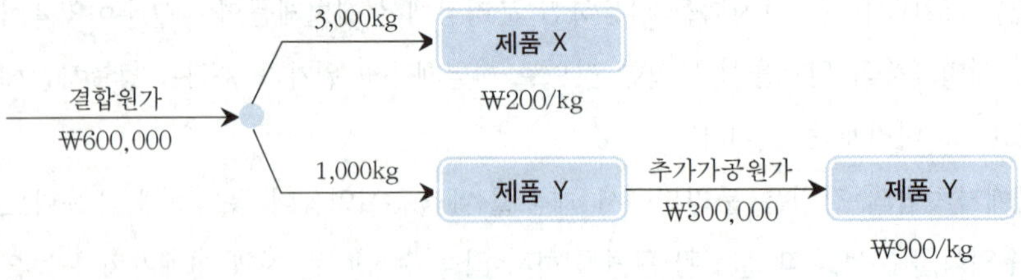

1. 결합원가를 배부할 때는 먼저 순실현가치를 이용해서 배분비율을 계산하고 이를 이용하여 결합원가를 배부한다.

제 품	순실현가치	배부율	결합원가 배분액	분리원가	단위당 생산원가
X	₩600,000*1	50%	₩300,000		₩100
Y	600,000*2	50	300,000	300,000	600
합 계	₩1,200,000	100%	₩600,000	₩300,000	

* 1. 3,000kg × ₩200 = ₩600,000
  2. 1,000kg × ₩900 − ₩300,000 = ₩600,000

2. 제품별 매출총이익율

	제품 X	제품 Y	합 계
매 출	₩600,000	₩900,000	₩1,500,000
원 가			
결합원가	300,000	300,000	600,000
분리원가	0	300,000	300,000
매출총이익	₩300,000	₩300,000	₩600,000
매출총이익율	50%	33.3%	40%

추가가공원가를 지출할수록 수익성이 낮아진다.

예제에서 추가가공공정이 존재하는 경우에는 매출총이익율이 낮아진다. 왜냐하면 순실현가치를 계산하는 과정에서 추가가공공정은 이익을 창출하지 못하고 원가발생액만큼만 수익을 창출하는 것으로 가정하기 때문에 추가가공원가가 많을수록 원가율이 높아져서 이익률이 낮아지기 때문이다.

순실현가치법의 장점은 ① 분리점에서 판매가치를 알 수 없는 경우에도 사용할 수 있다는 점과 ② 물량기준법에 비해서 결합제품의 수익성이 왜곡되지는 않는다는 점이다. 단점으로는 추가가공공정은 이익을 창출하지 않고 결합공정만 이익을 창출하는 것으로 가정하므로 ① 추가가공원가가 수익창출에 기여하는 부분을 인식하지 않아서 추가가공공정이 있는 제품의 수익성이 낮게 판단된다는 점과 상대적 판매가치법과 동일하게 ② 원가기준가격결정방법은 사용할 수 없다는 점이 있다.

(4) 균등매출총이익율법

'균등매출총이익율법(constant gross-margin percentage method)'은 모든 개별제품의 매출총이익율이 같아지도록 결합원가를 배부하는 방법이다. 균등매출총이익율법에 의해서 결합원가를 배부할 때는 다음과 같이 3단계를 거치는 것이 일반적이다.

1단계 : 전체 매출총이익율을 구한다.

2단계 : 각 제품이 부담해야 할 총원가를 계산한다.

제품별 매출액에서 매출총이익(제품별 매출액×매출총이익율)을 차감해서 각 제품이 부담해야 할 총원가를 구한다.

3단계 : 제품별로 결합원가를 배분한다.

2단계에서 계산한 총원가에서 추가가공원가를 차감하여 결합원가 배부액을 구한다.

예제 [5-4] 결합원가 배분－균등매출총이익율법

[예제 5－3]의 자료를 이용하시오.

요구사항

균등매출총이익율법에 따라 결합원가를 결합제품에 배분하시오.

해답

결합원가를 배부할 때는 먼저 매출총이익부터 계산해서 총원가를 파악한 후 결합원가 배분액을 계산한다.

제 품	최종판매가치	매출총이익	총원가(①)	개별원가(②)	결합원가(③=①－②)
X	₩600,000	₩240,000	₩360,000	₩0	₩360,000
Y	900,000	360,000	540,000	300,000	240,000
합 계	₩1,500,000	₩600,000	₩900,000	₩300,000	₩600,000

매출총이익률 40%

총원가율 60%

매출총이익률이 동일해지면 총원가율도 동일해진다.

① 총원가의 계산 : 기업전체의 매출총이익율이 40%(₩600,000/₩1,500,000)이므로 모든 제품의 매출총이익율이 40%가 되도록 매출총이익을 먼저 계산하고 매출액에서 매출총이익을 차감한 금액이 총원가가 된다. 한편, 매출총이익율이 40%이므로 총원가율은 60%이다. 따라서 매출액에 총원가율을 곱해서 직접 총원가를 계산할 수도 있다.

③ 결합원가의 배분 : 총원가에서 개별원가를 차감하고 남은 금액을 결합원가로 배분한다.

균등매출총이익율법은 모든 제품의 매출총이익율이 동일하다는 것을 가정하고 있다. 따라서 총제조원가율도 동일해지기 때문에 매출액에 총제조원가율을 곱해서 총원가를 계산한 후에 추가가공원가를 차감해서 결합원가 배분액을 구할 수도 있다.

	총제조원가		개별원가		결합원가
제품 X	₩600,000×60%	−	₩0	=	₩360,000
제품 Y	₩900,000×60%	−	₩300,000	=	240,000

균등매출총이익율법의 장점은 ① 결합공정과 추가가공공정의 모든 제조원가가 동일하게 이익을 창출할 능력이 있는 것으로 가정해서 추가가공공정의 수익창출능력을 고려한다는 점과 ② 결합제품이 많은 경우도 총원가율은 쉽게 계산할 수 있기 때문에 결합공정이 많은 경우에 순실현가치법보다 적용이 간편하다는 점이 있다. 단점으로는 개별원가가 많이 발생해서 개별원가율이 총원가율보다 큰 제품의 경우에는 ① 음(−)의 결합원가가 배부될 수도 있다는 점과 ② 원가기준가격결정방법은 사용할 수 없다는 점이 있다.

05

배분방법	장 점	단 점
순실현가치법	① 분리점 판매가치를 알 수 없는 경우도 사용 가능 ② 물량 기준법에 비해서 결합제품의 수익성이 왜곡되지는 않음	① 추가가공공정이 있는 제품의 수익성 낮게 판단 ② 원가기준가격결정방법은 사용불가능
상대적 판매가치법	① 결합제품의 수익성을 적절히 판단가능 ② 수익과 비용을 적절히 대응가능	① 분리점 판매가치 없을 때 사용불가능 ② 원가기준가격결정방법은 사용불가능
균등매출 총이익률법	① 추가가공공정의 수익창출능력 고려 ② 결합공정이 많은 경우 적용 간편	① 음(−)의 결합원가가 배분될 수 있다 ② 원가기준가격결정방법은 사용불가능
물량기준법	① 적용이 간편 ② 결합제품의 가격을 모르는 경우도 사용가능	① 물리적속성이 다른 제품에 적용불가능 ② 판매가치가 낮은 제품의 수익성 왜곡

(5) 무배분법

'무배분법'은 결합원가를 결합제품에 배분하지 않는 방법이다. 이 방법은 결합제품 각각의 수익성은 분석되지 않으며 기말재고자산이 있는 경우에는 순실현가치로 평가한다. 기말재고자산을 순실현가치로 평가하는 경우에 판매시점이전에 이익이 인식되는 단점이 있어서 순실현가치에서 정상이익을 차감한 금액을 기말재고자산으로 평가하는 경우도 있다.

무배분법은 일반적으로 사용되는 방법이 아니지만 무배분법을 사용하는 기업은 결합원가의 배분이 다음과 같은 한계를 가지고 있다고 비판한다.

① 결합원가배분의 임의성 : 결합원가는 직접적인 인과관계에 근거해서 배분되는 것이 아니라 제품원가계산을 위해서 임의적으로 기준을 설정해서 배분하는 것이다.

② 경영계획 및 통제측면의 무용성 : 어떤 방법에 따라 결합원가를 배분하던지 기업전체의 결합원가총액은 일정하므로 미래의 현금흐름에는 전혀 영향이 없다. 따라서 추가가공의사결정과 같은 원가관리와 통제에는 결합원가의 배분은 의미가 없다.

제 3 절 결합원가계산의 기타 문제

앞 절에서는 결합원가를 배분하는 기본적인 방법들에 대해서 살펴보았는데 이를 실제로 적용하기 위해서는 몇 가지의 추가적으로 고려할 요소들이 있다. 이번 절에서는 이에 대해서 살펴보도록 하겠다.

1. 복수의 분리점이 있는 경우의 결합원가 배분

결합제품의 생산과정에 두 개 이상의 분리점이 존재할 경우, 결합원가를 배분하는 문제는 복잡해진다. 두 개 이상의 분리점이 존재하는 경우에 복잡한 결합원가의 배분과정을 쉽게 적용하기 위해서는 다음의 절차에 따르는 것이 바람직하다.

1단계 : 공정흐름도의 작성

물량과 관련원가 및 판매가치를 표시한 공정흐름도를 작성한다.

2단계 : 결합원가 배분비율 계산

마지막 분리점부터 물량흐름과 역순으로 순실현가치를 계산해서 각 분리점별로 결합원가를 배분하는 비율을 계산한다.

3단계 : 결합원가의 배분

1차 분리점부터 순차적으로 결합원가를 배분한다. 이 때 두 번째 분리점부터는 앞의 분리점에서 배분된 결합원가에 추가발생결합원가를 합해서 배분한다.

예제 [5-5] 복수의 분리점이 있는 경우의 결합원가 배분－순실현가치법

(주)원가는 1차 공정과 2차 공정의 두 결합공정이 있다. 1차 공정에서 원재료 10,000kg을 투입하여 가공한 후 제품 X와 반제품 M을 생산한다. 반제품 M은 2차 공정에 투입되어 가공을 거치면 제품 Y와 제품 Z가 만들어진다. 각 공정에서 발생하는 원가와 제품 X, Y, Z 및 반제품 M과 관련된 자료는 다음과 같다.

	1차 공정	2차 공정
직 접 재 료 비	₩300,000	
직 접 노 무 비	150,000	₩150,000
제 조 간 접 비	50,000	50,000
	₩500,000	₩200,000

제 품	생 산 량	추가가공원가	판매가격
X	5,000kg	₩500,000	₩460
Y	4,000	100,000	400
Z	1,000	150,000	650
M(반제품)	5,000		판매불가능
		₩750,000	

요구사항

1. 공정흐름도를 작성하시오.
2. 분리점별로 순실현가치를 계산하시오.
3. 결합원가를 배분해서 단위당 제조원가를 구하시오.

해답

1. 1단계 : 공정흐름도의 작성

   각 부문별로 발생원가와 물량 및 판매가격을 파악할 수 있도록 공정흐름도를 작성한다.

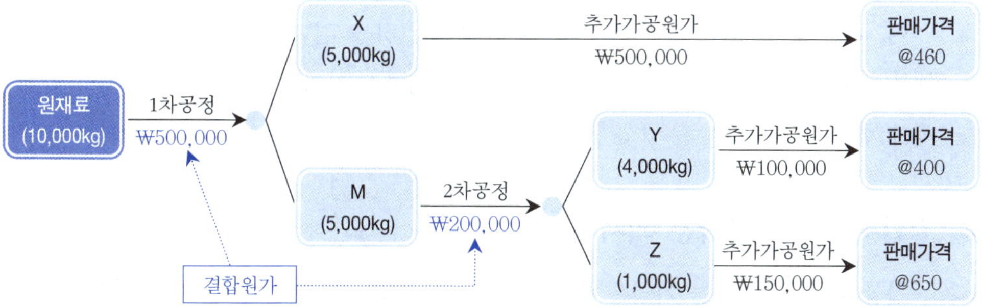

2. 2단계 : 결합원가 배분비율의 계산

   각 분리점 별로 순실현가치를 계산해서 결합제품에 결합원가를 배분할 비율을 계산한다. 이 과정에서 주의할 점은 순실현가치를 계산할 때 두 번째 분리점에서부터 시작하여 첫 번째 분리점 순으로, 즉 역순으로 계산해야 한다는 것이다.

제 품	최종판매가치		추가가공원가		순실현가치	배분비율
〈2차분리점〉						
Y	₩1,600,000	−	₩100,000	=	₩1,500,000	75%
Z	650,000	−	150,000	=	500,000	25
	₩2,250,000		₩250,000		₩2,000,000	100%
〈1차분리점〉						
X	₩2,300,000	−	₩500,000	=	₩1,800,000	50%
M	2,000,000*	−	200,000	=	1,800,000	50
	₩4,300,000		₩700,000		₩3,600,000	100%

* Y와 Z의 순실현가치

3. 3단계 : 결합원가 배분

결합원가의 배부는 1차분리점부터 시작하여 2차분리점의 순서로, 즉 순차적으로 배분한다.

제 품	순실현가치	배분비율	결합원가배분	개별원가	총제조원가	단위당 원가
〈1차분리점〉						
X	₩1,800,000	50%	₩250,000	₩500,000	₩750,000	@150
M	1,800,000	50	250,000			
	₩3,600,000	100%	₩500,000			
〈2차분리점〉						
Y	₩1,500,000	75%	₩337,500	100,000	437,500	@109.38
Z	500,000	25	112,500	150,000	262,500	@262.50
	₩2,000,000	100%	₩450,000*	₩750,000	₩1,450,000	

* 2차 분리점에서 배분할 결합원가
1차 공정 결합원가 ₩250,000+2차 공정 원가 ₩200,000=₩450,000

여기서 주의할 점은 2차 분리점에서 배분해야 하는 결합원가는 1차공정에서 반제품 M에 배분한 결합원가 ₩250,000과 2차공정에서 발생한 추가가공원가 ₩200,000의 합계를 배분해야 한다.

2. 결합제품의 추가가공 의사결정

결합제품을 제조하는 기업은 분리점 이후에 결합제품을 그대로 판매할 수도 있지만 추가가공하여 판매할 수도 있다. 추가가공의사결정은 결합제품의 추가가공여부를 결정하는 것으로 이를 위해서는 추가가공을 통해 얻어진 수익증가액과 추가적으로 소요되는 추가가공원가를 비교해서 이익이 증가하면 추가가공을 하고 이익이 감소하면 추가가공을 하지 않는다. 추가가공의사결정에 필요한 정보를 만들기 위해서는 다음 사항을 검토해다 한다.

① 결합원가 : 추가가공의사결정은 분리점 이후에 결정하는 것이므로 분리점 이전에 발생하는 결합원가는 추가가공의사결정에 영향을 받지 않기 때문에 고려할 필요가 없으며, 이런 원가를 비관련원가(irrelevant costs)라고 한다.

② 수익증가액 : 추가가공을 하는 경우에 수익이 증가하는 금액을 파악하기 위해서는 추가가공 후의 판매가격과 분리점에서의 판매가격을 파악해서 그 차이로 수익증가액을 계산한다.

③ 원가증가액 : 추가가공과정에서 개별적으로 발생하는 추가가공원가를 추정해서 원가증가액을 파악한다.

예제 [5-6] 추가가공의사결정

(주)원가는 원료 1,000kg을 ₩40,000에 구입해서 ₩60,000의 가공원가로 가공과정을 거치면 제품 A 1,000kg와 제품 B 500kg로 분리한다. (주)원가는 제품 A, B를 그대로 판매할 수도 있지만, ₩50,000의 원가를 투입하여 제품 A를 추가가공하면 제품 C로 판매할 수 있으며, 제품 B를 ₩100,000을 들여 추가가공하면 제품 D로 판매할 수 있다. 제품 A, B, C, D의 판매가격은 각각 kg당 ₩100, ₩300, ₩200, ₩450이다.

요구사항

1. (주)원가는 회사의 이익을 극대화하기 위하여 제품 A를 추가가공 하여야 하는가?
2. (주)원가는 회사의 이익을 극대화하기 위하여 제품 B를 추가가공 하여야 하는가?

해답

■ 공정흐름도

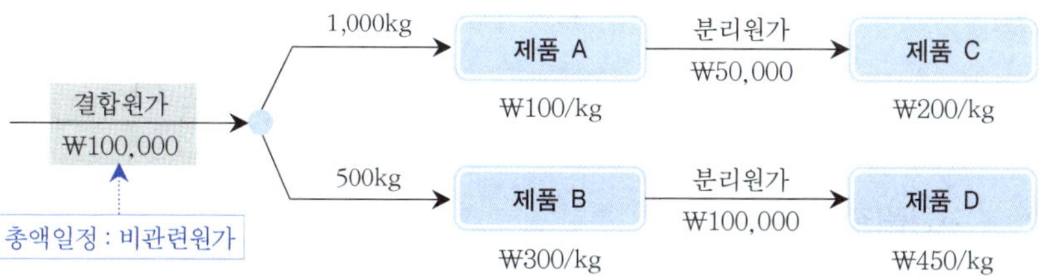

1. 제품 A를 추가가공 하는 경우에 증분이익은 다음과 같다.

Ⅰ. 추가가공의 판매가치증가분			
추가가공후의 판매가치	₩200×1,000kg=	₩200,000	
분리점에서의 판매가치	₩100×1,000kg=	(100,000)	₩100,000
Ⅱ. 추가가공원가			(50,000)
Ⅲ. 추가가공의 이익증가액			₩50,000

제품 A를 추가가공 하는 경우에 이익이 ₩50,000만큼 증가하므로 제품 A는 추가가공 해야 한다.

2. 제품 B를 추가가공 하는 경우에 증분이익은 다음과 같다.

Ⅰ. 추가가공의 판매가치증가분			
추가가공후의 판매가치	₩450×500kg=	₩225,000	
분리점에서의 판매가치	₩300×500kg=	(150,000)	₩75,000
Ⅱ. 추가가공원가			(100,000)
Ⅲ. 추가가공의 이익증가액			₩(25,000)

제품 B를 추가가공 하는 경우에 이익이 ₩25,000만큼 감소하므로 제품 B는 추가가공을 하지 않는 것이 유리하다.

3. 결합공정에 재공품이 있는 경우

결합공정에 재공품이 존재하는 경우에는 결합공정에서 완성된 물량만이 결합제품이 된 것이므로 완성품 원가만을 결합원가로 배분해야 하므로 다음의 두 단계에 따라 결합원가를 배분한다.

1단계 : 결합공정의 종합원가계산

결합공정에서 완성된 물량만이 결합제품이 된 것이며 기말재공품은 아직 분리점을 지나지 않으므로 결합제품이 되지 못했다. 따라서 결합공정에서 발생한 원가 중에서 완성품원가만 결합제품에 배분되어야 하며 기말재공품원가는 결합공정에 재공품잔액으로 남아 있다가 분리점을 지나 완성품이 되었을 때 결합제품에 배분해야 한다. 따라서 결합공정의 완성품원가를 파악하기 위해서 결합공정을 종합원가계산한다.

2단계 : 완성품원가의 결합원가 배분

결합공정의 완성품원가를 파악하고 나면 완성품원가만을 결합원가로 결합제품에 배분한다.

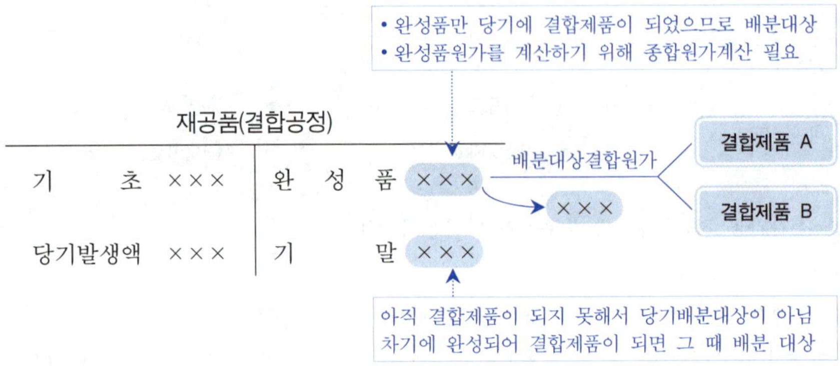

예제 [5-7] 결합공정에 재공품이 존재하는 경우

(주)원가는 결합공정에 의해 4 : 1의 비율로 제품 A와 제품 B를 생산하고 있으며, 결합원가는 상대적 판매가치에 의해 배분한다. 당기에 결합공정에서 원재료 10,000kg이 공정에 투입되어 발생한 원가와 물량자료는 다음과 같다.

완 성 품	5,000kg	재 료 원 가	₩100,000
기 말 재 공 품	5,000(가공원가 완성도 50%)	가 공 원 가	150,000

제품 A의 판매가격은 kg당 ₩150이고, 제품 B의 판매가격은 kg당 ₩400이다.

요구사항

1. 완성품원가를 계산하시오. 단, 기초재공품은 없었다.
2. 판매가치법을 기준으로 결합원가를 결합제품에 배분하시오.

해답

1. 1단계 : 결합공정의 종합원가계산

결합공정은 한 종류의 재료를 투입해서 연속적으로 산출물을 생산하므로 종합원가계산을 통해서 완성품원가와 기말재공품원가를 계산한다.

	[1단계] 물량의 흐름	[2단계] 완성품환산량 재료원가	[2단계] 완성품환산량 가공원가
기초재공품	0kg		
당기착수	10,000		
	10,000kg		
당기완성	5,000kg	5,000kg	5,000kg
기말재공품	5,000(50%)	5,000	2,500
	10,000kg	10,000kg	7,500kg

			합 계	
[3단계] 총원가의 요약				
기초재공품원가			₩0	
당기발생원가	₩100,000	₩150,000	250,000	← 결합원가 발생액
합 계			₩250,000	
[4단계] 환산량 단위당 원가				
완성품환산량	÷10,000kg	÷ 7,500kg		
환산량단위당원가	@10	@20		
[5단계] 원가의 배분				
완성품원가	5,000kg×@10+5,000kg×@20=		₩150,000	← 완성품원가만 결합원가로 배분
기말재공품원가	5,000kg×@10+2,500kg×@20=		100,000	← 기말재공품은 다음기에 완성 되면 배분한다.
합 계			₩250,000	

2. 2단계 : 완성품 원가의 결합원가배분

완성품 5,000kg이 4 : 1의 비율로 제품 A와 제품 B로 만들어졌으므로 제품 A가 4,000kg 제품 B가 1,000kg이 생산되었다. 따라서 제품 A와 제품 B에 배분해야 하는 결합원가는 결합공정의 완성품원가 ₩150,000이고 다음과 같이 배분된다.

제 품	판매가치		판매가치비율	결합원가 배분액
A	4,000kg×@150=	₩600,000	60%	₩90,000
B	1,000kg×@400=	400,000	40	60,000
합 계		₩1,000,000	100%	₩150,000

예제에서 살펴본 바와 같이 결합공정에 재공품이 존재하는 경우에는 ① 결합공정에서는 종합원가계산을 적용해서 완성품원가를 계산한 후에 ② 완성품원가만을 결합제품에 배분하고 결합공정에 남아 있는 재공품원가는 분리점을 지나기 전까지는 결합공정의 재공품으로 남아 있어야 한다.

재 공 품

기초재고	0	완　성	5,000kg
당기착수	10,000kg	기　말	5,000(0.5)
	10,000kg		10,000kg

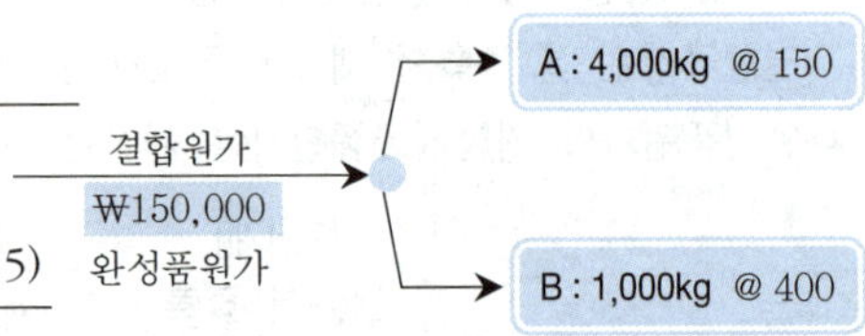

4. 추가가공공정에 재공품이 존재하는 경우

결합공정에서 완성된 연산품이 모두 판매가능한 상태에 이르지 못하고 추가가공공정에 재공품이 존재하는 경우에는 결합공정의 생산량과 추가가공공정의 완성량이 서로 다른 수량이 되므로 다음에 주의해서 순실현가치를 계산해야 한다.

① 추가가공공정의 완성량이 아니라 결합공정의 생산량을 기준으로 순실현가치를 계산해야 한다. 결합원가가 투입되서 만들어진 것은 결합공정의 생산량이므로 추가가공이 이루어지지 않았더라도 결합공정의 생산량 전체에 결합원가를 배분해야한다. 추가가공이 끝나지 않은 물량은 차기에 추가가공을 하고 나면 판매가능한 상태가 되므로 순실현가치계산에 포함해야 하는 것이다.

② 추가가공원가가 모두 발생한 것이 아니므로 결합공정의 생산량을 모두 판매가능한 상태로 만들기 위해 발생할 총원가를 추정해야 하며 이를 위해서 다음의 금액을 추가가공원가로 차감해야 한다.

$$\text{순실현가치} = \underbrace{\text{최종판매가치}}_{\text{결합공정 생산량기준}} - \underbrace{\frac{\text{발생한 추가가공원가}}{\text{가공원가의 완성품환산량}} \times \text{결합공정의 생산량}}_{\text{판매가능한 상태까지 발생할 총 추가가공원가}}$$

예제 [5-8] 추가가공공정에 재공품 존재시 결합원가 배분

두 개의 제조공정을 통하여 제품 P_1과 P_2를 생산한다. 1차 공정은 제품 P_1과 반제품 M을 생산하는 결합가공공정이며, 2차 공정은 반제품 M을 추가가공하여 제품 P_2를 만드는 공정이다. 당기 중 생산량과 각 공정의 원가자료는 다음과 같다.

	1차 공정	2차 공정
직 접 재 료 비	₩60,000	₩0
가 공 비	40,000	51,000
합 계	₩100,000	₩51,000

	생 산 량	판매가격
제 품 P_1	2,000개	@60
제 품 P_2	3,000	@35
반 제 품 M	4,000	

(1) 당기의 기초재공품과 1차 공정의 기말재공품은 없다.

(2) 2차 공정의 기말재공품은 40% 완성되었다. 2차 공정의 전공정원가는 공정의 착수시점에 투입되며 가공비는 공정전반에 걸쳐 균등하게 발생한다.

(3) 결합원가는 순실현가치법에 따라 배분한다.

(4) 반제품 M 1단위로는 제품 P_2를 1단위 생산할 수 있으며 2차 공정에서 공손은 발생하지 않는다.

요구사항

결합공정인 1차 공정의 원가를 연산품에 배분하시오.

해답

1. 순실현가치계산수량과 추가가공원가 결정

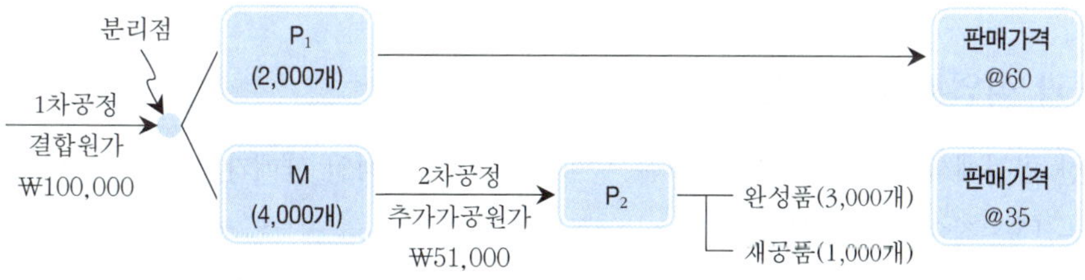

① 결합공정에서 생산한 결합제품 M은 4,000개이므로 결합원가는 P_2 완성품수량인 3,000개가 아니라 결합공정의 생산량인 M 4,000개를 기준으로 순실현가치를 계산해야 한다.

② 추가가공원가 ₩51,000은 결합제품 M 4,000개를 모두 판매가능한 상태로 만든 것이 아니므로 M 4,000개를 판매가능상태로 만들기 위해 발생할 총추가가공원가를 추정해야 한다.

추가가공공정의 완성품 환산량 3,000개+1,000개×40%=3,400개

추가가공공정의 환산량 단위당 원가 : ₩51,000÷3,400개=@15

2. 결합원가의 배분

제 품	순실현가치		배분비율	결합원가배분액
P_1	2,000개×@60=	₩120,000	60%	₩60,000
M	4,000개×@35−4,000개×@15=	80,000	40	40,000
합 계		₩200,000	100%	₩100,000

예제에서 결합제품 M의 순실현가치는 P_2완성량 3,000개가 아니라 결합공정의 생산량인 M 4,000개를 기준으로 계산해야 한다. 왜냐하면 추가가공공정에 남아 있는 기말재공품 1,000개로 차기에 가공을 더 하고 나면 판매해서 수익을 얻을 수 있기 때문에 순실현가치를 계산할 때 포함해야 하는 물량이다.

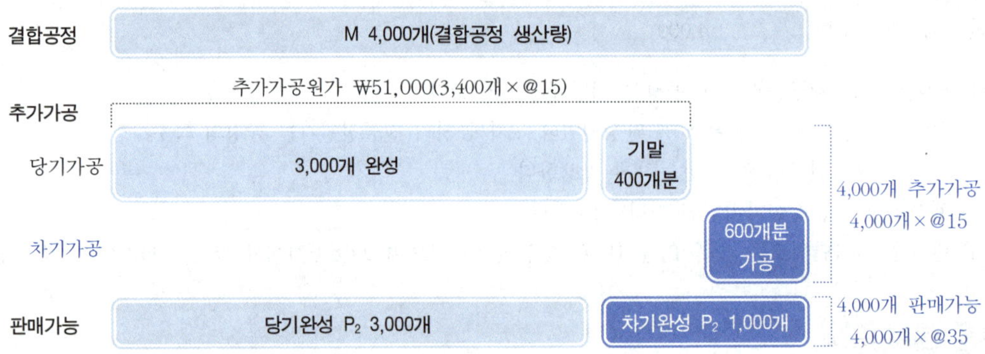

제 4 절 부산물과 작업폐물의 회계처리

1. 부산물과 작업폐물의 구분

동일한 공정에서 생산되는 결합제품은 수익에 대한 상대적인 판매가치 비중을 기준으로 주산품, 부산물, 작업폐물로 분류한다.

① 주산품(main product) : 결합제품 중에서 판매가치가 상대적으로 큰 제품으로 결합공정의 주된 생산목표가 되는 제품을 말한다.

② 부산물(byproduct) : 주산품 이외에 부수적으로 생산되는 제품으로 보통 수익면에서 상대적으로 크기가 작은 제품을 말한다.

③ 작업폐물(scrap) : 주산품 이외에 부수적으로 생산되는 제품으로 보통 수익면에서 상대적으로 가치가 거의 없는 제품을 말한다.

주산품과 부산물 및 작업폐물을 구분하는 것은 명확하지 않으며 상대적 판매가치를 기준으로 구분하는 경우가 일반적이다. 즉, 상대적 판매가치가 크면 주산품이고, 적으면 부산물이며, 거의 없으면 작업폐물로 분류되는데, 그 구분도 절대적인 것은 아니다. 예를 들어 어떤 회사에서는 부산물로 구분되는 제품이 다른 기업에서는 주산품이나 작업폐물이 될 수도 있다.

특히 부산물과 작업폐물을 구분하는 것은 쉬운 일이 아니며 회계처리도 동일하여 구분의 실익이 없으므로 작업폐물의 회계처리는 별도로 살펴보지 않고 부산물의 회계처리를 살펴보는 것으로 대신하겠다.

2. 부산물의 회계처리

05

결합공정을 운영하는 목적은 주산품을 생산하여 판매하기 위한 것이며, 그 과정에서 부수적으로 부산물이 만들어졌다고 본다. 따라서 부산물의 생산과 판매는 수익창출활동이 아니며 그 회계처리도 원가회수의 관점에서 회계처리하며 판매이익은 손익계산서에 수익으로 기록되지 않는데 구체적인 회계처리방법에는 ① 판매기준법과 ② 생산기준법이 있다.

(1) 판매기준법

판매기준법은 부산물이 상대적으로 중요하지 않아 재고자산이나 이익에 큰 영향을 미치지 않는 경우에 적합한 방법으로 각 시점별로 다음과 같이 회계처리한다.

① 부산물이 생산되는 시점 : 부산물을 별도의 자산으로 인식하지 않고 모든 결합원가는 주산품에만 배부한다.

② 판매시점 : 부산물의 판매이익을 잡이익으로 처리하거나 매출원가에서 차감하는 형식으로 회계처리한다.

(2) 생산기준법

생산기준법은 부산물의 가치가 중요해서 재고자산이나 이익에 영향을 미칠 수 있는 경우에 적합한 방법으로 각 시점별로 다음과 같이 회계처리한다.

① 부산물이 생산되는 시점 : 부산물의 그 순실현가치를 결합원가에서 차감해서 부산물이라는 자산으로 기록하고 부산물의 순실현가치를 차감한 결합원가를 결합제품에 배분한다.

② 판매시점 : 부산물의 판매금액을 부산물이라는 자산에서 차감한다.

부산물의 회계처리방법 비교

구 분	판매기준법	생산기준법
적 용 상 황	부산물 가치가 중요하지 않은 경우	부산물 가치가 중요한 경우
장 부 기 록 시 점	판매시점	생산시점
재 무 상 태 표 표 시 방 법	기록하지 않는다.	순실현가치로 기록한다.
부산물의 처분손익 처리방법	매출원가에서 차감, 잡이익으로 처리	제조원가에서 차감

예제 [5-9] 부산물의 회계처리

(주)원가는 결합공정에서 1,000ℓ의 재료를 투입해서 제품 A 400ℓ와 제품 B 500ℓ 및 제품 C 100ℓ를 생산하였다. 결합공정에서 발생한 원가는 ₩200,000이며, 제품 A, B, C의 ℓ당 판매가격은 각각 ₩498, ₩597.6, ₩20이다. 결합원가는 분리점에서의 상대적 판매가치법을 적용해서 결합제품에 배분한다.

요구사항

1. 제품 A, B, C를 모두 주산품으로 판단하는 경우에 결합원가를 배분하시오.
2. 제품 C를 부산물로 판단하는 경우에 판매기준법에 따라 결합원가를 배분하시오.
3. 제품 C를 부산물로 판단하는 경우에 생산기준법에 따라 결합원가를 배분하시오.

해답

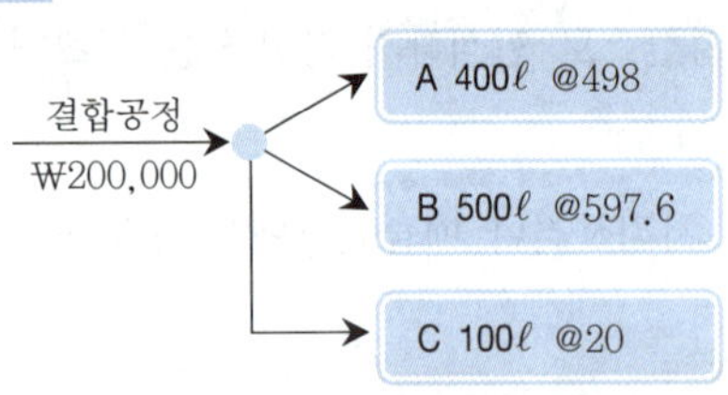

1. 제품 C를 주산품으로 판단하는 경우

제 품	분리점의 판매가치		배 부 율	배부된 결합원가
A	400ℓ×₩498=	₩199,200	39.84%	₩79,680
B	500ℓ×₩597.6=	298,800	59.76	119,520
C	100ℓ×₩20=	2,000	0.40	800
합 계		₩500,000	100%	₩200,000

2. 제품 C를 부산물로 판단하는 경우(판매기준법)

제 품	분리점의 판매가치		배 부 율	배부된 결합원가
A	400ℓ×₩498=	₩199,200	40%	₩80,000
B	500ℓ×₩597.6=	298,800	60	120,000
합 계		₩498,000	100%	₩200,000

판매기준법에 따라 부산물을 회계처리하면 생산시점에는 부산물을 기록하지 않고 결합원가 ₩200,000을 모두 주산품인 제품 A와 제품 B에 배분한다. 그리고 부산물을 처분하시는 시점에 처분가치를 잡이익으로 처리하거나 매출원가에서 차감한다.

3. 제품 C를 부산물로 판단하는 경우(생산기준법)

제 품	분리점의 판매가치		배 부 율	배부된 결합원가
A	400ℓ×₩498=	₩199,200	40%	₩79,200
B	500ℓ×₩597.6=	298,800	60	118,800
합 계		₩498,000	100%	₩198,000*

* 결합원가 배분액 : ₩200,000−₩2,000(부산물순실현가치)=₩198,000

생산기준법에 따라 부산물을 회계처리하면 생산시점에 부산물 C의 순실현가치인 ₩2,000을 결합원가에서 차감하고, 그 금액을 제외한 ₩198,000만을 주산품에 배분한다.

[생산기준법]

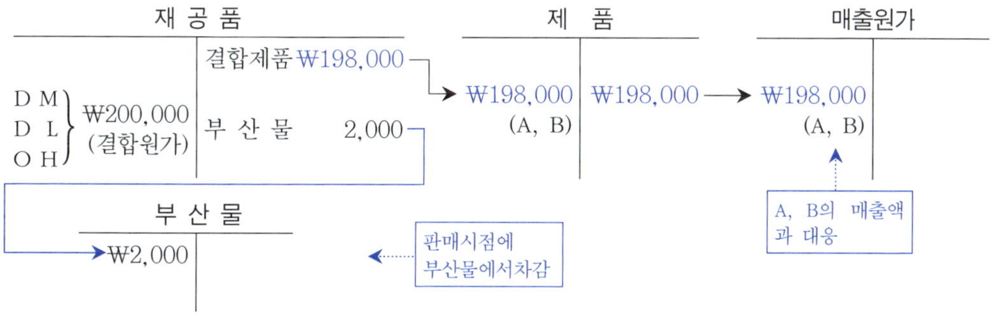

예제에서 살펴본 바와 같이 제품 C(부산물)를 어떻게 판단하고 회계처리 하는가에 따라 수익과 비용계정에 기록되는 금액이 달라진다. 그 효과가 어떻게 나타나는지 살펴보기 위해 예제의 세 가지 방법을 적용할 경우에 결합제품이 모두 판매되면 이익이 어떻게 계산되는지 살펴보면 다음과 같다.

	주 산 품	부 산 물 (판매기준법)	부 산 물 (생산기준법)
매 출 액	₩500,000	₩498,000	₩498,000
매 출 원 가	200,000	200,000	198,000
매 출 총 이 익	₩300,000	₩289,000	₩300,000
	⋮	⋮	⋮
잡 이 익		2,000	
영 업 이 익	₩300,000	₩300,000	₩300,000

05 연습문제

객관식 문제

01 순실현가치법에 의한 결합원가배분

갑회사는 제품 A와 B로 구성된 두 개의 연산품을 생산한다. 4월 결합원가는 ₩40,000이고, 4월에 분리점 이후 제품을 판매가능한 형태로 전환하는데 필요한 가공원가는 제품 A : 월 1,500개 ₩300,000, 제품 B : 월 1,375개 ₩412,500이다. 추가가공 후 판매가격은 제품 A가 ₩500, 제품 B가 ₩700이다. 갑회사가 순실현가능가치를 이용하여 결합원가를 배분한다면 4월의 결합원가 중 제품 A에 배분될 금액은?

① ₩24,000　② ₩18,000　③ ₩22,000
④ ₩16,000　⑤ ₩20,000

02 순실현가치법에 의한 결합원가배분

(주)마포정유의 정유공정 A에서는 휘발유를 생산하고 있다. 이 휘발유가 추가공정 B를 거치면 유연휘발유로 판매되고, 추가공정 C를 거치면 무연휘발유로 생산·판매된다. 2월 중 정유공정 A의 제조원가는 ₩1,000,000이다. 추가공정 B의 제조원가는 ₩40,000이고, 추가공정 C의 제조원가는 ₩160,000이다. 2월 중에 유연휘발유는 8,000ℓ를 생산하여 ℓ당 ₩95로 판매되었고, 무연휘발유는 12,000ℓ를 생산하여 ℓ당 ₩120으로 판매되었다. 순실현가치법(net realizable value method)에 의한 유연휘발유의 제조원가는 얼마인가?

① ₩400,000　② ₩333,333　③ ₩360,000
④ ₩640,000　⑤ ₩800,000

03 결합원가추정

(주)원가는 원재료 알파를 이용해서 결합생산공정으로부터 제품 A와 제품 B를 제조하고 있다.

제 품	생산량	판매량	분리점에서의 단위당 가격	단 위 당 추가가공원가	단 위 당 최종판매가격
제품 A	3,000개	2,000개	₩40	–	₩40
제품 B	6,000개	5,000개	30	₩10	90

순실현가액(net realizable value)방법을 이용하여 제품 A에 배부된 결합원가는 ₩200,000이다. 두 제품으로 배부되기 이전의 총 결합원가는 얼마인가?

① ₩1,000,000　② ₩800,000　③ ₩600,000
④ ₩400,000　⑤ ₩200,000

05

04 균등이익률법

(주)원가는 ₩350,000의 원재료를 투입하고 ₩250,000으로 가공해서 제품 X 2,000개와 제품 Y 500개를 생산하였다. 제품 X와 제품 Y는 분리점에서 시장이 형성되어 있지 않아서 제품 X는 ₩200,000의 원가를 투입해서 추가가공한 후에 단위당 ₩500에 판매하고, 제품 Y는 ₩100,000의 원가를 투입해서 추가가공한 후에 단위당 ₩400에 판매한다. 균등매출총이익율법에 따라 결합원가를 결합제품에 배분하면 제품 X에 배분되는 결합원가는 얼마인가?

① ₩732,000　② ₩550,000　③ ₩68,000
④ ₩168,000　⑤ ₩350,000

05 결합원가배분과 추가가공 이익

결합원가는 순실현가치법에 의하여 배분하고 제품 A와 제품 B 모두 추가가공 하여 판매하기로 하였다. 제품 B를 추가가공 하여 판매할 경우 계상해야 할 이익은?

	제품 A	제품 B	합 계
단 위	10,000개	8,000개	18,000개
결합원가	?	?	₩70,000
분리점에서의 매출	X	₩60,000	
추가가공비	₩40,000	30,000	
추가가공후 매출	60,000	90,000	

① ₩0　② ₩7,500　③ ₩10,000
④ ₩11,000　⑤ ₩28,889

06 결합원가 배분과 제품원가계산

S사는 석유화학업종으로 연산품원가계산(joint costing)을 적용하고 있다. 회사의 생산흐름은 다음과 같다.

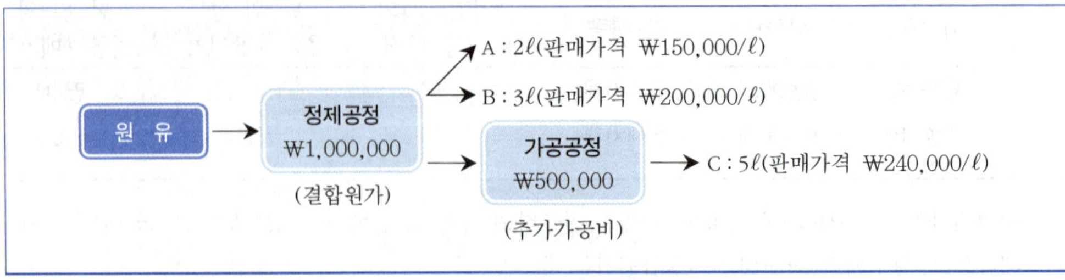

제품 C의 생산량 5ℓ 중 1ℓ의 기말재고가 있을 경우 재고자산 금액은? (단, 결합원가의 배분은 순실현가치법으로 하되 제품 C의 재고를 제외하고는 기초재고, 기말재고는 없는 것으로 한다)

① ₩140,000　② ₩187,500　③ ₩260,000
④ ₩300,000　⑤ ₩340,000

※ 다음은 7~9번과 관련된 자료이다.

(주)원가는 원재료 X를 결합공정에 투입하여 두 개의 제품 A와 B를 생산하기로 하였다. 원재료 X의 단위당 구입가격은 ₩10이다. 당기 중 결합공정에 원재료 X가 10,000단위 투입되어 직접노무원가가 ₩30,000, 제조간접원가가 ₩20,000 발생했으며 완제품 A 10,000단위와 미완성제품 10,000단위가 생산되었다. 결합공정의 기초 및 기말재공품은 없다. 미완성제품은 그 후 추가공정을 거쳐 완제품 B가 만들어지며, 단위당 판매가격은 A제품 ₩20, B제품 ₩20이다.

07 순실현가치법과 균등이익률법 비교

미완성품을 제품 B로 추가가공하는 과정에서 추가가공원가로 ₩100,000이 발생하였다. 결합원가를 순실현가치를 기준으로 배분할 경우와 균등이익률법으로 배분하는 경우에 제품 A에 배분되는 결합원가는 각각 얼마인가?

	순실현가치법	균등이익률법		순실현가치법	균등이익률법
①	₩75,000	₩125,000	②	₩125,000	₩75,000
③	100,000	125,000	④	25,000	155,000
⑤	160,000	160,000			

08 균등이익률법에서 부의 결합원가배분

미완성품을 제품 B로 추가가공하는 과정에서 추가가공원가로 ₩160,000이 발생하였다. 결합원가를 순실현가치를 기준으로 배분할 경우와 균등이익률법으로 배분하는 경우에 제품 A에 배분되는 결합원가는 각각 얼마인가?

	순실현가치법	균등이익률법		순실현가치법	균등이익률법
①	₩75,000	₩125,000	②	₩125,000	₩75,000
③	100,000	125,000	④	125,000	155,000
⑤	160,000	160,000			

05

09 부의 순실현가치가 존재하는 경우의 결합원가배분

미완성품을 제품 B로 추가가공하는 과정에서 추가가공원가로 ₩210,000이 발생하는 것으로 예상하고 있다. 미완성품은 추가가공해야만 하며 생산을 중단할 수는 없다. 결합원가를 순실현가치를 기준으로 배분할 경우와 균등이익률법으로 배분하는 경우에 제품 A에 배분되는 결합원가는 각각 얼마인가?

	순실현가치법	균등이익률법		순실현가치법	균등이익률법
①	₩75,000	₩125,000	②	₩125,000	75,000
③	100,000	125,000	④	125,000	155,000
⑤	160,000	160,000			

10 결합원가의 개념

결합원가와 관련된 설명으로 옳지 않은 것은 무엇인가?

① 분리점이란 연산품과 부산품 등 결합제품을 개별적인 제품으로 식별할 수 있게 되는 제조과정 중의 한 점을 말한다.

② 물량기준법에 따라 결합원가를 배분하면 결합제품의 단위당 원가가 동일해지므로 단위당 판매가격이 높은 제품은 수익성이 높게 파악되고 가격이 낮은 제품은 수익성이 낮은 것으로 파악되어 동일공정에서 산출되는 제품의 수익성이 왜곡되는 문제가 있다.

③ 상대적 판매가치법을 사용하면 판매가치가 높은 제품에 원가가 많이 배분되므로 수익성이 낮게 분석된다.

④ 순실현가치법에서는 개별원가의 비중이 높은 결합제품의 매출총이익률이 개별원가가 없는 결합제품보다 낮다.

⑤ 기업이익을 극대화하기 위한 추가가공 의사결정을 할 때에는 이미 배분된 결합원가를 고려하지 않는다.

11 결합원가배분비율과 매출총이익 (2002. KICPA)

(주)한강은 동일공정에서 세 가지 제품 A, B, C를 생산하고 있다. 결합원가는 분리점에서의 상대적 판매가치를 기준으로 배분하고 있다. 이와 관련된 자료는 다음과 같다.

	제품 A	제품 B	제품 C	합 계
생 산 량	?	?	400개	2,000개
결 합 원 가	₩180,000	?	?	₩360,000
분리점의 판매가치	?	₩280,000	?	800,000

분리점 이후에 제품 C 400개에 대하여 총 ₩14,000을 추가로 투입하여 최종제품으로 완성한 다음 단위당 ₩500에 판매하는 경우 제품 C의 매출총이익은?

① ₩118,000 ② ₩132,000 ③ ₩146,000
④ ₩160,000 ⑤ ₩174,000

12 복수의 분리점

나무회사는 I부문에서 중간제품 A와 B를 생산하고 있다. 중간제품 B는 II부문을 거쳐 제품 C와 D가 생산된다. 제품 C는 그대로 판매할 수 있으나, 제품 D는 III부문에서 추가가공을 거쳐야 한다. 20×1년 10월의 제조원가에 관한 공정흐름도는 다음과 같다.

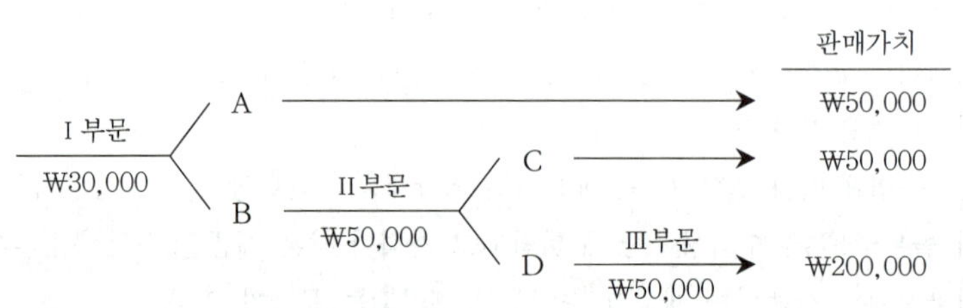

재공품은 없으며, 결합원가는 순실현가치를 기준으로 배부한다. 결합원가를 배부하여 제품 D의 제조원가를 계산하시오.

① ₩104,375 ② ₩100,000 ③ ₩90,000
④ ₩82,500 ⑤ ₩72,500

13 추가가공 의사결정

G사는 결합원가가 ₩5,000,000으로 A, B, C, D 네 가지 연산품을 생산하고 있는데 이 중 A, B, D 세 가지는 추가가공하고 있고, C는 추가가공하지 않고 있다. 기타자료는 다음과 같다.

구 분	생 산 량	매 출	추가가공비
A	1,000,000개	₩4,500,000	₩500,000
B	500,000	1,000,000	300,000
C	750,000	375,000	0
D	250,000	625,000	200,000

C를 추가가공하면 ₩400,000에 팔 수 있는 기회가 발생한다. 추가가공비가 얼마 이하이면 추가가공 할 수 있는가? (단, 결합원가의 배분은 순실현가치를 기준으로 한다)

① ₩400,000 ② ₩375,000 ③ ₩300,000
④ ₩50,000 ⑤ ₩25,000

※ 다음은 14~15번에 관련된 자료이다.

제주초콜릿 회사는 코코아를 가공하여 두 종류의 중간제품인 분말초콜릿 원액과 밀크초콜릿 원액을 생산한다. 20×5년 1월 중에 100kg의 코코아를 가공하여 분말초콜릿 원액 400ℓ와 밀크초콜릿 원액 500ℓ를 얻었다. 분말초콜릿 원액 400ℓ는 추가가공 되어 분말초콜릿 400kg이 생산되어 판매되었고, 밀크초콜릿 원액 500ℓ는 추가가공 되어 밀크초콜릿 600kg이 생산되어 판매되었다. 제품별 판매가격은 다음과 같다.

- 분말초콜릿 원액 : ₩2,500/ℓ
- 분말초콜릿 : ₩3,000/kg
- 밀크초콜릿 원액 : ₩4,000/ℓ
- 밀크초콜릿 : ₩6,000/kg

1월 중 분리점까지의 비용은 ₩1,500,000이었고, 분말초콜릿 원액을 분말초콜릿으로 가동하는데 추가로 발생한 비용은 ₩400,000이고, 밀크초콜릿 원액을 밀크초콜릿으로 가공하는데 추가로 발생한 비용은 ₩600,000이다.

14 분리점에서의 판매가치법

분리점에서의 판매가치법을 사용할 때 분말초콜릿 원액에 배분되는 결합원가는 얼마인가?

① ₩400,000 ② ₩500,000 ③ ₩600,000
④ ₩700,000 ⑤ ₩800,000

15 추가가공에 따른 증분손익

밀크초콜릿 원액을 추가가공 하여 밀크초콜릿을 생산하는 경우의 증분순손익은 얼마인가?

① ₩400,000 이익 ② ₩1,000,000 이익 ③ ₩600,000 손실
④ ₩1,000,000 손실 ⑤ ₩1,200,000 손실

16 추가가공여부 의사결정

5월 A회사의 연산품 X와 Y의 생산활동에 관한 자료는 다음과 같다.

	X	Y
1kg당 판매가액	₩300	₩900
1kg당 판 매 비	50	150
생 산 량	1,000kg	200kg

연산품 X와 Y의 분리시점까지의 결합원가 : ₩360,000

A회사는 연산품 X를 추가가공 하여 제품 Z를 생산할 수 있다고 한다. 제품 Z의 판매가액은 1kg당 ₩550이며, 추가가공비는 1kg당 ₩150이다. 추가가공 과정에서 감손은 없으며, 제품 Z의 판매비는 1kg당 ₩100이라 한다. 5월의 전생산량을 판매할 경우 제품 X를 추가가공 하여 제품 Z로 판매하는 것이 제품 X로 판매하는 것보다 얼마나 유리(불리)한가?

① ₩50,000 불리 ② ₩50,000 유리 ③ ₩100,000 불리
④ ₩100,000 유리 ⑤ ₩150,000 유리

17 추가가공 이익계산

(주)영광은 A, B, C의 세 가지 결합제품을 생산하고 있으며, 결합원가는 분리점에서의 상대적 판매가치에 의해 배분된다. 관련 자료는 다음과 같다.

	제품 A	제품 B	제품 C	합 계
결 합 원 가	?	₩10,000	?	₩50,000
분리점에서의판매가치	₩80,000	?	?	200,000
추 가 가 공 원 가	3,000	2,000	₩5,000	
추가가공후판매가격	85,000	42,000	90,000	

만약 결합제품 A, B, C 중 하나만을 추가가공 한다면 어느 제품을 추가가공 하는 것이 가장 유리하며, 이때 추가가공으로 인한 이익은 얼마인가?

① 제품 A, ₩2,000　② 제품 B, ₩1,000　③ 제품 C, ₩3,000
④ 제품 B, ₩7,000　⑤ 제품 C, ₩5,000

18 재공품이 존재하는 경우 (2010. 세무사)

(주)대구는 결합공정을 통해 중간재 X를 생산하고, 이를 추가가공하여 결합제품 A와 B를 생산한다. 20×1년 결합공정에서 기초재공품은 없었고, 완성품은 8,000kg, 기말재공품은 1,000kg(완성도 40%)을 생산하였으며, 공손 및 감손은 없었다. 결합제품과 관련된 자료는 다음과 같다.

제 품	기초제품수량	생산량	기말제품수량	분리점이후 추가가공원가(총액)	단위당 판매가치
A	100개	4,000개	700개	₩20,000	₩50
B	500	2,000	125	40,000	80

당기 중 결합공정에 투입된 직접재료원가는 ₩72,000이었고, 가공원가는 ₩42,000이었다. 결합공정 2에서 재료는 공정초에 모두 투입되고, 가공원가는 공정전반에 걸쳐 균등하게 발생한다. 순실현가치법에 결합원가를 배부할 때 결합제품 A에 얼마나 배부되는가? (단, 원가흐름은 평균법을 가정하며, 분리점이후 추가공정에서 제공품은 없었다.)

① ₩46,200　② ₩48,000　③ ₩55,400
④ ₩57,600　⑤ ₩62,400

19 추가가공공정에 재공품이 존재하는 경우 결합원가배분

(주)국민은 당기에 영업을 시작하였고 종합원가계산제도를 채택하고 있다. 공정 I 에서는 원재료 1,000kg을 투입하여 제품 A 600kg과 반제품 X 400kg을 생산하며 공정II에서는 반제품 X를 추가적인 원재료 투입 없이 단순가공하여 제품 B를 생산한다. 재료원가는 공정초기에 전량 투입하고 가공원가는 공정 전반에 걸쳐 균등하게 발생하며 전공정에 걸쳐서 공손이나 감손은 발생하지 않는다. I 공정에서는 당기 중 ₩100,000의 원가가 발생하였고 기말재공품은 없다. II공정에서는 당기 중 ₩43,750의 가공원가가 발생하였고 300kg이 완성되었으며 100kg은 기말재공품(완성도 50%)으로 남아있다. 순실현가치법에 의하여 결합원가를 배분하고 제품 A와 제품 B의 단위당 판매가격을 각각 ₩150과 ₩350이라고 할 때 반제품 X에 배분될 결합원가는 얼마인가?

① ₩28,000　② ₩40,000　③ ₩50,000
④ ₩55,000　⑤ 정답 없음

20 결합원가 기타문제의 개념정리

결합원가와 관련된 설명으로 옳은 것은 무엇인가?

① 결합공정에 재공품이 존재하더라도 결합공정에서 발생한 모든 원가는 결합제품에 배분되어야 한다.

② 연산품에 대한 추가가공의사결정을 할 때에는 추가가공원가와 추가가공에서의 수익증가액 및 결합원가를 고려해야 한다.

③ 추가가공공정에 재공품이 존재하는 경우에 결합제품의 순실현가치는 결합공정의 생산량이 아니라 추가가공공정의 완성량을 기준으로 계산해야 하며 추가가공공정의 기말재공품 수량은 순실현가치계산시에 포함하지 않아야 한다.

④ 추가가공공정에 재공품이 존재하는 경우에 결합제품의 순실현가치를 계산하는 과정에서 차감해야 하는 추가가공원가는 기말까지 발생한 원가를 차감해야 한다.

⑤ 결합공정에서 생산한 결합제품의 생산량이 일정하면 추가가공공정의 완성량과 기말재공품 수량이 얼마나 되느냐와 무관하게 순실현가치는 일정하다.

※ 다음은 21~23번과 관련된 자료이다.

(주)원가금속은 원재료를 가공하여 주산품인 A, B제품과 부산물 X를 생산하고 있다. 당기에 생산한 주산품 A와 B는 각각 150개와 200개이며 부산물 X는 50개이다. 결합원가는 ₩140,000이며 주산품 A와 B의 단위당 판매가격은 ₩480과 ₩600이고 부산물 X의 단위당 판매가격은 ₩200이다. 부산물 X의 경우 판매시에 발생하는 단위당 포장비용 ₩40을 (주)원가금속이 부담해야 한다. (주)원가금속은 결합원가를 순실현가치법에 의하여 배분하고 있다.

21 판매기준법에서 부산물처리

부산물 X를 판매시점에서 회계처리한다면 주산품 A에 배분되는 결합원가는 얼마인가?

① ₩52,500　② ₩52,750　③ ₩53,000
④ ₩53,250　⑤ ₩53,750

22 생산기준법에서 부산물처리

부산물 X를 생산시점에서 회계처리한다면 주산품 A에 배분되는 결합원가는 얼마인가?

① ₩49,000　② ₩49,250　③ ₩49,500
④ ₩49,750　⑤ ₩50,350

23 연산품의 결합원가배분

부산물 X를 부산물이 아닌 연산품으로 처리한다면 연산품 X에 배분되는 결합원가는 얼마인가?

① ₩4,000　② ₩5,500　③ ₩5,600
④ ₩6,000　⑤ ₩8,000

24 부산물의 순실현가치 추정 (2009. KICPA)

(주)영남은 동일한 원료를 결합공정에 투입하여 주산품 X, Y와 부산품 B를 생산한다. 결합원가는 순실현가치(net realizable value)를 기준으로 제품에 배부한다. 당기에 결합공정에 투입된 총원가는 ₩150,000이고, 주산품 X, Y 및 부산품 B의 분리점에서 순실현가치의 상대적 비율은 5 : 4 : 1이었다. 주산품 X에 배부된 결합원가가 ₩80,000이었다면, 부산품 B의 순실현가치는 얼마인가? 단, 부산품은 생산된 시점에서 순실현가치로 평가하여 재고자산으로 계상한다.

① ₩42,000　② ₩30,000　③ ₩18,000
④ ₩12,000　⑤ ₩6,000

05

해 답 Answer

01 ②

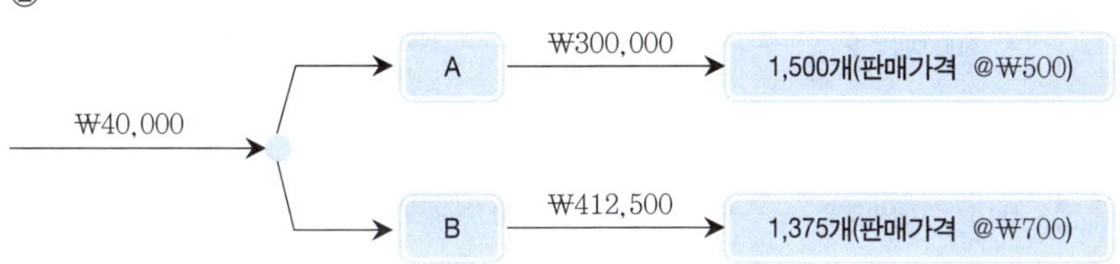

(1) 순실현가치

A : 1,500개 × 500 − ₩300,000 =	₩450,000(45%)
B : 1,375개 × ₩700 − ₩412,500 =	550,000(55%)
	₩1,000,000

(2) 결합원가배분

A : ₩40,000 × 45% =	₩18,000
B : ₩40,000 × 55% =	22,000
	₩40,000

02 ①

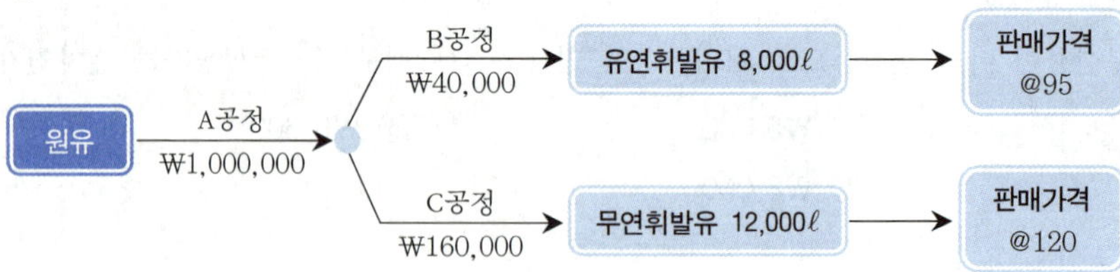

(1) 순실현가치

유연휘발유 : 8,000ℓ × ₩95 − ₩40,000 =	₩720,000	(36%)
무연휘발유 : 12,000ℓ × ₩120 − ₩160,000 =	1,280,000	(64%)
	₩2,000,000	(100%)

(2) 결합원가배분

유연휘발유 : ₩1,000,000 × 36% + ₩40,000 =	₩400,000
무연휘발유 : ₩1,000,000 × 64% + ₩160,000 =	₩800,000
	₩1,200,000

03 ①

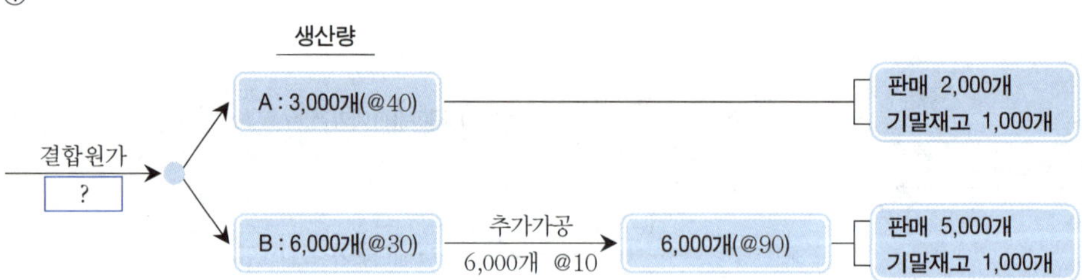

결합원가의 배분

	순실현가치		결합원가
A	3,000개 × @40 =	₩120,000(20%)	₩200,000
B	6,000개 × @90 − 6,000개 × @10 =	480,000(80%)	800,000
		₩600,000	₩1,000,000*1

*1. 결합원가 ₩200,000 ÷ 20% = ₩1,000,000
2. 제품 B 배분액 ₩1,000,000 × 80% = ₩800,000

04 ②

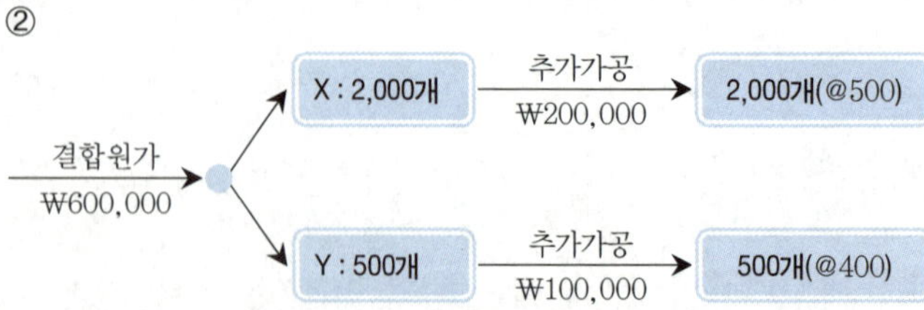

(1) 기업전체의 매출총이익율 : ₩300,000÷₩1,200,000=25%

(2) 결합원가 배분

제 품	최종판매가치	매출총이익	총 원 가 (①)	추가가공원가 (②)	결합원가 배분액 (①−②)
X	₩1,000,000	₩250,000	₩750,000	₩200,000	₩550,000
Y	200,000	50,000	150,000	100,000	50,000
합 계	₩1,200,000	₩300,000	₩900,000	₩300,000	₩600,000

매출총이익률 25%

총원가율 75%

05 ②

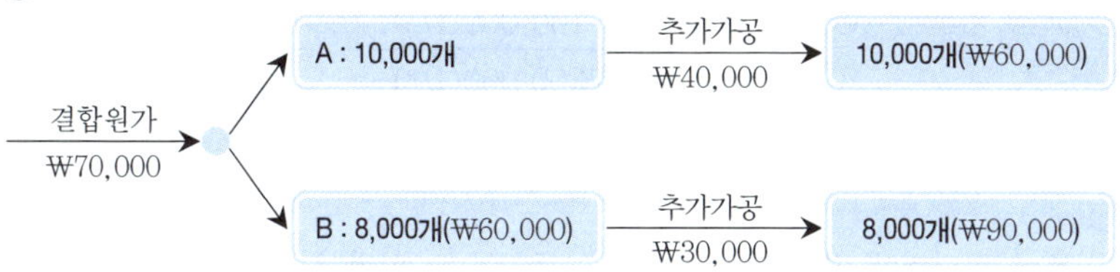

(1) 순실현가치

제품 A : ₩60,000−₩40,000=	₩20,000	(25%)
제품 B : ₩90,000−₩30,000=	60,000	(75%)
	₩80,000	

(2) 제품 B의 이익

₩90,000(매출)−₩30,000(추가가공비)−₩70,000×75%(결합원가배부액)=₩7,500

06 ②

(1) 순실현가치

제품 A : 2ℓ×@150,000=	₩300,000	(18.75%)
제품 B : 3ℓ×@200,000=	600,000	(37.5%)
제품 C : 5ℓ×@240,000(판매가격)−₩500,000(추가가공원가)=	700,000	(43.75%)
	W1,600,000	

(2) 제품 C의 기말재고액

₩1,000,000×43.75%(결합원가배부액)+₩500,000(추가가공원가)=	₩937,500
	÷5ℓ
제품 C의 ℓ당 원가	@187,500

기말재고로 1ℓ가 남아 있으므로 기말재고 자산금액은 ₩187,500이다.

07 ③

[물량흐름도]

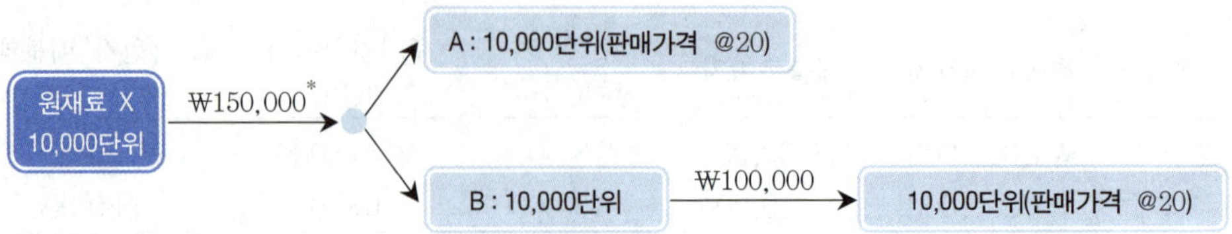

* 10,000단위×@10+₩30,000+₩20,000=₩150,000

(1) 순실현가치법

제 품	순실현가치		결합원가배분액
A	10,000단위×@20=	₩200,000(2/3)	₩100,000
B	10,000단위×@20−₩100,000=	100,000(1/3)	50,000
		₩300,000(1/3)	₩150,000

(2) 균등이익률법

모든 제품의 이익률이 동일해야 하므로 총원가율도 동일하다. 따라서 총원가율이 동일한 것으로 계산해서 문제를 풀어가는 것이 빠르다.

총원가율 (₩150,000+₩100,000)÷(₩200,000+₩200,000)=62.5%

제 품	총원가		개별원가	결합원가배분액
A	10,000단위×@20×62.5%=	₩125,000	₩0	₩125,000
B	10,000단위×@20×62.5%=	125,000	100,000	25,000
		₩250,000	₩100,000	₩150,000

08 ④

(1) 순실현가치법

제 품	순실현가치		결합원가배분액
A	10,000단위×@20=	₩200,000(5/6)	₩125,000
B	10,000단위×@20−₩160,000=	40,000(1/6)	25,000
		₩240,000(6/6)	₩150,000

(2) 균등이익률법

총원가율 (₩150,000+₩160,000)÷(₩200,000+₩200,000)=77.5%

제 품	총원가		개별원가	결합원가배분액
A	10,000단위×@20×77.5%=	₩155,000	₩0	₩155,000
B	10,000단위×@20×77.5%=	155,000	160,000	−5,000
		₩310,000	₩160,000	₩150,000

균등이익률법에서는 개별원가의 매출액원가율이 회사전체의 총원가율보다 높은 경우에는 부의 결합원가가 배분되는 단점이 있다. 이 경우에도 개별원가의 원가가 매출액을 초과하지 않으면 순실현가치는 양수로 계산되므로 순실현가치법에서는 결합원가가 정상적으로 배분된다.

09 ⑤

제품 B의 순실현가치가 −₩10,000(₩200,000−₩210,000)이며 제품 B의 추가가공은 회피할 수 없다. 이 경우에 제품 B로 인해서 손실이 ₩10,000이 발생한다. 이 손실은 결합공정을 운영하여 수익이 창출되는 과정에서 피할 수 없이 발생하는 손실이므로 결합원가에 가산해서 다른 결합제품에 배분해야 한다. 따라서 결합공정에서 만들어지는 정상적인 결합제품은 제품 A밖에 없으므로 모든 결합원가는 배분방법과 관계없이 제품 A에 배분한다.

₩150,000(결합공정원가)+₩10,000(제품 B의 손실)=₩160,000

회사총원가율 (0% ~ 100%)

	0%	100%	
개별원가율 (개별원가/매출)	총원가율 > 개별원가율 수익성 높은 제품	총원가율 < 개별원가율 수익성 낮은 제품	손실제품 1. 생산중단가능 : 생산중단 2. 생산중단불가능 : 결합원가에 가산
결합원가배분 순실현가치법	NRV+ +결합원가 배분	NRV+ +결합원가 배분	NRV− 생산중단
균등이익률법	총배분원가 > 개별원가 +결합원가 배분	총배분원가 < 개별원가 −결합원가 배분	생산중단

10 ③

상대적 판매가치법은 판매시점을 기준으로 각 제품의 매출총이익율이 동일하게 계산되므로 결합제품의 수익성을 분석할 때 잘못된 판단을 하지 않을 수 있다.

11 ②

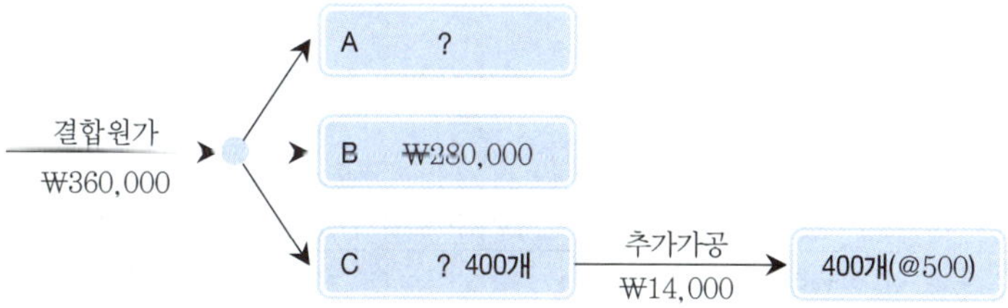

(1) 결합원가의 배분−판매가치법

제품 B의 분리점에서의 판매가치 비율을 이용해서 제품 B의 결합원가를 계산한 후 제품 C 결합원가를 찾는다.

	제품 A	제품 B	제품 C	합 계
결 합 원 가	₩180,000	₩126,000(35%)	₩54,000*2	₩360,000
		↑		
분리점의 판매가치		280,000(35%)*1		800,000

* 1. ₩280,000÷₩800,000=35%

2. ₩360,000−(₩180,000+₩126,000)=₩54,000

(2) 제품 C의 매출총이익

매 출 액	400개×₩500=	₩200,000
결 합 원 가		54,000
추가가공원가		14,000
매 출 총 이 익		₩132,000

12 ①

(1) 순실현가치의 계산(마지막 분리점부터)

제 품	최종판매가치		추가비용		순실현가치	
2차분리점						
C	₩50,000	−	0	=	₩50,000	(25%)
D	₩200,000	−	₩50,000	=	₩150,000	(75%)
합 계					₩200,000	
1차분리점						
A	₩50,000	−	0	=	₩50,000	(25%)
B	₩200,000	−	₩50,000	=	₩150,000	(75%)
					₩200,000	

(2) 결합원가의 배부(최초분리점부터)

	배부비율	결합원가배부	추가가공원가	총원가
A	(25%)	₩7,500	0	₩7,500
B	(75%)	22,500	₩50,000	₩72,500
		₩30,000		

	배부비율	결합원가	추가가공원가	총원가
C	(25%)	₩18,125	0	₩18,125
D	(75%)	54,375	₩50,000	₩104,375
		₩72,500*		

* ₩22,500+₩50,000=₩72,500

13 ⑤

추가가공시의 판매가치	₩400,000
현재 제품 C의 판매가치	375,000
이익증가액	₩25,000

∴ 추가가공 비용이 ₩25,000 이하이면 추가가공이 유리하다(결합원가는 관련원가가 아니다).

[14~15]

(1) 분리점에서의 판매가치 비율

분말초콜릿 원액 : 400ℓ × @2,500=	₩1,000,000(1/3)
밀크초콜릿 원액 : 500ℓ × @4,000=	2,000,000(2/3)
	₩3,000,000

14 ②

분말초콜릿의 결합원가배분액 : ₩1,500,000 × 1/3 = ₩500,000

15 ②

밀크초콜릿 추가가공 증분순손익

600kg × @6,000 − 500ℓ × @4,000 − ₩600,000 = ₩1,000,000
(600kg × @6,000 − 500ℓ × @4,000: 증분수익, ₩600,000: 추가가공원가, ₩1,000,000: 증분이익)

16 ②

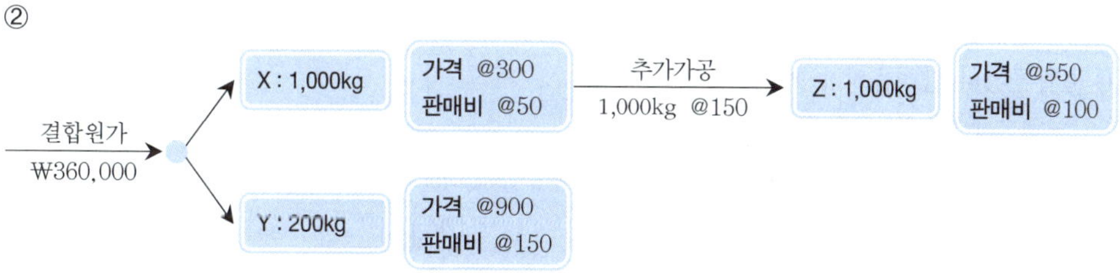

Z의 kg당 순실현가치	₩550−(₩150+₩100)=	₩300
X의 kg당 순실현가치	₩300−₩50=	250
kg당 순실현가치증가액		₩50
생 산 량		×1,000kg
이 익 증 가 액		₩50,000 유리

17 ⑤

(1) 분리점의 판매가치

결합원가는 분리점의 상대적 판매가치를 기준으로 배부된다. 따라서 제품 B에 배분된 결합원가 배율 20%(₩10,000÷₩50,000)를 이용하면 제품 B의 분리점에서의 판매가치를 추정할 수 있다.

	제품 A	제품 B	제품 C	합 계
결 합 원 가		₩10,000(20%)		₩50,000
		↓		
분리점의 판매가치	₩80,000	40,000(20%)	₩80,000*	200,000

* 제품 C의 분리점의 판매가치 : ₩200,000−(₩80,000+₩40,000)=₩80,000

(2) 추가가공 여부의 결정

제 품	추가가공후 판매가치	분리점의 판매가치	추가가공으로 인한 수익증가액	추가 가공원가	추가가공시 이익증가액
A	₩85,000	₩80,000	₩5,000	₩3,000	₩2,000
B	42,000	40,000	2,000	2,000	0
C	90,000	80,000	10,000	5,000	5,000
	₩217,000	₩200,000	₩17,000	₩10,000	₩7,000

추가가공을 하는 경우에 제품 A, B, C 중 제품 C가 이익증가액이 가장 크므로 제품 C를 추가가공하며, 이익은 ₩5,000이 증가한다.

18 ⑤

[물량의 흐름도]

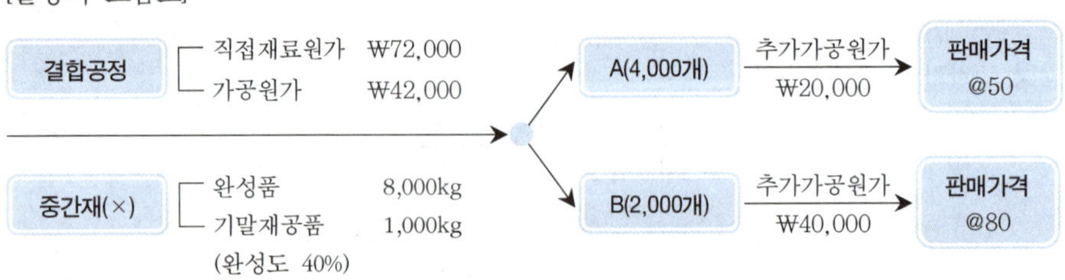

(1) 결합공정의 완성품원가 계산

재 료 원 가	₩72,000÷9,000kg×8,000kg=	₩64,000
가 공 원 가	₩42,000÷8,400kg*×8,000kg=	40,000
합 계		₩104,000

* 가공원가 완성품환산량 8,000kg+1,000kg×0.4=8,400kg

(2) 결합원가의 배분

	순실현가치		결합원가
A	4,000개×₩50−₩20,000=	₩180,000(60%)	₩62,400
B	2,000개×₩80−₩40,000=	120,000(40%)	41,600
		₩300,000	₩104,000

19 ③

[물량의 흐름]

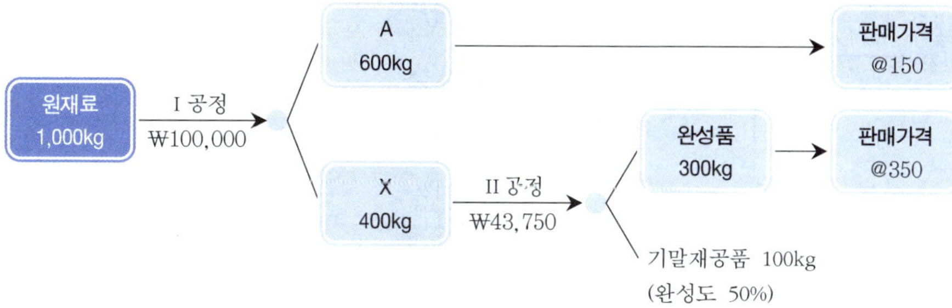

제 품	순실현가치		배분비율	결합원가배분액
A	600kg×@150=	₩90,000	50%	₩50,000
X	400kg×@350−400kg×@125* =	90,000	50	50,000
합 계		₩180,000	100%	₩100,000

* II공정 반제품 X의 가공원가 완성품환산량 : 300kg+100kg×½=350kg
완성품환산량 단위당 원가 : ₩43,750/350kg=@125

II공정의 가공원가 ₩43,750은 350kg의 완성품환산량을 가공하는 데 발생한 원가이므로 400kg이 전량 가공되었다면 발생했을 가공원가(₩43,750×0kg/350kg 또는 400kg×@125)를 추정하여 이를 순실현가치 계산시 차감하는 추가가공원가로 간주해야 한다. 순실현가치는 실제 공정의 진척도나 판매량과 무관하게 분리점의 반제품이나 제품이 전량 가공되어 판매되었을 경우를 가정하고 계산해야 한다. 말 그대로 분리점에서의 가치를 평가해 보는 것이기 때문이다.

20 ⑤

① 결합공정에 재공품이 존재하면 결합공정에서 발생한 모든 원가를 결합제품에 배분하는 것이 아니라 완성품원가만을 결합제품에 배분해야 한다. 완성품원가를 계산하기 위해서는 우선적으로 결합공정을 종합원가계산해서 완성품원가를 파악한다.

② 연산품에 대한 추가가공의사결정을 할 때에는 추가가공원가와 추가가공에서의 수익증가액은 고려하지만 결합원가를 추가가공의사결정에 영향을 받지 않기 때문에 고려할 필요가 없다.

③ 추가가공공정에 재공품이 존재하는 경우에 결합제품의 순실현가치는 추가가공공정의 완성량이 아니라 결합공정의 생산량을 기준으로 계산해야 한다.

④ 추가가공공정에 재공품이 존재하는 경우에 결합제품의 순실현가치를 계산하는 과정에서 차감해야 하는 추가가공원가는 기말까지 발생한 원가를 차감하는 것이 아니라 결합공정의 생산량이 모두 판매가능한 상태가 되도록 하기 위해 발생할 전체원가를 추정해서 차감해야 한다.

⑤ 결합공정에서 생산한 결합제품의 생산량이 일정하면 추가가공공정의 완성량과 기말재공품 수량이 얼마나 되느냐와 무관하게 순실현가치는 일정하다.

[21 ~ 23] [물량의 흐름]

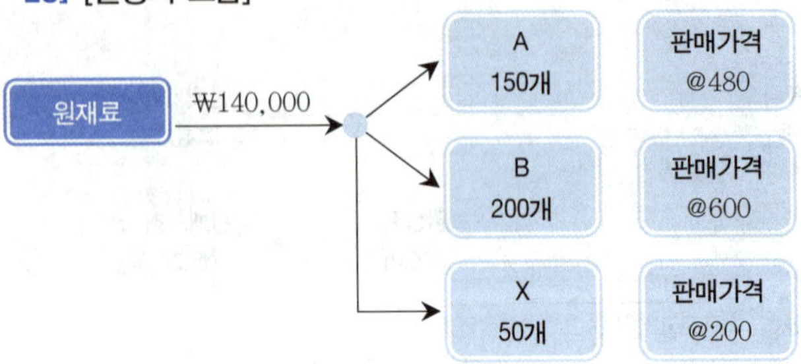

21 ①

판매기준법

제 품	순실현가치		결합원가배분액
A	150개×₩480=	₩72,000(37.5%)	₩52,500
B	200개×₩600=	120,000(62.5%)	87,500
소 계		₩192,000(100.0%)	140,000
X			–
합 계			₩140,000

22 ③

생산기준법

제 품	순실현가치		결합원가배분액
A	150개×₩480=	₩72,000(37.5%)	₩49,500
B	200개×₩600=	120,000(62.5%)	82,500
소 계		₩192,000(100.0%)	132,000
X			8,000*
합 계			₩140,000

* 50개×(₩200−₩40)=₩8,000

23 ③

연산품으로 처리하는 경우

제 품	순실현가치		결합원가배분액
A	150개×₩480=	₩72,000(36%)	₩50,400
B	200개×₩600=	120,000(60%)	84,000
X	50개×₩160=	8,000(4%)	5,600
합 계		₩200,000(100%)	₩140,000

24 ⑤

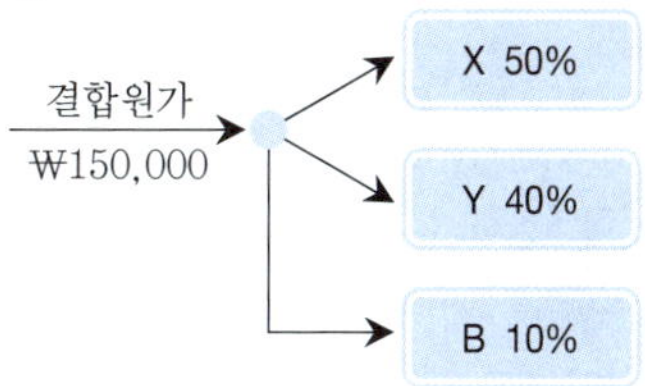

부산물 B의 순실현가치를 x라고 하면 다음의 식이 성립한다.

$(₩150,000 - x) \times 50\%/(50\%+40\%) = ₩80,000$　　　$\therefore\ x = ₩6,000$

주산품에 배분된 결합원가

제　품	NRV 비율	결합원가	
A	50% / 90%	?	→ ₩80,000
B	40% / 90%	?	
합　계	90%	₩150,000 − x	

주관식 문제

01 결합원가의 배분과 추가가공여부 결정

경일사는 세 가지 제품 갑, 을, 병을 제조하고 있다. 제조공정의 첫 번째 부분은 결합생산이며, 당해 기간의 결합재료원가는 ₩60,000, 결합가공원가는 ₩30,000이다. 기타 다른 정보는 다음과 같다.

제　품	추가가공원가	생산량	판매량	판매가격
갑	₩60,000	5,000개	4,000개	₩20
을	40,000	2,000	1,500	30
병	140,000	7,000	6,300	40

【물음 1】 결합원가를 다음과 같은 기준으로 배부할 때 제품별 단위당 원가를 계산하시오.

(1) 물량기준법

(2) 순실현가치법

(3) 균등이익률법

【물음 2】 경일사는 제품 갑과 을이 분리점에서 판매가능한 것을 알았다. 갑과 을의 분리점에서의 판매가격은 각각 ₩10, ₩8이다. 분리점에서 각 제품을 즉시판매하는 것이 유리한지 추가가공하는 것이 유리한지를 밝히시오. [물음 1]의 결합원가 배부기준별로 그 결과가 달라지는지 설명하시오.

해답

[물음 1] 결합원가배분

[물량흐름도]

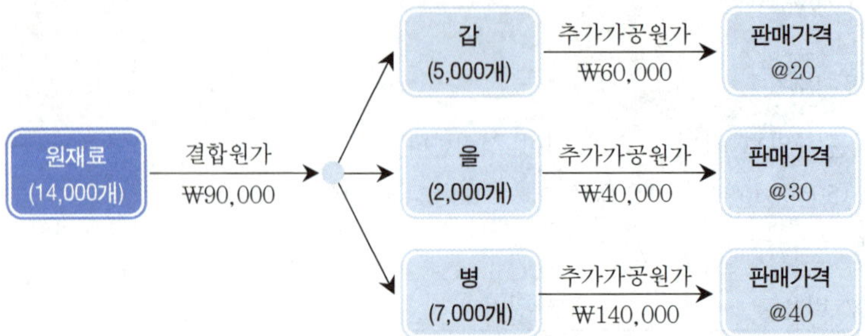

(1) 물량기준법

제 품	생산량	배분비율	결합원가	개별원가	합 계	단위당원가
갑	5,000개	35.71%	₩32,139	₩60,000	₩92,139	@18.4278
을	2,000	14.29	12,861	40,000	52,861	@26.4305
병	7,000	50	45,000	140,000	185,000	@26.4286
합 계	14,000개	100%	₩90,000	₩240,000	₩330,000	

(2) 순실현가치법

제 품	순실현가치	배분비율	결합원가	개별원가	합 계	단위당원가
갑	₩40,000*	20%	₩18,000	₩60,000	₩78,000	@15.6
을	20,000	10	9,000	40,000	49,000	@24.5
병	140,000	70	63,000	140,000	203,000	@29
합 계	₩200,000	100%	₩90,000	₩240,000	₩330,000	

* 5,000개 × @20 − ₩60,000
(5,000개 × @20: 최종판매가치, ₩60,000: 추가가공원가)

(3) 균등이익률법

총판매가치 : (5,000개 × ₩20) + (2,000개 × ₩30) + (7,000개 × ₩40) = ₩440,000

총원가 : ₩90,000 + ₩240,000 = ₩330,000

매출총이익률 : (₩440,000 − ₩330,000) ÷ ₩440,000 = 25%

제 품	판매가치	매출총이익	개별원가	결합원가	합 계	단위당원가
갑	₩100,000	₩25,000	₩60,000	₩15,000*	₩75,000	@15
을	60,000	15,000	40,000	5,000	45,000	@22.5
병	280,000	70,000	140,000	70,000	210,000	@30
합 계	₩440,000	₩110,000	₩240,000	₩90,000	₩330,000	

* (₩100,000 − ₩25,000) − ₩60,000
((₩100,000 − ₩25,000): 총원가, ₩60,000: 개별원가)

[물음 2] 제품의 추가가공 여부

(1) 갑의 경우

① 분리점에서 판매 : 5,000개 × @10 = ₩50,000

② 추가가공 : 5,000개 × @20 − ₩60,000 = ₩40,000

∴ 갑제품은 분리점에서 판매한다.

(2) 을의 경우

① 분리점에서 판매 : 2,000개 × @8 = ₩16,000

② 추가가공 : 2,000개 × @30 − ₩40,000 = ₩20,000

∴ 을제품은 추가 가공하여 판매한다.

(3) 결합원가 배분방법과 추가가공 여부 판단문제

결합원가 ₩90,000은 갑, 을제품의 추가가공 여부와 무관하게 갑, 을, 병제품을 분리점까지 완성시키는데 발생한 원가이다. 따라서 비관련원가인 결합원가를 어떤 방식으로 연산품에 배부하든 연산품의 추가가공 여부에는 영향을 미치지 않는다.

05

02 복수의 분리점이 있는 경우 결합원가의 배분

(주)원가는 B, C, D라는 세 가지의 제품을 다음 공정을 통하여 생산하고 있다.

(1) 부문 1에서는 ₩120,000의 원가를 투입해서 원재료 5,000kg을 가공한 후 3,000kg의 제품 A는 부문 2로 대체되고, 2,000kg의 제품 B는 부문 3으로 대체한다.

(2) 부문 2에서 총원가 ₩50,000을 투입해서 제품 A 3,000kg을 가공한 후 2,100kg의 제품 C는 부문 4로 대체되고, 나머지 900kg은 제품 D로 완성되어 kg당 ₩40에 판매된다. 제품 D를 판매하는 과정에서 ₩6,000의 판매비용이 발생한다.

(3) 부문 1에서 완성된 제품 B 2,000kg은 부문 3에서 ₩20,000의 원가로 추가가공되어 완성된 후 kg당 ₩60에 판매된다.

(4) 제품 C 2,100kg은 부문 4에서 ₩40,000의 원가로 가공해서 kg당 ₩100에 판매된다.

【물음 1】 순실현가치법을 적용해서 결합원가를 배부하시오.

【물음 2】 결합원가를 배부한 후의 각 제품의 단위당 제조원가를 구하시오.

해답

[물음 1] 결합원가 배분

(1) 1단계 : 공정흐름도의 작성

각 부문별로 발생원가와 물량 및 판매가격을 파악할 수 있도록 공정흐름도를 작성한다.

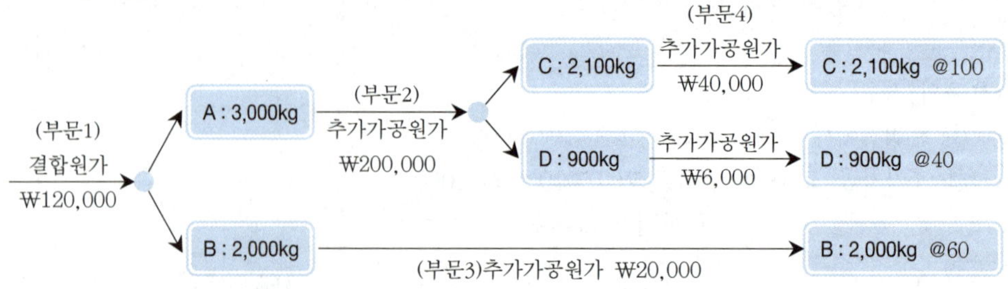

(2) 2단계 : 결합원가 배분비율의 계산

각 분리점 별로 순실현가치를 계산해서 결합제품에 결합원가를 배분할 비율을 계산한다. 이 과정에서 주의할 점은 순실현가치를 계산할 때 두 번째 분리점에서부터 시작하여 첫 번째 분리점 순으로, 즉 역순으로 계산해야 한다는 것이다.

① 2차 분리점의 결합원가배부율

제 품	순실현가능가액		결합원가배부율
C	(₩100×2,100kg)－₩40,000=	₩170,000	85%
D	(₩ 40×900kg)－₩6,000=	30,000	15
합 계		₩200,000	100%

② 1차 분리점의 결합원가배부율

제 품	순실현가능가액		결합원가배부율
A	₩200,000*－₩50,000=	₩150,000	60%
B	(₩60×2,000kg)－₩20,000=	100,000	40
합 계		₩250,000	100%

* 두 번째 분리점에서의 순실현가능가액의 합계

(3) 3단계 : 결합원가 배분

결합원가의 배부는 1차분리점부터 시작하여 2차분리점의 순서로, 즉 순차적으로 배분한다.

① 1차 분리점의 결합원가배부

제 품	결합원가배부율	결합원가배부액
A	60%	₩72,000
B	40	48,000
합 계	100%	₩120,000*

* 부문 1에서의 결합원가

② 2차 분리점의 결합원가배부율

제 품	결합원가배부율	결합원가배부액
C	85%	₩103,700
D	15	18,300
합 계	100%	₩122,000*

* ₩72,000+₩50,000=₩122,000

여기서 주의할 점은 2차분리점에서 배분해야 하는 결합원가는 부문 1에서 제품 A에 배분한 결합원가 ₩72,000과 부문 2에서 발생한 추가가공원가 ₩50,000을 합계한 금액을 배분해야 한다는 것이다.

05

[물음 2] 단위당 제조원가

결합제품의 단위당 제조원가는 결합원가 배분액에 추가가공원가를 합계한 금액을 생산량으로 나누어 계산한다.

제 품	결합원가 배분액	추가가공원가	총제조원가	단위당 원가
B	₩48,000	₩20,000	₩68,000	₩34
C	103,700	40,000	143,700	68.43
D	18,300	0*	18,300	20.33
합 계	₩170,000	₩60,000	₩230,000	

* 제품 D의 추가비용은 판매비이기 때문에 제조원가에는 포함하지 않는다.

03 결합공정의 종합원가계산–결합공정에 기말재공품이 존재하는 경우

K사는 결합공정에 의해 연산품 A, B와 부산물 P를 생산한다. 결합원가는 상대적 판매가치에 의해 배분되고, 부산물의 분리점에서의 판매가치는 결합원가를 감소시키도록 처리된다. 기초재공품은 전혀 없었고, 기말재공품 2,000kg은 50% 완성단계에 있다. 당기 중 원재료 10,000kg이 공정에 투입되어 공손 없이 다음과 같이 생산이 이루어졌다.

제 품	기초재고	생 산 량	기말재고	분리점에서의 판매가치
A	2,000개	10,000개	2,000개	₩60
B	1,000	10,000	1,000	40
P	500	4,000	500	1

당기 중 발생한 재료원가는 ₩20,000이었고, 가공원가는 ₩27,000이었다. 재료는 공정초에 전량 투입된다.

【물음 1】 기말재공품의 원가를 계산하시오.

【물음 2】 제품 A에 배분될 결합원가를 계산하시오.

해답

[물음 1] 결합공정의 종합원가계산

	[1단계] 물량의 흐름	[2단계] 완성품환산량 재료원가	가공원가	합 계
기 초 재 공 품	0kg			
당 기 착 수	10,000			
	10,000kg			
당 기 완 성	8,000	8,000kg	8,000kg	
기 말 재 공 품	2,000(50%)	2,000	1,000	
	10,000kg	10,000kg	9,000kg	
[3단계] 총원가의 요약				
기초재공품원가				₩0
당기발생원가		₩20,000	₩27,000	47,000
합 계				₩47,000
[4단계] 환산량 단위당 원가				
완성품환산량		÷10,000kg	÷9,000kg	
환산량단위당원가		@2	@3	
[5단계] 원가의 배분				
완 성 품 원 가		8,000kg×@2+8,000kg×@3=		₩40,000
기말재공품원가		2,000kg×@2+1,000kg×@3=		7,000
합 계				₩47,000

[물음 2] 결합원가의 배분

[물량흐름도]

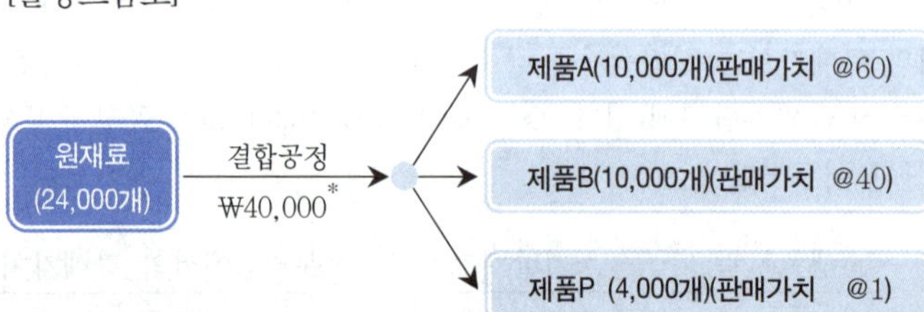

* 결합공정의 완성품원가

(1) 결합원가 배분 : ₩40,000−4,000개×@1=₩36,000
(₩40,000: 완성품원가, 4,000개×@1: 부산물의 판매가치)

(2) 결합원가 배분

	판매가치	판매가치비율	결합원가
제품 A : 10,000개×@60=	₩600,000	60%	₩21,600
제품 B : 10,000개×@40=	400,000	40	14,400
	₩1,000,000	100%	₩36,000

04 추가가공공정에 기말재공품이 있는 경우

두 개의 제조공정을 통하여 제품 P_1과 P_2를 생산한다. 1차공정은 제품 P_1과 반제품 M을 생산하는 결합가공 공정이며, 2차공정은 반제품 M을 추가가공 하여 제품 P_2를 만드는 공정이다. 당기 중 생산량과 각 공정의 원가자료는 다음과 같다.

	1차공정	2차공정
직접재료원가	₩60,000	₩0
가공원가	40,000	17,000
합계	₩100,000	₩17,000

	생산량	판매가격
제품 P_1	2,000개	@60
제품 P_2	3,000	@35
반제품 M	4,000	

[기타 자료]

(1) 당기의 기초재공품과 1차 공정의 기말재공품은 없다.

(2) 반제품 M 1단위로는 제품 P_2를 1단위 생산할 수 있으며, 2차공정에서 공손은 발생하지 않는다.

(3) 2차공정의 기말재공품은 40% 완성되었다. 2차공정의 전공정원가는 공정의 착수시점에 투입되며, 가공비는 공정전반에 걸쳐 균등하게 발생한다.

(4) 결합원가는 순실현가치법에 따라 배분한다.

【물음 1】 결합공정인 1차공정의 원가를 연산품에 배분하시오.

【물음 2】 2차공정의 완성품원가를 계산하시오.

해답

[물음 1] 결합원가의 배분

[물량흐름도]

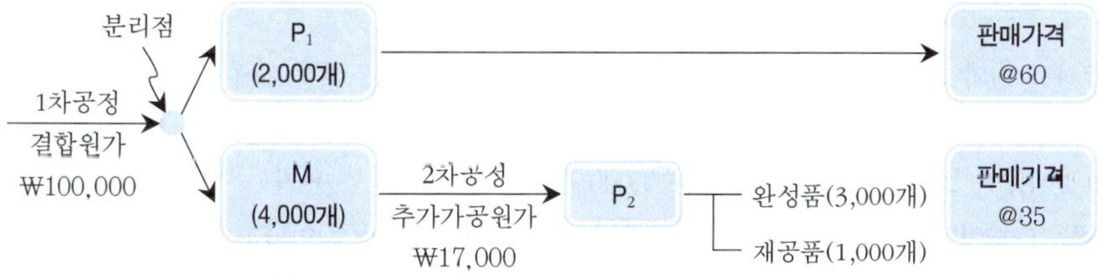

제품	순실현가치		배분비율	결합원가
P_1	2,000개 × @60 =	₩120,000	50%	₩50,000
M	4,000개 × @35 − 4,000개 × @5* =	120,000	50	50,000
합계		₩240,000	100%	₩100,000

* 반제품 M은 완성 후에 판매되므로 반제품M의 순실현가치를 계산할 때는 P_2의 판매가액에서 반제품 M을 전부 P_2로 완성하는 데 들어가는 원가인 완성품환산량 단위당 원가에 반제품 M의 생산수량을 곱한 금액을 차감하여 계산한다.
P_2의 가공비 완성품환산량 : 3,000개+1,000개×40%=3,400개
환산량 단위당 원가 : ₩17,000÷3,400개=@5

[물음 2] 2차공정의 완성품원가

	[1단계] 물량의 흐름	[2단계] 완성품환산량 전공정원가	가공원가	
기초재공품	0개			
당기착수	4,000			
	4,000개			
당기완성	3,000	3,000개	3,000개	
기말재공품	1,000(40%)	1,000	400	
	4,000개	4,000개	3,400개	
[3단계] 총원가의 요약				합계
기초재공품원가				₩0
당기발생원가		₩50,000*	₩17,000	67,000
합계				₩67,000
[4단계] 환산량 단위당 원가				
완성품환산량		÷4,000개	÷3,400개	
환산량단위당원가		@12.5	@5	
[5단계] 원가의 배분				
완성품원가		3,000개×@12.5+3,000개×@5=		₩52,500
기말재공품원가		1,000개×@12.5+400개×@5=		14,500
합계				₩67,000

* 반제품 M에 대한 결합원가배분액이다.

05 연산품과 부산물의 원가결정

홍익사는 주산품 P_1과 P_2 및 부산물 B를 제조하고 있다. 모든 제품은 부문 I 에서 하나의 투입물로부터 생산된다. 그러나 P_1은 판매되기 이전에 부문II에서 추가가공이 필요하다. 다음 달의 계획생산량은 P_1 20,000단위, P_2 2,000단위, 부산물 B는 4,000단위이다. 예상제조 원가는 부문 I 이 ₩300,000, 부문II가 ₩80,000이다. P_1과 P_2의 현재 판매가격은 각각 ₩20과 ₩40이다. 회사는 부산물 B의 적절한 회계처리방법에 대해 관심이 있다. 부산물 B의 판매가격은 최근 단위당 ₩25로 증가했다. 과거에 모든 부산물의 판매수익은 잡수익으로 처리하였다. P_1의 담당자는 이러한 회계처리 절차가 P_1의 이익을 과소평가하게 된다고 주장했다. 따라서 담당자는 부산물 B를 부산물로 처리하기보다는 연산품으로 처리하여야 한다고 주장하고 있다.

【물음 1】 부산물 B를 부산물로 간주하고 잡이익으로 처리하는 경우 순실현가치법에 의한 P_1의 단위당 원가를 결정하시오.

【물음 2】 부산물 B를 부산물로 간주하고 생산시점에서 이를 인식하는 경우 순실현가치법에 의한 P_1의 단위당 원가를 결정하시오.

【물음 3】 부산물 B가 연산품으로 처리되는 경우 순실현가치법에 의한 각 제품의 단위당 원가를 결정하시오.

【물음 4】 위의 세 가지 원가배분 방법 중 P_1의 담당자에 가장 유리한 방법은 어떤 것이고, 계획생산량은 전부 판매하였을 경우의 P_1의 최대 매출총이익을 구하시오.

【물음 5】 위의 세 가지 원가배분 방법의 차이점을 간단히 설명하시오.

해답

[물량흐름도]

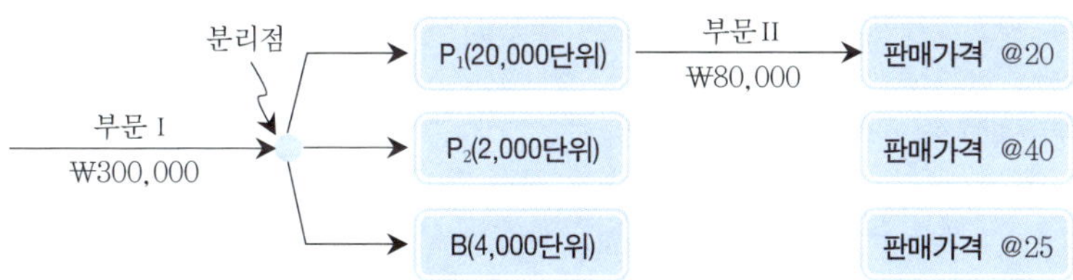

[물음 1] 부산물 B를 잡이익으로 인식하는 경우

제 품	순실현가치	배분비율	결합원가	개별원가	합 계	단위당원가
P_1	₩320,000	80%	₩240,000	₩80,000	₩320,000	@16
P_2	80,000	20	60,000			
합 계	₩400,000	100%	₩300,000			

[물음 2] 부산물 B를 부산물로 인식하는 경우

제 품	순실현가치	배분비율	결합원가	개별원가	합 계	단위당원가
P_1	₩320,000	80%	₩160,000	₩80,000	₩240,000	@12
P_2	80,000	20	40,000			
합 계	₩400,000	100%	₩200,000*			

* 배분해야 할 결합원가 : ₩300,000 − 4,000개 × @25 = ₩200,000

[물음 3] 부산물 B를 연산품으로 처리하는 경우

제 품	순실현가치	배분비율	결합원가	개별원가	합 계	단위당원가
P_1	₩320,000	64%	₩192,000	₩80,000	₩272,000	@13.6
P_2	80,000	16	48,000		48,000	@24
B	100,000	20	60,000		60,000	@15
합 계	₩500,000	100%	₩300,000			

[물음 4] P_1에게 유리한 결합원가 배분방법

부산물 B를 부산물로 인식하는 경우 P_1의 결합원가가 가장 적게 배부되므로 P_1의 담당자에게 가장 유리하다. 이때의 매출총이익은 20,000단위×₩20－₩160,000－₩80,000＝₩160,000이다.

[물음 5] 배분된 원가의 차이점

지금까지 회사의 방법은 부산물 B를 부산물로 취급하여 판매시에 잡수익으로 처리함으로써 부문Ⅰ의 결합원가를 P_1과 P_2에만 부담시키는 방법이었다. 부산물 B를 연산품으로 취급하는 경우에는 그 순실현가치를 구하고 이를 P_1과 P_2의 순실현가치와 비교하여 비율대로 결합원가를 배분하게 된다. 그리고 부산물 B를 부산물로 인식하는 경우는 부산물 B의 순실현가치를 일단 결합원가에서 차감하여 부산품계정으로 계상하고 남는 결합원가를 P_1과 P_2에 순실현가치 비율대로 배분한다.

CHAPTER 06

Cost & Management Accounting

표준원가계산

제1절 표준원가의 기본개념

1. 표준원가계산의 개념과 유용성

(1) 표준원가계산의 개념

표준원가(standard costing)는 제품을 생산하면서 발생하는 단위당 원가에 대해서 목표원가를 사전적으로 미리 결정하고 이를 원가계산에 활용하는 것이다. '표준원가계산(standard costing)'은 원가요소별(직접재료원가, 직접노무원가, 제조간접원가)로 가격표준과 수량표준을 곱해서 제품의 단위당 표준원가를 설정하며, 원가를 계산할 때는 단위당 표준원가를 사용한다.

표준원가의 구성요소	내 용
가 격 표 준 (Standard Price : SP)	각 원가요소별로 투입되는 물량에 대해 지급하는 가격의 표준을 말한다.
수 량 표 준 (Standard Quantity : SQ)	제품 한 단위를 생산하는데 필요한 원가요소의 투입량 표준을 말한다.

(2) 표준원가계산의 유용성

표준원가정보를 이용하면 실제원가를 사용할 때보다 경영자에게 유용하게 활용된다. 경영자는 의사결정에 필요한 원가정보를 신속하게 얻을 수 있고, 원가를 통제하는데도 활용할 수 있으며 계획을 수립할 때도 편하게 사용할 수 있다.

① **원가통제목적** : 표준원가를 설정하면 실제원가와 표준원가를 비교해서 그 차이를 분석함으로써 효율적으로 원가를 통제할 수 있다. 즉, 실제원가가 표준의 허용범위를 벗어나는 예외적인 경우에만 특별한 주의를 기울이는 예외에 의한 관리(management by exception)를 실시해서 효율적으로 원가를 관리할 수 있다.

② **제품원가계산목적** : 제품의 생산량만 파악되면 생산량에 표준원가를 곱해서 원가계산이 이루어지므로 생산시점에 즉시 원가계산이 가능하고 회계처리도 쉽게 가능하다.

③ **계획목적** : 예산상으로 생산량계획을 결정하면 생산량예산에 표준원가를 곱해서 손쉽게 제조원가예산을 편성할 수 있어서 예산을 수립할 때 간편하다.

표준원가의 유용성	내 용
① 원가통제	실제원가가 표준원가의 범위내에서 발생하고 있는지를 분석함으로써 원가통제를 보다 효과적으로 수행할 수 있다.
② 원가계산	원가흐름의 가정이 필요없으며 제품의 생산수량만 파악되면 표준단가를 사용해서 간편하고 신속하게 제품원가를 계산할 수 있다.
③ 계획	표준원가는 예산(budget)을 설정할 때 기초자료로 활용할 수 있다.

2. 표준원가의 설정

표준원가계산을 적용하기 위해서는 우선 단위당 표준원가를 설정해야 한다. 단위당 표준원가를 설정할 때 적용할 수 있는 개념으로는 이상적인 표준과 달성가능한 표준이 있다.

① 이상적인 표준(ideal standard) : 기업이 최대한 효율적으로 운영되어 모든 자원이 낭비 또는 부족함이 없이 완벽하게 사용된 경우에 달성할 수 있는 표준을 의미하는데 현실적으로 이와 같은 이상적인 표준은 달성이 불가능하다.

② 달성가능한 표준(currently attainable standard) : 효율적인 작업환경에서 도달가능한 목표치로 정상적인 기계의 고장이나 작업 중지 또는 기업이 현재 보유하고 있는 기술수준 등을 고려해서 설정한 목표에 해당한다.

달성가능한 표준으로 표준원가를 설정하면 동기부여가 가능해서 작업자들이 도전감과 성취감을 모두 추구할 수 있기 때문에 일반적으로 표준원가를 설정할 때는 달성가능한 표준을 주로 사용한다. 반면에 이상적인 표준의 개념을 사용하면 작업자들 입장에서 달성할 수 없는 목표이기 때문에 적절한 동기부여가 되지 못한다.

(1) 표준직접재료원가의 설정

제품단위당 표준직접재료원가는 재료의 종류별로 제품단위당 표준직접재료수량과 재료단위당 표준가격을 결정한 다음 이 둘을 곱하여 산정한다.

		재료 수량표준 (Standard Quantity : SQ)		재료 가격표준 (Standard Price : SP)
표준재료원가	=	공손·감손·증발 등의 정상적인 발생량을 고려	×	• 재료의 가격할인 반영 • 경제적주문량 및 거래방법 등 고려

① **표준재료수량(SQ)** : 제품 한 단위를 생산하기 위해 투입되어야 할 직접재료의 표준수량을 의미하는데, 작업폐물·공손·감손·증발 등의 정상적인 발생량을 고려하여 결정한다.

② **재료단위당 표준가격(SP)** : 재료 한 단위의 표준구입가격을 말하는 것으로 현재 및 미래의 가격동향, 경제적 주문량 및 거래방법 등을 고려하여 결정한다.

(2) 표준직접노무원가의 설정

제품단위당 표준직접노무원가는 제품단위당 표준직접노동시간과 시간당 표준임률을 정하고 이 둘을 곱하여 계산한다.

표준노무원가	=	표준노동시간 (Standard Quantity : SQ)	×	시간당 표준임률 (Standard Price : SP)
		• 생리적 욕구, 대기시간 고려 • 시간연구, 동작연구 선행		•급여, 수당 포함 •복리후생비등 고려

① **표준노동시간(SQ)** : 제품 한 단위를 생산하기 위해 투입되어야 할 표준직접노동시간으로 종업원들의 불가피한 피로, 생리적 욕구, 대기시간, 기계고장 등을 고려하여 결정한다. 표준노동시간을 결정하기 위해서는 보통 산업공학적 방법으로 시간연구와 동작연구가 선행되어야 한다.

② **시간당 표준임률(SP)** : 노동시간당 표준임률을 의미하는 것으로 이는 급여, 수당뿐만 아니라 복리후생비 등 인건비적인 성격을 띤 다른 원가를 포함해야 하며 미래의 임금인상분도 고려해야 한다.

(3) 표준변동제조간접원가의 설정

제조간접원가는 다양한 비용항목으로 구성되므로 표준제조간접원가를 설정할 때는 원가행태에 따라 변동제조간접원가와 고정제조간접원가로 구분해서 설정한다.

제조간접원가		
• 전기료, 연료비, 감가상각비, 공장임차료, 리스료 등 구성요소가 다양 • 표준설정이 어려움	→ 변동 제조간접원가	• 조업도에 따라 증가하는 원가 • 전력비, 유류비 등
	→ 고정 제조간접원가	• 조업도에 무관하게 일정 • 감가상각비, 리스료 등

우선 변동제조간접원가는 조업도가 증가함에 따라 발생액이 증가하는 제조간접원가로 간접노무원가, 전기료, 연료비, 수선유지비, 간접재료원가 등의 다양한 비용항목이 포함되어 있어서 다음의 과정에 따라 표준원가를 설정한다.

① **원가동인의 결정** : 전기료, 유류비, 간접노무원가와 같이 다양한 원가항목을 각각 구분해서 표준을 설정하는 것은 어렵기 때문에 변동제조간접원가 전체를 단일표준으로 설정한다. 이를 위해서 변동제조간접원가의 공통적인 원가동인을 결정해야 하는데 일반적으로 노동시간을 많이 사용하고 기계시간을 사용하는 경우도 있다.

② **단위당 표준조업도(SQ)의 결정** : 제품 한 단위를 생산하기 위해 투입되어야 할 원가동인의 표준조업도를 결정한다. 예를 들어 노동시간을 원가동인으로 결정했다면 제품 한 단위를 생산하기 위해 필요한 노동시간을 결정한다.

③ **원가동인당 배부율(SP)의 계산** : 변동제조간접원가의 각 비용항목별로 노동시간당 발생액 목표를 계산해서 원가동인당 배부율을 결정한다. 변동제조간접원가의 배부율에는 전력비, 연료비, 간접노무원가 등의 여러 비용항목이 포함되므로 가격표준(SP)이라고 하지 않고 시간당 배부액의 표준이라는 의미로 표준배부율(Standard Rate:SR)이라는 말을 사용하기도 한다.

표준변동 제조간접원가	=	원가동인 수량표준 (Standard Quantity : SQ)	×	원가동인 표준배부율 (Standard Price : SP)
		• 구성요소가 다양함 • 변동제조간접원가의 공통적 원가동인 결정		• 원가동인단위당 발생액목표 • 표준배부율(Standard Rate) 이라고도 함

예제 [6-1] 표준변동제조간접원가의 설정

모범회사의 변동제조간접원가는 전기료, 간접노무원가, 연료비, 수선유지비가 있으며 지난 3개월의 변동제조간접원가 발생액은 다음과 같다. 지난 3개월의 변동제조간접원가 발생액은 표준원가로 사용할 수 있을 만큼 최적으로 관리되고 있었다.

비용항목	1월	2월	3월
전기료	₩6,000	₩10,000	₩18,000
간접노무원가	2,000	6,000	8,000
연료비(경유)	8,000	18,000	22,000
수선유지비	4,000	6,000	12,000
총제조간접원가	₩20,000	₩40,000	₩60,000
실제노동시간	10,000시간	20,000시간	30,000시간
실제기계시간	5,000	4,000	6,000

요구사항

1. 변동제조간접원가의 원가동인을 노동시간으로 결정하였다면 노동시간당 변동제조간접원가 배부율을 결정하시오.
2. 제품을 한 단위를 생산하기 위한 표준노동시간은 2시간으로 결정한 경우에 단위당 표준변동제조간접원가를 계산하시오.

해답

1. 원가동인당 배부율(SP)

변동제조간접원가의 총금액을 원가동인의 총수로 나누어서 배부율을 계산한다.

₩20,000÷10,000시간=₩2, 또는 ₩40,000÷20,000시간=₩2

2. 제품의 단위당 표준원가

변동제조간접원가 원가동인의 표준조업도(SQ)에 배부율(SP)을 곱해서 계산한다.

수량표준(SQ)		표준배부율(SP)		표준원가
단위당 2시간	×	시간당 @2	=	₩4
변동제조간접원가 원가동인의 표준사용량		원가동인의 시간당 표준배부율		제품단위당 표준원가

(4) 표준고정제조간접원가의 설정

고정제조간접원가는 감가상각비, 기계장치리스료 등과 같이 원가동인의 조업도가 변하더라도 총금액이 변하지 않는 제조간접원가이다. 한편 고정제조원가의 특성과 관계없이 제품원가를 계산하기 위해서는 제품 한 단위에 포함될 단위당 고정제조간접원가 표준금액을 결정해야 한다. 따라서 고정제조간접원가는 다음과 같이 4단계에 따라서 표준원가를 설정한다.

1단계 : 고정제조간접원가 예산의 설정
2단계 : 기준조업도의 결정
3단계 : 고정제조간접원가 배부율의 계산
4단계 : 고정제조간접원가 표준원가의 계산

1단계 : 고정제조간접원가 예산의 설정

고정제조간접원가는 특성상 총금액이 일정하므로 원가통제목적상 표준원가는 단위당 금액으로 계산되는 것이 아니라 총액(lump-sum)으로 설정하게 되며 이를 고정제조간접원가 예산이라고 한다. 따라서 고정제조간접원가는 단위당 표준원가를 설정하기 전에 우선 고정제조간접원가의 여러 구성요소들을 검토해서 고정제조간접원가 예산을 설정해야 한다.

2단계 : 기준조업도의 결정

고정제조간접원가예산은 원가통제목적상 목표금액의 역할은 할 수 있지만 제품원가를 계산할 때는 사용할 수 없기 때문에 신속한 원가계산을 위해서 조업도 단위당 고정제조간접원가 배부율을 결정해야 한다. 고정제조간접원가의 조업도 단위당 배부율은 고정제조간접원가예산을 기준조업도로 나누어서 계산한다.

여기서 조업도(capacity)란 일반적으로 공장과 설비의 생산능력을 의미하는 것으로 제한된 기계가동시간과 경영자의 근무시간, 재료부족 등에 영향을 받는다. 고정제조간접원가의 단위당 배부율을 계산하기 위한 기준조업도로 사용할 수 있는 조업도에는 ① 이론적 최대조업도 ② 실제적 최대조업도 ③ 정상조업도 ④ 연간기대조업도가 있다.

① **이론적 최대조업도(theoretical capacity)** : 작업중단이나 기타의 요인으로 유휴설비가 발생하지 않고 최고의 능률로 생산설비를 이용하는 경우에 달성할 수 있는 이상적인 조업도로 기업의 설비로 생산가능한 최대의 생산능력이다.

② **실제적 최대조업도(practical capacity)** : 정기적인 기계수선, 휴일의 가동중단 등과 같이 불가피한 생산중단을 허용하면서 현실적으로 달성이 가능한 최대생산능력을 의미한다. 실무에서 완전가동(full capacity)이라고 말하면 실제적 최대조업도를 말한다.

③ **정상조업도(normal capacity)** : 수요의 계절적·주기적 변동 및 추세에 따른 변동을 평준화할 만큼 충분히 긴 기간(보통 5년 전후)의 평균조업도를 의미하며 장기평균조업도(long-run average volume)나 평준화조업도라고도 부른다.

④ **연간기대조업도(annual expected capacity)** : 다음 연도의 연간 예상판매량을 고려하여 결정한 조업도를 의미하며 실제조업도와 비슷할 가능성이 제일 높다. 연간기대조업도는 월별 또는 분기별 조업도를 평균화한다는 의미에서 단기평균조업도의 개념이며 예산을 설정할 때 사용하는 조업도이므로 종합예산조업도(master-budget capacity)라고도 한다.

지금까지 살펴본 네 가지의 조업도 중에서 이론적 최대조업도는 현실적으로 달성될 수 없으므로 기준조업도로 많이 사용되지 않고 실제적 최대조업도, 정상조업도, 연간기대조업도 중에서 하나를 기준조업도로 사용하는 경우가 일반적이다.

3단계 : 고정제조간접원가 배부율의 계산

고정제조간접원가예산과 기준조업도를 결정하고 나면 고정제조간접원가의 조업도 단위당 배부율을 계산해야 한다. 조업도 단위당 배부율을 결정하고 나면 여기에 제품 단위당 표준노동시간을 곱해서 제품 단위당 표준고정제조간접원가를 계산한다.

고정제조간접원가 표준배부율(SP)	=	고정제조간접원가 예산 / 기준조업도
• 단위당 표준원가를 위해서 계산 • 기준조업도가 높아지면 배부율이 감소		• FOH 예산은 총액이 일정 • 원가통제목적상의 목표금액

4단계 : 제품단위당 표준고정제조간접원가 설정

고정제조간접원가(Fixed Overhead Cost : FOH)의 단위당 표준원가는 고정제조간접원가 배부기준의 단위당 수량표준(Standard Quantity : SQ)에 고정제조간접원가의 표준배부율(Standard Price : SP)을 곱해서 계산한다. 고정제조간접원가의 통제목적상 금액은 총액으로 설정되는 고정제조간접원가예산이며 제품단위당 표준고정제조간접원가는 신속한 원가계산을 위해서 설정하는 금액이다. 이런 이유로 원가통제와 무관하게 기준조업도가 커지면 고정제조간접원가의 단위당 표준원가는 작아지게 된다.

표준고정 제조간접원가	=	원가동인 수량표준 (Standard Quantity : SQ)	×	원가동인 표준배부율 (Standard Price : SP)
		• 고정제조간접원가의 배부기준은 변동제조간접원가의 원가동인을 사용한다.		• 기준조업도로 나누어 계산 • 표준배부율(Standard Rate)이라고도 함

예제 [6-2] 표준고정제조간접원가의 설정

모범회사에서 제조간접원가에는 생산량에 비례해서 발생하는 전력비는 ₩20,000으로 예상하고, 공장건물의 감가상각비는 ₩15,000를 달성가능한 최소한의 관리목표로 한다. 기계장치에 대한 리스료는 ₩18,000을 관리목표로 하고, 공장장에 대한 연봉급여는 ₩17,000을 목표로 한다.
제품 한 단위를 생산하기 위해서 소요되는 노동시간은 2시간이며 회사에서 계산한 노동시간의 조업도수준은 다음과 같다.

이론적 최대조업도	실제적 최대조업도	정상조업도	연간기대조업도
20,000시간 (10,000개)	15,000시간 (7,500개)	8,000시간 (4,000개)	10,000시간 (5,000개)

요구사항

1. 고정제조간접원가의 총액목표를 설정하시오.
2. 각각의 조업도를 기준조업도로 사용하는 경우에 조업도 단위당 배부율을 계산하시오.
3. 각각의 조업도를 기준조업도로 사용하는 경우에 단위당 표준고정제조간접원가를 계산하시오.

해답

1. 고정제조간접원가의 예산

고정제조간접원가의 원가통제목표금액에 해당하는 고정제조간접원가예산은 총액으로 설정한다.

감가상각비	₩15,000
기계장치리스료	18,000
공장장급여	17,000
고정제조간접원가 예산	₩50,000

2. 기준조업도별 조업도 단위당 배부율(SP)

신속한 원가계산목적으로 설정하는 고정제조간접원가 배부율은 원가통제와는 무관하므로 기준조업도가 높아지면 배부율이 작아진다.

	고정제조간접원가예산		기준조업도↑		조업도 단위당 배부율↓
이론적 최대조업도	₩50,000	÷	20,000시간	=	노동시간당 ₩2.5
실제적 최대조업도	50,000	÷	15,000시간	=	노동시간당 ₩3.33
연간기대조업도	50,000	÷	10,000시간	=	노동시간당 ₩5
정상조업도	50,000	÷	8,000시간	=	노동시간당 ₩6.25

고정제조간접원가는 총액이 달성목표이므로 예산금액은 일정하다.

기준조업도가 커질수록 단위당 배부율은 작아진다.

3. 제품의 단위당 표준원가

단위당 고정제조간접원가는 원가동인의 표준조업도(SQ)에 배부율(SP)을 곱해서 계산한다.

	단위당 표준조업도		배부율(SP)		단위당 표준원가
이론적 최대조업도	2시간	×	₩2.5	=	₩5
실제적 최대조업도	2시간	×	₩3.33	=	₩6.67
정상조업도	2시간	×	₩6.25	=	₩12.5
연간기대조업도	2시간	×	₩5	=	₩10

예제에서 알 수 있는 바와 같이 고정제조간접원가의 단위당 표준원가는 기준조업도의 선택에 따라 달라지는 금액으로, 제품원가계산을 위해서 설정한 표준원가일 뿐이며, 원가통제목적에서 의미가 있는 목표금액은 고정제조간접원가예산인 ₩50,000이다.

(5) 표준원가계산표

지금까지 설정한 표준직접재료원가와 표준직접노무원가, 표준제조간접원가를 토대로 제품단위당 표준원가를 구한다. 제품단위당 표준원가를 계산하는 표를 표준원가계산표라 하는데 그 예는 다음과 같다.

표준원가계산표

	표준수량		표준가격		표준원가
직접재료원가	3kg	×	₩10	=	₩30
직접노무원가	2시간	×	3	=	6
변동제조간접원가	2시간	×	2	=	4
고정제조간접원가	2시간	×	5	=	10
단위당표준원가					₩50

06

제 2 절 예산과 배부액의 개념

표준원가를 원가통제목적과 원가계산목적으로 활용하기 위해서는 원가통제목적을 위한 예산과 원가계산을 위한 배부액의 개념을 정확하게 이해하고 활용할 수 있어야 한다.

(1) 예산－원가통제목적의 목표금액

원가통제목적의 관점에서 표준원가가 단위당 목표금액을 설정하는 것이라면 예산은 총금액 목표를 의미한다. 즉, 예산(budget)은 단위당 표준원가에 생산량을 곱해서 총액으로서의 목표금액을 설정한 것이다. 따라서 총액목표로서의 예산은 생산량 조업도가 증가하면 목표금액도 증가하게 되는데, 예산설정의 대상이 되는 조업도의 유형에 따라 고정예산과 변동예산이 있다.

① **고정예산** : 회계연도기 시작되기 전에 예산생산량을 기준으로 사전적으로 설정한 예산을 의미한다. 고정예산은 예산생산량을 기준으로 설정하므로 실제생산량의 직접적인 목표금액은 아니다.

② **변동예산** : 회계연도 기말에 실제생산량이 확정되고 나서 실제조업도에 따라 사후적으로 설정한 예산을 의미한다. 변동예산은 실제조업도를 기준으로 설정하므로 실제생산량의 직접적인 목표가 된다. 변동예산은 다시 산출량기준변동예산과 투입량기준예산으로 구분할 수 있다.

• **산출량기준예산** : 실제산출량을 기준으로 단위당 표준수량(SQ)에 단위당 표준원가(SP)를 곱해서 계산한 목표금액을 의미한다. 여기서 산출량(Output)은 원가를 투입해서 생산한 제품의 개수를 말한다.
• **투입량기준예산** : 해당 원가요소의 실제투입량에 단위당 표준원가(SP)를 곱해서 계산한 목표금액을 의미한다. 여기서 실제투입량(Input)은 실제산출량을 생산하는 과정에서 사용한 원가요소의 실제 사용량(Actual Quantity : AQ)을 말한다.

(2) 배부액—원가계산목적의 표준원가

표준원가를 원가계산목적으로 사용하는 경우에는 산출량에 단위당 표준원가를 곱해서 금액을 계산하는데 이 금액을 배부액이라고 한다.

표준원가 배부액	=	산출량(Output)	×	단위당 표준원가
		당기에 투입된 원가로 생산한 수량. ex)생산량		• 신속한 원가계산 목적 • 고정제조간접원가도 단가로 계산된다.

재료원가와 노무원가 및 변동제조간접원가와 같은 변동원가는 변동예산과 배부액이 일치하지만 총액으로 발생하는 고정제조간접원가는 변동예산과 배부액이 일치하지 않아서 표준원가를 분석할 때 주의해야 한다.

표준관련개념	예산과 배부액의 개념	
① 고정예산	회계연도 시작전 예산생산량을 기준으로 사전에 설정한 예산 예산생산량을 기준으로 설정하므로 실제생산량의 직접적인 목표금액은 아님	
② 변동예산	회계연도 기말에 실제조업도에 따라 사후적으로 설정한 예산 실제조업도를 기준으로 설정하므로 실제생산량의 직접적인 목표	
	산출량기준 변동예산	실제생산량을 기준으로 단위당 표준수량(SQ)에 단위당 표준원가(SP)를 곱해서 계산한 목표금액
	투입량기준 변동예산	해당 원가요소의 실제투입량(AQ)에 단위당 표준원가(SP)를 곱해서 계산한 목표금액
③ 배 부 액	표준원가를 원가계산목적으로 사용하는 금액 생산량에 단위당 표준원가를 곱해서 계산 표준원가 배부액=산출량×단위당 표준원가	

예제 [6-3] 고정예산과 변동예산과 배부액

(주)원가는 표준원가를 사용하고 있다. 변동제조간접원가는 직접노동시간을 배부기준으로 결정하였고 고정제조간접원가예산은 ₩50,000이며, 제품의 단위당 변동제조원가는 다음과 같다.

직접재료원가	3kg×₩10=	₩30
직접노무원가	2시간×₩3=	6
변동제조간접원가	2시간×₩2=	4
합계		₩40

(주)원가의 제조원가 예산을 산출량을 변수로 하는 예산식의 형태로 표시하면 다음과 같다.

제조원가 예산식 y=₩40×x+₩50,000(x는 산출량)

요구사항

1. 기초에 연간기대조업도는 5,000개로 예상하고 있다. 회계연도가 시작되기 전에 설정하는 고정예산을 계산하시오.
2. (주)원가는 5차년도에 제품 4,000단위를 생산해서 판매하면서 ₩253,500의 제조원가가 발생하였다. 회계연도가 종료된 뒤에 설정하는 산출량기준변동예산을 계산하시오.
3. (주)원가는 5차년도에 제품 4,000단위를 산출하면서 실제재료사용량은 13,000kg이고 실제직접노동시간은 7,000시간이다. 회계연도가 종료된 뒤에 설정하는 투입량기준변동예산을 계산하시오.
4. 기준조업도는 연간기대조업도인 5,000개(10,000시간)를 적용해서 5차년도의 고정제조간접원가배부율을 결정했다. 단위당 표준원가를 계산하고 배부액을 구하시오.

해답

1. 고정예산의 설정

회계연도초에 예상한 생산량은 5,000개이므로 고정예산은 이를 기준으로 설정한다. 고정예산은 기초의 예산생산량 5,000개를 기준으로 설정한다. 반면에 실제원가는 실제생산량 4,000개를 생산하면서 발생하므로 고정예산은 실제원가의 직접목표는 아니다.

	고정예산	
직접재료원가	5,000개×3kg×₩10=	₩150,000
직접노무원가	5,000개×2hr×₩3=	30,000
변동제조간접원가	5,000개×2hr×₩2=	20,000
고정제조간접원가		50,000
합계	5,000개×₩40+₩50,000=	₩250,000

예산생산량을 기준으로 미리 설정해보는 예산이다.

2. 산출량기준 변동예산의 설정－원가통제목적의 목표금액

회계연도가 종료되고 파악한 실제생산량은 4,000개이므로 이를 기준으로 설정한다. 5차년도에 실제로 발생한 제조원가 ₩253,500은 실제생산량 4,000개를 산출하면서 발생한 금액이기 때문에 실제원가의 직접적인 목표금액은 산출량기준 변동예산이 된다.

	산출량기준 변동예산	
직접재료원가	4,000개×3kg×₩10=	₩120,000
직접노무원가	4,000개×2hr×₩3=	24,000
변동제조간접원가	4,000개×2hr×₩2=	16,000
고정제조간접원가		50,000
합계	4,000개×₩40+₩50,000=	₩210,000

실제생산량을 기준으로 설정하는 예산이다. 실제원가의 직접적인 목표금액이다.

3. 투입량기준 변동예산의 설정

회계연도가 종료되고 파악한 실제재료사용량은 13,000kg이고 실제직접노동시간은 11,000시간이므로 이를 기준으로 설정한다. 각 원가요소의 실제사용량을 기준으로 설정하는 투입량기준 변동예산은 실제사용량(AQ)에서 설정한 목표금액이다.

	투입량기준 변동예산	
직접재료원가	13,000kg×₩10=	₩130,000
직접노무원가	7,000hr×₩3=	21,000
변동제조간접원가	7,000hr×₩2=	14,000
고정제조간접원가		50,000
합계		₩215,000

4. 배부액－원가계산목적 금액

(1) 단위당 표준원가

신속한 원가계산을 위해서는 모든 제조원가의 단위당 표준원가를 설정해 놓고 있어야 한다. 이를 위해서 고정제조간접원가도 단위당 표준원가를 설정해서 포함해야 한다.

직접재료원가	3kg×₩10=	₩30
직접노무원가	2시간×₩3=	6
변동제조간접원가	2시간×₩2=	4
고정제조간접원가	2시간×₩5=	10
단위당표준원가		₩50

(2) 배부액

신속한 원가계산을 위해서는 생산량에 단위당 표준원가를 곱해서 계산하는데 실제생산량이 4,000개이므로 이를 기준으로 배부한다. 실제생산량 4,000개에 단위당 표준원가 ₩50을 곱해서 계산하므로 고정제조간접원가는 예산과는 다른 금액이 배부된다.

	배부액	
직접재료원가	4,000개×3kg×₩10=	₩120,000
직접노무원가	4,000개×2hr×₩3=	24,000
변동제조간접원가	4,000개×2hr×₩2=	16,000
고정제조간접원가	4,000개×2hr×₩5=	40,000
합계	4,000개×₩50=	₩200,000

원가계산 목적으로 산출량에 단가를 곱해서 계산한 금액이다.

예제에서 본 바와 같이 실제생산량 4,000개의 원가통제목적상 목표금액은 변동예산인 ₩210,000이며 신속한 원가계산을 위한 금액은 배부액인 ₩200,000인데 이 두 금액은 서로 다르다. 고정제조간접원가가 그 원인인데 이에 대해서는 뒤에서 자세히 살펴보도록 하겠다.

제 3 절　원가차이의 분석

차이분석이란 실제원가 발생액을 표준원가와 비교해서 그 차이를 파악하고 분석해서 원가통제와 성과평가목적으로 사용하는 것을 말하며 불리한 차이와 유리한 차이가 있다.

① **불리한 차이** : 실제원가가 표준원가보다 큰 경우에는 기업입장에서 이익이 감소하므로 불리한 차이라고 부르며 관심을 집중해야 한다.

② **유리한 차이** : 실제원가가 표준원가보다 작은 경우로 기업의 이익이 증가하는 효과가 있어서 유리한 차이라고 부른다.

차이분석은 각 원가요소별로 구분해서 파악하며 차이의 원인이 다양하므로 차이를 다시 원인별로 구분해서 여러유형의 차이를 파악해서 원가통제목적으로 활용한다. 차이의 원인을 구분하기 위해서 사용하는 차이분석의 일반적인 모형은 다음과 같다.

실제원가	투입량기준예산	산출량기준변동예산	배부액
실제사용량(AQ)에 실제원가(AP)를 곱한 실제발생액	실제사용량(AQ)을 기준으로 설정한 원가목표금액	생산량에 허용된 표준투입량(SQ)을 기준으로 설정한 원가목표금액	원가계산목적으로 생산량에 표준단가를 곱한 금액

가격차이	능률차이	조업도차이
변동예산차이		조업도차이
배부차이		

이와 같이 원가차이가 여러 가지로 구분되는 이유는 그 원인이 다양하기 때문인데 기본적인 차이의 성격은 다음과 같으며 구체적인 차이계산과 의미에 대해서는 각 비용항목별로 상세히 설명하도록 하겠다.

① 가격차이 : 실제사용량(actual quantity : AQ)을 확보하는 과정에서 실제단가(actual price : AP)와 표준단가(standard price : SP)가 달라서 발생하는 차이

② 능률차이 : 실제생산량을 제조하면서 투입되어야 할 표준수량(standard quantity : SQ)과 실제투입량이 달라서 발생하는 차이

③ 조업도차이 : 원가통제목적상의 변동예산과 원가계산목적을 위한 배부액이 서로 달라서 발생하는 차이

한편, 고정예산은 연도초의 예산생산량을 기준으로 설정한 예산으로 실제생산량의 목표금액이 아니기 때문에 표준원가의 차이분석에는 고정예산이 사용되지 않으며 변동예산이 사용된다.

1. 직접재료원가 차이분석

직접재료원가 총차이는 실제직접재료원가와 표준직접재료원가의 차이를 말하며 다음과 같이 분석할 수 있다.

실제원가	투입량기준예산	산출량기준변동예산		배부액
(AQ×AP)	(AQ×SP)	(SQ×SP)	=	(SQ×SP)

	가격차이	능률차이	조업도차이(없음)

한편, 직접재료원가는 산출량기준변동예산과 배부액이 크기가 같기 때문에 이 두 금액을 하나로 표시해서 표준원가라고 부르고 차이분석을 하는 경우가 일반적이다.

예제 [6-4] 재료원가 차이분석

(주)원가의 연도초 예산생산량은 5,000개였으며 실제생산량은 4,000개였다. 4,000개를 생산하면서 사용한 재료는 13,000kg이다. 단위당 표준재료원가와 실제발생액은 다음과 같다.

- 재료원가의 단위당 표준원가 : 3kg × ₩10 = ₩30
- 실제재료원가 발생액 : 13,000kg × ₩12 = ₩156,000

당기의 원재료구입량은 15,000kg이며, kg당 실제구입가격은 ₩12이었다.

요구사항

1. 회계연도가 시작되기 전에 설정하는 재료원가의 고정예산을 계산하시오.
2. 회계연도가 종료된 뒤에 설정하는 산출량기준변동예산을 계산하시오.
3. 회계연도가 종료된 뒤에 설정하는 투입량기준변동예산을 계산하시오.
4. 배부액을 구하시오.

해답

1. 고정예산

고정예산은 기초의 예산생산량 5,000개를 기준으로 설정한다. 반면에 실제원가 ₩156,000은 실제생산량 4,000개를 생산하면서 발생하므로 고정예산은 실제원가의 직접목표는 아니다.

고정예산 : 5,000개(예산생산량) × 3kg×₩10(단위당 표준원가) = ₩150,000(고정예산)

2. 산출량기준 변동예산의 설정 – 원가통제목적의 목표금액

실제원가 ₩156,000은 실제생산량 4,000개를 생산하면서 발생한 금액이기 때문에 실제원가의 직접적인 목표금액은 실제생산량 4,000개로 설정하는 산출량기준 변동예산이 된다.

산출량기준 변동예산 : 4,000개(실제생산량) × 3kg × ₩10(단위당 표준원가) = ₩120,000(변동예산) ← 실제원가의 목표금액

(4,000개 × 3kg = 표준투입량(SQ), ₩10 = 표준단가(SP))

산출량기준 변동예산에서는 실제산출량에 단위당 표준원가를 곱해서 계산하는데 단위당 표준원가에는 재료의 단위당 표준사용량이 포함되어 있으므로 4,000개에 단위당 표준사용량 3kg을 곱하면 재료의 투입량은 표준투입량(Standard Quantity : SQ) 12,000kg이 사용된다.

3. 투입량기준 변동예산의 설정

회계연도가 종료되고 파악한 실제재료사용량(AQ)은 13,000kg이므로 이를 기준으로 설정한 예산이 투입량기준 변동예산이다.

투입량기준 변동예산 : 13,000kg(AQ)(실제투입량) × ₩10(SP)(표준단가) = ₩130,000(투입량기준 변동예산)

4. 배부액 – 원가계산목적 금액

신속한 원가계산을 위해서는 생산량에 단위당 표준원가를 곱해서 계산하는데 실제생산량이 4,000개이므로 이를 기준으로 배부한다.

표준원가 배부액 : 4,000개(실제생산량) × 3kg×₩10(단위당 표준원가) = ₩120,000(배부액) ← 원가계산 목적

예제의 재료원가 차이를 구분하기 위해서 차이분석의 일반모형으로 (주)원가의 자료를 분석해 보면 다음과 같다.

<table>
<tr><td>실제원가</td><td>투입량기준예산</td><td>산출량기준변동예산</td><td></td><td>배부액</td></tr>
<tr><td>(AQ×AP)</td><td>(AQ×SP)</td><td>(SQ×SP)</td><td>=</td><td>(SQ×SP)</td></tr>
<tr><td>13,000kg×₩12
=₩156,000</td><td>13,000kg×₩10
=₩130,000</td><td>4,000개×3kg×₩10
=₩120,000</td><td>=</td><td>4,000개×3kg×₩10
=₩120,000</td></tr>
<tr><td colspan="2">가격차이 ₩26,000(불리)</td><td colspan="1">능률차이 ₩10,000(불리)</td><td colspan="2">조업도차이(없음)</td></tr>
</table>

재료원가는 변동원가에 해당한다. 변동원가는 단위당 발생액이 일정하고 산출량이 증가하면 총액이 증가하는 원가이고, 배부액도 산출량에 따라서 단위당 원가를 곱해서 배부하므로 산출량이 증가하면 배부액도 증가한다.

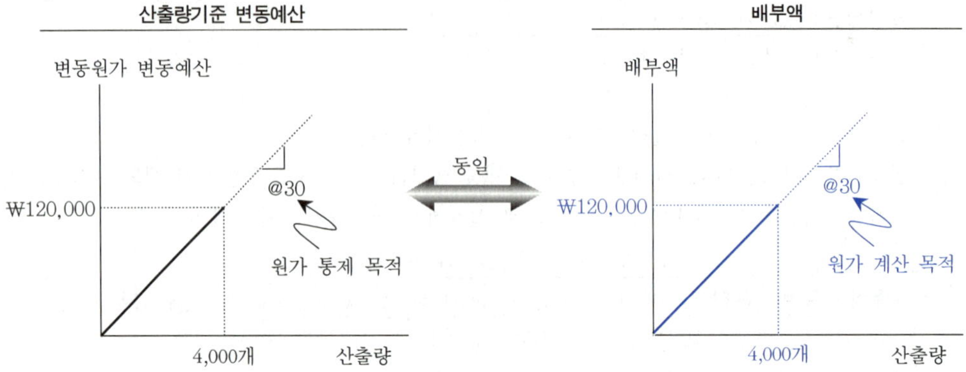

재료원가 배부액 : [4,000개 (산출량)] × [3kg × @10 (단위당 표준원가)] = ₩120,000

‖

산출량기준 변동예산 : [4,000개 × 3kg (표준사용량(SQ))] × [@10 (표준단가(SP))] = ₩120,000

따라서 변동원가에 해당하는 재료원가는 산출량기준변동예산과 배부액이 동일하므로 일반적으로 차이분석과정에서는 변동예산과 배부액을 하나의 금액으로 나타내고 표준원가로 표시하며 다음과 같이 간편법으로 분석한다.

실제원가 (AQ×AP)	투입량기준예산 (AQ×SP)	표준원가 (SQ×SP)
13,000kg×₩12 =₩156,000	13,000kg×₩10 =₩130,000	4,000개×3kg×₩10 =₩120,000 ← 재료원가는 산출량기준 변동예산과 배부액이 동일해서 하나의 표준원가로 기록한다.

가격차이 ₩26,000(불리) | 능률차이 ₩10,000(불리)

직접재료원가 총차이 ₩36,000(불리)

(1) 직접재료원가 가격차이

직접재료원가의 가격차이는 가격표준인 ₩10(SP)과 실제구입가격(AP)인 ₩12가 서로 차이가 나서 발생하는 것으로 단위당 가격차이 ₩2에 실제수량(AQ)인 13,000kg을 곱해서 계산한다.

> 직접재료원가 가격차이 (₩12 − ₩10) × 13,000kg = ₩26,000(불리)
> (₩12: AP, ₩10: SP, 13,000kg: AQ)

실제원가 (AQ×AP)	투입량기준예산 (AQ×SP)	산출량기준예산 (SQ×SP)
13,000kg×₩12 =₩156,000	13,000kg×₩10 =₩130,000	4,000개×3kg×₩10 =₩120,000

가격차이 ₩26,000(불리)

> **가격차이**
> 재료를 조달하면서 목표단가(SP) ₩10보다 높은 실제단가(AP) ₩12으로 비싸게 조달해서 낭비한 원가다.

(2) 직접재료원가 능률차이

직접재료원가의 능률차이는 실제생산량 4,000개의 산출량기준 표준투입량 12,000kg(SQ)과 실제사용량(AQ)인 13,000kg이 서로 차이가 나서 발생하는 것으로 사용량 차이인 1,000kg에 표준가격(SP)인 ₩10을 곱해서 계산한다.

> 4,000개를 산출하면서 실제투입한 실제사용량이 13,000kg(AQ)이다.

> 산출(생산)량 4,000개

> 4,000개 산출과정에 투입했어야 할 목표사용량은 12,000kg(SQ)이다.

실제원가 (AQ×AP)	투입량기준예산 (AQ×SP)	산출량기준예산 (SQ×SP)
13,000kg×₩12 =₩156,000	13,000kg×₩10 =₩130,000	4,000개×3kg×₩10 =₩120,000

능률차이 ₩10,000(불리)

> 직접재료원가 능률차이 (13,000kg − 12,000kg) × ₩10 = ₩10,000(불리)
> (13,000kg: AQ, 12,000kg: SQ, ₩10: SP)

예제에서는 4,000개를 산출하면서 투입했어야 할 표준투입량은 12,000kg(SQ)인데 실제로 사용한 양은 13,000kg(AQ)으로, 1,000kg의 재료를 비효율적으로 사용해서 능률차이가 발생했다. 직접재료원가 능률차이는 생산공정에서 예외적인 상황이 발생하거나 원재료의 품질수준, 생산기술의 변화, 생산부문의 작업성과 등에 의해 영향을 받는다.

(3) 가격차이와 능률차이의 관계

이상에서 살펴본 직접재료원가의 가격차이와 능률차이를 그림으로 나타내면 다음과 같다.

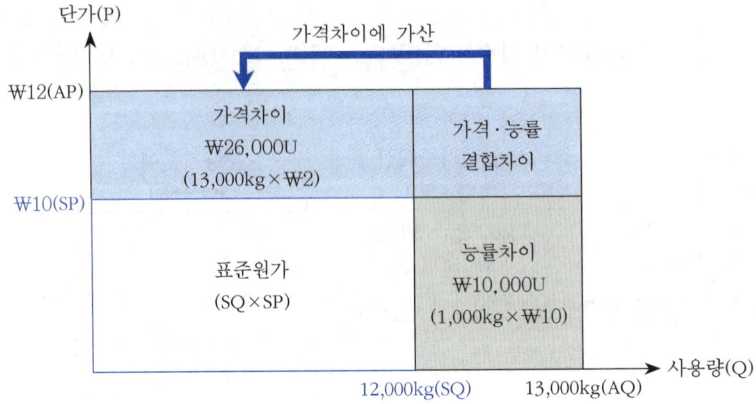

이 그림에서 가격 · 능률결합차이는 ① 재료의 실제가격이 표준단가보다 ₩2이 높아진 원인과 ② 재료의 실제사용량이 표준사용량보다 1,000kg이 많은 원인이 동시에 영향을 미쳐서 나타난 차이다. 일반적으로 차이분석과정에서 가격 · 능률결합차이는 별도로 구분하지 않으며 가격차이에 포함해서 분석한다.

한편, 직접재료원가 총차이를 분석할 때 주의할 점은 가격차이와 능률차이가 상충관계(trade-off)가 있다는 점이다. 가격차이가 유리한 차이가 나타났다고 해서 반드시 구매부문이 성과가 좋은 것은 아니고 능률차이가 불리한 차이가 나타났다고 해서 반드시 생산부문의 성과가 나쁘다고 해석할 수는 없다. 예를 들어 표준을 설정할 때 고려한 품질수준보다 낮은 품질의 재료를 구입해서 유리한 가격차이가 나타났더라도 낮은 품질로 인해 생산부문에서 원재료 사용량이 늘어나서 불리한 능률차이가 발생할 수도 있기 때문이다.

따라서 경영자는 직접재료원가의 가격차이와 능률차이의 상충관계를 고려해서 원가차이를 총체적으로 분석해야 한다.

(4) 직접재료원가 가격차이의 인식시점 : 구입시점과 사용시점

원재료의 가격차이는 ① 사용시점에 인식하는 방법과 ② 구입시점에 인식하는 방법이 있다. 원재료 가격차이를 구입시점에 인식하면 구입물량을 기준으로 원가차이를 파악해서 구매부서의 성과를 조기에 파악하고 시정조치를 신속하게 할 수 있는 장점이 있다.

구입시점에서 분리하는 직접재료원가 가격차이를 사용시점에서 분리하는 가격차이와 구별하기 위하여 직접재료 구입가격차이라고 부르기도 한다. 구입가격차이를 계산하는 경우에 주의할 점은 직접재료원가의 능률차이는 사용량을 기준으로 계산해야 한다는 것이다. 왜냐하면 능률차이는 생산부문에서 원재료를 얼마나 능률적으로 사용하였는지를 파악하는 것이기 때문에 구입량이 아니라 사용량을 기준으로 계산해야 한다. [예제 6-4] 직접재료원가 가격 차이를 원재료 구입시점에서 분리하는 경우 가격차이와 능률차이가 어떻게 분석되는지를 요약하면 다음과 같다.

AQ′×AP	AQ′×SP	
15,000kg×₩12 =₩180,000	15,000kg×₩10 =₩150,000	AQ′ : 구입량 AQ : 사용량

가격차이 ₩30,000(불리)

가격차이를 구입량기준으로 계산한 경우에도 능률차이는 사용량을 기준으로 계산한다.

AQ×SP	SQ×SP
13,000kg×₩10 =₩130,000	4,000개×3kg×₩10 =₩120,000

능률차이 ₩10,000(불리)

가격차이 분리기준	원재료계정 단가	능률차이(동일)	유용성
① 사용량기준	실제단가(AP)	사용량(AQ)기준	실제재료원가를 기준으로 차이분석
② 구입량기준	표준단가(SP)	사용량(AQ)기준	① 원가차이의 신속한 구분과 파악 ② 원재료까지 표준으로 신속한 계산

06

2. 직접노무원가 차이분석

직접노무원가 총차이는 실제직접노무원가와 표준직접노무원가의 차이를 말하며 재료원가와 동일하게 다음과 같이 분석할 수 있다.

실제원가	투입량기준예산	산출량기준변동예산		배부액
(AQ×AP)	(AQ×SP)	(SQ×SP)	=	(SQ×SP)

가격차이 | 능률차이 | 조업도차이(없음)

한편, 직접노무원가는 산출량기준변동예산과 배부액이 크기가 같기 때문에 이 두 금액을 하나로 표시해서 표준원가라고 부르고 차이분석을 하는 경우가 일반적이다.

예제 [6-5] 노무원가 차이분석

(주)원가는 연도초의 예산생산량은 5,000개였으며 실제생산량은 4,000개였다. 단위당 표준원가와 4,000개를 생산하면서 발생한 실제발생액은 다음과 같다.

- 단위당 표준노무원가 : 2시간×₩3=₩6
- 실제노무원가 발생액 : 7,000시간×₩3.5=₩24,500

요구사항

1. 회계연도가 시작되기 전에 설정하는 노무원가의 고정예산을 계산하시오.
2. 회계연도가 종료된 뒤에 설정하는 산출량기준변동예산을 계산하시오.
3. 회계연도가 종료된 뒤에 설정하는 투입량기준변동예산을 계산하시오.
4. 배부액을 구하시오.

해답

1. 고정예산

고정예산은 기초의 예산생산량 5,000개를 기준으로 설정하는 반면에 실제원가 ₩24,500은 실제생산량 4,000개를 생산하면서 발생하므로 고정예산은 실제원가의 직접목표는 아니다.

고정예산 : 5,000개(예산생산량) × 2시간 × ₩3(단위당 표준원가) = ₩30,000(고정예산) ← 예정조업도로 설정한 예산

2. 산출량기준 변동예산의 설정－원가통제목적의 목표금액

실제원가 ₩24,500은 실제생산량 4,000개를 생산하면서 발생한 금액이기 때문에 실제원가의 직접적인 목표금액은 산출량기준 변동예산이 된다.

산출량기준 변동예산 : 4,000개(실제생산량) × 2시간 (표준투입량(SQ)) × ₩3 (단위당 표준원가; 표준단가(SP)) = ₩24,000(변동예산) ← 실제원가의 목표금액

산출량기준 변동예산에서는 실제산출량에 단위당 표준원가를 곱해서 계산하는데 단위당 표준원가에는 노동의 단위당 표준사용량이 포함되어 있으므로 4,000개에 단위당 표준사용량 2시간을 곱하며 노동의 투입량은 표준투입량(Standard Quantity : SQ)이 사용된다.

3. 투입량기준 변동예산의 설정

회계연도가 종료되고 파악한 실제노동시간(AQ)은 7,000시간이므로 이를 기준으로 설정한 예산이 투입량기준 변동예산이다.

투입량기준 변동예산 : 7,000시간(AQ)(실제투입량) × ₩3(SP)(표준단가) = ₩21,000(투입량기준 변동예산) ← 사용량(AQ)기준 예산

4. 배부액-원가계산목적 금액

신속한 원가계산을 위해서는 생산량에 단위당 표준원가를 곱해서 계산하는데 실제생산량이 4,000개이므로 이를 기준으로 배부한다.

표준원가 배부액 : 4,000개 × 2시간 × ₩3 = ₩24,000 ◀ 원가계산 목적

(실제생산량: 4,000개 / 단위당 표준원가: 2시간 × ₩3 / 배부액: ₩24,000)

예제의 노무원가 차이를 구분하기 위해서 차이분석의 일반모형으로 (주)원가의 자료를 분석해 보면 재료원가와 동일하게 다음과 같이 분석된다.

실제원가	투입량기준예산	산출량기준변동예산		배부액
(AQ×AP)	(AQ×SP)	(SQ×SP)	=	(SQ×SP)
7,000시간×₩3.5 =₩24,500	7,000시간×₩3 =₩21,000	4,000개×2시간×₩3 =₩24,000	=	4,000개×2시간×₩3 =₩24,000

가격차이 ₩3,500(불리) | 능률차이 ₩3,000(유리) | 조업도차이(없음)

노무원가의 경우에도 변동원가여서 산출량기준변동예산과 배부액이 동일하므로 일반적으로 차이분석과정에서는 변동예산과 배부액을 하나의 금액으로 나타내고 표준원가로 표시하며 다음과 같이 간편법으로 분석한다.

실제원가 (AQ×AP)	투입량기준예산 (AQ×SP)	표준원가 (SQ×SP)
7,000시간×₩3.5 =₩24,500	7,000시간×₩3 =₩21,000	4,000개×2시간×₩3 =₩24,000

가격차이 ₩3,500(불리) | 능률차이 ₩3,000(유리)

직접노무원가 총차이 ₩500(불리)

노무원가도 산출량기준변동예산과 배부액이 동일해서 하나의 표준원가로 기록한다.

(1) 직접노무원가 가격차이

직접노무원가의 가격차이는 임률차이라고도 하는데 노사협상에 따른 임금변화, 숙련공 투입여부, 초과근무여부에 영향을 받아서 나타난다. 직접노무원가 가격차이는 다음과 같이 계산한다.

직접노무원가 가격차이(₩3.5(AP)−₩3(SP))×7,000시간(AQ)=₩3,500(불리)

실제원가 (AQ×AP)	투입량기준예산 (AQ×SP)	산출량기준예산 (SQ×SP)
7,000시간×₩3.5 =₩24,500	7,000시간×₩3 =₩21,000	4,000개×2시간×₩3 =₩24,000

가격차이 ₩3,500(불리)

가격차이
작업자를 고용하면서 목표임률(SP) ₩3보다 높은 실제임률(AP) ₩3.5을 지급하고 비싸게 고용해서 낭비한 원가다.

(2) 직접노무원가 능률차이

직접노무원가의 능률차이는 시간차이라고도 하며 생산공정에서의 예외적 상황발생, 작업인력의 기술수준, 생산기술의 변화, 생산부문의 작업성과 등에 의해 영향을 받는다. 직접노무원가 능률차이는 다음과 같이 계산한다.

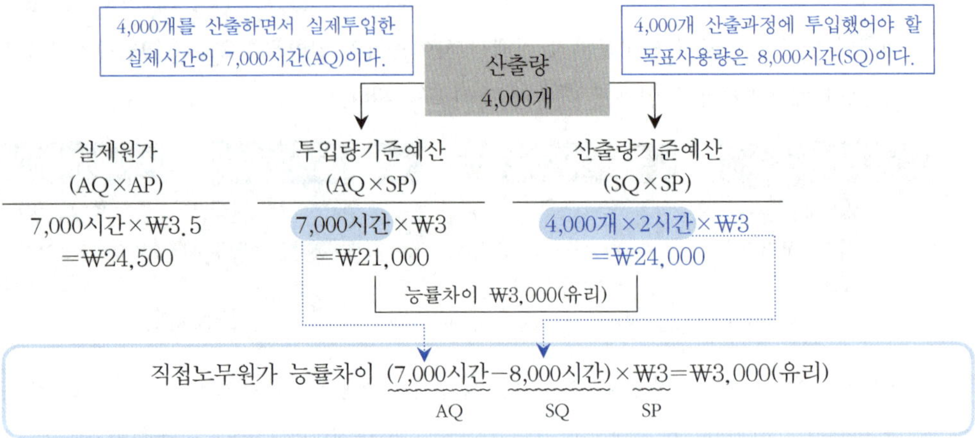

예제에서 4,000개를 산출하면서 투입했어야할 목표노동시간(SQ)은 8,000시간(4,000개×2시간)인데 실제로 사용한 실제투입시간(AQ)은 7,000시간이므로 노동시간을 1,000시간 절약해서 원가가 절감된 금액이 ₩3,000이다.

3. 변동제조간접원가 차이분석

변동제조간접원가 총차이는 실제변동제조간접원가와 표준변동제조간접원가의 차이를 말하며 재료원가와 동일하게 다음과 같이 분석할 수 있다.

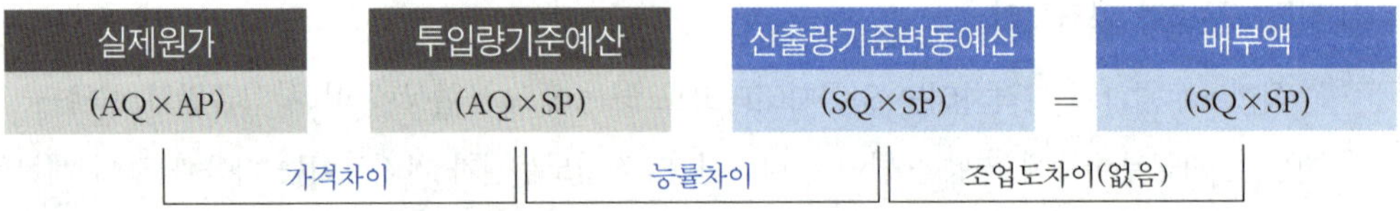

변동제조간접원가도 산출량기준변동예산과 배부액이 크기가 같기 때문에 이 두 금액을 하나로 표시해서 표준원가라고 부르고 차이분석을 하는 경우가 일반적이다. 변동제조간접원가는 차이분석을 위해 계산하는 실제원가나 변동예산이 재료원가나 노무원가와는 다르게 집계되고 파악되므로 다음의 부분에 주의해야 한다.

분석항목	변동제조간접원가의 각 항목별 의미 및 주의사항
① 실제원가	변동제조간접원가는 재료원가처럼 수량과 단가를 곱해서 계산되는 것이 아니라 여러 비용항목이 집계되어 변동제조간접원가 전체금액이 파악
② 투입량기준 예산	변동제조간접원가의 원가동인은 노동시간이므로 실제로 사용된 노동시간(AQ)를 기준으로 설정한 변동제조간접원가 자체의 목표
③ 산출량기준 예산	실제생산량 4,000개를 제조하는 과정에서 노동시간도 표준시간(SQ)로 관리되고 시간당 변동제조간접원가도 표준배부율(SP)로 관리되었을 때 달성되는 공장전체의 목표금액이다.
④ 배부액	실제생산량에 표준단가를 곱해서 계산목적으로 사용하는 금액

06

예제 [6-6] 변동제조간접원가 차이분석

(주)원가의 작업들은 기계장치를 이용해서 제품을 생산하고 있다. 작업자들이 1시간 작업을 하면서 기계를 사용하면 전기료나 유류비등의 변동제조간접원가가 ₩2이 발생하는 것으로 목표금액을 설정했다. 연도초의 예산생산량은 5,000개였으며 작업자들은 7,000시간을 작업해서 4,000개를 생산하였다. 단위당 표준변동제조간접원가와 실제발생액은 다음과 같다.

- 단위당 표준변동제조간접원가 : 2시간×₩2=₩4
- 변동제조간접원가 실제발생액

전 기 료	10,000kW×₩0.48=	₩4,800
연료비(경유)	60ℓ×₩40=	2,400
간접노무원가		3,000
수선유지비		2,800
변동제조간접원가 발생액		₩13,000

요구사항

1. 회계연도가 시작되기 전에 설정하는 변동제조간접원가의 고정예산을 계산하시오.
2. 회계연도가 종료된 뒤에 설정하는 산출량기준변동예산을 계산하시오.
3. 회계연두가 종료된 뒤에 설정하는 투입량기준변동예산을 계산하시오.
4. 배부액을 구하시오.

해답

1. 고정예산

고정예산은 기초의 예산생산량 5,000개를 기준으로 설정하면 반면에 실제원가 ₩13,000은 실제생산량 4,000개를 생산하면서 발생하므로 고정예산은 실제원가의 직접목표는 아니다.

고정예산 : 5,000개 × 2시간 × ₩2 = ₩20,000
예산생산량 단위당 표준원가 고정예산

2. 산출량기준 변동예산의 설정－원가통제목적의 목표금액

실제원가 ₩13,000은 실제생산량 4,000개를 생산하면서 발생한 금액이기 때문에 실제원가의 직접적인 목표금액은 산출량기준 변동예산이 된다.

표준투입량(SQ) 표준단가(SP)
산출량기준 변동예산 : 4,000개 × 2시간 × ₩2 = ₩16,000 ◀ 실제원가의 목표금액
실제생산량 단위당 표준원가 변동예산

실제생산량 4,000개를 제조하는 과정에서 노동시간도 표준시간(SQ)로 관리되고 시간당 변동제조간접원가도 표준배부율(SP)로 관리되었을 때 달성되는 공장전체의 목표금액이다. 즉, 전기료나 유류비를 노동시간당 ₩2씩 발생하도록 관리할 뿐만 아니라 한 단위당 노동시간도 2시간씩 작업해야만 달성되는, 공장전체가 최적으로 관리되었을 때 달성되는 목표금액이다.

3. 투입량기준 변동예산의 설정

회계연도가 종료되고 파악한 실제노동시간(AQ)은 7,000시간이므로 이를 기준으로 설정한 예산이 투입량기준 변동예산이다.

투입량기준 변동예산 : 7,000시간(AQ) × ₩2(SP) = ₩14,000 ◀ AQ기준 예산
실제투입량 표준단가 투입량기준 변동예산

변동제조간접원가의 원가동인은 노동시간이므로 실제로 사용된 노동시간(AQ)를 기준으로 설정한 변동제조간접원가 자체의 목표이다. 즉, 실제로 기계를 가동한 7,000시간에서 전기료와 유류비를 관리해서 달성할 수 있는 목표금액 ₩14,000이다.

4. 배부액－원가계산목적 금액

신속한 원가계산을 위해서는 생산량에 단위당 표준원가를 곱해서 계산하는데 실제생산량이 4,000개이므로 이를 기준으로 배부한다.

표준원가 배부액 : 4,000개 × 2시간 × ₩2 = ₩16,000 ◀ 원가계산 목적
실제생산량 단위당 표준원가 배부액

예제의 변동제조간접원가 차이를 구분하기 위해서 차이분석의 일반모형으로 (주)원가의 자료를 분석해 보면 다음과 같이 분석된다. 변동제조간접원가를 분석할 때 주의할 점으로는 실제 발생액이 재료원가나 노무원가처럼 수량과 단가를 곱해서 계산되는 것이 아니라 여러 비용항목이 집계되어 변동제조간접원가 전체금액이 파악된다는 것이다.

① 실제원가	② 투입량기준예산	③ 산출량기준변동예산		배부액
	(AQ×SP)	(SQ×SP)	=	(SQ×SP)
	7,000시간×₩2	4,000개×2시간×₩2		4,000개×2시간×₩2
₩13,000	=₩14,000	=₩16,000	=	=₩16,000

소비차이 ₩1,000(유리) | 능률차이 ₩2,000(유리) | 조업도차이(없음)

변동제조간접원가의 경우에도 변동원가여서 산출량기준변동예산과 배부액이 동일하므로 변동예산과 배부액을 하나의 금액으로 나타내고 표준원가로 표시하며 다음과 같이 간편법으로 분석한다.

실제원가	투입량기준예산 (AQ×SP)	표준원가 (SQ×SP)
	7,000시간×₩2	4,000개×2시간×₩2
₩13,000	=₩14,000	=₩16,000

소비차이 ₩1,000(유리) | 능률차이 ₩2,000(유리)

변동제조간접원가 총차이 ₩3,000(유리)

변동제조간접원가도 산출량기준 변동예산과 배부액이 동일하다.

06

(1) 변동제조간접원가의 능률차이

변동제조간접원가 능률차이는 변동제조간접원가의 배분기준의 사용량변동이 원인이다. 예를 들어 배부기준으로 노동시간을 적용하고 있는 경우에 변동제조간접원가의 능률차이는 실제로 사용된 노동시간과 산출량기준으로 계산된 표준투입노동시간과의 차이로 인해서 발생한다.

예제에서도 4,000개의 산출량 기준으로 목표투입노동시간(SQ)을 계산하면 8,000시간인데 실제투입된 노동시간(AQ)은 7,000시간이므로 노동시간을 1,000시간 절약해서 변동제조간접원가가 영향을 받은 부분이 변동제조간접원가 능률차이이다.

실제노동시간 7,000시간으로 계산된 변동제조간접원가의 자체관리목표금액

산출량 4,000개

4,000개 산출과정에 노동시간도 최적으로 투입되었을 때 달성되는 기업전체입장의 관리 목표

실제원가 (AQ×AP)	투입량기준예산 (AQ×SP)	산출량기준예산 (SQ×SP)
	7,000시간×₩2	4,000개×2시간×₩2
₩13,000	=₩14,000	=₩16,000

능률차이 ₩2,000(유리)

변동제조간접원가 능률차이 (7,000시간 − 8,000시간) × ₩2 = ₩2,000(유리)
(AQ: 7,000시간, SQ: 8,000시간, SP: ₩2)

예제에서 변동제조간접원가 능률차이가 유리해진 이유는 노동시간을 1,000시간 절감해서 기계를 가동하지 않아서 전기료 등이 원천적으로 발생하지 않은 것이지, 전기료나 유류비 등의 변동제조간접원가 자체를 관리한 것이 아니다. 따라서 변동제조간접원가 능률차이는 변동제조간접원가 자체를 관리한다고 해서 나타나는 것이 아니라 생산부문에서 노동시간을 관리해야만 유리한 차이가 나타날 수 있다.

(2) 변동제조간접원가의 소비차이

변동제조간접원가 소비차이는 실제투입된 노동시간을 기준으로 계산한 변동제조간접원가 예산과 실제발생한 원가와의 차이로 계산되며, 변동제조간접원가 자체를 관리해서 얻어진 차이에 해당한다.

예제의 경우에도 생산부문에서 7,000시간을 작업하였다면 변동제조간접원가를 관리하여 달성해야 할 목표금액은 ₩14,000(7,000시간×₩2)이다. 예를 들어 전기료는 생산부문이 작업하면서 발생하므로 7,000시간을 작업하였다면 전기료 자체의 관리목표는 실제작업시간인 7,000시간을 기준으로 계산한 투입량기준 변동예산이 되는 것이다.

7,000시간의 실제시간을 작업하면서 발생했어야할 변동제조간접원가 자체의 목표금액은 ₩14,000인데 실제발생원가가 ₩13,000이므로 변동제조간접원가 자체를 관리해서 절약한 원가는 ₩1,000이며 이 금액이 소비차이가 된다.

실제원가 (AQ×AP)	투입량기준예산 (AQ×SP)	산출량기준예산 (SQ×SP)
=₩13,000	7,000시간×₩2 =₩14,000	4,000개×2시간×₩2 =₩16,000

소비차이 ₩1,000(유리)

투입량기준 예산
7,000시간(실제시간)을 작업하면서 발생해야할 변동제조간접원가 자체관리목표금액

변동제조간접원가 소비차이의 원인은 ① 간접재료의 시장가격이나 간접작업자의 임률 및 전기료나 수도료 등의 요금변동, ② 간접재료나 작업시간 또는 전기나 유류의 사용량변동 등이 원인이다.

변동제조간접원가 소비차이의 원인을 이해하기 위해서 그 구성요소인 전력비를 생각해보자. 예제에서 7,000시간을 작업하면서 전기를 사용하는데 시간당 전기 사용량이 감소하는 것도 소비차이에 해당하고 전력의 kw당 단가가 낮아지는 것도 소비차이에 해당한다.

한편, 변동제조간접원가의 능률차이는 변동제조간접원가 자체를 관리하는 것이 아니라 배부기준인 노동시간을 1,000시간 절약해서 얻어진 것이다.

이처럼 변동제조간접원가 소비차이는 원가요소의 가격과 관련된 부분도 있고 원가요소의 사용과 관련된 부분도 있어서 다양한 요인에 의해 나타난다.

	소비차이	능률차이
차이의 원인	변동제조간접원가자체의 관리로 인해서 발생하는 차이 ① 구성요소의 단가차이 -전력단가, 유류단가 … ② 구성요소의 사용량차이 -전력사용량, 유류사용량…	변동제조간접원가 배부기준(예 노동시간)의 사용량 변동이 원인
차이의 관리방법	변동제조간접원가 구성요소 자체의 단가와 사용량을 절감해서 관리	노동시간이나 기계시간등 배부기준을 효율적으로 사용해서 관리

4. 고정제조간접원가 차이분석

고정제조간접원가 총차이는 실제고정제조간접원가와 고정제조간접원가 배부액의 차이를 말하며 다음과 같이 분석할 수 있다.

실제원가	투입량기준예산		산출량기준변동예산	배부액
총액집계	(총액목표)	=	(총액목표)	(SQ×SP)

소비차이	능률차이(없음)	조업도차이

여기서 주의할 점은 고정제조간접원가는 고정원가로 지금까지의 변동원가와는 차이분석이 다음과 같이 달라진다는 것이다.

① 투입량기준예산과 산출량기준예산이 동일하다. 고정제조간접원가는 고정원가로서 생산량이나 투입노동시간에 영향을 받지 않기 때문에 투입량기준예산과 산출량기준예산이 동일하다.

② 변동예산액과 배부액이 서로 달라진다. 고정제조간접원가는 원가통제목적상의 예산은 총액으로 일정하지만 원가계산목적상의 배부액은 생산량에 단가를 곱해서 계산하므로 생산량에 따라 증가해서 변동예산액과 배부액이 서로 달라진다.

③ 고정제조간접원가는 능률차이를 계산할 수 없다. 고정원가는 산출량증감이나 투입량증감과 무관하게 사전의 설비투자규모에 따라 결정되는 원가로 원가요소의 투입의 능률성을 파악하는 원가항목이 아니다.

따라서 고정제조간접원가는 투입량기준 예산과 산출량기준예산이 동일하므로 이 두 금액을 하나로 표시해서 예산이라고 부르고 차이분석을 하는 경우가 일반적이다.

예제 [6-7] 고정제조간접원가의 차이분석

나무회사는 7,500개(실제적 최대조업도)를 생산할 수 있는 설비를 확보하고 있다. 현재의 설비규모를 확보하는 과정에서 발생하는 고정제조간접원가와 관련되는 자료는 다음과 같다.

(1) 고정제조간접원가의 달성가능한 목표금액은 ₩50,000이며 연간기대조업도 5,000개를 기준조업도로 설정하고 단위당 노동시간은 2시간을 표준시간으로 설정해서 다음과 같이 단위당 표준고정제조간접원가를 결정하였다.

2시간 × ₩5* = ₩10

* 고정제조간접원가 배부율 ₩50,000 ÷ (5,000개 × 2시간) = ₩5

(2) 나무회사는 4,000개를 생산하였으며 당기에 발생한 고정제조간접원가는 다음과 같다.

감가상각비	₩25,000
기계장치리스료	25,000
공장장급여	10,000
고정제조간접원가 총액	₩60,000

요구사항

1. 회계연도가 시작되기 전에 설정하는 고정제조간접원가의 고정예산을 계산하시오.
2. 회계연도가 종료된 뒤에 설정하는 산출량기준변동예산을 계산하시오.
3. 회계연도가 종료된 뒤에 설정하는 투입량기준변동예산을 계산하시오.
4. 배부액을 구하시오.

해답

1. 고정예산

고정제조간접원가는 설비의 확보량과 관련해서 발생하는 원가로 산출량이나 투입량과 무관하게 총액이 일정하다. 고정예산은 기초의 예산생산량 5,000개를 기준으로 설정하는 예산이지만 고정제조간접원가는 ₩50,000이 그대로 고정예산이 된다.

2. 산출량기준 변동예산의 설정－원가통제목적의 목표금액

고정제조간접원가는 고정원가로 실제생산량에 영향을 받지 않기 때문에 실제생산량과 무관하게 총액인 변동예산은 일정하다. 즉, 실제생산량이 4,000개이든, 7,000개이든 고정제조간접원가 목표금액은 ₩50,000이다.

3. 투입량기준 변동예산의 설정

고정제조간접원가는 고정원가로 실제투입노동시간에 영향을 받지 않기 때문에 실제로 사용된 노동시간(AQ)과 무관하게 총액예산이 일정하다. 즉, 실제로 기계를 가동한 시간이 7,000시간이든, 11,000시간이든 고정제조간접원가 목표금액은 ₩50,000이다.

4. 배부액－원가계산목적 금액

신속한 원가계산을 위해서는 생산량에 단위당 표준원가를 곱해서 계산하는데 실제생산량이 4,000개이므로 이를 기준으로 배부한다.

표준원가 배부액 : 4,000개 × 2시간 × ₩5 = ₩40,000

(4,000개: 실제생산량, 2시간 × ₩5: 단위당 표준원가, ₩40,000: 배부액)

고정제조간접원가는 총액으로 발생하지만 원가계산을 위해서는 단위당 금액에 생산량을 곱해서 배부하므로 실제생산량이 증가하면 배부액도 비례해서 증가한다.

예제에서 고정제조간접원가 차이를 분석하고 각 항목의 의미를 자세히 살펴보면 다음과 같다.

① 실제원가	② 투입량기준예산		③ 산출량기준변동예산	④ 배부액
총액집계	(총액목표)	=	(총액목표)	(SQ×SP)
			(5,000개×2시간×₩5)	4,000개×2시간×₩5
₩60,000	₩50,000	=	₩50,000	=₩40,000

- ①과 ② 사이: 소비차이 ₩10,000(불리)
- ②와 ③ 사이: 능률차이(없음)
- ③과 ④ 사이: 조업도차이 ₩10,000(불리)

고정제조간접원가는 고정원가이기 때문에 산출량과 무관하게 총액목표인 예산은 일정하다. 반면에 고정제조간접원가의 경우에도 배부액은 산출량에 따라서 단위당 원가를 곱해서 배부하므로 산출량이 증가하면 배부액도 증가한다.

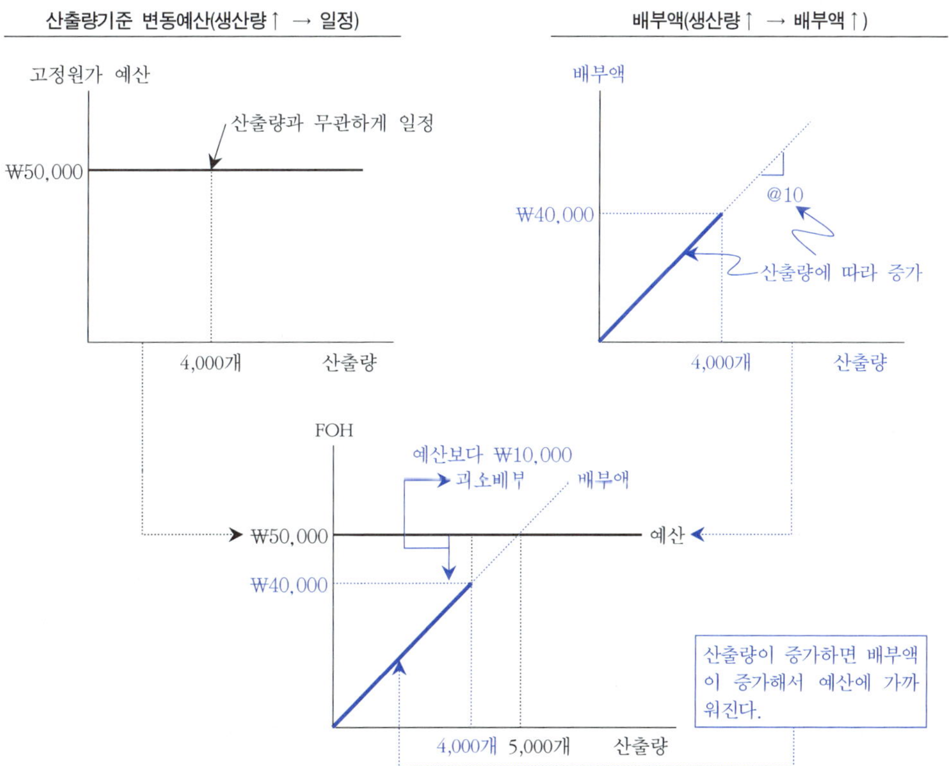

고정제조간접원가의 경우에는 투입량기준예산과 산출량기준예산이 동일하므로 이 두 금액을 하나의 금액으로 나타내고 예산으로 표시하며 다음과 같이 간편법으로 분석한다.

실제원가	예 산 (투입량기준=산출량기준)	배부액 (SQ×SP)
	(5,000개×2시간×₩5)	4,000개×2시간×₩5
₩60,000	₩50,000	=₩40,000

소비차이 ₩10,000(불리) | 조업도차이 ₩10,000(불리)

고정제조간접원가 총차이 ₩20,000(불리)

고정제조간접원가는 산출량기준변동예산과 투입량기준예산이 일치한다.

(1) 고정제조간접원가 소비차이(예산차이)

고정제조간접원가는 다른 제조원가요소와는 다르게 특정기간 동안에 일정하게 고정되어 발생하는 비용으로 실제발생액과 예산을 총액으로 비교하여 분석하여야만 원가통제에 유용한 차이를 얻을 수 있는데 이 차이를 소비차이라 하며, 예산차이라고도 한다. 예제에서도 고정제조간접원가 예산은 ₩50,000이었고, 실제발생한 원가는 ₩60,000이었으므로 예산차이는 ₩10,000이 불리한 것으로 계산된다.

실제원가	예산 (기준조업도×SP)	배부액 (SQ×SP)
	(5,000개×2시간×₩5)	4,000개×2시간×₩5
=₩60,000	=₩50,000	=₩40,000

예산차이 ₩10,000(불리)

고정제조간접원가 예산
고정제조간접원가는 산출량 4,000개나 투입량 7,000시간과 무관하게 총액목표가 일정하다. 즉, 산출량기준예산과 투입량기준예산이 동일하다.

한편, 고정제조간접원가는 투입과 산출사이에 비례관계가 존재하지 않기 때문에 생산량(조업도)의 변화와 무관하게 총액이 일정하다. 따라서 고정제조간접원가는 조업도의 변화에 따라 능률적으로 통제할 수 있는 원가가 아니므로 능률차이는 계산이 불가능하다.

(2) 고정제조간접원가 조업도차이

고정제조간접원가 배부액은 실제생산량에 고정제조간접원가 배부율을 곱해서 계산한 금액이다. 따라서 제품에 배부되는 고정제조간접원가는 실제생산량이 많으면 증가해 간다. 예제에서도 고정제조간접원가의 단위당 표준원가는 ₩10(2시간×₩5)이므로 한 단위를 산출할 때마다 ₩10씩을 제품원가로 배부해서 누적시켜가면 기준조업도 5,000개를 생산했을 때 배부액의 누적합계가 ₩50,000이 되어 예산금액이 배부되도록 계획한 것이다. 이렇게 생산량이 증가함에 따라 증가하는 고정제조간접원가 배부액과 총액이 일정한 고정제조간접원가예산과는 차이가 발생하는데 이 차이를 조업도차이라고 하는 것이다.

실제원가	예산 (기준조업도×SP)	배 부 액 (SQ×SP)
=₩60,000	(5,000개×2시간×₩5) ₩50,000	4,000개×2시간×₩5 =₩40,000

조업도차이 ₩10,000(불리)

변동예산(생산량과 무관하게 총액일정)	₩50,000
배부액(생산량증가에 따라 증가함)	
4,000개×2시간×₩5=	40,000
조업도차이	₩10,000

산출량이 기준조업도보다 작은 4,000개 밖에 안 되어 고정제조간접원가 배부액이 예산에 미치지 못하게 된 것이다.

예제에서 고정제조간접원가예산은 ₩50,000이고 기준조업도는 5,000개로 선택해서 배부율을 결정했는데 실제생산량이 4,000개로 기준조업도인 5,000개보다 작았기 때문에 배부가 적게 되어 조업도차이가 발생했다.

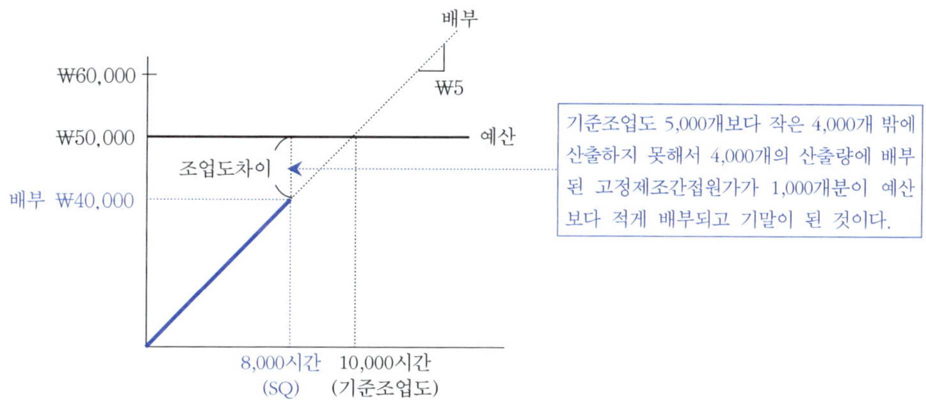

고정제조간접원가차이를 분석함에 있어서 주의할 점은 고정제조간접원가 조업도차이는 기준조업도와 실제생산량이 달라서 발생하는 것으로서 고정제조간접원가 자체의 통제가 잘못되서 발생한 금액은 아니다. 예를 들어 예제에서 실제생산량이 3,000개, 4,000개, 5,000개, 7,000개이고 다른 내용이 모두 동일하다면 조업도차이는 다음과 같이 계산된다.

산출량	예산	배부액(↑)	조업도차이(F↑)
3,000개	₩50,000	3,000개×2시간×₩5=₩30,000	₩20,000 과소배부
4,000개	50,000	4,000개×2시간×₩5=₩40,000	₩10,000 과소배부
5,000개	50,000	5,000개×2시간×₩5=₩50,000	₩0
7,000개	50,000	7,000개×2시간×₩5=₩70,000	₩20,000 과대배부

고정제조간접원가예산은 산출량과 무관하게 일정하다.

산출량이 1단위 증가할 때마다 ₩10씩 배부액이 증가해서 예산금액에 다가가게 된다. 실제조업도가 기준도업도를 넘기면 배부액이 예산을 초과하게 된다.

산출량이 증가하는 경우 고정제조간접원가 배부액이 증가하면서 예산금액에 다가가서 과소배부액이 감소해가고 실제산출량이 기준조업도를 넘기면 배부액이 예산을 초과하게 되어 과대배부액이 나타난다. 즉, 배부액이 증가하는 금액만큼 조업도차이의 과소배부액이나 과대배부액이 영향을 받게 되는 것이다. 7,000개를 생산한 경우에 조업도차이를 도표로 나타내 보면 다음과 같다.

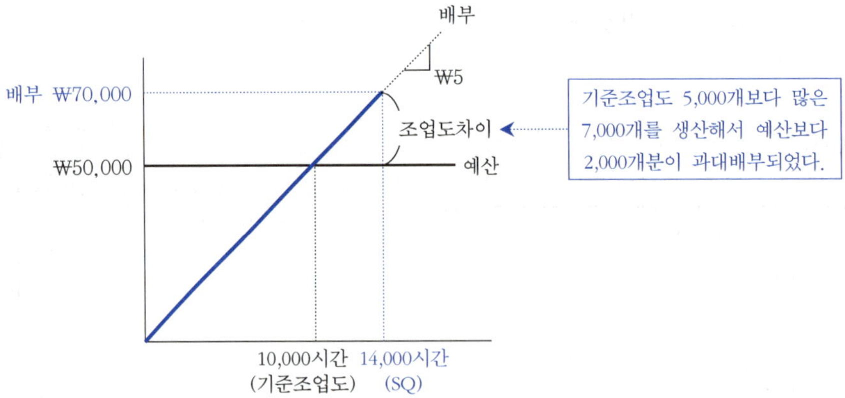

이와 같이 배부액이 증가해서 조업도차이가 유리해진 이유는 고정제조간접원가의 통제를 잘해서 나타난 것이 아니라 생산량이 증가해서 나타난 것 뿐이다. 고정제조간접원가 조업도차이의 원인은 다음과 같다.

① 판매부서에서 연도초에 예상한 예산판매량과 실제판매량이 달라져서 생산량이 달라진 것이 주요한 원인이다. 주로 예산판매량(연간기대조업도)을 고려해서 기준조업도를 설정하고 실제판매량에 따라 실제생산량이 결정된다. 따라서 조업도차이의 원인인 기준조업도와 실제산출량의 차이가 나타나는 이유는 예산판매량과 실제판매량이 다르기 때문이다.

② 기준조업도로 사용된 조업도가 이론적최대조업도, 실제적 최대조업도, 정상조업도, 연간기대조업도 중에서 어느 것인가에 따라 조업도차이가 달라진다.

(3) 기준조업도 유형별조업도차이의 원인

기준조업도로 사용된 조업도가 이론적최대조업도, 실제적 최대조업도, 정상조업도, 연간기대조업도 중에서 어느 것인가에 따라 조업도차이가 달라진다.

① 연간기대조업도 : 다음 연도의 예상판매량을 고려해서 결정하기 때문에 기준조업도와 실제생산량이 비슷해서 배부액과 예산이 거의 일치하며 조업도 차이가 크지 않다. 또한 연간기대조업도는 다음연도 계획을 반영한 조업도이기 때문에 조업도차이가 불리한 차이가 나오면 계획조업도를 달성하지 못했다는 의미이고 조업도차이가 유리한 차이라면 계획조업도를 초과달성했다는 의미로서 연간계획의 관리측면에서는 유용하다.

② 정상조업도 : 장기적으로 평균한 조업도로 평균이상으로 생산한 연도에는 조업도차이가 유리하게 나오고 평균이하로 생산한 연도에는 조업도 차이가 불리하게 나온다. 그렇지만 장기적으로는 불리한 조업도차이와 유리한 조업도차이가 서로 상쇄되어 '0'에 가깝게 된다. 정상조업도는 장기적으로 평균한 조업도이므로 특정연도의 성과와 직접관련이 없어서 조업도차이는 단순히 배부액과 예산의 차이일 뿐이며 장기적으로는 상쇄된다.

③ 실제적 최대조업도 : 고정제조간접원가의 배부율이 정상조업도나 연간기대조업도를 이용하는 경우보다 상대적으로 낮아지고 조업도차이는 항상 불리한 차이로 나타난다. 이 경우 조업도차이는 기업이 확보한 생산설비 중에서 활용하지 못한 유휴생산설비(idle capacity)에 대한 정보를 제공한다. 유휴생산능력에 대한 정확한 정보를 제공받음으로서 확보한 생산설비중에서 사용하지 못한 미사용생산능력을 파악할 수 있다.

		연간기대조업도	정상조업도	실제적 최대조업도
개 념		다음연도의 예산판매량(계획)을 고려한 조업도	3년~5년의 장기평균조업도	현실적으로 달성가능한 최대생산능력, 확보한 생산능력
차이해석	유리	계획조업도 초과	장기평균이상 생산	나타나지 않음
	불리	계획조업도 미달	장기평균이하 생산	활용하지 못한 생산능력
유용성		연간계획의 관리측면에 유용	장기적으로는 상쇄('0'에 수렴)	유휴생산능력에 대한 정확한 정보

06

5. 원가차이분석의 종합

지금까지 살펴본 각 원가요소별 차이분석의 내용을 정리하면 다음과 같다.

	실제원가	투입량기준예산	변동예산*1	=	배부액*1
재료원가	(AQ×AP)	(AQ×SP)	(SQ×SP)	=	(SQ×SP)
	가격차이	능률차이	조업도차이(없음)		
노무원가	(AQ×AP)	(AQ×SP)	(SQ×SP)	=	(SQ×SP)
	가격차이	능률차이	조업도차이(없음)		
변동제조간접원가	(AQ×AP)	(AQ×SP)	(SQ×SP)	=	(SQ×SP)
	소비차이	능률차이	조업도차이(없음)		

	실제원가	투입량기준예산*2	=	변동예산*2	배부액
고정제조간접원가	실제원가	총액예산목표	=	총액예산목표	(SQ×SP)
	소비차이	능률차이(없음)		조업도차이	

*1. 변동원가는 변동예산과 배부액이 동일해서 두 금액을 하나로 기록하고 표준원가로 표시한다.
2. 고정원가는 변동예산과 투입량기준예산이 동일해서 두 금액을 하나로 기록하고 예산으로 표시한다.

차이분석을 이론적으로 하면 4가지 항목을 기록하고 차이를 계산하는데 원가요소별로 동일한 항목이어서 차이금액이 발생하지 않는 항목은 하나로 표시하는 것이 간편해서 많이 사용된다. 각 원가요소별로 금액이 동일해지는 항목을 간편하게 하나로 표시해서 공통예제의 차이분석자료를 정리해서 표시하면 다음과 같다.

	실제원가 (AQ×AP)	투입량기준예산 (AQ×SP)	표준원가(SQ×SP) (변동예산=배부액)
재료원가	13,000kg×₩12 =₩156,000	13,000kg×₩10 =₩130,000	4,000개×3kg×₩10 =₩120,000
	가격차이 ₩26,000(불리)	능률차이 ₩10,000(불리)	
노무원가	7,000시간×₩3.5 =₩24,500	7,000시간×₩3 =₩21,000	4,000개×2시간×₩3 =₩24,000
	가격차이 ₩3,500(불리)	능률차이 ₩3,000(유리)	
변동제조간접원가	₩13,000	7,000시간×₩2 =₩14,000	4,000개×2시간×₩2 =₩16,000
	소비차이 ₩1,000(유리)	능률차이 ₩2,000(유리)	

	실제원가	예산 (투입량기준예산=변동예산)	배부액 (SQ×SP)
고정제조간접원가	₩60,000	(10,000시간×₩5) ₩50,000	4,000개×2시간×₩5 =₩40,000
	예산차이 ₩10,000(불리)	조업도차이 ₩10,000(불리)	

제 4 절 표준원가계산의 회계처리

표준원가계산은 회계연도가 시작되기 전에 단위당 표준원가를 결정하고 회계기간 중에는 생산되거나 판매된 수량에 표준원가를 곱해서 원가계산을 하는 방법이다. 따라서 재공품과 제품 및 매출원가계정은 표준원가로 기록하고 실제원가로 기록하지 않는다. 그리고 표준원가로 기록한 금액과 실제원가와의 차이는 원가차이계정을 설정해서 집계한다. 이를 표시해보면 다음과 같다.

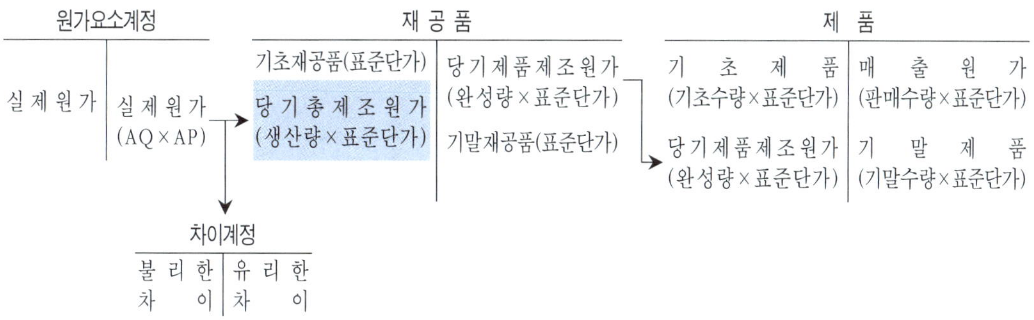

참고로 원가차이 중에서 불리한 차이는 차이계정의 차변에 잔액이 나타나고 유리한 차이는 차이계정의 대변에 잔액이 나타난다.

① **불리한 차이** : 차이계정의 차변에 잔액이 표시된다는 것은 재공품계정의 차변에 기록한 표준원가보다 실제원가계정의 대변에 기록한 실제발생원가가 크다는 의미이므로 불리한 차이가 된다. 불리한 차이는 과소배부되는 것으로 차변잔액이다.

② **유리한 차이** : 차이계정의 대변에 잔액이 표시된다는 것은 재공품계정의 차변에 기록한 표준원가보다 실제원가계정의 대변에 기록한 발생원가가 작다는 것이므로 유리한 차이가 된다. 유리한 차이는 과대배부되는 것으로 대변잔액이다.

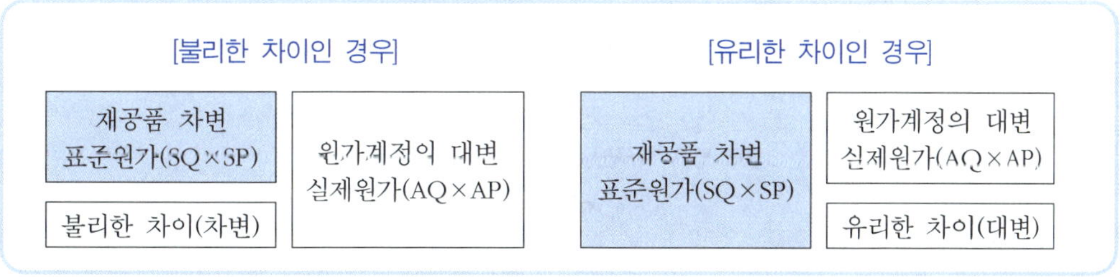

표준원가계산에 따라 회계처리를 하면 재공품계정의 차변에 표준원가로 배부하면서 불리한 차이는 차변잔액으로 남고, 유리한 차이는 대변잔액으로 남게 된다.

불리한 차이와 유리한 차이 비교

불리한 차이	유리한 차이
실제발생액 > 예정배부액	실제발생액 < 예정배부액
원가차이계정의 차변잔액	원가차이계정의 대변잔액
과소배부 차이	과대배부 차이
계정잔액에 가산조정	계정잔액에 차감조정
원가증가효과, 이익감소효과	원가감소효과, 이익증가효과

표준원가회계처리의 구체적인 과정과 내용은 다음 예제를 이용해서 살펴보자.

예제 [6-8] 표준원가의 회계처리

영업을 개시한 (주)원가는 표준원가를 사용하고 있으며, 1차년도의 표준원가를 다음과 같이 설정하였다.

직접재료원가	3kg×₩10=	₩30
직접노무원가	2시간×₩3=	6
변동제조간접원가	2시간×₩2=	4
고정제조간접원가	2시간×₩5=	10
단위당 표준원가		₩50

변동제조원가는 직접노동시간을 배부기준으로 결정하였고 고정제조간접원가예산은 ₩50,000이며, 기준조업도는 5,000개(10,000시간)를 적용해서 고정제조간접원가 배부율을 결정했다. (주)원가는 1차년도에 제품 4,000단위를 생산해서 3,000개가 판매하였으며, 1년 동안 발생한 실제원가는 다음과 같다.

(1) 직접재료원가와 직접노무원가발생액

직접재료원가	13,000kg×₩12=	₩156,000
직접노무원가	7,000시간×₩3.5=	₩24,500

당기의 원재료구입량은 15,000kg이며, kg당 실제구입가격은 ₩12이었다.

(2) 변동제조간접원가 발생액

전기료	10,000kW×₩0.48=	₩4,800
연료비(경유)	60ℓ×₩40=	2,400
간접노무원가		3,000
수선유지비		2,800
변동제조간접원가 발생액		₩13,000

(3) 고정제조간접원가 발생액

감가상각비	₩25,000
기계장치리스료	25,000
공장장급여	10,000
고정제조간접원가 발생액	₩60,000

요구사항

각 시점별로 회계처리하시오.

1. 직접노무원가의 회계처리

직접노무원가계정에는 실제 발생액을 집계하는데 이 과정의 회계처리는 실제원가계산과 차이가 없다. 재공품계정에 집계할 때 직접노무원가계정의 대변에는 실제사용시간에 실제단가를 곱한 실제원가(AQ×AP)를 기록하고 재공품계정의 차변에는 표준원가(SQ×SP)로 기록(배부)하면서 가격차이와 능률차이가 함께 분리되어 차이계정에 기록된다.

• 재공품계정차변에 표준원가로 배부한다. 산출량×표준단가

노무원가계정 차변에 집계된 실제원가를 대변에 적어서 잔액을 제거한다.

(차)			(대)		
	재공품(배부액)	24,000		노무원가	24,500
	SQ×SP	(4,000개×2hr×₩3)		AQ×AP	(7,000hr×₩3.5)
	노무원가 가격차이	3,500		노무원가 능률차이	3,000
	AQ×(AP−SP)	(7,000hr×₩0.5)		(AQ−SQ)×SP	(1,000hr×₩3)

불리한 원가차이는 차변에 기록한다.

유리한 원가차이는 대변에 기록한다.

직접노무원가를 표준원가에 따라 분개한 내용을 각 계정에 전기해 보면 다음과 같다.

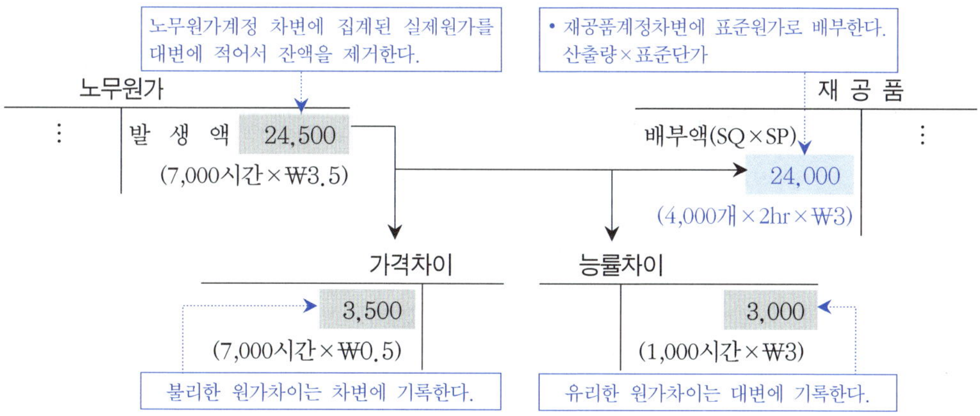

2. 직접재료원가의 회계처리

직접재료원가의 가격차이를 계산하는 방법에는 구입량을 기준으로 계산하는 방법과 사용량을 기준으로 계산하는 방법이 있다.

(1) 사용량기준 원재료 가격차이의 회계처리

직접재료원가의 가격차이를 사용시점에 분리하는 경우에는 원재료 구입시점에는 원재료계정에 실제원가로 기록하고 사용시점에 가격차이와 능률차이를 계산한다.

① 원재료 구입시점(원재료계정을 실제구입가격으로 기록)

직접재료원가의 가격차이를 사용시점에 분리하는 경우에는 원재료 구입시점에는 원재료계정은 실제구입가격으로 기록하여 실제원가계산과 차이가 없다.

(차)	원 재 료	180,000	(대)	매 입 채 무	180,000
	AQ′×AP	(15,000kg×₩12)		AQ′×AP	(15,000kg×₩12)

② 원재료 사용(재공품계정을 표준원가로 기록)

원재료계정의 대변에는 실제사용량에 실제단가를 곱한 금액(AQ×AP)을 기록하고 재공품계정의 차변에는 표준원가(SQ×SP)로 기록(배부)하면서 가격차이와 능률차이가 함께 분리되어 차이계정에 기록된다.

• 재공품계정차변에 표준원가로 배부한다.
산출량×표준단가
→ 120,000

원재료계정의 대변에 실제재료원가를 차감한다.
→ 156,000

(차)	재공품(배부액)	120,000	(대)	원재료	156,000
	SQ×SP	(4,000개×3kg×₩10)		AQ×AP	(13,000kg×₩12)
	직접재료원가 가격차이	26,000			
	AQ×(AP−SP)	(13,000kg×₩2)			
	직접재료원가 능률차이	10,000			
	(AQ−SQ)×SP	(1,000kg×₩10)			

불리한 원가차이는 차변에 기록한다. → 26,000, 10,000

표준원가계산을 적용하는 경우에 직접재료원가의 가격차이를 사용시점에 구분하는 경우에 회계처리하는 과정을 T계정으로 살펴보면 다음과 같다.

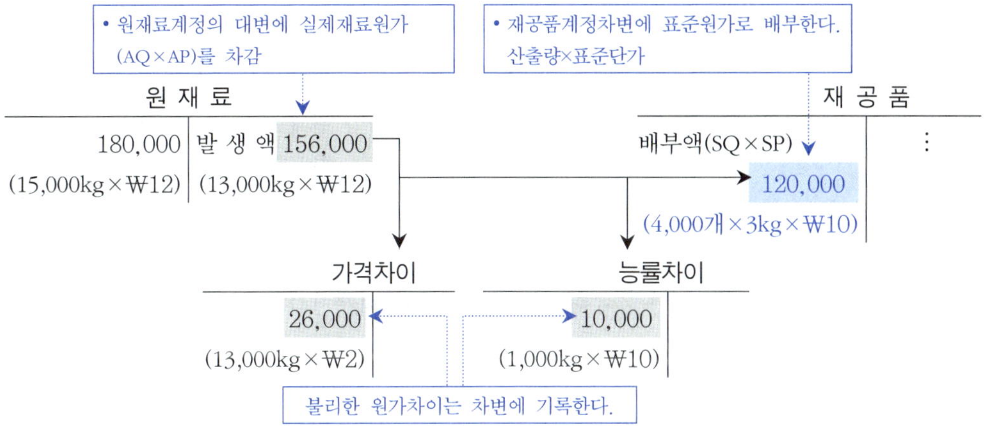

(2) 구입량기준 원재료가격차이의 회계처리

표준원가계산을 적용하면 각 계정은 물량에 표준단가를 곱해서 계산한 금액을 기록하고 실제원가와의 차이는 차이계정에 집계된다.

① 원재료의 구입시점(원재료계정을 가격표준으로 기록)

구입시점시점에 원재료 계정은 구입량에 가격표준인 ₩10을 곱한 표준원가(AQ′×SP)로 기록하고 매입채무에 집계되는 실제원가(AQ′×AP)와의 차이는 구입가격차이계정에 집계한다.

• 원재료계정의 차변에 표준단가로 기록 구입량×표준단가(SP)

• 매입채무의 대변에 실제원가로 기록 구입량×실제단가(AP)

(차)	원재료	150,000	(대)	매입채무	180,000
	AQ′×SP	(15,000kg×₩10)		AQ′×AP	(15,000kg×₩12)
	직접재료 구입가격 차이	30,000			
	AQ′×(AP−SP)	(15,000kg×₩2)			

불리한 원가차이는 차변에 기록한다.

② 원재료의 사용시점(재공품계정을 표준원가로 기록)

원재료를 사용하는 시점에는 재공품계정의 차변에 실제생산량에 단위당 표준원가를 곱한 표준원가(SQ×SP)로 기록(배부)하고, 원재료계정의 대변에 원재료의 실제사용량에 가격표준을 곱한 원가(AQ×SP)를 기록한다. 두 금액의 차액을 직접재료원가 능률차이계정으로 집계한다.

• 재공품계정 차변에 표준원가로 배부한다.
산출량×표준단가

원재료계정의 대변에 실제사용량에 표준단가로 기록

(차) 재공품(배부액) 120,000 (대) 원재료 130,000
SQ×SP (4,000개×3kg×₩10) AQ×SP (13,000kg×₩10)
직접재료원가 능률차이 10,000
(AQ−SQ)×SP (1,000kg×₩10)

불리한 원가차이는 차변에 기록한다.

표준원가계산을 적용하는 경우에 직접재료원가를 회계처리 하는 과정을 T계정으로 살펴보면 다음과 같다.

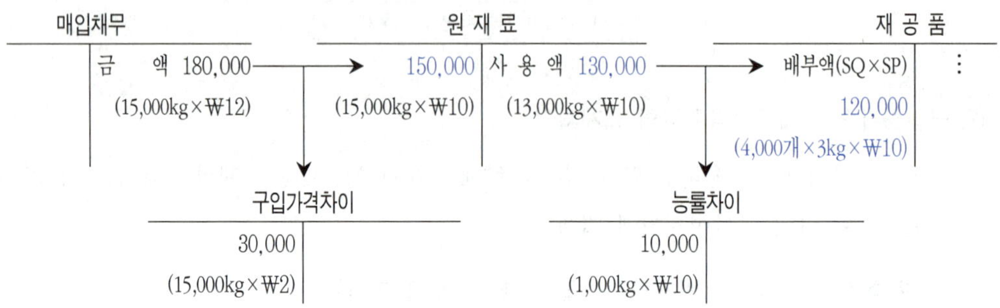

(3) 구입량기준과 사용량기준 원재료가격차이의 비교

재료원가의 가격차이를 계산하는 두 가지 방법을 서로 비교해서 서로 내용이 다른 항목을 찾아보면 다음과 같다.

비교대상항목	가격차이-구입시점분리		가격차이-사용시점분리
매입채무집계	구입량(AQ')×실제단가	=	구입량(AQ')×실제단가
가격차이	AQ'×(AP−SP)	≠	AQ×(AP-SP)
원재료기말잔액	(AQ'−AQ)×SP	≠	(AQ'−AQ)×AP
능률차이	(AQ−SQ)×SP	=	(AQ−SQ)×SP
재공품 배부액	SQ×SP	=	SQ×SP

여기서 알 수 있듯이 두 방법을 비교해 보면 재료원가 능률차이나 재공품계정에 기록되는 금액은 동일하다. 또한 매입채무계정에 기록되는 금액도 서로 같다. 두 방법 사이에 차이가 나는 항목은 가격차이계정과 원재료 계정이 서로 차이가 난다. 예제에서 두 방법 사이에 차이 나는 항목만을 비교해 보면 다음과 같다.

비교항목	가격차이	원재료 잔액
구입시점 분리	15,000kg × (₩12−₩10) 구입량(AQ') AP SP =₩30,000	2,000kg × ₩10 남은량(AQ'−AQ) SP =₩20,000
사용시점 분리	13,000kg × (₩12−₩10) 사용량(AQ) AP SP =₩26,000	2,000kg × ₩12 남은량(AQ'−AQ) AP =₩24,000
방법별 차이	2,000kg × (₩12−₩10) AQ'−AQ AP SP =₩4,000	2,000kg × (₩12−₩10) AQ'−AQ AP SP =₩4,000

구입한 재료 중에서 사용하지 않고 남은 기말 원재료수량과 관련된 가격차이가 구입시점에 분리되는 경우에는 가격차이에 포함되고 사용시점에 분리되는 경우에는 원재료 잔액에 포함되게 된다.

3. 변동제조간접원가의 회계처리

변동제조간접원가계정에 실제발생액을 집계하는 과정까지는 실제원가계산과 동일하고 재공품계정에 집계하는 분개만이 다르다. 재공품계정에 변동제조간접원가를 집계할 때 변동제조간접원가 계정의 대변에는 실제원가를 기록하고 재공품계정의 차변에는 표준원가(SQ×SP)로 기록(배부)하면서 소비차이와 능률차이가 함께 분리되어 차이계정에 기록된다. 이에 대한 회계처리는 다음과 같다.

(차)			(대)	
재 공 품(배부액)	16,000		변동제조간접원가	13,000
SQ×SP	(4,000개×2hr×₩2)		실제원가	
			변동제조간접원가 능률차이	2,000
			(AQ−SQ)×SP	(1,000hr×₩2)
			변동제조간접원가 소비차이	1,000

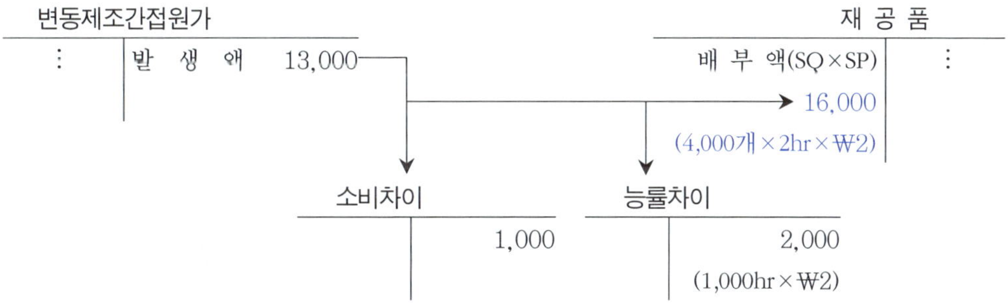

4. 고정제조간접원가의 회계처리

고정제조간접원가를 재공품계정에 집계할 때는 고정제조간접원가 계정의 대변에는 실제원가를 기록하고 재공품계정의 차변에는 표준원가(SQ×SP)로 기록(배부)하면서 예산차이와 조업도차이가 함께 분리되어 차이계정에 기록된다. 이에 대한 회계처리는 다음과 같다.

(차)	재 공 품(배부액)	40,000	(대)	고정제조간접원가	60,000
	SQ×SP (4,000개×2hr×₩5)			실제원가	
	고정제조간접원가 조업도차이	10,000			
	고정제조간접원가 예산차이	10,000			

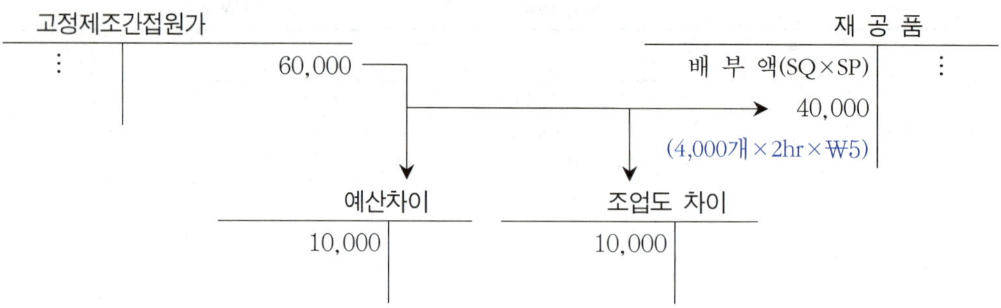

5. 당기제품제조원가의 회계처리

앞에서 설명한 바와 같이 재공품계정의 차변에는 직접재료원가, 직접노무원가, 제조간접원가에 대해 생산량에 표준원가를 곱해서 기록되므로 결국 재공품계정의 차변에는 생산량에 제품단위당 표준원가를 곱할 금액을 기록하게 된다. 따라서 재공품계정부터는 생산량에 단위당 표준원가를 곱해서 간단히 원가계산을 할 수 있다. 예제에서 4,000개가 완성되어 제품이 되었으므로 완성량에 단위당 표준원가 ₩50을 곱해서 당기제품제조원가를 계산한다.

제품의 완성시점(생산량에 표준원가를 곱해서 기록)

(차)	제 품(4,000개×₩50)	200,000	(대)	재 공 품(4,000개×₩50)	200,000

이와 같이 표준원가로 회계처리를 하면 생산량만 파악하면 단위당 표준원가를 곱해서 신속하게 원가계산을 할 수가 있다.

6. 매출원가의 회계처리

매출원가의 경우에도 판매량만 파악하면 판매량에 단위당 표준원가를 곱해서 신속하게 계산할 수 있다. 또한 기말제품재고금액도 기말제품수량에 단위당 표준원가를 곱해서 계산한다.

예제에서 3,000개가 판매되었다면 매출원가는 ₩150,000(3,000개×₩50)이 되고 기말제품은 ₩50,000(1,000개×₩50)이 된다.

제품의 판매시점(판매량에 표준원가를 곱해서 기록)

(차) 매출원가(3,000개×₩50) 150,000 (대) 제 품(3,000개×₩50) 150,000

이와 같이 표준원가로 회계처리하면 재공품계정과 제품계정은 생산량이나 판매량과 같은 수량에 단위당 표준원가를 곱해서 신속하게 원가계산을 할 수 있다. 예제의 재공품계정과 제품계정의 내용을 T계정으로 살펴보면 다음과 같다.(직접재료원가의 경우 사용량을 기준으로 가격차이를 계산하는 방법을 사용했다)

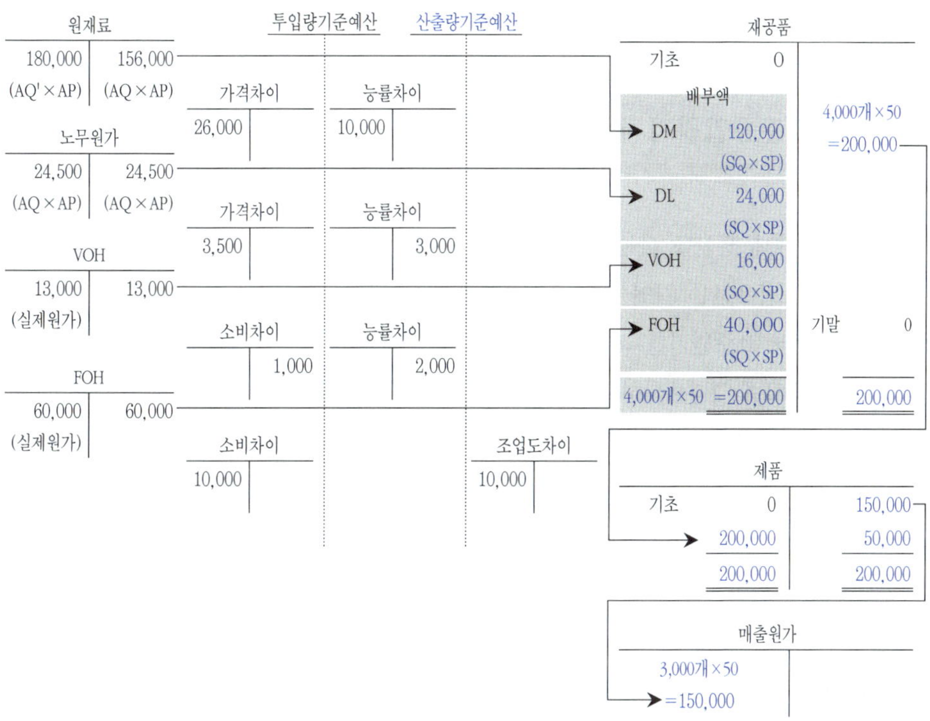

지금까지 살펴본 바와 같이 표준원가로 회계처리하게 되면 재공품계정의 차변부터는 물량에 단위당 표준원가를 곱해서 기록하고, 재공품계정과 제품계정은 모두 표준원가로 기록되므로 신속한 원가계산과 효율적인 원가통제가 모두 가능하다.

① 신속한 원가계산 : 재공품계정 이후로는 수량만 알면 단위당 표준원가를 곱해서 신속하게 원가계산할 수 있다.

② 효율적인 원가통제 : 재공품계정의 차변에 기록한 표준원가와 실제원가계정에 집계된 금액과의 차이는 차이계정에 집계되어 원가통제목적상 유용한 정보로 활용된다.

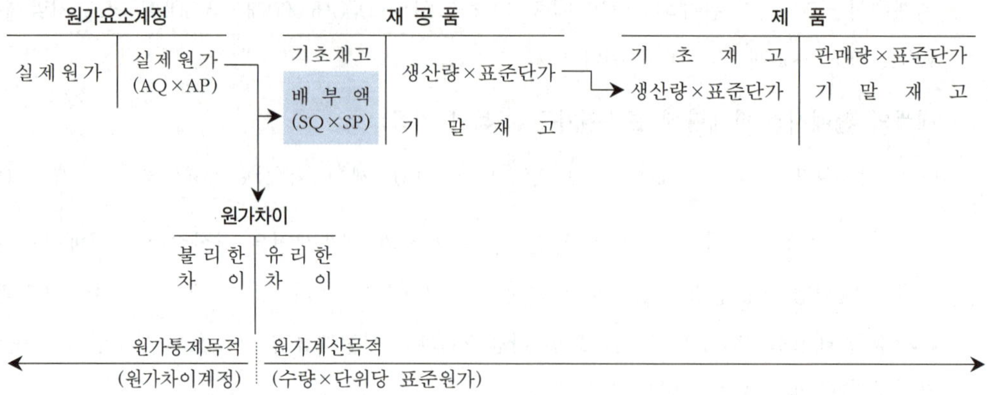

제 5 절 표준종합원가계산

표준원가계산은 주문생산을 하는 개별원가계산을 적용하는 기업에서도 활용할 수는 있지만 주로 종합원가계산을 적용하는 기업에서 표준원가계산제도를 사용하는 것이 유용하다. 왜냐하면 표준원가계산은 단위당 표준원가를 미리 설정하여 생산량에 곱해서 원가를 계산하는 방법이므로 한 종류의 제품을 연속으로 대량생산하는 업종에 적합하기 때문이다. 개별원가계산을 적용하는 기업은 제조간접원가만을 예정배부하여도 제품원가를 계산할 수 있기 때문에 정상원가계산을 적용해서 적시정보를 제공한다.

종합원가계산에서 표준원가를 적용하면 실제종합원가계산과 차이가 있는데 ① 원가흐름가정과 ② 당기총제조원가의 집계가 가장 크게 차이가 난다.

(1) 원가흐름의 가정

표준원가계산에서는 단위당 표준원가를 사전에 미리 결정하고 재고자산계정의 수량이 파악되면 단위당 표준원가에 수량을 곱해서 회계처리하므로 원가흐름의 가정과 관계없이 단위당 원가는 항상 표준원가[2]가 적용된다. 단위당 표준원가가 종합원가계산의 완성품환산량 단위당 원가에 해당하므로, 완성품환산량 단위당 원가는 표준원가로 항상 일정하게 되어 평균법이나 선입선출법에서 모두 표준원가를 적용해야 하므로 차이가 없어진다. 따라서 평균법이나 선입

2) 기초재고자산의 단위당 표준원가가 당기의 단위당 표준원가와 다른 경우에는 기초재고자산의 표준원가를 당기의 단위당 표준원가로 조정하고 그 차이는 표준변경차이라는 별도의 차이계정에 관리하는데 이는 수험범위를 벗어나므로 표준원가실무지침서에 설명을 미룬다.

선출법과 같은 원가흐름의 가정을 적용하는데 따르는 복잡성을 제거할 수 있으며 원가차이를 배분하기 전에는 원가흐름의 가정에 영향을 받지 않는다.

(2) 당기총제조원가의 계산

재공품계정의 차변에 기록하는 당기총제조원가(배부액)는 당기완성품환산량에 단위당 표준원가를 곱해서 계산해야 하며 실제발생액을 집계하는 것이 아니다. 또한, 당기발생액을 집계하는 당기총제조원가에는 기초재공품원가는 포함되지 않아야 하므로 기초재공품의 완성품환산량은 제외하고 당기완성품환산량에 단위당 표준원가를 곱해서 당기총제조원가(배부액)를 표준원가로 계산해서 재공품계정의 차변에 기록한다.

> 당기발생표준원가(배부액) = 당기완성품환산량(FIFO완성품 환산량)* × 단위당 표준원가
> * 기초재공품원가는 당기발생액이 아니므로 기초재공품완성품환산량은 제외한다.

기초재공품을 제외한 당기완성품환산량은 선입선출법 완성품환산량에 해당하므로 표준원가계산을 적용할 때 사용하는 완성품환산량은 선입선출법을 이용해서 당기완성품환산량을 계산한다. 여기서 주의할 점은 당기완성품환산량을 계산할 때 선입선출법을 이용한다고 해서 원가흐름가정이 선입선출법이라는 의미는 아니라는 것이다. 표준원가는 원가흐름의 가정과 상관없이 항상 수량에 단위당 표준원가를 곱해서 계산하기 때문이다. 다만 당기완성품환산량을 계산할 때는 편의상 선입선출법의 완성품환산량계산과정을 사용해서 기초재공품을 제외한 당기완성품환산량을 계산하는 것뿐이다.

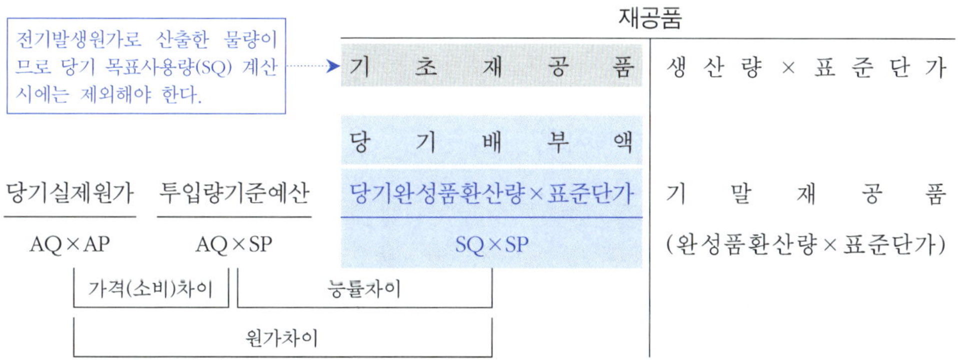

한편, 당기총제조원가(배부액)를 표준원가로 기록하면 그 이후 회계처리는 모두 표준단가를 사용하게 되므로 재공품과 제품계정은 모두 표준원가로 기록된다. 따라서 재공품과 제품의 금액을 집계할 시점에는 실제원가는 필요하지 않고, 표준원가 배부액(SQ×SP)과 실제원가를 비교해서 차이를 분석할 시점에 실제원가가 필요하다.

1. 표준종합원가계산를 적용한 재공품계정의 내용

다음 예제를 이용해서 종합원가계산에서 표준원가를 적용하는 경우에 재공품계정에 어떠한 금액이 기록되는지 살펴보도록 하자.

예제 [6-9] 표준종합원가계산

(주)원가는 표준원가를 사용하고 있으며, 5차년도의 표준원가를 다음과 같이 설정하였다.

(1) 변동제조간접원가는 직접노동 시간을 배부기준으로 결정하였고, 고정제조간접원가예산은 ₩50,000이며 기준조업도는 5,000개(10,000시간)를 적용해서 고정제조간접원가배부율을 결정했다.

직접재료원가	3kg×₩10=	₩30
직접노무원가	2시간×₩3=	6
변동제조간접원가	2시간×₩2=	4
고정제조간접원가	2시간×₩5=	10
단위당 표준원가		₩50

(2) 기초재공품은 완성도가 50%였고 기말재공품은 완성도가 40%였으며 재공품과 제품의 물량은 다음과 같다.

재공품

기초	1,000개(50%)	완성	4,500개
착수	4,000	기말	500(40%)
	5,000개		5,000개

제품 (완성 → 생산)

기초	500개	판매	3,000개
생산	4,500	기말	2,000
	5,000개		5,000개

요구사항

1. 당기완성품환산량을 계산하시오.
2. 다음의 원가를 표준원가로 계산하시오.
   (1) 기초재공품원가
   (2) 직접재료원가
   (3) 직접노무원가
   (4) 변동제조간접원가
   (5) 고정제조간접원가
3. 산출물인 완성품과 기말재공품의 표준원가를 계산하시오.

해답

1. 당기완성품환산량 : 당기완성품환산량은 선입선출법 완성품환산량과 크기가 같다.

	[1단계] 물량의 흐름	[2단계] 완성품환산량 재료원가	가공원가
기초재공품	1,000(50%)		
당기착수	4,000		
	5,000개		
완성품			
┌기초재공품	1,000	0	500
└당기착수	3,500	3,500	3,500
기말재공품	500(40%)	500	200
	5,000개	4,000개	4,200개

기초재공품은 전기에 투입된 물량으로 당기표준투입량를 계산할 때 제외해야 하므로 표준종합원가계산의 완성품환산량은 기초재공품의 완성품환산량을 제외한 당기완성품환산량을 계산한다.

여기서 계산한 선입선출법 완성품 환산량이 당기작업한 완성품환산량에 해당한다.

2. 기초재공품원가와 당기총제조원가

(1) 기초재공품원가	1,000개×₩30+1,000개×50%×₩20=	₩40,000	
(2) 직접재료원가	4,000개(당기완성품환산량)×3kg×₩10=	120,000	⇒ 배부액
(3) 직접노무원가	4,200개(당기완성품환산량)×2시간×₩3=	25,200	⇒ 배부액
(4) 변동제조간접원가	4,200개(당기완성품환산량)×2시간×₩2=	16,800	⇒ 배부액
(5) 고정제조간접원가	4,200개(당기완성품환산량)×2시간×₩5=	42,000	⇒ 배부액
		₩244,000	

표준종합원가계산을 적용하면 재공품계정의 차변에 집계되는 직접재료원가, 직접노무원가, 제조간접원가는 실제원가가 아니라 표준원가이다. 따라서 당기완성품환산량(선입선출법 완성품환산량)에 단위당 표준원가를 곱해서 역산한 금액을 기록한다.

한편, 기초재공품금액은 당기배부액에는 포함되지 않지만 표준원가로 금액을 역산해서 집계한다.

3. 완성품원가와 기말재공품원가

완성품원가	4,500개×₩50=	₩225,000
기말재공품	500개×₩30+500개×40%×₩20=	19,000
		₩244,000

표준원가계산을 적용하면 원가흐름의 가성에 영향을 받지 않기 때문에 완성품원가는 선입선출법처럼 다음과 같이 계산해도 동일한 금액이 계산된다.

₩40,000+3,500개×₩30+4,000개×₩20=₩225,000

이처럼 표준원가계산을 적용하면 선입선출법이든 평균법이든 원가흐름의 가정과 무관하게 물량에 표준단가를 곱해서 완성품원가를 계산한다.

예제에서 살펴본 바와 같이 적용되는 표준종합원가계산을 절차를 정리해서 종합원가계산의 5단계형식으로 표시하면 다음과 같다.

	[1단계] 물량의 흐름	[2단계] 완성품환산량 재료원가	가공원가	합 계
기초재공품	1,000(50%)			
당기착수	4,000			
	5,000개			
당기완성				
기초재공품	1,000	0	500	
당기착수	3,500	3,500	3,500	
기말재공품	500(40%)	500	200	
	5,000개	4,000개	4,200개	
[3단계] 총원원가의 요약				
기초재공품원가(표준)				₩40,000
당기발생원가(표준)		₩120,000	₩84,000	204,000
합계				₩244,000
[4단계] 환산량 단위당 원가				
완성품환산량		÷4,000개	÷4,200개	
환산량 단위당 원가(표준단가)		@30	@20	
[5단계] 원가의 배분				
완성품원가(표준)			4,500개×@50=	₩225,000
기말재공품원가(표준)			500개×@30+200개×@20=	19,000
합계				₩244,000

기초재공품의 완성품환산량을 제외한 당기완성품환산량 계산

표준단가에 당기완성품환산량을 곱한 표준원가

① 표준단가가 우선 결정
② 표준단가에 생산량을 곱해서 완성품원가계산

이와 같이 종합원가계산에서 표준원가를 적용하면 완성품환산량에 단위당 표준원가를 곱해서 재공품계정의 금액을 기록한다. 제품계정의 금액도 마찬가지로 수량에 단위당 표준원가를 곱해서 계산한다. 예제에서도 3,000개가 판매되었으므로 매출원가는 ₩150,000(3,000개×₩50)으로 계산한다.

2. 표준종합원가계산의 차이분석

표준종합원가계산이 실제종합원가계산과 다른 부분을 5단계법에서 살펴보면 가장 핵심적인 차이점은 3단계의 총원가를 요약할 때 실제원가를 집계하는 것이 아니라 표준원가로 기록(배부)한다는 것이다. 실제종합원가계산과 표준종합원가계산이 차이나는 점을 비교해서 살펴보면 다음과 같다.

원가계산방법	원가계산전 사전필요정보	원가계산을 통한 사후 산출정보
실제종합원가계산	물량흐름, 총원가정보 (1단계) (3단계)	산출물에 배분된 원가 (5단계)
표준종합원가계산	표준원가, 물량흐름 (4단계) (1단계)	표준투입원가, 표준산출물원가 (3단계) (5단계)

이와 같은 특징이 있는 표준종합원가계산에서 원가요소별로 원가차이를 분석할때 다음 사항에 주의해야 한다.

① 당기완성품환산량(선입선출법 완성품환산량)을 기준으로 표준원가(SQ×SP)를 계산한다. 당기발생액과 비교해야 하는 표준원가(SQ×SP)는 당기발생원가이므로 전기에 발생한 기초재공품원가는 제외해야 하며 완성품환산량에서도 제외해야 한다.

② 재료원가와 가공원가의 당기완성품환산량(SQ계산기준)은 일반적으로 서로 다르므로 주의해야 한다. 기초재공품이나 기말재공품에 포함된 재료원가와 가공원가의 완성도가 서로 다르기 때문에 표준원가를 계산하기 위한 당기완성품환산량도 재료원가와 가공원가가 서로 달라지게 된다.

실제원가 (AQ×AP)	투입량기준예산 (AQ×SP)	산출량기준예산 (SQ×SP)
실제수량×실제가격	실제수량×표준가격	당기완성품환산량×표준수량×표준가격

가격차이 (실제원가 − 투입량기준예산)

능률차이 (투입량기준예산 − 산출량기준예산)

당기실제원가로 산출한 물량 (→ 당기완성품환산량)

예제[6-10] 표준종합원가계산의 원가차이분석

(주)원가의 5차년도에 1년 동안 발생한 실제원가는 다음과 같다.

(1) 직접재료원가와 직접노무원가발생액

직접재료원가 : 13,000kg×₩12=₩156,000

직접노무원가 : 11,000시간×₩2.5=₩27,500

(2) 변동제조간접원가 발생액

전기료	120,000kW×₩0.04=	₩4,800
간접노무원가		3,600
연료비(경유)	6,000ℓ×₩0.4=	2,400
수선유지비		4,000
간접재료원가		3,200
변동제조간접원가발생액		₩18,000

(3) 고정제조간접원가 발생액

감각상각비	₩25,000
기계장치리스료	25,000
공장장급여	10,000
고정제조간접원가 발생액	₩60,000

단, 단위당 표준원가와 재공품계정의 물량은 [예제 6-9]와 같으며 재료원가의 당기완성품환산량은 4,000개이고, 가공원가의 당기완성품환산량은 4,200개이다.

요구사항

다음의 각 원가요소별로 원가차이를 분석하시오.

1. 직접재료원가
2. 직접노무원가
3. 변동제조간접원가
4. 고정제조간접원가

해답

1. 직접재료원가

AQ×AP	AQ×SP	표준원가(SQ×SP)
13,000kg×₩12 =₩156,000	13,000kg×₩10 =₩130,000	4,000개* ×3kg×₩10 =₩120,000

가격차이 ₩26,000(불리) | 능률차이 ₩10,000(불리)

직접재료원가 총차이 ₩36,000(불리)

* 직접재료원가의 당기완성품 환산량(선입선출법 완성품환산량)

2. 직접노무원가

AQ×AP	AQ×SP	표준원가(SQ×SP)
11,000시간×₩2.5 =₩27,500	11,000시간×₩3 =₩33,000	4,200개* ×2시간×₩3 =₩25,200

가격차이 ₩5,500(유리) | 능률차이 ₩7,800(불리)

직접노무원가 총차이 ₩2,300(불리)

* 가공원가의 당기완성품 환산량(선입선출법 완성품환산량)

3. 변동제조간접원가

AQ×AP	AQ×SP	표준원가(SQ×SP)
₩18,000	11,000시간×₩2 =₩22,000	4,200개* ×2시간×₩2 =₩16,800

소비차이 ₩4,000(유리) | 능률차이 ₩5,200(불리)

변동제조간접원가 총차이 ₩1,200(불리)

* 가공원가의 당기완성품환산량(선입선출법 완성품환산량)

4. 고정제조간접원가

실제원가	예 산	표준원가(SQ×SP)
	10,000시간×₩5	4,200개*×2시간×₩5
₩60,000	=₩50,000	=₩42,000
예산차이 ₩10,000(불리)	조업도차이 ₩8,000(불리)	
고정제조간접원가 총차이 ₩18,000(불리)		

* 가공원가의 당기완성품환산량(선입선출법 완성품환산량)

예제에서 살펴본 바와 같이 표준종합원가계산은 재공품이 존재하는 경우에 표준원가를 적용하는 것으로 다음의 사항에 주의하면서 차이분석을 한다.

① 재공품계정의 차변에 표준원가로 역산된 당기총제조원가를 기록하는데 이를 '배부액'이라고 한다. 여기서 배부액은 재공품계정의 차변에 집계되어 자산화된 제조원가를 말하며 정상원가계산도 제조간접원가예정배부액이라고 하면 재공품계정의 차변에 배부하는 제조간접원가를 의미한다.

② 배부액을 계산하기 위한 완성품환산량은 당기완성품환산량(선입선출법완성품환산량)을 적용해야 한다. 전기에 발생한 기초재공품원가는 당기 표준원가계산시에 제외해야 하며 완성품환산량에서도 제외해야 하고 이를 위해 당기완성품환산량을 사용한다.

③ 배부액(SQ×SP)과 실제발생원가와의 차이가 차이계정에 기록된다. 배부액은 당기완성품환산량기준으로 계산하므로 재공품이 존재하는 경우에 산출량기준 표준투입량(SQ)는 당기완성품환산량을 기준으로 계산한다.

참고로 예제에서 재공품계정과 제품계정에 기록된 표준원가를 T계정에 기록해 보면 다음과 같다.

재 공 품

	차변	금액	대변	금액
	기초재고	40,000	당기제품제조원가	225,000
배부액	직접재료원가*	120,000		(4,500개×₩50)
배부액	직접노무원가*	25,200		
배부액	변동제조간접원가*	16,800		
배부액	고정제조간접원가*	42,000	기말재고	19,000
	합 계	244,000	합 계	244,000

제 품

차변	금액	대변	금액
기초재고	25,000	매출원가	150,000
	(500개×₩50)		(3,000개×₩50)
당기제품제조원가	225,000	기말재고	100,000
	(4,500개×₩50)		(2,000개×₩50)
합 계	250,000	합 계	250,000

* 당기완성품환산량×단위당 표준원가

제 6 절 원가차이의 조정방법

표준원가를 적용하면 재공품계정부터 제품 및 매출원가까지 표준원가로 기록하고, 표준원가와 실제원가의 차이는 차이계정에 기록되어 원가통제목적상 유용한 정보를 얻을 수 있다. 그런데 외부보고용 재무제표를 작성할 때는 실제원가를 기준으로 작성되어야 하므로 원가차이를 조정해서 표준원가로 기록되어 있는 재공품과 제품 및 매출원가계정의 잔액이 실제원가로 기록했을 때와 중요한 차이가 없도록 조정하는 과정이 필요하다. 원가차이를 조정하는 방법에는 매출원가조정법, 비례배분법, 기타비용조정법이 있다.

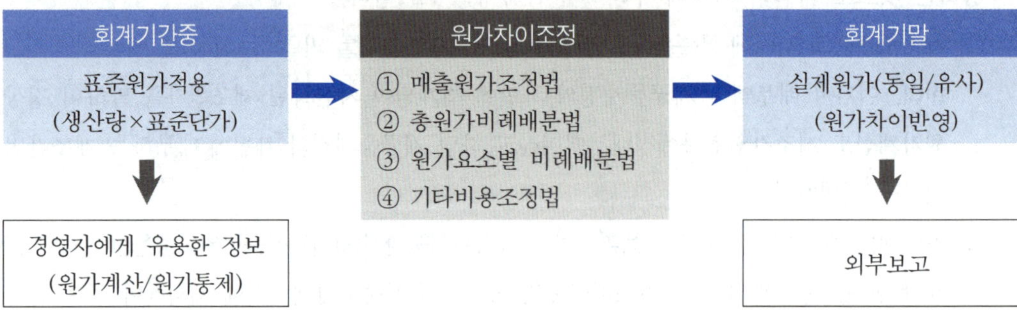

① **매출원가조정법** : 불리한 원가차이는 전액 매출원가에 가산하고 유리한 원가차이는 매출원가에서 차감하는 방법이다. 이 방법은 원가차이금액이 재무회계적인 관점에서 중요하지 않는 경우에 사용하는 방법이다.

② **비례배분법** : 원가차이를 기말재공품, 기말제품, 매출원가계정의 상대적인 비율에 따라 비례하여 배분하는 방법으로 다음의 두 가지 방법이 있다.

- 총원가비례배분법 : 재공품, 제품, 매출원가의 총원가(기말잔액)의 비율에 따라 원가차이를 배분하는 방법이다.
- 원가요소별 비례배분법 : 재공품, 제품, 매출원가에 포함된 원가요소(직접재료원가, 직접노무원가, 제조간접원가)의 비율에 따라 해당원가요소의 원가차이를 배분하는 방법이다.

③ **기타손익법** : 원가차이를 불리한 차이는 전액 기타비용으로, 유리한 차이는 전액 기타수익으로 처리하는 방법이다. 생산활동과 관련되는 원가차이를 기타손익으로 처리한다는 점에서 비판의 여지가 있다.

조정방법의 유형	조정방법별 특징
총원가 비례배분법	재공품, 제품, 매출원가의 총원가(기말잔액)의 비율에 따라 배부차이를 조정하는 방법
요소별 비례배분법	재공품, 제품, 매출원가에 포함된 원가요소(제조간접원가예정배부액)의 비율에 따라 배부차이를 조정하는 방법 • 배부차이 조정후에는 정확한 실제원가로 전환됨
매출원가조정법	차이전액을 매출원가에서 조정 • 과소배부 → 이익 최소 • 과대배부 → 이익 최대
기타비용조정법	배부차이를 기타손익으로 처리

06

예제 [6-11] 원가차이의 조정방법-재료원가차이만 있는 경우

(주)원가는 당기에 영업을 개시하였고 표준원가를 사용하고 있다.

(1) 표준원가자료

직접재료원가	2kg × ₩10 =	₩20
직접노무원가	2시간 × ₩2 =	4
변동제조간접원가	2시간 × ₩3 =	6
고정제조간접원가	2시간 × ₩5 =	10
단위당 표준원가		₩40

변동제조간접원가는 직접노동시간을 배부기준으로 결정하였고, 고정제조간접원가예산은 ₩10,000이며 기준조업도는 1,000개(2,000시간)를 적용해서 고정제조간접원가배부율을 결정했다.

(2) 기말재공품은 가공원가 완성도가 1/3이였으며 재공품과 제품의 물량은 다음과 같다.

재공품

기 초	0개	완 성	450개
착 수	600	기 말	150(1/3)
	600개		600개

제품

기 초	0개	판 매	300개
생 산	450	기 말	150
	450개		450개

(3) 당기완성품환산량은 다음과 같다.

	[1단계]	[2단계] 완성품환산량	
	물량의 흐름	재료원가	가공원가
완 성 품			
┌ 기 초 재 공 품	0	0	0
└ 당 기 착 수	450	450	450
기 말 재 공 품	150 (1/3)	150	50
	600 개	600개	500개

(4) 재공품계정과 제품계정에 표준원가로 기록된 금액은 다음과 같다.

재 공 품

기초재고	0	당기제품제조원가	18,000
			(450개×₩40)
배부액 ┌ 직접재료원가*	12,000		
직접노무원가*	2,000		
변동제조간접원가*	3,000		
└ 고정제조간접원가*	5,000	기말재고	4,000
합 계	22,000	합 계	22,000

제 품

기초재고	0	매출원가	12,000
			(300개×₩40)
당기제품제조원가	18,000	기말재고	6,000
	(450개×₩40)		(150개×₩40)
합 계	18,000	합 계	18,000

* 당기완성품환산량×단위당 표준원가

(5) 표준원가로 배부된 재료원가와 가공원가 중에서 재공품과 제품 및 매출원가계정의 잔액에 남아 있는 금액을 파악해 보면 다음과 같다.

	재공품	제 품	매출원가	합 계
직접재료원가	₩3,000	₩3,000	₩6,000	₩12,000
	(150개×2kg×₩10)	(150개×2kg×₩10)	(300개×2kg×₩10)	(600개×2kg×₩10)
가 공 원 가	1,000	3,000	6,000	10,000
	(50개×2hr×₩10*)	(150개×2hr×₩10)	(300개×2hr×₩10)	(500개×2hr×₩10)
각 계정 잔액	₩4,000	₩6,000	₩12,000	₩22,000

* 노동시간당 표준가공원가 : ₩2(DL)+₩3(VOH)+₩5(FOH)=₩10

(6) 재료원가 가격차이는 사용시점에 분리하며 실제재료원가는 ₩16,500이고, 다음과 같이 원가차이가 계산되었다.

AQ×AP	AQ×SP	표준원가(SQ×SP)
1,500kg×₩11	1,500kg×₩10	600개*×2kg×₩10
=₩16,500	=₩15,000	=₩12,000

가격차이 ₩1,500(불리) | 능률차이 ₩3,000(불리)

직접재료원가 총차이(변동예산차이) ₩4,500(불리)

* 재료원가의 당기완성품환산량(선입선출법 완성품환산량) : 150개+150개+300개 = 600개

(7) 재료원가 이외에는 원가차이가 발생하지 않았으며 회계기간말에 원가차이를 조정하기 전에 작성한 시산표는 다음과 같다. 단, 조업도 차이도 없는 것으로 가정한다.

원가차이 조정전 시산표

⋮		
원재료	5,500	
재공품	4,000	
제품	6,000	
매출원가	12,000	
직접재료원가 가격차이	1,500	
직접재료원가 능률차이	3,000	⋮
⋮		

06

요구사항

1. 매출원가조정법에 의해서 원가차이를 조정하는 분개를 하시오.
2. 총원가비례배분법에 의해서 원가차이를 조정하는 분개를 하시오.
3. 원가요소별 비례배분법에 의해서 원가차이를 조정하는 분개를 하시오.

1. 매출원가조정법

'매출원가조정법'은 원가요소별로 계산된 유리한 차이들과 불리한 원가차이들을 상계해서 순원가차이를 계산한 후 이를 전액 매출원가에 가감하는 방법이다.

① 유리한 순원가차이 : 차이잔액 순액이 대변잔액으로 매출원가에 차감해서 조정

② 불리한 순원가차이 : 차이잔액 순액이 차변잔액으로 매출원가에서 가산해서 조정

매출원가조정법은 모든 원가차이가 매출원가에 조정되므로 재공품과 제품계정은 재무제표에 표준원가로 기록된다. 예제의 원가차이를 매출원가 조정법으로 조정하면 다음과 같다.

(차)	매출원가	₩4,500	(대)	직접재료원가 가격차이	₩1,500
				직접재료원가 능률차이	3,000

2. 총원가기준 비례배분법

'총원가비례배분법'은 표준원가로 기록되어 있는 재공품, 제품, 매출원가의 기말계정잔액(총원가)의 비율을 기준으로 원가차이를 배분하는 방법이다. 원가차이는 재공품계정에 집계되면서 분리되므로 원가차이로 인해서 계정잔액이 실제원가와 달라진 계정은 재공품계정부터 제품 및 매출원가까지다. 따라서 원가차이는 재공품계정부터 배분해야 한다. 예제의 원가차이를 총원가비례배분법으로 조정하면 다음과 같다.

(1) 원가차이 배분비율과 계정별 배분액

배분대상	재공품	제 품	매출원가	합 계
배분전 계정잔액	₩4,000	₩6,000	₩12,000	₩22,000
배분비율	18.18%	27.27%	54.55%	100%
원가차이배분	818	1,227	2,455	4,500*
배분후 계정잔액	₩4,818	₩7,227	₩14,455	₩26,500

* 원가차이순액

직접재료원가 가격차이	₩1,500불리
직접재료원가 능률차이	3,000불리
합 계	₩4,500불리

(2) 총원가 비례배분법의 분개

비례배분법에 따라 각 계정에서 조정할 차이가 계산되고 나면 원가차이 중에서 불리한 차이는 계정잔액이 차변에 남아있으므로 대변에 기록하여 계정잔액을 없애고, 유리한 차이는 계정잔액이 대변에 남아 있으므로 차변에 기록하여 계정잔액을 없앤 후에 원재료, 재공품, 제품, 매출원가계정에 조정할 차이금액을 기록한다.

(차)	재공품	₩818	(대)	직접재료원가 가격차이	₩1,500
	제품	1,227		직접재료원가 능률차이	3,000
	매출원가	2,455			

한편, 직접재료원가 가격차이를 구입시점에 구분하는 경우에는 원재료를 포함해서 배분해야 하는데 이에 대한 내용은 다음 예제를 이용해서 살펴보도록 하겠다.

3. 원가요소기준 비례배분법

'원가요소기준 비례배분법'은 표준원가로 기록되어 있는 재공품, 제품, 매출원가의 계정잔액에 포함되어 있는 해당 원가요소의 비율을 기준으로 원가차이를 배분하는 방법이다. 원가요소기준 비례배분법을 적용하면 배분후의 결과는 정확하게 실제원가와 일치하고 이를 위해 정확하게 배분비율을 찾아야 하며 다음 사항에 주의한다.

① 직접재료원가 가격차이를 사용시점에 분리한 경우에는 가격차이를 재공품, 제품, 매출원가에만 배분한다. 가격차이를 사용시점에 분리하는 경우에는 재공품계정을 표준원가로 기록하면서 분리되므로 원재료계정은 실제원가로 기록되고 가격차이에 영향이 없다.

② 가공원가는 재료원가와 구분해서 재공품, 제품, 매출원가에 배분한다. 재공품과 제품 및 매출원가에 포함되어 있는 가공원가의 비율은 재료원가와는 다르기 때문에 가공원가는 재료원가와 구분해서 비율을 찾아야 한다.

(1) 재료원가와 가공원가의 배분비율

요소별 비례배분법은 재료원가와 가공원가를 구분해서 배분비율을 계산해야 한다. 왜냐하면 재공품과 제품 및 매출원가에 포함되어 있는 재료원가와 가공원가의 완성품환산량이 서로 다르기 때문에 배분비율도 서로 달라지기 때문이다.

단, 가공원가는 더 세분해서 배분비율을 구할 필요가 없다. 재공품과 제품 및 매출원가에 포함되어 있는 가공원가는 각 계정의 기말잔액에 포함된 가공원가의 완성품환산량을 기준으로 계산된다. 따라서 가공원가에 포함되는 노무원가와 변동제조간접원가 및 고정제조간접원가는 배분비율이 동일해 지기 때문에 더 세분해서 배분비율을 찾을 필요가 없다.

06

배분대상	재 공 품	제 품	매출원가	합 계
직접재료원가차이				
표준직접재료원가	₩3,000	₩3,000	₩6,000	₩12,000
배분비율	25%	25%	50%	100%
가공원가차이				
표준가공원가	₩1,000	₩3,000	₩6,000	₩10,000
배분비율	10%	30%	60%	100%

재료원가와 가공원가 배분비율이 달라진다.

(2) 재료원가의 배분

요소별 비례배분법에서는 재료원가와 가공원가를 구분해서 배분한다. 그렇게 해야만 차이조정 후에 각 계정의 잔액이 정확하게 실제원가를 적용한 경우와 동일해진다.

배분대상	재공품	제 품	매출원가	합 계
직접재료원가 차이	₩1,125	₩1,125	₩2,250	₩4,500
가공원가 원가차이	0	0	0	0*
원가차이 조정금액합계	₩1,125	₩1,125	₩2,250	₩4,500

* 가공원가는 예제에서 원가차이가 없기 때문에 조정항목이 없다.

요소별 비례배분법을 적용한 후의 계정잔액이 실제원가와 동일해 지는 것을 확인하기 위해서 예제의 재료원가를 요소별 비례배분법을 적용한 경우와 실제원가를 적용한 경우를 비교해 보면 다음과 같이 동일해 진다.

배분대상	재공품	제 품	매출원가	합 계
표준재료원가				
배분전 계정잔액	₩3,000	₩3,000	₩6,000	₩12,000
차이배분	1,125	1,125	2,250	4,500
배분후 계정잔액	₩4,125	₩4,125	₩8,250	₩16,500
실제재료원가				
환산량	150개	150개	300개	600개
×실제단가	×@27.5*	×@27.5	×@27.5	×@27.5
실제원가 계정잔액	₩4,125	₩4,125	₩8,250	₩16,500

표준원가 (배분전 계정잔액 합계)

요소별비례배분법은 정확한 실제원가로 전환된다.

* 실제 재료원가의 완성품환산량 단위당 원가 ₩16,500÷600개=@27.5

(3) 요소별 비례배분법의 분개

요소별 비례배분법에 따라 각 계정에서 조정할 차이가 계산되고 나면 원가차이 중에서 불리한 차이는 계정잔액이 차변에 남아있으므로 대변에 기록하여 계정잔액을 없애고, 유리한 차이는 계정잔액이 대변에 남아 있으므로 차변에 기록하여 계정잔액을 없앤 후에 재공품, 제품, 매출원가계정에 조정할 차이금액을 기록한다.

(차)			(대)		
	재공품	₩1,125		직접재료원가 가격차이	₩1,500
	제품	1,125		직접재료원가 능률차이	3,000
	매출원가	2,250			

한편, 직접재료원가 가격차이를 구입시점에 구분하는 경우에는 원재료를 포함해서 배분해야 하는데 이에 대한 내용은 뒤에서 살펴보도록 하겠다.

4. 원가차이의 배분-모든 원가차이 존재

사용시점을 기준으로 재료원가 가격차이를 구분한 경우에 원가차이를 조정하는 방법을 모든 원가에서 차이가 존재하는 경우에서 살펴보자. 다음의 예제를 이용해서 계산을 해보도록 하겠다.

예제 [6-12] 원가차이의 조정방법－모든 원가의 차이항목이 있는 경우

(주)원가는 당기에 영업을 개시하였고 표준원가를 사용하고 있다. 원가차이를 제외하고는 [예제 6-11]과 동일하다. 회계기간 말에 원가차이를 조정하기 전에 작성한 시산표는 다음과 같다.

원가차이 조정전 시산표

차변		대변	
⋮			
원재료	5,500		
재공품	4,000		
제품	6,000		
매출원가	12,000		
직접재료원가 가격차이	1,500		
직접재료원가 능률차이	3,000	⋮	
직접노무원가 가격차이	600	변동제조간접원가 소비차이	480
직접노무원가 능률차이	400	고정제조간접원가 예산차이	2,000
변동제조간접원가 능률차이	600	⋮	
고정제조간접원가 조업도차이	5,000		
⋮			

표준원가로 배부된 재료원가와 가공원가 중에서 재공품과 제품 및 매출원가계정의 잔액에 남아 있는 금액을 파악해 보면 다음과 같다.

	재공품	제 품	매출원가	합 계
직접재료원가	₩3,000	₩3,000	₩6,000	₩12,000
가공원가	1,000	3,000	6,000	10,000
각 계정 잔액	₩4,000	₩6,000	₩12,000	₩22,000

요구사항

1. 매출원가조정법에 의해서 원가차이를 조정하는 분개를 하시오.
2. 총원가비례배분법에 의해서 원가차이를 조정하는 분개를 하시오.
3. 원가요소별 비례배분법에 의해서 원가차이를 조정하는 분개를 하시오.

해답

1. 매출원가 조정법

(차)	변동제조간접원가 소비차이	₩480	(대)	직접재료원가 가격차이	₩1,500
	고정제조간접원가 예산차이	2,000		직접재료원가 능률차이	3,000
	매출원가	8,620		직접노무원가 가격차이	600
				직접노무원가 능률차이	400
				변동제조간접원가 능률차이	600
				고정제조간접원가 조업도차이	5,000

2. 총원가 비례배분법

배분대상	재공품	제 품	매출원가	합 계
배분전 계정잔액	₩4,000	₩6,000	₩12,000	₩22,000
배분비율	18.18%	27.27%	54.55%	100%
원가차이배분	1,567	2,350	4,703	8,620*
배분후 계정잔액	₩5,567	₩8,350	₩16,703	₩30,620

* 원가차이순액

직접재료원가 가격차이	₩1,500불리
직접재료원가 능률차이	3,000불리
직접노무원가 가격차이	600불리
직접노무원가 능률차이	400불리
변동제조간접원가 소비차이	480유리
변동제조간접원가 능률차이	600불리
고정제조간접원가 예산차이	2,000유리
고정제조간접원가 조업도차이	5,000불리
합 계	₩8,620불리

재료원가 가격차이를 사용시점에 분리하면 총원가비례배분법에서 모든 원가차이의 배분비율이 동일하므로 모든 차이를 합계하여 배분할 수 있다.

(차)			(대)		
	변동제조간접원가 소비차이	₩480		직접재료원가 가격차이	₩1,500
	고정제조간접원가 예산차이	2,000		직접재료원가 능률차이	3,000
	재공품	1,567		직접노무원가 가격차이	600
	제품	2,350		직접노무원가 능률차이	400
	매출원가	4,703		변동제조간접원가 능률차이	600
				고정제조간접원가 조업도차이	5,000

3. 원가요소별 비례배분법

(1) 원가요소기준 비례배분법의 배분비율(재료원가와 가공원가를 구분해서 배분)

배분대상	재 공 품	제 품	매출원가	합 계
직접재료원가차이				
표준직접재료원가	₩3,000	₩3,000	₩6,000	₩12,000
배분비율	25%	25%	50%	100%
가공원가차이				
표준가공원가	₩1,000	₩3,000	₩6,000	₩10,000
배분비율	10%	30%	60%	100%

(2) 원가차이 배분

배분대상	재공품	제 품	매출원가	합 계
직접재료원가 차이	₩1,125	₩1,125	₩2,250	₩4,500
가공원가 원가차이	412	1,236	2,472	4,120*
원가차이 조정금액합계	₩1,537	₩2,361	₩4,722	₩8,620

* 가공원가 원가차이순액

직접노무원가 가격차이	600불리
직접노무원가 능률차이	400불리
변동제조간접원가 소비차이	480유리
변동제조간접원가 능률차이	600불리
고정제조간접원가 예산차이	2,000유리
고정제조간접원가 조업도차이	5,000불리
합 계	₩4,120불리

재료원가와 가공원가가 배분비율이 다르기 때문에 요소별 비례배분법에서는 재료원가차이와 가공원가차이를 구분해서 배분한다.

(차)	변동제조간접원가 소비차이	₩480	(대)	직접재료원가 가격차이	₩1,500
	고정제조간접원가 예산차이	2,000		직접재료원가 능률차이	3,000
	재공품	1,537		직접노무원가 가격차이	600
	제품	2,361		직접노무원가 능률차이	400
	매출원가	4,722		변동제조간접원가 능률차이	600
				고정제조간접원가 조업도차이	5,000

참고로 원가요소별비례배분법에서 재료원가와 가공원가의 배분비율을 결정하는 원천적인 요인은 각 계정에 포함되어 있는 재료원가와 가공원가의 완성품환산량이다. 예제에서 각 계정에 포함된 완성품환산량을 기준으로 배분비율을 계산해보면 재료원가와 가공원가를 기준으로 계산한 비율과 동일해 지는 것을 알 수 있다.

배분대상	재 공 품	제 품	매출원가	합 계
직접재료원가차이				
재료원가 완성품환산량	150개	150개	300개	600개
배분비율	25%	25%	50%	100%
가공원가차이				
가공원가 완성품환산량	50개	150개	300개	500개
배분비율	10%	30%	60%	100%

완성품환산량비율이 표준원가비율이 된다.

각 계정잔액에 포함된 재료원가와 가공원가의 표준원가는 완성품환산량에 표준단가를 곱해서 계산되므로 완성품환산량을 기준으로 계산한 비율과 표준원가를 기준으로 계산한 비율이 동일해 지는 것이다. 따라서 가공원가에 포함되는 노무원가와 변동제조간접원가 및 고정제조간접원가는 가공원가 완성품환산량과 동일한 비율을 가지게 되어 더 세분할 필요가 없는 것이다.

5. 원가차이의 배분-구입시점기준 재료원가 가격차이

재료원가 가격차이를 구입시점에 구분하는 경우에는 원재료계정이 실제단가(AP)가 아니라 표준단가(SP)로 기록되어 있어서 재료원가가격차이가 원재료계정에도 배분되어야 한다는 특징이 있으며, 다음과 같은 주의할 점이 있다.

(1) 구입시점기준 재료원가 가격차이의 특징

① 직접재료원가 가격차이를 구입시점에 분리하는 경우에는 원재료계정을 표준단가(SP)로 기록하므로 원재료기말잔액도 표준원가로 기록되어 실제원가와 달라진다.

② 매출원가조정법으로 조정하는 경우에는 원가차이 전액이 매출원가에 조정되므로 직접재료원가 구입가격차이도 매출원가에서 조정한다.

③ 비례배분법으로 원가차이를 조정하는 경우에는 표준단가로 기록된 원재료 계정도 배분대상에 포함해야 한다.

(2) 비례배분법 비교

직접재료원가 가격차이를 비례배분법에 따라 배분할 때는 구입량기준인 경우와 사용량기준인 경우에 각각 다음 사항에 주의해야 한다.

① 원가요소별 비례배분법을 적용하면 정확하게 실제원가로 전환해야 하므로 구입물량이 포함된 물량을 정확하게 고려해야 한다. 이를 위해서 구입가격차이는 원재료와 능률차이를 포함해서 배분한다.

② 총원가비례배분법을 적용하면 실제원가에 가깝도록 시산표상의 계정잔액을 기준으로 간편하게 조정하는 것으로 완벽한 배분비율을 찾는 것은 아니다. 따라서 계정잔액이 표준단가로 기록된 원재료를 포함하지만 능률차이까지는 포함하지는 않는다.

③ 재료원가 가격차이를 사용시점에 분리하는 경우에는 원재료계정은 실제단가(AP)로 기록되므로 가격차이가 원재료계정에 영향을 미치지 않는다. 따라서 재료원가 가격차이는 재공품, 제품, 매출원가에만 조정한다.

가격차이유형	비례배분방법	배분대상계정				
구입가격차이 (구입량기준)	① 원가요소별비례배분법	원재료	능률차이	재공품	제품	매출원가
	② 총원가비례배분법	원재료	불포함	재공품	제품	매출원가
사용가격차이 (사용량기준)	③ 원가요소별비례배분법	불포함	불포함	재공품	제품	매출원가
	④ 총원가비례배분법	불포함	불포함	재공품	제품	매출원가

예제 [6-13] 원가차이의 조정−재료원가 구입가격차이 포함

(주)원가는 당기에 영업을 개시했으며 표준원가를 적용한다. 회계기간말에 원가차이를 조정하기 전에 작성한 시산표는 다음과 같다.

원가차이 조정전 시산표

차변	금액	대변	금액
⋮			
원재료	5,000		
재공품	4,000		
제품	6,000		
매출원가	12,000	⋮	
직접재료원가 구입가격차이	2,000	변동제조간접원가 소비차이	480
직접재료원가 능률차이	3,000	고정제조간접원가 예산차이	2,000
직접노무원가 가격차이	600	⋮	
직접노무원가 능률차이	400		
변동제조간접원가 능률차이	600		
고정제조간접원가 조업도차이	5,000		
⋮			

(1) 재고자산과 매출원가의 잔액은 표준원가로 기록되어 있으며 그 구성내용은 다음과 같다.

	원재료	재공품	제 품	매출원가	합 계
직접재료원가	₩5,000	₩3,000	₩3,000	₩6,000	₩17,000
	(500kg × ₩10)	(300kg × ₩10)	(300kg × ₩10)	(600kg × ₩10)	(1,700kg × ₩10)
가공원가		1,000	3,000	6,000	10,000
각 계정 잔액	₩5,000	₩4,000	₩6,000	₩12,000	₩27,000

(2) 원재료의 표준가격은 kg당 ₩10이며, 당기에 산출량을 기준으로 계산된 표준수량(SQ)은 1,200kg이다. 당기에 원재료는 2,000kg을 kg당 ₩11에 매입하여 구입가격차이가 ₩2,000 (2,000kg × ₩1)이 집계되었다. 또한 1,500kg을 사용해서 표준수량보다 더 사용한 300kg과 관련된 능률차이가 ₩3,000(300kg × ₩10)이 집계되었다.

요구사항

1. 재료원가의 구입시점과 사용시점의 회계처리를 하시오.
2. 매출원가조정법에 의해서 원가차이를 조정하는 분개를 하시오.

해답

1. 구입량기준 원재료가격차이의 회계처리

① 원재료의 구입시점(원재료계정을 가격표준으로 기록)

(차)	원재료	20,000	(대)	매입채무	22,000
	AQ'×SP	(2,000kg×₩10)		AQ'×AP	(2,000kg×₩11)
	직접재료 구입가격 차이	2,000			
	AQ'×(AP−SP)	(2,000kg×₩1)			

② 원재료의 사용시점(재공품계정을 표준원가로 기록)

(차)	재 공 품(배부액)	12,000	(대)	원재료	15,000
	SQ×SP	(600개×2kg×₩10)		AQ×SP	(1,500kg×₩10)
	직접재료원가 능률차이	3,000			
	(AQ−SQ)×SP	(300kg×₩10)			

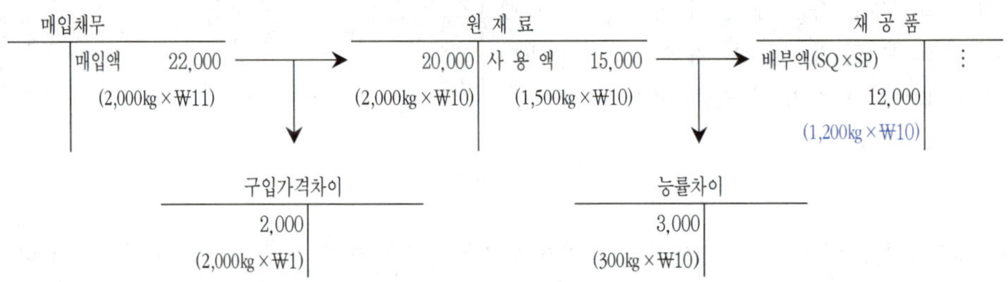

2. 매출원가조정법

매출원가조정법은 모든 원가차이를 매출원가에서 조정하므로 재료원가가격차이를 사용시점에 분리한 경우와 구입시점에 분리한 경우의 차이가 없다.

(차)	변동제조간접원가 소비차이	₩480	(대)	직접재료원가 구입가격차이	₩2,000
	고정제조간접원가 예산차이	2,000		직접재료원가 능률차이	3,000
	매출원가	9,120		직접노무원가 가격차이	600
				직접노무원가 능률차이	400
				변동제조간접원가 능률차이	600
				고정제조간접원가 조업도차이	5,000

(3) 총원가기준 비례배분법

총원가비례배분법은 표준원가로 기록되어 있는 원재료, 재공품, 제품, 매출원가의 기말계정 잔액(총원가)의 비율을 기준으로 원가차이를 배분하는 방법이다. 총원가기준 비례배분법을 사용할 때 주의할 점은 직접재료원가 구입가격차이와 그 외의 차이의 배분대상이 서로 다르다는 것이다.

① 직접재료원가 구입가격차이 : 원재료, 재공품, 제품, 매출원가계정에 배분한다. 구입가격차이는 원재료를 구입하는 시점에 원재료계정을 가격표준으로 기록하면서 분리되므로, 직접재료원가 구입가격차이로 인해서 계정잔액이 실제원가와 달라진 계정은 원재료계정부터이다. 따라서 직접재료원가 구입가격차이는 원재료계정에도 배분해야만 표준원가로 기록되어 있는 금액이 실제원가에 가까워질 수 있다.

② 기타의 원가차이 : 재공품, 제품, 매출원가계정에 배분한다. 기타의 원가차이는 재공품계정에 집계되면서 분리되므로 기타의 차이로 인해서 계정잔액이 실제원가와 달라진 계정은 재공품계정부터 제품 및 매출원가까지다. 따라서 직접재료원가 구입가격차이이외의 기타의 원가차이는 재공품계정부터 배분해야 한다.

이처럼 총원가비례배분법에서 주의할 점은 직접재료원가구입가격차이는 원재료계정에도 배분해야 한다는 것이다.

예제 [6-14] 원가차이의 조정방법 – 총원가비례배분법

[예제 6-13]의 자료를 이용하시오. 단, 배분비율을 계산할 때 소수점 셋째 자리에서 반올림하시오. 총원가기준 비례배분법에 따라 원가차이를 배분하시오.

해답

1. 총원가기준 비례배분법의 배분비율

배분대상	원재료	재공품	제 품	매출원가	합 계
직접재료원가 구입가격차이					
총원가	₩5,000	₩4,000	₩6,000	₩12,000	₩27,000
배분비율	18.52%	14.82%	22.22%	44.44%	100%
기타차이*					
총 원 가		₩4,000	₩6,000	₩12,000	₩22,000
배분비율		18.18%	27.27%	54.55%	100%

* 기타차이 : 직접재료원가 능률차이와 가공원가 차이

총원가기준으로 비례배분을 할 때 주의할 점은 직접재료원가 구입가격차이는 원재료계정에도 배분해야 한다는 것이다. 왜냐하면 구입가격차이는 원재료를 구입하는 시점에 원재료계정을 가격표준으로 기록하면서 분리되므로 원재료계정부터 실제원가와 달라져 있기 때문이다.

2. 원가차이 배분

배분대상	원재료	재공품	제 품	매출원가	합 계
직접재료원가 구입가격차이	₩370	₩297	₩444	₩889	₩2,000
기타 원가차이		1,294	1,942	3,884	7,120*
원가차이 조정금액합계	₩370	₩1,591	₩2,386	₩4,773	₩9,120

* 기타 원가차이순액

직접재료원가 능률차이	₩3,000불리
직접노무원가 가격차이	600불리
직접노무원가 능률차이	400불리
변동제조간접원가 소비차이	480유리
변동제조간접원가 능률차이	600불리
고정제조간접원가 예산차이	2,000유리
고정제조간접원가 조업도차이	5,000불리
합 계	₩7,120불리

총원가기준 비례배분법을 적용하는 경우에는 직접재료원가 구입가격 차이를 제외한 직접재료원가 능률차이와 가공원가 차이의 배분비율이 동일하다. 따라서 직접재료원가 구입가격차이 이외의 기타차이를 모두 합계하여 배분할 수도 있다.

3. 차이조정분개

비례배분법에 따라 각 계정에서 조정할 차이가 계산되고 나면 원가차이 중에서 불리한 차이는 계정잔액이 차변에 남아있으므로 대변에 기록하여 계정잔액을 없애고, 유리한 차이는 계정잔액이 대변에 남아 있으므로 차변에 기록하여 계정잔액을 없앤 후에 원재료, 재공품, 제품, 매출원가계정에 조정할 차이금액을 기록한다.

(차)			(대)		
	변동제조간접원가 소비차이	₩480		직접재료원가 구입가격차이	₩2,000
	고정제조간접원가 예산차이	2,000		직접재료원가 능률차이	3,000
	원재료	370		직접노무원가 가격차이	600
	재공품	1,591		직접노무원가 능률차이	400
	제품	2,386		변동제조간접원가 능률차이	600
	매출원가	4,773		고정제조간접원가 조업도차이	5,000

(4) 원가요소기준 비례배분법

원가요소기준 비례배분법은 표준원가로 기록되어 있는 원재료, 재공품, 제품, 매출원가의 계정잔액에 포함되어 있는 해당원가요소의 비율을 기준으로 원가차이를 배분하는 방법이다. 원가요소기준 비례배분법을 적용하면 배분후의 결과는 정확하게 실제원가와 일치하고 이를 위해 정확하게 배분비율을 찾아야하며 이를 위해 다음 사항에 주의한다.

① 직접재료원가 구입가격차이는 원재료계정뿐만 아니라 능률차이 계정에도 배분해야 한다는 것이다. 구입가격차이를 조정하기 위해서는 원재료의 구입물량이 포함되어 있는 모든 계정을 고려해야 하는데 원재료계정과 능률차이계정에도 구입물량 중 일정물량이 포함되어 있으므로 배분대상이 된다.

② 직접재료원가 능률차이는 배분받은 구입가격차이를 포함해서 배분해야 한다. 직접재료원가 구입가격차이를 능률차이에 배분하면 능률차이금액에 구입가격차이를 조정한 후의 금액을 능률차이 비율에 따라 배분한다.

③ 가공원가는 재공품, 제품, 매출원가에만 배분한다. 가공원가차이는 원재료계정에 영향을 주지 않기 때문에 원재료는 제외하고 배분한다.

예제[6-15] 원가차이의 조정방법 – 원가요소기준 비례배분법

[예제 6-13]의 자료를 이용하시오.

원가요소기준 비례배분법에 따라 재료원가차이를 배분하시오.

06

해답

1. 원가요소기준 비례배분법의 배분비율

배분대상	원재료	능률차이	재공품	제품	매출원가	합계
재료원가 구입가격차이						
재료원가	₩5,000	₩3,000	₩3,000	₩3,000	₩6,000	₩20,000
	(500kg×₩10)	(300kg×₩10)	(300kg×₩10)	(300kg×₩10)	(600kg×₩10)	(2,000kg×₩10)
배분비율	25%	15%	15%	15%	30%	100%
재료원가 능률차이						
직접재료원가			₩3,000	₩3,000	₩6,000	₩12,000
배분비율			25%	25%	50%	100%
가공원가차이						
가공원가			₩1,000	₩3,000	₩6,000	₩10,000
배분비율			10%	30%	60%	100%

직접재료원가 구입가격 차이는 원재료만이 아니라 직접재료원가 능률차이까지도 배분해야 한다. 예제의 경우에 구입가격차이 ₩2,000(2,000kg×₩1)은 구입량 2,000kg에 가격차이(₩10−₩11)를 곱해서 계산된 금액이다. 따라서 구입량 2,000kg이 포함되어 있는 모든 계정에 구입가격차이를 배분해야만 표준단가로 기록되어 있던 금액이 정확하게 실제단가로 바뀐다. 원재료계정에는 구입량 2,000kg중 사용하지 않은 수량인 500kg이 남아 있고 능률차이계정에는 표준보다 더 사용한 수량인 300kg이 포함되어 있기 때문에 이 두 계정도 포함해서 배분비율을 찾아야 한다.

2. 원가차이 배분

배분대상	원재료	능률차이	재공품	제　품	매출원가	합　계
재료원가 구입가격차이	₩500	₩300	₩300	₩300	₩600	₩2,000
재료원가 능률차이		(300)	825	825	1,650	3,000
가공원가 원가차이			412	1,236	2,472	4,120*
원가차이 조정금액합계	₩500	₩0	₩1,537	₩2,361	₩4,722	₩9,120

* 가공원가 원가차이순액

직접노무원가 가격차이	600불리
직접노무원가 능률차이	400불리
변동제조간접원가 소비차이	480유리
변동제조간접원가 능률차이	600불리
고정제조간접원가 예산차이	2,000유리
고정제조간접원가 조업도차이	5,000불리
합　계	₩4,120불리

능률차이에 배분한 구입가격 차이는 능률차이에 가산해서 배부해야 한다.

원가요소별 비례배분법에서는 직접재료원가의 차이배분이 복잡하기 때문에 재료원가의 구입가격차이와 능률차이를 배분하는 과정을 보다 자세히 살펴보도록 하겠다.

(5) 직접재료원가 구입가격차이의 배분

구입가격 차이를 능률차이에 배분하는 이유는 능률차이를 포함해서 배분해야만 구입물량 20,000kg이 정확하게 고려되어 비율이 찾아지고, 구입물량비율을 기초로 구입가격 차이를 배분해야만 배분후의 금액이 정확하게 실제원가가 될 수 있기 때문이다. 각 계정에 가격표준(SP)으로 기록되어 있던 직접재료원가가 구입가격 차이를 배분하고 나면 정확하게 실제가격(AP)으로 바뀌게 된다는 것을 다음의 내용을 보면 정확하게 알 수 있다.

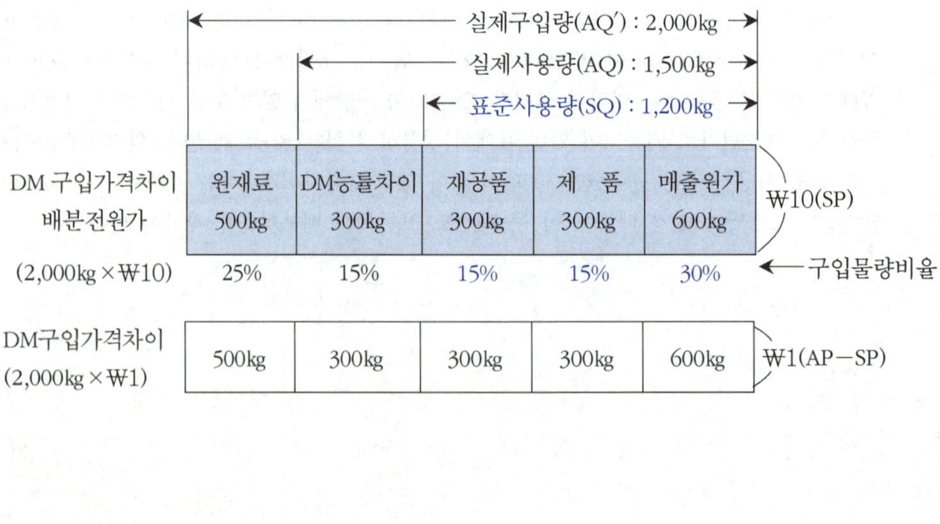

이처럼 원재료만이 아니라 능률차이까지 포함해야만 구입물량이 모두 고려되어 구입가격차이를 배분한 후의 결과가 정확하게 실제구입단가(AP)로 전환된다. 즉, 능률차이를 포함해서 구입가격차이를 배분하면 가격표준(SP)으로 기록되어 있던 각 계정의 직접재료원가가 정확하게 실제단가(AP)로 전환된다. 다음의 내용을 보면 보다 정확하게 이해할 수 있다.

직접재료원가 구입가격차이 배분의 효과

	원 재 료	능률차이	재 공 품	제 품	매출원가	합 계	
배분전	₩5,000	₩3,000	₩3,000	₩3,000	₩6,000	₩20,000	
	(500kg×₩10)	(300kg×₩10)	(300kg×₩10)	(300kg×₩10)	(600kg×₩10)	(2000kg×₩10)	SP
배 분	₩500	₩300	₩300	₩300	₩600	₩2,000	↓
	(500kg×₩1)	(300kg×₩1)	(300kg×₩1)	(300kg×₩1)	(600kg×₩1)	(2000kg×₩1)	전환
배분후	₩5,500	₩3,300	₩3,300	₩3,300	₩6,600	₩22,000	↓
	(500kg×₩11)	(300kg×₩11)	(300kg×₩11)	(300kg×₩11)	(600kg×₩11)	(2000kg×₩11)	AP
		→	₩825 (75kg×₩11)	₩825 (75kg×₩11)	₩1,650 (150kg×₩11)		
			25%	25%	50%		

(6) 직접재료원가 능률차이의 배분

직접재료원가 구입가격차이를 배분하고 나면 능률차이를 배분한다. 이 과정에서 주의할 점은 직접재료원가 능률차이는 배분받은 구입가격차이를 포함해서 배분해야 한다는 것이다. 즉, 표준단가(SP)로 기록되어 있는 능률차이가 가격차이를 배분받고 나면 실제단가(AP)로 변환되는데 이 금액을 배분해야 한다는 것이다.

직접재료원가 능률차이 배분의 효과

	원 재 료	능률차이	재 공 품	제 품	매출원가	합 계
배분전	₩5,500	₩3,300	₩3,300	₩3,300	₩6,600	₩22,000
	(500kg×₩11)	(300kg×₩11)	(300kg×₩11)	(300kg×₩11)	(600kg×₩11)	(2,000kg×₩11)
배 분		(₩3,300)	₩825	₩825	₩1,650	
		(300kg×₩11)	(75kg×₩11)	(75kg×₩11)	(150kg×₩11)	
배분후	₩5,500	₩0	₩4,125	₩4,125	₩8,250	₩22,000
	(500kg×₩11)		(375kg×₩11)	(375kg×₩11)	(750kg×₩11)	(2,000kg×₩11)

표준사용량(SQ) 기준으로 기록되어 있던 재공품, 제품, 매출원가 계정이 실제사용량(AQ)로 전환된다.

재료원가 능률차이까지 배분하고 나면 각 계정 잔액은 정확하게 실제원가로 전환된다. 각 계정의 잔액에 포함된 재료원가가 정확하게 실제원가로 전환되었다는 것은 다음과 같이 확인할 수 있다.

	표준원가 (SQ×SP)		실제단가비율 ①(AP / SP)		실제사용량비율 ②(AQ / SQ)		실제원가 (AQ×AP)
원 재 료	₩5,000 (500kg×₩10)	×	₩11 / ₩10	×	1	=	₩5,500 (500kg×₩11)
재 공 품	3,000 (300kg×₩10)	×	₩11 / ₩10	×	125%*	=	₩4,125 (375kg×₩11)
제 품	3,000 (300kg×₩10)	×	₩11 / ₩10	×	125%	=	₩4,125 (375kg×₩11)
매출원가	6,000 (600kg×₩10)	×	₩11 / ₩10	×	125%	=	₩8,250 (750kg×₩11)
합 계	₩17,000		SP→AP		SQ→AQ		₩22,000

* 375kg÷300kg=125%

① 실제단가 비율 : 표준단가(SP) ₩10으로 기록되어 있던 금액들을 모두 실제단가(AP) ₩11로 전환하려면 실제단가비율(AP / SP)인 110%(₩11 / ₩10)를 곱하면 된다.

② 실제사용량 비율 : 표준사용량(SQ)로 기록되어 있는 금액들을 실제수량(AQ)로 전환하려면 실제사용량비율(AQ / SQ)인 125%(300kg / 1,200kg)를 곱하면 된다.

6. 조정 후 다음 회계기간의 회계처리

표준원가계산을 적용하기 위해서는 재고자산계정을 표준원가로 기록해야 한다. 그래야만 판매수량이 있으면 단위당 표준원가를 곱해서 매출원가를 계산할 수 있고, 완성수량이 있을 때 단위당 표준원가를 곱해서 제품원가를 계산할 수 있다. 그런데 비례배분법에 따라 원가차이를 조정하게 되면 재고자산계정의 잔액이 표준원가가 아니라 실제원가에 가까운 금액으로 조정되어 있어서 다음 회계기간에 표준원가를 적용할 수가 없다.

따라서 비례배분법을 적용한 경우에는 회계연도 기말에 원가차이를 배분해서 외부공표용 재무제표를 작성하고 다음 회계기간의 시작시점에는 재고자산에 배분된 차이를 제거해서 원래의 표준원가상태로 조정하는 역분개를 해야 한다. 단, 역분개를 할 때 주의할 점은 매출원가에 조정한 원가차이는 역분개를 할 필요가 없다는 것이다. 왜냐하면 매출원가계정은 다음 회계연도에는 잔액이 '0'으로 시작하기 때문이다.

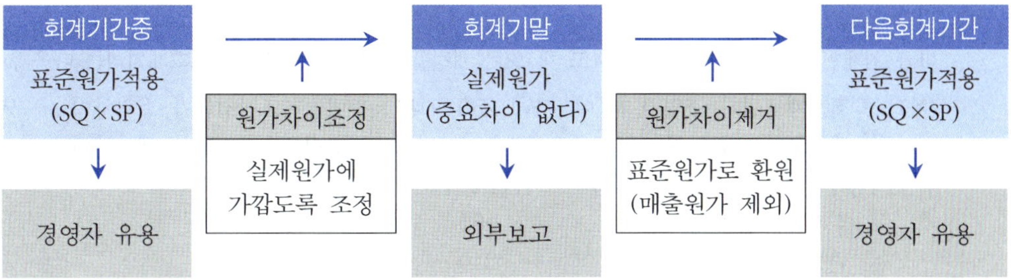

예제 [6-16] 원가차이배분액의 제거

06

[예제 6-15]의 자료를 이용하며 원가요소별 비례배분법에 따라 원가차이를 조정해서 재무제표를 작성하였다.

요구사항

다음회계기간 기초에 재고자산계정을 표준원가로 환원하기 위한 수정분개를 하시오.

해답

1. 원가차이 조정금액의 계산

비례배분법이 적용되어 실제원가에 가깝도록 수정한 재고자산의 계정잔액은 외부보고를 하고 나서는 다시 표준원가로 환원해야 한다. 여기서 주의할 점은 다음기에 '0'으로 시작하는 매출원가계정은 조정할 필요가 없다는 것이다. 따라서 매출원가에 조정한 금액이외의 금액을 원가차이로 환원해야 한다. 예제에서 역분개를 해야하는 원가차이를 계산해 보면 다음과 같다.

배분대상	원재료	재공품	제 품	합 계
직접재료원가 구입가격차이	₩500	₩375	₩375	1,250 불리
직접재료원가 능률차이		750	750	1,500 불리
직접노무원가 가격차이		60	180	240 불리
직접노무원가 능률차이		40	120	160 불리
변동제조간접원가 소비차이		(48)	(144)	192 유리
변동제조간접원가 능률차이		60	180	240 불리
고정제조간접원가 예산차이		(200)	(600)	800 유리
고정제조간접원가 조업도차이		500	1,500	2,000 불리
원가차이 조정금액합계	₩500	₩1,537	₩2,361	₩4,398 불리

2. 원가차이를 제거하는 수정분개

다음 회계연도에 원가차이를 제거하고 재고자산계정을 표준원가로 환원하는 회계처리는 다음과 같다.

(차)			(대)		
	직접재료원가 구입가격차이	₩1,250		변동제조간접원가 소비차이	₩192
	직접재료원가 능률차이	1,500		고정제조간접원가 예산차이	800
	직접노무원가 가격차이	240		원 재 료	500
	직접노무원가 능률차이	160		재 공 품	1,537
	변동제조간접원가 능률차이	240		제 품	2,361
	고정제조간접원가 조업도차이	2,000		(매출원가는 제외)	

매출원가에 조정한 금액은 제거분개를 할 필요가 없기 때문에 본래의 원가차이를 배분하는 분개와 원가차이를 제거하는 분개는 매출원가에서 조정된 금액만큼 차이가 난다.

제 7 절 공손이 포함된 표준종합원가계산

종합원가계산을 적용하는 경우에 공손품에 대한 회계처리가 가장 중요한 주제인 것처럼 표준종합원가계산에서도 공손품에 대한 회계처리는 복잡하고 까다롭다. 표준종합원가계산에서도 공손품은 정상공손과 비정상공손으로 구분하고 정상공손원가는 품질검사합격물량에 배분하는데 다음 사항에 주의해야 한다.

① 5단계 중에서 4단계의 완성품환산량 단위당 원가가 표준원가로 미리 확정되어 있어서 재공품과 제품의 금액은 물량에 단위당 표준원가를 곱해서 계산한다.

② 3단계인 공정에 투입된 원가도 당기완성품환산량에 단위당 표준원가를 곱하여 역산해서 배부액을 계산한다.

③ 표준원가배부액과 실제발생액과 차이는 차이계정에 집계해서 원가통제목적에 활용한다. 단, 산출량기준 표준투입량(SQ)은 당기완성품환산량을 기준으로 계산한다.

④ 검사통과후 물량은 정상공손허용액을 포함한 단위당 표준원가를 사용하고 검사합격전물량은 정상공손원가를 제외한 표준원가를 사용한다.

예제 [6-17] 공손이 포함된 표준종합원가계산

(주)원가는 표준원가를 사용하고 있으며, 품질검사는 100% 완성시점에 이루어지며 검사합격물량의 10%를 정상공손으로 판단하고 있다. 5차년도의 표준원가를 다음과 같이 설정하였다.

(1) 변동제조간접원가는 직접노동시간을 배부기준으로 결정하였고 고정제조간접원가예산은 ₩50,000이며, 기준조업도는 5,000개(10,000시간)를 적용해서 고정제조간접원가배부율을 결정했다.

직접재료원가	3kg×₩10=	₩30
직접노무원가	2시간×₩3=	6
변동제조간접원가	2시간×₩2=	4
고정제조간접원가	2시간×₩5=	10
단위당표준원가		₩50
단위당정상공손허용액	₩50×10%=	5
정상제품 표준원가		₩55

(2) 물량자료

재 공 품

기 초	1,000개(50%)	완 성	4,000개
착 수	4,000	공 손	500
		기 말	500(40%)
	5,000개		5,000개

제 품

기 초	1,000개	판 매	3,000개
생 산	4,000	기 말	2,000
	5,000개		5,000개

요구사항

1. 정상공손수량을 계산하시오.
2. 표준종합원가계산의 제조원가보고서를 작성하시오.

해답

1. 정상공손수량의 파악

(1) 당기검사합격물량(직접계산법)

1,000개(기초완성)+3,000개(당기완성)+0개(기말재공품)=4,000개

(2) 정상공손수량 : 4,000개×10%=400개

2. 표준종합원가의 제조원가보고서

	[1단계] 물량의 흐름	[2단계] 완성품 환산량 재료원가	[2단계] 완성품 환산량 가공원가
기초재공품	1,000(50%)		
당기착수	4,000		
	5,000개		
당기완성			
기초재공품	1,000	0	500
당기착수	3,000	3,000	3,000
정상공손	400(100%)	400	400
비정상공손	100(100%)	100	100
기말재공품	500(40%)	500	200
	5,000개	4,000개	4,200개

[3단계] 총원가의 요약			합계
기초재공품원가(표준)			₩40,000
당기발생원가(표준)	₩120,000	₩84,000	204,000
합계			₩244,000
[4단계] 환산량 단위당 원가			
완성품환산량	÷4,000개	÷4,200개	
환산량단위당원가(표준)	@30	@20	

[5단계] 원가의 배분(1차 배분)		
완성품원가(표준)	4,000개×@50=	₩200,000
정상공손원가	400개×@30+400개×@20=	20,000
비정상공손원가	100개×@30+100개×@20=	5,000
기말재공품원가(표준)	500개×@30+200개×@20=	19,000
합계		₩244,000

(2차 배분)	배분전원가	정상공손원가배분	배분후원가
완성품원가(표준)	₩200,000	₩20,000	₩220,000
정상공손원가	20,000	(20,000)	
비정상공손원가	5,000		5,000
기말재공품원가(표준)	19,000		19,000
합계	₩244,000	₩0	₩244,000

이와 같이 공손이 존재하는 경우에 표준원가를 적용하면 완성품환산량에 단위당 표준원가를 곱해서 재공품계정의 금액을 기록한다. 단, 검사를 통과한 물량은 단위당 정상공손허용액 ₩5가 가산되어야 한다. 예제에서도 완성품의 단위당 원가는 ₩55(₩220,000÷4,000개)으로 정상공손허용

액이 포함되어 있다. 예를 들어 3,500개가 판매되었다면 매출원가도 정상제품표준원가 ₩55에 판매량을 곱해서 ₩192,500으로 계산된다.

참고로 예제에서 기초제품이 1,000개가 있고 3,000개가 판매된 경우에 재공품계정과 제품계정에 기록된 표준원가를 T계정에 기록해 보면 다음과 같다.

재공품

	차변	금액	대변	금액
	기초재고	40,000	당기제품제조원가	220,000
표준원가로 기록	직접재료원가*	120,000		(4,000개×₩55)
표준원가로 기록	직접노무원가	25,200	비정상공손원가	5,000
표준원가로 기록	변동제조간접원가	16,800		(100개×₩50)
표준원가로 기록	고정제조간접원가	42,000	기말재고	19,000
	합계	244,000	합계	244,000

제품

차변	금액	대변	금액
기초재고	55,000	매출원가	165,000
	(1,000개×₩55)		(3,000개×₩55)
당기제품제조원가	220,000	기말재고	110,000
	(4,000개×₩55)		(2,000개×₩55)
합계	275,000	합계	275,000

* 당기완성품환산량×SP

앞의 계정내용을 살펴보면 검사를 통과한 물량은 단위당 표준원가를 ₩55를 적용해야 하고 검사를 합격하지 않은 물량은 정상공손원가허용액을 포함시키지 않는다. 그리고 재공품계정의 차변에 기록하는 당기총제조원가(배부액)은 당기완성품환산량(선입선출법완성품환산량)을 기준으로 계산한다. 예제에서 배부액으로 기록해야할 금액을 자세히 살펴보면 다음과 같다.

직접재료원가	4,000개* ×3kg×₩10=	₩120,000
직접노무원가	4,200개* ×2시간×₩3=	25,200
변동제조간접원가	4,200개* ×2시간×₩2=	16,800
고정제조간접원가	4,200개* ×2시간×₩5=	42,000
당기총제조원가(배부액)		₩204,000

* 당기완성품 환산량(선입선출법 완성품환산량)

표준원가와 실제원가의 차이분석은 앞 절에서 살펴본 표준종합원가계산과 마찬가지로 당기완성품환산량을 기준으로 계산한 표준원가배부액(SQ×SP)과 실제원가를 비교해서 차이를 계산한다.

보 론 다양한 제조간접원가 차이분석

제조간접원가에 대한 차이분석은 변동제조간접원가와 고정제조간접원가를 구분하여 변동제조간접원가차이는 소비차이와 능률차이로, 고정제조간접원가는 예산차이와 조업도차이로 분석하는 4분법이 일반적이다. 그런데 기업에서 발생하는 실제제조간접원가는 변동제조간접원가와 고정제조간접원가로 구분할 수 없는 혼합원가인 경우가 많다. 제조간접원가를 변동제조간접원가과 고정제조간접원가를 구분하기 어려운 경우에는 제조간접원가를 총액으로 분석해야 하는데, 이 경우에 사용하는 것이 2분법과 3분법이다.

(1) 제조간접원가 2분법과 3분법의 차이분석 기본구조

제조간접원가가 혼합원가로 파악되는 경우에 사용되는 2분법과 3분법의 계산구조는 다음의 모형을 이용해서 차이를 분석한다.

	실제원가	투입량기준예산	변동예산*1		배부액*2
변동제조간접원가	실제원가	(AQ×SP)	(SQ×SP)	=	(SQ×SP)
	① 소비차이	③ 능률차이	조업도차이(없음)		
고정제조간접원가	실제원가	총액예산목표	= 총액예산목표		(SQ×SP)
	② 소비차이	능률차이(없음)	④ 조업도차이		
	실제원가	AQ×SP+FOH예산	SQ×SP+FOH예산		(SQ×SP)
3분법	소비차이(①+②) OH관리차이	능률차이(③) 배부기준관리차이	조업도차이(④) 통제불가능차이		
2분법	예산차이(①+②+③) 통제가능차이		조업도차이(④) 통제불가능차이		
1분법	배부차이(①+②+③+④) : 실제원가와 배부액의 차이				

* 1. 변동원가는 변동예산과 배부액이 동일해서 두 금액을 하나로 기록하고 표준원가로 표시한다.
2. 고정원가는 변동예산과 투입량기준예산이 동일해서 두 금액을 하나로 기록하고 예산으로 표시

- **실제원가** : 변동제조간접원가와 고정제조간접원가가 구분되지 않고 총액으로 파악되어 총제조간접원가만이 집계된다.
- **투입량기준예산** : 제조간접원가자체를 관리해서 달성할 수 있는 목표금액이다. 목표금액이 일정한 고정제조간접원가예산에 실제로 사용된 노동시간(AQ)에 시간당 표준배부율(SP)을 곱한 투입량기준 변동제조간접원가를 합해서 설정한다.

실제작업시간(AQ)×표준배부율(SP)+고정제조간접원가예산

- **산출량기준 변동예산** : 실제생산량을 생산하면서 기업전체적으로 달성할 제조간접원가목표 금액으로 제조간접원가자체만이 아니라 노동시간도 최적으로 관리되었을 때 달성되는 목표 금액이다. 고정제조간접원가예산에 산출량기준 표준노동시간(SQ)에 시간당 표준배부율(SP)을 곱한 투입량기준 변동제조간접원가를 합해서 설정한다.

> 표준작업시간(SQ) × 표준배부율(SP) + 고정제조간접원가예산

- **배부액** : 고정제조간접원가도 단위당 배부율을 적용해서 실제생산량에 단위당 제조간접원가 배부율을 곱해서 계산한다.

이와 같이 제조간접원가 차이를 분석하는 방법에는 4분법, 3분법, 2분법, 1분법이 있는데 제조간접원가를 변동제조간접원가와 고정제조간접원가로 구분할 수 있는 경우에는 4분법을 적용하고 그 구분이 용이하지 않은 경우에는 3분법이나 2분법을 적용하게 된다. 지금까지 살펴본 제조간접원가의 차이분석방법을 요약하면 다음과 같다.

4분법	3분법	2분법	1분법
① 변동제조간접원가 소비차이	제조간접원가 소비차이 (①+②)	제조간접원가 예산차이 (①+②+③)	제조간접원가 배부차이 (①+②+③+④)
② 고정제조간접원가 예산차이			
③ 변동제조간접원가 능률차이	③ 제조간접원가 능률차이		
④ 고정제조간접원가 조업도차이	④ 제조간접원가 조업도차이	④ 제조간접원가 조업도차이	

보론예제 제조간접원가의 차이분석-2분법, 3분법

나무회사의 제조간접원가는 혼합원가로 회귀분석법에 따라 제조간접원가를 분석한 결과 제조간접원가의 원가동인은 노동시간으로 파악되었으며, 다음과 같은 예산식을 얻었다.

제조간접원가 예산식 y=₩50,000+₩2×x(x는 노동시간)

나무회사의 경영자는 이 예산식의 고정원가와 변동원가를 표준으로 하여 단위당 제조간접원가의 표준원가를 결정하였으며 제품 단위당 표준시간은 2시간이고 기준조업도는 10,000시간(5,000개)이다. 나무회사가 실제로 달성한 경영성과는 다음과 같다.

생 산 량	4,000개
제조간접원가	₩73,000
노 동 시 간	7,000시간

요구사항

1. 총제조간접원가의 시간당 배부율을 계산하시오.
2. 산출량기준 제조간접원가예산을 설정하시오.
3. 2분법에 따라 제조간접원가의 예산차이와 조업도차이를 계산하시오.
4. 투입량기준 제조간접원가예산을 설정하시오.
5. 3분법에 따라 제조간접원가의 차이를 분석하시오.
6 변동제조간접원가가 ₩13,000으로 파악되었다면 4분법에 따라 제조간접원가의 차이를 분석하시오.

해답

1. 총제조간접원가의 시간당 배부율

변동제조간접원가의 시간당 배부율은 ₩2으로 일정하지만 고정제조간접원가의 시간당 배부율은 기준조업도에 따라 달라진다. 예제에서 기준조업도를 10,000시간으로 선택하였으므로 총제조간접원가의 시간당 배부율은 다음과 같이 계산된다.

변동제조간접원가		₩2
고정제조간접원가	₩50,000÷10,000시간=	5
시간당 제조간접원가 배부율		₩7

2. 산출량기준 총제조간접원가예산(변동예산)

산출량기준 제조간접원가예산은 실제생산량에 허용된 표준노동시간(표준원가동인량)을 기준으로 계산된 제조간접원가예산으로 변동예산에 해당한다. 이는 현재의 생산량을 기준으로 기업전체적으로 달성해야 할 원가목표를 의미한다.

$$\text{산출량기준 제조간접원가예산} = ₩50,000 + \underbrace{4,000\text{개} \times 2\text{시간}}_{SQ(\text{산출량기준 노동시간})} \times \underbrace{@2}_{SP} = ₩66,000$$

산출량기준 제조간접원가예산 ₩66,000이 달성되기 위해서는 제조간접원가를 시간당 ₩2과 ₩50,000을 관리해야 할 뿐만 아니라 노동시간도 산출량기준 노동시간인 8,000시간이 사용되어야만 한다. 즉, 제조간접원가 자체만이 아니라 노동시간까지도 모두 최적으로 관리했을 때 산출량기준 제조간접원가예산을 달성할 수 있다.

3. 2분법에 의한 예산차이(변동예산차이)와 조업도 차이

실제발생한 총제조간접원가	실제투입량에 근거한 총제조간접원가 예산	실제산출량에 근거한 총제조간접원가 변동예산	총제조간접원가 배 부 액
₩73,000	7,000시간×@2+₩50,000 =₩64,000	4,000개×2시간×@2+₩50,000 =₩66,000	4,000개×2시간×@7 =₩56,000

3분법	소비차이 ₩9,000불리	능률차이 ₩2,000유리	조업도차이 ₩10,000불리
2분법	① 예산차이 ₩7,000불리		② 조업도차이 ₩10,000불리
1분법	배부차이 ₩17,000불리		

① 예산차이 : 전체제조간접원가의 변동예산과 실제원가와의 차이로 생산부문에서 통제가능한 총제조간접원가의 차이에 해당한다. 변동제조간접원가 소비차이와 능률차이 및 고정제조간접원가 소비차이를 포함한다.

② 조업도차이 : 제조간접원가의 변동예산과 총제조간접원가 배부액과의 차이금액으로 생산부문에서 단기적으로 통제할 수 없는 차이에 해당한다. 변동제조간접원가는 변동예산과 배부액이 일치하므로 고정제조간접원가의 조업도차이와 크기가 동일하다.

4. 투입량기준 변동제조간접원가예산

투입량 기준 변동제조간접원가예산은 실제로 투입된 노동시간(실제원가동인량)을 기준으로 계산된 제조간접원가예산으로 제조간접원가 관리자가 달성해야 할 총제조간접원가의 원가목표를 의미한다.

투입량기준 제조간접원가예산=₩50,000+7,000시간(AQ(실제노동시간))×@2(SP)=₩64,000

투입량기준 변동제조간접원가예산 ₩64,000이 달성되기 위해서는 노동시간 한 시간을 작업했을 때 제조간접원가 자체를 최적으로 관리해서 시간당 ₩2과 ₩50,000이 발생하도록 하면 된다. 즉, 투입량기준 변동제조간접원가예산은 실제작업된 노동시간을 기준으로 제조간접원가 자체를 최적으로 관리했을 때에 달성할 수 있는 목표금액이다.

5. 3분법에 의한 차이분석

	실제발생한 총제조간접원가	실제투입량에 근거한 총제조간접원가 예산	실제산출량에 근거한 총제조간접원가 변동예산	총제조간접원가 배 부 액
	₩73,000	7,000시간×@2+₩50,000 =₩64,000	4,000개×2시간×@2+₩50,000 =₩66,000	4,000개×2시간×@7 =₩56,000
3분법	소비차이 ₩9,000불리	능률차이 ₩2,000유리	조업도차이 ₩10,000불리	
2분법	① 예산차이 ₩7,000불리		② 조업도차이 ₩10,000불리	
1분법	배부차이 ₩17,000불리			

① 소비차이 : 실제사용한 노동시간(AQ)를 기준으로 제조간접원가 자체를 관리해서 발생하는 차이에 해당한다. 변동제조간접원가 소비차이와 고정제조간접원가 소비차이를 합한 금액이다.

② 능률차이 : 노동시간의 관리로 제조간접원가가 영향받은 차이에 해당한다. 실제사용노동시간(AQ)과 산출량기준표준투입시간(SQ)과의 차이로 인해 발생하며 변동제조간접원가 능률차이와 크기가 같다.

③ 조업도차이 : 제조간접원가의 변동예산과 총제조간접원가 배부액과의 차이금액이다. 고정제조간접원가 조업도 차이와 크기가 같다.

6. 4분법에 의한 차이분석

	실제원가 (AQ×AP)	투입량기준 예산 (AQ×SP)	산출량기준예산 (변동예산)	배부액 (SQ×SP)
변동 제조간접원가	₩13,000	7,000시간×@2 =₩14,000	4,000개×2시간×@2 =₩16,000	4,000개×2시간×@2 =₩16,000
	소비차이 ₩1,000F	능률차이 ₩2,000F		
	변동예산차이 ₩3,000F		조업도차이 ₩0	
고정 제조간접원가	₩60,000	₩50,000	5,000개×2시간×₩5 =₩50,000	4,000개×2시간×₩5 =₩40,000
	소비차이 ₩10,000U	–		
	변동예산차이 ₩10,000U		조업도차이 ₩10,000U	

예제의 산출량기준 제조간접원가예산과 투입량기준 제조간접원가예산을 그림으로 살펴보면 다음과 같다.

제조간접원가의 예산과 차이

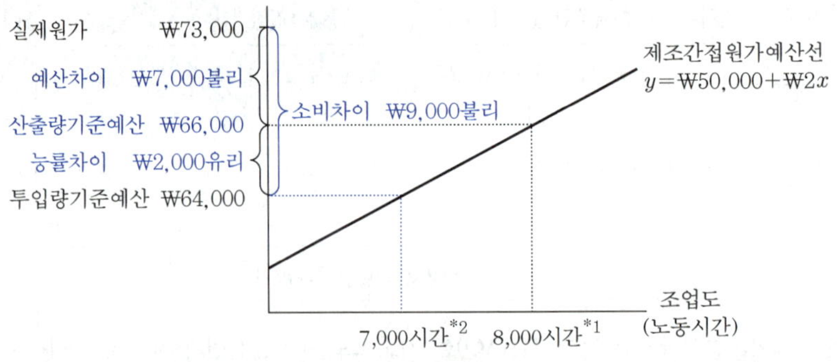

*1. 산출량기준 목표노동시간(SQ)
2. 투입량기준 실제투입시간(AQ)

이 그림에서 알 수 있듯이 2분법에서 예산차이는 산출량기준예산과 실제원가와의 차이로 제조간접원가의 통제목적상 총차이에 해당하고 예산과 배부액의 차이는 조업도차이에 집계된다. 그리고 3분법은 예산차이를 소비차이와 능률차이로 구분하는 것이다. 소비차이는 제조간접원가 자체의 관리로 나타나는 차이이며 능률차이는 제조간접원가 자체가 아니라 노동시간의 관리로 나타나는 것이다.

(2) 2분법과 3분법의 차이분석시 주의사항

2분법과 3분법에 따라 제조간접원가를 분석하는 경우에는 다음의 사항에 주의하면서 적용하면 쉽게 분석할 수 있다.

① 2분법과 3분법의 조업도차이는 4분법의 고정제조간접원가 조업도차이와 동일하므로 고정제조간접원가 조업도차이를 이용해서 구하는 것이 편하다.

② 2분법과 3분법의 능률차이는 4분법의 변동제조간접원가 능률차이와 동일하므로 변동제조간접원가 능률차이를 이용해서 구하는 것이 편하다.

③ 2분법 예산차이는 표준투입량(SQ)기준 제조간접원가예산과 실제를 비교해서 계산한다.

④ 3분법 소비차이는 실제투입량(AQ)기준 제조간접원가예산과 실제를 비교해서 계산한다.

CHAPTER Cost & Management Accounting

06 연습문제

객관식 문제

01 차이분석의 개념적용

나무산업은 표준원가계산제도를 채택하고 있으며 생산활동과 관련된 자료는 다음과 같다.

1. 단위당 표준재료원가	5kg×₩100=₩500		
2. 예산생산량	2,000개		
3. 실제생산자료			
제품생산량	1,000개		
직접재료사용량	4,000kg	재료단위당 구입원가	₩120

위의 자료를 기초로 할 때 다음의 설명 중에서 맞는 문장을 찾으시오.

① 회계연도 기초에는 2,000개의 생산량을 예상하고 있으며 이를 기준으로 직접재료원가의 예산을 설정하면 ₩1,000,000이다. 직접재료원가예산 ₩1,000,000은 당기에 실제로 발생한 재료원가의 목표금액이다.

② 당기에 실제로 발생한 재료원가는 ₩480,000이며 이 금액은 2,000개의 예산생산량을 생산하면서 발생한 원가이다.

③ 회계연도의 기말에 실제생산량 1,000개를 기준으로 직접재료원가예산을 설정하면 ₩500,000이며 이를 투입량기준 직접재료원가 예산이라고 한다.

④ 실제재료사용량 4,000kg을 기준으로 직접재료원가예산을 설정하면 ₩400,000이며 이를 산출량기준 직접재료원가예산이라고 한다.

⑤ 직접재료원가의 가격차이는 ₩80,000불리이고 능률차이는 ₩100,000유리이다.

02 차이분석의 개념적용

나무산업은 표준원가계산제도를 채택하고 있으며 노무원가와 관련된 자료는 다음과 같다.

단위당 표준노무원가	2시간×₩50=	₩100
예산생산량기준예산(고정예산)		₩100,000
실제생사량기준예산(변동예산)		200,000
실제투입량기준예산		150,000
실제임률		시간당 @60

위의 자료를 기초로 할 때 다음의 설명 중에서 맞는 문장을 찾으시오.

① 회계연도 기초의 예산생산량은 1,000개였으며 이 수량을 기초로 설정한 예산금액은 ₩100,000이며 이 금액은 실제발생한 원가의 목표금액이다.

② 실제생산량은 2,000개였으며 당기의 생산량을 만들면서 사용했어야 하는 표준노동시간(SQ)는 3,000시간이다.

③ 실제로 발생한 원가는 ₩180,000이며 실제노동시간은 3,600시간이다.

④ 실제로 사용한 노동시간(AQ)은 3,000시간이며 실제사용시간을 기준으로 설정한 예산은 ₩150,000이다. 실제노동시간 3,000시간과 표준노동시간 4,000시간의 차이가 능률차이의 원인이며 사용량의 차이에 실제단가(AP)를 곱하면 능률차이가 계산된다.

⑤ 직접노무원가의 가격차이는 표준임률 ₩50과 실제임률 ₩60의 차이로 발생하며 단가차이 ₩10에 실제작업시간 3,000시간을 곱하며 가격차이가 불리한 차이로 계산된다.

06

03 직접재료원가 능률차이

M사는 표준원가계산제도를 채택하고 있으며 생산활동과 관련된 자료는 다음과 같다.

1. 표준원가

	제품단위당 표준투입량	투입량단위당 표준원가
직접재료원가	5개	₩10
직접노무원가	2시간	4

2. 실제생산자료

제품생산량	100개		
직접재료원가	₩5,200	직접노무원가	₩750
재료단위당 구입원가	₩12.5	직접노동시간	250시간

위의 자료를 기초로 할 때 직접재료원가 능률차이(수량차이)는 얼마인가?

① ₩1,050 유리　　② ₩1,050 불리　　③ ₩1,040 불리

④ ₩840 불리　　⑤ ₩840 유리

04 직접재료원가의 차이분석

당기에 영업을 시작한 (주)백제는 표준원가제도를 채택하고 있으며 20×5년의 재료원가와 관련된 표준원가 및 생산활동 자료는 다음과 같다.

표준원가자료 :	제품단위당 원재료 표준투입량	3kg
	원재료 단위당 표준가격	₩50
실제생산자료 :	제품생산량	1,600개
	직접재료원가	₩241,800
	원재료 구입량	5,500kg
	원재료 구입단가	₩52

(주)백제의 20×5년 직접재료원가 구입가격 차이와 능률차이는 각각 얼마인가?

	구입가격 차이	능률차이
①	₩4,650 불리	₩6,300 유리
②	9,300 유리	6,300 불리
③	11,000 불리	7,500 유리
④	11,000 유리	7,500 불리
⑤	11,000 불리	7,850 불리

05 직접노무원가 실제임률과 표준시간

다음은 (주)동해의 회계자료이다.

실제직접노동시간	101,500시간
직접노무원가 능률차이	₩14,000(유리)
직접노무원가 임률차이	20,300(유리)
노무원가 지급총액(실제발생액)	385,700

위의 자료에 의할 때 직접노무원가에 대한 실제임률과 표준시간은 각각 얼마인가?

	실제임률	표준시간
①	₩3.8	100,000시간
②	3.9	105,000
③	3.8	105,000
④	3.8	101,500
⑤	3.9	105,000

06 재료원가의 차이분석 (2007. 세무사)

대한회사는 표준원가계산제도를 채택하고 있다. 다음은 재료비 표준원가와 실제원가의 차이에 관한 자료이다.

〈실제원가〉	직접재료원가 실제사용량	3,200kg, @11/kg
	실제완성품 생산수량	2,000단위
〈재료비 원가차이〉	직접재료비 가격차이	₩9,600(유리한 차이)
	직접재료비 능률차이	₩5,600(불리한 차이)

대한회사의 제품 2,000단위 표준재료비와 제품 1단위당 표준투입량은 얼마인가?

	제품 2,000단위 표준재료비	제품 1단위당 표준투입량
①	₩39,200	1.4kg
②	44,800	2.0
③	35,200	2.0
④	42,000	1.3
⑤	47,600	2.5

07 직접재료원가 능률차이

다음은 (주)원가의 직접재료원가에 대한 자료이다.

예산생산량	4,000개
실제생산량	5,000개
직접재료 실제구입가격	₩400/kg
제품당 표준투입량	4kg
직접재료의 표준가격	₩300/kg
직접재료원가 가격차이	₩1,800,000불리

직접재료원가 능률차이는 얼마인가?

① ₩600,000 유리 ② ₩600,000 불리 ③ ₩1,200,000 유리
④ ₩1,200,000 불리 ⑤ ₩1,800,000 유리

08 직접노무원가 임률차이

표준원가계산제도를 채택하고 있는 (주)원가의 6월 중 원가자료는 다음과 같다.

- 직접노무원가 표준은 노동시간을 기준으로 표준임률을 적용한다.
- 표준노동시간은 생산량 1t당 6노동시간이 소요된다.
- 6월 중 실제생산량은 990t이다.
- 6월 중 실제노동시간은 6,180노동시간이다.
- 6월 중 실제직접노무원가 발생액은 ₩54,105,900이다.
- 6월 중 직접노무비원가 능률차이는 ₩2,040,000 불리하다.

6월 중 직접노무원가의 임률차이는 얼마인가?

① ₩1,514,700 유리　② ₩3,615,900 불리　③ ₩1,575,900 불리
④ ₩2,101,200 유리　⑤ ₩464,100 불리

09 직접노무원가 능률차이

승액회사의 1개월간 직접노무원가 자료는 다음과 같다.

실제 직접노동시간	20,000시간
표준 직접노동시간	21,000시간
직접노무원가 임률 차이(불리)	₩3,000
노무원가 총액	126,000

이 경우 직접노무원가 능률차이는 얼마인가?

① ₩3,000 불리　② ₩3,000 유리　③ ₩6,150 불리
④ ₩6,150 유리　⑤ ₩4,800 유리

10 실제작업시간 역산

다음 표준원가계산자료에 의하여 당기 중의 실제작업시간을 계산하면?

실제생산량	2,000단위
노무원가발생액	₩4,000,000
단위당 표준허용시간	24시간
유리한 임률차이	₩1,200,000
불리한 시간차이	400,000

① 40,000시간　② 44,000시간　③ 48,000시간
④ 50,000시간　⑤ 52,000시간

11 노무원가 차이(생산량 추정)

(주)원가는 표준원가계산제도를 채택하고 있다. 당기 중 화재로 인하여 기록의 일부가 소실되었다. 실제 투입된 직접노동시간은 3,000시간이고, 시간당 표준임률은 ₩2,000이다. 회사는 당기에 직접노무원가의 유리한 임률차이 ₩300,000, 직접노무원가 불리한 총 차이는 ₩500,000만큼 나타났다. 제품단위당 표준노동시간이 2시간이라면 당기의 생산량은 몇 단위인가?

① 2,500단위 ② 1,800단위 ③ 2,000단위
④ 1,700단위 ⑤ 1,300단위

06

12 변동제조간접원가 차이분석개념

(주)원가는 공장설비가동과 냉난방에 모두 등유를 사용하고 있으며 유류비에 대해 표준원가를 적용해서 관리하려고 한다. 작업자가 노동시간동안 작업하는 과정에서 기계장치가 가동되며 기계장치가 1시간이 가동될 때마다 등유 2ℓ가 사용되고 ℓ당 ₩1에 구입해서 사용하면 관리되는 것으로 분석되었다. 제품 한 단위를 생산하는데 소요되는 노동시간은 2시간이면 적절히 관리되는 것으로 파악하였다. 모든 제조원가를 책임지고 있는 공장장은 유류비를 적절하게 관리하기 위해서 유류비 관리책임자로 박과장을 임명하였다. 박과장은 기계장치를 보수하고 보일러를 관리해서 등유의 사용량를 절감하려 노력하고 있고 구입단가도 관리하고 있다. 실제생산량은 4,000개이고 실제작업시간은 7,000시간이며 실제로 발생한 유류비는 ₩16,200(18,000ℓ × @0.9)이다. (주)원가에 대한 다음의 설명 중에서 맞는 것은?

① 제조간접원가(유류비)의 발생액을 결정하는 요인은 기계를 가동하면서 작업하는 노동시간이므로 박과장이 달성해야할 유류비 목표금액은 실제로 작업한 노동시간 7,000시간을 기준으로 계산한 ₩14,000(7,000시간 × ₩2)이며 이 금액을 산출량기준 변동제조간접원가예산이라고 한다.
② 회계연도 기초에 예산생산량이 5,000단위였다면 변동제조간접원가 고정예산은 ₩20,000이며, 이 금액은 당기발생한 유류비 ₩16,200과 비교해야할 목표금액에 해당한다.
③ 단위당 표준변동제조간접원가는 ₩2이며 당기의 산출량기준 변동제조간접원가예산은 ₩16,000이다.
④ 변동제조간접원가 배부액은 ₩16,000이며 변동제조간접원가는 배부액과 산출량기준예산의 크기가 같아서 조업도차이가 발생하지 않는다.
⑤ 공장장이 통제가능한 원가차이는 ₩200불리이고 박과장이 통제가능한 원가차이는 ₩2,000 유리이다.

13 변동제조간접원가 능률차이 (2002. 세무사)

다음은 장백회사의 제조활동과 관련된 자료이다.

> 단위당 표준직접노동시간 : 2시간
> 실제직접노동시간 : 10,500시간
> 생산된 제품단위 : 5,000개
> 변동제조간접원가 표준 : 표준 직접노동시간당 ₩3
> 실제변동제조간접원가 : ₩28,000

장백회사의 6월 변동제조간접원가 능률차이는?

① ₩2,000 유리 ② ₩1,500 불리 ③ ₩2,000 불리
④ ₩3,500 유리 ⑤ ₩1,500 유리

14 변동제조간접원가 소비차이 (2004. 세무사)

(주)삼천리의 표준원가계산제도는 제조간접원가의 배부에 있어서 직접작업시간을 배부기준으로 사용한다. 다음은 이 회사의 원가차이분석에 필요한 자료이다.

제조간접원가 실제발생액	₩15,000
고정제조간접원가 실제발생액	7,200
고정제조간접원가 예산액	7,000
실제작업시간	3,500시간
표준작업시간	3,800
변동제조간접원가 배부율 작업시간당	₩2.5

변동제조간접원가 소비차이는 얼마인가?

① ₩1,700 유리 ② ₩750 불리 ③ ₩720 유리
④ ₩1,500 불리 ⑤ ₩950 유리

15 변동제조간접원가 차이분석 (2010. 세무사)

(주)진주는 제조간접비를 직접노무시간에 따라 배부하며, 기준조업도(직접노무시간)는 30,000시간/월이다. 제품 1단위를 생산하는데 표준직접노무시간은 3시간이다. 20×1년 9월의 발생 자료는 다음과 같다.

실제 직접노무시간	28,000시간
변동제조간접원가 실제 발생액	₩37,800
소비차이	4,200(유리)
능률차이	7,500(유리)

(주)진주의 20×1년 9월 실제 제품생산량은 몇 단위인가?

① 8,500단위 ② 9,000단위 ③ 9,500단위
④ 10,000단위 ⑤ 11,000단위

06

16 고정제조간접원가 조업도 차이

(주)원가는 에어컨을 생산·판매하는 회사이다. 제품 한 단위를 생산하면서 사용하는 표준노동시간은 2시간이다. 고정제조간접원가예산은 ₩1,000,000이며 기준조업도는 연간기대조업도인 1,000단위를 적용한다. 실제로 발생한 고정제조간접원가는 ₩800,000이였다. (주)원가에 대한 다음의 설명 중에서 맞는 것은?

① 실제생산량이 800개이고 실제작업시간이 1,800시간이라면 고정제조간접원가 배부액은 실제작업시간을 기준으로 배부한 ₩900,000이 된다.
② 실제생산량이 900개라면 기준조업도의 90%를 산출하였으므로 고정제조간접원가 예산의 90%가 배부되어 ₩900,000이 배부되고 예산차이는 나타나지 않게 된다.
③ 실제생산량이 1,000개라면 기준조업도의 100%를 산출하였으므로 고정제조간접원가 예산의 100%가 배부되어 ₩1,000,000이 배부되고 조업도차이와 예산차이는 나타나지 않게 된다.
④ 실제생산량이 1,100개라면 기준조업도의 110%를 산출하였으므로 고정제조간접원가 예산의 110%가 배부되어 ₩1,100,000이 배부되고 조업도차이는 ₩100,000 불리로 계산된다
⑤ 실제생산량이 1,200개라면 1,100개를 생산한 경우보다 고정제조간접원가 배부액은 100개분이 증가하고, 고정제조간접원가 배부액이 증가한 금액만큼 조업도차이가 유리하게 변화된다.

17 고정제조간접원가 조업도차이

(주)희망은 표준원가제도를 사용하고 있다. 표준노무시간은 제품 한 단위당 5시간이다. 제품의 실제 생산량은 2,120단위이고 고정제조간접원가는 발생액은 ₩24,920,000이다. 이 회사의 고정제조간접원가는 노무시간을 기준으로 배부되며 기준조업도는 10,000노무시간이다. 고정제조간접원가 예산차이가 ₩4,360,000 유리하다면 조업도차이는 얼마인가?

① ₩1,233,600 유리 ② ₩1,233,000 불리 ③ ₩1,756,800 유리
④ ₩1,756,800 불리 ⑤ 정답 없음

18 고정제조간접원가 예산차이와 조업도차이 (2005. 세무사)

제품 12,200단위가 생산될 때, 변동제조간접원가 ₩38,720과 고정제조간접원가 ₩124,700이 발생하였다. 표준변동제조간접원가배부율이 ₩1.5이고 고정제조간접원가예산은 ₩120,000이다. 표준배부율은 25,000기계시간을 기준으로 계산되었다. 제품 단위당 표준기계시간은 2시간이다. 총 24,200기계시간이 실제 발생하였다. 고정제조간접원가 예산차이와 조업도차이는 각각 얼마인가?

	예산차이	조업도 차이
①	₩4,700 불리	₩2,880 불리
②	4,700 유리	2,880 유리
③	4,500 불리	3,080 불리
④	4,500 유리	3,080 유리
⑤	4,700 불리	3,080 불리

19 기준조업도 변경의 효과

다른 조건은 모두 동일하고 기준조업도를 감소시키는 경우에 대한 설명으로 올바른 것은?

① 기준조업도를 감소시키는 경우에 고정제조간접원가배부율은 일정하며 고정제조간접원가의 고정예산을 줄여서 설정해야 한다.
② 기준조업도를 감소시키는 경우에 변동제조간접원가의 고정예산은 일정하며 변동제조간접원가배부율은 증가한다.
③ 기준조업도를 감소시키는 경우에 고정제조간접원가의 고정예산은 일정하며 고정제조간접원가배부율은 감소한다.
④ 기준조업도를 감소시키는 경우에 고정제조간접원가의 고정예산은 일정하며 고정제조간접원가배부율은 증가한다.
⑤ 기준조업도를 감소시키는 경우에 변동제조간접원가배부율은 일정하며 변동제조간접원가의 고정예산을 증가시켜서 설정해야 한다.

20 고정제조간접원가 차이분석

고정제조간접원가예산은 ₩100,000이며 단위당 표준노동시간은 2시간이다. 실제생산량은 1,200개이고 고정제조간접원가 실제발생액은 ₩110,000이며 실제노동시간은 1,100시간이다. 다음의 설명 중에서 맞는 것은?

① 기준조업도를 크게 설정할수록 단위당 배부율은 커진다.

② 기준조업도가 1,000개인 경우에 고정제조간접원가 예산차이는 ₩10,000 불리이며, 기준조업도가 800개인 경우에는 불리한 예산차이가 감소한다.

③ 기준조업도가 1,000개인 경우와 800개인 경우에 조업도차이는 ₩30,000이 차이가 난다.

④ 표준원가 배부액은 실제생산량 1,200개나 실제노동시간 1,100시간을 기준으로 배부한다.

⑤ 기준조업도가 1,000개인 경우와 비교해서 800개인 경우에 고정제조간접원가예산이 더 적다.

※ 다음은 21~22번에 관련된 자료이다.

(주)동해의 1차년도 예산자료는 다음과 같다.

예상생산량	50,000개
제품단위당 표준노동시간	3시간
변동제조간접원가예산	₩1,200,000
고정제조간접원가예산	1,200,000
노동시간당 총제조간접원가 배부율	₩16/시간

21 고정제조간접원가 조업도차이

1차년도의 실제생산량이 40,000개라면 1차년도에 대한 설명으로 옳은 것은?

① 변동제조간접원가의 시간당 배부율은 ₩8이며 변동제조간접원가에 대한 산출량기준예산은 ₩1,200,000이다.

② 고정제조간접원가의 고정예산은 ₩1,200,000이며 고정제조간접원가의 변동예산은 ₩960,000이다.

③ 제조간접원가 배부액은 ₩2,400,000이다.

④ 고정제조간접원가는 조업도차이가 ₩200,000 불리하다.

⑤ 1차년도의 기준조업도는 150,000시간이며, 고정제조간접원가는 생산량의 변동이나 투입량의 변동에 영향을 받지 않기 때문에 능률차이가 계산되지 않으며 산출량기준예산과 투입량기준예산이 동일하다.

22 기준조업도 변경에 따른 효과

1차년도에 발생한 고정제조간접원가 조업도차이를 발생시키지 않도록 하기 위하여 2차년도에는 예상생산량을 40,000개로 하향조정하여 표준원가를 재설정하였다. 다른 조건은 6차년도와 동일하며, 2차년도의 실제생산량이 42,000개였다면 2차년도의 총제조간접원가 시간당 배부율과 조업도차이는 각각 얼마인가?

	총제조간접원가 배부율	고정제조간접원가 조업도차이
①	₩16/시간	₩60,000 유리
②	₩16/시간	₩60,000 불리
③	₩18/시간	₩60,000 유리
④	₩18/시간	₩80,000 불리
⑤	₩20/시간	₩80,000 유리

23 고정제조간접원가 조업도차이 (2014. 세무사)

(주)용감한은 표준원가계산을 사용하고 있으며, 월간 기준조업도는 제품 1,200단위를 생산할 수 있는 6,000기계시간이다. (주)용감한의 20×1년 4월 각 조업도 수준별 제조간접원가 변동예산은 다음과 같다.

제조간접원가	조업도 수준		
	5,000기계시간	6,000기계시간	7,000기계시간
변동제조간접원가 :			
소모품비	₩1,000	₩1,200	₩1,400
간접노무원가	1,500	1,800	2,100
계	₩2,500	₩3,000	₩3,500
고정제조간접원가	9,000	9,000	9,000
총제조간접원가	₩11,500	₩12,000	₩12,500

(주)용감한은 20×1년 4월 중 제품 1,300단위를 생산하였다. 이와 관련하여 6,800기계시간이 사용되었고 실제 변동제조간접원가는 ₩4,200이며, 실제 고정제조간접원가는 ₩9,400이다. (주)용감한의 20×1년 4월 고정제조간접원가 생산조업도차이는 얼마인가?

① ₩1,000 불리한 차이 ② ₩1,000 유리한 차이 ③ ₩750 불리한 차이
④ ₩750 유리한 차이 ⑤ ₩0 차이 없음

24 조업도차이 계산

(주)원가는 표준원가시스템을 사용하고 있으며 전년도의 실적은 다음과 같다.

실제 제조간접원가		₩112,400
(이 중 ₩35,000은 고정제조간접원가)		
실제 직접노무시간		35,500시간
실제 직접노무원가		₩328,375
완제품 1단위의 표준 직접노무시간		3시간
완제품 실제 생산량		12,000개
15,000개의 완제품 생산예산	변동제조간접원가	₩90,000
	고정제조간접원가	₩33,750

이 회사의 고정제조간접원가는 직접노무시간을 배부기준으로 한 예정배부율에 따라 제품에 배부된다. 고정제조간접원가의 조업도 차이는 얼마인가?

① ₩6,750 유리한 차이　② ₩3,750 불리한 차이　③ ₩1,250 불리한 차이
④ ₩6,750 불리한 차이　⑤ ₩7,125 유리한 차이

25 제조간접원가 조업도 차이

6차년도에 달성가능한 정상조업도 수준의 80% 하에 운영되었으나 7차년도에는 조업도 90%에 기준을 두어 제조간접원가를 배부하였다.

	80% 조업도	90% 조업도
직 접 노 동 시 간	24,000시간	27,000시간
변 동 제 조 간 접 원 가	₩48,000	₩54,000
고 정 제 조 간 접 원 가	108,000	108,000
시간당제조간접원가	6.5	6

7차년도에 달성가능한 정상조업도수준에 도달하였을 경우 제조간접원가 조업도차이는?

① ₩12,000 불리　② ₩6,000 불리　③ ₩12,000 유리
④ ₩6,000 유리　⑤ 정답 없음

26 기준조업도 추정

(주)원가의 제품단위당 노동시간은 2시간이며 시간당 고정제조간접원가 배부율은 ₩4이다. 20×5년의 고정제조간접비 실제발생액이 ₩50,000이고 조업도차이는 ₩8,000 불리하며 예산차이는 ₩2,000 불리하다. 실제생산량이 5,000개인 경우에 20×5년의 기준조업도는 얼마인가?

① 10,000시간　② 11,000시간　③ 12,000시간
④ 13,000시간　⑤ 14,000시간

27 제조간접원가 차이분석종합

(주)수유의 7월의 제조간접원가와 관련된 자료는 다음과 같다.

고정제조간접원가 표준	₩100/시간
변동제조간접원가 표준	400/시간
월간노동시간(예산)	40,000시간
실제노동시간	39,500시간
실제생산량에 허용된 표준시간	39,000시간
제조간접원가 과대배부액	₩200,000

7월 동안의 제조간접원가 실제발생액과 제조간접원가 조업도차이는 각각 얼마인가?

	실제발생액	조업도차이		실제발생액	조업도차이
①	₩19,300,000	₩100,000 불리	②	₩19,300,000	₩100,000 유리
③	19,600,000	100,000 불리	④	19,500,000	100,000 유리
⑤	19,600,000	300,000 불리			

28 고정예산을 이용한 변동예산의 추정

(주)원가의 제조간접원가는 직접노동시간을 기준으로 배부한다. 예산과 실제발생액에 관한 자료는 다음과 같다.

	실제원가		고정예산
변동제조간접원가	₩4,000,000		₩5,000,000
고정제조간접원가	3,800,000		4,500,000
예상생산량		10,000개	
실제생산량		8,000개	
단위당 표준노동시간		5시간/개	
실제 직접노동시간		30,000시간	

총제조간접원가의 능률차이와 조업도차이를 구하면?

	능률차이	조업도차이
①	₩1,000,000 유리	₩900,000U
②	₩1,000,000 불리	₩900,000U
③	₩1,500,000 유리	₩900,000U
④	₩1,500,000 불리	₩900,000U
⑤	₩1,000,000 유리	₩900,000F

29 고정예산을 이용한 표준추정과 차이분석

(주)명랑은 직접노무시간을 기준으로 제조간접원가 예정배부율을 산정하고 있으며, 제조간접원가예산은 다음과 같다.

기준조업도(직접노동시간)	1,000시간
변동제조간접원가	₩14,000
고정제조간접원가	35,000

제품단위당 표준노무시간은 2시간이다. 회사는 600단위를 생산하였으며 실제 발생원가는 다음과 같다.

직접노무시간	1,160시간
변동제조간접원가	₩17,700
고정제조간접원가	36,500

변동제조간접원가 능률차이와 고정제조간접원가 조업도 차이는 각각 얼마인가?

	능률차이	조업도차이		능률차이	조업도차이
①	₩560 불리	₩1,100 불리	②	₩560 유리	₩7,000 유리
③	560 유리	7,000 불리	④	1,406 유리	7,000 유리
⑤	1,406 불리	1,100 유리			

30 변동제조간접원가 능률차이 이용한 실제시간의 추정 (2011. KICPA)

표준원가계산을 사용하고 있는 (주)미아의 20×1년도 표준 및 예산수립에 관한 자료는 다음과 같다.

- 제품 단위당 표준직접노무시간은 0.5시간이며, 표준임률은 시간당 ₩1,000이다.
- 제조간접원가 예산액=₩30,000+₩600×표준직접노무시간
- 변동제조간접원가 및 고정제조간접원가 배부기준은 직접노무시간이다.
- 고정제조간접원가 배부를 위한 연간 기준조업도는 제품생산량 150단위이다.

한편, 20×1년 말 원가차이를 분석한 결과는 다음과 같다.

직접노무원가 임률차이	: ₩4,500 불리
변동제조간접원가 능률차이	: ₩6,000 불리
고정제조간접원가 조업도차이	: ₩2,000 유리

제시된 자료에 의할 때, 직접노무원가의 시간당 실제임률은 얼마인가?

① ₩1,030　② ₩1,040　③ ₩1,050
④ ₩1,060　⑤ ₩1,075

31 능률차이를 이용한 조업도차이 계산

(주)동서금속은 내부관리목적으로 표준원가계산시스템을 채택하고 있다. 다음은 당기의 예산자료이다. 조업도는 직접노동시간을 단위로 측정하고, 기준조업도는 50,000직접노동시간이다.

변동제조간접원가	₩250,000,000
고정제조간접원가	400,000,000
합 계	₩650,000,000

당기의 실제 투입된 직접노동시간은 40,000시간이며, 변동제조간접원가 능률차이는 ₩10,000,000(불리)으로 계산되었다. 고정제조간접원가 조업도차이는 얼마인가?

① ₩64,000,000 유리 ② ₩64,000,000 불리 ③ ₩96,000,000 유리
④ ₩96,000,000 불리 ⑤ ₩112,000,000 유리

32 조업도차이를 이용한 고정제조간접원가 추정

(주)서울은 표준원가계산제도를 사용하고 있으며 1월과 2월의 표준은 동일하다. 1월에는 2,000단위의 제품을 생산하였으며, 고정제조간접원가의 조업도차이는 ₩1,000(불리)이고, 소비차이는 ₩800(유리)이었다. 2월에는 2,500단위의 제품을 생산하였고 고정제조간접원가는 조업도차이가 ₩1,500(유리)이고, 소비차이가 ₩600(불리)이다. 그렇다면 2월의 고정제조간접원가 실제발생액은 얼마인가?

① ₩8,600 ② ₩9,400 ③ ₩9,800
④ ₩10,600 ⑤ ₩11,600

33 재료원가의 차이분석과 회계처리 (2015. KICPA)

(주)한국은 표준원가계산제도를 사용하고 있으며 제품 단위당 표준원가는 다음과 같다.

구 분	수량표준	가격표준	표준원가
직접재료원가	2kg	₩10	₩20
직접노무원가	3시간	10	30
변동제조간접원가	3시간	5	15
고정제조간접원가	3시간	10	30
합 계			95

(주)한국은 20×1년 2월에 제품 1,100단위를 생산하였다. 이와 관련하여 당월 중 직접재료 2,420kg을 kg당 ₩9.5에 외상으로 구입하여 이 중 2,300kg을 생산에 투입하였다. 회사가 직접재료원가 가격차이를 사용시점에서 분리할 경우, 20×1년 2월 중 직접재료의 생산투입에 대한 분개로서 옳은 것은? 단, 20×1년 2월 직접재료의 월초재고는 없었으며, 월초재공품과 월말재공품 또한 없었다.

	〈차 변〉		〈대 변〉	
①	재 공 품	22,000	직 접 재 료	21,850
	직접재료수량차이	1,000	직접재료가격차이	1,150
②	재 공 품	22,000	직 접 재 료	22,150
	직접재료가격차이	1,150	직접재료수량차이	1,000
③	재 공 품	21,850	직 접 재 료	22,000
	직접재료수량차이	1,150	직접재료가격차이	1,000
④	재 공 품	22,150	직 접 재 료	22,000
	직접재료가격차이	1,000	직접재료수량차이	1,150
⑤	재 공 품	22,000	직 접 재 료	24,200
	직접재료수량차이	2,200		

34 재공품 존재시 임률차이와 능률차이

(주)원가는 표준종합원가계산제도를 채택하고 있다. 기초재공품이 100단위(완성도 50%), 완성수량이 450단위, 기말재공품은 50단위(완성도 40%)였다. 또한 실제발생노무원가는 ₩9,350,000이며, 실제노무시간은 850시간이다. 회사의 단위당 표준원가표에 의하면 시간당 ₩10,000의 표준임률과 제품 1단위당 2시간의 직접노무시간이 투입된다. 직접노무원가 차이는?

	임률차이	능률차이
①	₩850,000U	₩100,000U
②	850,000U	50,000F
③	200,000U	100,000U
④	300,000U	100,000U
⑤	850,000U	50,000F

35 원가차이배분 후 매출원가 (2013. KICPA)

(주)한국은 20×1년 초에 영업활동을 개시하였고 표준원가계산제도를 채택하고 있다. 20×1년 말 현재 표준원가로 기록된 원가계정 잔액과 실제 발생 원가는 직접노무원가를 제외하고 모두 동일하다. 실제발생 직접노무원가는 ₩250이다. 한편 표준직접노무원가는 기말 재공품에 ₩40, 기말 제품에 ₩80, 매출원가에 ₩80이 포함되어 있다. 직접노무원가의 차이는 전액 임률차이 때문에 발생한 것이다. 다음의 설명 중 옳지 않은 것은?

① 표준원가와 실제원가의 차이를 원가요소별로 안분(proration)하여 수정분개하면 처음부터 실제원가로 계산한 것과 동일한 결과가 재무제표에 반영된다.

② 표준원가와 실제원가의 차이를 매출원가에서 전액 조정하면 영업이익은 실제원가계산에 의한 것보다 ₩20 더 작다.

③ 실제 매출원가에 포함된 직접노무원가는 ₩100이다.

④ 실제원가와 표준원가의 차이를 매출원가에 전액 반영하는 방법이 원가요소별로 안분하는 방법보다 더 보수적인 회계처리이다.

⑤ 직접노무원가 임률차이는 ₩50만큼 불리한 차이가 발생한다.

※ 다음은 36~38번과 관련된 내용이다.

(주)원가는 공장설비가동과 냉난방에 모두 등유를 사용하고 있으며 유류비에 대해 표준원가를 적용해서 관리하려고 한다. 표준을 설정하기 위해 유류비가 어떻게 발생하는지 검토한 결과 다음과 같은 정보를 얻었다.

(1) (주)원가의 제조공정은 온도에 민감해서 공장실내는 항상 섭씨 24도의 온도를 유지해야 한다. 이를 위해서 1년간 50,000ℓ의 등유가 사용되면 적절하게 관리된 것으로 판단하고 있다. 또한, 작업자가 노동시간동안 작업하는 과정에서 기계장치가 가동되며 기계장치가 1시간이 가동될 때마다 등유 2ℓ가 사용되고 ℓ당 ₩1에 구입해서 사용하면 관리되는 것으로 분석되었다.

(2) 제품 한 단위를 생산하는데 소요되는 노동시간은 2시간이면 적절히 관리되는 것으로 파악하였다. 연도초에 예상한 생산량은 5,000개였으며 이를 기준조업도로 사용하고 있다.

(3) 모든 제조원가를 책임지고 있는 공장장은 유류비를 적절하게 관리하기 위해서 유류비 관리 책임자로 김과장을 임명하였다. 김과장은 기계장치를 보수하고 보일러를 관리해서 등유의 사용량을 절감하려 노력하고 있고 구입단가도 관리하고 있다.

(4) 실제생산량은 4,500개이고 실제작업시간은 7,000시간이며 실제로 발생한 유류비는 ₩62,500 (78,125ℓ × @0.8)이다.

36 제조간접원가 차이분석–2분법과 3분법

(주)원가에 대한 다음의 설명 중 틀린 것은?

① 제조간접원가(유류비)중에서 고정제조간접원가예산은 ₩50,000이며 시간당 변동제조간접원가 배부율은 ₩2이다.

② 단위당 표준원가에 포함되는 단위당 제조간접원가는 ₩14이다.

③ 당기에 제조간접원가 배부액은 ₩63,000이다.

④ 당기의 산출량기준 제조간접원가예산은 ₩70,000이다.

⑤ 당기의 투입량기준 제조간접원가예산은 ₩64,000이다.

06

37 제조간접원가 차이분석–2분법

예산생산량 5,000개 중에서 4,500개가 판매된 이유는 영업부진으로 판매량이 예산판매량을 달성하지 못해서이다. 제조간접원가를 2분법에 따라서 차이를 파악하고 공장장이 책임져야할 차이를 계산한 것으로 맞는 것은?

	예산차이	조업도차이	공장장의 통제가능차이
①	₩1,500F	₩5,000U	₩1,500F
②	₩5,500F	₩5,000U	₩1,500F
③	₩5,500F	₩5,000F	₩5,500F
④	₩5,500F	₩5,000U	₩5,500F
⑤	₩5,500F	₩5,000U	₩500F

38 제조간접원가 차이분석–3분법

제조간접원가를 3분법에 따라서 차이를 파악해서 김과장이 책임져야할 차이를 계산하고 김과장이 원가를 계산한 것으로 맞는 것은?

	소비차이	능률차이	조업도차이	김과장의 통제가능차이
①	₩1,500F	₩4,000F	₩5,000U	₩1,500F
②	₩3,500F	₩4,000F	₩5,000U	₩1,500F
③	₩3,500F	₩4,000F	₩5,000F	₩5,500F
④	₩1,500F	₩4,000F	₩5,000U	₩5,500F
⑤	₩1,500F	₩4,000F	₩5,000U	₩500F

39 제조간접원가 차이분석–3분법

(주)원가의 제조간접원가는 혼합원가로 회귀분석법에 따라 제조간접원가를 분석한 결과 제조간접원가의 원가동인은 노동시간으로 파악되었으며, 다음과 같은 회귀분석식을 얻었다.

> 제조간접원가 회귀식 y=₩500,000+₩20×x (x는 노동시간)

(주)원가의 경영자는 이 회귀식의 고정원가와 변동원가를 표준으로 하여 단위당 제조간접원가 표준원가를 결정하였으며 제품 단위당 표준시간은 2시간이고 기준조업도는 20,000시간이다. (주)원가가 실제로 달성한 경영성과는 다음과 같다.

생 산 량	12,000개
제조간접원가	₩1,100,000
노 동 시 간	26,000시간

(주)원가의 소비차이, 능률차이, 조업도차이는 각각 얼마인가?

	소비차이	능률차이	조업도차이
①	₩80,000U	₩40,000U	₩100,000F
②	20,000U	100,000U	100,000F
③	80,000F	40,000U	100,000F
④	20,000F	40,000U	100,000U
⑤	50,000F	100,000F	20,000F

40 제조간접원가차이–2분법

표준원가계산을 사용하고 있는 고려주식회사의 1월 제조간접원가에 대한 자료는 다음과 같다.

- 제조간접원가 변동예산 : ₩600,000+직접노동시간×₩10
- 실제산출량에 허용된 표준노동시간 : 15,000시간

회사는 2분법에 의하여 제조간접원가의 차이분석을 하고 있다. 1월 중 불리한 예산차이 ₩50,000과 유리한 조업도차이 ₩100,000이 발생하였다면 1월의 실제제조간접원가와 제조간접원가배부액은 얼마인가?

	실제제조간접원가	제조간접원가배부액		실제제조간접원가	제조간접원가배부액
①	₩800,000	₩850,000	②	₩850,000	₩800,000
③	700,000	750,000	④	750,000	700,000
⑤	750,000	850,000			

※ 다음은 41~42번과 관련된 (주)경기공업의 원가자료이다.

총제조간접원가 실제발생액	₩530,000
총제조간접원가배부액	450,000
변동제조간접원가 소비차이	20,000(불리)
실제작업시간	6,200시간
실제작업시간에 근거한 제조간접원가예산	₩510,000
실제생산량에 허용된 표준작업시간	6,000시간
실제생산량에 허용된 표준작업시간에 근거한 제조간접원가예산	₩500,000
제조간접원가는 직접노무시간과 인과관계를 가진다.	

06

41 2분법과 3분법차이 비교

3분법에 의한 제조간접원가 소비차이와 2분법에 의한 제조간접원가 예산차이는 각각 얼마인가?

	소비차이	예산차이
①	₩8,000U	₩10,000U
②	8,000F	12,000U
③	20,000F	18,000F
④	20,000U	20,000F
⑤	20,000U	30,000U

42 고정제조간접원가예산

고정제조간접원가예산과 변동제조간접원가의 시간당 배부율은 각각 얼마인가?

	고정제조간접원가예산	변동제조간접원가 시간당 배부율
①	₩200,000	₩75
②	150,000	50
③	200,000	50
④	150,000	82
⑤	270,000	51

43 제조간접원가의 2분법 차이분석 (2010. KICPA)

(주)한강의 당기 초 생산활동과 관련된 예산자료는 다음과 같다.

구 분	예 산
생산량(기준조업도)	1,000단위
고정제조간접원가 총액	₩200,000
단위당 변동제조간접원가	₩125

당기의 실제생산량은 1,100단위이었고 실제제조간접원가 총액은 ₩355,000이었다. 제조간접원가 총차이를 통제가능차이와 조업도차이로 나누어 분석할 때 다음 중 옳은 것은?

	통제가능차이	조업도차이
①	₩0	₩1,500 유리
②	₩2,500 유리	₩0
③	₩17,500 불리	₩20,000 유리
④	₩24,500 유리	₩22,500 불리
⑤	₩30,000 불리	₩32,000 불리

해 답 Answer

01 ⑤

① 회계연도 기초에는 예산생산량(2,000개)을 기준으로 직접재료원가의 예산을 설정하며 그 금액은 다음과 같다.

2,000개×5kg×₩100=₩1,000,000

예산생산량을 기준으로 설정한 예산은 당기실제생산량의 목표금액은 아니다. 실제생산량의 목표금액은 실제생산량을 기준으로 다시 설정해야 한다.

참고로 회계연도초에 예산생산량을 기준으로 설정한 예산은 고정예산이라고 한다. 고정예산은 실제생산량을 기준으로 설정한 예산이 아니라서 실제생산량의 목표금액은 아니다.

② 당기에 실제로 발생한 재료원가는 다음과 같다.

4,000kg×₩120=₩480,000

실제원가는 실제생산량 1,000개를 생산하면서 발생한 원가이다.

③ 회계연도의 기말에 실제생산량 1,000개를 기준으로 직접재료원가예산을 설정하면 다음과 같다.

1,000개×5kg×₩100=₩500,000

생산량(산출량) 1,000개를 기준으로 설정한 예산은 산출량기준예산이라고 한다. 투입량기준예산은 실제투입량(AQ)을 기준으로 설정한 예산이다.

④ 실제재료사용량 4,000kg을 기준으로 직접재료원가예산을 설정하면 다음과 같다.

4,000kg × ₩100 = ₩400,000

투입량 4,000kg을 기준으로 설정한 예산을 투입량기준예산이라고 한다.

⑤

AQ × AP	AQ × SP	SQ × SP
4,000kg × ₩120 = ₩480,000	4,000kg × ₩100 = ₩400,000	1,000개 × 5kg × ₩100 = ₩500,000
가격차이 ₩80,000 불리	능률차이 ₩100,000 유리	

표준원가문제에서 언급되는 예산은 다음과 같이 여러 유형이 있는데 이 개념들을 잘 정리해 놓아야 표준원가 문제를 풀기가 쉽다. 다음의 설명은 암기해 놓는 것이 문제풀이에 유용할 것이다.

(1) 고정예산 : 회계연도 기초에 예산생산량을 기준으로 사전에 편성한 예산을 말한다. 회계연도 기초에 설정한 예산이므로 실제생산량을 기준으로 설정한 예산이 아니며 당기발생원가의 목표금액도 아니다.

(2) 산출량기준예산 : 실제생산량이 만들어지고 나서 회계연도 기말에 실제생산량을 기준으로 표준원가를 적용해서 설정한 사후적 예산이다. 산출량기준예산은 실제생산량에 표준단가를 곱해서 계산하므로 표준수량(SQ)을 기준으로 설정한 예산이 된다. 산출량기준예산은 실제생산량을 기준으로 설정하므로 실제생산량의 목표금액이 된다.

(3) 투입량기준예산 : 실제투입량이 확정되고 나서 회계연도 기말에 실제투입량(AQ)을 기준으로 설정한 예산이다. 투입량기준 예산과 실제원가와의 차이가 가격차이가 된다.

(4) 변동예산 : 회계연도 기간중이나 기말에 실제생산량이나 실제투입량이 결정된 뒤에 사후적으로 실제량에 맞추어 유연하게 조정해서 작성한 예산을 변동예산이라고 한다. 산출량기준예산이나 투입량기준예산은 모두 사후적으로 편성되므로 변동예산에 해당한다. 한편, 일반적으로 변동예산은 주로 산출량기준으로 작성하므로 문제에서 별도의 언급없이 변동예산이라고 하면 산출량기준예산을 의미하는 경우가 많다.

02 ⑤

① 회계연도 기초에는 예산생산량을 기준으로 설정한 예산이 고정예산이며 이를 이용하면 예산생산량을 추정할 수 있다.

₩100,000 ÷ ₩100 = 1,000개

고정예산은 실제생산량을 기준으로 설정한 예산이 아니라서 실제생산량의 목표금액은 아니다.

② 실제산출량기준예산은 실제생산량에 표준단가를 곱해서 설정한다.

₩200,000 ÷ ₩100 = 2,000개

실제생산량을 기준으로 계산한 표준투입량은 다음과 같다.

2,000개(실제생산량) × 2시간(표준시간) = 4,000시간(SQ)

③ 실제투입량기준 예산은 실제노동시간(AQ)에 표준단가를 곱해서 설정한다.

₩150,000 ÷ @50 = 3,000시간

실제원가는 실제사용량(AQ)에 실제단가(AP)가 곱해져서 계산된다.

3,000시간 × ₩60 = ₩180,000

④ 능률차이는 실제노동시간 3,000시간(AQ)과 표준노동시간 4,000시간(SQ)의 차이에 표준단가(SP)를 곱해서 계산한다.

AQ×AP	AQ×SP	SQ×SP
3,000시간×₩60 =₩180,000	3,000시간×₩50 =₩150,000	2,000개×2시간×₩50 =₩200,000

₩30,000 불리 | ₩50,000 유리

⑤ 3,000시간×(₩60−₩50)=₩30,000 불리

03 ⑤

AQ×AP	AQ×SP	SQ×SP
416개×@12.5 =₩5,200	416개×@10 =₩4,160	100개×5개×@10 =₩5,000

가격차이 ₩1,040U | 능률차이 ₩840F

04 ③

(1) 구입가격차이

AQ×AP	AQ×SP
5,500kg×@52 =₩286,000	5,500kg×@50 =₩275,000

구입가격차이 ₩11,000U

(2) 능률차이

	AQ×SP	SQ×SP
	4,650kg* ×@50 =₩232,500	1,600개×3kg×@50 =₩240,000

능률차이 ₩7,500F

* 직접재료원가 실제원가 ₩241,800÷실제구입가격 ₩52=4,650kg

05 ③

AQ×AP	AQ×SP	SQ×SP
101,500시간×₩3.8(①) =₩385,700	101,500시간×₩4(③) =₩406,000(②)	105,000시간(⑤)×₩4 =₩420,000(④)

임률차이 ₩20,300F | 능률차이 ₩14,000F

① 실제가격(AP) : ₩385,700÷101,500시간=₩3.8

② AQ×SP : ₩385,700(실제발생액)+₩20,300(임률차이(F))=₩406,000

③ 표준가격(SP) : ₩406,000÷101,500시간=₩4

④ 표준원가 : ₩406,000+₩14,000=₩420,000

⑤ 표준수량(SQ) : ₩420,000÷₩4=105,000시간

06 ①

AQ×AP	AQ×SP	SQ×SP
3,200kg×@11 =₩35,200	3,200kg×@14② =₩44,800	2,000개×1.4kg③×@14 =₩39,200①
가격차이 ₩9,600F	능률차이 ₩5,600U	

① 표준재료비 : ₩35,200+₩9,600−₩5,600=₩39,200

② 표준단가(SP) : {₩35,200+₩9,600}÷3,200kg=₩14

③ 표준수량(SQ) : ₩39,200÷@14÷2,000개=1.4kg

07 ①

(1) 원재료 사용량을 x하면

직접재료비 가격차이 x×(₩400−₩300)=₩1,800,000

∴ 사용량(x)=18,000kg

(2) 직접재료비 능률차이

(AQ−SQ)×SP=(18,000kg−5,000개×4kg)×@300=₩600,000F

AQ×AP	AQ×SP	SQ×SP
x×@400	x×@300	5,000개×4kg×@300
x×@100=₩1,800,000 가격차이	(x−5,000개×4kg)×@300 능률차이	

08 ③

(1) 표준임률을 x라고 하면

(6,180시간−990t×6시간)×x=₩2,040,000 ∴ x=₩8,500

(6,180시간: AQ, 990t×6시간: SQ, x: SP, ₩2,040,000: 능률차이)

(2) 직접노무원가 임률차이

₩54,105,900−6,180시간×₩8,500=₩1,575,900 불리

(₩54,105,900: AQ×AP, 6,180시간: AQ, ₩8,500: SP)

(3)

AQ×AP	AQ×SP	SQ×SP
6,180시간×@8,755 =₩54,105,900	6,180시간×@8,500 =₩52,530,000	990t×6시간×@8,500 =₩50,490,000
임률차이 ₩1,575,900U	능률차이 ₩2,040,000U	

09 ④

AQ×AP	AQ×SP	SQ×SP
20,000시간×? =₩126,000	20,000시간×@6.15 =₩123,000	21,000시간×@6.15 =₩129,150
임률차이 ₩3,000U	능률차이 1,000시간×@6.15F	

(1) 실제임률을 x라 하면

20,000시간×x=₩126,000　　　　　∴ x=₩6.3

(2) 표준임률을 SP라 하면

20,000시간×(₩6.3－SP)=₩3,000　　　　∴ SP=₩6.15

(3) 능률차이

(20,000시간－21,000시간)×@6.15=₩6,150 유리

(20,000시간: AQ, 21,000시간: SQ, @6.15: SP)

10 ⑤

AQ×AP	AQ×SP	SQ×SP
	y×x	2,000시간×24시간×x
=₩4,000,000	=₩5,200,000	=₩4,800,000

임률차이 ₩1,200,000F　　시간차이 ₩400,000U

∴ x=₩100　∴ y=52,000시간

11 ⑤

AQ×AP	AQ×SP	SQ×SP
3,000시간×AP	3,000시간×₩2,000	SQ×₩2,000
=₩5,700,000	=₩6,000,000	=₩5,200,000

가격차이 ₩300,000F　　능률차이 ₩800,000U

노무원가 총 차이 ₩500,000U

(1) 표준수량 : ₩5,200,000÷₩2,000=2,600시간

(2) 실제생산량 : SQ÷2시간=2,600시간÷2시간=1,300단위

12 ④

① 실제작업시간(AQ)을 기준으로 계산한 ₩14,000(7,000시간×₩2)은 투입량기준 변동제조간접원가 예산이라고 한다.

② 실제발생원가는 실제생산량 4,000개를 생산하면서 발생한 금액이므로 실제생산량기준예산인 산출량기준예산(변동예산)이 목표금액이 된다. 예산생산량 5,000개를 기준으로 설정한 고정예산은 실제원가의 목표금액이 아니다.

③ 단위당 표준변동제조간접원가는 ₩4(2시간×₩2)이며 당기의 산출량기준 변동제조간접원가예산은 ₩16,000(4,000개×2시간×₩2)이다.

④ 변동제조간접원가 배부액은 ₩16,000(4,000개×2시간×₩2)이며 변동제조간접원가는 배부액과 산출량기준예산의 크기가 같아서 조업도차이가 발생하지 않는다.

⑤ 공장장은 공장전체의 모든 원가를 책임져야 하므로 생산량기준목표와 실제원가의 총차이인 ₩200 불리가 책임져야 할 금액이다. 반면에 박과장은 변동제조간접원가(유류비)만을 관리하는 책임을 가지고 있으므로 박과장이 달성해야할 목표금액은 투입량기준예산인 ₩14,000이다. 따라서 박과장이 책임져야할 차이는 소비차이로 ₩2,200 불리이다.

실제원가	투입량기준예산 (AQ×SP)	산출량기준예산 SQ×SP
₩16,200	7,000시간×₩2 =₩14,000	4,000개×2시간×₩2 =₩16,000

소비차이 ₩2,200U　　능률차이 ₩2,000F

13 ②

실제원가	AQ×SP	SQ×SP
?	10,500시간×@3 =₩31,500	5,000개×2시간×@3 =₩30,000

소비차이 ?　　능률차이 ₩1,500*U

* 변동제조간접원가 능률차이는 노동시간의 능률을 파악하는 것으로 실제로 투입된 노동시간(10,500시간)과 산출량기준으로 계산된 목표노동시간(5,000개×2시간)의 차이에 시간당 표준배부율을 곱하여 계산한다.
(10,500시간−5,000개×2시간)×@3=₩1,500U
　투입량　　산출량기준 노동시간

14 ⑤

(1) 변동제조간접원가 실제발생액=총제조간접원가 발생액−고정제조간접원가 발생액
₩7,800=₩15,000−₩7,200

(2)

AQ×AP	AQ×SP	SQ×SP
=₩7,800	3,500시간×@2.5 =₩8,750	3,800시간×@2.5 =₩9,500

소비차이 ₩950F　　능률차이 ₩750F

15 ⑤

실제원가	투입량기준예산 (AQ×SP)	산출량기준예산 (SQ×SP)
₩37,800	28,000시간×₩1.5*1 =₩42,000	33,000시간*2×₩1.5 =₩49,500

소비차이 ₩4,200F　　능률차이 ₩7,500F

* 1. SP ₩42,000÷28,000시간=₩1.5
2. SQ ₩49,500÷₩1.5=33,000시간

그러므로 제품생산량은 11,000단위(33,000시간÷3시간)이다.

16 ⑤

① 고정제조간접원가 배부액은 실제산출량에 표준단가로 배부하게 되므로 표준시간을 기준으로 배부한다. 따라서 800개를 산출하는 경우에 배부액은 ₩800,000이 된다.

실제발생액	예 산	배부액(SQ×SP)
=₩800,000	1,000개×2시간×@500 =₩1,000,000	800개×2시간×@500 =₩800,000

조업도차이 ₩200,000 U

② 고정제조간접원가 배부액은 실제조업도가 기준조업도의 100%를 달성했을 때 정확하게 예산이 배부된다. 기준조업도의 90%를 산출하였다면 예산의 90%가 배부되므로 고정제조간접원가 배부액은 ₩900,000이 된다. 예산차이는 배부액의 변화와 무관하게 ₩200,000이 유리한 차이가 발생한다.

실제발생액	예 산	배부액(SQ×SP)
	1,000개×2시간×@500	900개×2시간×@500
=₩800,000	=₩1,000,000	=₩900,000

예산차이 ₩200,000 F | 조업도차이 ₩100,000 U

③ 기준조업도의 100%를 산출하였다면 예산의 100%가 배부되므로 고정제조간접원가 배부액은 ₩1,000,000이 된다. 따라서 조업도차이는 나타나지 않게 되지만 예산차이는 배부액의 변화와 무관하게 ₩200,000이 유리한 차이가 발생한다.

실제발생액	예 산	배부액(SQ×SP)
	1,000개×2시간×@500	1,000개×2시간×@500
=₩800,000	=₩1,000,000	=₩1,000,000

예산차이 ₩200,000 F | 조업도차이 ₩0

④ 기준조업도의 110%를 산출하였다면 예산의 110%가 배부되므로 고정제조간접원가 배부액은 ₩1,100,000이 된다. 따라서 조업도차이는 ₩100,000이 유리한 차이가 발생한다.

실제발생액	예 산	배부액(SQ×SP)
	1,000개×2시간×@500	1,100개×2시간×@500
=₩800,000	=₩1,000,000	=₩1,100,000

예산차이 ₩200,000 F | 조업도차이 ₩100,000F

⑤ 1,200개를 생산하면 1,100개를 생산한 경우에 비해서 100개를 추가로 생산하였으므로 고정제조간접원가 배부액이 ₩100,000(100개×2시간×@500)이 증가하고 배부액이 증가한 금액만큼 조업도차이도 유리해진다.

실제발생액	예 산	배부액(SQ×SP)
	1,000개×2시간×@500	1,200개×2시간×@500
=₩800,000	=₩1,000,000	=₩1,200,000

예산차이 ₩200,000 F | 조업도차이 ₩200,000F

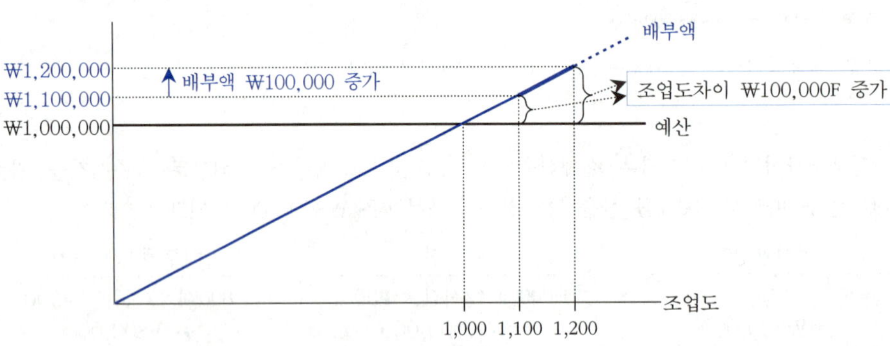

FOH 배부액 증가=조업도차이 변화액

17 ③

실 제	예 산	배부(SQ×SP)
	(10,000시간×₩2,928*)	2,120단위×5시간×₩2,928
₩24,920,000	=₩29,280,000	=₩31,036,800

예산차이 ₩4,360,000F | 조업도차이 ₩1,756,800F

* 조업도 단위당 배부율 : ₩29,280,000(예산)÷10,000시간(기준조업도)=₩2,928

조업도차이 : (10,000시간−2,120단위×5시간)×₩2,928=₩1,756,800 유리

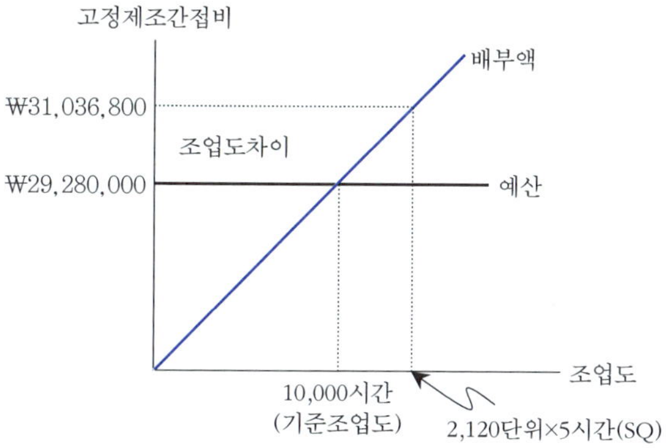

18 ①

(1) 고정제조간접원가 배부율(SP) : ₩120,000÷25,000시간=시간당 ₩4.8

(2) 예산차이와 조업도차이

	실제원가	예 산	배부액(SQ×SP)
고정		25,000시간×@4.8	12,200단위×2시간×@4.8
제조간접원가	=₩124,700	=₩120,000	=₩117,120

예산차이 ₩4,700U | 조업도차이 ₩2,880U

19 ④

- 변동제조간접원가 : 변동제조간접원가는 변동원가로 단위당 배부율은 기준조업도와 관계없이 일정하며 기준조업도가 감소하는 경우에 기준조업도에 배부율을 곱해서 계산하는 고정예산이 감소된다.

  변동제조간접원가 배부율(일정)×조업도↓=변동제조간접원가 고정예산↓

- 고정제조간접원가 : 고정제조간접원가는 총액이 일정하므로 고정제조간접원가의 고정예산은 기준조업도를 감소시키더라도 변화가 없다. 반면에 고정제조간접원가배부율은 고정제조간접원가예산을 기준조업도로 나누어서 계산하므로 기준조업도가 감소하면 고정제조간접원가 배부율은 증가한다.

  고정제조간접원가 예산(일정)÷기준조업도↓=고정제조간접원가 배부율↑

- 고정예산 : 연도초에 예산조업도를 기준으로 편성한 예산을 말한다. 문제에서 별도의 언급이 없다면 연도초의 기준조업도를 사용해서 고정예산을 설정한다. 반대로 고정예산이 주어지고 별도의 언급이 없다면 고정예산의 조업도를 기준조업도로 사용한 것으로 판단한다.

06

20 ③

① 고정제조간접원가예산이 일정하므로 기준조업도를 크게 설정할수록 단위당 배부율은 작아진다.

② 고정제조간접원가예산이 일정하므로 기준조업도와 무관하게 고정제조간접원가 예산차이는 ₩10,000 불리하다.

③ 기준조업도가 1,000개인 경우와 800개인 경우에 조업도차이는 ₩30,000F 만큼 차이가 난다.
₩20,000F－₩50,000F＝₩30,000F

실 제	예 산	배 부
₩110,000	1,000개×2시간×@50 ＝₩100,000	1,200개×2시간×@50 ＝₩120,000
	예산차이 ₩10,000U	조업도차이 ₩20,000F

실 제	예 산	배 부
₩110,000	800개×2시간×@62.5 ＝₩100,000	1,200개×2시간×@62.5 ＝₩150,000
	예산차이 ₩10,000U	조업도차이 ₩50,000F

④ 표준원가 배부액은 실제생산량 1,200개나 표준시간 2,400시간(1,200개×2시간)을 기준으로 배부하며 실제노동시간 1,100시간을 기준으로 배부하지는 않는다.

⑤ 고정제조간접원가예산은 기준조업도와 무관하게 총액이 일정하다.

21 ⑤

① 산출량기준 변동제조간접원가예산은 예산생산량 50,000개가 아니라 실제생산량 40,000개를 기준으로 설정한다.
40,000개×3시간×₩8＝₩960,000

② 고정제조간접원가는 생산량이나 투입량의 변동에 영향을 받지 않는 원가이므로 ₩1,200,000은 고정예산이면서 산출량기준예산이기도 하다.

③ 제조간접원가 배부액은 실제생산량에 단위당 표준제조간접원가를 곱해서 계산한다.
40,000개×3시간×₩16＝₩1,920,000

	예 산	배 부
④ 고정제조간접원가	＝₩1,200,000	40,000개×3시간×@8 ＝₩960,000
	조업도차이 ₩240,000U	

⑤ 고정제조간접원가를 분석할 때 기준조업도가 문제에 명확하게 주어지지 않은 경우에는 기준조업도를 적절히 파악해야 한다.
기준조업도 : 50,000개×3시간＝150,000시간

22 ③

2차년도 제조간접원가 배부율과 조업도 차이

기준조업도 : 40,000개×3시간=120,000시간	
변동제조간접원가 시간당 배부율	₩8[*1]/시간
고정제조간접원가 시간당 배부율 : ₩1,200,000[*2]÷120,000시간=	10/시간
총제조간접원가 시간당 배부율	₩18/시간

*1. 변동제조간접원가 시간당 배부율은 기준조업도에 영향을 받지 않는다.
2. 고정제조간접원가 예산금액은 기준조업도에 영향을 받지 않는다.

변동제조간접원가는 변동원가로 단위당 배부율이 일정하며, 고정제조간접원가는 고정원가로 총액이 일정하다. 즉, 변동제조간접원가 배부율은 시간당 ₩8으로 일정한 반면에 고정제조간접원가는 ₩1,200,000으로 총액이 일정한 것이다. 따라서 변동제조간접원가 예산이 ₩1,200,000으로 계산된 것은 기준조업도가 50,000개일 때 뿐이며 기준조업도가 40,000개로 줄어들면 변동제조간접원가 예산은 ₩960,000(40,000개×3시간×₩8)으로 줄어 들게 된다. 반면에 고정제조간접원가 예산은 기준조업도가 달라지더라도 총액은 변하지 않으며 단위당 배부율이 달라질 뿐이다.

	예 산	배 부
고정제조간접원가	=₩1,200,000	42,000×3시간×₩10/시간 =₩1,260,000

조업도차이 ₩60,000F

23 ④

(1) 고정제조간접원가 배부율(SP)

₩9,000÷6,000시간=시간당 ₩1.5

(2) 예산차이와 조업도차이

AP×AQ	예 산	배 부(SQ×SP)
₩9,400	6,000시간×@1.5 =₩9,000	1,300개×5시간*×@1.5 =₩9,750

예산차이 ₩400U　　조업도차이 ₩750F

* 1단위 생산 당 기계시간 : 6,000기계시간÷1,200단위=5기계시간

24 ④

실 제	예 산	배부(SQ×SP)
₩35,000	15,000개×3시간×@0.75 =₩33,750	12,000개×3시간×@0.75 =₩27,000

조업도 차이 ₩6,750U

25 ③

실제발생액	예 산	배부(SQ×SP)
	27,000시간×@4 =₩108,000	30,000시간×@4 =₩120,000
	조업도차이 ₩12,000F	

(1) 고정제조간접원가배부율 : ₩108,000÷27,000시간=@4

(2) 달성가능한 정상조업도 : 27,000시간÷90%=30,000시간
   (달성가능한 정상조업도 → 문제의 실제조업도)

(3) 회사의 고정제조간접원가 배부액 : 30,000시간×@4=₩120,000

(4) 조업도차이 : ₩108,000(예산액)−₩120,000(배부액)=₩12,000 유리

26 ③

(5,000개×2시간×@4+₩8,000)÷@4=12,000시간

실제발생액	고정제조간접원가예산 (기준조업도×SP)	SQ×SP
=₩50,000	12,000시간×₩4 =₩48,000	5,000개×2시간×@4 =₩40,000
예산차이 ₩2,000U	조업도차이 ₩8,000U	

27 ①

	실제발생액	AQ×SP	배부액(SQ×SP)
변동제조간접원가	−	−	39,000시간×@400

	실제발생액	예산(기준조업도×SP)	배부액
고정제조간접원가	−	40,000시간×@100	39,000시간×@100
		조업도차이 ₩100,000U	

	실제발생액		배부액(SQ×SP)
총제조간접원가	?		39,000시간×@500 =₩19,500,000
	배부차이 ₩200,000F		

제조간접원가실제발생액 : ₩19,500,000−₩200,000=₩19,300,000

28 ①

고정예산 : 연도초의 예정조업도를 기준을 설정한 예산을 고정예산이라고 한다.

변동예산 : 실제조업도를 기준으로 설정한 예산을 변동예산이라고 한다.

실제생산량을 만들면서 발생한 실제원가와 비교할 목표금액은 고정예산이 아니라 변동예산이다.

따라서 문제에서 고정예산 정보가 제공되는 경우에는 변동예산을 파악하기 위한 정보로 활용해야 한다. 참고로 고정예산에서 변동예산이 파악할 수 있는 정보는 다음과 같다.

① 고정제조간접원가예산(고정제조간접원가는 총액이 일정하다)

② 변동제조간접원가의 배부율(변동제조간접원가는 변동원가로 단위당 배부율 금액이 일정하다)

③ 기준조업도 : 문제에 별도의 언급이 없다면 고정예산의 조업도를 기준조업도로 사용해서 고정제조간접원가의 조업도 단위당 배부율을 계산한다.

	AQ×AP	AQ×SP	SQ×SP
변동 제조간접원가	=₩4,000,000	30,000시간×@100* =₩3,000,000	8,000개×5시간×@100 =₩4,000,000
		능률차이 ₩1,000,000F	

* 예상노동시간 : 10,000개×5시간=50,000시간
변동제조간접원가 표준배부율(x)×50,000시간=₩5,000,000 ∴ x=@100

	실제원가	예 산	배부액(SQ×SP)
고정 제조간접원가	=₩3,800,000	10,000개×5시간×@90 =₩4,500,000	8,000개×5시간×@90 =₩3,600,000
	예산차이 ₩700,000F	조업도차이 ₩900,000U	

29 ②

(1) 제조간접원가 배부율

변동제조간접원가 : ₩14,000÷1,000시간=	₩14
고정제조간접원가 : ₩35,000÷1,000시간=	35
	₩49

(2) 원가차이

	실제원가	AQ×SP	SQ×SP
변동 제조간접원가	=₩17,700	1,160시간×@14 =₩16,240	600단위×2시간×@14 =₩16,800
		능률차이 ₩560F	

	실제원가	예 산	배부액(SQ×SP)
고정 제조간접원가	=₩36,500	1,000시간×@35 =₩35,000	600단위×2시간×@35 =₩42,000
	예산차이 ₩1,500U	조업도차이 ₩7,000F	

30 ③

	AQ×AP	AQ×SP	SQ×SP
직 접 노 무 원 가	90시간×₩1,050[*3] =₩94,500	90시간×₩1,000 =₩90,000	160단위×0.5시간×₩1,000 =₩80,000
	가격차이 ₩4,500U	능률차이 ₩10,000U	

	실제원가	AQ×SP	SQ×SP
변 동 제조간접원가		90시간[*2]×₩600 =₩54,000	160단위×0.5시간×₩600 =₩48,000
		능률차이 ₩6,000U	

	실제원가	예 산	배부액(SQ×SP)
고 정 제조간접원가		(150단위×0.5시간×@400) =₩30,000	160단위[*1]×0.5시간×@400 =₩32,000
		조업도차이 ₩2,000F	

* 1. 실제생산량 : ₩32,000÷(0.5시간×@400)=160단위
  2. 실제노동시간(AQ) : (₩48,000+₩6,000)÷₩600=90시간
  3. 실제임률 : (₩90,000+₩4,500)÷90시간=₩1,050

31 ④

	AQ×AP	AQ×SP	SQ×SP
변동제조간접원가	–	40,000시간×@5,000[*] =₩200,000,000	38,000시간×@5,000 =₩190,000,000
		능률차이 ₩10,000,000U	

* ₩250,000,000÷50,000시간=@5,000
  변동제조간접원가 예산

실제 생산량에 허용된 표준시간 : (₩200,000,000−₩10,000,000)÷₩5,000=38,000시간

	실 제	예 산	배부액(SQ×SP)
고정제조간접원가	–	50,000시간×@8,000 =₩400,000,000	38,000시간×@8,000 =₩304,000,000
		조업도차이 ₩96,000,000U	

변동제조간접원가 표준조업도(SQ)를 이용해서 고정제조간접원가 표준조업도(SQ)를 찾아내는 문제이다.

32 ⑤

	실 제	예 산	배부액(SQ×SP)
1월	–	y	2,000개×x
		조업도차이 ₩1,000U	

		예 산	배부액(SQ×SP)
2월	?	y^*	2,500개×x
	소비차이 ₩600U	조업도차이 ₩1,500F	

* 1월과 2월의 표준이 동일하다고 하였으므로 고정제조간접원가 예산액과 기준조업도는 동일함. 그러므로 y=2,000개×x+₩1,000, y=2,500개×x−₩1,500
위 식을 연립하여 풀면 x=₩5, y=₩11,000

∴ 2월의 고정제조간접원가 실제발생액=₩11,000(예산)+₩600(소비차이)=₩11,600

별해

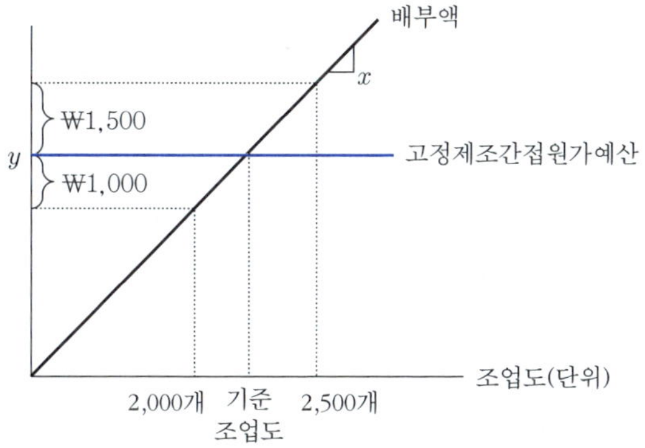

이 그래프를 이용하면 2,000개와 2,500개에서의 배부액은 알 수 없지만 그 배부액의 차이가 ₩2,500(=₩1,000+₩1,500)이라는 것은 알 수 있다. 조업도가 500개(=2,500개−2,000개) 증가할 때 배부액이 ₩2,500 증가하므로 조업도 단위당 배부율(x)은 ₩5가 된다. 이를 이용하면 다음과 같이 고정제조간접원가예산을 찾을 수 있다.
2,000개×₩5+₩1,000=₩11,000

33 ①

(1) 재료원가의 차이분석

AQ×AP	AQ×SP	SQ×SP
2,300kg×@9.5 =₩21,850	2,300kg×@10 =₩23,000	1,000개×2kg×@10 =₩22,000
가격차이 ₩1,150F	능률차이 ₩1,000U	

(2) 직접재료의 생산 투입에 대한 회계처리
직접재료원가의 가격차이를 사용시점에 분리하는 경우 원재료 구입시점에는 원재료계정에 실제원가로 기록하고 사용시점에 가격차이와 능률차이를 계산한다.

(차) 재공품	22,000	(대) 직접재료	21,850
직접재료수량차이	1,000	직접재료가격차이	1,150

34 ①

재공품이 존재하는 경우에는 당기완성품환산량(FIFO완성품환산량)을 기준으로 표준원가(SQ×SP)를 계산해야 한다.

(1) 완성품환산량

	물량	가공원가 완성품환산량
완 성 품		
┌기초재공품	100 개(0.5)	50
└당 기 착 수	350	350
기 말 재 공 품	50 (0.4)	20
	500 개	420 개

(2) 노무원가 차이분석

AQ×AP	AQ×SP	SQ×SP
	850시간×₩10,000	420단위×2시간×₩10,000
₩9,350,000	=₩8,500,000	=₩8,400,000

임률차이 ₩850,000U　　능률차이 ₩100,000U

표준허용시간(SQ) : 420단위×2시간=840시간

능률차이 : (850시간−840시간)×@10,000=₩100,000U

35 ②

표준직접노무원가 배부액은 기말재공품과 기말제품, 매출원가에 기록된 직접노무원가 계정잔액의 합으로 이루어진다.

(1) 원가요소별 배분비율

	재공품	제 품	매출원가	합 계
표준직접노무원가 배부액	₩40	₩80	₩80	₩200
	20%	40%	40%	

(2) 직접노무원가 임률차이

₩250 (실제발생액) − ₩200 (표준원가배부액) = ₩50 불리

(3) 매출원가조정법

차이 배분 후 매출원가 : ₩80 (표준매출원가) + ₩50 (원가차이 배분액) = ₩130

(4) 원가요소별비례배분법

차이 배분 후 매출원가 : ₩80 (표준매출원가) + ₩50×40% (원가차이 배분액) = ₩100

④불리한 원가차이를 매출원가에 전액 반영 시 원가차이가 전액 영업이익에 반영되므로 원가요소별로 안분하는 방법보다 더 보수적이다. 이 문제는 원가차이가 불리하므로 매출원가

조정법이 가장 보수적이지만 유리한 원가차이의 경우에는 매출원가조정법이 비용을 최소화하므로 가장 보수적이지 않은 방법이 된다.

36 ④

① 제조간접원가 예산식
유류비예산식 y=₩50,000(50,000ℓ×@1)+₩2(2ℓ×@1)×x(x는 노동시간)

② 제품 단위당 표준원가

단위당 변동제조간접원가	2시간×₩2=	₩4
단위당 고정제조간접원가	2시간×₩5*=	10
단위당 표준원가	2시간×₩7=	₩14

* 시간당 고정제조간접원가 배부율 ₩50,000÷(5,000개×2시간)=₩5

③ 표준원가 배부액 4,500개×₩14=₩63,000

④ 산출량기준 제조간접원가 예산 : 산출량 4,500개를 생산하는 과정에서 노동시간과 제조간접원가가 모두 최적으로 관리되는 경우의 목표금액으로 다음과 같다.
₩50,000+₩2×(4,500개×2시간)=₩68,000

⑤ 투입량기준 제조간접원가 예산 : 김과장은 노동시간은 통제할 수 없고 유류비만을 관리하므로 김과장의 목표금액은 실제로 투입된 노동시간을 기준으로 제조간접원가(유류비)자체를 관리했을 때의 목표금액을 달성해야 하며 다음과 같이 계산된다.
₩50,000+₩2×7,000시간=₩64,000

37 ④

실제발생액	실제투입량기준 제조간접원가예산	실제산출량기준 제조간접원가예산	실제산출량에 대한 배부액
		₩50,000+4,500개×2시간×@2	4,500개×2시간×@7
=₩62,500	=?	=₩68,000	=₩63,000
예산차이 ₩5,500F			조업도차이 ₩5,000U

공장장은 목표금액인 산출량기준예산 ₩68,000보다 ₩5,500F을 절약했다. 한편, 조업도차이 ₩5,000 불리가 발생한 이유는 영업부문의 부진으로 예산생산량 5,000개보다 500개가 적게 생산되었기 때문이라서 공장장이 통제가능한 차이가 아니다.

38 ①

실제발생액	실제투입량기준 제조간접원가예산	실제산출량기준 제조간접원가예산	실제산출량에 대한 배부액
	₩50,000+7,000시간×@2	₩50,000+4,500개×2시간×@2	4,500개×2시간×@7
=₩62,500	=₩64,000	=₩68,000	=₩63,000
소비차이 ₩1,500F	능률차이 ₩4,000F		조업도차이 ₩5,000U
예산차이 ₩5,500F			조업도차이 ₩5,000U

김과장은 자신의 목표금액인 투입량기준예산 ₩64,000보다 ₩1,500F을 절약했다. 그 내용은 등유의 구입단가가 ₩0.8으로 예산상의 구입단가 ₩1보다 낮았으며 등유사용량은 예산상의 사용량보다 많았다. 그렇지만 전체효과는 ₩1,500 유리이다.

목표사용량	50,000ℓ+7,000시간×2ℓ=	(64,000ℓ)
실제사용량		78,125ℓ
초과사용량		14,125ℓ

39 ①

(1) 제조간접원가의 노동시간당 표준원가

시간당 변동제조간접원가	₩20
시간당 고정제조간접원가 : ₩500,000÷20,000시간=	25
	₩45

(2) 제조간접원가 차이분석

실제제조간접원가	실제투입량기준 제조간접원가예산	실제산출량기준 제조간접원가예산	실제산출량에 대한 배부액
	₩500,000+26,000시간×@20	₩500,000+12,000개×2시간×@20	12,000개×2시간×@45
=₩1,100,000	=₩1,020,000	=₩980,000	=₩1,080,000

소비차이 : ₩80,000U　　능률차이 : ₩40,000U　　조업도차이 : ₩100,000F

별해

제조간접원가(y)와 노동시간(x) 사이의 관계를 그래프로 표시하면 다음과 같으며, 이 그래프에서 소비차이, 능률차이는 다음과 같이 계산된다.

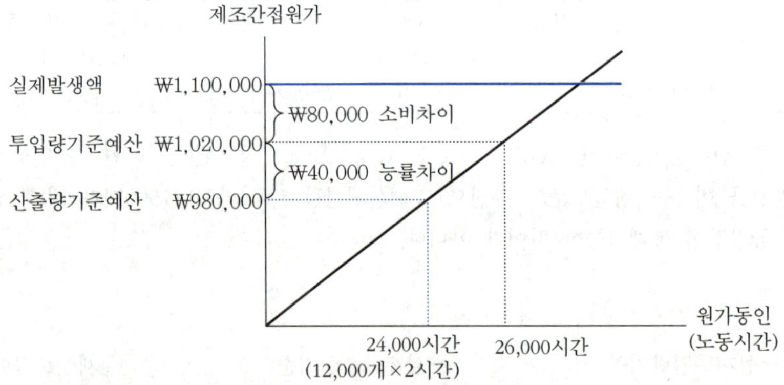

40 ①

변동예산이란 실제조업도에 따라 조정되어 작성된 예산을 말한다. 이에 대한 자세한 내용은 제14장 책임회계와 성과평가에서 논의한다.

실제제조간접원가	산출량기준 제조간접원가예산	제조간접원가배부액
₩800,000	₩600,000+₩10×5,000시간 =₩750,000	₩850,000
	예산차이 ₩50,000U	조업도차이 ₩100,000F

41 ⑤

	총제조간접원가 실제발생액	실제작업시간에 근거한 제조간접원가예산	실제산출량에 근거한 제조간접원가 예산	총제조간접원가 배 부 액
	₩530,000	₩510,000	₩500,000	₩450,000
〈3분법〉	소비차이 ₩20,000U	능률차이 ₩10,000U	조업도차이 ₩50,000U	
〈2분법〉	예산차이 ₩30,000U		조업도차이 ₩50,000U	

42 ③

고정제조간접원가예산을 a라고 하고 변동제조간접원가 시간당 배부율은 다음과 같다.

실제작업시간 기준 a+b×6,200시간=₩510,000

표준작업시간 기준 a+b×6,000시간=₩500,000

이 식을 연립하여 풀면 a=₩200,000, b=₩50이다.

따라서 제조간접원가예산식은 y=₩200,000+₩50×x가 된다.

참고로 제조간접원가예산식을 이용하여 2분법과 3분법을 정리해보면 다음과 같다.

	총제조간접원가 실제발생액	실제작업시간에 근거한 제조간접원가예산	실제산출량기준 제조간접원가예산	실제산출량에 대한 배부액
	=₩530,000	(₩200,000+6,200시간×₩50) =₩510,000	(₩200,000+6,000시간×₩50) =₩500,000	(6,000시간×₩75) =₩450,000
〈3분법〉	소비차이 ₩20,000U	능률차이 ₩10,000U	조업도차이 ₩50,000U	
〈2분법〉	예산차이 ₩30,000U		조업도차이 ₩50,000U	

43 ③

(1) 단위당 표준제조간접원가

변동제조간접원가		₩125
고정제조간접원가	₩200,000÷1,000단위=	200
단위당 표준제조간접원가		₩325

(2) 제조간접원가 2분법 차이분석

실제제조간접원가	산출량기준 제조간접원가예산	제조간접원가배부액
₩355,000	₩200,000+₩125×1,100단위 =₩337,500	1,100단위×₩325 =₩357,500
	예산차이 ₩17,500U	조업도차이 ₩20,000F

조업도차이는 예산생산량과 실제생산량의 차이로 발생하는데 생산량은 판매량을 고려해서 결정하므로 제조부문책임자는 생산량의 변동에 따라 달라지는 조업도차이는 통제가능하지 않은 차이이다. 따라서 예산차이만 통제가능차이에 포함된다.

한편, 이문제의 경우에는 단위당 표준투입노동시간이 없으므로 실제투입량이 파악되어 있지 않고 투입량기준예산도 계산할 수 없다. 따라서 예산차이를 소비차이와 능률차이로 구분할 수는 없다.

주관식 문제

01 직접재료원가 차이분석—사용시점 및 구입시점에서의 분리

(주)한양은 표준개별원가계산제도를 사용하고 있으며 원재료 표준은 다음과 같다.

제품단위당 직접재료 표준사용량 : 2kg
직접재료원가 kg당 표준가격 : ₩20

2월 중의 원재료매입량과 매입가격은 다음과 같다.

구 입 일	구 입 량	구입단가
2월 10일	5,000kg	₩25/kg
2월 22일	6,000kg	₩23/kg

2월의 제품생산량은 5,000단위이다. (주)한양은 재고자산의 평가방법으로 선입선출법을 적용하고 있으며 당기 원재료사용량은 9,000kg이다. 회사는 원가차이를 연도말에 매출원가조정법으로 조정한다.

【물음 1】 직접재료원가 가격차이를 재료의 사용시점에 분리한다고 가정하시오.
(1) 직접재료원가 가격차이와 능률차이를 계산하시오.
(2) 직접재료원가의 구입시점과 사용시점의 분개를 하시오.
(3) 직접재료원가의 장부상 월말잔액은 얼마인가?

【물음 2】 직접재료원가 가격차이를 구입시점에서 분리한다고 가정하시오.
(1) 직접재료원가 가격차이와 능률차이를 계산하시오.
(2) 직접재료원가의 구입시점과 사용시점의 분개를 하시오.
(3) 직접재료원가의 장부상 월말잔액은 얼마인가?

해답

[물음 1] 사용시점에서 분리

(1) 가격차이와 능률차이

AQ×AP	AQ×SP	SQ×SP
	9,000kg×@20	5,000개×2kg×@20
₩217,000*	=₩180,000	=₩200,000
가격차이 ₩37,000U		능률차이 ₩20,000F

* 2/10구입분 : 5,000kg×@25=	₩125,000
2/22구입분 : 4,000kg×@23=	92,000
	₩217,000

(2) 회계처리

① 구입시점

(차)	원 재 료	263,000	(대) 매입채무(현금)	263,000

* 5,000kg×@25+6,000kg×@23=₩263,000

② 사용시점

(차)	재 공 품	200,000	(대) 원 재 료	217,000
	직접재료원가 가격차이	37,000	직접재료원가 능률차이	20,000

(3) 원재료의 장부상 월말잔액 : 2,000kg×@23=₩46,000

직접재료원가 가격차이를 사용시점에서 분리하므로 원재료계정은 실제구입가격으로 기록된다. 그러므로 월말에는 2월 22일에 구입한 원재료 중 가공에 투입되고 남은 2,000kg의 실제구입가격이 장부에 보고된다.

[물음 2] 구입시점에서 분리

(1) 가격차이와 능률차이

AQ′×AP	AQ′×SP
	11,000kg×@20
₩263,000	=₩220,000
가격차이 ₩43,000U	

AQ×SP	SQ×SP
9,000kg×@20	5,000개×2kg×@20
=₩180,000	=₩200,000
능률차이 ₩20,000F	

(2) 회계처리

① 구입시점

(차) 원 재 료	220,000	(대) 매입채무(현금)	263,000
직접재료원가 가격차이	43,000		

② 사용시점

(차) 재 공 품	200,000	(대) 원 재 료	180,000
		직접재료원가 능률차이	20,000

(3) 원재료의 장부상 월말잔액 : 2,000kg×@20=₩40,000

직접재료원가 가격차이를 구입시점에서 분리하므로 원재료계정은 표준가격으로 기록된다.

02 원가차이분석 (1999. 세무사)

표준원가시스템을 도입하고 있는 용감한자동차회사가 설정한 제품단위당 직접재료원가와 직접노무원가의 표준원가는 다음과 같다.

직접재료원가(5kg, @3)	₩15
직접노무원가(8직접노동시간, @4)	32

회사는 월초에 2,000kg의 원재료를 가지고 있으며, 기중에 20,000kg을 ₩65,000에 구입하여 18,000kg을 사용하였다. 또한 직접노무원가발생액은 ₩105,000이며, 직접노무시간 23,000시간이 발생하였다. 당월 제조간접원가발생액은 ₩1,200,000이며, 이 중 60%는 변동제조간접원가이고, 실제 기계시간은 26,000시간이다. 변동제조간접원가는 기계시간당 ₩24이 표준원가이고, 제품 1단위당 표준기계시간은 10시간이다. 고정제조간접원가의 월기준조업도는 2,400개이며, 당월 생산량은 2,500개이다. 제조간접원가 표준원가배부율은 기계시간당 ₩45이다. 직접재료 가격차이는 구입시점에서 계산한다.

【물음 1】 직접재료원가 가격차이를 구입시점에 구분하는 방법을 적용해서 원가차이를 계산하고 구입시점과 사용시점의 분개를 하시오.

【물음 2】 직접재료원가 가격차이를 사용시점에 구분하는 방법을 적용해서 원가차이를 계산하고 구입시점과 사용시점의 분개를 하시오.

【물음 3】 직접노무원가 원가차이를 계산하고 사용시점의 분개를 하시오.

【물음 4】 변동제조간접원가 원가차이를 계산하고 사용시점의 분개를 하시오.

【물음 5】 고정제조간접원가 원가차이를 계산하고 사용시점의 분개를 하시오.

해답

[물음 1] 직접재료원가 가격차이와 능률차이–구입시점

(1) 가격차이와 능률차이

AQ′×AP	AQ′×SP	AQ×SP	SQ×SP
	20,000kg×@3	18,000kg×@3	2,500개×5kg×@3
₩65,000	=₩60,000	=₩54,000	=₩37,500

가격차이 ₩5,000U (AQ′×AP − AQ′×SP)

능률차이 ₩16,500U (AQ×SP − SQ×SP)

(2) 회계처리

① 구입시점

(차) 원 재 료	60,000	(대) 매입채무(현금)	65,000
재료원가 구입가격차이	5,000		

② 사용시점

(차) 재 공 품	37,500	(대) 원 재 료	54,000
재료원가 능률차이	16,500		

[물음 2] 직접재료원가 가격차이와 능률차이–사용시점

(1) 가격차이와 능률차이

AQ×AP	AQ×SP	SQ×SP
18,000kg×@3.25*	18,000kg×@3	2,500개×5kg×@3
=₩58,500	=₩54,000	=₩37,500

가격차이 ₩4,500U

능률차이 ₩16,500U

* 실제단가(AP)=₩65,000÷20,000kg=₩3.25

(2) 회계처리

① 구입시점

(차) 원 재 료	65,000	(대) 매입채무(현금)	65,000

② 사용시점

(차) 재 공 품	37,500	(대) 원 재 료	58,500
재료원가 가격차이	4,500		
재료원가 능률차이	16,500		

06

[물음 3] 직접노무원가 임률차이와 능률차이

(1) 가격차이와 능률차이

AQ×AP	AQ×SP	SQ×SP
	23,000시간×@4	2,500개×8시간×@4
₩105,000	=₩92,000	=₩80,000

임률차이 ₩13,000U　　능률차이 ₩12,000U

(2) 회계처리

(차)	재 공 품	80,000	(대) 노 무 원 가	105,000
	노무원가 임률차이	13,000		
	노무원가 능률차이	12,000		

[물음 4] 변동제조간접원가 소비차이와 능률차이

(1) 소비차이와 능률차이

AQ×AP	AQ×SP	SQ×SP
	26,000시간×@24	2,500개×10시간×@24
₩720,000*	=₩624,000	=₩600,000

소비차이 ₩96,000U　　능률차이 ₩24,000U

* ₩1,200,000×60%=₩720,000

(2) 회계처리

(차)	재 공 품	600,000	(대) 변동제조간접원가	720,000
	변동제조간접원가 소비차이	96,000		
	변동제조간접원가 능률차이	24,000		

[물음 5] 고정제조간접원가 소비차이와 조업도차이

(1) 소비차이와 조업도차이

실 제	예 산	배부액(SQ×SP)
	2,400개×10시간×@21*2	2,500개×10시간×@21
₩480,000*1	=₩504,000	=₩525,000

소비차이 ₩24,000F　　조업도차이 ₩21,000F

* 1. ₩1,200,000×40%=₩480,000

2. 제조간접원가 표준원가배부율 @45−변동제조간접원가배부율 @24=고정제조간접원가배부율 @21

(2) 회계처리

(차)	재 공 품	525,000	(대) 고정제조간접원가	480,000
			고정제조간접원가 소비차이	24,000
			고정제조간접원가 조업도차이	21,000

03 다양한 원가차이분석

(주)원가는 표준원가계산시스템을 이용하고 있으며, 제조간접비(변동비와 고정비)를 제품에 배부하기 위하여 표준직접노무시간(DLH)을 배부기준으로 사용한다.

(주)원가는 당년도 예산으로부터 제조간접비 배부율을 도출한다. 20×1년도 제조간접비예산은 예산생산량 720,000단위에 소요되는 3,600,000시간(DLH)을 기준으로 편성되었다.

당사는 연간 균일하게 생산하도록 계획할 수 있다. 20×1년 5월중에 315,000시간이 투입되어 산출물 66,000단위를 생산하였다. 5월중에 발생된 제조간접비는 ₩750,000이었다. 연간 예산과 5월의 실제원가는 다음과 같다.

	연간 예산	산출량 단위당	투입시간 단위당배부율	5월 실제발생액
변동제조간접비				
간접노무비	₩1,800,000	₩2.50	₩0.50	₩150,000
소모품비	2,448,000	3.40	0.68	222,000
고정제조간접비				
감독자급료	1,296,000	1.80	0.36	102,000
전력비	1,080,000	1.50	0.30	108,000
감가상각비	2,016,000	2.80	0.56	168,000
합 계	₩8,640,000	₩12.00	₩2.40	₩750,000

20×1년 5월중의 (주)원가의 다음 금액을 계산하라.

【물음 1】 20×1년 5월중의 (주)원가에서 배부된 제조간접비합계를 구하시오.

【물음 2】 20×1년 5월중의 (주)원가에서 변동제조간접비 소비차이와 능률차이를 구하시오.

【물음 3】 20×1년 5월중의 (주)원가에서 고정제조간접비 예산차이와 조업도차이를 구하시오.

【물음 4】 20×1년 5월중의 (주)원가의 변동제조간접비와 고정제조간접비 차이의 원인과 개선방안에 대해 서술하시오.

06

해답

[물음 1] 배부된 제조간접원가 합계액

단위당 표준시간 3,600,000시간÷720,000개=5시간

배부된 제조간접비합계=66,000개×5시간×₩2.40=₩792,000

[물음 2] 변동제조간접원가 소비차이와 능률차이

실제원가	투입량기준예산	산출량기준예산	배부액(SQ×SP)
₩372,000	(315,000시간×₩1.18)	(330,000시간×₩1.18)	(330,000시간×₩1.18)

소비차이 ₩300U | 능률차이 ₩17,700F | 차이없음

변동예산차이 ₩17,400F | 차이없음

[물음 3] 고정제조간접원가 예산차이와 조업도차이

실제원가	투입량기준예산 (투입량과 무관)	변동예산 (산출량과 무관)	배부액
			(330,000시간×₩1.22)
₩378,000	₩366,000	₩366,000*	=₩402,600

소비차이 ₩12,000U | 차이없음 | 생산조업도차이 ₩36,600F

예산차이 ₩12,000U

* 5월의 고정제조간접원가 예산 ₩4,392,000÷12개월=₩366,000

[물음 4] 원가차이 원인과 개선방안

(1) 변동제조간접비 차이 및 개선방안

(주)원가의 변동제조간접원가 불리한 소비차이 ₩300은 변동제조간접원가자체의 관리로 인해 발생하는 차이로서 변동제조간접원가 구성요소 자체의 단가와 사용량을 절감함으로써 관리해야 한다. 또한 유리한 능률차이 ₩17,700은 (주)원가의 변동제조간접원가 배부기준인 직접노동시간을 효율적으로 사용해서 발생했다.

(2) 고정제조간접비의 차이 및 개선방안

(주)원가의 고정제조간접비 불리한 소비차이 ₩12,000은 현재의 설비 생산능력을 확보하는 과정에서 비용이 많이 지출되어서 발생하였고 이는 예산을 보다 실제발생액에 근접하게 측정함으써 개선할 수 있다. 또한 유리한 조업도차이 ₩36,600은 실제생산량이 (주)원가의 기준조업도인 예산생산량을 초과함으로써 발생하였고 조업도차이는 원가중심점에서 통제불가능한 차이이므로 성과평가시 제외해야 한다.

04 원가차이의 조정

(주)원가는 표준원가계산제도를 사용하고 있다. 20×5년 12월 13일의 각 계정 잔액은 다음과 같다. 단 기초재고자산은 없었다.

	원 재 료	재 공 품	제 품	매출원가
직 접 재 료 원 가	₩25,000	₩15,000	₩15,000	₩30,000
가 공 원 가		4,000	12,000	24,000
계 정 잔 액	₩25,000	₩19,000	₩27,000	₩54,000

단위당 재료원가표준은 ₩10(4kg×@2.5)이고, 가공비표준은 ₩8(2시간×@4)이며, 위의 표준원가금액과 실제발생액과의 차이인 차이계정잔액은 다음과 같다.

직접재료원가 구입가격차이	₩10,000U
직접재료원가 능률차이	15,000U
직접노무원가 가격차이	7,000U
직접노무원가 능률차이	4,000U
변동제조간접원가 소비차이	2,000U
변동제조간접원가 능률차이	8,000U
고정제조간접원가 예산차이	1,000U
고정제조간접원가 조업도차이	2,000U

【물음 1】 총원가비례배분법에 의해서 원가차이를 배분할 경우에 다음에 답하시오.

(1) 비례배분할 비율

(2) 원가차이의 계정별 배분액

(3) 차이조정 분개

【물음 2】 원가요소별 비례배분법에 의해서 원가차이를 배분할 경우에 다음에 답하시오.

(1) 비례배분할 비율

(2) 원가차이의 계정별 배분액

(3) 차이조정 분개

【물음 3】 원가요소별 비례배분법을 적용하는 경우에 원재료와 관련해서 다음에 답하시오.

(1) 직접재료원가 표준수량(SQ)

(2) 표준단가로 계산한 직접재료원가 사용액(사용량×SP)

(3) 표준단가로 계산한 직접재료원가 구입액(구입량×SP)

(4) 직접재료원가 구입가격차이만을 배부한 경우에 각 계정의 재료원가 단가

(5) 실제원가를 적용한 경우 각 계정에 포함될 직접재료원가(직접재료원가 구입가격차이 배분 후 금액을 기초로 계산하시오)

해답

[물음 1] 총원가비례배분법

(1) 비례배분할 비율

	원재료	재공품	제 품	매출원가	합 계
직접재료원가 가격차이					
계정잔액(총원가)	₩25,000	₩19,000	₩27,000	₩54,000	₩125,000
배 분 비 율	20%	15.2%	21.6%	43.2%	100%
기 타 차 이					
계정잔액(총원가)		₩19,000	₩27,000	₩54,000	₩100,000
배 분 비 율		19%	27%	54%	

(2) 원가차이의 계정별 배분액

	원재료	재공품	제 품	매출원가	합 계
배분전 계정잔액	₩25	₩19,000	₩27,000	₩54,000	₩125,000
재료원가 가격차이					
배분비율	20%	15.2%	21.6%	43.2%	
배분	2,000	1,520	2,160	4,320	10,000
기타차이					
배분비율		19%	27%	54%	
배분		7,410	10,530	21,060	39,000*
배분금액 합계	2,000	8,930	12,690	25,380	49,000
배분후 계정잔액	₩27,000	₩27,930	₩39,690	₩79,380	₩174,000

* 기타차이는 배분비율이 동일하므로 차이금액의 합계액을 배부하면 된다.

직접재료원가 능률차이	₩15,000
직접노무원가 가격차이	7,000
직접노무원가 능률차이	4,000
변동제조간접원가 소비차이	2,000
변동제조간접원가 능률차이	8,000
고정제조간접원가 예산차이	1,000
고정제조간접원가 조업도 차이	2,000
기타차이 합계	₩39,000

(3) 차이조정 분개

(차)	원재료	2,000	(대) 직접재료원가 가격차이	10,000
	재공품	8,930	직접재료원가 능률차이	15,000
	제품	12,690	직접노무원가 가격차이	7,000
	매출원가	25,380	직접노무원가 능률차이	4,000
			변동제조간접원가 소비차이	2,000
			변동제조간접원가 능률차이	8,000
			고정제조간접원가 예산차이	1,000
			고정제조간접원가 조업도차이	2,000

[물음 2] 원가요소별 비례배분법

(1) 비례배분할 비율

	원재료	원재료 능률차이	재공품	제 품	매출원가	합 계
직접재료원가 가격차이						
계 정 잔 액	₩25,000	₩15,000	₩15,000	₩15,000	₩30,000	₩100,000
배 분 비 율	25%	15%	15%	15%	30%	100%
직접재료원가 능률차이						
계 정 잔 액			₩15,000	₩15,000	₩30,000	₩60,000
배 분 비 율			25%	25%	50%	
가 공 원 가 차 이						
계 정 잔 액			₩4,000	₩12,000	₩24,000	₩40,000
배 분 비 율			10%	30%	60%	

(2) 원가차이의 계정별 배분액

	원재료	원재료능률차이	재공품	제 품	매출원가	합 계
배부전 계정잔액	₩25,000	₩15,000	₩19,000	₩27,000	₩54,000	₩140,000
직접재료원가 가격차이						
배 분 비 율	25%	15%	15%	15%	30%	100%
배 분	2,500	1,500	1,500	1,500	3,000	10,000
직접재료원가 능률차이						
배 분 비 율			25%	25%	50%	
배 분		(16,500)	4,125	4,125	8,250	0
가 공 원 가 차 이						
배 분 비 율			10%	30%	60%	
배 분			2,400	7,200	14,400	24,000*
배분금액 합계	2,500	(15,000)	8,025	12,825	25,650	34,000
배부후 계정잔액	₩27,500	₩0	₩27,025	₩39,825	₩79,650	₩174,000

* 가공원가 차이는 배분비율이 동일하므로 차이금액의 합계액을 배부하면 된다.

직접노무원가 가격차이	7,000
직접노무원가 능률차이	4,000
변동제조간접원가 소비차이	2,000
변동제조간접원가 능률차이	8,000
고정제조간접원가 예산차이	1,000
고정제조간접원가 조업도 차이	2,000
기타차이 합계	₩24,000

06

(3) 차이조정 분개

(차)		(대)	
원재료	2,500	직접재료원가 가격차이	10,000
재공품	8,025	직접재료원가 능률차이	15,000
제품	12,825	직접노무원가 가격차이	7,000
매출원가	25,650	직접노무원가 능률차이	4,000
		변동제조간접원가 소비차이	2,000
		변동제조간접원가 능률차이	8,000
		고정제조간접원가 예산차이	1,000
		고정제조간접원가 조업도차이	2,000

[물음 3] 재료원가 분석

(1) 직접재료원가 표준수량(SQ)

표준원가를 적용하면서 직접재료원가 가격차이를 구입시점에 구분하는 경우에 원재료계정부터 재공품, 제품, 매출원가 계정을 표준원가(SP)로 기록된다. 따라서 표준금액을 표준단가로 나누어보면 해당금액에 포함된 원재료의 물량을 파악할 수 있다.

표준금액(SQ×SP) : ₩30,000(매출원가)+₩15,000(기말제품)+₩15,000(기말재공품)=₩60,000

표준수량(SQ) : ₩60,000÷@2.5(SP)=24,000kg

재공품

차변		대변	
직접재료원가	₩60,000	완성	₩45,000
		기말	15,000
	₩60,000		₩60,000

제품

차변		대변	
	₩45,000	판매	₩30,000
		기말	15,000
	₩45,000		₩45,000

매출원가

차변	대변
₩30,000	
₩30,000	

(2) 원재료 사용량

원재료 사용금액(SP기준) : ₩60,000+₩15,000(능률차이)=₩75,000

원재료

차변		대변	
구입 (40,000kg×@2.5)	₩100,000	사용	₩75,000
		기말	25,000
	₩100,000		₩100,000

재공품

차변		대변	
직접재료원가	₩60,000	사용	₩45,000
		기말	15,000
	₩60,000		₩60,000

능률차이 ₩15,000 불리

원재료 사용량 : ₩75,000÷@2.5(SP)=30,000kg

(3) 원재료 구입량

원재료 구입금액(SP기준) : ₩75,000+₩25,000=₩100,000

원재료 구입량 : ₩100,000÷@2.5(SP)=40,000kg

(4) 직접재료원가 구입가격차이만을 배부한 경우에 각 계정의 단위당 재료원가

	원재료	원재료능률차이	재공품	제 품	매출원가	합 계
배부전 계정잔액	₩25,000	₩15,000	₩15,000	₩15,000	₩30,000	₩100,000
물 량	10,000kg	6,000kg	6,000kg	6,000kg	12,000kg	40,000kg
단 가	×@2.5	×@2.5	×@2.5	×@2.5	×@2.5	×@2.5
재료원가 가격차이	₩2,500	₩1,500	₩1,500	₩1,500	₩3,000	₩10,000
물 량	10,000kg	6,000kg	6,000kg	6,000kg	12,000kg	40,000kg
단 가	×@0.25	×@0.25	×@0.25	×@0.25	×@0.25	×@0.25
배부후 계정잔액	₩27,500	₩16,500	₩16,500	₩16,500	₩33,000	₩110,000
물 량	10,000kg	6,000kg	6,000kg	6,000kg	12,000kg	40,000kg
단 가	×@2.75	×@2.75	×@2.75	×@2.75	×@2.75	×@2.75

직접재료원가 능률차이를 배부하지 않고 구입가격차이만을 원가요소별로 비례 배부하는 경우에는 표준단가(SP)로 기록되어 있던 각 계정 잔액이 실제단가(AP)로 변환되게 된다. 따라서 직접재료원가 구입가격차이만을 배분한 후의 가격은 다음과 같이 계산할 수도 있다.

AP기준 구입금액 : ₩100,000(SP기준 구입금액)+₩10,000(구입가격차이)=₩110,000
(40,000kg×@2.5) (40,000kg×@0.25)

실제구입가격 : ₩110,000÷40,000kg=₩2.75

(5) 실제원가를 적용한 경우 각 계정에 포함될 직접재료원가

	재 료	원재료능률차이	재공품	제 품	매출원가	합 계
가격차이 배분후잔액	₩27,500	₩16,500	₩16,500	₩16,500	₩33,000	₩110,000
물 량	10,000kg	6,000kg	6,000kg	6,000kg	12,000kg	40,000kg
단 가	×@2.75	×@2.75	×@2.75	×@2.75	×@2.75	×@2.75
재료비 능률차이		(₩16,500)	₩4,125	₩4,125	₩8,250	
물 량		(6,000kg)	1,500kg	1,500kg	3,000kg	
단 가		×@2.75	×@2.75	×@2.75	×@2.75	
배부후 계정잔액	₩27,500	₩0	₩20,625	₩20,625	₩41,250	₩110,000
물 량	10,000kg		7,500kg	7,500kg	15,000kg	40,000kg
단 가	×@2.75		×@2.75	×@2.75	×@2.75	×@2.75

원가요소별 비례배분법을 적용하면 배분 후의 각계정 잔액은 정확하게 실제원가로 변환되게 된다. 문제에서 요구하는 가격차이 배분후 금액은 각 계정 잔액이 실제구입단가(AP)로 변환되어 있으므로, 표준수량(SQ)로 기록되어 있는 재공품, 제품, 매출원가의 계정에 능률차이 물량(AQ−SQ)을 배분하면 수량도 실제수량(AQ)으로 변환되어 각 계정잔액이 실제원가를 기준으로 계산한 금액과 동일해진다.

별해

3. 재료원가 차이 배분

일반적으로 재료원가 차이는 구입가격 차이를 먼저 배분하고 능률차이를 다음에 배분하는데 이는 편의를 위해 적용하는 것이고 그 순서를 바꾸더라도 정확하게 실제원가를 계산할 수 있다.

	재 료	원재료능률차이	재공품	제 품	매출원가	합 계
배부전 계정잔액	₩25,000	₩15,000	₩15,000	₩15,000	₩30,000	₩100,000
물 량	10,000kg	6,000kg	6,000kg	6,000kg	12,000kg	40,000kg
단 가	×@2.5	×@2.5	×@2.5	×@2.5	×@2.5	×@2.5
재료원가 능률차이		(₩15,000)	₩3,750	₩3,750	₩7,500	
물 량		(6,000kg)	1,500kg	1,500kg	3,000kg	
단 가		×@2.5	×@2.5	×@2.5	×@2.5	
능률차이 배분후 잔액	₩25,000	₩0	₩18,750	₩18,750	₩37,500	₩100,000
물 량	10,000kg	0kg	7,500kg	7,500kg	15,000kg	40,000kg
단 가	×@2.5		×@2.5	×@2.5	×@2.5	×@2.5
재료원가 가격차이	₩2,500		₩1,875	₩1,875	₩3,750	₩10,000
배 분 비 율	10,000kg		7,500kg	7,500kg	15,000kg	40,000kg
배 분	×@0.25		×@0.25	×@0.25	×@0.25	×@0.25
배부후 계정잔액	₩27,500	₩0	₩20,625	₩20,625	₩41,250	₩110,000
물 량	10,000kg		7,500kg	7,500kg	15,000kg	40,000kg
단 가	×@2.75		×@2.75	×@2.75	×@2.75	×@2.75

참고로 재료원가의 물량을 계정별로 표시해 보면 다음과 같다.

원 재 료

구 입	40,000kg	사 용	30,000kg
		기 말	10,000
	40,000kg		40,000kg

재 공 품

표준수량	24,000kg	완 성	18,000kg
		기 말	6,000
	24,000kg		24,000kg

재 공 품

완 성	18,000kg	판 매	12,000kg
		기 말	6,000
	18,000kg		18,000kg

6,000kg 추가사용 : 능률차이

이와 같이 재료원가 차이는 SP → AP로 변환한 뒤에 SQ → AQ로 변환하여도 되고 해설에서 보듯이 SQ → AQ로 변환한 뒤에 SP → AP로 변환하더라도 같은 결과가 얻어진다.

05 표준원가계산 원가차이조정 (2015년 KICPA)

(주)한국은 단일의 제품을 생산·판매하는 기업이다. 회사는 표준원가를 이용하여 회계연도 초에 종합예산을 편성하며, 제품의 원가계산에 표준원가를 이용한 전부원가계산제도를 적용하고 있다. (주)한국의 20×1 회계연도 기초재고자산은 없었으며, 직접재료원가 가격차이는 구입시점에서 분리하여 계산한다.

(주)한국이 20×1 회계연도 말 수행한 원가차이분석은 다음과 같다. (여기서 U는 불리한 차이, F는 유리한 차이를 의미함)

원가항목	원가차이	
직접재료원가	가격차이	₩16,000U
	수량차이	₩4,000U
직접노무원가	임률차이	₩2,400F
	능률차이	₩6,000U
변동제조간접원가	소비차이	₩2,200F
	능률차이	₩2,000U
고정제조간접원가	예산차이	₩1,900F
	조업도차이	₩5,000U

위의 원가차이분석을 위해 (주)한국이 사용한 20×1 회계연도 생산 관련 자료는 다음과 같다.

〈관련 자료〉

(1) 원가요소별 표준과 예산 및 기준조업도

- 직접재료원가 : 제품 1단위당 8kg, 1kg당 ₩10
- 직접노무원가 : 제품 1단위당 4시간, 1시간당 ₩15
- 변동제조간접원가 : 직접노무시간을 기준으로 배부하며 직접노무시간당 ₩5
- 고정제조간접원가 연간 예산액 : ₩30,000
- 연간 기준조업도 : 2,400 직접노무시간

(2) 원가요소별 실제구입가격과 실제발생액 및 실제조업도

- 직접재료구입량 : 8,000kg, 1kg당 ₩12
- 직접재료투입량 : 4,400kg, 1kg당 ₩12
- 직접노무원가 : 2,400시간, 1시간당 ₩14
- 변동제조간접원가 발생액 : ₩9,800
- 고정제조간접원가 발생액 : ₩28,100
- 20×1 회계연도 중 제품 500단위를 생산에 착수하여 당기에 모두 완성하였으며, 이 중 400단위를 판매하였다.

【물음 1】 (주)한국이 ① 20×1 회계연도 초에 작성한 고정예산 제조원가와 ② 20×1 회계연도 말에 작성한 변동예산 제조원가는 각각 얼마인가?

【물음 2】 20×1 회계연도의 원가차이 배부 전 ① 당기제품제조원가와 ② 매출원가는 각각 얼마인가?

【물음 3】 (주)한국은 외부보고 목적의 재무제표 작성을 위하여 회계연도 말에 원가차이를 재고자산 및 매출원가 각 계정에 포함된 원가요소의 상대적 비율에 따라 안분한다. 20×1 회계연도 말에 원가차이를 조정한 후 다음 각 계정의 잔액은 얼마인가?

계정과목	잔 액
직접재료	
제품	
매출원가	

【물음 4】 (주)한국이 원가차이를 조정할 때 (물음 3)과 같이 직접재료원가 가격차이를 구입시점에서 분리하는 방법과 사용시점에서 분리하는 방법의 차이점에 대해서 설명하시오. (3줄 이내로 답하시오)

해답

[물음 1] 고정예산과 변동예산

(1) 기초에 작성한 고정예산 제조원가

연간기준조업도가 2,400시간이므로 단위당 노동시간이 4시간인 것을 고려하면 기초에 예상한 조업도는 600개이다. 따라서 고정예산의 조업도는 600개로 추정된다.

직접재료원가	600개×8kg×@10=	₩48,000
직접노무원가	600개×4시간×@15=	36,000
변동제조간접원가	600개×4시간×@5=	12,000
고정제조간접원가		30,000
고정예산 제조원가	600개×@160+₩30,000	₩126,000

(2) 기말에 작성한 변동예산 제조원가

직접재료원가	500개×8kg×@10=	₩40,000
직접노무원가	500개×4시간×@15=	30,000
변동제조간접원가	500개×4시간×@5=	10,000
고정제조간접원가		30,000
변동예산 제조원가		₩110,000

[물음 2] 원가차이 배부전 당기제품제조원가와 매출원가

(1) 당기제품제조원가

직접재료원가	500개×8kg×@10=	₩40,000
직접노무원가	500개×4시간×@15=	30,000
변동제조간접원가	500개×4시간×@5=	10,000
고정제조간접원가	500개×4시간×@12.5=	25,000
당기제품제조원가	500개×@210=	₩105,000

(2) 매출원가

400개×@210* =₩84,000

* 단위당 표준제조원가 : ₩105,000÷500개=@210

[물음 3] 원가차이 조정 후 계정별 잔액

(1) 비례배분할 비율

	재 료	원 재 료 능률차이	제 품	매출원가	합 계
직접재료원가 가격차이					
계 정 잔 액	₩36,000	₩4,000	₩8,000	₩32,000	₩80,000
배 분 비 율	45%	5%	10%	40%	100%
직접재료원가 능률차이					
계 정 잔 액			₩8,000	₩32,000	₩40,000
배 분 비 율			20%	80%	
가공원가 차이					
계 정 잔 액			₩13,000	₩52,000	₩65,000
배 분 비 율			20%	80%	

(2) 원가차이의 계정별 배분액

	재 료	원 재 료 능률차이	제 품	매출원가	합 계
배부전 계정잔액	₩36,000		₩21,000	₩84,000	₩141,000
재료원가 가격차이	7,200	₩800	1,600	6,400	16,000U
재료원가 능률차이		(800)	960	3,840	4,000U
기타차이			1,300	5,200	6,500U*
배분금액 합계	₩7,200	₩0	₩3,860	₩15,440	
배부후 계정잔액	₩43,200	₩0	₩24,860	₩99,440	₩167,500

* 가공원가 차이는 배분비율이 동일하므로 차이금액의 합계액을 배부하면 된다.

직접노무원가 가격차이	₩2,400F
직접노무원가 능률차이	6,000U
변동제조간접원가 소비차이	2,200F
변동제조간접원가 능률차이	2,000U
고정제조간접원가 예산차이	1,900F
고정제조간접원가 조업도차이	5,000U
기타차이 합계	₩6,500U

[물음 4] 직접재료원가 가격차이 분리 방법별 차이점

구입시점에서 가격차이를 분리하는 경우 표준단가로 원재료 계정에 기록되며 원가차이의 신속한 구분과 파악이 가능한 반면, 사용시점에서 가격차이를 분리하는 경우 실제단가로 원재료 계정에 기록되어 실제재료원가를 기준으로 차이분석이 가능하다.

06 표준종합원가계산

(1) 나무주식회사의 6월의 단위당 표준원가는 다음과 같으며 고정제조간접원가 예산은 ₩110,000이다.

직접재료원가 :	4단위×₩5=	₩20
직접노무원가 :	2시간×₩5=	10
변동제조간접원가 :	2시간×₩10=	20
고정제조간접원가 :	2시간×₩10=	20
		₩70

(2) 나무주식회사는 월초에 500단위가 공정에 있었으며 완성도는 40%였고 생산수량은 4,500단위이고, 기말재공품수량은 1,000단위로 완성도는 50%였다.

(3) 당기에 실제로 발생한 원가자료는 다음과 같다.

원재료구입 :	22,000단위×₩5.1=	₩112,200
원재료사용량		21,000단위
직접노무원가 :	11,000시간×₩8=	₩88,000
변동제조간접원가		99,000
고정제조간접원가		105,000

【물음 1】 표준종합원가계산하에서 다음을 계산하시오.

(1) 재료원가와 가공원가의 완성품환산량

(2) 완성품원가

(3) 기말재공품원가

【물음 2】 다음의 차이를 구하시오.

(1) 재료구입가격차이와 수량차이

(2) 임률차이와 시간차이

(3) 소비차이와 능률차이

(4) 예산차이와 조업도차이

해답

[물음 1]

(1) 완성품환산량 계산

	[1단계] 물량의 흐름	[2단계] 완성품환산량 재료원가	가공원가
기초재공품	500(40%)		
당기착수	5,000		
	5,500단위		
당기완성			
┌ 기초재공품	500	0단위	300단위
└ 당기착수	4,000	4,000	4,000
기말재공품	1,000(50%)	1,000	500
	5,500단위	5,000단위	4,800단위

(2) 완성품원가 : 4,500개×₩70=₩315,000

(3) 월말재공품원가 : 1,000개×₩20+1,000개×0.5×₩50=₩45,000

[물음 2] 차이분석

(1) 재료원가 차이

AQ′×AP	AQ′×SP	
22,000단위×₩5.1 =₩112,200	22,000단위×₩5 =₩110,000	
재료구입가격차이 ₩2,200U		

AQ×SP	SQ×SP
21,000단위×₩5 =₩105,000	5,000개×4단위×₩5 =₩100,000
재료수량차이 ₩5,000U	

(2) 직접노무원가 차이

AQ×AP	AQ×SP	SQ×SP
11,000시간×₩8 =₩88,000	11,000시간×₩5 =₩55,000	4,800개×2시간×₩5 =₩48,000
임률차이 ₩33,000U	시간차이 ₩7,000U	

(3) 변동제조간접원가 차이

AQ×AP	AQ×SP	SQ×SP
	11,000시간×₩10	4,800개×2시간×₩10
=₩99,000	=₩110,000	=₩96,000
소비차이 ₩11,000F	능률차이 ₩14,000U	

(4) 고정제조간접원가 차이

실제발생액	예 산	제품배부액
		4,800개×2시간×₩10
=₩105,000	=₩110,000	=₩96,000
예산차이 ₩5,000F	조업도차이 ₩14,000U	

별해 표준원가계산의 물량흐름 가정

표준원가계산에서는 선입선출법 완성품환산량을 사용한다. 이는 당기착수물량을 기준으로 표준투입량(SQ)을 찾기 위해서 편의상 사용하는 것이다. 즉, 표준수량(SQ)를 선입선출법 완성품환산량기준으로 계산하기 때문에 표준수량을 찾기 편한 선입선출법을 사용하는 것이다. 여기서 참고로 알아둘 점은 표준원가계산은 물량흐름 가정에 따라 원가금액이 달라지지 않는다는 것이다. 표준원가를 적용하는 경우 모든 물량은 동일한 표준단가를 적용하기 때문에 어떤 물량흐름에서도 동일한 금액이 계산된다. 예를 들어 이 문제에서도 재료원가 표준단가가 ₩20이고, 가공원가 표준단가가 ₩50이므로 기초재공품이나 당기발생원가 모두 동일한 표준단가를 사용하게 되며, 물량흐름가정과 관계없이 단위당 표준은 ₩70으로 일정하게 된다.

07 표준종합원가계산–공손

(주)한국제조는 표준종합원가계산제도를 채택하고 있으며, 직접노동시간을 기준으로 제조간접원가를 배부한다. 회사는 단일제품을 생산하는데 정상공손원가를 반영하지 않은 상태의 제품단위당 표준원가는 다음과 같다.

	표준수량	표준가격	표준원가
직 접 재 료 원 가	10kg	₩30/kg	₩300
직 접 노 무 원 가	5시간	40/시간	200
변 동 제 조 간 접 원 가	5시간	30/시간	150
고 정 제 조 간 접 원 가	5시간	50/시간	250
단 위 당 표 준 원 가			₩900

회사의 연간고정제조간접원가 예산은 ₩1,000,000이고 연간 20,000시간의 직접노동시간을 기준조업도로 설정하였다. 20×1년 중 재공품과 제품의 물량흐름은 다음과 같다.

재공품					
기	초	500개	완	성	4,200개
착	수	4,600	공	손	100
			기	말	800
		5,100개			5,100개

제품					
기	초	800개	판	매	4,000개
생	산	4,200	기	말	1,000
		5,000개			5,000개

원재료는 공정초기에 모두 투입되고 가공원가는 공정전반에 걸쳐 균등하게 발생하며 기초 및 기말 재공품의 가공원가 진척도는 각각 30%, 70%이다. 품질검사는 공정의 40% 시점에서 이루어지며 검사를 통과한 합격수량의 1%를 정상공손으로 간주한다. 당기 중 발생한 실제 재료원가와 가공원가는 다음과 같다.

직접재료원가	45,000kg×₩31=	₩1,395,000
직접노무원가	24,000시간×₩41=	984,000
변동제조간접원가		672,000
고정제조간접원가		1,050,000
총제조원가		₩4,101,000

회사는 원재료계정을 실제금액으로 관리하고 있으며 원가차이는 원가요소를 구분하지 않고 기말재고자산과 매출원가의 잔액을 기준으로 비례배분하고 있다.

【물음 1】 정상공손수량을 구하시오.

【물음 2】 당기완성품환산량을 구하시오.

【물음 3】 완성품원가와 기말재공품원가를 구하시오.

【물음 4】 [물음 3]에서 계산한 정상공손원가 배분후 완성품원가의 제품단위당 원가를 구하고 문제에서 제시한 단위당 표준원가 ₩900과의 차이를 계산근거를 들어 설명하시오.

【물음 5】 당기말 외부공표용 재무제표에 계산되는 재공품과 제품 및 매출원가를 계산하시오. 단, 차이배분시 배분비율은 소수점 넷째 자리에서 반올림하시오.

【물음 6】 자동화된 환경에서 표준원가의 유용성이 낮아지면서 그 역할이 변하고 있는데 그 사례를 세가지 이상 적으시오.

해답

[물음 1] 정상공손수량 및 비정상공손수량

정상공손수량 : (4,200+800개)×1%=50개

비정상공손수량 : 100개−50개=50개

[물음 2] 완성품환산량

	[1단계] 물량의 흐름	[2단계] 완성품환산량 재료원가	[2단계] 완성품환산량 가공원가
기초재공품	500(30%)		
당기착수	4,600		
	5,100개		
당기완성			
┌기초재공품	500	0	350
└당기착수	3,700	3,700	3,700
정상공손	50(40%)	50	20
비정상공손	50(40%)	50	20
기말재공품	800(70%)	800	560
	5,100개	4,600개	4,650개

[물음 3] 완성품과 기말재공품원가

			합 계
[3단계] 총원가의 요약			
기초재공품원가			₩240,000
당기발생원가	₩1,380,000	₩2,790,000	4,170,000
합 계			₩4,410,000
[4단계] 환산량 단위당 원가			
완성품환산량	÷4,600개	÷4,650개	
환산량단위당원가	@300	@600	
[5단계] 원가의 배분			
(1차 배분)			
완성품원가		4,200개×@900=	₩3,780,000
정상공손원가		50개×@300+20개×@600=	27,000
비정상공손원가		50개×@300+20개×@600=	27,000
기말재공품원가		800개×@300+560개×@600=	576,000
합 계			₩4,410,000

(2차 배분)

	배분전 원가	정상공손원가배분	배분후 원가
완성품원가	₩3,780,000	₩22,680*	₩3,802,680
정상공손원가	27,000	(27,000)	0
비정상공손원가	27,000		27,000
기말재공품원가	576,000	4,320*	580,320
합 계	₩4,410,000	₩4,320	₩4,410,000

* 정상공손원가배분

완성품	₩27,000×200개/(4,200개+800개)=	₩22,680
기말재공품	₩27,000×800개/(4,200개+800개)=	4,320
합 계		₩27,000

[물음 4] 제품단위당 원가

완성품단위당 원가 : ₩3,802,680÷4,200개=₩905.4

완성품단위당 원가 ₩905.4는 표준원가와 정상공손원가 허용액의 합계이다.

표 준 원 가		₩900
정상공손원가 허용액	(₩300×0%+₩600×40%)×1%=	5.4
완성품단위당 원가		₩905.4

[물음 5] 원가차이의 배분

(1) 배분대상 원가차이의 집계

실제발생원가	₩4,101,000
당기 투입된 표준원가	4,170,000*
총제조원가 차이	₩69,000 (유리)

* 4,600개(당기재료원가완성품환산량)×₩300+4,650개(당기가공원가완성품환산량)×₩600=₩4,170,000

(2) 원가차이 배분

	재공품	제 품	매출원가	합 계
기 말 잔 액	₩580,320	₩905,400*1	₩3,621,600*2	₩5,107,320
배 분 비 율	11.4%	17.7%	70.9%	100%
배 분	(7,866)	(12,213)	(48,921)	(69,000)
배분후 금액	₩572,454	₩893,187	₩3,572,679	₩5,038,320

* 1. 기말제품 : 1,000개×₩905.4=₩905,400
2. 매출원가 : 4,000개×₩905.4=₩3,621,600

[물음 6] 표준원가의 역할변화

(1) 지속적인 개선을 위해 카이젠과 같은 동적인 표준이 적용된다.
(2) 원가차이의 크기보다는 원가차이의 추세에 보다 관심을 기울인다.
(3) 직접노무원가를 별도원가요소로 처리하지 않고 직접재료원가와 제조간접원가에만 적용한다.
(4) 표준원가의 이용목적이 성과평가목적에서 재무보고목적으로 옮겨가고 있다.

별해

〈완성품원가와 기말재공품원가의 계산〉

표준원가를 적용하는 경우 물량이 파악되면 표준단가를 이용해서 신속하게 원가를 계산할 수 있다.

완 성 품 원 가	4,200개×₩905.4=	₩3,802,680
기말재공품원가	800개×(₩300+₩600×0.7)+800개×₩5.4= (800개×₩5.4: 정상공손원가허용액)	₩580,320

〈총원가비례배분법〉

총원가비례배분법은 적용이 간편한 시산표상의 각 계정잔액을 기준으로 원가차이를 조정하는 방법이다. 따라서 기초재고자산이 존재하더라도 기말계정잔액을 기준으로 배분하면 된다.

CHAPTER

07 변동원가계산

Cost & Management Accounting

제 1 절 변동원가계산과 초변동원가계산의 의의

제품원가계산방법은 주로 재무회계목적에 초점을 두고 있는데, 경영자 입장에서는 가장 적합한 제품원가계산방식이 다를 수 있다. 이번 장에서는 재무회계목적을 벗어나서 경영자를 포함한 다양한 원가정보이용자의 이용목적에 따라 제품원가를 계산하는 방법을 살펴보도록 하겠다.

제품원가를 계산하는 과정에서 원가정보의 이용목적에 따라서 제품원가에 포함되는 원가항목이 서로 달라진다. 제조원가의 원가요소인 직접재료원가, 직접노무원가, 변동제조간접원가, 고정제조간접원가 중에서 어떤 원가요소를 제품원가에 포함시킬 것인가를 기준으로 제품원가계산방법을 나누어 보면 ① 전부원가계산, ② 변동원가계산, ③ 초변동원가계산이 있다.

① **전부원가계산(full costing)** : 직접재료원가, 직접노무원가, 변동제조간접원가, 고정제조간접원가를 모두 제품원가에 포함시키는 방법이다. 일반적으로 재무회계목적을 위해 원가계산을 할 때는 이 방법을 적용한다.

② **변동원가계산(variable costing)** : 제조원가를 행태별로 구분하여 직접재료원가, 직접노무원가, 변동제조간접원가, 즉 변동제조원가만을 제품원가에 포함시키고 고정제조간접원가는 기간비용으로 처리하는 방법으로 직접원가계산(direct costing)이라고도 한다. 여기서 '원가행태'란 조업도 증가에 따른 원가의 움직임을 기준으로 원가를 분류한 것으로 기본적인 원가행태에는 변동원가와 고정원가가 있다. 경영자는 생산량이나 판매량과 같은 조업도가 증가할 때 이익이 어떻게 달라지는가를 파악하고, 의사결정에 활용할 수 있도록 정보를 만드는 것이 유용하다. 따라서 변동원가계산은 경영자가 원가정보를 활용할 수 있도록 제품원가계산을 하는 방법이다.

③ **초변동원가계산(super-variable costing)** : 직접재료원가만을 제품원가에 포함시키고 나머지 제조원가, 즉 직접노무원가, 변동제조간접원가, 고정제조간접원가는 기간비용으로 처리하는 방법이다. 최근에는 장치산업이 많아지면서 가공원가 전체가 거의 일정하게 발생하고 생산량에 따라 발생액이 증가하는 변동원가는 재료원가 밖에 없는 기업도 많아지고 있다. 이런 기업의 경영자 입장에서 유용한 정보를 만드는 원가계산 방법이 초변동원가계산이다.

제품원가계산방법의 비교

원가의 처리	전부원가계산	변동원가계산	초변동원가계산
제 품 원 가	직접재료원가	직접재료원가	직접재료원가
	직접노무원가	직접노무원가	
	변동제조간접원가	변동제조간접원가	
	고정제조간접원가		
기 간 비 용			직접노무원가
			변동제조간접원가
		고정제조간접원가	고정제조간접원가
	판매비와 관리비	판매비와 관리비	판매비와 관리비

앞의 표에서 알 수 있는 바와 같이 각 제품원가계산방법의 차이점은 제조원가의 원가요소 중에서 어떤 원가요소를 제품원가에 포함시킬 것인가에 있으며, 판매비와 관리비는 어떠한 경우에도 제품원가에 포함시키지 않고 기간비용으로 처리한다는 점에 유의해야 한다.

이상의 제품원가계산방법 중에서 우선 변동원가계산의 내용을 중점적으로 살펴보고 초변동원가계산은 그 후에 살펴보도록 하자.

제 2 절 변동원가계산의 개념과 적용

변동원가계산은 전부원가계산과 비교하면서 파악해야 변동원가계산의 개념을 이해하기 쉽다. 변동원가계산과 전부원가계산의 가장 큰 차이는 고정제조간접원가를 제품원가에 포함하느냐 아니면 기간비용으로 처리하느냐에 있다. 변동원가계산에서는 고정제조간접원가를 제품원가에 포함하지 않는데 그 이유에 대해서 살펴보도록 하자.

1. 고정제조간접원가의 자산화여부

변동원가계산의 유용성을 주장하는 학자들은 자산을 정의할 때 원가회피개념(cost avoidance concept)에 입각하고 있다. '원가회피개념'이란 특정기간에 발생한 원가로 인해서 미래에 동일한 원가의 발생을 회피할 수 있는 원가만을 자산성이 있는 것으로 인정한다는 것이다. 이 개념에 따르면 특정기간 동안 고정제조간접원가가 발생하였더라도 다음 기간에 다시 동일한 고정제조간접원가가 발생하는 것을 회피시키지 못하기 때문에 고정제조간접원가는 재고자산원가에 가산하지 않고 기간비용으로 처리한다.

반면에 재무회계에서 사용하는 전부원가계산에서는 자산을 미래용역잠재력의 개념으로 정의한다. '미래용역잠재력개념'에 따르면 미래 수익창출능력이 있거나 미래의 경제적 효익을 창출할 수 있는 원가는 모두 자산으로 간주한다. 이 개념에 의하면 고정제조간접원가가 투입된 재고자산은 미래에 수익을 창출할 수 있는 잠재력을 가지고 있기 때문에 재고자산을 생산하기 위해 반드시 필요한 고정제조간접원가는 제품원가에 포함되어야 한다. 이렇게 전부원가계산에서는 고정제조간접원가를 제품원가에 흡수시켜 계산한다는 의미에서 흡수원가계산(absorption costing)이라고도 부른다.

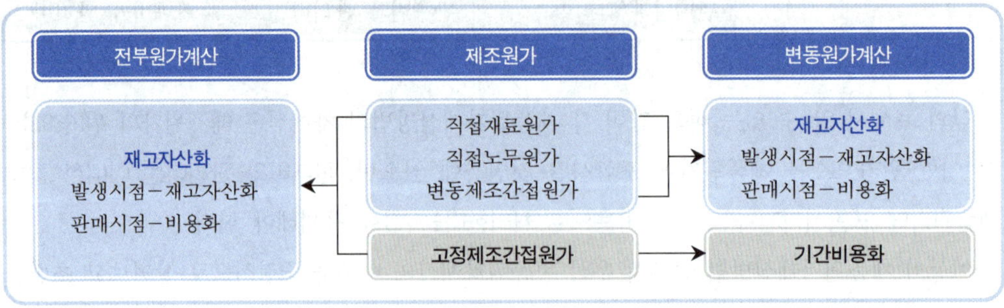

2. 손익계산서의 차이

전부원가계산은 재무회계목적으로 제조원가와 판매관리비로 원가를 구분해서 손익계산서를 작성한다. 반면에 변동원가계산에서는 경영자가 의사결정에 활용할 수 있도록 변동원가와 고정원가로 원가를 구분해서 손익계산서를 작성한다. 이와 같이 원가계산방법별로 원가의 분류가 다르므로 수익과 원가를 집계해서 보고하는 손익계산서의 양식도 서로 차이가 있다.

(1) 전부원가계산의 손익계산서

전부원가계산은 재무회계목적을 위해서 전통적으로 사용해왔던 방법으로 원가를 기능에 따라 제조원가와 판매관리비로 구분해서 손익계산서를 작성하며, 이 때문에 '기능적 손익계산서(functional income statement)'라고도 부른다. 전부원가계산 손익계산서에서는 제조과정에서 발생하는 모든 제조원가를 제품원가에 포함한다. 따라서 고정제조간접원가는 제품원가에 포함되었다가 매출원가로 비용화된다.

전부원가계산

매 출 액		×××
매 출 원 가		
기 초 재 고	×××	
당기제품제조원가	×××	
기 말 재 고	(×××)	×××
매 출 총 이 익		×××
판 매 관 리 비		×××
영 업 이 익		×××

모든 제조원가를 발생한 시점에 재고자산화한다. 고정제조간접원가도 재고자산화한다.

고정제조간접원가까지도 제품원가에 포함되었다가 제품이 판매되는 시점에 매출원가로 비용화된다.

(2) 변동원가계산의 손익계산서

변동원가계산은 경영자가 활용할 목적으로 모든 원가를 변동원가와 고정원가로 구분한다. 경영자는 판매량을 증가시키는 것이 가장 중요한 관심사항이므로 판매량이나 생산량이 증가하면 비례해서 증가하는 변동원가와 판매량변화와 무관하게 일정하게 발생하는 고정원가를 구분해서 파악하는 것이 원가정보를 활용하기에 적합하기 때문이다.

변동원가계산에 따라 작성되는 손익계산서는 매출액에서 변동원가를 차감해서 공헌이익을 찾고, 다시 공헌이익에서 고정원가를 차감해서 영업이익을 계산하는 방식으로 '공헌이익손익계산서(contribution income statement)'라고도 부른다. 변동원가계산 손익계산서에서는 모든 고정원가를 비용으로 처리해서 고정제조간접원가도 기간비용으로 처리한다.

변동원가계산

매 출 액		×××
변 동 원 가		
변 동 매 출 원 가	×××	
변 동 판 매 관 리 비	×××	×××
공 헌 이 익		×××
고 정 원 가		
고 정 제 조 간 접 원 가	×××	
고 정 판 매 관 리 비	×××	×××
영 업 이 익		×××

변동제조원가만 제품원가에 포함해서 재고자산화되었다가 판매되는 시점에 변동매출원가로 비용화된다.

매출액에서 변동원가를 차감한 금액을 공헌이익이라고 한다. 판매량이 증가함에 따라서 공헌이익만큼 이익이 증가하게 된다.

고정제조간접원가의 기간비용화
고정제조간접원가는 판매량증가에 영향을 받지 않기 때문에 발생기간에 비용화한다.

이와 같이 전부원가계산과 변동원가계산의 원가분류의 차이에서 출발해서 손익계산서의 형태까지 여러 가지 면에서 차이가 난다.

전부원가계산과 변동원가계산의 차이점

차이항목		전부원가계산	변동원가계산
원가정보의 활용목적		외부공표용 재무제표 작성	경영자의 경영관리목적
자산의 정의		미래용역잠재력개념	원가회피개념
고정제조간접원가의 처리		제품원가에 포함	기간비용으로 처리
재고자산 포함항목	변동제조원가 (DM+DL+VOH)	제품원가	제품원가
	고정제조간접원가	제품원가	기간비용
경영성과보고방식		기능별 손익계산서	공헌이익손익계산서
손익계산서의 형태		매출액 매출원가 매출총이익 판매관리비 영업이익	매출액 변동원가 공헌이익 고정원가 영업이익

3. 변동원가계산 손익계산서의 작성

변동원가계산에 따라 손익계산서를 작성하기 위해서는 변동제조원가만을 제품원가에 포함시키고 고정제조간접원가는 기간비용으로 처리해야 한다. 이에 대해서는 다음의 예제를 이용해서 살펴보자.

예제 [7-1] 변동원가계산과 전부원가계산의 손익계산서 작성과 비교

당기에 영업을 개시한 (주)원가의 단위당 판매가격은 ₩100이며 1차년도에 6,000개를 생산해서 5,000개를 판매하였으며 원가는 다음과 같다.

	단위당 변동원가	총고정원가
직접재료원가	₩10	
직접노무원가	20	
제조간접원가	10	₩120,000
판매관리비	10	50,000
	₩50	₩170,000

요구사항

1. 전부원가계산과 변동원가계산의 단위당 제조원가를 구하시오.
2. 전부원가계산에 의한 1차년도의 손익계산서를 작성하시오.
3. 변동원가계산에 의한 1차년도의 손익계산서를 작성하시오.

(1) 방법별 단위당 제조원가

변동원가계산에서는 고정제조간접원가를 기간비용으로 처리하므로 변동제조원가만을 제품원가에 포함하고, 전부원가계산에서는 고정제조간접원가까지도 제품원가에 포함해서 단위당 제조원가를 계산한다. 단위당 제조원가를 계산할 때 주의할 점은 전부원가계산에서 단위당 고정제조간접원가는 생산량을 기준을 계산한다는 것이다. 고정제조간접원가는 제품을 생산하는 공장에서 발생하므로 판매량이 아니라 생산량으로 나누어 단위당 원가를 계산해야 한다.

	변동원가계산		전부원가계산
직접재료원가	₩10		₩10
직접노무원가	20		20
변동제조간접원가	10		10
고정제조간접원가		₩120,000÷6,000개* =	20
단위당 제조원가	₩40		₩60

* 고정제조간접원가는 판매량이 아니라 생산량으로 나누어 단위당 원가를 계산한다.

(2) 전부원가계산의 손익계산서

전부원가계산에서는 제조원가와 판매관리비를 구분해서, 제조원가는 발생시점에 제품원가에 포함했다가 판매시점에 비용화한다. 따라서 제조원가는 생산량 6,000개분이 발생했지만 매출원가로 비용화되는 금액은 5,000개의 판매량에 단위당 제조원가를 곱한 금액이다.

전부원가계산(1차년도)

매출액 : 5,000개×@100=	₩500,000
매출원가	
기초제품재고액	₩0
당기제품제조원가 : 6,000개×@60=	360,000
기말제품재고액 : 1,000개×@60=	(60,000)
매출원가 : 5,000개×@60=	300,000
매출총이익	₩200,000
판매관리비 : 5,000개×@10+₩50,000=	100,000
영업이익	₩100,000

고정제조간접원가도 재고자산화된다.

판매되지 않으면 비용화되지 않고 기말재고로 남는다.

판매된 5,000개분만 매출원가로 비용화되어 수익과 대응되어 비용화되도록 한다.

07

이와 같이 전부원가계산에 따라 손익계산서를 작성하고 매출원가를 계산하면 수익이 창출된 판매량 5,000개 분의 매출원가가 비용화된다. 이 과정에서 고정제조간접원가는 발생액 ₩120,000이 비용화되는 것이 아니라 판매된 5,000개에 포함되어 있던 ₩100,000(5,000개×@20)만 비용화되고 기말재고 1,000개와 관련되는 ₩20,000의 고정제조간접원가는 비용화되지 않고 재고잔액으로 남았다가 다음 기간에 비용화된다.

재고자산(고정제조간접원가만 고려함)

기 초 재 고	0	매 출 원 가 (비용화 : 판매량기준)	100,000
고정제조간접원가 (발생액 : 재고자산화)	120,000	기 말 제 품	20,000
합 계	120,000	합 계	120,000

→ 매출원가 100,000: 판매수량 5,000개분만 비용화해서 발생액보다 비용화된 금액이 ₩20,000이 작다.

→ 기말제품 20,000: 비용화되지 않은 ₩20,000의 고정제조간접원가는 기말재고에 남아 있다.

(3) 변동원가계산의 손익계산서

변동원가계산은 원가를 원가행태에 따라서 변동원가와 고정원가로 구분해서 고정원가는 기간비용으로 처리하고, 매출액에서 변동원가를 차감해서 공헌이익이 계산되도록 손익계산서를 작성한다.

변동원가계산(1차년도)

매 출 액 :	5,000개×@100=		₩500,000
변동원가			
기초제품재고액		₩0	
당기제품제조원가 :	6,000개×@40=	240,000	
기말제품재고액 :	1,000개×@40=	(40,000)	
변동매출원가 :	5,000개×@40=	₩200,000	
변동판매관리비 :	5,000개×@10=	50,000	250,000
공헌이익 :	5,000개×@50=		₩250,000
고정원가			
고정제조간접원가		₩120,000	
고정판매관리비		50,000	170,000
영업이익			₩80,000

← 당기제품제조원가 240,000: 변동제조원가만을 제품원가에 포함해서 재고자산화 했다가 판매량만큼 비용화한다.

← 공헌이익 ₩250,000: 판매량이 한 단위 증가할 때마다 단위당 공헌이익 ₩50씩 이익이 증가한다.

← 고정제조간접원가 ₩120,000: 고정제조간접원가는 발생시점에 전액을 비용으로 처리한다.

이와 같이 변동원가계산에 따라 손익계산서를 작성하면 경영자입장에서는 판매량증가에 따른 이익효과를 좀 더 쉽게 파악할 수 있다. 예제에서 판매량이 한 단위가 증가할 때마다 수익은 ₩100이 증가하고 변동원가는 ₩50이 증가하므로 단위당 공헌이익 ₩50만큼씩 이익이 증가한다. 당기에 5,000개를 판매해서 얻은 공헌이익 ₩250,000(5,000개×@50)으로 일정하게 발생하는 고정원가 ₩170,000을 충당하고 넘긴 ₩80,000이 영업이익이 되었다.

4. 고정제조간접원가 비용화금액의 차이

전부원가계산에서는 당기에 발생한 고정제조간접원가(Fixed Overhead Cost : FOH)를 재고자산화했다가 판매된 수량과 관련된 금액만 비용화한다. 반면에 변동원가계산은 당기에 발생한 고정제조간접원가를 기간비용으로 처리하기 때문에 비용화된 금액이 서로 다르다.

(1) 고정제조간접원가의 비용화 과정 비교

예제에서 1차년도에 발생한 고정제조간접원가는 ₩120,000이다. 변동원가계산에서는 이 발생액 ₩120,000을 고정원가에 포함해서 모두 기간비용으로 처리한다. 반면에 전부원가계산에서는 이 발생액 ₩120,000을 제품원가에 포함해서 생산량 6,000개를 기준으로 재고자산화되었다. 이 금액 중에서 판매된 5,000개분인 ₩100,000(5,000개×@20)만 매출원가로 비용화되고, 기말재고 1,000개분인 ₩20,000은 기말재고에 포함되어 비용화되는 시점이 다음 기간으로 이연되었다.

변동원가계산
고정제조간접원가 발생액 ₩120,000을 기간비용화

전부원가계산 ₩120,000÷6,000개=@20
고정제조간접원가 발생액 ₩120,000을 재고자산화

판매된 5,000개분 비용화 5,000개×@20=₩100,000	기말재고 1,000개×@20=₩20,000

기말재고에 포함된 고정제조간접원가는 당기에 비용화되지 않고, 비용화되는 시점이 다음기로 이연된다. 따라서 기말에 포함된 고정제조간접원가는 당기에 비용화되는 금액을 감소시키고 그 결과 이익은 증가시킨다.
기말재고의 고정제조간접원가↑ → 비용화금액↓ → 당기이익증가효과↑

전부원가계산에서는 기말재고에 포함된 고정제조간접원가 ₩20,000만큼 비용화된 고정제조간접원가가 적기 때문에 전부원가계산의 영업이익이 변동원가계산의 영업이익보다 ₩20,000만큼 크다.

원가계산방법	비용화된 고정제조간접원가	
전부원가계산	5,000개×₩20=	₩100,000
변동원가계산	(기간비용화)	120,000
비용화금액의 차이		₩20,000

전부원가계산
기말재고 고정제조간접원가↑
→ 비용화금액↓
→ 당기이익 증가효과↑

(2) 기말재고에 포함된 고정제조간접원가의 효과

변동원가계산은 변동제조원가만을 제품원가에 포함시키므로 기말재고자산에도 변동제조원가만 포함되어 있다. 반면에 전부원가계산에서는 고정제조간접원가도 제품원가에 포함하기 때문에 변동제조원가만이 아니라 고정제조간접원가도 기말재고자산에 포함된다.

따라서 전부원가계산의 기말재고자산이 변동원가계산의 기말재고자산보다 고정제조간접원가만큼 과대되게 된다. 예제에서도 변동원가계산의 기말재고자산은 변동제조원가만을 포함해서 ₩40,000이지만 전부원가계산은 고정제조간접원가를 포함해서 ₩60,000이 되어 ₩20,000만큼 과대된다.

원가계산방법	기말재고자산의 금액	
전부원가계산	1,000개 × ₩60 =	₩60,000
변동원가계산	1,000개 × ₩40 =	40,000
기말재고의 차이	1,000개 × ₩20 =	₩20,000

기말재고 고정제조간접원가
→ 전부원가계산 기말재고↑
→ 비용화금액↓
→ 당기이익증가효과↑

기말재고가 과대되었다는 의미는 해당금액만큼이 당기에 비용화되지 않고 재고자산으로 남아 있다가 다음기간에 비용화된다는 의미이다. 따라서 기말재고자산이 과대된 금액만큼 당기에 비용화된 금액이 감소하고 이익은 증가한다. 반대로 기말재고자산이 과대된 금액만큼 다음기간에 추가로 비용화될 금액은 증가하고 다음기의 이익은 감소하게 된다.

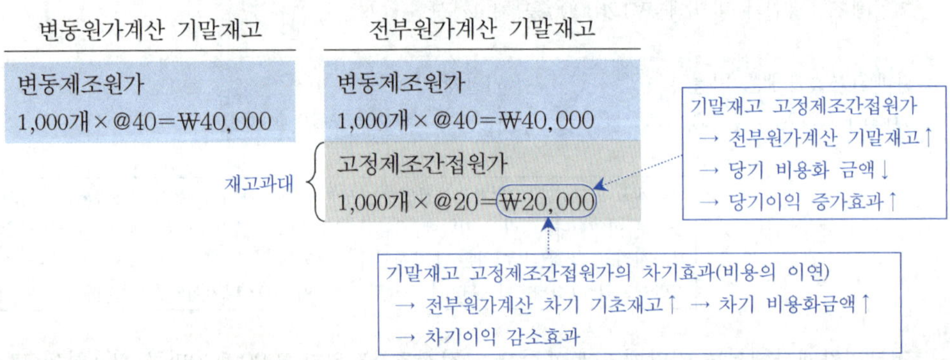

전부원가계산의 기말재고가 고정제조간접원가 ₩20,000만큼 더 과대된다. 이 과대된 기말재고금액으로 인해서 전부원가계산의 영업이익은 변동원가계산과 달라지게 된다.

① 당기이익효과 : 전부원가의 기말재고가 고정제조간접원가 ₩20,000만큼 과대되면 당기에 비용화되는 금액은 ₩20,000이 감소하고 재고자산으로 남고, 그 결과로 당기이익은 변동원가계산보다 ₩20,000만큼 증가한다.

② 차기이익효과 : 전부원가계산의 기말재고가 과대된 금액 ₩20,000은 차기에 기초재고가 과대되는 것으로 영향을 준다. 차기에 기초재고가 과대되는 ₩20,000만큼은 추가로 비용화되어 비용화되는 금액을 증가시킨다. 그 결과로 차기의 이익은 ₩20,000만큼 감소한다.

₩20,000 전부원가계산 기말재고의 고정제조간접원가		
→	당기 효과	당기 비용화 ₩20,000↓ (비용의 이연) 당기 이익 ₩20,000↑
→	차기 효과	차기 비용화 ₩20,000↑ (추가비용화) 차기 이익 ₩20,000↓

5. 변동원가계산과 전부원가계산의 이익차이의 원인

변동원가계산과 전부원가계산은 서로 원가를 분류하는 방식이 달라서 손익계산서의 모양이 다르다. 변동원가계산은 변동원가와 고정원가로 원가를 구분해서 공헌이익을 계산하고 전부원가는 제조원가와 판매관리비로 분류해서 매출총이익을 계산하기 때문이다.

그런데 이 두 가지 계산방법은 원가의 분류는 서로 다르지만 당기에 비용화하는 금액은 고정제조간접원가를 제외하고는 서로 동일하다. 즉, 고정제조간접원가를 제외한 비용항목들은 분류만 서로 다르고 비용화되는 크기가 같아서 이익에 미치는 효과가 동일하게 된다.

따라서 두 가지 계산방법에서 이익이 차이가 나게 되는 원인은 비용화되는 고정제조간접원가가 서로 다르기 때문이다. 여기서 주의할 점은 두 방법에서 발생한 고정제조간접원가(Fixed Overhead Cost : FOH)는 동일하며 당기에 비용화하는 금액만 서로 다르다는 것이다.

예제에서 작성한 두 가지 계산방법의 손익계산서의 내용을 서로 비교해 보면 다음과 같이 고정제조간접원가를 제외하고는 비용화된 금액이 동일하다. 비교를 편하게 하기 위해서 전부원가계산의 매출원가는 변동매출원가부분과 고정제조간접원가의 매출원가부분을 구분해서 표시했다.

변동원가계산			전부원가계산	
매출액	₩500,000	← 동일 →	매출액	₩500,000
변동원가			매출원가	
변동매출원가	₩200,000	← 동일 →	변동매출원가	₩200,000
변동판매관리비	50,000	← 동일 (→ 변동판매관리비)	고정매출원가	100,000
변동원가합계	₩250,000		매출원가합계	₩300,000
공헌이익	₩250,000		매출총이익	₩200,000
고정원가			판매관리비	
고정제조간접원가	120,000	← 비용화 금액이 다름 (→ 고정매출원가)	변동판매관리비	50,000
고정판매관리비	50,000	← 동일 →	고정판매관리비	50,000
영업이익	₩80,000		영업이익	₩100,000

비용화된 FOH가 이익차이의 원인이다.

전부원가계산에서 비용화되는 고정제조간접원가 ₩20,000↓
→ 전부원가계산 영업이익 ₩20,000↑
→ 전부원가계산 기말재고 ₩20,000↑

이와 같이 두 계산방법의 영업이익이 차이가 나게 되는 원인은 비용화되는 고정제조간접원가가 서로 다르기 때문이다. 변동원가계산에서는 고정제조간접원가 발생액 ₩120,000을 모두 비용화한 반면에, 전부원가계산에서는 판매된 5,000개분의 고정제조간접원가가 ₩100,000만 비용화되고 판매되지 않은 1,000개분 고정제조간접원가는 기말재고에 ₩20,000으로 포함되었다가 차기에 비용화되어 당기이익이 서로 차이가 난다.

따라서 변동원가계산의 영업이익과 전부원가계산의 영업이익이 차이가 나는 원인은 전부원가계산에서 기말재고에 포함된 고정제조간접원가가 ₩20,000만큼이 비용화되지 않아서 전부원가계산의 영업이익이 ₩20,000만큼 증가하게 되는 것이다.

		1차년도
변동원가계산에 의한 영업이익		₩80,000
기초재고의 고정제조간접원가	(−)	(0)
기말재고의 고정제조간접원가	(+)	20,000
전부원가계산에 의한 영업이익		₩100,000

전부원가계산
기말재고의 FOH ₩20,000↑
→ 당기비용화 FOH ₩20,000↓
→ 전부원가계산의 당기이익 ₩20,000↑

변동원가계산의 영업이익 ₩80,000을 기준으로 전부원가계산의 기말재고에 포함된 고정제조간접원가 ₩20,000을 가산하면 전부원가계산의 영업이익 ₩100,000이 된다.

제 3 절 판매량 증가의 이익효과

판매량이 증가하는 경우에 이익이 어떻게 영향을 받는지를 파악하기에는 변동원가계산이 유용하다. 변동원가계산은 판매량이 한 단위가 증가할 때마다 단위당 공헌이익만큼 영업이익이 증가해 가게 된다. 반면에 전부원가계산은 판매량이 증가하는 경우에 비용화되는 고정제조간접원가도 이익변화에 영향을 미치기 때문에 효과를 분석하기가 어렵다.

예제 [7-2] 판매량이 증가하는 경우의 이익효과

(주)원가는 2차년도에도 1차년도와 동일한 원가구조를 가진다. [예제 7-1]의 1차년도의 기말재고인 1,000개가 2차년도의 기초재고이며 2차년도에는 5,000개를 생산하고 6,000개를 판매했다.

요구사항

1. 변동원가계산과 전부원가계산의 단위당 제조원가를 구하시오.
2. 변동원가계산에 의한 2차년도의 손익계산서를 작성하시오.
3. 전부원가계산에 의한 2차년도의 손익계산서를 작성하시오.

(1) 방법별 단위당 제조원가

1차년도와 원가구조가 동일하므로 단위당 변동제조원가는 변동되지 않는다. 단위당 제조원가를 계산할 때 주의할 점은 전부원가계산에서 단위당 고정제조간접원가는 생산량을 기준을 계산한다는 것이다. 2차년도에는 생산량이 5,000개이므로 단위당 고정제조간접원가는 ₩24으로 증가한다.

	변동원가계산		전부원가계산
직접재료원가	₩10		₩10
직접노무원가	20		20
변동제조간접원가	10		10
고정제조간접원가		₩120,000÷5,000개* =	24
단위당 제조원가	₩40		₩64

* 고정제조간접원가는 판매량이 아니라 생산량으로 나누어 단위당 원가를 계산한다.

(2) 변동원가계산의 손익계산서

변동원가계산은 원가를 원가행태에 따라서 변동원가와 고정원가로 구분해서 고정원가는 기간비용으로 처리하고 매출액에서 변동원가를 차감해서 공헌이익이 계산되도록 손익계산서를 작성한다.

변동원가계산(2차년도)

매출액 :	6,000개×@100=		₩600,000
변동원가			
기초제품재고액 :	1,000개×@40=	₩40,000	
당기제품제조원가 :	5,000개×@40=	200,000	
기말제품재고액 :		(0)	
변동매출원가 :	6,000개×@40=	₩240,000	
변동판매관리비 :	6,000개×@10=	60,000	300,000
공헌이익 :	6,000개×@50=		₩300,000
고정원가			
고정제조간접원가		₩120,000	
고정판매관리비		50,000	170,000
영업이익			₩130,000

변동제조원가만을 제품원가에 포함해서 재고자산화 했다가 판매량만큼 비용화한다.

판매량이 한 단위 증가할 때마다 단위당 공헌이익 ₩50씩 이익이 증가한다.

고정제조간접원가는 발생시점에 전액을 비용으로 처리한다.

이와 같이 변동원가계산에 따라 손익계산서를 작성하면 경영자입장에서는 판매량증가에 따른 이익효과를 좀 더 쉽게 파악할 수 있다. 예제에서 판매량이 한 단위가 증가할 때마다 수익은 ₩100이 증가하고 변동원가는 ₩50이 증가하므로, 단위당 공헌이익 ₩50만큼씩 이익이 증가한다. 당기에 6,000개를 판매해서 얻은 공헌이익 ₩300,000(6,000개×@50)으로 일정하게 발생하는 고정원가 ₩170,000을 충당하고 넘긴 ₩130,000이 영업이익이 되었다.

(3) 전부원가계산의 손익계산서

전부원가계산에서 제조원가는 생산량 5,000개분이 발생했지만 매출원가로 비용화되는 금액은 6,000개의 판매량에 단위당 제조원가를 곱한 금액이다.

전부원가계산(2차년도)

매 출 액 :	6,000개×@100=	₩600,000
매출원가		
기초제품재고액 :	1,000개×@60=	₩60,000
당기제품제조원가 :	5,000개×@64=	320,000
기말제품재고액 :		(0)
매출원가 : 1,000개×@60+5,000개×@64=		₩380,000
매출총이익		₩220,000
판매관리비 :	6,000개×@10+₩50,000=	110,000
영업이익		₩110,000

전기 고정제조간접원가도 재고자산으로 남아서 추가로 비용화된다.

고정제조간접원가도 재고자산화된다.

판매된 6,000개분이 매출원가로 비용화되어 수익과 대응되어 비용화되도록 한다.

이와 같이 전부원가계산에 따라 손익계산서를 작성하고 매출원가를 계산하면 수익이 창출된 판매량 6,000개 분의 매출원가가 비용화된다. 이 과정에서 고정제조간접원가는 기초재고 1,000개와 관련되는 ₩20,000도 당기에 비용화되어 ₩140,000이 비용화된다.

기초재고에 포함된 FOH ₩20,000은 전기발생액이지만 당기에 추가적으로 비용화되므로 당기 매출원가를 증가시킨다.

재고자산(FOH만 고려함)

기 초 재 고	20,000	매 출 원 가 (비용화 : 판매량기준)	140,000
고정제조간접원가 (발생액 : 재고자산화)	120,000	기 말 제 품	0
합 계	140,000	합 계	140,000

기초재고 ₩20,000을 포함해서 판매량 6,000분이 매출원가로 비용화된다.

1. 판매량증가의 이익효과-변동원가계산

변동원가계산은 원가를 변동원가와 고정원가로 구분해서 손익계산서를 작성하기 때문에 판매량 증가에 따른 이익의 변화효과를 분석하기가 쉬워서 경영자입장에서 유용한 정보를 제공한다. [예제 7-1]과 [예제 7-2]의 변동원가계산의 손익계산서를 비교해 보면 이를 이해할 수 있다.

변동원가계산

	5,000개 판매	증가액(1,000개 증가)		6,000개 판매
매 출 액	₩500,000	1,000개×@100=	₩100,000	₩600,000
변동원가				
변동매출원가	₩200,000		40,000	240,000
변동판매관리비	50,000		10,000	60,000
변동원가 합계	₩250,000	1,000개×@50=	₩50,000	₩300,000
공헌이익	₩250,000	1,000개×@50=	₩50,000	₩300,000
고정원가		판매량 1단위 증가 → 공헌이익 ₩50씩 증가		
고정제조간접원가	120,000		0	120,000
고정판매관리비	50,000		0	50,000
영업이익	₩80,000	1,000개×@50=	₩50,000	₩130,000

판매량이 1,000단위 증가 → 공헌이익 ₩50,000 증가
→ 영업이익 ₩50,000 증가

여기에서 알 수 있는 바와 같이 변동원가계산에 따라 손익계산서를 작성하면 판매량이 1단위 증가할 때마다 단위당 공헌이익 ₩50씩이 증가하고 영업이익도 ₩50씩 증가한다. 즉, 단위당 공헌이익 증가액이 그대로 영업이익 증가액에 영향을 주게 된다. 따라서 판매량이 1,000개가 증가하면 공헌이익은 ₩50,000(1,000개×@50)이 증가하고 결과적으로 영업이익도 ₩50,000이 증가한다.

이렇게 변동원가계산은 판매량 증가에 따라 영업이익이 어떻게 변동되는지를 정확하게 알 수 있어서 경영자입장에서 여러 가지 의사결정에 활용하기가 편한 원가계산방법이다.

2. 고정제조간접원가 비용화금액의 차이

전부원가계산에서는 당기에 발생한 고정제조간접원가(Fixed Overhead Cost : FOH)를 재고자산화되고 판매된 수량과 관련된 금액만 비용화한다. 반면에 변동원가계산은 당기에 발생한 고정제조간접원가를 기간비용으로 처리하기 때문에 비용화된 금액이 서로 다르다.

(1) 고정제조간접원가의 비용화 과정 비교

예제에서 2차년도에 발생한 FOH는 ₩120,000이다. 변동원가계산에서는 FOH 발생액 ₩120,000 전액을 고정원가에 포함해서 기간비용으로 처리한다. 반면에 전부원가계산에서는 이 발생액 ₩120,000을 제품원가에 포함해서 생산량 5,000개를 기준으로 재고자산화되었다. 당기에 판매된 6,000개분을 비용화하는 과정에서 기초재고에 포함되어 있던 1,000개분 ₩20,000도 비용화되어 전부원가계산에서 당기 비용화된 FOH는 ₩140,000이 된다.

기초재고에 포함된 고정제조간접원가는 전기에 비용화되지 않고 비용화되는 시점이 당기로 이연된 금액이다. 따라서 기초에 포함된 고정제조간접원가는 당기에 비용화되는 금액을 증가시키고 그 결과 이익을 감소시킨다.
기초재고의 고정제조간접원가↑ → 당기 비용화금액↑ → 당기이익↓

변동원가계산
고정제조간접원가 발생액 ₩120,000을 기간비용화

기초재고 FOH
₩20,000

전부원가계산 ₩120,000÷5,000개=@24
고정제조간접원가 발생액 ₩120,000을 재고자산화

전부원가계산 : 판매수량과 관련된 FOH 비용화
1,000개×@20+5,000개×@24=₩140,000

전부원가계산에서는 기초재고에 포함된 고정제조간접원가 ₩20,000만큼 추가로 비용화되므로 전부원가계산의 영업이익이 변동원가계산의 영업이익보다 ₩20,000만큼 작다.

(2) 기초재고에 포함된 고정제조간접원가의 효과

전부원가계산의 기초재고자산이 변동원가계산의 기초재고자산보다 고정제조간접원가만큼 과대되게 된다. 기초재고가 과대되었다는 의미는 해당 금액만큼이 전기에 비용화되지 않고 재고자산으로 남아 있다가 당기에 추가로 비용화된다는 의미이다. 따라서 기초재고자산이 과대된 금액만큼 당기에 비용화된 금액이 증가하고 이익은 감소한다. 즉, 전기에 기말재고자산이 과대된 금액만큼 당기에 기초재고가 과대되고 당기의 이익은 감소하게 된다.

예제에서도 변동원가계산의 기초재고자산은 변동제조원가만을 포함해서 ₩40,000이지만 전부원가계산은 고정제조간접원가를 포함해서 ₩60,000이 되어 ₩20,000만큼 기초재고가 과대된다.

원가계산방법	기초재고자산의 금액	
전부원가계산	1,000개×₩60=	₩60,000
변동원가계산	1,000개×₩40=	40,000
기초재고의 차이	1,000개×₩20=	₩ 20,000

기초재고 고정제조간접원가
→ 전부원가계산 기초재고↑
→ 비용화금액↑
→ 당기이익↓

① 전기이익효과 : 전부원가의 기초재고가 고정제조간접원가 ₩20,000만큼 과대되면 전기에 비용화되었어야 할 금액이 ₩20,000만큼 감소하고 재고자산으로 남은 것이다. 그 결과로 전기이익은 ₩20,000만큼 증가한다.

② 당기이익효과 : 전부원가계산의 전기 기말재고가 과대된 금액 ₩20,000은 당기에 기초재고가 과대되는 것으로 영향을 준다. 당기에 기초재고가 과대되는 ₩20,000만큼은 추가로

비용화되어 매출원가로 비용화되는 금액을 증가시킨다. 그 결과로 당기의 이익은 ₩20,000만큼 감소한다.

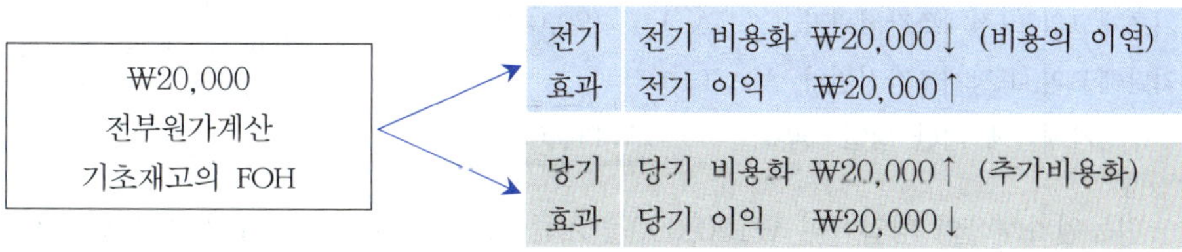

3. 변동원가계산과 전부원가계산의 이익차이의 원인

예제에서 작성한 두 가지 계산방법의 손익계산서의 내용을 서로 비교해 보면 다음과 같이 고정제조간접원가를 제외하고는 비용화된 금액이 동일하다. 편의상, 전부원가계산의 매출원가는 변동매출원가부분과 고정제조간접원가의 매출원가부분을 구분해서 표시했다.

변동원가계산			전부원가계산	
매출액	₩600,000	← 동일 →	매출액	₩600,000
변동원가			매출원가	
변동매출원가	₩240,000	← 동일 →	변동매출원가	₩240,000
변동판매관리비	60,000	동일	고정매출원가	140,000
변동원가합계	₩300,000		매출원가합계	₩380,000
공헌이익	₩300,000		매출총이익	₩220,000
고정원가		비용화 금액이 다름	판매관리비	
고정제조간접원가	120,000		변동판매관리비	60,000
고정판매관리비	50,000	← 동일 →	고정판매관리비	50,000
영업이익	₩130,000		영업이익	₩110,000

비용화된 FOH가 이익차이의 원인이다.

> 전부원가계산에서 전부원가계산 기초재고 ₩20,000↑
> → 비용화되는 고정제조간접원가 ₩20,000↑
> → 전부원가계산 영업이익 ₩20,000↓

이와 같이 두 계산방법의 영업이익이 차이가 나게 되는 원인은 비용화되는 FOH가 서로 다르기 때문이다. 변동원가계산에서는 FOH 발생액 ₩120,000을 모두 비용화한 반면에, 전부원가계산에서는 판매된 6,000개분의 FOH ₩140,000을 비용화하는 과정에서 기초재고 1,000개분 FOH ₩20,000도 당기에 추가로 비용화되어 당기이익이 서로 차이가 난다.

따라서 변동원가계산의 영업이익과 전부원가계산의 영업이익이 차이가 나는 원인은 전부원가계산에서 기초재고에 포함된 고정제조간접원가 ₩20,000만큼이 당기에 추가로 비용화되어서 전부원가계산의 영업이익이 ₩20,000만큼 작아지게 되는 것이다.

		2차년도
변동원가계산에 의한 영업이익		₩130,000
기초재고의 고정제조간접원가	(−)	(20,000)
기말재고의 고정제조간접원가	(+)	0
전부원가계산에 의한 영업이익		₩110,000

전부원가계산
기초재고의 FOH ₩20,000↑
→ 당기비용화 FOH ₩20,000↑
→ 전부원가계산의 당기이익
₩20,000↓

변동원가계산의 영업이익 ₩130,000을 기준으로 전부원가계산의 기초재고에 포함된 고정제조간접원가 ₩20,000을 추가로 비용화해서 차감하면 전부원가계산의 영업이익 ₩110,000이 된다.

4. 영업이익차이의 조정

변동원가계산과 전부원가계산의 영업이익이 달라지는 이유는 고정제조간접원가의 발생액은 동일하지만 당기에 비용화되는 금액이 서로 다르기 때문이다. 전부원가계산에서 비용화하지 않은 FOH금액은 기말재고에 남기 때문에 두 방법의 영업이익차이는 전부원가계산에서 기초재고와 기말재고에 포함된 FOH금액으로도 추정이 가능한다.

① 기초재고에 포함된 고정제조간접원가 : 전기 발생액 중에서 비용화하지 않고 자산으로 남겨 놓은 FOH금액으로 당기로 비용화되는 시점이 이연된 금액이다. 기초재고의 FOH는 당기에 수익이 창출되면 추가로 비용화되어 고정제조간접원가 비용화금액을 증가시키는 효과가 있다.

② 기말재고에 포함된 고정제조간접원가 : 당기까지의 발생액 중에서 비용화하지 않고 기말재고자산으로 남겨 놓은 FOH금액으로 비용화되는 시점을 차기로 이연한 금액이다. 기말재고에 포함된 FOH금액은 당기에 비용화되는 고정제조간접원가를 감소시키는 효과가 있다.

재고에 포함된 고정제조간접원가의 효과

전부원가 재고과대	발생시점	비용화시점	당기비용효과	당기이익 효과
기초재고 FOH	전 기	당 기	당기비용화금액↑	당기이익↓
기말재고 FOH	당기말이전	다음기	당기비용화금액↓	당기이익↑

이와 같이 기초재고와 기말재고에 포함된 고정제조간접원가를 이용하면 변동원가계산과 전부원가계산의 영업이익차이를 조정할 수 있다. [예제 7−1]과 [예제 7−2]의 영업이익을 기초재고와 기말재고에 포함된 고정제조간접원가로 조정하면 다음과 같다.

전부원가계산 기초재고 과대 : 기초재고의 FOH ₩20,000↑
→ 당기비용화 FOH ₩20,000↑
→ 전부원가계산의 당기이익 ₩20,000↓

		1차년도	2차년도
변동원가계산 영업이익		₩80,000	₩130,000
기초재고의 FOH	(−)	(0)	(20,000)
기말재고의 FOH	(+)	20,000	0
전부원가계산 영업이익		₩100,000	₩110,000

전부원가계산 기말재고 과대 : 기말재고의 FOH ₩20,000↑
→ 당기비용화 FOH ₩20,000↓
→ 전부원가계산의 당기이익 ₩20,000↑

5. 재고수량의 변동과 이익비교

변동원가계산과 전부원가계산의 근원적인 차이는 FOH의 자산화여부이다. 이로 인해서 비용화되는 FOH가 차이를 발생시켜서 이익이 달라지는 것인데 재고수량의 변동에 따라 이익이 어떻게 달라지는지를 살펴보자

(1) 생산량이 판매량보다 많은 경우

생산량이 판매량보다 많은 경우에는 일반적으로 전부원가계산의 영업이익이 변동원가계산의 영업이익보다 크다. 그 이유는 기초재고수량보다 기말재고수량이 많아져서 기초재고에 포함되어 비용화시점이 당기로 이연된 FOH보다 기말재고에 포함되어 비용화시점이 다음기로 이연된 FOH가 더 크기 때문에 전부원가계산에서 비용화되는 FOH가 당기발생액보다 작아지기 때문이다.

	수량	재고과대	비용화	이익효과
판매량	기초재고	기초재고 FOH	당기 추가비용화	비용화↑
∧	∧	∧	∧	∧
생산량	기말재고	기말재고 FOH	차기로 비용시점이연	비용화↓↓

생산량 > 판매량
→ 기초재고 < 기말재고
기말재고에 포함되어 비용화되지 않은 FOH의 효과가 커서 전부원가계산의 영업이익이 더 크다.

[예제 7−1]의 1차년도가 이에 해당하는데 생산량이 판매량보다 더 많기 때문에 전부원가계산의 기말재고에 비용화되지 않은 FOH ₩20,000이 남아 있어서 고정제조간접원가 발생액보다 비용화되는 금액이 작아져서 이익이 커진다.

한편, 예외적으로 생산량이 판매량보다 많아서 기말재고수량이 기초재고보다 증가하더라도 기초재고에 포함된 단위당 FOH가 매우 커서 기초재고에 포함된 FOH 총액이 기말재고의 FOH 총액보다 크다면 비용화되는 FOH가 당기발생액보다 커져서 전부원가계산의 영업이익이 변동원가계산보다 작아지는 극단적인 예외상황도 있을 수는 있다.

(2) 생산량이 판매량보다 적은 경우

생산량이 판매량보다 적은 경우에는 일반적으로 전부원가계산의 영업이익이 변동원가계산의 영업이익보다 작게 된다. 그 이유는 기초재고수량보다 기말재고수량이 적어져서 기초재고에 포함되어 비용화시점이 당기로 이연된 FOH가 기말재고에 포함되어 비용화시점이 다음기로 이연된 FOH보다 더 크기 때문에 전부원가계산에서 비용화되는 고정제조간접원가가 당기발생액보다 커지기 때문이다.

	수량	재고과대	비용화	이익효과
판매량	기초재고	기초재고 FOH	당기 추가비용화	비용화↑
∨	∨	∨	∨	∨
생산량	기말재고	기말재고 FOH	차기로 비용시점이연	비용화↓

생산량 < 판매량
→ 기초재고 > 기말재고
기초재고에 포함되어 추가로 비용화되는 FOH의 효과가 커서 전부원가계산의 영업이익이 작아진다.

[예제 7-2]의 2차년도가 이에 해당하는데 생산량이 판매량보다 적기 때문에 전부원가계산의 기초재고에 있던 FOH ₩20,000이 추가로 비용화되어 FOH발생액보다 비용화되는 금액이 커져서 이익이 작아진다.

비교 내용	생산량 > 판매량	생산량 < 판매량
재고수량 비교	기초재고<기말재고	기초재고>기말재고
전부원가 재고과대액	기초FOH<기말FOH	기초FOH>기말FOH
비용화된 FOH 금액	FOH발생액>비용화FOH	FOH발생액<비용화FOH
이익 비교	변동원가이익<전부원가 이익	변동원가이익>전부원가 이익

(3) 생산량과 판매량이 동일한 경우

생산량과 판매량이 동일하면 전부원가계산의 영업이익과 변동원가계산의 영업이익이 동일해진다. 그 이유는 기초재고와 기말재고의 수량이 동일해져서 기초재고에 포함되어 비용화시점이 당기로 이연된 고정제조간접원가와 기말재고에 포함되어 비용화시점이 다음기로 이연된 FOH가 동일해지기 때문이다.

	수량	재고과대	비용화	이익효과
판매량	기초 재고	기초재고 FOH	당기 추가비용화	비용화↑
‖	‖	‖	‖	‖
생산량	기말 재고	기말재고 FOH	차기로 비용시점이연	비용화↓

생산량=판매량
→ 기초재고=기말재고
전부원가계산의 영업이익과 변동원가계산의 영업이익이 동일해진다.

이와 같은 분석에서 주의할 점은 이러한 생산량과 판매량의 차이에 따른 이익효과 차이는 기초재고와 당기의 단위당 고정제조간접원가가 동일하다는 가정을 전제로 한다는 것이다. 만약에 기초재고의 단위당 FOH가 당기와 다르다면 기초재고수량과 기말재고수량이 동일하더라도 두 방법의 영업이익은 선입선출법의 경우에 다음과 같이 달라지게 된다.

07

생산량과 판매량이 동일한 경우의 이익비교

생산량=판매량	비용효과	영업이익비교
기초재고 단위당 FOH ∨ 기말재고 단위당 FOH	비용증가효과 ∨ 비용감소효과	변동원가 영업이익 > 전부원가 영업이익 (전부원가 : FOH 발생액 < FOH 비용화금액)
기초재고 단위당 FOH ∧ 기말재고 단위당 FOH	비용증가효과 ∧ 비용감소효과	변동원가영업이익 < 전부원가 영업이익 (전부원가 : FOH 발생액 > FOH 비용화금액)
기초재고 단위당 FOH ‖ 기말재고 단위당 FOH	비용증가효과 ‖ 비용감소효과	변동원가영업이익 = 전부원가 영업이익 (전부원가 : FOH 발생액 = FOH 비용화금액)

제 4 절 초변동원가계산

초변동원가계산은 제조원가 중에서 직접재료원가만을 제품원가에 포함하고 나머지 원가요소(직접노무원가, 변동제조간접원가, 고정제조간접원가)는 기간비용으로 처리하는 원가계산방법이다.

초변동원가계산의 제조원가 구분

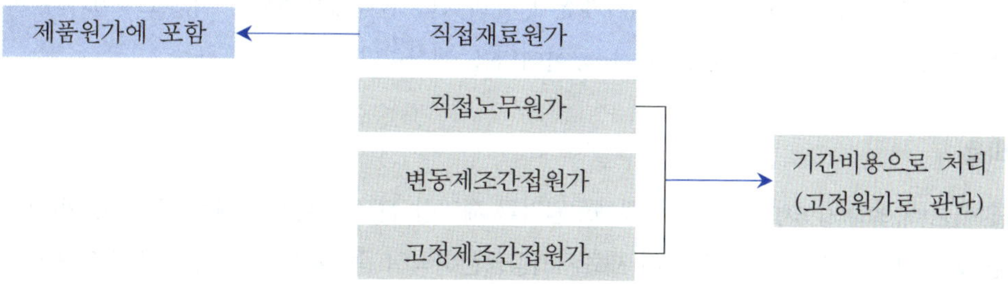

최근의 제조환경이 노동집약적인 생산방식이 아니라 자동화설비에 의존하는 생산방식으로 전환되면서 일정설비를 유지하기 위한 노무원가와 제조간접원가는 생산량의 변동에 크게 영향을 받지 않는 고정원가적인 성격을 가지게 되었다. 이런 생산환경을 반영하여 만들어진 초변동원가계산은 직접재료원가만을 제품원가에 포함하고 그 외의 제조원가는 기간비용으로 처리하므로 직접노무원가나 제조간접원가가 고정원가적인 성격이 강한 기업의 경영자에게는 보다 유용한 정보를 제공한다.

1. 초변동원가계산 손익계산서의 작성

초변동원가계산에 따라 손익계산서를 작성하게 되면 다음과 같은 양식으로 만들어진다.

초변동원가계산 손익계산서

매 출 액(sale)		×××	
제품단위수준 변동원가(재료원가)		×××	← 재료원가만 변동원가로 본다.
재료처리량공헌이익(throughput contribution)		×××	← 매출액에서 재료원가만 차감해서 재료처리량 공헌이익을 계산한다.
운영비용(operating expense)			
가공원가(생산량기준으로 발생)	×××		
판매관리비(판매량기준으로 발생)	×××	×××	← 재료원가를 제외한 운영비용은 전액을 발생기간의 기간비용으로 처리한다.
영업이익		×××	

앞 표의 재료처리량공헌이익은 변동원가계산의 공헌이익과 유사한 개념이며, 운영비용은 변동원가계산의 고정원가와 유사한 개념이지만 다음과 같은 차이가 있다.

(1) 재료처리량공헌이익

'재료처리량공헌이익(throughput contribution)'은 매출을 통해서 획득한 현금으로 매출액에서 직접재료원가와 같은 단위수준변동원가만을 차감해서 계산한다. 다른 용어로는 스루풋공헌이익이라고도 하며 재료처리량공헌이익이 증가하면 그만큼 현금이 증가하게 되므로 현금창출공헌이익이라고도 한다. 직접노무원가나 변동제조간접원가가 고정원가의 성격을 가지는 경우, 단기적으로 판매량과 직접적인 인과관계를 가지는 변동원가는 직접재료원가뿐이다. 따라서 판매량이 증가했을 때 이익에 기여할 수 있는 부분은 매출증가액에서 직접재료원가를 차감한 재료처리량공헌이익이 된다. 초변동원가계산과 달리 변동원가계산에서는 직접노무원가와 변동제조간접원가도 변동제조원가로 보아 공헌이익을 계산한다.

(2) 운영비용

'운영비용(operating expense)'은 직접재료원가를 제외한 직접노무원가, 제조간접원가, 판매관리비를 포함하며 재고자산이 판매되어 재료처리량공헌이익이 증가하도록 하기 위해서 지출되는 모든 비용을 말한다. 초변동원가계산에서는 운영비용을 단기적으로 고정원가로 보고 손익계산서를 작성하는 것이다.

반면에 변동원가계산에서는 직접노무원가와 변동제조간접원가 및 변동판매관리비는 변동원가로 간주하고 손익계산서를 작성한다.

예제 [7-3] 초변동원가계산 손익계산서

영업을 개시한 (주)원가는 단위당 판매가격은 ₩100이며 1차년도에 6,000개를 생산해서 5,000개를 판매하였다. 2차년도에는 5,000개를 생산해서 6,000개를 판매하였으며 원가구조는 1차년도와 2차년도가 동일하고 다음과 같다.

	단위당 변동원가	총고정원가
직접재료원가	₩10	
직접노무원가	20	
제조간접원가	10	₩120,000
판매관리비	10	50,000
	₩50	₩170,000

요구사항

초변동원가계산에 의한 매년도손익계산서를 작성하시오.

해답

초변동원가계산(1차년도)

매 출 액 :	5,000개×@100=		₩500,000
재료원가			
기초제품재고액		₩0	
당기제품제조원가 :	6,000개×@10=	60,000	
합 계		₩60,000	
기말제품재고액 :	1,000개×@10=	(10,000)	50,000
재료처리량공헌이익			₩450,000
운영비용			
변동가공원가 :	6,000개×@30*=	₩180,000	
고정제조간접원가		120,000	
변동판매관리비 :	5,000개×@10=	50,000	
고정판매관리비		50,000	400,000
영업이익			₩50,000

재료원가만 변동원가로 파악해서 제품원가에 포함한다.

생산량기준으로 발생하는 변동가공원가도 기간비용으로 처리한다.

* 변동가공원가 : 직접노무원가 ₩20+변동제조간접원가 ₩10=₩30

초변동원가계산(2차년도)

매 출 액 :	6,000개×@100=		₩600,000
재료원가			
기초제품재고액 :	1,000개×@10=	₩10,000	
당기제품제조원가 :	5,000개×@10=	50,000	
합 계		₩60,000	
기말제품재고액		0	60,000
재료처리량공헌이익			₩540,000
운영비용			
변동가공원가 :	5,000개×@30=	₩150,000	
고정제조간접원가		120,000	
변동판매관리비 :	6,000개×@10=	60,000	
고정판매관리비		50,000	380,000
영업이익			₩160,000

재료원가 발생액은 생산량에 따라 달라지지만 비용화되는 금액은 판매량 증가에 따라 증가한다.

변동가공원가는 생산량이 감소하면 비용화금액이 감소한다.

판매관리비는 판매량기준으로 발생하므로 생산량에 영향을 받지 않는다.

이와 같이 초변동원가계산에 의해 손익계산서를 정확하게 작성하기 위해서는 다음의 세 가지 비용항목의 금액을 주의해서 집계해야 한다.

① **직접재료원가** : 생산량을 기준으로 발생하지만 판매량을 기준으로 비용화된다. 초변동원가계산은 재료원가만을 변동원가로 보기 때문에 재료원가만 생산량기준으로 발생하는 시점에 재고자산화한다.

② **가공원가** : 생산량을 기준으로 발생하는 전체금액을 운영비용에 포함해서 기간비용으로 처리한다. 특히 변동가공원가는 판매량기준으로 비용화되는 것이 아니라 생산량을 기준으로 발생하는 금액전체를 기간비용으로 처리한다는 점에 주의한다.

③ **판매관리비** : 판매량기준으로 발생하는 금액을 운영비용에 포함해서 기간비용으로 처리한다. 판매관리비를 기간비용으로 하는 것은 변동원가계산과 전부원가계산이 동일하다.

2. 초변동원가계산 영업이익의 조정

초변동원가계산은 재료원가만을 재고자산화하므로 재고자산의 구성항목이 다른 변동원가계산이나 전부원가계산과 영업이익이 달라진다. 따라서 초변동원가계산과 각 방법별로 이익차이를 조정해야 하는데 ① 초변동원가계산과 변동원가계산, ② 초변동원가계산과 전부원가계산의 이익차이를 조정하는 방법을 구분해서 살펴보도록 하자.

(1) 초변동원가계산과 변동원가계산의 이익차이 조정

초변동원가계산에서는 재료원가만을 제품원가에 포함하고 가공원가를 기간비용으로 처리한다. 반면에 변동원가계산은 변동제조원가 전체를 제품원가에 포함했다가 판매시점에 비용화한다. 따라서 변동가공원가를 비용화하는 금액이 두 방법 사이에 차이가 발생해서 이익이 차이가 나게 된다.

원가항목	초변동원가계산	변동원가계산	비용의 차이
재료원가	발생시점에 생산량기준 자산화 판매시점에 판매량기준 비용화	발생시점에 생산량기준 자산화 판매시점에 판매량기준 비용화	비용화금액 동일함
변동가공원가	발생시점에 생산량기준 비용화	발생시점에 생산량기준 자산화 판매시점에 판매량기준 비용화	비용화금액 서로 다름
고정제조간접원가	발생시점에 기간비용화	발생시점에 기간비용화	비용화금액 동일함

초변동원가계산과 비교하여 변동원가계산은 변동가공원가를 추가적으로 재고자산화하므로 [예제 7-1]에서 1차년도에 변동원가계산을 적용하는 경우에 변동가공원가가 어떻게 비용화되는지를 살펴보면 두 방법에서 나타나는 이익차이의 원인을 파악할 수 있다.

재고자산(변동가공원가만 고려함)

차변		대변	
기 초 재 고	0	변동매출원가 (비용화 : 판매량기준)	5,000개×₩30 =150,000
변동가공원가 (발생액 : 재고자산화)	6,000개×₩30 =180,000	기 말 제 품	1,000개×₩30 =30,000
합 계	180,000	합 계	180,000

판매수량 5,000개분만 비용화해서 발생액보다 비용화된 금액이 ₩30,000 적다.

비용화되지 않은 ₩30,000의 변동가공원가는 기말재고에 남아 있다.

여기에서 알 수 있는 바와 같이 변동원가계산을 적용하는 경우에 변동가공원가 발생액과 비용화된 금액의 차이는 재고자산에 포함되어 있는 변동가공원가와 동일하다. 즉, 재고자산에 포함된 변동가공원가 증가액만큼 비용화된 금액이 발생액보다 작아진다. 반면에 초변동원가계산은 변동가공원가 발생액을 기간비용화하므로 두 방법 사이에 이익이 달라지는 것이다.

원가계산방법		비용화된 변동가공원가
변동원가계산		₩150,000
초변동원가계산	(발생액)	180,000
비용화된 금액의 차이		₩30,000

비용화되지 않은 금액이 재고자산에 더 남아 있는 것이다.

동일함

원가계산방법	기말재고금액
변동원가계산	₩40,000
초변동원가계산	10,000
재고의 차이	₩30,000

초변동원가계산과 변동원가계산의 영업이익이 달라지는 이유는 변동가공원가의 발생액은 동일하지만 당기에 비용화되는 금액이 서로 달라서인데, 그 차이는 변동원가계산에서 기초재고와 기말재고에 포함된 변동가공원가도 추정이 가능하다.

① 기초재고에 포함된 변동가공원가 : 전기 발생액 중에서 비용화하지 않고 재고자산으로 남겨 놓은 금액으로 당기에 수익이 창출되면서 비용화되어 변동가공원가의 비용화금액을 증가시키는 효과가 있다.

② 기말재고에 포함된 변동가공원가 : 당기까지의 발생액 중에서 비용화하지 않고 재고자산으로 남겨 놓은 금액이다. 기말재고에 포함된 금액은 비용화되는 변동가공원가를 감소시키는 효과가 있다.

이와 같이 기초재고와 기말재고에 포함된 변동가공원가를 이용하면 초변동원가계산과 변동원가계산의 영업이익차이를 조정할 수 있다. [예제 7-1]과 [예제 7-2] 및 [예제 7-3]의 영업이익을 기초재고와 기말재고에 포함된 변동가공원가를 조정해서 이익차이를 계산하면 다음과 같다.

변동원가계산 기초재고 과대 : 기초재고의 변동가공원가 ₩30,000↑
→ 당기비용화 금액 ₩30,000↑
→ 변동원가계산의 당기이익 ₩30,000↓

		1차년도	2차년도
초변동원가계산 영업이익		₩50,000	₩160,000
기초재고의 변동가공원가	(−)	(0)	(30,000)
기말재고의 변동가공원가	(+)	30,000	0
변동원가계산 영업이익		₩80,000	₩130,000

변동원가계산 기초재고 과대 : 기초재고의 변동가공원가 ₩30,000↑
→ 당기비용화 금액 ₩30,000↑
→ 변동원가계산의 당기이익 ₩30,000↓

(2) 초변동원가계산과 전부원가계산의 이익차이 조정

초변동원가계산에서는 재료원가를 제품원가에 포함하고 가공원가를 기간비용으로 처리한다. 반면에 전부원가계산은 모든 제조원가를 제품원가에 포함했다가 판매시점에 비용화한다. 따라서 가공원가를 비용화하는 금액이 두 방법 사이에 차이가 발생해서 이익이 차이가 나게 된다.

원가항목	초변동원가계산	전부원가계산	비용의 차이
재료원가	발생시점에 생산량기준 자산화 판매시점에 판매량기준 비용화	발생시점에 생산량기준 자산화 판매시점에 판매량기준 비용화	비용화금액 동일함
변동가공원가	발생시점에 생산량기준 비용화	발생시점에 생산량기준 자산화	비용화금액 서로 다름
고정제조간접원가	발생시점에 기간비용화	판매시점에 판매량기준 비용화	비용화금액 서로 다름

초변동원가계산과 비교하여 전부원가계산은 가공원가를 추가적으로 재고자산화하므로 [예제 7-1]에서 1차년도에 전부원가계산을 적용하는 경우에 가공원가가 어떻게 비용화되는지를 살펴보면 두 방법에서 나타나는 이익차이의 원인을 파악할 수 있다.

재고자산(가공원가만 고려함)

기 초 재 고	0	매 출 원 가 (비용화 : 판매량기준)	5,000개×₩50* =250,000
가 공 원 가 (발생액 : 재고자산화)	6,000개×₩50 =300,000	기 말 제 품	1,000개×₩5 =50,000
합 계	300,000	합 계	300,000

판매수량 5,000개분만 비용화해서 발생액보다 비용화된 금액이 ₩50,000이 작다.

비용화되지 않은 ₩50,000의 가공원가는 기말재고에 남아 있다.

* 단위당 가공원가 : ₩30+₩120,000 ÷ 6,000개=₩50

여기에서 알 수 있는 바와 같이 전부원가계산을 적용하는 경우에 가공원가 발생액과 비용화된 금액의 차이는 재고자산에 포함되어 있는 가공원가와 동일하다. 즉, 재고자산에 포함된 가공원가 증가액만큼 비용화된 금액이 발생액보다 작아진다. 반면에 초변동원가계산은 가공원가 발생액을 기간비용화하므로 두 방법 사이에 이익이 달라지는 것이다.

원가계산방법		비용화된 가공원가
전부원가계산		₩250,000
초변동원가계산	(발생액)	300,000
비용화된 금액의 차이		₩50,000

비용화되지 않은 금액이 재고자산에 더 남아 있는 것이다.

동일함

원가계산방법	기말재고금액
전부원가계산	₩60,000
초변동원가계산	10,000
재고의 차이	₩50,000

초변동원가계산과 전부원가계산의 영업이익이 달라지는 이유는 가공원가의 발생액은 동일하지만 당기에 비용화되는 금액이 서로 달라서인데, 그 차이는 전부원가계산에서 기초재고와 기말재고에 포함된 가공원가로 추정이 가능하다. [예제 7-1]과 [예제 7-2] 및 [예제 7-3]의 영업이익을 기초재고와 기말재고에 포함된 가공원가로 이익차이를 조정하면 다음과 같다.

전부원가계산 기초재고 과대 : 기초재고의 가공원가 ₩50,000↑
→ 당기비용화 금액 ₩50,000↑
→ 전부원가계산의 당기이익 ₩50,000↓

		1차년도	2차년도
초변동원가계산 영업이익		₩50,000	₩160,000
기초재고의 가공원가	(−)	(0)	(50,000)
기말재고의 가공원가	(+)	50,000	0
전부원가계산 영업이익		₩100,000	₩110,000

전부원가계산 기말재고 과대 : 기말재고의 가공원가 ₩50,000↑
→ 당기비용화 금액 ₩50,000↓
→ 전부원가계산의 당기이익 ₩50,000↑

3. 방법별 영업이익 인식의 누적효과

전부원가계산과 변동원가계산의 영업이익 차이는 FOH의 자산화여부이며, 변동원가계산과 초변동원가계산의 영업이익 차이는 변동가공원가의 자산화여부이므로 이를 함께 고려하여 이익차이를 조정하면 다음과 같다.

		1차년도	2차년도	누 계	
초변동원가계산 영업이익		₩50,000	₩160,000	₩210,000	전체기간의 이익합계는 모두 동일하다.
기초재고 변동가공원가	(−)	(0)	(30,000)		
기말재고 변동가공원가	(+)	30,000*1	0		
변동원가계산 영업이익		₩80,000	₩130,000	₩210,000	
기초재고 FOH	(−)	(0)	(20,000)		
기말재고 FOH	(+)	20,000*2	0		
전부원가계산 영업이익		₩100,000	₩110,000	₩210,000	

*1. 기말재고에 포함된 변동가공원가 : 1,000개×(₩20+₩10)=₩30,000
2. 기말재고에 포함된 고정제조간접원가 : 1,000개×₩20=₩20,000

세 가지 방법의 이익차이는 기간별 이익인식의 차이이며, 누적적으로 재고자산이 모두 판매되고 나면 누적이익의 크기는 방법별로 모두 동일하다. 즉, 특정기간에 인식할 비용의 범위가 서로 달라서 해당기간의 이익이 다른 것이지, 원가 발생액이 다른 것은 아니어서 재고자산이 모두 판매된다면 누적이익은 모두 동일해 지게 된다.

제 5 절 생산량이 변동되는 경우의 영업이익 비교

전부원가계산과 변동원가계산 및 초변동원가계산은 제품원가에 포함시키는 항목이 각기 다른 원가계산방법으로 기초와 기말의 재고수준이 변동되는 경우에 영업이익을 계산하면 서로 다른 금액이 계산된다. 특히 생산량이 증가하는 경우에 각 원가계산방법 별로 영업이익의 변화효과가 서로 다른데 이를 정리하면 다음과 같다.

① 변동원가계산은 생산량이 증가하더라도 영업이익이 영향을 받지 않는다. 생산량이 증가하면 변동제조원가가 추가적으로 발생하는데 변동원가계산은 변동제조원가를 재고자산화하므로 증가한 변동제조원가만큼 기말재고가 증가할 뿐이지 당기에 비용화되는 변동매출원가 금액에는 영향이 없어서 영업이익이 영향을 받지 않는다.

② 전부원가계산은 생산량이 증가하면 영업이익이 증가한다. 생산량이 증가하면 변동제조원가가 추가적으로 발생하는데 전부원가계산에서도 변동제조원가는 재고자산화되므로 변동원가계산과 동일하게 당기 이익에 영향을 주지 않는다. 그런데 전부원가계산은 변동제조원가만이 아니라 FOH까지도 제품원가에 포함시키므로 생산량이 증가하면 단위당 FOH가 감소해서 동일한 판매량에서 매출원가로 비용화되는 FOH가 감소하고, 기말재고에 포함되어 비용화되는 시점이 이연되는 FOH금액이 증가해서 생산량이 증가하면 영업이익 증가한다.

③ 초변동원가계산은 생산량이 증가하면 영업이익이 감소한다. 생산량이 증가하면 변동제조원가가 추가적으로 발생하는데 초변동원가계산은 변동제조원가 중에서 재료원가만을 재고자산화하고, 추가로 발생하는 변동가공원가(직접노무원가와 변동제조간접원가)를 기간비용화하므로 비용화되는 변동가공원가가 증가해서 영업이익 감소한다.

07

예제 [7-4] 생산량이 변동되는 경우의 영업이익 비교

(주)용감한은 단위당 ₩100에 제품을 판매하고 있으며 2차년도의 기초재고로 1,000개를 보유하고 있으며 각 원가계산방법별로 기초재고 단위당 원가는 다음과 같다.

	초변동원가계산	변동원가계산	전부원가계산
직 접 재 료 원 가	₩10	₩10	₩10
직 접 노 무 원 가		20	20
변동제조간접원가		10	10
고정제조간접원가			20
단위당 제조원가	₩10	₩40	₩60

(주)용감한의 2차년도의 판매량은 5,000개였으며 선입선출법을 적용하고 원가는 다음과 같다.

	단위당 변동원가	총고정원가
직 접 재 료 원 가	₩10	
직 접 노 무 원 가	20	
제 조 간 접 원 가	10	₩120,000
판 매 관 리 비	10	50,000
	₩50	₩170,000

요구사항

2차년도의 생산량이 4,000개와 5,000개인 경우에 대해서 각각 다음에 답하시오.

1. 각 생산량별로 초변동원가계산의 손익계산서를 각각 작성하시오.
2. 각 생산량별로 변동원가계산의 손익계산서를 각각 작성하시오.

3. 각 생산량별로 전부원가계산의 손익계산서를 각각 작성하시오.

4. 각각의 생산량에서 각 방법별 이익의 차이를 설명하시오.

1. 초변동원가계산에서 생산량증가의 이익효과

초변동원가계산에서 생산량이 증가하면 영업이익이 감소하는데 생산량의 증가가 어떻게 영업이익에 영향을 미치는지는 예제의 손익계산서를 작성하면 알 수 있다.

초변동원가계산

	4,000개를 생산한 경우		5,000개를 생산한 경우	
매 출 액	5,000개×@100=	₩500,000	5,000개×@100=	₩500,000
재료원가				
기초제품재고액	1,000개×@10=	₩10,000	1,000개×@10=	₩10,000
당기제품제조원가	4,000개×@10=	40,000	5,000개×@10=	50,000
기말제품재고액		0	1,000개×@10=	(10,000)
재료매출원가		50,000		50,000
재료처리량공헌이익		₩450,000		₩450,000
운영비용				
변동가공원가	4,000개×@30=	₩120,000	5,000개×@30=	₩150,000
고정제조간접원가		120,000		120,000
변동판매관리비	5,000개×@10=	50,000	5,000개×@10=	50,000
고정판매관리비		50,000		50,000
영업이익		₩110,000		₩80,000

생산량 증가 → 비용화되는 변동가공원가 증가 → 이익 ↓
→ 변동가공원가 30,000↑ → 당기이익 ₩30,000↓

5,000개를 생산하면 4,000개를 생산한 경우보다 1,000개를 추가로 생산한 것이다. 이 경우에 변동제조원가 ₩40,000(1,000개×₩40)이 추가로 발생한다. 초변동원가계산은 이 금액 중에서 재료원가 ₩10,000(1,000개×₩10)은 기말재고를 증가시키고 변동가공원가 ₩30,000(1,000개×₩30)은 추가적으로 비용화되어서 비용을 증가시키고 이익을 감소시킨다.

추가로 발생하는 제조원가		
직접재료원가	1,000개×₩10=	₩10,000
직접노무원가	1,000개×₩20=	20,000
변동제조간접원가	1,000개×₩10=	10,000
		₩40,000

운영비용증가(변동가공원가)
1,000개×₩30=₩30,000

기말재고증가액
1,000개×₩10=₩10,000

영업이익 감소
추가로 비용화되는 변동가공원가만큼 영업이익이 감소한다.

이처럼 초변동원가계산은 생산량이 증가하면 추가로 발생하는 변동제조원가 중에서 직접재료원가만 기말재고자산을 증가시키고 변동가공원가는 추가적으로 비용화되므로 생산량이 증가하면 이익이 감소한다.

2. 변동원가계산에서 생산량증가의 이익효과

변동원가계산에서는 생산량이 증가하더라도 영업이익이 영향을 받지 않는데 생산량이 어떻게 비용화되는 금액에 영향을 미치는지는 예제의 손익계산서를 작성하면 알 수 있다.

변동원가계산

	4,000개를 생산한 경우		5,000개를 생산한 경우	
매 출 액	5,000개×@100=	₩500,000	5,000개×@100=	₩500,000
변동원가				
기초제품재고액	1,000개×@40=	₩40,000	1,000개×@40=	₩40,000
당기제품제조원가	4,000개×@40=	160,000	5,000개×@40=	200,000
기말제품재고액		0	1,000개×@40=	(40,000)
변동매출원가		₩200,000		₩200,000
변동판매관리비	5,000개×@10=	50,000	5,000개×@10=	50,000
공헌이익		₩250,000		₩250,000
고정원가				
고정제조간접원가		120,000		120,000
고정판매관리비		50,000		50,000
영업이익		₩80,000		₩80,000

생산량 증가 → 이익변화 없다.

4,000개에 비해서 5,000개로 1,000개를 더 생산하면 변동제조원가 ₩40,000(1,000개×₩40)이 추가로 발생한다. 변동원가계산은 이 금액이 그대로 기말재고자산금액을 증가시키므로 비용화되는 다른 금액에는 영향이 없다.

추가로 발생하는 제조원가

직접재료원가	1,000개×₩10=	₩10,000
직접노무원가	1,000개×₩20=	20,000
변동제조간접원가	1,000개×₩10=	10,000
		₩40,000

손익계산서의 비용항목 영향이 없다.

기말재고증가액
1,000개×₩40=₩40,000

영업이익 영향 없다
추가로 발생하는 변동제조원가가 그대로 기말재고금액이 되어 영업이익이 변하지 않는다.

이처럼 변동원가계산은 생산량이 증가하면 추가로 발생하는 변동제조원가가 그대로 기말재고자산만을 증가시키고 손익계산서의 다른 비용항목의 크기에는 영향이 없기 때문에 생산량이 증가하더라도 영업이익이 영향을 받지 않는다.

3. 전부원가계산에서 생산량증가의 이익효과

전부원가계산에서는 생산량이 증가하면 영업이익이 증가하는데 생산량의 증가가 어떻게 영업이익에 영향을 미치는지는 예제의 손익계산서를 작성하면 알 수 있다. 이를 위해 우선 각 생산량별로 전부원가계산에서 단위당 제조원가를 계산하면 다음과 같다.

	생산량이 4,000개인 경우		생산량이 5,000개인 경우	
직 접 재 료 원 가		₩10		₩10
직 접 노 무 원 가		20		20
변동제조간접원가		10		10
고정제조간접원가	₩120,000÷4,000개=	30	₩120,000÷5,000개=	24
단위당 제조원가		₩70		₩64

각 생산량별의 단위당 제조원가를 기초로 전부원가계산에 의한 손익계산서를 작성해보면 다음과 같다.

전부원가계산

	4,000개를 생산한 경우		5,000개를 생산한 경우	
매 출 액	5,000개×@100=	₩500,000	5,000개×@100=	₩500,000
매출원가				
기초제품재고액	1,000개×@60=	₩60,000	1,000개×@60=	₩60,000
당기제품제조원가	4,000개×@70=	280,000	5,000개×@64=	320,000
기말제품재고액		0	1,000개×@64=	(64,000)
매출원가		₩340,000		₩316,000
매출총이익		₩160,000		₩184,000
판매관리비				
변동판매관리비	5,000개×@10=	50,000	5,000개×@10=	50,000
고정판매관리비		50,000		50,000
영업이익		₩60,000		₩84,000

생산량 증가 → 영업이익 증가

생산량을 4,000개에서 5,000개로 1,000개만큼 증가시키면 변동제조원가는 단위당 ₩40씩 ₩40,000(1,000개×₩40)이 추가로 발생한다. 반면에 FOH는 총액 ₩120,000은 일정한데 생산량을 증가시키면 단위당 FOH가 감소하게 된다.

생산량 4,000개의 단가	
단위당 변동제조원가	@40
단위당 FOH ₩120,000÷4,000개=	@30
	@70

생산량 5,000개의 단가	
단위당 변동제조원가	@40
단위 FOH ₩120,000÷5,000개=	@24
	@64

생산량이 증가하면 단위당 FOH가 감소해서 비용화되는 FOH감소
→ 단위당 FOH↓ → 비용화 FOH ↓ (판매량×@FOH)
→ 전부원가계산 영업이익 ↑

추가로 발생하는 제조원가		
직접재료원가	1,000개×₩10=	₩10,000
직접노무원가	1,000개×₩20=	20,000
변동제조간접원가	1,000개×₩10=	10,000
		₩40,000

기말재고증가액
1,000개×₩64=₩64,000

매출원가감소(고정제조간접원가)
4,000개×(₩30−₩24)=₩24,000

영업이익 증가한다.
비용화되는 고정제조간접원가가 감소하면서 매출원가가 작아져 이익이 증가한다.

이처럼 전부원가계산은 생산량이 증가하면 추가로 발생하는 변동제조간접원가 만큼 기말재고자산이 증가할 뿐만 아니라 기말재고자산에 포함되는 고정제조간접원가가 증가하여 비용화되는 고정제조간접원가가 감소하기 때문에 생산량이 증가하게 되면 영업이익이 증가한다.

생산량 변동이 영업이익에 미치는 효과

구 분	전부원가계산	변동원가계산	초변동원가계산
생산량 변동이 이익에 미치는 효과	생산량이 증가할수록 영업이익이 증가	생산량의 변동이 영업이익에 영향 없음	생산량이 증가할수록 영업이익이 감소
이익효과에 원인	기말재고에 포함된 고정제조간접원가 증가	고정제조간접원가를 기간비용화	기간비용화되는 변동가공원가 증가
경영자에 대한 동기 유발효과	과잉재고 유인	생산이 아니라 판매에 집중하도록 유도	불필요한 재고누적을 억제하는 유인

4. 각 방법별 이익차이의 조정

전부원가계산과 변동원가계산의 차이는 고정제조간접원가의 자산화여부이며, 변동원가계산과 초변동원가계산의 차이는 변동가공원가의 자산화여부이므로 이를 함께 고려하여 이익차이를 조정하면 다음과 같다.

		4,000개를 생산한 경우		5,000개를 생산한 경우	
초변동원가계산 영업이익			₩110,000		₩80,000
기초재고 변동가공원가[*1]	(−)	1,000개×@30=	(30,000)	1,000개×@30=	(30,000)
기말재고 변동가공원가[*2]	(+)		0	1,000개×@30=	30,000
변동원가계산 영업이익			₩80,000		₩80,000
기초재고 FOH[*1]	(−)	1,000개×@20=	(20,000)	1,000개×@20=	(20,000)
기말재고 FOH[*2]	(+)		0	1,000개×@24=	24,000
전부원가계산 영업이익			₩60,000		₩84,000

*1. 전기이전에 발생한 원가로 비용화시점이 당기로 이연된 금액이다. 해당금액만큼 전기에 비용을 적게 인식하고 전기이익을 더 인식한 금액이며, 당기에 추가로 비용화해서 당기이익은 감소한다.

2. 당기까지 발생한 원가 중에서 기말시점까지 비용화하지 않고 비용화되는 시점을 차기로 이연해서 재고자산으로 남긴 금액이다. 해당금액만큼 원가를 비용화하지 않아서 당기이익은 커진다.

한편, 초변동원가계산의 영업이익을 전부원가계산의 영업이익으로 전환하기 위해서는 기초재고와 기말재고에 포함되어 있는 가공원가를 조정하면 된다.

		4,000개를 생산한 경우		5,000개를 생산한 경우	
초변동원가계산 영업이익			₩110,000		₩80,000
기초재고의 가공원가[*1]	(−)	1,000개×@50=	(50,000)	1,000개×@50=	(50,000)
기말재고의 가공원가[*2]	(+)		0	1,000개×@54=	54,000
전부원가계산 영업이익			₩60,000		₩84,000

*1. 전기이전에 발생한 가공원가로 비용화시점이 당기로 이연된 금액이다. 해당금액만큼 전기에 비용을 적게 인식하고 전기이익을 더 인식한 금액이며, 당기에 추가로 비용화해서 당기이익은 감소한다.

2. 당기까지 발생한 가공원가 중에서 기말시점까지 비용화하지 않고 재고자산으로 남긴 금액이다. 해당금액만큼 가공원가를 비용화하지 않아서 당기이익은 커진다.

제 6 절 제품원가계산방법의 장단점

전부원가계산과 변동원가계산 및 초변동원가계산은 제품원가에 포함시키는 항목이 각기 다른 제품원가계산방법으로 서로 다른 장단점을 가지고 있다. 따라서 어느 특정방법이 절대적으로 우월한 것은 아니며, 원가정보의 활용목적, 기업의 원가구조, 의사결정의 형태에 따라 해당 상황별로 가장 유용한 제품원가계산방법을 판단하여 사용한다.

1. 전부원가계산의 장단점

전부원가계산은 '원가부착개념(cost-attach concept)'에 근거를 두고 있는데 제품생산과 관련된 모든 원가는 원가행태와 관계없이 제품원가에 포함시키는 방법으로 다음과 같은 장점이 있다.

① 외부보고 및 조세목적을 위해서 일반적으로 인정되는 방법이다. 제조원가를 발생시점에 제품원가에 포함했다가 판매시점에 비용화해서 수익과 비용의 대응원칙이 정확히 적용된 방법이다.

② 경영자의 장기적인 의사결정에 적합한 원가정보를 제공한다. 장기적인 관점에서 보면 고정원가까지 고려해서 이익을 달성해야 하므로 경영자가 장기적인 의사결정을 하는 경우에는 고정원가까지도 포함된 전부원가계산에 의한 원가정보가 보다 유용하다.

③ 혼합원가를 주관적으로 변동원가와 고정원가로 구분할 필요가 없다. 제조원가 중에는 수도료, 수선유지비 등과 같이 변동원가와 고정원가가 함께 발생하는 혼합원가가 있는데 변동원가계산에서는 이를 임의로 변동원가와 고정원가로 구분해야 하지만 전부원가계산에서는 그 구분이 필요하지 않다.

07

전부원가계산은 이상의 장점이 있지만 다음과 같은 단점도 있다.

① 영업이익이 판매량뿐만 아니라 생산량에 의해서도 영향을 받기 때문에 재고과잉의 유인이 있다. 생산량이 증가하면 비용화되지 않는 고정제조간접원가가 증가해서 영업이익이 증가하므로 경영자는 생산량을 증가시키는 유인을 가지게 된다.

② 생산량이 달라지면 제품단위당 원가가 달라져서 경영자가 의사결정을 할 때 혼란을 초래할 수 있다. 고정제조간접원가를 생산량으로 나누어 제품원가에 포함시키므로 생산량이 변동하면 단위당 원가도 변동된다. 또한 표준원가를 적용하는 경우에 조업도 차이가 발생하여 차이분석을 어렵게 한다.

2. 변동원가계산의 장단점

변동원가계산은 '원가회피개념(cost-avoidance concept)'에 근거를 두어 고정제조간접원가를 기간비용으로 처리하고 변동제조원가만 제품원가에 포함시키는 방법이다. 원가회피개념이란 지출된 원가 중에서 미래에 발생할 원가를 회피할 수 있는 것만을 자산으로 보는 개념이다. 이와 같은 변동원가계산은 다음의 장점이 있다.

① 경영자의 단기적 의사결정에 적합하다. 단기적으로 고정원가는 지출이 확정되어 있으므로 경영자는 조업도가 증가함에 따라서 원가가 변화하는 변동원가에 관심을 가지게 되는데 변동원가계산에서는 변동원가와 공헌이익에 대한 정보를 제공하므로 단기의사결정과 성과평가에 유용하다.

② 생산량에 따라서 제품단위당 원가가 변동되는 문제가 발생하지 않는다. 고정제조간접원가를 제품원가에 포함시키지 않기 때문에 단위당 고정제조간접원가가 바뀌어 단위당 원가가 달라지는 문제가 나타나지 않게 된다.

③ 영업이익이 생산량에 의해서 영향을 받지 않고 판매량에 의해서만 영향을 받는다. 따라서 생산량을 증가시켜 이익을 조작할 가능성이 낮아지게 된다.

변동원가계산은 위와 같은 장점이 있지만 다음과 같은 단점도 있다.

① 고정제조간접원가의 중요성을 간과할 수 있다. 변동원가만 고려하여 제품가격을 결정하게 되면 제품생산에 지출된 모든 원가를 보상하지 못할 수 있다. 따라서 장기적인 관점에서는 고정제조간접원가도 추가적인 지출이 필요한 비용으로 제품의 장기적인 가격결정이나 그 외의 장기의사결정에는 고정제조간접원가를 포함한 원가를 사용하는 것이 바람직하다.

② 대부분의 국가에서 외부보고목적으로는 사용할 수 없다. 제조원가인 고정제조간접원가를 기간비용으로 처리하기 때문에 수익과 비용의 대응원칙에 적합하지 않아서 재무회계목적으로 사용할 수 없다.

③ 혼합원가를 임의로 변동원가와 고정원가로 구분하는 과정에서 주관이 개입될 수 있다.

3. 초변동원가계산의 장단점

초변동원가계산은 변동원가계산을 더욱 단순화시켜 직접재료원가만을 변동원가로 간주하여 제품원가에 포함시키는 방법으로 매출을 통해서 획득된 현금인 재료처리량공헌이익을 증가시키는데 관심의 초점을 두고 있는 원가계산방법이다. 이 방법은 다음과 같은 장점이 있다.

① 재고자산보유를 최소화하도록 유인을 제공한다. 초변동원가계산에 의하면 생산량이 증가할수록 기간비용화되는 변동가공원가가 증가하여 영업이익이 감소되므로 경영자가 생산량은 최소화하고 판매량 증가에 보다 주의를 기울이도록 유도한다.

② 제조원가를 주관적으로 변동원가와 고정원가로 구분하는 문제가 발생하지 않는다. 직접재료원가와 같은 명확한 변동원가만을 제품원가에 포함하고 혼합원가가 포함된 가공원가는 모두 기간비용으로 처리하므로 주관이 개입되지 않는다.

초변동원가계산은 이상의 장점이 있지만 다음과 같은 단점도 있다.

① 장기적인 의사결정에 적합한 정보를 제공하지 못한다. 장기적으로 영업이익을 달성하려면 경영자는 운영비용을 포함한 원가정보를 바탕으로 의사결정 하여야 하는데, 초변동원가계산에서는 경영자가 단위수준변동원가에만 주의를 기울이고 단기적인 최적화에만 관심을 집중하도록 하는 문제점이 있다.

② 외부보고목적으로는 사용할 수 없다. 제조원가인 가공원가를 기간비용으로 처리하기 때문에 수익과 비용의 대응원칙에 적합하지 않아서 재무회계목적으로 사용할 수 없다.

③ 재고자산의 최소화보유가 영업이익창출기회를 상실하게 할 수 있다. 수요의 불확실성이 높거나 규모의 경제가 달성되는 일부산업의 경우에는 적정재고를 보유하는 것이 영업이익을

증가시키는 데 기여할 수 있음에도 불구하고 경영자가 재고자산을 최소화하도록 유도하여 영업이익이 나빠질 수도 있다.

배분방법	장 점	단 점
전 부 원가계산	① 외부보고 목적으로 인정 ② 장기적 의사결정에 적합 ③ 혼합원가의 주관적인 구분이 불필요	① 생산량에 따라 단위당 제조원가 변동 ② 재고과잉의 유인
변 동 원가계산	① 단기적 의사결정에 적합 ② 제품단위당 제조원가가 일정 ③ 생산량이 이익에 영향을 받지 않음	① 고정제조간접원가의 중요성을 간과 ② 혼합원가의 자의적 원가행태 구분 ③ 외부보고목적으로 사용불가능
초 변 동 원가계산	① 재고최소보유 유인 ② 혼합원가의 주관적인 구분 불필요	① 운영비용의 중요성을 간과 ② 재고최소화로 영업이익이 악화가능성

이와 같이 각 제품원가계산방법은 서로 다른 장단점이 있으므로 이를 고려하여 원가정보를 이용하는 상황에 따라서 적합한 원가계산방법을 적용하여야 할 것이다. 실무적으로는 외부보고목적으로 전부원가계산을 사용하면서 내부보고목적으로 변동원가계산 손익계산서를 추가적으로 작성하는 경우가 많다. 초변동원가계산은 최근에 만들어진 방법으로 아직 널리 적용되지는 않고 있다.

원가계산방법들의 비교

구 분		전부원가계산	변동원가계산	초변동원가계산
원가정보의 활용목적		외부보고, 장기의사결정	단기의사결정	단기의사결정
제조 원가의 처리	직접재료원가	제품원가	제품원가	제품원가
	변동가공원가 (직접노무원가와 변동제조간접원가)	제품원가	제품원가	기간비용
	고정제조간접원가	제품원가	기간비용	기간비용
손익계산서의 형태		매출액 매출원가 매출총이익 판매관리비 영업이익	매출액 변동원가 공헌이익 고정원가 영업이익	매출액 직접재료원가 재료처리량공헌이익 운영비용 영업이익
생산량증가에 따른 영업이익의 변화		생산량이 증가할수록 이익이 증가한다.	생산량이 변화해도 이익은 불변이다.	생산량이 증가할수록 이익이 감소한다.
재고자산에 대한 유인		재고과잉유인	재고과잉억제	재고최소화유인

영업이익의 조정	초변동원가계산의 영업이익 (−) 기초재고에 포함된 변동가공원가 (+) 기말재고에 포함된 변동가공원가 변동원가계산의 영업이익 (−) 기초재고에 포함된 고정제조간접원가 (+) 기말재고에 포함된 고정제조간접원가 전부원가계산의 영업이익

제 7 절 종합원가계산에서의 비교

지금까지는 재공품이 존재하지 않는 경우에 각 방법별로 이익차이를 조정하는 방법에 대해서 살펴보았다. 재공품이 존재하는 경우에는 종합원가계산을 해야만 단위당 원가를 결정하고 매출원가를 계산할 수 있다. 종합원가계산이 적용되는 상황에서 전부원가계산과 변동원가계산 및 초변동원가계산을 적용하는 경우에는 다음 사항에 주의해야 한다.

① 단위당 원가는 생산량이 아니라 완성품환산량을 사용해서 단위당 원가를 계산한다.

② 기초재공품과 기말재공품이 존재하므로 재공품에 포함되어 있는 고정제조간접원가도 이익차이 조정항목에 포함되어야 한다.

예제 [7-5] 종합원가계산에서의 적용

(주)원가는 선입선출법을 적용하는 종합원가계산제도를 채택하고 있으며, 20×1년 중 재공품과 제품의 물량흐름은 다음과 같다.

재 공 품

기 초	2,500개(0.4)	완 성	5,500개
착 수	5,500	기 말	2,500(0.6)
	8,000개		8,000개

제 품

기 초	1,500개	판 매	5,000개
생 산	5,500	기 말	2,000
	7,000개		7,000개

원재료는 공정초기에 모두 투입되고 가공원가는 공정전반에 걸쳐 균등하게 발생하며 기초 및 기말 재공품의 가공원가 진척도는 각각 40%, 60%이다.

(1) 전기와 당기의 단위당 원가는 동일하며 기초재공품과 기초제품 및 당기 중 발생한 실제 재료원가와 가공원가는 다음과 같다.

	당기발생액		기초재공품		기초제품
직 접 재 료 원 가	₩55,000	2,500개×@10=	₩25,000	1,500개×@10=	₩15,000
직 접 노 무 원 가	120,000	1,000개×@20=	20,000	1,500개×@20=	30,000
변동제조간접원가	60,000	1,000개×@10=	10,000	1,500개×@10=	15,000
고정제조간접원가	120,000	1,000개×@20=	20,000	1,500개×@20=	30,000
총 제 소 원 가	₩355,000		₩75,000		₩90,000

(2) 제품판매가격은 ₩100이었고 단위당 변동판매관리비는 ₩10이며 고정판매관리비가 ₩50,000이었다.

요구사항

1. 전부원가계산의 손익계산서를 작성하시오.
2. 변동원가계산의 손익계산서를 작성하시오.
3. 초변동원가계산의 손익계산서를 작성하시오.

07

1. 전부원가계산에서 종합원가계산의 적용

재공품이 존재하는 경우는 우선적으로 재공품계정을 종합원가계산해야 하며 당기의 단위당 원가는 완성품환산량단위당 원가를 사용한다. 예제의 완성품환산량 단위당 원가와 완성품원가를 계산하면 다음과 같다.

① 선입선출법 완성품환산량

	[1단계] 물량의 흐름	[2단계] 완성품환산량 재료원가	가공원가
기 초 재 공 품	2,500(0.4)		
당 기 착 수	5,500		
	8,000개		
완 성 품			
기 초 재 공 품	2,500	0	1,500
당 기 착 수	3,000	3,000	3,000
기 말 재 공 품	2,500(0.6)	2,500	1,500
	8,000개	5,500개	6,000개

② 완성품환산량 단위당 원가

직 접 재 료 원 가	₩55,000÷5,500개=	@10
직 접 노 무 원 가	₩120,000÷6,000개=	@20
변동제조간접원가	₩60,000÷6,000개=	@10
고정제조간접원가	₩120,000÷6,000개=	@20
단 위 당 원 가		@60

③ 당기제품제조원가와 기말재공품원가

당기제품제조원가 : ₩75,000+3,000개×@10+4,500개×@50=₩330,000

(5,500개×@60)

기말재공품원가 : 2,500개×@10+1,500개×@50=₩100,000

이와 같이 단위당 원가는 당기발생원가를 당기완성품환산량으로 나누어서 계산한다. 만약 평균법이라면 기초재공품원가와 당기발생원가의 합계액을 전체완성품환산량으로 나누어서 단위당 원가를 계산한다. 예제에서는 단위당 원가가 일정한 것으로 전제하고 있기 때문에 당기제품제조원가도 완성품환산량 단위당 원가와 동일하다. 선입선출법의 단위당 원가를 기초로 전부원가계산의 손익계산서를 작성하면 다음과 같다.

전부원가계산

매 출 액	5,000개×@100=	₩500,000
매 출 원 가	5,000개×@60=	300,000
매출총이익		₩200,000
판매관리비	5,000개×@10+₩50,000=	100,000
영 업 이 익		₩100,000

발생한 고정제조간접원가		₩120,000
비용화된 고정제조간접원가	5,000개×₩20=	₩100,000
차이금액		₩20,000

예제에서 전부원가계산에 따라 발생한 당기총제조원가를 재공품계정에 집계하고 비용화해서 매출원가로 회계처리하는 과정을 T계정을 이용해서 살펴보면 다음과 같다.

재 공 품

	차변	금액	대변	금액
	기 초 재 고	75,000	당기제품제조원가	330,000
당기총제조원가(발생액)	직접재료원가	55,000		
당기총제조원가(발생액)	직접노무원가	120,000		
당기총제조원가(발생액)	변동간접원가	60,000		
당기총제조원가(발생액)	고정간접원가	120,000	기 말 재 고	100,000
	합 계	430,000	합 계	430,000

제 품

차변	금액	대변	금액
기 초 재 고	90,000	매 출 원 가 (비 용 화)	300,000
당기제품제조원가	330,000	기 말 제 품	120,000
합 계	420,000	합 계	420,000

당기발생액(당기총제조원가)	₩355,000		재공품과 제품의 기초재고	₩165,000
비용화된 금액(매출원가)	300,000		재공품과 제품의 기말재고	220,000
발생액과 비용화금액의 차이	₩55,000	=	재고증가액	₩55,000

이처럼 재공품이 존재하는 경우에는 제조원가 발생액과 매출원가로 비용화된 금액의 차이 ₩55,000은 재공품과 제품의 재고변동액 ₩55,000과 일치한다.

2. 변동원가계산에서 종합원가계산의 적용

변동원가계산은 고정제조간접원가를 기간비용으로 처리하므로 재공품이 존재하는 경우에도 재공품계정은 변동제조원가만 포함한다. 재공품이 존재하는 경우에 변동원가계산이 어떻게 적용되는지는 예제의 손익계산서를 작성해 보면 알 수 있다.

변동원가계신

매 출 액	5,000개×@100=	₩500,000
변 동 원 가		
변동매출원가	5,000개×@40=	200,000
변동판매관리비	5,000개×@10=	50,000
공 헌 이 익		₩250,000
고 정 원 가		
고정제조간접원가		₩120,000
고정판매관리비		50,000
영 업 이 익		₩80,000

고정제조간접원가를 기간비용으로 처리한다.

변동원가계산을 적용해서 계산한 영업이익은 ₩80,000으로 전부원가계산의 영업이익 ₩100,000과 차이가 있다. 차이금액은 재공품과 제품에 포함된 FOH 재고변동과 크기가 같은데 이를 이해하기 위해 예제에서 전부원가계산을 적용하는 경우에 T계정에 FOH가 어떻게 집계되고 비용화되는지를 살펴보면 다음과 같다.

전기발생 FOH로 비용화되는 시점이 당기로 이연된 금액은 기초제품만이 아니라 기초재공품에 포함된 FOH도 고려해야 하다.

재 공 품

차변		대변	
기 초 재 고	20,000	당기제품제조원가	110,000
고정제조간접원가 (발생액)	120,000		(5,500개×@20)
		기 말 재 고	30,000
합 계	140,000	합 계	140,000

제 품

차변		대변	
기 초 재 고	30,000	매 출 원 가	100,000
		(비용화)	(5,000개×@20)
당기제품제조원가	110,000	기 말 재 고	40,000
합 계	140,000	합 계	140,000

비용화되는 시점이 차기로 이연되는 FOH 금액은 기말제품만이 아니라 기말재공품에 포함된 FOH도 고려해야 하다.

재공품이 존재하는 경우에 당기에 발생한 고정제조간접원가와 전부원가계산에서 비용화된 FOH와의 차이는 제품재고만이 아니라 재공품재고에 포함되어 있는 FOH금액도 포함해야 한다.

고정제조원가발생액	₩120,000		재공품과 제품의 기초재고	₩50,000
비용화된 금액(매출원가)	100,000		재공품과 제품의 기말재고	70,000
발생액과 비용화금액의 차이	₩20,000	=	재고증가액	₩20,000

이처럼 재공품이 존재하는 경우에도 전부원가계산과 변동원가계산의 영업이익의 차이는 고정제조간접원가 발생액과 전부원가계산의 매출원가에서 비용화된 고정제조간접원가의 차이로 인해서 발생한다. 이 차이금액은 기초재고와 기말재고에 포함되어 있는 고정제조간접원가의 차이로도 계산할 수 있다. 주의할 점은 재공품이 존재하는 경우에는 기초재고와 기말재고에 포함된 고정제조간접원가를 파악할 때 제품계정만이 아니라 재공품계정도 포함해야 한다는 것이다. 예제의 전부원가계산의 영업이익과 변동원가계산의 영업이익을 조정하면 다음과 같다.

	재공품	제 품			
변동원가계산에 의한 영업이익				₩80,000	
(−) 기초재고의 고정제조간접원가	(1,000개 +	1,500개)[*1]	× @20=	(50,000)	고정제조간접원가 발생액과 비용화된 금액의 차이
(+) 기말재고의 고정제조간접원가	(1,500개 +	2,000개)[*2]	× @20=	70,000	
전부원가계산에 의한 영업이익				₩100,000	

*1. 기초재공품의 가공원가 완성품 환산량+기초제품수량
 2. 기말재공품의 가공원가 완성품 환산량+기말제품수량

3. 초변동원가계산에서 종합원가계산의 적용

재공품이 존재하는 경우에 초변동원가계산의 손익계산서를 작성하는 경우 판매량기준으로 계산하며 주의할 점은 다음과 같다.

① 이익차이 조정대상이 되는 재고자산에 제품만이 아니라 재공품계정도 포함해야 한다.

② 당기발생가공원가는 기간비용으로 처리하는데 단위당 가공원가를 알 수 있다면 당기완성품 환산량을 곱해야만 당기발생액을 추정할 수 있다.

종합원가계산에서 초변동원가계산의 손익계산서가 어떻게 적용되는지는 예제의 초변동원가계산 손익계산서를 작성해 보면 알 수 있다.

초변동원가계산

매 출 액	5,000개 × @100=	₩500,000	
재 료 원 가	5,000개 × @10=	50,000	
재료처리량공헌이익		₩450,000	
운 영 비 용			
변 동 가 공 원 가	6,000개* × @30=	₩180,000	← 기간비용화하는 변동가공원가 발생액 ₩120,000+₩60,000=₩180,000 / 당기완성품환산량×단위당 변동가공원가 6,000개 × @30=₩180,000
고정제조간접원가		120,000	
변동판매관리비	5,000개 × @10=	50,000	
고정판매관리비		50,000	
영 업 이 익		₩50,000	

*가공원가의 당기완성품 환산량

초변동원가계산을 적용해서 계산한 영업이익은 ₩50,000으로 변동원가계산의 영업이익 ₩80,000과 차이가 있다. 차이금액은 재공품과 제품에 포함된 변동가공원가의 재고변동과 크기가 같은데 이를 이해하기 위해 예제에서 변동원가계산을 적용하는 경우에 T계정에 변동가공원가가 어떻게 집계되고 비용화되는지를 살펴보면 다음과 같다.

재고자산의 흐름(변동가공원가만 고려됨)

재공품 (차변)		재공품 (대변)		제품 (차변)		제품 (대변)	
기초재고	30,000	당기제품제조원가 (5,500개×@30)	165,000	기초재고	45,000	매출원가 (비용화)(5,000개×@30)	150,000
변동가공원가 (발생액)	180,000	기말재고	45,000	당기제품제조원가	165,000	기말재고	60,000
합계	210,000	합계	210,000	합계	210,000	합계	210,000

변동가공원가 발생액	₩180,000		재공품과 제품의 기초재고	₩75,000
비용화된 금액(매출원가)	150,000		재공품과 제품의 기말재고	105,000
발생액과 비용화금액의 차이	₩30,000	=	재고증가액	₩30,000

이처럼 재공품이 존재하는 경우에도 변동원가계산과 초변동원가계산의 영업이익의 차이는 변동가공원가 발생액과 변동원가계산의 매출원가에서 비용화된 변동가공원가의 차이로 인해서 발생한다. 이 차이금액은 기초재고와 기말재고에 포함되어 있는 변동가공원가의 차이로도 계산할 수 있다. 주의할 점은 재공품이 존재하는 경우에는 기초재고와 기말재고에 포함된 변동가공원가를 파악할 때 제품계정만이 아니라 재공품계정도 포함해야 한다는 것이다. 예제의 변동원가계산의 영업이익과 초변동원가계산의 영업이익을 조정하면 다음과 같다.

	재공품	제 품		
초변동원가계산에 의한 영업이익				₩50,000
(−) 기초재고의 변동가공원가	(1,000개 +	1,500개)[*1]	× @30 =	(75,000)
(+) 기말재고의 변동가공원가	(1,500개 +	2,000개)[*2]	× @30 =	105,000
변동원가계산에 의한 영업이익				₩80,000

(기초·기말재고의 변동가공원가: 변동가공원가 발생액과 비용화된 금액의 차이)

* 1. 기초재공품의 가공원가 완성품 환산량+기초제품수량
  2. 기말재공품의 가공원가 완성품 환산량+기말제품수량

한편, 예제의 경우에는 단위당 원가가 일정한 것으로 가정해서 단위당 제품원가를 별도로 계산하지 않지만 이 가정이 없는 실제원가계산에서는 재공품의 완성품환산량단위당원가와 제품의 단위당 원가를 별도로 계산해야 한다.

제 8 절 표준원가계산에서의 비교

지금까지는 실제원가계산을 적용하는 경우에 대해서 살펴보았는데 이번 절에서는 표준원가계산을 사용하는 경우에 제품원가계산방법을 어떻게 적용하며, 실제원가계산과 어떤 점이 차이가 나는지 살펴보도록 하자. 초변동원가계산을 적용하는 것은 변동원가계산을 정확하게 이해하면 쉽게 이해가 가능하므로 변동원가계산과 전부원가계산을 적용하는 경우를 중심으로 살펴보도록 하겠다.

표준원가계산은 직접재료원가와 직접노무원가 및 제조간접원가 모두를 실제 생산량에 허용된 표준원가로 제품원가를 계산하는 방법인데 표준원가계산은 전부원가계산에 적용할 수도 있고 변동원가계산에 적용할 수도 있다.

① **표준전부원가계산** : 모든 제조원가를 표준원가로 계산하는 방법으로 제6장 표준원가계산에서 공부한 방법이 표준전부원가계산이다. 표준전부원가를 적용하면 변동제조원가에서도 원가차이가 나타나지만 고정제조간접원가도 원가차이가 발생한다.

② **표준변동원가계산** : 변동제조원가(직접재료원가, 직접노무원가, 변동제조간접원가)만을 표준원가로 계산하고 고정제조간접원가는 제품원가에 포함하지 않고 실제발생액 전액을 기간비용으로 처리하는 방법이다. 표준변동원가계산에서는 변동제조원가에 대해서만 원가차이가 나타나며, 고정제조간접원가는 발생액을 즉시 비용으로 처리하므로 원가차이가 나타나지 않는다.

한편, 표준원가계산에서 원가차이 조정방법으로 요소별 비례배분법을 적용하면 원가차이 조정 후의 각 계정 잔액은 실제원가와 동일해져서 표준원가계산의 특징이 사라진다. 따라서 본 절에서는 원가차이 조정방법을 매출원가조정법으로 사용하는 것을 기준으로 논의한다.

표준전부원가계산과 표준변동원가계산의 가장 큰 차이점은 고정제조간접원가의 자산화여부로 고정제조간접원가의 원가차이가 나타나는지에 있다. 이를 이해하기 위해서 변동제조원가는 모두 표준원가와 일치하고 고정제조간접원가에서만 차이가 나는 다음 예제를 통해서 살펴보자.

예제 [7-6] 생산량이 변동되는 경우의 영업이익 비교

(주)원가는 단위당 ₩100에 제품을 판매하고 있으며 2차년도의 기초재고로 1,000개를 보유하고 있으며 단위당 표준원가는 다음과 같다.

	변동원가계산	전부원가계산
직접재료원가	₩10	₩10
직접노무원가	20	20
변동제조간접원가	10	10
고정제조간접원가		20
단위당 제조원가	₩40	₩60

고정제조간접원가예산은 ₩100,000이었으며 기준조업도는 5,000개를 적용해서 고정제조간접원가 배부율을 설정하였다. 변동판매관리비는 단위당 ₩10이고 고정판매관리비는 ₩50,000이다.
(주)원가는 2차년도에 5,000개를 판매하였으며 변동원가차이와 고정제조간접원가의 예산차이는 발생하지 않았으며 모든 원가차이는 매출원가에서 조정하고 있다. 단, 전기의 단위당 표준원가는 당기와 동일했다.

요구사항

2차년도의 생산량이 4,000개와 6,000개인 경우에 대해서 각각 다음에 답하시오.

1. 각 생산량별로 변동원가계산의 손익계산서를 각각 작성하시오.
2. 각 생산량별로 전부원가계산의 손익계산서를 각각 작성하시오.
3. 각각의 생산량에서 각 방법별 이익의 차이를 설명하시오.

1. 표준변동원가계산에서 손익계산서 작성

표준변동원가계산은 실제변동원가계산과 동일하게 생산량이 증가하더라도 영업이익이 영향을 받지 않으며 고정제조간접원가는 원가차이가 발생하지 않는다. 표준변동원가계산이 어떻게 적용되는지는 예제의 손익계산서를 작성하면 알 수 있다.

변동원가계산

	4,000개를 생산한 경우		6,000개를 생산한 경우	
매출액	5,000개×@100=	₩500,000	5,000개×@100=	₩500,000
변동원가				
기초제품재고액	1,000개×@40=	₩40,000	1,000개×@40=	₩40,000
당기제품제조원가	4,000개×@40=	160,000	6,000개×@40=	240,000
기말제품재고액		0	2,000개×@40=	(80,000)
변동매출원가		₩200,000		₩200,000
변동판매관리비	5,000개×@10=	50,000	5,000개×@10=	50,000
공헌이익		₩250,000		₩250,000
고정원가				
고정제조간접원가		100,000		100,000
고정판매관리비		50,000		50,000
영업이익		₩100,000		₩100,000

4,000개에 비해서 6,000개로 2,000개를 더 생산하면 변동제조원가 ₩80,000(2,000개× ₩40)이 추가로 발생한다. 표준변동원가계산도 실제변동원가계산처럼 이 금액이 그대로 기말재고자산금액을 증가시키므로 비용화되는 다른 금액에는 영향이 없다.

추가로 발생하는 제조원가		
직접재료원가	2,000개×₩10=	₩20,000
직접노무원가	2,000개×₩20=	40,000
변동제조간접원가	2,000개×₩10=	20,000
		₩80,000

기말재고증가액
2,000개×₩40=₩80,000

손익계산서의 비용항목에 영향이 없다.

영업이익 영향 없다.
추가로 발생하는 변동제조원가가 그대로 기말재고금액이 되어 영업이익이 변하지 않는다.

한편, 표준변동원가계산에서는 변동제조원가만이 원가차이가 발생하는데 변동원가차이가 존재하는 경우에는 변동매출원가에서 조정해야 한다.

2. 표준전부원가계산에서 손익계산서 작성

표준전부원가계산에서는 변동제조원가만이 아니라 고정제조간접원가도 제품원가에 포함하므로 생산량이 증가하면 영업이익이 증가하는데 그 구체적인 방식은 실제원가계산과 다음과 같이 다르다.

① 생산량이 증가하더라도 단위당 고정제조간접원가는 일정하다. 표준전부원가계산에서는 고정제조간접원가예산을 기준조업도로 나누어 단위당 고정제조간접원가를 계산한다. 따라서 실제생산량의 변동과 무관하게 단위당 고정제조간접원가는 일정하다. 반면에 실제전부원가계산에서는 고정제조간접원가를 실제생산량으로 나누어 단위당 고정제조간접원가를 계산하므로 실제생산량이 증가하면 단위당 고정제조간접원가는 감소한다.

② 표준매출원가는 생산량의 변동에 영향을 받지 않는다. 표준매출원가는 판매량에 단위당 표준원가를 곱해서 계산하므로 생산량이 변동하더라도 판매량이 일정하면 표준매출원가는 일정하다.

③ 생산량이 증가하면 조업도차이가 유리한 차이로 변화해서 매출원가를 감소시킨다. 생산량이 증가하면 배부액이 증가하므로 조업도차이가 불리한 차이는 감소하고 유리한 차이는 증가해서 매출원가에 조정되는 원가차이가 줄어들어서 비용화되는 고정제조간접원가를 감소시킨다. 반면에 실제전부원가계산에서는 생산량이 증가하면 단위당 고정제조간접원가가 직접 감소해서 비용화되는 고정제조간접원가를 감소시킨다.

고려항목	실제전부원가계산	표준전부원가계산
단위당 고정제조간접원가	생산량이 증가하면 단위당 고정제조간접원가 감소	생산량이 증가하더라도 단위당 고정제조간접원가 일정

매 출 원 가	단위당 FOH감소 → 매출원가감소	단위당 FOH일정 → 표준매출원가일정
이 익 효 과	단위당 FOH감소 → 매출원가감소 → 이익증가	조업도 차이 유리 증가 → 매출원가감소 → 이익증가

(1) 생산량의 증가에 따른 조업도차이의 변화

표준전부원가계산에서 생산량의 증가가 어떻게 영업이익에 영향을 미치는지를 이해하기 위해서는 생산량이 증가하면 조업도차이가 어떻게 영향을 받는지를 이해해야 하는데, 예제의 조업도차이를 계산해 보면 이를 쉽게 알 수 있다.

	실제원가	예 산	SQ×SP
1차년도	₩100,000	5,000개×@20 =₩100,000	4,000개×@20 =₩80,000
	예산차이 ₩0		조업도차이 ₩20,000(불리)

	실제원가	예 산	SQ×SP
2차년도	₩100,000	5,000개×@20 =₩100,000	6,000개×@20 =₩120,000
	예산차이 ₩0		조업도차이 ₩20,000(유리)

(2) 표준전부원가 손익계산서의 작성

각 생산량별의 단위당 제조원가를 기초로 표준전부원가계산에 의한 손익계산서를 작성해보면 다음과 같다.

전부원가계산

	4,000개를 생산한 경우		6,000개를 생산한 경우	
매 출 액	5,000개×@100=	₩500,000	5,000개×@100=	₩500,000
매 출 원 가				
기초제품재고액	1,000개×@60=	₩60,000	1,000개×@60=	₩60,000
당기제품제조원가	4,000개×@60=	240,000	6,000개×@60=	360,000
기말제품재고액		0	2,000개×@60=	(120,000)
표준매출원가(①)	5,000개×@60=	300,000	5,000개×@60=	300,000
조업도차이(②)		20,000U		20,000F
매 출 원 가		₩320,000		₩280,000
매 출 총 이 익		₩180,000		₩220,000
판 매 관 리 비				
변동판매관리비	5,000개×@10=	50,000	5,000개×@10=	50,000
고정판매관리비		50,000		50,000
영 업 이 익		₩80,000		₩120,000

① 표준매출원가 : 판매량이 일정하면 생산량과 무관하게 일정하다.

② 조업도차이 : 생산량이 증가하면 매출원가를 증가시키는 원가차이가 감소한다.

표준전부원가계산은 변동제조원가증가액 ₩80,000에 고정제조간접원가 ₩40,000(2,000개×₩20)까지 포함해서 기말재고자산이 ₩120,000(2,000개×₩60)만큼 증가한다. 따라서 비용화되는 고정제조간접원가가 ₩40,000이 감소해서 영업이익이 증가한다. 주의할 점은 비용화되는 고정제조간접원가는 조업도차이가 감소하는 방식으로 영향을 미치고 표준매출원가는 바뀌지 않는다는 점이다.

추가로 발생하는 제조원가		
직접재료원가	2,000개×₩10=	₩20,000
직접노무원가	2,000개×₩20=	40,000
변동제조간접원가	2,000개×₩10=	20,000
		₩80,000

기말재고증가액
2,000개×₩60=₩120,000

매출원가감소(조업도차이유리)
2,000개×₩20=(₩40,000)F

영업이익 증가한다.
조업도차이가 유리로 바뀌어 비용화되는 고정제조간접원가가 줄어서 이익이 증가한다.

이처럼 표준전부원가계산은 생산량이 증가하면 추가로 발생하는 변동제조원가는 그대로 기말재고자산을 증가시키며 이익에 미치는 영향이 없지만, 추가적으로 고정제조간접원가가 기말재고로 자산화되어서 비용화되는 고정제조간접원가를 감소시킨다. 그리고 손익계산서에는 조업도차이가 유리한 차이로 변화되어 비용화되는 고정제조간접원가를 감소시킨다.

3. 표준변동원가계산과 표준전부원가계산의 이익차이 조정

표준변동원가계산과 표준전부원가계산은 고정제조간접원가의 원가차이가 서로 다르기는 하지만 이익차이를 조정하는 방법은 실제원가와 동일하다. 표준변동원가계산의 영업이익에 기초재고자산에 포함된 고정제조간접원가를 차감하고 기말재고자산에 포함되어 있는 고정제조간접원가를 가산하여 표준전부원가계산의 영업이익을 계산한다.

	4,000개 생산	6,000개 생산
변동원가계산에 의한 영업이익	₩100,000	₩100,000
(−) 기초재고에 포함된 고정제조간접원가	(20,000)*1	(20,000)*1
(+) 기말재고에 포함된 고정제조간접원가		40,000*2
전부원가계산에 의한 영업이익	₩80,000	₩120,000

* 1. 1,000개×₩20=₩20,000
2. 2,000개×₩20=₩40,000

이처럼 표준원가계산을 적용하는 경우에도 변동원가계산의 이익과 전부원가계산의 이익은 기초재고와 기말재고에 포함되어 있는 고정제조간접원가만큼 차이가 난다. 따라서 표준원가를 적용하는 경우에 가장 크게 차이가 나는 점은 고정제조간접원가의 원가차이가 나타나는가의 여부이다.

유형	변동원가계산	전부원가계산
실제 원가계산	① 실제변동제조원가 사용 ② 고정제조간접원가를 기간비용화 → 생산량이 이익에 영향 없다	① 실제제조원가 사용 ② 단위당 FOH=실제 FOH÷실제생산량 → 생산량증가 → 단위당FOH감소 → 이익증가
표준 원가계산	① 변동제조원가 원가차이가 없으면 실제변동원가계산과 차이없음 ② 고정제조간접원가를 기간비용화 → 생산량이 이익에 영향 없다	① 모든 제조원가 표준원가로 배부변동제조원가 원가차이가 없으면 실제변동제조원가와 차이없음 ② 단위당 FOH=FOH예산÷기준조업도 → 생산량증가 → 조업도차이 유리 → 이익증가
원가차이 조정방법	변동원가차이(배부차이)는 변동매출원가에서 조정한다.	제조원가 원가차이(배부차이)는 매출원가에서 조정한다.

07

제 9 절 원가계산방법의 요약정리

제품원가계산은 기업의 생산형태에 따라 개별원가계산과 활동기준원가계산 및 종합원가계산으로 나누어지며, 원가요소의 실제성에 따라 실제·정상 및 표준원가계산으로, 제품원가의 구성요소에 따라 전부·변동 및 초변동원가계산으로 분류할 수 있다. 이렇게 다양한 원가계산방법은 원가정보의 활용목적에 따라 서로 결합되어 사용되며 각각의 원가계산제도에서 제품원가는 서로 다르게 계산된다. 각각의 원가계산시스템을 비교하면 다음과 같다.

원가계산시스템의 제품원가 비교

구 분	실제원가계산	정상원가계산	표준원가계산
전부원가계산			
직접재료원가	실제원가	실제원가	표준원가
직접노무원가	실제원가	실제원가	표준원가
변동제조간접원가	실제원가	예정배부액	표준원가
고정제조간접원가	실제원가	예정배부액	표준원가
변동원가계산			
직접재료원가	실제원가	실제원가	표준원가

직접노무원가	실제원가	실제원가	표준원가
변동제조간접원가	실제원가	예정배부액	표준원가
고정제조간접원가	–	–	–
초변동원가계산			
직접재료원가	실제원가	실제원가	표준원가
직접노무원가	–	–	–
변동제조간접원가	–	–	–
고정제조간접원가	–	–	–

보론　표준원가의 원가차이 조정방법별 효과

표준(정상)원가계산에서 조업도차이(배부차이)를 어떤 방법으로 조정하는가에 따라서 전부원가계산의 영업이익이 달라진다. 또한, 기준조업도를 어떤 조업도로 설정하는가에 따라서도 영업이익이 영향을 받을 수 있다.

① 원가요소별 비례배분법 : 원가차이를 요소별로 비례배분하는 경우에는 배부차이 조정후의 금액이 실제원가와 동일해진다. 따라서 표준원가계산의 특징이 사라지고 정확한 실제원가로 전환되므로 기준조업도를 어떤 조업도로 선택하더라도 차이조정후의 결과는 동일해진다.

② 매출원가조정법 : 원가차이를 매출원가에서 조정하는 경우에는 배부차이 조정후의 매출원가가 정확한 실제원가와는 달라지게 된다. 따라서 기준조업도를 어떤 조업도로 선택하는가에 따라 매출원가가 달라지고 그 결과로 영업이익도 달라진다. 기말재고수량이 일정할 때 기준조업도를 낮출수록 단위당 FOH가 증가해서 기말재고에 포함되는 FOH가 증가하므로 영업이익이 증가한다.

원가차이 조정방법	기말재고에 포함된 고정제조간접원가	기준조업도의 영업이익 영향
요소별 비례배분법	실제원가를 적용한 경우와 동일	기준조업도의 선택이 영업이익에 영향을 주지 않음.
매출원가조정법	기말재고×단위당 FOH	① 단위당 FOH가 큰 조업도를 선택하는 경우에 이익이 커짐 ② 기준조업도가 낮을수록 이익이 커짐

참고로 세법에서 표준(정상)원가계산과 매출원가조정법을 인정하는 경우에 영업이익이 작아지면 법인세과세금액이 감소하므로 세법의 규정내에서 가능한 기준조업도를 높일수록 이익이 작아져서 법인세가 감소한다.

보론예제 | **원가차이 조정방법의 이익효과**

(주)원가는 영업을 개시했으며 예상되는 원가는 다음과 같다.

	단위당 변동원가	총고정원가
제 조 원 가	₩60	₩300,000
판 매 관 리 비	40	100,000
	₩100	₩400,000

단위당 판매가격은 ₩200이고 10,000개를 생산해서 8,000개를 판매하였으며 변동원가차이와 고정제조간접원가의 예산차이는 발생하지 않았다.

요구사항

1. 실제전부원가계산과 실제변동원가계산의 영업이익을 계산하시오.
2. 표준원가계산을 사용하며 매출원가 조정법을 적용하는 것으로 가정하시오. 기준조업도를 실제적 최대조업도인 15,000개로 결정한 경우와 정상조업도인 8,000개로 결정한 경우에 영업이익을 구하시오.
3. 표준원가계산을 사용하며 요소별 비례배분법을 적용하는 것으로 가정하시오. 기준조업도를 실제적 최대조업도인 15,000개로 결정한 경우와 정상조업도인 8,000개로 결정한 경우에 영업이익을 구하시오.
4. 표준원가계산은 매출원가 조정법을 적용하는 것으로 가정하시오. 실제원가와 기준조업도를 실제적최대조업도와 정상조업도로 선택한 경우에 변동원가계산과 전부원가계산의 영업이익의 차이를 조정하시오.
5. 세법에서 표준원가계산의 매출원가조정법이 인정되는 경우에 법인세 과세금액을 최소화하기 위해서는 실제적 최대조업도와 정상조업도 중에서 어느 조업도를 사용하여야 하는지 설명하시오.

해답

1. 실제전부원가계산과 실제변동원가계산의 영업이익

실제전부원가계산

매 출 액	8,000개×₩200=		₩1,600,000
매출원가			
기초재고		₩0	
당기제품제조원가	10,000개×@90*=	900,000	
기말재고	2,000개×@90*=	(180,000)	720,000
매출총이익			₩880,000
판매관리비	8,000개×₩40+₩100,000=		420,000
영업이익			₩460,000

실제변동원가계산

매 출 액	8,000개×₩200=		₩1,600,000
변동원가			
변동매출원가	8,000개×@60=	₩480,000	
변동판매관리비	8,000개×@40=	320,000	800,000
공헌이익			₩800,000
고 정 비			
고정제조간접원가		₩300,000	
고정판매관리비		100,000	400,000
영업이익			₩400,000

* 단위당 전부원가

변 동 제 조 원 가		₩60
고정제조간접원가	₩300,000÷10,000개=	30
단 위 당 전 부 원 가		₩90

2. 표준원가계산－매출원가 조정법 적용

(1) 생산량의 증가에 따른 조업도차이의 변화

	실제원가	예 산	SQ×SP
실제적최대조업도	₩300,000	15,000개×@20 =₩300,000	10,000개×@20 =₩200,000
	예산차이 ₩0		조업도차이 ₩100,000(불리)

	실제원가	예 산	SQ×SP
정상조업도	₩300,000	8,000개×@37.5 =₩300,000	10,000개×@37.5 =₩375,000
	예산차이 ₩0		조업도차이 ₩75,000(유리)

(2) 전부원가계산의 영업이익

	기준조업도 15,000개		기준조업도 8,000개	
매 출 액	8,000개×₩200=	₩1,600,000	8,000개×₩200=	₩1,600,000
매 출 원 가				
표준매출원가(①)	8,000개×@80(③)=	640,000	8,000개×@97.5(③)=	780,000
조업도차이(②)		100,000U		75,000F
매출원가		₩740,000		₩705,000
매출총이익		₩860,000		895,000
판매관리비	8,000개×₩40+₩100,000=	420,000	8,000개×₩40+₩100,000=	420,000
영업이익(④)		₩440,000		₩475,000

① 표준매출원가 : 기준조업도가 낮아지면 표준매출원가는 커진다. (∵단위당 FOH 증가)

② 조업도차이 : 기준조업도가 낮아지면 유리한 차이가 커진다.

③ 기준조업도가 낮아질수록 기말재고에 포함되는 고정제조간접원가가 커진다. (∵단위당 FOH 증가)

④ 기준조업도가 낮아질수록 전부원가계산의 영업이익이 증가한다.

3. 표준원가계산－요소별 비례배분법 적용

(1) 기준조업도가 15,000개인 경우 조업도차이 배부후 잔액

		FOH 배부액	비 율	조업도차이	조정후 FOH	조정후금액
매출원가	8,000개×@20=	₩160,000	80%	₩80,000	₩240,000	₩720,000
기말재고	2,000개×@20=	40,000	20	20,000	60,000	180,000
합계		₩200,000	100%	₩100,000	₩300,000	₩900,000

(2) 기준조업도가 8,000개인 경우 조업도차이 배부후 잔액

	FOH 배부액	비 율	조업도차이	조정후 FOH	조정후금액
매출원가 8,000개×@37.5=	₩300,000	80%	₩(60,000)	₩240,000	₩720,000
기말재고 2,000개×@37.5=	75,000	20	(15,000)	60,000	180,000
합계	₩375,000	100%	₩(75,000)	₩300,000	₩900,000

요소별 비례배분법을 적요하면 배분후의 매출원가와 기말재고자산은 실제원가와 동일해지므로 영업이익도 실제원가와 동일해진다. 따라서 기준조업도의 선택이 영업이익에 영향을 미치지 못한다. 요소별 비례배분법을 적용하면 실제원가의 영업이익 ₩460,000이 영업이익이 된다.

4. 방법별 이익차이 조정

	실제원가	기준조업도 15,000개	기준조업도 8,000개
변동원가계산 영업이익	₩400,000	₩400,000	₩400,000
(−) 기초재고의 FOH			
(+) 기말재고의 FOH	60,000*1	40,000*2	75,000*3
전부원가계산 영업이익	₩460,000	₩440,000	₩475,000

* 1. 2,000개×₩30=₩60,000, 2. 2,000개×₩20=₩40,000, 3. 2,000개×₩37.5=₩75,000

5. 법인세 최소화 기준조업도

법인세를 최소화하기 위해서는 전부원가계산의 영업이익이 작아져야 하므로 기준조업도를 높여서 기말재고에 포함되는 FOH를 감소시키고 매출원가로 비용화되는 금액을 증가시켜야 한다. 따라서 기준조업도를 15,000개로 선택하는 경우에 영업이익이 ₩440,000으로 최소화되어 법인세도 최소화된다.

07 연습문제

객관식 문제

01 변동원가계산 손익계산서의 특징

변동(직접)원가계산에 의한 손익계산서와 관련된 설명이 아닌 것은?

① 공헌이익을 계산한다.

② 변동제조간접원가는 기간비용으로 처리된다.

③ 고정제조간접원가는 매출원가에 포함되지 않는다.

④ 제품생산량이 영업이익에 영향을 미치지 않는다.

⑤ 판매비 및 일반관리비를 변동비와 고정비로 분리하여 보고한다.

※ 다음은 2~4번과 관련된 자료이다.

(주)영화는 제품 A를 생산하고 있다. 제품 A의 단위당 판매가격은 ₩1,000이며, 단위당 변동판매관리비는 ₩100이고 고정판매관리비는 ₩300,000이다. 제품 A의 제조와 관련된 내용은 다음과 같다.

	20×1년	20×2년
단위당 변동제조원가	350	350
연간 고정제조간접원가	800,000	800,000
기초재고량	0개	500개
당기생산량	2,500개	2,000개
당기판매량	2,000	2,500

02 변동원가계산의 영업이익

20×1년과 20×2년의 변동원가계산에 의한 영업이익으로 맞는 것은?

	20×1년	20×2년		20×1년	20×2년
①	₩0	₩275,000	②	₩115,000	₩160,000
③	₩160,000	115,000	④	₩0	₩250,000
⑤	해답없음				

03 전부원가계산의 영업이익

20×1년과 20×2년의 전부원가계산에 의한 영업이익으로 맞는 것은?

	20×1년	20×2년		20×1년	20×2년
①	₩0	₩275,000	②	₩115,000	₩160,000
③	₩160,000	115,000	④	₩0	₩250,000
⑤	해답없음				

04 전부원가계산의 개념정리

(주)영화의 20×1년과 20×2년과 관련된 다음의 설명 중에서 틀린 문장을 고르시오.

① 20×1년에 발생한 변동제조원가는 ₩875,000으로 전부원가계산과 변동원가계산이 동일하며 비용화된 금액은 ₩700,000으로 전부원가계산과 변동원가계산이 동일하므로 이익차이에 영향이 없다.

② 20×1년에 발생한 고정제조간접원가는 ₩800,000으로 전부원가계산과 변동원가계산이 동일하며 비용화된 금액은 변동원가계산은 발생액을 기간비용화해서 ₩800,000이며 전부원가계산은 판매된 수량과 관련된 ₩640,000이다.

③ 20×1년에 변동원가계산의 영업이익은 ₩0이며 전부원가계산의 영업이익은 ₩160,000이다. 이익이 차이나는 이유는 전부원가계산에서 고정제조간접원가 발생액이 ₩160,000만큼 작기 때문이다.

④ 20×1년도에 비해서 20×2년도에 판매량이 500개가 증가했음에서 불구하고 전부원가계산에서는 20×2년도의 이익이 더 작다. 그 이유는 20×1년에 발생한 고정제조간접원가중에서 ₩160,000이 비용화되지 않고 재고자산으로 남아 있다가 20×2년의 매출원가에서 비용화되었기 때문이다.

⑤ 변동원가계산에서는 고정제조간접원가를 기간비용으로 처리하므로 생산량이 이익에 영향을 미치지 않고 판매량만이 이익에 영향을 미친다. 따라서 판매량이 많은 20×2년의 영업이익이 더 크다.

05 변동원가계산에 의한 기말재고와 영업이익 계산

지난 회계기간 동안의 부산기업의 자료는 다음과 같다.

순 매 출	₩1,400,000
변동제조원가	630,000
고정제조원가	315,000
변동영업비용	98,000
고정영업비용	140,000
생 산 량	70,000단위
판 매 량	60,000

기초제품재고가 없다고 할 때 변동원가계산에 의한 부산기업의 기말제품재고와 영업이익을 올바르게 표시한 것은?

	기말제품재고액	영업이익
①	₩90,000	₩307,000
②	104,000	352,000
③	135,000	217,000
④	149,000	135,000
⑤	169,000	352,000

06 원가계산방법별 영업이익차이 계산

다음은 사직공업사의 영업을 개시한 첫해년도 중의 제조 및 판매에 관련된 자료이다.

제품제조	10,000단위
제품판매(판매가격 : ₩1,500)	9,000
직접재료원가	₩4,000,000
직접노무원가	2,000,000
변동제조간접원가	1,200,000
변동판매비와 일반관리비	450,000
고정제조간접원가	2,500,000
고정판매비와 관리비	3,000,000

재공품의 기말재고를 무시할 경우 직접(변동)원가계산방식과 전부원가계산방식 중 사직공업사의 영업이익을 어느 방식이 얼마만큼 높게 계상하는가?

① 전부원가계산, ₩250,000
② 직접원가계산, ₩250,000
③ 전부원가계산, ₩550,000
④ 직접원가계산, ₩550,000
⑤ 두 방식 간에 차이가 없음

07 재고자산변동시 영업이익조정 (2006. 세무사)

20×5년에 영업을 시작한 (주)고구려는 선입선출법에 의해 원가계산을 하고 있으며 20×5년과 20×6년의 원가계산관련 자료는 다음과 같다.

	20×5년	20×6년
생 산 량	12,000개	14,000개
판 매 량	10,000	15,000
단위당 변동제조원가	@100	@120
단위당 변동판매비	@65	@60
고정제조간접원가	₩96,000	₩98,000
고정판매관리비	50,000	52,000

변동원가계산에 의한 20×6년의 영업이익이 ₩500,000이었다면 외부공표용 재무제표상의 영업이익과 기말재고는 각각 얼마인가?

	영업이익	기말재고
①	₩491,000	₩125,000
②	491,000	127,000
③	492,000	127,000
④	508,000	125,000
⑤	508,000	127,000

※ 다음의 글을 읽고 8번과 9번에 대하여 답하라.

(주)한국은 책장을 제조해서 판매한다. 2006년 1월 1일부터 2006년 12월 31일 중에 발생한 원가는 다음과 같다.

원가항목	재고가능원가와 기간원가의 구분	금 액
변동제조원가	재고가능원가	₩260,000
고정제조원가	재고가능원가	40,000
변동판매비	기 간 원 가	254,000
고정판매비와 고정관리비	기 간 원 가	150,000

변동제조원가는 제품생산량에 대한 변동원가이다. 변동판매비는 제품판매량에 대한 변동원가이다. 다음은 재고자산 관련 자료이다.

	2006년 1월 1일 기초재고	2006년 12월 31일 기말재고
직접재료 재고 (무게)	100kg	200kg
재공품 재고	0단위	0단위
제품 재고	?	2,000단위

2006년도의 생산량은 10,000개이다. 제품 1단위를 생산하기 위하여 직접재료 0.1kg이 사용되었다. 2006년도의 매출액은 ₩900,000이었으며, 2006년 1월 1일의 제품 재고는 ₩30,000이었다. 기초재고의 단위당 제품원가와 기중 생산된 제품의 단위당 원가는 동일하다. 여기서 단위당 제품원가는 외부보고용 원가를 의미한다.

08 변동원가계산의 영업이익과 재고수량 (2007. KICPA)

2006년도 초의 제품재고의 수량과 2006년 중 단위당 변동원가(변동 비제조원가 포함)는 각각 얼마인가? 소수점 미만은 원단위로 반올림한다.

	기초 제품재고의 수량	단위당 변동원가
①	1,000단위	₩51
②	1,000단위	54
③	2,000단위	51
④	2,000단위	54
⑤	1,200단위	26

09 변동원가계산의 영업이익과 재고수량 (2007. KICPA)

전부원가계산에 따른 2006년도 (주)한국의 영업이익은 얼마인가?

① ₩630,000 ② ₩226,000 ③ ₩196,000
④ ₩225,746 ⑤ ₩480,000

10 변동제조원가와 고정판매관리비 추정 (2008. 세무사)

대한회사의 당기 제품제조 및 영업활동과 관련한 다음의 자료를 토대로 하여 변동제조원가 발생액과 고정판매관리비 발생액을 구하면 각각 얼마인가?

> 매 출 액 : ₩2,000,000
> 고정제조원가 당기발생액 : ₩600,000
> 변동판매관리비 당기발생액 : ₩200,000
> 당기 제품생산량 : 70,000개
> 당기 제품판매량 : 65,000개
> 변동매출원가는 ₩780,000이고 변동원가계산에 의한 영업이익은 ₩300,000이다.
> 기초제품 재고와 기초 및 기말재공품 재고는 없다.

	변동제조원가	고정판매관리비
①	₩780,000	₩120,000
②	840,000	120,000
③	780,000	180,000
④	840,000	180,000
⑤	840,000	60,000

11 영업이익비교

다른 조건이 같다면 다음의 어느 경우에 직접원가계산방법에 따라 계산된 당기순이익이 전부원가계산방법에 따라 계산된 당기순이익보다 크겠는가?

① 생산량이 판매량을 초과한 경우

② 고정제조원가가 증가한 경우

③ 판매량이 생산량을 초과한 경우

④ 변동제조원가가 증가한 경우

⑤ 판매량이 같을 경우

12 고정제조간접원가의 추정 (2010. 세무사)

(주)광주는 실제원가로 제품원가를 계산하고 있다. (주)광주는 20×1년 1월 초에 개업하였으며, 20×1년과 20×2년의 제품 생산량과 판매량, 원가자료는 다음과 같다.

구 분	20×1년	20×2년
생산량	10,000개	13,000개
판매량	8,000개	14,000개
고정제조간접원가	₩240,000	?
고정판매관리비	180,000	₩230,000

20×2년의 전부원가계산에 의한 이익은 ₩500,000이고, 변동원가계산에 의한 이익은 ₩528,000이었다. 20×2년에 발생된 고정제조간접원가는 얼마인가? (단, 20×1년과 20×2년의 기초재공품 및 기말재공품은 없으며, 물량 및 원가흐름은 선입선출법을 가정한다)

① ₩200,000　② ₩220,000　③ ₩240,000

④ ₩260,000　⑤ ₩280,000

07

13 변동원가계산의 영업이익의 추정

(주)한국은 제품 A를 생산하며 20×9년 5월초에 영업을 개시하였다(기초재고자산은 없음). 20×9년 5월과 6월의 생산량은 각각 400단위, 500단위이며, 판매량은 각각 380단위, 420단위이다. 매월 고정제조간접원가는 ₩400,000씩 동일하게 발생한다. 20×9년 6월의 전부원가계산에 의한 손익계산서가 다음과 같을 때 6월의 변동원가계산에 의한 영업이익은 얼마인가? (단, 원가흐름가정은 선입선출법을 적용한다)

매출액		₩1,000,000
매출원가		
월초제품재고액	₩45,000	
당월제품제조원가	1,050,000	
월말제품재고액	(252,000)	843,000
매출총이익		₩157,000
판매비와관리비		67,000
영업이익		₩90,000

① ₩14,000 ② ₩30,000 ③ ₩70,000
④ ₩110,000 ⑤ ₩166,000

14 표준원가계산하의 이익차이 계산 (2004. KICPA 수정)

다음 자료에 의하여 전부원가계산과 변동원가계산의 이익차이를 계산하면 얼마인가? (단, 전기와 당기의 고정제조간접원가배부율은 동일하며, 차이계정은 매출원가에서 조정한다)

기준조업도	10,000단위	조업도차이	₩1,500(불리)
기초수량	9,200	기말수량	9,600단위
판매수량	9,000		

① ₩1,500 ② ₩600 ③ ₩900
④ ₩1,000 ⑤ ₩1,200

15 표준원가에서 이익차이조정 (2005. KICPA)

다음은 (주)동양금속의 제조원가와 생산 및 판매량에 관한 자료이다.

제 조 간 접 원 가	
단위당변동원가	₩1,000
고 정 원 가	3,000,000
생 산 및 판 매 량	
기초제품재고량	2,000개
생 산 량	18,000
판 매 량	19,000

고정제조간접원가 배부율을 계산하기 위한 기준조업도는 15,000개이며, 과대 또는 과소 배부된 제조간접원가는 전액 매출원가에서 조정된다. 변동원가계산에 의한 순이익이 ₩6,000,000일 때 전부원가계산에 의한 순이익은 얼마인가? (단, 고정제조간접원가배부율은 기초제품과 당기제품에 동일하게 적용된다)

① ₩5,800,000　② ₩5,900,000　③ ₩6,000,000
④ ₩6,100,000　⑤ ₩6,200,000

07

16 변동원가계산과 초변동원가계산의 개념 (2007. 세무사)

변동원가계산, 전부원가계산 및 초변동원가계산에 대한 설명으로 옳지 않은 것은?

① 원가계산과 관련된 표준은 변동원가계산에는 사용될 수 없고 전부원가계산에서만 사용된다.
② 전부원가계산에서 계산된 영업이익은 판매량뿐만 아니라 생산량의 변화에도 영향을 받는다.
③ 변동원가계산에서는 고정제조간접원가를 기간비용으로 인식하지만 전부원가계산에서는 고정제조간접원가를 제품원가로 인식한다.
④ 초변동원가계산은 직접재료원가만을 제품원가에 포함하고 나머지 제조원가는 모두 기간비용으로 처리한다.
⑤ 초변동원가계산은 판매가 수반되지 않는 상황에서 생산량이 많을수록 영업이익이 낮게 계산되므로 불필요한 재고의 누적을 방지하는 효과가 변동원가계산보다 훨씬 크다.

17 생산량과 판매량 변화의 이익효과 (2010. KICPA)

다음은 생산량 및 판매량과 관련된 전부원가계산과 변동원가계산 및 초변동원가계산의 특징을 설명한 글이다. 타당하지 않은 것은?

① 전부원가계산에서는 기초재고가 없을 때 판매량이 일정하다면 생산량이 증가할수록 매출총이익이 항상 커진다.

② 생산량이 판매량보다 많으면 전부원가계산의 영업이익이 변동원가계산의 영업이익보다 항상 크다.

③ 변동원가계산하의 영업이익은 판매량에 비례하지만, 전부원가계산하의 영업이익은 생산량과 판매량의 함수관계로 결정된다.

④ 전부원가계산에서는 원가를 제조원가와 판매관리비로 분류하므로 판매량 변화에 따른 원가와 이익의 변화를 파악하기 어려운 반면, 변동원가계산에서는 원가를 변동원가와 고정원가로 분류하여 공헌이익을 계산하므로 판매량 변화에 의한 이익의 변화를 알 수 있다.

⑤ 초변동원가계산에서는 기초재고가 없고 판매량이 일정할 때 생산량이 증가하더라도 재료처리량 공헌이익(throughput contribution)은 변하지 않는다.

※ 다음은 18~19번에 관련된 자료이다.

(주)원가는 원재료 X를 단위당 ₩300에 구입하여 단순가공한 후 제품 A를 제조하여 단위당 ₩1,000에 판매하는 회사이다. (주)원가의 3월의 원가관련 자료는 다음과 같다. 단, 다음의 자료에는 재료원가는 제외되었으며 공정의 특성상 재공품은 존재하지 않는다.

기초제품수량	0개
당기생산량	500
기말제품수량	100
직접노무원가	₩75,000
변동제조간접원가	100,000
고정제조간접원가	50,000
변동판매관리비(판매수수료 포함)	40,000
고정판매관리비	10,000

18 변동원가계산에 의한 영업이익

3월의 변동원가계산에 의한 영업이익은 얼마인가?

① ₩20,000 ② ₩30,000 ③ ₩40,000
④ ₩50,000 ⑤ ₩60,000

19 초변동원가계산에 의한 영업이익

3월의 초변동원가계산에 의한 영업이익은 얼마인가?

① ₩0 ② ₩5,000 ③ ₩10,000
④ ₩15,000 ⑤ ₩20,000

20 초변동원가계산의 영업이익추정

20×0년초 설립된 (주)한국의 20×0년과 20×1년의 생산 및 판매와 관련된 자료는 다음과 같다. (주)한국의 20×1년도 전부원가계산에 의한 영업이익이 ₩3,000,000이라면, 초변동원가계산에 의한 영업이익은 얼마인가? (단, (주)한국은 선입선출법(FIFO)을 적용하고 있으며, 재공품은 존재하지 않음)

	20×0년	20×1년
기초제품수량	0개	3,000개
당기생산량	10,000개	10,000개
판매량	7,000개	9,000개
기말제품수량	3,000개	4,000개
직접노무원가	₩300,000	₩330,000
변동제조간접원가	240,000	264,000
고정제조간접원가	500,000	506,000
변동판매비	35,000	45,000
고정판매비	20,000	20,000

① ₩2,730,000 ② ₩2,792,000 ③ ₩2,812,000
④ ₩2,872,000 ⑤ ₩2,920,000

21 당기총제조원가의 추정 (2011. KICPA)

단일제품을 생산 및 판매하는 (주)갑을의 개업 첫 달 영업결과는 다음과 같다.

- 생산량은 450개이며, 판매량은 300개이다.
- 제품의 단위당 판매가격은 ₩7,000이다.
- 판매관리비는 ₩100,000이다.
- 초변동원가계산에 의한 영업이익은 ₩125,000이다.
- 변동원가계산에 의한 영업이익은 ₩350,000이다
- 전부원가계산에 의한 영업이익은 ₩500,000이다.
- 제조원가는 변동원가인 직접재료원가와 직접노무원가, 고정원가인 제조간접원가로 구성되어 있다.
- 월말 재공품은 없다.

당월에 발생한 총제조원가는 얼마인가?

① ₩1,800,000 ② ₩1,875,000 ③ ₩2,100,000
④ ₩2,250,000 ⑤ ₩2,475,000

22 생산량과 판매량변화의 이익효과 (2013. KICPA)

다음은 (주)한국의 원가계산을 위한 자료이다. 고정제조간접원가 및 고정판매관리비는 각각 ₩2,400,000 및 ₩1,000,000으로 매년 동일하며, 단위당 판매가격과 변동원가도 각 연도와 상관없이 일정하다.

	20×1년	20×2년	20×3년
기초재고수량(개)	–	4,000	4,000
생산량(개)	20,000	16,000	12,000
판매량(개)	16,000	16,000	16,000
기말재고수량(개)	4,000	4,000	–
단위당 판매가격			₩1,000
단위당 변동원가			
직접재료원가		₩40	
직접노무원가		60	
변동제조간접원가		80	
변동판매관리비		20	

다음의 원가계산 결과에 관한 설명 중 옳은 것을 모두 열거한 것은? 단, 기초 및 기말재고는 모두 완성품이며, 재공품 재고는 존재하지 않는다.

(가) 20×1년 전부원가계산의 영업이익은 변동원가계산의 영업이익보다 ₩480,000 더 크다.
(나) 20×2년 변동원가계산의 영업이익과 초변동원가계산(throughput costing 또는 super-variable costing)의 영업이익은 같다.
(다) 변동원가계산의 영업이익은 상기 3개년 모두 동일하다.
(라) 초변동원가계산의 영업이익은 상기 3개년 동안 매년 증가한다.
(마) 변동원가계산 영업이익과 초변동원가계산 영업이익 차이의 절대값은 20×1년보다 20×3년의 경우가 더 크다.

① (가), (나), (마) ② (나), (다), (라) ③ (다), (라), (마)
④ (가), (나), (다), (라) ⑤ (가), (나), (다), (라), (마)

23 기준조업도 변동에 의한 영업이익의 변화 (2015. KICPA)

(주)한국은 단일 제품을 생산·판매한다. 회사는 표준원가에 기초한 전부원가계산제도를 사용하며 20×1년도 기준조업도로 사용가능한 생산능력별 연간 제품 생산량은 다음과 같다.

기준조업도	연간 제품 생산량
이론적조업도(theoretical capacity)	10,000단위
실제최대조업도(practical capacity)	7,000단위
정상조업도(평준화조업도 : normal capacity)	5,600단위

(주)한국의 20×1년도 제품 생산 및 원가 정보는 다음과 같다.

기초재고량	0단위
당기생산량	6,000단위
기말재고량	1,000단위
단위당 판매가격	₩20
단위당 변동제조원가	₩5
단위당 변동판매비와 관리비	₩1
총고정제조간접원가	₩35,000
총고정판매비와 관리비	₩10,000

20×1년도 (주)한국의 기초 및 기말재공품은 존재하지 않으며 조업도차이를 제외한 어떠한 원가차이도 발생하지 않았다. 다음 설명 중 옳지 않은 것은?

① 실제조업도가 기준조업도를 초과하면 고정제조간접원가배부액이 예산액보다 커져서 과대배부가 발생하고, 반대로 실제조업도가 기준조업도보다 낮으면 배부액이 예산액보다 작아져서 과소배부가 발생한다.

② 조업도수준에 대한 추정의 오류에서 발생하는 고정제조간접원가의 과소 또는 과대배부를 조업도차이라고 부른다.

③ 이론적조업도 혹은 실제최대조업도를 기준조업도로 사용하는 경우 (주)한국의 20×1년도 조업도차이는 불리한 차이를 보이는 반면, 정상조업도를 기준조업도로 사용하는 경우 (주)한국의 20×1년도 조업도차이는 유리한 차이를 나타낸다.

④ 회계연도 말에 (주)한국이 표준원가에 기초한 전부원가계산에 의한 손익계산서를 외부 재무보고목적용 실제원가 손익계산서로 전환함에 있어 조업도차이를 매출원가에서만 가감하는 방식으로 조정하는 경우, 이론적조업도, 실제최대조업도, 정상조업도 중 정상조업도를 기준조업도로 선택함으로써 가장 높은 20×1년도 영업이익을 보고한다.

⑤ 회계연도 말에 (주)한국이 표준원가에 기초한 전부원가계산에 의한 손익계산서를 외부 재무보고목적용 실제원가 손익계산서로 전환함에 있어 조업도차이를 기말재공품, 기말제품, 매출원가에 집계된 총원가의 상대적 비율에 따라 안분하는 경우, 이론적조업도, 실제최대조업도, 정상조업도 중 이론적조업도를 기준조업도로 선택함으로써 가장 낮은 20×1년도 영업이익을 보고한다.

해 답 *Answer*

01 ②

변동원가계산에서는 고정제조간접원가는 기간비용으로 처리하지만 변동제조원가는 제품원가에 포함한다. 따라서 변동제조간접원가는 기간비용으로 처리하지 않는다.

02 ①

	20×1년			20×2년		
매 출 액	2,000개×₩1,000=		₩2,000,000	2,500개×₩1,000=		₩2,500,000
변 동 비						
변동매출원가	2,000개×@350=	₩700,000		2,500개×@350=	₩875,000	
변동판매관리비	2,000개×@100=	200,000	900,000	2,500개×@100=	250,000	1,125,000
공 헌 이 익			₩1,100,000			₩1,375,000
고 정 비						
고정제조간접원가		₩800,000			₩800,000	
고정판매관리비		300,000	1,100,000		300,000	1,100,000
영 업 이 익			₩0			₩275,000

03 ③

	20×1년			20×2년		
매 출 액	2,000개×₩1,000=		₩2,000,000	2,500개×₩1,000=		₩2,500,000
매 출 원 가						
기 초 재 고		₩0		500개×@670=	₩335,000	
당기제품제조원가	2,500개×@670=	1,675,000		2,000개×@750=	1,500,000	
기 말 재 고	500개×@670=	(335,000)	1,340,000		(0)	1,835,000
매 출 총 이 익			₩660,000			₩665,000
판 매 관 리 비	2,000개×₩100+₩300,000=		500,000	2,500개×₩100+₩300,000=		550,000
영 업 이 익			₩160,000			₩115,000

*단위당 전부원가

	20×1년		20×2년	
변 동 제 조 원 가		₩350		₩350
고정제조간접원가	₩800,000÷2,500개=	320	₩800,000÷2,000개=	400
단위당 전부원가		₩670		₩750

04 ③

① 20×1년에 발생한 변동제조원가 : 2,500개×₩350=₩875,000

20×1년에 비용화된 변동제조원가 : 2,000개×₩350=₩700,000

전부원가계산과 변동원가계산은 원가발생액은 동일하다. 또한 두 방법 모두 변동제조원가는 제품원가에 포함했다가 판매된 부분만 비용화하므로 20×1년에 발생액과 비용화된 금액은 다르지만 두 방법이 동일하게 처리되므로 비용화된 금액도 크기가 같아서 이익이 미치는 효과가 같다.

② 고정제조간접원가도 원가계산방법과 관계없이 발생액은 일정하게 ₩800,000이다. 변동원가계산은 고정제조간접원가를 기간비용화하므로 20×1년에 ₩800,000을 비용으로 처리한다. 반면에 전부원가계산에서는 고정제조간접원가를 재고자산화했다가 판매된 부분만 비용화하므로 ₩640,000만 매출원가속에서 비용화되고 ₩160,000은 기말재고자산원가에 포함되었다. 기말재고가 판매되어 수익이 창출된 시점에 비용화한다.

매출원가로 비용화되는 고정제조간접원가	2,000개×₩320* =	₩640,000
기말재고자산에 포함된 고정제조간접원가	500개×₩320* =	160,000

* 단위당 고정제조간접원가 ₩800,000÷2,500개(생산량)=₩320

③ 이익이 차이나는 이유는 전부원가계산에서 고정제조간접원가발생액 ₩800,000 중에서 기말재고에 자산화한 ₩160,000을 비용화하지 않았기 때문이다.

05 ①

(1) 제품단위당 제조원가

변동제조원가 ÷ 생산량=₩630,000÷70,000단위=@9

(2) 기말제품재고액

(70,000단위−60,000단위)×@9=₩90,000

(3) 영업이익

매 출 액		₩1,400,000
변 동 원 가		
변동제조원가 : 60,000단위×@9=		(540,000)
변동영업비용		(98,000)
공 헌 이 익		762,000
고정제조원가		(315,000)
고정영업비용		(140,000)
영 업 이 익		₩307,000

06 ①

기초에는 재고자산이 없었는데 기말에 제품재고자산이 1,000단위가 있다. 따라서 기말재고자산에 포함된 고정제조간접원가 금액만큼 전부원가계산의 영업이익이 크다.

(1) 제품단위당 고정제조간접원가 : ₩2,500,000÷10,000단위=@250

(2) 기말재고에 포함된 고정제조간접원가 : @250×1,000개=₩250,000

07 ②

	기초재고		생 산 량		판 매 량		
20×5년 기말재고수량	0	+	12,000	−	10,000	=	2,000개
20×6년 기말재고수량	2,000	+	14,000	−	15,000	=	1,000개

변동원가계산에 의한 영업이익		₩500,000
(−) 기초재고에 포함된 고정제조간접원가	₩96,000 × $\frac{2,000개}{12,000개}$ =	(16,000)
(+) 기말재고에 포함된 고정제조간접원가	₩98,000 × $\frac{1,000개}{14,000개}$ =	7,000
전부원가계산의 영업이익		₩491,000

전부원가계산에 의한 기말재고금액 : ₩120×1,000개+₩7,000=₩127,000

08 ②

(1) 단위당 제조원가

변동제조원가	₩260,000÷10,000개=	₩26
고정제조원가	₩40,000÷10,000개=	4
단위당 제조원가		₩30

(2) 기초제품재고수량

₩30,000÷₩30=1,000개

(3) 단위당 변동원가

변동제조원가	₩260,000÷10,000개=	₩26
변동판매비	₩254,000÷9,000* =	28.22
단위당 변동원가		₩54.22

* 판매량 1,000개(기초재고) + 10,000개(생산량) − 2,000개(기말재고)=9,000개

09 ②

매 출 액		₩900,000
매 출 원 가	9,000개×₩30=	270,000
매출총이익		₩630,000
판매관리비	₩254,000+₩150,000=	404,000
영 업 이 익		₩226,000

10 ②

(1) 변동제조원가 발생액

단위당 변동제조원가	₩780,000÷65,000개=	₩12
변동제조원가 발생액	₩12×70,000개=	₩840,000

(2) 고정판매관리비 발생액

매출액		₩2,000,000
변동원가	변동매출원가	780,000
	변동판매관리비	200,000
공헌이익		₩1,020,000
고정원가	고정제조간접원가	600,000
	고정판매관리비	?
영업이익		₩300,000

그러므로 고정판매관리비는 ₩120,000이다.

11 ③

생산량 > 판매량 → 전부원가계산영업이익 > 변동직접원가계산영업이익

생산량 < 판매량 → 전부원가계산영업이익 < 변동직접원가계산영업이익

07

12 ④

변동원가계산의 영업이익		₩528,000	
(−) 기초재고에 포함된 고정제조간접원가	2,000개 × ₩24* =	−48,000	$\frac{x}{13}$ − ₩48,000
(+) 기말재고에 포함된 고정제조간접원가	1,000개 × $\frac{x}{13{,}000개}$ =	+ $\frac{x}{13}$	
전부원가계산의 영업이익		₩500,000	

* 전기의 단위당 고정제조간접원가 ₩240,000 ÷ 10,000개 = ₩24

$\frac{x}{13}$ − ₩48,000 = −₩28,000　　　∴ x = ₩260,000

13 ②

변동원가계산의 영업이익		?	← ₩30,000
기초재고의 고정제조간접원가	20단위 × ₩1,000*1 =	−20,000	
기말재고의 고정제조간접원가	100단위 × ₩800*2 =	+80,000	
전부원가계산의 영업이익		₩90,000	

*1. 5월의 단위당 고정제조간접원가 ₩400,000 ÷ 400개 = ₩1,000

2. 6월의 단위당 고정제조간접원가 ₩400,000 ÷ 500개 = ₩800

14 ④

생산수량 : (9,600단위 + 9,000단위) − 9,200단위 = 9,400단위

조업도차이 수량 : 10,000단위(기준조업도) − 9,400단위(실제조업도) = 600단위

단위당 고정제조간접원가배부율을 x라 하면 조업도차이는 다음과 같다.

600단위 × x = ₩1,500

∴ x = @2.5

실 제	예 산	배부(SQ×SP)
고정제조간접원가발생액	10,000단위×x=A	9,400단위×x=B

A−B=600단위×x=₩1,500

여기서 주의할 점은 고정제조간접원가 조업도차이는 판매량기준으로 계산되는 것이 아니라 생산량을 기준으로 계산된다는 것이다. 고정제조간접원가는 생산과정에서 나타나는 원가차이로 생산량과 기준조업도의 차이에 원인이 있으며 판매량과는 무관하다.

전부원가계산과 변동원가계산의 이익차이는 기초제품과 기말제품에 포함된 고정제조간접원가의 차이이다.

기초재고에 포함된 고정제조간접원가:	9,200단위×₩2.5=	₩23,000
기말재고에 포함된 고정제조간접원가:	9,600단위×₩2.5=	(24,000)
이익차이:	400단위×₩2.5=	₩(1,000)

15 ①

(1) 고정제조간접원가 단위당 배부율: ₩3,000,000÷15,000개=₩200

(2) 이익차이 조정

변동원가계산의 영업이익		₩6,000,000
(−) 기초재고에 포함된 고정제조간접원가	2,000개×₩200=	(400,000)
(+) 기말재고에 포함된 고정제조간접원가	1,000개×₩200=	200,000
전부원가계산의 영업이익		₩5,800,000

16 ①

변동원가계산에도 표준원가를 사용할 수 있다.

17 ②

② 생산량이 판매량보다 많으면 전부원가계산의 영업이익이 변동원가계산의 영업이익보다 일반적으로 크다. 그러나 극단적으로 선입선출법에서 기초재고에 포함되는 단위당 고정제조간접원가가 매우 크고 기말재고에 포함되는 단위당 고정제조간접원가가 작은 경우에는 예외적으로 변동원가계산의 영업이익이 더 큰 상황이 발생할 가능성도 있다.

⑤ 초변동원가계산에서는 생산량이 증가하면 비용화되는 변동가공원가가 증가해서 영업이익이 감소한다. 하지만 생산량의 변동이 재료처리량공헌이익에는 영향을 미치지 않는다.

18 ③

19 ②

[18 ~ 19]

1. 변동원가계산

(1) 단위당 변동원가

직 접 재 료 원 가		₩300
직 접 노 무 원 가	₩75,000÷500개=	150
변동제조간접원가	₩100,000÷500개=	200
변 동 판 매 원 가	₩40,000÷400개=	100
단위당 변동원가		₩750

(2) 영업이익

(₩1,000−₩750)×400개−(₩50,000+₩10,000)=₩40,000

(공헌이익: (₩1,000−₩750)×400개, 고정원가: (₩50,000+₩10,000))

2. 초변동원가계산

(₩1,000−₩300)×400개−(₩75,000+₩100,000+₩50,000+₩40,000+₩10,000)=₩5,000

(현금창출공헌이익: (₩1,000−₩300)×400개, 운영비용: (₩75,000+₩100,000+₩50,000+₩40,000+₩10,000))

참고로, 변동원가계산에서는 제품에 배부되는 단위당 변동원가 ₩750으로 계산되었지만 초변동원가계산에서는 이 중에서 직접노무원가 ₩150과 변동제조간접원가 ₩200이 제품원가가 아닌 운영비용, 즉 고정원가로 간주되어 기간비용 처리되므로 이를 이용하여 다음과 같이 계산할 수도 있다.

변동원가계산 의한 영업이익		₩40,000
(+) 기초재고에 포함된 운영비용		0
(−) 기말재고에 포함된 운영비용 :	(₩150+₩200)×100개=	(35,000)
초변동원가계산에 의한 영업이익		₩5,000

20 ④

(1) 단위당 가공원가

기초재고의 단위당 가공원가	₩1,040,000÷10,000개=	₩104
기말재고의 단위당 가공원가	₩1,100,000÷10,000개=	110

(2) 영업이익 추정

초변동원가의 영업이익		?	→ ₩2,872,000
기초재고의 가공원가	3,000개×₩104=	− ₩312,000	
기말재고의 가공원가	4,000개×₩110=	+ 440,000	
전부원가의 영업이익		₩3,000,000	

21 ④

(1) 전부원가계산의 매출원가

300개×₩7,000 − x − ₩100,000 = ₩500,000　　　x=₩1,500,000
(매출액, 매출원가, 판매관리비, 영업이익)

(2) 당기총제조원가의 추정

₩1,500,000÷300개×450개=₩2,250,000

22 ④

(가) 20×1년에 기초재고가 존재하지 않으므로 전부원가계산 시 영업이익이 기말 고정제조간접원가(4,000개×₩120*)만큼 변동원가계산 시 영업이익보다 크다.

* ₩2,400,000÷20,000개=₩120

(나) 20×2년의 기초재고수량과 기말재고수량이 동일하고 단위당 변동원가도 연도와 상관없이 일정하므로 변동원가계산과 초변동원가계산 시 비용화되는 변동가공원가가 같아 변동원가계산과 초변동원가계산의 영업이익은 같다.

(다) 변동원가계산의 영업이익은 생산량과 관계없이 판매량에 의해서만 영향을 받으므로 3개년도 영업이익은 모두 동일하다.

(라) 초변동원가계산은 생산량이 증가하면 영업이익이 감소한다.

(마) 20×1년의 기말재고수량과 20×3년의 기초재고수량이 동일하고 단위당 변동원가도 연도와 상관없이 일정하므로 변동원가계산 영업이익과 초변동원가계산 영업이익 차이의 절대값은 같다.

23 ⑤

(1) 조업도차이

	이론적조업도	실제최대조업도	정상조업도
조업도 차이	₩3.5*×(10,000−6,000) =₩14,000(불리)	₩5*×(7,000−6,000) =₩5,000(불리)	₩6.25*×(5,600−6,000) =₩2,500(유리)

* ₩35,000÷기준조업도

(2) 매출원가조정법

	이론적조업도		실제최대조업도		정상조업도	
매 출 액	5,000개×₩20=	₩100,000	5,000개×₩20=	₩100,000	5,000개×₩20=	₩100,000
매 출 원 가						
표준매출원가	5,000개×₩8.5=	₩42,500	5,000개×₩10=	₩50,000	5,000개×₩11.25=	₩56,250
조업도차이		14,000U		5,000U		2,500F
매출총이익		₩43,500		₩45,000		₩46,250
판매관리비	5,000개×₩1+₩10,000=	15,000		15,000		15,000
영업이익		₩28,500		₩15,000		₩31,250

(3) 요소별비례배분법

요소별비례배분법은 기준조업도의 선택과 무관하게 실제전부원가계산의 영업이익과 동일해진다.

	실제전부원가계산		
매 출 액	5,000개 × ₩20=		₩100,000
매출원가			
기초재고		₩0	
당기제품제조원가	6,000개 × @10.8333*=	65,000	
기말재고	1,000개 × @10.8333*=	(10,833)	54,167
매출총이익			₩45,833
판매관리비	5,000개 × ₩1 + ₩10,000=		15,000
영업이익			₩30,833

이 문제의 경우에는 총원가비례배분법과 요소별비례배분법의 결과가 동일하다.

* 단위당 전부원가

변동제조원가		₩5
고정제조간접원가	₩35,000÷6,000개=	5.8333
단위당 전부원가		₩10.8333

주관식 문제

01 전부원가계산과 변동원가계산의 영업이익 비교

(주)부암의 원가관련 자료는 다음과 같다.

	1차년도		2차년도	
변동제조원가	단위당	₩67	단위당	₩60
고정제조간접원가		₩180,000		₩216,000
변동판매관리비	단위당	₩40	단위당	₩40
고정판매관리비		₩1,000,000		₩1,000,000

(주)부암은 1차년도와 2차년도말에 재공품재고는 없었으며, 제품과 관련된 자료는 다음과 같다.

	1차년도	2차년도
기초재고량	0개	2,000개
판매량	8,000	8,000개
기말재고량	2,000	6,000개

(주)부암의 1차년도와 2차년도의 제품단위당 판매가격은 ₩300이다.

【물음 1】 실제전부원가계산을 사용하는 경우 다음에 답하시오.

(1) 1차년도와 2차년도의 제품단위당 제조원가를 계산하시오.

(2) 선입선출법, 평균법에 따라서 2차년도의 손익계산서를 작성하시오.

【물음 2】 2차년도의 실제변동원가계산에 의한 손익계산서를 선입선출법, 평균법에 따라서 작성하시오.

【물음 3】 재고자산평가방법별로 2차년도의 실제변동원가계산에 의한 영업이익을 실제전부원가계산에 의한 영업이익으로 전환하시오.

【물음 4】 경영자의 성과를 평가함에 있어서 전부원가계산보다는 변동원가계산이 주로 사용되는 이유는 무엇인가?

해답

[물음 1] 전부원가계산

(1) 제품단위당 제조원가

	1차년도		2차년도	
변동제조원가		₩67		₩60
고정제조원가	₩180,000÷10,000개*=	18	₩216,000÷12,000*개=	18
단위당원가		₩85		₩78

* 생산량

1차년도

기초	0개	판매	8,000개
생산	10,000	기말	2,000
	10,000개		10,000개

2차년도

기초	2,000개	판매	8,000개
생산	12,000	기말	6,000
	14,000개		14,000개

(2) 실제전부원가계산에 의한 2차년도 손익계산서

	선입선출법		평균법	
매출액	8,000개×@300=	₩2,400,000	8,000개×@300=	₩2,400,000
매출원가				
기초제품재고액	2,000개×@85=	170,000	2,000개×@85=	170,000
당기제품제조원가	12,000개×@78=	936,000	12,000개×@78=	936,000
기말제품재고액	6,000개×@78=	(468,000)	6,000개×@79*=	(474,000)
		638,000		632,000
매출총이익		1,762,000		1,768,000
판매관리비				
변동판매관리비	8,000개×@40=	320,000	8,000개×@40=	320,000
고정판매관리비		1,000,000		1,000,000
영업이익		₩442,000		₩448,000

* 평균단가 : (₩170,000+₩936,000)÷(2,000개+12,000개)=₩79

[물음 2] 변동원가계산

	선입선출법		평 균 법	
매 출 액	8,000개×@300=	₩2,400,000	8,000개×@300=	₩2,400,000
변 동 원 가				
기초제품재고액	2,000개×@67=	134,000	2,000개×@67=	134,000
당기제품제조원가	12,000개×@60=	720,000	12,000개×@60=	720,000
기말제품재고액	6,000개×@60=	(360,000)	6,000개×@61*=	(366,000)
변동매출원가		494,000		488,000
변동판매관리비	8,000개×@40=	320,000	8,000개×@40=	320,000
공 헌 이 익		1,586,000		1,592,000
고 정 원 가				
고정제조간접원가		216,000		216,000
고정판매관리비		1,000,000		1,000,000
영 업 이 익		₩370,000		₩376,000

* 평균단가 : (₩134,000+₩720,000)÷(2,000개+12,000개)=₩61

[물음 3] 영업이익의 전환

	선입선출법	평 균 법
변동원가계산에 의한 영업이익	₩370,000	₩376,000
(−) 기초재고에 포함된 고정제조간접원가	(36,000)*1	(36,000)
(+) 기말재고에 포함된 고정제조간접원가	108,000*2	108,000
전부원가계산에 의한 영업이익	₩442,000	₩448,000

	재고수량		단위당 고정제조원가		합 계 액
* 기초재고에 포함된 고정제조간접원가	2,000개	×	₩18	=	₩36,000
기말재고에 포함된 고정제조간접원가	6,000	×	18	=	108,000

[물음 4] 경영자의 성과평가에 변동원가계산이 주로 사용되는 이유

① 전부원가계산에서는 영업이익이 판매량뿐만 아니라 생산량에 의해서도 영향을 받는다. 반면, 변동원가계산에서는 영업이익이 판매량에 의해서만 결정되므로 기말재고의 변동이 영업이익에 미치는 영향을 제거할 수 있어 경영성과를 평가함에 있어서 적합하다.

② 원가를 변동원가와 고정원가로 구분할 수 있으므로 원가통제, 관련원가분석, CVP분석 등에 활용하기 쉽다.

③ 고정제조간접원가의 배부문제가 발생하지 않으므로 전부원가계산보다 객관적이다.

02 변동원가계산과 초변동원가계산

(주)영화는 제품 A를 생산하고 있다. 이 회사는 20×1년도에 제품 A를 2,000개 판매하였으나 20×2년도에는 2,500개 판매하여 매출이 25% 신장되었다. (주)영화의 사장은 판매량이 증가하여 영업이익이 늘어날 것으로 예상하였으나 실제전부원가계산에 의한 영업이익은 오히려 감소하였다. 사장은 영업이익의 감소 이유를 이해하지 못하고 있다. 다음의 자료를 이용하여 그 원인을 파악하시오.

(1) 제품 A의 단위당 판매가격은 ₩1,000이며, 단위당 변동판매관리비는 ₩100이고 고정판매관리비는 ₩300,000이다.

(2) 제품 A의 제조와 관련된 내용은 다음과 같다.

	20×1년	20×2년
단위당 직접재료원가	₩100	₩100
단위당 직접노무원가	50	50
단위당 변동제조간접원가	200	200
연간 고정제조간접원가	800,000	800,000
기초재고량	0개	500개
당기생산량	2,500	2,000
당기판매량	2,000	2,500

【물음 1】 전부원가계산에 따라 20×1년과 20×2년의 손익계산서를 작성하시오.

【물음 2】 변동원가계산에 따라 20×1년과 20×2년의 손익계산서를 작성하시오.

【물음 3】 20×2년도에 매출액이 25%가 증가하였음에도 불구하고 영업이익이 오히려 감소한 이유는 무엇 때문인가?

【물음 4】 초변동원가계산에 따라 20×1년과 20×2년의 손익계산서를 작성하시오.

【물음 5】 초변동원가계산의 영업이익을 변동원가계산의 영업이익으로 전환하고, 변동원가계산영업이익을 다시 전부원가계산 영업이익으로 전환하시오.

【물음 6】 초변동원가계산 영업이익을 전부원가계산 영업이익으로 직접 전환하시오.

【물음 7】 생산량이 증가하는 경우에 전부원가계산, 변동원가계산, 초변동원가계산 영업이익이 어떻게 변화되고 그 원인이 무엇인지 설명하시오.

해답

[물음 1] 실제전부원가계산의 손익계산서

	20×1년			20×2년		
매 출 액	2,000개×₩1,000=		₩2,000,000	2,500개×₩1,000=		₩2,500,000
매 출 원 가						
기 초 재 고		₩0		500개×@670=	₩335,000	
당기제품제조원가	2,500개×@670*=	1,675,000		2,000개×@750*=	1,500,000	
기 말 재 고	500개×@670=	(335,000)	1,340,000		(0)	1,835,000
매 출 총 이 익			₩660,000			₩665,000
판 매 관 리 비	2,000개×₩100+₩300,000=		500,000	2,500개×₩100+₩300,000=		550,000
영 업 이 익			₩160,000			₩115,000

* 단위당 전부원가

	20×1년		20×2년	
변 동 제 조 원 가		₩350		₩350
고정제조간접원가	₩800,000÷2,500개=	320	₩800,000÷2,000개=	400
단위당 전부원가		₩670		₩750

[물음 2] 변동원가계산

	20×1년			20×2년		
매 출 액			₩2,000,000			₩2,500,000
변 동 비						
변동매출원가	2,000개×@350=	₩700,000		2,500개×@350=	₩875,000	
변동판매관리비	2,000개×@100=	200,000	900,000	2,500개×@100=	250,000	1,125,000
공 헌 이 익			₩1,100,000			₩1,375,000
고 정 비						
고정제조간접원가		₩800,000			₩800,000	
고정판매관리비		300,000	1,100,000		300,000	1,100,000
영 업 이 익			₩0			₩275,000

[물음 3] 이익감소 이유

전부원가계산에서는 고정제조간접원가를 제품원가에 포함한다. 따라서 영업이익이 판매량의 변동뿐만 아니라 재고수준의 변동에 의해서도 영향을 받는다. 전부원가계산하에서 20×1년과 20×2년에 손익계산서에 비용으로 계상된 고정제조간접원가는 다음과 같다.

	20×1년	20×2년
당기에 발생한 고정제조간접원가	₩800,000	₩800,000
(−) 기초재고에 포함된 고정제조간접원가	0	160,000
(+) 기말재고에 포함된 고정제조간접원가	(160,000)*	(0)
전부원가계산에서 비용화된 고정제조간접원가	₩640,000	₩960,000

* 고정제조간접원가배부율 : ₩800,000÷2,500개=@320

∴ 기말재고자산에 배부된 고정제조간접원가는 500개×@320=₩160,000이다.

20×1년도에 고정제조간접원가가 ₩800,000이 발생하였으나 생산량에 비하여 판매량이 적었으므로 재고량이 증가하여 고정제조간접원가 중 ₩160,000은 재고자산에 포함되었고 ₩640,000(₩800,000−₩160,000)만이 매출원가에 포함되었다. 반면에 20×2년도에는 고정제조간접원가가 ₩800,000이 발생하였으나 생산량에 비하여 판매량이 많았으므로 재고량이 감소하여 기초재고자산에 포함되어 있던 고정제조간접원가 ₩160,000이 비용으로 소멸하였고 결과적으로 손익계산서에는 ₩960,000(₩800,000+₩160,000)이 매출원가에 포함되었다. 이와 같은 이유로 20×2년도가 20×1년에 비하여 매출액이 증가하였음에 불구하고 당기순이익이 감소하게 되었다.

[물음 4] 초변동원가계산

	20×1년			20×2년		
매출액			₩2,000,000			₩2,500,000
단위수준 변동원가						
직접재료원가	2,000개×@100=		200,000	2,500개×@100=		250,000
재료처리량공헌이익			₩1,800,000			₩2,250,000
운영비용						
직접노무원가	2,500개×@50=	₩125,000		2,000개×@50=	₩100,000	
변동제조간접원가	2,500개×@200=	500,000		2,000개×@200=	400,000	
변동판매관리비	2,000개×@100=	200,000		2,500개×@100=	250,000	
고정제조간접원가		800,000			800,000	
고정판매관리비		300,000	1,925,000		300,000	1,850,000
영업이익			₩(125,000)			₩400,000

[물음 5] 순이익의 전환

		20×1년	20×2년
초변동원가계산의 영업이익		₩(125,000)	₩400,000
(−) 기초재고에 포함된 변동가공원가		(0)	(125,000)
(+) 기말재고에 포함된 변동가공원가	500개×@250*=	125,000	0
변동원가계산의 영업이익		₩0	₩275,000
(−) 기초재고에 포함된 고정제조간접원가		(0)	(160,000)
(+) 기말재고에 포함된 고정제조간접원가	500개×@320=	160,000	0
전부원가계산의 영업이익		₩160,000	₩115,000

* 단위당 운영비용 ₩50(직접노무원가)+₩200(변동제조간접원가)=₩250

[물음 6] 초변동원가계산 순이익을 전부원가계산 순이익으로 전환

		20×1년		20×2년
초변동원가계산의 당기순이익		₩(125,000)		₩400,000
(−) 기초재고에 포함된 운영비용		(0)	500개×@570=	(285,000)
(+) 기말재고에 포함된 운영비용	500개×@570*=	285,000		0
전부원가계산의 당기순이익		₩160,000		₩115,000

* 전부원가계산에서 재고재산에서 포함된 단위당 운영비용
₩50(직접노무원가)+₩200(변동제조간접원가)+₩320(고정제조간접원가)=₩570

[물음 7] 생산량 증가가 이익에 미치는 영향

전부원가계산은 생산량이 증가할수록 이익이 증가한다. 생산량이 증가하게 되면 기말재고에 포함되는 비용화되지 않는 고정제조간접원가가 증가하기 때문이다. 변동원가계산은 생산량이 이익에 영향을 주지 않는다. 고정제조간접원가를 기간비용으로 처리하기 때문이다. 초변동원가계산은 생산량이 증가할수록 이익이 감소한다. 생산량이 증가할수록 비용화되는 변동가공원가가 증가하기 때문이다.

07

03 종합원가계산에서의 변동원가계산과 전부원가계산 (1993. KICPA)

나무기계(주)는 내부의사결정목적으로는 변동원가계산을, 외부보고목적으로는 전부원가계산을 사용하고 있다. 당기 중에 실제 발생한 제품단위당 원가는 다음과 같다.

직접재료원가(1단위당 0.5kg)	₩1,500
직접노무원가	3,000
변동제조간접원가	500
고정제조간접원가	550

(1) 직접재료는 기초시점에서 투입되며, 가공원가는 공정 전체에 걸쳐 균등하게 발생한다.
(2) 당기 매입한 직접재료는 12,000kg이며 직접재료 중 당기에 11,000kg이 공정에 투입되었다.
(3) 기초재고와 기말재고에 관련된 내용은 다음과 같다.

	원재료	재공품	제 품
기초재고	2,000kg	500개(50%)	850개
기말재고	3,000	750개(40%)	600개

(4) 제품단위당 판매가격은 ₩10,000이다.
(5) 재고자산평가시 선입선출법을 사용하며, 전기도 단위당 원가는 당기와 동일하다고 가정한다.
(6) 변동판매관리비는 단위당 ₩1,000이고 고정판매관리비는 ₩30,000,000이다.

【물음 1】 재공품과 제품계정의 물량흐름을 파악하고 당기분 완성품환산량을 계산하시오.

【물음 2】 전부원가계산 손익계산서를 작성하시오.

【물음 3】 변동원가계산을 사용할 때 공헌이익과 영업이익은 얼마인가?

【물음 4】 전부원가계산과 변동원가계산의 영업이익의 차이를 자세히 분석하시오.

【물음 5】 수요의 하향악순환과 그것이 가격결정에 미치는 의미를 설명하라.

해답

[물음 1] 물량흐름파악과 완성품환산량

(1) 물량흐름

재 공 품(개)

기 초	500	완 성 품	21,750
당기착수	22,000*	기 말	750
	22,500		22,500

→ 제 품(개)

기 초	850	판 매	22,000
당기완성	21,750	기 말	600
	22,600		22,600

* 당기착수량 : 총원재료 투입량이 11,000kg이고 제품 1단위당 원재료 0.5kg이 소비되므로 당기착수량은 11,000kg ÷0.5=22,000단위이다.

(2) 완성품환산량계산

	[1단계] 물량의 흐름	[2단계] 완성품환산량	
		재료원가	가공원가
당 기 완 성			
┌ 기 초 재 공 품	500(50%)	0	250
└ 당 기 착 수	21,250	21,250	21,250
기 말 재 공 품	750(40%)	750	300
	22,500개	22,000개	21,800개

[물음 2] 전부원가계산

전부원가계산에 의한 손익계산서

매 출 액	22,000개×@10,000=		₩220,000,000
매 출 원 가			
기초제품재고액	850개×@5,550*=	₩4,717,500	
당기제품제조원가	21,750개×@5,550=	120,712,500	
기말제품재고액	600개×@5,550=	(3,330,000)	122,100,000
매 출 총 이 익			₩97,900,000
판매비와 일반관리비			
변동판매관리비	22,000개×@1,000=		22,000,000
고정판매관리비			30,000,000
영 업 이 익			₩45,900,000

* 단위당 원가(전부원가) : ₩1,500(직접재료원가) + ₩3,000(직접노무원가) + ₩500(변동제조간접비) + ₩550(고정제조간접비)=₩5,550

[물음 3] 변동원가계산

(1) 공헌이익

단위당 판매가격		₩10,000
단위당 변동원가 :	₩1,500+₩3,000+₩500+₩1,000=	6,000
단위당 공헌이익		₩4,000

∴ 공헌이익 : 22,000개×₩4,000=₩88,000,000

(2) 영업이익

공 헌 이 익			₩88,000,000
고 정 비			
고정제조간접원가 :	21,800개*×₩550=	₩11,990,000	
고정판매관리비		30,000,000	41,990,000
영 업 이 익			₩46,010,000

* 가공원가 완성품환산량

[물음 4] 전부원가계산과 변동원가계산의 영업이익의 차이

전부원가계산에 의한 영업이익			₩45,900,000
기초재고에 포함된 고정제조간접원가			
제 품 :	850개×@550=	₩467,500	
재 공 품 :	250개*×@550=	137,500	605,000
기말재고에 포함된 고정제조간접원가			
제 품 :	600개×@550=	330,000	
재 공 품 :	300개*×@550=	165,000	(495,000)
변동원가계산에 의한 영업이익			₩46,010,000

* 가공원가 완성품환산량

[물음 5] 수요의 하향악순환

고정제조간접원가를 제품원가에 배부하기 위해 예상판매량을 선택하는 것은 수요가 감소되는 상황에서는 소수의 산출물에 설비원가를 부담하는 결과가 된다. 이러한 경우 판매시장의 위험이 높아지면 경쟁적이지 못한 가격이 결정될 것이다. 이렇게 되면 제품가격을 경쟁자의 가격에 맞추지 못하여 수요가 감소하게 되고 산출이 더욱 줄어들면서 가격은 더욱 높아지게 되어 수요가 계속 감소하는 수요의 하향악순환이 발생하게 된다.

07

04 표준원가계산에서의 변동원가계산

희망상사는 표준원가계산제도를 채택하고 있으며 내부관리목적으로 표준변동원가계산제도를 필요에 따라 적용하고 있다. 다음은 전부원가계산에 의한 20×1년의 자료이다.

단위당 직접재료원가	₩10
단위당 직접노무원가	15
단위당 변동제조간접원가	5
단위당 변동제조원가	₩30
1시간당 표준생산량	10단위
기준조업도	60,000시간
단위당 판매가격	₩50
단위당 변동판매관리비	10
고정판매관리비	1,200,000

기초제품수량은 30,000단위이며 기말제품수량은 40,000단위였고, 당기판매량은 540,000단위였다. 예산상 고정제조간접원가와 실제고정제조간접원가는 ₩4,200,000으로 동일하다. 고정제조간접원가는 예정배부율에 의하여 제품에 배부하는데 20×0년과 2×1년의 단위당 표준원가는 같다. 모든 변동제조원가는 예산과 일치하였다. 고정제조간접원가 배부차이는 매출원가에서 가감하여 조정한다.

【물음 1】 표준전부원가계산에 의한 손익계산서를 작성하시오.

【물음 2】 표준변동원가계산에 의한 손익계산서를 작성하시오.

【물음 3】 표준초변동원가계산에 의한 손익계산서를 작성하시오.

【물음 4】 [물음 1~3]에서 영업이익이 차이가 나는 이유를 설명하시오.

【물음 5】 희망상사의 경영자는 전부원가계산의 영업이익으로 성과를 평가받고 있다. 희망상사의 경영자는 기준조업도로 60,000시간과 50,000시간 중에서 하나를 선택할 수 있다. 희망상사의 경영자가 기준조업도로 어느 시간을 선택할 것인지에 대해 재고자산 금액을 이용해서 설명하시오.

해답

[물음 1] 전부원가계산

(1) 당기생산량 : 540,000단위+40,000단위−30,000단위=550,000단위

(2) 고정제조간접원가 단위당 예정배부율 : ₩4,200,000÷(60,000시간×10단위)=₩7

(3) 고정제조간접원가 조업도차이 : ₩4,200,000−550,000단위×@7=₩350,000U

(4) 전부원가계산에 의한 영업이익

매출액	₩50×540,000개=		₩27,000,000
매출원가	₩37*×540,000개=	₩19,980,000	
조업도차이		350,000U	20,330,000
매출총이익			₩6,670,000
판매관리비			
변동판매관리비	₩10×540,000개=	₩5,400,000	
고정판매관리비		1,200,000	6,600,000
영업이익			₩70,000

* 제품단위당 표준제조원가=₩30(변동제조원가)+₩7(고정제조간접원가)

[물음 2] 변동원가계산

매출액	₩50×540,000개=	₩27,000,000
변동비	(₩30+₩10)×540,000개=	21,600,000
공헌이익		₩5,400,000
고정비	₩4,200,000+₩1,200,000=	5,400,000
영업이익		₩0

[물음 3] 초변동원가계산

매출액	₩50×540,000개=		₩27,000,000
단위수준변동원가	₩10×540,000개=		5,400,000
재료처리량 공헌이익			₩21,600,000
운영비용			
직접노무원가	₩15×550,000개=	₩8,250,000	
제조간접원가	₩5×550,000개+₩4,200,000=	6,950,000	
판매관리비	₩10×540,000개+₩1,200,000=	6,600,000	21,800,000
영업이익			₩(200,000)

[물음 4] 전부원가계산, 변동원가계산, 초변동원가계산의 영업이익 차이조정

초변동원가계산의 영업이익(영업손실)		₩(200,000)
기초재고에 포함된 변동가공원가	₩20×30,000개=	(600,000)
기말재고에 포함된 변동가공원가	₩20×40,000개=	800,000
변동원가계산의 영업이익		₩0
기초재고에 포함된 고정제조간접원가	₩7×30,000개=	(210,000)
기말재고에 포함된 고정제조간접원가	₩7×40,000개=	280,000
전부원가계산의 영업이익		₩70,000

[물음 5] 전부원가계산에서 기준조업도 변경의 이익효과

기준조업도 60,000시간의 영업이익		₩70,000
기초재고에 추가로 포함된 고정제조간접원가	30,000개×(₩8.4* − ₩7)=	− 42,000
기말재고에 추가로 포함된 고정제조간접원가	40,000개×(₩8.4* − ₩7)=	+56,000
기준조업도 50,000시간의 영업이익		₩84,000

* 기준조업도 50,000시간에서의 단위당고정제조간접원가 배부율 : ₩4,200,000÷(50,000시간×10단위)=₩8.4

희망상사의 경영자는 기준조업도를 50,000시간으로 선택하는 경우에 이익이 ₩14,000이 더 크므로 기준조업도는 50,000시간으로 선택한다.

05 기준조업도의 선택에 따른 영업이익의 차이 (2009. KICPA)

청룡주식회사는 단일 제품을 생산하여 판매한다. 회사는 표준원가에 기초한 전부원가계산제도를 사용하며 2011년도 기준조업도로 사용가능한 생산능력별 연간 제품 생산량은 다음과 같다.

기준 조업도	연간 제품 생산량
이론적조업도(theoretical capacity)	5,000 단위
실제최대조업도(practical capacity)	3,500 단위
정상조업도(normal capacity)	2,800 단위

2011년도 제품 생산 및 원가 정보는 다음과 같다.

기초 제품 재고	0단위
당기 제품 생산량	3,000단위
기말 제품 재고	500단위
단위당 변동제조원가	₩5
단위당 변동판매비와 관리비	₩1
제품 단위당 판매가격	₩20
총고정제조간접원가	₩17,500
총고정판매비와 관리비	₩5,000

기초 및 기말 재공품은 존재하지 않으며 조업도차이를 제외한 어떠한 원가차이도 발생하지 않았다.

[물음 1] 이론적조업도, 실제최대조업도, 정상조업도를 기준조업도로 사용할 경우 각각의 조업도차이를 구하시오.

[물음 2] 회계연도말 회사는 표준원가에 기초한 전부원가계산에 의한 손익계산서를 외부 재무보고목적용 실제원가 손익계산서로 전환하고자 한다. 이 경우 이론적조업도, 실제최대조업도, 정상조업도를 기준조업도로 사용할 경우 각각의 영업이익을 구하시오. 단, 조업도차이는 매출원가조정법을 사용하여 조정한다.

【물음 3】 위의 [물음 2]에서 조업도차이를 매출원가조정법을 사용하여 조정하지 않고 안분법(비례배분법)을 사용하여 조정한다면, 이론적조업도, 실제최대조업도, 정상조업도를 기준조업도로 사용할 경우 각각의 영업이익을 구하시오(조업도차이 안분계산 시 소수점 첫째자리에서 반올림하시오).

【물음 4】 2011년도부터 시작된 장기적인 수요량 감소에 대응하기 위해 회사는 생산능력 축소와 원가절감에 모든 노력을 집중하였다. 이에 따라 2012년도에는 2011년도와 상이한 수준의 생산능력을 기준조업도로 사용하였으며, 2012년도에 총고정제조간접원가가 ₩15,000 발생하였는데 이는 2012년도 예산과 동일한 금액이다. 2012년도 각 기준조업도별 조업도차이는 다음과 같다.

기준조업도	조업도차이
이론적조업도	₩5,000U
실제최대조업도	₩2,500U
정상조업도	₩3,750F

• U : 불리한 차이 • F : 유리한 차이

2012년도 실제 제품 생산량이 2,500 단위라면 기준조업도(이론적조업도, 실제최대조업도, 정상조업도)별 생산량은 각각 몇 단위인가?

해답

[물음 1] 기준조업도별 조업도차이

	실제원가	예 산	SQ×SP
이론적최대조업도	₩17,500	5,000개×@3.5 =₩17,500	3,000개×@3.5 =₩10,500
		예산차이 ₩0	조업도차이 ₩7,000(불리)

	실제원가	예 산	SQ×SP
실제최대조업도	₩17,500	3,500개×@5 =₩17,500	3,000개×@5 =₩15,000
		예산차이 ₩0	조업도차이 ₩2,500(불리)

	실제원가	예 산	SQ×SP
정상조업도	₩17,500	2,800개×@6.25 =₩17,500	3,000개×@6.25 =₩18,750
		예산차이 ₩0	조업도차이 ₩1,250(유리)

[물음 2] 표준전부원가계산의 영업이익－매출원가조정법

	이론적조업도		실제최대조업도		정상조업도	
매 출 액	2,500개×₩20=	₩50,000	2,500개×₩20=	₩50,000	2,500개×₩20=	₩50,000
매 출 원 가						
표준매출원가	2,500개×₩8.5=	₩21,250	2,500개×₩10=	₩25,000	2,500개×₩11.25=	₩28,125
조업도차이		7,000U		2,500U		1,250F
매출총이익		₩21,750		₩22,500		₩23,125
판매관리비	2,500개×₩1+₩5,000=	7,500		7,500		7,500
영업이익		₩14,250		₩15,000		₩15,625

[물음 3] 표준전부원가계산의 영업이익－요소별 비례배분법

요소별 비례배분법은 기준조업도의 선택과 무관하게 실제전부원가계산의 영업이익과 동일해진다.

	실제전부원가계산		
매 출 액	2,500개×₩20=		₩50,000
매출원가			
기초재고		₩0	
당기제품제조원가	3,000개×@10.8333*=	32,500	
기말재고	500개×@10.8333*=	(5,417)	27,083
매출총이익			₩22,917
판매관리비	2,500개×₩1+₩5,000=		7,500
영업이익			₩15,417

* 단위당 전부원가

변동제조원가		₩5
고정제조간접원가	₩17,500÷3,000개=	5.8333
단위당 전부원가		₩10.8333

[물음 4] 기준조업도의 추정

	실제원가	예 산	SQ×SP
이론적최대조업도	₩15,000	3,750개×@4 =₩15,000	2,500개×@4 =₩10,000
	예산차이 ₩0		조업도차이 ₩5,000(불리)

	실제원가	예 산	SQ×SP
실제최대조업도	₩15,000	3,000개×@5 =₩15,000	2,500개×@5 =₩12,500
	예산차이 ₩0		조업도차이 ₩2,500(불리)

	실제원가	예 산	SQ×SP
정상조업도		2,000개×@7.5	2,500개×@7.5
	₩15,000	=₩15,000	=₩18,750

예산차이 ₩0 | 조업도차이 ₩3,750(유리)

- 이론적조업도 : 3,750개
- 실제조업도 : 3,000개
- 정상조업도 : 2,000개

06 재공품이 존재한 경우 (2016년 세무사 수정)

(주)대한은 표준종합원가계산을 적용하고 있다. 20×1년의 생산 및 판매활동, 그리고 원가에 관한 자료는 다음과 같다. 물음에 답하시오.

실제 생산자료	수 량(완성도)	실제 판매자료	
기초재공품	2,000단위 (40%)	기 초 제 품	1,000단위
기말재공품	3,000단위 (20%)	기 말 제 품	2,500단위
당기완성품	15,000단위	판 매 량	13,500단위

원가요소별 표준원가	
직접재료원가	₩250
직접노무원가	50
변동제조간접원가	60
고정제조간접원가	90

1) 직접재료는 공정 초에 모두 투입되고, 가공원가는 공정의 전반에 걸쳐 균등하게 발생한다.
2) 기초재공품의 가공원가 완성도는 40%이며, 기말재공품의 가공원가 완성도는 20%이다.
3) 재고자산은 선입선출법(FIFO)을 적용하여 평가하며, 당기 중 공손 및 감손은 발생하지 않았다.
4) 전기와 당기의 원가요소별 표준원가는 모두 동일하다.
5) 회계연도 말에 실제 발생한 제조간접원가를 집계한 결과 총액은 ₩2,300,000이었으며, 그 중 고정제조간접원가는 ₩1,350,000인 것으로 파악되었다.
6) (주)대한은 원가차이를 전액 매출원가에서 조정하고 있다. 단, 제조간접원가 차이를 제외한 다른 원가차이는 발생하지 않았다.
7) 제품의 단위당 판매가격은 ₩700이고, 변동판매관리비는 단위당 ₩50이며, 고정판매관리비는 ₩1,000,000이다.

【물음 1】 20×1년의 표준원가를 반영하여 다음의 물음에 답하시오.

【물음 1-1】 직접재료원가와 가공원가에 대한 당기완성품환산량을 계산하시오.

【물음 1-2】 기초재공품원가, 당기총제조원가, 완성품원가 및 기말재공품원가를 계산하시오.

【물음 1-3】 전부원가계산에 의한 영업이익과 변동원가계산에 의한 영업이익의 차이를 계산하시오.

【물음 2】 20×1년의 실제제조간접원가 중에서 변동제조간접원가 ₩12,000이 고정제조간접원가로 잘못 구분되었다. 단위당 실제변동제조원가는 전기와 당기가 동일하다. 정확한 실제원가를 반영하여 다음의 물음에 답하시오.

【물음 2-1】 변동원가계산에 의한 공헌이익과 영업이익을 계산하시오.

【물음 2-2】 초변동원가계산에 의한 손익계산서를 작성하시오.

【물음 2-3】 변동원가계산에 의한 영업이익과 초변동원가계산에 의한 영업이익의 차이를 계산하시오.

해답

[물음 1]

[물음 1-1] 직접재료원가, 가공원가 완성품환산량

	[1단계]	[2단계] 완성품환산량	
	물량의 흐름	재 료 비	가 공 비
당 기 완 성			
┌ 기초재공품	2,000(40%)	0	1,200
└ 당 기 착 수	13,000	13,000	13,000
기 말 재 공 품	3,000(20%)	3,000	600
	18,000개	16,000개	14,800개

[물음 1-2] 기초재공품원가, 당기총제조원가, 완성품원가, 기말재공품원가

① 기초재공품원가 : 2,000단위×(@250+@200×0.4)=₩660,000

② 당기총제조원가 : 16,000단위×@250+14,800단위×@200=₩6,960,000

③ 완성품원가 : 15,000단위×(@250+@200)=₩6,750,000

④ 기말재공품원가 : 3,000단위×(@250+@200×0.2)=₩870,000

[물음 1-3] 변동원가계산과 전부원가계산 이익차이 조정

(1) 변동원가계산에 의한 영업이익

매 출 액 :	13,500개×₩700=		₩9,450,000
변 동 비			
변동매출원가	13,500개×₩360[*1]=	4,860,000	
변동원가 원가차이	₩950,000[*2]−14,800단위×@60=	62,000U	
변동판매비	13,500개×₩50=	675,000	5,597,000
공헌이익			₩3,853,000
고 정 비			
고정제조간접원가		₩1,350,000	
고정판매비와 관리비		1,000,000	2,350,000
영업이익			₩1,503,000

*1. 변동제조원가 : ₩250+₩60+₩50=₩360

2. 변동제조간접원가 실제발생액 : ₩2,300,000−₩1,350,000=₩950,000

(2) 이익차이조정

변동원가계산에 의한 영업이익			₩1,503,000
기초재고자산에 포함된 고정제조간접비			
기초제품 :	1,000개×@90=	₩90,000	
기초재공품	800개×@90=	72,000	(162,000)
기말재고자산에 포함된 고정제조간접원가			
기말제품 :	2,500개×@90=	₩225,000	
기말재공품 :	600개×@90=	54,000	279,000
전부원가계산에 의한 영업이익			₩1,620,000

[물음 2] 실제변동원가계산

[물음 2-1] 변동원가계산에 의한 공헌이익과 영업이익

매 출 액 :	13,500개×₩700=		₩9,450,000
변 동 비			
변동매출원가	13,500개×(₩300+₩65)=	4,927,500	
변동판매비	13,500개×₩50=	675,000	5,602,500
공헌이익			₩3,847,500
고 정 비			
고정제조간접원가	₩1,350,000−₩12,000=	₩1,338,000	
고정판매비와 관리비		1,000,000	2,338,000
영업이익			₩1,509,500

* 실제 단위당 변동제조간접원가 : (₩950,000+₩12,000)÷14,800개=₩65

[물음 2-2] 초변동원가계산에 의한 손익계산서

매 출 액:	13,500개×₩700=		₩9,450,000
단위수준변동원가:	13,500개×₩250=		3,375,000
재료처리량 공헌이익			₩6,075,000
운 영 비 용			
직접노무원가:	14,800개×₩50=	₩740,000	
제조간접원가:		2,300,000	
판 매 관 리 비:	13,500개×₩50+₩1,000,000=	1,675,000	4,715,000
영 업 이 익			₩1,360,000

[물음 2-3] 초변동원가계산과 변동원가계산의 이익차이 조정

초변동원가계산의 영업이익		₩1,360,000
기초재고에 포함된 변동가공원가	(1,000개+800개)×₩115=	−(207,000)
기말재고에 포함된 변동가공원가	(2,500개+600개)×₩115=	+356,500
변동원가계산의 영업이익		₩1,509,500

PART 02

의사결정을 위한 원가정보의 활용

원가관리회계

Cost & Management Accounting

CHAPTER 08

Cost & Management Accounting

원가의 분류와 추정

제1절 원가행태와 분류

관리회계는 경영자에게 유용한 정보를 제공하는 것을 목적으로 한다. 이를 위해서는 경영자가 가장 필요한 정보를 우선적으로 제공할 수 있어야 하는데 일반적으로 경영자가 제일 중요하게 고려하는 항목은 판매량이다. 기업은 판매량이 증가해야만 이익이 증가할 수 있기 때문이다. 예를 들어 예산판매량에서 수익과 원가에 대한 정보를 파악하거나 판매량이나 생산량이 증가하면 이익이나 원가가 얼마나 증가할지를 파악하는 것이 경영자에게는 가장 기본적으로 필요한 정보이다.

08

따라서 관리회계는 판매량이나 생산량이 변화할 때 원가가 어떻게 변동되는지를 파악하고 정보로 제공할 수 있어야 하며 이를 위해 원가행태를 파악해야 한다. '원가행태(cost behavior)'란 조업도(생산량이나 판매량)의 변화에 따른 원가의 반응양상을 말한다. 즉, 판매량이나 생산량이 증가함에 따라 원가가 어떻게 변화하는가를 파악하는 것이 원가행태를 이해하는 것으로 원가회계 담당자의 가장 기본적인 업무이다. 일반적으로 많이 나타나는 원가형태에는 변동원가, 준변동원가, 고정원가, 준고정원가 등의 유형이 있다.

(1) 변동원가

'변동원가(variable costs)'란 조업도가 변동함에 따라 발생총액이 비례하여 증감하는 원가를 말한다. 여기서 '변동'이라는 말은 원가의 총액이 변동한다는 것을 의미한다. 즉, 변동원가는 조업도 수준이 증가하거나 감소하면 원가총액이 비례해서 증가하거나 감소하는 원가로서 단위당 변동원가는 조업도에 관계없이 일정하다.

변동원가의 예로는 직접재료원가나 직접노무원가가 있으며 조업도변화에 따라 변동원가가 어떻게 변화하는지를 도표로 나타내면 다음과 같다.

변동원가의 원가행태

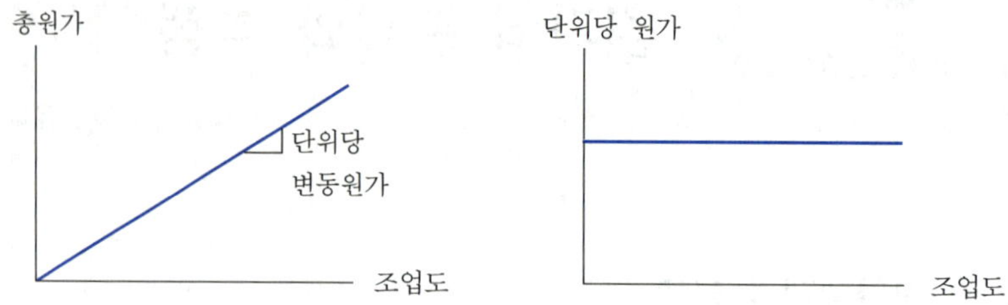

(1) 총변동원가는 조업도가 증가함에 따라 증가한다.

(2) 단위당 변동원가는 조업도가 증가하더라도 일정하다.

(2) 고정원가

'고정원가(fixed costs)'는 조업도수준과 무관하게 항상 발생액이 일정한 원가를 말한다. 즉, 가격변화와 같은 외부요인의 변동이 없는 한 조업도가 증가하거나 감소하더라도 총액이 항상 일정하게 발생하는 원가를 말한다. 고정원가의 예로는 공장건물의 임차료나 정액법에 의한 감가상각비 등이 있으며, 고정원가가 조업도변화에 따라 어떻게 변화하는지를 도표로 나타내면 다음과 같다.

고정원가의 행태

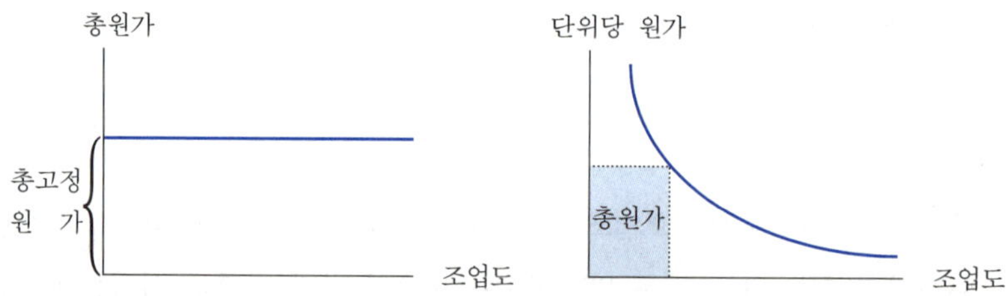

(1) 총고정원가는 조업도가 증가하더라도 일정하다.

(2) 단위당 고정원가는 조업도가 증가함에 따라 감소한다.

이 도표에서 알 수 있듯이 단위당 고정원가는 조업도가 증가함에 따라서 감소한다. 단위당 고정원가를 표시한 도표에서 단위당 고정원가에 조업도를 곱해서 계산한 총고정원가는 어느 조업도에서든 일정하다. 고정원가는 원가의 발생액에 대한 경영자의 통제가능성에 따라 시설기초원가와 재량고정원가로 구분할 수 있다.

① **시설기초원가** : 생산이나 판매에 사용되는 설비의 생산능력을 유지하기 위해 발생하는 원가로서 확정고정원가(committed fixed costs)라고도 하고, 공학적 원가(engineered costs)

라고도 한다. 시설기초원가의 예로는 공장건물의 임차료나 기계장치의 정액법에 의한 감가상각비 등이 있다. 시설기초원가는 일단 투자가 이루어지고 나면 그 설비의 내용년수에 걸쳐 장기적으로 영향을 받는 원가로서 장기적으로는 통제가능 하지만 단기적으로는 원가발생을 통제할 수 없는 원가이다.

② **재량고정원가(discretionary fixed costs)** : 현재의 조업도수준과 관계없이 경영자의 재량에 따라 발생총액이 결정되는 원가로서 임의고정원가라고도 하며, 광고비, 연구개발비, 교육훈련비 등이 있다. 재량고정원가는 경영자가 재량적으로 결정하여 사용하므로 경영자가 통제할 수 있는 원가이다. 재량고정원가는 고정원가로 분류하지만 회사의 자금상황에 따라서 지출을 줄일 수도 있다. 다만, 조업도가 변동되더라도 재량고정원가에 영향을 미치지 않는다는 점에서 고정원가로 구분하는 것이다.

한편, 고정원가를 도표에 표시하면 하나의 수평선으로 나타내지만 매우 낮은 조업도수준이나 매우 높은 조업도 수준에서는 그 발생액이 변할 수도 있다. 예를 들어, 조업도수준을 크게 높이기 위해서 새로운 설비자산을 구입하는 경우에는 고정원가가 증가한다. 그러므로 고정원가는 모든 조업도수준이 아니라 특정 조업도 범위 내에서만 일정한 금액으로 발생한다. 이에 따라 필요한 개념이 조업도수준에 대한 관련범위이다.

관련범위

'관련범위(relevant range)'란 매출과 비용의 관계가 유효하게 적용될 수 있는 조업도의 범위를 말하며 관련범위 내에서는 특정원가의 행태는 변화하지 않는다고 가정한다. 일반적으로 고정원가와 변동원가는 일정범위의 조업도 및 특정기간이 주어졌다는 전제하에서 정의된다. 예를 들어, 1년 동안 고정원가 ₩500,000이라고 한다면 이는 관련범위, 예컨대 10,000~20,000직접노동시간을 전제로 한 것이다. 이 관련범위를 벗어나면 고정원가는 달라질 수 있기 때문에 새로운 원가행태를 파악해야 한다.

(3) 준변동원가

'준변동원가(semi-variable costs)'란 고정원가와 변동원가의 두 부분으로 구성된 원가를 말하며, 혼합원가(mixed costs)라고도 한다. 따라서 준변동원가는 조업도가 0일 때도 고정원가 부분만큼의 원가가 발생하며 조업도가 증가함에 따라 비례해서 선형으로 증가한다. 준변동원가의 대표적인 예로는 수선유지비를 생각할 수 있다. 기업이 제품을 생산하지 않더라도 최소한의 생산능력을 유지하려면 일정수준의 수선유지비가 반드시 발생하고, 조업도의 증가에 비례하여 증가하는 금액이 발생한다. 이와 같은 준변동원가의 원가행태를 도표로 표시하면 다음과 같다.

준변동원가의 원가행태

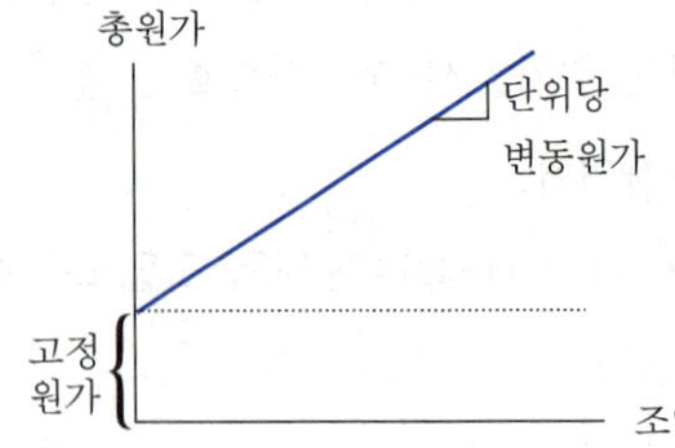

준변동원가는 고정원가와 변동원가 요소를 포함한다.

(4) 준고정원가

'준고정원가(semi-fixed costs)'는 일정범위의 조업도 수준에서는 발생액이 일정하지만 이 범위를 벗어나면 원가총액이 일정액만큼 증가하고, 새로운 범위 내에서는 다시 총원가가 일정한 원가를 말하며 계단원가(step costs)라고도 한다. 예를 들어 기계장치의 1대의 생산능력이 연간 10,000단위이고, 1대당 임차료가 ₩1,000,000이라면 0개~10,000개의 생산량범위에서는 기계장치 임차료는 ₩1,000,000이 발생하지만 10,001개~20,000개의 생산량범위에서는 2대의 기계장치가 필요하므로 기계장치의 임차료는 ₩2,000,000이 된다.

준고정원가의 행태

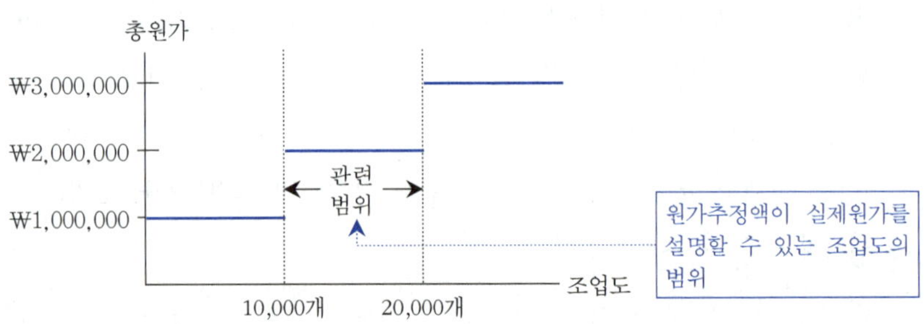

이 도표에서 고정원가를 ₩2,000,000으로 예상한다면 관련범위는 10,001개~20,000개가 된다. 즉, ₩2,000,000의 고정원가가 기업의 기계장치 임차료의 예측자료로 활용될 수 있는 범위는 10,001개~20,000개 사이에서만 가능하며 이 범위를 벗어나면 ₩2,000,000의 고정원가는 실제 발생할 기계장치 임차료와 차이가 나게 된다.

한편, 준고정원가는 한 단계(step)의 범위가 총조업도수준에 비해 좁게 나타나는 경우에는 변동원가로 취급하여 계단형 변동원가라고 하고, 한 단계의 범위가 넓어서 정상조업도범위를 초과하면 고정원가로 취급하여 계단형 고정원가라고 하는데, 이를 도표로 표시하면 다음과 같다.

계단형 변동원가 및 계단형 고정원가

계단형 변동원가

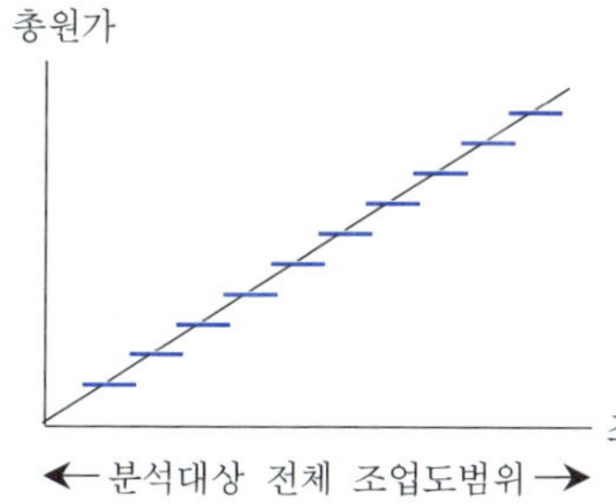

(1) 전체 분석범위에 비해 한 단계의 폭이 좁고 높이가 낮은 경우 변동원가로 분석하더라도 중요한 차이가 나타나지 않는다.

계단형 고정원가

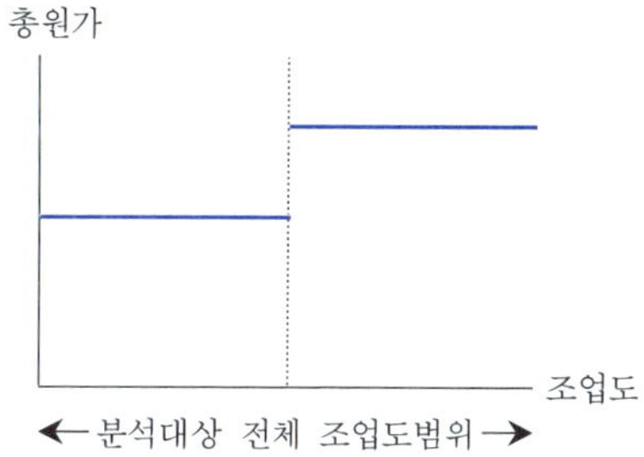

(2) 전체 분석범위에서 한 단계의 폭이 넓고 높이가 높은 경우 준고정원가로 분석한다.

08

제 2 절 원가함수의 추정

1. 원가함수의 의의

원가동인(조업도)의 변화에 따른 총원가의 변화양상을 원가행태라고 하며 기업의 원가행태를 파악하는 것은 관리회계의 출발점이다. 그리고 경영자가 예상하는 조업도는 수시로 달라지므로 경영자에게 미래원가를 예측해서 제공하려면 원가행태를 기초로 원가함수를 알고 있어야 한다. 여기서 '원가함수'란 원가행태를 수학적인 함수로 표시한 것으로 원가동인(cost driver)의 변화와 원가발생액의 변화 사이의 수리적 함수관계를 파악한 것이다.

원가함수를 추정할 때 원가함수에 기업의 실제상황을 완벽하게 반영하기는 어렵기 때문에 관리회계에서는 분석의 편의를 위해 원가함수에 대해 다음과 같은 두 가지 가정을 한다.

① 총원가의 변화는 단 하나의 원가동인의 변화로 설명된다. 원가동인이란 총원가에 영향을 미치는 요소를 의미하는 것으로, 원가동인의 변화는 관련된 원가대상의 총원가를 변화시킨다.

② 원가행태는 일정한 관련범위 내에서 원가동인과 선형의 함수관계를 유지한다. 선형원가함수란 특정 기간에 조업이 가능하다고 판단되는 정상조업도를 관련범위로 하여 총원가와 단일의 원가동인 사이에 직선으로 표시되는 원가함수를 말한다.

이와 같은 두 가지 가정을 전제하면 관련범위 내에서 원가함수는 조업도의 변화에 따라 증가하는 다음과 같은 선형의 원가방정식으로 나타낼 수 있다.

$$y' = a + bx$$

단, a : 총고정원가　　　b : 단위당 변동원가
　　y' : 추정총원가　　　x : 원가동인(조업도)

이 식에서 y'는 종속변수인 총원가가 되고, x는 원가의 변화를 설명해 주는 독립변수인 조업도가 된다. 즉, 조업도를 수평축(x축)으로 하고, 관련되는 총원가를 수직축(y축)으로 하여 조업도는 원점에서 우측으로 이동함에 따라 증가하고 총원가는 원점에서 위로 이동함 따라 증가한다. 이를 도표로 표시하면 다음과 같다.

원가함수

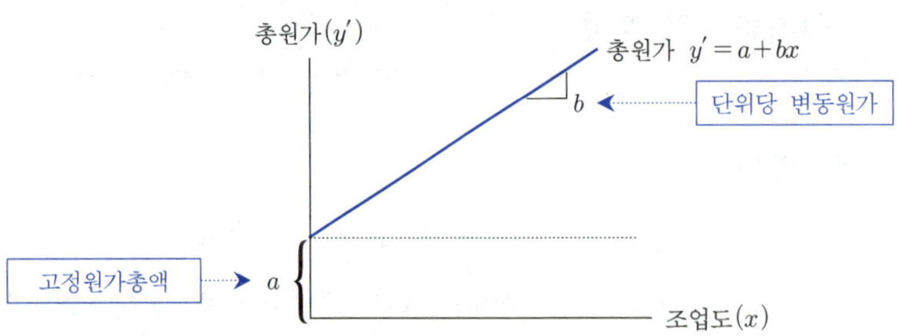

이와 같은 원가함수를 파악하고 있으면 경영자가 특정 판매량이나 생산량을 예상하였을 때 원가관리담당자는 쉽게 미래원가를 예측해서 제공할 수 있다.

2. 원가함수의 추정

관리회계에서 전제하는 가정에서 선형의 원가함수를 파악하기 위해서는 기업에서 발생하는 고정원가총액과 단위당 변동원가를 알고 있어야 하는데 기업에서 원천적으로 만들어지는 원가정보는 원가를 행태별로 구분하지 않고 제조원가와 판매관리비로 구분하는 것이 일반적이다. 따라서 이와 같은 기업의 원천자료를 기초로 기업의 원가함수를 추정하는 별도의 절차가

우선 필요하다. 원가함수를 추정하는 방법에는 ① 계정분류법, ② 산포도법, ③ 고저점법, ④ 회귀분석법, ⑤ 공학적 방법이 있다.

(1) 계정분류법

'계정분류법(account classification method)'은 각 계정에 기록된 원가를 전문적인 판단에 의해 변동원가와 고정원가로 분류하는 방법으로 원가추정을 위한 가장 전통적인 방법의 하나이다.

계정분류법에서는 모든 원가를 변동원가와 고정원가로 분류하고 변동원가, 고정원가별로 총계를 계산한다. 이때 총변동원가를 조업도인 총생산량으로 나눈 것이 원가함수에서의 단위당 변동원가의 추정치가 되고 총고정원가는 그대로 고정원가의 추정치로 이용된다. 계정분류법이 어떻게 적용되는지는 다음 예제를 이용해서 살펴보자.

08

예제[8-1] 원가추정－계정분류법

(주)원가는 4월동안 3,000단위의 제품을 생산하였는데, 생산과 관련된 원가자료는 다음과 같다.

직접재료원가		₩2,000,000
직접노무원가		1,600,000
제조간접원가		
감독자급여	₩600,000	
소모품비	102,000	
수도광열비	60,000	
감가상각비	300,000	1,062,000
총제조원가		₩4,662,000

수도광열비는 준변동원가로 4월에 발생한 수도광열비 중 20%가 고정원가이고, 80%는 변동원가로 판단된다. (주)원가는 5월동안 4,000단위의 제품을 생산할 계획이며, 이에 따른 원가를 추정하고자 한다.

요구사항

1. 계정분류법을 이용하여 제조원가를 변동원가와 고정원가로 구분하시오.
2. 계정분류법에 의한 제조원가를 예측하는 원가함수를 추정하시오.
3. 5월 중 생산과 관련된 원가를 추정하시오.

해답

1. 변동원가와 고정원가의 구분

계 정	금 액	변동원가	고정원가
직접재료원가	₩2,000,000	₩2,000,000	
직접노무원가	1,600,000	1,600,000	
제조간접원가			
감독자급여	600,000		₩600,000
소모품비	102,000	102,000	
수도광열비	60,000	48,000*	12,000
감가상각비	300,000		300,000
합 계	₩4,662,000	₩3,750,000	₩912,000

* ₩60,000×0.8=₩48,000

2. 원가함수의 추정

고정원가 : ₩912,000, 단위당 변동원가 ₩3,750,000÷3,000단위=₩1,250

따라서 원가함수는 다음과 같이 추정할 수 있다.

$y' =$ ₩912,000+₩1,250×x 단, y'는 원가추정액, x는 생산량

3. 5월의 원가추정액

₩912,000+₩1,250×4,000개=₩5,912,000

계정분류법의 장점은 ① 필요한 자료를 입수하기 쉽고 전문적 판단에 의존할 수 있으며 ② 원가추정비용이 적다는 점이다. 단점으로는 분석자에 따라 원가를 서로 다르게 분류할 수 있으므로 ① 주관이 개입되어 객관성이 부족하고, 한정된 자료를 이용하므로 ② 비정상적인 환경이나 비효율적인 활동이 발생할 때는 원가예측이 부정확해진다는 점이 있다. 따라서 계정분류법은 정확한 원가추정을 하기 이전에 개략적인 추정치를 얻고자 하는 경우에 유용하다.

(2) 산포도법

'산포도법(scatter diagram method)'은 조업도와 원가를 두 축으로 하는 좌표 위에, 과거 여러 기간의 실제원가와 조업도자료의 관찰자료를 점으로 표시하고 분석가의 판단에 따라 각 관찰점들의 중간을 통과하는 중심선을 눈대중(visual-fit)으로 그려서 원가와 조업도간의 원가함수를 추정하는 방법이다. 이 추정선의 기울기는 평균변동원가를 나타내고 원가축의 절편은 평균고정원가를 나타낸다. 다음 그림은 산포도법이 어떻게 적용되는지를 보여주고 있다.

산포도법에 의한 원가함수 추정

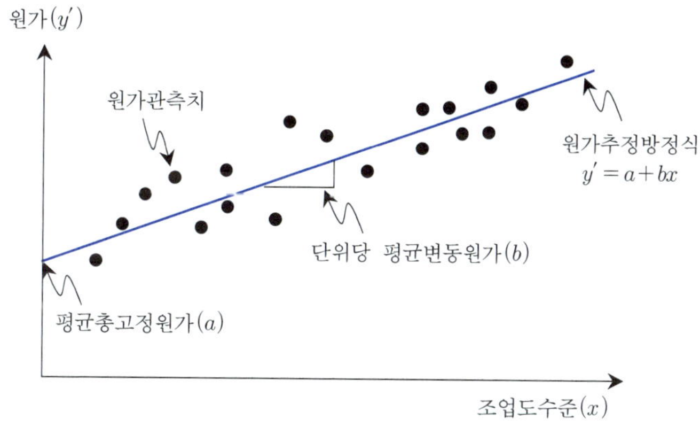

산포도법의 장점은 ① 비정상적인 관찰자료를 쉽게 식별해서 원가추정과정에서 제외할 수 있고, 비정상적인 자료를 제외한 ② 많은 관찰자료를 고려해서 원가함수를 추정할 수 있다. 단점으로는 원가추정을 위한 원가함수를 눈대중으로 결정하므로 주관이 개입되고 오류가 발생할 가능성이 크다는 점이 있다. 이런 단점 때문에 일반적으로 산포도법은 좀 더 정교한 원가추정 방법을 사용하기 전에 예비분석하고 비정상적인 자료를 식별하기 위해서 사용한다.

08

(3) 고저점법

'고저점법(high-low method)'은 최대조업도의 원가자료와 최저조업도의 원가자료를 직선으로 연결해서 변동원가와 고정원가를 추정하는 방법이다. 두 관찰 자료를 연결한 원가함수의 기울기는 단위당 변동원가를 나타내며 고점이나 저점의 총원가에서 변동원가를 차감하면 고정원가도 추정할 수 있다. 주의할 점은 고점과 저점의 판단기준이 조업도이며 총원가는 아니라는 것이다. 즉, 총원가의 고점과 저점이 아니라 조업도의 고점과 저점을 기준으로 원가함수를 추정한다.

$$\text{단위당 변동원가} = \frac{\text{최고조업도의 총원가} - \text{최저조업도의 총원가}}{\text{최고조업도} - \text{최저조업도}}$$

총고정원가＝최고(최저)조업도의 총원가－최고(최저)조업도×단위당변동원가

예제 [8-2] 원가추정－고저점법

(주)원가의 지난 4개월간의 생산량과 월별 제조원가는 다음과 같다.

월 별	생 산 량		제조원가
1월	2,200단위	◀······ 저점	₩1,800,000
2월	2,450		1,650,000
3월	3,200	◀······ 고점	2,300,000
4월	3,000		2,681,000

요구사항

자료를 이용하여 고저점법에 의한 원가추정식을 구하시오.

해답

최대조업도는 3월의 3,200단위이고 최저조업도는 1월의 2,200단위이므로,

$$\text{단위당 변동원가} = \frac{₩2,300,000 - ₩1,800,000}{3,200\text{단위} - 2,200\text{단위}} = ₩500/\text{단위}$$

고정원가 ₩1,800,000－₩500×2,200단위＝₩700,000

따라서, 원가추정식은 추정 총원가를 y', 생산량을 x라고 할 때

$y' = ₩700,000 + ₩500 \times x$

고저점법의 장점은 원가를 변동원가와 고정원가로 분류해서 ① 원가함수를 추정하는데 주관적인 판단에 의존하지 않기 때문에 객관적이고, ② 과거의 관찰자료가 적더라도 원가함수를 추정할 수 있다는 점이다. 단점으로는 ① 비정상적인 고점이나 저점을 사용하면 정확성이 낮은 원가함수가 추정될 수 있고, 고점과 저점만을 사용하므로 ② 두 관찰자료 외에 다른 관찰자료들은 전혀 고려되지 않는다는 점이다.

(4) 회귀분석법

회귀분석(regression analysis)은 최소자승법을 이용해서 원가함수를 추정하는 통계적인 방법이다. '최소자승법(least squares method)'은 실제로 관찰된 원가(y)와 원가함수로 추정한 원가(y')와의 차이를 제곱하고 차이제곱의 합계액을 최소화하는 원가함수를 추정하는 방법이다. 원가추정식을 $y' = a + bx$로 정의했을 때 최소자승법을 수학적인 식으로 나타내면 다음과 같다.

$$\text{최소화} \quad \sum_{i=1}^{n}(y_i - y'_i)^2$$

단, y_i : 원가의 실제관찰치 i : 관찰시점

y'_i : 원가의 추정치 n : 관찰치의 수

최소자승법에 따라 원가함수를 추정하는 과정을 좌표에 표시하면 다음과 같다.

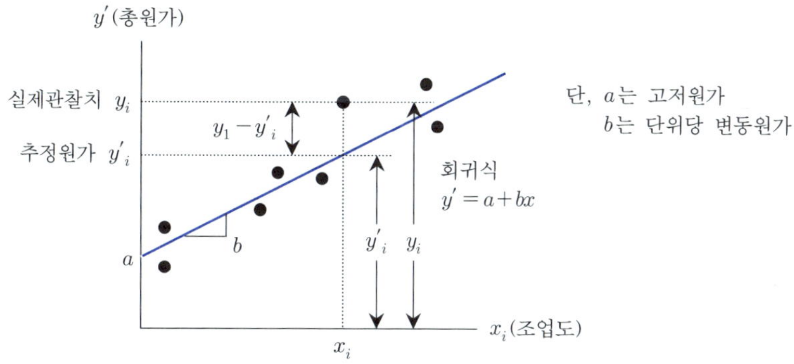

일반적으로 회귀분석은 엑셀과 같은 컴퓨터 프로그램을 이용해서 이루어지지만 단순회귀분석은 식을 이용해서도 원가함수를 찾을 수 있다. 단순회귀분석에서 실제원가와 추정원가의 차이의 제곱의 합을 최소화할 수 있는 고정원가(a)와 단위당 변동원가(b)의 수학적인 값은 보통 정규방정식(normal equation)이라고 불리는 다음의 식에 의해 결정된다.

$$\Sigma y_i = na + b\Sigma x_i \qquad \Sigma x_i y_i = a\Sigma x_i + b\Sigma x_i^2$$

단, i : 관찰시점 n : 관찰치의 수

이 연립방정식을 a와 b에 대하여 풀면 차이의 제곱의 합을 최소화하는 a와 b를 찾을 수 있다.

$$b = \frac{\Sigma(x_i - \bar{x})(y_i - \bar{y})}{\Sigma(x_i - \bar{x})^2}, \quad a = \bar{y} - b\bar{x}$$

단, $\bar{y}$: y_i의 평균치, $\bar{x}$: x_i의 평균치

예제 [8-3] 회귀분석법–최소자승법

(주)원가는 단위당 ₩800에 판매할 신제품 생산을 계획하고 있다. 회사는 4차연도에 2,000단위를 생산할 것으로 예상하고 직접원가를 다음과 같이 추정하였다.

직접재료원가	₩240,000	
직접노무원가	150,000	(노동시간당 임률은 ₩10이다)

신제품에 대한 제조간접원가를 추정하기 위해 지난 24개월간 매달 직접노동시간자료와 간접원가자료를 회귀분석하여 다음과 같은 결과를 얻었다.

종속변수 : 제조간접원가

독립변수 : 직접노동시간

회귀분석의 결과 :	절 편	₩200,000
	독립변수의 계수	50
	R^2(결정계수)[3]	0.912

요구사항

당기의 다음 항목을 계산하시오.

1. 회귀분석결과를 토대로 4차연도의 제조간접원가를 추정하시오.
2. 신제품으로부터 예상되는 4차연도의 이익을 계산하시오.

해답

1. 제조간접원가 추정액

(1) 제조간접원가 추정식 : $\hat{y}$=₩200,000+₩50×노동시간

(2) 제조간접원가 추정액

₩200,000+₩50×15,000시간*=₩950,000

* ₩150,000÷₩10=15,000시간

2. 4차연도 영업이익

수 익	₩800×2,000단위=		₩1,600,000
비 용			
직접재료원가		₩240,000	
직접노무원가		150,000	
제조간접원가		950,000	1,340,000
이 익			₩260,000

3) 결정계수(coefficient of determination)는 주어진 자료에 의하여 추정된 회귀식이 해당 자료를 얼마나 잘 설명하는지 여부를 보여주는 값이다. 이 값은 0에서 1사이의 값으로 나타내는데 1에 가까울수록 추정회귀식이 해당자료를 그만큼 잘 설명한다고 본다. 이에 대한 자세한 설명은 통계학교과서를 참고하기 바란다.

회귀분석법의 장점은 통계적인 방식을 사용하므로 ① 주관이 개입되지 않고 객관적이며, ② 사용할 수 있는 모든 관찰자료를 활용한다는 점이다. 단점으로는 ① 이해하기 어렵고 계산이 복잡하며, ② 통계적 가정이 성립하지 않는 경우에 원가함수가 부정확할 수 있다. 따라서 회귀분석법은 독립변수와 종속변수의 인과관계를 명확하게 검토한 후에 회귀분석을 실시해야 한다.

(5) 공학적 방법

'공학적 방법(engineering method)'은 산업공학적인 분석을 근거로 원가행태를 계량적으로 분석하여 원가를 추정하는 방법이다. 예를 들어 직접노무원가를 추정하는 절차를 보면 다음과 같다. 생산의 각 공정에 대한 단계적 분석을 통해 작업수행에 소요되는 각 단계별 노동시간 추정치를 계산한다. 여기에 여유시간을 고려하여 총시간 추정치가 계산되고, 총시간 추정치는 직접노무원가를 추정하는 기준이 된다. 또한 필요한 감독자와 보조 인력의 수는 직접노동시간 추정치에 근거하여 추정할 수 있다.

08

공학적 방법의 장점은 공학적인 분석을 사용하므로 ① 정확성이 높고, 과거의 활동으로 인한 자료를 필요로 하지 않으므로 ② 과거와는 전혀 다른 활동에 대한 원가를 추정하는 데 이용할 수 있다. 단점으로는 개별 활동이 공학적으로 분석되어야 하기 때문에 ① 비용이 많이 소요되고, 공학적 추정치는 일반적으로 최적의 조건을 기준으로 계산되므로 ② 실제 작업조건이 최적의 상황에 미치지 못할 경우 실제원가와 추정된 원가가 차이날 수 있다.

원가추정방법의 장단점

추정방법	장 점	단 점
계정분류법	① 필요한 자료를 입수하기 쉽다 ② 원가추정비용이 적다	① 주관이 개입되어 객관성이 부족 ② 비정상적인 환경이나 비효율적인 활동이 발생할 때는 원가예측이 부정확
산포도법	① 비정상적인 관찰자료를 쉽게 식별 ② 많은 관찰자료를 고려해 원가함수를 추정	① 주관이 개입되고 오류가 발생할 가능성이 크다
고저점법	① 원가함수의 추정이 객관적 ② 과거의 관찰자료가 적더라도 원가함수를 추정가능	① 비정상적인 고점이나 저점을 사용하면 정확성이 낮은 원가함수가 추정될 수 있다. ② 두 관찰자료 외에 다른 관찰자료들은 전혀 고려되지 않는다
회귀분석법	① 주관이 개입되지 않고 객관적 ② 사용가능한 모든 관찰자료를 활용	① 이해하기 어렵고 계산이 복잡 ② 통계적 가정이 성립하지 않는 경우에 원가함수가 부정확

공학적방법	① 정확성이 높다 ② 과거와 다른 활동에 대한 원가 추정 가능	① 비용이 많이 소요 ② 실제 작업조건이 최적의 상황에 미치지 못할 경우 실제원가와 추정된 원가에 차이존재

제 3 절 활동기준원가계산에서의 원가추정

제2절에서는 원가추정을 용이하게 하기 위하여 독립변수는 하나만이 존재하는 것으로 가정하였다. 그런데 활동기준원가계산을 적용하고 있는 경우에는 원가를 발생시키는 원가동인이 활동별로 다르므로 총원가를 결정하는 독립변수도 활동의 수만큼 여러 개가 된다. 이런 상황에서는 여러 개의 활동별 원가동인을 독립변수로 보아 원가함수를 추정하면 보다 정확하게 원가를 예측할 수 있을 것이다.

활동기준원가계산에서 원가를 추정하는 경우에는 일반적으로 다중회귀분석이 사용된다. 다중회귀분석은 단순회귀분석의 개념을 독립변수가 여러 개인 경우에 적용한 분석방법으로 계산자체는 통계프로그램을 이용한다.

예제 [8-4] ABC에서의 원가추정

(주)경주는 제조간접원가를 예측하기 위하여 기존에 사용하던 단순회귀분석을 통하여 다음과 같은 원가함수를 추정하였다.

$y' = ₩400,000 + ₩500x_1$ (x_1 : 직접노동시간)

그런데 사장이 좀 더 정확하게 제조간접원가를 예측하기 위하여 활동별로 원가를 추정한 결과 (주)경주의 제조간접원가는 직접노동시간 이외에 묶음수준활동으로 작업준비시간과 주문횟수를, 제품수준활동으로 설계변경횟수를 활동원가동인으로 가진다. 이러한 활동원가동인을 독립변수로 원가를 추정하면 다음과 같다.

$y' = ₩300,000 + ₩300x_1 + ₩350x_2 + ₩400x_3 + ₩20,000x_4$

(x_1 : 직접노동시간, x_2 : 작업준비시간, x_3 : 주문횟수, x_4 : 설계변경횟수)

11월의 생산과 관련하여 활동별 원가동인은 다음과 같이 사용될 것으로 예상된다.

x_1(직접노동시간) = 1,000시간

x_2(작업준비시간) = 500시간

x_3(주문횟수) = 100회

x_4(설계변경횟수) = 2회

요구사항

1. 기존방법에 의해서 추정한 원가함수를 이용하여 11월의 제조간접원가를 추정하시오.
2. 활동별로 추정한 원가함수를 이용하여 11월의 제조간접원가를 추정하시오.

해답

1. 기존의 원가함수
   ₩400,000+₩500×1,000시간=₩900,000

2. 활동기준원가함수
   ₩300,000+₩300×1,000시간+₩350×500시간+₩400×100회+₩20,000×2회=₩855,000

현재의 제조환경에서는 조업도(생산량)만이 아니라 작업준비시간이나 주문횟수 및 설계변경횟수와 같은 비단위수준활동의 원가동인도 제조간접원가를 유발하므로 보다 정확하게 원가를 추정하기 위해서는 활동별 원가동인 각각을 독립변수로 하여 원가를 추정하여야 할 것이다.

08

제 4 절 학습효과와 학습곡선

원가를 추정할 때는 선형함수를 가정한다. 그런데 실제의 기업환경에서는 원가에 영향을 미치는 여러요인이 있어서 선형함수의 가정이 성립되지 않는 경우도 많다. 그 대표적인 요인이 학습효과이다. '학습효과'란 종업원이 동일작업을 반복수행함으로써 숙련도가 높아져서 단위당 작업시간이 감소되는 효과를 말한다.

학습효과가 나타나면 제품단위당 작업시간이 감소하고 이로 인해 제품단위당 직접노무원가가 감소하게 되며, 직접노동시간이나 직접노무원가를 기준으로 제품에 배부되는 변동제조간접원가도 영향을 받게 된다. 즉, 생산공정에서 학습효과가 나타나는 경우에는 조업도(생산량)가 1단위 증가할 때마다 단위당 변동원가가 감소되므로 원가행태를 선형함수로 가정하고 원가를 추정하게 되면 부정확한 원가추정치가 산출된다. 학습효과가 발생하는 경우에 누적생산량과 단위당 원가 및 총원가 사이의 관계를 그림으로 나타내면 다음과 같이 나타나서 선형함수의 가정이 성립하지 않게 된다.

학습곡선과 관련된 원가행태

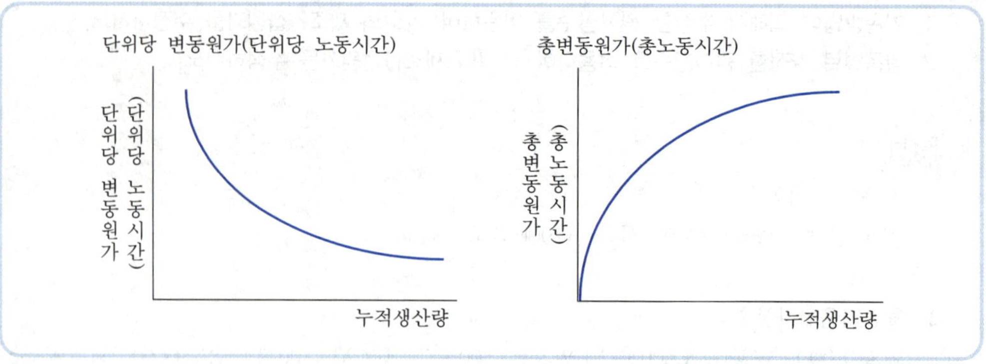

이처럼 학습효과가 나타나면 원가함수가 비선형이 되므로 학습효과가 고려된 원가함수인 학습곡선을 이용하여 원가를 추정하는 것이 보다 합리적이다. '학습곡선(learning curve)'이란 학습효과가 나타나는 상황에서 조업도(독립변수)가 증가함에 따라서 단위당 노동시간(종속변수)이 체계적으로 감소하는 것을 반영한 비선형의 원가함수를 말한다. 생산량과 노동시간 사이의 학습관계를 나타내는 학습곡선모형에는 ① 누적평균시간 학습모형과 ② 증분단위시간 학습모형이 있다.

(1) 누적평균시간 학습모형

'누적평균시간 학습모형'이란 누적생산량이 두 배로 증가할 때마다 단위당 누적평균시간(누적총시간÷누적생산량)이 일정한 비율로 감소하는 형태로 학습효과가 발생하는 상황에서 원가를 추정하기 위하여 사용하는 학습곡선모형이다. 예를 들어, 신제품을 개발하여 최초 1단위를 생산했을 때 100시간이 소요되었고, 2단위를 생산했을 때 누적평균시간이 80시간(100시간×80%)이 되었으며, 다시 누적생산량이 두 배가 되는 4단위까지를 생산할 때 누적평균시간이 64시간(80시간×80%)이 되었다고 가정하자. 이 경우에 누적생산량이 두 배가 될 때마다 누적평균시간이 이전의 80%로 감소해 가는 형태를 취하게 되므로 이를 80% 누적평균시간 학습모형이라고 하며 다음 표는 첫 단위 생산에 소요되는 노동시간이 100시간인 경우의 80% 누적평균시간 학습곡선모형을 보여주고 있다.

80% 학습곡선(누적평균시간 학습모형)

누적생산량(x)	단위당 누적평균시간(y)		누적총시간($x \times y$)*
1	100시간		100시간
2	100×80%= (80)	0.8	160
4	80×80%= 64	0.8	256
8	64×80%= 51.2	0.8	409.6

생산량이 2배↑ → 단위당 평균시간 80%(학습률)로 감소↓

* 누적총시간(TL)=누적생산량(x)×단위당 누적평균시간(y)

한편, 학습률(rate of learning)은 학습효과의 정도를 비율로 표시한 것으로 누적생산량이 두 배로 증가할 때마다 단위당 누적평균시간이 감소되는 비율을 말한다. 누적평균시간 학습곡선에서 학습률이 k%(80%)라면 누적생산량이 두 배가 될 때마다 단위당 누적평균시간이 이전의 k%(80%) 수준으로 감소하는 것을 의미한다. 앞의 표에 표시된 학습곡선은 학습률이 80%이다. 학습곡선을 조업도(누적생산량)와 단위당 누적평균시간과의 관계를 식으로 나타내면 다음과 같다.

누적평균시간 학습곡선

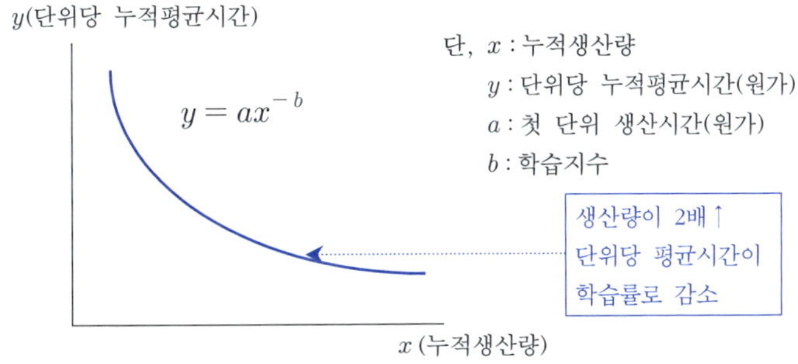

총누적시간(TL)은 누적생산량(x)을 단위당 누적평균시간(y)에 곱하여 계산된다.

$$TL = 누적생산량(x) \times 단위당\ 누적평균시간(y) = x \times ax^{-b}$$

또한 학습률은 누적생산량이 $2x$일 때의 단위당 누적평균시간을 y'라고 하면 다음과 같이 나타낼 수 있다.

$$학습률=\frac{y'}{y}=\frac{a(2x)^{-b}}{ax^{-b}}=2^{-b}$$

위의 식에서 알 수 있듯이 b는 학습률 자체는 아니지만 학습률과 일정한 관계를 가지고 학습곡선을 변화시키는 값이다.

예제 [8-5] 누적평균시간 학습모형

(주)원가는 80%의 누적평균시간 학습곡선이 적용되고 있다. 첫 단위 생산에 소요된 직접노동시간은 100시간이며, 회사는 지금까지 총 4단위의 제품생산을 완료하였다. 단, 80% 학습곡선의 학습지수(b)는 0.3219이다.

요구사항

1. 다음 달에 추가적인 4단위의 제품을 생산할 계획이라면 다음 달에 소요될 직접노동시간을 구하시오.
2. 직접노무원가가 시간당 ₩10,000인 경우에 다음 달의 직접노무원가발생액은 얼마로 추정되는지 계산하시오.
3. 마지막 8번째 단위를 생산하는 데 소요되는 직접노동시간을 구하시오.
   (단, $7^{-0.3219}=0.5345$로 계산하시오)

해답

누적생산량(x)	누적평균시간(y)	누적총시간(xy)
1	100시간	100시간
2	100×80%= 80	160
4	80×80%= 64	256
8	64×80%= 51.2	409.6

(256 → 409.6: 153.6시간 소요)

1. 예상노동시간
   누적평균시간학습모형은 생산량과 평균시간사이의 함수관계를 파악한 것으로 4단위의 제품을 생산하는데 추가적으로 발생하는 노동시간을 직접 계산할 수는 없다. 4단위 생산에 소요되는 노동시간을 계산하기 위해서는 8번째 단위까지 생산하는데 소요되는 전체노동시간에서 4번째 단위까지 생산하는 데 소요되는 전체노동시간을 차감해서 계산한다.

   8단위의 평균시간(y)에 생산량(x)을 곱해서 계산한다.

8단위까지 누적총시간	51.2시간×8단위 =	409.6시간
4단위까지 누적총시간	64시간×4단위 =	(256.0시간)
추가 4단위 생산소요시간		153.6시간

2. 예상노무원가

153.6시간×@10,000=₩1,536,000

3. 8번째 단위 생산에 소요될 노동시간

누적생산량(x)	누적평균시간(y)	누적총시간(xy)
1	100시간	100시간
2	100×80%= 80	160
4	80×80%= 64	256
⋮	⋮	
7	$100\times7^{-0.3219}$= 53.45*	374.15
8	64×80%= 51.2	409.6

35.45시간 소요

2의 배수가 아닌 생산량의 평균시간은 지수함수를 이용해야 한다.

* $y=ax^{-b}$=100시간×$7^{-0.3219}$=53.45

8번째 단위를 생산하는 데 소요되는 노동시간을 계산하기 위해서는 8번째 단위까지 생산하는데 소요되는 전체노동시간에서 7번째 단위까지 생산하는 데 소요되는 전체노동시간을 차감해서 계산한다.

8단위까지 누적총시간	51.2시간×8단위=	409.60시간
7단위까지 누적총시간	53.45시간×7단위=	(374.15시간)
8번째 단위 생산소요시간		35.45시간

(2) 증분단위시간 학습모형

'증분단위시간 학습모형'은 누적생산량이 두 배가 될 때마다 증분단위시간(마지막 한 단위를 생산하는데 소요되는 시간)이 일정한 비율로 감소하는 것을 나타내는 학습곡선모형이다. 예를 들어, 신제품을 개발하여 최초 1단위를 생산했을 때 100시간이 소요되었고, 2단위를 생산했을 때 증분단위시간이 80시간(총누적시간은 100+80=180시간)이 되었으며, 다시 누적생산량이 두 배가 되는 4단위까지를 생산할 때 4번째 단위를 추가로 만드는 증분단위시간이 64시간이 되었다면 노동시간과 관련이 있는 원가는 80% 증분단위시간 학습모형에 따른다고 한다. 다음 표는 첫 단위 생산시간이 100시간인 경우의 80% 증분단위시간 학습곡선을 보여주고 있다.

80% 학습곡선(증분단위시간 학습모형)

누적생산량(x)	증분단위시간(m)[*1]		누적총시간(Σm)[*2]
1	100시간	0.8	100시간
2	100×80%= 80		180
3	70.21	0.8	250.21
4	80×80%= 64		314.21
5	59.57		373.78
6	56.17	0.8	429.95
7	53.45		483.4
8	64×80%= 51.2		534.6

* 1. $m=100 \cdot x^{-0.3219}$

2. 누적총시간=증분단위시간의 누계(Σm)

증분단위시간 학습모형에서 누적생산량과 증분단위시간과의 관계를 나타내는 증분단위시간 학습모형을 식으로 나타내면 다음과 같다.

증분단위시간 학습곡선

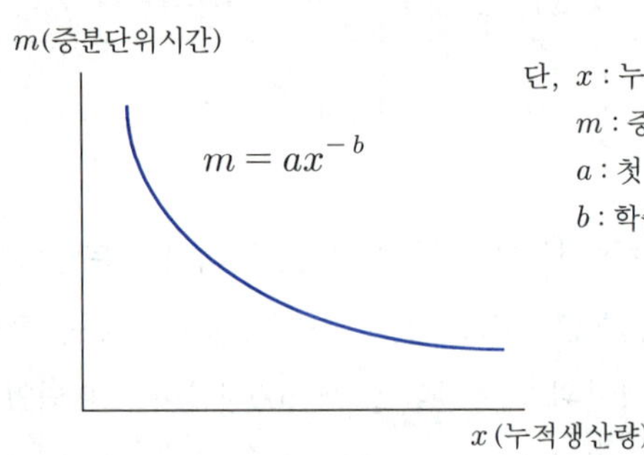

단, x : 누적생산량

m : 증분단위시간(원가)

a : 첫 단위 생산시간(원가)

b : 학습지수

증분단위시간 학습모형에서 누적총시간과 학습률은 다음과 같다.

$$\mathrm{TL}=\Sigma m(=\Sigma a \cdot x^{-b}) \qquad 학습률=\frac{m'}{m}=\frac{a(2x)^{-b}}{ax^{-b}}=2^{-b}$$

단, TL : 누적총시간 m' : 누적생산량이 $2x$일 때의 증분단위시간

예제 [8-6] 증분단위시간 학습곡선모형

(주)경주는 80%의 증분단위시간 학습곡선이 적용되고 있다. 첫 단위 생산에 소요된 직접노동시간은 100시간이고, 회사는 지금까지 총 4단위의 제품생산을 완료하였다. 단, 80% 학습곡선의 학습지수 b=0.3219이다.

요구사항

1. 다음 달에 추가적인 4단위의 제품을 생산할 계획이라면 다음 달에 소요될 직접노동시간을 구하시오. 단, $5^{-0.3219}=0.5957$, $6^{-0.3219}=0.5617$, $7^{-0.3219}=0.5345$이다.
2. 직접노무원가가 시간당 ₩10,000인 경우에 다음 달의 직접노무원가발생액은 얼마로 추정되는지 계산하시오.
3. 마지막 8번째 단위를 생산하는 데 소요되는 시간을 구하시오.

해답

누적생산량(x)	증분단위시간($m=100\cdot x^{-0.3219}$)	누적총시간($\sum m$)	
1	100시간	100시간	
2	100×80%= 80	180	
3	70.21*	250.21	
4	80×80%= 64	314.21	┐
5	$100\times5^{-0.3219}$= 59.57	373.78	│
6	$100\times6^{-0.3219}$= 56.17	429.95	220.39시간 소요
7	$100\times7^{-0.3219}$= 53.45	483.4	│
8	64×80%= 51.2	534.6	←

* $m=100\cdot3^{-0.3219}=70.21$(문제에서 주어진 자료로는 계산되지 않으며 참고로 제시함)

1. 예상노동시간

증분단위시간학습모형은 생산량과 증분단위시간사이의 함수관계를 파악한 것이므로 4단위 제품을 생산하는데 소요되는 시간은 5,6,7,8번째 단위의 증분단위시간을 더해서 계산하면 된다.

59.57시간+56.17시간+53.45시간+51.2시간=220.39시간

2. 예상노무원가

다음 달에 예상되는 직접노동시간	220.39시간
시간당 임률	×@10,000
다음 달의 직접노무원가추정액	₩2,203,900

3. 8번째 단위 생산에 소요될 노동시간

누적생산량이 8단위일 때의 증분단위시간은 51.2시간이다.

학습곡선모형의 비교

비 고	누적평균시간모형	증분단위시간모형
가 정	누적생산량이 두 배로 증가할 때 단위당 누적평균시간이 일정비율로 감소	누적생산량이 두 배로 증가할 때 증분단위시간이 일정비율로 감소
학습곡선식	$y = ax^{-b}$ 단, x : 누적생산량, y : 단위당 누적평균시간	$m = ax^{-b}$ 단, x : 누적생산량, m : 증분단위시간
누 적 노 동 시 간	누적생산량(x)×단위당 누적평균시간(y) $\mathrm{TL} = x \times y$	$\mathrm{TL} = \sum m (= \sum a \cdot x^{-b})$

원가를 추정함에 있어서 학습효과가 존재하는 경우에는 누적평균시간 학습모형과 증분단위시간 학습모형 중 해당 상황에서 조업도의 증가에 따라 노동시간의 변화를 보다 정확하게 예측할 수 있는 것을 선택하여 사용한다.

한편, 최근에 와서는 생산기술이 발달하여 생산공정이 자동화됨으로 인해 노무원가가 전체 제조원가에서 차지하는 비중이 줄어드는 추세이고 노무원가 자체도 학습효과를 통하여 절감할 수 있는 여지가 좁아지고 있기 때문에 학습효과의 중요성이 과거에 비해 줄어들고 있음을 부언해 둔다.

객관식 문제

01 원가의 행태별 분류 (2004. KICPA)

다음 그래프의 종축은 총원가를 나타내며, 횡축은 1년간의 생산량을 나타낸다. 다음 중 그래프를 적정하게 설명하지 못한 것은?

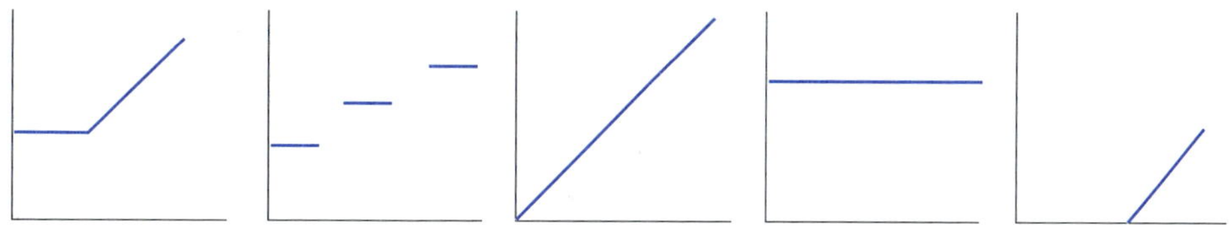

(a) (b) (c) (d) (e)

(a) : 일정량의 kwh까지는 기본요금을 내고 그것을 초과하는 경우에는 변동원가가 추가된다 (kwh는 생산량에 비례하여 증가).

(b) : 수도요금 청구액은 다음과 같이 계산된다.

100,000 갤런 이하	기본요금	₩100,000
추가 10,000갤런	추가 사용된 갤런당	3
추가 10,000갤런	추가 사용된 갤런당	6

(c) : 기계사용시간(생산량에 비례)을 기준으로 계산되는 설비의 감가상각비

(d) : 정률법에 의한 설비의 연간 감가상각비

(e) : 어떤 조업도 수준 이상으로 생산되는 매 생산단위마다 ₩100을 관리자에게 지급하는 상여금제도

① a ② b ③ c
④ d ⑤ e

02 계정분류법 (1999. 세무사)

다음 자료는 지난 몇 달 동안 (주)동양의 제조간접원가발생액을 조업도수준에 따라 정리한 것이다.

월	기계시간	제조간접원가
7월	5,000시간	₩50,620
8월	8,000	90,040
9월	6,000	54,080
10월	9,000	63,100

(주)동양은 제조간접원가를 변동원가와 고정원가로 나누기 위하여 원가분석을 한 결과, 제조간접원가가 전력요금, 감독자임금, 수선유지비로 구성되어 있다는 것을 발견했다. 그러나 이들을 완전히 고정원가와 변동원가로 구분하지는 못했다. 7월의 실제제조간접원가는 다음과 같다.

전력요금(변동원가)	₩10,500
감독자임금(고정원가)	24,000
수선유지비(혼합원가)	16,120
합 계	₩50,620

10월의 제조간접원가 중에 포함되어 있는 수선유지비를 추정하면?

① ₩18,900 ② ₩20,200 ③ ₩24,000
④ ₩44,200 ⑤ ₩63,100

03 고저점법

병회사의 6차년도 생산자료는 다음과 같다.

월	생 산 량	노무원가
1월	10개	₩160,000
2월	15	200,000
3월	20	310,000
4월	50	720,000
5월	30	460,000

6월의 계획생산량이 70개일 때 고저점법을 사용하여 노무원가추정액을 계산하면?

① ₩920,000 ② ₩960,000 ③ ₩1,000,000
④ ₩1,020,000 ⑤ ₩980,000

04 고저점법과 원가추정방정식의 조정

(주)태양의 지난 2개월간의 생산량과 제조원가는 다음과 같다.

월	생 산 량	제조원가
1월	100개	₩50,000,000
2월	200	70,000,000

1월과 2월에는 고정원가와 단위당 변동비가 일정하였으며, 3월에는 고정비가 50% 증가하고 단위당 변동원가는 25% 감소할 것으로 예상되고 있다. 3월에 400개를 생산한다면 총제조원가는 얼마로 추정되는가?

① ₩95,000,000　② ₩100,000,000　③ ₩105,000,000
④ ₩110,000,000　⑤ ₩115,000,000

08

05 고저점법 (2004. 세무사)

다음은 (주)강릉의 조업도수준에 따른 자료이다.

	조업도수준	
	낮음	높음
생 산 수 량	25,000단위	30,000단위
총 제 조 원 가	₩575,000	₩680,000
단위당 직접재료원가	5	5
단위당 직접노무원가	6	6

고저점법을 사용하여 제조간접원가의 원가행태를 분석할 경우 다음 중에서 옳은 것은?

① 기간당 ₩50,000, 단위당 ₩10　② 기간당 ₩50,000, 단위당 ₩21
③ 기간당 50,000, 단위당 22　④ 기간당 50,000, 단위당 23
⑤ 기간당 347,000, 단위당 0.1

06 회귀분석식을 이용한 원가추정

36개월간의 수선유지비에 대한 원가추정을 한 결과 다음과 같은 두 가지 원가추정방정식을 구했다.

$\hat{y}$=₩3,000,000+₩2,625x_1
단, x_1 : 기계작업시간
　$\hat{y}$: 월간 수선유지비 결정계수=0.8

$\hat{y}$=₩2,900,000+₩2,930x_2
단, x_2 : 직접노동시간
　$\hat{y}$: 월간 수선유지비 결정계수=0.6

어느 달의 기계작업시간이 1,500시간이고 직접노동시간이 1,400시간일 때 보다 설명력이 높은 원가 추정방정식을 이용한 수선유지비의 변동예산액은 얼마인가?

① ₩6,937,500 ② ₩7,002,000 ③ ₩3,937,500
④ ₩6,337,500 ⑤ ₩6,150,000

07 원가추정방법의 비교 (2009. 세무사 수정)

다음 중 원가추정방법에 관한 설명으로 옳지 않은 것은?

① 회귀분석법은 결정계수(R^2)가 0에 가까울수록 만족스러운 추정을 달성한다.
② 고저점법은 조업도자료 중 가장 큰 조업도의 원가자료와 가장 작은조업도의 원가자료를 사용하여 원가를 추정하는 방법으로 고점이나 저점의 총원가에서 변동원가를 차감한 값은 고정원가라고 추정한다.
③ 고저점법은 기준으로 선택한 고점과 저점이 일반적인 경우에서 벗어나는 극단적인 점일 수도 있다는 위험이 있다.
④ 회귀분석법은 모든 변수값을 통계적으로 고려하여 산출한 것이므로 이론적으로 가장 우월한 방법이다.
⑤ 산업공학분석법(또는 공학분석법)은 과거자료 없이 미래원가를 추정하는데 사용된다.

08 활동기준원가계산하의 원가추정

(주)단국은 활동기준원가계산을 사용하고 있으며 원가함수도 활동기준에 따라서 다중 회귀분석을 통하여 다음과 같이 추정하였다.

활동기준에 의한 원가함수 $y=₩500,000+₩500x_1+₩2,000x_2+₩30,000x_3$
(x_1 : 제품생산수량 x_2 : 원재료 주문횟수 x_3 : 작업준비횟수)

다음 달에 5,000단위를 생산할 예정이다. 제품 1단위 생산에는 원재료 2kg이 소요되며 원재료는 100kg씩 주문하고 작업준비는 제품 100단위를 한 묶음으로 수행한다. 다음 달의 제조원가를 추정하면 얼마인가?

① ₩4,500,000 ② ₩4,600,000 ③ ₩4,700,000
④ ₩4,800,000 ⑤ ₩4,900,000

09 누적평균시간학습모형

(주)서강은 신제품을 개발하였는데 최초 10단위를 생산하는데 100시간의 노동시간이 소요되었고 추가로 30단위를 생산하였더니 224시간이 소요되었다. 누적평균시간학습모형이 적용된다면 얼마의 학습률이 적용되는가?

① 70% ② 80% ③ 85%
④ 90% ⑤ 95%

10 학습률의 추정

(주)원가는 자동차 부품 A를 생산하고 있다. 최초 1,000단위의 A를 생산하는데 250시간의 직접노동시간이 투입되었고, 추가 1,000단위 생산시에는 200시간이 투입되었다고 한다. (주)원가의 제조공정에 누적평균시간학습곡선모형이 적용된다면 몇 %의 학습곡선이 적용되는가?

① 70% ② 75% ③ 80%
④ 85% ⑤ 90%

11 학습곡선을 이용한 가격결정

학용품 전문생산업체인 백일홍회사는 새로 개발한 신제품을 최초로 10,000개 생산하는 데 다음과 같은 변동비용이 추가적으로 발생할 것으로 추정한다.

직접재료원가	₩900,000
직접노무원가(시간당 ₩10)	400,000
변동제조간접원가(직접노무원가 시간에 비례하여 발생)	80,000

백일홍회사의 제품생산이 80%학습곡선에 따른다고 가정하면 누적생산량이 80,000개인 주문에 대해 제안하여야 할 최소한의 판매가격은?

① ₩9,166,080 ② ₩9,346,080 ③ ₩10,366,080
④ ₩1,040,000 ⑤ ₩11,190,000

08

12 학습곡선을 이용한 원가추정 (2002. 세무사)

(주)부산은 무전기 600단위에 대한 계약의 입찰에 참여할 것을 고려하고 있다. 동일한 회계연도에 속하는 2달 전에 동일한 무전기 200단위를 아래와 같은 금액을 계약체결 및 생산한 바 있다.

직접재료원가		₩5,000
직접노무원가	3,000시간×₩20=	60,000
고정제조간접원가		3,000
변동제조간접원가		7,500
기타		12,000
합계		₩87,500

(1) 고정제조간접원가는 처음 생산량 200단위에 그 원가를 전부 배분하여 보상받았기 때문에 600단위 입찰에는 보상청구하지 않는다.
(2) 변동제조간접원가는 직접노무원가에 비례하여 발생한다.
(3) 기타는 일반관리비 및 이윤보상목적으로 직접노무원가의 20%를 일정하게 설정한다.

(주)부산이 90%의 학습곡선을 사용하고 있다고 가정할 경우에 600단위의 계약에 입찰하기 위해 제시할 예상금액은 얼마인가?

① ₩371,160 ② ₩193,080 ③ ₩196,080
④ ₩208,185 ⑤ ₩166,200

13 학습곡선 : 원가발생액 추정

(주)원가는 자동차 부품 900단위에 대한 계약의 입찰에 참여할 것을 고려하고 있다. (주)원가는 이 부품 300단위를 다음과 같은 총원가로 생산하여 다른 업체에 납품한 실적이 있다.

직접재료원가		₩300,000
직접노무원가	6,000시간×₩100=	600,000
변동제조간접원가		300,000
설비 리스료		500,000
		₩1,700,000

변동제조간접원가는 직접노무원가에 비례하여 발생하며, 리스한 설비는 연간 2,000단위의 부품을 생산할 수 있다. 회사는 과거의 생산경험을 바탕으로 원가를 예측할 때 80% 학습곡선의 누적평균시간 모형을 사용하고 있다. 900단위의 계약에 입찰하는 경우에 예상되는 추가발생원가는 얼마인가?

① ₩2,204,000 ② ₩2,304,000 ③ ₩3,205,200
④ ₩3,655,200 ⑤ ₩4,225,200

14 증분단위시간 학습모형에서의 학습률 추정

(주)용산은 거래처로부터 주문을 받아 특수플랜트를 생산하고 있다. 당해 회사가 생산하는 특수플랜트는 단일 종류로 구성되어 있으며, 당해 특수플랜트를 생산하는 작업시간은 증분단위시간 학습곡선 모형에 따른다. 누적생산량 및 증분단위시간을 구하면 다음과 같다.

누적생산량	증분단위시간
1	120
2	114
3	110

(주)용산의 학습률과 총 4단위를 생산할 때 단위당 평균작업시간은 얼마인가? (소수점 이하는 절사)

① 95%, 108시간 ② 95%, 113시간 ③ 96%, 108시간
④ 96%, 113시간 ⑤ 95%, 112시간

08

해 답 *Answer*

01 ②

수도요금의 원가형태는 다음과 같다.

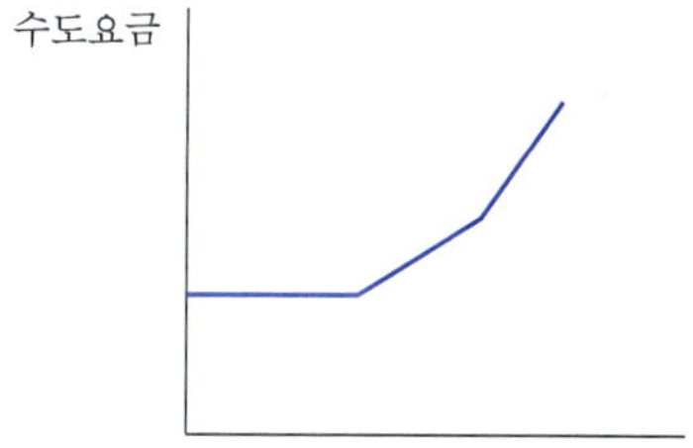

④ 정률법에 의한 감가상각비도 특정년도에 비용화되는 금액은 조업도와 관계없이 일정하다.

02 ②

(1) 변동원가 : 단위당 전력요금 : ₩10,500/5,000시간=시간당 ₩2.1

(2) 고정원가 : 감독자 임금 : ₩24,000

(3) 10월의 총제조간접원가

10월의 총제조간접원가		₩63,100
(−) 전 력 요 금:	시간당 ₩2.1×9,000시간=	(18,900)
(−) 감 독 자 임 금		(24,000)
수 선 유 지 비		₩20,200

03 ③

	월	생 산 량	노무원가
저 점	1월	10개	₩160,000
고 점	4월	50	720,000
차 이		40개	₩560,000

(1) 단위당 변동원가(b)= $\frac{\text{최고조업도의 원가}-\text{최저조업도의 원가}}{\text{최고조업도}-\text{최저조업도}}=\frac{₩560,000}{40개}$=개당 ₩14,000

(2) 고정원가 : 원가함수 $y=a+bx$에 최고조업도의 값을 대입하면

₩720,000=a(고정원가)+₩14,000×50개 ∴ a=₩20,000

따라서 노무원가 원가함수는 y=₩20,000+₩14,000x(단, x는 생산량)와 같이 추정된다.

(3) 6월의 노무원가추정액 : y=₩20,000+₩14,000×70개=₩1,000,000

04 ③

(주)태양의 고정원가를 a라 하고 단위당 변동원가를 b라 하면 다음의 식이 성립한다.

1월 ₩50,000,000=$a+b$×100개 ·································· ①

2월 ₩70,000,000=$a+b$×200개 ·································· ②

①식과 ②식을 연립하여 풀어서 원가방정식을 추정하면 다음과 같다.

y=₩30,000,000+₩200,000×x

3월에는 고정원가가 50% 증가하고 변동원가는 25% 감소하며, 생산량은 400개이므로 총원가는 다음과 같이 추정된다.

y=₩30,000,000(1+0.5)+₩200,000(1−0.25)×400개=₩105,000,000

05 ①

단위당 변동원가 : (₩680,000−₩575,000)÷(30,000개−25,000개)=₩21

단위당 변동제조간접원가 : ₩21−(₩5+₩6)=₩10

고정원가총액 : ₩680,000−(30,000개×₩21)=₩50,000

06 ①

결정계수자료는 원가추정방정식의 설명력을 나타내는데 결정계수가 클수록 설명력이 높은 회귀식이므로 기계작업시간을 원가동인으로 하는 회귀식을 원가추정방정식으로 선택하여 원가로 추정하는 것이 보다 바람직하다.

y=₩3,000,000+₩2,625×1,500시간=₩6,937,500

참고로 변동예산은 변동제조간접원가 예산이 아니라 조업도 변동에 따라 조정된 예산을 말하는데 이에 대해서는 제14장에서 자세히 설명한다.

07 ①

회귀분석법은 결정계수(R^2)가 1에 가까울수록 만족스러운 추정을 달성한다.

08 ③

5,000단위의 원가 y=₩500,000+₩500×5,000단위+₩2,000×100회*1+₩30,000×50회*2

=₩4,700,000

*1. 원재료 주문횟수=$\frac{5,000단위 \times 2kg}{100kg}$=100회　　　2. 작업준비횟수=$\frac{5,000단위}{100단위}$=50회

09 ④

학습률을 R이라 하면 다음이 성립힌다.

	누적생산량(x)	10단위당 누적평균시간(y)		누적총시간(xy)	
+30단위	10단위		100시간	100시간	+224시간
	20	100시간×R=	100R	?	
	40	100시간×R^2=	81시간	324시간	

100시간×R^2=81시간　　∴ R=0.9

10 ⑤

누적생산량(x)	누적평균시간(y)	누적노동시간(TL=$x \times y$)	
1,000단위	r 0.25시간	250시간	+200시간
2,000단위	0.225	450	

0.25시간×r=0.225시간　　∴ 학습률(r)=90%

11 ①

(1) 10,000개 생산시간 : ₩400,000/₩10=40,000시간

(2) 시간당 변동제조간접원가 : ₩80,000/40,000시간=시간당 ₩2

누적생산량(x)	10,000개당 누적평균시간(y)		누적총시간(xy)
10,000개		40,000시간	40,000시간
20,000	40,000시간×0.8=	32,000	64,000
40,000	32,000시간×0.8=	25,600	102,400
80,000	25,600시간×0.8=	20,480	163,840

직접재료원가	₩900,000×8=	₩7,200,000
직접노무원가	163,840시간×@10=	1,638,400
변동제조간접원가	163,840시간×@2=	327,680
		₩9,166,080

12 ②

(1) 노동시간의 추정

	누적생산량(x)	단위당 누적평균시간(y)		누적총시간(xy)	
600단위	200단위		15시간	3,000시간	6,720시간
	400	15시간×90%=	13.5	?	
	800	13.5시간×90%=	12.15	9,720시간	

(2) 600단위의 계약입찰 예상금액

직 접 재 료 원 가	(₩5,000÷200단위)×600단위=	₩15,000
직 접 노 무 원 가	6,720시간×₩20=	134,400
변동제조간접원가	₩134,400×12.5%*=	16,800
기 타	₩134,400×20%=	26,880
합 계		₩193,080

* 변동제조간접원가배부율 : ₩7,500/₩60,000=직접노무원가의 12.5%

13 ②

(1) 추가발생노동시간

누적생산량	300단위당 누적평균시간		누적총시간	
300단위		6,000시간		6,000시간
600	6,000시간×80%=	4,800		
1,200	4,800시간×80%=	3,840	4×3,840시간=	15,360

∴ 900단위 추가생산시 발생할 직접노동시간 : 15,360시간−6,000시간=9,360시간

(2) 추가발생원가

직 접 재 료 원 가	₩300,000÷300단위×900단위=	₩900,000
직 접 노 무 원 가	9,360시간×₩100=	936,000
변동제조간접원가	₩936,000×₩300,000/₩600,000=	468,000
합 계		₩2,304,000

14 ②

누적생산량	증분단위시간	
1	120시간	┐ 95%
2	114	←
3	110	│ 95%
4	108.3	←
합 계	452.3시간	
	÷4개	
	113시간	

주관식 문제

01 계정분석법

대영세차장은 자동세차장을 운영하고 있다. 자동세차가 끝난 후에는 작업자들이 자동차의 내부까지 진공청소한다. 작업자들은 한 명의 감독자가 관리한다. 대영주유소는 2,000대의 자동차를 세차하였으며 다음과 같은 원가자료를 보고하였다.

계 정	계정잔액	비 고
작업자급여	₩500,000	작업자급여는 시급으로 지급
세제원가	40,000	
수도료	60,000	
전력비	100,000	20%는 사무실 운영에서 고정적으로 발생
감가상각비	50,000	
감독자인건비	40,000	
출납직원급여	70,000	
합 계	₩860,000	

【물음 1】 각 계정의 원가를 변동원가와 고정원가로 분류하고 원가함수를 추정하시오.

【물음 2】 대영세차장은 7월에는 3,000대의 차를 세차할 것으로 예상된다. 요구사항 1에서 작성한 원가분류를 사용하여 7월의 대영세차장의 총원가를 추정하시오.

해답

[물음 1] 원가함수의 추정

(1) 고정원가와 변동원가의 분류

계 정	변동원가	고정원가	계정잔액
작업자급여	₩500,000		₩500,000
세제원가	40,000		40,000
수도료	60,000		60,000
전력비	80,000	₩20,000	100,000
감가상각비		50,000	50,000
감독자인건비		40,000	40,000
출납직원급여		70,000	70,000
합 계	₩680,000	₩180,000	₩860,000

(2) 단위당 변동원가 : ₩680,000÷2,000대=₩340

(3) 원가함수 : 총원가(y)=₩180,000+₩340x (단, x는 세차자동차수)

[물음 2] 총원가예상액

₩180,000+₩340×3,000대=₩1,200,000

02 원가의 추정과 가격결정

(주)영화는 CDMA방식의 핸드폰을 제조하여 판매하는 회사이다. (주)영화에서 제작하는 핸드폰은 품질이 우수하여 모토롤라에서 OEM방식으로 1년간 구매하겠다는 의사를 나타내고 있으며 모토롤라에 핸드폰을 납품하게 되면 외부판매는 불가능하다. (주)영화의 사장은 모토롤라에 핸드폰을 납품하기 위해서 핸드폰단위당 판매가격을 얼마로 제시하여야 하는지 고민 중이다. 핸드폰의 한 단위를 생산하기 위한 직접원가는 다음과 같다.

직접재료원가	₩18,000
직접노무원가(0.5시간×시간당 ₩20,000)	10,000

핸드폰을 생산하는 공장에서는 직접원가 이외에 제조간접원가가 발생하는데 제조간접원가가 제품단위당 얼마나 발생하는지는 정확하게 알지 못하고 있다. (주)영화의 사장은 핸드폰의 판매가격을 결정하기 위해서 제조간접원가가 어떻게 발생하는지를 파악해야 한다고 생각하고 회사담당회계사인 김회계사에게 자문을 요청하였다. 김회계사는 (주)영화에 제조간접원가와 제조간접원가를 발생시킨 것으로 생각되는 요인의 월별자료를 요구하였다. (주)영화에서 집계한 제조간접원가와 원가동인(cost driver)의 지난 1년간의 월별자료는 다음과 같고, 생산부서에서는 제품 한 단위 생산에 표준적으로 0.5시간의 노무시간과 0.7시간의 기계시간이 소요된다고 보고하였다.

월	제조간접원가 발생액	월별기계시간	월별노동시간
1월	₩1,034,000	68시간	54시간
2월	1,211,000	88	65
3월	1,004,000	62	45
4월	985,000	72	42
5월	880,000	60	40
6월	1,455,800	96	72
7월	1,180,000	78	60
8월	710,200	46	32
9월	1,154,000	82	52
10월	1,295,000	94	82
11월	945,000	68	45
12월	815,000	48	48
합 계	₩12,669,000	862시간	637시간

【물음 1】 김회계사는 계정분석법에 따라 제조간접원가 추정방정식을 계산하기로 하고 일 년 동안 발생한 제조간접원가의 계정을 분석하여 변동원가 ₩10,344,000과 고정원가 ₩2,325,000으로 분류하였다. 원가동인을 기계시간으로 판단한 경우에 계정분석법에 따라서 (주)영화의 연간 제조간접원가를 추정하는 식을 계산하시오.

【물음 2】 김회계사가 원가동인을 기계시간으로 판단하고 고저점법을 이용하는 경우 연간 제조간접원가 추정방정식을 계산하시오.

【물음 3】 김회계사가 회귀분석법을 이용하기로 하고 위의 월별 자료를 엑셀에 입력하여 다음과 같은 결과를 얻었다. 단, a는 독립변수와 무관한 종속변수 값이며, b는 독립변수 한 단위가 종속변수에 미치는 영향을 의미한다.

기계시간기준 : a=163,868, b=12,416, 결정계수 0.9277
노동시간기준 : a=357,956, b=13,145, 결정계수 0.7955

김회계사가 선택한 (주)영화의 연간 제조간접원가 추정식은 무엇인가?

【물음 4】 김회계사는 위의 세 가지 원가추정방법 중 어느 것을 추천하겠는가? 그 이유는 무엇인가?

【물음 5】 모토롤라에 제품을 공급하게 되면 외부판매를 중지해야 한다. 내년도의 모토롤라 주문량이 1,500개이고 이 주문으로 인한 변동판매관리비는 개당 ₩1,200이며 고정판매관리비는 ₩4,600,000이다. (주)영화의 사장은 내년도에도 20%의 영업이익률을 유지하기를 원하고 있다. [물음 4]의 결론을 따른다면 단위당 공급가격을 얼마로 제시해야 하겠는가? 단, 소수점 이하는 반올림하시오.

08

해답

[물음 1] 계정분석법

(1) 기계시간당 변동원가 : ₩10,344,000÷862시간=₩12,000

(2) 원가추정방정식 : y=₩2,325,000+₩12,000x (단, x는 기계시간)

[물음 2] 고저점법

(1) 고점과 저점

	해당 월	제조간접원가	기계시간
고 점	6월	₩1,455,800	96시간
저 점	8월	710,200	46

(2) 기계시간당 변동원가 : $\frac{₩1,455,800-₩710,200}{96시간-46시간}$=₩14,912

(3) 월별 고정원가 : ₩1,455,800−₩14,912×96시간=₩24,248

(4) 연간 고정원가 : ₩24,248×12개월=₩290,976

(5) 원가추정방정식 : y=₩290,976+₩14,912x (단, x는 기계시간)

[물음 3] 회귀분석법

원가동인을 기계시간으로 하여 회귀분석을 한 경우의 결정계수가 0.9277로 원가동인을 노동시간으로 하여 회귀분석을 한 경우의 결정계수인 0.7955보다 크므로 기계시간이 제조간접원가의 변동을 보다 잘 설명한다. 따라서 김회계사는 기계시간을 원가동인으로 하는 회귀분석을 선택할 것이고 이때의 원가추정식은 다음과 같다.

y=₩1,966,416* +₩12,416x (단, x는 기계시간)

* ₩163,868×12개월=₩1,966,416

[물음 4] 원가추정방법의 비교

회귀분석에 의해 추정한 결과를 추천할 것이다. 계정분석법은 고정원가와 변동원가를 분리하는 과정에서 주관이 개입될 여지가 있고, 고저점법은 기준으로 선택한 고점과 저점이 일반적인 경우에서 벗어나는 극단적인 점일 수도 있다는 위험이 있다. 반면 회귀분석법은 모든 변수값을 통계적으로 고려하여 산출한 것이므로 이론적으로 가장 우월한 방법이다.

[물음 5] 목표판매가격

직접재료원가	1,500개×₩18,000=	₩27,000,000
직접노무원가	1,500개×₩10,000=	15,000,000
변동제조간접원가	1,500개×0.7기계시간×₩12,416=	13,036,800
고정제조간접원가		1,966,416
변동판매관리비	1,500개×₩1,200=	1,800,000
고정판매관리비		4,600,000
총 원 가		₩63,403,216
원 가 율		÷(1−0.2)
목표매출액		₩79,254,020
예상판매량		÷1,500개
목표판매가격		₩52,836

03 학습곡선

나무(주)는 모터보트를 제작하여 판매하는 회사다. 그런데 나무(주)는 직접노동시간이 학습효과를 가지고 있으며 학습률은 90%라는 것을 발견하였다. 모터보트 한 대의 생산과 관련된 자료는 다음과 같다.

직접재료원가		₩2,000,000
직접노무원가	1,000시간×₩2,000=	2,000,000
변동제조간접원가	1,000시간×₩1,000=	1,000,000
변동제조원가		₩5,000,000

학습률 90%에서 x^{-b}는 다음과 같다.

	x^{-b}		x^{-b}		x^{-b}
1	1.000	5	0.783	9	0.716
2	0.900	6	0.762	10	0.704
3	0.846	7	0.744		
4	0.810	8	0.729		

【물음 1】 나무(주)가 누적평균시간모형에 따를 경우에 4월에 생산을 시작해서 4난위를 생산하였고 5월에 4단위를 생산하는 경우에 5월에 발생할 변동제조원가는 얼마인가?

【물음 2】 5월까지 8단위를 생산하고 나서 6월에 8단위를 생산하려고 하고 있다. (주)희망이 6월 생산량 8단위를 단위당 ₩3,500,000에 공급해주겠다고 제의해 왔다. 이 제의를 수락하는 경우에 나무(주)의 이익은 얼마나 변화되는가?

【물음 3】 나무(주)가 6월말까지 8단위를 생산하였다. 7월에 (주)노력으로부터 2단위의 제품을 구입하겠다는 주문이 들어왔다. 이 주문을 수락하기 위한 한 대당 최소판매가격은 얼마인가? 단, 유휴생산설비는 충분하다.

08

【물음 4】 나무(주)가 증분단위시간모형에 따를 경우에 4월에 생산을 시작해서 4단위를 생산하였고 5월에 4단위를 생산하는 경우에 5월에 발생할 변동제조원가는 얼마인가?

해답

[물음 1] 추가적으로 발생하는 변동제조원가

(1) 5번째 단위부터 8번째 단위를 생산하는 데 발생할 노동시간

누적생산량(x)	단위당 누적평균시간(y)	누적총시간(xy)	
1	1,000시간	1,000시간	
2	1,000시간×0.9=900	1,800	
4	1,000시간×0.9^2=810	3,240	2,592시간
8	1,000시간×0.9^3=729	5,832	

(2) 5단위~8단위 생산을 위해 발생할 변동제조원가

직 접 재 료 원 가	4단위×₩2,000,000=	₩8,000,000
직 접 노 무 원 가	2,592시간×₩2,000=	5,184,000
변동제조간접원가	2,592시간×₩1,000=	2,592,000
변 동 제 조 원 가		₩15,776,000

[물음 2] 외부구입시 증분이익

(1) 9번째 단위부터 16번째 단위를 생산하는 데 발생할 노동시간

누적생산량(x)	단위당 누적평균시간(y)	누적총시간(xy)	
1	1,000시간	1,000시간	
2	1,000시간×0.9=900	1,800	
4	1,000시간×0.9^2=810	3,240	
8	1,000시간×0.9^3=729	5,832	4,665.6시간
16	1,000시간×0.9^4=656.1	10,497.6	

(2) 9단위~16단위 생산을 위해 발생할 변동제조원가

직 접 재 료 원 가	8단위×₩2,000,000=	₩16,000,000
직 접 노 무 원 가	4,665.6시간×₩2,000=	9,331,200
변동제조간접원가	4,665.6시간×₩1,000=	4,665,600
변 동 제 조 원 가		₩29,996,800

(3) 외부구입시 증분이익

Ⅰ. 증분수익				₩0
Ⅱ. 증분비용				
증 가	외 부 구 입 액	8단위×₩3,500,000=	₩28,000,000	
감 소	변동제조원가		(29,996,800)	(1,996,800)
Ⅲ. 증분이익				₩1,996,800

[물음 3] 특별주문을 수락하기 위한 최소판매가격

(1) 학습곡선과 노동시간

누적생산량(x)	단위당 누적평균시간(y)	누적총시간(xy)	
8	1,000시간×0.729= 729시간	5,832시간	
9	1,000시간×0.716= 716	6,444	+1,208시간
10	1,000시간×0.704= 704	7,040	

(2) 최소판매가격

$$\frac{₩2,000,000 \times 2대 + 1,208시간 \times ₩3,000}{2} = ₩3,812,000$$

[물음 4] 증분단위시간 학습모형

(1) 학습곡선과 노동시간

누적생산량(x)	증분단위시간(m)	누적총시간(Σm)
5	1,000시간×0.783=783시간	783시간
6	1,000시간×0.762=762	1,545
7	1,000시간×0.744=744	2,289
8	1,000시간×0.729=729	3,018

(2) 5단위~8단위 생산을 위해 발생할 변동제조원가

직 접 재 료 원 가	4단위×2,000,000=	₩8,000,000
직 접 노 무 원 가	3,018시간×₩2,000=	6,036,000
변동제조간접원가	3,018시간×₩1,000=	3,018,000
변 동 제 조 원 가		₩17,054,000

08

04 학습곡선 – 누적평균시간모형과 증분단위시간모형

(주)원가는 모터보트를 제작하여 판매하는 회사다. 그런데 (주)원가는 직접노동시간이 학습효과를 가지고 있다는 것을 발견하였다. 모터보트 한 대의 생산과 관련된 자료는 다음과 같다.

직 접 재 료 원 가	₩2,000,000 /대
직 접 노 동 시 간	2,500시간
직 접 노 무 원 가	₩2,000/시간
변동제조간접원가	₩1,500/시간

직접노동시간이 누적평균시간모형을 따른다고 할 때 적용되는 학습률은 95%이고 증분단위시간모형을 따른다고 할 때 적용되는 학습률은 90%이며, 다음과 같은 원가함수 형태를 갖는다.

누적평균시간모형 : $y = ax^{-b}$

증분단위시간모형 : $m = ax^{-b}$

단, y : 단위당 누적평균시간

m : 단위당 증분시간

a : 첫 번째 단위를 만드는 데 필요한 직접노동시간

b : 학습률과 관련된 지수

x : 생산수량

x^{-b}는 다음과 같다.

	$y=ax^{-b}$	$m=ax^{-b}$
	x^{-b}	x^{-b}
1	1.0000	1.0000
2	0.9500	0.9000
3	0.9219	0.8462
4	0.9025	0.8100
5	0.8877	0.7830
6	0.8758	0.7616
7	0.8659	0.7440
8	0.8573	0.7290

【물음 1】 직접노동시간이 누적평균시간모형에 따른다고 할 경우 5번째 단위부터 8번째 단위(총 4단위)를 생산하는데 발생할 변동제조원가는 얼마인가? 단, 소수점 미만은 반올림한다.

【물음 2】 직접노동시간이 증분단위시간모형에 따른다고 할 경우 1번째 단위부터 4번째 단위를 생산하는 데 발생할 변동제조원가는 얼마인가? 단, 소수점 미만은 반올림한다.

해답

[물음 1] 누적평균시간 학습모형

누적생산량(x)	단위당 누적평균시간(y)	누적총시간(xy)
1	2,500시간	2,500시간
2	2,500시간×0.9500= 2,375	4,750
4	2,500시간×0.9025*1= 2,256	9,024
8	2,500시간×0.8573*2= 2,143	17,144

* 1. 0.952 2. 0.953

(1) 5번째 단위부터 8번째 단위를 생산하는 데 발생할 노동시간

8단위를 생산하는 데 소요되는 총시간	17,144시간
4단위를 생산하는 데 소요되는 총시간	−9,024
5단위~8단위 생산을 위한 추가소요시간	8,120시간

(2) 5단위~8단위 생산을 위해 발생할 변동제조원가

직접재료원가	4단위×₩2,000,000=	₩8,000,000
직접노무원가	8,120시간×₩2,000=	16,240,000
변동제조간접원가	8,120시간×₩1,500=	12,180,000
변동제조원가		₩36,420,000

[물음 2] 증분단위시간 학습모형

누적생산량(x)	증분단위시간(m)		누적총시간($\sum m$)
1		2,500시간	2,500시간
2	2,500시간×0.9000=	2,250	4,750
3	2,500시간×0.8462=	2,116	6,866
4	2,500시간×0.8100*=	2,025	8,891

* 0.902

1단위~4단위 생산을 위해 발생할 변동제조원가

직 접 재 료 원 가	4단위×₩2,000,000=	₩8,000,000
직 접 노 무 원 가	8,891시간×₩2,000=	17,782,000
변동제조간접원가	8,891시간×₩1,500=	13,336,500
변 동 제 조 원 가		₩39,118,500

CHAPTER 09

Cost & Management Accounting

원가 · 조업도 · 이익분석

제1절 CVP분석의 기본개념

1. CVP분석의 의의

관리회계 담당자는 경영자가 생산량이나 판매량에 대한 예측수량을 바꾸었을 때 원가가 얼마나 발생할지를 쉽게 정보로 제공하기 위해서, 원가행태를 파악하고 원가함수를 추정해서 사용한다. 그런데 경영자는 판매량이 증감할 때 원가 어떻게 변동되는가도 궁금하지만 수익도 어떻게 되는지를 알아야 하고, 그 차이로 얻어지는 이익의 변화도 분석해야 한다. 이렇게 판매량의 변동에 따라 원가와 수익 및 이익이 어떻게 변동되는지를 분석하는 것이 CVP분석이다.

'원가 · 조업도 · 이익분석(cost-volume-profit analysis)'은 조업도의 변화가 원가와 이익에 어떠한 영향을 미치는가를 분석하는 기법으로서 간단히 CVP분석이라고도 한다. CVP분석은 다음과 같은 경영활동을 계획하는데 이용된다.

① 특정 판매량에서 얻을 수 있는 이익은 얼마인가?

② 일정한 목표이익을 달성하기 위해서는 판매량(또는 매출액)이 어느 정도이어야 하는가?

③ 손실을 보지 않으려면 판매량(매출액)이 얼마를 넘어야 하는가?

④ 판매가격이나 원가가 변동되면 이익은 어떻게 변화하는가?

이 분석의 주목적은 단기이익계획(예산편성)과 단기적 의사결정에 필요한 정보를 제공하는 데 있다. 기업의 단기적 의사결정은 대부분 생산량이나 판매량이 원가나 이익에 어떠한 영향을 미치는가를 근거로 하여 이루어지기 때문이다.

2. CVP분석의 가정

기업의 실제경영환경에서 판매량의 변동에 따라 원가와 이익이 어떻게 변동되는 지는 여러 가지 요인에 영향을 받는다. 그러므로 CVP분석은 논의의 편의상 상황을 단순화시키기 위하여 다음과 같은 가정을 전제로 해서 분석한다.

① 모든 원가는 변동원가와 고정원가로 분류할 수 있고 혼합원가도 변동원가와 고정원가로 분류될 수 있다고 가정한다. 그리고 장기적으로는 모든 고정원가도 변화되지만 단기의사결정을 위한 CVP분석에서는 고정원가는 일정하며 변화하지 않는 것으로 가정한다.

② 원가와 수익은 유일한 독립변수인 조업도에 의하여 결정된다고 가정한다. 원가나 수익은 생산요소의 가격변화, 생산기술의 변화, 노조의 파업 및 제품의 시장상황 등 다양한 요소에 의하여 영향을 받게 되지만 CVP분석에서는 오직 조업도인 판매량에 의해서만 영향을 받는다고 가정하여 상황을 단순화한다.

③ 수익과 원가의 행태는 결정되어 있고 관련범위 내에서 선형이라고 가정한다. 즉, 경영자의 의사결정을 위한 관련범위가 정해지면 관련범위 내에서는 제품단위당 판매가격과 변동원가 및 고정원가가 일정하다고 가정한다. 단위당 변동원가가 일정하다는 가정은 생산요소의 가격이나 생산성이 일정하다는 세부적인 가정을 내포하고 있다.

④ 생산량과 판매량은 일치하는 것으로 가정한다. 즉, CVP분석에서는 판매량만큼 생산하는 것으로 가정함으로써 기초재고자산과 기말재고자산의 변화가 손익에 영향을 미치지 않는 것으로 본다.

⑤ 제품의 종류가 복수인 경우에는 매출배합이 일정하다고 가정한다. 매출배합이 일정하지 않을 경우에는 각 제품의 판매량이 수익과 비용에 영향을 주어 독립변수가 여러 개가 되므로 CVP분석을 복잡하게 만들 것이다. 따라서 현실적으로는 제품의 매출배합이 수시로 변하겠지만 CVP분석에서는 제품배합이 일정하다고 가정하여 원가와 수익을 결정하는 독립변수를 일정한 매출배합의 조업도로 단일화한다. 예를 들어, 제품 X와 Y를 판매하는 경우에 판매량의 비율이 1 : 2라면 이 판매량의 비율은 언제나 1 : 2인 것으로 가정하는 것이다.

3. 기본개념

수익과 비용 및 이익 사이에는 다음의 관계가 성립한다.

총수익=총비용+이익

이 관계를 영업외수익, 영업외비용과 특별손익이 없는 CVP분석에 적용하면 다음과 같이 나타낼 수 있다.

매출액=변동원가+고정원가+영업이익

$\underbrace{\text{단위당 판매가격}\times\text{판매량}}_{\text{총수익}}=\underbrace{\text{단위당 변동원가}\times\text{판매량}+\text{고정원가}}_{\text{총비용}}+\underbrace{\text{영업이익}}_{\text{이익}}$

이 식이 CVP분석을 위한 기본등식이다. 이 등식에서 원가는 변동원가계산방식으로 변동원가와 고정원가로 구분하고 있는데 이렇게 원가를 행태별로 구분하는 것이 조업도 변화와 관련되는 분석에는 유용하기 때문이다. 이 등식을 조업도중심으로 다양하게 활용하려면 총공헌이익과 단위당 공헌이익 및 공헌이익률을 이해하고 계산할 수 있어야 한다.

① 총공헌이익(total contribution margin : TCM) : 총수익에서 변동원가를 차감한 금액을 말한다. 판매량이 증가할수록 총공헌이익이 증가해서 일정하게 발생하는 고정원가를 보상하고 영업이익에 공헌할 수 있는 금액이 된다.

② 단위당 공헌이익(unit contribution margin : UCM) : 단위당 판매가격에서 단위당 변동원가를 차감한 금액으로서 제품 한 단위를 판매하는 것이 고정원가를 회수하고 영업이익을 창출하는데 얼마나 공헌하는지를 알 수 있는 금액이다.

> 총공헌이익 = 총수익(매출액) − 변동원가
> 단위당 공헌이익 = 단위당 판매가격 − 단위당 변동원가

③ 공헌이익률(contribution margin ratio : CMR) : 매출액에 대한 공헌이익의 비율로서 매출액에서 공헌이익이 차지하는 비율을 말한다. 이는 총공헌이익을 매출액으로 나누어서 계산할 수도 있고 단위당 공헌이익을 단위당 판매가격으로 나누어서 계산할 수도 있다.

$$\text{공헌이익률} = \frac{\text{공헌이익}}{\text{매출액}} = \frac{\text{단위당 공헌이익}}{\text{단위당 판매가격}}$$

$$\text{공헌이익률} + \text{변동원가율} = 100\%$$

예제 [9-1] 공헌이익의 유용성

(주)원가는 내년도의 경영계획을 수립하기 위해 생산 및 판매와 관련되는 자료를 다음과 같이 파악하였으며 단위당 판매가격은 ₩100으로 예상하고 있다.

	단위당 변동원가	총고정원가
직접재료원가	₩20	
직접노무원가	20	
제조간접원가	10	₩50,000
판매관리비	10	30,000
	₩60	₩80,000

요구사항

1. 단위당 공헌이익과 공헌이익률을 계산하시오.
2. 예상판매량이 1,000개, 2,000개, 3,000개인 경우의 영업이익을 변동원가계산에 따라 계산하시오.
3. 예상판매량이 1,000개가 증가하는 경우에 영업이익이 얼마나 증가하는지 계산하시오.
4. 예산매출액이 ₩100,000이 증가하는 경우에 영업이익이 얼마나 증가하는지 계산하시오.

해답

1. 단위당 공헌이익과 공헌이익률
   (1) 단위당 공헌이익 : ₩100－₩60＝₩40
   (2) 공헌이익률 : $\frac{\text{단위당 공헌이익}}{\text{단위당 판매가격}}=\frac{₩40}{₩100}=40\%$

2. 조업도 변동에 따른 영업이익 변화

예산판매량	1,000개		2,000개		3,000개
매 출 액	₩100,000		₩200,000		₩300,000
변 동 원 가	60,000		120,000		180,000
공 헌 이 익	₩40,000	공헌이익 ₩40,000 증가 → (1,000개×@40)	₩80,000	공헌이익 ₩40,000 증가 → (1,000개×@40)	₩120,000
고 정 원 가	80,000		80,000		80,000
영 업 이 익	₩(40,000)	영업이익 ₩40,000 증가 →	₩0	영업이익 ₩40,000 증가 →	₩40,000

판매량이 한 단위 증가하면 단위당 공헌이익 ₩40만큼 총공헌이익이 증가하게 되며, 특정 판매량에서의 총공헌이익이 고정원가 보다 작으면 손실이 발생하고, 공헌이익이 고정원가보다 크면 고정원가를 차감하고 남은 금액만큼 영업이익이 발생한다. 판매량이 한 단위가 증가할 때마다 단위당 공헌이익 ₩40만큼 영업이익이 증가한다. 즉, 공헌이익증가액과 영업이익증가액은 동일해서 공헌이익증가액만큼 영업이익이 증가한다.

3. 예상판매량증가로 인한 영업이익 증가액
   판매량이 증가하는 경우에 공헌이익 증가액만큼 영업이익이 증가한다. 판매량이 1,000개가 증가하면 공헌이익은 ₩40,000이 증가하고, 고정원가는 일정하므로 영업이익도 ₩40,000이 증가한다.
   공헌이익증가액(＝영업이익증가액) : 1,000개×₩40＝₩40,000

4. 예상매출액증가로 인한 영업이익 증가액
   매출액이 증가하는 경우에도 공헌이익증가액만큼 영업이익이 증가한다.
   공헌이익증가액(＝영업이익증가액) : ₩100,000×$\underbrace{40\%}_{\text{공헌이익률}}$＝₩40,000

제 2 절 CVP분석

CVP분석이 의사결정에 구체적으로 어떻게 활용되는지를 이해하기 위해서 CVP도표와 PV도표 및 공헌이익도표를 이용하여 조업도수준과 영업이익의 관계에 대한 개괄적인 이해를 한 후, 기본적 의사결정으로서 손익분기점의 계산, 목표이익의 계산, 안전한계 및 영업레버리지분석 등에 대해 차례로 살펴보도록 하겠다.

1. 도표를 이용한 CVP분석

CVP분석을 하는 기본적인 방법으로 도표를 이용할 수 있다. 가로축(x축)에 조업도를 표시하고, 세로축(y축)에 원가·수익·공헌이익·이익 등을 표시하는데, 세로축에 어떤 값을 표시하는가에 따라 CVP도표, PV도표 및 공헌이익도표로 구분할 수 있다.

(1) CVP도표

'원가·조업도·이익도표(cost-volume-profit graph : CVP도표)'는 조업도(판매량)를 독립변수로 하는 수익선과 비용선을 도출해서 조업도(판매량)가 변동될 때 수익·비용 및 이익(손실)이 어떻게 변동되는지를 도표로 표시한 것이다. CVP도표를 이용하면 조업도변동에 따른 원가와 이익의 상호관계를 쉽게 파악할 수 있다.

CVP도표

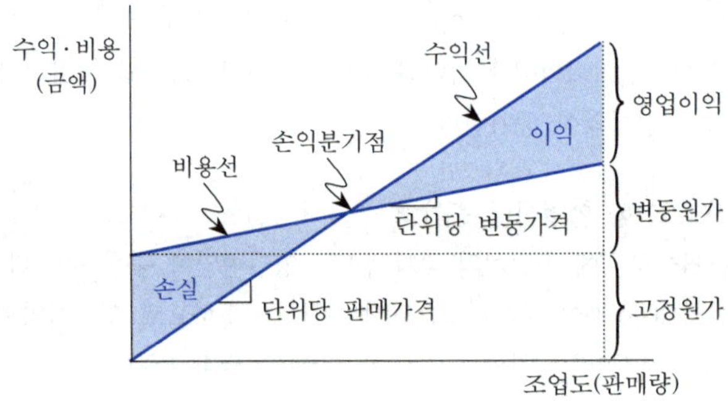

위 도표에서 수익선은 원점을 지나는 직선이고 그 기울기는 단위당 판매가격이다. 이 도표에서 수익선과 비용선이 교차하는 점이 수익과 비용이 일치하여 이익이 '0'인 점인데, 이를 손익분기점이라 한다. 손익분기점을 기준으로 손익분기점보다 낮은 조업도수준에서는 비용선이 수익선 위에 있으므로 영업손실이 발생하게 되고, 손익분기점보다 높은 조업도수준에서는 수익선이 비용선 위에 있으므로 영업이익이 발생하게 된다.

(2) 공헌이익도표

'공헌이익도표(contribution margin graph)'는 조업도(판매량)를 독립변수로 하는 공헌이익선을 도출해서 조업도(판매량)가 변동될 때, 공헌이익이 어떻게 변동되는지를 도표로 표시한 것이다.

공헌이익도표

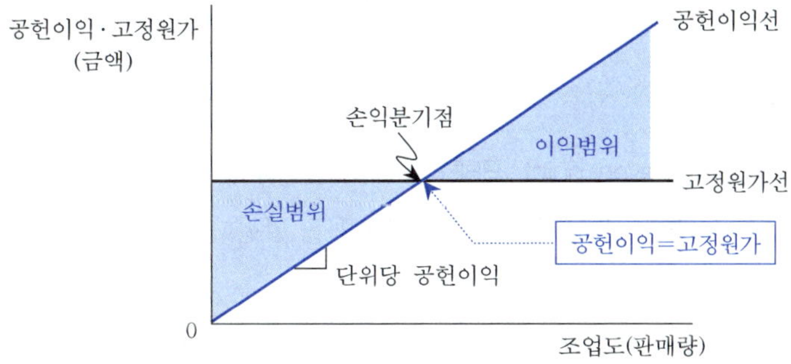

앞의 그림에서 공헌이익선은 원점을 지나는 직선이고 그 기울기는 단위당 공헌이익이다. 공헌이익에서 고정원가를 차감하면 영업이익이므로 공헌이익선과 고정원가선이 만나는 점이 손익분기점이 된다.

09

(3) PV도표

'이익·조업도 도표(profit-volume graph : PV도표)'는 CVP도표의 수익선에서 비용선을 차감한 이익선을 도출하여 조업도(판매량)가 변동함에 따라서 이익이 어떻게 변화되는지에만 초점을 맞추어 도표로 표시한 것이다.

PV도표

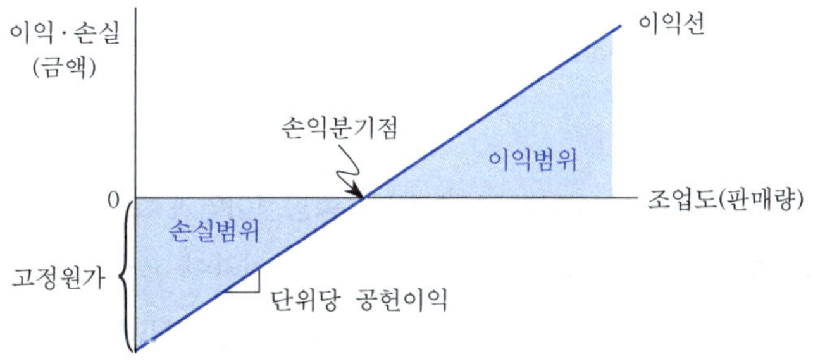

위 그림에서 이익선의 기울기는 단위당 공헌이익이다. 조업도가 0인 경우에는 고정원가만큼 영업손실이 발생하므로 고정원가의 음수 값에서 수직축과 만나게 되고 조업도(판매량)가 증가함에 따라서 단위당 공헌이익만큼 손실이 줄어들어 수평축과 만나는 손익분기점에서 손실이 '0'이 된다. 조업도(판매량)가 손익분기점을 넘어서면 손익분기점 초과판매량의 단위당 공헌이익만큼 영업이익이 증가해 간다. PV도표를 사용하면 CVP도표보다 훨씬 명확하게 조업도가 변동함에 따라 이익이 어떻게 변동되는지를 파악할 수 있다.

2. 손익분기분석

'손익분기점(break-even point : BEP)'은 제품의 판매로 얻은 수익과 지출된 비용이 일치하여 손실도 이익도 발생하지 않는 판매량이나 매출액을 말한다. 즉, 손익분기점에서는 공헌이익 총액이 고정원가와 일치하여 영업이익이 0이 된다.

손익분기점은 CVP분석에서 영업이익이 0이 되는 하나의 점으로 CVP분석의 일부분이라고 할 수 있는데, 이러한 손익분기점을 계산하는 방법으로는 등식법과 공헌이익법 등이 있다.

(1) 등식법

등식법은 CVP분석의 기본등식을 사용하되 손익분기점에서는 이익도 손실도 발생하지 않으므로 영업이익을 '0'으로 놓고 손익분기점 판매량이나 매출액을 계산하는 방법이다.

매출액＝변동원가＋고정원가＋영업이익('0'으로 가정)
∴ 매출액＝변동원가＋고정원가 ·· ①

이 손익분기점 등식은 다음과 같이 나타낼 수도 있다.

매출액＝매출액×변동원가비율＋고정원가 ·· ②
단위당 판매가격×판매량＝단위당 변동원가×판매량＋고정원가 ····················· ③
(총수익) (총비용)

(2) 공헌이익법

공헌이익법(contribution margin method)은 총공헌이익과 고정원가가 일치하는 판매량이나 매출액을 계산하는 방법으로 손익분기점에서 총공헌이익이 고정원가와 일치한다는 사실에 초점을 맞춘 방법이다. 등식법에서 우변에 고정원가만을 남기고 변동원가와 관련된 항목을 좌변으로 이항하면 좌변은 공헌이익금액이 되며 우변에 고정원가가 남아서, 공헌이익과 고정원가가 같아지는 손익분기점의 판매량이나 매출액을 찾을 수 있게 된다.

공헌이익＝고정원가
판매량×단위당 공헌이익＝고정원가
매출액×공헌이익률＝고정원가

이 식들을 변형하면 다음과 같이 나타낼 수도 있다.

$$\frac{\text{손익분기점}}{\text{판매량}} = \frac{\text{고정원가}}{\text{단위당 공헌이익}}, \quad \frac{\text{손익분기점}}{\text{매출액}} = \frac{\text{고정원가}}{\text{공헌이익률}}$$

예제 [9-2] 손익분기점 판매량과 손익분기점 매출액

(주)원가의 단위당 판매가격은 ₩100이며, 단위당 변동제조원가는 ₩50이고, 단위당 변동판매관리비는 ₩10이다. 또한 고정제조간접원가는 ₩50,000이며, 고정판매관리비는 ₩30,000이 발생할 것으로 예상하고 있다.

요구사항

1. 다음 방법에 따라서 손익분기점 판매량을 계산하시오.
   (1) 등식법
   (2) 공헌이익법
2. 다음 방법에 따라서 손익분기점 매출액을 계산하시오.
   (1) 등식법
   (2) 공헌이익법

해답

1. 손익분기점 판매량을 x라 하면
   (1) 등식법을 이용하는 경우

   $\underbrace{₩100 \times x}_{\text{매출액}} = \underbrace{(₩50+₩10) \times x}_{\text{변동원가}} + \underbrace{(₩50,000+₩30,000)}_{\text{고정원가}}$ ∴ 손익분기점 판매량(x)=2,000개

   (2) 공헌이익법을 이용하는 경우

   $\underbrace{₩40 \times x}_{\text{공헌이익}} = \underbrace{(₩50,000+₩30,000)}_{\text{고정원가}}$ ∴ 손익분기점 판매량(x)=2,000개

2. 손익분기점 매출액을 S라 하면
   (1) 등식법을 이용하는 경우

   $\underbrace{S}_{\text{매출액}} = \underbrace{S \times 60\%}_{\text{변동원가}} + \underbrace{₩80,000}_{\text{고정원가}}$ ∴ 손익분기점 매출액(S)=₩200,000

   (2) 공헌이익법을 이용하는 경우

   $\underbrace{S \times 40\%}_{\text{공헌이익}} = \underbrace{₩80,000}_{\text{고정원가}}$ ∴ 손익분기점 매출액(S)=₩200,000

3. 목표이익분석

CVP분석을 사용하면 손익분기점 이외에도 경영자가 원하는 특정 목표이익(target income)을 달성하기 위해 필요한 판매량이나 매출액을 계산할 수 있다. 목표이익을 달성하기 위한 판매량이나 매출액을 구하는 방법도 손익분기점과 마찬가지로 등식법과 공헌이익법이 있다. 등식법은 CVP분석의 기본등식에서 영업이익의 자리에 목표이익을 대입하여 목표판매량이나 목표매출액을 계산하는 방법이며, 공헌이익법은 고정원가와 목표이익의 합계가 공헌이익과 일치하는 판매량이나 매출액이 목표이익을 달성하기 위한 목표판매량이나 목표매출액이 된다는 점에 초점을 두어 CVP분석의 기본등식을 변형한 것이다.

• 등　식　법 : 매출액 = 변동원가 + 고정원가 + 목표이익
• 공헌이익법 : 공헌이익 = 고정원가 + 목표이익
목표판매량 × 단위당 공헌이익 = 고정원가 + 목표이익 …… 수량계산식
목표매출액 × 공헌이익률 = 고정원가 + 목표이익 …… 금액계산식

위의 등식법이나 공헌이익법을 이용하여 목표이익을 달성하기 위한 목표판매량이나 매출액을 계산하여 정리하면 다음과 같다.

$$목표판매량 = \frac{고정원가 + 목표이익}{단위당\ 공헌이익},\quad 목표매출액 = \frac{고정원가 + 목표이익}{공헌이익률}$$

예제 [9-3] 목표이익

(주)원가의 단위당 판매가격은 ₩100이며, 단위당 변동제조원가는 ₩50이고, 단위당 변동판매관리비는 ₩10이다. 또한 고정제조간접원가는 ₩50,000이며, 고정판매관리비는 ₩30,000이 발생할 것으로 예상하고 있다. (주)원가의 목표이익은 ₩20,000이다.

요구사항

당기의 다음 항목을 계산하시오.

1. 다음 방법에 따라서 목표이익을 달성하기 위한 판매량을 계산하시오.
   (1) 등식법
   (2) 공헌이익법
2. 다음 방법에 따라서 목표이익을 달성하기 위한 매출액을 계산하시오.
   (1) 등식법(변동원가율 사용)
   (2) 공헌이익법(공헌이익률 사용)

해답

1. 목표이익을 달성하기 위한 판매량을 x라 하면

(1) 등식법

$\underbrace{₩100\times x}_{\text{매출액}}=\underbrace{₩60\times x}_{\text{변동원가}}+\underbrace{₩80,000}_{\text{고정원가}}+\underbrace{₩20,000}_{\text{목표이익}}$ ∴ $x=2,500$대

(2) 공헌이익법

$\underbrace{₩40^{*}\times x}_{\text{공헌이익}}=\underbrace{₩80,000}_{\text{고정원가}}+\underbrace{₩20,000}_{\text{목표이익}}$ ∴ $x=2,500$대

* 단위당 공헌이익=₩100−₩60=₩40

2. 목표이익을 달성하기 위한 매출액을 S라 하면

(1) 등식법

$\underbrace{S}_{\text{매출액}}=\underbrace{S\times 60\%^{*}}_{\text{변동원가}}+\underbrace{₩80,000}_{\text{고정원가}}+\underbrace{₩20,000}_{\text{목표이익}}$ ∴ S=₩250,000

* 변동원가율$=\frac{\text{단위당 변동원가}}{\text{단위당 판매가격}}=\frac{₩60}{₩100}=60\%$

(2) 공헌이익법

$\underbrace{S\times 40\%^{*}}_{\text{공헌이익}}=\underbrace{₩80,000}_{\text{고정원가}}+\underbrace{₩20,000}_{\text{목표이익}}$ ∴ S=₩250,000

* 공헌이익률$=\frac{\text{단위당 공헌이익}}{\text{단위당 판매가격}}=\frac{₩40}{₩100}=40\%$

4. 세금의 역할

기본적인 CVP분석에서는 단위당 변동원가가 일정한 것으로 가정하여 법인세를 고려하지 않았다. 그러나 실제 경영환경은 기업에서 이익이 발생하는 경우에 법인세를 납부하여야 하므로 법인세가 고려될 경우 CVP분석은 다음과 같이 영향을 받는다.

(1) 법인세를 고려한 손익분기점 분석

손익분기점에서는 이익이 없기 때문에 법인세를 납부하지 않는다. 따라서 법인세를 고려하더라도 손익분기점은 영향을 미치지 않는다. 즉, 법인세를 고려하는 경우와 고려하지 않는 경우의 손익분기점은 동일하다.

(2) 법인세를 고려한 목표이익분석

법인세가 CVP분석에 어떻게 영향을 미치는지를 이해하기 위해서는 CVP분석의 기본등식에 포함되어 있는 영업이익의 성격을 이해하여야 한다. 기본등식에 포함된 영업이익은 매출액에서

변동원가와 고정원가를 차감한 금액으로 법인세를 차감하기 전의 영업이익이다.

$$\text{매출액} = \text{변동원가} + \text{고정원가} + \text{세전이익(영업이익)}$$

그런데 경영자가 원하는 목표이익을 달성하기 위해서는 세금을 납부한 후 최종적으로 남은 잔액이 목표이익과 일치하여야 할 것이다. 이처럼 경영자가 원하는 목표이익은 법인세를 차감한 후의 이익인 반면에 CVP분석의 기본등식에 포함된 영업이익은 법인세차감전의 이익이므로 법인세차감 후의 목표이익을 법인세차감 전 목표이익으로 변환하여 CVP분석의 등식에 적용하여야 한다. 법인세차감 전 이익과 법인세차감 후 이익 사이에는 다음과 같은 관계가 성립한다.

$$\text{세전이익} - \text{법인세납부액} = \text{세후이익}$$
$$\text{세전이익} - \text{세전이익} \times \text{세율} = \text{세후이익}$$
$$\text{세전이익} \times (1 - \text{세율}) = \text{세후이익}$$
$$\text{세전이익} = \frac{\text{세후이익}}{1 - \text{세율}}$$

이처럼 세후이익과 세전이익 사이에는 위와 같은 관계가 성립하므로 경영자가 원하는 세후목표이익을 세전이익으로 변환하여 CVP분석의 기본등식에 적용하면 다음과 같다.

- 등식법 : $\text{매출액} = \text{변동원가} + \text{고정원가} + \dfrac{\text{세후목표이익}}{1 - \text{세율}}$
- 공헌이익법 : $\text{공헌이익} = \text{고정원가} + \underbrace{\dfrac{\text{세후목표이익}}{1 - \text{세율}}}_{\text{세전이익}}$

이 식을 정리하면 다음의 식이 성립한다.

$$\text{목표판매량} = \frac{\text{고정원가} + \text{세전목표이익}}{\text{단위당 공헌이익}} = \frac{\text{고정원가} + \dfrac{\text{세후목표이익}}{1 - \text{세율}}}{\text{단위당 공헌이익}}$$

$$\text{목표매출액} = \frac{\text{고정원가} + \text{세전목표이익}}{\text{공헌이익률}} = \frac{\text{고정원가} + \dfrac{\text{세후목표이익}}{1 - \text{세율}}}{\text{공헌이익률}}$$

예제 [9-4] 세후목표이익

(주)원가의 단위당 판매가격은 ₩100이며, 단위당 변동제조원가는 ₩50이고, 단위당 변동판매관리비는 ₩10이다. 또한 고정제조간접원가는 ₩50,000이며, 고정판매관리비는 ₩30,000이 발생할 것으로 예상하고 있다. 세율 40%의 법인세가 존재하고 세후목표이익이 ₩24,000인 상황에서 다음의 물음에 답하시오.

요구사항

1. 세후목표이익인 ₩24,000을 달성하기 위한 세전목표이익을 계산하시오.
2. 다음 방법에 따라서 세후목표이익을 달성하기 위한 판매량을 계산하시오.
   (1) 등식법　　　　(2) 공헌이익법
3. 다음 방법에 따라서 세후목표이익을 달성하기 위한 매출액을 계산하시오.
   (1) 등식법(변동비율을 사용)　　　　(2) 공헌이익법(공헌이익률을 사용)

해답

1. 세전목표이익

$$\text{세전목표이익} \times (1-40\%) = \underbrace{₩24{,}000}_{\text{세후목표이익}}$$

$$\text{세전목표이익} = \frac{₩24{,}000}{(1-40\%)} = ₩40{,}000$$

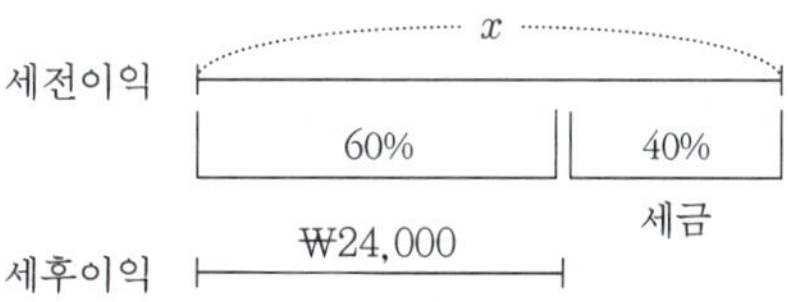

2. 목표이익 달성을 위한 판매량

세후목표이익 ₩24,000을 달성하기 위한 판매량을 x라 하면

(1) 등식법

$$\underbrace{₩100 \times x}_{\text{매출액}} = \underbrace{₩60 \times x}_{\text{변동원가}} + \underbrace{₩80{,}000}_{\text{고정원가}} + \underbrace{\frac{₩24{,}000}{1-40\%}}_{\text{세전목표이익}} \qquad \therefore\ x = 3{,}000\text{개}$$

(2) 공헌이익법

$$\underbrace{₩40 \times x}_{\text{공헌이익}} = \underbrace{₩80{,}000}_{\text{고정원가}} + \underbrace{\frac{₩24{,}000}{1-40\%}}_{\text{세전목표이익}}$$

공헌이익으로 버는 금액은 세전이익이므로 세후이익은 세전이익으로 변환해서 분석한다.

∴ 세후목표이익 ₩24,000을 달성하기 위한 판매량(x)=3,000개

3. 목표이익달성을 위한 매출액

세후목표이익 ₩24,000을 달성하기 위한 매출액을 S라 하면

(1) 등식법

$$\underbrace{S}_{\text{매출액}} = \underbrace{S \times 60\%}_{\text{변동원가}} + \underbrace{₩80{,}000}_{\text{고정원가}} + \underbrace{\frac{₩24{,}000}{1-40\%}}_{\text{세전목표이익}}$$

∴ 세후목표이익 ₩24,000을 달성하기 위한 매출액(S)=₩300,000

(2) 공헌이익법

$$\underbrace{S\times 40\%}_{\text{공헌이익}}=\underbrace{₩80,000}_{\text{고정원가}}+\underbrace{\frac{₩24,000}{1-40\%}}_{\text{세전목표이익}} \qquad \therefore S=₩300,000$$

5. 안전한계

안전한계(margin of safety)는 예산매출액 또는 실제매출액이 손익분기점의 매출액을 초과하는 금액을 말한다. 다시 말해서 예산 또는 실제매출액과 손익분기점 사이의 매출액을 의미하는 것으로 회사의 매출액이 감소해도 손실이 발생하지 않는 여유 매출액을 의미한다.

$$\text{안전한계}=\text{매출액}-\text{손익분기점 매출액}$$

안전한계를 비율로 나타낸 것을 안전한계율(margin of safety ratio)이라 하는데, 이는 안전한계를 실제매출액으로 나누어서 계산된다.

$$\text{안전한계율}=\frac{\text{안전한계}}{\text{매출액}}=\frac{\text{매출액}-\text{손익분기점 매출액}}{\text{매출액}}$$

안전한계율은 다음과 같은 식을 이용해서 계산할 수도 있다.

$$\text{안전한계율}=\frac{\text{판매량}-\text{손익분기 판매량}^{4)}}{\text{판매량}}=\frac{\text{영업이익}}{\text{공헌이익}}$$

영업이익 ← 안전한계의 공헌이익
공헌이익 ← 전체매출액의 공헌이익

안전한계는 매출액이 감소되더라도 손실이 발생하지 않는 매출액의 최대감소액을 의미하며, 안전한계율은 그 최대감소비율을 의미한다. 안전한계는 기업의 안정성을 판단하는 중요한 지표로서 안전한계가 낮은 경우에는 판매량이 감소하게 되면 쉽게 손실이 발생한다. 따라서 경영자는 안전한계나 안전한계율이 낮은 경우에는 판매량을 증대시키는 노력을 통해서 매출액을 증대시켜 안전한계를 높이거나 단위당 변동원가를 절감시키는 노력을 통해서 손익분기점을 감소시켜 안전한계를 높여야 할 것이다.

---

4) 위 식의 분자와 분모에 단위당 공헌이익을 각각 곱하면 안전한계율$=\frac{\text{공헌이익}-\text{손익분기점에서의 공헌이익}}{\text{공헌이익}}$이 된다. 그런데 손익분기점에서의 공헌이익은 곧 고정원가이고 공헌이익에서 고정원가를 차감하면 영업이익이므로 안전한계율$=\frac{\text{영업이익}}{\text{공헌이익}}$의 관계가 성립한다.

예제 [9-5] 안전한계

(주)원가는 제품 2,500개를 판매한다는 기준으로 1차년도의 예산을 다음과 같이 수립하였다.

매 출 액	2,500개×@100=	₩250,000
변 동 원 가	2,500개×@60=	150,000
공 헌 이 익	2,500개×@40=	₩100,000
고 정 원 가		80,000
영 업 이 익		₩20,000

요구사항

1. 손익분기점 판매량과 매출액을 구하시오.
2. 안전한계 판매량과 안전한계를 구하시오.
3. 안전한계율을 구하시오.

해답

1. 손익분기점

(1) 손익분기점 판매량 : $\underbrace{@40 \times x}_{\text{공헌이익}} = \underbrace{₩80,000}_{\text{고정원가}}$ ∴ $x = 2,000$개

(2) 손익분기점 매출액 : $\underbrace{S \times 40\%^{*}}_{\text{공헌이익}} = \underbrace{₩80,000}_{\text{고정원가}}$ ∴ $S = ₩200,000$

* 공헌이익률 $= \dfrac{₩100,000}{₩250,000} = 40\%$

2. 안전한계

(1) 안전한계 판매량=판매량−손익분기점 판매량=2,500개−2,000개=500개

(2) 안전한계=매출액−손익분기점 매출액=₩250,000−₩200,000=₩50,000

3. 안전한계율

$$\text{안전한계율} = \frac{\text{안전한계}}{\text{매출액}} = \frac{₩50,000}{₩250,000} = 20\%,\quad \frac{\text{안전한계 판매량}}{\text{판매량}} = \frac{500\text{개}}{2,500\text{개}} = 20\%,$$

$$\text{안전한계율} = \frac{\text{영업이익}}{\text{공헌이익}} = \frac{₩20,000}{₩100,000} = 20\%$$

참고로 [예제 9−5]의 자료를 토대로 손익분기점 매출액과 안전한계매출액을 구분해서 각각의 공헌이익이 어떠한 역할을 하는지를 검토해보면 다음과 같다.

	예상매출액 (①=②+③)		손익분기매출 (②)		안전한계 (③)	안전한계율 (③÷①)
판 매 량	2,500개	=	2,000개	+	500개	500개/2,500개=20%
매 출 액	₩250,000	=	₩200,000	+	₩50,000	₩50,000/₩250,000=20%
변동원가	150,000		120,000		30,000	
공헌이익	(①)₩100,000	=	(②)₩80,000	+	(③)₩20,000	₩20,000/₩100,000=20%
고정원가	80,000		80,000		0	
영업이익	₩20,000	=	₩0	+	₩20,000	

↑ 손익분기점매출액에서 얻은 공헌이익(②)으로 고정원가를 보상해서 손실이 발생하지 않는다.

↑ 안전한계에서 얻어지는 공헌이익(③)만큼 영업이익이 얻어진다.

여기에서 알 수 있는 바와 같이 전체매출액은 손익분기점매출과 안전한계매출로 구분할 수 있으며 이 중 손익분기점매출에서 얻어진 손익분기점공헌이익은 고정원가를 보상하고 안전한계매출에서 얻어진 안전한계공헌이익이 영업이익을 형성한다.

예상매출액	=	손익분기점 매출	+	안전한계 매출
		↓		↓
예상공헌이익	=	손익분기점 공헌이익	+	안전한계 공헌이익
		↓		↓
		고정원가 보상		영업이익 형성

6. 영업레버리지분석

레버리지(leverage)란 일종의 지레장치로서 경영학에서의 레버리지는 매출액이나 자산의 증가율이 조금만 증가하더라도 이익의 증가율이 크게 증가하는 현상을 일컫는다. 레버리지에는 영업레버리지와 재무레버리지가 있는데, CVP분석에서는 영업레버리지와 관련된 정보만을 얻을 수 있다. '영업레버리지(operating leverage)'는 고정원가가 지레역할을 하여 매출액 변화율이 조금만 변화해도 영업이익의 변화율이 크게 확대되는 효과를 의미한다. 영업레버리지의 크기는 영업레버리지도(degree of operating leverage : DOL)라고 하는데, 이는 다음과 같이 계산된다.

$$영업레버리지도 = \frac{영업이익증가율}{매출액증가율} = \frac{공헌이익^{5)}}{영업이익} = \frac{1}{안전한계율}$$

영업레버리지도는 매출액의 변화율이 영업이익을 얼마나 변동시키는지를 나타내주는 지표이다. 영업레버리지의 의미를 이해하기 위해 [예제 9-5]의 (주)원가가 매출액이 20%가 증가한 경우에 영업이익이 어떻게 달라지는지 다음 표를 이용해서 살펴보자.

	현 재		증 가 액	증 가 율
매 출 액	₩250,000	20% →	₩50,000	20%
변 동 원 가	150,000	20% →	30,000	20%
공 헌 이 익	₩100,000	20% →	₩20,000	₩20,000/₩100,000= 20%
고 정 원 가	80,000	0% →	0	0%
영 업 이 익	₩20,000	100% →	₩20,000	₩20,000/₩20,000= 100%

1/5

20%×5=100%

여기에서 살펴본 바와 같이 매출액이 20%가 증가하면 변동원가와 공헌이익은 모두 20%씩 증가한다. 그런데 고정원가는 변동되지 않으므로 공헌이익증가액이 그대로 영업이익증가액이 된다. 즉, 공헌이익이 ₩20,000이 증가하면 그 금액이 그대로 영업이익 증가액 ₩20,000이 된다. 한편, 영업이익은 고정원가 때문에 공헌이익금액(₩100,000)에 비해서 영업이익금액(₩20,000)이 1/5로 작아져 있으므로 영업이익의 증가율은 100%(₩20,000/₩20,000)으로 확대되는데 이를 영업레버리지효과라고 하는 것이다. 이 경우 영업레버리지도는 5가 된다.

영업레버리지도가 크면 영업위험이 높다고 판단한다. 왜냐하면 영업레버리지도가 높으면 매출액이 조금만 증가하더라도 영업이익이 크게 증가하고, 매출액이 조금만 감소하더라도 영업이익이 크게 감소하기 때문이다.

(1) 원가구조와 영업레버리지도

'원가구조(cost structure)'란 고정원가와 변동원가의 상대적인 비율을 의미하는 것으로 CVP 분석에서는 원가구조가 일정한 것으로 전제한다. 그런데 장기적으로는 경영자의 설비투자결정에 따라서 고정원가와 변동원가의 비율은 변동될 수 있다. 투자규모에 따라 원가구조가 달라지고 이로 인해 영업레버리지도와 영업위험이 달라지는데 소규모투자와 대규모투자가 효과가 서로 다르다.

① 소규모투자 : 고정원가는 적게 발생하는 대신에 단위당 변동원가가 크게 발생한다. 설비투자가 적게 되므로 생산설비와 관련되는 고정원가는 적게 발생하는 반면에 인건비등의 변동

---

5) 판매가격은 P, 판매량은 Q, 영업이익은 OI, 단위당 변동원가는 b, 고정원가는 a라 하면

$$\text{영업레버리지도}=\frac{\text{영업이익증가율}}{\text{매출액증가율}}=\frac{\frac{\Delta OI}{OI}}{\frac{\Delta PQ}{PQ}}=\frac{\frac{(P-b)\Delta Q}{(P-b)Q-a}}{\frac{\Delta Q}{Q}}=\frac{(P-b)Q}{(P-b)Q-a}=\frac{\text{공헌이익}}{\text{영업이익}}$$

원가는 증가한다. 소규모투자는 고정원가가 적어서 영업레버리지도가 낮다. 따라서 매출액이 감소할 때 영업이익의 감소비율이 상대적으로 작아서 영업위험이 낮다.

② 대규모투자 : 고정원가는 많이 발생하는 대신에 단위당 변동원가가 작게 발생한다. 설비투자가 많이 되므로 생산설비와 관련되는 고정원가는 많이 발생하는 반면에 인건비 등의 변동원가는 감소한다. 대규모투자는 고정원가가 많기 때문에 영업레버리지도가 높다. 따라서 매출액이 감소할 때 영업이익의 감소비율이 크기 때문에 영업위험이 상대적으로 높다.

따라서 판매량이 증가되고 있는 상황에서는 영업레버리지도가 큰 원가구조인 대규모 설비투자가 유리한 반면, 판매량이 감소되거나 크지 않은 상황에서는 영업레버리지도가 작은 소규모 설비투자가 유리하다. 영업레버리지도는 경영자가 원가구조를 결정하는 의사결정을 하거나 판매량의 변화가 영업이익에 어떻게 영향을 미치는지를 검토하는 상황에서 유용한 정보를 제공한다.

예제 [9-6] 투자규모와 영업레버리지분석

(주)원가는 신제품을 생산할 공장의 설비투자규모를 결정해야 한다. 신제품의 예상판매량은 2,500개이고 단위당 판매가격은 ₩100으로 예상하고 있으며, 설비투자규모에 따른 원가는 다음과 같다.

		소규모투자		대규모투자
매 출 액	2,500개×@100=	₩250,000	2,500개×@100=	₩250,000
변 동 원 가	2,500개×@60=	150,000	2,500개×@40=	100,000
공 헌 이 익		₩100,000		₩150,000
고 정 원 가		80,000		130,000
영 업 이 익		₩20,000		₩20,000

요구사항

1. 각 투자규모별로 영업레버리지도를 계산하시오.
2. 소규모 투자에서 매출액이 10%가 증가하는 경우와 10%가 감소되는 경우에 영업이익을 계산하시오.
3. 대규모 투자에서 매출액이 10%가 증가하는 경우와 10%가 감소되는 경우에 영업이익을 계산하시오.

해답

1. 영업레버리지도

$$\text{소규모 투자의 DOL}=\frac{\text{공헌이익}}{\text{영업이익}}=\frac{₩100{,}000}{₩20{,}000}=5$$

$$\text{대규모 투자의 DOL}=\frac{\text{공헌이익}}{\text{영업이익}}=\frac{₩150{,}000}{₩20{,}000}=7.5$$

2. 매출액 변동에서 소규모 투자의 영업이익 변화액

	기존영업이익 (①)	이익증감액 (②)	총영업이익 (①+②)
매출액 10% 증가	₩20,000	₩20,000×10%×5=₩10,000	₩30,000
매출액 10% 감소	₩20,000	₩20,000×(−10%)×5=−10,000	₩10,000

3. 매출액 변동에서 대규모 투자의 영업이익 변화액

	기존영업이익 (①)	이익증감액 (②)	총영업이익 (①+②)
매출액 10% 증가	₩20,000	₩20,000×10%×7.5=₩15,000	₩35,000
매출액 10% 감소	₩20,000	₩20,000×(−10%)×7.5=−15,000	₩5,000

예제에서 소규모 투자에서 매출액 변화에 따라 영업이익이 어떻게 변화되는지를 자세히 살펴보면 다음과 같다.

	매출 10% 감소		예상매출액		매출 10% 증가
판 매 량	2,250개	← 10%↓	2,500개	10%↑ →	2,750개
매 출 액	₩225,000	← 10%↓	₩250,000	10%↑ →	₩275,000
변동원가	135,000		150,000		165,000
공헌이익	₩90,000	← 10%↓	₩100,000	10%↑ →	₩110,000
고정원가	80,000		80,000		80,000
영업이익	₩10,000	← 50%↓ (10%×5)	₩20,000	50%↑ (10%×5) →	₩30,000

매출액변화에 따른 영업이익변화가
상대적으로 낮다 → 영업위험 낮다

예제에서 대규모 투자에서 매출액 변화에 따라 영업이익이 어떻게 변화되는지를 자세히 살펴보면 다음과 같다.

	매출 10% 감소		예상매출액		매출 10% 증가
판 매 량	2,250개	← 10%↓	2,500개	10%↑ →	2,750개
매 출 액	₩225,000	← 10%↓	₩250,000	10%↑ →	₩275,000
변동원가	90,000		100,000		110,000
공헌이익	₩135,000	← 10%↓	₩150,000	10%↑ →	₩165,000
고정원가	130,000		130,000		130,000
영업이익	₩5,000	← 75%↓ (10%×7.5)	₩20,000	75%↑ (10%×7.5) →	₩35,000

매출액변화에 따른 영업이익변화가
상대적으로 높다 → 영업위험 높다

이처럼 레버리지가 낮은 소규모투자는 매출액이 감소하는 경우에 유리하며 레버리지가 높은 대규모투자는 매출액이 증가하는 경우에 유리하다.

	대규모 투자	소규모 투자
고 정 원 가	고정원가의 비중이 큰 원가구조	고정원가의 비중이 작은 원가구조
변 동 원 가	단위당 변동원가 작다	단위당 변동원가 크다
D O L	영업레버리지가 크다	영업레버리지가 작다
영 업 위 험	영업위험 높다	영업위험 낮다
불 경 기	불리하다. → 다운사이징이 필요하다	유리하다
호 경 기	유리하다	불리하다 → 추가투자가 필요하다

(2) 매출액증가에 따른 영업레버리지도의 변화

영업레버리지도는 특정기업에서 항상 일정한 것이 아니라 매출액이 달라지게 되면 달라진다. 손익분기점을 초과하는 매출액에서는 매출액이 증가할수록 영업레버리지도는 낮아진다. 따라서 매출액을 새롭게 예상한 경우에는 영업레버리지도를 다시 계산해서 사용해야 한다.

예제 [9-7] 영업레버리지분석

(주)원가에서 판매한 제품의 단위당 판매가격은 ₩100이고 변동원가는 ₩60이며 고정원가는 ₩80,000이다. (주)원가의 손익분기점은 2,000개로 파악되었다.

요구사항

다음 각각의 판매량별로 공헌이익과 영업이익 및 영업레버리지도를 구하시오.

(1) 2,100개
(2) 2,200개
(3) 2,500개
(4) 2,800개
(5) 4,000개

해답

예상판매량	공헌이익(①)	영업이익(②)	DOL(①÷②)
(1) 2,100개	2,100개×₩40 =₩84,000	₩84,000−₩80,000 =₩4,000	$\frac{₩84,000}{₩4,000}=21$
(2) 2,200개	2,200개×₩40 =₩88,000	₩88,000−₩80,000 =₩8,000	$\frac{₩88,000}{₩8,000}=11$
(3) 2,500개	2,500개×₩40 =₩100,000	₩100,000−₩80,000 =₩20,000	$\frac{₩100,000}{₩20,000}=5$
(4) 2,800개	2,800개×₩40 =₩112,000	₩112,000−₩80,000 =₩32,000	$\frac{₩112,000}{₩32,000}=3.5$
(5) 4,000개	4,000개×₩40 =₩160,000	₩160,000−₩80,000 =₩80,000	$\frac{₩160,000}{₩80,000}=2$

판매량이 증가하면 안전한계인 영업이익이 증가하면서 DOL은 작아진다.

09

예제에서 알 수 있듯이 손익분기점을 넘어서는 매출액에서는 매출액이 증가할수록 영업레버리지도가 감소해서 '1'에 수렴한다. 즉, 매출액이 아주 커지면 고정원가의 역할이 작아져서 매출액증가율과 영업이익의 증가율이 비슷해지게 된다. 반대로, 손익분기점에 가까워지면 영업레버리지도는 커진다.

기본적 CVP분석의 주요 공식

	분 석 공 식
기 본 식	목표매출액=변동원가+고정원가+목표이익 목표공헌이익=고정원가+목표이익
법 인 세 고 려	$\text{공헌이익}=\text{고정원가}+\frac{\text{세후목표이익}}{1-\text{세율}}$
안 전 한 계 율	$\text{안전한계율}=\frac{\text{안전한계}}{\text{예산매출액}}=\frac{\text{안전한계 판매량}}{\text{예산(현재)판매량}}=\frac{\text{영업이익}}{\text{공헌이익}}$
영업레버리지도	매출액증가율에 대한 영업이익증가율의 비율 $\text{DOL}=\frac{\text{영업이익증가율}}{\text{매출액증가율}}=\frac{\text{공헌이익}}{\text{영업이익}}=\frac{1}{\text{안전한계율}}=\frac{\text{매출액}}{\text{안전한계}}$

제 3 절 확장된 CVP분석

지금까지 살펴본 CVP분석은 현실을 단순화하기 위하여 여러 가지 제한된 가정에 기초한 것이었다. 이제부터는 이러한 가정들을 완화하여 좀더 현실적인 상황하에서 CVP분석을 살펴보도록 하겠다. 여기서 한 가지 알아둘 점은 복잡한 상황에서의 CVP분석은 공헌이익법으로 접근하는 것보다 등식법으로 접근하는 것이 알기 쉽고 간편하다는 것이다.

1. 목표가격의 결정

기업이 시장지배력이 있는 경우에 기업의 이익을 극대화하는 가격을 결정하는 것은 경영자에게 매우 중요한 의사결정문제이다. 이에 대해서는 CVP분석을 이용하여 목표이익을 달성할 수 있는 가격을 결정하는 유용한 정보를 얻을 수 있는데 목표가격은 다음과 같은 식에 의해서 계산된다.

목표가격×판매량=단위당변동원가×판매량+고정원가+목표이익

예제 [9-8] 목표가격

(주)독선은 특허를 얻은 신제품을 개발하였다. 다른 회사는 이 신제품을 생산할 수 없다. (주)독선은 신제품 50,000개를 생산할 수 있는 시설투자를 하였으며, 신제품생산과 관련하여 ₩30,000,000의 고정원가가 발생하고 단위당 변동원가는 ₩500일 것으로 예상된다.

요구사항

1. 손익분기점을 달성하기 위한 목표가격을 계산하시오.
2. ₩20,000,000의 목표이익을 달성하기 위한 판매가격을 계산하시오.

해답

1. 목표가격

$$\underbrace{\text{목표가격}\times 50{,}000\text{개}}_{\text{매출액}} = \underbrace{₩500\times 50{,}000\text{개}}_{\text{변동원가}} + \underbrace{₩30{,}000{,}000}_{\text{고정원가}}$$

∴ 목표가격=₩1,100

2. ₩20,000,000의 목표이익을 달성하기 위한 판매가격

목표가격×50,000개(매출)=₩500×50,000개(변동원가)+₩30,000,000(고정원가)+₩20,000,000(목표이익)

∴ 목표가격=₩1,500

2. 목표원가(target cost)의 결정

경쟁이 치열한 시장에서는 경쟁력을 가지는 판매가격과 품질이 먼저 결정되게 되고 결정된 판매가격에서 이익을 얻기 위해서 투입해야 하는 생산원가를 사후적으로 결정하게 된다. 이렇게 판매가격이 먼저 결정되고 사후적으로 결정된 원가를 '목표원가(target cost)'라고 한다. 목표원가는 시장에서 경쟁력이 있는 판매가격에 제품을 판매하여 이익을 얻기 위해서 개별제품에 투입하여야 할 원가의 상한선으로 다음과 같이 계산한다.

> 판매가격×판매예상량(예상매출액)=목표원가×판매예상량(변동원가)+고정원가+목표이익

예제 [9-9] 목표변동원가

(주)벤처는 노트북시장에 새롭게 진출하려고 한다. 노트북시장을 분석한 결과 중저가 노트북이 경쟁력이 있는 것으로 파악되었으며 소비자들이 원하는 가격대는 ₩1,200,000이었다. 중저가 노트북을 새롭게 생산하게 되면 고정원가 ₩400,000,000이 추가적으로 발생할 것으로 예상된다. 내년의 예상판매량이 1,500대이며, 이 투자를 통하여 ₩200,000,000의 이익을 얻으려고 한다면 목표변동원가는 얼마인지 계산하시오.

해답

₩1,200,000×1,500대(예상매출액)=목표변동원가×1,500대(변동원가)+₩400,000,000(고정원가)+₩200,000,000(목표이익)

∴ 목표변동원가=단위당 ₩800,000

3. 현금흐름분기점

'현금흐름분기점'이란 현금의 유입액과 현금의 유출액이 같아서 순현금흐름이 '0'인 판매량이나 매출액을 말한다. 손익분기점이 수익과 비용이 동일해지는 조업도라면 현금흐름분기점은 현금유입액과 현금유출액이 동일해지는 조업도를 의미한다.

현금흐름분기점을 계산하기 위해서는 수익과 비용항목 중에서 감가상각비를 제외한 모든 수익, 비용항목은 현금흐름을 수반한다고 가정한다. 이런 가정하에서 CVP분석의 기본등식을 이용하여 현금흐름분기점을 계산하는 식은 다음과 같다.

$$\underbrace{\text{매출액}}_{\text{현금유입액}}=\underbrace{\text{변동원가}}_{\text{현금유출액}}+\underbrace{(\overbrace{\text{고정원가}-\text{감가상각비}}^{\text{현금유출고정원가}})}_{\text{고정현금유출액}}$$

상황을 좀 더 현실화해서 법인세가 존재하는 경우에는 위의 식이 다음과 같이 바뀐다.

$$\underbrace{\text{매출액}}_{\text{현금유입액}}=\text{변동원가}+\underbrace{(\text{고정원가}-\text{감가상각비})}_{\text{현금유출고정원가}}+\underbrace{\text{법인세}}_{\text{법인세 유출액}}$$

이 식에서 주의할 점은 법인세액은 현금흐름에 따라 계산되는 것이 아니라 발생주의에 따른 세전이익에 세율을 곱하여 계산한다는 것이다. 따라서 위의 식은 다음과 같이 나타낼 수 있다.

$$\underbrace{\text{매출액}}_{\text{현금유입액}}=\text{변동원가}+\underbrace{(\text{고정원가}-\text{감가상각비})}_{\text{현금유출고정원가}}+\underbrace{(\overbrace{\text{매출액}-\text{변동원가}-\text{고정원가}}^{\text{회계상 세전이익}})\times\text{법인세율}}_{\text{법인세 유출액}}$$

예제 [9-10] 현금흐름분기점

희망회사는 단위당 판매가격이 ₩600이고 단위당 변동원가가 ₩400인 제품을 생산·판매하고 있다. 연간 고정원가는 ₩100,000이며 고정원가에는 감가상각비 ₩40,000이 포함되어 있다.

요구사항

1. 법인세가 없는 경우 손익분기점과 현금흐름분기점의 판매량을 구하시오.
2. 법인세가 존재하고 법인세율이 40%일 경우 손익분기점과 현금흐름분기점의 판매량을 구하시오(회사는 법인세의 환수를 신청할 수 있다).

해답

1. 법인세가 없는 경우

(1) 손익분기점 판매량을 x라 하면

$$\underbrace{₩600x}_{\text{매출액}}=\underbrace{₩400x}_{\text{변동원가}}+\underbrace{₩100,000}_{\text{고정원가}}$$

∴ 손익분기점 판매량(x)=500개

(2) 현금흐름분기점 판매량을 x라 하면

$$\underbrace{₩600x}_{\text{현금유입액}} = \underbrace{₩400x}_{\text{변동현금유출액}} + \underbrace{(₩100{,}000 - ₩40{,}000)}_{\text{고정현금유출액}}$$

∴ 현금흐름분기점 판매량(x)=300개

2. 법인세율이 40%일 경우

(1) 법인세가 존재하여도 손익분기점에서는 이익이 발생하지 않아 법인세납부액이 없으므로 손익분기점은 변하지 않는다. 따라서 손익분기점 판매량은 500개이다.

(2) 현금흐름분기점 판매량(x)

$$\underbrace{₩600x}_{\text{현금유입액}} = \underbrace{₩400x}_{\text{변동현금유출액}} + \underbrace{(₩100{,}000 - ₩40{,}000)}_{\text{고정현금유출액}} + \underbrace{(\overbrace{₩600x - ₩400x - ₩100{,}000)}^{\text{발생주의 세전이익}} \times 40\%}_{\text{현금유출 법인세납부세액}}$$

∴ x=166.67개

4. 복수제품의 CVP분석

일반적으로 기업은 두 개 이상의 제품을 생산하여 판매한다. 따라서 복수제품을 판매할 때 조업도(판매량)의 변화가 원가나 이익에 어떻게 영향을 미치는지를 파악하는 것은 매우 중요하다. 복수제품에 대한 CVP분석을 위해서는 복수제품의 매출배합은 일정한 것으로 가정한다. 매출배합이 일정해야만 조업도(판매량)가 하나의 독립변수로 표시되기 때문이다. 복수제품의 손익분기점을 계산하는 방법에는 CVP분석의 기본등식을 응용한 ① 등식법, ② 묶음법 및 ③ 가중평균공헌이익법이 있다.

예제 [9-11] 복수제품 CVP분석

(주)복수는 A, B의 두 가지 제품을 생산하고 있으며, 6차년도의 A, B제품과 관련된 재무자료는 다음과 같다. (주)복수의 고정원가 발생액이 ₩1,350,000일 때 손익분기점 판매량을 계산하시오.

	A제품		B제품		합 계
매 출 액	4,000개×₩200=	₩800,000	8,000개×₩400=	₩3,200,000	₩4,000,000
변 동 원 가	4,000개×₩150=	600,000	8,000개×₩200=	1,600,000	2,200,000
공 헌 이 익	4,000개×₩50=	₩200,000	8,000개×₩200=	₩1,600,000	₩1,800,000

(1) 등식법

등식법은 CVP분석의 기본등식을 이용하되 단일제품 매출액 대신에 제품별 매출액 합계를 대입하고 단일제품 변동원가 대신에 제품별 변동원가 합계를 대입하여 계산하는 것이다.

> Σ(판매량×@판매가격)=Σ(판매량×@변동원가)+고정원가
> Σ(판매량×@공헌이익)=고정원가

등식법에 따라서 [예제 9-11]을 푼다면 A제품과 B제품의 매출배합이 1 : 2(4,000개 : 8,000개)이므로 각각의 판매량을 x : $2x$라고 하면 위의 등식에 [예제 9-11]의 자료를 대입하여 다음과 같은 식이 만들어진다.

	A		B	
① 매출배합	1	:	2	← 배합일정
② 단위당 공헌이익	₩50		₩200	
③ 공헌이익등식	x×₩50	+	$2x$×₩200	=₩1,350,000
		공헌이익		고정원가

∴ x=3,000개

따라서 손익분기점 판매량은 A가 3,000개(x)이고, B가 6,000개($2x$)로 총 9,000개이다.

(2) 묶음법

묶음법은 각 제품을 개별적으로 파는 것을 최소배합을 하나의 묶음(set)처럼 판매하는 것으로 가정하고 묶음(set)의 공헌이익이나 공헌이익률을 계산한 후 CVP분석의 기본등식에 대입하여 손익분기점을 계산하는 방법이다.

> 묶음 판매량×@묶음당 공헌이익=고정원가
> 총묶음 매출액×묶음 공헌이익률=고정원가

묶음법에 따라서 [예제 9-11]을 푼다면 A제품과 B제품의 매출배합이 1 : 2(4,000개 : 8,000개)이므로 A제품 1개와 B제품 2개를 하나의 묶음으로 보아 묶음단위당 공헌이익을 계산한 후 손익분기점 판매량을 다음과 같이 계산한다.

묶음단위당 공헌이익=(A)1개×₩50+(B)2개×₩200=묶음당 ₩450

손익분기점 묶음 판매량×₩450(공헌이익)=₩1,350,000(고정원가)

∴ 손익분기점 묶음 판매량=3,000묶음

따라서 손익분기점 판매량은 A가 3,000개(3,000묶음×1개)이고, B가 6,000개(3,000묶음×2개)로 총 9,000개이다.

(3) 가중평균공헌이익법

가중평균공헌이익법은 복수제품의 가중평균공헌이익이나 가중평균공헌이익률을 계산하여 CVP분석의 기본등식에 대입하여 손익분기점을 계산하는 방법이다.

$$\text{단위당 가중평균공헌이익} = \frac{\text{총공헌이익}}{\text{총판매량}}$$

$$\text{가중평균공헌이익률} = \frac{\text{총공헌이익}}{\text{총매출액}}$$

총판매량×@가중평균공헌이익=고정원가

총매출액×가중평균공헌이익률=고정원가

가중평균공헌이익법에 따라서 [예제 9-11]을 푼다면 A제품과 B제품의 매출배합이 1 : 2(4,000개 : 8,000개)이므로 각각의 판매량을 $x : 2x$라고 하면 가중평균공헌이익과 손익분기점 판매량은 다음과 같이 계산된다.

$$\text{단위당 가중평균공헌이익} = \frac{x \times ₩50 + 2x \times ₩200}{x + 2x} = \frac{₩450x}{3x} = \text{단위당 ₩150}$$

손익분기점 판매량을 Q라 하면 다음 식이 성립한다.

$$\underbrace{Q \times ₩150}_{\text{공헌이익}} = \underbrace{₩1,350,000}_{\text{고정원가}} \qquad \therefore Q = 9,000\text{개}$$

따라서 손익분기점 판매량은 총판매량이 9,000개 이므로 A가 3,000개(1/3), B가 6,000개(2/3)이다.

한편, 가중평균공헌이익법에서는 가중평균공헌이익률을 이용하여 손익분기점 매출액을 계산할 수도 있다. 이 경우 가중평균공헌이익률은 총공헌이익을 총매출액으로 나누어 계산한다. [예제 9-11]에서 A제품과 B제품의 판매량을 각각 x, $2x$라고 하면 가중평균공헌이익률은 다음과 같이 계산한다.

$$\text{가중평균공헌이익률} = \frac{\text{총공헌이익}}{\text{총매출액}} = \frac{x \times ₩50 + 2x \times ₩200}{x \times ₩200 + 2x \times ₩400} = 45\%$$

가중평균공헌이익률은 앞에서와 같이 총공헌이익을 총매출액으로 나누어 계산할 수도 있지만 제품별 공헌이익률에 제품별 매출액 비중을 곱하여 계산할 수도 있다. [예제 9-11]에서 A제품과 B제품의 매출액비중, 공헌이익률 및 가중평균공헌이익률을 계산해 보면 다음과 같다.

	A제품		B제품	
① 제품별 매출액비중	$\frac{₩800,000}{₩4,000,000}=20\%$	:	$\frac{₩3,200,000}{₩4,000,000}=80\%$	
② 제품별 공헌이익률	$\frac{₩50}{₩200}=25\%$		$\frac{₩200}{₩400}=50\%$	
③ 가중평균공헌이익률	25%×20%	+	50%×80%	=45%

가중평균공헌이익률이 45%이므로 손익분기점매출액을 S라고 하면 다음 식이 성립한다.

$$\underbrace{S\times45\%}_{\text{공헌이익}}=\underbrace{₩1,350,000}_{\text{고정원가}} \qquad \therefore \text{ 손익분기점 매출액(S)}=₩3,000,000$$

따라서 손익분기점 매출액은 A가 ₩600,000(S×20%), B가 ₩2,400,000(S×80%)이며, 이때의 판매량은 A가 3,000개(₩600,000÷@200), B가 6,000개(₩2,400,000÷@400)이므로 등식법이나 묶음법의 결과와 같다.

5. 비선형함수인 경우의 CVP분석

CVP분석에서 원가나 수익은 조업도(판매량)가 변동될 때 일정하게 변동되는 선형함수를 가정한다. 그런데 실제경영환경에서는 조업도(판매량)가 증가함에 따라 추가적인 고정원가 지출이 있을 수도 있고, 학습효과나 생산성 향상 등으로 단위당 변동원가가 감소할 수도 있으며, 판매가격이 변동될 수도 있다. 따라서 CVP분석을 현실상황에서 좀 더 유용하게 사용하기 위해서는 원가함수나 수익함수가 비선형일 때에 CVP분석이 어떻게 달라지는가에 대한 이해가 충분히 있어야 한다. 원가함수나 수익함수가 비선형인 경우는 다음의 세 가지 경우를 중심으로 살펴보겠다.

① 고정원가가 변동되는 경우(준고정원가)

② 단위당 변동원가가 변동되는 경우(원가함수가 비선형인 경우)

③ 단위당 판매가격이 변동되는 경우(수익함수가 비선형인 경우)

(1) 고정원가가 변동되어 원가함수가 비선형인 경우(준고정원가)

기본적 CVP분석에서는 고정원가가 일정한 것으로 가정하지만 판매량(조업도)이 증가하게 되면 고정원가도 증가하는 것이 일반적이다. 예를 들어 2,000개의 제품을 생산할 수 있는 기계가 있다면 2,000개를 초과하는 경우에 기계를 한 대 더 구입하여야 하므로 기계와 관련된 고정원가는 조업도 2,000개마다 증가하게 된다. 고정원가가 조업도의 일정범위(관련범위)별로 달라지는 경우에는 고정원가가 다른 각각의 조업도별로 나누어서 손익분기점을 계산하여야만 한다. 준고정원가에서 CVP분석은 다음의 절차에 따르는 것이 바람직하다.

① 1단계 관련범위의 결정 : 원가와 수익이 일정한 관련범위를 결정해서 원가함수를 일정하게 정의한다.

② 2단계 수리적인 CVP 분석 : 선택한 원가함수와 수익함수를 이용해서 손익분기점을 계산하거나 목표이익달성 판매량이나 매출액을 계산한다.

③ 3단계 관련범위의 검토 : 2단계에서 계산한 판매량이나 매출액이 고정원가가 일정한 관련범위내에 존재하는지 검토해서 관련범위 내에 있어야만 경제적으로 의미가 있는 해가 된다.

여기서 주의할 점은 2단계에서 해를 찾았더라도 3단계의 분석결과 관련범위를 벗어나서 해가 찾아졌다면 경제적으로 무의미하며 손익분기점이나 목표이익이 달성되지 않는다. 왜냐하면 분석에 사용한 원가함수가 관련범위를 벗어나면 더 이상 회사의 원가를 설명하지 못하기 때문이다.

한편, 고정원가가 변동되는 경우에는 관련범위별로 손익분기점이 각각 달라지므로 여러 개의 손익분기점이 존재할 수 있다.

09

예제 [9-12] 비선형함수하의 CVP분석(1)

(주)원가는 단위당 판매가격이 ₩500이고, 단위당 변동원가가 ₩200인 제품을 생산하여 판매하고 있다. (주)원가의 고정원가와 관련된 자료는 다음과 같다. 단, (주)원가의 최대조업도는 6,000개이다.

연간 조업도	고정원가
0 ~ 2,000개	₩660,000
2,001 ~ 4,000	900,000
4,001 ~ 6,000	1,650,000

요구사항

1. 손익분기점 판매량을 구하시오.
2. 나무회사가 얻을 수 있는 최대영업이익을 구하시오.

해답

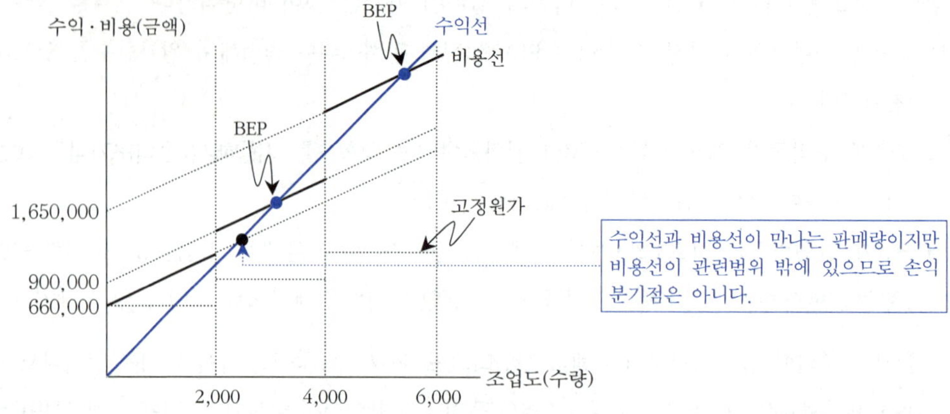

1. 손익분기점 판매량

연간 손익분기점 판매량을 x라 하자.

① 관련범위 : 0개 ≤ x ≤ 2,000개

₩300x = ₩660,000 　　∴ x = 2,200개(모순)

공헌이익　고정원가

고정원가를 ₩660,000으로 전제하고 계산된 손익분기점이 2,200개이다. 그런데 2,200개는 고정원가가 ₩660,000이 되는 관련범위 0~2,000개 사이의 값이 아니므로 2,200개에서의 고정원가는 ₩660,000이 아니라 ₩900,000이다. 따라서 2,200개는 손익분기점이 될 수 없다.

② 관련범위 : 2,001개 ≤ x ≤ 4,000개

₩300x = ₩900,000 　　∴ x = 3,000개(적합)

③ 관련범위 : 4,001개 ≤ x ≤ 6,000개

₩300x = ₩1,650,000 　　∴ x = 5,500개(적합)

따라서 연간 손익분기점 판매량은 3,000개, 5,500개이다.

2. 최대영업이익

비선형함수에서는 각 관련범위의 최대조업도의 영업이익들을 계산해서 그 중에서 가장 영업이익이 큰 조업도가 최대영업이익의 조업도가 되고 그 조업도의 영업이익이 최대영업이익이 된다.

① 관련범위 : 0개 ≤ x ≤ 2,000개

2,000개 × ₩300 − ₩660,000 = ₩(60,000)

② 관련범위 : 2,000개 < x ≤ 4,000개

4,000개 × ₩300 − ₩900,000 = ₩300,000(이익최대값)

③ 관련범위 : 4,000개 < x ≤ 6,000개

6,000개 × ₩300 − ₩1,650,000 = ₩150,000

따라서 나무회사가 얻을 수 있는 최대영업이익은 ₩300,000이다.

예제에서 알 수 있듯이 비선형함수의 CVP분석을 할 때 주의할 점은 관련범위별로 계산된 손익분기점 판매량이 관련범위 내에 존재하는지를 확인하는 것이다. 관련범위를 벗어난 판매량은 경제적으로 무의미하기 때문이다.

(2) 변동원가가 변동되어 원가함수가 비선형인 경우

제품의 단위당 변동원가도 조업도(생산량)의 변동에 따라서 변동될 수 있다. 이 경우에도 단위당 변동원가를 일정한 조업도의 관련범위별로 준고정원가와 동일한 절차에 따라 CVP분석을 실시한다.

예제 [9-13] 비선형함수하의 CVP분석(2)

(주)원가는 단위당 판매가격이 ₩500인 제품을 생산하여 판매하고 있는데, 연간 고정원가는 ₩450,000이 발생하고 있다. (주)원가의 제품은 주로 전력을 이용한 화학반응으로 생산되며, 1kW에 2개를 생산할 수 있다. 전기사용량이 500kW까지 생산할 때는 제품단위당 변동원가가 ₩200이지만 500kW를 초과하게 되면 500kW를 초과하는 전기사용량에 대해서는 과다사용으로 더 높은 전기요금을 지급하기 때문에 제품단위당 변동원가가 ₩300으로 증가한다.

요구사항

손익분기점 판매량을 계산하시오.

해답

전기사용량 500kW를 기준으로 변동원가가 달라지는데 생산량으로는 1,000개(500kW×2개)가 된다. 연간 손익분기점 판매량을 x라 하면

① 관련범위 : 1개 $\leq x \leq$ 1,000개

₩500x = ₩200x + ₩450,000　　∴ x = 1,500개(모순)

② 관련범위 : 1,001개 $\leq x$

₩500x = ₩200×1,000개 + ₩300×(x − 1,000개) + ₩450,000

(₩200×1,000개: 1,000개까지 변동원가, ₩300×(x − 1,000개): 1,000개 초과분의 변동원가)

∴ x = 1,750개(적합)

[예제 9-13]에서 유의하여야 할 점은 제품단위당 변동원가가 변화하는 경우에는 모든 제품의 단위당 변동원가가 증가하는 것이 아니라 일정한 조업도를 초과한 생산량에 대해서만 변동원가가 증가한다는 것이다. 즉, [예제 9-13]에서 판매량이 1,000단위를 초과하는 경우에는 최초

단위부터 1,000단위를 생산하기까지는 단위당 변동원가가 ₩200이고, 1,000단위를 초과하는 판매량에 대해서만 단위당 변동원가가 ₩300이다. 이와 함께 (주)원가의 CVP도표를 작성하여 보면 다음과 같다.

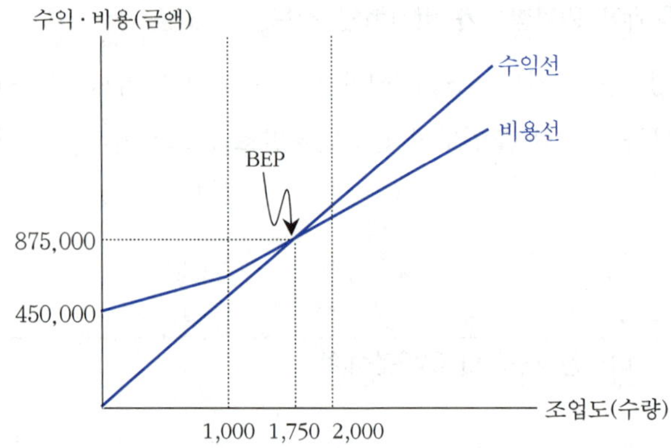

(3) 판매가격이 변동되어 수익함수가 비선형인 경우

특정 기업이 시장지배적인 지위에 있는 경우 판매량을 증가시키기 위해서는 가격을 낮추어야 할 것이다. 이렇게 판매량에 따라서 제품단위당 판매가격이 달라지게 되는 상황에서 손익분기점을 계산하기 위해서는 일정한 판매가격을 가지는 조업도의 관련범위별로 준고정원가와 동일한 절차에 따라 CVP분석을 실시한다.

예제 [9-14] 비선형함수하의 CVP분석(3)

나무수영장은 회원제로 운영되는데, 연 1회 회원을 모집하며 등록회원수가 많아지면 이용이 불편하므로 모든 회원에게 1인당 연간 수영장이용료를 다음과 같이 낮추어 받을 계획이다.

등록회원수	1인당 연간 시설이용료
0 ~ 2,000명	₩1,000
2,001 ~ 4,000	600
4,001 ~ 8,000	550

나무수영장에서는 연회원수를 8,000명까지만 받으려고 한다. 회원 1인당 연간 변동원가는 ₩200이고, 연간 발생하는 고정원가는 ₩1,200,000으로 예상된다.

요구사항

손익분기점 회원수를 구하시오.

해답

연간 손익분기점 회원수를 x라 하고

① 관련범위 : $0 \leq x \leq 2{,}000$명

$\underbrace{₩1{,}000x}_{\text{매출액}} = \underbrace{₩200x}_{\text{변동원가}} + \underbrace{₩1{,}200{,}000}_{\text{고정원가}}$ $\quad \therefore\ x = 1{,}500$명(적합)

② 관련범위 : $2{,}001$명 $\leq x \leq 4{,}000$명

$₩600x = ₩200x + ₩1{,}200{,}000$ $\quad \therefore\ x = 3{,}000$명(적합)

③ 관련범위 : $4{,}001$명 $\leq x \leq 8{,}000$명

$₩550x = ₩200x + ₩1{,}200{,}000$ $\quad \therefore\ x = 3{,}429$명(모순)

그러므로 손익분기점 회원수는 1,500명과 3,000명이다.

[예제 9-14]에서 알 수 있듯이 수익함수가 비선형인 경우에는 손익분기점이 2개 이상 존재할 수도 있다. 이해를 돕기 위해 나무수영장의 CVP도표를 그려보면 다음과 같다.

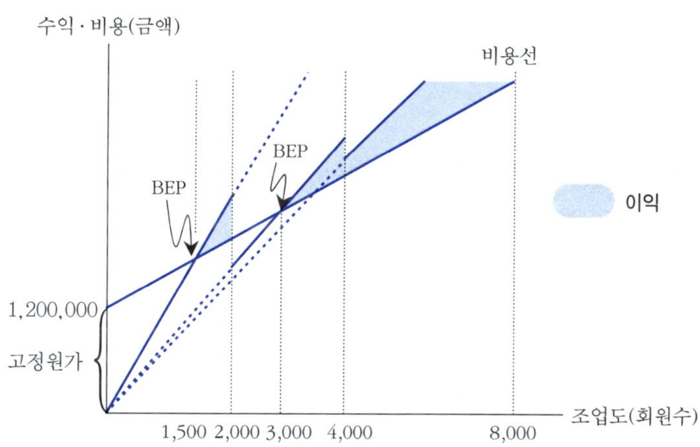

6. 활동기준원가계산에서의 CVP분석

기본적 CVP분석에서는 조업도(판매량)만이 원가에 영향을 미치는 독립변수로 변동원가가 조업도(판매량)에 의해서만 변동된다. 그러나 활동기준원가계산에 의하면 조업도와 인과관계가 있는 단위수준활동의 변동원가만이 아니라 조업도(판매량)와 직접적인 인과관계가 없는 비단위수준활동에서도 변동원가가 발생하게 된다. 따라서 활동기준원가계산에서 총원가는 다음과 같이 나타낼 수 있다.

$$\text{총원가} = a_1x_1 + \underbrace{a_2x_2 + a_3x_3 + a_4x_4}_{\text{비단위수준활동원가}} + \text{활동기준원가계산하의 고정원가}^{*}$$

단, a_1 : 단위수준활동의 단위당 변동원가 x_1 : 단위수준활동의 원가동인 총수
a_2 : 묶음수준활동의 단위당 변동원가 x_2 : 묶음수준활동의 원가동인 총수
a_3 : 제품수준활동의 단위당 변동원가 x_3 : 제품수준활동의 원가동인 총수
a_4 : 설비수준활동의 단위당 변동원가 x_4 : 설비수준활동의 원가동인 총수

* 기본적 CVP분석에서 고정원가로 분류되었던 항목 중에서 활동기준에서는 비단위수준활동의 변동원가로 분석되는 항목이 존재하므로 활동기준고정원가는 기본적 CVP분석에 의한 고정원가와는 차이가 난다.

CVP분석에서 원가를 결정하는 요인(독립변수)은 조업도뿐이므로 활동기준원가계산에 따른 원가식을 이용해서 손익분기점을 계산하는 경우에는 조업도 이외의 변수와 관련되는 비단위수준활동의 변동원가는 단순화해야 한다.

우선 제품수준과 설비수준활동동원가는 한 단계의 관련범위가 매우 넓어서 고정원가로 가정하거나 준고정원가로 가정하고 분석한다. 분석에 주의를 해야 하는 활동은 한 단계의 관련범위가 상대적으로 좁은 묶음수준활동으로 묶음크기를 고려해서 ① 계단형 고정원가로 분석하는 경우와 ② 계단형 변동원가로 분석하는 경우가 있다.

① 묶음수준활동을 계단형 고정원가로 분석하는 경우 : 한 단계의 관련범위(한 묶음의 크기)가 상대적으로 넓은 경우에는 묶음수준 변동원가도 고정원가처럼 가정하거나 준고정원가로 가정해서 분석하는 방법이다.

② 묶음수준활동을 계단형 변동원가로 분석하는 경우 : 한 단계의 관련범위(한 묶음의 크기)가 상대적으로 좁은 경우에는 단위수준변동원가로 전환해서 분석하기도 한다. 즉, 묶음당 변동원가를 묶음의 크기로 나누어 단위당 원가로 환산해서 단위당 변동원가에 가산하고 제품수준활동과 설비수준활동의 원가만을 고정원가로 간주하고 분석하는 것이다.

이와 같이 비단위수준활동을 단순화하면 판매량을 유일한 변수로 해서 다음과 같은 CVP분석식을 이용해서 분석을 수행할 수 있다.

$$\underbrace{\text{판매가격} \times \text{판매량}}_{\text{매출액}} = \text{단위당 변동원가} \times \text{판매량} + \underbrace{a_2x_2}_{\text{묶음수준활동(계단형고정원가/계단형변동원가)}} + \overbrace{a_3x_3 + a_4x_4}^{\text{제품/설비수준활동 고정원가가정}} + \text{활동기준 고정원가}$$

예제 [9-15] ABC에서의 CVP분석

(주)진보는 A제품을 생산하여 판매하고 있다. 제품의 단위당 판매가격은 ₩500이며, 5차년도 이익계획을 세우기 위해서 4차년도에 발생한 원가를 단순회귀분석하여 다음과 같은 원가식을 얻었다.

$$\text{총원가} = ₩300x + ₩45,000,000 \quad (\text{단, } x\text{는 판매량})$$

(주)진보의 경영자는 좀 더 정확한 분석을 위해서 5차년도에 발생한 원가를 활동별원가동인들을 독립변수로 하고 다중회귀분석하여 다음과 같은 활동기준원가식도 얻었다.

$$\text{총원가} = ₩300x_1 + ₩50,000x_2 + ₩1,000,000x_3 + ₩30,000,000$$
$$(\text{단, } x_1 = \text{판매량, } x_2 = \text{작업준비횟수, } x_3 = \text{설계작업시간})$$

요구사항

1. 판매량만이 원가의 유일한 독립변수라는 가정하에서 손익분기점 판매량을 계산하시오.
2. 활동기준원가식을 이용하여 손익분기점 판매량을 계산하시오. 단, 5차년도에 예상되는 작업준비횟수는 100회이며 설계작업시간은 10시간이다.
3. (주)진보는 설계작업시간을 [요구사항 2]의 예상보다 2시간 더 사용하여 설계를 변경하는 경우에 작업준비횟수가 예상보다 50회 감소할 것으로 예상하고 있다. 활동기준원가식을 이용하여 설계를 변경할 경우에 손익분기점 판매량을 계산하시오.
4. [요구사항 2]에서 묶음수준활동인 작업준비활동의 한 묶음크기가 2,000개이며 현재의 정상조업도 범위는 100,000개에서 400,000개 사이를 분석하고 있다. 따라서 2,000개의 한 묶음크기를 상대적으로 좁은 관련범위로 보고 묶음수준활동의 변동원가를 단위당 변동원가로 단순화해서 분석하는 경우 손익분기점 판매량을 계산하시오.

해답

1. 전통적인 원가계산방법에 의한 CVP분석

손익분기점 판매량을 x라 하면

$$\underbrace{₩500x}_{\text{매출액}} = \underbrace{₩300x}_{\text{변동원가}} + \underbrace{₩45,000,000}_{\text{고정원가}}$$

∴ 손익분기점 판매량(x)=225,000개

2. 묶음수준활동을 계단형 고정원가로 가정한 ABC의 CVP분석

손익분기점 판매량을 x라 하면

$$\underbrace{₩500x}_{\text{매출액}} = \underbrace{₩300x}_{\text{단위수준변동원가}} + \underbrace{₩50,000 \times 100\text{회} + ₩1,000,000 \times 10\text{시간} + ₩30,000,000}_{\text{고정원가로 간주하는 금액}}$$

∴ 손익분기점 판매량(x)=225,000개

3. 설계변경시 손익분기점

₩500x = ₩300x + ₩50,000×(100회−50회) + ₩1,000,000×(10시간+2시간) + ₩30,000,000

매출액 / 단위수준활동변동원가 / 비단위수준활동의 변동원가 / 활동기준고정원가

∴ 손익분기점 판매량(x) = 222,500개

4. 묶음수준활동을 계단형 변동원가로 가정한 ABC의 CVP분석

(1) 묶음수준활동의 단위당 변동원가

₩50,000 ÷ 2,000개 = 단위당 ₩25

(2) 손익분기점 판매량

₩500x = ₩325*x + ₩1,000,000×10시간 + ₩30,000,000

매출액 / 단위수준변동원가 / 비단위수준의 고정원가 간주액

* 단위수준변동원가 : 단위수준활동원가 ₩300 + 묶음수준활동원가 ₩25 = ₩325

∴ 손익분기점 판매량(x) = 228,571개

예제와 같이 활동기준원가계산에 따라 CVP분석을 하게 되면 단위수준활동 이외에 묶음수준활동과 제품수준활동이 변동될 경우 손익분기점에 어떻게 영향을 미치는지를 구체적으로 살펴볼 수 있다. 또한 묶음수준활동원가를 계단형 변동원가로 취급하느냐 아니면 계단형 고정원가로 취급하느냐에 따라 손익분기점이 달라지므로 기업의 원가구조를 적절하게 고려해서 분석방법을 선택해야 한다.

7. 생산량과 판매량이 일치하지 않는 경우의 CVP분석

기본적인 CVP분석에서는 생산량과 판매량이 일치하는 것으로 가정하지만 실제경영환경에서는 생산량과 판매량이 일치하지 않는 경우가 대부분이다. 생산량과 판매량이 일치하지 않는 경우에는 변동원가계산과 전부원가계산을 구분하여 CVP분석을 한다.

변동원가계산의 경우 제7장 변동원가계산에서 살펴본 바와 같이 생산량은 영업이익에 영향을 미치지 않으며, 판매량만이 이익에 영향을 미치므로 생산량과 관계없이 손익분기점 판매량은 일정하다. 즉, 변동원가계산에서는 생산량과 판매량이 일치하지 않더라도 손익분기점판매량은 일정하다.

반면에 전부원가계산의 경우에는 고정제조간접원가가 제품에 배부되어 생산량이 영업이익에 영향을 미치므로 생산량이 변동되면 손익분기점 판매량도 달라지게 된다. 생산량이 증가하면 제품단위당 고정제조간접원가가 감소하므로 단위당 비용화되는 금액이 감소해서 손익분기점 판매량은 감소한다. 즉, 전부원가계산에서는 생산량이 증가할수록 손익분기점판매량이 감소하므로 특정생산량을 전제해야만 손익분기점 판매량을 계산할 수 있다.

원가계산방법별 CVP분석과 손익분기점의 차이

구 분	변동원가계산	전부원가계산
고정제조간접원가	기간비용으로 처리	제품원가로 처리
비용화 되는 금액	당기발생액 전액	당기 판매량에 포함된 금액(매출원가)
손익분기점 판매량	$\frac{\text{고정제조간접원가}+\text{고정판매관리비}}{\text{단위당 공헌이익}}$	$\frac{\text{고정판매관리비}}{\text{단위당 공헌이익}-\text{단위당 고정제조간접원가}}$
생산량의 변화에 따른 손익분기점 판매량의 변화	생산량변화에 무관하게 손익분기점 판매량이 일정	생산량이 증가할수록 단위당 고정제조간접원가가 감소하여 손익분기점판매량이 감소함

전부원가계산에서는 고정제조간접원가를 제품원가에 포함시키므로 CVP분석을 적용함에 있어서 비용화되는 고정제조간접원가를 변동원가처럼 단위당 원가를 적용하여 분석하여야만 한다.

09

예제 [9-16] 전부원가계산의 CVP분석

(주)남산은 단위당 변동제조원가가 ₩250이고, 단위당 판매가격이 ₩500인 제품을 생산하여 판매하고 있다. 단위당 변동판매관리비는 ₩50이며, 연간 고정원가는 다음과 같다.

고정제조간접원가	₩1,500,000
고정판매관리비	1,500,000

요구사항

(주)남산이 내년의 제품생산계획으로 10,000단위, 15,000단위, 20,000단위를 설정한 경우 각각의 생산량에서 다음을 답하시오.

1. 변동원가계산을 적용하는 경우에 손익분기점 판매량을 구하시오.
2. 전부원가계산을 적용하는 경우에 손익분기점 판매량을 구하시오.

해답

1. 변동원가계산에서는 고정제조간접원가를 기간비용으로 처리하므로 손익분기점에 영향을 미치지 않는다.

$$\underbrace{(₩500-₩300)}_{\text{공헌이익}}x=\underbrace{(₩1,500,000+₩1,500,000)}_{\text{고정원가}}$$

$\therefore\ x=15,000$개

2. 전부원가계산에서는 고정제조간접원가를 제품원가에 배부하므로 CVP분석을 적용함에 있어서 변동원가와 동일하게 적용하여야 한다.

(1) 생산량별 단위당 제조원가

	10,000단위		15,000단위		20,000단위	
변동제조원가		₩250		₩250		₩250
고정제조원가	₩1,500,000÷10,000=	150	₩1,500,000÷15,000=	100	₩1,500,000÷20,000=	75
단위당 제조원가		₩400		₩350		₩325

(2) 손익분기점에서는 영업이익이 '0'이므로 손익분기점 판매량을 x라 하면

	10,000단위 생산시	15,000단위 생산시	20,000단위 생산시
매출액	₩500x	₩500x	₩500x
매출원가	400x	350x	325x
매출총이익	100x	150x	175x
판매비와 관리비	₩50x+₩1,500,000	₩50x+₩1,500,000	₩50x+₩1,500,000
영업이익	₩50x−₩1,500,000=0	₩100x−₩1,500,000=0	₩125x−₩1,500,000=0
손익분기점판매량	∴ x=30,000단위	∴ x=15,000단위	∴ x=12,000단위

[예제 9-16]에서 보는 바와 같이 변동원가계산에서는 생산량변화와 관계없이 손익분기점 판매량이 일정하지만 전부원가계산에서는 생산량이 증가함에 따라 손익분기점 판매량이 감소한다.

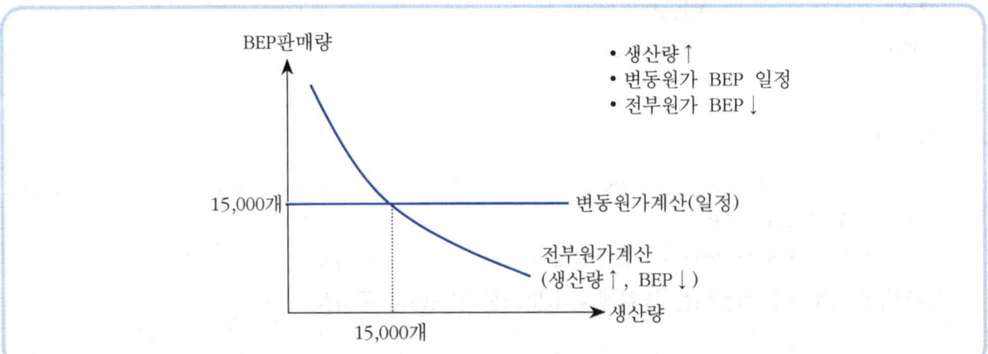

그 이유는 전부원가계산에서는 발생된 고정제조간접원가를 생산량으로 나누어 제품원가에 포함시킨 후 제품이 판매되는 시점에 판매된 제품원가에 포함된 고정제조간접원가만 매출원가로 대체되어 단위당 비용화되기 때문이다. 즉, 생산량이 증가할수록 단위당 고정제조간접원가가 감소되어 단위당 비용화되는 고정제조간접원가가 감소되기 때문이다. 따라서 전부원가계산의 손익분기점 판매량은 생산량이 전제되어 단위당 고정제조간접원가가 결정되어야만 계산할 수 있다.

이와 같이 전부원가계산에서는 고정제조간접원가가 단가화되어 비용으로 처리되기 때문에 다음과 같은 식이 성립한다.

(단위당 공헌이익−단위당 고정제조간접원가*)×판매량=고정판매관리비+목표이익
단위당 영업이익 증가액
* 단위당 고정제조간접원가=고정제조간접원가÷생산량

이 식을 이용하여 [예제 9−16]의 전부원가계산의 손익분기점 판매량을 계산하면 다음과 같다.

① 10,000단위 생산시

(₩200−₩150*)×x=₩1,500,000 ∴ x=30,000단위
단위당 공헌이익 고정판매관리비
* 단위당 고정제조간접원가 : ₩1,500,000÷10,000단위=₩150

② 15,000단위 생산시

(₩200−₩100*)×x=₩1,500,000 ∴ x=15,000단위
단위당 영업이익 증가액 고정판매관리비
* 단위당 고정제조간접원가 : ₩1,500,000÷15,000단위=₩100

③ 20,000단위 생산시

생산량↑ → 단위당 FOH↓ → 단위당 영업이익↑ → BEP↓

(₩200−₩75*)×x=₩1,500,000 ∴ x=12,000단위
* 단위당 고정제조간접원가 : ₩1,500,000÷20,000단위=₩75
고정제조간접원가총액 생산량

이와 같이 생산량과 판매량이 일치하지 않는 경우에 전부원가계산을 적용하면, 생산량이 달라지면 영업이익이 달라지므로 특정 생산량을 전제로 계산된 제품원가정보를 가지고 판매량조업도와 영업이익 사이의 관계를 분석해야 한다.

한편, CVP분석의 기본가정에는 생산량과 판매량이 일치하는 것으로 보는데, 이런 가정이 필요한 이유는 생산량과 판매량이 일치하게 되면 전부원가계산에서 비용화(매출원가)된 고정제조간접원가와 당기에 발생한 고정제조간접원가가 일치하게 되어 변동원가계산을 적용한 CVP분석 결과가 그대로 전부원가계산의 결과와 동일해지기 때문이다.

보론 1 표준전부원가계산에서의 CVP분석

표준전부원가계산을 적용하는 경우에 고정제조간접원가예산을 기준조업도로 나누어서 단위당 표준고정제조간접원가 배부율을 결정하므로 생산량이 변동되더라도 단위당 표준고정제조간접원가는 일정하다. 반면에 기준조업도와 실제조업도가 다른 경우에는 조업도차이가 발생해서 매출원가에 조정사항으로 고려되어야 한다. 따라서 표준전부원가계산에서 손익분기점을 계산하기 위해서는 다음의 공식을 사용할 수 있다.

(단위당 공헌이익－단위당 고정제조간접원가*1)×판매량＝고정판매관리비＋원가차이*2

(단위당 공헌이익－단위당 고정제조간접원가: 단위당 영업이익 증가액)

*1. 단위당 고정제조간접원가＝고정제조간접비÷기준조업도
 2. 조업도차이(기준조업도－실제생산량)×단위당 고정제조간접원가

여기서 주의할 점은 원가차이는 판매량이 아니라 생산량을 기준으로 결정되므로 손익분기점판매량을 계산할 때, 원가차이는 일정한 금액을 고정원가로 가정하고 분석해야 한다.

보론예제 1 표준전부원가계산의 CVP분석

(주)원가는 단위당 변동제조원가가 ₩250이고, 단위당 판매가격이 ₩500인 제품을 생산하여 판매하고 있다. 단위당 변동판매관리비는 ₩50이며, 연간 고정원가는 고정제조간접원가 ₩1,500,000과 고정판매관리비 ₩1,500,000이 발생하고 있다. 기준조업도는 15,000단위이며 실제생산량이 13,000개인 경우와 18,000개인 경우에 다음에 답하시오. 단, 원가차이는 매출원가에서 조정한다.

요구사항

1. 변동원가계산을 적용하는 경우에 손익분기점 판매량을 구하시오.
2. 전부원가계산을 적용하는 경우에 손익분기점 판매량을 구하시오.
3. 생산량이 13,000개, 18,000개, 20,000개인 경우에 각각 현금흐름분기점을 계산하시오.
   단, 고정원가 중에 감가상각비가 ₩400,000이 포함되어 있다.

해답

1. 표준변동원가계산에서는 고정제조간접원가를 기간비용으로 처리하므로 조업도차이가 발생하지 않아서 생산량 변화가 손익분기점에 영향을 미치지 않는다.
   (₩500－₩300)x＝(₩1,500,000＋₩1,500,000) ∴ x＝15,000개
   (₩500－₩300: 공헌이익, ₩1,500,000＋₩1,500,000: 고정원가)

2. 전부원가계산

(1) 조업도차이

13,000개 생산 : (13,000개−15,000개)×₩100* =₩200,000 불리

18,000개 생산 : (18,000개−15,000개)×₩100* =₩300,000 유리

* 단위당 고정제조간접원가 : ₩1,500,000÷15,000단위=₩100

(2) 손익분기점에서는 영업이익이 '0' 이므로 손익분기점 판매량을 x라 하면

	13,000단위 생산	18,000단위 생산
매출액	₩500x	₩500x
매출원가	350x+₩200,000	350x−₩300,000
매출총이익	150x−₩200,000	150x+₩300,000
판매비와 관리비	₩50x+₩1,500,000	₩50x+₩1,500,000
영업이익	₩100x−₩1,700,000=0	₩100x−₩1,200,000=0
손익분기점판매량	∴ x=17,000단위	∴ x=12,000단위

전부원가계산의 손익분기점 판매량을 공식을 이용해서 계산하면 다음과 같다.

① 13,000개 생산

(₩200−₩100)×x=₩1,500,000+₩200,000 ∴ x=17,000단위

(₩200−₩100): 단위당 영업이익 증가액, ₩1,500,000: 고정판매관리비, ₩200,000: 조업도차이

② 18,000개 생산

(₩200−₩100)×x=₩1,500,000−₩300,000 ∴ x=12,000단위

(₩200−₩100): 단위당 영업이익 증가액

3. 표준원가계산의 현금흐름분기점

표준원가를 적용하는 경우에도 전부원가계산과 변동원가계산의 현금흐름분기점은 동일해야 한다. 두 방법은 ① 고정제조간접원가를 기간비용화할 것인가와 ② 표준으로 배부하고 조업도차이를 계산할 것인가의 차이가 있을 뿐이지 현금지출액은 동일하기 때문이다.

(1) 생산량이 13,000개인 경우

(₩500−₩50)×x=₩250×13,000개*+₩3,000,000−₩400,000 ∴ x=13,000개

(₩500−₩50): 단위당 현금유입액, ₩250×13,000개: 변동제조원가 지출액, ₩3,000,000−₩400,000: 현금지출고정원가

(2) 생산량이 18,000개인 경우

(₩500−₩50)×x=₩250×18,000개*+₩3,000,000−₩400,000 ∴ x=15,777.78개

(₩500−₩50): 단위당 현금유입액, ₩250×18,000개: 변동제조원가 지출액, ₩3,000,000−₩400,000: 현금지출고정원가

(3) 생산량이 20,000개인 경우

(₩500−₩50)×x=₩250×20,000개*+₩3,000,000−₩400,000 ∴ x=16,888.89개

(₩500−₩50): 단위당 현금유입액, ₩250×20,000개: 변동제조원가 지출액, ₩3,000,000−₩400,000: 현금지출고정원가

* 변동제조원가의 지출액은 생산량을 기준으로 확정된다. 다만, 비용화되는 금액은 판매량 증감에 따라 증감한다.

보론 2 영업현금흐름을 이용한 현금흐름분기점 분석

자본예산의 영업현금흐름과 현금흐름분기점의 분석방법은 본질적으로 같은 내용이다. 현금흐름분기점을 영업현금흐름을 추정하는 방법에서 영업현금흐름이 '0'인 판매량에 해당하며 이를 계산하면 다음과 같다.

$$\text{영업현금흐름}=\underbrace{\text{판매량}\times\text{판매가격}}_{\text{현금유입액}}-\underbrace{(\text{판매량}\times\text{변동원가}+\text{고정현금유출원가})}_{\text{현금유출액}}=₩0$$

또한 법인세가 존재하는 경우의 현금흐름분기점과 자본예산의 세후영업현금흐름이 '0'인 판매량을 계산하는 논리는 서로 동일하며 다음과 같이 계산할 수 있다.

$$\text{세후 영업현금흐름}=\underbrace{\text{매출액}-\text{변동원가}-\text{현금고정원가}}_{\text{세전 영업현금흐름}}-\underbrace{\text{법인세 납부세액}}_{\text{영업이익}\times\text{세율}}=0$$

$$=\text{영업현금흐름}-\overbrace{(\underbrace{\text{매출액}-\text{변동원가}-\text{현금고정원가}}_{\text{세전 영업현금흐름의 이익효과}}-\underbrace{\text{감가상각비}}_{\text{현금흐름무관비용}})}^{\text{영업이익}}\times\text{세율}=0$$

$$=\text{영업현금흐름}-(\text{영업현금흐름의 이익효과}-\text{감가상각비})\times\text{세율}=0$$

$$=\text{영업현금흐름}-\text{영업현금흐름의 이익효과}\times\text{세율}+\text{감가상각비}\times\text{세율}=0$$

$$=\underbrace{(\text{판매량}\times\text{판매가격}-\text{판매량}\times\text{변동원가}-\text{현금고정원가})}_{\text{세전 영업현금흐름}}\times(1-\text{세율})+\underbrace{\text{감가상각비}\times\text{세율}}_{\text{감가상각비 감세효과}}=0$$

보론예제 2 영업현금흐름을 이용한 현금흐름분기점

(주)원가는 설비를 대체해서 신기계를 도입해서 신제품을 생산·판매하는 투자안을 검토하고 있으며 관련되는 자료는 다음과 같다.

(1) 신기계의 구입가격 및 설치비용은 ₩100,000이고 내용연수는 3년이며 정액법(잔존가치는 10%)으로 감가상각한다. 기존제품이 생산되어 재고를 공유하고 운전자본의 변동은 없는 것으로 가정한다. 신기계는 3년 후에 잔존가치로 처분할 수 있다.

(2) 신제품의 단위당 판매가격은 ₩240이고 단위당 변동원가는 ₩120이며 현금유출이 있는 고정비용도 매년 ₩70,000이다.

(3) 최저요구수익률은 10%이며 10%의 3년 현가계수는 0.7513, 연금현가계수는 2.4869이다.

요구사항

1. 손익분기점을 구하시오.
2. 법인세가 없는 경우 현금흐름분기점 판매량을 영업현금흐름을 이용해서 구하시오.

3. 법인세율이 40%인 현금흐름분기점 판매량을 영업현금흐름을 이용해서 구하시오.
4. 법인세가 없고 순현재가치법에 따를 경우에 신기계를 취득한 의사결정을 하기 위해서는 연간 판매량이 최소 몇 개 이상이어야 하는가?
5. 법인세가 40%로 존재하고 순현재가치법에 따를 경우에 신기계를 취득한 의사결정을 하기 위해서는 연간 판매량이 최소 몇 개 이상이어야 하는가?

해답

1. 손익분기점 판매량

변동원가 고정원가

영업이익 $x\times\text{₩}240-(x\times\text{₩}120+\text{₩}70,000+\text{₩}30,000)=\text{₩}0 \quad \therefore\ x=833.33$대

수익 현금유출비용 감가상각비

2. 법인세가 없는 경우 현금흐름분기점 판매량

영업현금흐름 $x\times\text{₩}240-(x\times\text{₩}120+\text{₩}70,000)=\text{₩}0 \quad \therefore\ x=583.33$대

현금유입액 현금유출액

3. 법인세율이 40%인 경우 현금흐름분기점 판매량

회계상 영업이익

$x\times\text{₩}120-\text{₩}70,000-(x\times\text{₩}120-\text{₩}70,000-\text{₩}30,000)\times 40\%=\text{₩}0$

세전 영업현금흐름 세전 영업현금흐름의 이익효과 감가상각비

$(x\times\text{₩}120-\text{₩}70,000)-(x\times\text{₩}120-\text{₩}70,000)\times 0.4+\text{₩}30,000\times 40\%=\text{₩}0$

세전 영업현금흐름 세전 영업현금흐름의 이익효과 감가상각비 감세효과

$(x\times\text{₩}120-\text{₩}70,000)\times(1-0.4)+\text{₩}30,000\times 40\%=\text{₩}0 \quad \therefore\ x=416.67$대

세전 영업현금흐름 감가상각비 감세효과

4. NPV가 '0'인 판매량

(1) 연간영업현금흐름

영업현금흐름 $x\times\text{₩}240-(x\times\text{₩}120-\text{₩}70,000)=x\times\text{₩}120-\text{₩}70,000$

(2) NPV가 '0'인 판매량

NPV : $-\text{₩}100,000+(x\times\text{₩}120-\text{₩}70,000)\times 2.4869+\text{₩}10,000\times 0.7513=0$

$\therefore\ x=893.25$단위

5. 법인세가 존재하는 경우 NPV가 '0'인 판매량

(1) 연간영업현금흐름

영업현금흐름 $(x\times\text{₩}120-\text{₩}70,000)\times(1-0.4)+\text{₩}30,000\times 0.4=\text{₩}72\times x-\text{₩}30,000$

(2) NPV가 '0'인 판매량

NPV : $-\text{₩}100,000+(\text{₩}72\times x-\text{₩}30,000)\times 2.4869+\text{₩}10,000\times 0.7513=0$

$\therefore\ x=933.19$단위

보론 3　결합제품의 CVP분석

결합공정은 결합제품의 생산배합이 일정한 경우가 일반적이므로 복수제품CVP분석에서 사용한 방법들을 사용해서 다음의 순서에 따라 분석한다.

① 결합제품의 묶음당 공헌이익을 계산한다. 이 때 제품별 공헌이익을 계산한 후에 결합공정의 변동원가를 차감해서 묶음당 공헌이익을 계산하는 점에 주의한다.

② 모든 고정원가 총액을 집계한다. 결합공정과 추가가공공정의 고정원가를 모두 합쳐서 기업전체의 고정원가총액을 집계한다.

③ 부산물이 존재하는 경우에는 부산물의 단위당 공헌이익을 묶음공헌이익에 가산하고 부산물관련 고정원가는 기업전체 고정원가에 포함한다.

④ 부산물을 생산시점에서 회계처리하는 방법처럼 부산물의 공헌이익을 묶음변동원가에서 차감하는 방법을 사용하는 경우에도 묶음공헌이익에 가산하는 방법과 분석결과는 동일해진다.

보론예제 3　결합제품의 CVP분석

두 개의 제조공정을 통하여 제품 A와 제품 X를 생산한다. 1차 공정은 원재료 3,000단위로 제품 A 2,000단위와 반제품 M 1,000단위를 생산하는 결합가공공정이며, 2차 공정은 반제품 M을 추가가공하여 부산물 X 1,000단위를 생산하였다. 당기 중 생산량과 각 공정의 원가자료는 다음과 같다.

1차 공정	2차 공정
원재료 단위당 ₩20	부산물X　단위당 ₩20
고정원가 ₩200,000	고정원가 ₩70,000

	생 산 량	판매가격
제　　품　A	2,000개	@60
제　　품　X	1,000	@50
반 제 품　M	1,000	

요구사항

1. 손익분기점의 원재료 투입량을 계산하시오.
2. 목표이익 ₩90,000를 달성하기 위한 판매량을 구하시오.

해답

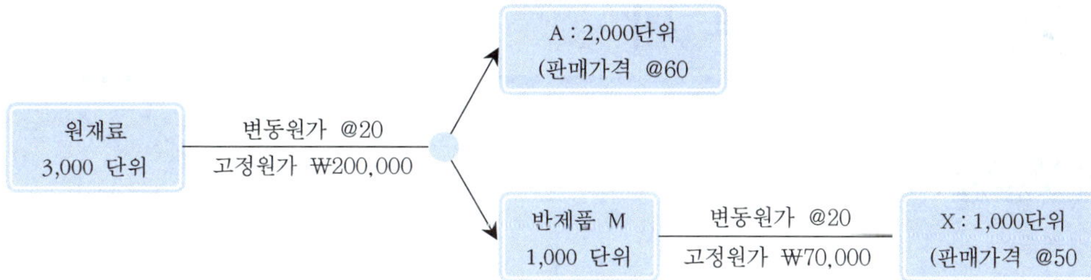

1. 결합제품의 손익분기점

   (1) 결합제품의 묶음당 공헌이익

제 품	단위당 공헌이익	묶음당 수량	묶음공헌이익
A	₩60−₩0 = ₩60	2단위	₩120
M	₩50−₩20 = 30	1단위	30
합 계			₩150
결합공정 변동원가		3단위×₩20=	60
결합제품의 묶음당 공헌이익			₩90

   (2) 손익분기점 판매량

   ₩90×x =₩200,000+₩70,000 (총 고정원가)　　∴ x =3,000개

   따라서 BEP 원재료 투입량은 9,000개(3x)이다.

2. 목표이익을 달성하는 판매량

   ₩90×x =₩270,000 (고정원가) + ₩90,000 (목표이익)　　∴ x =4,000개

   따라서 BEP판매량은 A가 8,000개(2x)이고, X가 4,000개(x)로 총 12,000개이다.

CHAPTER

09 연 습 문 제

Cost & Management Accounting

객관식 문제

01 CVP분석의 기본가정

다음 중 원가-조업도-이익분석의 기본가정과 일치하지 않는 것은 어느 것인가?

① 비용과 수익의 형태는 이미 결정되어 있고, 조업도의 관련범위 내에서는 직선으로 표시된다.
② 공장설비의 능률과 생산성은 일정하다.
③ 조업도의 변동에 따라 매출배합이 달라진다.
④ 수익과 원가는 매출수량 등 단일기준에 따라 비교된다.
⑤ 제품의 판매가격이 변동하여서는 안된다.

02 판매량증가효과

원가와 조업도간에 선형관계를 가정하는 원가-조업도-이익(CVP) 분석모형에 있어서 판매수량이 증가하는 경우 타당한 설명을 고르시오.

① 공헌이익률이 증가한다.
② 손익분기점이 내려간다.
③ 고정원가가 증가한다
④ 공헌이익이 증가한다.
⑤ 손익분기점이 올라간다.

03 CVP분석의 기본가정 (2000, 세무사)

일반적으로 손익분기점 분석에서 고려하지 않는 가정은?

① 판매가격은 일정범위 내에서는 변동하지 않는다.
② 모든 원가는 고정원가와 변동원가로 나누어질 수 있다.
③ 수익과 원가형태는 관련범위 내에서 곡선적이다.
④ 원가요소, 능률, 생산성은 일정범위 내에서 변동하지 않는다.
⑤ 단위당 판매가격은 판매량에 관계없이 일정하다.

04 손익분기점 공헌이익과 고정원가 (1993, KICPA)

F회사의 손익분기점 매출액(SBEP)이 ₩1,000,000, 공헌이익률이 40%, 6차년도의 영업이익이 ₩250,000일 경우 6차년도 매출액을 계산하면?

① ₩1,625,000
② ₩1,375,000
③ ₩1,700,000
④ ₩1,083,333
⑤ ₩1,600,000

05 목표이익과 목표매출액 분석

(주)원가의 원가정보는 다음과 같다.

예산매출액	@100	10,000개	₩1,000,000

예산원가	고정원가	변동원가	
직접재료원가	–	@25	₩250,000
직접노무원가	–	@20	200,000
제조간접원가	₩100,000	@10	100,000
판매비	50,000	@5	50,000
관리비	150,000	–	

상기 자료와 관련된 다음의 분석 중에서 옳지 않은 것은?

① 손익분기점 판매량은 7,500단위이고 손익분기점 공헌이익은 ₩300,000이다.

② 10,000개의 판매량에서는 공헌이익이 ₩400,000이고 영업이익은 ₩100,000으로 공헌이익과 비교해서 고정원가 ₩300,000만큼 작다.

③ 판매량이 2,500개가 증가하면 공헌이익은 ₩100,000이 증가하고 영업이익도 ₩100,000이 증가해서 공헌이익의 증가액과 영업이익의 증가액은 동일하다.

④ 예상판매량보다 판매량이 10% 증가하면 공헌이익도 10%가 증가한다.

⑤ 목표이익률 30%를 달성하는 매출액은 ₩2,000,000이다.

06 세후목표이익분석 (1994. 세무사)

다음은 단일제품을 생산하고 있는 (주)서울의 당월 중 원가관련 자료이다. 단, 생산설비는 충분히 크며 법인세율은 40%이다.

단위당 판매가격	₩200
단위당 직접재료원가	20
단위당 직접노무원가	40
단위당 변동제조간접원가	30
단위당 변동판매비	50
월간고정원가총액	60,000

세금공제 후 목표이익 ₩61,200을 획득하기 위한 당월의 판매량은 얼마인가? 단, 생산량과 판매량이 일치됨을 가정한다.

① 2,020단위 ② 2,700단위 ③ 2,915단위
④ 3,250단위 ⑤ 3,550단위

09

07 손익분기점과 공헌이익

400단위의 제품이 판매되었을 때 손익분기점에 도달하였으며, 이 때의 변동원가 및 고정원가는 각각 ₩40,000과 ₩20,000이었다. 만일 401번째의 제품이 판매되었을 경우의 영업이익은 얼마인가?

① ₩0　② ₩50　③ ₩100
④ ₩150　⑤ ₩2,000

08 공헌이익과 손익분기점

(주)원가는 지난해 ₩400,000의 매출을 실현하였다. 지난해 기초재고와 기말재고가 없다고 가정하고 또한 지난해 사용된 직접재료원가, 변동제조간접원가, 고정제조간접원가, 변동판매비와 관리비, 고정판매비와 관리비, 그리고 직접노무원가 등등 각각 ₩50,000씩 사용되었다. 이 기업의 지난해 공헌이익과 손익분기점의 연결이 올바른 것은?

	공헌이익	손익분기점
①	₩100,000	₩200,000
②	200,000	200,000
③	250,000	250,000
④	300,000	150,000
⑤	350,000	300,000

09 초과누진세율 적용시 세후목표이익분석 (1995. 세무사)

(주)봉황은 야구공을 제조하여 개당 ₩10,000에 판매하고 있다. 야구공 제조에 사용되는 변동원가는 개당 ₩5,000이고 고정원가는 한 달에 ₩2,000,000이다. (주)봉황이 5월에 ₩1,160,000의 세후순이익을 얻기 위해서는 몇 개의 야구공을 생산·판매하여야 하는가? (단, 법인세율은 세전이익 ₩1,000,000까지는 18%, ₩1,000,000 초과시에는 32%로 가정한다)

① 400개　② 500개　③ 600개
④ 700개　⑤ 800개

10 안전한계

(주)남강의 현재 매출액은 ₩200,000이며 공헌이익률은 20%이고 안전한계는 ₩80,000이다. (주)남강의 고정원가는 얼마인가?

① ₩16,000　② ₩24,000　③ ₩80,000
④ ₩96,000　⑤ ₩100,000

11 안전한계–손익분기점 분석 (1999. 세무사)

단일제품을 생산하는 (주)원가는 3월 중 제품 6,000단위를 판매하여 ₩4,000,000의 영업이익을 보고하였는데 이때의 손익분기점은 5,000단위였다. 만약 다른 조건은 모두 동일하고 4월 중 판매가격을 단위당 ₩2,000만큼 인하하려 한다면, 4월 중 손익분기점은 얼마인가?

① 10,000단위 ② 8,667단위 ③ 8,000단위
④ 6,667단위 ⑤ 5,000단위

12 영업레버리지도

(주)박영사의 매출액은 ₩1,000,000이며 영업레버리지도는 5이고 공헌이익률이 40%이다. (주)박영사의 영업이익은 얼마인가?

① ₩50,000 ② ₩80,000 ③ ₩100,000
④ ₩120,000 ⑤ ₩150,000

09

13 영업레버리지도의 의미 (2007. 세무사)

한국회사와 대한회사는 동일한 제품을 생산·판매하고 있다. 전년도의 한국회사와 대한회사의 원가구조와 영업이익을 분석한 결과, 한국회사의 총변동비는 ₩900, 총고정비는 ₩200, 그리고 영업레버리지도는 5인 반면, 대한회사의 총변동비는 ₩800, 총고정비는 ₩280, 그리고 영업레버리지도는 8로 파악되었다. 금년 호경기로 인하여 한국회사와 대한회사의 매출수량 및 매출액이 각각 30% 늘어날 것으로 예상된다. 두 회사의 전년도 원가구조가 금년에도 적용된다는 가정 하에 다음의 내용 중 옳지 않은 것은?

① 한국회사의 금년의 영업이익은 대한회사보다 높게 나타날 것으로 예상된다.
② 한국회사는 고정설비 등에 대한 투자가 대한회사에 비해 낮은 실정이다.
③ 대한회사의 경우 금년의 매출 증가에 따른 영업이익증가율이 한국회사보다 높을 것으로 예상된다.
④ 제품에 대한 시장수요가 증가한 금년의 상황에서 대한회사는 고정설비투자에 따른 효과를 한국회사에 비해 더 높게 향유할 것으로 예상된다.
⑤ 앞으로 제품에 대한 시장수요가 계속 증가할 것으로 예상되면, 한국회사도 고정설비투자를 늘리고 변동비의 비중을 줄이는 것이 유리할 것이다.

14 원가구조의 선택

저가의류도매업인 비지떡은 린나이빌딩의 1층 매장을 2주일간 임대하여 세일행사를 열려고 한다. 의류의 평균판매가격은 ₩5,000이며 의류의 평균매입가격은 ₩1,000이다. 비지떡은 린나이빌딩에 임차료를 지급하여야 하는데 린나이빌딩에서 다음 두 가지 방안을 제시하였다.

> 대안 1 : 고정임차료로 ₩1,000,000을 지급하고 매출액의 20%를 추가지급
> 대안 2 : 고정임차료로 ₩2,000,000을 지급하고 매출액의 10%를 추가지급

비지떡이 대안 1을 선택하는 경우가 대안 2를 선택하는 경우보다 영업이익이 커지는 의류판매량의 범위는 어느 것인가?

① 0~1,000벌　② 1,000벌 이상　③ 0~2,000벌
④ 2,000벌 이상　⑤ 0~3,000벌

15 원가구조의 이해

다음 중 원가구조에 관한 설명으로 적절하지 않은 것은?

① 원가구조란 조직내 고정원가와 변동원가의 상대적 비율을 의미한다.
② 원가구조는 영업레버리지에 영향을 미친다.
③ 고정원가 비율이 클수록 이익의 안정성이 커진다.
④ 고정원가 비율이 클수록 매출 증가시 유리하다.
⑤ 변동원가 비율이 클수록 매출 감소시 유리하다.

16 공헌이익손익계산서와 CVP분석 (2000. 세무사)

P공업사는 단일제품을 생산·판매하고 있다. 제품단위당 판매가격은 ₩500이며, 7차년도 5월의 요약 공헌이익손익계산서는 다음과 같다.

공헌이익 손익계산서

매 출 액(1,000단위)	₩500,000
변동원가	300,000
공헌이익	200,000
고정원가	150,000
순 이 익	₩50,000

상기 자료와 관련된 다음의 분석 중에서 옳지 않은 것은?

① 손익분기점 판매량은 750단위이다.
② 매출액이 1/2로 감소하면 순손실 ₩50,000이 발생한다.
③ 목표이익 ₩80,000을 얻기 위한 판매량은 1,150단위이다.
④ 20%의 목표이익률을 달성하기 위한 매출액은 ₩375,000이다.
⑤ 회사의 법인세율을 30%라고 가정하면, 세후목표이익 ₩70,000을 달성하기 위한 매출액은 ₩625,000이다.

17 안전한계율과 영업레버리지도

부채가 전혀 없는 (주)파주의 회계자료가 아래와 같을 때 다음 중 바르지 못한 설명은?

항목	금액
매 출 액	₩1,600,000
변 동 원 가 율	60%
고 정 원 가	₩480,000
법 인 세 율	20%

① 안전한계율(M/S비율)은 25%이다.
② 영업레버리지도는 3이다.
③ 안전한계공헌이익이 영업이익이 되고 세후당기순이익은 ₩128,000이다.
④ 손익분기점 매출액비율은 75%이고 고정원가도 공헌이익의 75%이며, 손익분기점 매출액은 ₩1,200,000이다.
⑤ 매출액을 10% 증가시키면 공헌이익도 10%증가한다. 반면에 영업이익은 40%가 증가하고 당기순이익은 ₩51,200 증가한다.

18 조업도 증가와 각종지표의 관계

원가와 조업도간에 선형관계를 가정하는 원가－조업도－이익(CVP)분석모형에 있어서 손익분기점을 초과해서 판매수량이 증가하는 경우 타당한 설명을 고르시오.

① 공헌이익률이 증가한다.
② 손익분기점이 내려간다.
③ 안전한계율이 감소한다.
④ 영업이익률이 증가한다.
⑤ 영업레버리지도는 변하지 않는다.

19 목표가격의 결정 (2007, 세무사)

대한전자의 제1사업부는 에어컨을 생산·판매하고 있다. 대한전자의 제1사업부는 투자중심점으로 운영되며, 사업부장의 성과는 투자수익률(ROI)에 근거하여 평가한다. 제1사업부의 목표 투자수익률은 15%이다. 1년 동안 대한전자의 제1사업부와 에어컨의 생산·판매에 관한 예상자료는 다음과 같다.

- 제1사업부 연간 총고정비 : ₩2,000,000,000
- 에어컨 단위당 변동비 : ₩300,000
- 에어컨 연간 판매대수 : 5,000대
- 제1사업부 평균 총자산 : ₩3,000,000,000

제1사업부의 사업부장이 목표 투자수익률을 달성하기 위한 에어컨의 단위당 최소판매가격은 얼마인가?

① ₩700,000　② ₩720,000　③ ₩750,000
④ ₩790,000　⑤ ₩820,000

20 현금흐름분기점 분석 (1997, 세무사)

(주)세방의 올해 예상판매량은 20,000단위이다. 제품생산과 관련된 자료는 다음과 같다.

단위당 판매가격	₩80
단위당 변동제조원가	45
연간 고정제조원가	300,000(감가상각비 ₩40,000 포함)
판매비와 관리비	
단위당 변동원가	10
연간 고정원가	100,000(감가상각비 ₩12,500 포함)

(주)세방의 법인세율을 40%라고 할 때, 다음 중 맞는 것은?

	손익분기점	현금손익분기점 (법인세효과전)	현금손익분기점 (법인세효과후)
①	15,000개	13,200개	16,200개
②	13,000	12,500	17,300
③	16,000	13,900	12,500
④	12,500	14,820	13,000
⑤	12,820	12,620	15,200

21 복수제품 손익분기분석

(주)원가는 A와 B 두 가지 제품을 생산하여 판매하고 있다. 전체 판매수량 중에서 제품 A가 차지하는 비율은 60%로 일정하고 고정원가는 ₩230,000으로 예상된다. 다음 자료에 의하여 제품 A와 B의 손익분기점 판매량을 구하라. (단, 법인세율은 40%이다.)

	제품 A	제품 B
단위당 판매가격	₩50	₩60
단위당 변동원가	25	40

	제품 A	제품 B
①	1,500개	500개
②	3,000	2,000
③	3,600	2,400
④	6,000	4,000
⑤	6,600	4,400

22 수량배합의 복수제품 CVP분석 (2008. KICPA)

(주)한지는 제품 A와 제품 B를 생산·판매한다. (주)한지는 변동원가계산방법을 사용하며 당기 예상 판매 및 예상원가 자료는 다음과 같다.

구 분	제품 A	제품 B	합 계
판매수량	300개	700개	1,000개
총매출액	₩30,000	₩42,000	₩72,000
총변동원가	15,000	21,000	36,000
총고정원가			21,600

매출배합이 일정하다고 가정하고 손익분기점을 달성하기 위한 두 제품의 판매수량은 각각 얼마인가?

	제품 A	제품 B
①	130개	504개
②	162	278
③	180	420
④	203	473
⑤	210	490

09

23 복수제품 CVP분석 (1989. KICPA)

(주)원가는 A, B 두 종류의 상품을 취급하고 있다. 현재 총 판매량 중에서 A 상품이 차지하는 비중이 60%이고 B 상품이 차지하는 비중이 40%이다. A 상품의 단위당 공헌이익은 ₩10이고 B 상품의 단위당 공헌이익은 ₩15이며, 손익분기점에서의 B 상품판매량은 4,000개이었다. 현재 단위당 공헌이익이 ₩5인 C 상품을 추가로 취급하려고 한다. 이 상품을 추가로 취급하더라도 A 상품과 B상품의 단위당 공헌이익은 변하지 않으나 판매량의 구성비는 A 20%, B 60%, C 20%가 될 것이라고 예상된다. C 상품을 추가적으로 취급했을 때 손익분기점에서 B 상품의 판매량은?

① 2,000개 ② 3,333개 ③ 4,000개
④ 6,000개 ⑤ 10,000개

24 복수제품 손익분기분석

나영고무는 산업용과 가정용 고무벨트를 생산하고 있다. 산업용은 매출액의 60%, 가정용은 40%를 차지하고 있으며, 판매가격 대비 변동원가의 비율은 산업용은 60%, 가정용은 85%이다. 고정원가 총액이 ₩150,000인 경우에 손익분기점 매출액은 얼마인가?

① ₩150,000 ② ₩250,000 ③ ₩400,000
④ ₩500,000 ⑤ ₩600,000

25 복수제품 CVP분석 : 매출액배합비율 (2001. 세무사)

(주)한국은 A, B, C 세 가지 제품을 만들고 있는 회사이다. 이들 제품에 관한 자료는 다음과 같다.

	제품 A	제품 B	제품 C
단위당 판매가격	₩120	₩100	₩150
단위당 변동원가	72	70	120

또한 월 고정원가는 ₩150,000이다. 세 가지 제품의 매출구성비(매출액기준)가 5 : 2 : 3일 때, 매출액의 20%를 이익으로 얻기 위해서 필요한 총매출액은 얼마인가?

① ₩1,100,000 ② ₩1,200,000 ③ ₩1,250,000
④ ₩1,300,000 ⑤ ₩1,350,000

26 비선형 원가함수의 CVP분석 : 준고정원가 (1998. KICPA)

(주)조선은 극심한 경제불황과 원가구조의 취약성을 극복하기 위해서 A제품의 생산계획과 이익지표를 세우려고 한다. 다음은 판매가격과 원가구조에 대한 자료이다.

A제품의 단위당 판매가격		₩5,000
고정원가	생산단위 10,000개 미만	8,000,000
	생산단위 10,000개 이상	10,000,000

(주)조선의 A제품의 공헌이익률이 20%일 때 순이익 ₩4,000,000을 달성하기 위한 판매단위는?

① 10,000단위 ② 12,000단위 ③ 14,000단위
④ 16,000단위 ⑤ 18,000단위

27 준고정원가 세후목표이익분석

(주)원가가 생산하고 있는 갑제품의 단위당 판매가격과 단위당 변동원가는 각각 ₩2,000과 ₩800이다. 갑제품 생산을 위한 고정원가는 10,000개까지는 ₩14,000,000, 10,001개부터 30,000개까지는 ₩35,000,000, 30,001개부터 60,000개까지는 ₩50,000,000이다. (주)원가는 ₩3,000,000의 법인세차감후순이익을 얻기 위해서 몇 개의 제품을 판매해야 하는가? (단, (주)원가의 법인세율은 40%이다)

① 15,833개 ② 33,333개 ③ 44,166개
④ 31,666개 ⑤ 45,833개

28 복수제품과 준고정원가

(주)원가는 두 가지 제품 A와 B를 제조, 판매한다, 다음은 2004년의 예산자료이며 매출배합은 예산과 같이 항상 유지된다.

	A제품	B제품
판 매 량	800개	1,200개
판 매 가 격	₩100	₩150
단위당변동비	₩60	₩100

고정비는 조업도수준에 따라 다음과 같다.

고 정 비	총판매량
₩53,000	0~4,000개
92,750	4,001~9,000개

매출액의 15%에 해당하는 목표이익을 얻기 위한 매출수량은 각각 얼마인가?

	제품 A	제품 B		제품 A	제품 B
①	750개	1,125개	②	800개	1,200개
③	1,000	1,500	④	1,150	1,725
⑤	1,400	2,100			

※ 다음은 29~30번에 관련된 자료이다.

보잉항공은 제주도에서 서울까지 여객을 항공운송하는 회사로 작년에는 10,000편의 비행기 운항편수와 400,000좌석을 편도 ₩60에 판매하였으며 총비용은 다음과 같다.

원가동인	발생한 원가총액	
운항마일수	2,000,000마일×@2=	₩4,000,000
탑승객수	400,000명×@4=	1,600,000
운항편수	10,000편×@840=	8,400,000
TV광고횟수	20회×@60,000=	1,200,000
항공기리스료		4,200,000
지상시설원가		1,600,000
기타관리비용		600,000
합계		₩21,600,000

29 활동기준원가계산의 CVP분석

보잉항공의 사장은 새로운 가격정책을 고려하고 있다. 여름 휴가철의 성수기에는 편도에 ₩70의 가격으로 300,000티켓을 판매하고, 비성수기에는 할인된 가격인 ₩30에 티켓을 판매하려고 한다. 이와 같은 가격정책을 채택하는 경우에 기존에 얻을 수 있는 이익과 같은 이익을 얻으려면 할인티켓을 얼마나 판매하여야 하는가?

① 50,000장 ② 100,000장 ③ 150,000장
④ 200,000장 ⑤ 300,000장

30 활동기준원가계산의 CVP분석 : 다른 원가동인의 변동

보잉항공은 최근 국내 관광여행객의 증가에 발맞추어 비행기 운항편수를 20% 증가시키고 TV광고도 10회를 늘릴 계획이다. 운항편수를 증가시키는 비율만큼 회사의 운항마일수도 증가한다. 기존에 얻을 수 있는 이익과 같은 이익을 얻으려면 탑승객 수는 몇 명이 되어야 하는가?

① 212,143명 ② 400,000명 ③ 455,000명
④ 612,143명 ⑤ 700,000명

31 전부원가계산 CVP분석

(주)극기의 올해 생산량은 20,000단위이며 제품생산과 관련된 자료는 다음과 같다.

단위당 판매가격	₩120
단위당 변동제조원가	60
연간 고정제조간접원가	400,000
단위당 변동판매관리비	15
고정판매관리비	275,000

(주)극기의 변동원가계산에 의한 손익분기점과 전부원가계산에 의한 손익분기점은 각각 얼마인가?

	변동원가계산 손익분기점	전부원가계산 손익분기점
①	15,000개	11,000개
②	15,000	13,000
③	15,000	15,000
④	13,000	15,000
⑤	11,000	15,000

09

32 전부원가계산의 BEP (2006. KICPA)

(주)크로바는 정상원가계산(normal costing)을 사용하고 있다. 다음 자료를 이용하여 변동원가계산(variable costing)과 전부원가계산(absorption costing)하에서의 손익분기점을 구하면 각각 얼마인가? (단, 단위원가는 일정하고 가격차이, 소비차이, 능률차이, 그리고 조업도차이는 없다고 가정한다.)

기초 재고 수량	300단위
기말 재고 수량	200
실제 판매량	4,100
단위당 판매가격	₩10,000
고정제조간접원가	4,000,000
고정 판매 및 관리비	6,000,000
단위당 직접재료원가	2,600
단위당 직접노무원가	2,400

	변동원가계산	전부원가계산
①	2,000단위	2,800단위
②	800	2,000
③	2,000	2,800
④	2,000	1,500
⑤	800	1,500

해 답 *Answer*

01 ③

매출 배합비율은 일정하다고 가정한다.

02 ④

① 판매량이 증가하더라도 공헌이익률은 일정하다.

② 판매량변화와 관계없이 손익분기점은 일정하다.

③ 판매량변화와 관계없이 고정원가는 일정하다.

④ 판매량이 증가할수록 총공헌이익은 증가한다.

⑤ 판매량변화와 관계없이 손익분기점은 일정하다.

03 ③

수익과 원가형태는 관련범위 내에서 직선으로 가정한다.

04 ①

손익분기점에서 공헌이익과 고정원가의 크기는 같다.

고정제조간접원가 = $\underbrace{₩1,000,000 \times 40\%}_{\text{공헌이익}}$ = ₩400,000

6차년도의 매출액을 S라 하면

$\underbrace{S \times 40\%}_{\text{공헌이익}} = \underbrace{₩400,000}_{\text{고정원가}} + \underbrace{₩250,000}_{\text{영업이익}}$

∴ S = ₩1,625,000

05 ⑤

① 단위당 공헌이익 : ₩100 − (₩25 + ₩20 + ₩10 + ₩5) = ₩40

손익분기점 판매량을 x라고 하면

$\underbrace{x \times ₩40}_{\text{공헌이익}} = \underbrace{(₩100,000 + ₩50,000 + ₩150,000)}_{\text{고정비}}$ ∴ x = ₩7,500개

② 공헌이익 10,000개 × $\underbrace{₩40}_{\text{단위당 공헌이익}}$ = ₩400,000

영업이익 $\underbrace{₩400,000}_{\text{공헌이익}} - \underbrace{₩300,000}_{\text{고정원가}}$ = ₩100,000

③ 공헌이익증가액 2,500개 × ₩40 = ₩100,000

공헌이익증가액은 영업이익증가액과 동일하다.

④ 공헌이익증가액 1,000개 × $\underbrace{₩40}_{\text{단위당 공헌이익}}$ = ₩40,000

⑤ 단위당 공헌이익률 : ₩40 ÷ ₩100 = 0.4

목표이익률을 달성하기 위한 매출액을 S라고 하면

$\underset{\text{공헌이익}}{S \times 40\%} = \underset{\text{고정비}}{(₩100,000 + ₩50,000 + ₩150,000)} + \underset{\text{목표이익}}{S \times 30\%}$ ∴ S=₩3,000,000

06 ②

(1) 단위당 공헌이익

₩200−(₩20+₩40+₩30+₩50)=₩60

(2) 목표이익을 얻기 위한 판매량을 x라 하면

$\underset{\text{공헌이익}}{₩60 \times x} = \underset{\text{고정원가}}{₩60,000} + \underset{\text{세전이익}}{\frac{₩61,200}{1-0.4}}$

∴ x=2,700단위

07 ②

손익분기점에서는 공헌이익과 고정비가 일치하므로 단위당 공헌이익을 UCM이라고 하면 다음 식이 성립한다.

400단위×UCM=₩20,000 ∴ 단위당 공헌이익(UCM)=₩50

401번째 제품이 판매되는 경우에 손익분기점을 초과하는 판매량이 1단위이므로 1단위의 공헌이익 ₩50이 영업이익이 된다.

08 ②

(1) 공헌이익 계산

매출액		₩400,000
변동원가		
직접재료원가	₩50,000	
직접노무원가	50,000	
변동제조간접원가	50,000	
변동판매관리비	50,000	200,000
공헌이익		₩200,000
고정원가		
고정제조간접원가	₩50,000	
고정판매관리비	50,000	100,000
영업이익		₩100,000

(2) 손익분기점

공헌이익률 $\underset{\text{공헌이익}}{₩200,000} \div \underset{\text{매출액}}{₩400,000} = 50\%$

손익분기점매출액을 S라고 하면 다음식이 성립한다.

$\underset{\text{공헌이익}}{S \times 50\%} = \underset{\text{고정원가}}{₩100,000}$ ∴ 손익분기점매출액(S)=₩200,000

09 ④

(1) 세후목표이익 ₩1,160,000을 달성하기 위한 세전목표이익

$$\text{₩}1{,}000{,}000\times(1-0.18)+\underbrace{(x-\text{₩}1{,}000{,}000)\times(1-0.32)}_{\text{₩1,000,000 초과분 세후목표이익}}=\text{₩}1{,}160{,}000$$

∴ 세전목표이익 x=₩1,500,000

(2) 목표이익달성을 위한 판매량을 Q라 하면

$$\underbrace{(\text{₩}10{,}000-\text{₩}5{,}000)\times Q}_{\text{공헌이익}}=\underbrace{\text{₩}2{,}000{,}000}_{\text{고정원가}}+\underbrace{\text{₩}1{,}500{,}000}_{\text{세전목표이익}}$$

∴ Q=700개

10 ②

안전한계=매출액－손익분기점 매출액이다.

$$\therefore \text{손익분기 매출액}:\underbrace{\text{₩}200{,}000}_{\text{매출액}}-\underbrace{\text{₩}80{,}000}_{\text{안전한계}}=\text{₩}120{,}000$$

공헌이익률이 20%이고 손익분기점에서는 고정원가와 공헌이익이 같으므로

$$\text{고정원가}:\underbrace{\text{₩}120{,}000\times 20\%}_{\text{공헌이익}}=\text{₩}24{,}000$$

11 ①

영업이익은 손익분기점을 초과하는 판매량과 관련된 공헌이익에서 발생한다. 따라서 단위당 공헌이익을 UCM라고 하면 다음 식이 성립한다.

(6,000단위－5,000단위)×UCM=₩4,000,000 ∴ UCM=₩4,000

단위당 공헌이익이 ₩4,000이므로 고정원가는 ₩20,000,000(=5,000단위×₩4,000)이 된다. 판매가격을 단위당 ₩2,000씩 인하시키면 단위당 공헌이익이 ₩2,000(=₩4,000－₩2,000)이 되므로 새로운 조건에서 손익분기점이 되는 판매량을 x라고 하면 다음 식이 성립한다.

₩2,000×x=₩20,000,000 ∴ x=10,000단위

12 ②

$$\text{영업레버리지도}=\frac{\text{공헌이익}}{\text{영업이익}}$$

영업이익=공헌이익÷영업레버리지도=₩1,000,000×40%÷5=₩80,000

별해

$$\text{안전한계율}=\frac{1}{\text{영업레버리지도}}=20\%$$

안전한계 매출액 : ₩1,000,000×20%=₩200,000

안전한계 공헌이익=영업이익*이므로

₩200,000×40%=₩80,000

* 매출액=손익분기점매출액+안전한계 이므로 양변에 공헌이익률을 곱하면,

매출액×공헌이익률=손익분기점매출액×공헌이익률+안전한계×공헌이익률

(매출액×공헌이익률: 총공헌이익, 손익분기점매출액×공헌이익률: 고정원가)

따라서 안전한계×공헌이익률=총공헌이익－고정원가=영업이익

13 ①

한국회사의 영업레버리지도=공헌이익/영업이익=CM/(CM－₩200)=5

∴ 공헌이익(CM)=₩250

한국의 영업이익(OI) : ₩250(CM)－₩200(FC)=₩50

대한회사의 영업레버리지도=공헌이익/영업이익=CM/(CM－₩280)=8

∴ 공헌이익(CM)=₩320

대한의 영업이익(OI) : ₩320(CM)－₩280(FC)=₩40

	한국회사	대한회사
① 영업이익증가율	30%×5=150%	30%×8=240%
	₩50+₩50×150%=₩125	₩40+₩40×240%=₩136
② 고정원가	₩200	₩280
④ 유리한조업도	낮은 조업도	높은 조업도

14 ③

(1) 두 대안의 임차료가 같아지는 판매량을 x라고 하면 다음 식이 성립한다.

$5{,}000x \times 20\% + ₩1{,}000{,}000 = 5{,}000x \times 10\% + ₩2{,}000{,}000$ ∴ $x=2{,}000$벌

(좌변: 대안 1의 임차료, 우변: 대안 2의 임차료)

(2) 대안 1은 대안 2에 비하면 고정임차료의 지출이 적은 반면 변동임차료가 크므로 조업도가 낮을 때 유리하다, 그러므로 대안 1이 대안 2보다 유리한 판매량의 범위는 0~2,000벌 사이가 된다.

15 ③

고정비 비율이 클수록 공헌이익에 비해 영업이익이 작아지므로 영업레버리지가 커지고 이익의 안정성도 낮아진다.

16 ④

단위당 판매가격 : ₩500,000÷1,000단위 ₩500

단위당 변동원가 : ₩300,000÷1,000단위=₩300

단위당 공헌이익 : ₩500－₩300=₩200

고정원가 : ₩150,000

① 손익분기판매량 : ₩150,000/₩200=750단위

② 매출액 50% 감소시 ⇒ $\underbrace{₩200\times1{,}000단위\times50\%}_{공헌이익}-\underbrace{₩150{,}000}_{고정원가}=₩(50{,}000)$

③ ₩200×Q=₩150,000+₩80,000　　∴ Q=1,150단위

④ 목표매출액을 S라 하면

$\underbrace{S\times40\%}_{공헌이익}=\underbrace{₩150{,}000}_{고정원가}+S\times20\%$　　∴ 매출액(S)=₩750,000

⑤ 목표매출액을 S라 하면

$\underbrace{S\times40\%}_{공헌이익}=\underbrace{₩150{,}000}_{고정원가}+\underbrace{\frac{₩70{,}000}{1-0.3}}_{세전이익}$　　∴ 매출액(S)=₩625,000

17 ②

① 안전한계율 : $\underbrace{(₩1{,}600{,}000\times0.4-₩480{,}000)}_{영업이익}\div\underbrace{₩1{,}600{,}000\times0.4}_{공헌이익}=25\%$

② 영업레버리지도 : $1\div\underbrace{25\%}_{안전한계율}=4$

③ 세후 당기순이익 : $\underbrace{(₩1{,}600{,}000\times0.4-₩480{,}000)}_{안전한계\ 공헌이익=영업이익}\times(1-0.2)=₩128{,}000$

④ 안전한계율이 25%이므로 나머지 비율 75%가 손익분기점비율이다.
손익분기점비율은 공헌이익 중에서 고정원가의 비율과도 동일하다.
손익분기점 매출액 : S×0.4=₩480,000　　∴ S=₩1,200,000

⑤ 매출액증가율과 공헌이익의 증가율은 동일하다.
DOL이 4이므로 영업이익의 증가율은 40%(10%×4)이다.
당기순이익증가액 : $₩128{,}000\times10\%\times\underbrace{4}_{DOL}=₩51{,}200$

18 ④

① 공헌이익률은 변하지 않는다.
② 손익분기점은 일정하다.
③ 안전한계율은 증가한다.
⑤ 영업레버리지도는 감소한다.

19 ④

목표이익을 달성하는 판매가격을 P라고 하면

$\underbrace{P\times5{,}000대}_{매출액}=\underbrace{₩300{,}000\times5{,}000대}_{변동원가}+\underbrace{₩2{,}000{,}000{,}000}_{고정원가}+\underbrace{₩3{,}000{,}000{,}000\times15\%}_{목표이익}$

∴ P=₩790,000

20 ③

(1) 손익분기점

단위당 판매가격(P)=₩80

단위당 변동원가(VC) : ₩45+₩10=₩55

∴ 단위당 공헌이익(CM) : ₩80−₩55=₩25

고정원가(FC) : ₩300,000+₩100,000=₩400,000

∴ 손익분기점 : ₩400,000(고정원가)÷₩25(공헌이익)=16,000개

(2) 현금손익분기점 판매량을 Q라 하면

₩25×Q(공헌이익)=₩400,000−(₩40,000+₩12,500)(현금지출고정원가)

∴ Q=13,900개

(3) 현금손익분기점(세금 고려하는 경우)

₩25×Q(공헌이익)=₩400,000−(₩40,000+₩12,500)(현금지출고정원가)+(₩25Q−₩400,000)×0.4(발생주의 영업이익에 따른 세금)

∴ Q=12,500개

21 ④

	제품 A		제품 B
① 제품별 수량배합	3	:	2
② 단위당 공헌이익	₩25		₩20

③ 제품 A, B의 손익분기점 판매량을 각각 $3x$, $2x$라고 하면

④ ₩25×$3x$+₩20×$2x$=₩230,000 ∴ x=2,000개

따라서 제품 A, B의 판매량은 각각 6,000개(3×2,000개), 4,000개(2×2,000개)이다.

22 ③

	제품 A		제품 B
① 제품별 수량배합	3	:	7
② 단위당 공헌이익	₩15,000÷300개=₩50		₩21,000÷700개=₩30

③ 제품 A, B의 손익분기점 판매량을 각각 $3x$, $7x$라고 하면

④ ₩50×$3x$+₩30×$7x$=₩21,600 ∴ x=60개

따라서 제품 A, B의 판매량은 각각 180개(3×60개), 420개(7×60개)이다.

23 ④

(1) 고정비추정

손익분기점에서는 고정비와 공헌이익이 일치한다. 제품 A, B의 매출배합비율이 60%, 40%이므로 손익분기점에서의 B 상품 판매량이 4,000개라면 A 상품의 판매량은 6,000개이다. 따라서 고정비는 다음과 같이 계산할 수 있다.

손익분기점에서의 공헌이익 : 6,000개×@10+4,000개×@15=₩120,000

이 금액이 고정비와 같을 것이므로 고정비는 ₩120,000이다.

(2) 손익분기점의 상품 C 판매량

제품 A, B, C의 매출배합비율이 20%, 60%, 20%이므로 판매량을 각각 x, $3x$, x라 하면 손익분기점은 다음과 같다.

$\underbrace{x \times @10 + 3x \times @15 + x \times @5}_{\text{공헌이익}} = \underbrace{₩120,000}_{\text{고정비}}$ ∴ $x=2,000$개

따라서, C 상품을 추가적으로 취급했을 때 손익분기점에서 B 상품의 판매량은 6,000개이다.

24 ④

복수제품의 손익분기점 분석에서 매출액을 찾는 경우에는 각 제품의 매출액비율과 제품별 공헌이익률을 이용하여 가중평균공헌이익률을 계산한 후 손익분기점 매출액을 계산하는 것이 편리하다.

	산 업 용		가 정 용	
① 매출액 배합	60%	:	40%	
② 제품별 공헌이익률(CMR)	40%(=1−60%)	:	15%(=1−85%)	
③ 가중평균공헌이익률	40%×60%	+	15%×40%	=30%

④ 손익분기점 매출액을 S라고 하면

$\underbrace{S \times 30\%}_{\text{공헌이익}} = \underbrace{₩150,000}_{\text{고정비}}$ ∴ S=₩500,000

25 ③

	제품 A		제품 B		제품 C
① 제품매출배합	5	:	2	:	3
② 공헌이익률	40%		30%		20%
③ 가중평균공헌이익률	40%×50%	+	30%×20%	+	20%×30%=32%

따라서 목표이익을 달성하는 매출액을 S라고 하면

$\underbrace{S \times 32\%}_{\text{공헌이익}} = \underbrace{₩150,000}_{\text{고정원가}} + \underbrace{S \times 20\%}_{\text{목표이익}}$ ∴ S=₩1,250,000

26 ③

(1) 판매량<10,000개인 경우 판매량을 Q라 하면

$$\underbrace{₩5,000\times20\%\times Q}_{\text{공헌이익}}=\underbrace{₩8,000,000}_{\text{고정원가}}+\underbrace{₩4,000,000}_{\text{순이익}}$$

∴ Q=12,000개(모순)

(2) 판매량≥10,000개인 경우의 판매량을 Q라 하면

$$\underbrace{₩5,000\times20\%\times Q}_{\text{공헌이익}}=\underbrace{₩10,000,000}_{\text{고정원가}}+\underbrace{₩4,000,000}_{\text{순이익}}$$

∴ Q=14,000개(적합)

27 ⑤

단위당 공헌이익 : ₩2,000−₩800=₩1,200

① 0개~10,000개

$$\underbrace{₩1,200\times Q}_{\text{공헌이익}}=\underbrace{₩14,000,000}_{\text{고정비}}+\underbrace{\frac{₩3,000,000}{1-40\%}}_{\text{목표이익}}$$

목표이익을 달성하는 판매량(Q)=15,833단위 ∴ 모순(관련범위 밖)

② 10,001개~30,000개

$$\underbrace{₩1,200\times Q}_{\text{공헌이익}}=\underbrace{₩35,000,000}_{\text{고정비}}+\underbrace{\frac{₩3,000,000}{1-40\%}}_{\text{목표이익}}$$

목표이익을 달성하는 판매량(Q)=33,333단위 ∴ 모순(관련범위 밖)

③ 30,001개~60,000개

$$\underbrace{₩1,200\times Q}_{\text{공헌이익}}=\underbrace{₩50,000,000}_{\text{고정비}}+\underbrace{\frac{₩3,000,000}{1-40\%}}_{\text{목표이익}}$$

목표이익을 달성하는 판매량(Q)=45,833단위 ∴ 적합(관련범위 내)

28 ②

	제품 A		제품 B
(1) 제품별 수량배합	2	:	3
(2) 단위당 공헌이익	₩40		₩50

(3) 제품 A, B의 목표이익을 달성하는 판매량을 각각 $2x$, $3x$라고 하면 목표이익을 달성하는 판매량은 다음과 같이 계산할 수 있다.

① 관련범위 0개~4,000개(총판매량)인 경우

$$\underbrace{₩40\times 2x+₩50\times 3x}_{\text{공헌이익}}=\underbrace{₩53,000}_{\text{고정원가}}+\underbrace{(\overbrace{₩100\times 2x+₩150\times 3x}^{\text{매출액}})\times 15\%}_{\text{목표이익}}$$

∴ $x=400$개

따라서 제품 A, B의 판매량은 각각 800개(2×400개), 1,200개(3×400개)이다. 총판매량이 2,000개로 관련범위 안에 있으므로 목표이익을 달성하는 판매량에 해당한다.

② 관련범위 4,001개~90,000개(총판매량)인 경우

$$\underbrace{₩40\times 2x+₩50\times 3x}_{\text{공헌이익}}=\underbrace{₩92,750}_{\text{고정원가}}+\underbrace{(\overbrace{₩100\times 2x+₩150\times 3x}^{\text{매출액}})\times 15\%}_{\text{목표이익}}$$

∴ $x=700$개

따라서 제품 A, B의 판매량은 각각 1,400개(2×400개), 2,100개(3×400)이다.
총판매량이 3,500개로 관련범위 밖에 있으므로 목표이익을 달성하는 판매량이 아니다.

29 ②

(1) 기존의 가격정책하에서 이익

총 수 익:	400,000명×@60=	₩24,000,000
총 비 용		21,600,000
총 이 익		₩2,400,000

(2) 기존의 이익과 같은 이익을 얻기 위한 티켓판매량을 x라고 하면

$$\underbrace{300,000\text{장}\times(₩70-₩4)+x\times(₩30-₩4)}_{\text{공헌이익}}=\underbrace{₩20,000,000^{*}}_{\text{고정원가간주액}}+\underbrace{₩2,400,000}_{\text{목표이익}}$$

* 고정원가간주액: 탑승객수가 원가동인인 비용 이외의 모든 비용은 고정원가로 간주하고 분석한다.
₩21,600,000−₩1,600,000=₩20,000,000

∴ $x=100,000$장

30 ③

(1) 준고정원가의 변동

운항마일수:	2,000,000마일×120%×@2=	₩4,800,000
운항편수:	10,000편×120%×@840=	10,080,000
TV광고횟수:	30회×@60,000=	1,800,000
		₩16,680,000

(2) 목표 탑승객 수

$$\underbrace{Q\times(₩60-₩4)}_{\text{단위당 공헌이익}}=\underbrace{₩16,680,000}_{\text{준고정원가}}+\underbrace{₩6,400,000^{*}}_{\text{고정원가}}+\underbrace{₩2,400,000}_{\text{목표이익}}$$

* ₩4,200,000+₩1,600,000+₩600,000

∴ Q=455,000명

31 ①

(1) 변동원가계산에 의한 손익분기점

① 단위당 공헌이익 : ₩120 − (₩60 + ₩15) = ₩45

② 변동원가계산의 손익분기점을 x라고 하면 다음 식이 성립한다.

₩45 × x = ₩400,000 + ₩275,000 ∴ x = 15,000개

(₩45 × x: 공헌이익, ₩400,000 + ₩275,000: 고정원가)

(2) 전부원가계산에 의한 손익분기점

① 단위당 제조원가

단위당 변동제조원가		₩60
단위당 고정제조간접원가 :	₩400,000 ÷ 20,000개 =	20
단위당 제조원가		₩80

② 전부원가계산에 의한 손익분기점 판매량

매 출 액	₩120x
매 출 원 가	80x
매출총이익	40x
판매관리비	15x + ₩275,000
영 업 이 익	25x − ₩275,000

손익분기점에서는 영업이익이 '0'이어야 하므로 25x − ₩275,000 = 0이어야 한다. 따라서 x는 11,000개가 된다.

별해

(1) 단위당 고정제조간접원가 : ₩400,000 ÷ 20,000개 = ₩20

(2) 단위당 영업이익 증가액 :

₩45(단위당 공헌이익) − ₩20(단위당 고정제조간접원가) = ₩25

(3) 단가화된 고정제조간접원가 $\frac{₩400,000}{20,000개}$ = ₩20

(₩45 − ₩20) × 판매량 = ( ) + ₩275,000

(₩45 − ₩20): 단위당 영업이익증가액, ( ): 고정제조간접원가, ₩275,000: 고정판매관리비

영업이익 '0'이 되는 판매량을 x라고 하면 다음 식이 성립한다

₩25x = ₩275,000(고정판매관리비) ∴ x = 11,000개

전부원가계산에서는 총고정제조간접원가를 생산량으로 나누어서 단위당 고정제조간접원가를 계산한 후에 제품원가속에 포함시켜 자산화했다가 제품이 판매될 때마다 매출원가속에서 비용화된다. 따라서 전부원가계산에서 영업이익을 계산할 때는 고정제조간접원가가 단가화되어 손익계산서에 나타나므로 판매량과 관계없이 일정하게 계상되는 비용은 고정판매관리비뿐이다. 따라서 단위당 영업이익 증가액의 합계와 고정판매관리비가 일치하게 되면 영업이익 '0'이 된다.

한편, 단위당고정제조간접원가는 생산량이 결정되어야 계산할 수 있기 때문에 전부원가계산에서 손익분기점판매량은 생산량이 전제되어야만 계산할 수 있다.

32 ④

(1) 변동원가계산의 손익분기판매량을 x라 하면,

$$\underbrace{(₩10,000-₩5,000)\times x}_{\text{공헌이익}} = \underbrace{₩4,000,000+₩6,000,000}_{\text{고정원가}} \qquad \therefore x=2,000\text{개}$$

(2) 전부원가계산의 손익분기판매량을 x라 하면,

$$\underbrace{(₩10,000-₩5,000-₩1,000^{*})\times x}_{\text{단위당 영업이익 증가}} = \underbrace{₩6,000,000}_{\text{고정판매관리비}} \qquad \therefore x=1,500\text{개}$$

* ₩4,000,000÷(4,100단위+200단위−300단위)=₩1,000

주관식 문제

01 기본적 CVP분석(1)

나무산업은 소형자전거를 제작하여 대당 ₩500,000에 판매하는 회사이다. 자전거 제작을 위해서는 자전거 1대당 직접재료원가 ₩120,000, 직접노무원가 ₩80,000, 변동제조간접원가 ₩30,000이 발생하며 고정제조간접원가가 ₩20,000,000 발생했다. 5차년도에는 총 200대의 자전거를 판매하였으며 판매과정에서 대당 ₩50,000의 변동판매관리비와 ₩15,200,000의 고정판매관리비가 발생하였다. 각각의 질문은 독립적이다.

【물음 1】 단위당 공헌이익과 공헌이익률은 얼마인가?

【물음 2】 손익분기점 판매량과 손익분기점 매출액은 얼마인가?

【물음 3】 안전한계매출액과 안전한계율은 얼마인가?

【물음 4】 법인세가 없는 경우와 법인세가 30%인 경우 5차년도의 이익은 각각 얼마인가?

【물음 5】 6차년도의 목표이익이 ₩7,700,000이라면 목표이익을 달성하기 위한 판매량은 법인세가 없는 경우와 법인세가 30%인 경우 각각 얼마인가?

【물음 6】 고정원가 중에 감가상각비가 ₩11,000,000 포함되어 있다면 현금흐름분기점 판매량은 법인세가 없는 경우와 법인세가 30%인 경우 각각 얼마인가?

해답

[물음 1] 공헌이익과 공헌이익률

(1) 단위당 공헌이익

$$\underbrace{₩500{,}000}_{\text{판매가격}} - \underbrace{(₩120{,}000 + ₩80{,}000 + ₩30{,}000 + ₩50{,}000)}_{\text{단위당 변동원가}} = ₩220{,}000$$

(2) $\text{공헌이익률} = \dfrac{\text{단위당 공헌이익}}{\text{단위당 판매가격}} = \dfrac{₩220{,}000}{₩500{,}000} = 44\%$

[물음 2] 손익분기점분석

(1) 손익분기점 판매량

$$\underbrace{x \times ₩220{,}000}_{\text{공헌이익}} = \underbrace{₩20{,}000{,}000 + ₩15{,}200{,}000}_{\text{고정원가}} \qquad \therefore\ x = 160\text{대}$$

(2) 손익분기점 매출액 $= 160\text{대} \times ₩500{,}000$

$= (₩20{,}000{,}000 + ₩15{,}200{,}000) \div 44\% = ₩80{,}000{,}000$

[물음 3] 안전한계

(1) $\text{안전한계매출액} = \underbrace{200\text{대} \times ₩500{,}000}_{\text{매출액}} - \underbrace{160\text{대} \times ₩500{,}000}_{\text{손익분기점 매출액}} = ₩20{,}000{,}000$

(2) $\text{안전한계율} = \dfrac{\text{안전한계}}{\text{매출액}} = \dfrac{₩20{,}000{,}000}{₩100{,}000{,}000} = 20\%$

[물음 4] 세전이익과 세후이익

(1) 법인세가 없는 경우 이익

$$\underbrace{200\text{대} \times ₩500{,}000}_{\text{매출액}} - \underbrace{200\text{대} \times ₩280{,}000}_{\text{변동원가}} - \underbrace{₩35{,}200{,}000}_{\text{고정원가}} = ₩8{,}800{,}000$$

(2) 법인세가 있는 경우 이익

$₩8{,}800{,}000 \times (1 - 30\%) = ₩6{,}160{,}000$

[물음 5] 목표이익분석

(1) 법인세가 없는 경우 목표이익 ₩7,700,000을 달성하기 위한 판매량

$$\underbrace{x \times ₩220{,}000}_{\text{공헌이익}} = \underbrace{₩35{,}200{,}000}_{\text{고정원가}} + \underbrace{₩7{,}700{,}000}_{\text{목표이익}} \qquad \therefore\ x = 195\text{대}$$

(2) 법인세율이 30%인 경우 목표이익 ₩7,700,000을 달성하기 위한 판매량

$$\underbrace{x \times ₩220{,}000}_{\text{공헌이익}} = \underbrace{₩35{,}200{,}000}_{\text{고정원가}} + \underbrace{\frac{₩7{,}700{,}000}{1 - 30\%}}_{\text{세전목표이익}} \qquad \therefore\ x = 210\text{대}$$

[물음 6] 현금흐름분기점

(1) 법인세 없는 경우 현금흐름분기점 판매량

$$\underbrace{x \times ₩500,000}_{\text{매출액}} = \underbrace{x \times ₩280,000}_{\text{변동원가}} + \underbrace{(₩35,200,000 - ₩11,000,000)}_{\text{현금고정원가}}$$

∴ x = 110대

(2) 법인세율이 30%인 경우 현금흐름분기점 판매량

$$\underbrace{x \times ₩500,000}_{\text{매출액}} = \underbrace{x \times ₩280,000}_{\text{변동원가}} + \underbrace{₩24,200,000}_{\text{현금고정원가}} + \underbrace{(x \times ₩500,000 - x \times ₩280,000 - ₩35,200,000) \times 30\%}_{\text{납부세액}}$$

∴ x = 89대

02 기본적 CVP분석(2)

(주)호수음반은 을지로 직영점의 폐쇄 여부를 결정하기 위하여 김회계사에게 다음과 같은 을지로 직영점에 대한 자료를 제공하고 분석을 의뢰했다.

		고정판매관리비	
단위당 판매가격	₩10,000	급 여	₩3,000,000
단위당 매입가격	₩7,000	임차료	1,000,000(2년간 계약해지불가)
단위당 판매수수료	판매가격의 5%	기 타	200,000(직영점 운영비)
		합 계	₩4,200,000

【물음 1】 당기 음반판매량이 1,500장이었다. 을지로 직영점의 영업이익(손실)은 얼마이고 손익분기점에 도달하기 위해서는 판매량이 얼마나 증가(감소)하여야 하는가?

【물음 2】 직영점의 영업사원들이 다음 기부터 판매수수료를 판매가격의 6%로 인상해 주고 이와 함께 정액으로 연간 ₩400,000을 추가로 지급하여 줄 것을 요구하고 있다. 또한 회사는 을지로 직영점으로부터의 목표영업이익을 ₩1,100,000으로 설정하고 있다. 영업사원의 요구를 받아들일 경우 매출액이 당기보다 얼마 이상 증가되어야 목표영업이익을 달성할 수 있을 것인가?

【물음 3】 회사는 [물음 2]의 영업사원의 요구안을 받아들이는 방안을 검토하고 있다. 이 방안의 채택은 영업사원들의 판촉활동에 동기부여가 되어 다음 기 을지로 직영점의 연간 판매량이 1,800장으로 증가될 것으로 예상된다. 그러나 을지로 직영점의 계속되는 적자로 인하여 이 직영점을 폐쇄할 것도 고려하고 있다. 직영점을 폐쇄할 경우 직영점의 영업사원은 전원 해고되고 직영점 점포를 재임대하여 연간 ₩100,000의 임대수익을 올릴 수 있을 것으로 예상된다. 회사에서 가장 바람직한 방안은 무엇이고 이때의 영업이익은 얼마인가?

해답

[물음 1] 영업이익(손실)과 손익분기점 분석

(1) 당기영업이익

매 출 액	1,500장×@10,000=	₩15,000,000
매 출 원 가	1,500장×@7,000=	(10,500,000)
판 매 수 수 료	1,500장×@500=	(750,000)
공 헌 이 익		3,750,000
고정판매관리비		(4,200,000)
영업이익(손실)		₩(450,000)

(2) 손익분기점

손익분기점 판매량을 Q라고 하면

$\underbrace{Q\times(₩10,000-₩7,000-₩500)}_{\text{공헌이익}}=\underbrace{₩4,200,000}_{\text{고정원가}}$

∴ Q=1,680(장)

따라서 현재보다 180장을 추가로 판매하여야 손익분기점에 도달한다.

[물음 2] 목표이익달성매출액

(1) 목표판매량을 Q라고 하면

$\underbrace{Q\times(₩10,000-₩7,000-₩600)^{*}}_{\text{공헌이익}}=\underbrace{₩4,200,000+₩400,000}_{\text{고정원가}}+\underbrace{₩1,100,000}_{\text{목표영업이익}}$

* ₩10,000×6%(판매수수료 인상 반영)

∴ Q=2,375(장)

(2) 목표매출액 : 2,375장×@10,000=₩23,750,000

따라서 다음 기에는 당기보다 ₩8,750,000(=₩23,750,000−₩15,000,000)만큼 매출액이 증가하여야 목표영업이익에 도달할 수 있다.

[물음 3] 직영점 유지 또는 폐쇄 의사결정

(1) 폐쇄할 경우

임 대 수 익	₩100,000
임 차 료	(1,000,000)
이 익 (손 실)	₩(900,000)

09

(2) 유지할 경우

① 대안 1 : 현재 상황 유지

1,500장×₩2,500−₩4,2000,000=₩(450,000)

② 대안 2 : 영업사원 요구안 수용

1,800장×₩2,400−₩4,600,000=₩(280,000)

따라서 직영점을 유지할 경우는 영업사원 요구안을 수용하는 것이 유리하다.

(3) 결 론

	폐쇄시		유지시
영업이익(손실)	₩(900,000)	<	₩(280,000)

직영점을 유지할 경우 손실이 발생하지만 폐쇄할 경우보다 손실액이 작으므로 임차계약이 만료될 때까지 직영점을 영업사원 요구안을 수용하여 유지하는 편이 유리하다.
따라서 회사에게 가장 바람직한 방안일 경우의 영업이익(손실)은 ₩(280,000)이다.

별해

요구사항 3은 다음과 같이 풀이할 수도 있다. 구체적인 내용은 제10장 관련원가와 의사결정에서 살펴보도록 하겠다.

〈직영점을 폐쇄하는 경우〉

Ⅰ. 증분수익			
수익감소액 :	1,800개×₩10,000=	₩(18,000,000)	
임대수익		100,000	₩(17,900,000)
Ⅱ. 증분비용			
변동원가 감소액 :	1,800개×₩7,600=	(13,680,000)	
고정원가 감소액		(3,600,000)	(17,280,000)
Ⅲ. 증분이익			₩(620,000)

직영점을 폐쇄할 경우 이익이 ₩620,000만큼 감소되므로 폐쇄하지 않는 것이 유리하다.

03 원가구조와 가격결정

(주)한국과 (주)일본은 동종의 제품을 제조·판매하는 경쟁회사로 제조공정과 판매방법은 각기 다르다. 두 회사의 추정원가는 다음과 같다.

	(주)한국	(주)일본
단위당 판매가격	₩900	₩800
직접재료원가	190	225
직접노무원가	125	240
변동제조간접원가	110	115
변동판매비	매출액의 4%	
고정제조간접원가	₩67,500,000	₩45,000,000
광고비 및 고정판매비	35,000,000	40,000,000
판매량	350,000단위	400,000단위
생산가능량	500,000단위	400,000단위

【물음 1】 두 회사의 예상손익분기점 판매량을 구하시오.

【물음 2】 두 회사의 제조원가가 동일하게 되는 연간 판매량을 구하시오. 두 회사 중 한 회사가 제조원가 측면에서 경쟁우위에 있게 되는 상황을 설명하시오.

【물음 3】 판매량이 현재수준을 유지할 것이라고 가정하는 경우 손익분기점에 도달하기 위해서 한국상사는 제품의 판매가격을 얼마까지 낮출 수 있는가?

해답

[물음 1] 손익분기점 판매량

(1) (주)한국의 손익분기점 판매량

단위당 변동원가 : ₩190+₩125+₩110+₩900×=₩461

단위당 공헌이익 : ₩900(단위당 판매가격)−₩461(단위당 변동원가)=₩439

손익분기점 판매량을 Q라 하면

₩439×Q=₩67,500,000+₩35,000,000,　　　　　Q=233,485단위

(2) (주)일본의 손익분기점 판매량

단위당 변동원가 : ₩225+₩240+₩115=₩580

단위당 공헌이익 : ₩800(단위당 판매가격)−₩580(단위당 변동원가)=₩220

손익분기점 판매량을 Q라 하면

₩220×Q=₩45,000,000+₩40,000,000,　　　　　Q=386,364단위

[물음 2] 원가구조와 조업도 수준

(1) 두 회사의 제조원가가 동일해지는 연간 판매량을 Q라 하면

$\underbrace{(₩190+₩125+₩110)\times Q+₩67,500,000}_{\text{(주)한국의 제조원가}}=\underbrace{(₩225+₩240+₩115)}_{\text{(주)일본의 제조원가}}\times Q+₩45,000,000$

∴ Q=145,161단위

(2) (주)한국과 (주)일본의 제조원가

(주)한국의 제조원가 = ₩67,500,000+₩425×판매량

(주)일본의 제조원가 = ₩45,000,000+₩580×판매량

(주)한국과 (주)일본의 제조원가를 도표로 표시하면 다음과 같다.

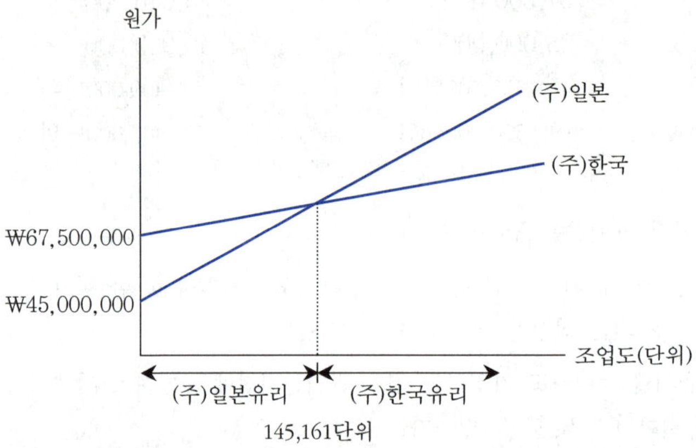

0단위부터 145,161단위까지는 (주)일본의 제조원가가 더 낮으며 145,161단위 이상에서는 (주)한국이 보다 유리하다.

[물음 3] 목표판매가격

(주)한국의 판매가격을 P라고 하면

$\underbrace{350,000\text{단위}\times P}_{\text{매출액}}=\underbrace{350,000\text{단위}\times(₩425+0.04P)}_{\text{변동원가}}+\underbrace{₩67,500,000+₩35,000,000}_{\text{고정원가}}$

∴ 손익분기점 판매가격(P)≒₩747.8

04 현금흐름분기점 (1994. KICPA 수정)

(주)월드는 운동화를 제조하는 회사이다. 다음은 운동화의 단위당 원가자료이다.

판매가격	₩18,000
직접재료원가	5,000
직접노무원가	6,000
제조간접원가	3,000(이 중 60%는 고정원가임)
일반관리비	2,000(이 중 80%는 고정원가임)
기준조업도	15,000단위
감가상각비	총 고정원가의 25%
법인세율	40%

【물음 1】 세후순이익 ₩1,800,000을 얻기 위해서는 몇 개를 판매해야 하는가?

【물음 2】 법인세가 없는 경우에 현금흐름분기점은? 단, 소수점 이하는 반올림하시오.

【물음 3】 세후현금흐름기준 손익분기점(판매량)은? 단, 소수점 이하는 반올림하시오.

09

해답

[물음 1] 목표이익분석

(1) 변동원가와 고정원가의 구분

단위당 변동원가		
직접재료원가		₩5,000
직접노무원가		6,000
변동제조간접원가	₩3,000×40%=	1,200
변동일반관리원가	₩2,000×20%=	400
합계		₩12,600
고정원가		
고정제조간접원가	15,000단위×₩3,000×60%=	₩27,000,000
고정일반관리원가	15,000단위×₩2,000×80%=	24,000,000
합계		₩51,000,000

(2) 세후순이익 ₩1,800,000을 달성하기 위한 판매량

$$\underbrace{(₩18,000-₩12,600)}_{\text{단위당 공헌이익}}\times x=\underbrace{₩51,000,000}_{\text{고정원가}}+\underbrace{\frac{₩1,800,000}{1-40\%}}_{\text{세전이익}}$$

∴ $x=10,000$개

[물음 2] 현금흐름분기점

감가상각비는 현금흐름이 없는 비용이다. 따라서 고정원가 중 감가상각비를 제외한 현금지출고정원가는 ₩38,250,000(=₩51,000,000×75%)이다.

법인세가 없는 경우에 현금흐름분기점 판매량을 x라고 하면

(₩18,000−₩12,600)×x=₩38,250,000 ∴ x=7,083개

따라서 현금흐름분기점 판매량은 7,083개이다.

[물음 3] 세후현금흐름 손익분기점

세후현금흐름 손익분기점 판매량을 x라 하면

$$\underbrace{(₩18{,}000-₩12{,}600)\times x}_{\text{공헌이익}}=\underbrace{₩38{,}250{,}000}_{\text{현금지출고정원가}}+\underbrace{(₩18{,}000\times x-₩12{,}600\times x-₩51{,}000{,}000)\times 40\%}_{\text{발생주의회계에 의한 납부세액}}$$

∴ x=5,510개 따라서 현금흐름분기점 판매량은 5,510개이다.

05 영업레버리지 분석 (2003, KICPA)

(주)강남은 (주)강북과 동일한 제품을 생산하여 판매하고 있다. 올해에 상당한 호경기를 맞이하여 두 기업은 매출과 이익이 상당히 호전되고 있다. (주)강남의 이익전망이 (주)강북에 비하여 어떠한지 궁금한 (주)강남의 사장은 재무담당자에게 두 회사를 분석하도록 지시했다. 재무담당자는 우선 전년도 결산자료를 이용하여 직접재료원가, 직접노무원가 등을 변동원가(VC)로 분류하는 등 '전형적인' 시각에서 전년도 (주)강남과 (주)강북의 원가 구조와 영업이익 등에 대하여 분석했다.

【물음 1】 분석의 결과, (주)강남의 변동원가(VC)는 ₩900, 고정원가(FC)는 ₩200, 그리고 영업레버리지도는 5로 파악되었다. (주)강남의 전년도 매출액(S)과 영업이익(OI)은 각각 얼마인가?

【물음 2】 전년도 (주)강북에 대한 분석의 결과, DOL=8, OI=₩40으로 파악되었다. 올해 호경기로 인하여 (주)강남과 (주)강북의 매출수량 및 매출액이 공히 30% 늘어날 것으로 예상된다. 재무담당자가 파악한 두 회사의 원가구조가 올해에도 적용된다면 (주)강남의 올해 영업이익이 (주)강북에 비하여 얼마나 높을지 또는 낮을지를 평가하고, 이러한 영업이익 전망의 차이가 무엇 때문인지를 영업레버리지개념을 이용하여 사장에게 간략히 설명해 보시오.

※ 이하에서는 [물음 1]과 [물음 2]에서 상정했던 수치를 일부 수정하여 재무담당자가 파악한 두 회사의 전년도 매출과 원가구조가 (주)강남은 S=₩2,000 VC=₩1,600 FC=₩300 그리고 (주)강북은 S=₩2,000 VC=₩1,300 FC=₩600이고 두 회사의 이러한 원가 구조가 올해에도 적용되는 것으로 가정하고 재무담당자는 아래 사항을 분석한다고 하자.

【물음 3】 두 회사는 올해 특별 판촉활동을 계획하고 있다. 두 회사의 제품들은 품질 및 가격 등에서 비슷하기 때문에 판촉활동 한 단위당 매출의 증가 효과가 동일하다고 가정하자. 이번기의 매출은 손익분기점을 확실히 초과할 것이다. 이번기의 판촉활동 한 단위에 대해 보다 높은 가격을 지불할 유인을 갖는 회사는 둘 중 어디인지를 그 근거와 함께 보이시오.

【물음 4】 (주)강남은 앞에서 언급한 재무담당자의 분석 후에 외부 전문가에게 두 기업의 원가 구조에 대한 전반적인 평가를 의뢰했다. 그 전문가는 원가구조 측면에서 제품에 대한 수요와 연계하여 공장의 생산 용량을 분석했다. 그는 '필요하지 않을 때 단기적으로 조정가능한 원가'를 단기적 원가라고 설명하면서 올해 중에 전반적으로 (주)강북은 단기적 원가의 증가가 많았던 반면에 (주)강남은 비단기적 증가가 많았다고 진단했다. 그 예로써, (주)강남의 모든 인력은 장기고용계약으로 모집되어서 (주)강북에 비해 고정인건비의 비중이 높았고, 올해 중에도 제품수요 증가에 따라 직업자의 신규채용이 많았음을 들었다. 이외에 작년에 (주)강남이 (주)강북에 비해 비단기적 원가의 비중이 높았다고 진단했다.

(1) 재무담당자가 (주)강남의 원가구조를 파악하면서 직접노무원가와 관련하여 범한 오류는 무엇인가?

(2) 내년에 경기가 나빠져서 두 회사 모두 비슷한 매출 감소율을 보일 것으로 예상된다. 외부 전문가의 진단이 옳다면 이 경우 매출 감소로 인한 타격이 어느 회사에게 더 클지 논리적으로 밝히시오.

(3) (주)강남이 앞으로 영업이익을 개선하기 위해 취하여야 할 접근 방법을 외부 전문가의 지적에 바탕을 두어 간단히 제시하시오. 본 문제와 관련이 없는 일반론적인 제안은 삼가하시오.

09

해답

[물음 1] 영업레버리지 분석

영업레버리지도=공헌이익/영업이익=(S−₩900)/(S−₩900−₩200)=5

∴ 매출액(S)=₩1,150

영업이익(OI) : ₩1,150−₩900−₩200=₩50

[물음 2] 영업레버리지 개념

(1) 올해 영업이익

	(주)강남	(주)강북
전년 영업이익	₩50	₩40
금년 영업이익	₩50×(1+0.3×5)=₩125	₩40×(1+0.3×8)=₩136

(주)강남은 (주)강북에 비하여 올해 영업이익이 낮을 전망이다.

(2) 영업이익 전망의 차이

영업레버리지도(DOL)는 매출액의 증가율에 대한 영업이익의 증가율의 비율인데 현재 (주)강북의 DOL이 (주)강남의 DOL보다 높다. 이는 현재 (주)강북의 원가구조가 (주)강남의 원가구조에 비하여 고정원가의 비중이 높기 때문이다.

DOL이 5인 (주)강남은 매출액이 현재보다 30% 증가할 때 영업이익은 매출액 증가율보다 5배 높은 150% 증가하고 DOL이 8인 (주)강북의 영업이익은 매출액 증가율보다 8배 높은 240% 증가하게 된다.

[물음 3] 매출 증가효과와 영업이익 증가효과

(1) 회사별 영업레버리지도

(주)강남 : (₩2,000－₩1,600)/(₩2,000－₩1,600－₩300)＝4

(주)강북 : (₩2,000－₩1,300)/(₩2,000－₩1,300－₩600)＝7

(2) 현재 두 회사의 영업이익은 ₩100으로 동일하지만 (주)강북의 영업레버리지가 (주)강남보다 높기 때문에 판촉활동으로 매출이 증대된다면 (주)강북의 영업이익이 (주)강남의 영업이익보다 더 크게 증가한다. 예를 들어 판촉활동으로 매출액이 10% 증가될 때 각 회사의 영업이익 증가액은 다음과 같다.

(주)강남 : ₩100×10%×4＝₩40 증가

(주)강북 : ₩100×10%×7＝₩70 증가

따라서 (주)강북이 판촉활동에 대하여 보다 높은 가격을 지불할 유인이 있다.

[물음 4] 원가구조와 영업레버리지 효과

(1) 회사의 재무담당자는 전년도의 원가구조가 올해에도 동일하게 적용될 것으로 가정하고 올해 매출증대에 따른 영업이익 변화를 분석하였으나 (주)강남의 노무원가는 장기고용계약에 의해 단기적으로 조정가능하지 않는 원가이고 올해 작업자의 신규 채용이 많아졌기 때문에 올해의 원가구조가 전년도에 비해서 고정원가의 비중이 높아진 것으로 분석하는 것이 타당하다.

(2) 외부 전문가의 진단대로 (주)강남이 (주)강북에 비해 비단기적 원가의 비중이 높았다면 (주)강남의 영업레버리지가 (주)강북에 비해 높기 때문에 매출 감소로 인하여 영업이익의 감소가 (주)강남이 더 크게 나타난다. 그 이유는 매출 감소로 조업수준이 감소하여도 고정적인 비단기적 원가는 감소되지 않기 때문이다.

(3) 회사의 매출수준이 감소될 것이 예상되면 노무원가와 같은 비단기적 원가의 비중을 줄이기 위한 방안을 강구하여야 한다. 예를 들어 장기고용계약 인원의 비중을 줄이고 단기고용계약 내지는 시간제 인력을 확보한다.

회사의 매출수준이 증대될 수 있을 것으로 예상되면 판매촉진활동을 강화하는 등 매출증대를 위한 노력을 하여 현재의 비단기적 원가하에서 조업수준을 높여 영업이익을 증가시킨다.

06 복수제품의 CVP분석 (1997. 세무사 수정)

남현전자는 소형냉장고(A)와 대형냉장고(B) 두 제품을 판매하고 있다. 이 두 제품과 관련된 예상손익 자료는 다음과 같다.

	소형냉장고(A)		대형냉장고(B)	
	수 량	금 액	수 량	금 액
수 익	600대	₩180,000,000	300대	₩180,000,000
비 용				
고정원가		36,000,000		100,800,000
변동원가		₩108,000,000		54,000,000
법인세차감전순이익		₩36,000,000		25,200,000

【물음 1】 남현전자가 동일한 설비를 이용하지 않고 B제품만을 생산한다면 손익분기수량은 얼마인가? (단, B제품만 생산하는 경우 A제품과 관련된 고정원가는 발생하지 않는다)

【물음 2】 A와 B의 수량을 2 : 3으로 결합하여 판매할 경우 다음을 구하시오(단, 판매량은 소수점 첫째 자리까지 표시하시오).

(1) 가중평균공헌이익

(2) A, B제품의 손익분기판매수량

(3) 법인세율이 40%일 경우 ₩9,000,000의 이익을 달성하기 위한 판매량

【물음 3】 A와 B수량을 1 : 1로 결합하여 판매할 경우 가중평균공헌이익률을 이용하여 손익분기매출액을 구하시오.

(1) 결합공헌이익률

(2) 손익분기매출액

【물음 4】 가중평균공헌이익률이 52%가 되기 위한 A와 B의 매출배합을 구하시오.

해답

[물음 1] 단일제품 손익분기분석

(1) 단위당 공헌이익

	A		B	
단위당 판매가격	₩180,000,000÷600대=	₩300,000	₩180,000,000÷300대=	₩600,000
단위당 변동원가	₩108,000,000÷600대=	180,000	₩54,000,000÷300대=	180,000
단위당 공헌이익		₩120,000		₩420,000

(2) B만 생산할 경우의 손익분기수량을 x라고 하면

$\underbrace{₩420,000\times x}_{\text{공헌이익}}=\underbrace{₩100,800,000}_{\text{고정원가}}$ $\therefore\ x=240$대

[물음 2] 복수제품 CVP분석

(1) 가중평균공헌이익

A와 B의 매출수량비율이 2 : 3이므로 판매량을 각각 $2x$, $3x$라고 하면

$$\frac{\text{총공헌이익}}{\text{총판매량}}=\frac{2x\times ₩120,000+3x\times ₩420,000}{2x+3x}=₩300,000/\text{대}$$

또는 이렇게 계산할 수도 있다.

₩120,000×2/5+₩420,000×3/5=₩300,000/대

(2) 손익분기점

판매량을 x라 하면

$\underbrace{₩300,000\times x}_{\text{공헌이익}}=\underbrace{₩36,000,000+₩100,800,000}_{\text{고정원가}}$ $\therefore\ x=456$대

따라서 손익분기점 판매량은 A가 182.4대(456대×2/5), B가 273.6대(456대×3/5)이다.

(3) 법인세율이 40%인 경우 목표이익 ₩9,000,000을 달성하기 위한 판매량을 x라 하면

$$\underbrace{₩300,000 \times x}_{\text{공헌이익}} = \underbrace{₩136,800,000}_{\text{고정원가}} + \underbrace{\frac{₩9,000,000}{1-40\%}}_{\text{세전이익}} \qquad \therefore\ x = 506\text{대}$$

따라서 손익분기점 판매량은 A가 202.4대(506대×2/5), B가 303.6대 (506대×3/5)이다.

[물음 3] 복수제품 손익분기분석

(1) 결합공헌이익률(=가중평균공헌이익률)

A와 B의 매출비율이 1 : 1이므로 판매량을 각각 x, x라고 하면

$$\frac{\text{총공헌이익}}{\text{총매출액}} = \frac{x \times ₩120,000 + x \times ₩420,000}{x \times ₩300,000 + x \times ₩600,000} = 60\%$$

또는 이렇게 계산할 수도 있다.

	A제품		B제품
매 출 액 배 합	1	:	2
공 헌 이 익 률	$\frac{₩120,000}{₩300,000} = 40\%$		$\frac{₩420,000}{₩600,000} = 70\%$
가중평균공헌이익률	$40\% \times \frac{1}{3}$	+	$70\% \times \frac{2}{3} = 60\%$

(2) 손익분기점매출액

손익분기점매출액을 S라고 하면

$$\underbrace{S \times 60\%}_{\text{공헌이익}} = \underbrace{₩136,800,000}_{\text{고정원가}} \qquad \therefore\ S = ₩228,000,000$$

[물음 4] 가중평균공헌이익률

A, B의 매출배합을 $x : y$라 하면 매출액 배합비율은 $x : 2y$이므로

$$\text{가중평균공헌이익률} = 40\% \times \frac{x}{x+2y} + 70\% \times \frac{2y}{x+2y} = 52\%$$

이 식을 풀면 $x = 3y$

따라서 제품 A, B의 매출배합은 3 : 1이다.

07 복수제품 CVP분석

자유로회사는 키보드와 전자기타를 제조하여 판매하고 있다. 당기의 제품별 판매가격은 키보드가 ₩15, 전자기타가 ₩22.5였다. 다음은 당기의 제품별 손익계산서이다.

	키보드	전자기타	합 계
매 출 액	₩1,050,000	₩3,150,000	₩4,200,000
매 출 원 가			
직접재료원가	280,000	630,000	910,000
직접노무원가	140,000	420,000	560,000
제조간접원가	210,000	490,000	700,000
매 출 총 이 익	₩420,000	₩1,610,000	₩2,030,000
고정판매관리비			1,040,000
영 업 이 익			₩990,000
법 인 세(55%)			544,500
세 후 이 익			₩445,500

자유로회사의 단위당 고정제조간접원가는 키보드가 ₩1이고 전자기타는 ₩1.5이다. 키보드의 판매량은 과거 수년동안 매우 안정적인 반면에 전자기타는 점점 경쟁이 치열해지고 있다. 자유로회사의 경영진은 전자기타의 경쟁력을 높이기 위해 단위당 ₩2.5씩의 가격인하를 고려하고 있으며 전자기타에 대한 광고선전비도 ₩57,000 증가시키는 것을 검토하고 있다. 광고선전비를 증가시키면 총매출액에서 전자기타가 차지하는 비중이 75%에서 80%로 증가할 것으로 예상한다. 내년도의 총고정제조간접원가와 변동제조간접원가 배부율(직접노동시간기준)은 당기와 동일할 것으로 예상된다. 그러나 직접노무시간당 원가는 두 제품 모두 당기에 비해 10%씩 상승할 것으로 보인다. 반면에, 직접재료원가는 당기에 비해 하락할 것으로 예상하는데 키보드는 10%,전자기타는 20%씩 하락할 것으로 예상한다.

【물음 1】 자유로회사의 금년도 손익분기점 판매량을 계산하시오.

【물음 2】 자유로회사가 내년도에 9%의 세후 매출액이익률을 달성하기 위해서는 총매출액이 얼마 이상되어야 하는지 계산하시오.

【물음 3】 자유로회사의 내년도 손익분기점 판매량을 계산하시오.

【물음 4】 위의 물음과 무관하게 금년도 매출액에 비해서 매출액이 20%가 증가하는 경우에 세후이익은 얼마나 증가하는지 계산하시오.

해답

[물음 1] 자유로의 손익분기점 판매량

(1) 자유로의 원가구조

	키보드			전자기타		
판매량	₩1,050,000÷₩15=		70,000개	₩3,150,000÷₩22.5=		140,000개
판매가격			₩15			₩22.5
변동비						
직접재료원가	₩280,000÷70,000개=	₩4		₩630,000÷140,000개=	₩4.5	
직접노무원가	₩140,000÷70,000개=	2		₩420,000÷140,000개=	3	
제조간접원가	₩210,000÷70,000개=	3		₩490,000÷140,000개=	3.5	
고정제조간접원가		(1)	8		(1.5)	9.5
단위당 공헌이익			₩7			₩13
고정비						
고정제조간접원가			70,000개×₩1+140,000개×₩1.5=			₩280,000
고정판매관리비						1,040,000
합계						₩1,320,000

(2) 손익분기점

	키보드		전자기타
① 제품수량배합	1	:	2
② 단위당 공헌이익(UCM)	₩7		₩13

③ 목표이익이 달성되는 키보드, 전자기타의 판매량을 x, $2x$라고 하면

₩7 × x + ₩13 × $2x$ = ₩1,320,000 ∴ x = 40,000개

따라서 목표이익을 달성하는 키보드, 전자기타의 판매량은 40,000개, 80,000개(2×40,000개)이다.

[물음 2] 내년도의 목표이익 달성 판매량

(1) 자유로의 내년도 원가구조

	키보드			전자기타		
판매가격			₩15			₩20
변동비						
직접재료원가	₩4×90%=	₩3.6		₩4.5×80%=	₩3.6	
직접노무원가	₩2×110%=	2.2		₩3×110%=	3.3	
제조간접원가	(₩3−₩1)=	2	7.8	(₩3.5−₩1.5)=	2	8.9
단위당 공헌이익			₩7.2			₩11.1
공헌이익률			48%			55.5%

고 정 비	
추가광고비	₩57,000
고정제조간접원가	280,000
고정판매관리비	1,040,000
합 계	₩1,377,000

(2) 목표이익 달성 매출액

	키 보 드		전자기타	
① 제품금액배합(매출액비중)	20%	:	80%	
② 공헌이익률	48%		55.5%	
③ 가중평균공헌이익률	20%×48%	+	80%×55.5%	=54%

④ 목표이익을 달성하는 매출액을 S라고 하면

S×54%=₩1,377,000+S×9%/(1−0.55) ∴ S=₩4,050,000

따라서 목표이익을 달성하는 키보드, 전자기타의 매출액은 ₩810,000(₩4,050,000×20%), ₩3,240,000(₩4,050,000×80%)이다.

09

[물음 3] 내년도 손익분기점

	키 보 드		전자기타	
① 제품금액배합(매출액비중)	20%	:	80%	
② 공헌이익률	48%		55.5%	
③ 가중평균공헌이익률	20%×48%	+	80%×55.5%	=54%

④ 목표이익을 달성하는 매출액을 S라고 하면

S×%=₩1,377,000 ∴ S=₩2,550,000

따라서 손익분기점에서 키보드, 전자기타의 매출액은 ₩510,000(₩2,550,000×20%), ₩2,040,000(₩2,550,000×80%)이며, 키보드, 전자기타의 판매량은 34,000대(₩510,000/₩15), 102,000대(₩2,040,000/₩20)이다.

[물음 4] DOL을 이용한 세후이익 변화액

$$DOL-\frac{₩1,320,000+₩990,000}{₩990,000}=2.33$$

세후이익 변화액 ₩445,500×20%×2.33=₩207,603

08 비선형함수하의 CVP분석 (1990. 세무사 수정)

(주)서울광학은 카메라를 생산하는 회사이다. 회사는 지난 7월에 카메라 6,000대를 생산하였는데 총변동원가는 ₩1,680,000이며, 월간 최대조업도는 10,000대이다. 또한 월간 총고정원가는 다음과 같다.

0 ~ 2,600대 생산시	₩740,000
2,601 ~ 6,100대 생산시	1,110,000
6,101 ~ 8,000대 생산시	1,480,000
8,001 ~ 10,000대 생산시	1,800,000

각각의 질문은 독립적이다.

【물음 1】 (주)서울광학의 카메라 한 대당 판매가격이 ₩650이라면 회사의 월간 손익분기점 판매수량은 몇 대인가?

【물음 2】 (주)서울광학은 다음 달에 카메라 2,000대를 유럽시장에 수출하고자 한다. 현재 내수용으로 5,000대를 생산하고 있을 때 월간 ₩427,000의 세후순이익을 얻기 위해서는 유럽에 수출하는 카메라의 대당 판매가격을 얼마로 책정하는 것이 타당한가? 단, 국내시장에는 대당 ₩650에 판매하고 있고 국내 월간 판매량은 5,000대로 변동이 없으며 법인세율은 30%이다.

【물음 3】 회사는 유럽시장에 대한 수출물량을 늘릴 것을 고려하고 있다. 수출물량은 최소한 2,000대이고 운반상의 문제로 1,000대 단위로만 추가시킬 수 있다. 한편, 국내시장에는 대당 ₩650에 월간 6,000대가 판매되며 유럽시장 수출로 인한 변동은 없다.
회사의 생산설비로는 월간 최대조업도가 10,000대이나 월간 9,000대를 초과하는 생산에 대해서는 단위당 ₩20의 변동원가가 추가로 발생한다. 수출품에 대한 판매가격을 대당 ₩500으로 하였을 때 회사의 이익을 극대화하기 위한 수출물량은 얼마인가?

해답

[물음 1] 손익분기점 판매량

(1) 단위당 변동원가

₩1,680,000÷6,000대=₩280/대

(2) 월간 손익분기점 판매수량을 x라고 할 때

① 0≦x≦2,600대일 경우

(₩650−₩280)×x=₩740,000

∴ x=2,000대(해당됨)

② 2,601대≦x≦6,100대일 경우

(₩650−₩280)×x=₩1,110,000

∴ x=3,000대(해당됨)

③ 6,101대 $\leqq x \leqq$ 8,000대일 경우

(₩650 − ₩280) × x = ₩1,480,000

∴ x = 4,000대(해당 안됨)

④ 8,001대 $\leqq x \leqq$ 10,000대일 경우

(₩650 − ₩280) × x = ₩1,800,000

∴ x = 4,865대(해당 안됨)

따라서 회사의 월간 손익분기점 판매수량은 2,000대, 3,000대이다.

[물음 2] 목표이익을 달성하기 위한 판매가격

2,000대의 카메라를 추가생산하게 되면 총 7,000대가 생산되므로 고정원가는 ₩1,480,000이 된다. 목표이익을 달성하기 위한 단위당 수출판매가격을 P라고 하면

$$\underbrace{₩650 \times 5{,}000\text{대} + P \times 2{,}000\text{대}}_{\text{매출액}} = \underbrace{₩280 \times 7{,}000\text{대}}_{\text{변동원가}} + \underbrace{₩1{,}480{,}000}_{\text{고정원가}} + \underbrace{\frac{₩427{,}000}{1-30\%}}_{\text{세전이익}}$$

∴ P = ₩400

따라서 목표이익을 달성하기 위해서는 판매가격을 ₩400으로 결정하여야 한다.

[물음 3] 비선형원가함수하의 제품생산량 결정

(1) 원가구조

조 업 도	단위당 변동원가	고정원가
6,000 ~ 8,000대	₩280	₩1,480,000
8,000 ~ 9,000	280	1,800,000
9,000 ~ 10,000	300*	1,800,000

* 9,000단위 초과 생산분부터 ₩300 적용됨

(2) 수출로 인한 영업이익 증가액과 최적 생산량

① 수출물량이 2,000대일 경우(조업도 8,000대)

(₩500 − ₩280) × 2,000대 = ₩440,000

② 수출물량이 3,000대일 경우(조업도 9,000대)

(₩500 − ₩280) × 3,000대 − ₩320,000* = ₩340,000

* ₩1,800,000 − ₩1,480,000 = ₩320,000

③ 수출물량이 4,000대일 경우(조업도 10,000대)

(₩500 − ₩280) × 3,000대 + (₩500 − ₩300) × 1,000대 − ₩320,000 = ₩540,000

따라서 이익극대화를 위한 최적의 수출물량은 4,000대이다.

09 비선형함수의 CVP분석 (2003. KICPA)

(주)외성은 2개의 사업부에서 모뎀 부품인 회로 기판을 만들고 있다. 각 사업부는 각각의 공장을 가지고 있다. 창원에 있는 A사업부의 공장은 최신의 완전 자동화 공장이며 수원에 있는 B사업부의 공장은 오래된 공장으로서 일부만 자동화가 되어 있는 공장이다. 회로기판은 금년 1년 동안 총 300,000단위를 생산 및 판매할 예정이다. 영업 첫해에 재공품은 없는 것으로 한다. 다음 자료는 연간 정상조업일수(250일) 및 A와 B 각 사업부의 1일 생산능력을 반영하여 작성된 것이다.

	A사업부	B사업부
단위당 판매가격	₩210	₩210
단위당 변동제조원가	90	110
단위당 고정제조간접원가	40	20
단위당 변동판매관리비	20	20
단위당 고정판매관리비	30	20
단위당 원가 합계	180	170
단위당 영업이익	30	40
1일 생산 능력	600단위	500단위

작업일이 250일을 초과할 경우, 초과한 일수에 대해서 변동제조원가가 A사업부에서는 단위당 ₩5씩 증가되고 B사업부에서는 단위당 ₩10씩 증가된다. 각 사업부의 최대 조업 가능일은 연간 300일이다. 생산책임자는 위에서 계산된 B사업부에서의 단위당 영업이익이 더 높기 때문에 먼저 B사업부에서의 생산능력을 최대한으로 가동시키고(500단위/1일×300일=150,000단위) A사업부에서는 나머지를 정상조업도로 가동시키게(600단위/1일×250일=150,000단위) 하였다. (주)외성의 회계 책임자는 이러한 영업이익을 기준으로 생산량을 결정하는 방식에 대해 문제가 있다고 생각한다.

【물음 1】 A사업부와 B사업부에 대해서 손익분기점수량을 각각 계산하시오.

【물음 2】 생산 책임자의 계획에 따라 A사업부와 B사업부 각각 150,000단위를 생산한다고 했을 때 사업부 전체의 영업이익을 계산하시오.

【물음 3】 총 300,000단위를 생산하려고 할 때 사업부 전체의 영업이익을 극대화시키려면 A사업부와 B사업부에서 각각 몇 단위를 생산해야 하는지를 결정하시오. 그리고 이때 사업부 전체의 영업이익은 얼마인지도 계산하시오.

【물음 4】 A와 B사업부가 각각 150,000단위를 생산하였으나 모두 절반씩(75,000단위)밖에 판매되지 않았다고 가정하자. A와 B 각 사업부에 대해서 변동원가계산방식과 전부원가계산방식에 의한 영업이익의 차이를 계산하시오. 고정제조간접원가 배부차이를 매출원가와 재고자산에 비례 배부한다고 가정한다(영업이익을 산출하기 위한 전체 과정을 전개할 필요는 없으며 영업이익의 차이만 간단히 계산하면 된다).

【물음 5】 위의 사례로 볼 때 전부원가계산제도는 변동원가계산제도에 비해 부문 경영자에게 생산에 관해서 어떤 잘못된 인센티브를 줄 수 있는가를 간략하게 서술하시오(3줄 이내로 작성하시오).

해답

[물음 1] 손익분기점 판매량

(1) 사업부별 고정원가

구　　분	A사업부	B사업부
고정제조간접원가	600단위×0일×₩40 =₩6,000,000	500단위×250일×₩20 =₩2,500,000
고정판매관리비	600단위×250일×₩30 =₩4,500,000	500단위×250일×₩20 =₩2,500,000
합　　계	₩10,500,000	₩5,000,000

(2) 사업부별 손익분기수량

① A사업부

i) 0≤Q≤150,000단위일 때

₩100Q_{BEP}= ₩10,500,000

Q_{BEP}= 105,000단위(해당됨)

ii) 150,000<Q≤180,000단위일 때

₩210Q_{BEP}=150,000단위×₩110+(Q_{BEP}−150,000단위)×₩115+₩10,500,000

Q_{BEP}=102,631단위(해당사항 없음)

② B사업부

i) 0≤Q≤125,000단위일 때

₩80Q_{BEP}=₩5,000,000

Q_{BEP}=62,500단위(해당됨)

ii) 125,000<Q≤150,000단위일 때

₩210Q_{BEP}=125,000단위×₩130+(Q_{BEP}−125,000단위)×₩140+₩5,000,000

Q_{BEP}=53,571단위(해당사항 없음)

따라서 사업부별 손익분기수량은 A사업부는 105,000단위이고 B사업부는 62,500단위이다.

[물음 2] 영업이익기준 생산량결정

	A사업부		B사업부	
매　출　액	150,000단위×₩210=	₩31,500,000	150,000단위×₩210=	₩31,500,000
변　동　비				
변동제조원가	150,000단위×₩90=	13,500,000	125,000단위×₩110+25,000단위×₩120=	16,750,000
변동판매관리비	150,000단위×₩20=	3,000,000	150,000단위×₩20=	3,000,000
공 헌 이 익		₩15,000,000		₩11,750,000
고　정　비		10,500,000		5,000,000
영 업 이 익		₩4,500,000		₩6,750,000

따라서 회사 전체의 영업이익은 ₩11,250,000이다.

[물음 3] 사업부 전체의 영업이익

(1) 사업부별 단위당 공헌이익

	A사업부		B사업부	
	150,000 이하	150,000 초과	125,000 이하	125,000 초과
단위당 매출액	₩210	₩210	₩210	₩210
단위당 변동비	110	115	130	140
단위당 공헌이익	₩100	₩95	₩80	₩70

(2) 최적생산배합

A사업부는 어떤 조업구간이든 B사업부의 생산보다 단위당 공헌이익이 크므로 A사업부에서 최대한 생산하고 나머지를 B사업부에서 생산한다.

A사업부 : 300일×600단위=180,000단위

B사업부 : 300,000단위−180,000단위=120,000단위

(3) 사업부 전체의 최대영업이익

매출액 :	300,000단위×₩210=	₩63,000,000
변동비 :	150,000단위×₩110+30,000단위×₩115+120,000단위×₩130=	35,550,000
고정비 :	₩10,500,000+₩5,000,000=	15,500,000
영업이익		₩11,950,000

[물음 4] 전부원가계산 영업이익과 변동원가계산 영업이익의 조정

(1) 전부원가계산방식에서 기말재고자산에 포함되는 고정제조간접원가

A사업부 : ₩6,000,000×50%=₩3,000,000

B사업부 : ₩2,500,000×50%=₩1,250,000

※ 고정제조간접원가 배부차이를 매출원가와 재고자산에 비례배분하기 때문에 고정제조간접원가 예정배부액에서 배부차이 조정을 거쳐 결국 전부원가계산방식에서는 재고자산에 실제 고정제조간접원가 발생액의 50%가 포함된다.

(2) 영업이익의 차이

변동원가계산방식의 영업이익에서는 고정제조간접원가가 발생한 금액이 전부 당기 비용화되지만 전부원가계산방식의 영업이익에서는 자산화된 고정제조간접원가 중 매출원가에 해당하는 부분만 당기 비용화되므로 전부원가계산방식의 영업이익이 변동원가계산방식의 영업이익보다 기말재고자산에 포함되는 고정제조간접원가만큼 크게 계상된다.

따라서 A사업부는 ₩3,000,000, B사업부는 ₩1,250,000만큼 전부원가계산방식의 영업이익이 변동원가계산방식의 영업이익보다 크다.

[물음 5] 전부원가계산방식의 문제점

전부원가계산제도는 고정제조간접원가를 제품원가에 포함시키므로 판매량 조건이 동일하여도 생산량이 많은 경우에 당기의 영업이익을 높게 계상할 수 있으므로 경영자의 단기적 성과 개선을 위해 재고의 과잉생산을 유도할 수 있다.

10 ABC하에서의 CVP분석 (2001. 세무사 수정)

(주)무등은 여러 가지 등산 용품을 제조, 판매하고 있다. 회사는 한동안 인기를 누리다가 최근에는 판매가 부진한 '간편 버너'를 내년에도 계속 생산하여 판매할 것인지의 여부를 결정하기 위해 담당 공인회계사인 김회계사를 방문했다. 즉, 통상적으로 원가－조업도－이익분석(CVP분석)이라는 방법에 대한 자문을 구하러 온 것이다. 회사의 간편 버너 연간 생산가능 대수 1,000대에 근거하여 계산된 간편 버너의 단위당 생산원가는 다음과 같다.

직 접 재 료 원 가	₩25
직 접 노 무 원 가	10
단위수준 활동원가	8
묶음수준 활동원가	12
제품유지 활동원가	20
시설유지 활동원가	30
단 위 당 원 가	₩105

회사는 이들 원가항목 중에서 제품유지 활동원가와 시설유지 활동원가를 제외한 나머지를 변동원가로 구분했다. 회사에 적용되는 세율은 30%이고 간편 버너의 대당 판매가격은 ₩155이다. 분석의 편의를 위해 판매비 등은 없는 것으로 가정한다.

09

【물음 1】 간편 버너의 손익분기점, 즉 간편 버너로부터의 세후순이익이 ₩0이 되기 위한 판매수량은 몇 대인가? 단, 소수점 이하는 절사하시오.

【물음 2】 회사가 간편 버너로부터 세후순이익 ₩10,000을 얻으려면 몇 대를 판매해야 하겠는가? 단, 소수점 이하는 절사하시오.

※ 이하의 [물음 3]부터 [물음 5]까지는 세금을 고려하지 마시오.

【물음 3】 회사의 시장분석 자료에 의하면 내년의 판매수량은 700대가 될 것이라고 한다. 한편, 중소업체인 S사에 간편 버너의 외주제작을 단위당 ₩85의 가격으로 회사가 원하는 수량만큼 맡길 수 있다고 한다. 이 경우, 회사 입장에서 간편 버너의 생산을 중단할 것인지, 현재와 같이 제조하여 판매할 것인지, 아니면 외주가공에 의해서 판매할 것인지에 대해서 각각 분석하고, 이 중 어느 방법이 가장 유리한지를 설명하시오. 원가 발생구조에 대해서는 통상적인 CVP분석에서 가정되는 내용을 따르도록 하시오.

【물음 4】 김회계사는 위 [물음 3]에 대한 분석을 마친 후 그 타당성에 대하여 평가해 보았다. 즉, [물음 3]을 원론적인 가정에 의한 분석이라고 할 때 이와 달리 보다 현실적인 시각에서 회계전문가로서 회사에게 추천해 줄 수 있는 타당한 대안을 마련하기 위해서 회사의 원가구조를 재검토해 보았다. 그 결과 회사가 변동원가로 분류한 묶음수준 활동원가는 200개를 하나의 묶음으로 해서 묶음당 ₩2,400이 발생되며 회사가 고정원가로 분류한 제품유지 활동원가는 제품의 생산을 중단할 경우 회피가능한 원가임을 밝혀냈다. ABC(활동기준원가계산)의 관점에서 [물음 3]의 대안 중에서 어떤 대안이 회사에게 합리적인 대안이 될 수 있는지를 선택하시오.

【물음 5】 [물음 3]과 [물음 4]를 비교하여 각각의 결론을 도출하는 과정의 차이점을 원가구조의 측면에서 설명하시오.

해답

[물음 1] 손익분기분석

단위당 변동원가 : ₩25+₩10+₩8+₩12=₩55

단위당 공헌이익 : ₩155−₩55=₩100

고정원가 : (₩20+₩30)×1,000대=₩50,000

손익분기점 판매량을 x라 하면 ₩100×x=₩50,000 ∴ x=500대

[물음 2] 세후목표이익분석

세후이익 ₩10,000을 얻기 위한 판매량을 x라 하면

$$₩100\times x=₩50,000+\frac{₩10,000}{1-0.3}$$ ∴ x=642대

[물음 3] 전통적 CVP분석에 의한 의사결정

① 생산을 중단하는 경우의 영업이익 : ₩(50,000)

② 제조하여 판매하는 경우의 영업이익 : (₩155−₩55)×700개−₩50,000=₩20,000

③ 외주가공에 의해 판매하는 경우의 영업이익
(₩155−₩85)×700개−₩50,000=₩(1,000)

따라서 직접 제조하여 판매하는 경우가 가장 유리하다.

[물음 4] 활동기준원가 CVP분석에 의한 의사결정

① 생산을 중단하는 경우의 영업이익 : ₩(30,000)

② 제조하여 판매하는 경우의 영업이익
단위수준 변동원가 : ₩25+₩10+₩8=₩43
묶음수준 활동원가 : 4묶음* ×₩2,400=₩9,600
* 700개 ÷ 200개=3.5묶음 → 4묶음
영업이익 : (₩155−₩43)×700개−₩9,600−₩50,000=₩18,800

③ 외주가공에 의해 판매하는 경우의 영업이익
(₩155−₩85)×700개−₩30,000=₩19,000

따라서 외주가공에 의해 판매하는 경우가 가장 유리하다.

[물음 5]

[물음 3]에서는 CVP분석의 기본가정 하에서 결론을 도출하였고, [물음 4]에서는 활동기준원가계산을 CVP분석에 이용하여 결론을 도출하였다. 기본적 CVP분석에서는 원가를 결정하는 유일한 독립변수는 조업도라고 전제하고 모든 원가를 변동원가와 고정원가로 구분하여 분석한다. 반면에 활동기준원가

계산에서는 원가를 결정짓는 원가동인을 활동의 수준별로 다양하게 파악하므로 활동기준원가계산제도를 적용하고 있는 회사의 경우 발생원가를 변동원가와 고정원가의 단순한 구분이 아닌 활동별 원가동인에 따라 구분하여 CVP분석을 수행해야 한다.

11 전부원가계산 CVP분석

다음은 스피커를 제조하는 (주)원가의 원가예상자료이다. 이 회사는 연간 40,000시간을 사용할 수 있는 기계장치를 이용해서 제품을 생산하고 있다. 1시간의 기계시간을 이용하면 12개의 제품을 생산할 수 있다.

단위당 제조원가		단위당 판매관리비	
직 접 재 료 원 가	₩1,000	변 동 원 가	₩1,500
직 접 노 무 원 가	1,200	고 정 원 가	1,125
변동제조간접원가	800		
고정제조간접원가	500		

변동판매관리비에는 매출액의 5%에 상당하는 판매수수료가 포함되어 있다. 회사는 생산능력의 50%에 해당하는 제품을 생산할 예정이며 생산량의 80%를 판매한다는 계획을 기준으로 원가예상자료를 만들었다.

다음 질문은 각각 독립적이며, 질문에 특별한 언급이 없다면 판매단가는 ₩6,000을 가정하시오.

【물음 1】 변동원가계산에 의한 손익분기점을 계산하시오.

【물음 2】 최대생산능력으로 생산하는 경우에 전부원가계산 손익분기점을 계산하시오.

【물음 3】 현재의 예상판매량을 유지하면서 전부원가계산을 적용하는 경우에 손익분기점이 달성되기 위해서는 생산량을 몇 단위로 결정해야 하는지 계산하시오.

【물음 4】 고정제조간접원가와 고정판매관리비 중에는 감가상각비가 ₩40,000,000과 ₩16,000,000만큼 포함되어 있다. 법인세율이 40%이며 생산량과 판매량이 일치하는 경우 현금흐름분기점을 계산하시오.

해답

[물음 1] 변동원가계산의 손익분기점

고정제조간접원가 : ₩500×(40,000시간×12개×50%)=₩120,000,000

고정판매관리비 : ₩1,125×(40,000시간×12개×50%×80%)=₩216,000,000

$\underbrace{(₩6,000-₩4,500)\times 판매량}_{공헌이익}=\underbrace{₩120,000,000+₩216,000,000}_{고정원가}$

∴ 손익분기점 판매량=224,000개

[물음 2] 전부원가계산의 손익분기점

단위당 공헌이익 : ₩6,000－₩4,500＝₩1,500

단위당 고정제조간접원가 : ₩120,000,000÷(40,000시간×12개)＝₩250
(40,000시간×12개: 생산량)

(₩1,500－₩250)×판매량＝₩216,000,000
(₩1,500－₩250: 단위당 영업이익 증가액, ₩216,000,000: 고정판매관리비)

∴ 손익분기점 판매량＝172,800개

별해 전부원가손익계산서를 작성하여 손익분기점을 계산할 수도 있다.

(1) 단위당 제조원가

변동제조원가 :	₩1,000＋₩1,200＋₩800＝	₩3,000
고정제조원가 :	₩120,000,000÷(40,000시간×12개)＝	250
		₩3,250

(2) 전부원가손익계산서

손익분기점판매량을 x라고 하면 손익계산서는 다음과 같다.

매 출	$6,000x$
매 출 원 가	$3,250x$
매 출 총 이 익	$2,750x$
판 매 관 리 비	$1,500x$＋₩216,000,000
영 업 이 익	$1,250x$－₩216,000,000＝0

∴ x＝172,800개

[물음 3] 전부원가계산의 손익분기점 생산량

현재의 예상 판매량 : 40,000시간×12개×50%×80%＝192,000개

단위당 고정제조간접원가를 x라고 하면 손익분기점에서는 다음 식이 성립해야 한다.

(₩1,500－x)×192,000개＝₩216,000,000　　∴ x＝₩375

단위당 고정제조간접원가가 ₩375가 되기 위해서 생산량은 320,000개(₩120,000,000÷₩375)이어야 한다.

[물음 4] 현금흐름분기점

일반적인 현금흐름분기점 판매량을 x라고 하면 다음 식이 성립한다.

₩1,500×x＝₩336,000,000－₩56,000,000＋(₩1,500×x－₩336,000,000)×40%
(₩1,500×x: 공헌이익, ₩336,000,000－₩56,000,000: 고정현금유출액, (₩1,500×x－₩336,000,000)×40%: 납부세액)

∴ x≒161,778개

CHAPTER

10

Cost & Management Accounting

관련원가와 의사결정

제1절 의사결정의 의의

'의사결정(decision making)'이란 일정한 목적 또는 목표를 달성하기 위해서 여러 가지 선택가능한 행동 또는 방법 중에서 최적의 대안을 선택하는 것을 의미한다. 경영자는 업무를 수행하는 과정에서 여러 가지 의사결정을 하게 되는데 이를 효율적으로 수행하기 위해서는 많은 정보를 필요로 하며 그 가운데서 원가정보는 가장 중요한 역할을 한다. 경영자의 의사결정은 장기적인 경영계획에 바탕을 둔 전략적인 장기의사결정이 있는가 하면, 단기경영계획과 관련된 단기의사결정도 있다.

① 단기의사결정 : 보통 1년 이내의 단기에 영향을 미치는 의사결정으로 화폐의 시간가치를 고려하지 않는다. 단기의사결정의 내용에는 생산일정계획이나 판매량계획과 같이 반복적으로 발생하는 일상적 의사결정과 특별주문수락이나 제품폐지여부와 같은 비반복적으로 발생하는 특수의사결정이 있다.

② 장기의사결정 : 그 효과가 장기간에 걸쳐서 나타나는 의사결정으로 화폐의 시간가치를 고려해야 한다. 장기의사결정의 내용에는 설비투자 의사결정이나 사업부신설 의사결정 등 장기적 경영계획과 관련된 내용이다. 이상의 내용과 본 교재의 관련 장을 요약하면 다음과 같다.

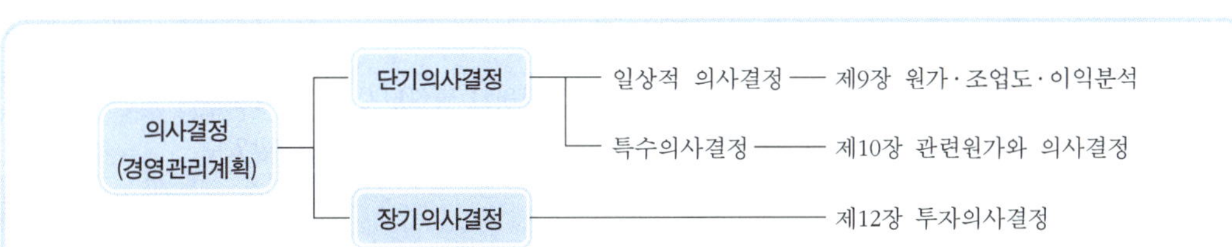

위에서 보는 바와 같이 단기의사결정 중 일상적인 의사결정과 관련된 관리회계정보는 9장 원가·조업도·이익분석에서 논의하였으므로 본 장에서는 단기특수의사결정에 유용한 재무정보를 파악하기 위한 방법에 대하여 논의하겠다. 그리고 장기의사결정에 대해서는 12장 투자의사결정에서 설명하도록 하겠다.

제 2 절 의사결정의 기초개념

단기의사결정을 각 유형별로 살펴보기에 앞서 의사결정과 관련된 기초개념에 대해서 알아 둘 필요가 있다. 이에 대해서는 [예제 10-1]을 이용해서 자세히 살펴보도록 하겠다.

예제 [10-1] 의사결정의 기초개념

서울회사는 유리컵을 제조하여 판매하고 있는 회사로서 다음 회계연도의 예상판매량을 1,000개로 예상하고 있다. 회사의 공장은 1,800개의 유리컵을 생산할 수 있는 능력을 보유하고 있으며 다음 회계연도의 예상판매량을 초과하여 보유하고 있는 800개를 생산할 수 있는 유휴설비는 임대하여 ₩50,000의 임대료수익을 얻을 수 있다. 서울회사의 다음 회계연도 이익은 다음과 같이 예상된다.

Ⅰ. 수 익		
매출액 : 1,000개 × @500=	₩500,000	
임대료수익	50,000	₩550,000
Ⅱ. 비 용		
변동원가 : 1,000개 × @300=	300,000	
고정원가(감가상각비 ₩40,000 포함)	100,000	400,000
Ⅲ. 이 익		₩150,000

변동원가는 단위당 발생하는 원가로 조업도가 증가하면 발생총액이 비례해서 증가한다.

고정원가는 생산능력의 확보와 관련된 원가로 판매량이 증가하더라도 총액이 변동되지 않는다.

서울회사의 고정원가는 감가상각비 ₩40,000과 현금지출고정원가 ₩60,000의 합계금액이다. 서울회사는 대기업으로부터 유리컵 600개를 개당 ₩400에 공급해 달라고 하는 특별주문을 받았다.

요구사항

서울회사의 경영자는 관리회계담당자에게 특별주문을 수락해야 하는지에 대한 판단을 내릴 수 있는 분석 보고서를 작성하도록 요구하였다. 이를 작성하시오.

경영자가 [예제 10-1]과 같은 특수한 의사결정을 판단하기 위한 접근방법에는 크게 총액접근법과 증분접근법이 있다.

1. 총액접근법

'총액접근법'은 경영자가 선택할 수 있는 대안별로 전체 수익과 전체 비용을 전부 파악한 후에 이를 기초로 이익이 가장 큰 대안을 선택하는 방법이다. [예제 10-1]을 총액접근법으로 분석하면 다음과 같다.

	특별주문을 수락하지 않는 경우		특별주문을 수락하는 경우	
총 수 익				
매 출 액	1,000개×@500=	₩500,000	1,000개×@500+600개×@400=	₩740,000
임대료수익		50,000		0
		550,000		740,000
총 비 용				
변 동 원 가	1,000개×@300=	₩300,000	1,000개×@300+600개×@300=	₩480,000
고 정 원 가		100,000		100,000
		400,000		580,000
총 이 익		₩150,000		₩160,000
		증분이익 ₩10,000		

총액접근법은 이와 같이 모든 수익·비용을 고려하여 각 대안을 분석하는 방법으로 별도의 개념을 이해하지 않고도 작성할 수 있다는 장점이 있다. 그러나 총액접근법은 의사결정에 영향을 받지 않는 원가(비관련원가)까지도 모두 분석하기 때문에 경영자가 의사결정을 할 때, 의사결정으로 인해 영향을 받은 수익과 비용항목을 파악하기가 어렵다.

2. 증분접근법

'증분접근법(incremental approach)'은 대안 사이에 차이가 있는 관련항목만을 분석해서 관련수익과 관련비용을 파악한 후 이를 기초로 의사결정을 하는 방법으로 차액접근법(differential approach)이라고도 한다. 증분접근법으로 의사결정을 하려면 첫번째 단계로 각 대안의 모든 수익과 원가자료에서 대안 사이에 차이가 나타나는 관련항목과 차이가 나타나지 않는 비관련항목을 구분해야 한다. 이를 위해 관련항목과 비관련항목에는 어떠한 것들이 있는지 살펴보도록 하자.

(1) 관련항목

'관련항목'은 각 대안 사이에 차이가 나는 항목으로 대안을 선택함에 있어서 관심을 집중하여야 하는 항목이다. 각 대안의 모든 수익과 원가자료에 포함된 관련항목에는 관련원가와 관련수익 및 기회비용이 있다.

① **관련원가(relevent costs)** : 여러 대체안 사이에 차이가 나는 차액원가(differential cost)로서 의사결정으로 인해 직접 변동되는 미래원가를 의미한다. 원가 중에서 미래에 현금이나 다른 자원의 지출을 필요로 하는 원가를 미래지출원가라고 하는데 관련원가는 모두 미래지출원가이다.

② **관련수익(relevent revenue)** : 여러 대체안 사이에 차이가 존재하는 차액수익으로 의사결정으로 인해서 직접 변동되는 미래수익을 의미한다.

③ **기회비용(opportunity costs)** : 재화, 용역 또는 생산설비를 특정용도 이외의 다른 대체적인 용도로 사용할 경우에 얻을 수 있는 최대금액을 말한다. 대안을 선택하는 의사결정을 하는 경우에 특정 대안을 선택하게 되면 차선의 대안은 포기하여야 하므로 차선에서 얻을 수 있었을 이익을 포기해야 한다. 따라서 대안을 선택하는 의사결정과정에서는 미래에 현금이나 다른 자원의 지출을 수반하지 않더라도 기회비용을 반드시 고려하여야 한다.

예제에서 특별주문을 수락하는 경우에 관련항목으로 고려해야 하는 관련원가, 관련수익 및 기회비용을 계산하면 다음과 같다.

① 관련원가 : 특별주문을 수락하는 경우에 600개를 추가로 생산하기 위하여 직접 발생하는 변동원가 ₩180,000(600개×@300)이 관련원가이다.

② 관련수익 : 특별주문을 수락하는 경우에 600개를 추가로 판매해서 얻어지는 직접수익 ₩240,000(600개×@400)이 관련수익이다.

③ 기회비용 : 특별주문을 수락하게 되는 경우에 기존의 임대료수익 ₩50,000은 포기하여야 하는데 이 금액이 특별주문을 수락하는 경우의 기회비용이다. 특별주문을 수락할 것인지를 판단할 때에는 이 기회비용을 반드시 고려하여야 한다.

(2) 비관련항목

'비관련항목'은 각 대안 사이에 차이가 없어 대안을 선택하는 의사결정에 영향을 주지 않는 수익이나 비용항목을 의미하는 것으로 증분접근법에서는 고려할 필요가 없다. 비관련원가는(irrelevent costs) 과거에 현금이 지출된 매몰원가와 미래에 현금이 지출될 비관련원가 및 비관련수익으로 구성되어 있다.

① **매몰원가(sunk costs)** : 경영자가 통제할 수 없는 과거의 의사결정으로부터 발생한 역사적 원가로서 현재 또는 미래의 의사결정과 관련이 없는 원가이다. 매몰원가는 과거에 이미 지출된 원가로 역사적 원가는 모두 매몰원가이며 대안들 사이에 차이가 나지 않는 비관련원가이다.

② **미래현금지출비관련원가** : 미래에 현금을 지출해야 하는 원가이지만 두 대안 사이에 차이가 발생하지 않는 비용이므로 비관련항목에 해당한다.

③ **비관련 수익** : 미래에 현금의 유입이 나타나지만 두 대안 사이에 차이가 발생하지 않는 수익으로 비관련항목에 해당한다.

구분	항목	내용
관련항목	관련원가 관련수익	여러 대안 사이에 차이가 존재하는 차액원가와 수익
	기회비용	대체적인 용도로 사용할 경우 얻을 수 있는 최대금액
비관련 항 목	매몰원가	통제할 수 없는 과거의사결정에 의한 역사적 원가 →현재 또는 미래의 의사결정과 관련이 없는 원가
	미래현금지출 비관련원가	미래에 현금지출이 일어나지만 두 대안 사이에 차이가 없는 원가

예제에서 특별주문을 수락하는 경우에 비관련항목으로 의사결정에 고려할 필요가 없는 매몰원가, 미래현금지출비관련원가, 비관련수익을 파악해보면 다음과 같다.

① 매몰원가 : 고정원가에 포함된 감가상각비 ₩40,000은 해당 유형자산을 취득하기 위한 현금이 이미 지출되었으므로 미래에 현금이나 다른 자원의 지출을 필요로 하는 원가가 아니다. 따라서 감가상각비 ₩40,000은 의사결정과 아무 관련이 없는 매몰원가이다.

② 미래현금지출원가 : 현금지출고정원가 ₩60,000과 기존의 변동원가 ₩300,000은 미래에 현금을 지출해야 하는 원가이지만 두 대안 사이에 차이가 발생하지 않는 비용이므로 비관련원가이다.

③ 비관련수익 : 기존판매로 얻는 매출액 ₩500,000은 미래에 현금의 유입이 발생하지만 두 대안 사이에 차이가 발생하지 않는 수익으로 비관련수익이다.

관련원가와 비관련원가의 구분

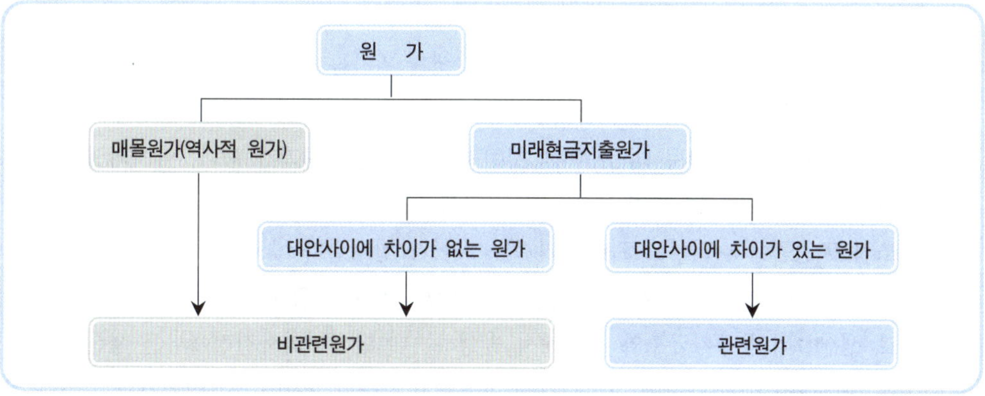

한편, 역사적 원가는 매몰원가로서 단기의 특수의사결정에서는 비관련원가이지만 역사적 원가를 분석함으로써 미래에 대한 예측정보를 얻을 수 있다면 경영자는 역사적 원가를 고려하여야 한다. 즉, 과거의 의사결정에 의해 발생한 역사적 원가를 분석함으로써 유사한 미래의 의사결정에 필요한 정보를 얻을 수 있으며, 미래의 현금유출항목인 세금은 역사적 원가에 의해서 영향을 받을 수 있기 때문이다.

(3) 증분이익과 의사결정

이상에서 살펴본 증분접근법에 따라서 [예제 10-1]에서 모든 수익과 비용항목 중 관련항목을 찾아내어 증분접근법에 따라 분석하여 보면 다음과 같다.

특별주문을 수락하는 경우

Ⅰ. 증분수익		
매출액의 증가 : 600개 × @400 =	₩240,000	
임대료수익의 감소(기회비용)	(50,000)	₩190,000
Ⅱ. 증분비용		
변동원가의 증가 : 600개 × @300 =		180,000
Ⅲ. 증분이익		₩10,000

특별주문으로 포기하는 임대료수익은 기회비용으로 고려해야 한다.

판매량이 증가하면 변동원가 총액은 증가하므로 관련항목이 되고, 고정원가는 생산능력의 확보와 관련된 원가로 총액이 변동되지 않는다.

증분접근법에 따라 분석한 결과로 증분이익이 '0'보다 크게 나타나서 이익이 증가하는 효과가 있다면 해당 대안을 선택하는 의사결정을 하고 증분이익 '0'보다 작게 나타나서 이익이 감소하는 효과가 있다면 해당대안을 포기하고 기존상태를 유지하는 의사결정을 한다.

3. 관련정보의 특징

단기의사결정을 위해서는 관련정보를 정확하게 파악하는 것이 필수적인데 관련정보는 다음과 같은 특징이 있으므로 이를 고려하면 좀 더 쉽게 관련정보를 파악할 수 있다.

① 역사적 원가는 미래수익과 미래원가에 영향을 미치지 못하는 매몰원가로 비관련원가이다. 다만, 역사적 원가를 분석해보면 미래에 발생할 원가를 보다 정확하게 예측하는 데 도움을 얻을 수 있다.

② 변동원가는 일반적으로 대안사이에 차이가 나므로 관련원가가 된다. 단기의사결정을 하게 되면 일반적으로 조업도가 변동된다. 즉, 생산량이 증가하거나 부품생산이 감소하는 등의 조업도 변동이 나타나므로 변동원가는 차이가 발생한다.

③ 고정원가는 일반적으로 변동되지 않으므로 비관련정보인 경우가 대부분이다. 고정원가는 주로 생산설비의 투자규모와 관련해서 발생하는데 단기적의사결정에서는 생산설비의 변동은 나타나지 않기 때문에 고정원가는 변동되지 않는다. 다만, 일부작업자의 추가나 설비단기임차 등으로 인해서 변화가 있는 항목만 예외적으로 관련항목에 포함된다.

④ 단기의사결정은 변동원가계산에 따른 원가정보를 활용하는 것이 유용하다. 고정원가는 일반적으로 비관련항목인데 전부원가계산에서는 고정원가가 제품원가에 포함되어 단위당 원가로 분석해서 대안별로 차이가 나는 것처럼 오해할 수 있는데 이를 전부원가계산의 오류라고 한다. 따라서 고정원가는 총액으로 분석하는 것이 관련원가를 정확하게 파악할 수 있기 때문에 변동원가계산에서 얻어진 단위당 변동원가와 고정원가 정보를 활용한다.

한편, 단기의사결정을 하는 과정에서 경영자는 양적인 요소(quantitative factor)만이 아니라 질적인 요소(qualitative factor)도 함께 고려해야 한다. 여기서 양적인 요소란 수치로 측정되는 것으로 변동원가, 연구개발비와 같은 재무적인 정보가 대표적이며, 그 외에도 정시도착확률, 제품개발기간과 같이 비재무적인 정보이지만 수치로 표현되는 것들도 양적인 요소에 해당한다. 반면에 질적인 요소란 수치로 측정할 수는 없지만 기업의 이익에 영향을 줄 수 있는 요소를 말하는데 그 예로는 종업원의 사기, 소비자 만족도 등을 들 수 있다.

양적인 요소 (quantitative factor)	재무적인 정보	변동원가, 연구개발비 등 → 증분접근법분석대상
	비재무적 정보	정시도착확률, 제품개발기간 등
질적인 요소 (qualitative factor)	수치로 측정이 불가능한 요소	종업원의 사기, 소비자 만족도 등

관련원가분석에서는 주로 재무적인 정보에 초점을 두지만 의사결정을 하는 경영자는 재무적인 요소뿐만 아니라 양적인 요소 중에서 비재무적인 정보와 질적인 요소도 고려해야 한다. 예컨대, 기업이 주요 생산품을 제조하는 데 사용되는 부품을 자가제조하고 있는 상황에서 부품을 그대로 자가제조할 것인지, 아니면 외부로부터 구입할 것인지에 대한 의사결정시에 부품을 외부에서 구입하는 것이 기업의 단기적 이익에 더 많은 기여를 한다고 할지라도 이로 인해 종업원을 강제 해고해야 한다면 종업원들의 사기저하나 기업의 이미지에 미치는 영향 등도 고려하여 최종결정을 내려야 한다. 종업원들의 사기저하나 기업의 이미지가 나빠지는 경우에는 장기적으로 기업의 이익에 악영향을 미칠 수 있기 때문이다.

제 3 절 관련원가 분석 - 증분접근법

이제 의사결정의 기초개념을 바탕으로 특수의사결정의 다양한 유형에 대해 살펴보도록 하겠다. 단기특수의사결정은 그 유형이 매우 다양하므로 이를 크게 증분접근법에 따라 의사결정하는 경우와 제약조건이 존재하는 상황에서 의사결정하는 경우로 나누어 살펴보겠는데 이번 절에서는 우선 증분접근법에 해당되는 유형을 살펴보겠다. 증분접근법을 사용하는 의사결정에도 다양한 상황이 존재하므로 이를 세분하여 각 상황별로 자세히 살펴보도록 하겠다.

1. 특별주문의 수락 또는 거절

특별주문(special order)은 대량 구매를 하는 조건으로 가격을 특별히 할인해 달라는 일회성 주문을 의미한다. 예를 들어 외국의 수입상이 정가보다 낮은 가격으로 대량 구매를 하기를 원하는 경우가 있다. 이러한 특별주문의 수락 여부의 결정과 관련된 정보는 관련수익과 관련원가 및 기회비용이 있다.

① 관련수익 : 특별주문을 수락하면 특별주문수량에 특별주문단가를 곱한 금액만큼 수익이 증가하므로 관련수익에 포함되어야 한다.

② 변동원가의 관련원가분석 : 특별주문을 수락하면 주문수량만큼 생산량이 증가하므로 변동원가는 관련원가에 포함된다. 다만, 특별주문이 일반판매방식과는 다른 방식으로 판매되는 것이므로 변동판매관리비가 달라질 수 있어서 주의해야 한다.

③ 고정원가의 관련원가분석 : 일회성인 특별주문을 수락하기 위해 생산설비의 투자규모를 조정하지는 않기 때문에 일반적으로 고정원가는 비관련원가이다. 다만, 일부 작업자의 추가투입이나 설비임차로 인한 변화액은 관련항목이 될 수도 있다.

④ 기회비용 : 유휴설비가 부족하다면 외부판매의 포기로 인한 이익 감소액이 기회비용이 된다. 유휴설비가 충분하다면 유휴생산설비의 이용해서 특별주문량을 생산하여 기회비용이 '0'이므로 분석에 특별한 주의를 기울이지 않아도 된다. 그러나 유휴생산설비가 존재하지 않는 경우에는 특별주문을 생산하기 위해서 기존에 생산하던 제품을 줄여야 하므로 이로 인한 이익감소액을 기회비용으로 고려해야 한다.

유휴설비	의사결정시 고려할 항목
유휴설비가 충분한 경우	특별주문 자체로 인해 발생하는 증분수익과 증분비용을 고려해서 수락여부를 결정한다.
유휴설비가 부족한 경우	정규시장 판매감소에 따른 이익감소분 등을 기회비용으로 고려하여야 한다.

예제[10-2] 특별주문의 수락 또는 거절

(주)원가는 2차년도에 20,000개를 판매할 것으로 예상하고 다음과 같이 예산을 작성했다.

	단위당 금액	총 금 액
매 출	₩100	₩2,000,000
변 동 원 가	60	1,200,000
공 헌 이 익	40	₩800,000
고 정 원 가	30	600,000
영 업 이 익	₩10	₩200,000

조업도가 증가하면 매출액, 변동원가, 공헌이익은 비례해서 증가한다.

고정원가는 총액이 일정하다.

최근에 외국판매상으로부터 단위당 ₩80에 10,000단위를 구입하겠다는 요청이 들어왔다. 이 요청은 예산에는 반영되어 있지 않으며 이을 수락하기 위해서는 운송료로 단위당 ₩10이 추가적으로 발생한다.

요구사항

이 특별주문으로 기존시장의 교란이 없는 경우에 다음에 답하시오.

1. 연간 최대생산능력이 30,000개인 경우 특별주문수락여부를 결정하시오.
2. 연간 최대생산능력이 25,000개인 경우 특별주문수락여부를 결정하시오.

해답

1. 연간 최대생산능력이 30,000개인 경우－기회비용이 없는 경우

최대생산능력이 20,000개이므로 정규제품 20,000개를 생산할 경우 유휴생산능력은 10,000개이다. 따라서 특별주문제품 10,000개를 모두 생산하기 위한 생산능력이 충분하므로 기회비용은 없으며, 특별주문자체 때문에 증가하는 수익과 비용을 고려해서 증분이익을 계산한다.

Ⅰ. 증분수익 : 10,000개×@80=		₩800,000
Ⅱ. 증분비용		
1. 변동원가 : 10,000개×(@60+@10)=	₩700,000	
2. 고정원가	0	700,000
Ⅲ. 증분이익		₩100,000

고정원가는 생산량이 증가하더라도 변동되지 않기 때문에 일반적으로 비관련항목이다.

(주)원가는 특별주문을 수락하는 경우에 현재보다 ₩100,000의 이익이 증가하므로 특별주문을 수락해야 한다.

2. 연간 최대생산능력이 25,000개인 경우－기회비용이 있는 경우

최대생산능력이 25,000개이므로 정규제품 20,000개를 생산할 경우 유휴생산능력은 5,000개이다. 따라서 특별주문제품 10,000개를 생산하기에는 생산능력이 5,000개가 부족하므로 국내판매분 5,000개를 감소시켜야만 특별주문을 수락할 수 있다. 따라서 정규판매량 5,000개를 감소시켜서 상실되는 공헌이익을 기회비용으로 고려해야 한다.

Ⅰ. 증분수익		
1. 수익증가 : 10,000개×@80=	₩800,000	
2. 수익감소 : 5,000개×@100=	(500,000)	₩300,000
Ⅱ. 증분비용		
1. 변동원가증가 : 10,000개×(@60+@10)=	₩700,000	
2. 고정원가증가	0	
3. 변동원가감소 : 5,000개×@60=	(300,000)	400,000
Ⅲ. 증분이익		₩(100,000)

기회비용

외부의 정상적인 판매량을 감소시키면서 특별주문을 수락하는 경우에 현재보다 ₩100,000의 손실이 나타나므로 특별주문을 거절해야 한다.

(1) 특별주문의 질적인 요소

한편 특별주문의 수락 여부를 결정할 때는 재무적인 분석이외에 다음과 같은 질적인 요소도 고려해야 한다.

① 정규시장가격의 영향 : 일반 판매가격보다 낮은 가격의 특별주문을 수락하는 것이 정규시장에서의 판매가격을 인하시키는 압력으로 작용할지의 여부를 고려해야 한다.

② 기존거래처의 반응 : 낮은 가격의 특별주문을 수락한 것을 기존거래처들이 파악하게 되는 경우에 기존거래처들이 다른 업체로 옮겨갈 위험성과 그 효과를 고려해야 한다.

③ 시장대응능력 : 특별주문에 생산설비를 활용해서 생산설비의 유휴능력이 낮아지는데 이로 인해 기존에 생산하던 제품의 수요증가에 적절히 대응하지 못해서 시장의 경쟁력이 약화될 수 있는지를 검토해야 한다.

(2) 특별주문을 수락하기 위한 최소판매가격

특별주문과 관련되는 의사결정으로는 특별주문의 수락여부에 대한 의사결정이외에 특별주문을 수락하기 위한 최소판매가격을 결정하는 의사결정도 있다. 특별주문을 수락하기 위한 최소판매가격은 다음과 같이 계산한다.

> 단위당 최소판매가격=단위당 증분원가(①)+단위당 기회비용(②)

① 단위당 증분원가 : 특별주문을 수락하는 경우에 이익이 증가하기 위해서는 우선 특별주문으로 인해서 추가적으로 발생한 원가를 보상받아야 한다.

② 단위당 기회비용 : 특별주문의 수락의사결정에서 기회비용은 유휴설비의 존재여부에 따라 달라진다.

- 유휴설비가 존재하는 경우 : 유휴설비를 이용해서 대체수량을 생산할 수 있으므로 기회비용은 '0'이다. 즉, 기회비용이 없다.
- 유휴설비가 부족한 경우 : 특별주문을 수락하기 위해서는 외부시장 판매를 감소시켜야 하므로 그만큼의 외부시장 공헌이익을 상실하게 되는데 그 공헌이익감소액이 기회비용이 된다.

예제 [10-3] 특별주문의 최소판매가격 결정

[예제 10-2]의 자료를 이용하시오.

요구사항

1. 연간 최대생산능력이 30,000개인 경우 특별주문을 수락하기 위한 최소판매가격을 계산하시오.
2. 연간 최대생산능력이 25,000개인 경우 특별주문을 수락하기 위한 최소판매가격을 계산하시오.

10

해답

1. 유휴설비가 충분한 경우의 최소판매가격

   유휴설비가 충분하여 기회비용은 없으므로 최소판매가격을 계산하기 위해서는 증분원가만을 고려하면 된다. 단위당 증분원가는 변동원가를 가산한다.

   $$\underbrace{₩70}_{\text{증분원가}} + \underbrace{₩0}_{\text{기회비용}} = ₩70$$

2. 유휴설비가 부족한 경우의 최소판매가격

   유휴설비가 부족한 경우에는 외부판매감소로 인한 공헌이익 감소액이 기회비용으로 고려되어야 한다. 즉, 정규판매량 5,000개를 감소시켜서 상실되는 공헌이익을 기회비용으로 고려해야 한다.

   $$\underbrace{₩70}_{\text{증분원가}} + \underbrace{\frac{₩200,000^{*}}{10,000\text{단위}}}_{\text{기회비용}} = ₩90$$

   * 외부판매 5,000개 감소로 인한 기회비용 5,000개×(₩100－₩60)=₩200,000

2. 부품의 자가제조 또는 외부구입

기업은 완제품을 제조하는 과정에서 필요한 부품을 직접제조하기도 하지만 외부에서 구입하기도 한다. 어떤 경우에 부품을 자가제조하거나 외부구입(make or buy)할 것인가는 기업의 중요한 단기의사결정 중의 하나로서 관련항목을 분석할 때 다음 사항에 유의해야 한다.

① 외부구입액의 관련원가분석 : 부품을 외부에서 구입하게 되면 외부구입량에 구입단가를 곱한 외부구앱액만큼 비용이 증가한다.

② 변동제조원가의 관련원가분석 : 부품을 외부에서 구입하면 부품의 생산은 중단되므로 생산과정에서 발생하던 변동제조원가는 비용 감소항목에 포함해야 한다.

③ 고정원가의 관련원가분석 : 부품을 외부에서 구입하더라도 부품을 생산하던 생산설비는 보유하고 있는 상태에서 부품의 구입여부만 의사결정하는 것이므로 설비규모와 관련되는 고정제조간접원가는 일반적으로 변화하지 않아서 비관련항목이다. 다만, 일부 작업자를 해고하거나 설비임차를 중단해서 절감할 수 있는 항목이 있다면 이는 고려해야 한다.

④ 유휴설비의 활용여부 : 부품을 외부구입하는 경우에는 기존설비를 다른 대체적인 용도에 사용할 수 있는지를 고려해야 한다. 만약 기존설비를 다른 용도에 사용할 수 있다면 다른 용도에서 얻어지는 공헌이익증가액이나 다른 부품을 생산해서 절감되는 비용감소액이 관련항목으로 고려되어야 한다.

관련항목	의사결정시 고려할 항목
비용증가	외부구입액(외부구입수량×외부구입가격)
비용감소	자가제조시 변동제조원가(생산량×단위당 변동제조원가) 회피가능고정원가
기회비용	유휴설비를 타 부품에 사용해서 원가절감 유휴설비를 임대해서 얻는 임대료수익

예제 [10-4] 부품의 자가제조 또는 외부구입

(주)원가는 자체제조공정에 사용되는 완제품 생산에 필요한 부품 20,000단위를 자가제조하고 있으며 관련된 원가자료는 다음과 같다.

	단위당 원가	총 원 가
직 접 재 료 원 가	₩6	₩120,000
직 접 노 무 원 가	30	600,000
변동제조간접원가	12	240,000
고정제조간접원가	16	320,000
합 계	₩64	₩1,280,000

(주)원가는 (주)종로에서 이 부품을 단위당 ₩60에 공급하겠다는 제의를 받았다. (주)원가는 부품을 외부구입하는 경우에 ₩180,000의 기계장치 임차료를 절약할 수 있다.

요구사항

1. 부품을 외부구입하는 경우 유휴생산능력의 대체적 용도가 없다고 가정하고 부품의 자가제조 또는 외부구입의사결정을 하시오.
2. 부품을 외부구입하는 경우에 유휴설비를 다른 제품의 생산에 활용해서 ₩150,000의 원가를 절감할 수 있는 경우 부품의 자가제조 또는 외부구입의사결정을 하시오.
3. 부품을 외부구입하는 경우에 유휴설비를 임대해서 ₩200,000의 임대료수익을 얻을 수 있는 경우에 부품의 자가제조 또는 외부구입의사결정을 하시오.

해답

1. 유휴설비의 활용이 없을 경우

부품을 외부에서 구입하면 고정제조원가 중에서 ₩180,000은 회피가능하므로 이를 고려해서 관련원가분석을 해야 한다.

Ⅰ. 증분수익		₩0
Ⅱ. 증분비용		
1. 비용의 증가		
외부구입비용 : 20,000개 × @60=	₩1,200,000	
2. 비용의 감소		
변동제조원가 : 20,000개 × @48=	(960,000)	
기계장치 임차료	(180,000)	60,000
Ⅲ. 증분이익		₩(60,000)

부품을 외부에서 구입하는 경우의 이익이 ₩60,000만큼 감소하므로 부품은 자가제조해야 한다.

2. 유휴설비를 활용할 수 있는 경우

부품을 외부에서 구입하는 경우에 공장설비를 다른 제품에 사용해서 원가를 ₩150,000만큼 절약할 수 있으므로 이를 고려해서 관련원가분석을 해야 한다.

Ⅰ. 증분수익		₩0
Ⅱ. 증분비용		
1. 비용의 증가		
외부구입비용 : 20,000개 × @60=	₩1,200,000	
2. 비용의 감소		
변동제조원가 : 20,000개 × @48=	(960,000)	
기계장치 임차료	(180,000)	
타제품제조원가 절감액	(150,000)	(90,000)
Ⅲ. 증분이익		₩90,000

부품을 외부에서 구입하게 되면 자가제조하는 경우보다 ₩90,000만큼 이익이 증가하므로 부품을 외부구입하여야 한다.

3. 유휴설비의 활용방법이 있는 경우

부품을 외부에서 구입하는 경우에 공장설비를 임대해서 임대수익을 ₩200,000만큼 얻을 수 있으므로 이를 고려해서 관련원가분석을 해야 한다. 부품을 외부에서 구입하는 경우에 증분이익은 다음과 같다.

Ⅰ. 증분수익	임대료수입		₩200,000
Ⅱ. 증분비용			
1. 비용의 증가			
외부구입비용 : 20,000개 × @60=		₩1,200,000	
2. 비용의 감소			
변동제조원가 : 20,000개 × @48=		(960,000)	
기계장치 임차료		(180,000)	60,000
Ⅲ. 증분이익			₩140,000

부품을 외부에서 구입하는 경우에 이익이 ₩140,000만큼 증가하므로 부품은 외부에서 구입해야 한다.

한편, 부품의 외부구입의 의사결정에서도 재무적인 요소만이 아니라 다음과 같은 비재무적인 질적 요소를 고려해야 한다.

① 외부공급자의 신뢰성이나 품질관리능력을 고려해야 한다. 부품을 외부에서 구입하게되면 안정적으로 부품을 공급받을 수 있어야 하므로 외부공급자의 능력을 검토해야 한다.

② 수직적 통합을 완화하는 효과를 고려해야 한다. 수직적 통합으로 부품을 직접생산하면 부품의 수요나 기술변화에 대한 신속한 대응이나 품질관리에서 장점이 있는데 부품을 외부에서 구입하게 되면 이 효과가 낮아지므로 이를 보완할 수 있는 방안을 고려해야 한다.

3. 보조부문의 유지 또는 폐쇄

보조부문의 유지여부 의사결정은 보조부문에서 생산하는 서비스를 계속 운영할 것인지 아니면 아웃소싱(outsourcing)할 것인지에 대한 의사결정을 말한다. 보조부문의 유지여부 의사결정은 부품의 외부구입의사결정과 유사하게 외부조달의사결정이므로 관련항목도 유사하게 다음 사항을 고려해야 한다.

① 외부구입액의 관련원가분석 : 보조부문의 서비스를 외부에서 구입하면 외부구입량에 구입단가를 곱한 외부구입액만큼 비용이 증가한다. 단, 특정 보조부문을 폐쇄하면 다른 보조부문의 서비스 사용량이 줄어서 외부구입량이 서비스 생산량보다 감소하는 점에 주의해야 한다.

② 폐쇄되는 보조부문 변동원가의 관련원가분석 : 보조부문의 서비스를 외부에서 구입하면 서비스의 생산이 중단되므로 생산과정에서 발생하던 변동원가는 비용 감소항목에 포함해야 한다.

③ 다른 보조부문 변동원가의 관련원가분석 : 특정 보조부문이 폐쇄되면 다른 보조부문이 폐쇄부문에 제공해주던 서비스가 불필요해 진다. 따라서 다른 보조부문도 폐쇄부문에 제공하다가 불필요해진 서비스 감소량에 서비스의 변동원가를 곱한 금액을 비용 감소항목에 포함해야 한다.

④ 고정원가의 관련원가분석 : 보조부문의 서비스를 외부에서 구입하더라도 보조부문의 설비는 보유하고 있는 상태에서 서비스의 구입여부만 의사결정하는 것이므로 설비규모와 관련되는 고정제조간접원가는 일반적으로 변화하지 않아서 비관련항목이다. 다만, 일부 작업자를 해고하거나 설비임차를 중단해서 절감할 수 있는 항목이 있다면 이는 고려해야 한다.

여기서 제일 주의할 점은 보조부문이 2개 이상 존재하는 경우에 보조부문 상호간에 용역수수관계가 존재해서 특정 보조부문을 폐쇄하면 다른 보조부문도 서비스 필요량이 줄어들고 이로 인해 서비스의 외부구입량도 줄어든다는 것이다.

예제 [10-5] 보조부문의 유지 또는 폐쇄 (1997. 세무사 기출수정)

(주)원가는 두개의 보조부문인 전력부문과 수선부문, 그리고 제품을 생산하는 제조부문 X와 Y를 갖고 있다. 다음 표는 보조부문인 전력부문과 수선부문, 그리고 제조부문 X와 Y와의 관계를 나타낸 것이다.

구 분	보조부문		제조부문		서비스 합계
	전력부문	수선부문	X	Y	
전력부문	0	200kW	500kW	300kW	1,000kW
수선부문	400시간	0	100시간	500시간	1,000시간

전력부문과 수선부문에서 발생한 원가를 고정원가와 변동원가로 구분해서 예상한 금액은 다음과 같다.

전력부문 : ₩50,000+₩20×1,000kW=	₩70,000
수선부문 : ₩40,000+₩10×1,000시간=	50,000
	₩120,000

외부에서 수선부문에서 제공하는 서비스를 시간당 ₩13에 공급하겠다는 제의가 들어왔다.

요구사항

1. 수선부문을 폐쇄하는 경우에 외부에서 구입해야 하는 수선시간은 얼마인지 계산하시오.
2. 수선부문을 폐쇄하는 경우에 원가절감액을 계산하시오.
3. 수선부문을 폐쇄할지에 대한 의사결정을 하시오.

해답

1. 수선시간의 외부구입량

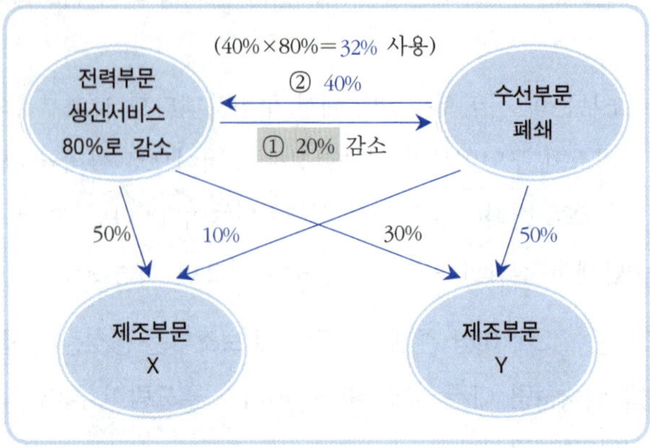

수선부문 폐쇄

⇓

① 전력부문생산서비스 20% 감소
(기존의 80%만 생산)

⇓

② 전력부문사용 수선서비스 20% 감소
(기존의 80% 사용)
(40%×0.8=32% 사용)

⇓

수선서비스의 구입량 감소
(50%+10%+32%=92% 구입)

① 전력부문(다른 보조부문)의 생산서비스 감소: 수선부문이 폐쇄되면 수선부문에서 사용하던 전력 서비스200kW는 필요가 없어진다. 따라서 수선부문이 폐쇄되면 전력부문도 서비스생산량 200kW의 감소로 변동원가가 감소한다.

② 전력부문의 수선서비스 사용량의 감소: 전력부문의 생산서비스가 200kW(20%)가 감소하면 전력부문이 전력을 생산하는 과정에서 필요한 수선서비스의 사용량도 20%가 감소한다. 따라서 전력부문은 기존의 80%에 해당하는 전력인 800kW만 생산하면 되므로 전력부문에서 사용하던 수선시간도 기존의 80%인 320시간(400시간×80%)만 사용하면 된다.

이런 효과를 고려해서 수선부문을 폐쇄하는 경우에 외부에서 구입해야 하는 수선시간을 계산하면 다음과 같이 920시간이 된다.

	전력부문	수선부문	제조부문 X	제조부문 Y	서비스 구입량
수선시간	400시간×0.8=320시간	0	100시간	500시간	920시간

한편, 서비스의 외부구입량은 기존 필요량에서 전력부문의 서비스 사용량의 감소분을 차감해서 다음과 같이 계산할 수도 있다.

$$수선시간\ 외부구입량 = 1{,}000시간 \times (1 - 0.4 \times 0.2^{*}) = 920시간$$

* 사용량 감소비율: 전력부문사용비율(40%)×서비스 생산량 감소비율(20%)

2. 보조부문 폐쇄시의 원가절감액

보조부문을 폐쇄하는 경우에 보조부문에서 생산하던 서비스를 생산하지 않기 때문에 보조부문에서 발생하던 변동원가가 절감된다. 또한 다른 보조부문에서도 서비스생산량이 줄어들기 때문에 이를 고려해야 한다. 즉, 전력부문에서도 수선부문에서 사용하던 200kW의 전력을 생산할 필요가 없으므로 이와 관련되는 변동원가를 관련원가 포함해야 한다.

폐쇄부문의 변동원가 감소액	1,000시간×₩10=	₩10,000
타보조부문(전력부문)의 변동원가 감소액	200kW×₩20=	4,000
		₩14,000

3. 보조부문의 폐쇄의사결정

수선부문의 서비스를 외부에서 구입하는 경우에 증분이익은 다음과 같다.

Ⅰ. 증분수익		₩0	
Ⅱ. 증분비용			
1. 비용의 증가			
외부구입비용 : 920시간×@13=	₩11,960 ← 외부구입량 감소		
2. 비용의 감소			
전력부문 변동원가 : 200kW×@20=	(4,000) ← 타보조부문 변동원가 감소		
수선부문 변동원가 : 1,000시간×@10=	(10,000)	(2,040)	
Ⅲ. 증분이익		₩2,040	

수선부문의 서비스를 외부에서 구입하는 경우에 직접 생산하는 것보다 ₩2,040만큼 이익이 증가하므로 수선부문은 폐쇄해야 한다.

10

4. 제품라인의 유지 또는 폐지

제품의 종류가 많아지면서 수익성이 낮은 제품라인을 폐지하는 의사결정이 보다 빈번하게 이루어지고 있다. 제품라인의 폐지여부에 대한 의사결정도 단기적으로는 증분이익을 파악해서 분석해야 하며 이 경우에 다음 항목을 주의하면서 관련항목을 검토해야한다.

① 공헌이익접근법의 유용성 : 제품의 생산을 중단하면 수익과 변동원가가 모두 감소하므로 그 순액인 공헌이익을 관련항목으로 검토하는 것이 분석을 단순화한다.

② 회피가능고정원가(avoidable fixed cost)의 파악 : 제품라인을 폐지하는 경우에 감소할 수 있는 고정원가만 관련항목으로 고려해야 한다. 그 예로는 제품라인의 감독자급료, 광고선전비, 보험료 등이 있다.

③ 회피불가능고정원가(unavoidable fixed cost)의 제외 : 제품라인을 폐지하더라도 줄일 수 없고 계속 발생하는 공통고정원가는 관련항목에 포함하지 않아야 한다. 그 예로는 냉난방비·관리비·기업이미지광고비 등의 고정원가가 있다.

예제 [10-6] 제품라인의 유지 또는 폐지

(주)원가는 다음과 같이 세 가지 제품라인을 가지고 있으며 지난해의 제품별 공헌이익손익계산서는 다음과 같다. 회사의 경영자는 골프용품라인이 ₩2,000의 영업손실이 발생하고 있어서 생산중단을 고려하고 있다. 본부비용은 기업전체에서 발생하는 고정원가로 각 제품라인에 매출액을 기준으로 배분했다.

	골프용품	테니스용품	탁구용품	합 계
매 출 액	₩200,000	₩160,000	₩40,000	₩400,000
변 동 원 가	160,000	112,000	12,000	284,000
공 헌 이 익	₩40,000	₩48,000	₩28,000	₩116,000
고 정 원 가				
제품라인고정원가	22,000	24,000	3,000	49,000
본부비용배분액	20,000	16,000	4,000	40,000
영 업 이 익	₩(2,000)	₩8,000	₩21,000	₩27,000

요구사항

1. 골프용품라인을 폐지하면 골프용품라인과 관련된 고정원가인 리스료 ₩22,000은 리스계약을 해지해서 절감할 수 있다. 골프용품 제품라인의 폐지여부를 의사결정하시오.
2. 골프용품라인을 폐지하고 남은 기존설비를 이용하면 테니스용품의 매출액이 ₩100,000이 증가할 만큼 테니스용품의 판매량을 증가시킬 수 있다면 제품라인을 폐지해야하는지 의사결정하시오.

해답

1. 유휴설비의 다른 용도가 없는 경우

골프용품라인을 폐지하는 경우에 회피가능한 고정원가 ₩22,000만 관련항목에 포함해서 기업전체이익에 미치는 효과를 분석해야 한다. 본부비용은 총액은 일정하고 골프용품라인을 폐쇄할 경우에 골프용품라인에 배분되는 금액은 감소하지만 해당금액만큼 다른 제품라인에 배분되는 금액이 증가해서 기업전체이익에는 영향이 없다.

> • 공헌이익 접근: 제품라인을 폐지하면 판매량감소로 매출액도 줄고 변동원가도 감소하므로 공헌이익으로 효과를 분석하는 것이 간편하다.

Ⅰ. 증분공헌이익	
골프용품의 공헌이익 감소	₩(40,000)
Ⅱ. 증분고정원가	
회피가능고정원가의 감소	(22,000)
Ⅲ. 증분이익	₩(18,000)

> • 회피불가능 고정원가 제외: 본부비용은 회피되지 않기 때문에 관련항목에서 제외한다.

골프용품라인을 폐지하는 경우에 유지하는 것에 비해서 ₩18,000만큼 이익이 감소하므로 골프용품라인은 계속 유지해야 한다.

2. 유휴설비의 다른 용도가 있는 경우

유휴설비를 이용해서 테니스용품의 매출액이 증가하면 변동원가도 증가해서 이익효과는 공헌이익을 기준으로 분석한다. 골프용품라인을 폐지하는 경우에 증분이익은 다음과 같다.

• 공헌이익 접근 : 테니스의 판매량이 증가해서 매출액이 증가하면 변동원가도 증가하므로 이익효과는 공헌이익으로 분석하는 것이 간편하다.

Ⅰ. 증분공헌이익		
1. 테니스용품 공헌이익증가 : ₩100,000×30%* =	₩30,000	
2. 골프용품의 공헌이익 감소	(40,000)	₩(10,000)
Ⅱ. 증분비용		
3. 회피가능고정원가의 감소		(22,000)
Ⅲ. 증분이익		₩12,000

* 테니스용품의 공헌이익율 ₩48,000÷₩160,000=30%

골프용품라인을 폐지하는 경우에 유지하는 것에 비해서 ₩12,000만큼 이익이 증가하므로 골프용품라인은 폐지해야 한다.

한편, 특정제품라인의 폐지여부에 대한 의사결정에서도 재무적인 요소만이 아니라 다음과 같은 비재무적인 질적 요소를 고려해야 한다.

① 기업의 이미지 손상여부를 고려해야 한다. 수익성이 낮은 제품을 폐지해서 특정산업의 전문기업으로서의 이미지가 낮아지면 장기적으로 기업의 수익성에 악영향을 미치므로 제품라인의 폐지가 기업의 이미지에 어떠한 영향을 미칠 수 있는지를 고려해야 한다.

② 다른 제품라인에 미치는 영향을 고려해야 한다. 특정제품라인이 다른 제품라인에 비해 공헌이익이 상대적으로 낮더라도 해당 제품라인으로 인해 다른 제품라인의 판매가 활성화되거나 고객을 확보할 수 있는 경우에는 제품라인을 계속 유지해야 한다.

5. 관련원가분석의 한계

관련원가분석은 조업도을 중심으로 변동원가계산의 원가분류에 따라 공헌이익을 중심으로 관련항목을 파악한다. 그리고 고정원가는 설비규모와 관련된 원가로 단기적으로는 변동되지 않는 항목으로 판단하여 관련항목에 포함하지 않는다. 이와 같은 관련원가분석은 단기적인 분석에 보다 유용할 수 있지만 장기적인 분석이 왜곡되는 부정적인 효과가 더 클 수 있다. 장기적으로는 모든 원가가 변동원가이므로 단위당 전부원가가 제품의 장기적인 변동원가에 대한 최선의 추정치라고 할 수 있다.

즉, 단기적 관점에서 변동원가 이외에 의사결정에 영향을 미치는 주요 변수들이 변화하지 않는다고 가정하는 것은 비현실적이며, 이를 전제로 한다는 점이 바로 관련원가분석과 공헌이익접근법의 본질적인 한계이다. 따라서 관련원가분석에 대한 비판론자들은 단기의사결정에서도 고정원가를 포함하는 전부원가계산의 정보를 이용해야 한다고 주장한다.

제 4 절 관련원가분석 - 제약요소가 존재하는 경우

경영자가 직면하는 단기의사결정의 유형으로는 대안을 선택하는 문제 이외에도 제약조건이 존재하는 상황에서 기업의 이익을 극대화하거나 비용을 최소화할 수 있는 방안을 모색하는 문제가 있다. 제약요소는 하나가 존재하는 경우도 있고 두 개 이상인 경우도 있는데, 제약요소가 하나인 경우에는 제약요소 단위당 이익이 크거나 비용이 작은 대안을 선택하여야 한다. 그러나 제약요소가 두 개 이상인 경우에는 분석이 복잡하게 되어 이러한 경우에는 선형계획모형을 이용하여 분석한다.

1. 제약자원이 하나인 경우 - 최적생산배합의 결정

회사에 제한된 자원이 있는 경우에는 회사에서 생산할 수 있는 제품 중에서 일부만을 생산할 수밖에 없다. 이 경우에 경영자는 제약자원을 어떻게 하면 가장 효율적으로 사용할 수 있는지에 대해 의사결정해야 한다.

제약자원을 가장 효율적으로 활용하는 방법은 이익을 극대화하는 것이므로 경영자는 제약자원 하에서 이익을 극대화하기 위해 어느 제품을 얼마나 생산할 것인지를 결정해야 한다. 이 때 통상 고정원가는 이런 의사결정에 영향을 받지 않기 때문에 경영자는 기업의 총공헌이익을 극대화하는 생산방안을 선택한다. 기업의 총공헌이익을 극대화하기 위해서는 제품단위당 공헌이익이 아니라 '제한된 자원의 자원단위당 공헌이익'이 큰 제품부터 우선 생산해야 한다. 이에 대해서 다음예제를 이용해서 살펴보도록 하자.

예제 [10-7] 제한된 자원의 사용

(주)원가는 핸드폰과 키폰을 생산하고 있으며 두 제품과 관련된 원가 및 수익자료는 다음과 같다. 두 가지 제품을 생산하기 위해서 기계를 공동으로 사용하고 있는데 회사가 사용할 수 있는 총 기계시간은 3,000시간이다.

	핸드폰	키 폰
단위당 판매가격	₩400	₩600
단위당 변동원가	320	420
단위당 고정원가	20	60
단위당 기계시간	1시간	3시간
수 요 량	1,500단위	1,000단위

요구사항

1. 최적생산배합에서 얻을 수 있는 최대공헌이익을 계산하시오.
2. (주)종로에서 핸드폰 300개에 대한 특별주문이 들어왔다. 이 특별주문을 수락하기 위한 최소판매가격을 구하시오.

해답

1. 제약자원이 존재하는 경우의 의사결정

(1) 최적생산배합의 결정

기계시간이 3,000시간으로 제한되어 있으므로 기계시간당 공헌이익이 큰 제품을 우선적으로 생산해서 판매하여야 한다.

	핸드폰	키 폰
단위당 공헌이익	₩80	₩180
단위당 기계시간	÷1시간	÷3시간
기계시간당 공헌이익	₩80	₩60
생산순위	1순위	2순위
생산량	1,500단위 (1,500시간)	500단위 (1,500시간)

제약조건 단위당 공헌이익이 큰 제품부터 생산한다.

(2) 최적생산배합의 공헌이익

1,500개×₩80+500개×₩180= ₩210,000

2. 제약자원이 존재하는 경우의 최소판매가격

제약조건하에서 특별주문을 수락하기 위해서는 기존의 외부판매를 마지막 생산순위부터 포기하므로 이를 기회비용으로 고려해야 한다.

최소판매가격 : ₩320(증분원가)+1시간×₩60(기회원가)=₩380

기회원가: 생산후순위부터 포기

한편, 제한된 자원이 존재하는 상황에서 이익을 극대화하기 위한 매출배합을 결정하는 것도 중요한 의사결정문제이지만 사용하는 부품의 종류가 여러 가지일 경우에는 부품의 생산배합(product mix)을 결정하는 것도 중요한 의사결정대상이다. 부품의 생산배합결정이란 제한된 자원이 존재하는 상황에서 비용을 최소화하기 위해 부품의 자가제조 또는 외부구입을 결정하는 것으로 원가절감효과가 큰 부품을 우선적으로 생산해야 한다. 주의할 점은 이와 같은 부품생산배합 의사결정에서도 경영자는 부품단위당 원가절감액이 큰 부품을 생산하는 것이 아니라 '제한된 자원단위당 원가절감액'이 큰 부품을 우선적으로 선택하여 생산해야 한다는 것이다.

예제 [10-8] 최적생산배합의 결정

연회회사는 주요부품 A, B, C 그리고 D를 사용하여 가전제품을 생산하고 있다. 이들 부품은 자체에서 생산될 수도 있고 외부에서 구입할 수도 있다. 부품의 자체생산에 활용할 수 있는 총기계시간은 6,000시간이며 변동제조원가만이 회피가능원가이다.
각 부품별 관련정보는 다음과 같이 예상된다.

	A	B	C	D
직접재료원가	₩2,000	₩4,000	₩6,000	₩8,000
직접노무원가	1,000	2,000	2,000	2,000
변동제조간접원가	500	1,000	1,000	1,500
단위당 총변동제조원가	₩3,500	₩7,000	₩9,000	₩11,500
부품 한 단위당 소요기계시간	2시간	3시간	1시간	2시간
소요량	1,500단위	1,000단위	3,000단위	1,000단위
부품단위당 외부구입가격	₩4,000	₩8,500	₩10,000	₩11,000

요구사항

1. 연회회사의 경영자입장에서 각 부품별로 생산우선 순위를 결정하시오.
2. 연회회사에서 [요구사항 1]의 생산순위에 따라서 각 부품을 생산하는 경우에 최적생산배합을 결정하시오.
3. 연회회사가 부품 D를 자체 생산하는 것이 유리하기 위해서는 부품 D의 외부구입가격이 현재 예상가격보다 얼마 이상 인상되어야 하는지 계산하시오.

해답

1. 제약조건(기계시간) 단위당 원가절감액

	A	B	C	D
외부구입가격	₩4,000	₩8,500	₩10,000	₩11,000
자가제조시 증분비용	3,500	7,000	9,000	11,500
단위당 원가절감액	500	1,500	1,000	(500)
단위당 필요기계시간	÷2시간	÷3시간	÷1시간	÷2시간
기계시간당 원가절감액	₩250	₩500	₩1,000	₩(250)
생산우선순위	3순위	2순위	1순위	

기계시간당 원가절감액이 C, B, A, D 순서로 크므로 C를 우선 생산하고 B, A 순서로 기계시간이 허용하는 한도 내에서 생산하고 나머지는 외부에서 구입할 것이다.

2. 부품생산배합의 결정

우선순위	소 요 량	단위당 기계시간	필요시간	사용가능시간	잔여시간
C부품	3,000단위	1시간	3,000시간	6,000시간	3,000시간
B부품	1,000	3	3,000	3,000	0
A부품	1,500	2	3,000	0	0

사용가능한 총기계시간이 6,000시간이므로 C, B는 자체생산하고 A, D는 외부에서 구입하는 것이 유리하다.

3. 부품을 자체생산하기 위한 외부구입가격 결정.

D부품을 자체생산하기 위해서는 2순위로 생산하고 있는 B부품의 기계시간당 원가절감액보다 D부품의 기계시간당 원가절감액이 커야 한다.

(1) D부품을 외부구입하기 위한 최소구입가격을 x라고 하면 D부품의 기계시간당 원가절감액은 (x −₩11,500)÷2시간이므로 다음 식이 성립해야 한다.

$$\frac{x-₩11,500}{2시간} \geq ₩500 \qquad \therefore\ x \geq ₩12,500$$

(2) 최소가격인상액 : ₩12,500−₩11,000=₩1,500

앞 예제의 경우에는 제약조건이 하나뿐이지만 만약 여러 가지 제약조건이 동시에 존재한다면 원가를 최소화하는 생산배합을 결정하는 것은 쉽지 않은 일이다. 여러 가지 제약조건하에서 원가를 최소화하는 생산배합의 결정문제는 선형계획모형을 이용하여 분석한다.

2. 제약요소가 2개 이상인 경우 – 선형계획법

제약자원이 2개 이상인 경우에는 제한된 자원의 사용이나 투입배합의 결정이 복잡한 양상을 띠게 되는데 그 분석을 위해서는 선형계획법이 사용된다. '선형계획법(linear programming : LP)'이란 여러 가지 제약조건하에서 특정한 목적(이익극대화나 비용최소화)을 달성하기 위해 희소한 자원을 배분하는 수리적인 기법을 말한다. 선형계획법에 따라 최적해를 찾는 방법에는 도해법과 심플렉스법이 있는데 심플렉스법은 관리회계의 범위를 넘어서는 내용으로 계량의사결정이론(O.R)으로 논의를 넘기고 관리회계에서는 도해법만 살펴보기로 한다. 도해법의 기본개념은 제약조건을 그래프상에 표시하여 실행가능영역을 도출한 뒤에, 이 영역의 범위 내에서 목적함수가 최대화 또는 최소화되도록 의사결정변수의 값을 결정하는 것이다. 다음 그림은 이를 잘 나타내 주고 있다.

도해법

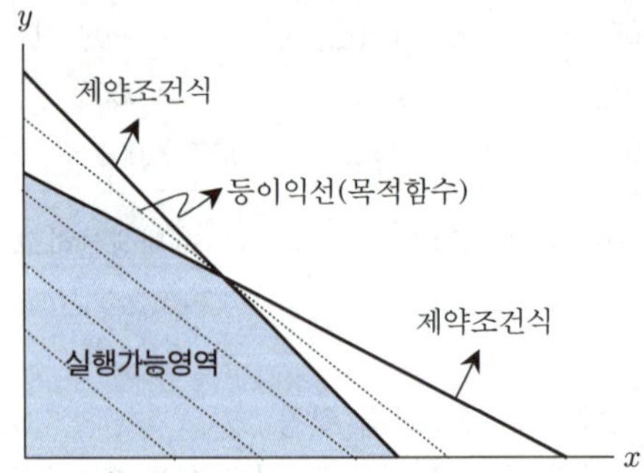

관리회계는 선형계획법 중에서 최대화문제를 주로 논의하는데 최대화문제는 원점으로부터 가장 먼 등이익선(목적함수)과 접하는 꼭지점이 최적해가 된다. 선형계획법에 따라 최적해를 찾는 과정은 복잡하므로 도해법을 적용할 때는 다음의 네 가지 단계를 이용하는 것이 좋다.

[1단계] 목적함수의 결정: 의사결정의 목적을 체계화하여 수식으로 정리한다. 즉 의사결정 목표를 수식화하는 단계로 관리회계에서 미지수인 변수는 주로 생산량(조업도)이고, 의사결정목표는 이익극대화이다.

[2단계] 제약조건의 수식화: 제한된 자원에 대한 조건을 수식으로 표현한다. 이러한 제약조건에는 기계시간, 노동시간, 제한된 자원의 양 등이 사용된다.

[3단계] 실행가능영역의 도해: 2단계에서 구한 제약조건을 그래프로 표시한 후, 모든 제약조건을 충족하는 실행가능영역을 표시한다.

[4단계] 최적해의 계산: 실행가능영역 중에서 목적함수를 최대화하거나 최소화하는 최적해를 구한다. 일반적으로 최적해는 실행가능영역의 꼭지점 중에서 찾아진다.

예제 [10-9] 선형계획법 – 이익극대화(제한된 자원의 사용)

(주)원가는 제품 X와 제품 Y를 생산해서 판매하고 있다. 두 제품과 관련된 단위당 자료는 다음과 같다.

	제품 X	제품 Y
판 매 가 격	₩200	₩100
변 동 제 조 원 가	125	55
변동판매관리비	5	5
고정제조간접원가	20	10
고정판매관리비	10	10
원 재 료 사 용 량	2kg	2kg
기계시간 소용량	2시간	1시간

제품 X와 제품 Y의 시장수요는 무한한데 연간 사용가능한 재료는 15,000kg, 기계시간은 12,000시간으로 제한되어 있다.

요구사항

회사의 공헌이익을 극대화하기 위해서는 제품 X와 제품 Y를 몇 단위씩 생산해야 하는지 결정하고 최적제품배합에서의 연간 총공헌이익을 계산하시오.

해답

[1단계] 목적함수의 결정 : 의사결정의 목적이 회사의 총공헌이익을 극대화하는 것이므로 회사의 총공헌이익을 계산하는 식이 목적함수가 된다. 제품 X와 제품 Y의 생산·판매량을 각각 X, Y라 하면,

목적함수 : 최대화 Z=₩70* ×X+₩40* ×Y

* 단위당 공헌이익

	제품 X	제품 Y
판 매 가 격	₩200	₩100
변 동 원 가	130	60
단위당 공헌이익	70	₩40

[2단계] 제약조건의 구체화 : 회사는 사용가능한 재료와 기계시간에 제약이 있으므로 의사결정변수인 제품 X와 제품 Y의 생산·판매량을 각각 X, Y라 하면 제약조건은 다음과 같은 식으로 구체화된다.

재료사용량	$2X+2Y \leq 15{,}000$kg
기 계 시 간	$2X+1Y \leq 12{,}000$시간
	$X, Y \geq 0$

[3단계] 실행가능영역의 도해 : 2단계에서 계산한 제약조건을 그래프로 표시한 후, 모든 제약조건을 충족하는 실행가능영역을 표시한다.

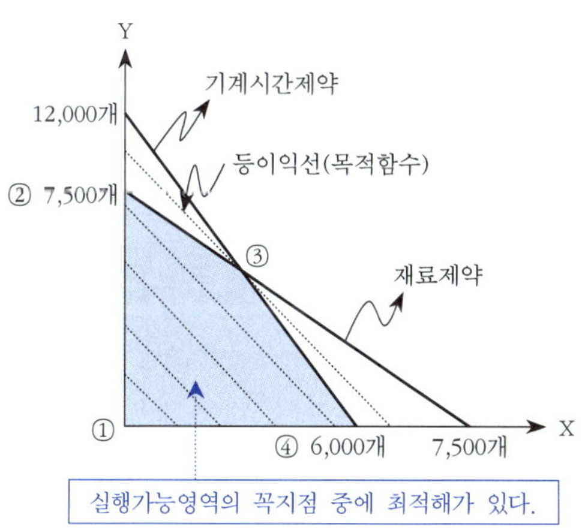

[4단계] 최적해의 계산 : 최적해는 실행가능영역의 꼭지점에서 찾아지므로 실행가능영역의 꼭지점을 찾아서 목적함수에 적용하여 그 중 '목적함수가 가장 커지는 꼭지점'이 최적해가 된다.

꼭지점	좌표(X, Y)	총공헌이익(Z)	
①	(0개, 0개)	₩70×0개+₩40×0개=	₩0
②	(0개, 7,500개)	₩70×0개+₩40×7,500개=	300,000
③	(4,500개, 3,000개)	₩70×4,500개+₩40×3,000개=	435,000
④	(6,000개, 0개)	₩70×6,000개+₩40×0개=	420,000

따라서 회사의 공헌이익을 극대화하기 위한 X, Y의 제품배합은 각각 4,500개, 3,000개이고, 이때의 연간 공헌이익은 ₩435,000으로 최대이다.

한편, 최적해를 찾는 방법에는 목적함수의 기울기와 제약조건의 기울기를 비교하여 파악할 수도 있는데 이에 대한 자세한 논의는 계량의사결정이론을 참고하기 바란다.

10 연습문제

객관식 문제

01 관련원가분석 (2017. 세무사)

(주)세무는 흠집이 있는 제품 C를 5개 보유하고 있다. 흠집이 없는 정상적 제품 C의 판매가격은 ₩300이다. 제품 C의 생산에는 단위당 변동제조원가 ₩80과 단위당 고정제조원가 ₩20이 투입되었다. 흠집이 있는 제품 C를 외부에 단위당 ₩150에 처분하려면 단위당 판매관리비가 ₩12이 소요될 것으로 추정된다. 이 의사결정에 고려될 관련 항목은?

① 단위당 판매관리비 ₩12
② 단위당 변동제조원가 ₩80
③ 단위당 고정제조원가 ₩20
④ 단위당 제조원가 ₩100
⑤ 정상 판매가격 ₩300

02 특별주문 수락 의사결정

(주)로케트는 건전지를 생산·판매하고 있다. 이 회사의 월간자료는 다음과 같다.

(1) 월간 최대 생산량은 22,000단위이다.
(2) 정상적 판매단가는 ₩1,000이다.
(3) 현재의 조업도에서는 변동제조원가가 단위당 ₩400, 고정제조원가가 단위당 ₩200이다.

현재 20,000단위를 생산·판매하고 있는데, 을지상사로부터 2,000단위의 주문을 단위당 ₩500에 제의받았다. 이 회사는 특별주문으로 인하여 전담 직원을 임시로 고용해야 하는데, 이로 인한 추가적 원가부담이 단위당 ₩80씩 소요되리라 추정된다. 단, 특별주문으로 인한 기타의 비용 추가나 정상판매에는 영향을 주지 않는 것으로 판단된다. 이 회사가 특별주문을 수락할 경우 영업이익에 어떤 영향을 미치겠는가?

① ₩40,000 감소
② ₩200,000 감소
③ ₩360,000 감소
④ ₩200,000 증가
⑤ ₩40,000 증가

03 특별주문과 유휴생산능력 (1999. 세무사)

(주)한라의 20×5년 예산내역을 요약하면 다음과 같다.

매 출 액	25,000단위×@100=	₩2,500,000
변동제조원가와 판매비		1,500,000
공 헌 이 익		₩1,000,000
고 정 원 가		600,000
영 업 이 익		₩400,000

회사의 연간 최대 조업능력은 35,000단위이다. 그런데 외국판매상이 20×5년초에 단위당 ₩80에 20,000단위를 사겠다고 제의하여 왔다. 한라회사가 이 제의를 수락하고 설비능력을 초과하지 않는 범위 내에서 단골고객으로부터 기존의 거래를 감소시키면 20×5년 총영업이익은 예산보다 얼마나 변화하겠는가?

① 변함없다 ② ₩100,000 증가 ③ ₩200,000 증가
④ ₩100,000 감소 ⑤ ₩200,000 감소

※ 다음은 4~5번에 관한 자료이다.

(주)아리수는 휴대폰에 장착되는 전지를 생산한다. 회사는 현재 생산시설용량(월 8,000 직접노무시간)의 75%를 가동하고 있다. 최근 회사는 (주)한국전자로부터 개당 ₩700에 6,000개의 전지를 1개월 안에 납품해 달라는 특별주문을 받았다. 전지의 개당 제조원가는 다음과 같다.

직접재료원가	₩200
직접노무원가(개당 0.5 직접노무시간)	300
제조간접원가	200
개당 제조원가	₩700

(주)아리수의 직접재료원가와 직접노무원가는 변동원가이다. 제조간접원가 중 변동제조간접원가는 직접노무시간당 ₩240이다. (주)아리수는 향후 수개월동안 월 6,000 직접노무시간(8,000 직접노무시간×75%)의 조업도를 유지하기에 충분한 경상주문을 받아 놓고 있다. 경상주문품의 판매가격은 개당 ₩1,000이다.

04 특별주문의 수락 또는 거부 (2007. KICPA)

(주)아리수가 6,000개의 특별주문을 수락할 경우, 일부 경상주문을 포기함으로 인한 기회비용(opportunity cost)은 얼마인가?

① ₩500,000 ② ₩380,000 ③ ₩760,000
④ ₩790,000 ⑤ ₩800,000

05 특별주문의 수락 또는 거부 (2007. KICPA)

(주)아리수가 6,000개의 특별주문을 수락할 경우 증분손익은 얼마인가?

① 증분손실 ₩280,000　② 증분손실 ₩150,000　③ 증분이익 ₩0
④ 증분이익 ₩210,000　⑤ 증분이익 ₩20,000

06 특별주문 수락을 위한 최소판매금액 (2000. 세무사 수정)

(주)북한강전자는 계산기를 제조하여 개당 ₩2,000에 판매하고 있다. (주)북한강전자의 생산능력은 매기 12,000개이며, 이때 개당 생산원가는 직접재료원가 ₩750, 직접노무원가 ₩550, 제조간접원가(변동원가 75%, 회피불능고정원가 25%) ₩480이다. 해외바이어가 방문하여 2,500개의 계산기를 특별주문 하였는데 이 특별주문에 따른 유일한 판매비용은 운송료로 개당 ₩100이 소요된다. 현재 (주)북한강전자는 10,000개를 생산·판매하여 정상적인 판매경로를 통하여 판매하고 있다. 정상적인 판매경로에서 발생하는 판매비용은 ₩5,000,000으로 전액 고정원가이다. (주)북한강전자가 이 특별주문과 관련하여 받아야 하는 최소금액은 얼마인가?

① ₩1,760　② ₩2,000　③ ₩1,660
④ ₩1,780　⑤ ₩1,828

10

07 특별주문을 수락하기 위한 최소판매가격 (2009. KICPA)

(주)성도는 연간 최대생산량이 10,000단위인 생산설비를 보유하고 있으며, 당기에 제품 단위당 ₩740의 판매가격에 8,000단위의 제품을 판매할 수 있을 것으로 예상하고 있다. 현재의 생산설비에 의한 (주)성도의 제품 단위당 변동제조원가는 ₩300이다. (주)성도가 당기에 예상판매량을 1,000단위 줄이고 제품 3,000단위를 판매할 수 있는 특별주문을 고려한다면, 이러한 특별주문 제품의 단위당 최저판매가격은 얼마인가? 단, (주)성도가 판매하는 모든 제품의 변동판매관리비는 단위당 ₩80이다.

① ₩500　② ₩420　③ ₩400
④ ₩380　⑤ ₩300

08 활동기준원가계산과 특별주문 의사결정

단일종류의 제품을 제조하여 판매하고 있는 (주)한강금속은 활동기준원가계산에 의한 원가계산을 하고 있다. (주)한강금속의 가공원가에 대한 활동별 원가동인과 원가동인당 배부율은 다음과 같다.

활동중심점	원가동인	원가동인당 배부율
재료수령활동	재료수령횟수	₩1,200
조립활동	부품수	200
기계가공활동	기계시간	300
검사활동	제품수	150
공장관리활동	1회계기간	300,000

당기에 새로운 거래처로부터 1,000개의 제품을 납품해 달라는 특별주문이 들어왔다. 이 제품은 제조에 필요한 부품을 외부에서 개당 ₩100에 구입하여 6개의 부품으로 제품 1개를 제조하며, 제품 1개당 2시간의 기계가공시간이 소요된다. 부품은 1회에 200개씩 구매하고 있다. (주)한강금속이 이 특별주문에 대해 받아들일 수 있는 최소판매가격은 얼마인가? (단, (주)한강금속의 유휴설비는 충분한 상태이다)

① ₩2,856 ② ₩2,586 ③ ₩3,800
④ ₩800 ⑤ ₩4,400

09 부품의 자가제조 또는 외부구입 의사결정 (1997. KICPA)

(주)인영은 완제품 생산에 필요한 부품 A를 단위당 ₩300에 전량 하청생산해 주겠다는 제의를 (주)명조로부터 받았다. 그동안 (주)인영은 부품 A를 매년 10,000단위 자가생산하여 이를 완제품 생산에 사용해 왔다. 부품 A의 생산과 관련된 원가자료는 다음과 같다.

	단위당 원가
직접재료원가	₩35
직접노무원가	180
제조간접원가	
변동원가	45
고정원가 : ₩550,000/10,000단위=	55
	₩315

만일 (주)명조의 제안을 받아들인다면 그 동안 부품 A를 생산하던 공간을 부품 B 생산에 이용하여 부품 B의 생산단가 감축액이 연간 ₩220,000에 달할 것으로 예측된다. 또한 부품 A는 위험한 주조작업에 의해 생산되므로 그 동안 특별 산재보험에 가입하여 매년 ₩100,000의 보험료를 지불하여 왔었는데, (주)명조의 제의를 받아들인다면 보험료는 지출할 필요가 없게 된다. (주)인영은 자가제조와 외부구입의 대안 중 어느 것을 선택하여야 하겠는가? 또한 그 대안이 다른 대안보다 금액적으로 얼마나 유리한가?

	유리한 대안	금액(연간)		유리한 대안	금액(연간)
①	자가제조	₩80,000	②	자가제조	₩400,200
③	외부구입	150,000	④	외부구입	470,000
⑤	정답 없음				

10 부품의 외부구입과 여유설비활용 (1997. 세무사 수정)

(주)삼일은 자체제조공정에 사용되는 부품 A를 20,000단위 제조하고 있다. 부품 A의 단위당 원가는 다음과 같다.

직접재료원가	₩10
직접노무원가	30
변동제조간접원가	10
고정제조간접원가	20
합　　계	₩70

(주)영화는 (주)삼일에 이 부품을 단위당 ₩70에 20,000단위를 판매하겠다는 제의를 했다. (주)삼일이 (주)영화의 제의를 수락하면 단위당 ₩10의 고정제조간접원가가 절약될 것이며 (주)삼일이 이 제의를 받아들임으로써 생기는 여유설비는 다른 부품의 제조에 사용되어 원가절감이 기대된다. 전체적으로 ₩200,000을 절약하기 위해서 다른 부품의 제조에 여유설비를 사용함에 따라 절약되어야 할 원가는 얼마인가?

① ₩90,000　② ₩250,000　③ ₩300,000
④ ₩350,000　⑤ ₩400,000

10

11 부품의 외부구입과 회피가능 고정원가

(주)원가는 완제품 생산에 필요한 부품을 자가제조하고 있다. 연간 부품 1,000개를 제조하는데 소요되는 원가는 다음과 같다.

	총　액	단위당 원가
직접재료원가	₩80,000	₩80
직접노무원가	50,000	50
변동제조간접원가	50,000	50
설비감가상각비	20,000	20
고정제조간접원가배부액	70,000	70
총　　계	₩270,000	₩270

(주)승우에서 1,000개의 부품을 공급하겠다고 제의를 하였다. (주)원가가 (주)승우에서 부품을 공급받더라도 설비감가상각비 전액과 고정제조간접원가배부액의 70%는 계속 발생한다. (주)원가가 부품을 외부에서 구입하는 경우에 연간 ₩50,000에 설비를 임대해 줄 수 있다고 한다. (주)원가가 (주)승우의 제의를 받아들이기 위해서 지불할 수 있는 단위당 최대구입가격은 얼마인가?

① ₩238　② ₩251　③ ₩258
④ ₩288　⑤ ₩300

12 부품의 외부구입의사결정 (2008. KICPA)

(주)한국완구는 매년 완구생산에 필요한 부품인 모터 3,000개 중 일부를 자체생산하고, 나머지 부족한 부분은 외주로 충당하고 있다. 자체생산은 모터부서에서 담당하며 연간 총 2,000개의 모터를 생산한다. 모터 1개당 변동제조원가는 ₩55이며, 모터부서의 총고정원가는 연간 ₩150,000이다. 자체생산시 발생하는 모터부서의 총고정원가 중 80%만이 모터부서 폐지시 회피가능한 원가이다. 외주로 조달하는 모터는 연간 총 1,000개이다. 당기초 외주업체는 전격적으로 모터의 판매가격을 모터 1개당 ₩120에서 ₩100으로 인하하였다. 이에 따라 (주)한국완구는 기업내 모터부서를 폐지하고, 모터 3,000개를 전량 외주업체에서 구매할 것을 검토하기 시작하였다. 이에 모터부서는 부서 폐지를 막기 위한 자구방안으로 단위당 변동제조원가 ₩15과 회피가능 고정원가 ₩20,000을 동시에 절감하였다. 만약 (주)한국완구가 외주업체로부터 모터 3,000개 전량을 구입할 경우 (주)한국완구의 순이익에 미치는 영향은 얼마인가? 단, 모터부서의 최대 생산능력은 자구방안과 관계없이 항상 2,000개이다.

① ₩0　② ₩10,000 증가　③ ₩30,000 증가
④ ₩20,000 증가　⑤ ₩20,000 감소

13 보조부문폐쇄 의사결정

(주)금성은 두 개의 보조부문(수선부문, 전력부문)과 두 개의 제조부문(가공부문, 조립부문)을 운영하고 있다. 각 보조부문에서 다른 부문에 제공할 연간 예상용역량은 다음과 같다.

제공부문 \ 사용부문	보조부문		제조부문		합 계
	수선부문	전력부문	가공부문	조립부문	
수선부문	–	200시간	500시간	300시간	1,000시간
전력부문	4,000kwh	–	2,000kwh	4,000kwh	10,000kwh

각 보조부문에서 발생한 연간 예상원가(배분전)는 다음과 같다.

	수선부문	전력부문
변 동 원 가	₩380,000	₩200,000
고 정 원 가	120,000	100,000
합 계	₩500,000	₩300,000

전력부문의 고정원가는 전액이 설비자산의 감가상각비이며, 변동비는 전력생산량에 비례하여 발생하는데, 당기의 예상변동원가 ₩200,000은 전력의 예정생산량 10,000kwh를 기준으로 하여 산출한 것이다. 수선부문의 전력필요량은 수선부문의 조업시간에 비례한다. 전력부문을 폐쇄하고 필요한 전력을 외부에서 구입할 경우 전력부문의 설비자산은 그대로 유지된다면 회사가 외부 전력공급업체에 지불할 수 있는 kwh당 최대금액은 얼마인가?

① ₩35　② ₩32　③ ₩28
④ ₩26　⑤ ₩30

14 보조부문의 폐쇄의사결정 (1995. 세무사 수정)

(주)원가는 두 개의 생산부문 P_1, P_2와 두 개의 보조부문 S_1, S_2를 두고 있다. 7월 중 각 보조부문에서 생산된 용역의 각 부문별 사용비율은 다음과 같다.

	P_1	P_2	S_1	S_2	총용역사용량
S_1	0.4	0.3	0	0.3	2,000kW
S_2	0.3	0.3	0.4	0	1,000시간

7월 중 보조부문 S_1과 S_2의 변동원가는 각각 ₩550,000과 ₩210,000이었다. S_1의 용역을 단위당 ₩350에 제공하는 제안이 들어왔다. 이 제안을 수락하는 경우에 (주)원가의 영업이익은 얼마나 변하는가?

① ₩35,200 감소 ② ₩35,200 증가 ③ ₩18,000 감소
④ ₩18,000 증가 ⑤ ₩38,260 증가

10

15 제품라인의 유지 또는 폐지 의사결정 (1996. KICPA)

(주)인창은 현재 A, B, C 세 가지 제품을 생산·판매한다. 이 제품의 금년 예상매출관련 수치는 다음과 같다(단위는 만원이다).

	A	B	C	합 계
매 출 액	₩4,000	₩2,000	₩3,000	₩9,000
매출원가				
직접재료원가	1,000	400	400	1,800
직접노무원가	1,200	300	200	1,700
제조간접원가	2,000	900	2,000	4,900
매출총이익	₩(200)	₩400	₩400	₩600

제조간접원가는 세 제품에 매출액기준으로 배부된 고정제조간접원가 3,600만원을 포함한다. 이 공통원가 3,600만원은 한 가지 제품만 생산한다 하더라도 필요한 고정원가이며 나머지는 모두 변동제조간접원가이다. 이 기업은 제품 A의 매출총이익이 적자이므로 이 제품의 생산을 중단하려 한다. 제품 A 생산을 중단할 때 제품 A 관련시설과 공간의 대체적 이용가치는 없다. 제품 A 생산을 중단하면 기업전체 매출총이익은 어떻게 바뀌는가?

① 200만원 증가 ② 1,400만원 감소 ③ 1,800만원 감소
④ 1,000만원 감소 ⑤ 1,200만원 증가

16 제품라인의 유지여부 (2010. 세무사)

(주)울산은 A, B, C 세 종류의 제품을 생산·판매하고 있다. 20×1년 (주)울산의 제품별 손익을 살펴본 결과 다음과 같이 나타났다.

항 목	A제품	B제품	C제품	합 계
매 출 액	₩1,000,000	₩2,000,000	₩1,000,000	₩4,000,000
변 동 원 가	500,000	1,800,000	700,000	3,000,000
공 헌 이 익	₩500,000	₩200,000	₩300,000	₩1,000,000
고 정 원 가	200,000	400,000	200,000	800,000
이 익	₩300,000	(₩200,000)	₩100,000	₩200,000

경영자는 손실을 보이고 있는 B제품의 생산중단을 고려하고 있으며, 이에 대한 자료를 다음과 같이 수집하였다. 총고정원가 ₩800,000은 각 제품의 매출액에 비례하여 배부한 것이며, B제품 생산중단 시 총고정원가의 20%는 회피가능하고, 또한 C제품의 매출액이 20% 감소할 것으로 예상된다. (주)울산이 B제품의 생산을 중단할 경우 회사전체 이익은 얼마나 감소하는가?

① ₩100,000　② ₩150,000　③ ₩170,000
④ ₩180,000　⑤ ₩200,000

17 사업부문 폐쇄 (2004. 세무사)

(주)인천의 11월 약식 손익계산서가 다음과 같다.

	합 계	갑부문	을부문
매 출 액	₩200,000	₩80,000	₩120,000
변 동 원 가	116,000	32,000	84,000
공 헌 이 익	84,000	48,000	36,000
추적가능고정원가	60,000	20,000	40,000
부 문 이 익	24,000	28,000	(4,000)
공 통 고 정 원 가	10,000	4,000	6,000
영 업 이 익	₩14,000	₩24,000	₩(10,000)

각 부문이 폐쇄된다면 각 부문의 추적가능 고정원가의 3/4은 회피가능하다. 이 회사는 공통고정원가를 각 부문의 매출액에 비례하여 배분하고 있다. 이 회사는 을부문을 폐쇄할 경우 갑부문의 매출이 10% 감소할 것으로 예측하고 있으나 갑부문을 폐쇄할 경우 을부문의 매출에는 영향이 없을 것으로 예측하고 있다. 이 회사가 을부문을 폐쇄하기로 결정한다면 회사 전체의 영업이익은 얼마가 되는가?

① ₩18,000　② ₩3,200　③ ₩13,200
④ ₩8,000　⑤ ₩10,000

18 제약조건이 있는 경우의 의사결정기준 (1999. KICPA)

오각회사는 5가지 제품을 생산하고 있다. 이 회사는 다른 자원은 충분하지만 기계의 가동시간(M)은 한정되어 제약조건이 되고 있다. 각 제품 1단위당 기계소요시간을 M_i라고 하고, 각 제품의 판매가격은 P_i, 변동원가는 V_i라고 하자. 이 회사의 최적 생산량을 결정하기 위해서는 다음 중 어떤 것이 높은 제품을 먼저 생산할 것인가?

① $P_i - V_i$ (제품단위당 공헌이익)

② $\frac{P_i - V_i}{P_i}$ (제품단위당 공헌이익률)

③ $\frac{P_i - V_i}{M_i}$ (제품의 기계시간당 공헌이익)

④ $\frac{(P_i - V_i)/P}{M_i}$ (제품의 기계시간당 공헌이익)

⑤ $\frac{P}{M_i}$ (제품의 기계시간당 판매가격)

10

19 제약조건이 하나인 경우 의사결정 (2005. 세무사)

(주)태양은 A, B, C 쥬스를 생산한다. 각 제품의 상자당 자료는 다음과 같다.

	A	B	C
판 매 가	₩2,600	₩2,200	₩2,500
변 동 원 가	1,400	1,200	1,420
재료사용량	3kg	2kg	2.5kg

재료 총공급량이 18,000kg으로 제한되어 있고, 각 제품의 최대 판매량은 3,000상자이다. 이익을 최대화하기 위해 각 제품을 몇 상자씩 판매하여야 하는가?

	A	B	C
①	3,000상자	650상자	3,000상자
②	3,000	3,000	1,250
③	3,000	3,000	1,450
④	2,000	3,000	3,000
⑤	1,500	3,000	3,000

20 제약조건하의 생산배합결정 (2008. 세무사)

(주)제아는 청소기와 공기청정기를 생산하고 있다. 제품생산과 관련된 정보는 다음과 같다.

구 분	청소기	공기청정기
최대 판매가능수량	6,000개	9,000개
단위당 공헌이익	₩50	₩60
단위당 소요기계시간	2시간	4시간

생산에 투입가능한 최대 기계시간이 33,000시간이라고 할 때, 추가적인 설비투자 없이 최적생산량을 생산한다면 (주)제아가 달성할 수 있는 최대 공헌이익은 얼마인가?

① ₩615,000 ② ₩690,000 ③ ₩720,000
④ ₩780,000 ⑤ ₩840,000

※ 다음은 21~22번에 관련된 자료이다.

(주)스피드는 사무용복합기 A모델과 B모델을 생산하여 판매하고 있으며 두 모델의 단위당 자료는 다음과 같다.

	A모델	B모델
직접재료원가	₩240,000	₩320,000
직접노무원가	100,000	160,000
변동제조간접원가(기계시간당 ₩10,000)	40,000	100,000
고정제조간접원가	40,000	40,000
단위당제조원가	₩420,000	₩620,000
판매가격	₩520,000	₩800,000

(주)스피드의 최대 조업도는 월 6,000기계시간이며, 현재 시장의 월간수요량은 A모델 800개, B모델 500개이다.

21 제약조건하의 특별주문수락의사결정 (2006. KICPA)

이상의 자료에 근거할 때 (주)스피드가 영업이익을 극대화할 수 있는 제품배합은 무엇인가?

	A모델	B모델		A모델	B모델
①	800개	280개	②	0개	750개
③	400	550	④	1,000	250개
⑤	500	500			

22 제약조건하의 특별주문수락의사결정 (2006. KICPA)

새로운 거래처로부터 A모델 200개를 단위당 ₩480,000에 구매하겠다는 일회성 특별주문(special order)을 받았다. (주)스피드가 [문제 21]에서의 극대화된 영업이익 수준을 유지하면서 특별주문을 수락할 수 있는 최저 판매가격은 얼마인가? (단, 특별주문과 관련하여 생산설비의 증설은 없다)

① ₩468,000 ② ₩420,000 ③ ₩380,000
④ ₩500,000 ⑤ ₩600,000

23 제약조건하의 의사결정 (2009. 세무사)

(주)대한은 다음과 같은 3가지 제품을 동일한 생산라인에서 기계작업을 통하여 생산·판매하고 있다. 생산·판매와 관련된 자료는 다음과 같다.

	A제품	B제품	C제품
단위당 판매가격	₩500	₩350	₩500
단위당 변동원가	200	100	100
단위당 기계소요시간	2시간	1시간	2시간
월간 시장수요	150개	270개	40개

(주)대한의 월간 최대기계가동시간은 450시간이며 월 ₩40,000의 고정원가가 발생한다. 현재 (주)대한은 기계를 가장 효율적으로 가동하고 있으며, 새로운 D제품을 생산라인에 추가할 지를 고려하고 있다. D제품은 단위당 변동원가는 ₩300이며 단위당 기계소요시간은 3시간이다. (주)대한이 생산한 제품은 모두 판매할 수 있으며, D제품을 추가하여도 판매가격과 원가의 변동은 없다. D제품을 생산라인에 추가하여서 영업이익을 증가시키고자 한다면, D제품의 단위당 판매가격은 최소한 얼마를 초과하여야 하는가?

① ₩750 ② ₩800 ③ ₩900
④ ₩1,000 ⑤ ₩1,100

24 두 가지 제약자원이 존재할 때의 이익극대화 (2002. KICPA)

(주)한국은 판매가격과 단위당 변동원가가 각각 ₩500과 ₩300인 제품 A와 ₩1,000과 ₩600인 제품 B를 생산·판매하고 있다. 월간 고정원가는 ₩5,000이 발생하며 제조에 관한 자료는 다음과 같다.

월간사용가능 기계시간	제품단위당 사용기계시간		월간사용가능 원재료	제품단위당 사용 원재료	
	제품 A	제품 B		제품 A	제품 B
120시간	2시간	6시간	220단위	6단위	4단위

최적의 제품생산배합에 의해 얻을 수 있는 최대의 월간 영업이익은 얼마인가?

① ₩2,333 ② ₩3,000 ③ ₩5,000
④ ₩7,333 ⑤ ₩10,000

25 두 가지 제약자원에서의 최적제품생산배합 결정 (1994. KICPA 수정)

한 기업이 두 제품 X, Y를 생산한다. 각 제품의 단위당 공헌이익은 제품단위당 X : ₩5, Y : ₩9이다. 이 회사의 일주일간 최대생산시간은 총 36시간이고 제품단위당 X는 6시간, Y는 9시간이 소요된다. 그리고 일주일간 총 24kg의 원재료 확보가 가능하고 제품단위당 X : 6kg, Y : 3kg이 소요된다. 이때 최대공헌이익을 달성하기 위한 일주일간의 최적제품생산배합을 구하면?

	X	Y		X	Y
①	4단위	0단위	②	0단위	4단위
③	3단위	2단위	④	2단위	3단위
⑤	0단위	8단위			

26 선형계획법

(주)서울은 두 가지 제품 A, B를 생산·판매하고 있다. A, B 제품의 단위당 판매가격은 각각 600원, 700원이며, 단위당 변동원가는 각각 400원씩이다. 한편, 이 제품들을 생산하기 위해서는 갑기계와 을기계를 이용해야 한다. A제품 한 단위를 생산하기 위해서는 갑기계와 을기계를 각각 1시간씩 가동해야 한다. 또한 B제품을 한 단위 생산하기 위해서는 갑기계를 4시간, 을기계를 1시간 가동해야 한다. 갑, 을기계의 매월 가동가능시간은 각각 640시간, 400시간이며, 매월 감가상각비는 갑기계가 40,000원, 을기계가 50,000원이다. 이익(손실)을 최대화(최소화)하려면 제품 A와 B를 각각 매월 얼마나 생산·판매하여야 하는가? (단, 생산된 제품은 모두 판매되며, 기계에 대한 감가상각비는 회피불능원가이다)

	A	B		A	B
①	0개	0개	②	0개	160개
③	0개	400개	④	320개	80개
⑤	400개	160개			

해 답 *Answer*

01 ①

흠집이 있는 제품의 외부 처분의사결정에 고려될 관련 항목을 분석할 때, 이미 투입된 제조원가와 같은 역사적 원가는 통제할 수 없는 원가로 미래수익과 미래원가에 영향을 미치지 못하는 매몰원가로 비관련원가이다.

02 ⑤

특별주문을 수락할 경우의 증분이익은 다음과 같다.

Ⅰ. 증분수익		
특별주문매출 : 2,000단위×₩500=		₩1,000,000
Ⅱ. 증분비용		
변동제조원가증가 : 2,000단위×₩400=	₩800,000	
변동판관비증가 : 2,000단위×₩80=	160,000	960,000
Ⅲ. 증분이익		₩40,000

특별주문을 수락할 경우 ₩40,000의 영업이익이 증가한다.

03 ①

유휴설비가 부족한 경우에는 기존거래감소분이 기회비용이므로 증분이익을 계산할 때 이를 고려하여야 한다. 이 문제의 경우 유휴설비는 10,000단위(35,000단위－25,000단위) 존재하는데 특별주문량은 20,000단위이므로 기존거래를 10,000단위 감소시켜야 한다.

(1) 단위당 변동원가 : ₩1,500,000÷25,000단위=₩60

(2) 특별주문을 수락하는 경우에 증분이익은 다음과 같다.

Ⅰ. 증분수익			
증 가	20,000개×₩80=	₩1,600,000	
감 소	10,000개×₩100=	(1,000,000)	₩600,000
Ⅱ. 증분비용			
증 가	20,000개×₩60=	₩1,200,000	
감 소	10,000개×₩60=	(600,000)	600,000
Ⅲ. 증분이익			0

그러므로 특별주문을 수락하는 경우에 영업이익이 변하지 않는다.

04 ③

(1) 외부판매포기량

필요시간	6,000개×0.5시간=	3,000시간
유휴시간	8,000시간×25%=	2,000시간
부족시간		1,000시간
경상주문 단위당 노동시간		÷0.5시간
경상판매포기량		2,000단위

(2) 기회비용 : 2,000개×(₩1,000－₩620*)=₩760,000

* 단위당 변동원가

직접재료원가		₩200
직접노무원가		300
변동제조간접원가	₩240×0.5시간=	120
단위당 변동제조원가		₩620

10

05 ①

Ⅰ. 증분수익	증 가	특 별 주 문	6,000개×₩700=	₩4,200,000	
	감 소	경상판매포기		(760,000)	₩3,440,000
Ⅱ. 증분비용	증 가	특 별 주 문	6,000개×₩620=		₩3,720,000
Ⅲ. 증분손실					(₩280,000)

06 ⑤

(1) 유휴생산능력 검토

(10,000개+2,500개)−12,000개=500개

정규시장분 특별주문분 생산능력 정규시장포기분

(2) 특별주문과 관련하여 받아야 할 최소판매금액

특별주문 판매가격을 x라고 하고 특별주문수락시 증분이익을 계산하면,

Ⅰ. 증분수익			
증 가:	2,500개×x=	2,500x	
감 소:	500개×@2,000=	(1,000,000)	2,500x−₩1,000,000
Ⅱ. 증분비용			
증 가:	2,500개×@1,760*1=	₩4,400,000	
감 소:	500개×@1,660*2=	(830,000)	3,570,000
Ⅲ. 증분이익			2,500x−₩4,570,000

* 1. (₩750+₩550+₩480×75%+₩100)=₩1,760
  2. (₩750+₩550+₩480×75%)=₩1,660

특별주문을 수락하기 위해서는 증분이익이 '0'보다 크거나 같아야 하기 때문에 특별주문 최소판매가격은 다음과 같다.

2,500x−₩4,570,000≥0　　　∴ x≥₩1,828

07 ①

최소대체가격 : ₩380(증분원가) + $\frac{1,000단위 \times (₩740-₩380)}{3,000단위}$(기회비용) = ₩500

08 ②

(1) 각 원가동인의 수

원가동인	원가동인의 수	
부 품 수	1,000개×6개=	6,000개
재료수령횟수	6,000개÷200개=	30회
기 계 시 간	1,000개×2시간=	2,000시간
제 품 수		1,000개
1 회 계 기 간		1회계기간

(2) 변동제조원가

직접재료원가	6,000개×₩100=		₩600,000
가 공 원 가*			
재료수령활동	30회×₩1,200=	₩36,000	
조 립 활 동	6,000개×₩200=	1,200,000	
기계가공활동	2,000시간×₩300=	600,000	
검 사 활 동	1,000×₩150=	150,000	1,986,000
합 계			₩2,586,000

* 공장관리활동은 1회계기간을 원가동인으로 하는 활동이므로 고정비이다.
따라서 특별주문을 수락할 수 있는 최소한의 가격은 ₩2,586,000÷1,000개=₩2,586이다.

09 ①

외부구입시 증분이익

Ⅰ. 증분수익		₩0
Ⅱ. 증분비용		
외부구입 : 10,000개×₩300=	₩3,000,000	
생산원가 : (₩35+₩180+₩45)×10,000개=	(2,600,000)	
B원가 감소	(220,000)	
보험료 감소	(100,000)	80,000
Ⅲ. 증분손실		₩(80,000)

10 ⑤

부품을 외부에서 구입하는 경우에 증분이익은 다음과 같다.

Ⅰ. 증분수익				₩0
Ⅱ. 증분비용				
증 가		20,000개×₩70=	₩1,400,000	
감 소	변동원가	20,000개×₩50*=	(1,000,000)	
	고정원가	20,000개×₩10=	(200,000)	
	다른 부품의 원가절감액		(x)	₩200,000−x
Ⅲ. 증분이익(손실)				x−₩200,000

* 변동원가 ₩10(DM)+₩30(DL)+₩10(VOH)=₩50

부품을 외부구입하는 경우에 증분이익이 x−200,000=₩200,000이어야 하므로 다른 부품의 원가절감액(x)은 ₩400,000이어야 한다.

11 ②

(주)원가가 부품을 구입하기 위해 지불할 수 있는 최대금액을 x라고 하면 부품을 구입하는 경우에 증분이익은 다음과 같이 계산된다.

Ⅰ. 증분수익				₩50,000
Ⅱ. 증분비용				
증 가	외부구입비용	1,000개 × x =	1,000x	
감 소	변동원가	1,000개 × (₩80+₩50+₩50) =	₩(180,000)	
	고정제조간접원가배부액	₩70,000 × 30% =	(21,000)	1,000x − ₩201,000
Ⅲ. 증분이익(손실)				₩251,000 − 1,000x

부품을 외부에서 구입하기 위해서는 증분이익이 0보다 커야 하므로 다음 식이 성립한다.

₩251,000 − 1,000x > 0　　　　∴ ₩251 > x

12 ⑤

부품을 외부에서 구입하는 경우에 증분이익은 다음과 같다.

Ⅰ. 증분수익				₩0
Ⅱ. 증분비용				
증 가		2,000개 × ₩100 =	₩200,000	
감 소	변동원가	2,000개 × ₩40* =	(80,000)	
	고정원가절감액	₩150,000 × 80% − ₩20,000 =	(100,000)	₩20,000
Ⅲ. 증분이익(손실)				₩(20,000)

* 단위당 변동원가 : ₩55 − ₩15 = ₩40

부품을 외부구입하는 경우에 증분손실이 ₩20,000이다.

13 ⑤

(1) 외부전력구입량

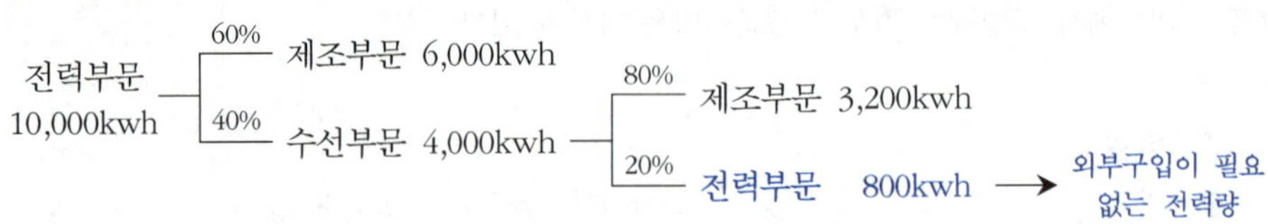

∴ 연간 외부구입 전력량 : 10,000kwh × (1 − 0.4 × 0.2) = 9,200kwh

(2) 증분이익 검토

외부공급업체에 지불할 수 있는 kwh당 최대금액을 x라 하면

[전력을 외부구입할 경우]

Ⅰ. 증분수익				₩0
Ⅱ. 증분비용				
증 가	외부구입비용	9,200kwh × x =	9,200x	
감 소	전력부문 변동원가		(200,000)	
	수선부문 변동원가	₩380,000 × 20% =	(76,000)	9,200x − ₩276,000
Ⅲ. 증분이익				₩276,000 − 9,200x

₩276,000 − 9,200x ≧ 0이어야 하므로 x ≦ ₩30 즉, 지불가능한 최대금액은 ₩30이다.

14 ④

Ⅰ. 증분수익		₩0
Ⅱ. 증분비용		
외부구입원가 : 1,760kW* × ₩350 =	₩616,000	
보조부문원가감소 : ₩550,000 + ₩210,000 × 40% =	(634,000)	(18,000)
Ⅲ. 증분이익		₩18,000

* S_1 용역 구입량 : 2,000kW − 2,000kW × 30% × 40% = 1,760kW
(2,000kW × 30% × 40% : S_1이 S_2를 거쳐서 간접적으로 소비한 용역량)

15 ②

(1) 제품 A의 변동제조간접원가

제품 A의 총제조간접원가	2,000만원
제품 A에 배부된 고정제조간접원가 : 3,600만원 × $\frac{4,000만원}{9,000만원}$ =	(1,600)
제품 A의 변동제조간접원가	400만원

(2) 제품 A의 생산을 중단하는 경우에 증분이익(손실)을 계산하면 다음과 같다.

Ⅰ. 증분수익			
감 소	매 출 액		(4,000)만원
Ⅱ. 증분비용			
감 소	직접재료원가	1,000만원	
감 소	직접노무원가	1,200	
감 소	변동제조간접원가	400	(2,600)
Ⅲ. 증분이익(손실)			(1,400)만원

제품 A의 생산을 중단하는 경우에 증분손실이 1,400만원이므로 총이익이 1,400만원 감소한다.

16 ①

Ⅰ. 증분공헌이익		
B제품 공헌이익 감소		(₩200,000)
C제품 공헌이익 감소	₩300,000 × 20% =	(60,000)
Ⅱ. 고정원가 감소	₩800,000 × 20% =	(160,000)
Ⅲ. 증분손실		₩(100,000)

17 ②

을부문 폐쇄시 갑부문 매출이 10% 감소한다. 을부문 폐쇄시 추적가능 고정원가의 3/4이 감소하고 공통고정원가는 감소하지 않음.

	을부문 폐쇄전			을부문 폐쇄후
	합 계	갑부문	을부문	
매 출 액	₩200,000	₩80,000	₩120,000	₩72,000*1
변 동 원 가	116,000	32,000	84,000	28,800*2
공 헌 이 익	84,000	48,000	36,000	43,200
추적가능고정원가	60,000	20,000	40,000	₩30,000*3
부 문 이 익	24,000	28,000	(4,000)	13,200
공 통 고 정 원 가	10,000	4,000	6,000	10,000
영 업 이 익	₩14,000	₩24,000	₩(10,000)	₩3,200

* 1. ₩80,000×0.9=₩72,000
2. ₩32,000×0.9=₩28,800
3. ₩20,000(갑부문)+₩40,000(을부문)×1/4=₩30,000

18 ③

한정된 자원이 존재할 때 한정된 자원 1단위당 공헌이익이 큰 것을 생산하는 것이 최대이익을 실현할 수 있다.

$\frac{P_i - V_i}{M_i}$ ∴ 기계시간당 공헌이익이 큰 것을 먼저 생산한다.

19 ⑤

	A	B	C
단위당 공헌이익	₩1,200	₩1,000	₩1,080
단위당 재료사용량	÷3kg	÷2kg	÷2.5kg
kg당 공헌이익	₩400	₩500	₩432
우 선 순 위	3순위	1순위	2순위
사 용 량	4,500kg	6,000kg	7,500kg
생 산 량	1,500상자*	3,000상자	3,000상자

* A생산량 : (18,000−6,000−7,500)kg/3kg=1,500상자

20 ①

	청소기	공기청정기
단위당 공헌이익	₩50	₩60
단위당 기계시간	÷2시간	÷4시간
시간당 공헌이익	₩25	₩15
우 선 순 위	1순위	2순위
사 용 량	12,000시간	21,000시간
생 산 량	6,000개	5,250개

최대공헌이익 6,000개×₩50+5,250개×₩60=₩615,000

또는, 12,000시간×₩25+21,000시간×₩15=₩615,000

21 ①

(1) 생산순위의 결정

	A모델	B모델
판 매 가 격	₩520,000	₩800,000
단 위 당 변 동 비	380,000	580,000
단 위 당 공 헌 이 익	₩140,000	₩220,000
단 위 당 기 계 시 간	÷4시간	÷10시간
기계시간당 공헌이익	₩35,000	₩22,000
생 산 순 위	1순위	2순위

(2) 생산량의 결정

	필요시간	사용가능시간	생산량
A모델	800개×4시간=3,200시간	6,000시간	800개
B모델	500개×10시간=5,000시간	6,000시간−3,200시간=2,800시간	280개

22 ①

(1) 특별주문의 기회원가

특별주문을 수락하기 위해서는 800시간(A모델 200개×4시간)이 필요하므로 기존의 외부판매를 포기해야 한다. 외부판매를 포기하는 경우 생산후순위부터 포기해야 하므로 외부판매는 B모델을 포기해야 한다. 따라서 B모델의 기계시간당 공헌이익에 4시간을 곱한 금액인 ₩88,000(₩22,000×4시간)이 특별주문의 기회비용이 된다. 이 주문을 수락하기 위해서는 특별주문가격이 기회원가를 보상할 수 있어야 하므로 최소판매가격은 다음과 같이 계산된다.

최소판매가격=₩380,000(증분원가)+(₩22,000×4시간)(기회원가)=₩468,000

23 ①

	A	B	C	D
단 위 당 판 매 가 격	₩500	₩350	₩500	x
단 위 당 변 동 비	200	100	100	₩300
단 위 당 공 헌 이 익	₩300	₩250	₩400	x−₩300
단위당 기계소요시간	÷2시간	÷1시간	÷2시간	÷3시간
시 간 당 공 헌 이 익	₩150	₩250	₩200	(x−₩300)÷3
생 산 우 선 순 위	3순위	1순위	2순위	
생 산 량	50개	270개	40개	
사 용 시 간	100시간*	270시간	80시간	

* 450시간−(270시간+80시간)=100시간

제품 D가 생산되기 위해서는 제품 A의 시간당공헌이익보다 제품 D의 시간당공헌이익이 커야 하므로 다음이 성립해야 한다.

(x−₩300)÷3시간>₩150 ∴ x>₩750

24 ③

(1) 목적함수　　극대화 Z=₩200×A+₩400×B−₩5,000

(2) 제약조건

기계시간　　2A+6B≤120시간

원 재 료　　6A+4B≤220단위

(3) 도 해

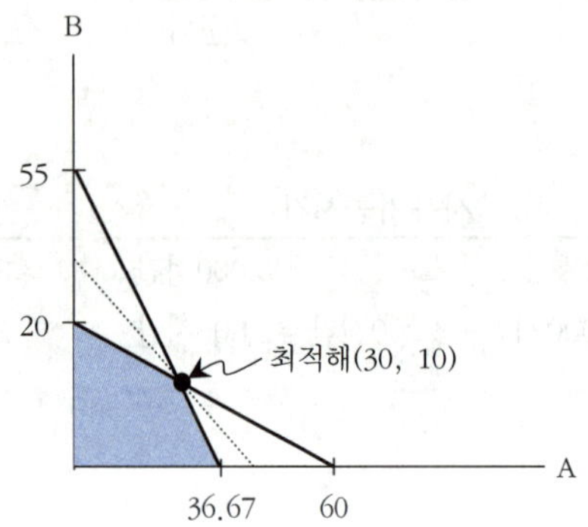

(4) 최적해

꼭지점(A, B)	목적함수(Z)	
(36.67, 0)	₩200×36.67+₩400×0−₩5,000=	₩2,334
(30, 10)	₩200×30+₩400×10−₩5,000=	₩5,000
(0, 20)	₩200×0+₩400×20−₩5,000=	₩3,000

별해

목적함수의 기울기 : $-\frac{1}{2}\left(B=-\frac{1}{2}A+\frac{Z+5,000}{400}\right)$

제약조건(기계시간)의 기울기 : $-\frac{1}{3}\left(B\leq-\frac{1}{3}A+20\right)$

제약조건(원재료)의 기울기 : $-\frac{3}{2}\left(B\leq-\frac{3}{2}A+55\right)$

목적함수의 기울기값이 제약조건 두 식의 기울기 값의 사이에 있으므로

$\left(-\frac{3}{2}\leq-\frac{1}{2}\leq-\frac{1}{3}\right)$ 최대값은 제약조건 2개가 교차하는 지점이 된다.

25 ②

Max Z=5X+9Y

생산시간　　6X+9Y≤36　(0, 4) (6, 0)

원 재 료　　6X+3Y≤24　(0, 8) (4, 0)

$$\begin{cases} (0,\ 4) & Z=36 \rightarrow \text{최대} \\ (3,\ 2) & Z=33 \\ (4,\ 0) & Z=20 \end{cases}$$

따라서 최적제품생산배합은 X=0단위, Y=4단위이다.

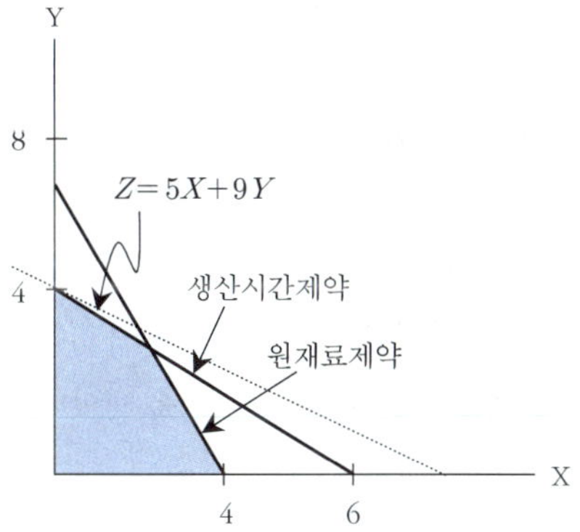

별해

목적함수의 기울기 : $-\frac{5}{9}\left(Y=-\frac{5}{9}A+\frac{1}{9}Z\right)$

제약조건(생산시간)의 기울기 : $-\frac{2}{3}\left(Y=-\frac{2}{3}X+4\right)$

제약조건(원재료)의 기울기 : −2(Y=−2X+8)

목적함수의 기울기 값이 제약조건 두 식의 기울기 값보다 크므로 최대값은 공통영역 중 Y값이 가장 큰 (0.4)점에서 결정된다.

26 ④

제품 A, B의 생산 및 판매량을 각각 A, B라 하면,

목적함수 : 최대화 Z=₩200×A+₩300×B

제약조건 : 갑기계 1시간×A+4시간×B≦640시간

을기계 1시간×A+1시간×B≦400시간

목적함수를 최대화하는 점은 (400, 0), (320, 80), (0, 160) 중의 하나다.

행동대안	목적함수	공헌이익
a_1 : (400, 0)	₩200×400개+₩300×0개=	₩80,000
a_2 : (320, 80)	₩200×320개+₩300×80개=	88,000
a_3 : (0, 160)	₩200×0개+₩300×160개=	48,000

따라서 회사의 공헌이익을 극대화하기 위한 A, B의 제품배합은 각각 320개, 80개이고, 이때의 공헌이익은 ₩88,000으로 최대이다.

주관식 문제

01 특별주문의 수락 또는 거절

(주)원가는 판매량만큼 제품을 생산해서 판매하는 회사로 전년도의 생산과 판매관련 자료는 다음과 같다.

판매수량	20,000개	직접재료원가	단위당	₩20
단위당 판매가격	₩100	직접노무원가	단위당	15
단위당 변동판매관리비	20	변동제조간접원가	단위당	5
고정판매관리비	4,000,000	고정제조간접원가		3,000,000

(주)원가는 당기의 대기업으로부터 단위당 ₩70에 30,000개를 구입하겠다는 제안을 받았다. 당기의 판매량과 원가는 전년도와 동일할 것으로 예측되고 있다.

【물음 1】 최대생산능력이 연간 50,000개인 경우에 특별주문수락 여부를 판단하시오.

【물음 2】 최대생산능력이 연간 40,000개인 경우 기회원가는 각각 얼마인가?

【물음 3】 최대생산능력이 연간 40,000개인 경우에 특별주문수락 여부를 판단하시오.

【물음 4】 최대생산능력이 다음과 같은 경우에 특별주문을 수락하기 위한 최소판매가격을 구하시오.

(1) 50,000개

(2) 44,000개

(3) 35,000개

【물음 5】 (주)원가가 특별주문의 수락 여부를 판단함에 있어서 고려해야 할 비재무적 요인에는 무엇이 있겠는가?

해답

[물음 1] 유휴설비가 충분한 경우

최대생산능력이 50,000개인 경우

I. 증분수익				
증 가		30,000개 × @70=	₩2,100,000	
감 소			0	₩2,100,000
II. 증분비용				
증 가	변동원가	30,000개 × @60=	1,800,000	
감 소	변동원가		0	1,800,000
III. 증분이익				₩300,000

[물음 2] 기회비용

최대생산량	40,000개
특별주문량	30,000
잔여생산량	10,000개
일반판매가능량	20,000
특별주문으로 포기할 수량	(10,000)개
단위당 공헌이익	₩40
기회원가	₩(400,000)

[물음 3] 유휴설비가 부족한 경우

최대생산능력이 40,000개인 경우

Ⅰ. 증분수익				
증 가		30,000개×@70=	₩2,100,000	
감 소		10,000개×@100=	(1,000,000)	₩1,100,000
Ⅱ. 증분비용				
증 가	변동원가	30,000개×@60=	1,800,000	
감 소	변동원가	10,000개×@60=	(600,000)	1,200,000
Ⅲ. 증분이익				₩(100,000)

[물음 4] 특별주문을 수락하기 위한 최소판매가격

	증분원가		기회원가		최소판매가격
(1) 유휴설비가 충분한 경우	₩60	+	0	=	₩60
(2) 생산능력이 6,000개가 부족한 경우	₩60		$\frac{6,000개 \times ₩40}{30,000개}$		₩68
(3) 생산능력이 15,000개가 부족한 경우	₩60		$\frac{15,000개 \times ₩40}{30,000개}$		₩80

[물음 5] 특별주문수락시 고려해야 할 질적 요소

① 특별주문을 수락하는 것이 정규시장에서의 판매가격을 인하시키는 압력으로 작용할지의 여부
② 대기업으로부터 계속적으로 구매주문이 있을지의 여부
③ 기존거래처들이 다른 거래처로 옮겨갈 수 있는 경우에 그 영향의 분석

02 특별주문의 수락 또는 거절–활동기준

(주)안진은 최근에 대기업으로부터 한 달 동안 3,000단위의 제품을 단위당 ₩10,000에 구매하겠다는 특별주문을 받았다. 이 제품의 정상판매가격은 ₩15,000이고, 각 원가요소별 원가동인과 원가동인당 변동원가는 다음과 같다.

	원가동인	원가동인당 변동원가
직접재료원가	생산량	₩3,000
직접노무원가	직접노동시간	12,000
기계처리원가	기계준비시간	2,000
작업준비원가	작업준비시간	20,000

특별주문품을 생산하기 위해서는 직접노동시간 400시간과 기계준비시간 4,000시간이 필요하고 작업준비시간도 200시간이 소요된다. 작업준비에 투입되는 기술자는 연봉계약으로 40명을 고용하고 있는데 1인당 하루 8시간씩 매달 25일을 작업할 수 있다. 기존외부판매량을 생산하기 위해서 총 7,900시간을 사용하고 있으며, 이들에게 지급하는 연봉은 1인당 ₩12,000,000인데 이 급여는 고정원가로서 작업준비원가의 변동원가에는 포함되어 있지 않다. 회사는 특별주문으로 인하여 기존외부판매량을 감소시키지는 않으려 한다.

【물음 1】 회사가 작업준비에 투입되는 기술자에게 초과근무를 지시할 수 있으며 초과근무를 할 경우에는 시간당 ₩10,000을 추가로 지급하여야 한다면 이 특별주문을 수락하여야 하는가?

【물음 2】 초과근무수당은 없으며 회사는 작업준비를 위하여 계약직 기술자를 6개월간 정규직과 동일한 조건으로 고용하여야 할 경우, 회사는 특별주문을 수락하여야 하는가?

↗ 해답

[물음 1] 초과근무를 이용한 특별주문 수락여부

(1) 작업준비시간의 미사용활동수량(잔여시간)

40명×8시간×25일−7,900시간=100시간

(2) 특별주문 수락여부 의사결정

(주)안진이 특별주문을 수락하는 경우에 증분이익은 다음과 같다.

Ⅰ. 증분수익			
매출증가 :	3,000단위×₩10,000=		₩30,000,000
Ⅱ. 증분비용			
직접재료원가 :	3,000단위×₩3,000=	₩9,000,000	
직접노무원가 :	400시간×₩12,000=	4,800,000	
기계처리원가			
변동원가 :	4,000시간×₩2,000=	8,000,000	
작업준비원가			
초과근무수당 :	100시간*×₩10,000=	1,000,000	
변동원가 :	200시간×₩20,000=	4,000,000	26,800,000
Ⅲ. 증분이익			₩3,200,000

* 남은 작업준비시간이 100시간 밖에 없으므로 100시간(=200시간−100시간)은 초과근무 해야 한다.

특별주문을 수락하는 경우에 이익이 ₩3,200,000만큼 증가하므로 특별주문을 수락하는 것이 유리하다.

[물음 2] 추가고용을 이용한 특별주문 수락여부

(주)안진이 특별주문을 수락하는 경우에 증분이익은 다음과 같다.

Ⅰ. 증분수익			
매출증가 :	3,000단위×₩10,000=		₩30,000,000
Ⅱ. 증분비용			
직접재료원가 :	3,000단위×₩3,000=	₩9,000,000	
직접노무원가 :	400시간×₩12,000=	4,800,000	
기계처리원가			
변동원가 :	4,000시간×₩2,000=	8,000,000	
작업준비원가			
고정원가		6,000,000*	
변동원가 :	200시간×₩20,000=	4,000,000	31,800,000
Ⅲ. 증분이익			₩(1,800,000)

* 이 특별주문을 수락하기 위해서는 200시간의 작업준비시간이 필요한데 현재 사용할 수 있는 시간이 100시간 밖에 없으므로 작업준비 기술자 1명을 추가로 6개월간 고용해야 한다.

특별주문을 수락하는 경우에 이익이 ₩1,800,000만큼 감소하므로 특별주문을 수락하지 않는 것이 유리하다.

10

03 부품의 자가제조 또는 구입–조업도를 알지 못하는 상태

(주)안동은 소형모터 제조회사로서 이 모터는 면도기 제조업자에게 팔린다. 회사는 모터를 만드는 모든 부품을 자가제조하고 있는데 그 중 부품 A의 공급을 제안 받았다. 모터를 제조하는데 사용되는 부품 A는 (주)안동의 X부문에서 제조된다. 지난 12개월 동안 X부문과 관련된 비용은 다음과 같다.

직접재료원가	₩150,000
직접노무원가	200,000
제조간접원가	400,000
합　　　계	₩750,000

지난 12개월 동안 X부문은 15,000개의 부품 A를 제조하였으므로 부품 A의 평균원가는 ₩50(=₩750,000/15,000개)로 계산된다.

제조간접원가의 세밀한 분석을 통하여 다음과 같은 정보를 얻게 되었다.

(1) 보고된 총제조간접원가 중에서 25%만이 변동제조간접원가로 간주되며, 제조간접원가 중에서 ₩150,000은 부품A를 생산하지 않더라도 변하지 않을 본사 제조간접원가의 배분액이다.

(2) 고정제조간접원가 중에서 ₩100,000은 부품 A의 자가제조를 중단한다면 회피가능한 원가이며, 나머지 고정제조간접원가 ₩50,000은 부문관리자의 급료이다.

(3) 부품 A의 자가제조가 중단된다면 X부문의 관리자는 같은 급료로 Y부문으로 자리를 옮겨야 할 것이고, 이러한 경우에 회사가 Y부문의 자리에 외부사람을 고용해 지불하고 있는 ₩40,000을 절약할 수 있을 것이다.

[물음 1] 믿을 만한 공급업자인 (주)거창은 단위당 ₩40으로 부품 A를 제공하겠다는 제안을 했다. 이 가격은 현재의 단위당 평균원가 ₩50보다 작은 금액이기 때문에 생산담당이사는 이 제안을 기꺼이 받아들이려고 한다. 내년도의 판매량을 알 수 없다면 부품을 외부 구입하는 것이 유리하게 될 판매량의 범위를 계산하시오.

[물음 2] 자가제조가 중단될 경우 빈 공장공간을 외부에 ₩200,000을 받고 임대할 수 있다고 한다면 [물음 1]에 대한 답은 어떻게 달라지겠는가?

[물음 3] (주)영세는 (주)안동이 원재료를 공급하는 조건으로 부품 A를 가공해 주겠다는 제안을 했다. 제안하는 가격은 가공해야 할 부품A가 10,000개 이하면 단위당 ₩25이고, 10,000개를 초과하여 주문하면 단위당 ₩22로 낮출 수 있다고 한다. (주)영세의 제안을 받아들일 경우 X부문의 관리자는 Y부문으로 자리를 옮길 수 없다. (주)안동은 부품 A의 수요가 20,000개를 넘지 않는다고 본다. 빈 공장공간의 임대는 없다고 보고 (주)거창과 (주)영세의 제안에 대하여 조업도별로 구분하여 평가하시오.

해답

[물음 1] 외부구입이 유리한 조업도 범위

내년도의 부품 A 소요량을 x라 하면 부품 A의 외부구입시 증분이익은 다음과 같다.

Ⅰ. 증분수익				₩0
Ⅱ. 증분비용				
증 가	구입비용	$x\times$@40=	$40x$	
감 소	변동원가	$x\times$@30*=	$(30x)$	
	회피가능고정원가		₩(100,000)	
	관리자급여		(40,000)	$10x-$₩140,000
Ⅲ. 증분이익				₩140,000$-10x$

* (₩150,000+₩200,000+₩400,000×25%)÷15,000단위=@30

증분이익 ₩140,000$-10x\geq0$인 경우에 외부에서 구입할 것이다. 따라서 $x\leq$14,000개인 경우, 즉 부품 A 소요량이 14,000개 이하인 경우에 외부에서 구입할 것이다.

[물음 2] 설비의 기회비용이 존재하는 경우

내년도의 부품 A 소요량을 x라 하면 부품 A의 외부구입시 증분이익은 다음과 같다.

Ⅰ. 증분수익				₩200,000
유휴설비의 임대수익				
Ⅱ. 증분비용				
증 가	구입비용	$x\times$@40=	$40x$	
감 소	변동원가	$x\times$@30=	$(30x)$	
	회피가능고정원가		₩(100,000)	
	관리자급여		(40,000)	$10x-$₩140,000
Ⅲ. 증분이익				₩340,000$-10x$

증분이익 ₩340,000−10x≥0인 경우에 외부에서 구입할 것이다. 따라서 x≤34,000개인 경우, 즉 부품 A 소요량이 34,000개 이하인 경우에 외부에서 구입할 것이다.

[물음 3] 외부구입과 외주가공 및 자가제조 의사결정

(1) 부품 A와 수요가 10,000개 이하일 경우

		(주)영세의 제안		(주)거창의 제안	
Ⅰ. 증분수익			₩0		₩0
Ⅱ. 증분비용					
증 가	구입비용(외주가공원가)	25x		40x	
감 소	변동원가	(20x)*		(30x)	
	회피가능고정원가	₩(100,000)		₩(100,000)	
	관리자급여	−	5x −₩100,000	(40,000)	10x −₩140,000
Ⅲ. 증분이익			₩100,000−5x		₩140,000−10x

* 단위당 변동가공원가 : (₩200,000+₩400,000×25%)÷15,000개=₩20

부품 A의 수요가 10,000개 이하일 경우에는 두 회사의 제안은 모두 증분이익이 발생하므로 (주)안동의 자가제조보다 유리한 대안이다.

(주)거창의 제안이 (주)영세의 제안보다 유리한 조업도 구간을 구하면 다음과 같다.

₩140,000−10x≥₩100,000−5x ∴ x≤8,000개

따라서 부품 A의 수요가 8,000개 이하일 경우에는 (주)거창의 제안이 8,000개 이상 10,000개 이하일 경우에는 (주)영세의 제안이 유리하다.

(2) 부품A의 수요가 10,000개 초과 20,000개 이하인 경우

		(주)영세의 제안		(주)거창의 제안	
Ⅰ. 증분수익			₩0		₩0
Ⅱ. 증분비용					
증 가	구입비용(외주가공원가)	22x		40x	
감 소	변동원가	(20x)		(30x)	
	회피가능고정원가	₩(100,000)		₩(100,000)	
	관리자급여	−	2x −₩100,000	(40,000)	10x −₩140,000
Ⅲ. 증분이익			₩100,000−2x		₩140,000−10x

(주)거창의 제안은 부품A의 수요가 14,000개 이하일 경우만 회사의 자가제조보다 유리하고, (주)영세의 제안은 50,000개 이하일 때에는 증분이익이 발생하므로 관련범위 내에서는 자가제조보다 유리하다.

(주)거창의 제안이 (주)영세의 제안보다 유리한 조업도 구간을 구하면 다음과 같다.

₩140,000−10x≥₩100,000−2x ∴ x≤5,000개

따라서 관련범위 내에서는 (10,000≤x≤20,000) 항상 (주)영세의 제안이 (주)거창의 제안보다 유리하다.

(3) 조업도별 유리한 의사결정

조 업 도	유리한 대안
8,000개 이하	(주)거창의 제안
8,000개 초과 20,000개 이하	(주)영세의 제안

04 부품의 자가제조 또는 구입–활동기준

세원텔레콤은 핸드폰을 생산하여 판매하는 회사로 핸드폰의 주요부품인 송수신장치도 생산하고 있다. 세원텔레콤은 내년도의 핸드폰 판매량을 10,000단위로 예상하고 있으며 송수신장치도 10,000개를 생산하여야 하는데 송수신장치를 자체 생산하지 않고 아웃소싱하는 것을 검토 중이다. 세원텔레콤이 외주업체에 공급가격을 알아본 결과 송수신장치는 개당 ₩820에 외부에서 구입할 수 있다. 세원텔레콤이 송수신장치 10,000개를 생산하는데 소요될 원가와 관련된 자료는 다음과 같이 예상하고 있다.

	단위당 원가	총 원 가
직접재료원가	₩400	₩4,000,000
직접노무원가	200	2,000,000
단위수준 변동제조간접원가	150	1,500,000
작업준비 · 재료처리원가		200,000
생산장비리스료		300,000
기타고정제조간접원가		3,000,000
합 계		₩11,000,000

작업준비 · 재료처리원가는 송수신장치의 묶음(batch)수와 인과관계를 가지며 발생한다. 세원텔레콤은 송수신장치의 묶음(batch)크기를 1,000개로 하여 제품생산계획을 세우고 이에 따라서 작업준비 · 재료처리원가를 추정하였다. 또한 세원텔레콤은 송수신장치의 생산장비를 리스하고 있는데 만약에 송수신장치를 외부에서 구입하는 경우에는 리스료를 지출하지 않을 수 있다.

다음 요구사항은 각각 독립적이다.

【물음 1】 세원텔레콤이 송수신장치를 아웃소싱하는 경우에는 영업이익이 현재와 비교할 때 얼마나 변하겠는가?

【물음 2】 세원텔레콤이 송수신장치를 아웃소싱하면 유휴설비를 이용하여 고급사양의 송수신장치를 가공할 수 있다. 핸드폰에 고급사양의 송수신장치를 넣으면 판매가격이 ₩2,000만큼 높아진다. 송수신장치를 추가가공하기 위해서는 정밀생산장비가 필요한데 이 장비의 연간 리스료는 ₩1,600,000이고 단위당 변동원가가 ₩1,800만큼 추가적으로 발생하게 된다. 고급사양의 송수신장치의 묶음크기는 2,000개이고, 묶음당 원가는 기존의 송수신장치 생산과 동일하다. 고급사양의 송수신장치를 넣어도 여전히 핸드폰판매량이 10,000개로 예상된다면 송수신장치를 아웃소싱하여야 하는가?

【물음 3】 세원텔레콤의 경영자는 내년에 10,000개가 판매될 것이라고 추정하는 것은 너무 낙관적이며 예상판매량은 6,200개가 현실적이라고 생각하고 있다. 이렇게 판매량이 감소되면 송수신장치의 묶음크기를 775개로 조정하여 생산할 계획인데, 이 경우에 송수신장치를 아웃소싱하여야 하는가?

해답

[물음 1] ABC를 이용한 외부구입 의사결정

세원텔레콤이 외부공급업자의 제안을 받아들이는 경우에 증분이익은 다음과 같다.

Ⅰ. 증분수익				₩0
Ⅱ. 증분비용				
증 가	외부구입비용	10,000개×@820=	₩8,200,000	
감 소	단위수준변동원가		(7,500,000)*	
	작업준비·재료처리원가		(200,000)	
	생산장비리스료		(300,000)	200,000
Ⅲ. 증분이익				₩(200,000)

* 변동원가 : ₩4,000,000+₩2,000,000+₩1,500,000=₩7,500,000

송수신장치를 외부에서 구입하는 경우에 이익이 ₩200,000만큼 감소하므로 자가제조하는 것이 유리하다.

10

[물음 2] 유휴설비의 활용방안 고려시 의사결정

세원텔레콤이 외부공급업자의 제안을 받아들이는 경우에 증분이익은 다음과 같다.

Ⅰ. 증분수익		10,000개×@2,000=		₩20,000,000
Ⅱ. 증분비용				
증 가	외부구입비용	10,000개×@820=	₩8,200,000	
	추가작업 변동원가	10,000개×@1,800=	18,000,000	
	추가묶음수준원가	₩200,000÷2=	100,000*	
	추가장비리스료		1,600,000	
감 소	단위수준변동원가		(7,500,000)	
	작업준비·재료처리원가		(200,000)	
	생산장비리스료		(300,000)	19,900,000
Ⅲ. 증분이익				₩100,000

* 묶음당 원가는 동일하고 묶음의 크기가 2배가 되었으므로 기존의 작업준비·재료처리원가의 절반이 발생한다.

송수신장치를 외부에서 구입하는 경우에 이익이 ₩100,000만큼 증가하므로 외부구입하는 것이 유리하다.

별해

유휴설비 활용방안(고급사양 송수신장치 생산)의 증분이익을 구하면 다음과 같다.

Ⅰ. 증분수익		10,000개×@2,000=	₩20,000,000
Ⅱ. 증분비용			
	추가작업변동원가 :	10,000개×@1,800=	18,000,000
	추가묶음수준원가 :	₩200,000÷2=	100,000
	추가장비리스료		1,600,000
Ⅲ. 증분이익			₩300,000

따라서 요구사항 1의 증분이익(손실)과 유휴설비 활용방안의 증분이익을 합산하면 이익이 ₩100,000 만큼 증가함을 알 수 있다.

[물음 3] 묶음수준원가의 변동을 고려한 외부구입 의사결정

세원텔레콤이 외부공급업자의 제안을 받아들이는 경우에 증분이익은 다음과 같다.

Ⅰ. 증분수익				₩0
Ⅱ. 증분비용				
증 가	외부구입비용	6,200개×@820=	₩5,084,000	
감 소	변동원가	6,200개×@750=	(4,650,000)	
	묶음수준의 변동원가*		(160,000)	
	생산장비리스료		(300,000)	(26,000)
Ⅲ. 증분이익				₩26,000

* 기존의 묶음수 : 10,000개÷1,000개=10묶음
묶음단위당 변동원가 : ₩200,000÷10묶음=₩20,000
조정후 묶음수 : 6,200개÷775단위=8묶음
묶음수준 변동원가 : 8묶음×₩20,000=₩160,000

송수신장치를 외부에서 구입하는 경우에 이익이 ₩26,000만큼 증가하므로 외부구입하는 것이 유리하다.

05 보조부문의 유지 또는 폐지 (1998. 세무사)

서울회사의 보조부문과 제조부문의 연간사용전력량과 투입 노동시간은 다음과 같다.

	수 선 부	전 력 부	제조부문 X	제조부문 Y	총사용량
수선부		2,000hr	3,000hr	5,000hr	10,000hr
전력부	2,000kWh	4,000kWh	6,000kWh	8,000kWh	20,000kWh

수선부는 시간당 ₩10의 변동원가가 발생하며, 전력부는 kWh당 ₩38의 변동원가가 발생한다. 고정원가는 비관련원가이다.

【물음 1】 상호배분법에 의하여 보조부문의 원가를 배부한다. 제조부문 X와 Y에 배분할 때 배부되는 원가를 계산하시오.

【물음 2】 전력부의 전력을 외부에서 구입하려고 한다.

(1) 외부에서 구입할 전력량은 얼마인가?

(2) 외부구입으로 인하여 절감되는 원가절감액은 얼마인가?

(3) 외부구입하는 경우에 지급할 수 있는 kWh당 최대금액은 얼마인가?

해답

[물음 1] 보조부문원가의 배분

자기부문 소비용역을 포함하여 각 부문간의 용역제공관계를 나타내면 다음과 같다.

제공 \ 사용	보조부문		제조부문		합 계
	수 선 부	전 력 부	X	Y	
수 선 부	–	20%	30%	50%	100%
전 력 부	10%	20%	30%	40%	100%

위의 용역제공관계를 바탕으로 하여 상호배분법으로 보조부문의 변동원가를 배분하면 다음과 같다(설명의 편의상 수선부를 A라 하고 전력부를 B라고 한다).

	보조부문		제조부문		합 계
	A	B	X	Y	
배분전원가	₩100,000*1	₩760,000*1	–	–	₩860,000
A*3	(200,000)*2	40,000	₩60,000	₩100,000	0
B*4		(1,000,000)*2			
	100,000	200,000	300,000	400,000	0
배분후원가	₩0	₩0	₩360,000	₩500,000	₩860,000

*1. 보조부문의 발생원가 : A : 10,000시간×@10=₩100,000 B : 20,000kWh×@38=₩760,000

2. 각 보조부문의 배분될 총원가 : 보조부문 A, B의 배분될 총원가를 각각 A, B라 하면

A=₩100,000+0.1B B=₩760,000+0.2A+0.2B

이 연립방정식을 풀면 A=₩200,000, B=₩1,000,000

3. B : X : Y=20 : 30 : 50

4. A : B : X : Y=10 : 20 : 30 : 40

별해

전력부에서 자체소비한 20%의 용역에 대해서는 이를 발생하지 않은 것으로 간주하고 계산해도 같은 결과를 얻을 수 있다.

제공 \ 사용	보조부문		제조부문		합 계
	수 선 부	전 력 부	X	Y	
A	–	20%	30%	50%	100%
B	12.5%	–	37.5%	50%	100%

	보조부문		제조부문		합 계
	A	B	X	Y	
배분전원가	₩100,000	₩760,000	−	−	₩860,000
A*2	(200,000)*1	40,000	₩60,000	₩100,000	0
B*3	100,000	(800,000)*2	300,000	400,000	
배분후원가	₩0	₩0	₩360,000	₩500,000	₩860,000

* 1. A=₩100,000+0.125B B=₩760,000+0.2A
이 연립방정식을 풀면
A=₩200,000, B=₩800,000
2. B : X : Y=20 : 30 : 50
3. A : X : Y=12.5 : 37.5 : 50

[물음 2] 보조부문의 유지 또는 폐지 의사결정

(1) 외부에서 구입할 전력량

전력부에서 소비한 전력의 소비내역을 검토하여 보면 다음과 같다.

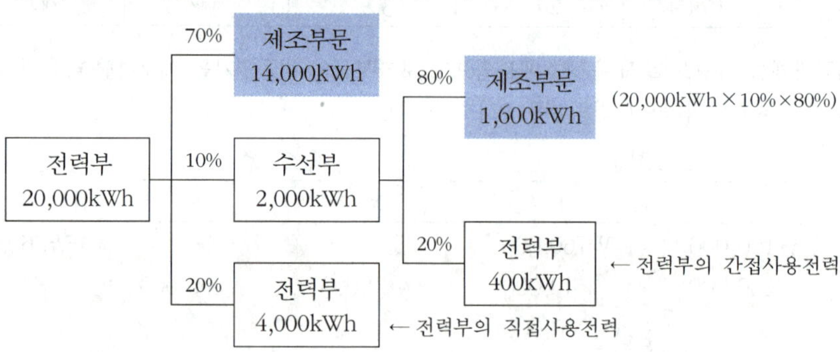

전력부에서 소비한 20,000kWh 중에서 제조부문과 관련하여 발생한 15,600kWh(=14,000kWh+1,600kWh)만 외부에서 구입하면 된다. 따라서 전력부의 유지를 위해서 소비된 전력 4,400kWh(=4,000kWh+400kWh)는 전력부가 없어지므로 구입할 필요가 없다.

(2) 원가절감액

전력을 외부에서 구입하는 경우에는 전력부의 원가가 감소되며 수선부의 원가 중 전력부에 용역을 제공하기 위하여 발생한 원가도 감소할 것이다.

전력부의 원가감소액		₩760,000
수선부의 원가감소액 :	2,000시간 × @10=	20,000
		₩780,000

(3) 전력의 최대구입가격

전력의 구입가격을 x라 하면 전력을 외부에서 구입하는 경우 증분이익은 다음과 같다.

Ⅰ. 증분수익				₩0
Ⅱ. 증분비용				
증 가	구입비용	15,600kWh × x =	15,600x	
감 소	전력부 원가		₩(760,000)	
	수선부 원가	₩100,000 × 20% =	(20,000)	15,600x − ₩780,000
Ⅲ. 증분이익				₩780,000 − 15,600x

전력을 외부에서 구입하려면 증분이익 ₩780,000 − 15,600x ≥ 0이어야 하므로 최대구입가격은 ₩50이다.

06 제품라인의 유지 또는 폐지 (2000. 세무사)

사이버회사의 간부들은 회사의 세 가지 제품에 대한 수익성을 검토하고 있는데, 제품배합을 여러 가지로 변경시키는 제안에 대하여 대체안들을 분석하고 있다. 요약손익계산서와 관련 자료는 다음과 같다.

	P제품	Q제품	R제품	합 계
매출액	₩67,500	₩30,000	₩12,000	₩109,500
변동원가	38,250	15,450	13,000	66,700
공헌이익	29,250	14,550	(1,000)	42,800
고정원가	5,000	4,000	3,600	12,600
영업이익	₩24,250	₩10,550	₩(4,600)	₩30,200
판매량	4,500개	1,500개	2,000개	
단위당 판매가격	₩15	₩20	₩6	
단위당 변동매출원가	8	9	5	
단위당 변동영업비	0.5	1.3	1.5	

【물음 1】 R제품 생산중단시 당기총손익에 미치는 영향은?

【물음 2】 R제품 생산중단시 250개의 Q제품 판매량이 감소한다면 당기총손익에 미치는 영향은?

【물음 3】 R제품의 가격을 ₩7로 인상할 경우 판매량이 1,000개 감소한다면 당기총손익에 미치는 영향은?

【물음 4】 R제품의 생산에 사용하던 설비를 S제품 생산에 그대로 이용할 수 있다. 이때 S제품의 생산판매량은 2,000개, 단위당 판매가격은 ₩5, 단위당 총변동원가는 ₩4.5이 된다. R제품 생산을 중단하고 S제품을 생산하게 되는 경우 당기총손익에 미치는 영향은?

【물음 5】 R제품 생산을 중단하는 경우 이익변화 이외에 추가로 고려해야 하는 사항은 무엇인가?

해답

[물음 1] 생산중단시의 증분이익

Ⅰ. 증분수익				
감 소	R제품 매출액	2,000개×@6=	₩(12,000)	
Ⅱ. 증분비용				
감 소	변동원가	2,000개×@6.5=	(13,000)	
Ⅲ. 증분이익			₩1,000	

[물음 2] 생산중단시 Q제품 판매량이 감소하는 경우의 증분이익

Ⅰ. 증분수익				
감 소	R제품 매출액	2,000개×@6=	₩(12,000)	
	Q제품 매출액	250개×@20=	(5,000)	₩(17,000)
Ⅱ. 증분비용				
감 소	R제품 변동원가	2,000개×@6.5=	(13,000)	
	Q제품 변동원가	250개×@10.3=	(2,575)	(15,575)
Ⅲ. 증분이익				₩(1,425)

[물음 3] R제품 가격 인상시 증분이익

Ⅰ. 증분수익				
증 가	R제품 ₩7 매출액	1,000개×@7=	₩7,000	
감 소	R제품 ₩6 매출액	2,000개×@6=	(12,000)	₩(5,000)
Ⅱ. 증분비용				
감 소	R제품 변동원가	1,000개×@6.5=		(6,500)
Ⅲ. 증분이익				₩1,500

[물음 4] R제품을 S제품으로 대체시 증분이익

Ⅰ. 증분수익				
증 가	S제품 매출액	2,000개×@5=	₩10,000	
감 소	R제품 매출액	2,000개×@6=	(12,000)	₩(2,000)
Ⅱ. 증분비용				
증 가	S제품 변동원가	2,000개×@4.5=	9,000	
감 소	R제품 변동원가	2,000개×@6.5=	(13,000)	(4,000)
Ⅲ. 증분이익				₩2,000

[물음 5] 양적 정보 이외의 고려사항

특정 제품라인의 유지 또는 폐지의사결정시에는 양적 정보뿐만 아니라 제품라인의 폐지가 다른 제품라인이나 기업이미지에 미치는 영향 등의 질적 정보를 함께 고려하여야 한다. 특정 제품라인을 폐지하는 것이 그 기업이 생산하고 있는 다른 제품의 판매량을 감소시키거나 기업이미지에 좋지 않은 영향을 미치는 원인이 될 수도 있기 때문이다.

07 제약조건하의 최적생산배합결정

나무는 다음과 같은 네가지 제품을 생산하고 있다. 이와 관련된 예상정보는 다음과 같다.

제 품	예상수요(개)	단위당 판매가격	단위당 직접재료원가	단위당 직접노무원가
A	8,000개	₩200	₩50	₩50
B	10,000	150	40	40
C	6,000	100	30	20
D	4,000	160	60	40

(1) 직접노무원가 임률은 시간당 ₩10이다.
(2) 변동제조간접원가는 직접노무원가의 20%이다.
(3) 고정원가는 연간 ₩1,000,000이다.
(4) 총 이용가능한 직접작업시간은 연간 80,000시간이다.

【물음 1】 각 제품의 생산우선순위를 결정하시오.

【물음 2】 영업이익을 극대화하기 위한 최적생산배합을 결정하시오.

【물음 3】 공정개선비용을 지출하면 이용가능한 직접작업시간을 충분히 증가시킬 수 있다. 공정개선비용으로 지급할 수 있는 최대금액은 얼마인가?

【물음 4】 새로운 고객으로부터 제품 D를 ₩180에 2,000개 공급해 달라는 주문을 해왔다. 이 주문을 수락하는 경우에 고정판매관리비가 ₩10,000 증가한다. 이 주문의 기회비용을 계산하고 주문을 수락해야 하는지 의사결정하시오.

해답

[물음 1] 제품의 생산우선순위

	A	B	C	D
판매가격	₩200	₩150	₩100	₩160
직접재료원가	50	40	30	60
직접노무원가	50	40	20	40
변동제조간접원가	10	8	4	8
단위당 공헌이익	₩90	₩62	₩46	₩52
직접노동시간	÷5시간	÷4시간	÷2시간	÷4시간
작업시간당 공헌이익	₩18	₩15.5	₩23	₩13
생산우선순위	2순위	3순위	1순위	4순위

10

[물음 2] 최적생산배합의 결정

(1) 필요노동시간

	A	B	C	D
생산순위	2순위	3순위	1순위	4순위
예상수요량	8,000개	10,000개	6,000개	4,000개
직접노동시간	×5시간	×4시간	×2시간	×4시간
필요노동시간	40,000시간	40,000시간	12,000시간	16,000시간
사용시간	40,000시간	28,000시간	12,000시간	

(2) 최적생산배합

80,000시간은 생산순위에 따라 C제품 6,000개, A제품 8,000개, B제품 7,000개(28,000시간÷4시간)를 생산해서 판매한다.

[물음 3] 공정개선비용

공정을 개선해서 모든 수요량을 판매하는 경우에 공정개선비용을 x라고 하면 다음이 성립한다.

Ⅰ. 증분수익			
제품 B 공헌이익:	3,000개×₩62=	₩186,000	
제품 D 공헌이익:	4,000개×₩52=	208,000	₩394,000
Ⅱ. 증분비용			
공정개선비용			x
Ⅲ. 증분이익			₩394,000−x

공정개선시 증분이익 ₩394,000−x >₩0이 성립하려면 공정개선비용으로는 ₩394,000 이상은 지급하지 않는다.

[물음 4] 특별주문

(1) 기회원가

특별주문을 수락하기 위해서는 8,000시간(2,000개×4시간)의 노동시간이 필요하다. 특별주문을 수락하는 경우 마지막 생산순위인 제품 B에 사용하던 노동시간을 8,000시간 감소시켜야 하므로 기회비용은 다음과 같이 계산한다.

8,000시간×₩15.5(제품 B의 노동시간당 공헌이익)=₩124,000

(2) 특별주문의 수락의사결정

특별주문을 수락하는 경우에 증분이익은 다음과 같다.

Ⅰ. 증분수익				
증 가	D 공헌이익	2,000개×(₩180−₩108)=	₩144,000	
감 소	B 공헌이익	8,000시간×@15.5=	(124,000)	₩20,000
Ⅱ. 증분비용				
고정판매관리비				10,000
Ⅲ. 증분이익				₩10,000

특별주문을 수락하는 경우에 증분이익이 ₩10,000이 발생하므로 특별주문을 수락한다.

08 제약조건하의 생산배합결정과 특별주문 (2005. 세무사)

(주)한국은 수도권에 위치한 기업으로 고품질의 팩스기계를 제작판매하고 있다. 이 회사는 두 가지 모델 FM12와 FM34를 생산하고 있으며, 20×5년 7월 중 예상되는 생산 및 판매와 관련된 자료는 다음과 같다.

항 목	제 품	
	FM12	FM34
단위당 원가		
직접재료원가	₩300	₩375
직접노무원가(시간당 ₩20)	400	500
변동제조간접원가와 판매비와관리비	500	625
고정제조간접원가와 판매비와관리비	400	500
합 계	₩1,600	₩2,000
단위당 판매가격	₩2,000	₩2,500
20×5년 7월 예상판매량	400단위	200단위

직접노무시간의 평균임률은 시간당 ₩20이다. 이 회사의 매월 최대조업도는 14,000 직접노무시간이다. 다음 각 문항은 독립적이며, 각 물음의 답에 대한 계산근거를 밝히시오.

【물음 1】 20×5년 7월 중 예상하지 못했던 새로운 고객이 (주)한국에 FM34를 단위당 ₩2,000의 할인가격에 40단위를 구입할 수 있는지를 제안해 왔다. 만약 (주)한국이 이 고객의 제안을 수락한다면, 이로 인해 (주)한국의 이익은 얼마만큼 증가 혹은 감소하겠는가? 단, 이 특별주문 이외의 모든 가격은 위에 주어진 가격과 동일하다고 가정하시오.

【물음 2】 20×5년 7월 중 예상하지 못했던 새로운 고객이 (주)한국에 FM34를 단위당 ₩2,000의 할인가격에 60단위를 구입할 수 있는지를 제안해 왔다. 만약 (주)한국이 이 고객의 제안을 수락한다면, 이로 인해 (주)한국의 이익은 얼마만큼 증가 혹은 감소하겠는가? 단, 월 최대조업도를 증가시킬 수 없다고 가정하시오.

【물음 3】 20×5년 7월 중 예상하지 못했던 새로운 고객이 (주)한국에 FM34를 단위당 ₩2,000의 할인가격에 60단위를 구입할 수 있는지를 제안해 왔다. 만약 (주)한국이 이 고객의 제안을 수락한다면, 이로 인해 (주)한국의 이익은 얼마만큼 증가 혹은 감소하겠는가? (주)한국은 정규시간 이외의 초과시간을 이용하여 작업을 수행함으로써 월 최대조업도를 증가시킬 수 있다고 가정하시오. 정규시간 이외의 초과시간을 이용하여 작업을 수행하는 경우 직접노무원가는 시간당 ₩30으로 증가하며 변동제조간접원가와 판매비와관리비도 정상생산보다 50% 더 많이 발생한다.

해답

[물음 1] 특별주문 의사결정-유휴설비

(1) 유휴시간

	FM12		FM34	
단위당 노동시간	₩400÷₩20=	20시간	₩500÷₩20=	25시간
예 상 판 매 량		×400개		×200개
필 요 시 간		8,000시간		5,000시간

유휴생산시간 : 14,000시간-(8,000시간+5,000시간)=1,000시간

특별주문의 필요시간은 1,000시간(40대×25시간)이므로 유휴시간은 충분하다.

(2) 특별주문 수락의사결정

특별주문을 수락하는 경우에 증분이익은 다음과 같다.

Ⅰ. 증분수익	매출증가	40대×₩2,000=	₩80,000
Ⅱ. 증분비용	변동원가	40개×(₩375+₩500+₩625)=	60,000
Ⅲ. 증분이익			₩20,000

특별주문을 수락하는 경우에 증분이익이 ₩20,000만큼 발생하므로 특별주문을 수락한다.

[물음 2] 특별주문 의사결정-유휴설비부족

(1) 부족시간

필요시간	60단위×25시간=	1,500시간
유휴시간		1,000
부족시간		500시간

특별주문을 수락하는 경우 유휴생산시간을 500시간 초과하므로 정상판매량 중에서 일부를 포기하는 기회비용이 발생한다. 이를 위해 기존 제품의 생산순위를 파악한다.

(2) 생산배합순위

제한된 자원(직접노동시간)단위당 공헌이익이 작은 제품부터 우선 포기한다.

항 목	제 품	
	FM12	FM34
단위당 판매가격	₩2,000	₩2,500
단위당 변동원가		
직접재료원가	300	375
직접노무원가	400	500
변동제조간접원가와 판매비와관리비	500	625
	₩1,200	₩1,500
단위당 공헌이익(1)	₩800	₩1,000
단위당 직접노동시간(2)	÷20시간	÷25시간
직접노동시간당 공헌이익(1)÷(2)	₩40	₩40

직접노동시간당 공헌이익이 동일하므로 어느 제품의 생산판매를 포기하더라도 500시간×₩40=₩20,000의 이익이 감소할 것이다.

(3) 특별주문 수락의사결정

특별주문을 수락하는 경우에 증분이익은 다음과 같다.

Ⅰ. 증분수익 매출증가	60대×₩2,000=		₩120,000
Ⅱ. 증분비용 변동원가	60개×(₩375+₩500+₩625)=	₩90,000	
정상판매포기에 따른 공헌이익 감소	500시간×₩40=	20,000	110,000
Ⅲ. 증분이익			₩10,000

특별주문을 수락하는 경우 증분이익이 ₩10,000만큼 발생하므로 특별주문을 수락한다.

[물음 3] 특별주문 수락의사결정-초과근무

(1) 부족시간

필요시간	60단위×25시간=	1,500시간
유휴시간		1,000
부족시간		500시간

특별주문을 수락하는 경우 유휴생산시간을 500시간 초과하므로 초과근무시간은 500시간이며, 이 시간에는 20대(500시간÷25시간)를 생산한다.

(2) 특별주문 수락의사결정

특별주문을 수락하는 경우에 증분이익은 다음과 같다.

Ⅰ. 증분수익			
매출증가	60대×₩2,000=		₩120,000
Ⅱ. 증분비용			
유휴설비	40대×(₩375+₩500+₩625)=	₩60,000	
초과근무비용	20대×(₩375+25시간×₩30+₩625×1.5)=	41,250	101,250
Ⅲ. 증분이익			₩18,750

특별주문을 수락하는 경우 증분이익이 ₩18,750만큼 발생하므로 특별주문을 수락한다.

09 선형계획법

자동차의 부품을 생산하는 (주)잘달려는 리무진용 엔진과 스포츠카용 엔진을 생산하고 있다. 리무진 엔진 및 스포츠카 엔진과 관련된 자료는 다음과 같다.

	리무진 엔진	스포츠카 엔진
판매가격	₩800,000	₩950,000
직접재료원가(단위당)	200,000	300,000
직접노무원가(단위당)	200,000	150,000
변동제조간접원가(단위당)	100,000	150,000
변동판매관리비(단위당)	160,000	100,000

고정제조간접원가는 ₩60,000,000이며, 고정판매관리비는 ₩30,000,000이다.

모든 엔진은 자동차회사에 납품되기 전에 고가의 검사용 기계를 사용하여 검사를 한다. 이 검사용 기계를 사용하는 시간은 한정되어 있다. 제조와 관련하여 조립부문과 검사부문의 시간관련 자료는 다음과 같다.

부 문	일간사용가능시간	제품단위당 사용시간	
		리무진 엔진	스포츠카 엔진
조립부문	1,200기계시간	4시간	10시간
검사부문	480시간	4	2

단, 스포츠카 엔진은 재료의 부족으로 하루에 100단위까지만 생산할 수 있다.

(주)잘달려는 영업이익을 극대화할 수 있는 생산량을 결정하려고 한다.

[물음 1] 목적함수를 구하시오.

[물음 2] 제약조건하에서 실행가능한 영역을 그래프로 나타내시오.

[물음 3] 영업이익을 극대화할 수 있는 생산량을 계산하시오.

해답

[물음 1] 목적함수

	리무진 엔진		스포츠카 엔진	
판매가격		₩800,000		₩950,000
직접재료원가(단위당)	₩200,000		₩300,000	
직접노무원가(단위당)	200,000		150,000	
변동제조간접원가(단위당)	100,000		150,000	
변동판매관리원가(단위당)	160,000	660,000	100,000	700,000
공헌이익		₩140,000		₩250,000

리무진엔진과 스포츠카엔진의 생산량을 각각 X, Y라고 하면 목적함수는 다음과 같다.

공헌이익 극대화 Z=₩140,000X+₩250,000Y

[물음 2] 제약조건

조립부문 제약조건	4시간×X+10시간×Y≤1,200시간
검사부문 제약조건	4시간×X+2시간×Y≤480시간
스포츠카 엔진의 재료부족	Y≤100개(단, X, Y, Z≥0)

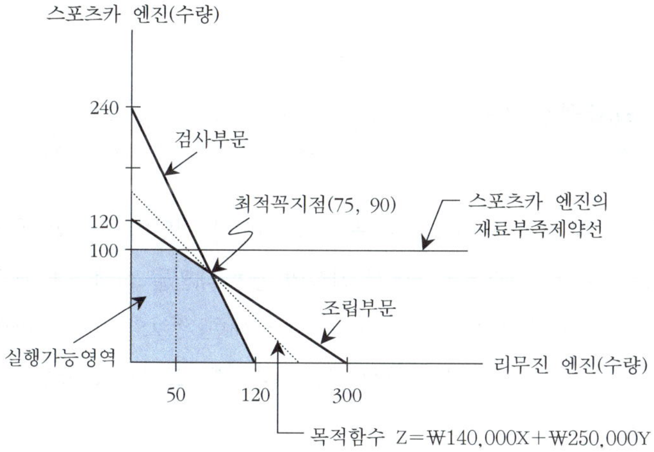

[물음 3] 목적함수의 최적해

일반적으로 목적함수의 최적해는 실행가능영역의 꼭지점에 존재한다.

꼭지점(X, Y)	총공헌이익
(50, 100)	₩140,000×50개+₩250,000×100개=₩32,000,000
(75, 90)	₩140,000×75개+₩250,000× 90개=₩33,000,000

따라서 회사의 영업이익을 극대화할 수 있는 최적의 매출배합은 75개의 리무진 엔진과 90개의 스포츠카 엔진을 생산하는 것이다.

CHAPTER

11 불확실성하의 의사결정

Cost & Management Accounting

제 1 절 불확실성하의 의사결정모형

10장에서 살펴본 바와 같이 의사결정(decision making)은 한 개인이나 집단이 주어진 목적을 달성하기 위해 선택 가능한 여러 가지 행동 대안들 중에서 최적의 행동 대안을 선택하는 과정을 의미한다. 이러한 의사결정에 필요한 정보를 만들기 위해서는 미래에 대한 정보와 상황을 파악하고 있어야 하는데 관련 상황의 불확실성 정도에 따라 확실성하의 의사결정모형과 불확실성하의 의사결정모형으로 구분할 수 있다.

① **확실성하의 의사결정모형**(decision making under certainty) : 의사결정자가 선택할 수 있는 대안별로 어떤 결과가 발생하는지를 사전에 정확하게 알 수 있는 경우의 의사결정을 말하며, 확정적 의사결정모형(deterministic model)이라고도 한다. 10장에서 공부한 의사결정내용은 확실성하의 의사결정에 해당한다.

② **불확실성하의 의사결정모형**(decision making under uncertainty) : 미래에 나타날 상황이 확정적이지 않고, 예상과 실제가 달라질 수 있는 불확실한 상태에서 의사결정자가 대안을 선택하는 것을 말한다. 기업의 실제경영환경에서는 대부분의 의사결정이 불확실성하의 의사결정이다.

이 중에서 확실성하의 의사결정모형은 10장에서 살펴보았으므로 이번 장에서는 불확실성하의 의사결정모형에 대해 살펴보도록 하겠다.

1. 불확실성 상황의 의사결정모형

불확실성 상황에서 합리적으로 의사결정을 하기 위해서는 불확실성을 재무적으로 분석할 수 있도록 ① 미래에 발생할 불확실한 상황(state of nature), ② 각 상황이 발생할 주관적인 확률(probability), ③ 의사결정자가 선택가능한 행동대안(alternatives), ④ 대안과 상황의 조합별로 예상되는 결과(outcome)의 네 가지 요소를 결정해서 성과표(payoff table)를 작성해야 한다. 성과표의 가로측 상단에는 여건적 상황과 그 상황이 발생할 확률을 적고 좌측 세로쪽에는 의사결정자가 선택가능한 행동대안을 적고, 여건과 상황의 조합별로 결과를 적는다.

성 과 표

(③) 행동대안	① 상황(미래에 발생할 불확실한 상황)	
	x_1(② 확률 : ?)	x_2(② 확률 : ?)
a_1	④ a_1선택, x_1상황의 성과	④ a_1선택, x_2상황의 성과
a_2	④ a_2선택, x_1상황의 성과	④ a_2선택, x_2상황의 성과

공통예제 **불확실성하의 의사결정－성과표** (2006. KICPA 1차)

(주)싸이언은 게임용 소프트웨어를 개발하여 판매하고 있다. 제품의 단위당 변동원가는 ₩3,000이며 단위당 판매가격은 ₩4,000이다. 이 회사는 곧 개최되는 컴퓨터박람회에 참가하려고 하는데 박람회 주관기관에서 부스(booth)임차료와 관련하여 다음의 2가지 지급방안을 제안하였다.

방안1 : 고정임차료 ₩800,000 지급
방안2 : 고정임차료 ₩200,000과 매출액의 10% 지급

이 회사는 과거 경험자료에 기초하여 소프트웨어 1,000단위와 2,000단위를 판매할 확률을 각각 40%와 60%로 평가하였다.

요구사항

(주)원가의 경영자 입장에서 이익을 극대화할 수 있는 원가구조를 선택하는 의사결정에 필요한 성과표를 작성하시오.

해답

(1) 성과표의 구성요소 결정

① 미래에 발생할 불확실한 상황(state of nature) : 상황은 경기변동과 같은 외생적인 요소에 영향을 받기 때문에 경영자가 통제할 수 없으며 불확실한 요소가 된다. 예제의 상황은 판매량이 1,000단위일 수도 있고 판매량이 2,000단위일 수도 있다는 것이다.

② 각 상황이 발생할 주관적인 확률(probability) : 의사결정자는 각 상황의 발생가능성에 대해서 나름대로 확률을 부여한다. 예제에서 1,000단위가 판매될 확률은 40%이고 2,000단위가 판매될 확률은 60%로 판단하였다.

③ 의사결정자가 선택가능한 대안(alternatives) : 합리적인 의사결정을 내리기 위해서는 실제로 실행할 수 있는 모든 행동대안을 파악한다. 예제에서는 방안 1과 방안 2가 선택가능한 대안이다.

(2) 성과표의 작성

대안과 상황의 결합조합별로 결과(outcome)를 표시해서 성과표를 작성한다.

성 과 표

(③) 행동대안	① 상 황(판매량) x_1 : 판매량이 1,000단위 ② P(x_1)=0.4	 x_2 : 판매량이 2,000단위 ② P(x_2)=0.6
a_1 : 방안 1	④ ₩1,000[*1]×1,000단위−₩800,000 =₩200,000	④ ₩1,000[*1]×2,000단위−₩800,000 =₩1,200,000
a_2 : 방안 2	④ ₩600[*2]×1,000단위−₩200,000 =₩400,000	④ ₩600[*2]×2,000단위−₩200,000 =₩1,000,000

* 1. 방안 1의 단위당 공헌이익 ₩4,000−₩3,000= ₩1,000

2. 방안 2의 단위당 공헌이익 ₩4,000−₩3,000−₩4,000×10%= ₩600

2. 불확실성하의 의사결정 기준

성과표를 작성하고 나면 의사결정자는 최적의 대안을 선택하는 의사결정을 수행해야 한다. 최적의 대안을 선택하기 위해서는 의사결정자가 대안을 선택하기 위한 기준을 가지고 있어야 하는데 주로 사용하는 기준은 ① 기대가치기준과 ② 기대효용기준이 있다.

(1) 기대가치기준

'기대가치기준(expected value criterion)'이란 각각의 행동대안별로 기대가치를 계산하여 기대가치를 극대화하거나 기대비용을 극소화하는 최적행동대안을 선택하는 기준을 의미한다. 행동대안별 기대가치는 해당 대안에서 각 상황별로 얻게 되는 성과에 해당 상황의 발생확률을 곱한 금액을 모두 더해서 얻은 금액을 말한다. 기대가치기준으로 의사결정하는 방법에 대해서는 다음 예제를 이용해서 살펴보자.

예제 [11-1] 기대가치기준 의사결정

[공통예제]를 이용하시오.

요구사항

(주)원가 경영자가 기대가치기준에 따라 의사결정하는 경우 최적행동대안을 선택하시오.

해답

1. 대안별 기대가치
   $E(a_1)$=₩200,000×0.4+₩1,200,000×0.6=₩800,000
   $E(a_2)$=₩400,000×0.4+₩1,000,000×0.6=₩760,000

2. 최적행동대안의 선택
   기대가치가 큰 대안은 a_1이므로 경영자는 기대가치를 극대화하는 방안 1을 선택한다.

(2) 기대효용기준

'기대효용기준'이란 각각의 행동대안 별로 기대효용을 계산해서 기대효용을 극대화하는 행동대안을 선택하는 방법이다. 여기서 '효용(utility)'이란 의사결정자가 특정 대안으로부터 얻어지는 주관적인 만족의 정도를 의미하는 개념이다.

불확실성하에서 의사결정을 할 때 대부분의 의사결정자들은 기대이익뿐만 아니라 위험요소도 고려하여 의사결정한다. 기대효용기준은 이를 반영해서 각 행동대안 별로 기대가치와 위험요소 및 위험에 대한 의사결정자의 태도를 종합적으로 고려하여 결정된 효용함수를 이용해서 기대효용이 큰 행동대안을 선택한다.

기대효용의 크기를 비교하려면 의사결정자의 효용함수를 결정해야 한다. 효용함수란 부(wealth)와 효용사이의 관계를 함수로 나타낸 것인데 일반적으로 합리적인 의사결정자는 안정을 추구하므로 위험회피형 효용함수를 가진다. 위험회피형 효용함수는 부(wealth)가 증가함에 따라 효용도 증가하지만 그 증가율(한계효용)이 점점 감소하는 형태의 효용함수로 도표에서처럼 아랫방향으로 오목(concave)하다.

위험회피형의 효용함수

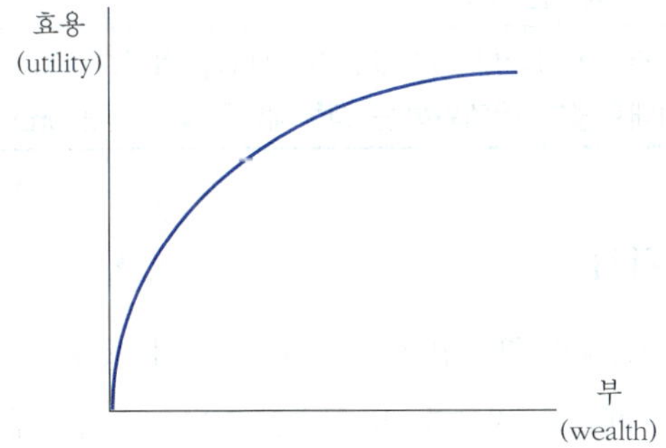

11

예제 [11-2] 기대효용기준 의사결정

[공통예제]를 이용하시오. (주)원가 경영자는 위험에 대해 회피적인 성향의 소유자로 다음과 같은 효용함수를 가지고 있다.

$$U(x) = \sqrt{x} \quad (\text{단, } x\text{는 이익을 나타낸다})$$

요구사항

기대효용기준에 따라 의사결정하는 경우 경영자의 최적 행동대안을 결정하시오.

해답

1. 행동대안별 기대효용

   행동대안 a_1과 a_2에 대한 기대효용을 각각 $E[U(a_1)]$, $E[U(a_2)]$라 하면,

   $E[U(a_1)] = \sqrt{₩200,000} \times 0.4 + \sqrt{₩1,200,000} \times 0.6 = 836.15$

   $E[U(a_2)] = \sqrt{₩400,000} \times 0.4 + \sqrt{₩1,000,000} \times 0.6 = 852.98$

2. 최적행동대안의 선택

   기대효용을 극대화하는 최적행동 대안은 a_2(대안 2)이다.

한편, 주의할 점은 의사결정자가 위험회피형 효용함수를 가지는 경우에 의사결정자의 기대효용을 극대화시키는 행동대안과 기대가치를 극대화시키는 행동 대안이 다를 수 있다는 점이다. 예를 들어 기대가치가 큰 대안이라도 상황별 '부(wealth)'의 변동 폭이 커서 위험이 높다면 효용은 낮을 수 있다.

의사결정기준	기준별 특징
기대가치기준	행동대안별로 기대값을 구해서 기대값을 극대화하는 행동대안을 최적행동대안으로 선택하는 방법
기대효용기준	특정행동대안의 기대값뿐만 아니라 위험요소도 동시에 고려하여 의사결정자의 기대효용을 극대화하는 행동대안을 최적행동대안으로 선택하는 방법

3. 완전정보의 기대가치

불확실성하의 의사결정은 확실성하의 의사결정보다 정보가 부족한 상태에서 이루어진다. 따라서 의사결정자는 새로운 정보를 더 입수하고자 노력하는데, 이 때 추가적으로 입수하는 새로운 정보가 주는 효익과 이를 얻기 위해 지출되는 원가를 비교해서 정보의 추가적인 입수 여부를 결정한다.

'완전정보(perfect information)'란 의사결정과 관련된 모든 불확실성을 완전히 제거할 수 있는 정보로서, 미래 발생할 상황을 정확하게 알려준다. 완전정보를 기초로 의사결정을 하면 의사결정 결과가 정보를 가지지 않은 상태의 기대가치보다 증가한다. 이러한 완전정보를 가진 상태에서 내린 의사결정의 기대가치와 기존정보를 가진 상태에서 내린 의사결정의 기대가치와의 차이를 완전정보의 기대가치라고 한다.

> 완전정보의 기대가치 = 완전정보하의 기대가치(완전정보를 얻은 경우의 기대가치) − 기존정보하의 기대가치(완전정보가 없는 경우의 기대가치)

'완전정보의 기대가치(expected value of perfect information : EVPI)'는 완전정보를 가지고 의사결정함으로써 얻게 되는 기대가치의 증가분을 말하며, 이는 완전정보로 얻는 효익의 크기를 계산한 것으로 완전정보를 획득하기 위해 지급할 수 있는 최대금액에 해당한다. 완전정보의 기대가치를 계산하는 구체적인 절차는 다음 예제를 이용해서 살펴보도록 하자.

11

예제 [11-3] 완전정보의 기대가치

[공통예제]를 이용하시오.

요구사항

1. 완전정보하의 기대가치를 계산하시오.
2. 완전정보의 기대가치를 계산하시오.

해답

1. 완전정보하의 기대가치

(1) 예측된 상황별 최적 행동대안의 선택

완전정보를 획득하면 미래의 상황에 대한 예측을 얻게 된다. 예측으로 파악한 각 상황별로 최적행동 대안을 결정하고 그로 인해 얻게 되는 결과를 계산한다.

① 1,000단위의 예측을 얻은 경우 : 대안 a_2를 선택하여 ₩400,000의 이익을 얻는다.

② 2,000단위의 예측을 얻은 경우 : 대안 a_1을 선택하여 ₩1,200,000의 이익을 얻는다.

(2) 완전정보하의 기대가치 계산

각 예측별로 최적행동대안의 결과에 예측을 얻을 확률을 곱해서 완전정보하의 기대가치를 계산한다.

₩400,000 × 0.4 + ₩1,200,000 × 0.6 = ₩880,000

2. 완전정보의 기대가치 계산

완전정보하의 기대가치에서 기존정보하의 기대가치를 차감해서 완전정보의 기대가치를 계산한다.

완전정보하의 기대가치	₩880,000	
기존정보하의 기대가치	800,000*	
완전정보의 기대가치(EVPI)	₩80,000	← 완전정보를 획득해서 증가한 기대가치

* [예제 11-1]에서 계산한 기존정보하의 기대가치

4. 예측오차의 원가

'예측오차의 원가(cost of prediction error)'란 주어진 상황 하에서 최적대안의 결과와 실제로 선택된 대안으로 인한 결과와의 차이를 말하는 것으로 조건부손실(conditional loss) 또는 기회손실(opportunity loss)이라고도 한다. 즉, 예측오차의 원가는 실제상황이 발생하기 전에 이루어진 의사결정으로 인해 실제로 얻은 결과와 실제상황이 발생한 후에 최적의사결정의 결과와의 차이를 말한다.

예측오차의 원가=사후적 최적대안의 결과−실제의사결정의 결과

이와 같이 예측오차의 원가는 실제상황을 정확하게 예측했더라면 선택했을 최적행동의 결과와 사전적 예측상황을 기초로 의사결정 하여 얻은 실제결과와의 차이를 말한다.

한편, 예측오차의 원가를 이용하여 완전정보의 기대가치도 계산할 수도 있는데 그 과정은 다음과 같다.

① 기존정보하에서 최적대안을 선택한다.

② 각 상황별로 최적대안의 결과와 선택한 대안의 결과를 비교해서 예측오차의 원가를 계산한다.

③ 예측오차의 원가에 각 상황이 발생할 확률을 곱해서 조건부손실의 기대가치를 계산한다.

조건부 손실의 기대가치는 기존정보가 불확실해서 나타날 수 있는 손실로 이를 줄이기 위해서 완전정보를 획득한다고 볼 수 있다. 따라서 완전정보에 대해서는 조건부 손실의 기대가치이상은 지급하지 않을 것이므로 완전정보의 기대가치와 동일한 금액이 된다. 다음 예제를 이용해서 예측오차의 원가를 계산하고 이를 이용해서 완전정보의 기대가치를 계산해 보자.

예제[11-4] 예측오차의 원가

[공통예제]를 이용하시오.

요구사항

기존정보를 기초로 기대가치가 큰 대안은 a_1였으며, 경영자는 기대가치를 극대화할 수 있는 a_1을 선택하였다고 하고 다음에 답하시오.

1. a_1을 선택한 경우에 각 상황별로 예측오차의 원가를 계산하시오.
2. 예측오차의 원가를 이용해서 완전정보의 기대가치를 계산하시오.

해답

1. 각 상황별 예측오차의 원가

(1) 실제로 1,000단위가 판매된 경우

정확하게 예측했을 경우 최적의사결정의 결과*1	₩400,000
실제의사결정의 결과*2	200,000
예측오차의 원가	₩200,000

*1. 1,000단위의 판매량을 정확하게 예측했을 경우 대안 a_2을 선택하여 ₩400,000의 이익을 얻었을 것이다.
2. 실제로는 대안 a_1를 선택하였으며 ₩200,000의 이익을 얻었다.

(2) 실제로 2,000단위가 판매된 경우

정확하게 예측했을 경우 최적의사결정의 결과*1	₩1,200,000
실제의사결정의 결과*2	1,200,000
예측오차의 원가	₩0

*1. 2,000단위의 판매량을 정확하게 예측했을 경우 대안 a_1를 선택하여 ₩1,200,000의 이익을 얻었을 것이다.
2. 실제로도 대안 a_1을 선택하였으며 ₩1,200,000의 이익을 얻었다.

2. 완전정보의 기대가치

예측오차의 원가에 각 상황이 발생할 확률을 곱해서 조건부손실의 기대가치를 계산하면 완전정보의 기대가치와 동일한 금액을 계산할 수 있다.

₩200,000×0.4+₩0×0.6=₩80,000

예측오차의 원가가 나타나는 이유는 미래에 불확실성이 존재하기 때문이므로 미래의 불확실성을 해소시켜 예측오차의 원가를 줄이기 위해서 완전정보를 획득한다. 따라서 완전정보에 대해서 지급할 수 있는 최대금액인 완전정보의 기대가치는 예측오차의 원가의 기대가치를 넘지 않는 것이다.

제 2 절 불완전정보의 기대가치

앞 절에서는 완전정보를 획득하기 위해서 지급할 수 있는 최대금액에 대해 살펴보았다. 그러나 현실적으로 완전정보는 존재하지 않으며 불완전정보만이 존재한다. '불완전정보(imperfect information)'란 미래의 불확실성을 완전하게 제거하지는 못하지만 어느 정도 감소시켜줄 수 있는 정보를 말한다.

불완전정보의 기대가치란 불완전정보에 대해 지급할 수 있는 최대금액을 계산하는 것으로 불완전정보하의 기대가치에서 기존정보하의 기대가치를 차감해서 계산한다.

> 불완전정보의 기대가치 = 불완전정보하의 기대가치 − 기존정보하의 기대가치

이처럼 불완전정보의 기대가치는 불완전정보를 추가로 획득하여 의사결정하는 경우의 기대가치와 기존정보만을 가지고 의사결정하는 경우의 기대가치의 차이를 말한다. 현실적으로 추가정보를 획득하는 방법은 표본조사를 사용하므로 불완전정보의 기대가치는 '표본정보의 기대가치(expected value of sample information : EVSI)'라고도 한다. 불완전정보의 기대가치는 계산과정이 복잡하기 때문에 다음과 같은 3단계를 거쳐 계산된다.

1단계 : 조건부 확률 계산

미래에 발생할 각 상황과 전문가의 예측을 결합한 표를 작성하고 전문가로부터 특정예측을 보고받을 확률을 계산한다. 이를 기초로 베이지안 정리를 이용해서 사전확률을 조건부확률로 수정한다.

① 각 상황의 사전확률과 각 상황에서 특정 정보를 제공받을 확률(사전확률) 파악 : 예상되는 각 상황에서 추가적 정보의 여러 형태와 결합하는 표를 작성한다.

$$P(I_j) = \sum_{i=1}^{n} P(I_j|x_i) \cdot P(x_i)$$

(단, x_i = 상황 $i(i=1, 2, \cdots, n)$, n = 상황의 수)

② 사전확률을 조건부확률로 수정 : 베이지안 정리를 이용하여 사전확률을 추가적 정보를 입수한 경우에 특정상황이 발생할 확률(조건부확률)로 수정한다.

$$P(x_i|I_j) = \frac{P(x_i \cap I_j)}{P(I_j)} = \frac{P(I_j|x_i) \times P(x_i)}{P(I_j)}$$

2단계 : 예측별 불확실성하의 의사결정

전문가의 각 예측별로 사후적확률을 이용해서 불확실성하에서 최적행동 대안을 선택하고 의사결정의 결과로 얻어지는 기대가치를 계산한다.

3단계 : 불완전정보의 기대가치 계산

각 예측별 기대가치에 예측을 보고받을 확률을 곱한 금액을 합계하여 불완전정보하의 기대가치를 계산하고, 여기서 기존정보하의 기대가치를 차감해서 불완전정보의 기대가치를 계산한다.

예제 [11-5] 불완전정보의 기대가치

[공통예제]를 이용하시오.

요구사항

(주)원가는 신제품의 판매량에 대한 정보를 얻기 위해 전문가를 고용하는 것을 고려하고 있는데, 이 전문가는 예측이 70%정도의 정확성을 가지고 있다고 한다. 다음에 답하시오.

1. 조건부확률을 계산하시오.
2. 예측별로 불확실성하의 의사결정을 하시오.
3. 불완전정보의 기대가치를 계산하시오.

1단계 : 조건부 확률 계산

조건부확률은 사후적 확률이라고도 하며 전문가의 특정예측(정보)을 보고받은 상태에서 특정상황이 나타날 확률을 의미한다. 예를 들어 예제에서 $P(x_1 \mid I_1)$은 1,000단위라는 예측(정보 : I_1)을 보고받은 상태에서 실제로도 1,000단위가 판매될 확률이다. 조건부확률을 계산하는 과정을 다시 세분하면 ① 전문가의 특정예측의 보고확률을 계산하는 절차와 ② 이를 기초로 조건부 확률을 계산하는 절차로 구분할 수 있다.

① **특정정보를 보고받을 확률의 계산** : 각 상황과 전문가예측을 결합한 결합확률표를 작성해서 전문가의 특정 예측을 보고받을 확률을 계산한다.

전문가 예측	상 황(판매량) x_1 : 1,000단위 판매 $P(x_1)=0.4$	 x_2 : 2,000단위 판매 $P(x_2)=0.6$	특정 예측보고 확률 $P(I_i)$
I_1 : 1,000단위 예측	0.4×0.7= 0.28	0.6×0.3= 0.18	$P(I_1)=$ 0.46
I_2 : 2,000단위 예측	0.4×0.3= 0.12	0.6×0.7= 0.42	$P(I_2)=$ 0.54
	0.40	0.60	1.00

② **조건부확률 계산** : 다음과 같은 베이지안 정리를 이용해서 사전확률을 조건부확률(사후적 확률)로 수정한다.

$$P(x_i \mid I_j) = \frac{P(x_i \cap I_j)}{P(I_j)} = \frac{P(I_j \mid x_i) \times P(x_i)}{P(I_j)}$$

전문가 예측	조건부확률(사후적 확률) x_1 : 1,000단위 판매	조건부확률(사후적 확률) x_2 : 2,000단위 판매	특정 예측 보고 확률
I_1 : 1,000단위 예측	$P(x_1 \mid I_1) = \frac{28}{46}$	$P(x_2 \mid I_1) = \frac{18}{46}$	$P(I_1)=0.46$
I_2 : 2,000단위 예측	$P(x_1 \mid I_2) = \frac{12}{54}$	$P(x_2 \mid I_2) = \frac{42}{54}$	$P(I_2)=0.54$

1단계의 조건부 확률을 계산하는 두 절차를 하나의 표로 정리하면 다음과 같다.

전문가 예측	결합확률 x_1 : 1,000단위 판매	결합확률 x_2 : 2,000단위 판매	특정 예측을 보고 받은 확률	조건부 확률 1,000단위	조건부 확률 2,000단위
I_1 : 1,000단위 예측	0.4×0.7= 0.28	0.6×0.3= 0.18	$P(I_1)=$ 0.46	$\frac{0.28}{0.46}$	$\frac{0.18}{0.46}$
I_2 : 2,000단위 예측	0.4×0.3= 0.12	0.6×0.7= 0.42	$P(I_2)=$ 0.54	$\frac{0.12}{0.54}$	$\frac{0.42}{0.54}$
합　계	0.40	0.60	1.00		

2단계 : 예측별 불확실성하의 의사결정

의사결정자는 예측값을 확보하면 이를 기초로 최적행동대안을 선택한다. 불완전정보를 기초로 의사결정 할 때는 다음의 두 가지 사항을 고려해야 한다.

① 전문가의 예측이 달라진다면 의사결정자의 의사결정도 달라진다는 것이다. 예를 들어 공통예제에서 전문가의 예측이 1,000단위였을 경우의 최적행동대안과 전문가의 예측이 2,000단위였을 경우의 최적행동 대안은 달라진다.

② 특정예측을 기초로 불확실성하의 의사결정을 해야 한다는 것이다. 공통예제에서도 전문가의 예측이 불완전정보이므로 1,000단위의 예측을 확보했더라도 2,000단위일 가능성이 존재하므로 1,000단위라는 예측에서 의사결정을 할 때도 불확실성상황의 의사결정을 해야 한다는 것이다. 이를 위해서는 예측별로 성과표를 작성해야 한다.

이상의 두 가지 사항을 고려하면 전문가의 예측별로 불확실성하의 의사결정을 해서 최적행동대안을 선택하게 된다. [공통예제]에서도 전문가의 예측이 1,000단위인 경우와 2,000단위인 경우에 각각 불확실성하의 의사결정을 해야 한다.

① 1,000단위의 예측(I_1)을 확보한 경우($P(I_1)=0.46$)

행동대안	상 황		기대가치
	$x_1 : P(x_1 \mid I_1) = \frac{28}{46}$	$x_2 : P(x_2 \mid I_1) = \frac{18}{46}$	
a_1	₩200,000	₩1,200,000	E(a_1)=₩591,304*1
a_2	400,000	1,000,000	E(a_2)=₩634,783*2

*1. $₩200,000\times\frac{28}{46}+₩1,200,000\times\frac{18}{46}=₩591,304$

2. $₩400,000\times\frac{28}{46}+₩1,000,000\times\frac{18}{46}=₩634,783$

따라서 전문가로부터 1,000단위가 판매될 것이라는 예측(I_1)를 받을 경우 최적행동 대안은 a_2이고 이와 같은 의사결정으로 얻어지는 기대이익은 ₩634,783이다.

② 2,000단위의 예측(I_2)를 확보한 경우($P(I_2)=0.54$)

행동대안	상 황		기대가치
	$x_1 : P(x_1 \mid I_2) = \frac{12}{54}$	$x_2 : P(x_2 \mid I_2) = \frac{42}{54}$	
a_1	₩200,000	₩1,200,000	E(a_1)=₩977,778*1
a_2	400,000	1,000,000	E(a_2)=₩866,667*2

*1. $₩200,000\times\frac{12}{54}+₩1,200,000\times\frac{42}{54}=₩977,778$

2. $₩400,000\times\frac{12}{54}+₩1,000,000\times\frac{42}{54}=₩866,667$

따라서 전문가로부터 2,000단위가 판매될 것이라는 예측(I_2)를 받을 경우 최적행동 대안은 a_1이고 이와 같은 의사결정으로 얻어지는 기대이익은 ₩977,778이다.

3단계 : 불완전정보의 기대가치 계산

2단계에서 계산한 각 예측별 기대가치에 1단계에서 계산한 예측을 보고받을 확률을 곱한 금액을 합계하여 불완전정보하의 기대가치를 계산하고, 여기서 기존정보하의 기대가치를 차감해서 불완전정보의 기대가치를 계산한다.

불완전정보하의 기대가치 : ₩634,783×0.46+₩977,778×0.54=	₩820,000
기존정보하의 기대가치	800,000
불완전정보의 기대가치(EVSI)	₩20,000

불완전정보하의 기대가치는 ₩820,000으로 기존정보하의 기대가치보다 ₩20,000만큼이 증가하게 된다. 즉, 불완전정보를 획득해서 불확실성을 줄여서 기대가치가 ₩20,000만큼 증가했다는

것이다. [공통예제]에서 불완전정보의 기대가치(EVSI)는 경영자가 70% 정확한 예측을 하는 전문가를 고용하고자 할 때 지불할 수 있는 최대금액을 의미한다.

제 3 절 차이조사결정

이제 불확실성하의 의사결정의 대표적인 사례인 차이조사결정에 대해 살펴보자. 경영자는 제6장 표준원가에서 살펴 본 차이분석을 이용하여 문제점을 발견하고, 차이를 줄일 수 있도록 관리한다. 원가차이가 크다면 미래에도 원가차이가 발생해서 손실이 나타날 수 있으므로 원가차이의 발생 원인을 조사하고 이를 해결하기 위해 적극적인 조치를 강구한다. 그런데 원가차이를 조사하고, 공정을 개선하는 과정에서 추가적인 비용이 지출되므로 모든 원가차이를 조사할 수는 없다.

따라서 원가차이의 조사여부를 결정할 때는 원가차이를 방치할 경우에 예상되는 손실액과 조사를 해서 공정을 조정하는 비용을 비교해서 원가차이의 조사여부를 결정해야 한다. 여기에 공정이 정상일 확률과 비정상일 확률이 존재하므로 의사결정자는 조사하는 경우의 기대비용과 조사하지 않는 경우의 기대비용을 계산해서 비교하여 기대비용을 최소화할 수 있는 행동대안을 선택한다. 다음 예제를 이용해서 불확실성하에서 차이조사결정은 어떻게 이루어지는지 살펴보자.

예제 [11-6] 불확실성하의 차이조사결정

나무회사는 단일제품을 생산하고 있으며 5월의 생산활동과 관련한 보고서에 다음과 같은 사항이 포함되어 있다.

표준직접재료원가	₩500,000
직접재료원가 가격차이	60,000 불리
직접재료원가 능률차이	70,000 불리

이 회사의 경영자는 직접재료원가의 총차이가 표준직접재료 원가의 10%를 초과하므로 중대한 원가차이로 간주하고 직접재료원가차이 중에서 생산공정에서 발생된 원가차이에 대한 조사여부를 결정하기 위해 생산부문책임자로부터 다음과 같은 추가자료를 제출받았다.

(1) 공정의 정상여부를 조사할 경우 소요되는 조사원가	₩10,000
(2) 차이조사를 통해 공정이상을 발견하고 수정하는 비용	20,000
(3) 생산공정이 비정상인 것을 방치하여 발생하는 손실	100,000

과거 경험을 통해서 생산공정이 정상인 경우가 60%였고 비정상인 경우가 40%였으며, 생산공정의 정상여부에 따라 직접재료원가 능률차이 금액이 다음과 같았다.

직접재료원가 능률차이	공정이 정상인 상태	공정이 비정상인 상태
₩80,000	0%	85%
70,000	40	15
60,000	60	0
	100%	100%

요구사항

당기의 다음 항목을 계산하시오.

1. 직접재료원가 능률차이가 ₩70,000인 경우에 공정이 정상일 확률을 계산하시오.
2. [요구사항 1]을 토대로 하여 공정의 조사여부를 의사결정 하시오.
3. 공정을 조사하는 것과 조사하지 않는 것이 무차별해지게 되는 공정이 정상일 확률을 구하시오.
4. 공정의 정상여부에 대해 확실하게 추정할 수 있는 전문가로부터 완전정보를 얻기 위해 지급할 수 있는 최대금액을 계산하시오.

해답

1. 사후적 확률

(1) 각 상황과 전문가예측을 결합한 결합확률표를 작성

확보한 정보(능률차이)	상 황(판매량) x_1 : 정상 $(P(x_1)=0.6)$		상 황(판매량) x_2 : 비정상 $(P(x_2)=0.4)$		특정 차이 보고 확률 $P(I_i)$
I_1 : 능률차이 ₩80,000	0.6×0.0=	0.00	0.4×0.85=	0.34	$P(I_1)=0.34$
I_2 : 능률차이 ₩70,000	0.6×0.4=	0.24	0.4×0.15=	0.06	$P(I_2)=0.30$
I_3 : 능률차이 ₩60,000	0.6×0.6=	0.36	0.4×0.00=	0.00	$P(I_3)=0.36$
		0.60		0.40	

여기서 능률차이 ₩70,000이 발생할 확률($P(I_2)$)은 30%이다.

(2) 베이지안 정리를 이용해서 사전확률을 사후적 확률로 수정한다.

확보한 정보(능률차이)	상 황(판매량) x_1 : 정상 $(P(x_1)=0.6)$	상 황(판매량) x_2 : 비정상 $(P(x_2)=0.4)$	특정 차이 보고 확률 $P(I_i)$
I_1 : 능률차이 ₩80,000	$P(x_1 \mid I_1)\frac{0}{34}=0.00$	$P(x_2 \mid I_1)\frac{34}{34}=1.00$	$P(I_1)=0.34$
I_2 : 능률차이 ₩70,000	$P(x_1 \mid I_2)\frac{24}{30}=0.80$	$P(x_2 \mid I_2)\frac{6}{30}=0.20$	$P(I_2)=0.30$
I_3 : 능률차이 ₩60,000	$P(x_1 \mid I_3)\frac{36}{36}=1.00$	$P(x_2 \mid I_3)\frac{0}{36}=0.00$	$P(I_3)=0.36$

능률차이 ₩70,000을 관찰한 조건하에서 공정이 정상일 확률

따라서 능률차이가 ₩70,000인 상태에서 공정이 정상일 확률은 80%이고, 공정이 비정상일 확률은 20%이다.

2. 공정의 조사여부 의사결정

(1) 조사여부에 대한 성과표 작성

선택할 행동대안	상 황(판매량)	
	x_1 : 정상($P(x_1)=0.8^*$)	x_2 : 비정상($P(x_2)=0.2$)
a_1 : 조 사	₩10,000	₩10,000+₩20,000=₩30,000
a_2 : 비조사	0	₩100,000

* 능률차이 ₩70,000(불리)라는 정보를 이미 얻었으므로 상황에 대한 확률은 사후확률을 사용해야 한다.

(2) 기대비용계산

E(a_1 : 조 사)=₩10,000×0.8+₩30,000×0.2=₩14,000

E(a_2 : 비조사)=₩0×0.8+₩100,000×0.2=₩20,000

조사하는 경우의 기대비용이 더 작기 때문에 조사를 해야 한다.

3. 대안이 무차별해지는 확률

공정이 정상일 확률을 P라고 하면 각 대안별 기대비용은 다음과 같이 계산된다.

E(a_1)=₩10,000×P+₩30,000×(1−P)=₩10,000+₩20,000(1−P)

E(a_2)=₩0×P+₩100,000×(1−P)=₩100,000(1−P)

따라서 두 가지 행동의 기대비용이 동일하게 되는 P는 다음과 같다.

₩10,000+₩20,000(1−P)=₩100,000(1−P)

∴ P=0.875

4. 완전정보의 기대가치

조사여부에 따라 지출할 기대비용에 해당상황이 나타날 확률을 곱해서 완전정보하의 기대비용을 계산하고 기존정보하의 기대비용을 차감해서 완전정보의 기대가치를 계산한다.

완전정보하의 기대비용 : ₩0×0.8+₩30,000×0.2=₩6,000

Ⅰ. 완전정보하의 기대비용	₩0×0.8+₩30,000×0.2=	₩6,000
Ⅱ. 기존정보하의 기대비용	₩10,000×0.8+₩30,000×0.2=	14,000
Ⅲ. 완전정보의 기대가치(EVPI)		₩8,000

참고로 완전정보의 기대가치는 기존정보하의 의사결정을 기준으로 예측오차의 원가를 이용해서 계산할 수도 있다. 기존정보 하에서는 기대비용이 작은 a_1(조사)대안을 선택하는데, 이 경우 예측오차의 원가는 공정이 정상인 경우 ₩10,000이 발생하고 여기에 정상일확률 0.8을 곱하면 ₩8,000(₩10,000×0.8)으로 완전정보의 기대가치와 크기가 같다.

제 4 절 불확실성하의 CVP분석

제9장 원가·조업도·이익분석에서 살펴본 원가·조업도·이익분석은 이익에 영향을 미치는 모든 변수들이 확실하다는 가정하에 분석이 이루어졌다. 그러나 현실적으로 거의 모든 의사결정상황은 미래의 불확실성을 내포하고 있으므로 이들 변수들의 값을 정확하게 예측할 수 없는 경우가 일반적이다. 따라서 이번 절에서는 제9장에서 살펴본 CVP분석을 확장하여 불확실성하에서의 CVP분석에 대해서 살펴보기로 한다.

불확실성에 대처하기 위한 접근방법에는 민감도분석, 통계적 분석 및 확률수를 이용한 분석 등이 있다.

1. 민감도분석

CVP분석에서는 이해를 쉽게 하기 위해서 고정원가와 변동원가 그리고 판매가격은 변하지 않는 것으로 가정한다. 그런데 실제경영환경에서는 고정원가와 변동원가 및 판매가격이 모두 변할 수 있다. 경영자 입장에서는 고정원가와 변동원가 및 판매가격이 변동되는 경우에 원가·조업도·이익의 관계가 어떻게 변화하는지에 대한 정보가 매우 유용하다. 즉, 경영자는 다음과 같은 물음에 대한 정보를 얻고자 한다.

① 판매량이 현재보다 20% 증가한다면 영업이익은 어떻게 변하는가?

② 새로운 생산시스템의 도입으로 고정원가가 20% 증가하는 대신에 변동원가가 15% 감소하는 경우에 영업이익은 어떻게 변하는가?

③ 단위당 판매가격을 10% 인상하면 판매량이 15% 감소할 것으로 예상되는 상황에서 영업이익은 어떻게 변하는가?

이와 같은 경영자의 의문에 필요한 정보를 계산하기 위하여 사용하는 것이 민감도분석이다. 민감도분석이란 기본적으로 가정한 조건이 변동되는 경우에 영업이익 등이 어떻게 변화하는지를 분석하는 기법으로서 “what if (만약 ~이라면 ~이 어떻게 변화하는가?)”와 같은 형태의 질문에 대한 결과를 구하는 방법이다. 경영자는 민감도분석을 통해서 불확실한 미래의 상황이 기업의 원가·조업도·이익에 미치는 영향을 검토할 수 있다.

11

예제 [11-7] 민감도 분석

서울회사는 단위당 판매가격이 ₩500이고, 단위당 변동원가가 ₩300인 제품을 생산하여 판매하고 있다. 회사의 20×6년도 영업결과는 다음과 같다.

매 출 액	10,000개×₩500=	₩5,000,000
변 동 원 가	10,000개×₩300=	3,000,000
공 헌 이 익		₩2,000,000
고 정 원 가		1,500,000
영 업 이 익		₩500,000

요구사항

서울회사의 경영자는 20×7년의 예산을 결정하면서 20×6년도와 비교하여 다음과 같이 상황이 변화할 것으로 예상하고 있으며, 상황별로 궁금한 사항은 다음과 같다. 각 상황별로 경영자가 궁금해 하는 정보를 구하시오.

1. 공격적인 영업전략으로 판매량이 20%증가하는 경우 영업이익은 얼마인가?
2. 판매가격을 10%인상하면 판매량이 5%감소할 것으로 예상된다. 영업이익은 얼마인가?
3. 판매가격을 20%인하하면 판매량이 30%증가할 것으로 예상된다. 영업이익은 얼마인가?
4. 새로운 설비를 도입하면 고정원가가 20%증가하는 대신에 변동원가가 12% 감소한다. 새로운 설비를 도입하는 경우에 영업이익은 얼마인가?
5. ₩300,000을 지급하고 판매사원을 고용하면 판매량이 10% 증가할 것으로 예상된다. 이 경우에 영업이익은 얼마인가?

해답

	매 출 액		변동원가		고정원가		영업이익
1.	12,000개* × @500	−	12,000개 × @300	−	₩1,500,000	=	₩900,000
2.	9,500개*1 × @550*2	−	9,500개 × @300	−	₩1,500,000	=	₩875,000
3.	13,000개*1 × @400*2	−	13,000개 × @300	−	₩1,500,000	=	₩(200,000)
4.	10,000개 × @500	−	10,000개 × @264*1	−	₩1,800,000*2	=	₩560,000
5.	11,000개* × @500	−	11,000개 × @300	−	(₩1,500,000+₩300,000)	=	₩400,000

1. * 10,000개+10,000개×20%=12,000개

2. * 1. 10,000개−10,000개×5%=9,500개
   2. ₩500+₩500×10%=₩550

3. * 1. 10,000개+10,000개×30%=13,000개
   2. ₩500−₩500×20%=₩400

4. * 1. ₩300−₩300×12%=₩264
   2. ₩1,500,000+₩1,500,000×20%=₩1,800,000

5. * 10,000개+10,000개×10%=11,000개

민감도분석기법을 사용하면 예제에서 보듯이 판매량이나 판매가격 및 원가가 변할 경우에 이익이 얼마나 변하는가를 알게 되므로 불확실성이 미치는 잠재적인 영향을 분석하는 데 도움을 준다. 그러나 민감도분석은 여러 가지 상황이 발생할 때 확률을 고려하지 않고 이루어지며, 독립변수들 간의 상호작용을 무시하는 단점을 가지고 있다.

2. 통계적 분석

불확실성을 갖는 하나의 독립변수(예 : 판매량)가 특정한 확률분포를 구성하며, 그 불확실성의 정도, 즉 해당 확률분포를 미리 파악할 수 있다면 통계적 분석방법을 이용하여 그러한 불확실성이 종속변수(예 : 이익)에 미치는 영향을 분석할 수 있을 것이다.

독립변수인 판매량과 종속변수인 영업이익 사이에는 다음의 관계가 성립한다.

영업이익=판매량×단위당 공헌이익−고정원가

따라서 판매량이 불확실한 경우, 즉 판매량이 확률분포를 이룰 경우에 기대판매량과 기대영업이익의 관계는 다음과 같다.

$$\underbrace{\text{기대영업이익}}_{E(y)} = \underbrace{\text{기대판매량}}_{E(x)} \times \text{단위당 공헌이익} - \text{고정원가}$$

위의 계산식은 판매량이 불확실한 경우 이익도 그에 상응한 불확실성을 내포하게 됨을 보여준다. 그런데 만일 판매량의 확률분포를 알고 있다면 이익 역시 확률에 근거한 기대값을 추정할 수 있게 되는 것이다. 확률분포로서 우리가 상정할 수 있는 경우는 이산분포와 정규분포 그리고 균등분포가 있다.[6] 각각의 경우에 있어서 독립변수의 불확실성이 종속변수에 미치는 영향을 분석해 보도록 하겠다.

(1) 이산분포

'이산분포'란 확률값을 갖는 독립변수가 연속성을 지니지 못하고 특정 값으로 존재하는 경우의 확률분포라고 간단히 정의할 수 있다. 특정 값의 독립변수들은 발생가능성에 대한 확률값을 각각 가지게 되며, 이 확률값을 이용하여 독립변수의 기대값을 추정하고 아울러 종속변수의 기대값을 추정할 수 있다.

6) 확률분포에 대한 보다 자세한 논의는 통계학의 영역으로 미루고, 여기에서는 주어진 확률분포 하에서의 기대이익을 산출하는데 중점을 두고자 한다.

예제 [11-8] 이산분포

(주)원가는 단위당 판매가격이 ₩120이고, 단위당 변동원가 ₩70인 제품 A를 생산·판매하고 있으며 연간 고정원가는 ₩45,000이다. 5차년도의 연간 판매량은 다음과 같은 확률 하에 발생할 것으로 추정된다.

판 매 량	확 률
800단위	0.1
950	0.2
1,000	0.3
1,100	0.2
1,150	0.2
	1.0

요구사항

1. 5차년도의 연간 기대판매량을 구하시오.
2. 5차년도의 연간 기대영업이익을 구하시오.
3. 5차년도에 영업이익이 발생할 확률은 얼마인가?

해답

1. 기대판매량

판매량을 x라고 하면,

기대판매량 $E(x)$=800단위×0.1+950단위×0.2+1,000단위×0.3+1,100단위×0.2
+1,150단위×0.2=1,020단위

2. 기대영업이익

단위당 공헌이익=₩120−₩70=₩50이므로 영업이익을 y라고 하면,

y=₩50x−₩45,000

기대영업이익 $E(y)$=₩50×$E(x)$−₩45,000, $E(x)$=1,020개이므로, $E(y)$=₩6,000

3. 영업이익이 발생할 확률

가능한 판매량 별로 기대이익을 구하면 다음과 같다.

판 매 량	기대이익	확 률
800단위	₩(5,000)	0.1
950	2,500	0.2
1,000	5,000	0.3
1,100	10,000	0.2
1,150	12,500	0.2
		1.0

따라서 영업이익이 발생할 확률은 0.9(=0.2+0.3+0.2+0.2)가 된다.

(2) 정규분포

'정규분포'는 이산분포와는 달리 연속적인 확률분포의 하나로서 완전대칭의 종형 모양을 갖는 확률분포이며, 그 모양은 변수의 기대값과 표준편차에 의해 결정된다. 정규분포 중에서도 기대값이 0이고, 표준편차가 1인 정규분포를 표준정규분포라고 하는데, 표준정규분포의 변수값(Z)에 대한 확률은 표준정규분포표를 이용하면 구할 수 있다. 따라서 정규분포를 따르는 확률변수 x를 다음과 같이 표준정규분포를 따르는 확률변수 Z값으로 변환하면 x에 대응하는 확률값을 쉽게 구할 수 있다.

$$Z = \frac{x - E(x)}{\sigma(x)}$$

참고로 표준정규분포표상의 값은 다음과 같이 0부터 z까지 표준정규분포의 면적이고, 이는 곧 확률변수 Z가 0과 z사이에 오게 될 확률을 의미한다.

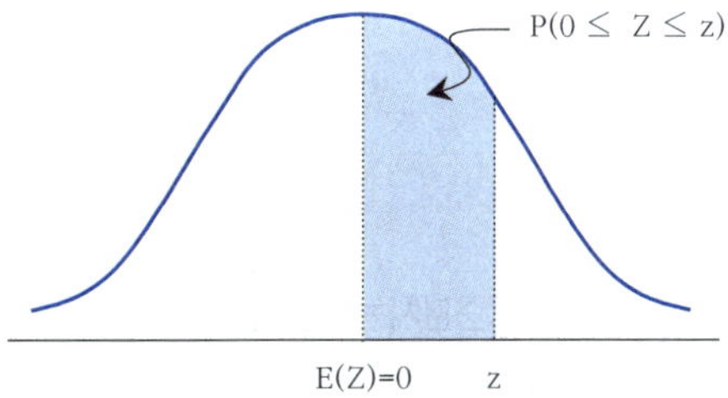

정규분포를 이용해서 CVP분석을 할 때는 판매량의 변화가 영업이익에 미치는 효과를 적절하게 파악할 수 있어야 하는데 이를 위해서는 판매량의 표준편차와 영업이익의 표준편차사이의 다음과 같은 관계를 이해하고 있어야 한다.

영업이익의 표준편차 = 판매량의 표준편차 × 단위당 공헌이익
$\sigma(y)$ $\sigma(x)$

예제 [11-9] 정규분포

(주)원가의 단위당 판매가격 및 원가자료는 다음과 같다.

단위당 판매가격	₩120
단위당 변동제조원가	50
단위당 변동판매관리비	20
총고정제조간접원가	₩30,000
총고정판매관리비	₩15,000

6차년도의 연간 판매량이 평균 1,000단위, 표준편차 100단위의 정규분포를 따른다고 가정할 때 다음의 표준정규분포표를 이용하여 요구사항에 답하시오.

z	P(0≤Z≤z)
0.5	0.1915
1.0	0.3413
1.5	0.4332
2.0	0.4772
2.5	0.4938

변수값이 평균에서 표준편차 1사이에서 발생할 확률이 0.3413이다.

요구사항

1. 연간 기대영업이익과 영업이익의 표준편차는 얼마인가?
2. 영업이익이 발생할 확률은 얼마인가?
3. 영업이익이 ₩10,000~₩15,000일 확률은 얼마인가?

해답

1. 연간 기대영업이익과 영업이익의 표준편차
   영업이익을 y, 판매량을 x라 하면 y=₩50x−₩45,000이므로
   기대영업이익 E(y)=₩50×E(x)−₩45,000이고,
   영업이익의 표준편차 $\sigma(y)$=₩50×$\sigma(x)$이다.
   문제의 조건에서 E(x)=1,000단위이고 $\sigma(x)$=100단위이므로
   E(y)=₩50×1,000단위−₩45,000=₩5,000
   $\sigma(y)$=₩50×100단위=₩5,000

2. 영업이익이 발생할 확률
   영업이익 y가 E(y)=₩5,000, $\sigma(y)$=₩5,000인 정규분포를 따르므로 y를 표준정규분포의 확률변수 Z로 변환하면,

$$Z=\frac{y-E(y)}{\sigma(y)}=\frac{y-₩5,000}{₩5,000}$$

$P(y \geq ₩0) = P(Z \geq -1) = 0.5 + P(0 \leq Z \leq 1) = 0.5 + 0.3413 = 0.8413$

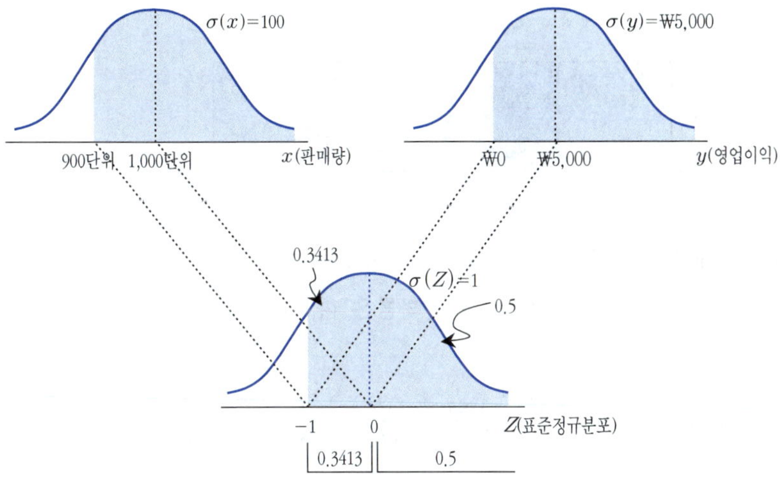

3. 영업이익이 ₩10,000~₩15,000일 확률

$P(₩10{,}000 \leq y \leq ₩15{,}000) = P(1 \leq Z \leq 2) = P(0 \leq Z \leq 2) - P(0 \leq Z \leq 1)$

$= 0.4772 - 0.3413 = 0.1359$

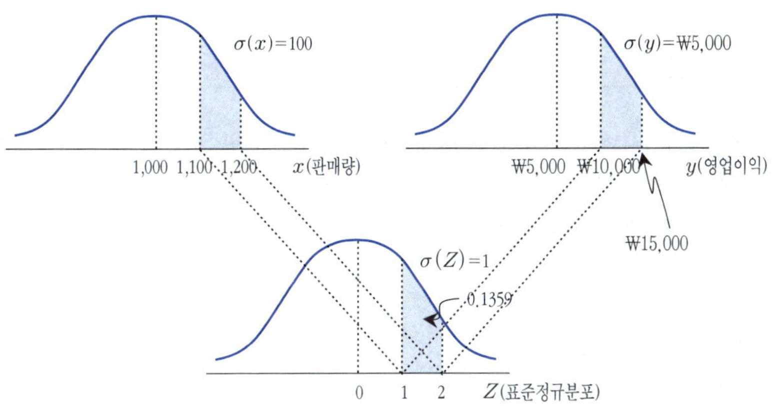

예제에서 판매량 x가 정규분포를 구성하므로 x의 선형함수인 영업이익 y도 정규분포를 구성하게 된다. 영업이익을 분석대상으로 하고 있으므로 x를 Z로 변환하는 것보다는 기대판매량 $E(x)$와 판매량의 표준편차 $\sigma(x)$를 이용하여 기대영업이익 $E(y)$와 영업이익의 표준편차 $\sigma(y)$를 구한 후에 y를 Z로 변환하는 것이 더 편리하다.

(3) 균등분포

'균등분포'는 정규분포와 같이 연속확률분포로서 확률변수가 특정 구간 내에서 정의되며 해당 구간 내에 존재하는 확률변수가 갖는 확률값은 모두 균등한 확률분포를 말한다. 예를 들어, A~

B구간에서 확률변수 x가 균등분포를 따르고 이때의 균등한 확률을 h라 하면 x의 확률분포는 다음과 같다.

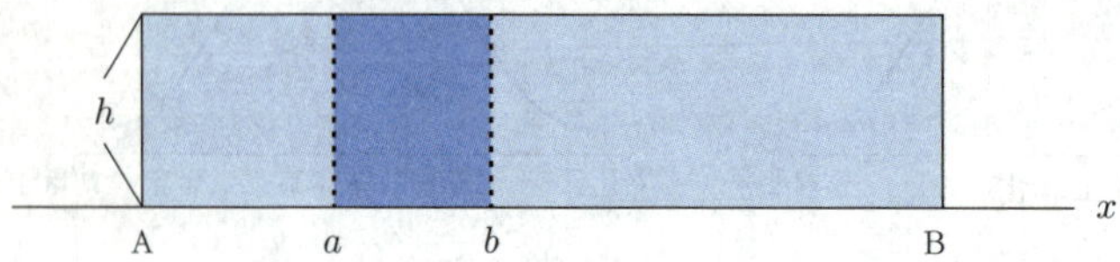

위의 확률분포도에서 직사각형의 넓이{(B−A)×h}, 즉 확률변수가 가지는 모든 확률값의 합은 1이 되며, x가 a보다 크고 b보다 작을 확률은 다음과 같이 계산된다.

$$P(a \le x \le b) = \frac{(b-a)\times h}{(B-A)\times h} = \frac{(b-a)}{(B-A)}$$

← 해당구간 길이
← 전체구간 길이

한편, 균등확률분포를 따르는 확률변수의 기대값은 균등확률분포의 특성상 확률변수가 존재하는 구간의 중간값이 된다.

예제 [11–10] 균등분포

장미회사는 단위당 판매가격이 ₩120이고, 단위당 변동원가가 ₩70인 제품 A를 생산·판매하고 있으며, 연간 고정원가는 ₩45,000이다. 5차년도의 연간 판매량이 800단위와 1,300단위의 구간에서 균등분포를 따른다고 가정할 때 다음의 요구사항에 답하시오.

요구사항

1. 영업이익이 발생할 확률은 얼마인가?
2. 연간 목표영업이익 ₩2,000 이상을 달성할 확률은 얼마인가?
3. 영업이익이 ₩3,000~₩5,000일 확률은 얼마인가?
4. 영업이익의 기대값은 얼마인가?

해답

1. 영업이익이 발생할 확률
   영업이익을 y, 판매량을 x라 하면 y=₩50x−₩45,000이므로 x가 800개~1,300개의 구간에서 균등분포를 따를 경우 y는 ₩(5,000)~₩20,000의 구간에서 균등분포를 따르게 된다. 이 때의 균등확률을 h라 하면,

$$P(y \ge ₩0) = \frac{(₩20,000-₩0)\times h}{(₩20,000+₩5,000)\times h} = 0.8$$

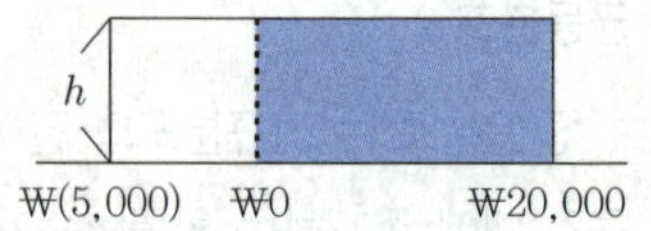

2. 연간 목표영업이익 ₩2,000 이상을 달성할 확률

$$P(y \geq ₩2{,}000)=\frac{(₩20{,}000-₩2{,}000)\times h}{(₩20{,}000+₩5{,}000)\times h}=0.72$$

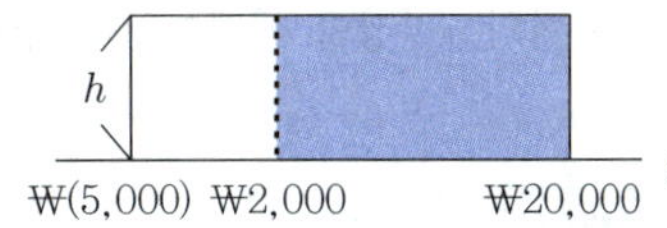

3. 영업이익이 ₩3,000~₩5,000일 확률

$$P(₩3{,}000 \leq y \leq ₩5{,}000)=\frac{(₩5{,}000-₩3{,}000)\times h}{(₩20{,}000+₩5{,}000)\times h}=0.08$$

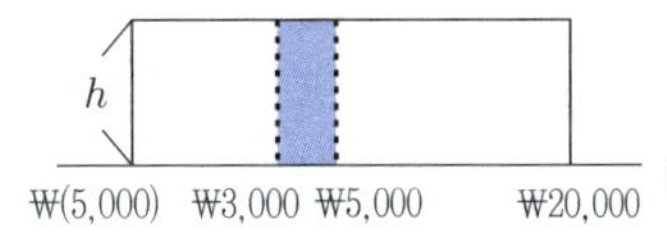

4. 영업이익의 기댓값

영업이익이 ₩(5,000)~₩20,000 구간에서 존재하므로

$$E(y)=\frac{₩20{,}000+(-₩5{,}000)}{2}=₩7{,}500$$

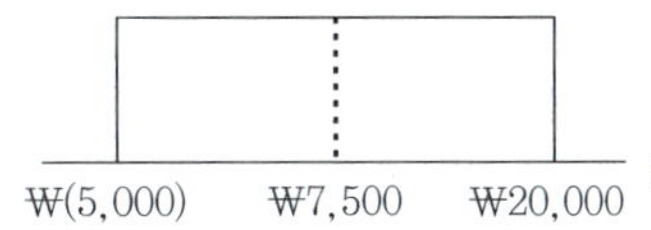

예제에서 살펴 본 바와 같이 균등분포에서는 불확실한 독립변수가 하나인 경우 특정구간 내에 존재할 확률은 특정구간의 길이를 발생가능한 전체 길이로 나누어 계산하면 된다.

3. 의사결정수를 이용한 분석

의사결정수(decision tree)는 의사결정의 대안별로 각 대안을 선택할 경우 발생할 수 있는 결과의 기대값과 확률을 추정해서 하나의 도표로 나타내고 이를 기초로 의사결정자가 가장 선호하는 대안을 선택하는 방법이다. 의사결정나무를 그릴 때는 다음의 부호를 사용한다.

□ 행동모드(action mode) : 의사결정자가 행동대안(a_1, a_2, a_3, …)을 선택하는 의사결정이 필요한 시점을 표시한다.

○ 확률모드(probability mode) : 각 대안을 선택한 결과로 나타나는 상황들이 확률별로 구분표시되는 시점이다. 확률모드 밑에는 각 상황별로 기댓값과 확률을 표시한다.

예제 [11-11] 의사결정수

나무산업은 내년도의 예상수요로 1,000개일 가능성이 40%이고, 2,000개일 가능성이 60%인 것으로 판단하고 있다. 제품의 판매가격은 ₩100이고 변동원가는 ₩50이며, 고정원가는 ₩40,000으로 예상하고 있다. 한편, 연구개발비를 추가로 ₩10,000 지출하면 변동원가를 절감할 수 있는 개발안이 제시되었다. 이 개발의

성공가능성은 70%이고, 실패가능성은 30%이다. 개발이 성공하는 경우에 단위당 변동원가는 ₩10씩 절감된다. 최적의사결정의 기대이익을 구하시오.

해답

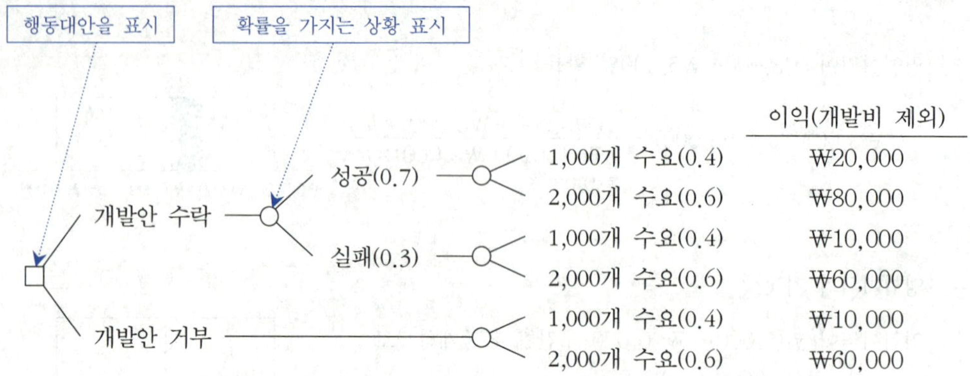

(1) 개발안 수락의 기대이익

① 개발성공시 기대이익 ₩20,000×0.4+₩80,000×0.6=₩56,000

② 개발실패시 기대이익 ₩10,000×0.4+₩60,000×0.6=₩40,000

③ 개발수락시 기대이익 ₩56,000×0.7+₩40,000×0.3−₩10,000=₩41,200

(2) 개발안 거부시 기대이익

₩10,000×0.4+₩60,000×0.6=₩40,000

따라서 개발안을 수락하는 경우에 기대이익이 극대화되며 최적의사결정의 기대이익은 ₩41,200이다.

보 론　확률수를 이용한 분석

불확실한 독립변수가 둘 이상이고 그 불확실한 변수가 가질 수 있는 경우의 수가 매우 제한적인 경우에는 확률수(確率樹, probability tree)를 이용하여 모든 가능한 결과와 각각의 확률을 계산하여 CVP분석을 할 수 있다. 여기서 확률수란 독립변수와 종속변수간의 가능한 모든 결과와 각 결과가 나타날 확률을 하나의 도표에 표시한 것이다.

보론예제 **확률수를 이용한 분석**

나무상사는 신제품을 개발하여 시장조사를 하고 원가자료를 검토한 결과 판매량과 단위당 공헌이익 및 연간 고정원가가 불확실하며 다음과 같은 확률분포를 이룰 것으로 예상하고 있다.

판 매 량	확 률	단위당 공헌이익	확 률	연간고정원가	확 률
2,100개	50%	₩50	30%	₩96,000	40%
2,400	50	40	70	85,000	60

요구사항

1. 확률수를 이용하여 기대영업이익을 계산하시오.
2. 이익이 발생할 확률을 계산하시오.
3. 손실이 발생할 확률을 계산하시오.

해답

1. 확률수를 이용한 기대영업이익

판매량	단위당 공헌이익	공헌이익	연간고정원가	영업이익	결합확률	기대영업이익
2,100개 (0.5)	₩50(0.3)	₩105,000	₩96,000(0.4)	₩9,000	(0.06)	₩540
			85,000(0.6)	20,000	(0.09)	1,800
	₩40(0.7)	₩84,000	96,000(0.4)	(12,000)	(0.14)	(1,680)
			85,000(0.6)	(1,000)	(0.21)	(210)
2,400개 (0.5)	₩50(0.3)	₩120,000	96,000(0.4)	24,000	(0.06)	1,440
			85,000(0.6)	35,000	(0.09)	3,150
	₩40(0.7)	₩96,000	96,000(0.4)	0	(0.14)	0
			85,000(0.6)	11,000	(0.21)	2,310
					(1.00)	₩7,350

2. 이익확률

이익이 발생할 확률은 기대영업이익이 0보다 큰 경우의 결합확률을 합하여 계산하며, 51%(=0.06+0.09+0.06+0.09+0.21)이다.

3. 손실확률

손실이 발생할 확률은 기대영업이익이 0보다 작은 경우의 결합확률을 합하여 계산하며, 35%(=0.14+0.21)이다.

확률수를 이용함에 있어서 독립변수가 증가하고, 각 변수가 가질 수 있는 경우의 수가 많아지게 되면 확률수가 매우 복잡해지거나 확률수를 작성하는 것 자체가 무의미해질 수 있다. 그러므로 확률수를 이용한 분석은 불확실성하에 있는 독립변수의 수가 적고 그 경우의 수가 많지 않은 경우에 적용하는 것이 유용하다.

CHAPTER 11 연습문제

객관식 문제

01 기대가치기준 의사결정 (2010. 세무사)

(주)목포는 갑회사로부터 유휴설비를 1년간 임대해 달라는 요청을 받았다. (주)목포는 설비 임대료와 관련하여 다음과 같이 두 가지 대안을 제시받았다.

- 대안 1 : 갑회사의 연간 제품판매량×₩40+ ₩50,000
- 대안 2 : 갑회사의 연간 제품판매량×₩70

갑회사의 1년간 판매량이 1,000단위일 확률은 35%이며, 2,000단위일 확률은 65%라고 한다. (주)목포의 입장에서 기대이익을 극대화하려면 어느 대안을 선택해야 하며, 그 기대임대료는 얼마인가?

① 대안 2, ₩115,500　② 대안 2, ₩116,000　③ 대안 2, ₩90,000
④ 대안 1, ₩116,000　⑤ 대안 1, ₩115,500

02 완전정보의 기대가치

A사는 낙후된 기계장치를 처분하고 첨단기계장치를 새로 구입하려고 한다. 이에 따른 예상수요가 연간 4,000단위가 될 확률은 40%이며, 연간 8,000단위가 될 확률은 60%이다. 각 상황에 따른 새로운 기계구입시의 기대수익은 다음과 같다.

수요가 4,000단위일 경우	갑기계 구입시	₩30,000
	을기계 구입시	₩20,000
수요가 8,000단위일 경우	갑기계 구입시	₩50,000
	을기계 구입시	₩80,000

위의 자료를 기초로 수요상황을 정확하게 알 수 있는 정보가 있다면 이 정보를 얻기 위하여 지출할 수 있는 최대금액은 얼마인가?

① ₩42,000　② ₩56,000　③ ₩65,000
④ ₩4,000　⑤ ₩3,000

03 불확실성하의 특수의사결정 (2001. 세무사)

딸기작물은 서리에 노출되면 그렇지 않은 경우보다 가격이 대폭 하락한다. 딸기작물을 재배하는 어떤 농부가 딸기를 서리로부터 전문적으로 보호해 주는 A회사에게 서리보호 용역을 맡기고자 한다. 서리(보호)의 유무에 따라 딸기재배로 인한 이익이 다음과 같이 예상되는 상황에서, A회사는 최소한 ₩1,250,000을 서리보호대가로서 수취하고자 한다. 농부는 서리가 내릴 확률이 최소한 몇 %이상일 때 A회사에게 용역을 맡길 가치가 있겠는가?

	딸기재배로 인한 이익의 예상액	
	서리가 있는 상황	서리가 없는 상황
서리보호가 있는 경우	₩9,000,000	₩6,000,000
서리보호가 없는 경우	4,000,000	6,000,000

① 16.7%　② 20.0%　③ 25%
④ 44.5%　⑤ 50.0%

04 EVPI

나무회사는 자사가 생산하는 제품의 정확한 원가를 모른다. 회계부서에 의하면 고정원가는 ₩100,000으로 확정지을 수 있으나, 단위당 변동제조원가는 불확실하며, 단위당 변동제조원가의 분포 및 확률은 다음과 같다.

단위당 변동제조원가	₩6	₩9	₩12	₩15
확　률	$\frac{1}{6}$	$\frac{1}{3}$	$\frac{1}{6}$	$\frac{1}{3}$

나무회사의 판매부서는 고객으로부터 단위당 ₩10에 100개의 제품을 구매하겠다는 특별주문을 받았다. 이 회사가 특별주문을 처리할 충분한 유휴 생산설비를 가지고 있으며, 위험중립형이라고 가정할 때 특별주문과 관련하여 단위당 변동제조원가에 대한 완전정보의 기대가치를 계산하면?

① ₩0　② ₩100　③ ₩200
④ ₩300　⑤ ₩150

05 완전정보의 기대가치(예측오차의 원가개념 적용) (2005. KICPA)

(주)전략은 새로운 생산설비를 도입하면서 자본집약적인 경우와 노동집약적인 경우의 두 가지 대안을 생각하고 있다. 각 대안의 원가구조는 다음과 같다.

원　가	자본집약적 설비	노동집약적 설비
고정원가	₩1,000,000	₩200,000
단위당 변동원가	3,000	6,000

설비를 도입한 후 월 예상생산량과 그 확률이 다음과 같다고 할 때 원가최소화를 목표로 하는 (주)전략이 월 예상판매량에 관한 불확실한 정보 때문에 입게 될 경제적 손실은 얼마인가?

생 산 량	확 률
100단위	40%
200	30
300	20
400	10

① ₩60,000 ② ₩260,000 ③ ₩1,540,000
④ ₩1,600,000 ⑤ ₩1,800,000

06 완전정보의 기대가치 (2002, KICPA)

김밥을 말아서 판매하는 경숙이는 한국시리즈가 진행되는 야구장에서 김밥을 판매하려고 한다. 김밥의 단위당 제조원가는 ₩400이며, 판매가격은 ₩1,000이다. 야구는 야간경기이기 때문에 야구장에서 팔고 남은 김밥은 쉬게 되어 폐기처분해야 하며, 미리 만들어 간 김밥이 다 팔린 후에는 추가로 김밥을 만들어 팔 수 없다. 김밥 아가씨 경숙이가 예상한 김밥의 판매량은 다음과 같다.

판 매 량	2,500개	3,000개	3,500개
확 률	0.5	0.3	0.2

김밥의 판매량에 관하여 완전한 예측을 해주는 완전정보시스템이 있다면 그러한 완전정보의 기대가치는 얼마인가?

① ₩0 ② ₩90,000 ③ ₩160,000
④ ₩170,000 ⑤ ₩270,000

07 예측오차의 원가

(주)무지개는 비닐우산을 판매할 계획이다. (주)무지개는 비닐우산을 개당 ₩500에 구입하여 ₩800에 판매하며, 판매하지 못한 우산은 헐값으로 ₩100에 처분하여야 한다. (주)무지개는 비닐우산의 수요량을 5,000개로 예측하고 이를 구입하였는데 실제판매량은 4,000개에 그쳤다. 예측오차의 원가는 얼마인가?

① ₩200,000 ② ₩300,000 ③ ₩400,000
④ ₩500,000 ⑤ ₩600,000

08 원가차이조사 의사결정

(주)태영은 원가차이 ₩400,000의 발생원인에 대한 조사 여부를 결정하고자 한다. 생산공정에 이상이 있을 때 이를 수정하는 비용은 ₩1,500,000이고, 생산공정에 이상이 있음에도 불구하고 이를 수정하지 않음으로써 미래에 발생할 기회원가의 현재가치는 ₩6,000,000이다. 만일 생산공정이 정상상태에 있을 확률이 70%라면 원가차이의 발생원인을 조사하기 위하여 검사비용으로 지출할 수 있는 최대금액은 얼마인가?

① ₩1,350,000　② ₩1,800,000　③ ₩1,500,000
④ ₩450,000　⑤ ₩1,450,000

09 원가차이조사 의사결정

(주)목성의 전자동 생산공정은 가끔 제품의 불량률이 높은 비정상상태를 일으키고 있다. 제품의 불량으로 인한 손실은 ₩1,000,000이며, 조사비용은 ₩300,000이 소요된다. 조사 후 비정상적인 상태를 교정하는 비용은 ₩400,000이다. 그렇다면 공정의 조사 여부에 관계없이 무차별한 결과를 가져오는 공정이 정상상태에 있을 확률은 얼마인가?

① 0.4　② 0.6　③ 0.5
④ 0.55　⑤ 0.65

11

10 불확실성하의 CVP분석 : 이산분포

나래회사가 개발하고 있는 신제품의 판매가격은 단위당 ₩800이고, 변동제조원가는 단위당 ₩600이며, 신제품관련 7차년도 고정총제조간접원가는 ₩5,000,000으로 예상된다. 7차년도 중 신제품의 예상판매량은 다음과 같은 확률분포를 이룰 것으로 기대하고 있다.

판 매 량	확 률
10,000 이상 ~ 15,000 미만	0.10
15,000 이상 ~ 20,000 미만	0.25
20,000 이상 ~ 30,000 미만	0.35
30,000 이상 ~ 40,000 미만	0.20
40,000 이상	0.10

신제품의 생산 및 판매와 관련하여 나래회사가 7차년도 중 이익을 ₩1,000,000 이상 보고할 확률은?

① 10%　② 30%　③ 65%
④ 90%　⑤ 100%

11 불확실성하의 CVP분석 : 정규분포

(주)청송은 단위당 변동원가가 ₩100인 제품 A를 생산·판매하고 있으며, 연간 고정원가는 ₩90,000이다. 7차년도의 연간 판매량이 평균 850단위, 표준편차 100단위의 정규분포를 따른다고 가정할 때 7차년도에 손익분기점을 넘어설 확률이 0.8413으로 계산되었다면 제품의 단위당 판매가격은 얼마이겠는가? 다음의 표준정규분포표를 이용하여 계산하시오.

z	P(0≤Z≤z)
1	0.3413
2	0.4772

① ₩180　② ₩200　③ ₩220
④ ₩240　⑤ ₩260

12 정규분포를 이용한 확률추정 (2006. 세무사)

설악물산은 김밥 도시락을 단위당 판매가격 ₩1,000에 판매하려 한다. 단위당 변동원가는 ₩500이며, 월간 고정원가는 ₩650,000이다. 도시락의 수요량은 불확실하지만 정규분포를 이룰 것으로 보이며 월간 기대판매량은 2,100개, 표준편차는 400개로 예상한다. 도시락 판매로 인해 이익이 발생할 확률은? (단, 아래의 표준정규분포표를 이용하여 계산하시오.)

z	P(Z<z)	z	P(Z<z)	z	P(Z<z)
0.5	0.69	1.0	0.84	1.5	0.93
2.0	0.98	2.5	0.994	3.0	0.999

① 7%　② 69%　③ 84%
④ 93%　⑤ 98%

13 불확실성하의 CVP분석 : 균등분포

우진산업은 갑과 을, 두 제품 중 하나를 생산하려 한다. 각 제품의 관련 자료는 다음과 같다.

	갑	을
단위당 예상 판매가격 범위	₩50~₩150	₩50~₩100
단위당 변동원가	₩15	₩30
총고정원가	16,000	24,000
예상 판매량(=생산량)	200개	400개

판매가격이 예상범위 내에서 균일분포(uniform distribution)로 발생한다면 어느 제품이 이익을 발생시킬 확률이 얼마나 더 큰가?

① 갑이 35% 더 크다.
② 갑이 20% 더 크다.
③ 갑이 10% 더 크다.
④ 을이 10% 더 크다.
⑤ 을이 35% 더 크다.

14 의사결정수

나무산업은 ₩200의 가격으로 연간 5,000개의 제품을 판매하고 있다. 단위당 변동원가는 ₩100이며 고정원가는 ₩400,000이다. 나무산업은 품질수준을 높일 수 있는 개발방안을 고려하고 있다. 이 개발안의 성공가능성은 60%이다. 개발이 성공하는 경우 품질수준이 높아져서 가격을 인상할 수 있는데 가격이 ₩20이 인상될 가능성이 70%이고, ₩40이 인상될 가능성이 30%이다. 나무산업이 개발비로 지급할 수 있는 최대금액은 얼마인가?

① ₩72,000
② ₩78,000
③ ₩120,000
④ ₩180,000
⑤ ₩200,000

11

해 답 *Answer*

01 ④

	상황		
	1,000개(0.35)	2,000개(0.65)	기대임대료
대안 1	₩90,000	₩130,000	₩116,000*1
대안 2	70,000	140,000	115,500*2

* 1. ₩90,000×0.35+₩130,000×0.65=₩116,000
  2. ₩70,000×0.35+₩140,000×0.65=₩115,500

02 ④

(1) 성과표

대 안	상황	
	4,000개(0.4)	8,000개(0.6)
갑 기계구입	₩30,000	₩50,000
을 기계구입	20,000	80,000

(2) 기존정보하의 기대가치 : ₩56,000

E(갑기계)=₩30,000×0.4+₩50,000×0.6=₩42,000

E(을기계)=₩20,000×0.4+₩80,000×0.6=₩56,000

(3) 완전정보하의 기대가치(EVPI)

완전정보하의 기대가치 :	₩30,000×0.4+₩80,000×0.6=	₩60,000
기존정보하의 기대가치		56,000*
완전정보의 기대가치(EVPI)		4,000

* E(을기계)의 기대가치

별해

$\underbrace{(₩30,000-₩20,000)}_{\text{예측오차의 원가}}\times 0.4=₩4,000$

03 ③

(1) 서리가 내릴 확률은 x라고 하면 서리보호가 있는 경우의 기대가치 증가액은 다음과 같다.

$\underbrace{\{₩9,000,000\times x+₩6,000,000\times(1-x)\}}_{\text{서리보호가 있는 경우의 기대가치}}-\underbrace{\{₩4,000,000\times x+₩6,000,000\times(1-x)\}}_{\text{서리보호가 없는 경우의 기대가치}}$

$=₩5,000,000x$

(2) 서리보호를 하려면 서리보호를 하는 경우에 기대가치 증가액이 추가적으로 소요되는 비용보다 커야 하므로 다음식이 성립한다.

$₩5,000,000x>₩1,250,000$ $\quad\therefore\ x>0.25$

04 ②

(1) 성과표(대안별 증분이익)

대 안	상 황			
	₩6(1/6)	₩9(1/3)	₩12(1/6)	₩15(1/3)
특별주문수락(A)	100개× (₩10−₩6) =₩400	100개× (₩10−₩9) =₩100	100개× (₩10−₩12) =−₩200	100개× (₩10−₩15) =−₩500
특별주문기각(B)	0	0	0	0

(2) 기존정보하의 기대가치

E(A)=₩400×1/6+₩100×1/3+(−₩200)×1/6+(−₩500)×1/3=−₩100

E(B)=₩0

따라서 기존정보하의 기대가치는 ₩0이다.

(3) 완전정보하의 기대가치

₩400×1/6+₩100×1/3+₩0×1/6+₩0×1/3=₩100

(4) 완전정보의 기대가치

₩100−₩0=₩100

05 ①

(1) 대안별 원가구조

생산량을 x라고 하면 대안별 원가구조는 다음과 같다.

자본집약적 설비(A) : ₩3,000 × x + ₩1,000,000

노동집약적 설비(B) : ₩6,000 × x + ₩200,000

(2) 성과표(대안별 원가)

대 안	상 황			
	100단위(0.4)	200단위(0.3)	300단위(0.2)	400단위(0.1)
자본집약적 설비(A)	₩1,300,000	₩1,600,000	₩1,900,000	₩2,200,000
노동집약적 설비(B)	800,000	1,400,000	2,000,000	2,600,000

(3) 기존정보하의 기대비용

E(A) : ₩1,300,000 × 0.4 + ₩1,600,000 × 0.3 + ₩1,900,000 × 0.2 + ₩2,200,000 × 0.1
= ₩1,600,000

E(B) : ₩800,000 × 0.4 + ₩1,400,000 × 0.3 + ₩2,000,000 × 0.2 + ₩2,600,000 × 0.1
= ₩1,400,000

따라서 기존정보하의 기대비용은 ₩1,400,000이다.

(4) 완전정보하의 기대비용

₩800,000 × 0.4 + ₩1,400,000 × 0.3 + ₩1,900,000 × 0.2 + ₩2,200,000 × 0.1 = ₩1,340,000

(5) 완전정보의 기대가치

₩1,400,000 − ₩1,340,000 = ₩60,000

06 ③

(1) 성과표

대 안	상 황		
	2,500개(0.5)	3,000개(0.3)	3,500개(0.2)
a_1 : 2,500개 판매	₩1,500,000*1	₩1,500,000	₩1,500,000
a_2 : 3,000개 판매	1,300,000*2	1,800,000*3	1,800,000
a_3 : 3,500개 판매	1,100,000*4	1,600,000*5	2,100,000*6

*1. (₩1,000 − ₩400) × 2,500개
(단위당 공헌이익: ₩1,000 − ₩400)

2. (₩1,000 − ₩400) × 2,500개 − ₩400 × 500개
(단위당 손실: ₩400)

3. (₩1,000 − ₩400) × 3,000개

4. (₩1,000 − ₩400) × 2,500개 − ₩400 × 1,000개

5. (₩1,000 − ₩400) × 3,000개 − ₩400 × 500개

6. (₩1,000 − ₩400) × 3,500개

(2) 기존정보하에서의 기대가치

$E(a_1)$=₩1,500,000

$E(a_2)$=₩1,300,000×0.5+₩1,800,000×0.5=₩1,550,000

$E(a_3)$=₩1,100,000×0.5+₩1,600,000×0.3+₩2,100,000×0.2=₩1,450,000

(3) 완전정보의 기대가치(EVPI)

완전정보하에서의 기대가치 :	
₩1,500,000×0.5+₩1,800,000×0.3+₩2,100,000×0.2=	₩1,710,000
기존정보하에서의 기대가치	1,550,000*
완전정보의 기대가치(EVPI)	₩160,000

* $E(a_2)$의 기대가치

07 ③

(1) 이상적 의사결정하의 이익 : 4,000개×(@800－@500)=₩1,200,000

(2) 실제 의사결정하의 이익 : 4,000개×@800+1,000×@100 (매출액) － 5,000×@500 (구입원가) =₩800,000

(3) 예측오차의 원가 : ₩1,200,000－₩800,000=₩400,000

별해

정확한 판매량 이외에 추가구입량 1,000개에 대한 증분이익

Ⅰ. 증분수익 :	1,000개×₩100=	₩100,000
Ⅱ. 증분비용 :	1,000개×₩500=	500,000
Ⅲ. 증분이익		₩(400,000)

08 ①

(1) 성과표

검사비용으로 지급할 수 있는 최대금액을 x라고 하면 성과표는 다음과 같다.

대 안	상 황	
	정상상태(0.7)	비정상상태(0.3)
조 사	x	x+₩1,500,000
미조사	0	₩6,000,000

(2) 최대검사비용의 계산

$0.7\times x+0.3\times(x+₩1,500,000)$ (조사시 기대비용) ≤ $0.7\times ₩0+0.3\times ₩6,000,000$ (미조사시 기대비용)

$0.7x+0.3x+₩450,000\leq ₩1,800,000$　　∴ $x\leq ₩1,350,000$

09 ③

성과표

공정이 정상상태에 있을 확률을 P라고 하면 성과표는 다음과 같다.

대 안	상 황	
	정상상태(P)	비정상상태(1−P)
조 사	₩300,000	₩300,000+₩400,000
미소사	0	₩1,000,000

$\underbrace{₩300,000 \times P + ₩700,000 \times (1-P)}_{\text{조사시 기대비용}} \leq \underbrace{₩1,000,000 \times (1-P)}_{\text{미조사시 기대비용}}$

300,000P=300,000(1−P)　　∴ P=0.5

10 ②

(₩800−₩600)×Q−₩5,000,000≥₩1,000,000

Q≥30,000

∴ 30,000단위 이상 판매확률은 0.2+0.1=0.3

11 ③

영업이익을 y, 판매량을 x라 하면

$y = x \times$(판매가격−₩100)−₩90,000

0.8413=0.5+0.3413이므로 P(y>0)=P(Z≥0)+P(0≤Z≤1)=P(Z≥−1)이 된다.

즉, Z가 −1값을 가질 때 영업이익 y는 0이 되어 손익분기점에 도달한다.

$Z = \frac{x - E(x)}{\sigma(x)} = \frac{x - 850}{100}$ 이므로

Z가 −1이 되려면 x=750단위가 되어야 하고 이때 영업이익은 0이 된다.

따라서 y=750단위×(판매가격−₩100)−₩90,000=0이므로 판매가격은 ₩220이다.

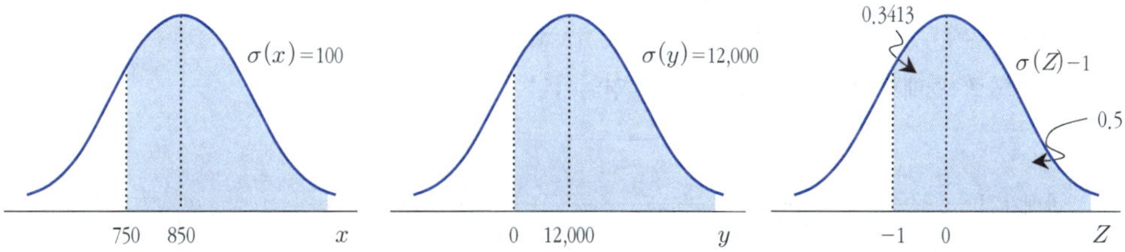

12 ⑤

이익이 발생하기 위해서는 판매량이 손익분기점판매량보다 커야 하므로 이익이 발생할 확률은 판매량이 BEP보다 클 확률과 같다.

(1) 손익분기점

(₩1,000−₩500)×x=₩650,000　　∴ x=1,300개

(2) 이익이 발생할 확률

정규분포에서

P(BEP < Z) = P{(1,300개 − 2,100개)/400개 < Z} = P(−2 < Z) = P(Z < 2) = 0.98

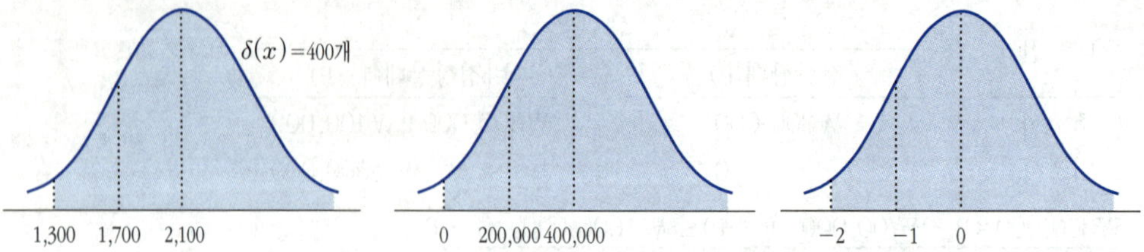

13 ①

(1) 갑제품의 손익분기점 판매가격을 P라 하면 다음 식이 성립한다.

₩(P − ₩15) × 200개 = ₩16,000　　　　　따라서 P = ₩95이다.

그러므로 판매가격이 ₩95보다 크면 영업이익이 발생한다.

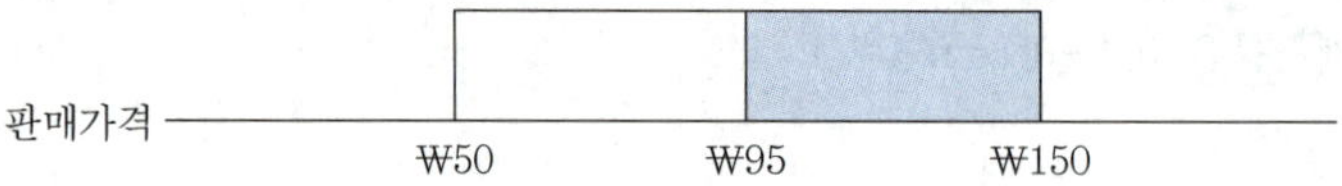

영업이익이 0을 초과할 확률 : $P(\pi \geq 0) = \dfrac{₩150 - ₩95}{₩150 - ₩50} = 55\%$

참고로 영업이익의 확률분포를 살펴보면 다음과 같다.

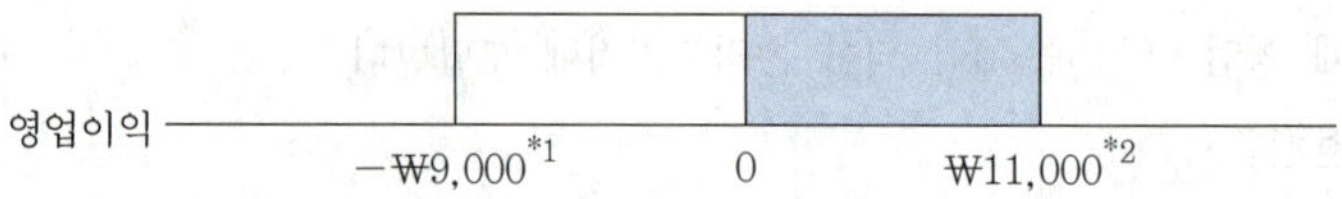

* 1. (₩50 − ₩15) × 200개 − ₩16,000 = −₩9,000
  2. (₩150 − ₩15) × 200개 − ₩16,000 = ₩11,000

(2) 을제품의 손익분기점 판매가격을 P라 하면 다음 식이 성립한다.

₩(P − ₩30) × 400개 = ₩24,000　　　　　따라서 P = ₩90이다.

그러므로 판매가격이 ₩90보다 크면 영업이익이 발생한다.

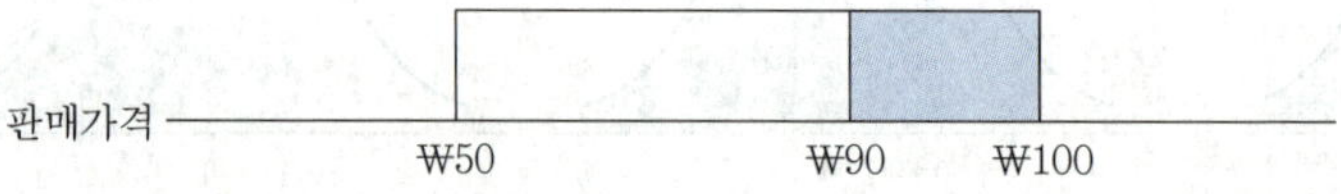

영업이익이 0을 초과할 확률 : $P(\pi \geq 0) = \dfrac{₩100 - ₩90}{₩100 - ₩50} = 20\%$

참고로 영업이익의 확률분포를 살펴보면 다음과 같다.

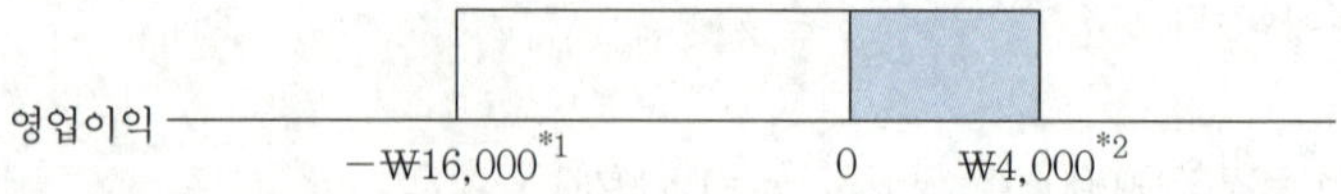

* 1. (₩50 − ₩30) × 400개 − ₩24,000 = −₩16,000
  2. (₩100 − ₩30) × 400개 − ₩24,000 = ₩4,000

55%(갑의 확률) − 20%(을의 확률) = 35%

14 ②

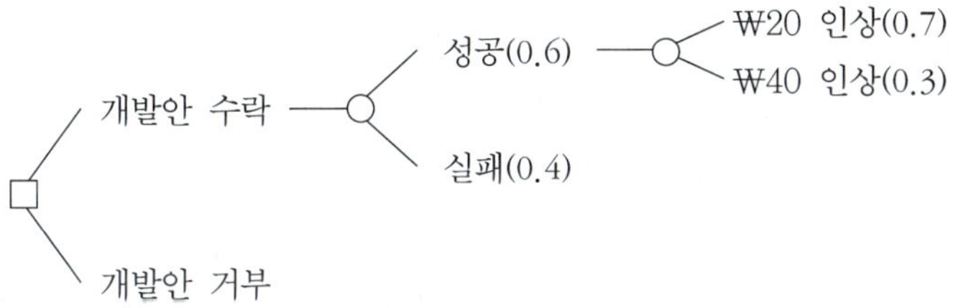

(1) 개발안 성공시 기대이익 증가분

5,000개×₩20×0.7+5,000개×₩40×0.3=₩130,000

(2) 개발안 수락시 증분이익

개발비를 x라고 하면 다음이 성립해야 개발안을 수락한다.

₩130,000×0.6+₩0×0.4$-x\geqq 0$ ∴ $x\leqq$₩78,000

주관식 문제

01 불확실성하의 특별주문의사결정과 완전정보의 기대가치 (1991. 세무사 수정)

(주)원가의 7월의 추정손익계산서는 다음과 같다.

추정손익계산서

Ⅰ. 매출액 :	10,000단위×₩2,500=		₩25,000,000
Ⅱ. 변동원가			
1. 제조원가 :	10,000단위×₩1,000=	₩10,000,000	
2. 판매관리비 :	10,000단위×₩100=	1,000,000	11,000,000
Ⅲ. 공헌이익			₩14,000,000
Ⅳ. 고정원가			10,000,000
Ⅴ. 영업이익			₩4,000,000

(주)원가의 기존설비의 생산능력은 월간 12,000단위이며, 7월에 생산할 제품과 거의 같은 제품 1,600단위를 단위당 ₩1,500에 공급해 달라는 특별주문을 받았다. 기존설비를 이용하여 현재의 변동제조원가로 생산할 수 있을 것으로 판단되나 제품의 차이로 인해 기존설비를 활용하지 못할 가능성도 있다. 이 경우 단위당 변동제조원가는 변하지 않을 것이나 새로운 설비의 임차로 ₩1,325,000이 추가적으로 소요될 것으로 예상된다. 단, 특별주문에 대해서는 판매비가 발생하지 않는다. 기존설비를 활용할 수 있을 확률은 60%, 활용하지 못할 확률은 40%이다. 또한 경영자는 특별주문의 수락여부를 결정함에 있어 기존설비의 이용가능성 여부를 완전하게 판별해 줄 것을 연구소에 의뢰할 것인지도 검토하고 있다.

【물음 1】 기존설비를 이용하여 특별주문을 수락할 수 있는 경우의 증분이익을 구하시오.

【물음 2】 새로운 설비를 이용하여 특별주문을 수락할 수 있는 경우의 증분이익을 구하시오.

【물음 3】 두 상황에 대해 (주)원가가 특별주문을 수락하여야 하는지를 기대가치를 기준으로 결정하시오.

【물음 4】 경영자가 연구소에 지출할 수 있는 최대비용을 구하시오.

【물음 5】 만일 특별주문량이 4,000단위라면 [물음 3]의 결과는 어떻게 달라지는가? 또한 연구소에서 요구하는 대가가 ₩250,000이라면 경영자는 연구소에 판별을 의뢰하는 것이 유리한지 밝히시오. 단, 임차할 수 있는 새로운 설비의 생산능력은 월간 5,000단위이며 기존설비가 이용가능하면 먼저 사용해야 한다.

해답

[물음 1] 기존설비 이용한 특별주문 수락시 증분이익

Ⅰ. 증분수익 :	1,600개×₩1,500=	₩2,400,000
Ⅱ. 증분비용		
변동원가 :	1,600개×₩1,000=	1,600,000
Ⅲ. 증분이익		₩800,000

[물음 2] 새로운 설비 이용한 특별주문 수락시 증분이익

Ⅰ. 증분수익 :	1,600개×₩1,500=	₩2,400,000
Ⅱ. 증분비용		
변동원가 :	1,600개×₩1,000=	1,600,000
임차료		1,325,000
Ⅲ. 증분이익		₩(525,000)

[물음 3] 특별주문 수락여부 의사결정

특별주문을 수락하는 경우의 증분이익의 기대가치를 구하면 다음과 같다.

₩800,000×60%+₩(525,000)×40%=₩270,000

따라서 증분이익의 기대가치가 ₩0보다 크므로 특별주문을 수락한다.

[물음 4] 완전정보의 기대가치

(1) 증분이익의 성과표

대안 \ 상황	기존설비이용(60%)	신규설비임차(40%)
특별주문 수락	₩800,000	₩(525,000)
특별주문 거절	₩0	₩0

(2) 완전정보의 기대가치

완전정보하에서의 기대가치 :	₩800,000×0.6+₩0×0.4=	₩480,000
기존정보하에서의 기대가치		270,000
완전정보의 기대가치(EVPI)		₩210,000

따라서 경영자가 연구소에 지출할 수 있는 최대비용은 ₩210,000이다.

별해 [₩0−₩(525,000)]×0.4=₩210,000

[물음 5] 특별주문량이 4,000단위인 경우 특별주문 의사결정과 EVPI

(1) 증분이익의 계산

기존설비를 이용하는 경우

Ⅰ. 증분수익 증 가 :	4,000단위×₩1,500=	₩6,000,000
	2,000단위*1×₩2,500=	(5,000,000)
Ⅱ. 증분비용 증 가 :	4,000단위×₩1,000=	4,000,000
	2,000단위×₩1,100*2=	(2,200,000)
Ⅲ. 증분이익		₩(800,000)

* 1. 특별주문 수락에 따른 정규시장 판매 감소분
4,000단위−(12,000단위−10,000단위)=2,000단위
(12,000단위−10,000단위): 유휴설비
2. 정규시장 판매분 변동원가 : ₩1,000+₩100=₩1,100

새로운 설비를 이용하는 경우

Ⅰ. 증분수익 증 가 :	4,000단위×₩1,500=	₩6,000,000
Ⅱ. 증분비용 증 가 :	4,000단위×₩1,000=	4,000,000
임차료		1,325,000
Ⅲ. 증분이익		₩675,000

* 새로운 설비를 이용하는 경우에는 정규시장 판매 감소분이 없다.

(2) 특별주문의 증분이익의 기대가치 : ₩(800,000)×60%+₩675,000×40%=₩(210,000)
따라서 증분이익의 기대가치가 ₩0보다 작으므로 특별주문을 거절한다.

(3) 완전정보의 기대가치

① 성과표

대안 \ 상황	기존설비이용(60%)	신규설비임차(40%)
특별주문 수락	₩(800,000)	₩675,000
특별주문 거절	₩0	₩0

② 완전정보의 기대가치

완전정보하에서의 기대가치 : ₩0×60%+₩675,000×40%=	₩270,000
기존정보하에서의 기대가치(특별주문 거절)	0
완전정보의 기대가치(EVPI)	₩270,000

③ 연구소 의뢰 의사결정

EVPI가 ₩270,000이고 연구소가 요구하는 대가가 ₩250,000이므로 경영자는 연구소에 판별을 의뢰하는 것이 유리하다.

02 불확실성－최적의사결정, EVPI

(주)원가는 트랜지스터를 이용하여 TV용 부품 및 VTR용 부품을 생산하는 대기업이다. 트랜지스터의 외부구입가격은 단위당 ₩5,000이고, 각 제품에 한 단위씩 소요된다. 연간 생산판매에 관한 자료는 다음과 같다.

	TV용 부품	VTR용 부품
최대생산능력	200,000개	1,000,000개
연간생산판매	180,000	800,000
제품단위당 제조원가		
직접재료원가	₩9,000	₩12,000
직접노무원가	4,000	9,000
변동제조간접원가	2,000	7,200
고정제조간접원가*	1,000	2,000
합계	₩16,000	₩30,200
제품단위당 판매가격	₩45,000	₩92,000
단위당 변동판관비	5,000	17,000

* 전액공통비 배부액

두 가지 제품 모두 영업이익에 상당히 기여하고 있다. 그런데 VTR용 부품의 제조공정은 정교한 작업이 필요한 공정으로, 최근 이 공정의 수선유지를 담당하고 있는 (주)정밀이 다음과 같은 제안을 해왔다.

(1) (주)정밀의 통계에 의하면, VTR 제조공정이 연간 1회 고장이 날 확률은 0.15이다.
(2) 연간계약으로 수시로 고장 여부를 검사하는 검사비는 ₩20,000,000이다.
(3) 검사결과 고장이 난 경우 수선비로 지출되는 원가는 (주)원가 규모의 조업라인에서는 ₩160,000,000이다.

이와 같은 자료를 제시받은 (주)원가의 경영진은 전략본부로부터 "연간 1회 고장이 나서 VTR용 부품생산에 지장을 주게 되면, VTR용 부품의 예산 생산판매량이 평균 1% 감소될 것" 이라는 보고를 받았다.

【물음 1】 (주)원가의 VTR 라인이 동종업계의 제조라인과 고장날 확률이 동일하다면, (주)원가는 (주)정밀의 제안을 수락해야 하는지 의사결정하라.

【물음 2】 (주)원가는 연초에 VTR 라인을 점검하면 1년 이내 고장이 날 것인지 또는 나지 않을 것인지를 정확히 예측할 수 있는 최첨단 장치를 보유한 시스코사가 있다는 사실을 알았다. (주)원가가 시스코사에 지불할 수 있는 최대가격은 얼마인가?

【물음 3】 (주)원가의 경영자는 자신의 회사는 숙련공들에 의하여 제품라인이 가동되기 때문에 (주)정밀이 주장하는 산업평균고장률보다는 고장날 확률이 낮다고 확신하고 있다. (주)원가가 (수)정밀의 검사를 받지 않는 것이 유리하기 위해서는 최소한 고장날 확률이 얼마 이하여야 하는가? (소수점 셋째 자리까지 표시)

【물음 4】 (1) 위의 해답과 관계없이 (주)원가의 경영자는 자사 라인의 고장률은 평균 5% 미만이며, 작년에 대대적인 수선을 하였기 때문에 금년에는 전혀 고장나지 않는다고 확신을 하여 (주)정밀과 검사계약을 체결하지 않았다. 그러나 실제로 고장이 발생하였다면 (주)원가의 예측오차의 원가는 얼마인가?

(2) (1)의 경우 이외에 예측오차의 원가가 발생되는 경우가 있다면 이 경우를 설명하고, 예측오차의 원가를 계산하라.

해답

[물음 1] 조사수락의사결정

(1) 고장시 이익감소액

판매가격	₩92,000
변동제조원가	28,200
변동판매비	17,000
단위당 공헌이익	₩46,800

공헌이익의 감소액 : ₩46,800×8,000개=₩374,400,000

(2) 성과표

대 안	상 황	
	성 공(0.85)	실 패(0.15)
a_1 : (주)정밀의 검사	₩20,000,000	₩20,000,000+₩160,000,000=₩180,000,000
a_2 . 김사받지 않음	–	₩374,400,000

(3) 대안별 기대비용의 계산

E(a_1 : (주)정밀의 검사) : ₩20,000,000×0.85+₩180,000,000×0.15= ₩44,000,000

E(a_2 : 검사받지 않음) : ₩0×0.85+₩374,400,000×0.15= ₩56,160,000

따라서 검사를 받는 경우의 기대비용이 ₩12,160,000만큼 적으므로 검사받는 것이 최적의사결정이다.

[물음 2] 완전정보의 기대가치(EVPI) 계산

완전정보하의 기대비용 :	₩0×0.85+₩180,000,000×0.15=	₩27,000,000
기존정보하의 기대비용 :	₩20,000,000×0.85+₩180,000,000×0.15=	44,000,000
완전정보의 기대가치		₩17,000,000

[물음 3] 두 가지 대안의 기대값이 같아지는 확률을 구하면 된다.

(주)원가의 VTR 라인의 고장날 확률을 P라고 하면, 두 대안의 기대가치는 다음과 같다.

$$\underbrace{₩20,000,000\times(1-P)+₩180,000,000\times P}_{\text{검사를 하는 경우의 기대비용}}=\underbrace{₩0\times(1-P)+₩374,400,000\times P}_{\text{검사를 하지 않는 경우의 기대비용}}$$

∴ P=0.093

따라서 고장날 확률이 0.093 이하이면 검사를 받지 않는 것이 유리하다.

[물음 4] 예측오차의 원가

(1) 고장이 나지 않을 것으로 예측할 경우

고장나지 않는다고 예측하여 검사받지 않는 대안을 선택한 상태에서 실제로는 고장이 난 경우에 최적의사결정은 검사를 받는 것이었고 그때의 비용은 ₩180,000,000이었으며 실제의사결정은 검사를 받지 않으므로 ₩374,400,000의 비용이 발생한다. 따라서 예측오차의 원가는 다음과 같다.

최적의사결정의 비용	₩180,000,000
실제의사결정의 비용	374,400,000
예측오차의 원가	₩194,400,000

(2) 고장이 날 것으로 예측할 경우

고장이 날 것으로 예측하여 검사를 받는 대안을 선택한 상태에서 고장이 나지 않으면 예측오차의 원가가 발생한다. 이 경우 최적의사결정은 검사를 받지 않는 것이고 그때의 비용은 ₩0이며 실제의사결정은 검사를 받은 것이므로 실제지출비용은 ₩20,000,000이다. 따라서 예측오차의 원가는 다음과 같다.

최적의사결정의 비용	₩0
실제의사결정의 비용	20,000,000
예측오차의 원가	₩20,000,000

03 완전정보의 기대가치

소매업체인 서울회사는 하루에 한 번 신선한 카네이션을 구입한다. 꽃의 원가는 송이당 ₩40이며, 이는 ₩100에 판매된다. 서울회사는 저녁때까지 판매하지 못한 카네이션을 근처의 교회에 기증한다. 서울회사는 다음과 같이 일별 수요내용을 예측한다.

수 요	확 률
0송이	0.05
100	0.20
200	0.40
300	0.25
400	0.10
	1.00

【물음 1】 기대영업이익을 극대화하기 위해서 서울회사가 매일 구입해야 할 카네이션은 몇 송이인가?

【물음 2】 서울회사는 카네이션에 대한 일별 수요에 관련하여 완벽한 예측을 하는 데 얼마나 많은 비용을 지불할 수 있겠는가?

해답

[물음 1] 기대이익극대화 의사결정

(1) 성과표

행동대안	상 황				
	수 요 x_1 : 0송이 P(x_1)=0.05	수 요 x_2 : 100송이 P(x_2)=0.20	수 요 x_3 : 200송이 P(x_3)=0.40	수 요 x_4 : 300송이 P(x_4)=0.25	수 요 x_5: 40송이 P(x_5)=0.10
a_1 : 0송이 구입	₩0	₩0	₩0	₩0	₩0
a_2 : 100송이 구입	(4,000)*1	6,000	6,000*2	6,000	6,000
a_3 : 200송이 구입	(8,000)	2,000	12,000	12,000	12,000
a_4 : 300송이 구입	(12,000)	(2,000)	8,000	18,000	18,000
a_5 : 400송이 구입	(16,000)	(6,000)	4,000	14,000	24,000

* 1. 수요량×₩100−구입량×₩40

2. 100송이를 구입할 경우 수요량이 100송이를 초과하여도 판매량은 100송이이다.

(2) 대안별 기대가치

E(a_1)=₩0×1.00 = ₩0

E(a_2)=₩(4,000)×0.05+₩6,000×0.95 = 5,500

E(a_3)=₩(8,000)×0.05+₩2,000×0.20+₩12,000×0.75 = 9,000

E(a_4)=₩(12,000)×0.05+₩(2,000)×0.20+₩8,000×0.40+₩18,000×0.35 = 8,500

E(a_5)=₩(16,000)×0.05+₩(6,000)×0.20+₩4,000×0.40+₩14,000×0.25
+₩24,000×0.10 = 5,500

대안 a_3, 200송이를 구입하는 경우 기대이익이 ₩9,000으로 가장 크다. 따라서 200송이를 구입하여야 한다.

[물음 2] EVPI

완전정보하의 기대가치	₩0×0.05+₩6,000×0.20+₩12,000×0.40 +₩18,000×0.25+₩24,000×0.10=	₩12,900
기존정보하의 기대가치		9,000
완전정보의 기대가치(EVPI)		₩3,900

04 불완전정보의 기대가치

A사는 현재 단위당 ₩10의 가격으로 제품 P를 판매하고 있는데, 이 제품은 지난해 200,000단위가 생산·판매되었다. 제조설비용량은 연간 250,000단위이며, 지난해의 제품제조원가는 다음과 같다.

직 접 재 료 원 가	₩400,000
직 접 노 무 원 가	600,000
변동제조간접원가	200,000
고정제조간접원가	300,000
합 계	₩1,500,000

A사는 다음 해에도 지난해와 동일한 가격과 원가로 동일한 수량을 판매할 수 있을 것으로 예상하고 있다. 그런데 B사가 이 제품을 단위당 ₩7에 구입할 것을 제안해 왔는데 B사가 구입하려고 하는 수량은 B사가 판매가능한 수량에 따라 결정된다. A사는 B사가 35,000단위를 구입할 확률이 40%이고 50,000단위를 구입할 확률이 60%라고 추정하고 있다. A사가 B사에 제품을 판매한다 해도 일반 소비자에 대한 판매는 영향을 받지 않는다고 가정한다. 만일 A사가 B사에 판매하지 않는다면 여유생산설비는 내년에 순예상현금흐름이 ₩45,000인 다른 제품 X를 생산하는데 이용할 수 있다. 만일 제품 X를 생산하는 경우 제품 X를 생산하는데 필요한 설비 때문에 B사에 대한 판매를 거절해야만 생산이 가능하다.

【물음 1】 B사의 주문에 대한 승락여부를 결정하는 데 필요한 A사의 성과표를 작성하시오.

【물음 2】 각 대체안의 기대가치를 결정하시오.

【물음 3】 완전정보의 기대가치를 결정하시오.

【물음 4】 A사가 B사의 판매수량을 예상하기 위하여 ₩1,000을 지급하기로 하고 전문가를 고용했다고 가정하자. 전문가는 비관적 보고서 I1(판매량 : 35,000단위)과 낙관적 보고서 I2(판매량 : 50,000단위)를 보고할 수 있다. 전문가의 예측이 적중할 확률이 70%인 경우 A사가 전문가를 고용할 것인가의 여부를 결정하시오.

해답

[물음 1] 성과표

행동대안	상황	
	x_1 : B사 구입량=35,000 P(x_1)=0.4	x_2 : B사 구입량=50,000 P(x_2)=0.6
a_1 : B사에 판매	₩35,000*	₩50,000
a_2 : 제품 X생산	45,000	45,000

* 단위당 변동제조원가 : (₩400,000+₩600,000+₩200,000)÷200,000단위=@6
B사에 대한 판매로 인한 이익 : (₩7−₩6)×35,000단위=₩35,000

[물음 2] 각 대안의 기대가치

E(a_1)=₩35,000×₩50,000×0.6=₩44,000

E(a_2)=₩45,000×0.4+₩45,000×0.6=₩45,000

따라서 B사에 대한 판매보다는 X제품을 생산하는 것이 더 유리하다.

[물음 3] 완전정보의 기대가치

완전정보하의 기대가치 :	0.4×₩45,000+0.6×₩50,000=	₩48,000
기존정보하의 기대가치		45,000
완전정보의 가치(EVPI)		₩3,000

별해

(₩50,000−₩45,000)×0.6=₩3,000
예측오차의 원가

[물음 4] 불완전정보의 기대가치

(1) 사후확률의 계산

〈결합확률 $P(I_j \mid x_i) \cdot P(x_i)$〉

보고서	상황				$P(I_j)$	
	$x_1 : P(x_1)=0.4$		$x_2 : P(x_2)=0.6$			
I_1	$P(I_1 \mid x_1) \times P(x_1)=$	0.28	$P(I_1 \mid x_2) \times P(x_2)=$	0.18	$P(I_1)=$	0.46
I_2	$P(I_2 \mid x_1) \times P(x_1)=$	0.12	$P(I_2 \mid x_2) \times P(x_2)=$	0.42	$P(I_2)=$	0.54
		0.40		0.60		1.00

〈사후적확률 $P(x_i \mid I_j)$〉

보고서	상황	
	x_1	x_2
I_1	$P(x_1 \mid I_1)=\frac{28}{46}$	$P(x_2 \mid I_1)=\frac{18}{46}$
I_2	$P(x_1 \mid I_2)=\frac{12}{54}$	$P(x_2 \mid I_2)=\frac{42}{54}$

별해

보고서 (정보의 내용)	상황 $x_1(0.4)$		상황 $x_2(0.6)$		특정정보 보고확률 $P(I_j)$	사후확률 x_1	사후확률 x_2
I_1	0.4×0.7=	0.28	0.6×0.3=	0.18	0.46	$\frac{28}{46}$	$\frac{18}{46}$
I_2	0.4×0.3=	0.12	0.6×0.7=	0.42	0.54	$\frac{12}{54}$	$\frac{42}{54}$
		0.40		0.60	1.00		

(2) 최적대안의 결정

① 보고서 I_1을 받은 경우($P(I_1)=0.46$)

행동대안	상황 $x_1 : P(x_1 \mid I_1)=\frac{28}{46}$	상황 $x_2 : P(x_2 \mid I_1)=\frac{18}{46}$	E(a)
a_1	₩35,000	₩50,000	E(a_1)=₩40,870
a_2	₩45,000	₩45,000	E(a_2)=₩45,000

최적대안은 B사에 제품 P를 판매하지 않고 제품 X를 생산하는 a_2이고, 기대이익은 ₩45,000이다.

② 보고서 I_2를 받은 경우 ($P(I_2)=0.54$)

행동대안	상황 $x_1 : P(x_1 \mid I_2)=\frac{12}{54}$	상황 $x_2 : P(x_2 \mid I_2)=\frac{42}{54}$	E(a)
a_1	₩35,000	₩50,000	E(a_1)=₩46,667
a_2	₩45,000	₩45,000	E(a_2)=₩45,000

최적대안은 B사에 제품 P를 판매하는 a_1이고 기대이익은 ₩46,667이다.

(3) EVSI계산

불완전정보하의 기대가치 :	₩45,000×0.46+₩46,667×0.54=	₩45,900
기존정보하의 기대가치		45,000
불완전정보의 기대가치(EVSI)		₩900

전문가에게 지급할 수 있는 최대금액이 ₩900이므로 전문가에게 ₩1,000을 지급해야 한다면 고용하지 않는 것이 유리하다.

05 차이조사결정 (1987, KICPA 수정)

어떤 생산공정의 상태를 단순히 정상적인 상태와 비정상적인 상태로 구분할 수 있다고 가정하자. 공정이 정상적인 상태에 있으면 비정상적인 상태에 있을 때보다 평균생산원가가 낮아진다. 각 상태에서의 평균생산원가의 확률분포는 다음과 같다.

평균생산원가	평균생산원가의 확률분포	
	정상상대	비정상상태
₩2,000	10%	–
4,000	20	–
6,000	40	10%
8,000	20	20
10,000	10	40
12,000	–	20
14,000	–	10
	100%	100%

【물음 1】 생산착수 직전에 예상한 바에 의하면, 공정이 정상적인 상태에 있을 사전확률은 80%였다. 그런데 생산활동을 펼친 결과 평균생산원가가 ₩10,000으로 보고되었다면 이때 공정이 정상적인 상태에 있을 사후확률은 얼마이겠는가?

【물음 2】 일정금액의 조사비를 투입하여 공정상태에 관한 조사를 실시하면 공정이 어떤 상태에 처해 있는지를 정확히 파악할 수 있다고 가정하자. 또한 조사를 실시한 결과 비정상적인 상태에 있는 것이 확인되면 ₩500,000을 투입하여 생산공정을 수정할 수 있다. 한편, 생산공정에 이상이 있음에도 불구하고 수정하지 않으면 미래에 발생할 추가손실의 현재가치가 ₩2,500,000이 될 것으로 가정하자. 공정이 정상적인 상태에 있을 사전확률은 역시 80%였는데, 생산활동의 결과 평균생산원가가 ₩10,000으로 보고되었다. 회사가 취할 수 있는 행동은 조사를 실시하거나 또는 조사를 포기하는 것인데, 경영자가 경제적 이유에서 조사를 포기하기로 결정하였다면 최소한도의 추정조사비는 얼마이었겠는가?

11

해답

[물음 1] 시후확률의 계산

평균생산원가가 ₩10,000으로 보고된 경우를 I_1이라 하면

〈사전확률 $P(I_1 \mid x_i)$〉

추가정보	상 황	
	x_1 : 정상상태 $P(x_1)=0.8$	x_2 : 비정상상태 $P(x_2)=0.2$
I_1	$P(I_1 \mid x_1)=0.1$	$P(I_1 \mid x_2)=0.4$

〈결합확률 $P(I_1 \mid x_1) \cdot P(x_1)$〉

추가정보	상황		$P(I_1)$
	x_1	x_2	
I_1	$P(I_1 \mid x_1) \cdot P(x_1)=0.08$	$P(I_1 \mid x_2) \cdot P(x_2)=0.08$	$P(I_1)=0.16$

〈사후확률 $P(x_1 \mid I_1)$〉

추가정보	상황	
	x_1	x_2
I_1	$P(x_1 \mid I_1)=\frac{8}{16}=0.5$	$P(x_2 \mid I_1)=\frac{8}{16}=0.5$

따라서 평균생산원가가 ₩10,000일 때 공정이 정상상태일 사후확률은 50%이다.

[물음 2] 추정조사비

추정조사비용을 k라고 하면 총발생비용은 다음과 같다.

행동대안	상황	
	x_1 : 정상상태 $P(x_1 \mid I_1)=0.5$	x_2 : 비정상상태 $P(x_2 \mid I_1)=0.5$
a_1 : 조　사	k	k+₩500,000
a_2 : 비조사	0	₩2,500,000

$E(a_1)=k\times 0.5+(k+₩500,000)\times 0.5=k+₩250,000$

$E(a_2)=₩0\times 0.5+₩2,500,000\times 0.5=₩1,250,000$

경영자가 조사를 하지 않는 a_2를 선택하였으므로 $E(a_1)>E(a_2)$이다.

따라서 $k>₩1,000,000$, 즉 조사비용은 ₩1,000,000을 초과하였을 것이다.

06 이산분포하의 CVP분석

우산제조·판매회사인 하늘제조는 우산의 새로운 색상으로 검정색과 보라색을 추가할 것을 고려하고 있다. 새로운 색상의 우산은 현재의 설비를 사용하여 생산할 수 있으며 각각 연간 ₩400,000의 고정원가를 필요로 한다. 새로운 색상의 우산은 기존의 우산과 동일한 판매가격(₩10)과 동일한 단위당 변동원가(₩8)를 갖는다. 경영자는 비슷한 제품에 대한 과거의 경험을 토대로 다음과 같은 확률분포를 예상하고 있다.

수요량	확 률	
	검정색	보라색
50,000개		0.1
100,000	0.1	0.1
200,000	0.2	0.1
300,000	0.4	0.2

400,000	0.2	0.4
500,000	0.1	0.1
	1.0	1.0

【물음 1】 각 제품의 손익분기점은 얼마인가?

【물음 2】 기대영업이익을 극대화한다는 가정 하에 어느 제품이 선택되어야 하며 그 이유는 무엇인지 계산근거를 보이시오.

【물음 3】 경영자는 보라색 우산은 300,000단위가 판매될 것을 확신하고 있으나 검정색 우산의 수요량은 여전히 위와 같은 확률분포를 가질 것으로 예측하고 있다. 이 경우 어느 제품을 선택하여야 하며 그 이유는 무엇인가? 또한 단순한 기대값 대신에 완전한 확률분포를 가질 경우 경영자에게 유용한 점은 무엇인가?

해답

[물음 1] 손익분기점 분석

두 제품은 단위당 판매가격과 단위당 변동원가가 동일하고 연간 고정원가도 같으므로 손익분기점 판매수량도 동일하다. 손익분기점 판매수량을 Q라고 하면

(₩10−₩8)×Q=₩400,000　　∴ Q=200,000단위

(₩10−₩8): 공헌이익, ₩400,000: 고정원가

따라서 손익분기점 판매수량은 각각 200,000단위이다.

[물음 2] 기대영업이익

(1) 검정색 : 기대수요량

100,000단위×0.1+200,000단위×0.2+300,000단위×0.4+400,000단위×0.2+500,000단위×0.1=300,000단위

기대영업이익 : 300,000단위×(₩10−₩8)−₩400,000=₩200,000

(2) 보라색 : 기대수요량

50,000단위×0.1+100,000단위×0.1+200,000단위×0.1+300,000단위×0.2+400,000단위×0.4+500,000단위×0.1=305,000단위

기대영업이익 : 305,000단위×(₩10−₩8)−₩400,000=₩210,000

따라서 기대영업이익이 큰 보라색 우산을 선택하는 것이 더 유리하다.

[물음 3] 불확실성하의 의사결정

단순히 기대영업이익의 극대화를 목표로 한다면 기대영업이익이 ₩200,000으로 동일하므로 두 대안 간에 차이는 없다. 하지만 위험을 고려한다면 경영자는 검정색 우산의 확률분포에 의한 기대영업이익보다는 보라색 우산의 확실한 영업이익을 보다 선호할 것이다. 그리고 경영자가 확률분포를 알고 있다면 해당 확률변수에 대한 위험을 평가할 수 있으므로 합리적인 의사결정을 내릴 수가 있을 것이다.

07 불확실성하의 CVP분석–EVPI

(주)한강은 제품을 생산하는 데 반자동기계(A기계)와 완전자동기계(B기계)를 사용할 수 있다.

	A기계	B기계
단위당 변동제조원가	₩150	₩50
단위당 변동판관비	50	50
고정제조간접원가	100,000	350,000
고 정 판 관 비	50,000	50,000

마케팅부서의 조사에 의하면 반자동기계의 제품품질이 완전자동기계의 제품품질보다 열악하여 시장에서의 제품단위당 판매가는 반자동기계로 만든 제품이 @400, 완전자동기계로 만든 제품이 @500이다. 반자동기계로 만든 제품의 표준편차는 125개, 평균판매량은 1,000개이며 완전자동기계로 만든 제품은 표준편차가 200개, 평균판매량은 1,200개이다. 다음의 표준정규분포표를 이용하여 물음에 답하시오.

z	P(0≤Z≤z)	z	P(0≤Z≤z)
0.25	0.0987	1.25	0.3944
0.50	0.1915	1.50	0.4332
0.75	0.2734	1.75	0.4599
1.00	0.3413	2.00	0.4772

[물음 1] 두 대안 중에서 손익분기점을 넘을 확률이 어느 제품이 얼마나 큰가?

[물음 2] 영업이익 ₩100,000 이상을 낼 확률이 어느 제품이 얼마나 큰가?

※ [물음 3~4]의 계산시 단위당 판매가격은 두 제품 모두 @500으로 가정한다. (주)한강의 판매량 추정결과 호경기일 확률은 70%로서 이때는 3,000단위가 팔릴 것이며, 불경기일 확률은 30%로서 이때는 1,000단위가 팔릴 것으로 나타났다.

[물음 3] 기대가치를 기준으로 의사결정하는 경우에 어느 대안을 택하겠는가?

[물음 4] 어딘가에서 확실한 정보를 제공한다고 하면 최대한 얼마의 수수료를 줄 수 있는가?

해답

[물음 1] 손익분기점을 초과할 확률(정규분포)

판매량을 x, 영업이익을 y라고 하면

(1) A기계

y=₩400×x−(₩150+₩50)×x−(₩100,000+₩50,000)

=₩200x−₩150,000

E(x)=1,000개, $\sigma(x)$=125개이므로

E(y)=₩200×1,000개−₩150,000=₩50,000

$\sigma(y)$=₩200×125개=₩25,000

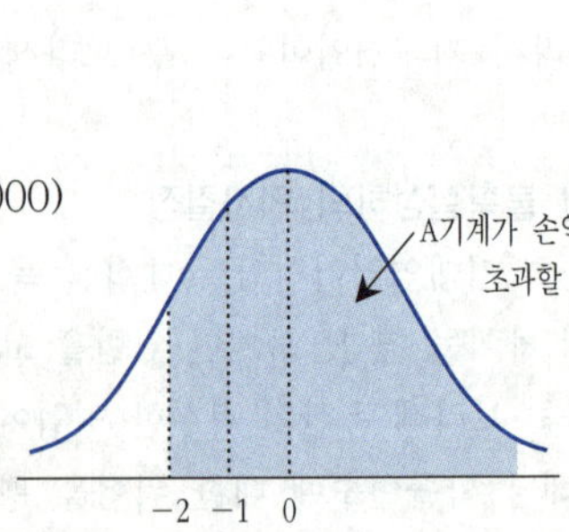

$$Z=\frac{y-E(y)}{\sigma(y)}=\frac{y-₩50,000}{₩25,000}$$

$\therefore\ P(y \geqq ₩0)=P(Z \geqq -2)$

$=0.5+P(0 \leqq Z \leqq 2)=0.9772$

(2) B기계

$y=₩500 \times x-(₩50+₩50) \times x-(₩350,000+₩50,000)$

$=₩400x-₩400,000$

$E(x)=1,200$개, $\sigma(x)=200$개이므로

$E(y)=₩400 \times 1,200$개$-₩400,000=₩80,000$

$\sigma(y)=₩400 \times 200$개$=₩80,000$

$$Z=\frac{y-E(y)}{\sigma(y)}=\frac{y-₩80,000}{₩80,000}$$

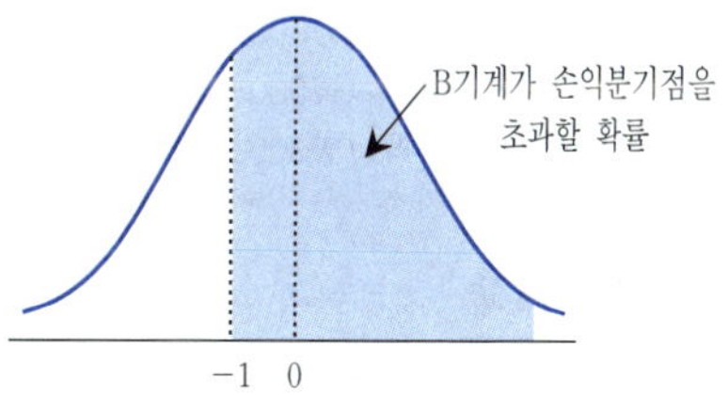

$\therefore\ P(y \geqq ₩0)=P(Z \geqq -1)$

$=0.5+P(0 \leqq Z \leqq 1)=0.8413$

따라서 A기계를 사용하는 경우가 B기계를 사용하는 경우보다 손익분기점을 넘을 확률이 13.59%가 더 크다.

11

[물음 2] 영업이익 ₩100,000 이상일 확률

(1) A기계

$Z=\frac{y-₩50,000}{₩25,000}$이므로

⇒ [물음 1] 참조

$P(y \geqq ₩100,000)=P(Z \geqq 2)$

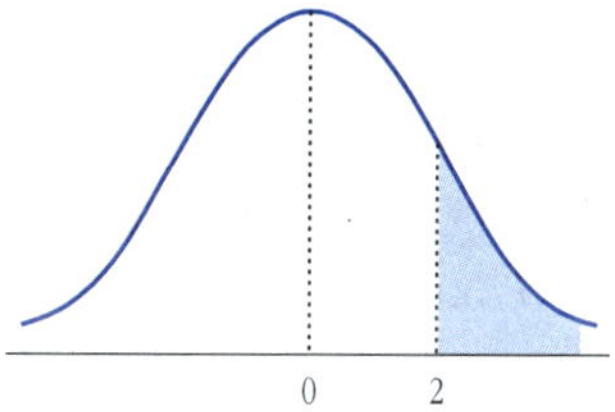

$=0.5-0.4772=0.0228$

(2) B기계

$Z=\frac{y-₩80,000}{₩80,000}$이므로

⇒ [물음 1] 참조

$P(y \geqq ₩100,000)=P(Z \geqq 0.25)$

$=0.5-0.0987=0.4013$

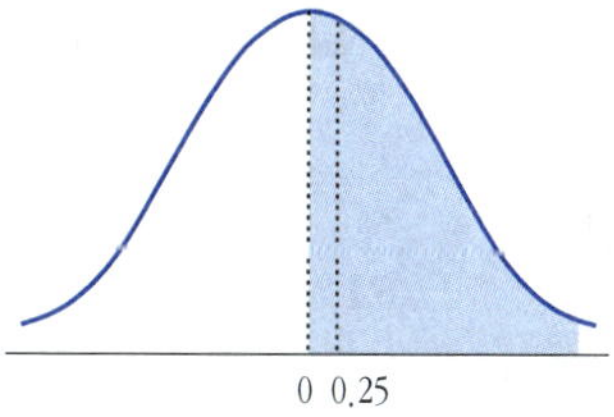

따라서 B기계를 사용하는 경우가 A기계를 사용하는 경우보다 영업이익을 ₩100,000 이상 달성할 확률이 37.85%가 더 크다.

[물음 3] 최적대안의 선택

(1) 성과표 작성

행동대안	상황: x_1 : 호경기(수요량 3,000개) P(x_1)=0.7	상황: x_2 : 불경기(수요량 1,000개) P(x_2)=0.3
a_1 : A기계 사용	₩750,000[*1]	₩150,000[*2]
a_2 : B기계 사용	800,000[*3]	0[*4]

*1. 영업이익 : (₩500−₩200)×3,000개−₩150,000=₩750,000
2. 영업이익 : (₩500−₩200)×1,000개−₩150,000=₩150,000
3. 영업이익 : (₩500−₩100)×3,000개−₩400,000=₩800,000
4. 영업이익 : (₩500−₩100)×1,000개−₩400,000=₩0

(2) 기대값

E(a_1)=₩750,000×0.7+₩150,000×0.3=₩570,000

E(a_2)=₩800,000×0.7+₩0×0.3=₩560,000

E(a_1)>E(a_2)이므로 A기계를 사용하는 대안을 선택한다.

[물음 4] 완전정보의 기대가치

완전정보하의 기대가치 :	₩800,000×0.7+₩150,000×0.3=	₩605,000
기존정보하의 기대가치		570,000
완전정보의 기대가치(EVPI)		₩35,000

따라서 확실한 정보를 제공받는 대가로 지불할 수 있는 최대수수료는 ₩35,000이다.
한편, 완전정보의 기대가치(EVPI)는 예측오차를 이용해서 계산할 수도 있다.
(₩800,000−₩750,000)×0.7+(₩150,000−₩150,000)×0.3=₩35,000

08 불확실성하의 CVP분석–종합 (1998. KICPA 수정)

나무제약회사의 단위(kg)당 판매가격 및 원가자료는 다음과 같다.

판매가격	₩100
변동제조원가	50
변동판매비	10
총고정제조간접원가	10,000
총고정판매비	5,000
법인세율	40%

다음 물음은 각각 독립적이다.

【물음 1】 세후목표순이익 ₩1,200을 달성하기 위한 판매량을 구하고 이때의 영업레버리지도를 계산하시오.

【물음 2】 국내판매시장은 300kg으로 한정되어 있다. 회사가 국내시장에서 제품을 모두 판매하고 해외시장에 판매할 경우에는 단위당 판매가격이 ₩80이다. 또한 생산량이 400kg을 초과하는 경우에는 규모의 경제효과로 인해 400kg 초과생산량의 단위당 변동제조원가가 ₩45이 된다고 한다. 이때 손익분기점 판매량은 얼마인가?

※ 이후의 물음은 법인세를 무시하고 답하시오.

【물음 3】 나무제약회사의 전문경영자는 TV광고시 판매량이 증가할 것으로 기대하고 있다. TV광고를 하지 않을 경우 판매량은 300kg과 400kg 사이에서 균등확률분포를 이루고 TV광고를 하는 경우에는 판매량이 370kg과 610kg 사이에서 균등확률분포를 이룬다. 이때 각각의 순손익을 구하고 광고에 대한 의사결정을 하시오. 단, TV광고비는 ₩7,000이다.

【물음 4】 나무제약회사의 전문경영자는 기본급 없이 성과급만으로 연봉을 지급받는데, 성과급은 순이익의 1%이며 순손실이 발생하는 경우에는 전혀 지급되지 않는다. 전문경영자 입장에서 기대성과급을 구하여 TV광고에 대한 의사결정을 하시오. 또한 이 성과급제도의 문제점을 지적하고 개선책을 제시하시오.

해답

[물음 1]

세후목표순이익 ₩1,200을 달성할 때의 판매량을 Q라 하면,

$$\underbrace{(₩100-₩60)\times Q}_{\text{공헌이익}}=\underbrace{(₩10,000+₩5,000)}_{\text{고정원가}}+\underbrace{\frac{₩1,200}{1-0.4}}_{\text{세전목표이익}} \qquad \therefore\ Q=425kg$$

$$DOL=\frac{425kg\times(₩100-₩60)}{425kg\times(₩100-₩60)-(₩10,000+₩5,000)}=8.5$$

다음과 같이 계산할 수도 있다.

$$DOL=\frac{₩15,000+\dfrac{₩1,200}{1-0.4}}{\dfrac{₩1,200}{1-0.4}=₩2,000}=8.5$$

[물음 2]

손익분기점 판매량을 Q라 하면

① 0≦Q≦300kg인 경우

$$\underbrace{(₩100-₩60)\times Q}_{\text{공헌이익}}=\underbrace{₩15,000}_{\text{고정원가}} \qquad \therefore\ Q=375kg(\text{모순됨})$$

② 300kg<Q≦400kg인 경우

$$\underbrace{\text{₩}100\times300\text{kg}}_{\text{300kg까지의 매출}}+\underbrace{\text{₩}80\times(Q-300\text{kg})}_{\text{300kg을 초과하는 매출}}=\underbrace{\text{₩}60\times Q}_{\text{변동원가}}+\underbrace{\text{₩}15,000}_{\text{고정원가}}$$

∴ Q=450kg(모순됨)

③ 400kg<Q인 경우

$$\underbrace{\text{₩}100\times300\text{kg}}_{\text{300kg까지의 매출}}+\underbrace{\text{₩}80\times(Q-300\text{kg})}_{\text{300kg을 초과하는 매출}}=\underbrace{\text{₩}60\times400\text{kg}}_{\text{400kg까지의 변동원가}}+\underbrace{\text{₩}55\times(Q-400\text{kg})}_{\text{400kg을 초과하는 경우의 변동원가}}+\underbrace{\text{₩}15,000}_{\text{고정원가}}$$

∴ Q=440kg(적합함)

[물음 3]

(1) TV광고를 하지 않는 경우

기대판매량 : $\frac{300\text{kg}+400\text{kg}}{2}=350\text{kg}$

기대이익 : $\underbrace{350\text{kg}\times(\text{₩}100-\text{₩}60)}_{\text{공헌이익}}-\underbrace{\text{₩}15,000}_{\text{고정원가}}=\text{₩}(1,000)$

(2) TV광고를 하는 경우

기대판매량 : $\frac{370\text{kg}+610\text{kg}}{2}=490\text{kg}$

기대이익 : $\underbrace{490\text{kg}\times(\text{₩}100-\text{₩}60)}_{\text{공헌이익}}-\underbrace{(\text{₩}15,000+\text{₩}7,000)}_{\text{고정원가}}=\text{₩}(2,400)$

따라서 광고를 하지 않는 것이 더 유리하다.

[물음 4]

(1) TV광고를 하지 않는 경우

손익분기판매량을 Q라 하면

(₩100－₩60)×Q=₩15,000

∴ Q=375kg

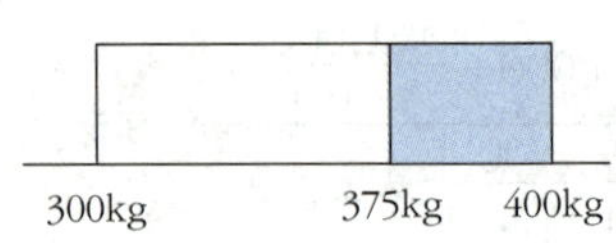

이익이 발생할 확률 : $\frac{400\text{kg}-375\text{kg}}{400\text{kg}-300\text{kg}}=25\%$

이익이 발생할 경우의 기대판매량 : $\frac{400\text{kg}+375\text{kg}}{2}=387.5\text{kg}$

기대영업이익 : 387.5kg×(₩100－₩60)－₩15,000=₩500

기대성과급 : ₩500×1%×25%=₩1.25

(2) TV광고를 하는 경우

손익분기판매량을 Q라 하면

(₩100−₩60)×Q=₩15,000+₩7,000

∴ Q=550kg

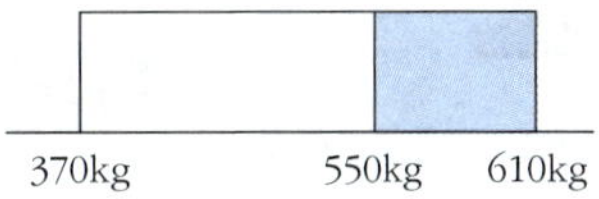

이익이 발생할 확률 : $\frac{610\text{kg}-550\text{kg}}{610\text{kg}-370\text{kg}}=25\%$

이익이 발생할 경우의 기대판매량 : $\frac{550\text{kg}+610\text{kg}}{2}=580\text{kg}$

기대영업이익 : 580kg×(₩100−₩60)−(₩15,000+₩7,000)=₩1,200

기대성과급 : ₩1,200×1%×25%=₩3

따라서 전문경영자는 TV광고를 하는 경우의 성과급이 더 크기 때문에 TV광고를 하는 의사결정을 할 것이다.

위의 성과급제도의 문제점은 성과급과 회사의 손실크기가 무관하기 때문에 경영자가 회사의 입장([물음 3])과 상충되는 의사결정을 할 수 있다는 것이다. 따라서 이익뿐만 아니라 손실의 크기도 성과급에 영향을 줄 수 있는 방식으로 성과급 지급방법이 개선되어야 할 것이다.

CHAPTER

12 자본예산

Cost & Management Accounting

제1절 자본예산의 기초개념

1. 자본예산의 의의

자본예산은 당해 투자로 인한 영향이 장기간에 걸쳐 나타나는 투자안을 탐색하고 평가하여 바람직한 투자안을 선택하는 과정을 말한다. 이는 기업의 장기적 경영계획에 바탕을 둔 의사결정으로서 유형자산에 대한 투자가 대부분이며, 투자금액이 거액이고 그 효과가 오랜 기간 동안 지속되므로 경우에 따라서는 기업의 성패와 직결될 수도 있다. 자본예산에서 투자안을 평가하는 과정은 기업의 상황에 따라서 조금씩 다르지만 일반적으로 다음과 같은 단계를 거치게 된다.

① 투자기회의 탐색 : 장기경영전략을 구체적으로 실현하기 위해 투자환경을 예측하고 새로운 투자기회를 물색하는 단계이다.

② 투자안의 정보획득 : 성장기회가 있다고 판단된 투자 대안들에 대해서 계량적 혹은 비계량적 요소와 기대되는 현금흐름을 추정한다.

③ 투자안의 선택 : 경영자는 추정된 현금흐름과 같은 재무적예상치와 비재무적요소를 고려해서 최적투자안을 선택한다.

④ 투자안의 실행과 통제 : 투자안이 실행됨에 따라 자본지출이 예정대로 이루어지고 있는지를 검토하고 예측한 결과와 실제결과를 비교하고 분석한다.

투자의사결정은 위에서 열거한 네 가지 단계를 모두 의미하지만 관리회계에서 논의하는 좁은 의미의 투자의사결정은 투자로부터 기대되는 현금흐름을 추정(2단계)하여 최적투자안을 선택(3단계)하는 과정을 말한다.

2. 현금흐름의 유용성

투자의사결정은 그 효과가 장기간에 걸쳐서 나타나므로 화폐의 시간가치가 의사결정에 영향을 미치는 중요한 요소로 고려된다. 따라서 장기의사결정에 필요한 정보를 만들 때는 화폐의 시간가치를 고려할 수 있도록 의사결정의 재무적 효과가 발생하는 시기까지도 정확하게 파악해야 한다. 이러한 재무적 효과의 발생시기를 정확하게 파악하는데 가장 적합한 분석방법이 현금흐름이며 회계상의 이익은 아니다. 왜냐하면 회계상의 이익은 감가상각방법이나 물량흐름의 가정 등 회계처리방법에 따라 이익의 발생시점이 달라지는 반면에 현금흐름은 투자를 통한 실제산출물로 발생시점이 일정하기 때문이다.

예컨대 취득원가 ₩100,000, 내용년수 5년, 잔존가치가 없는 건물을 취득하여 5년간 매년 ₩30,000의 임대료를 현금으로 받을 수 있는 경우를 생각해 보자. 현금흐름은 취득시점에 ₩100,000이 지출되고 5년간 매년 ₩30,000이 유입되는 것으로 일정한 반면에 회계상의 이익은 건물에 대한 감가상각법에 따라 이익의 발생시점이 달라지게 되므로 화폐의 시간가치를 고려할 수 없게 된다. 따라서 투자의사결정에 유용한 정보를 만들 때는 투자효과의 발생시점이 인위적인 회계상의 이익이 아니라 그 발생시점이 일정한 현금흐름(cash flow)을 사용하는 것이 바람직하며 대부분의 투자의사결정기법은 주로 현금흐름을 이용하여 의사결정에 필요한 정보를 만든다.

제 2 절 현금흐름의 추정

12

현금흐름을 기초로 투자의사결정에 유용한 정보를 만들려면 우선 현금흐름을 추정해야 하는데 편의상 현금흐름을 투자진행단계에 따라서 ① 투자시점의 현금흐름과 ② 투자기간중의 영업현금흐름, ③ 투자종료시점의 현금흐름으로 구분하여 추정하는 것이 편리하다. 다음의 예제를 통해서 현금흐름을 투자진행단계에 따라 어떻게 추정하는지에 대하여 구체적으로 살펴보고, 마지막으로 법인세가 존재할 경우 이러한 현금흐름이 어떻게 수정되는지 알아보도록 하겠다.

공통예제 현금흐름의 추정

(주)원가는 신기계를 도입해서 신제품을 생산·판매하는 투자안을 검토하고 있으며 관련되는 자료는 다음과 같다.

(1) 신기계의 구입가격 및 설치비용은 ₩95,000이고 내용연수는 3년이며 정액법(잔존가치는 ₩5,000 가정)으로 감가상각한다. 신제품 생산을 위해 ₩5,000의 원재료를 보유하고 있어야 한다.

(2) 신제품의 단위당 판매가격은 ₩240이고 단위당 변동원가는 ₩120이며 3년간 매년 1,000단위의 제품을 판매할 것으로 예상하고 있으며 현금유출이 있는 고정비용도 매년 ₩70,000이다.

(3) 신기계는 3년 후에 ₩3,000에 처분할 수 있다.

요구사항

1. 투자시점의 현금흐름을 추정하시오.
2. 투자기간의 현금흐름(영업현금흐름)을 추정하시오.
3. 투자종료시점의 현금흐름을 추정하시오.

1. 투자진행단계별 현금흐름의 추정

(1) 투자시점의 현금흐름추정

투자시점에서의 현금흐름은 유형자산취득액과 운전자본증가액이다. 여기서 주의할 점은 유형자산취득액뿐만 아니라 투자에 따른 추가 운전자본소요액이 고려되어야 한다는 점이다. 새로운 유형자산을 설치하여 신제품을 생산할 경우 재고자산이 증가하고 신제품 판매로 인한 매출채권이 증가하게 되는데, 이렇게 투자로 인하여 추가적으로 소요되는 운전자본은 유형자산의 취득액과 함께 현금유출액으로 보아야 한다.

> 투자시점의 현금유출액＝유형자산취득액＋운전자본소요액

[공통예제]에서 투자시점에서의 현금유출액은 유형자산취득액 ₩95,000과 운전자본소요액 ₩5,000을 합한 ₩100,000이 된다.

(2) 투자기간중의 영업현금흐름 추정

투자의 목적은 미래에 추가적인 수익을 얻고자 하는 것이므로 투자로 인하여 투자의 내용연수 동안 영업현금흐름은 증가할 것이다. 따라서 투자기간별로 영업현금흐름을 파악해야 하는데 영업현금흐름은 일반적으로 매기간별 현금유출액과 현금유입액의 차이를 계산하여 측정한다.

> 영업현금흐름(순현금흐름)＝현금유입액－현금유출액

영업현금흐름은 순현금흐름(net cash flows)이라고 하는데, 순현금흐름계산시에 주의할 점은 현금흐름을 수반하지 않는 감가상각비는 현금유출액을 계산할 때 제외해야 한다는 것이다. [공통예제]에서 매기간 발생하는 순현금흐름은 다음과 같이 측정된다.

> 영업현금흐름 $\underbrace{1{,}000개 \times ₩240}_{현금유입액} - \underbrace{(1{,}000개 \times ₩120 + ₩70{,}000)}_{현금\ 유출액} = ₩50{,}000$

현금유입액(매출)	1,000개×₩240=	₩240,000
현금유출액		
변동현금유출액	1,000개×₩120=	120,000
고정현금유출액		70,000
영업현금흐름(순현금흐름)		₩50,000

참고로 공통예제의 지료를 기초로 매기간의 영업이익을 계산하면 현금흐름과 감가상각비만큼 차이가 난다.

매출액	1,000개×₩240=	₩240,000
비 용		
변동원가	1,000개×₩120=	120,000
현금유출고정원가		70,000
감가상각비		30,000*
이 익	₩50,000−₩30,000= (영업현금흐름 / 감가상각비)	₩20,000

영업현금흐름에 감가상각비의 효과를 더 고려하면 영업이익이 계산된다.

* 연간 감가상각비 (₩95,000−₩5,000)÷3년=₩30,000

이처럼 영업현금흐름을 계산할 때는 현금흐름을 수반하지 않는 비용인 감가상각비 ₩30,000이 현금유출액에 포함되지 않는 반면에 회계상의 이익을 계산할 때는 감가상각비를 비용으로 인식하기 때문에 감가상각비만큼 차이가 난다. 따라서 영업이익을 기준으로 현금흐름을 추정하는 경우에는 영업이익에 감가상각비를 가산해서 계산할 수도 있다.

> 영업현금흐름=회계상 영업이익+감가상각비
> 회계상 영업이익=영업현금흐름−감가상각비

[공통예제]에서 영업이익 ₩20,000에 현금유출이 없는 감가상각비 ₩30,000을 더하면 순현금흐름 ₩50,000이 계산된다. 영업현금흐름을 추정할 때에는 다음의 사항들을 주의해야 한다.

① 회계상 순이익이 아닌 현금흐름을 파악하는 것이므로 감가상각비와 같이 현금지출을 수반하지 않는 비용은 현금유출액에 포함해서는 안된다.

② 이자비용과 같은 자본조달비용은 분명히 현금유출액이지만 영업현금흐름에 포함해서는 안된다.

③ 투자기간의 영업현금흐름은 연간 균등하게 발생하겠지만 투자안 평가를 용이하게 하기 위하여 각 기간의 현금흐름이 해당 기간말 시점에서 전액 발생한다고 가정하기로 한다.

(3) 투자종료시점의 현금흐름추정

투자종료시점의 현금흐름은 유형자산의 처분으로 인한 현금유입액과 운전자본의 회수액을 합하여 계산한다. 유형자산의 가동을 종료하고 제품생산을 중단하면 남아 있던 재고자산이 모두 판매되고 매출채권잔액이 회수되는 형식으로 운전자본이 회수되므로 이를 투자종료시점에서의 현금유입액에 포함해야만 한다.

투자종료시점에서의 현금유입액＝유형자산처분액＋운전자본회수액

여기서 주의할 점은 투자종료시점의 운전자본회수액도 현금유입액에 포함시켜야 한다는 점이다. 공통예제에서 투자종료시점의 현금유입액은 처분가액 ₩3,000과 운전자본회수액 ₩5,000을 합한 ₩8,000이 된다. 앞에서 살펴본 투자진행단계별 현금흐름을 요약하면 다음과 같다.

투자진행단계별 현금흐름 (단위 : ₩)

	0	1	2	3	전체합계
① 투자시점에서의 현금흐름					
신기계 구입가액	(95,000)				(95,000)
운전자본소요액	(5,000)				(5,000)
② 영업활동에 의한 순현금흐름		50,000	50,000	50,000	150,000
③ 투자종료시점에서의 현금흐름					
신기계 처분가액				3,000	3,000
운전자본회수액				5,000	5,000
	(100,000)	50,000	50,000	58,000	58,000

한편, 화폐의 시간가치를 고려하지 않고 투자를 통한 전체 현금증가액을 계산하면 ₩58,000이다.

투자진행단계	법인세가 없는 경우의 현금흐름 추정방법
투자시작시점	현금유출액＝투자액＋추가운전자본소요액－기존자산처분액
투자기간	직접법 : 영업현금흐름＝현금유입액－현금유출액 간접법 : 영업현금흐름＝회계상 영업이익＋감가상각비
투자종료시점	현금유입액＝유형자산처분액＋운전자본회수액－기존자산처분액

2. 현금흐름과 회계상이익의 비교

특정 투자안으로 얻어지는 현금흐름 증가액은 3년간의 영업이익 증가액과 그 크기가 같다. 공통예제의 3년간의 영업이익을 계산하면 다음과 같다.

투자의사결정에 따른 회계상 이익 (단위 : ₩)

	1	2	3	전체합계	
수익(매출액)	240,000	240,000	240,000	720,000	영업현금흐름은 회계상의 이익에도 동일한 금액만큼 영향을 준다.
비용					
변동원가	(120,000)	(120,000)	(120,000)	(360,000)	
현금유출고정원가	(70,000)	(70,000)	(70,000)	(210,000)	
영업현금흐름의 이익효과	50,000	50,000	50,000	150,000	
감가상각비	(30,000)	(30,000)	(30,000)	(90,000)	유형자산의 취득액과 처분액의 차이금액과 동일하다.
유형자산처분손실			(2,000*)	(2,000*)	
회계상 이익	20,000	20,000	18,000	58,000	

* 유형자산처분손실 ₩3,000(처분가치)−₩5,000(잔존가치)=(₩2,000)

현금흐름항목들이 회계상이익에 어떻게 영향을 미치는지에 대해서 항목별로 살펴보면 다음과 같다.

① 영업현금흐름 : 영업활동을 통한 현금유입액은 수익으로 기록되고 현금유출액은 비용으로 기록되므로 영업현금흐름은 그 크기만큼 회계상의 이익을 증가시킨다.

② 유형자산 취득액과 처분액 : 유형자산취득액과 처분액의 차이가 투자기간동안 유형자산의 가치가 감소된 부분이며 회계상으로는 감가상각비로 기간배분되고 처분시점에 처분손익으로 인식된다.

현금흐름			회계상이익	
유형자산취득	(₩95,000)	유형자산으로 인한 현금감소액을 회계상으로는 기간배분한다.	감가상각비합계	(₩90,000)
유형자산처분	3,000		유형자산처분손실	(2,000)
현 금 감 소 액	(₩92,000)	← 동일함 →	비 용 인 식 금 액	(₩92,000)

③ 운전자본 : 투자시점에 유출되고 종료시점에 유입되므로 순현금흐름 효과는 '0'이며 회계상으로는 나타나지 않는다.

이처럼 화폐의 시간가치를 고려하지 않으면 투자안의 전체현금흐름 증가액과 전체영업이익의 증가액은 크기가 같다. 이 중에서 회계상 이익은 기간별 성과를 파악하기 위해서 여러 가정에 기초해서 계산되므로 총액이 일정하더라도 발생시점이 다른 여러 대안이 존재한다. 반면에 현금흐름은 실제로 현금이 움직인 시점을 기준으로 파악하므로 발생시점이 하나로 일정해서 화폐의 시간가치를 고려해서 의사결정에 필요한 정보를 산출할 때는 현금흐름이 보다 적합하다.

3. 법인세가 존재할 경우의 현금흐름 수정

지금까지 살펴본 현금흐름은 법인세가 존재하지 않는 경우였다. 그런데 만약 법인세가 존재한다면 현금흐름은 어떻게 수정되어야 하는가? 법인세가 현금흐름에 미치는 영향은 투자기간 중의 영업현금흐름에 대한 부분과 투자종료시점의 현금흐름에 대한 부분으로 나누어서 생각해 볼 수 있다.

(1) 영업현금흐름－감가상각비 감세효과의 고려

법인세가 존재하는 경우에 법인세 납부세액만큼 현금이 유출되므로 세후순현금흐름을 계산할 때는 세전 영업현금흐름에서 법인세 납부세액을 차감해야 한다.

세후영업현금흐름＝세전영업현금흐름－법인세 납부세액(영업이익×세율)

영업이익

＝세전영업현금흐름－(매출액－변동원가－현금고정원가－감가상각비)×세율

세전영업현금흐름의 이익효과　　현금흐름무관비용

＝세전영업현금흐름－(세전영업현금흐름의 이익효과－감가상각비)×세율

＝세전영업현금흐름－세전영업현금흐름의 이익효과×세율＋감가상각비×세율

＝세전영업현금흐름×(1－세율)＋감가상각비×세율

감가상각비 감세효과

세후영업현금흐름을 계산할 때 주의할 점은 감가상각비 감세효과를 고려해야 한다는 점이다. 영업현금흐름을 추정할 때에 감가상각비는 현금흐름을 수반하지 않는 비용이므로 현금유출항목에 포함하여서는 안 된다. 그러나 회계상으로는 감가상각비가 비용으로 계상되어 회계상 세전이익을 감소시키므로 감가상각비에 법인세율을 곱한 금액만큼 납부세액을 감소시키는 효과를 가져오는데, 이를 '감가상각비의 감세효과(tax-shield effect of depreciation)'라고 한다. 일반적으로 세후순현금흐름을 계산할 때는 감가상각비의 감세효과를 가산하는 방식으로 다음과 같이 계산한다.

영업활동으로 인한 세후순현금흐름

＝세전영업현금흐름－법인세납부유출액

＝세전영업현금흐름×(1－세율)＋감가상각비×세율

감가상각비 감세효과

(2) 유형자산처분손익의 세금효과

법인세와 관련하여 한 가지 더 논의할 것은 투자종료시점에서의 현금흐름, 즉 유형자산의 처분시에 발생하는 현금흐름이다. 공통예제에서 내용연수가 종료되어 잔존가액 ₩5,000만 남아 있는 유형자산을 ₩3,000에 처분한 경우와 ₩8,000에 처분한 경우의 현금흐름을 각각 살펴보자.

₩3,000에 처분한 경우	
처 분 가 액	₩3,000
(유형자산처분차손 ₩2,000)	
법인세절감액 ₩2,000×30%=	600
실제현금유입액	₩3,600

₩8,000에 처분한 경우	
처 분 가 액	₩8,000
(유형자산처분차익 ₩3,000)	
법인세증가액 ₩3,000×30%=	900
실제현금유입액	₩7,100

유형자산의 처분시에도 감가상각비의 경우와 동일한 논리로 유형자산처분차손(차익)에 대한 법인세절감액(증가액)이 처분가액에 추가로 가산(차감)되어야 한다. 유형자산처분차손이나 처분차익 자체는 현금흐름과는 무관한 손익이므로 처분가액만을 고려하면 되지만 처분차손이나 처분차익이 발생함에 따른 법인세 감세효과는 고려해야 하는 것이다. 한편, 신기계를 구입하는 시점에서 구기계를 처분한다면 처분손익에 따른 법인세효과는 투자시점에서도 발생할 수 있다는 점에 주의하여야 한다.

12

투자진행단계별 현금흐름의 추정(법인세 존재)

투자진행단계	현금흐름추정내용
투 자 시 점	유형자산 취득액+운전자본소요액
투 자 기 간	영업현금흐름=현금유입액−현금유출액 세후순현금흐름=세전영업현금흐름×(1−세율)+감가상각비×세율
투자종료시점	유형자산처분액+운전자본회수액+자산처분의 세금효과* * 처분액<처분시 장부가액 : 유형자산처분손실 인식 → 감세효과(현금유입) 처분액>처분시 장부가액 : 유형자산처분이익 인식 → 증세효과(현금유출)

예제 [12-1] 세금이 존재하는 경우

[공통예제]의 자료를 사용하고 법인세율은 30%인 경우로 가정하시오.

요구사항

1. 매영업년도의 세후순영업현금흐름을 추정하시오.
2. 투자진행단계별 현금흐름을 추정하시오.

해답

1. 영업년도의 세후순영업현금흐름

$$\text{세후순영업현금흐름} = \underbrace{₩50,000}_{\text{세전영업현금흐름}} - (\overbrace{\underbrace{\underbrace{₩240,000 - ₩120,000 - ₩70,000}_{\text{세전영업현금흐름의 이익효과 ₩50,000}} - \underbrace{₩30,000}_{\text{감가상각비}}}_{\text{회계상 영업이익 ₩20,000}}) \times 30\%}^{\text{법인세 납부세액(현금유출액) ₩6,000}}$$

$$= ₩50,000 - (\underbrace{₩50,000 - ₩30,000}_{\text{회계상 영업이익 ₩20,000}}) \times 30\%$$

$$= \underbrace{₩50,000 \times (1-30\%)}_{\text{세전영업현금흐름의 세후금액}} + \underbrace{₩30,000 \times 30\%}_{\text{감가상각비감세효과}} = ₩44,000$$

2. 법인세까지 고려된 투자진행단계별 현금흐름

투자진행단계별 현금흐름(법인세 고려) (단위 : ₩)

	0	1	2	3
① 투자시점에서의 현금흐름				
신기계 구입가액	(95,000)			
운전자본소요액	(5,000)			
② 영업활동에 의한 순현금흐름		44,000	44,000	44,000
③ 투자종료시점에서의 현금흐름				
신기계 처분가액				3,600*
운전자본회수액				5,000
	(100,000)	44,000	44,000	52,600

$$* \text{ 유형자산처분 } ₩3,000(\text{처분가치}) + \underbrace{₩2,000(\text{처분손실}) \times 30\%}_{\text{처분손실의 감세효과}} = ₩3,600$$

제 3 절 투자의사결정모형

자본예산에서 여러 투자안 중에서 최적의 투자안을 선택하기 위해서는 적절한 기준으로 투자안들을 비교해서 가장 좋은 투자안을 선택한다. 이때 사용하는 기준이 투자의사결정모형이다. 즉, '투자의사결정모형(investment decision model)'이란 최적투자안을 선택할 때 사용되는 기법으로 ① 순현재가치법, ② 내부수익률법, ③ 회수기간법, ④ 회계적이익률법이 있다. 이 중에서 순현재가치법과 내부수익률법은 화폐의 시간가치를 고려하여 투자안의 경제성을 분석하는 기법으로 '현금흐름할인모형(DCF method : discounted cashflow method)'이라고 한다. 반면에 회수기간법과 회계적이익률법은 화폐의 시간가치를 고려하지 않는 기법으로 전통적인 모형이라고 한다. 동일한 투자안에 대해서 네 가지 분석기법은 서로 다른 결론을 도출할 수도 있는데 이론적으로 볼 때 전통적인 모형보다는 현금흐름할인모형이 보다 우월한 분석방법이다.

투자의사결정모형

현금흐름할인모형 (화폐의 시간가치 고려)	전통적인 모형 (화폐의 시간가치고려하지 않음)
① 순현재가치법	③ 회수기간법
② 내부수익률법	④ 회계적이익률법

1. 순현재가치법

'순현재가치법(NPV method : net present value method)'은 투자안의 순현재가치를 구하여 투자안을 평가하는 분석방법이다. 순현재가치란 투자안으로부터 예상되는 현금유입액의 현재가치에서 초기 투자액을 포함한 현금유출액의 현재가치를 차감한 값을 의미한다. 순현재가치는 다음의 계산식에 의해서 산출할 수 있는데, 여기서 CF_t는 t시점의 순현금유입액을, CF_0는 초기 투자금액을 의미한다.

$$\text{순현재가치(NPV)} = \underbrace{\sum_{t=1}^{n} \frac{CF_t}{(1+k)^t}}_{\text{현금흐름의 현재가치}} - \underbrace{CF_0}_{\text{투자액}}$$

위의 계산식에서 현재가치를 계산하기 위한 할인률 k는 투자안을 수락하기 위하여 요구되는 최저요구수익률(minimum required rate of return)로서 투자에 필요한 자금을 조달하는 데 소요된 자본비용을 의미한다. 타인자본과 자기자본이 함께 조달된 경우 타인자본비용과 자기자본비용을 가중평균하여 할인률을 산출하므로 이를 가중평균자본비용(weighted average cost of capital)이라고도 하는데, 그 결정방법에 대해서는 제15장 투자중심점 성과평가와 대체가격부분에서 개략적인 설명을 하고 있으므로 순현재가치법에서는 주어진 자본비용을 이용해 순현재가치를 구하는 데 중점을 두기로 한다.

예제[12-2] 순현재가치(NPV)－운전자본소요액이 있는 경우

[공통예제]의 자료를 토대로 신기계구입안에 대한 순현재가치(NPV)를 계산하시오. 단, 법인세율은 30%이고, 기계장치의 처분가치는 ₩3,000이며 자본비용(최저요구수익률)은 10%이다(연 10%, 3년 현가계수 : 0.7513, 연금현가계수 : 2.4869).

해답

순현재가치(NPV) = −₩100,000 + ₩44,000 × 2.4869 + ₩8,600 × 0.7513 = ₩15,885

(−₩100,000: 투자액 / ₩44,000 × 2.4869 + ₩8,600 × 0.7513: 현금유입액의 현재가치)

(1) 순현재가치법의 의사결정방법

순현재가치법을 적용해서 최적의 투자안을 선택하게 되면 단일투자안의 경우는 투자안의 순현재가치가 0보다 크면 투자안이 수익성이 있는 것으로 판단되어 투자안을 채택하고 0보다 작으면 그 투자안은 기각된다.

한편, 상호배타적인 여러 투자안이 존재하는 경우에도 순현재가치법에 따라 최적투자안을 선택한다. 복수투자안의 경우는 양의 NPV값을 갖는 여러 투자대안 중에서 NPV값이 가장 큰 투자안이 선택된다.

(2) 순현재가치법의 장점

순현재가치법은 다음과 같은 장점을 가지고 있기 때문에 다른 여러 투자안 평가기법 중에서 가장 선호되는 분석방법이다.

① 화폐의 시간가치와 투자안의 수익성을 동시에 고려하면서도 내부수익률법보다 계산이 간편하다.

② 계산결과가 비율이 아닌 금액으로 산출되기 때문에 투자안 선택으로 인한 기업가치의 증가분을 쉽게 알 수 있으며 '가치의 합계원칙'이 적용된다. 즉, 복수투자안의 NPV는 그 복수투자안을 구성하는 개별투자안의 각각의 NPV를 합산한 것과 같다.

$$NPV(A+B)=NPV(A)+NPV(B)$$

③ 할인률의 조정을 통해 경제환경의 변화에 따른 투자위험의 변동을 적절히 반영할 수 있다.

④ 재투자 가정이 합리적이다. 순현재가치법에서는 기업의 최저요구수익률인 자본비용으로 재투자한다고 가정하고 자본비용을 이용하여 미래 현금흐름의 현재가치를 계산한다.

(3) 순현재가치법의 단점

순현재가치법은 다음과 같은 단점도 있으므로 순현재가치법을 사용할 때는 이를 고려해야 한다.

① 순현재가치를 계산할 때 사용하는 할인율은 자본비용을 사용하는 데 적절한 자본비용을 결정하는 것이 어렵다.

② 투자금액의 효율성보다 투자성과의 크기에 초점이 맞추어져 있어서 대규모 투자가 필요한 투자안이 소규모 투자가 필요한 투자안보다 유리하게 판단되는 경향이 있다.

(4) 수익성지수

순현재가치법과 더불어 한 가지 더 알아둘 개념으로서 '수익성지수(PI : profitability index)'라는 것이 있다. 수익성지수는 다음과 같이 구할 수 있다.

$$PI = \frac{\text{현금유입액의 현재가치}}{\text{투자액}}$$

앞의 계산식에서 알 수 있듯이 수익성지수는 투자금액 단위당 현금유입액의 현재가치를 나타내는 일종의 효율성 지표로서 NPV>0이면 PI>1이고, NPV<0이면 PI<1이 된다. 이는 규모가 상이한 여러 가지 투자대안이 있는 경우에 투자할 수 있는 자금여력에 제한이 있다면 효율성을 고려하여 수익성지수가 가장 큰 투자안에 우선순위를 두어야 한다는 개념이다. 현금유입액의 현재가치를 기준으로 투자안을 평가한다는 점에서 순현재가치법과 동일한 논리이지만 NPV의 크기보다는 투자금액 단위당 효율성을 중시한다는 점에서 차이가 있다.

예제 [12-3] 수익성지수

(주)한국은 다음과 같이 NPV>0인 투자안 A, B, C에 대한 우선순위를 검토 중이다.

	A	B	C	합 계
현금유입액의 현재가치	₩39,000	₩72,000	₩50,000	₩161,000
최초투자액	30,000	60,000	40,000	130,000
NPV	₩9,000	₩12,000	₩10,000	₩31,000

(주)한국의 현재 투자자금 여력은 ₩100,000이며 모든 투자안은 투자대상자산의 일부만을 취득하는 분할투자가 가능하고 이 경우 NPV는 투자한 금액에 비례한다고 가정한다.

요구사항

1. 순현재가치법에 의해서 투자안의 우선순위를 결정하고 이때 얻을 수 있는 NPV를 계산하시오.
2. 투자안별 수익성지수를 구하여 수익성지수에 의해서 투자우선순위를 결정하고 이때 얻을 수 있는 NPV를 계산하시오.

해답

1. 순현재가치법

투 자 안	투자금액	NPV
B	₩60,000	₩12,000
C	40,000	10,000
합 계	₩100,000	₩22,000

투자의 순위는 B>C이며 A는 투자하지 않는다. 이때 NPV는 ₩22,000이다.

2. 수익성지수

투 자 안	PI	투자금액	NPV
A	1.30	₩30,000	₩9,000
C	1.25	40,000	10,000
B	1.20	30,000	6,000*
		₩100,000	₩25,000

* B의 NPV : ₩12,000×₩30,000/₩60,000=₩6,000

투자의 순위는 A>C>B이며, 이때 NPV는 ₩25,000이다.

2. 내부수익률법

'내부수익률법(IRR method : internal rate of return method)'은 투자안의 내부수익률을 계산하여 투자안을 평가하는 분석방법이다. 내부수익률이란 투자의 수행결과로 인한 순현금흐름의 현재가치와 투자액을 일치시켜 주는 할인율을 의미한다. 다음 식을 만족시키는 할인율 IRR이 바로 내부수익률인데, 여기서 CF_t는 t시점의 순현금유입액을, CF_0는 초기 투자금액을 의미한다.

$$\underbrace{\sum_{t=1}^{n}\frac{CF_t}{(1+IRR)^t}}_{\text{현금흐름의 현재가치}} = \underbrace{CF_0}_{\text{투자액}}$$

위의 계산식은 다음과 같이 표현될 수도 있다.

$$\sum_{t=1}^{n}\frac{CF_t}{(1+IRR)^t} - CF_0 = NPV = 0$$

(1) 현가곡선과 내부수익률

내부수익률은 투자안의 순현재가치를 0으로 만드는 할인율로서 투자안으로 얻을 수 있는 수익률이다. 이를 보다 잘 이해할 수 있도록 현가곡선을 이용해서 내부수익률에 대해 살펴보자.

현가곡선이란 요구수익률과 순현재가치의 함수관계를 나타내는 그래프로 요구수익률과 순현재가치 사이에는 음의 상관관계가 나타난다. 예를 들어 예제 1의 현재가치를 계산함에 있어서 요구수익률이 0%, 5%, 10%, 15%, 20%, 25%인 경우의 순현재가치를 구하면 다음과 같다.

요구수익률과 순현재가치

요구수익률	순현재가치
0%	₩40,600
5	27,252
10	15,885
15	6,117
20	−2,338
25	−9,709

위의 표에서 알 수 있는 바와 같이 동일한 투자안이라도 요구수익률이 커지면 순현재가치는 감소하게 된다. 이와 같은 요구수익률과 순현재가치의 관계를 그래프로 나타내면 다음과 같은 곡선이 되는데 이를 현가곡선이라고 한다.

현가곡선

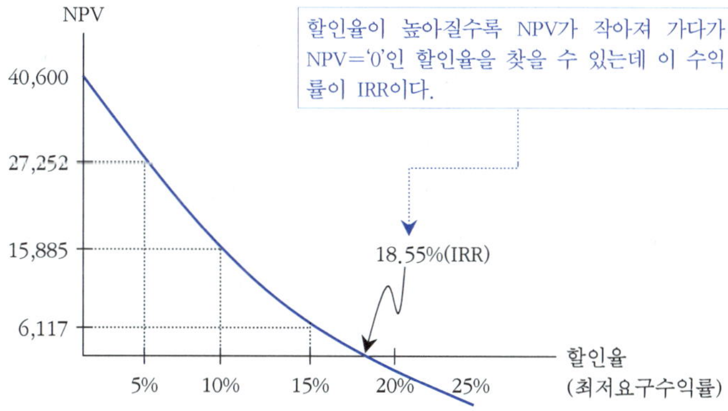

현가곡선을 분석해보면 $NPV=0$인 할인율 값이 18.55%로 파악되는데, 이 할인율이 이 투자안으로 얻을 수 있는 수익률로서 내부수익률이다. 즉, 이 투자안을 채택하는 경우 18.55%의 투자수익률을 얻을 수 있다는 의미이다.

(2) 내부수익률법의 의사결정방법

투자안에 대한 의사결정을 할 때 내부수익률법을 사용하면 높은 내부수익률을 가진 투자안일수록 우월한 투자안이다. 즉, 단일투자안일 경우 그 투자안의 내부수익률이 자본비용보다 높으면 채택되고 낮으면 기각된다. 복수의 투자안이라면 자본비용보다 높은 내부수익률을 갖는 여러 투자대안 중에서 내부수익률이 가장 높은 투자안이 선택된다.

(3) 내부수익률 계산방법

내부수익률을 계산하는 식은 2차함수 이상인 경우가 대부분으로 계산이 간단하지 않다. 따라서 컴퓨터나 공학용계산기를 사용하여 내부수익률을 구하는데 그렇지 못한 경우에는 시행착오법을 사용한다. '시행착오법(trial and error method)'이란 여러 가지 할인율을 반복적으로 대입해서 순현재가치가 0인 할인율을 찾아가는 방법으로 많은 시간과 노력이 소요된다.

한편, 내부수익률이 순현재가치값이나 현가계수와 선형의 관계라는 가정하에서, 내부수익률 근처에서 찾아진 순현재가치(혹은 현가계수)의 비율을 이용해서 내부수익률을 추정할 수도 있는데 이를 '보간법(interpolation)'이라고 한다.

예제 [12-4] 내부수익률 – 보간법

다음의 현가계수표를 이용하여 요구사항에 답하시오.

기 간	현가계수		연금현가계수		
	18%	19%	18%	19%	20%
1	0.8475	0.8403	0.8475	0.8403	0.8333
2	0.7182	0.7062	1.5657	1.5465	1.5278
3	0.6086	0.5934	2.1743	2.1399	2.1065
4	0.5158	0.4987	2.6901	2.6386	2.5887
5	0.4371	0.4190	3.1272	3.0576	2.9906

요구사항

1. [공통예제]의 법인세를 고려한 현금흐름을 기초로 [공통예제]의 내부수익률을 공학용 계산기를 이용하여 계산하시오.

2. [공통예제]의 법인세를 고려한 현금흐름을 이용해서 다음을 계산하시오.
   (1) 요구수익률 18%에서의 순현재가치
   (2) 요구수익률 19%에서의 순현재가치
   (3) 보간법을 이용한 내부수익률

3. 내용연수가 4년이고 최초투자액이 ₩159,000인 신규투자안이 매년 ₩60,000의 현금유입이 있다고 할 경우 신규투자안의 내부수익률을 연금현가를 이용한 보간법으로 계산하시오.

해답

1. 내부수익률

$$\frac{₩44,000}{(1+IRR)^1}+\frac{₩44,000}{(1+IRR)^2}+\frac{₩52,600}{(1+IRR)^3}=₩100,000$$

이 식을 풀면 [공통예제]의 내부수익률은 18.55%로 계산된다.

2. 순현재가치의 보간법
   (1) 요구수익률 18%에서의 순현재가치
   $₩44,000\times2.1743+₩8,600\times0.6086-₩100,000=₩903.16$
   (2) 요구수익률 19%에서의 순현재가치
   $₩44,000\times2.1399+₩8,600\times0.5934-₩100,000=-₩741.16$
   (3) 내부수익률 : $18\%+\dfrac{₩903.16}{₩903.16-(₩741.16)}\times1\%=18\%+\left(\dfrac{903.16}{1,644.32}\right)\%=18.549\%$

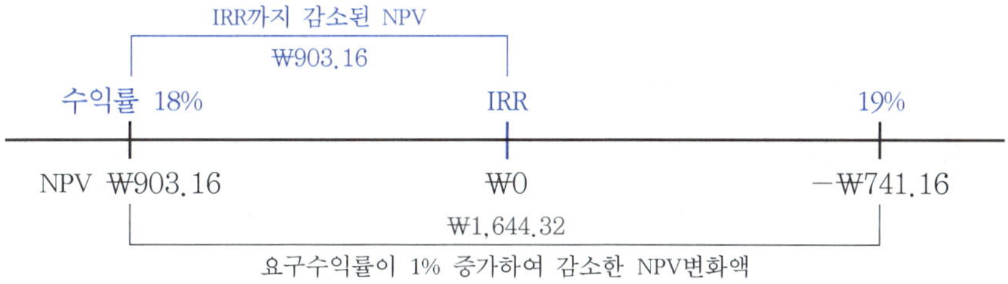

3. 연금현가를 이용한 보간법
   (1) 신규투자안의 연금현가계수를 x라고 하면,
   $₩159,000=₩60,000\times x$ $\qquad\therefore\ x=2.65$
   (2) 연금현가계수 2.65가 존재하는 구간 : 18%(2.6901)와 19%(2.6386) 사이
   (3) 내부수익률 : $18\%+\dfrac{2.6901-2.65}{2.6901-2.6386}\times1\%=18\%+\left(\dfrac{0.0401}{0.0515}\right)\%=18.78\%$

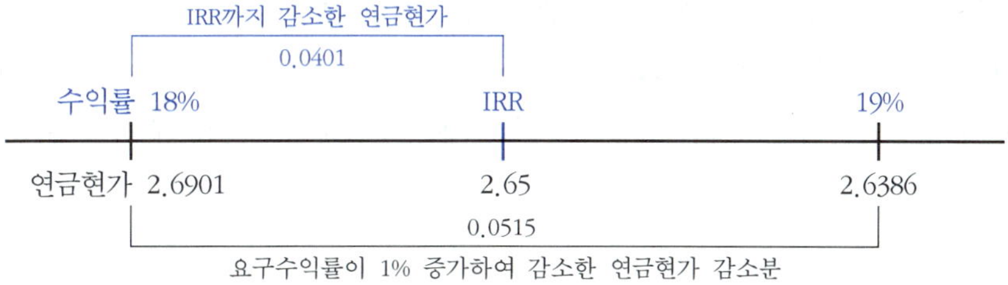

12

한편, 투자안의 내용연수가 회수기간의 2배 이상이 되면서 연간 순현금유입액이 동일한 경우에 다음과 같은 회수기간의 역수(payback reciprocal)로 내부수익률을 추정할 수 있다.

$$\text{내부수익률 측정값} = \frac{1}{\text{회수기간}} = \frac{\text{연간순현금유입액}}{\text{투자액}}$$

회수기간의 역수는 내부수익률보다 높게 계산되는데 내용연수가 길어지면 내부수익률에 수렴하게 된다. 이를 그래프로 살펴보면 다음과 같다.

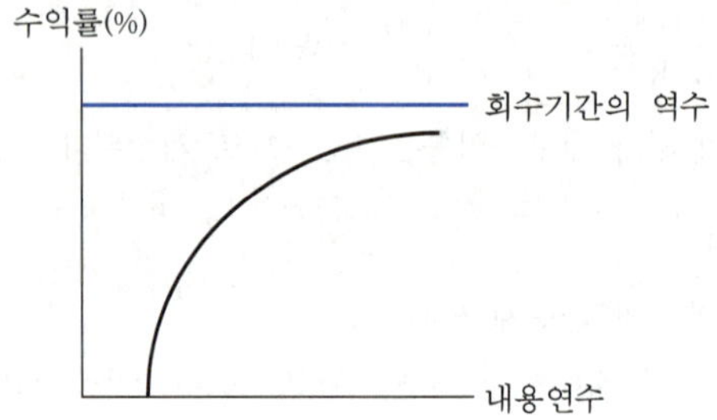

(4) 내부수익률법의 장단점

내부수익률법의 장점은 순현재가치법과 마찬가지로 ① 화폐의 시간가치와 ② 투자안의 수익성을 모두 고려한다는 점이 있지만 다음과 같은 단점도 있다.

① 현금흐름의 양상에 따라 내부수익률이 존재하지 않거나 복수의 내부수익률이 존재할 경우도 있어서 투자안 평가의 기준이 모호해질 수 있다. 예를 들어 최초투자액이 ₩8,000이고 1년 후에 ₩50,000의 현금유입이, 2년 후에 ₩50,000의 현금유출이 일어난다면 내부수익률은 25%와 400% 두 개가 된다.

② 내부수익률법에서는 투자기간 동안의 현금유입액이 내부수익률로 재투자된다는 가정이 전제되어 있는데 이러한 가정은 지나치게 낙관적이다. 예를 들어 투자기간이 3년이고 내부수익률이 20%인 투자안 A와 투자기간이 5년이고 내부수익률이 18%인 투자안 B가 있다면 내부수익률법은 투자안 A를 선택할텐데 이는 3년 후 동일한 내부수익률을 갖는 투자안이 계속 존재할 것이라는 가정에 기초한 것이다. 하지만 현실적으로 동일한 내부수익률을 보장하는 투자기회가 미래에도 계속 존재하는 것은 아니다.

③ 내부수익률을 구하는데 어려움이 있다. 시행착오법과 보간법을 병행하면서 근사치를 추정할 수밖에 없는데 근래에는 컴퓨터가 이 문제를 해결해 주기 때문에 사실 큰 의미는 없다.

(5) 순현재가치법과 내부수익률법의 비교

순현재가치법과 내부수익률법은 화폐의 시간가치와 투자안의 수익성을 모두 고려한 투자의 사결정모형으로서 이론적으로 우수한 분석방법이다. 하지만 이 두 가지 방법은 다음과 같은 차이점을 갖고 있다.

순현재가치법	내부수익률법
계산이 간편하다.	계산이 복잡하다.
최저요구수익률(자본비용)로 재투자된다고 가정하여 합리적이다.	내부수익률로 재투자된다고 가정하므로 지나치게 낙관적이다.
계산결과가 금액으로 산출되며 가치의 합계원칙이 적용된다.	계산결과가 비율로 산출되기 때문에 가치의 합계원칙을 적용할 수 없다.

일반적으로 단일투자안을 평가할 때는 순현재가치법과 내부수익률법이 동일한 결과를 가져온다. 즉, 내부수익률이 자본비용보다 큰 경우에는 순현재가치도 0보다 큰 값을 갖고, 내부수익률이 자본비용보다 작은 경우에는 순현재가치도 0보다 작은 값을 갖는다. 그러나 둘 이상의 상호 독립적인 투자안의 우선순위를 평가한다거나 상호 배타적인 투자안을 평가할 때는 경우에 따라 순현재가치법과 내부수익률법이 서로 다른 결과를 도출할 수도 있다.

예를 들어서 ① 투자안들의 규모가 서로 다른 경우, ② 투자안들의 규모가 같더라도 내용연수가 현저히 다른 경우, ③ 투자규모와 투자수명이 서로 같더라도 현금흐름의 양상이 현저히 다른 경우에 두 가지 방법이 서로 다른 결론을 도출할 수도 있다. 이처럼 순현재가치법과 내부수익률법이 서로 다른 결과를 도출하는 경우에는 재투자가정이 합리적인 순현재가치법의 평가결과를 따르는 것이 이론적으로 타당하다.

12

3. 회수기간법

'회수기간법(payback period method)'은 투자액의 회수기간을 구하여 투자안을 평가하는 방법이다. 회수기간이란 투자안의 집행을 위해 지출한 투자액을 영업활동을 통해 회수하는 데 소요되는 기간을 의미하는 것으로서 결국 회수기간법은 회수기간이 짧을수록 우수한 투자안이라는 기본사고가 내포되어 있는 것이다. 매년 순현금유입액이 균등한 경우에는 회수기간은 다음과 같이 간단하게 구할 수 있다.

$$\text{회수기간} = \frac{\text{투자액}}{\text{연간순현금유입액}}$$

그러나 연간순현금유입액이 매년 균등하다는 것은 일반적인 가정은 아니므로 회수기간은 다음 식을 만족시키는 T라고 정의하는 것이 보다 일반적이다. 이때 CF_t는 t시점의 순현금유입액을, CF_0는 초기 투자금액을 의미한다.

$$\sum_{t=1}^{T} CF_t = CF_0$$

회수기간을 구할 때에는 현금흐름이 매기간말 시점에서 발생하는 것이 아니라 연중 평균적으로 발생한다고 가정하기 때문에 위 계산식의 T값은 반드시 정수값만을 갖는 것은 아니다. 이는 초기 투자금액을 모두 회수하는 시점이 회계기간의 중간일 수도 있다는 의미이다.

예제 [12-5] 회수기간

나무상사는 ₩250,000의 새로운 기계를 구입하려고 한다. 이 기계의 내용연수는 4년으로 추정된다.

요구사항

1. 매년 ₩80,000의 순현금유입액이 예상될 경우 회수기간을 구하시오.
2. 다음과 같은 순현금유입이 예상될 경우 회수기간을 구하시오.

연 도	순현금유입액	누적액
1	₩90,000	₩90,000
2	80,000	170,000
3	60,000	230,000
4	50,000	280,000

해답

1. 회수기간

$$\frac{₩250,000}{₩80,000} = 3.125년$$

2. 3~4년 사이에 누적순현금유입액과 투자액이 동일해지므로 회수기간은 다음과 같다.

$$3년 + \frac{₩250,000 - ₩230,000}{₩50,000} = 3.4년$$

(1) 회수기간법의 의사결정방법

회수기간법에 따르면 초기투자액을 조기에 회수할수록, 즉 회수기간이 짧은 투자안일수록 우월한 투자안으로 평가된다. 즉, 단일 투자안이라면 그 투자안의 회수기간이 기업 내부에서 기준으로 정한 회수기간보다 짧으면 채택되고 기준회수기간보다 길면 기각된다. 복수의 투자안 중에서 선택해야 하는 경우라면 기준회수기간보다 짧은 회수기간을 갖는 여러 가지 대안 중에서 회수기간이 가장 짧은 투자안이 채택된다.

(2) 회수기간법의 장단점

회수기간법은 유동성을 중시하는 기업에 있어서 유용한 방법으로 다음과 같은 장점이 있다.

① 이해하기 쉽고 계산이 간편하다.

② 자금의 유동성이 부족한 기업에서 유용하다. 회수기간법은 수익성보다는 유동성이 중요하므로 회수기간이 짧은 투자안은 유동성이 보다 높은 투자안이다.

② 투자위험이 높은 투자의사결정에 유용하다. 사업위험이 높은 경우에는 수익성보다는 투자원금의 회수가 중요하므로 회수기간법이 유용하다.

그러나 회수기간법은 다음과 같은 단점이 있으므로 투자분석을 할 때 회수기간법만을 사용하는 것보다는 복잡한 투자분석을 하기 전에 예비적인 심사과정에 사용하는 것이 바람직하다. 12

① 화폐의 시간가치를 고려하지 않는다. 투자의사결정은 그 영향이 장기간에 발생하므로 현금흐름이 언제 발생하는가에 따라서 현재가치가 크게 달라지는데 이를 고려하지 않는다.

② 투자액이 회수되는 시점까지의 현금흐름만 고려할 뿐 회수기간 이후의 현금흐름은 무시한다. 투자안에 대한 분석은 투자기간 전체의 수익성을 검토해야 함에도 불구하고 회수기간 내의 현금흐름만을 고려하므로 잘못된 의사결정을 내리게 될 수도 있다.

③ 투자안의 수익성을 고려하지 않고 시간적인 관점에서만 투자안을 평가한다. 즉 회수기간이 짧다고 해서 반드시 그 투자안이 수익성이 높은 것은 아니므로 투자안에 대한 분석은 수익성과 위험을 모두 고려하여 이루어져야 한다.

(3) 손실회피회수기간

'손실회피회수기간(bail-out payback period)'은 연간순현금유입액을 계산할 때 투자대상자산의 중도처분에 따른 현금유입액까지도 고려한 회수기간을 의미하며 '긴급회수기간'이라고도 한다. 이러한 손실회피회수기간을 적용하면 투자대상자산의 중도처분을 고려하기 때문에 투자기회의 이용가능성을 항상 검토할 수 있다는 이점이 있다.

예제 [12-6] 손실회피회수기간(긴급회수기간)

나무상사는 새로운 기계를 구입하고자 한다. 이 기계의 취득원가는 ₩250,000이고 내용연수는 4년이다. 이 기계의 구입으로 매년 ₩80,000의 현금유입이 예상된다. 새로운 기계의 매기말 처분가치는 다음과 같이 예상된다.

연 도	처분가치
1	₩120,000
2	90,000
3	40,000
4	10,000

요구사항

새로운 기계를 구입하는 투자안의 손실회피회수기간을 구하시오.

해답

손실회피회수기간은 '누적순현금유입액+처분가치=투자액'인 기간이다.

연 도	누적순현금유입액	처분가치	합 계
1	₩80,000	₩120,000	₩200,000
2	160,000	90,000	250,000 ← 투자액 회수
3	240,000	40,000	280,000
4	320,000	10,000	330,000

이 투자안의 투자액은 ₩250,000이므로 손실회피회수기간은 2년이다.

(4) 손익분기기간법

'손익분기기간법'은 투자안의 손익분기기간을 산정하여 투자안을 평가하는 기법인데, 여기서 손익분기기간(BET method : break even time method)이란 경영자가 신제품의 개발을 위해 투자안을 승인한 시점을 기준으로 해서 투자안의 예상현금유입액의 현재가치와 예상현금유출액의 현재가치가 일치하게 되는 시점까지의 기간을 말한다. 손익분기기간법은 회수기간법과 유사하면서도 화폐의 시간가치를 고려하지 못하는 회수기간법의 단점을 보완한 방법이다.

$$\text{손익분기기간} = \frac{\text{현금유출액의 현재가치}}{\text{연간 현금유입액의 현재가치}}$$

손익분기기간을 계산할 때 주의할 점은 현금흐름할인의 기준시점이 최초 투자액의 지출시점이 아니라 경영자가 투자안을 승인한 시점이라는 점이다. 손익분기기간법은 주로 신제품 개발에 대한 단서를 얼마나 빨리 수익성 있는 제품으로 전환하여 투자액을 회수할 것인지를 평가하는 데 사용하기 때문에 투자안의 승인시점을 기준으로 기간을 계산한다. 제품개발이 지연되면 손익분기기간이 길어지므로 경영자로 하여금 신속하게 제품을 개발하도록 유도하는 역할을 하는 것이다.

예제 [12-7] 손익분기기간

HP사는 신형 CPU의 개발을 검토하고 있다. 경영자는 20×1년 12월 31일까지는 신형 CPU개발의 투자 여부를 판단하여 투자안 조사팀을 구성하려고 한다. 20×1년 12월 31일까지 투자가 승인되면 다음과 같은 현금흐름이 예상된다.

(단위 : 억원)

연도(기간)	현가계수(14%)	현금흐름의 내용	현금유출액	현금유입액
20×2년 초(0)	1.000	–	–	–
20×2년 말(1)	0.877	신제품 개발비용	(1,000)	
20×3년 말(2)	0.769	신규설비투자비용	(11,000)	
20×4년 말(3)	0.675	신제품 판매		5,000
20×5년 말(4)	0.592	신제품 판매		9,000
20×6년 말(5)	0.519	신제품 판매		10,000
20×7년 말(6)	0.456	신제품 판매		3,000
20×7년 말(7)	0.456	신규설비처분		2,000

12

요구사항

HP사가 이 신형 CPU 개발안에 대하여 요구하는 수익률이 14%일 때 손익분기기간을 계산하시오.

해답

손익분기기간은 '예상현금유출액의 현재가치=예상현금유입액의 현재가치'인 기간이다.

		현금유출액의 현재가치			현금유입액의 현재가치		
연 도	현가계수	유출액	현재가치	누적현재가치	유입액	현재가치	누적현재가치
20×2년 초	1.000	–	–	–			
20×2년 말	0.877	(1,000)	(877)	(877)			
20×3년 말	0.769	(11,000)	(8,459)	(9,336)			
20×4년 말	0.675			(9,336)	5,000	3,375	3,375
20×5년 말	0.592			(9,336)	9,000	5,328	8,703
20×6년 말	0.519			(9,336)	10,000	5,190	13,893
20×7년 말	0.456			(9,336)	3,000	1,368	15,261
20×7년 말	0.456			(9,336)	2,000	912	16,173

현금유출액의 누적현재가치 9,336억원과 현금유입액의 누적현재가치가 동일해지는 기간은 20×5년 말(4년)과 20×6년 말(5년) 사이에 존재한다.

$$\text{손익분기기간 : 4년} + \frac{\text{9,336억원} - \text{8,703억원}}{\text{5,190억원}} = \text{4.12년}$$

일반적으로 손익분기기간은 회수기간보다 길어지는데 그 이유는 다음과 같다.

① 회수기간은 계산시점이 최초투자가 이루어진 시점인 반면 손익분기기간은 계산시점이 경영자가 투자안을 승인한 시점이기 때문이다.

② 회수기간은 화폐의 시간가치를 고려하지 않지만 손익분기기간은 화폐의 시간가치를 고려하여 미래의 현금흐름을 할인하여 기간을 산출하기 때문이다.

손익분기기간법은 회수기간법의 장점과 더불어 화폐의 시간가치까지도 고려하며 경영자의 신속한 제품개발을 유도하는 역할을 수행한다는 장점이 있는 반면에, 손익분기기간 이후의 현금흐름을 무시하는 회수기간법의 단점 또한 여전히 내포하고 있다.

4. 회계적이익률법

'회계적이익률법(ARR method : accounting rate of return method)'은 재무제표상의 순이익을 기준으로 투자수익률을 산출하여 투자안의 경제성을 평가하는 방법이다. 회계적이익률법은 투자의사결기법으로서는 예외적으로 현금흐름이 아닌 회계상의 이익을 사용한다.

회계적이익률이란 대상 투자안의 채택으로 인하여 증가하는 연평균순이익을 최초투자액 또는 평균투자액으로 나눈 값을 의미한다.

$$\text{회계적이익률(ARR)} = \frac{\text{연평균순이익}}{\text{최초(또는 평균)투자액}}$$

이 계산식에서 분모의 투자액은 최초투자액이나 평균투자액을 모두 사용할 수 있는데, 평균투자액은 최초투자액과 잔존가치의 산술평균값을 의미한다. 여기에는 취득한 설비를 그 설비의 내용연수 동안 평균적으로 사용한다는 가정이 전제되어 있다.

$$\text{평균투자액} = \frac{\text{최초투자액} + \text{잔존가치}}{2}$$

또한 분자의 연평균순이익은 당해 투자안을 채택함으로 인해 투자안의 내용연수 동안 매기간 증가하는 회계적순이익의 평균값이다. 회계적순이익은 발생주의에 근거하여 산출된 순이익을 의미하므로 내용연수 동안의 현금흐름증가액에서 감가상각비와 법인세가 차감된 후의 금액을 사용하여야 한다. 그리고 투자로 인한 순이익의 증가분을 투자기간에 걸쳐 평균하여 산출하기 때문에 결과적으로 회계적이익률은 정액법이나 정률법같은 감가상각방법에 영향을 받지 않는다.

예제 [12-8] 회계적이익률(ARR)

나무회사는 ₩200,000의 신기계를 구입하려고 한다. 신기계의 내용연수는 4년이고 잔존가치는 취득원가의 10%이다. 신기계의 구입으로 인하여 예상되는 영업현금흐름은 다음과 같다.

연 도	연간순현금흐름
1	₩74,000
2	74,000
3	60,000
4	60,000

요구사항

최초투자액과 평균투자액에 대한 회계적이익률을 각각 구하시오.

12

해답

연평균순현금흐름 : ₩268,000÷4년=₩67,000

연평균감가상각비 : (₩200,000−₩20,000)÷4년=₩45,000

최초투자액 : ₩200,000

평균투자액 : $\frac{₩200,000+₩20,000}{2}$=₩110,000

1. 최초투자액에 대한 회계적이익률

$$\frac{₩67,000-₩45,000=₩22,000}{₩200,000(\text{최초투자액})}=11\%$$

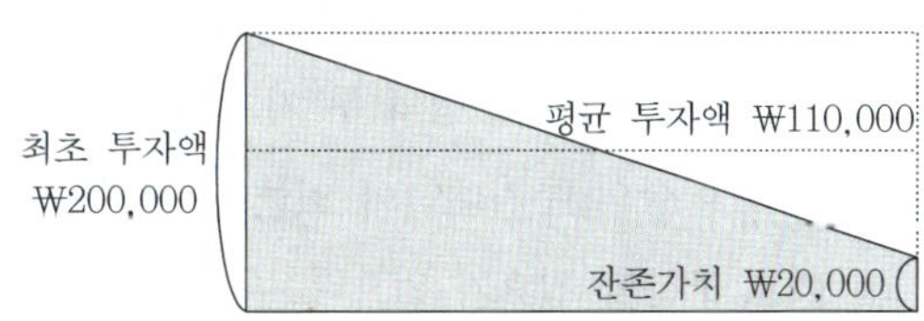

2. 평균투자액에 대한 회계적이익률

$$\frac{₩67,000-₩45,000=₩22,000}{₩110,000(\text{평균투자액})}=20\%$$

(1) 회계적이익률법의 의사결정방법

투자안에 대한 의사결정을 할 때 회계적이익률법을 사용하면 높은 이익률을 가진 투자안일수록 우월한 투자안이다. 즉, 단일투자안일 경우 그 투자안의 회계적이익률이 목표이익률보다 높으면 채택되고 낮으면 기각된다. 복수의 투자안이라면 목표이익률보다 높은 회계적이익률을 갖는 여러 투자대안 중에서 회계적이익률이 가장 높은 투자안이 선택된다.

(2) 회계적이익률법의 장단점

회계적이익률법은 ① 이해가 쉽고 계산이 간편하며 ② 필요한 자료를 재무제표에서 쉽게 확보할 수 있으며 ③ 투자안의 수익성평가와 성과평가에 일관성이 있다는 장점이 있다. 그러나 현금흐름이 아닌 발생주의에 근거한 순이익을 분석대상으로 하기 때문에 ① 순이익을 측정하는 과정에서 발생할 수 있는 회계처리의 문제점을 여전히 내포하고 있으며 결정적으로 ② 화폐의 시간가치를 고려하지 않는다는 단점이 있다. 이러한 이유로 투자안의 수익성을 개략적으로 파악하는 정도로만 이용되고 있다.

제 4 절 설비대체의사결정

투자의사결정의 대표적인 사례가 설비대체사례이다. 설비대체란 기존에 사용하고 있던 구기계를 처분하고 신기계를 구입할 것인지, 아니면 기존의 기계를 계속 사용할 것인지 여부에 대한 의사결정을 말하며 여기에서는 순현재가치법에 따라 분석하는 방법에 대해 살펴보도록 하자.

1. 법인세가 없는 경우

설비대체 투자안을 평가할 때에는 제10장 관련원가와 의사결정에서 살펴본 바와 같이 총액접근법과 증분접근법의 두 가지 방법에 의해 순현재가치를 산출할 수 있다. 총액접근법은 세 가지 이상의 투자대안이 있는 경우에도 사용가능하고 투자대안간의 관련수익과 관련원가를 따로 구분할 필요가 없으나 투자대안별 NPV를 모두 산출해야 하는 번거로움이 있다. 반면에 증분접근법은 하나의 NPV만 구하면 되지만 세 개 이상의 투자대안이 있는 경우에는 적용이 곤란하고 투자대안간의 관련수익과 관련원가를 분석해야 한다는 단점이 있다.

한편, 총액접근법에 따라 두 가지 투자안의 현금흐름과 NPV를 각각 구하고 그 차이를 계산하면 이는 증분접근법에 의한 결과와 금액이 일치한다. 다음의 예제를 통해 총액접근법과 증분접근법의 현금흐름을 비교해 보도록 하겠다.

예제[12-9] 설비대체 의사결정

나무산업은 현재 운영중인 생산라인의 기계장치를 새로운 기계로 대체하는 투자안을 고려하고 있다. 기존기계와 신기계에 대한 정보를 수집한 결과는 다음과 같다.

	기존기계	신기계
취득원가	₩200,000	₩180,000
총내용연수	6년	3년
잔존내용연수	3년	3년
추정처분가치		
현재	₩80,000	–
3년후	15,000	30,000

두 기계의 잔존가치는 취득원가의 10%이며, 정액법으로 감가상각하고 있고 투자기간 동안의 영업이익 자료는 다음과 같다.

	기존기계		신기계	
매출액		₩600,000		₩730,000
변동원가		400,000		450,000
공헌이익		₩200,000		₩280,000
고정원가				
감가상각비	₩30,000		₩54,000	
기타고정원가	80,000	110,000	100,000	154,000
영업이익		₩90,000		₩126,000

요구사항

연 10%의 최저요구수익률에 의한 순현재가치법(NPV법)을 이용하여 다음 방법에 따라 신기계의 구입 여부를 결정하시오(연 10%, 3년 현가계수 : 0.7513, 연금현가계수 : 2.4869).

1. 총액접근법
2. 증분접근법

해답

1. 총액접근법

(1) 신기계로 대체할 경우의 현금흐름 (단위 : ₩)

	0	1	2	3
① 영업활동에 의한 순현금흐름		180,000*	180,000*	180,000*
② 신기계 구입	(180,000)			
③ 신기계 처분				30,000
④ 구기계 처분(현재)	80,000			

* 현금유입액(매출액)	₩730,000
현금유출액(변동원가와 기타고정원가)	550,000
영업활동에 의한 순현금흐름	₩180,000

NPV = −₩100,000 + ₩180,000 × 2.4869 + ₩30,000 × 0.7513 = ₩370,181

(2) 기존기계를 계속 사용할 경우의 현금흐름 (단위 : ₩)

	0	1	2	3
① 영업활동에 의한 순현금흐름*		120,000	120,000	120,000
② 기존기계 처분(3년 후)				15,000

* 현금유입액(매출액)	₩600,000
현금유출액(변동원가와 기타고정원가)	480,000
영업활동에 의한 순현금흐름	₩120,000

NPV = ₩120,000 × 2.4869 + ₩15,000 × 0.7513 = ₩309,697.5

(3) 신기계로 대체할 경우의 순현가가 구기계를 계속 사용할 경우의 순현가보다 ₩60,483.5만큼 더 크므로 신기계를 구입해야 한다.

2. 증분접근법

(1) 신기계로 대체할 경우의 증분현금흐름 (단위 : ₩)

	0	1	2	3
① 영업활동에 의한 순현금흐름		60,000*	60,000*	60,000*
② 신기계 구입	(180,000)			
③ 신기계 처분				30,000
④ 구기계 처분(현재)	80,000			
⑤ 구기계 처분(3년 후)				(15,000)

* 현금유입증가분(매출액의 증가)	₩130,000
현금유출증가분(변동원가와 기타고정원가의 증가)	70,000
영업활동에 의한 증분순현금흐름	₩60,000

NPV = −₩100,000 + ₩60,000 × 2.4869 + ₩15,000 × 0.7513 = ₩60,483.5

(2) 신기계로 대체할 경우의 증분현금흐름의 순현재가치가 ₩60,483.5이므로 신기계를 구입해야 한다.

여기서 한 가지 주의할 점은 구기계를 처분하고 신기계를 구입하는 대체투자안에 대해 증분접근법에 의해서 NPV를 구할 때에는 **신기계 구입시점에서의 구기계 처분가액은 현금유입으로, 동시에 투자종료시점에서의 구기계 처분가액은 현금유출로 처리해야 한다**는 점이다. 신기계 구입시점, 즉 투자시점에서 구기계를 처분함으로 인해 투자종료시점에서 구기계를 처분할 수

있는 기회를 상실하게 되며, 이는 투자종료시점에서 구기계를 처분하여 얻을 수 있는 현금유입액을 포기해야 하는 기회원가이기 때문이다.

2. 법인세가 있는 경우

법인세가 존재한다는 전제하에서 NPV를 구하는 경우에는 본 장의 제1절에서 살펴본 바와 같이 법인세가 현금흐름에 미치는 영향을 주가적으로 고려해야 한다. 즉, 감가상각비의 감세효과와 유형자산처분차손이나 처분차익에 따른 법인세효과가 현금흐름에 추가적으로 반영되어야 한다.

예제 [12-10] 설비대체의사결정(법인세 존재)

[예제 12-9]와 모든 조건은 동일하다고 가정하되, 법인세율이 40%라는 조건이 추가될 경우 신기계 구입 여부를 결정하시오.

해답

1. 총액접근법

(1) 신기계로 대체할 경우의 현금흐름 (단위 : ₩)

	0	1	2	3
① 영업활동에 의한 순현금흐름		129,600*1	129,600	129,600
② 신기계 구입	(180,000)			
③ 신기계 처분				25,200*2
④ 구기계 처분(현재)	92,000*3			

*1. 순현금흐름 : ₩180,000(세전영업현금흐름)×(1−0.4)+₩54,000×0.4(감가상각비감세효과)=₩129,600

2. 처분차익 : ₩30,000(처분가치)−₩18,000(장부가치)=₩12,000

현금유입액 : ₩30,000(처분가치)−₩12,000×0.4(처분차익의 세금효과)=₩25,200

3. 구기계의 장부가치 : ₩200,000(취득원가)−(₩30,000×3년)(감가상각누계액)=₩110,000

처분차손 : ₩80,000(처분가치)−₩110,000(장부가치)=₩30,000

현금유입액 : ₩80,000(처분가치)+₩30,000×0.4(처분차손의 감세효과)=₩92,000

NPV=−₩88,000+₩129,600×2.4869+₩25,200×0.7513=₩253,235

(2) 기존기계를 계속 사용할 경우의 현금흐름 (단위 : ₩)

	0	1	2	3
① 영업활동에 의한 순현금흐름		84,000[*1]	84,000	84,000
② 구기계 처분(3년 후)				17,000[*2]

*1. 순현금흐름 : ₩120,000×(1−0.4)+₩30,000×0.4=₩84,000

2. 처분차손 : ₩15,000(처분가치)−₩20,000(장부가액)=₩5,000

현금유입액 : ₩15,000(처분가치)+₩5,000×0.4(처분차손의 세금효과)=₩17,000

NPV=₩84,000×2.4869+₩17,000×0.7513=₩221,671.7

(3) 신기계로 대체할 때의 순현재가치가 기존기계를 계속사용하는 때의 순현재가치보다 ₩31,563.3 만큼 더 크기 때문에 신기계를 구입해야 한다.

2. 증분접근법

(1) 신기계로 대체할 경우의 증분현금흐름 (단위 : ₩)

	0	1	2	3
① 영업활동에 의한 순현금흐름		45,600[*1]	45,600	45,600
② 신기계 구입	(180,000)			
③ 신기계 처분				25,200[*2]
④ 구기계 처분(현재)	92,000[*3]			
⑤ 구기계 처분(3년 후)				(17,000)[*4]

*1. (₩180,000−₩120,000)(증분영업현금흐름)×(1−0.4)+(₩54,000−₩30,000)(증분감가상각비)×0.4=₩45,600

2. ₩30,000(처분가액)−₩12,000(처분차익)×0.4=₩25,200

3. ₩80,000(처분가액)+₩30,000(처분차손)×0.4=₩92,000

4. ₩15,000(처분가액)+₩5,000(처분차손)×0.4=₩17,000

NPV=−₩88,000+₩45,600×2.4869+₩8,200×0.7513=₩31,563.3

(2) 신기계로 대체하면 증분현금흐름이 ₩31,563.3이므로 신기계를 구입해야 한다.

여기서 주의할 점은 투자시점의 현금흐름을 추정할 때, 구기계처분과 관련된 처분손익의 법인세효과를 파악하기 위해서는 투자시점의 구기계장부가치를 계산해야 한다는 것이다. 예제의 경우 구기계는 취득후 3년이 경과하였으므로 감가상각누계액이 ₩90,000(₩30,000×3년)이며 장부가액은 ₩110,000(₩200,000−₩90,000)이다. 따라서 투자시점의 구기계 처분차손은 ₩30,000(₩80,000−₩110,000)이 된다.

12 연습문제

객관식 문제

01 현금흐름의 추정

현금흐름의 추정에 대한 설명이다. 틀린 것은?

① 투자시점의 현금유출액은 유형자산취득액과 운전자본소요액이다. 운전자본은 매출채권이나 재고자산등 손익이 발생하기 전에 자금이 유출되는 효과가 있는 항목들을 말한다.
② 세후 영업현금흐름은 세전영업현금흐름에서 법인세유출액을 차감해서 계산한다.
③ 감가상각비는 현금흐름을 수반하지 않는 비용이지만 감가상각비감세효과는 감가상각비가 계상되어 법인세유출이 감소하는 것으로 현금흐름에 고려해야 한다.
④ 이자비용과 배당금등의 자본비용은 현금흐름을 추정할 때 고려하지 않는다.
⑤ 투자종료시점의 현금흐름은 유형자산처분액과 처분손익을 고려해서 계산한다.

02 영업현금흐름의 추정

(주)원가에서는 신제품 개발을 위한 기계를 구입하고자 하는데, 아래 자료를 참고하여 매년의 순현금유입액을 구하시오.

신기계구입원가	₩4,000,000
추정내용년수	8년
추정 잔존가액	구입원가의 10%
매년 예상되는 증분수익	₩4,500,000
매년 예상되는 증분원가(감가상각비 제외)	₩2,650,000

감가상각방법은 정액법을 사용하고, 법인세율은 30%임
감가상각비 이외의 모든 수익과 비용은 현금으로 거래된다.
할인율은 10%를 적용한다.

① ₩840,000 ② ₩450,000 ③ ₩1,430,000
④ ₩1,290,000 ⑤ ₩1,110,000

03 순현재가치법

(주)린나이는 신제품을 생산할 기계를 도입하려고 한다. 이 기계의 원가는 ₩1,000,000이며 잔존가치는 취득원가의 10%이다. 내용연수는 3년이고 정액법으로 감가상각하며 운전자본은 ₩100,000이 필요하다. 신제품으로 인한 연간 세전영업현금흐름은 다음과 같다.

연간 예상매출액	₩1,000,000
연간 예상현금유출비용	400,000
연간 예상현금흐름	₩600,000

신기계의 처분가치는 잔존가액과 동일하며 법인세율은 30%이고 요구수익률이 10%라면 신기계구입의 순현재가치는 얼마인가? 10%, 3년 연금현가 : 2.487, 10%, 3년 현가 : 0.751)

① ₩168,660 ② ₩196,640 ③ ₩226,380
④ ₩243,960 ⑤ ₩318,570

04 설비대체 순현재가치

안세병원은 신형 레이저 장비의 도입 여부를 판단하려고 한다. 이 장치의 취득원가는 ₩373,890이고 추가적인 순운전자본소요액은 ₩10,000이다. 구형 레이저 장비는 지금 처분하면 ₩3,790에 처분할 수 있으며 5년 뒤에는 ₩1,000에 처분할 수 있다. 신형 레이저 장비의 내용연수는 5년이고 4차 연도까지는 연간 ₩100,000의 현금지출운영비 절감효과가 있으며 5차 연도에는 ₩91,000의 운영비 절감효과가 있다. 요구수익률이 8%라면 신형 레이저 장비의 NPV는 얼마인가? (법인세는 없다고 가정한다) (8%, 5년 연금현가 : 3.993, 8%, 5년 현가 : 0.681)

① ₩20,200 ② ₩19,200 ③ ₩27,010
④ ₩399,300 ⑤ ₩392,490

05 순현재가치법에 의한 투자의사결정

(주)원가는 취득원가 ₩379,000의 신기계 구입여부를 결정하려고 한다. 신기계는 내용연수가 5년이고 잔존가치는 없으며 정액법으로 상각될 예정이다. 구기계는 감가상각이 완료되었으나 5년간은 더 사용가능하다. 구기계와 신기계를 이용하여 생산되는 제품에 관련된 자료는 다음과 같다.

	신 기 계	구 기 계
단위당 판매가격	₩500	₩500
단위당 변동원가	320	350
단위당 공헌이익	₩180	₩150
연간 고정원가(감가상각비 제외)	₩740,000	₩600,000

(주)원가의 최저요구수익률은 10%이며 순현재가치법에 의해 투자의사결정을 한다고 할 때 신기계를 구입하는 것이 유리하도록 하기 위한 최소한의 연간 제품판매량은 얼마인가? (10%, 5년 연금현가 3.79)

① 5,000단위 ② 8,000단위 ③ 10,000단위
④ 12,530단위 ⑤ 13,130단위

06 IRR 보간법

(주)광안은 자동화설비를 ₩49,000에 구입하려고 한다. 이 회사의 원가담당자는 설비를 도입함으로써 다음과 같은 현금운영비가 절감될 것으로 예상하고 있다. 이때 내부수익률은 얼마인가?

연 도	금 액
1차 연도	₩20,000
2차 연도	20,000
3차 연도	20,000

연금의 현가표(n=3)			
8%	9%	10%	11%
2.577	2.531	2.487	2.444

① 9.17% ② 9.50% ③ 9.70%
④ 10.17% ⑤ 10.86%

07 순현재가치와 내부수익률

봉은사는 장비가 구입된다면 세후현금흐름으로 연간 ₩20,000이 절감될 수 있는 원가 ₩100,000인 장비의 구입을 협상하고 있다. 장비의 추정내용연수는 10년이고 잔존가치는 없으며 정액법으로 상각된다. 봉은사의 미리 결정된 요구수익률은 12%이며 연금현가계수가 다음과 같을 때 이 투자안의 순현재가치를 구하고 내부수익률이 존재하는 구간을 추정하시오.

할인율	12%	13%	14%	15%	16%	17%
10년 연금현가계수	5.65	5.43	5.22	5.02	4.83	4.66

	순현재가치	내부수익률 존재구간
①	₩10,000	12%~13%
②	12,000	13%~14%
③	12,000	14%~15%
④	13,000	15%~16%
⑤	13,000	16%~17%

12

08 순현재가치법과 내부수익률법 비교 (2005. 세무사)

다음 중 자본예산을 위해 사용되는 순현가법(NPV)과 내부수익률법(IRR)에 대한 설명으로 옳은 것은?

① 내부수익률법은 복리계산을 하지 않으므로 순현가법보다 열등하다.

② 특정 투자안의 수락 타당성에 대해 두 방법은 일반적으로 다른 결론을 제공한다.

③ 내부수익률법은 현금이 할인율이 아닌, 내부수익률에 의해 재투자된다고 가정한다.

④ 내부수익률법은 순현가법과 달리, 여러 가지 수준의 요구수익률을 사용하여 분석할 수 있으므로 더 우수하다.

⑤ 순현가법은 분석 시점에 초기 투자액이 없는 경우에는 사용할 수 없다.

09 현금흐름할인모형

내부수익률법과 순현재가치법에 대한 설명 중에서 옳지 않은 것은?

① 내부수익률은 투자안의 내용연수 동안의 평균수익률이다.

② 순현재가치법에 의한 투자안 평가결론과 내부수익률법에 의한 투자안 평가결론이 항상 일치하는 것은 아니다.

③ 다른 조건은 모두 동일하고 최초투자액만 A가 B보다 ₩100이 크다면 A의 순현재가치는 B의 순현재가치보다 ₩100만큼 작다.

④ 내부수익률이 8%인 투자안과 내부수익률이 10%인 투자안을 동시에 집행하면 18%의 수익률을 얻을 수 있다.

⑤ 순현재가치법은 자본비용으로 재투자된다고 가정하고 내부수익률법은 내부수익률로 재투자된다고 가정한다.

10 회수기간과 회계적이익률

다음 자료에 의하여 회수기간과 평균투자액에 대한 회계적이익률을 계산하면?

(1) 신규설비 투자액은 ₩3,000,000이고 연간 수익은 ₩1,000,000이며 감가상각비를 제외한 비용은 ₩300,000이다.
(2) 법인세율은 30%이다.
(3) 신규설비의 잔존가치는 '0'이며 정액법으로 상각하고 내용연수는 6년이다.

	회수기간	회계적이익률		회수기간	회계적이익률
①	5년	21.81%	②	4년	3.6%
③	4.6875년	4.6%	④	4.6875년	9.3%
⑤	6년	6.6%			

11 회계적이익률법

다음 자료에 의하여 첫해의 평균장부가액에 의한 회계적이익률(ARR)을 계산하면?

> (1) 비영리법인이다.
> (2) 세차감후 현금유입액은 ₩650,000이다.
> (3) 최초투자액은 ₩2,000,000이고 잔존가치는 '0'이며 정액법으로 상각하고 내용연수는 5년이다.

① 13.88% ② 37.5% ③ 12.5%
④ 25% ⑤ 20%

12 투자의사결정의 분석기법

자본예산의 분석기법과 관련하여 올바르지 않은 것은?

① 순현재가치가 "0"이 되게 하는 할인율을 내부수익률이라고 한다.
② 회수기간법에서 투자안의 회수기간이 목표회수기간을 초과하는 경우 투자안을 기각한다.
③ 내부수익률법은 복수의 내부수익률이 존재할 수 있다.
④ 순현재가치법이 가장 우수한 방법으로 인정된다.
⑤ 회계적이익률법은 현금주의 모델이다.

12

해 답 Answer

01 ⑤

유형자산의 처분손익은 현금흐름을 수반하지 않으며 처분손익이 손익계산서에 계상되어 세전이익이 달라져서 법인세 유출액에 영향을 미치기 때문에 처분손익으로 인한 법인세효과를 현금흐름에 고려한다.

02 ③

매년의 순현금유입액

$\underbrace{(₩4,500,000-₩2,650,000)}_{\text{세전영업현금흐름}}\times(1-0.3)+\underbrace{₩450,000^{*}\times30\%}_{\text{감가상각비감세효과}}=₩1,430,000$

* 감가상각비(₩4,000,000₩400,000) ÷ 8 = ₩450,000

03 ⑤

(1) 1년간의 감가상각비 : $\dfrac{₩1,000,000-₩1,000,000\times10\%}{3년}=₩300,000$

(2) 세후순영업현금흐름 : $\underbrace{₩600,000}_{\text{세전영업현금흐름}}\times(1-30\%)+\underbrace{₩300,000}_{\text{감가상각비}}\times30\%=₩510,000$

(3) 투자기간의 현금흐름

	0	1	2	3
① 영업활동으로 인한 현금흐름		₩510,000	₩510,000	₩510,000
② 신기계 구입	₩(1,000,000)			
③ 운 전 자 본	(100,000)			100,000
④ 신기계 처분				100,000
	₩(1,100,000)	₩510,000	₩510,000	₩710,000

(4) NPV=−₩1,100,000+₩510,000×2.487+₩200,000×0.751=₩318,570

04 ②

(1) 신형 레이저 장비를 도입할 경우의 증분현금흐름

	0	1	2	3	4	5
① 영업활동으로 인한 현금흐름		₩100,000	₩100,000	₩100,000	₩100,000	₩91,000
② 신기계 구입	₩(373,890)					
③ 구형기계 처분	3,790					(1,000)
④ 운전자본증가액	(10,000)					10,000
	₩(380,100)	₩100,000	₩100,000	₩100,000	₩100,000	₩100,000

(2) 순현재가치(NPV) : −₩380,100+₩100,000×3.993=₩19,200

05 ②

설비대체에 대한 투자예산은 증분현금흐름을 추정하여 계산하며, 증분현금흐름의 순현재가가 0이 되는 판매량을 x라 하면 다음 식이 성립한다.

$-₩379,000+\underbrace{(₩30^{*1}x-₩140,000^{*2})}_{\text{증분영업현금흐름}}\times 3.79=0$ ∴ $x=8,000$단위

*1. 단위당 증분현금흐름 : ₩180−₩150=₩30

2. 증분고정원가 : ₩740,000−₩600,000=₩140,000

06 ⑤

연금현가를 이용한 보간법

(1) 신규투자안의 연금현가 계수를 x라고 하면,

₩49,000=₩20,000×x ∴ $x=2.45$

(2) 연금현가계수 2.45가 존재하는 구간 : 10%(2.487)와 11%(2.444) 사이

(3) 보간법을 이용한 내부수익률 계산

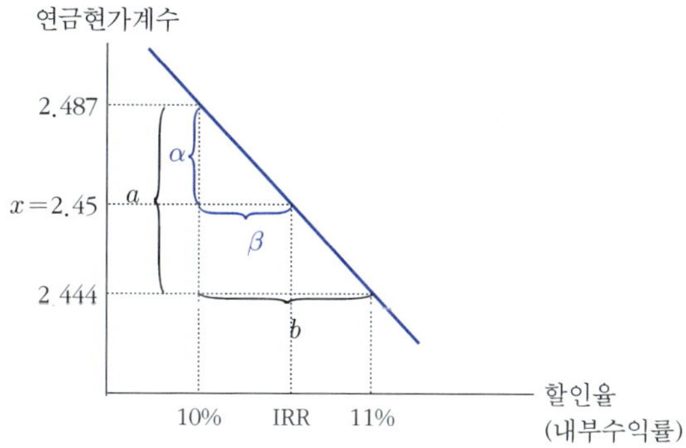

$\frac{\alpha}{a}=\frac{\beta}{b}$, $\beta=\frac{2.487-2.45}{2.487-2.444}=0.86$

∴ IRR＝10%＋0.86%＝10.86%

07 ④

순현재가치＝－₩100,000＋₩20,000×5.65＝₩13,000

내부수익률(IRR)은 현금유입액의 현재가치가 투자액과 같게 되는 할인율을 결정하는 것이다. 이것은 다음 등식을 수립하고 연금현가를 구함으로써 계산된다.

투자액＝연금현가×현금유입액

₩100,000＝연금현가×₩20,000

5＝연금현가

IRR을 추정할 때 연금현가가 5와 가장 근접한 이자율에서 추정해야 한다.

할인율이 15%일 때 연금현가계수가 5.02이고 16%일 때 4.83이므로 내부수익률은 15%~16% 사이에 존재한다.

08 ③

① 내부수익률법과 순현재가치법은 복리계산을 적용한다.

② 특정 투자안의 수락 타당성에 대해 두 방법은 일반적으로 같은 결론을 제공하며 예외적으로 다른 결론이 나타날 수도 있다.

④ 내부수익률법은 투자안의 내부수익률을 이용하여 계산하므로 여러 수준의 요구수익률을 사용하여 분석할 수 없다.

⑤ 순현가법은 미래현금흐름이 존재하면 대부분 적용되므로 분석 시점에 초기 투자액이 없는 경우에도 사용할 수 있다.

09 ④

내부수익률법에서는 가치의 합계원칙이 적용되지 않는다.

10 ④

(1) 연간 영업현금흐름

(₩1,000,000－₩300,000)×(1－0.3)＋₩500,000×0.3＝₩640,000

회수기간 : ₩3,000,000÷₩640,000＝4.6875년

12

(2) 회계적 이익률

① 연간 감가상각비 : ₩3,000,000÷6년=₩500,000

② 연간 순이익 : (₩1,000,000−₩300,000−₩500,000)×(1−0.3)=₩140,000

③ 평균장부가액 : $\frac{₩3,000,000+₩0}{2}$=₩1,500,000

④ 회계적 이익률 : $\frac{₩140,000}{₩1,500,000}$=9.3%

11 ①

(1) 연평균 회계이익 : ₩650,000−$\underbrace{\frac{₩2,000,000}{5년}}_{감가상각비}$=₩250,000

(2) 첫해 평균장부가액 : $\frac{₩(2,000,000+₩1,600,000^{*})}{2}$=₩1,800,000

* 기말장부가액 : ₩2,000,000−$\frac{₩2,000,000}{5년}$=₩1,600,000

(3) 회계적 이익률(ARR) : $\frac{₩250,000}{₩1,800,000}$=13.88%

12 ⑤

회계적 이익률법은 발생주의 모델이다.

주관식 문제

01 투자안의 평가—여러 가지 분석방법 (1994. 세무사)

주식회사 백두산은 녹즙차를 제조판매하기 위해 ₩20,000,000을 투자하여 영업을 시작하였다. 투자한 자산의 내용연수는 10년이고 잔존가치는 없으며 매년 법인세차감후 현금기준의 순이익이 ₩2,500,000씩 발생한다. 본 회사의 내부필수수익률은 10%이며, ₩1에 대한 10년간의 현재가치는 0.386이고 10년 후의 연금현재가치는 6.145이다.

【물음 1】 (1) 자본회수기간법에 의한 회수기간은?

(2) 순현재가치는?

(3) 최초투자액과 평균투자액의 회계적이익률은?

(4) 내부수익률에 의한 연금현가계수는 얼마인가?

【물음 2】 [물음 1]의 각 문항의 한계점 또는 단점을 간략히 쓰시오.

해답

[물음 1]

〈투자안의 현금흐름〉

	0	1	2	⋯	10
① 영업활동으로 인한 현금흐름		₩2,500,000	₩2,500,000	⋯	₩2,500,000
② 신기계 구입	₩(20,000,000)				

(1) 회수기간 : $\frac{₩20,000,000}{₩2,500,000}$=8년

(2) 순현재가치 : ₩(20,000,000)+₩2,500,000×6.145(10%, 10년 연금현가)=₩(4,637,500)

(3) ① 연평균현금흐름 : ₩2,500,000

② 연평균감가상각비 : ₩20,000,000÷10년=₩2,000,000

③ 평균회계적이익 : ₩2,500,000−₩2,000,000=₩500,000

회계적이익은 연평균현금흐름에서 감가상각비를 차감하여 계산한다.

④ 평균투자액 : (₩20,000,000+₩0)÷2=₩10,000,000

최초투자액에 대한 회계적이익률 : $\frac{500,000}{₩20,000,000}$=2.5%

평균투자액에 대한 회계적이익률 : $\frac{500,000}{₩10,000,000}$=5%

(4) 연금현가계수= $\frac{투자액}{연간순현금흐름}$ = $\frac{₩20,000,000}{₩2,500,000}$=8

[물음 2] 투자안 평가방법별 한계점

(1) 회수기간법

① 회수기간에 따라 투자안을 평가하므로 투자안의 수익성을 고려하지 않는다.

② 회수기간 이후의 현금흐름을 고려하지 않는다.

③ 화폐의 시간가치를 고려하지 않은 비할인모형이다.

(2) 순현재가치법

자본비용을 결정하는 방법이 매우 복잡하다.

(3) 회계적이익률법

현금흐름이 아니라 발생주의 순이익을 분석대상으로 하므로 발생주의의 문제점을 그대로 지닌다.

(4) 내부수익률법

① 내부수익률을 구하기가 어렵다.

② 복수의 내부수익률이 존재할 수 있다.

③ 내부수익률로 재투자된다는 가정이 지나치게 낙관적이다.

④ 투자규모를 고려하지 않는다.

02 다기간 CVP분석

아동용 장난감을 제조·판매하는 희망완구는 ₩100,000을 투자하여 신제품을 생산하는 주형기계를 제작하였다. 이 주형기계의 내용연수는 4년이며 회사는 잔존가치 없이 정액법으로 감가상각할 것이다. 희망완구는 신제품의 판매가격을 ₩500으로 책정할 예정이며 신제품 제작에 필요한 단위당 변동제조원가는 다음과 같다.

직접재료원가	₩40
직접노무원가	80
변동제조간접원가	60
합　　계	₩180

변동제조간접원가는 직접노무원가에 따라 변동하며 감가상각비를 제외한 현금지출 고정제조간접원가는 연간 ₩75,000으로 예상되었고 고정판매관리비는 연간 ₩120,000으로 예상되었다.
한편, 희망완구는 신제품을 출시하기 전에 소망벤처로부터 자동화기계의 구입을 제안 받았다. 소망벤처의 자동화기계는 희망완구의 주형기계와 동일한 신제품을 생산할 수 있도록 제작되었으며, 주형기계에 비해 직접재료원가를 10% 감소시켜 주고 동일한 노동시간에 2배의 수량을 생산할 수 있는 우수한 기계였다. 현금지출 고정제조간접원가와 고정판매관리비는 절감되지 않는다. 이 자동화기계의 취득원가는 ₩440,000이었고 4년 후의 처분가치는 없다. 희망완구의 주형기계는 현행처분가치가 ₩50,000이고 4년후의 처분가치는 ₩26,000으로 조사되었다. 희망완구의 최저요구수익률은 18%이며 18%의 4년 현가계수는 0.5158이고 18%의 4년 연금현가계수는 2.6901이다.

※ 다음의 요구사항은 각각 독립적이다.

【물음 1】 주형기계와 자동화기계의 연간 손익분기점 판매량을 각각 구하고 두 대안간에 이익이 같아지는 판매량을 계산하시오.

【물음 2】 연간 판매량이 2,500개로 예상될 때, 순현재가치법에 의해서 자동화기계의 구입여부를 결정하시오.

【물음 3】 두 가지 대안이 무차별하게 되는 점, 즉 증분현금흐름의 순현재가치가 0이 되기 위해서는 연간 판매량이 몇 단위가 되어야 하겠는가? 단, 연간 판매량은 4년간 일정하다고 가정한다.

【물음 4】 법인세율이 40%라고 가정하고 [물음 3]에 답하시오.

【물음 5】 주형기계의 연간현금흐름분기점을 구하시오.

해답

[물음 1] 손익분기점 판매량

(1) 단위당 공헌이익

	주형기계			자동화기계		
판 매 가 격		₩500			₩500	
단위당 변동원가						
직 접 재 료 원 가		₩40		₩40×90%=	₩36	
직 접 노 무 원 가		80		₩80×50%=	40	
변동제조간접원가		60	180	₩60×50%=	30	106
단위당 공헌이익			₩320			₩394

(2) 고정원가

	주형기계		자동화기계	
현금지출고정원가		₩75,000		₩75,000
감 가 상 각 비	₩100,000÷4=	25,000	₩440,000÷4=	110,000
고정판매관리비		120,000		120,000
		₩220,000		₩305,000

(3) 손익분기점

손익분기점 판매량을 Q라 하면

주형기계 : ₩320×Q(공헌이익)=₩220,000(고정원가) ∴ Q=688단위

자동화기계 : ₩394×Q(공헌이익)=₩305,000(고정원가) ∴ Q=774단위

(4) 두 대안간의 이익이 같아질 경우의 판매량을 Q라 하면

320Q−₩220,000=394Q−₩305,000 ∴ Q = 1,149단위

[물음 2] NPV법에 의한 구입여부의사결정

〈자동화기계를 구입할 경우의 증분현금흐름〉

(단위 : ₩)

	0	1	2	3	4
영업활동으로 인한 현금흐름*		185,000	185,000	185,000	185,000
자동화기계구입	(440,000)				
주형기계처분(현재)	50,000				
주형기계처분(4년 후)					(26,000)

* (₩394−₩320)×2,500단위=₩185,000

NPV : −₩390,000+₩185,000×2.6901−₩26,000×0.5158=₩94,257.7

따라서 주형기계를 매각하고 자동화기계를 구입하는 것이 유리하다.

[물음 3] NPV가 동일한 판매량

두 가지 대안의 순현재가치가 일치하게 되는 연간 판매량을 Q라 하면 증분현금흐름은 다음과 같다.

	0	1	2	3	4
영업활동에 인한 현금흐름		74*Q	74Q	74Q	74Q
자동화기계구입	(440,000)				
주형기계처분(현재)	50,000				
주형기계처분(4년 후)					(26,000)
	(390,000)	74Q	74Q	74Q	74Q−26,000

* 단위당 증분현금흐름 : ₩394−₩320=₩74

증분현금흐름의 순현재가치가 '0'이면 두 대안이 무차별해진다.

NPV : −₩390,000+74Q×2.6901−₩26,000×0.5158=0 ∴ Q=2,027단위

그러므로 두 가지 대안이 무차별해지는 판매량은 2,027단위이다.

[물음 4] 법인세존재시 NPV가 동일한 판매량

두 가지 대안의 순현재가치가 일치하게 되는 연간 판매량을 Q라 하면 증분현금 흐름은 다음과 같다.

	0	1	2	3	4
영업활동에 의한 순현금흐름					
세후영업현금흐름*1		44.4Q	44.4Q	44.4Q	44.4Q
감가상각비 감세효과*2		34,000	34,000	34,000	34,000
자동화기계구입	(440,000)				
주형기계처분(현재)*3	70,000				
주형기계처분(4년 후)*4					(15,600)

* 1. 74Q×(1−0.4)=44.4Q
2. (₩110,000−₩25,000)×0.4=₩34,000
3. ₩50,000(처분가액)+(₩100,000−₩50,000)(처분손실)×0.4=₩70,000
4. ₩26,000(처분가액)−(₩26,000−₩0)(처분이익)×0.4=₩15,600

NPV : −₩370,000+(44.4Q+₩34,000)×2.6901−₩15,600×0.5158=0

∴ Q=2,399단위

그러므로 두 가지 대안이 무차별해지는 판매량은 2,399단위이다.

[물음 5] 현금흐름분기점

₩320×x=₩75,000+₩120,000 ∴ x=609.38개

03 설비투자분석

영화주식회사는 취득가액이 ₩800,000인 기계장치를 구입하려고 한다. 이 기계장치를 구입하면 세전영업현금흐름이 매년 ₩200,000만큼 증가할 것으로 예상된다. 기계장치의 내용연수는 5년이고 잔존가치는 취득원가의 10%이며 정액법에 따라서 감가상각하고 있다. 법인세율은 40%이고 현금흐름에 적용할 할인율은 10%이다. 기간이 5년일 때 이자율별 현가계수 및 연금현가계수는 다음과 같다.

할인율	현가계수	연금현가계수
10%	0.621	3.791
⋮	⋮	⋮
7	0.713	4.100
6	0.747	4.212

【물음 1】 평균투자액에 대한 회계적이익률은 얼마인가?

【물음 2】 이 투자안의 회수기간을 계산하시오.

【물음 3】 순현재가치를 산출하여 투자안의 채택 여부를 판단하시오.

【물음 4】 이 투자안의 수익성지수를 계산하시오.

【물음 5】 내부수익률을 보간법으로 계산하고 요구수익률이 10%일 때 투자안의 채택 여부를 판단하시오.

해답

[물음 1] 회계적이익률

평균감가상각비 : (₩800,000−₩80,000)÷5년=₩144,000

법인세차감전 순이익 : 법인세차감전 현금유입액−평균감가상각비

= ₩200,000−₩144,000 = ₩56,000

평균투자액 : (₩800,000+₩80,000)÷2=₩440,000

평균투자액에 대한 회계적이익률 : $\frac{\text{법인세차감후 순이익}}{\text{평균투자액}} = \frac{₩56,000(1-40\%)}{₩440,000} = 7.64\%$

[물음 2] 법인세차감후 회수기간

〈투자안의 현금흐름〉 (단위 : ₩)

	0	1	2	3	4	5
① 영업활동으로 인한 현금흐름						
가. 세후영업현금흐름*1		120,000	120,000	120,000	120,000	120,000
나. 감가상각비의 감세효과*2		57,600	57,600	57,600	57,600	57,600
② 신형기계장치의 취득	(800,000)					
③ 신형기계장치의 처분						80,000
합 계	(800,000)	177,600	177,600	177,600	177,600	257,600

*1. 세후영업현금흐름=세전영업현금흐름×(1−세율)=₩200,000×(1−40%)=₩120,000

2. 감가상각비의 감세효과=감가상각비×세율=₩144,000×40%=₩57,600

회수기간 : 4년 $+\dfrac{₩800,000-₩710,400(₩177,600\times 4년)}{₩177,600}=4.5$년

[물음 3] 투자안의 순현재가치

NPV $=-₩800,000+₩177,600\times 3.791$(10%, 5년, 연금현가) $+₩80,000\times 0.621$(10%, 5년 현재가치)
$=₩(77,038)$

NPV < 0이므로 이 설비의 도입안은 투자하지 않아야 한다.

[물음 4] 수익성지수

PI : $\dfrac{₩800,000-₩77,038}{₩800,000}=0.90$

[물음 5] 투자안의 내부수익률

투자안의 내부수익률을 R이라고 하면

$$₩800,000=\frac{₩177,600}{(1+R)}+\frac{₩177,600}{(1+R)^2}+\frac{₩177,600}{(1+R)^3}+\frac{₩177,600}{(1+R)^4}+\frac{₩257,600}{(1+R)^5}$$

R을 시행착오법과 보간법으로 구하면 다음과 같다.

① 할인율이 6%일 때

순현재가치 : $-₩800,000+₩177,600\times 4.212$(6%, 5년 연금현가) $+₩80,000\times 0.747$
(6%, 5년 현재가치) $=₩7,811$

② 할인율이 7%일 때

순현재가치 : $-₩800,000+₩177,600\times 4.100$(7%, 5년 연금현가) $+₩80,000\times 0.713$
(7%, 5년 현재가치) $=₩(14,800)$

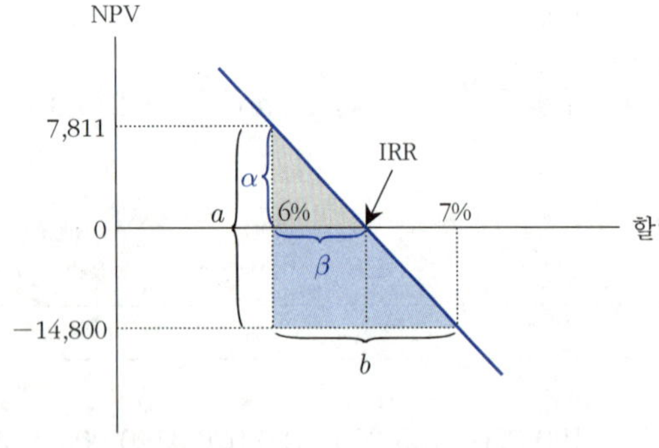

$\dfrac{\beta}{b}=\dfrac{\alpha}{a}$

$\beta=\dfrac{₩7,811}{₩7,811+₩14,800}=0.35$

∴ IRR $=6\%+\beta=6\%+0.35\%=6.35\%$

내부수익률이 요구수익률 10% 보다 낮은 6.35%이므로 이 투자안은 기각하여야 한다.

04 회수기간과 손익분기기간

벤처전자는 신형서버의 개발을 검토하고 있다. 경영자는 20×1년 12월 31일까지는 신형 CPU개발에 투자할 것인지를 판단하여 프로젝트 개발팀을 구성하려고 한다. 이 신형서버의 개발작업은 20×1년 말에나 시작하여 20×2년에 완료되고 판매가능한 제품은 20×3년도에 출시될 것이다. 이 투자안과 관련된 매년말의 현금흐름은 다음과 같이 추정된다.

연 도	현금흐름의 내용	현금유출액	현금유입액	₩1 현재가치(16%)
20×1년 말	–	–	–	1.000
20×2년 말	신제품 개발비용	(200)억원		0.862
20×3년 말	신규설비투자비용	(1,300)억원		0.743
20×4년 말	신제품 판매		300억원	0.641
20×5년 말	신제품 판매		600억원	0.552
20×6년 말	신제품 판매		700억원	0.476
20×7년 말	신제품 판매		800억원	0.410
20×7년 말	신규설비처분		900억원	0.410

제품의 현금유입액에는 20×7년 12월 31일 현재 투자안 처분으로 인한 현금유입액 200억원이 포함되어 있다. 벤처전자는 이 투자안에 대하여 16%의 요구수익률을 적용하며, 세금효과는 무시한다.

【물음 1】 신형서버개발 투자안의 회수기간은 얼마인가?

【물음 2】 신형서버개발 투자안의 손익분기기간은 얼마인가?

【물음 3】 회수기간과 손익분기기간을 비교하고 기간이 차이가 나는 이유를 밝히시오.

해답

[물음 1] 회수기간

(단위 : 억원)

연 도	현금유출액		현금유입액	
	유출액	누적현금유출액	유입액	누적현금유입액
20×2년 말	(200)	(200)		
20×3년 말	(1,300)	(1,500)		
20×4년 말		(1,500)	300	300
20×5년 말		(1,500)	600	900
20×6년 말		(1,500)	700	1,600
20×7년 말		(1,500)	800	2,400
20×7년 말		(1,500)	900	3,300

현금유출액의 누계액 1,500억원과 현금유입액의 누계액이 같아지는 기간은 20×5년 12월 31일(3년)에서 20×6년 12월 31일(4년) 사이에 존재한다.

회수기간 : $3년+\frac{(1,500억원-900억원)}{700억원}=3.86년$

[물음 2] 손익분기기간

손익분기기간은 투자안을 승인하는 20×1년 12월 31일을 기준으로 하여 계산한다.

(단위 : 억원)

연 도	현가계수	현금유출액의 현재가치			현금유입액의 현재가치		
		유출액	현재가치	누적현재가치	유입액	현재가치	누적현재가치
20×1년 말	1.000	–	–	–			
20×2년 말	0.862	(200)	(172.4)	(172.4)			
20×3년 말	0.743	(1,300)	(965.9)	(1,138.3)			
20×4년 말	0.641			(1,138.3)	300	192.3	192.3
20×5년 말	0.552			(1,138.3)	600	331.2	523.5
20×6년 말	0.476			(1,138.3)	700	333.2	856.7
20×7년 말	0.410			(1,138.3)	800	328.0	1,184.7
20×7년 말	0.410			(1,138.3)	900	369.0	1,553.7

현금유출액의 누적현재가치 1,138.3억원과 같은 현금유입액의 누적현재가치가 나타나는 기간은 20×6년 12월 31일(5년)에서 20×7년 12월 31일(6년) 사이에 존재한다.

손익분기기간=5년+(1,138.3억원−856.7억원)/328억원=5.86년

[물음 3] 회수기간과 손익분기기간의 비교

회수기간은 3.86년인 반면에 손익분기기간은 5.86년이다. 이렇게 두 기간이 차이가 나는 이유는 다음 두 가지 때문이다.

첫째, 회수기간은 투자시점을 기준으로 계산하는 반면에 손익분기기간은 투자를 승인한 시점을 기준으로 하여 계산된다.

둘째, 회수기간은 화폐의 시간가치를 무시하는 반면에 손익분기기간은 화폐의 시간가치를 고려한 할인모형이다.

05 발생주의 회계모형과 현금흐름 할인모형의 투자안 평가방법

솔로몬제과점에서는 지금까지 아이스크림을 외부공급업체로부터 개당 ₩1,100에 구입하여 판매하여 왔으나 이번에 아이스크림을 생산할 수 있는 기계를 도입하여 직접 생산하여 판매할 것을 고려하고 있다. 도입할 수 있는 기계는 두 종류가 있으며 각 기계에 대한 자료를 수집한 결과는 다음과 같다.

	반자동기계	자동기계
기계취득원가	₩4,000,000	₩11,000,000
기계내용연수	4년	4년
잔존가치	₩0	₩1,000,000
생산량 단위당 변동원가	900	600
연간 현금유출고정원가	1,500,000	3,000,000

솔로몬제과점을 기계설비에 대한 감가상각비는 정액법을 적용하고자 한다. 단, 직접생산하여 판매할 경우에도 현재와 동일한 판매가격을 유지한다.

【물음 1】 기계 종류별로 현재와 연간 영업이익이 동일하기 위한 예상판매량을 각각 구하시오. 연간 아이스크림 예상판매량이 12,000개라면 기계설비를 도입하는 것이 외부구입하는 것보다 유리한지 각각 판단하시오.

【물음 2】 만일 연간 아이스크림 예상판매량이 11,000개라면 어떤 기계설비를 도입하는 것이 연간 영업이익 측면에서 유리한가?

【물음 3】 향후 4년간의 아이스크림 연간 판매량이 11,000개로 예측된다고 하자. 솔로몬제과점 최저요구수익률이 10%이고 순현재가치법을 이용하여 기계설비 도입에 대한 의사결정을 하려고 한다. 반자동기계를 도입하게 되면 순운전자본이 ₩500,000 추가되고 자동기계의 경우는 ₩1,000,000이 추가된다고 한다. 증가된 순운전자본은 투자종료시 전액 회수된다. 두 종류의 기계 중에서 어떤 것을 선택하는 것이 유리한 것인가? 단, 4년, 10% 연금현가계수는 3.1698이고 4년, 10% 현가계수는 0.6830으로 계산한다.

12

해답

[물음 1] 연간 영업이익 기준 자체생산 및 외부구입 의사결정

(1) 반자동기계의 도입과 외부구입이 무차별해지는 예상판매량

① 반자동기계의 연간 감가상각비

(₩4,000,000−0)÷4년=₩1,000,000

② 무차별 예상판매량

판매가격은 동일하므로 반자동기계의 경우와 외부구입의 원가가 동일해지는 판매량을 구하면 된다.

₩900x+₩1,500,000+₩1,000,000=₩1,100x ∴ x=12,500개

(2) 자동기계의 도입과 외부구입이 무차별해지는 예상판매량

① 자동기계의 연간 감가상각비

(₩11,000,000−₩1,000,000)÷4년=₩2,500,000

② 무차별 예상판매량

₩600x+₩3,000,000+₩2,500,000=₩1,100x ∴ x=11,000개

(3) 예상판매량 12,000개일 경우 의사결정

① 반자동기계는 12,500개 이상을 판매할 경우 외부구입보다 총원가가 작기 때문에 예상판매량이 12,000개라면 외부구입을 유지하는 것이 유리하다.

② 자동기계는 11,000개 이상을 판매하는 경우 외부구입보다 총원가가 작기 때문에 예상 판매량이 12,000개라면 자동기계를 도입하는 것이 유리하다.

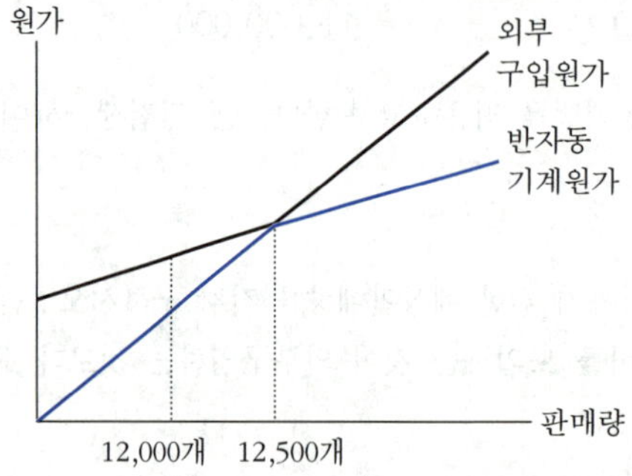

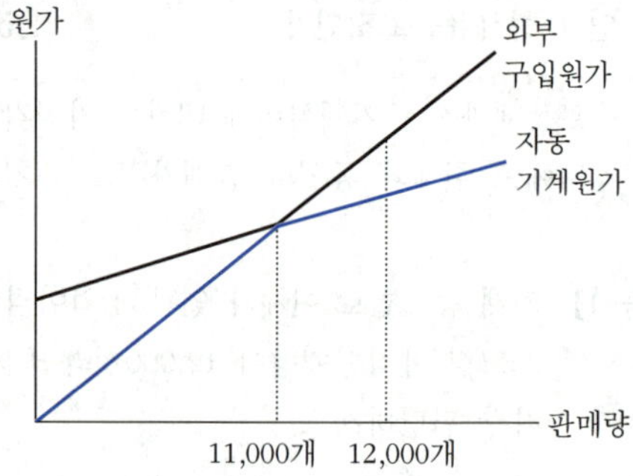

[물음 2] 연간 영업이익 기준의 기계설비 종류선택 의사결정

(1) 반자동기계 연간 총원가

₩900×11,000개+₩1,500,000+₩1,000,000=₩12,400,000

(2) 자동기계 연간 총원가

₩600×11,000개+₩3,000,000+₩2,500,000=₩12,100,000

(3) 의사결정

예상판매량 11,000개일 때 총원가가 낮은 자동기계를 도입하는 것이 유리하다.

[물음 3] 순현재가치법에 의한 기계설비 종류선택 의사결정

(1) 반자동기계 도입시 NPV

	0	1	2	3	4
① 투자액	₩(4,000,000)				
② 순운전자본증가액	(500,000)				
③ 영업활동에 의한 현금유입		11,000×P	11,000×P	11,000×P	11,000×P
④ 영업활동에 의한 현금유출		₩(11,400,000)*	₩(11,400,000)	₩(11,400,000)	₩(11,400,000)
⑤ 운전자본 회수액					500,000

* 11,000개×₩900+₩1,500,000=₩11,400,000

NPV=(11,000×P−₩11,400,000)×3.1698+₩500,000×0.6830−₩4,500,000
=34,867.8×P−₩40,294,220

(2) 자동기계 도입시 NPV

	0	1	2	3	4
① 투자액	₩(11,000,000)				
② 순운전자본증가액	(1,000,000)				
③ 영업활동에 의한 현금유입		11,000×P	11,000×P	11,000×P	11,000×P
④ 영업활동에 의한 현금유출		₩(9,600,000)*	₩(9,600,000)	₩(9,600,000)	₩(9,600,000)
⑤ 유전자본 회수액					1,000,000
⑥ 투자자산처분액					1,000,000

* 11,000개×₩600+₩3,000,000=₩9,600,000

NPV=(11,000×P−₩9,600,000)×3.1698+₩2,000,000×0.6830−₩12,000,000
　　=34,867.8×P−₩41,064,080

(3) 의사결정

투자안의 순현재가치가 더 큰 반자동기계를 도입한다.

별해

2. 두 기계설비의 도입이 무차별해지는 판매량을 구하면 다음과 같다.

₩900x +₩2,500,000=₩600x +₩5,500,000

∴ x =10,000개

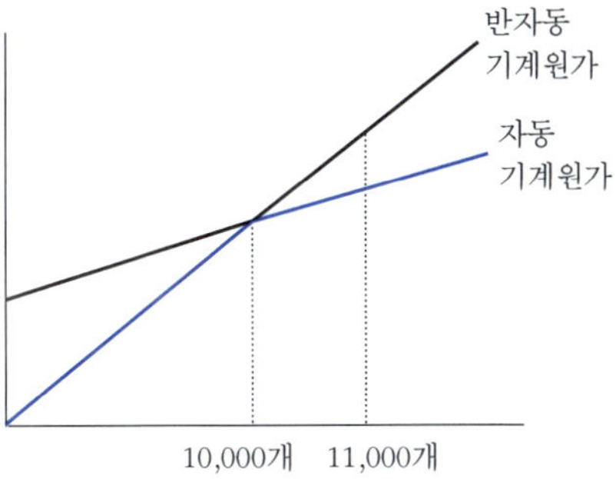

따라서 연간 영업이익을 기준으로 기계설비를 선택하면 연간 예상판매량이 10,000개 이하일 때는 반자동기계가 유리하고 10,000개 이상일 경우에는 자동기계가 유리하다.

3. 반자동기계를 도입하는 경우에 비하여 자동기계를 도입할 경우의 증분 NPV를 구하면 다음과 같다.

	0	1	2	3	4
① 증분투자액	₩(7,000,000)				
② 순운전자본 증가액	(500,000)				
③ 영업활동에 의한 현금유입		₩1,800,000*	₩1,800,000	₩1,800,000	₩1,800,000
④ 순운전자본 증분회수액					500,000
⑤ 투자자산처분액					1,000,000

* 현금지출 고정원가 증가액 :	₩3,000,000－₩1,500,000＝	₩1,500,000
변동원가 감소액 :	(₩600－₩900)×11,000개＝	(3,300,000)
현금유출증분액		₩(1,800,000)

증분 NPV＝₩1,800,000×3.1698＋₩1,500,000×0.6830－₩7,500,000＝₩(769,860)

PART 03

성과평가를 위한 원가정보의 활용

원가관리회계

Cost & Management Accounting

CHAPTER 13

Cost & Management Accounting

종합예산

제1절 예산의 의의

'예산(budget)'이란 기업의 기본전략에 기초한 장기계획(long-range plan)에 따라 경영활동의 계획을 공식적으로 계량화하여 표현한 것으로 기업의 종합적인 이익관리시스템이며, 계획 및 통제를 위해서 중심적 역할을 한다. 즉, 장기적 수요예측이나 설비투자계획, 주력제품의 변경 등 장기계획의 일환으로 예산을 편성해서 조직의 구성원에게 목표를 명확하게 해주고 구성원의 행동방향을 제시해 줄 수 있게 된다. 또한 예산은 조직구성원들에 대한 평가와 통제를 위한 기준이 되므로 예산을 수립하면 경영자는 보다 합리적으로 경영활동을 수행할 수 있다.

1. 바람직한 예산의 조건

예산이 본래의 목적을 달성하기 위해서는 종합예산에 포함되는 조직목표와 하위목표가 다음과 같은 조건을 갖추어야 한다.

① 예산의 목표는 계량화할 수 있는 지표를 사용해서 명확하고 구체적으로 설정해야 한다. 포괄적인 지표나 추상적인 지표는 조직구성원이 달성해야할 목표역할을 하지 못하기 때문에 적절한 동기부여가 되지 못한다.

② 예산은 달성할 수 있는 성과범위에서 가능한 높은 수준으로 설정하는 것이 바람직하다. 예산을 달성이 불가능한 수준으로 설정하면 조직의 구성원들은 예산을 달성하려는 노력을 포기하게 되며, 반대로 너무 쉽게 달성가능한 수준으로 설정하면 구성원들에게 노력해서 달성해야 하는 목표역할을 하지 못하게 되므로 예산으로서의 의미가 없어진다.

③ 예산은 개인의 목표와 조직의 목표가 일치해서 목표일치성이 달성되도록 설정하는 것이 바람직하다. 조직구성원은 조직의 목표보다 개인의 목표를 우선적으로 추구하므로 조직전체의 목표에 개인의 목표가 수용되지 않으면 기업전체의 성과를 극대화하기 어렵다.

④ 예산은 경영환경의 변화에 따라 탄력적으로 운영되어야 한다. 예산은 경영활동의 달성목표를 제시하고 업적평가의 기준으로서의 구속력을 가져야 하지만, 예산을 편성할 때 고려하지 못했던 시장변화나 경기변화가 나타나는 경우에는 이에 맞도록 예산을 적절하게 수정해야 한다.

13

2. 예산의 순기능과 역기능

기업의 전략이나 경영계획에 따라 단기적인 이익계획이 수립되면 이를 기초로 기업의 각 부문별로 예산이 작성되고, 부문별 예산을 조정해서 기업전체의 종합예산이 편성된다. 실제경영활동이 수행되면 예산과 실적이 차이가 나고 이를 비교하고 분석해서 조직구성원들의 성과평가에 이용한다. 이러한 과정에서 예산은 기업조직에 여러 가지 유용한 영향을 미치는 순기능도 있고 기업조직에 부정적인 영향을 미치는 역기능도 가지고 있다.

(1) 예산의 순기능

기업의 경영자는 종합예산을 편성하는 과정에서 성과평가의 기준을 결정하고 부문경영자에게 계획을 수립하도록 유도할 수 있으며, 각 부문 간에 의사소통과 조정을 촉진할 수 있다.

① **통제와 동기부여 기능** : 예산을 기업이 최선의 노력을 기울여서 달성해야할 계획으로 적절하게 설정하면 부문경영자의 성과평가와 통제(control)에 있어 가장 좋은 기준이 된다. 예산과 실제성과를 비교하여 차이를 분석하면 각 부문 및 부문경영자가 얼마나 효율적으로 목표를 달성하고 부문의 자원을 활용하였는지를 파악하여 성과를 평가하고 통제할 수 있으며 종업원이 예산을 달성하도록 동기부여할 수 있다.

② **의사소통과 조정기능** : 기업의 규모가 커지고 각 부문의 역할이 달라지게 되면 기업전체의 목표에 적합하도록 각 부문의 활동을 조정해야 하는데 예산을 편성하는 과정에서 부문 간의 의사소통이 이루어지고 기업전체목표와 각 부문의 목표를 조화시키고 조정할 수 있다. 예를 들어 제조부서는 판매부서의 판매계획에 맞추어 설비투자계획을 수립하고 구매부서는 생산부서의 계획을 고려해서 구매계획을 수립하게 된다.

③ **전파와 계획기능** : 예산은 기업의 목표를 명확하게 계량화하므로 조직구성원들에게 이를 달성하기 위한 구체적인 계획을 수립하게 한다. 예산을 편성하는 과정에서 기업의 장기적인 전략과 목표를 조직구성원들에게 전파하게 되고, 조직구성원들은 보다 치밀한 계획을 수립하게 되고 미래에 발생할 수 있는 문제를 미리 고려해서 해결할 수 있는 방안을 사전에 계획하게 되는 사전적 통제효과를 만든다.

(2) 예산의 역기능

예산은 순기능이 있는 반면에 다음과 같은 역기능도 가지고 있어 조직이 목표를 달성하는 과정에서 오히려 방해가 될 수도 있다.

① **성과조작의 가능성** : 예산은 부문경영자가 자신의 성과를 조작할 유인을 제공한다. 즉, 예산에 의해 성과평가를 받는 사람들은 자신에게 유리한 성과평가결과가 나오도록 예산을 조정하려 하므로 예산이 본래의 목적을 달성하지 못할 가능성이 있다.

② **장기목표의 희생** : 예산은 통상 1년을 단위로 수립하므로 단기목표인 예산을 달성하기 위해서 장기목표를 희생할 수 있다. 즉, 경영자들이 단기간 내에 좋은 성과를 받기 위해 단기목표의 달성에만 치중할 수 있으므로 기업의 장기적인 목표달성에 불리한 영향을 미칠 수도 있다.

③ **내부적 갈등** : 예산을 편성하는 과정에서 각 부문의 활동을 조정해야 하는데 그 과정에서 갈등이 발생해서 경쟁적이고 적대적인 근무태도가 조성될 수도 있다.

3. 예산의 적용기간

예산은 통상 1년을 단위로 수립하며 이를 다시 월별 또는 분기별로 세분한다. 과거에는 연도초에 설정한 예산은 최대한 변경하지 않고 유지했지만 최근에는 회계기간중에도 경제상황 변화에 맞추어 수정하는 경우가 많다. 예를 들면, 첫 번째 분기말에 경기가 위축되었다면 이를 고려해서 남은 세 분기의 예산을 경제상황에 적합하도록 수정한다.

최근에는 연속갱신예산을 설정하는 기업도 많아지고 있다. 연속갱신예산(Rolling Budget)은 매 회계기간초에 경영환경 변화를 반영해서 계속적으로 조정하는 예산을 말한다. 즉, 연속갱신예산은 1년을 기준으로 고정예산을 설정한 후에 매 분기나 매월초에 이미 지나버린 1개월이나 1분기는 제외하고, 대신에 다가오는 1개월이나 1분기를 예산에 포함시켜서 해당기간의 예산을 예측치 변화나 시장상황변화를 고려해서 새롭게 작성하는 것으로 항상 정해진 일정기간 동안을 예산에 포함한다. 예를 들어 20×1년 3월말에는 20×1년 4월부터 20×2년 3월까지의 연속갱신예산을 설정해서 항상 다가올 12개월에 대해서 구체적으로 분석하고 대비하도록 하는 것이다.

예산적용기간	내 용
1년기준예산	예산은 통상 1년을 단위로 수립하며 이를 다시 월별 또는 분기별로 세분한다.
연속갱신예산	매 회계기간초에 경영환경 변화를 반영해서 계속적으로 조정하는 예산을 말한다.

13

제 2 절 예산의 유형과 특징

예산은 활용하는 목적이 다양해서 여러 가지 유형으로 구분할 수 있는데 그 중 관리회계에서 가장 중심이 되는 예산은 종합예산이며 최근에는 참여예산의 중요성도 커지고 있다.

1. 예산의 유형

예산은 분류기준에 따라 다양하게 유형을 나눌 수 있는데 크게 ① 종합예산과 부문예산, ② 권위적 예산과 참여적 예산 및 자문적 예산, ③ 증분예산과 원점기준예산으로 구분할 수 있다.

(1) 종합예산과 부문예산

예산에 포함되는 내용의 범위를 기준으로 구분하면 종합예산과 부문예산으로 구분할 수 있다.

① **종합예산(master budget)** : 기업전체를 예산대상으로 편성한 예산을 말하며 판매·생산·구매·재무 등의 예산을 모두 포함한다. 통상 1년을 단위로 수립되는 종합예산은 장기계획을 고려해서 편성하며, 장기적 이익과 단기적 이익을 적절히 균형을 이루도록 편성한다.

② **부문예산(department budget)** : 기업전체의 차원이 아니라 기업의 특정부문에 관한 예산으로 종합예산의 구성요소가 된다.

(2) 권위적 예산과 참여적 예산 및 자문적 예산

예산의 편성과정에서 종업원의 참여도를 기준으로 예산을 구분하면 권위적 예산과 참여적 예산 및 자문적 예산으로 나눌 수 있다.

① **권위적 예산(authoritative budgeting)** : 각 계층의 경영자가 참여하지 않고 최고경영자가 '상의하달식(top-down)'으로 편성한 예산이다. 권위적 예산은 의사결정권한이 최고경영층에 집중되어 있는 중앙집권적인 조직에서 주로 적용하는 방법으로 제품·기술·시장 등이 안정되어 있거나 규모가 작은 조직에서 사용된다. 권위적 예산을 사용하는 경우에는 종업원들이 예산을 행동지침으로 받아들이지 않을 수 있고 최고경영자가 조직의 모든 요소를 파악하지 못하면 현실성이 낮은 예산이 될 수 있는 문제점이 있다.

② **참여적 예산(participative budgeting)** : 각 계층의 경영자를 예산편성에 적극적으로 참여시켜서 '하의상달식(bottom-up)'으로 편성되는 예산이다. 참여적 예산은 환경변화가 많거나 규모가 큰 조직에 적합한 방법이다.

③ **자문적 예산(consultative budgeting)** : 현재의 영업활동에 영향을 미치는 중요한 요소와 미래의 계획안에 대해서 조직구성원에게 자문을 구한 다음 최고경영자가 편성한 예산이다. 자문적 예산은 조직구성원의 의견이 고려되기는 하지만 보조적으로 사용되며 최고경영자가 최종적으로 예산을 확정한다.

(3) 증분예산과 원점기준예산

예산의 편성과정에서 과거의 예산자료를 고려하는가를 기준으로 예산을 구분하면 증분예산과 원점기준예산으로 나눌 수 있다.

① **증분예산** : 전년도 예산을 기준으로 일정함 증감율을 고려해서 작성한 예산이다. 예를 들어 전년대비 10%가 증가한 예산을 편성하는 것은 증분예산이다. 증분예산은 예산편성이 간편하지만 과거의 비능률적인 요소가 미래의 예산에도 그대로 포함되는 문제점이 있다.

② **원점기준예산(zero-based budgeting : ZBB)** : 과거의 예산자료를 고려하지 않고 예산을 다시 새로 수립하는 것으로 가정하여 예산을 수립하는 방법이다. 즉, 원점에서 출발해서 예산을 다시 수립하는 방법이다. 원점기준 예산은 과거의 비능률적 요소를 배제할 수 있는 장점이 있지만 모든 활동의 타당성을 평가하기 위해서 시간과 비용이 많이 소비되고 이런 과정이 반복되면 예산편성과정이 형식적으로 치우칠 수 있다는 문제점이 있다.

2. 참여예산

참여예산은 민주적인 예산으로 예산편성의 역기능을 최소화하고 예산이 본래의 목적을 달성하도록 하는데 효과가 있다는 실증연구결과가 보고되고 있다.

(1) 참여예산의 장점

참여예산은 다음과 같은 장점이 있어서 종업원의 동기부여를 높여줄 수 있다.

① 조직구성원이 예산에 참여하는 과정에서 기업의 목표와 개인의 목표를 일치시키는 목표일치성(goal congruence)을 높일 수 있다.

② 종업원이 자치욕구(autonomy needs)의 충족으로 스스로의 통제정도가 높아져서 종업원이 자기 스스로 설정한 예산목표를 더 잘 달성하려는 유인을 가지게 된다.

③ 예산편성과정에 보다 많은 정보를 활용하고 객관적으로 구체화되어서 예산의 실현가능성이 높아진다.

④ 예산의 편성과정에서 종업원들이 미처 깨닫지 못하고 있던 책임에 관심을 가지도록 한다.

(2) 참여예산의 단점

참여예산은 여러 장점을 가지고 있지만 다음과 같은 단점도 있으므로 참여예산의 편성과정에서 단점을 최소화하도록 해야 한다.

① 구성원들이 자신에게 유리한 성과평가결과가 나오도록 예산을 조정해서 성과를 조작할 우려가 있다.

② 조직구성원 사이에 조정하는 과정에서 많은 시간이 소요된다.

③ 기업 내에 정치적 활동을 위한 조직이 비대화될 가능성이 있다.

이런 단점들 중에서 제일 큰 단점은 종업원들이 성과를 조작하는 예산슬랙이다. 예산슬랙(budgetary slack)이란 예산을 쉽게 달성할 수 있도록 예산수익을 과소평가하거나 예산원가를 과대평가해서 유리한 업적평가를 받을 수 있도록 하는 것을 말한다.

(3) 예산슬랙의 감소방법

예산슬랙은 최고경영자가 회사의 진정한 이익잠재력에 대한 정확한 판단을 하지 못하게 되고, 결과적으로 회사 전체적인 활동들을 적절하게 조정하지 못해서 비효율적인 자원계획과 배분이 나타나도록 한다. 따라서 최고경영자는 예산슬랙이 나타나지 않도록 해야 하며 이를 위해 사용할 수 있는 방법은 다음과 같다.

① 종업원들이 제시한 예산정보가 아니라 다른 기업에서 벤치마크한 자료를 기준으로 종업원에게 보상하도록 한다.

② 종업원들과 주기적인 교류로 업무에 대해서 최고경영자가 정확하게 이해하고 있으면 예산슬랙이 만들어질 가능성이 낮아진다.

③ 예산을 작성할 때 사용하는 예측정보가 정확할수록 유인보상을 많이 하는 성과측정치를 설계한다.

제 3 절 종합예산의 편성절차

'종합예산(master budget)'은 판매·생산·구매·재무 등의 기업전체를 대상으로 편성된 예산을 말한다. 종합예산은 보통 1년의 단기계획을 나타내며 기업의 모든 부문의 계획을 총체적으로 조정한 전반적인 계획으로 예산손익계산서·예산재무상태표 및 예산현금흐름표 등의 상세한 재무보고서들로 구성된다. 종합예산은 크게 '운영예산'과 '재무예산'으로 나누어진다.

① **운영예산**(operating budget) : 기업의 손익활동에 대한 예산으로 예산손익계산서를 작성하여 완성된다. 손익예산이나 영업예산이라고도 하며 예산손익계산서와 관련된 명세서를 함께 작성한다.

② **재무예산**(financial budget) : 자금의 흐름에 대한 예산으로 현금예산, 예산재무상태표, 예산현금흐름표 등에 초점을 맞추어 예산을 편성한다.

이러한 종합예산의 편성절차를 간략하게 살펴보면 다음 그림과 같다.

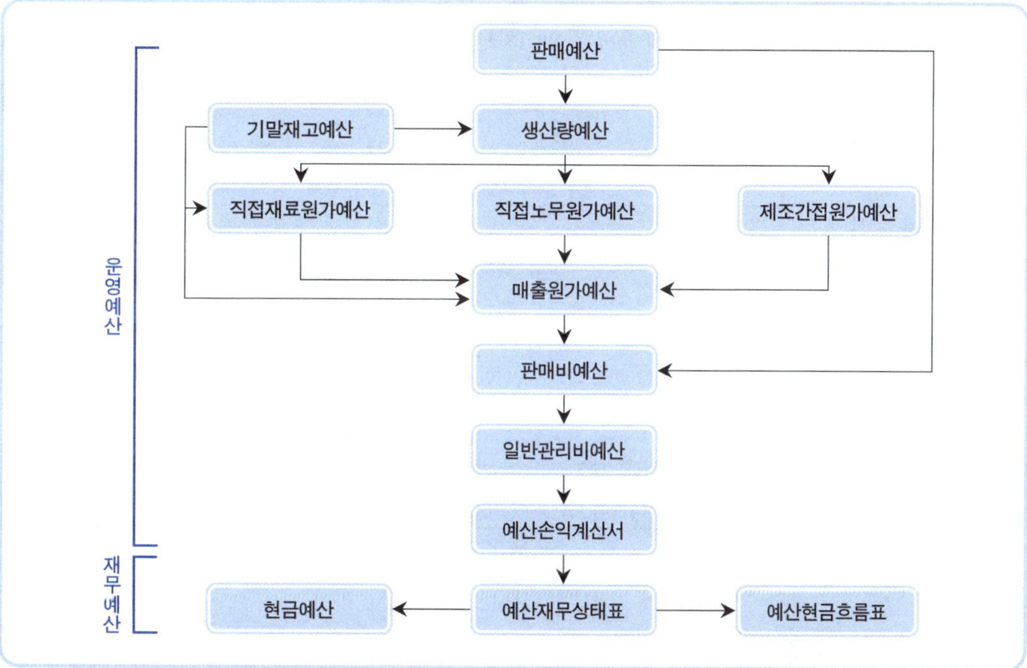

그림에서 알 수 있듯이 종합예산을 편성하는 과정은 기본적으로 예산손익계산서·예산재무상태표·예산현금흐름표 등의 예산재무제표를 작성하는 과정이다. 다만, 대부분의 기업들이 현금흐름의 중요성을 고려해서 현금흐름표 대신에 현금예산을 편성하는 경우가 많다. 종합예산을 편성하는 절차를 T계정으로 살펴보면 다음과 같다.

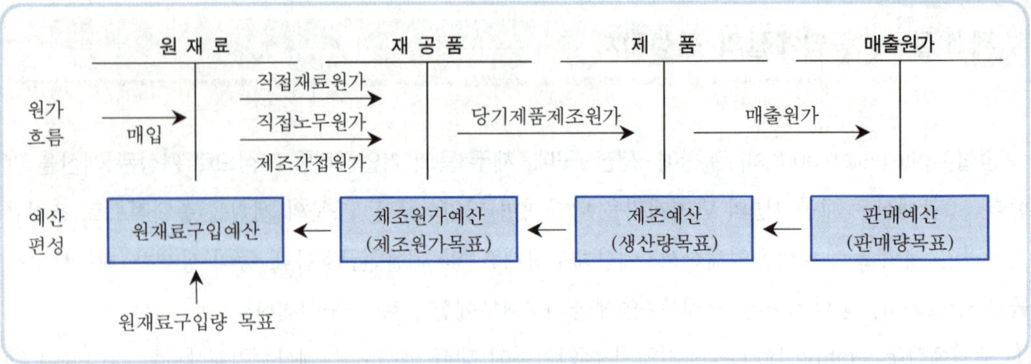

종합예산을 수립하기 위해서는 판매예측을 통해 판매예산을 제일 먼저 수립한다. 그리고 판매량을 충족할 수 있도록 제조예산을 편성해서 생산량을 결정하고, 관련제품을 생산하기 위한 직접재료원가, 직접노무원가 및 제조간접원가에 대한 예산을 수립해야 한다. 그 다음에 매출원가예산과 판매비 및 관리비 예산을 수립하여 예산손익계산서를 작성한다. 현금예산을 수립하고 최종적으로 예산재무상태표를 작성하면 종합예산을 모두 수립하게 된다.

종합예산을 편성하는 기본절차는 (주)원가의 4차년도 종합예산을 편성하면서 살펴보도록 하자. 다음은 (주)원가의 3차년도말의 재무상태표이다.

재무상태표

3차년도 12월 31일 현재

유동자산				유동부채	
현금			₩85,000	매입채무	₩12,000
매출채권			150,000	차입금	150,000
원재료	560kg×₩5=		2,800		
제품	600개×₩66=		39,600		
비유동자산				자본	
집기비품		₩100,000		자본금	100,000
감가상각누계액		(40,000)	60,000	이익잉여금	75,400
합계			₩337,400	합계	₩337,400

1. 판매예산의 수립

'판매예산(sales budget)'은 판매량과 판매가격을 예측하는 것이다. 판매예산은 종합예산의 출발점으로 판매예산을 수립해야만 나머지 예산을 수립하는 것이 가능하다. 판매예측과정에서 고려하는 요인은 과거 매출실적, 경제상황변동에 대한 예측과 마케팅 활동, 정부정책이나 소비자기호변화 등이 있다.

예제 [13-1] **판매예산**

(주)원가의 4차년도 분기별 판매량은 다음과 같이 예상하였으며, 제품단위당 판매가격은 ₩120이다.

	1분기	2분기	3분기	4분기
예상판매량	3,000개	2,000개	2,500개	2,500개

요구사항

(주)원가의 1분기와 2분기의 판매예산을 편성하시오.

해답

1분기 매출액 : 3,000개×₩120=₩360,000

2분기 매출액 : 2,000개×₩120=₩240,000

2. 제조예산의 수립

'제조예산(production budget)'은 생산량예산이라고도 하는데 예산기간 중에 제조해야 할 목표생산량을 설정하는 것으로 이는 판매예산과 재고정책에 따라 결정된다. 재고정책은 시장수요에 적절히 대응할 수 있는 안전재고와 생산에 소요되는 기간 등을 고려해서 결정한다.

재고정책과 판매예산이 수립되고 나면 이를 기초로 제조예산을 편성하는데 제조예산(목표생산량)은 예산기간의 계획판매량에 기말의 목표재고량을 가산한 후에 기초에 보유하고 있는 실제재고량을 차감해서 계산한다.

제조예산(목표생산량)=계획판매량+기말목표재고량−기초실제재고량

예제 [13-2] **제조예산(목표생산량 결정)**

(주)원가가 기초(4차년도초)에 보유하고 있는 재고자산(제품)은 600개이고, 각 분기말에는 다음 분기 예상판매량의 20%를 여유재고로 보유하는 재고정책을 유지하고 있다.

요구사항

[예제 13－1]의 자료를 고려해서 (주)원가의 1분기와 2분기의 제조예산을 편성하시오.

13

해답

	계획판매량		기말목표재고량		기초실제재고량		목표생산량
1분기	3,000개	+	2,000개×20%	−	600개	=	2,800개
2분기	2,000개	+	2,500개×20%	−	400개*	=	2,100개

* 2,000개×20%=400개

3. 제조원가예산의 수립

제조원가예산은 목표생산량을 생산하기 위해 발생할 직접재료원가와 직접노무원가 및 제조간접원가 등의 예산을 편성하는 것이다. 제조원가예산을 편성할 때는 일반적으로 사전에 표준원가를 설정하여 변동제조원가는 단위당 표준원가를 이용해서 예산수립하고 고정제조간접원가는 일정한 금액으로 결정된다.

① 직접재료원가예산 : 제조예산(목표생산량)에 제품단위당 직접재료원가를 곱해서 계산한다.

② 직접노무원가예산 : 제조예산(목표생산량)에 제품단위당 직접노무원가를 곱해서 계산한다.

③ 제조간접원가예산 : 변동제조간접원가는 제조예산(목표생산량)에 제품단위당 변동제조간접원가를 곱해서 계산하고 고정제조간접원가는 총액으로 설정한다.

> 직접재료원가 예산=제조예산(목표생산량)×단위당 직접재료원가
> 직접노무원가 예산=제조예산(목표생산량)×단위당 직접노무원가
> 제조간접원가 예산=제조예산(목표생산량)×단위당 변동제조간접원가+고정제조간접원가

예제 [13-3] 제조원가예산

(주)원가는 예산을 수립하기 위해서 변동제조원가의 단위당 표준원가를 다음과 같이 설정하였다.

직접재료원가	2kg×₩5=₩10
직접노무원가	2시간×₩10= 20
변동제조간접원가	2시간×₩5= 10

또한 고정제조간접원가는 ₩100,000을 예산으로 결정하였다.

요구사항

[예제 13-1], [예제 13-2]의 자료를 고려해서 (주)원가의 1분기의 제조원가예산을 편성하시오.

해답

직접재료원가예산	2,800개×2kg×₩5=	₩28,000
직접노무원가예산	2,800개×2시간×₩10=	56,000
제조간접원가예산	2,800개×2시간×₩5+₩100,000=	128,000
당기총제조원가예산		₩212,000

4. 원재료구입예산수립

'원재료구입예산(material purchase budget)'은 예산기간에 구입해야 할 원재료의 목표구입량을 말한다. 이는 목표생산량에 단위당 사용량을 곱한 계획사용량에 기말의 목표재고량을 가산한 후에 기초에 보유하고 있는 실제재고량을 차감해서 계산한다. 원재료의 목표재고량은 원재료가 생산에 필요한 시점에 적절하게 공급될 수 있는 안전재고와 재고조달기간 등을 고려해서 결정한다.

원재료 구입예산=계획사용량(목표생산량×단위당 사용량)+기말목표재고량−기초실제재고량

예제 [13-4] 원재료 구입예산

(주)원가는 원재료재고 보유정책으로 다음분기 목표생산량의 생산에 투입될 소요량의 10%를 안전재고로 보유하고 있으며 기초원재료 재고는 560kg이다.

요구사항

[예제 14-2]와 [예제 14-3]의 자료를 고려해서 1분기의 원재료구입량과 원재료구입예산을 수립하시오.

해답

1. 원재료구입량예산

	계획사용량		기말목표재고량		기초실제재고량		목표구입량
1분기	2,800개×2kg	+	2,100개×2kg×10%	−	560kg	=	5,460kg

2. 원재료구입금액예산 : 5,460kg×₩5=₩27,300

예제에서 알 수 있는 바와 같이 예산기간동안 제조예산(목표생산량)에 사용할 원재료의 계획사용량에 재고보유정책을 고려한 기말목표재고량을 가산하고 기초실제보유량을 차감해서 원재료구입량예산을 수립한다. 그리고 원재료의 목표구입량에 단위당 구입가격을 곱해서 원재료 구입예산을 금액으로 편성한다.

5. 매출원가예산수립

'매출원가예산(cost of goods sold budget)'은 제품제조원가예산에 기초제품재고액을 가산하고 기말제품재고액을 차감해서 계산하는 것으로 예산기간에 판매될 것으로 예상되는 제품의 원가예산이다.

예산기간의 제품제조원가를 계산할 때는 기초재공품과 기말재공품을 고려해야 하지만, 기말재공품은 예상하기가 어렵기 때문에 이들은 없는 것으로 간주하거나 기초재공품과 기말재공품이 동일한 것으로 가정하고 예산을 수립한다. 따라서 예산상으로는 총제조원가예산이 그대로 제품제조원가예산이 되어 매출원가예산에 사용된다.

예제 [13-5] 매출원가예산

(주)원가의 3차년도 말의 재무상태표와 [예제 13-2]와 [예제 13-3]의 자료를 사용하시오. 단, 기초제품재고액은 ₩39,600(600개×₩66)이다.

요구사항

(주)원가의 4차년도에는 재공품은 없는 것으로 가정하고 평균법을 적용하는 경우 1분기의 매출원가예산을 편성하시오.

해답

1. 당기제품제조원가예산

기초재공품과 기말재공품이 존재하지 않기 때문에 총제조원가예산이 그대로 제품제조원가예산이 된다.

직접재료원가예산	2,800개×2kg×₩5=	₩28,000
직접노무원가예산	2,800개×2시간×₩10=	56,000
제조간접원가예산	2,800개×2시간×₩5+₩100,000=	128,000
당기제품제조원가예산 (=당기총제조원가예산)		₩212,000

2. 매출원가

기초제품제고액	600개×₩66=	₩39,600
당기제품제조원가(2,800개 생산)		212,000
판매가능제품		₩251,600
기말제품재고액	400개×₩74*=	29,600
매출원가		₩222,000

* 평균법에 의한 제품의 단위당 제조원가 ₩251,600÷3,400개=₩74

6. 판매비와 관리비에 대한 예산수립

'판매비와 관리비예산(selling and administrative expense budget)'은 판매활동과 관리활동에서 발생할 비용에 대한 예산이다. 판매비와 관리비예산은 비용항목이 매우 다양하므로 원가의 발생행태에 따라 변동원가와 고정원가로 구분해서 예산을 편성하는 것이 간편하다. 판매관리비예산을 편성할 때 주의할 점은 제조예산(목표생산량)이 아니라 판매예산(예상판매량)을 기준으로 판매관리비예산을 편성해야 한다는 것이다.

예제 [13-6] 판매비와관리비예산

(주)원가의 변동판매비와 관리비는 판매되는 제품단위당 ₩20이 발생할 것으로 예측되었고 고정판매비와 관리비는 ₩50,000으로 예측하였다.

요구사항

(주)원가의 1분기의 판매비와 관리비 예산을 수립하시오.

해답

판매관리비예산 : ₩20×3,000개+₩50,000=₩110,000

13

7. 예산손익계산서의 작성

'예산손익계산서(budgeted income statement)'는 예산기간의 경영성과를 나타내는 보고서이다. 예산손익계산서에는 매출, 매출원가, 판매비와 관리비 등이 표시되는데 이들 자료는 앞에서 수립한 판매예산, 매출원가예산, 판매비와 관리비예산 등을 바탕으로 작성한다.

예제 [13-7] 예산손익계산서의 작성

[예제 13-1]부터 [예제 13-6]까지 주어진 자료를 이용하시오. 단, 전기와 당기의 단위당 변동제조원가는 동일하였다.

요구사항

예산손익계산서를 작성하시오.

해답

예산손익계산서

매 출 액	3,000개×₩120=	₩360,000
매 출 원 가		222,000
매 출 총 이 익		₩138,000
판매비와 관리비	3,000개×₩20+₩50,000=	110,000
영 업 이 익		₩28,000

8. 현금예산 수립

'현금예산(cash budget)'은 현금의 수입액과 지출액에 대한 예산이다. 이것은 영업활동 활동수준이 현금상태에 미치는 영향을 예측하는 것으로 불필요한 유휴자금과 현금부족을 방지하는데 도움을 준다. 기업은 손익계산서상에 손실이 발생하더라도 영업활동을 계속할 수 있지만 현금이 없으면 운영될 수 없기 때문에 현금흐름을 관리하는 것은 단기적인 계획을 수립할 때 가장 중요하다.

현금예산을 수립할 때는 현금수입액과 현금지출액을 정확하게 예상하는 것이 중요하므로 현금수입액과 현금지출액을 예측할 때 고려할 요소들을 자세하게 살펴보면 다음과 같다.

(1) 현금수입액

현금수입액은 예산기간 동안 기업에 유입될 것으로 예상되는 현금으로서, 현금의 수입은 대부분 현금판매와 외상매출금의 회수를 통해서 유입된다. 외상매출금으로부터 회수되는 현금수입액을 정확하게 예측하기 위해서는 과거의 대금회수기간 등을 적절하게 고려해야 한다.

(2) 현금지출액

예산기간동안 기업에서 유출될 것으로 예상되는 현금으로서, 원재료의 매입대금 지급, 직접노무원가의 지급, 제조간접원가의 지급, 판매비와 관리비의 지급 등이 있다.

① **원재료 매입대금의 지급**: 매입채무에 대한 대금결제정책을 고려해서 예산기간 중에 매입채무에 대한 지급금액을 예측한다.

② **직접노무원가의 지급**: 직접노무원가는 임금으로 발생액을 즉시 지급하는 것으로 예측한다.

③ **제조간접원가의 지급**: 감가상각비와 같은 현금유출이 없는 비용을 제외한 발생액은 현금지급하는 것으로 예측한다.

④ **판매비와 관리비의 지급**: 감가상각비와 같은 현금유출이 없는 비용을 제외한 발생액은 현금지급하는 것으로 예측한다.

예제 [13-8] 현금예산수립

(주)원가의 3차년도 기말의 재무상태표와 [예제 13-1]에서 [예제 13-7]까지 주어진 자료와 다음의 추가적인 정보를 이용하시오.

(1) 매출액 중에서 70%는 당해분기에 현금으로 회수되고 나머지 30%는 다음 분기에 회수되며 1분기 기초매출채권은 ₩150,000이었다.

(2) 원재료의 매입액 중에서 40%는 당해 분기에 지급하고 나머지 60%는 다음 분기에 지급하며 1분기 기초매입채무는 ₩12,000이었다.

(3) 직접재료원가와 감가상각비를 제외한 모든 원가와 비용은 발생한 시점에 현금으로 지급한다.

(4) 제조간접원가에는 감가상각비가 ₩15,000이 포함되어 있고 판매비와 관리비에는 감가상각비가 ₩10,000이 포함되어 있다.

요구사항

다음 요구사항에 답하시오.

1. (주)원가가 1분기에 매출채권의 회수로 인한 현금수입액을 계산하시오.
2. (주)원가가 1분기에 매입채무의 지급으로 인한 현금지출액을 계산하시오.
3. (주)원가의 1분기의 현금예산을 편성하시오.

해답

1. 매출채권회수로 인한 현금유입액

₩150,000 + ₩360,000 × 70% = ₩402,000

(₩150,000: 기초매출채권, ₩360,000 × 70%: 1분기 매출액 중 회수액)

2. 매입채무의 지급으로 인한 현금지출액

₩12,000 + ₩27,300 × 40% = ₩22,920

(₩12,000: 기초매입채무, ₩27,300 × 40%: 1분기 매입액 중 지급액)

3. 현금예산

Ⅰ. 현금유입액			
1. 매출채권 회수액	₩150,000 + ₩360,000 × 70% =		₩402,000
Ⅱ. 현금유출액			
1. 매입채무지급액		₩22,920	
2. 직접노무원가 지급액	2,800개 × 2시간 × ₩10 =	113,000	
3. 제조간접원가 지급액	2,800개 × 2시간 × ₩5 + ₩85,000* =	113,000	
4. 판매관리비 지급액	3,000개 × ₩20 + ₩40,000* =	100,000	291,920
Ⅲ. 현금증가액			₩110,080
Ⅳ. 기초현금 보유액			85,000
Ⅴ. 기말현금 보유액			₩195,080

(2,800개: 생산량, 3,000개: 판매량)

* 감가상각비를 제외한 고정현금유출액

9. 예산재무상태표의 작성

종합예산의 마지막 단계로 예산재무상태표를 작성한다. '예산재무상태표'는 지금까지 편성한 각종 예산을 바탕으로 자산과 부채항목의 증감을 반영하여 작성한다.

예제 [13-9] 예산재무상태표의 작성

(주)원가의 3차년도 기말의 재무상태표와 [예제 13-1]에서 [예제 13-7]까지 주어진 자료와 다음의 추가적인 정보를 이용하시오.

요구사항

(주)원가의 4차년도의 1분기 말인 3월 31일의 예산재무상태표를 작성하시오.

해답

재무상태표

4차년도 3월 31일 현재

유동자산				유동부채	
현금			₩195,080	매입채무	₩16,380
매출채권	₩360,000×30%=		108,000	차입금	150,000
원재료	420kg×₩5=		2,100		
제품	400개×₩74=		29,600		
비유동자산				자본	
집기비품		₩100,000		자본금	100,000
감가상각누계액		(65,000)	35,000	이익잉여금	103,400
합계			₩369,780	합계	₩369,780

13 | 연습문제

객관식 문제

01 예산편성

다음은 기업의 전반적인 계획활동의 하나인 예산(budget)에 대한 설명이다. 옳지 않은 것은?

① 예산이란 기업의 공식적인 경영계획을 화폐가치로 계량화하여 표현한 것을 말한다.

② 기업 전체를 대상으로 판매예산, 제조예산 등 여러 예산의 상호 유기적인 관계로 수립된 예산을 종합예산이라 하며, 이는 통상 1년 단위로 수립된다.

③ 예산은 계획수립을 쉽게 하고 성과평가의 기준을 제공하며 정확한 원가계산을 가능하게 한다는 유용성이 있다.

④ 종합예산의 수립절차는 실제거래와 반대의 순서로 이루어진다.

⑤ 예산은 하위 경영자들의 성과조작의 유인을 제공하고 단기적인 성과에 집착하여 기업의 장기적인 목표달성에 악영향을 미칠 수도 있다.

02 예산의 종류 (2009. 세무사 수정)

다음 중 예산과 관련된 설명으로 옳지 않은 것은?

① 운영예산(Operating Budget)은 다음 예산연도의 운영계획을 나타내며, 예산 대차대조표(또는 예산재무상태표)에 총괄된다.

② 종합예산(Master Budget) 편성의 첫 단계는 판매량 예측이며 다음으로 제조예산과 제조원가 예산 및 원재료구입예산을 설정한다.

③ 증분예산은 전년도의 증감율을 고려해서 작성한 예산으로 예산편성이 간편하지만 과거의 비능률적인 요소가 미래의 예산에도 그대로 포함되는 문제점이 있다.

④ 참여예산(Participative Budget)제도를 운영하면 실현가능성이 높은 예산이 편성되고 목표일치성이 달성되며 각부문사이에 조정이 이루어질 수 있다. 반면에 시간이 많이 소요되고 성과를 조작할 우려가 있으며 기업내에 정치활동을 위한 조직이 비대화될 수 있다.

⑤ 영기준예산(Zero-based Budget)은 과거의 예산자료를 고려하지 않고 예산을 새로 수립하는 것으로 가정하고 설정하는 예산으로 과거의 비능률적인 요소를 배제할 수 있다는 장점이 있으나 예산편성과정이 형식적으로 치우칠 우려가 있어서 제도를 운영하는 경우에는 예산편성을 위한 노력이 많이 든다.

03 제조예산

(주)아로마의 분기별 장미향수 판매예산은 다음과 같다.

	1분기	2분기	3분기	4분기
매 출 액	₩450,000	₩500,000	₩620,000	₩640,000

향수 1단위당 예상판매가격은 ₩200이고 회계연도 초 제품재고는 500단위이며, 각 분기말 제품재고량은 다음 분기 예상판매량의 10%로 유지할 계획이다. 회사가 상반기에 생산하여야 할 제품의 수량은 총 얼마인가?

① 2,250개　② 2,500개　③ 4,250개
④ 4,550개　⑤ 4,560개

04 원재료 구입예산

(주)원가의 내년도 분기별 판매예산은 다음과 같다.

1분기	2분기	3분기	4분기
45,000개	38,000개	34,000개	50,000개

한 단위의 완성품에는 3ℓ의 직접재료가 투입된다. 회사의 재고자산 보유방침은 직접재료의 분기별 기초재고는 각 분기의 직접재료 필요량의 30%로 하고 완성품의 기초재고는 각 분기 판매량의 20%로 하는 것이다. 2분기의 직접재료 구매예산은 몇 ℓ인가?

① 111,600ℓ　② 111,240ℓ　③ 43,200ℓ
④ 38,200ℓ　⑤ 30,600ℓ

05 원재료 구입예산 (2005. 세무사)

태양회사는 제품단위당 4g의 재료를 사용한다. 재료 1g당 가격은 ₩0.8이며, 다음분기 재료목표 사용량의 25%를 분기말 재고로 유지한다. 분기별 생산량은 다음과 같다. 1분기의 재료구입액은 얼마인가?

	1분기	2분기
실제생산량(=목표생산량)	24,000개	35,000개

① ₩84,500　② ₩85,600　③ ₩86,400
④ ₩87,200　⑤ ₩88,800

06 원재료 구입예산

AK사는 주요원재료 A를 가지고 제품 K를 생산·판매하고 있는데 제품K 한 단위를 생산하는 데는 원재료A 3kg이 소요된다. 20×5년도 이 회사의 분기별 예상판매량과 20×4년 12월 31일 현재 재고자산종류별 재고량은 다음과 같다.

20×5년도 분기별 예상판매량		20×4년 12월 31일 재고량	
분 기	판 매 량	재고자산	재 고 량
1	8,000단위	원재료 A	5,000kg
2	9,000	재공품	없 음
3	7,000	완제품 K	2,400단위
4	6,000		

이 회사의 재고정책에 의하여 각 분기말 완제품재고량은 다음 분기예상판매량의 30%를 유지하도록 한다. 또한 각 분기말 원재료재고량은 일정하게 5,000kg씩 유지하며 재공품재고는 없도록 하는 것을 원칙으로 하고 있다. 이 회사가 20×5년도 2분기에 구입하여야 할 원재료 A의 물량은 얼마인가?

① 25,200kg ② 26,100kg ③ 27,000kg
④ 29,900kg ⑤ 31,100kg

07 원재료 구입예산

태영사는 20×5년 10월 동안 53,000단위의 제품이 판매될 것으로 예상하고 있다. 제품 1단위를 제조하는 데는 화학재료 4kg이 필요하다. 화학재료의 kg당 단가는 ₩50으로 예상된다. 태영사는 10월말의 재고자산을 9월말에 비하여 화학재료는 50,000kg 감소시키고 제품은 6,000단위를 증가시키려고 한다. 재공품계정의 잔액이 없는 경우에 태영사는 화학재료를 얼마나 구입하여야 하는가?

① ₩6,900,000 ② ₩8,100,000 ③ ₩9,300,000
④ ₩11,900,000 ⑤ ₩12,500,000

08 원재료 구입예산

나무공업사는 1996년 3월 예산에 원제품 84,000단위의 판매를 계획하고 있다. 완제품 1단위를 생산하기 위해서는 3kg의 원재료를 필요로 한다. 원재료 및 완제품의 월초 실제 재고량과 월말 적정재고량은 다음과 같다.

	3월 1일	3월 31일
원 재 료	200,000kg	220,000kg
완 제 품	44,000단위	48,000단위

재공품의 3월 기초재고 및 기말재고가 없다고 가정할 경우, 나무공업사는 원재료를 얼마만큼 구입하여야 하는가?

① 220,000kg ② 252,000kg ③ 264,000kg
④ 272,800kg ⑤ 284,000kg

09 원재료구입예산

회사는 재료 A를 사용하여 제품 B를 생산하고 있다. 제품 B를 한 단위 생산하기 위해서는 재료 A가 2kg 소요된다. 2007년 1/4분기와 2/4분기의 제품 B의 예상 판매량은 각각 4,000단위, 5,000단위이다. 한편 2007년도 기초에 보유하고 있던 재료 A의 재고수량은 1,200kg이며, 제품 B의 수량은 800단위이다. 그리고 이 회사의 재고정책에 의하면 1/4분기말 제품 B의 희망재고수준은 2/4분기 판매량의 20%이며, 재료 A의 희망 재고수준은 600kg이다. 기초재공품과 기말재공품은 없도록 한다. 2007년 1/4분기에 구입해야 할 재료 A의 수량은 얼마인가?

① 7,800kg ② 8,000kg ③ 8,400kg
④ 9,000kg ⑤ 9,600kg

10 매출채권 회수액계산 (2005. KICPA)

(주)은마의 20×5년 1월 매출액은 ₩500,000이고, 2월과 3월 매출은 직전월에 비하여 각각 10%와 20%씩 증가할 것으로 예상된다. 매출은 현금매출 70%와 외상매출 30%로 구성되며, 외상매출은 판매된 달에 60%, 그 다음 달에 40%가 회수된다. 이에 따라 (주)은마의 현금예산표상 20×5년 3월의 현금유입액을 계산하면 얼마인가?

① ₩440,000 ② ₩484,000 ③ ₩544,000
④ ₩580,800 ⑤ ₩646,800

11 매출채권회수액

나무상사의 4월 예상매출액은 ₩600,000이다. 과거의 경험에 의하면, 매출액 중 당월에 70%, 다음월에 20%, 그 다음월에 8%가 회수되며, 나머지 2%는 회수불능이고 당월에 매출액을 회수할 경우 2%의 현금할인이 이루어진다. 4월초의 외상매출금은 ₩200,000이며, 이 가운데 ₩50,000은 2월 외상매출금에 대한 미회수분이며, 나머지 ₩150,000은 3월 외상매출금에 대한 미회수분이다. 4월에 매출채권회수로 인한 현금유입액은 얼마로 예상되는가?

① ₩547,600 ② ₩551,600 ③ ₩576,430
④ ₩584,300 ⑤ ₩596,230

12 현금예산 : 현금유입액

박영사는 20×5년 3월의 현금유입액을 추정하려고 한다. 3월 1일의 현금잔고는 ₩5,000이다. 1월과 2월의 실제매출액과 3월의 예산매출액은 다음과 같다.

구 분	1월	2월	3월
현 금 매 출	₩30,000	₩15,000	₩20,000
외 상 매 출	35,000	50,000	40,000
합 계	₩65,000	₩65,000	₩60,000

과거 경험상 외상매출은 판매한 달을 포함하여 3개월에 걸쳐 매월 60%, 30%, 5%가 각각 회수되며, 나머지는 회수불능이다. 20×5년 3월의 현금유입액은 얼마인가?

① ₩59,250 ② ₩59,500 ③ ₩59,750
④ ₩60,000 ⑤ ₩60,750

13 상품매입액의 추정 (2008. 세무사)

2008년 1월부터 3월까지의 대한회사의 예상 상품매출액은 다음과 같다.

	예상매출액
1월	₩3,500,000
2월	4,100,000
3월	4,000,000

매월 기말재고액은 다음 달 예상매출원가의 25%이며, 상품의 매출총이익률은 30%이다. 2월의 예상 상품매입액은 얼마인가?

① ₩2,467,500 ② ₩2,852,500 ③ ₩2,625,000
④ ₩3,010,000 ⑤ ₩4,672,500

14 매입대금지급액 (2003. KICPA)

금년초에 설립된 미도상사는 상품구매원가의 120%로 상품가격을 책정하고 있다. (주)미도는 매월 구매상품의 40%는 현금구입하고 나머지 60%는 외상으로 구입한다. 외상구입 대금은 구입한 달의 다음 달에 지급한다. 매월 기말재고로 그 다음 달 예상판매량의 30%를 보유하는 정책을 실시하고 있다. 1, 2, 3월의 예상매출액은 다음과 같다(단, 3개월 동안의 판매가격 및 구매단가는 불변이다).

	예상매출액
1월	₩9,600
2월	12,000
3월	14,400

구입대금 지급으로 인한 미도상사의 2월 중 예상 현금지출액은 얼마인가?

① ₩8,760 ② ₩9,160 ③ ₩10,840
④ ₩13,152 ⑤ ₩10,512

15 현금예산 : 대금지급예상액

Y사는 상품의 총구매가격에 25%의 이익을 가산하여 판매하고 있다. 이 회사는 매월 구입액의 60%는 그 달에 지급하고, 나머지는 그 다음 달 초순에 지급한다.

Y사는 다음 달 예상매출원가의 30%를 월말재고로 보유한다. 1월의 구매액이 ₩1,454,000이고, 1월, 2월, 3월의 매출액이 각각 ₩1,750,000, ₩2,050,000, ₩1,900,000일 경우에 2월의 대금지급예상액은 얼마인가?

① ₩1,544,000 ② ₩1,565,600 ③ ₩1,604,000
④ ₩1,640,000 ⑤ ₩1,811,600

16 현금예산 : 현금증가액

(주)가나는 한 종류의 상품을 구입하여 판매한다. 20×5년 1월의 매출액은 ₩100,000이고 2월과 3월의 매출액이 각각 ₩150,000, ₩120,000이 될 것으로 예상하고 있다. 이 회사의 매출원가는 매출액의 60%이며, 상품은 현금으로 구매한다. 1월 31일의 재고자산은 ₩18,000이고 매월말의 적정재고량은 다음 달 판매량의 20%이다. 이 회사의 매출액 중 30%는 판매한 달에 회수되고 70%는 판매한 다음 달에 회수된다. 20×5년 2월에 판매비와관리비로 ₩8,500이 현금으로 지불된다면 2월 중 현금증가예상액은 얼마인가?

① ₩97,500 ② ₩37,500 ③ ₩14,500
④ ₩20,100 ⑤ ₩100,500

17 현금예산 : 매출채권과 매입채무

(주)원가사의 4월 1일 현재 현금잔액은 ₩40,000이고 매입채무와 매출채권은 다음과 같이 구성되어 있다.

발 생 월	매입채무	매출채권
2월	—	₩5,000
3월	₩60,000	80,000
계	₩60,000	₩85,000

외상매출은 발생한 당월에 80%, 다음 달에 15%를 회수하고 나머지는 회수하지 못할 것으로 예측하고 있으며 외상매입은 매입 다음 달 10일까지 지급하여 2%의 현금할인혜택을 받고 있다. 4월 중에는 매입이 ₩50,000, 매출은 ₩100,000이 되며(전액 외상거래) 일반경비로 ₩14,000을 현금지출할 것으로 예상하고 있다. 4월말의 현금잔액은 얼마로 추정되는가?

① ₩107,200 ② ₩67,200 ③ ₩59,950
④ ₩121,200 ⑤ ₩58,000

해 답 *Answer*

01 ③

예산의 유용성은 크게 ① 계획을 수립하게 하고, ② 성과평가기준을 제공하며, ③ 의사전달과 조정의 역할을 수행하는 것으로 요약할 수 있다. 예산으로 정확한 원가계산이 가능한 것은 아니다.

02 ①

운영예산은 다음 예산연도의 운영계획을 나타내는 예산으로 예산손익계산서에 그 내용이 총괄된다.

03 ⑤

(1) 상반기 예상판매량

1분기 :	₩450,000÷@200=	2,250단위
2분기 :	₩500,000÷@200=	2,500
		4,750단위

(2) 상반기 예상생산량

제품계정 차변			제품계정 대변		
기초재고		예상생산량(X)	예상판매량		기말재고
500개	+	4,560개	4,750개	+	310개*

* ₩620,000÷@200×10%=310단위
(₩620,000÷@200: 3분기 예상판매량)

04 ①

(1) 제조예산

2분기 : 38,000개(판매량)+34,000개×20%(기말재고)−38,000개×20%(기초재고)=37,200개

3분기 : 34,000개(판매량)+50,000개×20%(기말재고)−34,000개×20%(기초재고)=37,200개

(2) 직접재료구매예산

원 재 료

기 초	매 입	사 용	기 말
37,200개×3ℓ×30%	111,600ℓ	37,200개×3ℓ	37,200개×3ℓ×30%

05 ②

원재료 사용량 :	24,000단위×4g=	96,000g
기말원재료 :	35,000단위×4g×0.25=	35,000
총 필요량		131,000g
기초원재료 :	24,000단위×4g×25%=	24,000
원재료 구입량		107,000g

참고로 원재료계정의 내용을 T계정으로 살펴보면 다음과 같다.

원 재 료

차변		대변	
기초 : 24,000단위×4g×25%=	24,000g	사용량 : 24,000단위×4g=	96,000g
원재료 구입량	107,000	기말 : 35,000단위×4g×0.25=	35,000
	131,000g		131,000g

원재료 구입액 : 107,000g×₩0.8/g=₩85,600

06 ①

(1) 2분기 생산량(제조예산)

9,000개+7,000개×30%−9,000개×30%=8,400개
(판매량: 9,000개, 기말재고량: 7,000개×30%, 기초재고량: 9,000개×30%)

(2) 원재료구입량(원재료구입예산)

8,400개×3kg+5,000kg−5,000kg=25,200kg
(사용량: 8,400개×3kg, 기말재고량: 5,000kg, 기초재고량: 5,000kg)

원 재 료

차변		대변	
기 초	5,000kg	사 용	8,400개×3kg
매 입	25,200kg	기 말	5,000kg

제 품

차변		대변	
기 초	9,000개×0.3	판 매	9,000개
생 산	8,400개	기 말	7,000개×0.3

원재료구입예산 문제가 출제되는 경우에 원재료사용량을 추정해야 하는 경우가 대부분이며 원재료사용량은 ① 제조예산(생산량)을 추정하여 이를 기초로 계산한다. 따라서 ② 원재료구입예산문제를 푸는 경우에는 대부분 제조예산(생산량)부터 구해야 한다고 기억하기 바란다.

07 ③

(1) 제품생산량(제조예산)(단, 기초수량을 x라고 하자)

53,000개+x+6,000개−x=59,000개
(판매량: 53,000개, 기말재고: x+6,000개, 기초재고: x)

기말재고증가분(6,000개)이 주어져 있으므로 다음과 같이 계산할 수도 있다.

53,000개(판매량) + 6,000개(재고증가량) = 59,000개

(2) 원재료구입예산(단, 기초재고량을 x라고 하자)

59,000개 × 4kg(사용량) + x − 50,000kg(기말재고) − x(기초재고) = 186,000kg

186,000kg × @50 = ₩9,300,000

원 재 료

기 초	x	사 용	59,000개 × 4kg
매 입	186,000kg	기 말	x − 50,000kg

제 품

기 초	x	판 매	53,000개
생 산	59,000개	기 말	x + 6,000개

08 ⑤

(1) 제품의 제조예산(3월)

84,000개(판매량) + 48,000개(기말재고) − 44,000개(기초재고) = 88,000개

(2) 원재료의 직접재료구매예산(3월)

88,000개 × 3kg(사용량) + 220,000kg(기말재고) − 200,000kg(기초재고) = 284,000kg

09 ①

(1) 제품의 제조예산(1/4분기)

4,000개(판매량) + 5,000개 × 20%(기말재고) − 4,000개 × 20%(기초재고) = 4,200개

(2) 원재료의 직접재료구매예산(3월)

4,200개 × 2kg(사용량) + 600kg(기말재고) − 1,200kg(기초재고) = 7,800kg

10 ⑤

(1) 월별 현금매출액과 외상매출액

		매 출	=	현금매출	+	외상매출
1월		₩500,000		₩350,000		₩150,000
2월	₩500,000 × 110% =	550,000		385,000		165,000
3월	₩550,000 × 120% =	660,000		462,000		198,000

(2) 3월 현금 유입액

현금매출액	₩462,000
2월 외상매출 회수액 : ₩165,000 × 40% =	66,000
3월 외상매출 회수액 : ₩198,000 × 60% =	118,800
	₩646,800

13

11 ②

(1) 매월 매출액

2월 매출액은 2월에 70%, 3월에 20%회수되므로, 4월초에는 2월 매출액의 10%가 미회수되었다.

2월 매출액=₩50,000÷10%=₩500,000

3월 매출액=₩150,000÷30%=₩500,000

(2) 매출채권회수로 인한 현금유입액

		4월
2월	₩500,000×8%=	₩40,000
3월	₩500,000×20%=	100,000
4월	₩600,000×70%×98%=	411,600
합 계		₩551,600

12 ⑤

3월 중 현금매출액		₩20,000
3월 매출채권회수액 :	₩40,000×0.6=	24,000
2월 매출채권회수액 :	₩50,000×0.3=	15,000
1월 매출채권회수액 :	₩35,000×0.05=	1,750
합 계		₩60,750

13 ②

2월 매입액

상 품

기초재고	당기매입	매출원가	기말재고
₩4,100,000×70%×25% =₩717,500	₩2,852,500	₩4,100,000×70% =₩2,870,000	₩4,000,000×70%×25% =₩700,000

14 ③

(1) 재고자산 파악

	매출액	매출원가*	기말재고	기초재고
1월	₩9,600	₩8,000	₩10,000×30%=₩3,000	–
2월	12,000	10,000	₩12,000×30%=₩3,600	₩10,000×30%=₩3,000
3월	14,400	12,000		

* 매출원가=매출액÷120%

(2) 상품구입액

1월의 상품구입액 : ₩8,000+₩3,000−₩0=₩11,000

2월의 상품구입액 : ₩10,000+₩3,600−₩3,000=₩10,600

(3) 현금지출액

2월의 현금지출액 : ₩11,000×60%+₩10,600×40%=₩10,840

15 ①

(1) 2월 매입액(상품계정을 이용해서 추정한다)

2월 매출원가 :	$₩2,050,000 \times \frac{100}{125}^{*} =$	₩1,640,000
2월 기말재고액 :	$₩1,900,000 \times \frac{100}{125} \times 30\% =$	456,000
2월 기초재고액 :	$₩2,050,000 \times \frac{100}{125} \times 30\% =$	(492,000)
2월 매입액		₩1,604,000

* 상품계정은 원가로 기록된다.

상 품

기 초	$₩2,050,000 \times \frac{100}{125} \times 30\%$	판 매	$₩2,050,000 \times \frac{100}{125}$
매 입	₩1,604,000	기 말	$₩1,900,000 \times \frac{100}{125} \times 30\%$

(2) 2월 현금지급액

2월 :	₩1,604,000×60%=	₩962,400
1월 :	₩1,454,000×40%=	581,600
		₩1,544,000

16 ④

I. 현금유입			
2월 매출 :	₩150,000×30%=	₩45,000	
1월 매출 :	₩100,000×70%=	70,000	₩115,000
II. 현금유출			
매 입		₩86,400*	
판매관리비		8,500	94,900
III. 현금증가액			₩20,100

* 2월 매입액(상품계정의 내용을 이용해서 추정한다)

상 품

기 초	₩18,000	판 매	₩150,000×60% 매출원가
매 입	₩86,400	기 말	₩120,000×60%×20%

17 ①

Ⅰ. 기초현금			₩40,000
Ⅱ. 현금유입(매출채권회수)			
2월분 매출채권		₩0[*1]	
3월분 매출채권 :	₩80,000÷20%×15%=	60,000[*2]	
4월분 매출채권 :	₩100,000×80%=	80,000	140,000
Ⅲ. 현금유출(매입채무지급)			
3월분 매입채무 :	₩60,000×98%=	₩58,800[*3]	
4월분 매입채무		0[*4]	
4월 일반경비		14,000	72,800
Ⅳ. 기 말 현 금			₩107,200

*1. 2월분 매출채권 잔액은 4월에 회수할 수 없는 매출채권으로 본다.
2. 3월분 매출채권 잔액은 3월에 발생한 매출채권의 20%로 3월분 매출액은 ₩400,000(₩80,000÷20%)이였으며 이중에서 15%가 회수된다.
3. 3월분 매입채무는 4월에 현금할인혜택을 받고 전액 지급된다.
4. 4월분 매입채무는 4월에 지급되지 않는다.

주관식 문제

01 제조기업의 종합예산 (2005년 KICPA 수정)

(주)한국화공은 제품 A를 생산·판매하는 기업이며, 다음은 20×5년 3 / 4분기 회사의 예산편성을 위한 자료들이다.

(1) 정상조업도 1,000병을 기준으로 한 제품 A의 병당 변동표준원가는 다음과 같다.

직접재료원가(직접재료 2.5ℓ, @1,200)	₩3,000
직접노무원가(노무시간 2시간, @2,500)	₩5,000
변동제조간접원가	₩1,800

(2) 회사의 연간 고정제조간접원가는 ₩14,400,000으로 예상되며, 매월 균등하게 발생한다. 월간 고정제조간접원가는 당월 생산량에 균등하게 배부한다. 대손상각비를 포함하지 않은 변동판매비와관리비는 병당 ₩1,500이며, 고정판매비와관리비는 매월 ₩4,500,000으로 예상된다.

(3) 직접재료원가와 변동가공원가는 가공의 과정에서 평균적으로 발생한다. 고정제조간접원가에는 월 ₩400,000의 감가상각비가 포함되어 있으며, 고정판매비와관리비에는 판매촉진비 ₩120,000, 개발비상각비 ₩80,000, 임차료 ₩50,000 등이 포함되어 있다.

(4) 월말 제품재고는 다음 달 예산매출량의 10%를 유지하고 있으며, 월말 직접재료의 재고는 다음 달 예산소비량의 20%수준을 유지하고 있다. 월말재공품은 없는 것으로 한다.

(5) 모든 재고자산의 매입과 매출은 외상거래로 이루어진다. 매출액의 50%는 판매한 달에 회수되고, 매출이 발생한 다음 달에 48%가 회수된다. 나머지는 매출 발생 다음 달에 대손상각비로 인식한다. 외상매입금은 매입한 달에 80%를 지급하며 이중 절반에 대하여 5%의 매입할인을 받는다. 나머지 20%는 다음 달에 지급한다.

(6) 제품 A의 병당 판매가격은 ₩20,000이며, 월별 예산매출량은 다음과 같다.

6월	7월	8월	9월
800병	900병	1,000병	1,200병

(7) 6월말 현금잔액은 ₩254,000이다.

【물음 1】 6월, 7월, 8월의 제조예산은 얼마인가?

【물음 2】 7월중 직접재료의 예산매입액은 얼마인가?

【물음 3】 선입선출법을 이용하는 경우, 7월의 예산매출총이익과 예산영업이익은 각각 얼마인가? 단, 대손상각비와 매입할인은 제외하고 계산하시오.

【물음 4】 모든 비용은 발생한 달에 지급하는 것을 원칙으로 한다. 7월말 예상 현금잔액은 얼마인가?

해답

[물음 1] 제조예산

	판매량		기말재고		기초재고		생산량(제조예산)
6월	800개	+	900개×10%	−	800개×10%	=	810개
7월	900개	+	1,000개×10%	−	900개×10%	=	910개
8월	1,000개	+	1,200개×10%	−	1,000개×10%	=	1,020개

[물음 2] 원재료 구입예산

	사용량		기말재고		기초재고		구입량
6월	810개×2.5ℓ	+	910개×2.5ℓ× 20%	−	810개×2.5ℓ× 20%	=	2,075ℓ
7월	910개×2.5ℓ	+	1,020개×2.5ℓ× 20%	−	910개×2.5ℓ× 20%	=	2,330ℓ

7월의 원재료 매입량은 2,330ℓ가 된다.

예산매입액 : 2,330ℓ×₩1,200=₩2,796,000

[물음 3] 7월의 매출총이익과 영입이익

(1) 단위당 원가

	6월		7월	
직 접 재 료 원 가		₩3,000.00		₩3,000.00
직 접 노 무 원 가		5,000.00		5,000.00
변동제조간접원가		1,800.00		1,800.00
고정제조간접원가	₩1,200,000÷810병=	1,481.48	₩1,200,000÷910병=	1,318.68
계		₩11,281.48		₩11,118.68

13

(2) 7월의 매출총이익과 영업이익

매 출	₩20,000×900개=		₩18,000,000
매 출 원 가	기초재고: 90병×₩11,281.48=	₩1,015,333	
	당기생산: 910병×₩11,118.68=	10,117,999	
	기말재고: 100병×₩11,118.68=	(1,111,868)	(10,021,464)
매 출 총 이 익			₩7,978,536
변동판매관리비	₩1,500×900병=		(1,350,000)
고정판매관리비			(4,500,000)
영 업 이 익			₩2,128,536

[물음 4] 현금예산

Ⅰ. 현금유입액	6월 매출 800병×₩20,000×48%=	₩7,680,000	
	7월 매출 900병×₩20,000×50%=	9,000,000	₩16,680,000
Ⅱ. 현금유출액			
매입채무 지급			
6월 매입	2,075ℓ×₩1,200×20%=	₩498,000	
7월 매입	2,330ℓ×₩1,200×80%=	2,236,800	
매입할인	2,330ℓ×₩1,200×40%×5%=	(55,920)	
직접노무원가 지급	910병×2시간×₩2,500=	4,550,000	
변동제조간접원가 지급	910병×₩1,800=	1,638,000	
고정제조간접원가 지급	₩1,200,000−₩400,000=	800,000	
변동판매관리비 지급		1,350,000	
고정판매관리비 지급	₩4,500,000−₩80,000=	4,420,000	(15,436,880)
Ⅲ. 현금증가액			₩1,243,120
Ⅳ. 기초현금			254,000
Ⅴ. 기말현금			₩1,497,120

02 상기업의 현금예산

(주)삼일의 3월 31일 현재의 재무상태표는 다음과 같다.

재무상태표

현 금	50,000	매 입 채 무	80,000
매 출 채 권	100,000	자 본 금	170,000
상 품	50,000	이 익 잉 여 금	150,000
설 비 자 산	200,000		
	400,000		400,000

(주)삼일은 4월의 종합예산을 편성하기 위하여 다음과 같은 자료를 수집하였다.

(1) 4월의 예상매출액은 ₩200,000이며 5월의 예상매출액은 ₩250,000이다. 매출액 중 30%는 현금매출이며 외상매출액 중 50%는 매출한 달에 회수되고 45%는 다음 달에 회수되며 5%는 대손처리된다. 4월 1일 현재 매출채권은 3월 매출액 중에서 회수되지 않은 금액이다.
(2) 매출총이익률은 40%이며 다음 달 예상 판매량의 30%를 여유재고로 보유하고 있다.
(3) 매입액의 40%는 매입한 달에 지급하고 나머지는 다음 달에 지급한다.
(4) 4월 중에 판매관리비예산은 ₩60,000이고, 이 중 감가상각비예산은 ₩15,000이다.

【물음 1】 4월의 매출로 인한 현금유입액을 계산하시오.

【물음 2】 4월의 상품구입예산을 계산하시오.

【물음 3】 4월의 매입으로 인한 현금유출액을 계산하시오.

【물음 4】 4월의 현금예산을 작성하시오.

【물음 5】 4월의 영업이익을 계산하시오.

해답

[물음 1] 매출로 인한 현금유입액

4월 현금매출액 :	₩200,000×30%=	₩60,000
4월분 매출채권 회수액 :	₩200,000×70%×50%=	70,000
3월분 매출채권 회수액 :	₩100,000×45%/50%=	90,000
매출로 인한 현금유입액		₩220,000

[물음 2] 상품구입예산

4월 매출원가 :	₩200,000×60%=	₩120,000
4월 기말재고자산 :	₩250,000×60%×30%=	45,000
총필요재고자산		₩165,000
4월 기초재고자산		50,000
상품 구입예산		₩115,000

[물음 3] 매입으로 인한 현금유출액

4월 매입액 지급액 :	₩115,000×40%=	₩46,000
3월 매입채무지급액 :		80,000
		₩126,000

13

[물음 4] 현금예산

기초현금			₩50,000
현금유입액			
매출을 통한 현금유입액			220,000
현금유출액			
매입채무지급액		₩126,000	
판매관리비 지급액 :	₩60,000－₩15,000＝	45,000	171,000
기말현금			₩99,000

[물음 5] 영업이익

매 출 액		₩200,000
매 출 원 가:	₩200,000×60%＝	120,000
매 출 총 이 익		₩80,000
판 매 관 리 비		60,000
영 업 이 익		₩20,000

해설

상기업의 매입채무지급액 : 제조기업의 경우에는 원재료를 매입하므로 원재료의 구입예산금액만큼 매입채무가 증가하여 이를 기초로 매입채무지급액을 추정한다. 반면에 상기업은 상품을 매입하므로 상품의 구입예산을 계산하고 이를 기초로 매입채무지급액을 추정해야 한다.

CHAPTER

14

Cost & Management Accounting

분권화와 책임회계

제1절 분권화의 의의

'분권화(decentralization)'란 준독립적인 사업부의 경영자들에게 의사결정권한을 부여해서 각 사업부의 경영자들이 자신의 책임분야에 대해 자유롭게 의사결정을 할 수 있도록 하는 제도를 말한다. 기업의 경영환경이 불확실해지고 제조기술은 복잡해지는 반면에 기업의 규모가 대규모로 커져 시장의 변화에 신속하게 대응하기가 어려워지면서 분권화를 실시하는 기업이 보다 많아지고 있다.

분권화는 다양한 수준에서 실시할 수 있다. 완전한 분권화는 사업부 경영자가 자신의 책임분야에 대한 의사결정을 하는데 거의 아무런 제약을 받지 않고 최대한의 자유재량을 부여받는 것을 의미한다. 이에 반해 완전한 집권화는 사업부의 경영자가 자신의 책임분야에 대한 의사결정을 하는데 자유성을 부여받지 않고 최대한으로 제약이 가해지는 것을 의미한다.

유 형	내 용
① 완전분권화	사업부 경영자가 의사결정을 하는데 거의 아무런 제약을 받지 않고 최대한의 자유재량을 부여받는 것을 의미
② 완전집권화	사업부의 경영자가 의사결정을 하는데 자유성을 부여받지 않고 최대한으로 제약이 가해지는 것을 의미

대부분의 기업들은 자기가 처한 경영환경에 맞추어서 이 두 양극단의 사이에서 분권화의 수준을 결정한다.

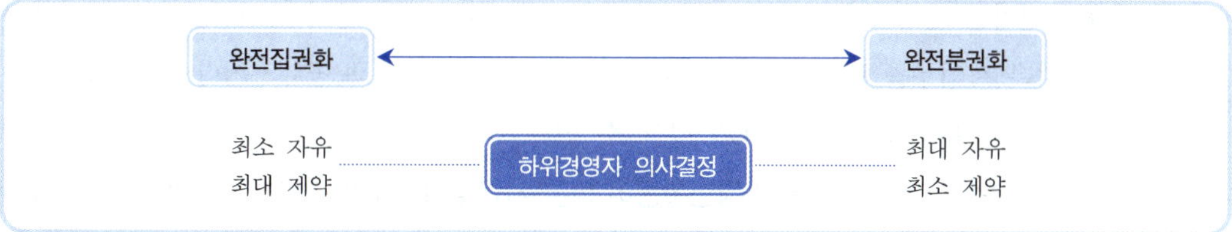

1. 분권화의 장점

조직을 분권화해서 의사결정과 권한을 하위경영자에게 이양하고 책임을 묻게 되면 기업은 여러 가지 이점을 얻을 수 있는데 분권화의 대표적인 장점은 다음과 같다.

① 분권화로 권한이 하위경영자에게 이양되면 현장의 요구에 신속하고 정확하게 대응하고 의사결정할 수 있다. 기업이 분권화되면 의사결정내용이 조직의 상부로 올라가는데 소요되는 시간이 감소하므로 의사결정속도를 향상시켜서 중앙집권적인 조직에 비해 고객의 욕구변화에 신속하게 대응할 수 있다.

② 기업이 분권화되면 하위경영자의 동기부여(motivation)를 높여준다. 분권화로 권한과 책임이 하위경영자에게 이양되어 하위경영자가 주도적으로 의사결정할 수 있을 때 하위경영자는 보다 강하게 동기부여 될 수 있다.

③ 분권화는 조직구성원의 관리능력을 향상시킨다. 기업이 분권화되면 하위경영자는 자기책임하에 의사결정하고 조직을 관리하면서 상위관리직에 적합하도록 능력을 개발할 수 있다.

④ 분권화는 최고경영진에게 조직 전체의 전략적인 계획에 보다 많은 노력을 집중할 수 있도록 한다. 분권화가 이루어지면 하위경영자는 보다 민첩하고 신축적으로 시장변화에 대응하게 되어 최고경영자는 일상적인 의사결정의 부담에서 벗어나 조직 전체의 전략적인 계획에 보다 많은 시간과 노력을 집중할 수 있다.

2. 분권화의 단점

분권화는 여러 가지 장점 때문에 많은 대기업들이 조직을 분권화하고 하위경영자에게 책임과 권한을 이양한다. 그런데 분권화는 다음과 같은 단점도 가지고 있으므로 이를 고려하여 조직을 분권화해야 한다.

① 목표불일치가 나타나서 하위경영자가 기업 전체입장에서 최적의사결정이 아니라 하위경영자입장에서 최적의사결정을 하여 기업 전체입장에서 차선의 의사결정을 할 가능성이 있다. 목표불일치는 준최적화(sub-optimization)라고도 한다. 예를 들어 하위경영자는 동일조직내의 다른 사업부를 경쟁자처럼 여기고 다른 사업부와 정보를 공유하거나 협조하는 것을 꺼려하는 경우에 목표불일치가 발생할 수 있다.

② 분권화로 인하여 특정사업부의 경영활동이 다른 사업부의 성과에도 영향을 미치는 외부효과가 나타날 가능성이 있다. 예를 들어 한 사업부가 내부이전가격을 얼마로 결정하는가에 따라서 다른 사업부의 경영성과가 영향을 받을 수 있다. 이에 대해서는 3절에서 자세히 살펴보도록 하자.

③ 기업이 분권화되면 장기적인 이익을 희생할 가능성이 있다. 일반적으로 사업부의 성과는 단기적으로 평가되므로 하위경영자들은 자신의 성과를 높이기 위해서 기업 전체의 장기적인 이익을 희생하더라도 사업부문의 단기적인 이익을 증대하려고 노력하게 된다.

④ 분권화로 정보수집비용이 증가할 수 있다. 각 사업부문의 경영자들은 각각 의사결정해야 하므로 보다 많은 정보가 필요하고 최고경영자도 각 사업부의 내용을 보다 세밀하게 파악해야 하므로 정보의 수집 및 처리비용이 증가할 수 있다.

⑤ 기업 전체의 경영활동이 중복될 가능성이 있다. 사업부별로 의사결정에 필요한 활동이 수행되고 최고경영자는 사업부의 통합과 목표일치성을 달성하기 위해 공식적인 정보시스템을 정교히 관리하는데 이 과정에서 활동이 중복될 수 있다. 예를 들어 기업의 회계업무를 개별사업부별로 각각 수행하여 불필요한 비용이 지출될 수 있다.

장 점	단 점
① 신속한 의사결정 ② 하위 경영자의 동기부여 ③ 조직구성원의 관리능력 향상 ④ 최고경영진이 전략계획에 집중	① 목표불일치 ② 외부효과 ③ 장기이익의 희생 ④ 정보수집비용 증가 ⑤ 경영활동의 중복

제 2 절 책임회계의 개념과 책임중심점의 유형

'책임회계(responsibility accounting)'란 조직의 목표를 효율적으로 달성하기 위해 조직안에 다양한 책임중심점을 설정하고, 책임중심점이 통제가능한 수익과 비용을 집계하여 각 책임중심점별로 계획(예산)과 실적에 관한 정보를 파악하도록 하는 회계시스템을 말한다. 여기서 '책임중심점(responsibility center)'이란 일련의 경영활동에 대해 책임을 지고 의사결정권한을 가지는 조직단위를 말한다. 분권화된 조직에서는 각 사업부가 독립적인 의사결정권한을 가지고 있으므로 책임중심점에 해당하며, 사업부별 성과를 파악하고 관리하기 위해서는 책임회계가 필수적이다.

1. 책임중심점의 유형

책임중심점은 부문경영자의 책임범위에 따라 ① 원가중심점, ② 수익중심점, ③ 이익중심점 및 ④ 투자중심점으로 구분한다.

(1) 원가중심점

'원가중심점(cost center)'은 원가의 발생에 대해서만 관리책임을 가지는 책임중심점으로 원가중심점의 경영자는 원가절감을 주된 목표로 하여 원가발생액을 관리한다. 제조기업의 경우 각 제조부문과 보조부문이 독립적인 원가중심점이 될 수 있고, 특정 제조부문 안에도 여러 개의 원가중심점이 있을 수 있다.

(2) 수익중심점

'수익중심점(revenue center)'은 원가발생액과 무관하게 수익의 실현에 대해서만 책임을 지는 책임중심점이다. 따라서 수익중심점의 경영자는 수익의 실현을 위해 관리활동을 수행하고 수익을 극대화하는 것을 주된 목표로 설정한다. 수익중심점의 예로는 제품의 판매를 담당하는 영업부문이 대표적이다.

(3) 이익중심점

'이익중심점(profit center)'은 수익과 원가에 대해 관리책임을 지는 책임중심점이다. 이익중심점은 기업전체가 하나의 이익중심점이 될 수도 있지만 조직의 한 부문, 즉 생산라인, 사업부, 지역판매본부 등으로 구성되는 것이 일반적이다. 이익중심점의 경영자는 원가중심점이나 수익중심점의 경우와는 달리 원가와 수익 모두에 대해 책임을 지고 영업활동을 총체적으로 관리한다.

(4) 투자중심점

'투자중심점(investment center)'은 원가와 수익뿐만 아니라 투자액에 대해서도 책임을 지는 책임중심점이다. 투자중심점은 가장 포괄적이고 광범위한 책임중심점이라고 할 수 있으며, 일반적으로 투자중심점의 경영자는 투자된 금액에 대해 목표이익을 달성하는 것으로 성과를 평가받는다. 즉, 투자중심점의 경영자는 이익을 얻기 위해서 그들이 관리할 수 있는 자원이 얼마나 효율적으로 이용되는가에 따라 성과가 평가된다.

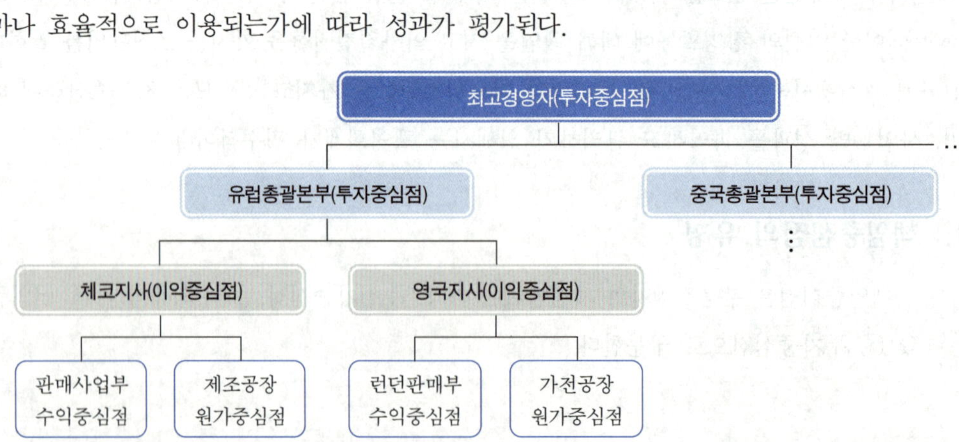

유형	책임중심점의 특징
① 원가중심점	원가의 발생에 대해서만 책임을 지는 책임중심점 –제조부문, 보조부문
② 수익중심점	수익의 실현에 대해서만 책임을 지는 책임중심점 –영업부문, 판매부문
③ 이익중심점	수익과 원가에 대해 관리책임을 지는 책임중심점 –제품 사업부, 지역사업부 등
④ 투자중심점	투자액에 대해서도 책임을 지는 책임중심점, 가장 포괄적인 책임중심점 –최고경영자, 지역총괄본부장 등

2. 책임범위의 요건

책임회계를 통해서 각 사업부 경영자의 성과를 적절하게 평가하여 동기부여를 할 수 있도록 하기 위해서는 통제가능성과 추적가능성을 기준으로 책임중심점별로 수익과 비용을 집계하여야 한다.

(1) 통제가능성

'통제가능성(controllability)'이란 특정 경영자가 원가 또는 수익 등 이익에 영향을 주는 항목에 대해 영향력을 미칠 수 있는 정도를 의미한다. 예를 들어 통제가능원가는 특정경영자에 의해 일정기간 동안 영향을 받는 원가를 말한다. 성과평가를 적절하게 수행하려면 특정 경영자가 통제불가능한 원가항목은 제외하거나 통제가능한 원가와는 구분해야 한다. 14

(2) 통제가능원가 구분의 어려움

통제가능원가만으로 성과를 평가하면 이론상으로는 바람직하지만 통제가능원가를 구분하려 할 때 실무적으로는 다음과 같은 어려움이 있으므로 성과평가에 유용한 통제가능원가의 범위를 적절히 결정해야 한다.

① 일대일 대응의 어려움 : 특정 경영자와 개별원가항목을 일대일 대응시키는 것에 어려움이 있다. 대부분의 원가는 여러 부서와 경영자로부터 영향을 받기 때문이다.

② 전임경영자 효과 : 전임 경영자의 의사결정으로 인한 효과가 영향을 미쳐서 현재의 경영자가 부담할 수 있다.

(3) 추적가능성

'추적가능성(traceability)'이란 조직 내에서 발생하는 수익과 비용을 책임중심점별로 추적해서 귀속시킬 수 있는지 여부를 의미한다. 특정 책임중심점에서 통제가능한 수익과 원가는 그 책임중심점으로 추적이 가능하다. 반면에 특정 책임중심점으로 추적이 가능한 수익과 원가 중에서는 해당 책임중심점이 통제할 수 없는 항목도 있다.

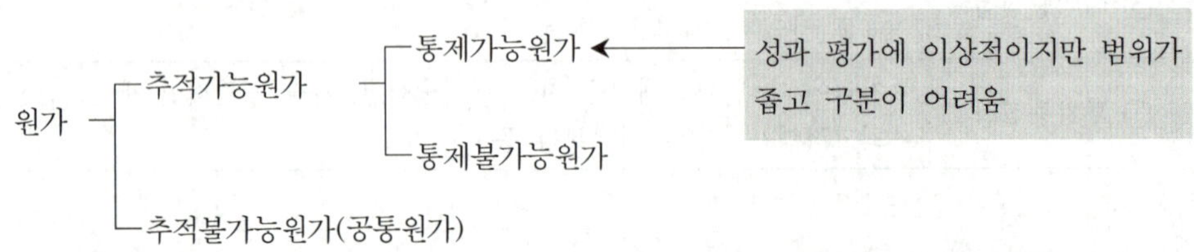

다음의 비용항목들이 추적이 가능하지만 통제가 불가능한 원가의 사례들이다.

① 특정책임중심점의 설비투자를 본부의 경영자가 결정한다면 해당 설비의 감가상각비는 책임중심점으로 추적은 가능하지만 통제가능하지는 않다.

② 특정사업부에서 판매하는 제품의 광고선전비를 본부의 경영자가 결정한다면 해당 광고선전비는 책임중심점으로 추적은 가능하지만 통제가능하지는 않다.

③ 제품의 가격이 본부의 경영자에 의해서 결정된다면 판매부분의 수익중에서 가격에 영향을 받은 부분은 책임중심점으로 추적은 가능하지만 통제가능하지는 않다.

(4) 성과보고의 범위

재무회계에서 성과를 보고할 때는 일반적으로 기능별 분류에 따른 손익계산서를 많이 사용한다. 반면에 책임회계를 적용해서 성과를 보고할 때는 통제가능한 항목과 추적가능한 항목을 구분해서 경영성과를 보고하는 것이 유용하다.

일반적으로 책임중심점의 성과는 특정 경영자가 통제가능한 항목만을 포함하고 감가상각비나 보험료와 같이 통제불가능한 항목은 포함하지 않는 것이 바람직하다고 본다. 하지만 통제가능한 원가는 제한적이므로 통제불가능한 원가 중에서도 추적가능한 원가는 책임중심점별로 집계해서 보고하도록 성과보고서를 작성하는 기업도 많이 존재한다. 이 경우에 통제가능이익을 먼저 집계하고, 통제되진 않지만 추적가능한 원가를 별도로 표시해서 통제가능한 성과와 추적가능한 성과를 구분해서 파악할 수 있도록 하는 것이 유용하다. 다음의 성과보고서는 통제가능이익과 추적가능이익을 구분해서 표시하는 형식을 보여주고 있다.

책임회계의 성과보고 사례

	A사업부	B사업부	합 계
매 출 액	₩500,000	₩420,000	₩920,000
변동원가	375,000	210,000	585,000
공헌이익	₩125,000	₩210,000	₩335,000
통제가능고정원가	4,500 *1	8,500	13,000
통제가능 이익	₩120,500	₩201,500	₩322,000 ◀ 성과평가에 가장 바람직한 자료
추적가능고정원가	40,500 *2	76,500	117,000
추적가능 이익	₩80,000	₩125,000	₩205,000 ◀ 추적가능원가 포함자료
본부공통원가			145,000
기업전체 이익			₩60,000

*1. 통제가능고정원가는 당연히 추적도 가능한 고정원가이다.
2. 통제는 안되지만 추적은 가능한 고정원가를 말한다.

여기에서 통제가능이익은 통제가 가능한 수익과 비용만으로 이익을 계산한 것이다. 성과평가목적으로는 가장 이론적으로 우수한 이익이다. 통제가능이익은 이론적으로 우수하지만 여기에 포함되지 못하는 많은 비용항목들이 하위경영자가 고려하지 않는 비용항목으로 관리되지 못할 수 있다. 따라서 통제가능이익에서 통제되지는 않지만 추적은 가능한 고정원가를 차감해서 추적가능이익을 기준으로 사업부의 성과를 평가하는 기업이 많다.

14

제 3 절 예산과 성과보고서

책임회계에서는 성과분석을 용이하게 하기 위해서 예산을 성과평가의 기준으로 사용한다. 즉, 책임중심점별로 예산과 실제성과를 비교해서 그 차이를 분석함으로써 긍정적인 성과와 부정적인 성과를 파악한다.

예산은 고정예산과 변동예산으로 구분할 수 있는데 투자중심점을 제외한 원가중심점, 수익중심점 및 이익중심점은 고정예산과 변동예산 및 실적을 비교해서 성과를 평가하므로 우선 고정예산과 변동예산에 대해 살펴보도록 하자.

1. 고정예산과 변동예산

예산은 예산편성에 기준이 되는 조업도를 어떤 것으로 사용하였는가에 따라 고정예산과 변동예산으로 구분할 수 있다.

(1) 고정예산

'고정예산(static budget)'이란 예산기간 중에 결정한 목표조업도(목표판매량)를 기준으로 사전에 편성한 예산이다. 고정예산은 예산을 편성한 후에 실제조업도가 목표조업도와 일치하지 않더라도 예산을 바꾸지 않고 고정시킨 정태적인 예산이다. 앞 장에서 살펴본 종합예산은 회계연도가 시작되기 전에 작성하여 성과평가의 기준으로 사용하며, 회계기간 동안 바꾸지 않으므로 대표적인 고정예산이다.

(2) 변동예산

'변동예산(flexible budget)'은 실제조업도가 목표조업도와 다를 경우에 실제조업도를 기준으로 유연하게 조정하여 작성하는 동태적 예산이다. 일반적으로 기업이 회계기간 동안 판매한 실제조업도는 고정예산에서 사용한 예산조업도와 다르므로 성과평가를 위해서는 실제조업도를 기준으로 예산을 다시 편성해야 하는데 이를 변동예산이라고 한다.

<table>
<tr><th>예산유형</th><th colspan="2">예산의 개념</th></tr>
<tr><td>① 고정예산</td><td colspan="2">회계연도 시작전 예산생산량(종합예산조업도)을 기준으로 사전에 설정한 예산
예산생산량을 기준으로 설정하므로 실제생산량의 직접적인 목표금액은 아님
종합예산은 회계연도가 시작되기 전에 작성하여 성과평가의 기준으로 사용하며, 회계기간 동안 바꾸지 않으므로 대표적인 고정예산이다.</td></tr>
<tr><td rowspan="3">② 변동예산</td><td colspan="2">회계연도 기말에 실제조업도에 따라 사후적으로 설정한 예산
실제조업도를 기준으로 설정하므로 실제생산량의 직접적인 목표</td></tr>
<tr><td>산출량기준
변동예산</td><td>실제생산량을 기준으로 단위당 표준수량(SQ)에 단위당 표준원가(SP)를 곱해서 계산한 목표금액</td></tr>
<tr><td>투입량기준
변동예산</td><td>해당 원가요소의 실제투입량(AQ)에 단위당 표준원가(SP)를 곱해서 계산한 목표금액</td></tr>
</table>

예제 [14-1] 고정예산과 변동예산

(주)원가는 3차년도의 예산을 편성하기 위해서 다음과 같은 자료를 수집하였다.

단위당 판매가격		₩100
단위당 변동원가		
직접재료원가	2kg×₩5=	₩10
직접노무원가	2시간×₩10=	20
변동제조간접원가	2시간×₩5=	10
단위당변동제조원가		₩40
단위당변동판매관리비		₩20

고정제조간접원가는 연간 ₩100,000이며, 변동판매관리비는 판매량에 비례하여 발생하고 고정판매관리비는 연간 ₩50,000이다. 예산을 편성할 때는 연간 판매량 목표를 10,000개로 설정하였다.

요구사항

1. (주)원가의 목표조업도를 기초로 3차년도의 고정예산을 편성하시오.
2. 실제조업도가 5,000개인 경우와 9,000개인 경우의 변동예산을 작성하시오.

해답

1. 고정예산

기초에 목표판매량 10,000개를 기준으로 기초에 설정한 예산을 말한다. 책임회계에서 사용하는 예산은 조업도에 따라 달라지므로 원가는 행태별로 구분해서 변동원가계산방법에 의한 손익계산서 형식을 사용하는 것이 유용하다.

고정예산(10,000개 기준)

매출액	10,000개×₩100=	₩1,000,000	조업도에 비례해서 증감한다.
변동원가			
변동매출원가	10,000개×₩40=	400,000	
변동판매관리비	10,000개×₩20=	200,000	
공헌이익	10,000개×₩40=	₩400,000	
고정원가			
고정제조간접원가		100,000	조업도와 무관하게 일정하다.
고정판매관리비		50,000	
영업이익		₩250,000	

2. 변동예산

실제판매량에 따라서 유연하게 조정하면서 작성하는 예산이다. 고정예산은 예산 생산량 10,000개를 기준으로 설정한 반면에 변동예산은 실제조업도에 따라서 변동해서 작성한다. 따라서 매출액과 변동원가 및 공헌이익까지는 금액이 변동되고 고정원가는 고정예산과 변동예산의 크기가 동일하다.

	5,000개 기준 변동예산		9,000개 기준 변동예산	
매출액	5,000개×₩100=	₩500,000	9,000개×₩100=	₩900,000
변동원가				
변동매출원가	5,000개×₩40=	200,000	9,000개×₩40=	360,000
변동판매관리비	5,000개×₩20=	100,000	9,000개×₩20=	180,000
공헌이익		₩200,000		₩360,000
고정원가				
고정제조간접원가		100,000		100,000
고정판매관리비		50,000		50,000
영업이익		₩50,000		₩210,000

예제에서와 같이 성과를 평가하기 위한 예산을 편성할 때는 분석의 편의상 생산량과 판매량이 일치하는 것으로 가정한다. 또한 고정예산이나 변동예산은 내부관리목적인 성과평가목적으로 편성하므로 변동원가계산에 의한 공헌이익손익계산서를 사용한다.

2. 성과보고서의 작성

'성과보고서(performance report)'는 실제 영업활동을 수행하고 얻어진 실제영업이익과 성과평가의 기준인 예산의 영업이익을 비교해서 작성한 보고서를 말한다. 책임회계는 책임중심점별로 성과보고서를 작성해서 성과보상목적을 활용한다.

성과보고서에서는 실제 영업이익과 고정예산의 영업이익과의 차이를 총 차이 또는 고정예산차이(static budget variance)라고 한다. 그리고 실제매출수량을 기준으로 변동예산을 수립해서 변동예산을 기준으로 고정예산차이를 변동예산차이와 매출조업도차이로 구분한다. 변동예산차이(flexible budget variance)는 실제판매량을 기준으로 실제영업이익과 변동예산의 영업이익과의 차이를 말하고, 매출조업도차이는 실제판매량과 판매예산의 판매량의 차이로 발생한 고정예산과 변동예산의 영업이익의 차이를 말한다.

성과보고서

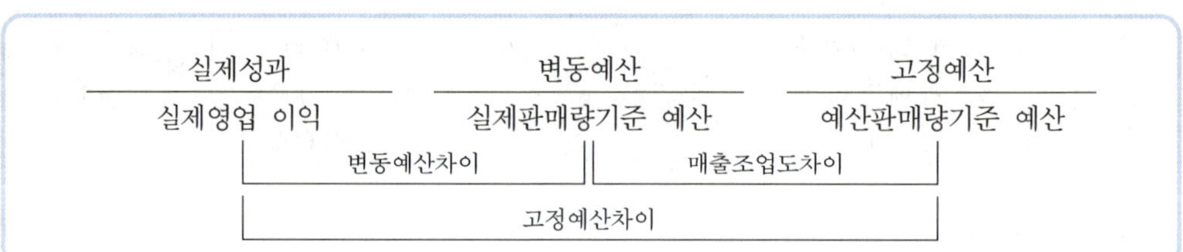

공통예제 | 성과보고서

(주)원가는 예산을 수립할 때 3차년도의 예산을 [예제 14-1]의 고정예산으로 편성하고 실제로 제품을 판매한 결과 연간 9,000개를 ₩110의 가격으로 판매하였다. 실제로 발생한 원가에 대한 내용은 다음과 같다. 단, 모든 원가는 통제가능한 것으로 가정한다.

변동원가발생액		
직접재료원가	22,500kg×₩4=	₩90,000
직접노무원가	13,500시간×₩14=	189,000
변동제조간접원가		81,000
변동판매관리비	9,000개×₩12=	108,000
고정제조간접원가		120,000
고정판매관리비		40,000

요구사항

성과보고서를 작성하고 고정예산차이와 변동예산차이 및 매출조업도차이를 표시하시오.

해답

			실제조업도기준으로 작성		예정조업도기준으로 작성	
	실제성과(9,000개)		변동예산(9,000개)		고정예산(10,000개)	
매출액	9,000개×₩110=	₩990,000	9,000개×₩100=	₩900,000	10,000개×₩100=	₩1,000,000
변동원가						
직접재료원가	9,000개×2.5kg×₩4=	90,000	9,000개×2kg×₩5=	90,000	10,000개×2kg×₩5=	100,000
직접노무원가	9,000개×1.5hr×₩14=	189,000	9,000개×2hr×₩10=	180,000	10,000개×2hr×₩10=	200,000
변동제조간접원가	9,000개×1.5hr×₩6=	81,000	9,000개×2hr×₩5=	90,000	10,000개×2hr×₩5=	100,000
변동판매관리비	9,000개×₩12=	108,000	9,000개×₩20=	180,000	10,000개×₩20=	200,000
공헌이익		₩522,000		₩360,000 *1		₩400,000
고정원가						
고정제조간접원가		120,000		100,000 *2		100,000
고정판매관리비		40,000		50,000		50,000
영업이익		₩362,000		₩210,000		₩250,000

변동예산차이 ₩152,000 유리 | 매출조업도차이 ₩40,000 불리

고정예산차이 ₩112,000 유리

*1. 매출액과 변동원가 및 공헌이익은 조업도에 비례하므로 변동예산의 조업도가 고정예산보다 10% 감소하여서 공헌이익도 10%가 감소되었다.

2. 고정원가는 조업도에 영향을 받지 않기 때문에 고정예산과 변동예산의 고정원가 금액은 변동되지 않고 동일하다.

성과보고서에 나타난 차이 중에서 매출조업도차이는 고정예산의 편성기준인 목표판매량과 변동예산 편성기준인 실제판매량이 서로 달라서 발생한 것으로 판매부문에 책임이 있는 차이이다.

성과보고서에 나타난 변동예산차이는 원가중심점의 성과와 수익중심점의 성과가 함께 포함되어 있다. 변동예산차이 중에서 제조원가의 차이로 나타난 부분은 제조부문(원가중심점)의 책임이며, 변동예산차이 중에서 판매가격으로 인한 매출액차이와 판매관리비의 차이는 판매부문(수익 또는 이익중심점)의 성과이다.

차이의 유형	책임중심점
변동예산차이 중 제조원가차이	제조부문(원가중심점)
변동예산차이 중 매출액차이	판매부문(수익 또는 이익중심점)
변동예산차이 중 판매관리비차이	판매부문(수익 또는 이익중심점)
매출조업도차이	판매부문(수익 또는 이익중심점)

14

예제 [14-2] 성과보고서의 성과구분

[공통예제]의 자료를 사용하시오.

요구사항

1. 성과보고서에 나타난 차이 중에서 제조부문의 성과를 원가요소별로 구분하시오.
2. 성과보고서에 나타난 차이 중에서 판매부문의 성과를 구분하시오.

해답

1. 제조부문의 성과

제조원가는 실제생산량 9,000개를 생산하면서 발생한 원가이므로 실제원가와 비교할 목표금액은 실제생산량 9,000개의 목표금액이 되어야 한다. 실제생산량 9,000개를 기준으로 설정한 예산이 변동예산이므로 제조부문은 변도예산과 실제원가를 비교해서 성과를 평가한다.

	실제원가(9,000개)		변동예산차이	변동예산(9,000개)	
직접재료원가	22,500kg×₩4=	₩90,000	₩0	9,000개×2kg×₩5=	₩90,000
직접노무원가	13,500hr×₩14=	189,000	₩9,000 불리	9,000개×2hr×₩10=	180,000
변동제조간접원가		81,000	₩9,000 유리	9,000개×2hr×₩5=	90,000
고정제조간접원가		120,000	₩20,000 불리		100,000
합계		₩480,000	₩20,000 불리		₩460,000

실제원가는 실제생산량 9,000개를 생산하면서 발생하였으므로 9,000개를 기준으로 설정한 변동예산과의 차이가 성과에 해당한다.

2. 판매부문의 성과

판매부문의 기초에 예상한 판매량 10,000를 판매하는 것이 목표이므로 판매부문의 목표금액은 예산판매량 10,000개를 기준으로 설정해야 한다.

	실제성과 (9,000개)	변동예산차이	변동예산 (9,000개)	고정예산차이	고정예산 (10,000개)
매출액	₩990,000	₩90,000 유리 매출가격차이	₩900,000		₩1,000,000
변동원가					
변동매출원가	360,000		360,000		400,000
변동판매관리비	108,000	₩72,000 유리	180,000		200,000
공헌이익	₩522,000		₩360,000	₩40,000 불리 매출조업도차이	₩400,000
고정원가					
고정제조간접원가	120,000		100,000		100,000
고정판매관리비	40,000	₩10,000 유리	50,000		50,000
영업이익	₩362,000		₩210,000		₩250,000

예제에서 살펴본 바와 같이 제조부문은 원가에 대해서만 책임을 가지는 원가중심점이다. 반면에 판매부문은 수익으로 인해서 얻어지는 성과만이 아니라 판매관리비의 차이에 대해서도 책임을 가지므로 수익중심점만이 아니라 원가중심점의 성격도 있다. 따라서 판매부문은 수익중심점으로 운영되기도 하고 원가중심점으로 운영되기도 한다.

제 4 절 원가중심점의 성과평가

원가중심점(cost center)은 특정원가의 발생에 대해서만 통제책임을 지는 책임중심점이다. 원가중심점은 원가의 절감과 원가최소화를 목표로 분석을 실시하는데 원가중심점의 유형으로는 재량원가중심점과 표준원가중심점이 있다.

(1) 재량원가중심점

재량원가중심점(discretionary cost center)은 투입량과 산출량사이의 함수관계가 성립하지 않아서 경영자의 재량에 따라 원가가 결정되는 책임중심점이다. 연구개발부서, 광고 및 판매촉진부서, 교육훈련부서가 재량원가중심점에 해당한다. 재량원가중심점은 단위당 표준투입량을 설정할 수 없기 때문에 능률차이는 평가하기 어려우며 기업목표를 달성하는데 기여한 정도를 판단해서 효과성을 평가할 수 있다.

재량원가중심점은 비용발생액이 통제대상이긴 하지만 원가절감만이 초점은 아니며 고유업무를 얼마나 적절히 달성했는지를 분석하는 것이 보다 중요하다. 예를 들어 예산보다 실제원가를 절감해서 원가발생액이 유리한 차이가 나타나더라도 업무수행결과가 낮은 품질수준으로 나왔다면 유리하다고 말할 수 없다. 따라서 재량원가중심점의 성과는 전문가적 판단에 의거하거나 영점기준예산편성제도를 운영해서 통제하는 것이 효과적이다.

(2) 표준원가중심점

표준원가중심점(standard cost center)은 투입량과 산출량사이의 함수관계를 파악하고 생산량 한 단위에 대한 표준투입량을 결정해서 이를 기초로 성과를 평가하는 책임중심점이다. 제품생산하는 제조부문과 생산활동을 지원하는 동력부와 수선부와 같은 보조부문이 표준원가중심점에 해당한다.

표준원가중심점은 실제조업도(생산량)에서 표준투입량을 달성할 책임이 있으므로 능률차이에 대해 책임진다. 능률차이는 실제생산량을 위한 표준투입량과 실제투입량의 크기로 측정된다.

또한 지출권한을 가지고 있는 비용항목에 대해서는 예산의 가격범위내에서 지출이 이루어지도록 통제할 책임이 있으므로 해당비용항목의 가격차이나 소비차이도 책임을 가진다.

한편, 실제조업도가 기준조업도를 초과하거나 미달해서 발생하는 조업도차이는 판매량예측이 정확하지 못했거나 기업외부의 시장상황이 변화해서 발생하는 것으로 표준원가중심점은 조업도차이를 책임지지 않는다.

성과유형	책임범위 포함여부
① 가격요소차이	표준원가중심점이 지출권한을 가지고 있는 비용항목에 대해서는 예산의 가격범위내에서 지출이 이루어지도록 통제할 책임이 있으므로 해당비용항목의 가격차이나 소비차이에 책임을 가진다.
② 능률요소차이	표준원가중심점은 실제조업도(생산량)에서 표준투입량을 달성할 책임이 있으므로 능률차이에 대해 책임진다. 능률차이는 실제생산량을 위한 표준투입량과 실제투입량의 크기로 측정된다.
③ 조업도차이	실제조업도가 기준조업도를 초과하거나 미달해서 발생하는 조업도차이는 판매량예측이 정확하지 못했거나 기업외부의 시장상황이 변화해서 발생하는 것으로 표준원가중심점은 조업도차이를 책임지지 않는다.

표준원가중심점의 성과

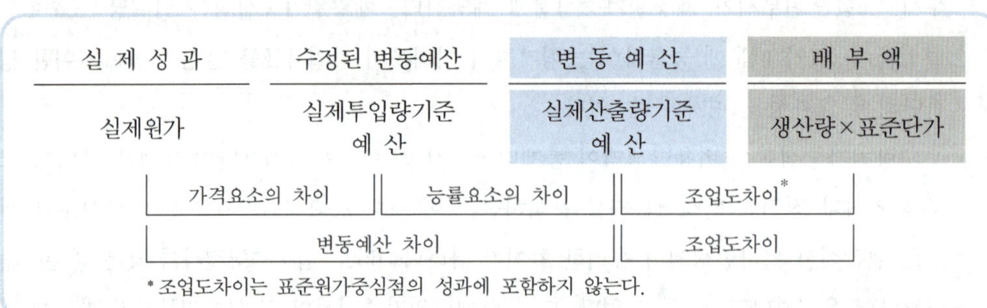

예제[14-3] 표준원가중심점의 성과평가

[공통예제]의 자료를 이용하시오.

요구사항

원가요소별로 투입량기준에 의한 변동예산을 편성하고, 성과보고서에 나타난 제조원가의 변동예산차이를 원가요소별로 가격요소의 차이와 능률요소의 차이로 세분하시오.

해답

1. 산출량기준 변동예산과 투입량기준 변동예산

	실제원가		투입량기준 변동예산		산출량기준 변동예산	
직접재료원가	22,500kg×₩4=	₩90,000	22,500kg×₩5=	₩112,500	9,000개×2kg×₩5=	₩90,000
직접노무원가	13,500hr×₩14=	189,000	13,500hr×₩10=	135,000	9,000개×2hr×₩10=	180,000
변동제조간접원가		81,000	13,500hr×₩5=	67,500	9,000개×2hr×₩5=	90,000
고정제조간접원가		120,000		100,000		100,000
합 계		₩480,000		₩415,000		₩460,000

가격요소의 차이 ₩65,000 불리 | 능률차이 ₩45,000 유리

제조원가의 변동예산차이 ₩20,000 불리

2. 원가요소별 예산차이의 분석

	실제원가 (AQ×AP)	투입량기준 예산 (AQ×SP)	산출량기준예산 (변동예산)	배부액* (SQ×SP)
직접재료원가	22,500kg×₩4 =₩90,000	22,500kg×₩5 =₩112,500	9,000개×2kg×₩5 =₩90,000	9,000개×2kg×₩5 =₩90,000
	가격차이 ₩22,500F	능률차이 ₩22,500U		
	변동예산차이 ₩0		조업도차이 ₩0	
직접노무원가	13,500시간×₩14 =₩189,000	13,500시간×₩10 =₩135,000	9,000개×2시간×₩10 =₩180,000	9,000개×2시간×₩10 =₩180,000
	가격차이 ₩54,000U	능률차이 ₩45,000F		
	변동예산차이 ₩9,000U		조업도차이 ₩0	
변동제조간접원가	₩81,000	13,500시간×₩5 =₩67,500	9,000개×2시간×₩5 =₩90,000	9,000개×2시간×₩5 =₩90,000
	소비차이 ₩13,500U	능률차이 ₩22,500F		
	변동예산차이 ₩9,000F		조업도차이 ₩0	
고정제조간접원가	₩120,000	₩100,000	₩100,000	9,000개×2시간×₩5 =₩90,000
	소비차이 ₩20,000U	–		
	변동예산차이 ₩20,000U		조업도차이 ₩10,000U	

* 배부액은 성과평가목적이 아니라 원가계산목적을 위한 금액으로 6장 표준원가에서 논의하였으며 여기서 참고로 표시한다.

예제에서 살펴본 바와 같이 원가요소별로 변동예산차이는 가격요소의 차이와 능률요소의 차이로 구분할 수 있다. 표준원가중심점은 9,000개를 생산하기 위한 표준투입량(SQ)을 달성할

책임이 있으므로 능률차이에 대해 책임진다. 제조부문의 경영자가 지출권한을 가지고 있는 재료원가와 노무원가 및 제조간접원가에 대해서는 가격차이나 소비차이도 책임을 가진다.

다만, 고정제조간접원가의 조업도차이는 예산판매량 10,000개에 비해서 실제판매량이 9,000개로 감소해서 발생하는 것으로 표준원가중심점에서는 책임지지 않는다.

(3) 제조간접원가의 다양한 차이분석

제조간접원가 차이를 분석하는 방법에는 4분법, 3분법, 2분법, 1분법이 있는데 제조간접원가를 변동제조간접원가와 고정제조간접원가로 구분할 수 있는 경우에는 4분법을 적용하고 그 구분이 용이하지 않은 경우에는 3분법이나 2분법을 적용하게 된다.

① **사분법** : 변동제조간접원가는 소비차이와 능률차이를 구분하고, 고정제조간접원가는 소비차이와 조업도차이를 구분해서 분석하는 방법이다.

	실제원가		투입량기준예산		산출량기준변동예산		배부액
	(AQ×AP)		(AQ×SP)		(SQ×SP)		(SQ×SP)
변동제조간접원가		① 소비차이		③ 능률차이		조업도차이(없음)	

	실제원가		투입량기준예산		산출량기준변동예산		배부액
			(총액목표)		(총액목표)		(SQ×SP)
고정제조간접원가		② 소비차이		능률차이(없음)		④ 조업도차이	

② **삼분법** : 제조간접원가가 혼합원가인 경우에 변동제조간접원가와 고정제조간접원가가 구분이 되지 않기 때문에 총제조간접원가를 소비차이와 능률차이 및 조업도차이로 구분해서 분석하는 방법이다.

③ **이분법** : 제조간접원가가 혼합원가인 경우에 제조간접원가의 통제가능한 차이인 예산차이와 통제불가능한 차이인 조업도차이를 구분하는 방법이다.

	실제원가		투입량기준예산		산출량기준변동예산		배부액
총제조간접원가			(AQ 기준)		(SQ 기준)		(SQ×SP)
삼분법		① 소비차이*1		② 능률차이		③ 조업도차이	
이분법		① 예산차이*2(통제가능차이)				② 조업도차이	
일분법		배부차이(예산과 배부액의 차이)					

*1. 제조간접원가 소비차이=변동제조간접원가 소비차이+고정제조간접원가 소비차이
2. 제조간접원가 예산차이=제조간접원가 소비차이+제조간접원가 능률차이

예제[14-4] 제조간접원가의 다양한 차이분석

[공통예제]의 자료를 이용하시오

요구사항

제조간접원가를 다음의 각 방법별로 차이분석하시오.

1. 4분법의 차이분석
2. 3분법과 2분법의 차이분석

해답

1. 제조간접원가의 4분법 차이분석

	실제원가 (AQ×AP)	투입량기준 예산 (AQ×SP)	산출량기준예산 (변동예산)	배부액 (SQ×SP)
변동제조간접원가	₩81,000	13,500시간×₩5 =₩67,500	9,000개×2시간×₩5 =₩90,000	9,000개×2시간×₩5 =₩90,000
	소비차이 ₩13,500U	능률차이 ₩22,500F		
	변동예산차이 ₩9,000F		조업도차이 ₩0	
고정제조간접원가	₩120,000	₩100,000	₩100,000	9,000개×2시간×₩5 =₩90,000
	소비차이 ₩20,000U	–		
	변동예산차이 ₩20,000U		조업도차이 ₩10,000U	

2. 제조간접원가의 3분법과 2분법 차이분석

	실제발생한 총제조간접원가	실제투입량에 근거한 총제조간접원가 예산	실제산출량에 근거한 총제조간접원가 변동예산	총제조간접원가 배부액
	₩201,000	13,500시간×@5 +₩100,000 =₩167,500	9,000개×2시간×@2 +₩100,000 =₩190,000	9,000개×2시간×@10 =₩180,000
삼분법	① 소비차이 ₩33,500U	② 능률차이 ₩22,500F	③ 조업도차이 ₩10,000U	
이분법	④ 변동예산차이 ₩11,000U		조업도차이 ₩10,000U	
일분법	배부차이 ₩21,000U			

① 소비차이 : 투입량기준제조간접원가예산과 실제원가와의 차이로서 제조간접원가자체의 관리로 발생하는 차이금액이다. 변동제조간접원가와 고정제조간접원가를 구분할 수 있다면 변동제조간접원가 소비차이와 고정제조간접원가 소비차이로 구분할 수 있다.

② 능률차이 : 산출량기준 제조간접원가예산과 투입량기준제조간접원가예산의 차이로서 노동시간의 관리로 인해서 제조간접원가가 영향받은 금액이다.

③ 조업도차이 : 산출량기준 변동예산과 배부액의 차이로서 표준원가중심점의 성과평가와 무관하게 원가계산목적과 통제목적을 조정하는 차이금액이다.

④ 변동예산차이 : 산출량기준 제조간접원가계산과 실제원가와의 차이로서 표준원가중심점에서 책임져야할 제조간접원가의 차이합계금액이다. 변동예산차이를 분석하면 제조간접원가자체의 관리로 발생하는 소비차이와 노동시간의 관리로 발생하는 능률차이로 구분할 수 있다.

제 5 절 수익·이익중심점의 성과평가

수익중심점 또는 이익중심점으로서의 판매부문에 대한 성과평가는 종합예산(고정예산)과 실제성과와의 차이로 분석된다. 판매부문은 수익뿐만 아니라 판매관리비에 대해서도 책임을 가지고 있으므로 성과평가 구조는 복잡하다. 판매부문에서 책임져야 할 모든 차이를 공통예제의 성과보고서에 나타내 보면 다음과 같다.

	실제성과 (9,000개)	변동예산차이	변동예산 (9,000개)	고정예산차이	고정예산 (10,000개)
매출액	₩990,000	₩90,000 유리	₩900,000		₩1,000,000
변동원가		매출가격차이			
변동매출원가	360,000		360,000		400,000
변동판매관리비	108,000	₩72,000 유리	180,000		200,000
공헌이익	₩522,000		₩360,000	₩40,000 불리	₩400,000
고정원가				매출조업도차이	
고정제조간접원가	120,000		100,000		100,000
고정판매관리비	40,000	₩10,000 유리	50,000		50,000
영업이익	₩362,000		₩210,000		₩250,000

여기서 매출가격차이 ₩90,000은 판매가격이 예산과 달라서 발생하였고 매출조업도 차이는 판매량이 예산과 달라서 발생한 것이며, 판매관리비차이는 실제원가가 변동예산상의 원가와 달라서 발생하였다.

이와 같이 수익중심점에서 책임져야할 차이는 다양한데 이 중에서 수익중심점의 성과에 해당하는 부분과 원가중심점의 성과에 해당하는 부분을 구분해 보면 다음과 같다.

• 수익중심점의 성과	매출가격차이	₩90,000	유리
	매출조업도차이	40,000	불리
		₩50,000	유리

• 원가중심점의 성과	변동판매관리비차이	₩72,000	유리
	고정판매관리비차이	10,000	유리
		₩82,000	유리

이 중에서 원가중심점의 성과에 해당하는 변동판매관리비차이와 고정판매관리비차이는 변동예산상의 원가와 실제원가의 차이로 원가중심점의 성과평가에서 살펴본 바와 같이 분석하면 된다. 따라서 이번 절에서는 수익중심점의 성과에 해당하는 매출가격차이와 매출조업도차이를 중심으로 살펴보도록 하겠다.

1. 매출가격차이와 매출조업도차이

판매부문의 성과 중에서 수익중심점의 성과는 매출총차이로 평가한다. 수익중심점은 고정원가에 대한 책임은 없으므로 매출총차이는 공헌이익을 기준으로 계산하며, 이는 다시 매출가격차이와 매출조업도차이로 구성된다. 실제판매량과 고정예산의 목표판매량을 각각 AQ와 BQ(budget quantity)라고 하고, 실제판매가격과 예산판매가격을 각각 AP와 BP라고 하며, 표준변동원가를 SV라고 하면 매출총차이는 다음과 같이 표시할 수 있다.

① 매출가격차이 : 실제 판매가격과 예산판매가격이 달라서 발생하는 차이이다.

② 매출조업도차이 : 실제매출수량과 예산매출수량의 차이로 인한 공헌이익의 차이이다.

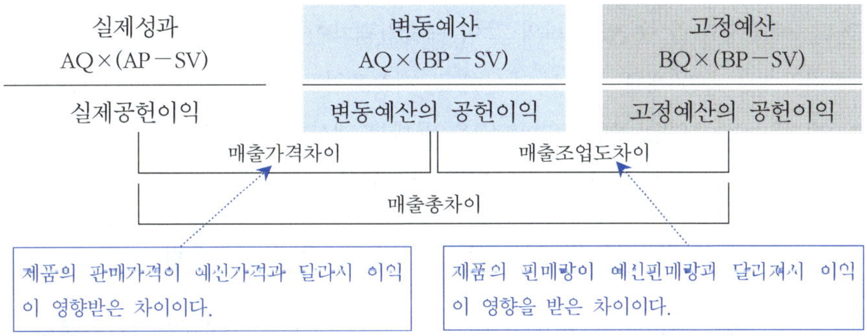

여기서 주의할 점은 실제공헌이익과 예산공헌이익을 계산할 때 변동원가는 실제원가를 사용하지 않고 표준변동원가를 사용한다는 점이다. 표준변동원가는 변동제조원가만이 아니라 변동판매관리비도 적용하는데, 이처럼 변동원가를 표준원가로 사용하는 것은 원가중심점의 성과인 원가차이의 효과를 배제하고 매출총차이의 본질인 판매가격차이와 판매수량의 차이의 효과를 보다 정확하게 계산하기 위해서이다.

예제 [14-5] 매출총차이 분석

[공통예제]의 자료를 사용하시오.

요구사항

(주)원가의 매출총차이를 계산하고 이를 매출가격차이와 매출조업도차이로 구분하시오.

해답

실제성과 AQ×(AP−SV)	변동예산 AQ×(BP−SV)	고정예산 BQ×(BP−SV)
9,000개×(₩110−₩60) =₩450,000	9,000개×(₩100−₩60) =₩360,000	10,000개×(₩100−₩60) =₩400,000

매출가격차이 ₩90,000 유리 | 매출조업도차이 ₩40,000 불리

매출총차이 ₩50,000 유리

예산판매가격 ₩100과 실제판매가격 ₩110이 달라서 생긴 차이이다.

예산판매량 10,000개와 실제판매량 9,000개의 차이로 발생한 차이이다.

여기에서도 주의할 점은 실제공헌이익을 계산할 때 실제변동원가 ₩52가 아니라 표준변동원가 ₩60(SV)을 사용했다는 점이다. 이렇게 표준변동원가를 사용하는 이유는 실제변동원가와 표준변동원가의 차이는 원가중심점의 차이분석에서 분석한 부분으로 수익중심점의 성과를 평가할 때 그 효과를 배제하기 위해서이다.

한편, 예제에서 알 수 있는 바와 같이 매출가격차이는 판매가격차이 ₩10(₩110−₩100)에 실제판매량 9,000개를 곱해서 계산하고, 매출조업도차이는 판매량차이 1,000개(10,000개−9,000개)에 예산단위당 공헌이익 ₩40을 곱해서 계산한다. 따라서 매출가격차이와 매출조업도차이는 다음과 같은 수식으로 계산할 수도 있다.

매출가격차이 : $\underbrace{9{,}000개}_{실제판매량}\times(\underbrace{₩110}_{AP}-\underbrace{₩100}_{BP})$ = ₩90,000 유리

매출조업도차이 : $(\underbrace{9{,}000개}_{실제판매량}-\underbrace{10{,}000개}_{예산판매량})\times(\underbrace{₩100-₩60}_{예산공헌이익})$ = ₩40,000 불리

2. 시장점유율차이와 시장규모차이

매출조업도차이는 실제판매량이 목표판매량과 달라서 생긴 차이인데, 그 원인은 다시 시장점유율의 효과와 시장규모의 효과로 구분할 수 있다. 즉, 특정기업이 속해 있는 산업의 수요를

말하는 시장규모와 산업수요 중에서 특정기업이 차지하는 비율인 시장점유율이 매출수량 변화에 각각 영향을 미친다. 따라서 매출조업도차이는 시장점유율차이와 시장규모차이로 세분할 수 있는데, 이를 구체적으로 살펴보고 식으로 나타내면 다음과 같다.

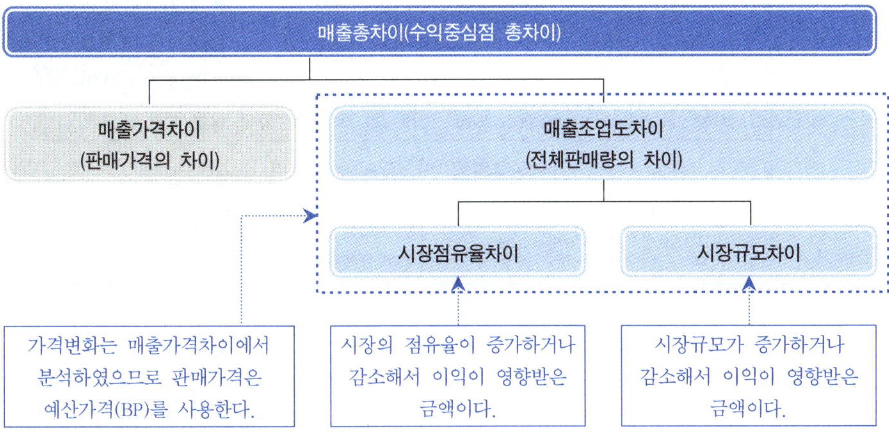

① 시장점유율차이(market-share variance) : 실제규모가 유지된다고 가정하고 실제시장점유율과 예산시장점유율의 차이로 인한 공헌이익의 차이를 말한다.

② 시장규모차이(market-size variance) : 예상시장점유율이 그대로 유지된다고 가정하고 실제시장규모와 예산시장규모의 차이로 인한 공헌이익의 차이를 말한다.

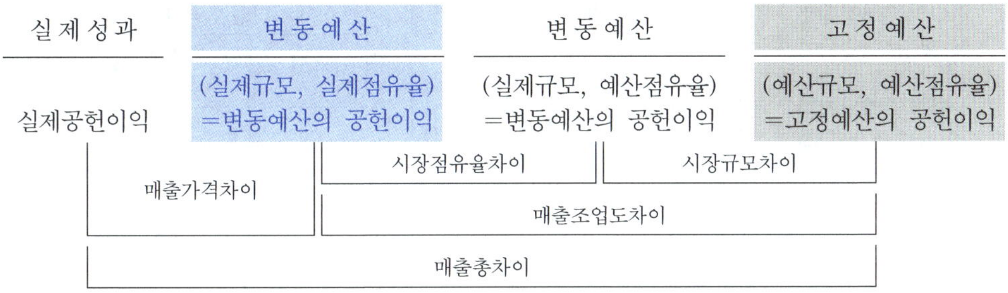

예제 [14-6] 시장점유율차이와 시장규모차이 분석

[예제 14-5]의 자료를 사용하고 예산을 편성할 때는 시장규모를 100,000개로 예상하였으나 실제시장 규모는 120,000개였다.

요구사항

(주)원가의 매출조업도차이를 시장점유율차이와 시장규모차이로 구분하시오.

해답

변동예산 (실제규모, 실제점유율)	변동예산 (실제규모, 예산점유율)	고정예산 (예산규모, 예산점유율)
120,000개×7.5%[*1]×₩40 =9,000개×₩40 =₩360,000	120,000개×10%[*2]×₩40 =12,000개×₩40 =₩480,000	100,000개×10%[*2]×₩40 =10,000개×₩40 =₩400,000

시장점유율차이 ₩120,000 불리 / 시장규모차이 ₩80,000 유리

매출조업도차이 ₩40,000 불리

* 1. 실제점유율 : 9,000개÷120,000개=7.5%

2. 예산시장점유율 : 10,000개÷100,000개=10%

(12,000개 : 실제시장규모에서 예산점유율을 달성하였을 경우의 판매량이다.)

지금까지 원가중심점과 성과를 분석하는 방법에 대해서 살펴보았다. 원가중심점은 변동예산을 목표금액으로 해서 원가중심점의 가격차이(소비차이)와 능률차이를 분석한다. 반면에 수익중심점은 고정예산을 목표금액으로 해서 매출가격차이와 매출조업도차이를 계산하며 매출조업도차이는 다시 시장점유율차이와 시장규모차이로 구분한다. 이를 정리하면 다음의 표와 같다.

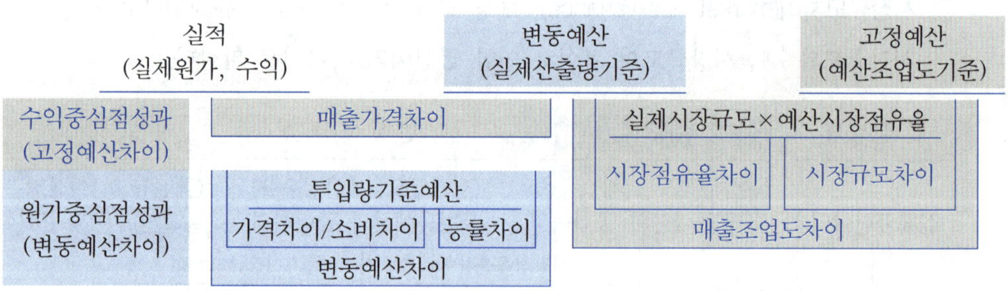

제 6 절 복수생산요소와 복수제품의 차이분석

지금까지는 단일제품에 한 종류의 원가요소를 투입해서 생산하는 기본적인 형태의 성과분석에 대해 공부했다. 이번 절에서는 생산요소가 2개 이상이거나 판매하는 제품의 종류가 2개 이상인 경우의 차이분석에 대해 살펴보겠다.

1. 복수생산요소의 원가차이분석

여러 가지의 재료나 직접노동을 결합해서 제품을 생산하는 경우에 재료와 같은 원가요소는 일정한 배합비율을 사전에 미리 결정해 놓고 생산을 한다. 그런데 원재료가 서로 대체가 가능한

경우에는 원재료의 배합비율을 조정해서 제조공정의 수율에 영향을 미칠 수가 있으므로 배합변화효과와 수율변화효과를 구분해서 분석하는 것이 유용하다.

(1) 직접재료원가의 배합차이와 수율차이

재료가격의 변동이나 감독소홀 등으로 재료의 배합이 바뀌게 되면 원재료의 능률차이의 원인으로 ① 배합비율의 변화로 인한 부분과 ② 수율로 인한 부분이 혼재되어 있게 된다. 그러므로 효율적인 원가관리를 위해서는 능률차이를 다시 배합차이와 수율차이로 구분해서 분석해야 하는데, 이를 구체적으로 살펴보고 도표로 표시하면 다음과 같다.

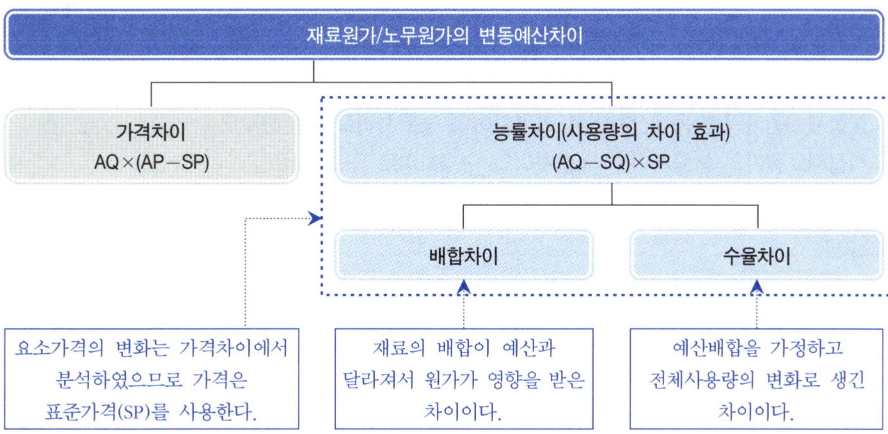

① **배합차이(mix variance)** : 실제생산량을 기준으로 실제배합과 표준배합의 차이로 인한 능률차이를 말한다.

② **수율차이(yield variance)** : 표준배합을 기준으로 실제수율과 표준수율의 차이로 인한 능률차이를 말한다.

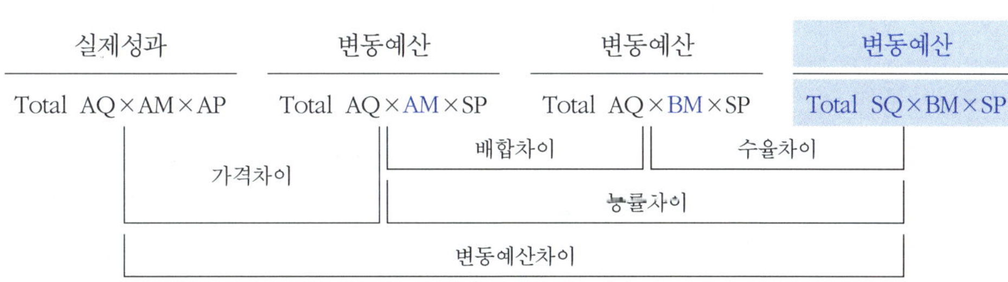

14

예제 [14-7] 직접재료원가의 배합차이와 수율차이

(주)원가는 X, Y 두 종류의 원재료를 투입해서 화학약품을 생산하고 있다. 화학약품 1단위를 생산하기 위해서 투입해야 하는 원재료의 표준배합과 표준원가는 다음과 같다.

원재료	표준투입량	kg당 표준원가	단위당 원가
X	7kg	₩10	₩70
Y	3kg	20	60
			₩130

한편, 나무회사는 당기에 100단위의 화학제품을 생산하였으며, 다음과 같은 원재료가 사용되었다.

원재료	실제투입량		kg당 실제원가		합 계
X	600kg	×	₩12	=	₩7,200
Y	600kg	×	15	=	9,000
					₩16,200

요구사항

1. 직접재료원가의 변동예산차이를 가격차이와 능률차이로 구분하시오.
2. 직접재료원가의 능률차이를 배합차이와 수율차이로 구분하시오.

해답

1. 복수생산요소의 가격차이와 능률차이

	실 제 원 가 (AQ×AP)		투입량기준예산 (AQ×SP)		산출량기준예산(변동예산) (SQ×SP)	
X	600kg×₩12=	₩7,200	600kg×₩10=	₩6,000	100개×7kg×₩10=	₩7,000
Y	600kg×₩15=	9,000	600kg×₩20=	12,000	100개×3kg×₩20=	6,000
합 계	1,200kg	₩16,200	1,200kg	₩18,000	1,000kg×₩13=	₩13,000

가격차이 ₩1,800 유리 | 능률차이 ₩5,000 불리

변동예산차이 ₩3,200 불리

2. 복수생산요소의 배합차이와 수율차이

실제사용된 전체사용량(Total AQ)을 예상배합(BM)으로 사용했을 경우에 사용되었을 재료별 사용량

	투입량기준예산 (Total AQ×AM×SP)		조정된 투입량기준예산 (Total AQ×BM×SP)		산출량기준예산(변동예산) (Total SQ×BM×SP)	
X	600kg×₩10=	₩6,000	1,200kg×0.7 ×₩10=	₩8,400	100개×7kg×₩10=	₩7,000
Y	600kg×₩20=	12,000	1,200kg×0.3 ×₩20=	7,200	100개×3kg×₩20=	6,000
합 계	1,200kg	₩18,000	1,200kg ×₩13* =	₩15,600	1,000kg×₩13=	₩13,000

배합차이 ₩2,400 불리 | 수율차이 ₩2,600 불리

능률차이 ₩5,000 불리

* 예상배합으로 가중평균한 원가 : ₩10×0.7+₩20×0.3=₩13

예제에서 원재료 X, Y의 표준배합은 70% : 30%인 반면에 실제배합은 50% : 50%으로 배합비율이 달라졌다. 이와 같이 배합비율이 달라지는 경우에 직접재료원가의 능률차이에는 배합차이 효과와 수율차이 효과가 혼재되어 있다. 따라서 능률차이는 배합차이와 수율차이로 구분되어 분석되어야 하며, 이때 분석의 초점은 원재료의 투입량차이(AQ－SQ)에 있다. 즉, 투입량의 차이를 대체효과인 배합차이와 일정배합에서의 순수한 수량차이인 수율차이로 구분한 것이다. 다음 그림을 보면 배합차이와 수율차이가 수량변화를 어떻게 분석하고 있는지 정확하게 이해할 수 있다.

배합차이와 수율차이에서 수량분석방법

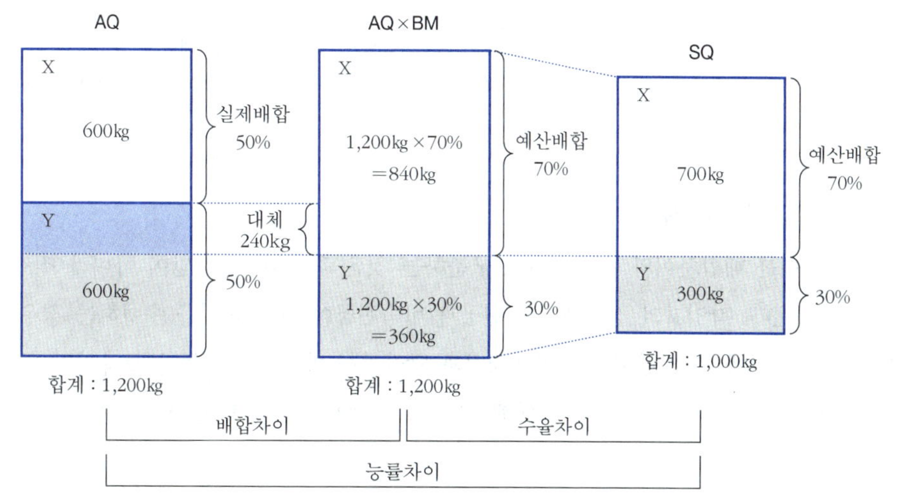

위 그림에서 알 수 있듯이 배합차이는 예산배합과 실제배합이 달라져서 수량이 달라진 것을 찾는 것으로 전체수량은 변하지 않고 원재료 X가 원재료 Y로 대체된 수량을 분석하는 것이다. 따라서 배합차이 금액은 대체된 수량에 원재료 X, Y의 표준단가차이를 곱해서 계산할 수도 있다.

배합차이 : (1,200kg×0.7－600kg)×(@20－@10)=₩2,400 불리
X에서 Y로 대체된 수량

한편, 수율차이를 계산할 때는 배합비율을 표준배합비율로 조정하여 계산하므로 배합비율이 일정하다. 따라서 수율차이를 계산할 때는 원재료 A, B의 원가를 개별원가요소별로 계산하지 않고 전체수량의 차이에 표준배합비율로 계산된 가중평균원가를 곱하여 계산할 수도 있다.

수율차이 : (1,200kg－1,000kg)×@13＝₩2,600 불리

전체수량기준 증가량 가중평균단가

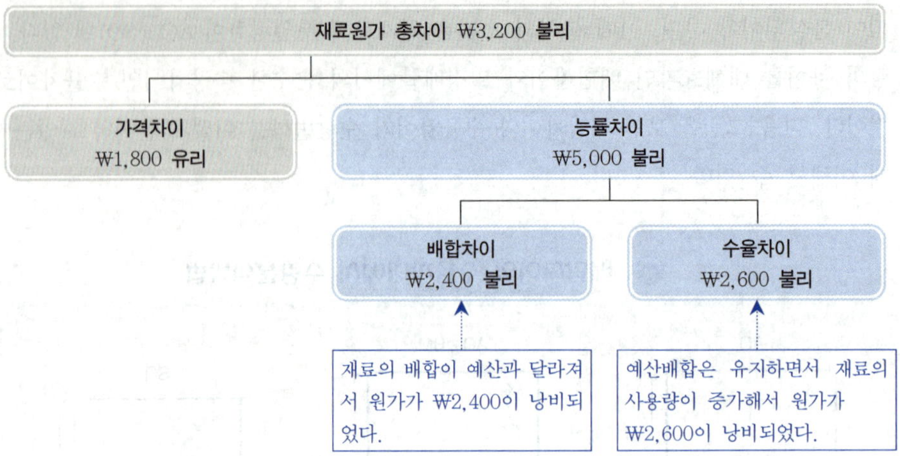

(2) 직접노무원가의 배합차이와 수율차이

능률차이를 배합차이와 수율차이로 구분하는 것은 직접재료원가만이 아니라 직접노무원가에도 적용된다. 작업자의 경우에도 숙련공과 비숙련공이 함께 작업을 수행하는 경우 숙련공과 비숙련공의 실제작업시간이 표준작업시간과 달라져서 발생하게 되는 능률차이의 원인으로 배합차이와 수율차이가 있다. 이에 대해서는 다음 예제를 이용해서 살펴보자.

예제[14-8] 직접노무원가의 배합차이와 수율차이

(주)원가는 두 종류의 노동력을 투입해서 단일제품을 생산하고 있다. 제품 1단위를 생산하기 위해서 투입해야 하는 노동력의 표준배합과 표준원가는 다음과 같다.

노 동 력	표준투입량	kg당 표준원가	단위당 원가
숙 련 공	6시간	₩20	₩120
미숙련공	4시간	10	40
			₩160

한편, 나무회사는 당기에 100단위의 제품을 생산하였으며, 다음과 같은 노동력이 사용되었다.

노 동 력	실제투입량	시간당 실제원가	합 계
숙 련 공	600시간	₩25	₩15,000
미숙련공	600시간	15	9,000
			₩24,000

요구사항

1. 직접노무원가의 변동예산차이를 가격차이와 능률차이로 구분하시오.
2. 직접노무원가의 능률차이를 배합차이와 수율차이로 구분하시오.

해답

1. 직접노무원가의 가격차이와 능률차이

	실제원가 Total AQ×AM×AP		투입량기준예산 Total AQ×AM×SP		산출량기준예산(변동예산) Total SQ×BM×SP	
숙련공	600시간×₩25=	₩15,000	600시간×₩20=	₩12,000	100개×6시간×₩20=	₩12,000
비숙련공	600시간×₩15=	9,000	600시간×₩10=	6,000	100개×4시간×₩10=	4,000
합계	1,200시간	₩24,000	1,200시간	₩18,000	1,000시간×₩16=	₩16,000

가격차이 ₩6,000 불리 / 능률차이 ₩2,000 불리

변동예산차이 ₩8,000 불리

2. 직접노무원가의 배합차이와 수율차이

	투입량기준예산 Total AQ×AM×SP		조정된 투입량기준예산 Total AQ×BM×SP		산출량기준예산(변동예산) Total SQ×BM×SP	
숙련공	600시간×₩20=	₩12,000	1,200시간×0.6×₩20=	₩14,400	100개×6시간×₩20=	₩12,000
비숙련공	600시간×₩10=	6,000	1,200시간×0.4×₩10=	4,800	100개×4시간×₩10=	4,000
합계	1,200시간	₩18,000	1,200시간×₩16*=	₩19,200	1,000시간×₩16*=	₩16,000

배합차이 ₩1,200 유리 / 수율차이 ₩3,200 불리

능률차이 ₩2,000 불리

* 예상배합으로 가중평균한 원가 : ₩20×0.6+₩10×0.4=₩16

실제사용량을 예산배합(BM)으로 사용했을 경우의 사용량

예제에서 수율차이를 계산할 때는 배합비율을 표준배합비율로 조정하여 계산하므로 배합비율이 일정하다. 예제의 해답에 색깔이 들어가 있는 부분이 표준배합이 유지되는 부분이다. 따라서 수율차이를 계산할 때는 숙련공과 미숙련공의 원가를 개별원가요소별로 계산하지 않고 전체수량의 차이에 표준배합비율로 계산된 가중평균원가를 곱하여 계산할 수도 있다.

> 수율차이 : (1,200시간−1,000시간)×@16=₩3,200 불리
> (1,200시간−1,000시간): 전체수량기준 증가량, @16: 가중평균단가

2. 복수제품의 매출차이분석

기업들은 여러 종류의 제품을 판매하는 경우가 일반적이다. 이 경우에 수익중심점의 성과는 매출총차이를 매출가격차이와 매출조업도차이로 구분하고 매출조업도차이는 다시 매출배합차이와 매출수량차이로 구분하고, 마지막으로 매출수량차이는 시장점유율차이와 시장규모차이로 구분된다. 이를 요약해 보면 다음과 같다.

복수제품의 차이분석 내용

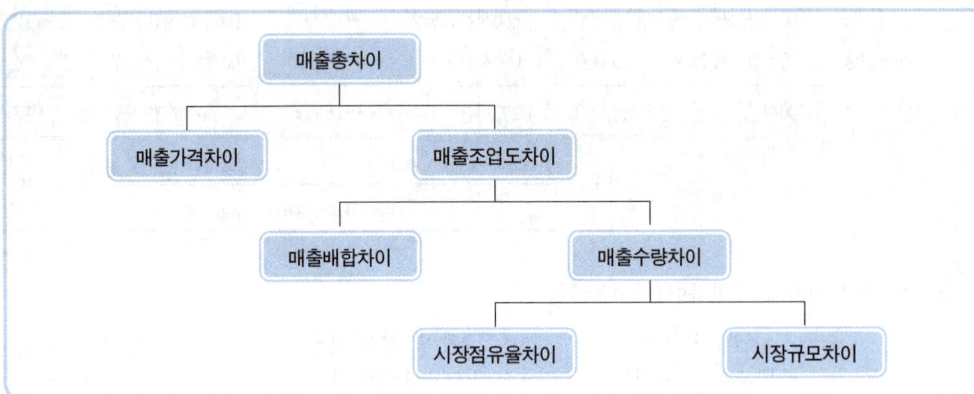

(1) 매출배합차이와 매출수량차이

매출조업도차이를 매출배합차이와 매출수량차이로 구분하는 것은 복수생산요소 차이분석에서 능률차이를 배합차이와 수율차이로 구분하는 것과 같은 개념으로 분석대상이 수익중심점의 제품일뿐이다.

① **매출배합차이** : 실제판매수량하에서 실제매출배합과 예산매출배합의 차이가 공헌이익에 미치는 영향을 나타내 준다.

② **매출수량차이** : 예산매출배합이 그대로 유지된다고 가정할 때 실제판매수량과 예산판매수량의 차이가 공헌이익에 미치는 영향을 나타내 준다.

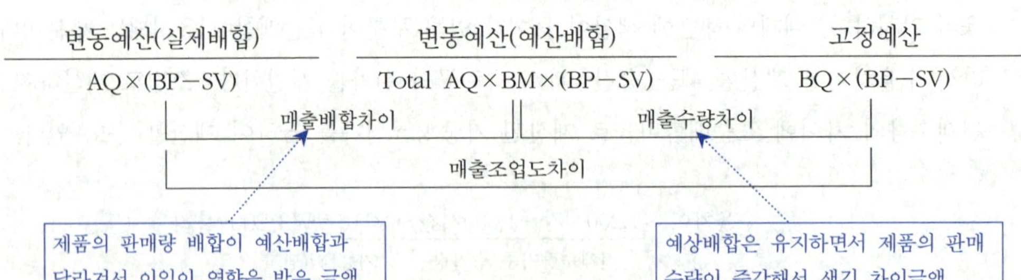

예제 [14-9] 복수제품 차이분석

(주)원가는 두 종류의 제품을 생산해서 판매하고 있으며, 3차년도의 예산과 실적에 관련된 자료는 다음과 같다.

제품	예산자료			실적자료		
	판매량	판매가격	변동원가	판매량	판매가격	변동원가
X	200개	₩50	₩30	480개	₩60	₩40
Y	800개	20	10	720개	25	15

요구사항

1. 매출총차이를 매출가격차이와 매출조업도차이로 구분하시오.
2. 매출조업도차이를 매출배합차이와 매출수량차이로 구분하시오.

해답

1. 복수제품의 매출가격차이와 매출조업도차이

	실제공헌이익 AQ×(AP−SV)		변동예산 AQ×(BP−SV)		고정예산 BQ×(BP−SV)	
X	480개×(₩60−₩30)=	₩14,400	480개×(₩50−₩30)=	₩9,600	200개×(₩50−₩30)=	₩4,000
Y	720개×(₩25−₩10)=	10,800	720개×(₩20−₩10)=	7,200	800개×(₩20−₩10)=	8,000
합 계	1,200개	₩25,200	1,200개	₩16,800	1,000개×₩12=	₩12,000

매출가격차이 ₩8,400 유리 | 매출조업도차이 ₩4,800 유리

매출총차이 ₩13,200 유리

2. 복수제품의 매출배합차이와 매출수량차이

매출조업도차이를 매출배합차이와 매출수량차이로 구분하는 경우에는 분석의 초점이 수량변화이므로 이익에 미친 효과는 예산단위당 공헌이익(budget unit contribution margin : BUCM)을 곱해서 계산한다. 따라서 X제품은 ₩20(₩50−₩30), Y제품은 ₩10(₩20−₩10)의 예상단위당 공헌이익을 적용해서 매출배합차이와 매출수량차이를 계산한다.

	변동예산 Total AQ×AM×BUCM		변동예산 Total AQ×BM×BUCM		고정예산 Total SQ×BM×BUCM	
X	480개×₩20=	₩9,600	1,200개×0.2×₩20=	₩4,800	200개×₩20=	₩4,000
Y	720개×₩10=	7,200	1,200개×0.8×₩10=	9,600	800개×₩10=	8,000
합 계	1,200개	₩16,800	1,200개×₩12=	₩14,400	1,000개×₩12=	₩12,000

실제판매량을 예산배합으로 판매하는 경우의 판매량

매출배합차이 ₩2,400 유리 | 매출수량차이 ₩2,400 유리

매출조업도차이 ₩4,800 유리

* 예산배합으로 가중평균한 공헌이익(WABUCM) : ₩20×0.2+₩10×0.8=₩12

14

예제에서 살펴본 바와 같이 매출배합차이와 매출수량차이는 복수생산요소의 차이분석에서 배합차이와 수율차이에 해당하는 개념이다. 즉, 매출배합차이는 실제수량을 기준으로 실제배합과 예산배합의 차이로 발생하는 판매수량차이를 말하고 매출수량차이는 예산배합을 기준으로 전체실제수량과 전체예산수량의 차이로 발생하는 차이를 말한다.

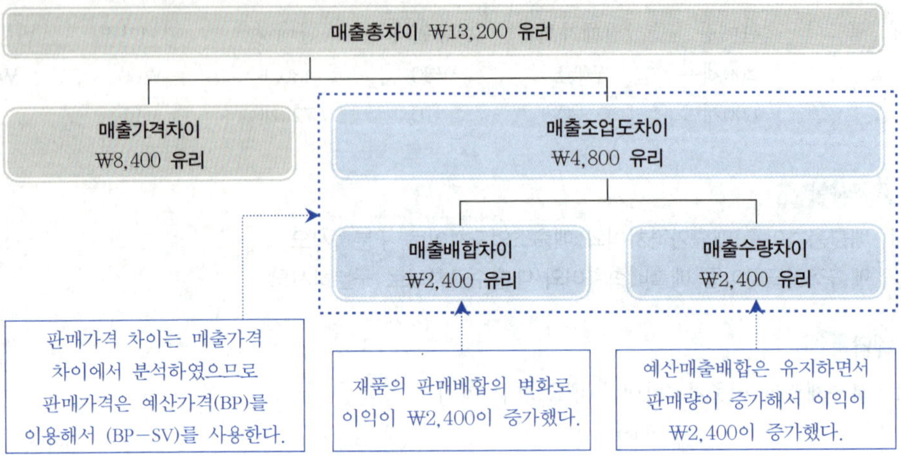

따라서 예제에서 매출수량차이를 계산할 때는 배합비율을 예산배합비율로 조정하여 수량차이를 계산하므로 배합비율이 일정하다. 예제의 해답에 파란색 글씨로 표시된 부분이 예산배합이 유지되는 부분이다. 따라서 매출수량차이를 계산할 때는 전체판매량을 기준으로 전체수량의 차이에 예산배합비율로 계산된 가중평균공헌이익을 곱하여 계산할 수도 있다.

매출수량차이 : (1,200개－1,000개) × @12 ＝ ₩2,400 유리
(1,200개－1,000개): 전체수량증가량 / @12: 가중평균단위당 공헌이익

(2) 시장점유율차이와 시장규모차이

매출수량차이의 원인에는 시장점유율의 효과와 시장규모의 효과가 있다. 이중에서 시장점유율의 효과는 통제가 가능한 요소이지만 시장규모의 효과는 수익중심점의 경영자가 통제할 수 없는 요소이다. 따라서 매출수량차이를 시장점유율차이와 시장규모차이로 구분하면 수익중심점의 경영자의 성과를 보다 명확하게 파악할 수 있다.

한편, 복수제품의 경우에는 개별제품별로 분석하지 않고 전체매출수량을 기준으로 시장점유율차이와 시장규모차이를 계산한다. 왜냐하면 시장점유율과 시장규모는 기업이 속한 산업 전체의 환경변화에 따라 발생하는 부분이기 때문이다. 전체매출수량을 기준으로 분석하기 위해서는 배합이 예산배합으로 유지된다고 전제하고 단위당 예산평균공헌이익(budgeted average unit contribution margin : BAUCM)으로 계산해서 사용한다.

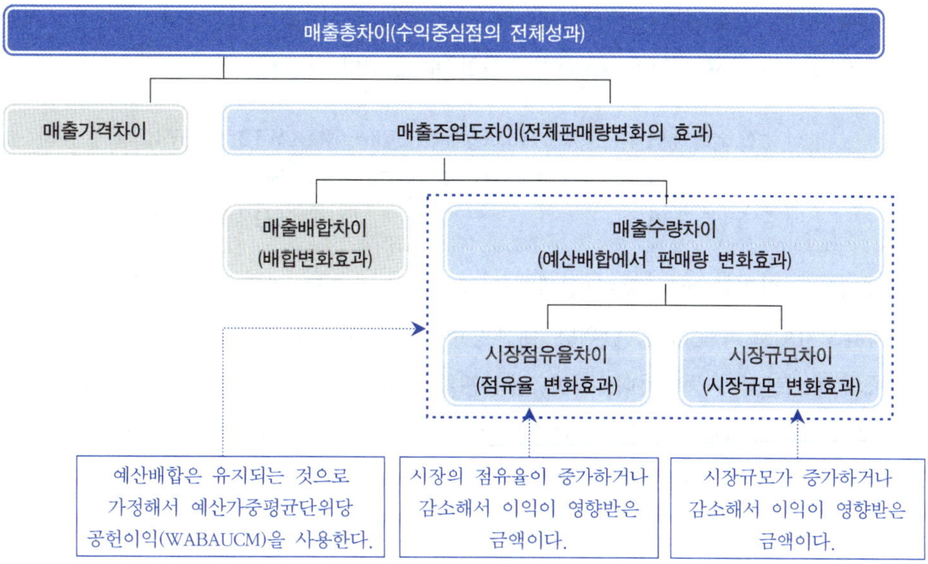

예제 [14-10] 복수제품의 시장점유율차이와 시장규모차이

[예제 14-9]의 자료를 사용하고 예산을 편성할 때는 시장규모를 20,000개로 예상하였으나 실제시장규모는 16,000개였다.

요구사항

(주)원가의 매출조업도차이를 시장점유율차이와 시장규모차이로 구분하시오.

해답

1. 시장점유율
   예산시장점유율 : 1,000개÷20,000개=5%
   실제시장점유율 : 1,200개÷16,000개=7.5%

2. 시장점유율차이와 시장규모차이 분석

변동예산 (실제규모, 실제점유율)×BAUCM	변동예산 (실제규모, 예상점유율)×BAUCM	고정예산 (예상규모, 예상점유율)×BAUCM
16,000개×7.5%×₩12* =1,200개×₩12 =₩14,400	=16,000개×5%×₩12 =800개×₩12 =₩9,600	=20,000개×5%×₩12 =1,000개×₩12 =₩12,000

시장점유율차이 ₩4,800 유리 / 시장규모차이 ₩2,400 불리

매출수량차이 ₩2,400 유리

* 단위당 예산평균공헌이익(WABUCM) : ₩20×0.2+₩10×0.8=₩12

이와 같이 계산되는 시장점유율차이와 시장규모차이는 전체수량에 예산평균공헌이익(WABUCM)을 곱해서 다음과 같이 계산할 수도 있다.

시장점유율차이	16,000개×(7.5%−5%)×₩12=	₩4,800	유리
시장규모차이	(20,000개−16,000개)×5%×₩12=	2,400	불리
매출수량차이	200개×₩12=	₩2,400	유리

예제에서 살펴본 바와 같이 전체매출 수량을 기준으로 매출수량차이를 시장점유율차이와 시장규모차이로 구분하면, 단위당 예산평균공헌이익을 계산하는 과정을 제외하면 단일종류 제품의 차이분석과 동일하다. 다만, 단일종류 제품의 차이분석에서는 매출배합차이가 존재하지 않기 때문에 매출수량차이가 매출조업도차이와 크기가 같아서 매출조업도차이를 시장점유율차이와 시장규모차이로 구분한다.

지금까지 성과보고서를 사용해서 원가중심점과 수익중심점의 성과가 어떻게 세분되어 분석되는지에 대해서 살펴보았다. 이를 정리하면 다음과 같다.

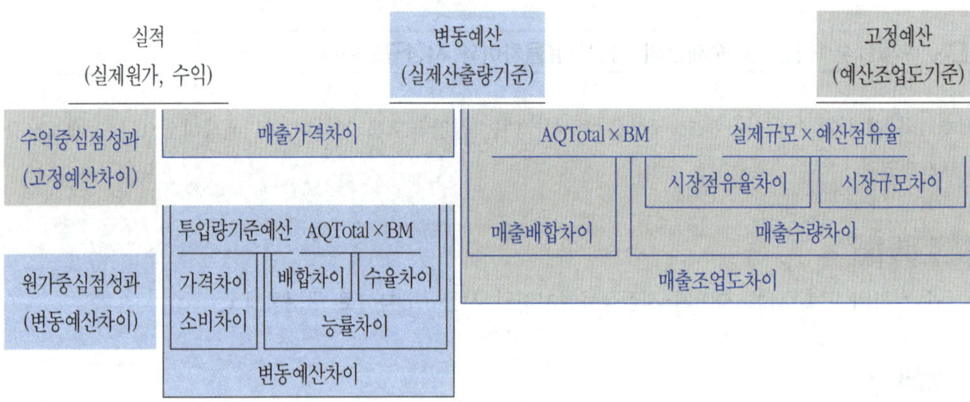

14 연 습 문 제

객관식 문제

01 책임회계제도

책임회계제도하에서 작성되는 내부의 책임중심점에 대한 성과보고서의 설명 중 옳지 않은 것은?

① 성과평가를 보다 유용하게 하기 위해서는 통제가능원가, 통제불능원가로 구분하여야 한다.
② 본사원가 중에서 해당 책임중심점에 배분된 고정제조간접원가도 포함시켜야 한다.
③ 조직도표와 일관성을 유지하여야 한다.
④ 통제가능원가의 실제와 표준간의 차이를 포함시켜야 한다.
⑤ 예외에 의한 관리가 가능하도록 작성하여야 한다.

02 고정예산과 변동예산

고정예산과 변동예산에 대한 설명으로 틀린 것은?

① 고정예산은 예산기간 동안과 예산기간 전에 이용되고, 변동예산은 예산기간 이후에 이용된다.
② 고정예산은 예산조업도를 기준으로 사전에 편성한 예산이며 변동예산은 실제조업도를 기준으로 사후에 편성한 예산이다.
③ 변동예산은 실제산출량을 기준으로 설정한 예산과 실제투입량을 기준으로 설정한 예산을 모두 포함한다. 일반적으로는 산출량기준 예산을 변동예산으로 사용한다.
④ 원가중심점의 실제원가와 비교해야 할 목표금액은 변동예산이며 수익중심점은 고정예산의 공헌이익이 목표금액이다.
⑤ 고정예산과 변동예산은 투자액은 일정한 것으로 가정하고 설정한 것으로 투자액이 변동되는 투자중심점의 성과를 평가할 때도 매우 유용하다.

03 고정예산과 변동예산의 적용

나무산업의 단위당 재료 사용량 목표는 5kg이고 재료의 표준원가는 kg당 ₩100이다. 예산생산량은 10,000개이고 실제생산량은 8,000개이며 실제로 사용한 재료는 38,000kg으로 kg당 ₩120에 구입하였다. 다음의 설명 중에서 맞는 문장을 찾으시오.

① 회계연도 기초에는 10,000개의 생산량을 예상하고 있으며 이를 기준으로 직접재료원가의 예산을 설정하면 ₩5,000,000이고 이 금액이 고정예산이다. 직접재료원가 고정예산 ₩5,000,000은 당기에 실제로 발생한 재료원가의 목표금액이다.

② 당기에 실제로 발생한 재료원가는 ₩4,560,000이며 이 금액은 10,000개의 예산생산량을 생산하면서 발생한 원가이다.

③ 회계연도의 기말에 실제생산량 8,000개를 기준으로 변동예산을 설정하면 ₩4,000,000이며 이를 산출량기준 예산이라고 하고 변동원가인 재료원가는 배부액도 동일한 금액이다.

④ 실제재료사용량 38,000kg을 기준으로 직접재료원가예산을 설정하면 ₩3,800,000이며 이를 투입량기준 예산이라고 하며 실제생산량 8,000개의 목표금액이다.

⑤ 직접재료원가의 가격차이는 ₩760,000 불리이고 능률차이는 ₩100,000 유리이다.

04 고정예산과 변동예산을 이용한 추정

나무산업은 책임회계를 채택하고 있으며 노무원가와 관련된 자료는 다음과 같다.

단위당 표준노무원가	2시간×₩5=	₩10
고정예산		₩100,000
배부액		150,000
실제투입량기준예산		140,000
실제임률		시간당 @6

위의 자료를 기초로 할 때 다음의 설명 중에서 틀린 문장을 찾으시오.

① 원가배부액은 원가계산목적으로 성과평가에 초점을 두고 있는 예산을 이용한 일반적인 성과보고서에는 나타나지 않는다.

② 실제로 발생한 원가는 ₩168,000이며 실제노동시간은 28,000시간이다.

③ 산출량기준예산은 ₩150,000이며 실제생산량은 15,000개였다.

④ 당기의 생산량을 만들면서 사용했어야 하는 표준노동시간(SQ)은 30,000시간이다. 실제로 사용한 노동시간(AQ)은 28,000시간이며 능률차이는 ₩10,000유리하다.

⑤ 회계연도 기초의 예산생산량은 10,000개였으며 고정예산은 실제발생한 원가의 목표금액이다.

05 고정제조간접원가 차이분석

고정제조간접원가예산은 ₩200,000이며 단위당 표준노동시간은 2시간이다. 연도초의 예산생산량은 2,000개, 실제생산량은 1,500개이고 고정제조간접원가 실제발생액은 ₩180,000이며 실제노동시간은 2,500시간이다. 다음의 설명 중에서 틀린 것은?

① 고정제조간접원가는 생산량(산출량)에 영향을 받지 않기 때문에 고정예산과 변동예산이 크기가 같아서 모두 ₩200,000이다.

② 고정제조간접원가는 투입량(사용노동시간)에 의해서 영향을 받지 않기 때문에 산출량기준예산과 투입량기준예산이 크기가 같아서 모두 ₩200,000이다.

③ 고정제조간접원가는 예산차이와 소비차이가 크기 같으며 ₩20,000 유리하다.

④ 고정제조간접원가는 산출량의 변화나 투입량변화와 관계없이 설비규모와 관련해서 일정하게 발생하는 원가이므로 능률차이가 계산되지 않는다.

⑤ 고정제조간접원가는 생산량에 단위당 표준원가를 곱해서 계산하는 배부액과 산출량기준 예산이 동일하다.

06 고정예산과 변동예산의 적용

(주)원가의 제조간접원가는 직접노동시간을 기준으로 배부한다. 예산과 실제발생액에 관한 자료는 다음과 같으며 예산생산량은 10,000개이고 실제생산량은 8,000개이다. 단위당 표준작업시간은 5시간이며 실제작업시간은 30,000시간이다. 다음의 설명중에서 틀린 문장은?

	실 제 원 가	고 정 예 산
변동제조간접원가	₩4,000,000	₩5,000,000
고정제조간접원가	3,800,000	4,000,000

① 산출량기준 변동예산은 변동제조간접원가는 ₩4,000,000이고 고정제조간접원가는 ₩4,000,000이다.

② 투입량기준예산은 변동제조간접원가는 ₩3,000,000이고 고정제조간접원가는 ₩4,000,000이다.

③ 제조간접원가 배부액은 변동제조간접원가는 ₩4,000,000이고, 고정제조간접원가는 ₩3,200,000이다.

④ 변동제조간접원가는 조업도차이가 발생하지 않으며 소비차이가 ₩1,000,000 불리이고 능률차이는 ₩1,000,000 유리이며 예산차이는 ₩0이다.

⑤ 고정제조간접원가는 능률차이가 발생하지 않아서 예산차이와 소비차이가 동일한 금액이으로 ₩200,000 유리하며 조업도차이는 ₩800,000 유리하다.

07 고정예산과 변동예산의 적용

(주)원가는 직접노무시간 1,000시간을 기준으로 제조간접원가 예정배부율을 산정하고 있으며, 이 경우의 제조간접원가 고정예산은 다음과 같다.

변동제조간접원가	₩14,000
고정제조간접원가	35,400

제품단위당 표준노무시간은 2시간이며 실제작업시간은 1,160시간이다. 회사는 600단위를 생산하였으며 실제 발생원가는 변동제조간접원가 ₩17,700, 고정제조간접원가 ₩36,500이다. 다음 중에서 틀린 문장은?

① 변동제조간접원가는 배부액과 산출량기준예산이 ₩16,800이고 투입량기준예산은 ₩16,240이다.
② 고정제조간접원가는 산출량기준예산과 투입량기준예산이 ₩35,400이고 배부액은 ₩42,480이다.
③ 제품의 단위당 표준제조간접원가는 ₩98.8이며 제품원가에 배부된 제조간접원가는 ₩59,280이다.
④ 제조간접원가의 산출량기준 예산은 ₩52,200이며 제조간접원가예산차이는 ₩2,000 불리이고 투입량기준제조간접원가예산은 ₩51,640이며 소비차이는 ₩2,560 유리이다.
⑤ 제조간접원가 조업도차이와 고정제조간접원가 조업도차이는 동일하게 ₩7,080 유리이며 제조간접원가 능률차이와 변동제조간접원가 능률차이도 동일하게 ₩560 유리이다.

08 고정예산과 변동예산의 적용

(주)원가는 공장이 정상적으로 가동되기 위해서 기본조명이나 냉난방을 위해서 작업시간과 관계없이 50,000ℓ의 유류를 사용한다. 또한 1시간의 기계시간을 가동하는데 2ℓ의 유류를 사용하는 것과 ℓ당 ₩1을 목표로 하고 있다. 제품 한 단위당 기계시간은 2시간이며, 예산생산량은 5,000개, 실제생산량은 4,000개, 실제작업시간은 7,000시간, 실제원가는 ₩63,000이다. (주)원가에 대한 다음의 설명 중 틀린 것은?

① 제조간접원가(유류비) 중에서 고정제조간접원가예산은 ₩50,000이며 시간당 변동제조간접원가 배부율은 ₩2이고, 산출량기준 제조간접원가예산은 ₩66,000이다.
② 단위당 표준원가에 포함되는 단위당 제조간접원가는 ₩14이며 실제생산량에 배부된 제조간접원가는 ₩56,000이다.
③ 당기의 투입량기준 제조간접원가예산은 ₩64,000이며 제조간접원가 소비차이는 ₩1,000 유리하다.
④ 2분법에서 제조간접원가 예산차이는 ₩3,000 유리이며 조업도차이는 ₩10,000 불리이다.
⑤ 3분법에서 제조간접원가 능률차이는 ₩2,000 유리이고, 조업도차이는 ₩15,000 불리이다.

09 3분법의 제조간접원가 차이분석

다음은 (주)한강의 제조간접원가에 대한 표준원가 및 실제원가에 대한 자료이다. 다음 설명 중 옳지 않은 것은 무엇인가?

표 준 원 가:	제품단위당 직접노동시간	2시간
	변동제조간접원가 시간당 배부율	₩70/시간
	고정제조간접원가예산	₩400,000
	연간기대조업도(기준조업도)	8,000시간
실 제 원 가:	총제조간접원가	₩1,000,000
	실제작업시간	8,300시간
	당기생산량	4,050개

① 변동제조간접원가 능률차이는 ₩14,000 불리한 차이이다.

② 고정제조간접원가 조업도차이는 ₩5,000 유리한 차이이다.

③ 제조간접원가 예산차이는 ₩15,000 유리한 차이이다.

④ 3분법에 의한 제조간접원가 소비차이는 ₩19,000 불리한 차이이다.

⑤ 제조간접원가 총배부액은 ₩972,000이다.

10 고정제조간접원가 조업도 차이

(주)샘물의 20×1년 제조간접원가에 대한 자료가 다음과 같다.

	실제금액	변동예산	고정예산
변동제조간접원가	₩23,000	₩21,000	₩18,000
고정제조간접원가	55,000	?	54,000

변동제조간접원가와 고정제조간접원가의 배부기준이 동일하다면 총제조간접원가의 조업도차이는 얼마인가?

① ₩6,000 유리　② ₩8,000 불리　③ ₩8,000 유리

④ ₩9,000 유리　⑤ ₩9,000 불리

11 제조간접원가 3분법 차이분석

(주)희망의 3월 제조간접원가예산과 실제 발생액은 다음과 같다.

	고정예산	실제 발생액
직접노동시간	20,000시간	23,000시간
생　산　량	1,000개	1,100개
제조간접원가	₩10,000	?

(주)희망의 3월 중 실제 직접노무원가가 ₩90,000인 경우 제조간접원가 차이분석을 3분법에 의할 때 올바른 설명은?

	소비차이	능률차이	조업도차이
①	알수없다	알수없다	불리한 차이
②	불리한 차이	불리한 차이	유리한 차이
③	알수없다	유리한 차이	불리한 차이
④	불리한 차이	불리한 차이	불리한 차이
⑤	알수없다	불리한 차이	유리한 차이

12 2분법 제조간접원가 차이분석

S회사는 월 10,000단위의 기준조업도에 따라 단위당 ₩5의 예정제조간접원가배부율을 적용하고 있다. 1월 중 14,000단위를 생산하였고 다음의 제조간접원가 차이가 발생하였다(2분법 적용함). 1월의 고정제조간접원가 실제 발생액은 ₩26,000이었다.

제조간접원가 예산차이	₩5,000(불리)
제조간접원가 조업도차이	8,000(유리)

2월 중에 10,000단위를 생산하였고 실제제조간접원가는 1월보다 ₩10,000이 적게 발생하였다. 2월 중의 제조간접원가 예산차이는?

① ₩2,000 불리　② ₩2,000 유리　③ ₩5,000 불리
④ ₩5,000 유리　⑤ ₩7,000 불리

13 변동예산과 고정예산

(주)원가의 예산과 실적자료는 다음과 같다. 이 자료를 기초로 변동예산총차이와 매출조업도차이를 계산하면 얼마인가?

	고정예산(10,000개)	실적(12,000개)
매 출 액	₩1,000,000	₩1,180,000
변 동 원 가	500,000	530,000
공 헌 이 익	₩500,000	₩650,000
고 정 원 가	300,000	250,000
영 업 이 익	₩200,000	₩400,000

	변동예산총차이	매출조업도차이
①	₩50,000 유리한차이	₩150,000 유리한차이
②	100,000 유리한차이	150,000 불리한차이
③	100,000 유리한차이	100,000 유리한차이
④	50,000 유리한차이	100,000 불리한차이
⑤	50,000 유리한차이	100,000 유리한차이

14 매출가격차이와 매출조업도차이

나무회사는 장난감을 생산·판매하고 있다. 금년도 장난감의 예산매출수량 및 단위당 판매가격은 각각 5,000단위와 ₩10이며, 단위당 표준변동제조원가와 표준변동판매비는 각각 ₩5과 ₩1이다. 금년도의 실제생산 및 판매활동결과는 다음과 같다.

생산 및 매출수량	3,800단위
단위당 판매가격	₩11
단위당 변동제조원가	5.2
단위당 변동판매비	1.2

매출가격차이, 매출조업도차이는 얼마인지 계산하시오.

	매출가격차이	매출조업도차이
①	₩3,800 유리	₩4,800 불리
②	3,800 유리	4,800 유리
③	3,800 불리	4,800 유리
④	3,800 불리	4,800 불리
⑤	3,800 유리	4,200 불리

15 예산차이분석 (2007. KICPA)

고은희는 한 제품의 생산과 판매 업무를 함께 수행하는 사업부의 책임자다. 2006년 사업부의 연간 이익예산은 다음과 같은 예상 매출액, 예상 제조원가 및 예상 판매비에 기초해 수립되었다.

> 예상 매출액 $=50\times Q_S$
> 예상 제조원가 $=300{,}000+14\times Q_M$
> 예상 판매비 $=200{,}000+6\times Q_S$
> Q_M은 생산량을, Q_S는 판매량을 나타낸다.

예산 생산량과 판매량은 모두 25,000개로 동일하게 수립되었다. 그런데 2006년 한 해 동안의 실제 생산량은 27,000개였고 그 중 24,000개를 판매하였다. 제조원가는 ₩695,000, 판매비는 ₩339,000이 소요되었으며, 제품 단위당 판매가격은 평균 ₩52이었다. 본사 관리부는 고은희의 성과를 평가하기 위해 사업부의 실제이익과 예산이익의 차이를 그 원인에 따라 가능한 한 많은 요소로 분해하고자 한다. 다음 중 앞에서 주어진 자료를 가지고 파악할 수 없는 이익차이 요소는?

① 실제이익과 예산이익의 차이 중 제조간접원가 차이로 인한 금액
② 실제이익과 예산이익의 차이 중 판매가격 차이로 인한 금액
③ 실제이익과 예산이익의 차이 중 판매수량 차이로 인한 금액
④ 실제이익과 예산이익의 차이 중 판매비 차이로 인한 금액
⑤ 실제이익과 예산이익의 차이 중 제조원가 차이로 인한 금액

16 매출조업도차이 (2003. KICPA)

(주)세광의 3월 예산 대비 실적자료는 다음과 같다. 동 자료를 토대로 당초 예상보다 영업이익이 ₩100 만큼 줄어든 원인을 (ⅰ) 판매가격 차이, (ⅱ) 변동원가차이, (ⅲ) 고정원가차이 이외에 중요한 차이항목인 매출조업도차이(net sales volume variance : 일명, 순판매수량차이)를 추가하여 경영진에게 의미 있게 요약·보고하고자 한다. 매출조업도 차이의 금액은 얼마인가? (단, 유리한 차이는 (F)로 불리한 차이는 (U)로 표시한다)

	3월 실적(actual)	3월 예산(budget)
판매수량	400개	300개
매 출 액	₩7,600	₩6,300
변동원가	4,800	3,000
고정원가	1,400	1,800
영업이익	1,400	1,500

① ₩1,800(F) ② ₩600(F) ③ ₩1,100(U)
④ ₩1,800(U) ⑤ ₩1,100(F)

17 시장점유율 차이와 시장규모차이

휴렛페커드 코리아는 한국에서 프린터를 판매하고 있다. 당년도에 판매예산은 100,000대로 예산손익계산서는 다음과 같다.

매 출 액	100,000대×₩500=		₩50,000,000
변 동 원 가			
변동제조원가	100,000대×₩200=	₩20,000,000	
변동판매관리비	100,000대×₩50=	5,000,000	25,000,000
공 헌 이 익			25,000,000
고 정 원 가			
고정제조원가		10,000,000	
고정판매관리비		5,000,000	15,000,000
영 업 이 익			₩10,000,000

휴렛페커드 코리아의 프린터 실제판매량은 150,000대였고 실제영업이익은 다음과 같다.

매 출 액	150,000대×₩550=		₩82,500,000
변 동 원 가			
변동제조원가	150,000대×₩250=	₩37,500,000	
변동판매관리비	150,000대×₩60=	9,000,000	46,500,000
공 헌 이 익			36,000,000
고 정 원 가			
고정제조원가		17,000,000	
고정판매관리비		8,000,000	25,000,000
영 업 이 익			₩11,000,000

프린터의 예상시장 규모가 1,600,000대이었고 실제시장규모가 2,000,000대이었다면 휴렛페커드 코리아의 시장점유율 차이와 시장규모 차이는 각각 얼마인가?

	시장점유율 차이	시장규모 차이
①	₩6,250,000 불리	₩6,250,000 유리
②	6,250,000 유리	6,250,000 불리
③	25,000,000 불리	12,500,000 유리
④	25,000,000 유리	12,500,000 불리
⑤	6,250,000 유리	6,250,000 유리

※ 다음은 18~19번에 관련된 자료이다.

필승코리아는 A, B의 두 가지 원재료를 가공하여 단일제품을 생산하고 있다. 제품 1단위당 직접재료원가의 표준원가는 다음과 같다.

	표준수량	표준가격	표준원가
A	2kg	₩40/kg	₩80
B	3	₩20/kg	60
제품단위당 표준원가			₩140

회사는 당기 중 제품 1,000단위를 생산하였으며, 실제발생된 직접재료원가는 다음과 같다.

A	3,000kg×@36=	₩108,000
B	3,000kg×@25=	75,000
합 계		₩183,000

18 복수생산요소 : 가격차이와 능률차이

직접재료원가 가격차이와 능률(수량)차이는 각각 얼마인가?

① ₩3,000 불리한 차이 ₩40,000 불리한 차이
② 3,000 유리한 차이 40,000 불리한 차이
③ 3,000 불리한 차이 40,000 유리한 차이
④ 12,000 유리한 차이 28,000 불리한 차이
⑤ 12,000 불리한 차이 28,000 유리한 차이

19 복수생산요소 : 배합차이와 수율차이

직접재료원가 배합차이와 수율차이는 각각 얼마인가?

① ₩3,000 불리한 차이 ₩40,000 불리한 차이
② 3,000 유리한 차이 40,000 불리한 차이
③ 12,000 불리한 차이 28,000 불리한 차이
④ 12,000 유리한 차이 28,000 불리한 차이
⑤ 12,000 불리한 차이 28,000 유리한 차이

※ 다음 자료를 이용하여 20~21번에 답하시오.

20×8년도에 (주)진성은 직접재료 A와 직접재료 B를 배합하여 110개의 단일제품을 생산하였으며 표준원가계산제도를 사용하고 있다. 직접재료의 표준원가 및 관련 자료는 다음과 같다. 단, 기초 및 기말의 재고자산은 없는 것으로 가정한다.

구 분	직접재료 A	직접재료 B
표준구입가격	₩100/kg	₩150/kg
표준사용량	25kg/제품 1개	25kg/제품 1개
실제구입가격	₩120/kg	₩130/kg
가격차이	₩48,000(불리)	₩32,000(유리)

20 배합차이와 수율차이 (2009. KICPA)

직접재료의 수량차이를 배합차이와 수율차이로 구분하면 직접재료A의 배합차이는 얼마인가?

① ₩40,000(불리) ② ₩40,000(유리) ③ ₩20,000(유리)
④ ₩50,000(불리) ⑤ ₩50,000(유리)

21 배합차이와 수율차이 (2009. KICPA)

직접재료의 수량차이를 배합차이와 수율차이로 구분하면 직접재료B의 수율차이는 얼마인가?

① ₩75,000(유리) ② ₩187,500(불리) ③ ₩112,500(유리)
④ ₩60,000(유리) ⑤ ₩60,000(불리)

※ 다음은 22~23번에 관련된 자료이다.

나무상사는 화학제품을 생산하고 있는데, 이 제품에는 세 가지 원재료가 사용된다. 제품 한 단위를 생산하는 원재료 A, B, C의 표준투입량은 각각 4kg, 3kg, 3kg이며, 표준원가는 kg당 각각 ₩60, ₩35, ₩25이다. 20×5년 화학제품 1,125단위를 생산하였으며, 세 가지 원재료의 실제사용량과 실제단위당원가는 다음과 같다.

원 재 료	실제사용량	실제단위당원가
원재료 A	4,500kg	₩55
원재료 B	3,500	42
원재료 C	2,000	27.5
합 계	10,000kg	

22 복수생산요소 : 가격차이와 능률차이

직접재료원가 가격차이와 능률(수량)차이는 각각 얼마인가?

① ₩7,000 불리한 차이 ₩30,000 불리한 차이
② 7,000 유리한 차이 30,000 불리한 차이
③ 7,000 불리한 차이 30,000 유리한 차이
④ 12,000 유리한 차이 28,000 불리한 차이
⑤ 12,000 불리한 차이 28,000 유리한 차이

23 복수생산요소 : 배합차이와 수율차이

직접재료원가 배합차이와 수율차이는 각각 얼마인가?

① ₩24,000 불리한 차이 ₩40,000 불리한 차이
② 24,000 유리한 차이 40,000 불리한 차이
③ 22,500 불리한 차이 52,500 불리한 차이
④ 22,500 유리한 차이 52,500 불리한 차이
⑤ 22,500 불리한 차이 52,500 유리한 차이

24 직접노무원가 수율차이 (2002. KICPA 수정)

마리아벤처기업은 인터넷 서비스업을 제공함에 있어서 전문가와 비전문 주부사원을 함께 채용하고 있다. 이들에 대한 1분당 표준임금과 그에 따른 서비스 1회의 표준원가는 다음과 같다.

	표준시간	표준임률	표준원가
표준임금			
전문가	3분	1분당 ₩350	₩1,050
비전문가	7	1분당 100	700
서비스단위당표준원가			₩1,750

이 회사는 지난 1주일간 500회의 서비스를 제공하였으며, 이에 따라 실제로 발생된 임금은 다음과 같았다.

	실제시간	실제임률	실제원가
실제임금			
전문가	1,200분	1분당 ₩400	₩480,000
비전문가	4,000	1분당 130	520,000
실제원가총액			₩1,000,000

마리아벤처기업이 설정한 표준원가를 기초로 변동예산과 실제원가의 차이를 임률차이와 능률차이로 분해하고, 능률차이를 다시 배합차이와 수율차이로 분해할 때, 정확한 수율차이(yield variance)는 얼마인가?

① ₩35,000 불리 ② ₩72,000 불리 ③ ₩35,000 유리
④ ₩40,000 유리 ⑤ ₩72,000 유리

※ 다음은 25~27번과 관련된 자료이다.

첨단전자는 기업용, 개인용 두 종류의 노트북을 생산·판매하고 있으며 20×2년 예산과 실제자료는 다음과 같다.

20×2년 예산				
	판매단가	단위당 변동원가	단위당 공헌이익	판매수량
기업용 노트북	₩500	₩300	₩200	15,000대
개인용 노트북	300	200	100	5,000
				20,000대

	20×2년 실제			
	판매단가	단위당 변동원가	단위당 공헌이익	판매수량
기업용 노트북	₩600	₩250	₩350	20,000대
개인용 노트북	250	180	70	5,000
				25,000대

첨단전자는 판매부서에서 추정한 20%의 예산시장 점유율과 IT기업협회에서 예측한 전체 시장규모 100,000단위를 기준으로 20×2년의 총매출예산을 수립하였다. 그러나 20×2년도 말의 실제시장 규모는 150,000단위로 보고되었다.

25 매출가격 차이와 매출조업도 차이

매출가격차이와 매출조업도차이는 각각 얼마인가?

	매출가격차이	매출조업도차이
①	₩2,800,000F	₩820,000U
②	1,245,000F	940,000U
③	1,245,000F	820,000U
④	1,750,000U	990,000U
⑤	1,750,000F	1,000,000F

26 매출배합 차이와 매출수량 차이

매출배합차이와 매출수량차이는 얼마인가?

	매출배합차이	매출수량차이
①	₩880,000F	₩640,000F
②	640,000U	790,000U
③	880,000F	690,000U
④	125,000F	875,000F
⑤	125,000U	680,000F

27 시장점유율 차이와 시장규모차이

시장점유율 차이와 시장규모 차이는 각각 얼마인가?

	시장점유율차이	시장규모차이
①	₩1,072,500F	₩1,462,500F
②	875,000U	1,750,000F
③	886,875U	1,209,000F
④	896,500U	1,280,500F
⑤	1,054,000F	1,350,000U

28 복수제품의 차이분석 (2008. 세무사 수정)

대한회사는 A와 B의 두 제품을 생산·판매하고 있다. 예산에 의하면 제품 A의 단위당 공헌이익은 ₩20이고, 제품 B의 공헌이익은 ₩4이다. 2007년의 예산매출수량은 제품 A가 800단위, 제품 B는 1,200단위로 총 2,000단위였다. 그러나 실제매출수량은 제품 A가 400단위, 제품 B가 2,000단위로 총 2,400단위였다. 대한회사의 2007년 매출배합차이와 매출수량차이를 계산하면 각각 얼마인가?

	매출배합차이	매출수량차이
①	₩8,960 유리	₩4,160 불리
②	8,960 유리	4,160 유리
③	5,200 불리	8,000 불리
④	5,200 유리	8,000 불리
⑤	8,960 불리	4,160 유리

29 시장점유율차이와 시장규모차이 (2011. 세무사)

(주)국세는 사무용과 가정용 복사기를 판매한다. (주)국세는 20×1년 복사기 시장 규모가 800,000대일 것으로 예측했으나, 실제 시장규모는 700,000대로 집계되었다. 20×1년 예산과 실제 결과에 대한 자료가 다음과 같을 때, (주)국세의 시장점유율 차이는 얼마인가?

〈20×1년도 예산〉

제품종류	판매단가	단위당 변동원가	판매수량 및 비율	
			수량	비율
사무용	₩1,200	₩700	20,000대	25%
가정용	900	500	60,000대	75%
합계			80,000대	100%

〈20×1년도 실제 결과〉

제품종류	판매단가	단위당 변동원가	판매수량 및 비율	
			수량	비율
사무용	₩1,100	₩625	25,200대	30%
가정용	820	400	58,800대	70%
합계			84,000대	100%

① ₩3,840,000 불리　② ₩4,960,000 불리　③ ₩5,270,000 불리
④ ₩4750,000 유리　⑤ ₩5,950,000 유리

해 답 Answer

01 ②

배분된 고정제조간접원가는 통제불가능원가이므로 성과평가시 고려해서는 안 된다.

02 ⑤

투자중심점은 투자액이 변동되므로 투자규모가 다른 사업부를 비교할 수 있어야 한다. 그런데 고정예산이나 변동예산은 투자액이 일정한 것으로 가정하고 설정하므로 투자중심점의 성과를 평가할 때는 유용성이 떨어진다.

03 ③

① 고정예산 10,000개×5kg×₩100=₩5,000,000
예산생산량을 기준으로 설정한 고정예산은 당기실제생산량의 목표금액은 아니다. 실제생산량의 목표금액은 실제생산량을 기준으로 설정한 변동예산이다.

② 실제재료원가 : 38,000kg×₩120=₩4,560,000
실제원가는 실제생산량 8,000개를 생산하면서 발생한 원가이다.

③ 회계연도의 기말에 실제생산량 8,000개를 기준으로 산출량기준 예산을 설정하면 다음과 같다.
8,000개×5kg×₩100=₩4,000,000 변동원가인 재료원가는 단위당 금액으로 설정되는 배부액이 산출량기준예산과 동일한 금액이 된다.

④ 실제재료사용량 38,000kg을 기준으로 직접재료원가예산을 설정하면 다음과 같다.
38,000kg×₩100=₩3,800,000
투입량 38,000kg을 기준으로 설정한 예산을 투입량기준예산이라고 한다. 실제생산량 8,000개 기준 목표금액은 산출량기준 예산이며 투입량기준예산은 실제투입량(AQ)기준 목표금액이다.

⑤

AQ×AP	AQ×SP	SQ×SP
38,000kg×₩120 =₩4,560,000	38,000kg×₩100 =₩3,800,000	8,000개×5kg×₩100 =₩4,000,000

가격차이 ₩760,000 불리　　능률차이 ₩200,000 유리

(1) 고정예산 : 회계연도 기초에 예산판매량을 기준으로 사전에 편성한 예산을 말한다. 회계연도 기초에 설정한 예산이므로 실제생산량을 기준으로 설정한 예산이 아니며 당기발생원가의 목표금액도 아니다.

(2) 산출량기준예산 : 실제생산량이 만들어지고 나서 회계연도 기말에 실제생산량을 기준으로 표준원가를 적용해서 설정한 사후적 예산이다. 산출량기준예산은 실제생산량에 표준단가를 곱해서 계산하므로 표준수량(SQ)을 기준으로 설정한 예산이 된다. 산출량기준예산은 실제생산량을 기준으로 설정하므로 실제생산량의 목표금액이 된다.

(3) 투입량기준예산 : 실제투입량이 확정되고 나서 회계연도 기말에 실제투입량(AQ)을 기준으로 설정한 예산이다. 투입량기준 예산과 실제원가와의 차이가 가격차이가 된다.

14

(4) 변동예산 : 회계연도 기간중이나 기말에 실제생산량이나 실제투입량이 결정된 뒤에 사후적으로 실제량에 맞추어 유연하게 조정해서 작성한 예산을 변동예산이라고 한다. 산출량기준예산이나 투입량기준예산은 모두 사후적으로 편성되므로 변동예산에 해당한다. 한편, 일반적으로 변동예산은 주로 산출량기준으로 작성하므로 문제에서 별도의 언급없이 변동예산이라고 하면 산출량기준예산을 의미하는 경우가 많다.

(5) 배부액 : 원가계산목적으로 생산량에 표준단가를 곱해서 계산한 금액이다. 경영자는 회계기간 중에 여러 가지 의사결정이나 입찰목적으로 원가정보를 필요로 하는데 이를 위해서 사용하는 것이 배부액이다. 변동원가의 경우에는 원가통제목적상 목표금액도 단가로 결정되고 배부액도 단가로 결정되므로 산출량기준예산과 배부액이 동일하다. 반면에 고정원가는 원가통제목적상 목표금액은 총액으로 설정되는 반면에 배부액은 단가로 결정되므로 산출량기준예산과 배부액이 서로 다르며 그 차이를 조업도차이라고 한다.

04 ⑤

① 원가배부액은 성과평가목적의 금액이 아니므로 성과보고서에는 나타나지 않으며 원가중심점에서 성과평가목적상의 차이는 변동예산차이이다. 따라서 원가차이를 분석할 때는 성과보고서의 예산차이 이외에 배부액과 예산과의 차이인 조업도 차이를 별도로 분석해야 한다. 다만, 변동원가는 배부액과 산출량기준예산(변동예산)이 차이가 없으므로 조업도차이가 없으며, 고정원가만이 조업도차이가 있다.

② 실제투입량기준 예산은 실제노동시간(AQ)에 표준단가를 곱해서 설정한다.
₩140,000÷@5=28,000시간
실제원가는 실제사용량(AQ)에 실제단가(AP)가 곱해져서 계산된다.
28,000시간×₩6=₩168,000

③ 노무원가는 변동원가로 배부액과 산출량기준예산이 동일하다. 따라서 실제산출량기준예산 ₩150,000이며 실제생산량에 표준단가를 곱해서 설정한다.
₩150,000÷₩10=15,000개

④ 능률차이는 실제노동시간 28,000시간(AQ)과 표준노동시간 30,000시간(SQ)의 차이에 표준단가(SP)를 곱해서 계산한다.

실제발생액 (AQ×AP)	투입량기준 예산 (AQ×SP)	산출량기준 예산 (SQ×SP)	배 부 액 (SQ×SP)
28,000시간×₩6 =₩168,000	28,000시간×₩5 =₩140,000	15,000개×2시간×₩5 =₩150,000	15,000개×2시간×₩5 =₩150,000

가격차이 ₩28,000U | 능률차이 ₩10,000F | 조업도차이 ₩0

⑤ 회계연도 기초에는 예산생산량을 기준으로 설정한 예산이 고정예산이며 이를 이용하면 예산생산량을 추정할 수 있다.
₩100,000÷₩10= 10,000개
고정예산은 실제생산량을 기준으로 설정한 예산이 아니라서 실제생산량의 목표금액은 아니다.

05 ⑤

⑤ 고정제조간접원가는 배부액과 총액으로 설정되는 산출량기준예산이 서로 다르다.

실제발생액	실제투입량기준 제조간접원가예산	실제산출량기준 제조간접원가예산	실제산출량에 대한 배부액
₩180,000	₩200,000	2,000개 × 2시간 × @50 = ₩200,000	1,500개 × 2시간 × @50 = ₩150,000
예산차이 ₩20,000F		조업도차이 ₩50,000U	

06 ⑤

① 산출량기준 변동예산

변동제조간접원가 표준배부율(x) × (10,000개 × 5시간) = ₩5,000,000 　　　　∴ x = @100

변동제조간접원가 변동예산 8,000개 × 5시간 × @100 = ₩4,000,000

고정제조간접원가는 고정예산과 변동예산이 동일하게 ₩4,000,000이다.

② 투입량기준예산

변동제조간접원가 30,000시간 × @100 = ₩3,000,000

고정제조간접원가는 투입량기준예산과 산출량기준예산이 동일하게 ₩4,000,000이다.

③ 제조간접원가 배부액

변동제조간접원가 8,000개 × 5시간 × @100 = ₩4,000,000

고정제조간접원가 8,000개 × 5시간 × @80* = ₩3,200,000

* 고정제조간접원가 배부율 ₩4,000,000 ÷ (10,000개 × 5시간) = ₩80

④ 변동제조간접원가 차이

실제발생액	실제투입량기준 제조간접원가예산	실제산출량기준 제조간접원가예산	실제산출량에 대한 배부액
₩4,000,000	30,000시간 × @100 = ₩3,000,000	8,000개 × 5시간 × @100 = ₩4,000,000	8,000개 × 5시간 × @100 = ₩4,000,000
소비차이 ₩1,000,000U	능률차이 ₩1,000,000F	조업도차이 ₩0	
예산차이 ₩0		조업도차이 ₩0	

⑤ 고정제조간접원가 차이

실제발생액	실제투입량기준 제조간접원가예산	실제산출량기준 제조간접원가예산	실제산출량에 대한 배부액
₩3,800,000	₩4,000,000	10,000개 × 5시간 × @80 = ₩4,000,000	8,000개 × 5시간 × @80 = ₩3,200,000
소비차이 ₩200,000F	능률차이 ₩0	조업도차이 ₩800,000U	
예산차이 ₩200,000F		조업도차이 ₩800,000U	

07 ④

(1) 제조간접원가 배부율

변동제조간접원가 : ₩14,000÷1,000시간=	₩14
고정제조간접원가 : ₩35,400÷1,000시간=	35.4
	₩49.4

(2) 단위당 표준 제조간접원가원가 : 2시간×@49.4=₩98.8

(3) 제조간접원가 차이분석

	실제원가 (AQ×AP)	투입량기준 예산 (AQ×SP)	산출량기준예산 (변동예산)	배부액 (SQ×SP)
변동 제조간접원가	₩17,700	1,160시간×@14 =₩16,240	600단위×2시간×@14 =₩16,800	600단위×2시간×@14 =₩16,800
고정 제조간접원가	₩36,500	₩35,400	₩35,400	600단위×2시간×@35.4 =₩42,480
제조간접원가	=₩54,200	=₩51,640	=₩52,200	600단위×2시간×@49.4 =₩59,280

소비차이 ₩2,560U　　능률차이 ₩560F

변동예산차이 ₩2,000U　　조업도차이 ₩7,080F

08 ⑤

① 제조간접원가 예산식 y=₩50,000(50,000ℓ×@1)+₩2(2ℓ×@1)×x(x는 기계시간)

산출량기준 예산 ₩50,000+₩2×(4,000개×2시간)=₩66,000

② 제품 단위당 표준원가

단위당 변동제조간접원가	2시간×₩2=	₩4
단위당 고정제조간접원가	2시간×₩5*=	10
단위당 표준원가	2시간×₩7=	₩14

* 시간당 고정제조간접원가 배부율 ₩50,000÷(5,000개×2시간)=₩5

표준원가 배부액　4,000개×₩14=₩56,000

③ ④ ⑤

실제발생액	실제투입량기준 제조간접원가예산	실제산출량기준 제조간접원가예산	실제산출량에 대한 배부액
₩63,000	₩50,000+₩2×7,000시간 =₩64,000	₩50,000+₩2×4,000개×2시간 =₩66,000	4,000개×2시간×@7 =₩56,000

소비차이 ₩1,000F　　능률차이 ₩2,000F　　조업도차이 ₩10,000U

예산차이 ₩3,000F　　조업도차이 ₩10,000U

09 ③

실제발생 총제조간접원가	실제투입량에 근거한 총제조간접원가예산	실제산출량에 근거한 총제조간접원가예산	총제조간접원가 배부액
	(₩400,000+8,300시간 ×₩70)	(₩400,000+4,050개 ×2시간×₩70)	4,050개×2시간 ×₩120*
=₩1,000,000	=₩981,000	=₩967,000	=₩972,000

〈3분법〉 소비차이 ₩19,000U | 능률차이 ₩14,000U | 조업도차이 ₩5,000F

〈2분법〉 예산차이 ₩33,000U | 조업도차이 ₩5,000F

* 제조간접원가 시간당 배부율

변동제조간접원가 시간당 배부율	₩70
고정제조간접원가 시간당 배부율 : ₩400,000÷8,000시간=	50
	₩120

10 ④

고정예산은 예산기간 중 계획된 특정조업도를 전제로 사전에 수립된 단일예산인 반면, 변동예산은 조업도의 변동에 따라 조정되는 예산으로서 사후에 실제조업도를 근거로 수립된다. 고정제조간접원가는 조업도와 무관하게 발생하는 원가이므로 고정예산과 변동예산은 동일하다. 반면, 변동제조간접원가는 조업도에 비례하여 발생하는 원가이므로 고정예산 수립시 기준으로 설정한 기준조업도와 실제조업도가 다르다면 고정예산과 변동예산도 일치하지 않는다.

(1) 변동제조간접원가 고정예산=기준조업도×변동제조간접원가배부율=₩18,000 ········· ①

변동제조간접원가 변동예산=실제조업도×변동제조간접원가배부율=₩21,000 ········· ②

따라서, 실제조업도가 기준조업도의 7/6(₩21,000/₩18,000)에 도달했다.

(2) 기준조업도를 x라고 하면 고정제조간접원가 조업도차이는 다음과 같이 계산된다.

예 산	배 부
$x \times SP$	$x \times \frac{7}{6} \times SP$
=₩54,000	=₩63,000

조업도차이 ₩9,000F

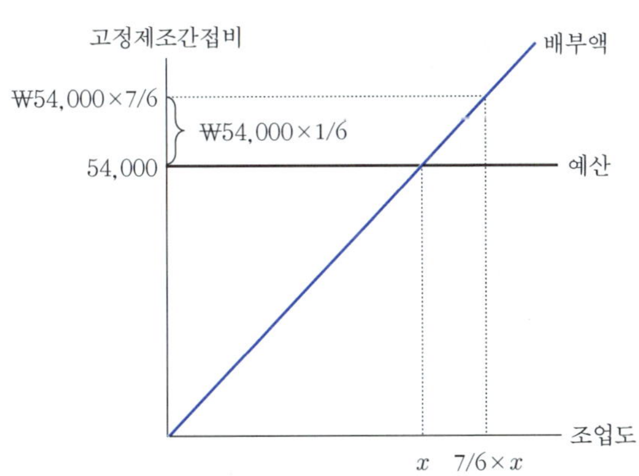

11 ⑤

단위당 표준노동시간 : 20,000시간÷1,000개=단위당 20시간

산출량의 표준노동시간(SQ) : 1,100개×20시간=22,000시간

(1) 소비차이 : 제조간접원가발생액이 없으므로 알 수 없다.

(2) 능률차이 : 실제투입된 노동시간 23,000시간이 산출량의 표준노동시간 22,000시간보다 크므로 불리하다.

(3) 조업도차이 : 실제산출량(1,100개)이 기준조업도산출량(1,000개)보다 커서 유리하다.

12 ⑤

(1) 고정제조간접원가배부율(조업도차이를 이용한다.)

실제고정제조간접원가	고정제조간접원가예산	배 부 액
₩26,000	10,000단위×x	14,000단위×x
	조업도차이 ₩8,000F	

따라서 다음 식이 성립한다.

(14,000단위−10,000단위)×x=₩8,000　　∴ x=₩2

(2) 고정제조간접원가예산 : 10,000단위×₩2=₩20,000

(3) 제조간접원가예산 : ₩20,000+₩3*×생산량

* ₩5(예정제조간접원가 배부율)−₩2(예정고정제조간접원가 배부율)=₩3

(4) 1월 차이

실제제조간접원가	산출량기준 제조간접원가예산	배 부 액
₩67,000	₩20,000+₩3×14,000단위 =₩62,000	14,000단위×₩5 =₩70,000
예산차이 ₩5,000U	조업도차이 ₩8,000F	

(5) 2월 차이

실제제조간접원가	산출량기준 제조간접원가예산	배 부 액
₩57,000*	₩20,000+₩3×10,000단위 =₩50,000	
예산차이 ₩7,000U		

*2월 실제발생액 : ₩67,000(1월 발생액)−₩10,000=₩57,000

13 ③

(1) 단위당 예상판매가격 : ₩1,000,000÷10,000개=₩100

단위당 예상변동원가 : ₩500,000÷10,000개=₩50

(2) 성과보고서

	실적(12,000개)	변동예산(12,000개)	고정예산(10,000개)
매 출 액	₩1,180,000	₩1,200,000	₩1,000,000
변 동 원 가	530,000	600,000	500,000
공 헌 이 익	₩650,000	₩600,000	₩500,000
고 정 원 가	250,000	300,000	300,000
영 업 이 익	₩400,000	₩300,000	₩200,000

변동예산차이 ₩100,000F | 매출조업도차이 ₩100,000F

고정예산차이 ₩200,000F

14 ①

실제공헌이익	변동예산공헌이익	고정예산공헌이익
3,800단위×(₩11−₩6) =₩19,000	3,800단위×(₩10−₩6) =₩15,200	5,000단위×(₩10−₩6) =₩20,000

판매가격차이 ₩3,800(유리) | 매출조업도차이 ₩4,800(불리)

매출총차이 ₩1,000(불리)

15 ①

(1) 매출가격차이와 매출조업도차이(②와 ③)

실　적	변동예산	고정예산
24,000개×(₩52−₩20) =₩768,000	24,000개×(₩50−₩20) =₩720,000	25,000개×(₩50−₩20) =₩750,000

매출가격차이 ₩48,000F | 매출조업도차이 ₩30,000U

(2) 판매비 차이분석(④)

실제원가		변동예산	
변 동 원 가	₩?	24,000개×@6=	₩144,000
고 정 원 가	?		200,000
	₩339,000		₩344,000

판매비 차이 ₩5,000F

(3) 제조원가 차이분석(⑤)

실제원가		변동예산	
변 동 원 가	₩?	27,000개×@14=	₩378,000
고 정 원 가	?		300,000
	₩695,000		₩678,000

제조원가 차이 ₩17,000U

16 ⑤

AQ×(AP−SV)	AQ×(BP−SV)	BQ×(BP−SV)
400개×(₩19*1−₩10) =₩3,600	400개×(₩21*2−₩10) =₩4,400	300개×(₩21−₩10*3) =₩3,300

매출조업도차이 ₩1,100(F) (AQ×(BP−SV)와 BQ×(BP−SV)의 차이)

*1. 실제판매가격 AP : ₩7,600÷400개=₩19
2. 예산판매가격 BP : ₩6,300÷300개=₩21
3. 표준변동원가 SV : ₩3,000÷300개=₩10

17 ⑤

AQ×(AP−SV)	AQ×(BP−SV)	AQ×(BP−SV)	BQ×(BP−SV)
150,000×(₩550−₩250) =₩45,000,000	150,000×(₩500−₩250) =₩37,500,000	125,000*×(₩500−₩250) =₩31,250,000	100,000×(₩500−₩250) =₩25,000,000

₩7,500,000F 매출가격차이 / ₩6,250,000F 시장점유율차이 / ₩6,250,000F 시장규모차이

* 예상시장점유율 : $\frac{\text{예상판매량}}{\text{예상시장규모}}=\frac{100,000\text{대}}{1,600,000\text{대}}=6.25\%$

실제시장규모×예상시장점유율=2,000,000대×6.25%=125,000대

18 ①

실제 AQ×AP		AQ×SP		변동예산 SQ×SP	
3,000kg×@36=	₩108,000	3,000kg×@40=	₩120,000	2,000kg*1×@40=	₩80,000
3,000kg×@25=	75,000	3,000kg×@20=	60,000	3,000kg*2×@20=	60,000
	₩183,000		₩180,000		₩140,000

가격차이 ₩3,000U / 능률차이 ₩40,000U

변동예산차이 ₩43,000U

*1. 1,000단위×2kg=2,000kg
2. 1,000단위×3kg=3,000kg

19 ③

	AQ×SP		Total AQ×SP		SQ×SP	
A	3,000kg ×@40=	₩120,000	2,400kg*1×@40=	₩96,000	2,000kg ×@40=	₩80,000
B	3,000kg ×@20=	60,000	3,600kg*1×@20=	72,000	3,000kg ×@20=	60,000
합계	6,000kg	₩180,000	6,000kg	₩168,000	5,000kg	₩140,000

배합차이 ₩12,000U / 수율차이 ₩28,000U

능률차이 ₩40,000U

* 예산배합으로 조정된 실제투입량

원재료의 종류	예산배합비율	AQ×SP	
원재료 A	40%	6,000kg ×40%=	2,400kg
원재료 B	60%	6,000kg ×60%=	3,600
실제투입량합계		6,000kg	6,000kg

별해

1. 배합차이

직접재료원가 배합차이는 원재료투입배합비율의 변화에 따른 원가차이를 계산하는 것이므로 배합차이수량은 전체 원재료투입량에는 영향이 없으며, 다른 원가요소와 대체되는 수량일 뿐이다. 따라서 한 가지 원가요소의 대체수량만 알아내면 쉽게 배합차이를 계산할 수도 있다.

원재료A의 예상배합으로 조정된 실제투입량 : 6,000kg×0.4=	2,400kg
원재료A의 실제투입량	3,000
원재료A의 배합차이 수량	(600kg)U

재료 A의 배합차이 수량이 600kg 불리하므로 재료 B 600kg 대신에 재료 A 600kg를 사용한 것이다. 따라서 배합차이금액은 다음과 같이 계산할 수 있다.

600kg×(₩40−₩20)=₩12,000U

2. 수율차이

수율차이를 계산할 때 사용하는 양쪽의 재료원가는 투입배합비율이 예산배합비율로 동일해진 상태이다. 따라서 수율차이는 전체수량차이를 기준으로 가중평균한 원가를 이용하여 계산할 수도 있다.

Total AQ×BM×SP			SQ×SP		
2,400kg	×@40=	₩96,000	2,000kg	×@40=	₩80,000
3,600kg	×@20=	72,000	3,000kg	×@20=	60,000
6,000kg	×@28*=	₩168,000	5,000kg	×@28*=	₩140,000

수율차이 1,000kg×@28*=₩28,000U

* 가중평균원가 : ₩40×0.4+₩20×0.6=₩28

또한 전체수량차이 1,000kg의 배합비율도 예산배합과 동일할 것이므로 수율차이는 다음과 같이 계산할 수도 있다. 1,000kg×0.4×@40+1,000kg×0.6×@20=₩28,000U

20 ①

21 ③

20~21

(1) 복수생산요소의 가격차이와 능률차이

	실제원가 (AQ×AP)		투입량기준예산 (AQ×SP)		산출량기준예산(변동예산) (SQ×SP)	
A	2,400kg*1×₩120=	₩288,000	2,400kg ×₩100=	₩240,000	110개×25kg×₩100=	₩275,000
B	1,600kg*2×₩130=	208,000	1,600kg ×₩150=	240,000	110개×25kg×₩150=	412,500
합계	4,000kg	₩496,000	4,000kg	₩480,000	5,500kg×₩125=	₩687,500

가격차이 ₩16,000 불리 / 능률차이 ₩207,500 유리

변동예산차이 ₩191,500 유리

* 1. A원재료의 가격차이 AQ×(₩120−₩100)=₩48,000 불리 ∴ 사용량(AQ)=2,400kg
2. B원재료의 가격차이 AQ×(₩130−₩150)=₩32,000 유리 ∴ 사용량(AQ)=1,600kg

14

(2) 복수생산요소의 배합차이와 수율차이

	투입량기준예산 (Total AQ×AM×SP)		조정된 투입량기준예산 (Total AQ×BM×SP)		산출량기준예산(변동예산) (Total SQ×BM×SP)	
A	2,400kg ×₩100=	₩240,000	4,000kg×0.5×₩100=	₩200,000	110개×25kg×₩100=	₩275,000
B	1,600kg ×₩150=	240,000	4,000kg×0.5×₩150=	300,000	110개×25kg×₩150=	412,500
합계	4,000kg	₩480,000	4,000kg	₩500,000	5,500kg×₩125=	₩687,500

배합차이 ₩20,000 유리 / 수율차이 ₩187,500 유리

능률차이 ₩207,500 유리

* 예상배합으로 가중평균한 원가 : ₩100×0.5+₩150×0.5=₩125

원재료A의 배합차이(2,400kg−2,000kg)×₩100=₩40,000 불리

원재료B의 수율차이(2,000kg−2,750kg)×₩150=₩112,500 유리

22 ③

	AQ×AP	AQ×SP	SQ*×SP
원 재 료 A	4,500kg×@55	4,500kg×@60	4,500kg×@60
원 재 료 B	3,500kg×@42	3,500kg×@35	3,375kg×@35
원 재 료 C	2,000kg×@27.5	2,000kg×@25	3,375kg×@25
합 계	₩449,500	₩442,500	₩472,500

가격차이 ₩7,000U / 수량차이 ₩30,000F

* 표준투입량
원재료 A : 1,125단위×4kg=4,500kg
원재료 B : 1,125단위×3kg=3,375kg
원재료 C : 1,125단위×3kg=3,375kg

23 ⑤

	AQ×SP	Total AQ×BM×SP	SQ×SP
원 재 료 A	4,500kg×@60	4,000kg*×@60	4,500kg×@60
원 재 료 B	3,500kg×@35	3,000kg ×@35	3,375kg×@35
원 재 료 C	3,500kg×@35	3,000kg ×@25	3,375kg×@25
합 계	₩442,500	₩420,000	₩472,500

배합차이 ₩22,500U / 수율차이 ₩52,500F

* 예산배합으로 조정된 실제투입량

원재료의 종류	예산배합비율	Total AQ×BM
원재료 A	40%	4,000kg
원재료 B	30%	3,000
원재료 C	30%	3,000
실제투입량합계		10,000kg

(1) 배합차이

원재료 A : (4,500kg－10,000kg×0.4)×@60 =	₩30,000U
원재료 B : (3,500kg－10,000kg×0.3)×@35 =	17,500U
원재료 C : (2,000kg－10,000kg×0.3)×@25 =	25,000F
합 계	₩22,500U

(2) 수율차이

원재료 A : (4,500kg－10,000kg×0.4)×@60 =	₩30,000F
원재료 B : (3,375kg－10,000kg×0.3)×@35 =	13,125F
원재료 C : (3,375kg－10,000kg×0.3)×@25 =	9,375F
합 계	₩52,500F

별해 수율차이

수율차이를 계산할 때 사용하는 양쪽의 재료원가는 투입배합비율이 예산배합비율로 동일해진 상태이다. 따라서 수율차이는 전체수량차이를 기준으로 가중평균한 원가를 이용하여 계산할 수도 있다.

	Total AQ×BM×SP		SQ×SP	
원 재 료 A	4,000kg×@60=	₩240,000	4,500kg×@60=	₩270,000
원 재 료 B	3,000kg×@35=	105,000	3,375kg×@35=	118,125
원 재 료 C	3,000kg×@25=	75,000	3,375kg×@25=	84,375
합 계	10,000kg×@42*=	₩420,000	11,250kg×@42*=	₩472,500

수율차이 1,250kg×@42=₩52,500F

* 가중평균원가 : @60×0.4+@35×0.3+@25×0.3=@42

또한 전체수량차이 1,250kg의 배합비율도 예산배합과 동일할 것이므로 수율차이는 다음과 같이 계산할 수도 있다.

1,250kg×0.4×@60+1,250kg×0.3×@35+1,250kg×0.3×@25=₩52,500F

24 ①

	Total AQ×BM×SP		SQ×SP	
전 문 가	5,200분*×0.3×@350=	₩546,000	500회×3분×@350=	₩525,000
비 전 문 가	5,200분×0.7×@100=	364,000	500회×7분×@100=	350,000
합 계		₩910,000		₩875,000

수율차이 ₩35,000U

*실제총사용시간 : 1,200분+4,000분=5,200분

별해 {5,200분－500회×(3분+7분)}×(₩350×0.3+₩100×0.7)=₩35,000U

(총초과사용시간: {5,200분－500회×(3분+7분)}, 예상가중평균원가: (₩350×0.3+₩100×0.7))

25 ⑤

	실 제 AQ×(AP−SV)		변동예산 AQ×(BP−SV)		고정예산 BQ×(BP−SV)	
기업용노트북	20,000×@300*1=	₩6,000,000	20,000×@200=	₩4,000,000	15,000×@200=	₩3,000,000
개인용노트북	5,000×@50*2=	250,000	5,000×@100=	500,000	5,000×@100=	500,000
합 계		₩6,250,000		₩4,500,000		₩3,500,000

매출가격차이 ₩1,750,000F　　매출조업도차이 ₩1,000,000F

매출총차이 ₩2,750,000F

* 1. ₩600(AP)−₩300(SV)=₩300
  2. ₩250(AP)−₩200(SV)=₩50

26 ④

	변동예산 AQ(BP−SV)			Total AQ×BM(BP−SV)			고정예산 BQ(BP−SV)		
기업용노트북	20,000	×@200=	₩4,000,000	18,750*	×@200=	₩3,750,000	15,000	×@200=	₩3,000,000
개인용노트북	5,000	×@100=	500,000	6,250*	×@100=	625,000	5,000	×@100=	500,000
	25,000		₩4,500,000	25,000		₩4,375,000	20,000		₩3,500,000

매출배합차이 ₩125,000F　　매출수량차이 ₩875,000F

매출조업도차이 ₩1,000,000F

* 예산배합으로 조정된 실제판매량

제품의 종류	예산배합비율		Total AQ×BM	
기업용 노트북	15,000대÷20,000대=	75%	25,000대×75%=	18,750대
개인용 노트북	5,000대÷20,000대=	25	25,000대×25%=	6,250
제품판매량합계		100%		25,000대

별해 매출수량차이

매출수량차이를 계산할 때 사용하는 양쪽의 공헌이익은 매출배합비율이 예산배합비율로 동일해진 상태이다. 따라서 매출수량차이는 전체수량차이를 기준으로 가중평균공헌이익(BACM)을 이용하여 계산할 수도 있다.

Total AQ×BM×(BP−SV)		BQ×(BP−SV)	
18,750개×@200=	₩3,750,000	15,000개×@200=	₩3,000,000
6,250개×@100=	625,000	5,000개×@100=	500,000
25,000개×@175*=	₩4,375,000	20,000개×@175*=	₩3,500,000

매출수량차이 5,000×@175=₩875,000F

* 가중평균공헌이익 : ₩200×0.75+₩100×0.25=₩175

27 ②

실제규모×실제점유율×BACM	실제규모×예산점유율×BACM	고정예산 예산규모×예산점유율×BACM
150,000단위×$\frac{1}{6}$*×@175 =₩4,375,000	150,000단위×0.2×@175 =₩5,250,000	100,000단위×0.2×@175 =₩3,500,000

시장점유율차이 ₩875,000U | 시장규모차이 ₩1,750,000F

매출수량차이 ₩875,000F

* 실제시장점유율 : $\frac{25,000단위}{150,000단위}=\frac{실제판매량}{실제시장규모}=\frac{1}{6}$

28 ⑤

	변동예산 Total AQ×AM×BUCM		변동예산 Total AQ×BM×BUCM		고정예산 Total SQ×BM×BUCM	
A	400개×₩20=	₩8,000	2,400개×0.4×₩20=	₩19,200	800개×₩20=	₩16,000
B	2,000개×₩4=	8,000	2,400개×0.6×₩4=	5,760	1,200개×₩4=	4,800
합계		₩16,000	2,400개×₩10.4*=	₩24,960	2,000개×₩10.4=	₩20,800

매출배합차이 ₩8,960 불리 | 매출수량차이 ₩4,160 유리

매출조업도차이 ₩4,800 불리

* 예산배합의 가중평균공헌이익 ₩20×0.4+₩4×0.6=₩10.4

29 ⑤

실제시장규모×실제점유율	실제시장규모×예산점유율	예산시장규모×예산점유율
84,000개×₩425* (700,000개×12%) =₩35,700,000	70,000개×₩425 (700,000개×10%) =₩29,750,000	80,000개×₩425 (800,000개×10%) =₩34,000,000

시장점유율차이 ₩5,950,000F | 시장규모차이 ₩4,250,000U

* 예산배합 가중평균공헌이익 ₩500×25%+₩400×75%=₩425

주관식 문제

01 변동예산과 고정예산

(주)원가는 한 종류의 제품을 생산하여 판매하고 있으며, 제품의 단위당 표준변동제조원가는 다음과 같다.

직 접 재 료 원 가	₩3.5×2kg=	₩7
직 접 노 무 원 가	₩30×0.2시간=	6
변동제조간접원가	₩10×0.2시간=	2
단위당 변동제조원가		₩15

6차년도에 제품의 시장규모는 400,000개로 예상하고 있으며, 나무의 변동원가계산에 의한 예상손익계산서는 다음과 같다.

예상공헌이익 손익계산서

매 출 액	40,000단위×₩30=		₩1,200,000
변 동 원 가			
변동제조원가		₩600,000	
변동판매관리비		40,000	640,000
공 헌 이 익			₩560,000
고 정 원 가			
고정제조원가		₩200,000	
고정판매관리비		150,000	350,000
영 업 이 익			₩210,000

6차년도 제품의 실제시장 규모는 625,000개로 예상하고 있으며, (주)원가의 실제생산 및 판매수량은 50,000단위이다. 제품의 실제판매가격은 단위당 ₩32이었고 실제로 발생한 원가는 다음과 같다.

직 접 재 료 원 가(140,000kg)	₩560,000
직 접 노 무 원 가(12,000시간)	384,000
변동제조간접원가	55,000
변 동 판 매 비	56,000
고정제조간접원가	180,000
고 정 관 리 비	160,000
계	₩1,395,000

【물음 1】 (주)원가의 6차년도의 변동원가계산에 의한 실제영업이익을 계산하라.

【물음 2】 (주)원가의 6차년도 성과보고서를 작성하고 변동예산차이와 매출조업도차이를 계산하시오.

【물음 3】 (주)원가가 판매하고 있는 제품 A의 예상시장규모는 400,000단위였으며, 실제시장규모는 625,000단위였다. 이를 기초로 (주)원가의 수익중심점 성과를 평가하여 다음에 답하시오.

(1) 판매가격차이와 매출조업도차이

(2) 시장점유율차이와 시장규모차이

【물음 4】 나무의 원가중심점 성과를 평가하여 다음에 답하시오.

(1) 재료원가 가격차이와 능률차이

(2) 직접노무원가 가격차이와 능률차이

(3) 변동제조간접원가 소비차이와 능률차이

(4) 고정제조간접원가 예산차이와 조업도차이

(5) 제조간접원가 변동예산차이

(6) 제조간접원가 소비차이

해답

[물음 1] 변동원가계산에 의한 실제영업이익

매출액	50,000단위×₩32=		₩1,600,000
변동원가			
변동제조원가		₩999,000	
변동판매관리비		56,000	1,055,000
공헌이익			₩545,000
고정원가			
고정제조원가		₩180,000	
고정판매관리비		160,000	340,000
영업이익			₩205,000

[물음 2] 성과보고서

	실제성과	차 이	변동예산	차 이	고정예산
매출액	₩1,600,000	₩100,000F	₩1,500,000		₩1,200,000
변동원가					
매출원가	999,000	249,000U	750,000		600,000
판관비	56,000	6,000U	50,000		40,000
공헌이익	₩545,000	155,000U	₩700,000	₩140,000F	₩560,000
고정원가					
제조간접원가	180,000	20,000F	200,000		200,000
판관비	160,000	10,000U	150,000		150,000
영업이익	₩205,000	145,000U	₩350,000	140,000F	₩210,000

변동예산차이 : ₩145,000 불리　　매출조업도차이 : ₩140,000 유리

[물음 3] 수익중심점의 성과평가

(1) 매출가격차이와 매출조업도차이

실제성과 AQ×(AP−SV)	변동예산 AQ×(BP−SV)	고정예산 SQ×(BP−SV)
50,000개×(₩32−₩16*) =₩800,000	50,000개×(₩30−₩16) =₩700,000	40,000개×(₩30−₩16) =₩560,000

매출가격차이 ₩100,000F | 매출조업도차이 ₩140,000F

* 표준변동비 : ₩7+₩6+₩2+₩1(변동판관비)=₩16

(2) 시장점유율차이와 시장규모차이

변동예산 (실제규모×실제점유율)	변동예산 (실제규모×예산점유율)	고정예산 (예산규모×예산점유율)
625,000개×8%(₩30−₩16) =₩700,000	625,000kg×10%(₩30−₩16) =₩875,000	400,000개×10%(₩30−₩16) =₩560,000

시장점유율차이 ₩175,000U | 시장규모차이 ₩315,000F

매출조업도차이 ₩140,000F

[물음 4] 원가차이분석

(1) 직접재료원가의 가격차이와 능률차이

AQ×AP	AQ×SP	SQ×SP
140,000kg×@4 =₩560,000	140,000kg×@3.5 =₩490,000	50,000개×2kg×@3.5 =₩350,000

가격차이 ₩70,000U | 능률차이 ₩140,000U

(2) 직접노무원가의 가격차이와 능률차이

AQ×AP	AQ×SP	SQ×SP
12,000시간×@32 =₩384,000	12,000시간×@30 =₩360,000	50,000개×0.2시간×@30 =₩300,000

가격차이 ₩24,000U | 능률차이 ₩60,000U

(3) 변동제조간접원가 소비차이와 조업도차이

실제원가	AQ×SP	SQ×SP
₩55,000	12,000시간×@10 =₩120,000	50,000개×0.2시간×@10 =₩100,000

소비차이 ₩65,000F | 능률차이 ₩20,000U

(4) 고정제조간접원가 예산차이와 조업도차이

실제원가	AQ×SP	SQ×SP
₩180,000	8,000시간×@25 =₩200,000	50,000개×0.2시간×@25 =₩250,000

예산차이 ₩20,000F | 조업도차이 ₩50,000F

(5) 제조간접원가 변동예산차이

실제원가	제조간접원가 예산
₩55,000+₩180,000 =₩235,000	50,000개×0.2시간×@10+₩200,000 =₩300,000

변동예산차이 ₩65,000F

(6) 제조간접원가 소비차이

실제원가	제조간접원가 예산
₩55,000+₩180,000 =₩235,000	12,000시간×@10+₩200,000 =₩320,000

소비차이 ₩85,000F

02 원가중심점의 성과평가-제조간접원가 차이분석

(주)맵시나는 자켓을 생산하는 의류제조회사로 제조간접원가를 분석하고 있다. 회사는 4분법차이분석을 이용한다. 다음의 정보는 4월에 대한 것이다.

(1) 변동제조간접원가는 자켓당 예산직접노동시간을 사용하여 제품에 배부된다. 고정제조간접원가는 자켓의 수량을 기준으로 제품에 배부된다.

(2) 4월의 예산금액

직접노동시간	자켓당 0.25시간
변동제조간접원가 배부율	직접노동시간당 ₩20,000
고정제조간접원가 예산	432,000,000
기준조업도인 예산산출물의 수량	12,000벌

(3) 4월의 실제금액

변동제조간접원가	₩45,700,000
고정제조간접원가	420,000,000
직접노동시간	2,304시간
실제산출물의 수량	10,000벌

【물음 1】 제조간접원가 예산식을 구하고 직접노동시간당 제조간접원가 예정배부율을 구하시오.

【물음 2】 제조간접원가에 대하여 4분법으로 차이분석을 하시오.

【물음 3】 제조간접원가에 대하여 3분법으로 차이분석을 하시오.

【물음 4】 제조간접원가에 대하여 2분법으로 차이분석을 하시오.

【물음 5】 (주)맵시나의 사장은 고정제조간접원가에서 불리한 조업도차이가 발생한 것으로 분석되자 고정제조간접원가를 효율적으로 통제하지 못했다고 생각하였다. (주)맵시나 사장의 판단을 평가하시오.

해답

[물음 1] 제조간접원가 예산식과 제조간접원가 예정배부율

(1) 제조간접원가 예산식 : 직접노동시간을 x라고 하면 제조간접원가 예산식은 다음과 같다.

y=₩432,000,000+₩20,000x

(2) 직접노동시간당 제조간접원가 예정배부율

변동제조간접원가	₩20,000
고정제조간접원가	144,000*
제조간접원가	₩164,000

* ₩432,000,000÷(12,000벌×0.25시간)=₩144,000

회사는 원가계산상 변동제조간접원가는 예산직접노동시간을, 고정제조간접원가는 자켓 수량을 기준으로 제품에 배부하지만 원가통제목적상 제조간접원가의 차이분석을 할 경우에는 변동제조간접원가와 고정제조간접원가의 배부기준을 동일하게 설정하는 것이 바람직하다.

[물음 2] 제조간접원가 4분법 차이분석

(1) 차이분석

	발생액(AQ×AP)	AQ×SP	SQ×SP
변동제조간접원가	₩45,700,000	2,304시간×@20,000 =₩46,080,000	10,000벌×0.25시간×@20,000 =₩50,000,000

소비차이 ₩380,000F | 능률차이 ₩3,920,000F

변동예산차이 ₩4,300,000F

변동제조간접원가 과대배부액 ₩4,300,000

	실제발생액	예 산	배 부 액
고정제조간접원가	₩420,000,000	12,000벌×0.25×@144,000* =₩432,000,000	10,000벌×0.25×@144,000 =₩360,000,000

소비차이 ₩12,000,000F | 조업도차이 ₩72,000,000U

변동예산차이 ₩12,000,000F | 조업도차이 ₩72,000,000U

고정제조간접원가 과소배부액 ₩60,000,000

* ₩432,000,000÷(12,000벌×0.25시간)=@144,000

(2) 4분법에 의한 차이분석

변동제조간접원가 소비차이	₩380,000	유리한 차이
변동제조간접원가 능률차이	3,920,000	유리한 차이
고정제조간접원가 소비차이	12,000,000	유리한 차이
고정제조간접원가 조업도차이	72,000,000	불리한 차이

(3) 변동제조간접원가 과대배부액 ₩4,300,000
고정제조간접원가 과소배부액 60,000,000

[물음 3] 제조간접원가 3분법 차이분석

	실제제조간접원가	투입량 기준 제조간접원가예산	산출량기준 제조간접원가예산(변동예산)	제조간접원가배부액 (SQ×SP)
	₩420,000,000+ ₩45,700,000 =₩465,700,000	₩432,000,000+ ₩20,000×2,304시간 =₩478,080,000	₩432,000,000+₩20,000 ×10,000벌×0.25시간 =₩482,000,000	10,000벌×0.25시간 ×@164,000 =₩410,000,000
3분법	소비차이 ₩12,380,000F	능률차이 ₩3,920,000F	조업도차이 ₩72,000,000U	
2분법	예산차이 ₩16,300,000F		조업도차이 ₩72,000,000U	

소비차이 : ₩12,380,000 유리
능률차이 : ₩ 3,920,000 유리
조업도차이 : ₩72,000,000 불리

[물음 4] 2분법 차이분석

예산차이 : ₩16,300,000 유리
조업도차이 : ₩72,000,000 불리
제조간접원가차이를 2분법과 3분법으로 구분하는 것은 제조간접원가가 혼합원가인 경우에 사용하며, 6장 표준원가계산의 보론에서 자세히 설명하고 있다.

[물음 5] 조업도차이의 의미

조업도차이는 고정제조간접원가 자체의 통제가 잘못되어서 발생하는 것이 아니라 실제생산량(조업도)이 예상생산량(조업도)과 차이가 나서 발생하는 것이다. 그러므로 조업도차이가 발생하였다는 것으로 고정제조간접원가를 적절하게 통제하지 못했다고 판단하는 것은 잘못이다. 고정제조간접원가를 효율적으로 통제했는지는 고정제조간접원가 예산과 실제발생액을 비교한 고정제조간접원가 소비차이를 이용하여 판단하여야 할 것이다.

14

03 제조간접원가의 3분법 차이분석

(주)서대문은 두 개의 직접원가영역(직접재료원가와 직접노무원가)으로 구성된 개별원가계산시스템을 사용하고 있다. 제조간접원가(변동 및 고정)는 표준직접노동시간을 기준으로 하여 제품에 배부된다. 20×5년 초 (주)서대문은 다음과 같은 제조원가에 대한 표준을 설정하였다.

단위당 표준원가

직접재료원가	3kg×₩5/kg=	₩15
직접노무원가	5시간×@15/시간=	75
제조원가		
변동원가	5시간×₩6/시간=	30
고정원가	5시간×₩8/시간=	40
산출물 단위당 표준제조원가		₩160

월별 총제조간접원가의 기준조업도는 40,000직접노동시간이다. (주)서대문의 1월의 표준원가 역시 이 조업도에 근거하여 작성되었다. 1월의 기록은 다음과 같다.

직접재료구입	25,000(₩5.20/kg)
직접재료사용	23,100kg
직접노무원가	40,100시간(₩14.60/시간)
실제제조간접원가발생액(변동원가와 고정원가 합계)	₩600,000
실제생산량	7,800단위

【물음 1】 1월의 7,800단위의 산출량에 대한 총표준제조원가와 변동예산원가를 작성하시오.

【물음 2】 1월에 대한 다음의 차이를 계산하시오(유리한 차이는 F, 불리한 차이는 U로 표시).

(1) 직접재료원가 가격차이(구입에 근거)　　(2) 직접재료원가 능률차이
(3) 직접노무원가 가격차이　　(4) 직접노무원가 능률차이
(5) 제조간접원가 소비차이　　(6) 제조간접원가 능률차이
(7) 제조간접원가 조업도차이

해답

[물음 1] 표준원가와 변동예산

(1) 총표준제조원가

직접재료원가	7,800개×3kg×@5=	₩117,000
직접노무원가	7,800개×5시간×@15=	585,000
변동제조간접원가	7,800개×5시간×@6=	234,000
고정제조간접원가	7,800개×5시간×@8=	312,000
표준원가		₩1,248,000

(2) 변동예산

직접재료원가	7,800개×3kg×@5=	₩117,000
직접노무원가	7,800개×5시간×@15=	585,000
변동제조간접원가	7,800개×5시간×@6=	234,000
고정제조간접원가	40,000시간×@8=	320,000
표준원가		₩1,256,000

별해

총표준원가는 제품에 배부된 표준원가를 의미하며 변동예산은 원가중심점의 성과를 평가하기 위한 기준이다. 변동예산의 고정제조간접원가는 제품에 배부된 금액을 이용하는 것이 아니라 고정제조간접원가 예산액을 사용한다. 따라서 총표준제조원가와 변동예산 사이에는 조업도 차이만큼 차이가 난다.

[물음 2] 제조원가 차이분석

〈재료원가와 노무원가 차이분석〉

	AQ×AP	AQ×SP	SQ×SP
직접재료원가	25,000kg×@5.2 =₩130,000	25,000kg×@5 =₩125,000	
	구입가격차이 ₩5,000U		
		23,100kg×@5 =₩115,500	7,800개×3kg×@5 =₩117,000
		능률차이 ₩1,500F	
직접노무원가	40,100시간×@14.6 =₩585,460	40,100시간×@15 =₩601,500	7,800개×5시간×@15 =₩585,000
	가격차이 ₩16,040F	능률차이 ₩16,500U	

〈제조간접원가〉

	발 생 액	AQ×SP	예산, 배부(SQ×SP)
변동제조간접원가		40,100시간×₩6 =₩240,600	7,800개×5시간×₩6 =₩234,000
		능률차이 ₩6,600U	
	₩600,000		
		예 산	배부(SQ×SP)
고정제조간접원가		₩320,000	7,800개×5시간×₩8 =₩312,000
	소비차이 ₩39,400U	조업도차이 ₩8,000U	

실제제조간접원가	투입량 기준 제조간접원가예산	산출량기준 제조간접원가예산(변동예산)	제조간접원가배부액(SQ×SP)
₩600,000	₩320,000+40,100×₩6 =₩560,600	₩320,000+39,000시간*×₩6 =₩554,000	39,000시간×₩14 =₩546,000
소비차이 ₩39,400U	능률차이 ₩6,600U	조업도차이 ₩8,000U	

총제조간접원가 예산 : ₩320,000+₩6×x(노동시간)

* 산출량기준 표준노동시간(SQ) : 7,800개×5시간=39,000시간

(1) 직접재료원가 구입가격차이 : ₩5,000U

(2) 직접재료원가 능률차이 : ₩ 1,500F

(3) 직접노무원가 가격차이 : ₩16,040F

(4) 직접노무원가 능률차이 : ₩16,500U

(5) 제조간접원가 소비차이 : ₩39,400U

(6) 제조간접원가 능률차이 : ₩ 6,600U

(7) 제조간접원가 조업도차이 : ₩8,000U

04 복수생산 요소의 차이분석 (1992. 세무사)

P회사는 X제품을 생산하고 있다. X제품의 생산을 위해 A, B, C재료가 배합된다. X제품 생산에 대한 표준재료조합은 다음과 같다.

A 재료	5kg	@500	₩2,500
B 재료	4	800	3,200
C 재료	1	600	600
표준재료조합	10kg	@630	₩6,300

표준재료조합 10kg 사용시 정상품인 완성품 9kg이 생산되며, 재료의 재고는 없다고 가정한다. 5월 한 달 동안 A, B, C재료가 총 9,500kg이 실제로 사용되었고 정상품인 완성품은 8,100kg이 산출되었다. 실제투입재료에 관한 자료는 다음과 같다.

A 재료	5,500kg	@550	₩3,025,000
B 재료	3,000	900	2,700,000
C 재료	1,000	620	620,000
합계	9,500kg	@667.89	₩6,345,000

【물음 1】 재료원가차이(변동예산차이)와 가격차이, 수량차이를 계산하고 이것이 유리한 차이인지 또는 불리한 차이인지를 밝히시오.

【물음 2】 재료수율차이와 재료배합차이를 계산하고, 이것이 유리한 차이인지 또는 불리한 이인지를 밝히시오.

해답

[물음 1] 재료원가 가격차이와 수량차이

(1) 표준사용량의 계산

표준재료조합 10kg을 사용하는 경우 9kg의 완성품이 생산되므로 수율은 90%이다. 따라서 표준투입량을 x라 하면 $x \times 90\% = 8{,}100\text{kg}$이 성립한다. 그러므로 표준투입량($x$)은 9,000kg이다. 표준재료조합 9,000kg의 A, B, C 표준사용량은 다음과 같다.

A : 9,000kg×5kg/10kg=4,500kg

B : 9,000kg×4kg/10kg=3,600kg

C : 9,000kg×1kg/10kg=900kg

(2) 가격차이와 수량차이의 분석

	AQ×AP		AQ×SP		SQ×SP	
A	5,500kg×@550=	₩3,025,000	5,500kg×@500=	₩2,750,000	4,500kg×@500=	₩2,250,000
B	3,000kg×@900=	2,700,000	3,000kg×@800=	2,400,000	3,600kg×@800=	2,880,000
C	1,000kg×@620=	620,000	1,000kg×@600=	600,000	900kg×@600=	540,000
합계		₩6,345,000		₩5,750,000		₩5,670,000

가격차이 ₩595,000U　　수량차이 ₩80,000U

[물음 2] 재료수율차이와 재료배합차이

	AQ×SP		Total AQ×BM×SP		SQ×SP	
A	5,500kg ×@500=	₩2,750,000	4,750kg[*1] ×@500=	₩2,375,000	4,500kg ×@500=	₩2,250,000
B	3,000kg ×@800=	2,400,000	3,800kg[*1] ×@800=	3,040,000	3,600kg ×@800=	2,880,000
C	1,000kg ×@600=	600,000	900kg[*1] ×@600=	570,000	900kg ×@600=	540,000
합계	9,500kg	₩5,750,000	9,500kg ×@630[*2]=	₩5,985,000	9,000kg ×@630=	₩5,670,000

배합차이 ₩235,000F　　수율차이 ₩315,000[*3]U

수량차이 ₩80,000U

*1. 실제총사용량을 표준배합비율로 환산한 투입량
A : 9,500kg×5kg/10kg=4,750kg
B : 9,500kg×4kg/10kg=3,800kg
C : 9,500kg×1kg/10kg=950kg
2. 가중평균원가 : @500×5kg/10kg+@800×4kg/10kg+@600×1kg/10kg=@630
3. 500kg×@630=₩315,000U

05 수익중심점의 성과평가—복수제품의 매출차이 (1987. KICPA 수정)

통일전자는 소형냉장고와 대형냉장고 두 가지 제품을 생산·공급한다. 단위당 도매가격은 소형냉장고가 ₩60, 대형냉장고가 ₩120이다. 7차년도의 예산과 실제영업성과가 다음과 같이 제시되었다. 예산은 6차년도 말에 수립되었으며, 두 제품의 추정시장점유율에 근거를 두고 있다. 회사는 판매부문을 이익중심점으로 설정하고 있다.

손익계산서

	소 형		대 형		합 계	
	실 제	예 산	실 제	예 산	실 제	예 산
판 매 량	86개	120개	74개	80개	160개	200개
매 출	₩4,988	₩7,200	₩8,584	₩9,600	₩13,572	₩16,800
변 동 비	4,300	6,000	6,068	6,400	10,368	12,400
공 헌 이 익	₩688	₩1,200	₩2,516	₩3,200	₩3,204	₩4,400

[물음 1] 매출가격차이와 매출조업도차이를 계산하시오.

[물음 2] 매출조업도차이를 매출배합차이와 매출수량차이로 구분하시오.

[물음 3] 통일전자의 사장은 실제공헌이익이 예산상의 공헌이익에 비하여 ₩1,196만큼 불리하게 나오자 판매부문의 책임자를 문책하려고 한다. 예산시장규모는 800개이고 실제시장규모는 500개라면 사장의 판단은 타당한 것인가? 시장점유율차이와 시장규모차이를 근거로 답하시오.

해답

[물음 1] 매출가격차이와 매출조업도차이

(1) 단위당 예산과 실제가격계산

	소형냉장고		대형냉장고	
실제단위당 판매가격	₩4,988÷86개=	₩58	₩8,584÷74개=	₩116
단위당 판매가격예산	₩7,200÷120개=	60	₩9,600÷80개=	120
단위당 변동원가예산	₩6,000÷120개=	50	₩6,400÷80개=	80

(2) 판매가격차이와 매출조업도차이

	실제 AQ×(AP−SV)		변동예산 AQ×(BP−SV)		고정예산 BQ×(BP−SV)	
소 형	86개×(₩58−₩50)=	₩688	86개×(₩60−₩50)=	₩860	120개×(₩60−₩50)=	₩1,200
대 형	74개×(₩116−₩80)=	2,664	74개×(₩120−₩80)=	2,960	80개×(₩120−₩80)=	3,200
		₩3,352		₩3,820		₩4,400

판매가격차이 ₩468U　　매출조업도차이 ₩580U

[물음 2] 매출배합차이와 매출수량차이

	변동예산(실제배합) AQ×(BP−SV)		변동예산(예산배합) AQ′×(BP−SV)		고정예산 BQ×(BP−SV)	
소 형	86개×(₩60−₩50)=	₩860	96개×(₩60−₩50)=	₩960	120개×(₩60−₩50)=	₩1,200
대 형	74개×(₩120−₩80)=	2,960	64개×(₩120−₩80)=	2,560	80개×(₩120−₩80)=	3,200
	160개	₩3,820	160개×@22[*2]=	₩3,520	200개×@22[*2]=	₩4,400

매출배합차이 ₩300F　　매출수량차이 ₩880U

매출조업도차이 ₩580U

*1. 실제판매량을 예산매출배합비율로 환산한 판매량

소형 : (86개+74개)×120개/(120개+80개)=96개

대형 : (86개+74개)×80개/(120개+80개)=64개

2. 예산평균 단위당 공헌이익

₩4,400÷200개=₩22

총예산공헌이익 총예산판매량

[물음 3] 시장점유율차이와 시장규모차이

	변동예산 (실제점유율, 실제규모)	변동예산 (예산점유율, 실제규모)	고정예산 (예산점유율, 예산규모)
공헌이익	160개×₩22= ₩3,520	125개[*1]×₩22= ₩2,750	200개×₩22= ₩4,400

시장점유율차이 ₩770F　　시장규모차이 ₩1,650U

매출수량차이 ₩880[*2]U

* 1. 500개×(200개/800개)=125개
실제시장규모　　예산점유율

2. (160개－200개)×₩22=₩880U

회사의 공헌이익이 감소한 것은 시장규모가 예상보다 적었기 때문이며 시장점유율은 예산상의 시장점유율인 25%보다 높은 32%(160개/500개)였다. 시장규모란 판매부문책임자가 통제할 수 없는 부분이므로 책임을 물을 수는 없으며 다만, 시장규모를 잘못 예측한 것에 대해서만 책임을 묻고 이후의 시장규모 예측시에 신중을 기하도록 해야 할 것이다.

해설

1. 판매부서의 성과를 평가함에 있어서 생산부서의 성과에 따라 영향을 받는 요소는 배제되어야 한다. 변동제조원가는 생산부서의 성과에 영향을 받는 부분이므로 판매가격차이와 매출조업도차이를 계산함에 있어서는 생산부문의 영향을 제거하기 위하여 실제금액과 예산금액을 계산할 때 모두 변동제조원가예산(BV)을 적용한다. 즉, 판매부서의 성과를 평가하는데 있어서 실제변동제조원가를 사용하지 않고 변동제조원가예산(BV)을 사용함으로써 생산부서의 영향을 제거하고 판매부서의 성과만을 남게 하여 진정한 판매부서의 성과를 평가하는 것이다.

2. 시장점유율과 시장규모의 차이를 분석할 때는 단위당 예산평균공헌이익을 사용한다. 단위당 예산평균공헌이익은 제품별 공헌이익을 가중평균하여 다음과 같이 계산할 수도 있다.

	소형냉장고		대형냉장고	
단위당 판매가격예산	₩7,200÷120개=	₩60	₩9,600÷80개=	₩120
단위당 변동원가예산	₩6,000÷120개=	50	₩6,400÷80개=	80
단위당 예산공헌이익		₩10		₩40
예산판매수량비율	120개/(120개+80개)=	60%	80개/(120개+80개)=	40%

단위당 예산평균공헌이익 : ₩10×60%+₩40×40%=₩22

한편, 시장점유율과 시장규모의 차이를 분석하는 데 사용되는 시장점유율 및 판매량을 구체적으로 계산하면 다음과 같다.

	실제규모, 실제점유율		실제규모, 예상점유율		예상규모, 예상점유율	
시장규모	실제시장규모	500개	실제시장규모	500개	예산시장규모	800개
시장점유율	실제시장점유율	×32%	예산점유율	×25%	예산점유율	×25%
판매량	실제판매량	160개	예산판매량	125개	예산판매량	200개

06 이익중심점의 성과평가 (1990. KICPA)

(주)수동바퀴는 잘굴러타이어를 직접 생산·판매하고 있으며, 미국 미쉐론타이어의 안굴러타이어의 수입·판매를 겸하고 있다. 이 회사는 7차년도에 잘굴러 12,000개, 안굴러 8,000개의 판매를 예상하였으나, 실제로는 잘굴러 15,400개, 안굴러 6,600개를 판매하였다. 사장은 최근 자동차 경기불황에도

14

불구하고 총판매대수가 증가한 것에 대하여 경리담당자인 당신에게 상세한 분석정보를 제출할 것을 지시하였다. 당신이 경리담당자라고 가정하고 다음 요구사항에 답하시오.

【물음 1】 (주)수동바퀴의 예산 및 실제판매가와 원가에 대한 자료는 다음과 같다. 매출가격차이와 매출조업도차이를 구하시오.

(1) 잘굴러는 변동원가를 ₩900으로 예상하고 ₩1,400에 판매하려고 계획하였으나 경쟁사와의 가격인하 경쟁으로 인하여 ₩1,200에 판매되었으며, 변동원가도 ₩1,000이 발생하였다.

(2) 안굴러는 ₩3,500의 판매가격을 예상하였으나 관세 인상으로 ₩3,600에 판매하였다. 변동원가는 ₩1,500을 예상하였고 실제로도 ₩1,500이 발생되었다.

【물음 2】 위의 자료를 이용하여 매출조업도차이를 매출배합차이와 매출수량차이로 세분하시오.

【물음 3】 (주)수동가구는 (주)수동바퀴의 계열회사이다. (주)수동가구의 7차년도의 예산과 실제가 다음과 같을 때 각 사항에 답하시오.

		실제(11,000단위)	예산(15,000단위)
직접재료원가	(75,000kg×₩4,000)		₩300,000,000
	(56,000kg×₩3,900)	₩218,400,000	
직접노무원가	(45,000시간×₩10,000)		450,000,000
	(31,000시간×₩10,500)	325,500,000	
변동제조간접원가	(45,000시간×₩5,000)		225,000,000
	(31,000시간×₩5,000)	155,000,000	
고정제조간접원가		290,000,000	300,000,000
		₩988,900,000	₩1,275,000,000

① 재료원가 가격차이, 수량차이

② 노무원가 임률차이, 시간차이

③ 변동제조간접원가 소비차이, 능률차이

④ 고정제조간접원가 예산차이, 조업도차이. 단, 고정제조간접원가의 단위당 표준원가는 ₩20,000이며, 4분법에 의한 차이분석을 하라.

【물음 4】 원가차이의 원인을 설명하시오.

해답

▣ 예산공헌이익

	잘굴러(A)	안굴러(B)
판매가격	₩1,400	₩3,500
변동원가	900	1,500
공헌이익	₩500	₩2,000

[물음 1] 매출가격차이와 조업도차이

	실제 AQ×(AP−SV)	변동예산 AQ×(BP−SV)	고정예산 BQ×(BP−SV)
A	15,400개×(₩1,200−₩900)= ₩4,620,000	15,400개×(₩1,400−₩900)= ₩7,700,000	12,000개×(₩1,400−₩900)= ₩6,000,000
B	6,600개×(₩3,600−₩1,500)= 13,860,000	6,600개×(₩3,500−₩1,500)= 13,200,000	8,000개×(₩3,500−₩1,500)= 16,000,000
	₩18,480,000	₩20,900,000	₩22,000,000

매출가격차이 ₩2,420,000U　　매출조업도차이 ₩1,100,000U

[물음 2] 매출배합차이와 매출수량차이

	AQ×(BP−SV)	Total AQ×BM×(BP−SV)	BQ×(BP−SV)
A	15,400개×@500= ₩7,700,000	22,000개×0.6×@500= ₩6,600,000	12,000개×@500= ₩6,000,000
B	6,600개×@2,000= 13,200,000	22,000개×0.4×@2,000= 17,600,000	8,000개×@2,000= 16,000,000
	22,000개 ₩20,900,000	22,000개×@1,100*1= ₩24,200,000	20,000개×@1,100= ₩22,000,000

매출배합차이 ₩3,300,000U　　매출수량차이 ₩2,200,000F

매출조업도차이 ₩1,100,000U

* 1. @500×0.6+@2,000×0.4=@1,100

2. (22,000개−20,000개)×@1,100=₩2,200,000

[물음 3] 원가차이분석

(1)

	예산사용량		예산수량	단위당 표준사용량
직접재료원가	75,000kg	÷	15,000단위	5kg
직접노무원가	45,000시간	÷	15,000	3시간
변동제조간접원가	45,000	÷	15,000	3

(2)

	AQ×AP	AQ×SP	SQ×SP
① 직접재료원가	56,000개×₩3,900 =₩218,400,000	56,000개×₩4,000 =₩224,000,000	11,000개×5kg×₩4,000 =₩220,000,000

가격차이 ₩5,600,000F　　수량차이 ₩4,000,000U

	AQ×AP	AQ×SP	SQ×SP
② 직접노무원가	31,000시간×₩10,500 =₩325,500,000	31,000시간×₩10,000 =₩310,000,000	11,000개×3시간×₩10,000 =₩330,000,000

임률차이 ₩15,500,000U　　시간차이 ₩20,000,000F

	AQ×AP	AQ×SP	SQ×SP
③ 변동제조간접원가	31,000시간×₩5,000 =₩155,000,000	31,000시간×₩5,000 =₩155,000,000	11,000개×3시간×₩5,000 =₩165,000,000

소비차이 ₩0　　능률차이 ₩10,000,000F

	실제	예산	배부액(SQ×SP)
④ 고정제조간접원가	₩290,000,000	₩300,000,000	11,000개×₩20,000 =₩220,000,000

예산차이 ₩10,000,000F　　조업도차이 ₩80,000,000U

[물음 4]

직접재료원가의 경우 싸고 질 낮은 재료를 구입하여 사용했기 때문에 가격차이는 유리하지만 수량차이는 불리하다. 노무원가와 변동제조간접원가의 경우 임률은 높지만 숙련노동자를 사용해서 임률차이는 불리하지만 시간차이는 유리하다. 고정제조간접원가는 예산보다 적게 발생하였지만 기준조업도보다 실제조업도가 낮아서 조업도차이는 불리하다.

07 복수제품 CVP분석, 복수제품 매출차이분석 (2014년 세무사)

(주)국세는 자동화 가공기계를 이용한 가공공정을 통하여 제품 A와 제품 B를 생산·판매하고 있다. 회사는 제품 A와 제품 B에 대한 수요량을 각각 800단위와 1,200단위로 예측하고 있다. 자동화 가공기계의 가동시간은 연간 20,000시간으로 제한되어 있으며, 제품생산과 관련한 고정제조간접원가는 발생하지 않으나 자동화 가공기계 소요시간당 ₩5의 변동가공원가가 발생한다.
다음은 각 제품과 관련된 예산자료이다.

	제품 A	제품 B
단위당 판매가격	₩1,000	₩800
단위당 직접재료원가	200	250
단위당 변동가공원가	100	50
단위당 변동판매관리비	100	100
고정판매관리비	₩576,000	

모든 제품이 생산 즉시 판매되어, 생산량과 판매량이 동일하며 재공품은 존재하지 않는다.

※ 다음 각 물음은 독립적이다.

【물음 1】 제품 A와 제품 B의 매출배합이 수요량 예측과 일치된다고 가정할 경우, 각 제품의 손익분기점 수량을 계산하시오.

【물음 2】 이익을 극대화하기 위한 각 제품의 판매수량과 총공헌이익을 계산하시오.

【물음 3】 회사는 최근 자동화 세척기계를 구입, 가공공정에서 생산된 제품을 세척공정에서 세척하여 판매하고 있다. 제품 1단위 세척에 소요되는 기계가동시간은 제품 A와 제품 B가 각각 10시간과 30시간이며, 자동화 세척기계는 연간 최대 39,000시간을 가동할 수 있다. 추가적으로 세척공정에서 발생하는 원가는 세척기계와 관련한 고정제조간접원가 ₩100,000이 유일하다. 이익을 극대화하기 위한 각 제품의 판매수량과 총공헌이익을 계산하시오.

【물음 4】 최근 제품 A와 제품 B에 대한 수요가 급격하게 증가하여 회사는 추가로 자동화 가공기계를 도입하였다. 이에 따라 자동화 가공기계의 가동시간은 연간 최대 40,000시간으로 확대되었고, 제품 A와 제품 B의 예산판매량은 각각 1,000단위와 1,500단위로 수립되었다. 다음은 실제 성과와 관련한 자료이다.

	제품 A	제품 B
단위당 판매가격	₩960	₩850
단위당 직접재료원가	180	200
단위당 변동가공원가	100	50
단위당 변동판매관리비	70	70
고정판매관리비	₩576,000	
실제판매량	970단위	1,580단위

(1) 매출총차이를 계산하고, 이를 매출가격차이와 매출조업도차이로 세분하여 계산하시오. (단, 유리한 차이 또는 불리한 차이를 표시하시오.)

(2) [물음 4-(1)]에서 계산한 매출조업도차이를 매출수량차이와 매출배합차이로 세분하여 계산하시오.(단, 유리한 차이 또는 불리한 차이를 표시하시오.)

해답

[물음 1] 손익분기점 수량

	제품A		제품B
매출배합	1	:	1.5
단위당 공헌이익	₩600		₩400

공헌이익등식 $x \times$₩600$+1.5x \times$₩400$=$₩576,000 $\quad \therefore\ x=480$개

따라서 BEP판매량은 A가 480개(x)이고, B가 720개($2x$)로 총 1,200개이다.

[물음 2] 최적생산배합과 총공헌이익

(1) 생산순위결정

	제품A	제품B
단위당 공헌이익	₩600	₩400
단위당 기계시간	÷20시간	÷10시간
기계시간당 공헌이익	₩30	₩40
	2순위	1순위

(2) 최적생산배합

생산순위	제 품	필요시간	
1순위	제품 B	1,200단위×10시간=	12,000시간
2순위	제품 A	800단위×20시간=	16,000
			28,000시간

기계 가동시간이 8,000시간(28,000시간−20,000시간) 부족하므로 제품 B를 1,200단위 우선 생산하고, 제품 A는 400단위[(20,000시간−12,000시간)÷20시간]생산한다.

(3) 총공헌이익

400단위×₩600+1,200단위×₩400=₩720,000

[물음 3] 선형계획법을 이용한 최적생산배합결정

(1) 목적함수와 제약조건

공헌이익 극대화 Z=₩600×A+₩400×B

제약요소

가공공정	20시간×A+10시간×B	≦20,000시간
세척공정	10시간×A+30시간×B	≦39,000시간

(2) 도해법

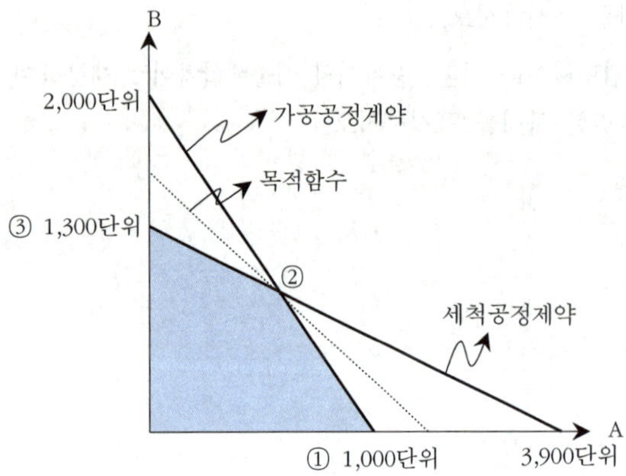

	꼭지점 A	꼭지점 B	총공헌이익 (₩600×A+₩400×B)	
①	(1,000,	0)	₩600× 1,000단위 +₩400 ×0단위=	₩600,000
②	(420,	1,160)	₩600× 420단위 +₩400×1,160단위=	716,000
③	(0,	1,300)	₩600× 0단위 +₩400×1,300단위=	520,000

따라서 제품 A,B의 최적생산배합은 각각 420단위, 1,160단위이고, 이때의 연간공헌이익은 ₩716,000으로 최대이다.

[물음 4]

(1) 매출가격차이와 매출조업도차이

	실 제 AQ×(AP−SV)	변 동 예 산 AQ×(BP−SV)	고 정 예 산 BQ×(BP−SV)
A	970단위×(₩960−₩400)=₩543,200	970단위×₩600=₩582,000	1,000개×₩600=₩600,000
B	1,580단위×(₩850−₩400)=₩711,000	1,580단위×₩400=₩632,000	1,500개×₩400=₩600,000
	₩1,254,200	₩1,214,000	₩1,200,000

매출가격차이 ₩40,200F　　매출조업도차이 ₩14,000F

(2) 매출배합차이와 매출수량차이

	AQ×(BP−SV)	total AQ×BM×(BP−SV)	BQ×(BP−SV)
A	970단위×₩600=₩582,000	2,550개×0.4* ×₩600=₩612,000	1,000개×₩600=₩600,000
B	1,580단위×₩400=₩632,000	2,550개×0.6* ×₩400=₩612,000	1,500개×₩400=₩600,000
	₩1,214,000	₩1,224,000	₩1,200,000

매출배합차이 ₩10,000U　　매출수량차이 ₩24,000F

매출조업도차이 ₩14,000F

* 예산배합 1,000개 : 1,500개

CHAPTER

15

Cost & Management Accounting

투자중심점의 성과평가와 대체가격

제1절 투자중심점의 성과평가

투자중심점(investment center)은 원가와 수익만이 아니라 투자의사결정에 대해서도 책임을 지는 책임중심점으로 원가중심점 · 수익중심점 및 이익중심점에 비해서 훨씬 포괄적인 책임중심점이다. 투자중심점의 경영자는 자산의 책임영역 내의 업무를 수행함에 있어서 상당한 자율성을 부여받고 있어서 사업부에서 얻어지는 이익만이 아니라 투자액에 대해서도 책임진다.

투자중심점은 이익의 크기만으로 성과를 평가할 수는 없으며 투자액을 얼마나 효율적으로 이용하는가를 평가해야 한다. 예를 들어 10억을 투자해서 1억의 이익을 얻는 사업부와 5억을 투자해서 동일한 1억의 이익을 얻고 있는 사업부는 이익의 크기는 같지만 투자규모가 다르므로 성과가 서로 다르다. 이처럼 투자중심점은 이익만이 아니라 투자규모도 고려해야 하므로 예산만을 이용해서 성과를 평가할 수는 없다. 왜냐하면 예산에는 수익과 비용 및 이익만이 나타날 뿐이고 투자액을 고려할 수 없기 때문이다. 따라서 투자중심점의 성과를 평가하는 방법은 투자액을 고려할 수 있도록 ① 투자수익률과 ② 잔여이익 및 ③ 경제적 부가가치를 사용한다.

1. 투자수익률

'투자수익률(return on investment : ROI)'은 투자금액을 고려해서 투자액에 대한 이익의 비율을 나타내는 일종의 수익성지표로서 듀퐁(Dupont)사에서 최초로 도입하여 가장 널리 사용하고 있는 성과평가방법이다. 투자수익률은 영업이익을 투자중심점의 영업자산으로 나누어 다음과 같이 구한다.

$$투자수익률 = \frac{영업이익}{투자액} = \underbrace{\frac{영업이익}{매출액}}_{매출액이익률} \times \underbrace{\frac{매출액}{투자액}}_{자산회전율}$$

투자수익률은 매출액이익률과 자산회전율의 두 요소로 구분할 수 있다. 투자수익률을 높이기 위해서는 매출액이익률을 높이거나 자산회전율을 높여야 한다. 매출액이익률을 높이기 위해서는 손익계산서상의 매출액을 증대시키거나 원가를 절감해야 하고 자산회전율을 높이기 위해서는 일정한 매출액을 얻어내기 위해 소요되는 투자액을 최소한으로 낮추어야 한다.

예제 [15-1] 투자수익률

(주)원가의 X사업부에 대한 성과자료는 다음과 같다.

매 출 액	₩80,000	영 업 이 익	₩30,000
기초영업자산	192,000	기말영업자산	208,000

요구사항

1. 평균영업자산을 이용해서 사업부의 투자수익률(ROI)을 구하시오.
2. [요구사항 1]에서 구한 투자수익률을 매출액이익률과 자산회전율로 구분하고 경쟁회사의비율과 비교해서 성과를 평가하시오. 단, 경쟁회사의 매출액이익률은 20%이고 자산회전율은 0.5회이며, 투자수익률은 10%이다.

해답

1. 투자수익률

$$\frac{₩30,000}{(₩192,000+₩208,000)/2}=\frac{₩30,000}{₩200,000}=15\%$$

2. 매출액이익률과 자산회전율

$$\underbrace{\frac{₩30,000}{₩80,000}}_{\text{매출액이익률}}\times\underbrace{\frac{₩80,000}{₩200,000}}_{\text{자산회전율}}=37.5\%\times0.4\text{회}=15\%$$

(주)원가의 매출액이익률은 37.5%로 경쟁회사의 20%보다 높은 성과를 얻은 반면에 자산회전율은 0.4회로 경쟁회사의 0.5회보다 낮아서 성과가 낮아졌다. 전체적으로 투자수익율은 15%로 경쟁회사의 10%보다 높다. 따라서 (주)원가의 X사업부의 경영자는 현재의 매출액에서는 투자액의 규모를 줄일 수 있도록 노력해야 한다.

(1) 목표불일치의 문제

'목표불일치'는 각 사업부경영자가 자기사업부의 이익을 극대화하는 의사결정을 하는 과정에서 회사전체의 이익을 극대화화는 의사결정과 다른 의사결정을 하는 상태를 말하며 준최적화라고도 한다. 투자수익률로 투자중심점의 성과를 평가하게 되면 투자중심점의 경영자들의 투자수익률을 극대화하기 위해 회사 전체적인 입장에서 유리한 투자안이라도 기대수익률이 기존의 투자수익률보다 낮아서 자기사업부의 투자수익률을 낮추는 투자안에 대해서는 사업부의 경영자들이 투자를 기피하게 된다. 이러한 투자기피는 회사 전체의 이익에 불리한 영향을 미칠 수 있다. 신규투자안의 수익률 구간별로 목표불일치여부를 분석해보면 다음과 같다.

① 회사의 최저요구수익률 이하의 투자안 : 기업전체입장에서 투자를 기각하는 것이 최적의사결정이고 투자중심점의 경영자도 투자를 기각해서 목표불일치가 나타나지 않는다.

② 회사의 최저요구수익률과 기존의 사업부수익률 사이의 수익률을 가지는 투자안 : 기업전체입장에서는 투자를 수락하는 것이 최적의사결정인 반면에 투자중심점의 경영자는 투자안을 기각하게 되어 목표불일치의 문제가 발생한다.

③ 기존의 사업부수익률 이상의 투자안 : 기업전체입장에서 투자안을 수락하는 것이 최적의사결정이고 투자중심점의 경영자도 투자안을 수락해서 목표불일치가 나타나지 않는다.

ROI에서 목표불일치 발생상황

신규투자안의 수익률	0% ~ 최저요구수익률	최저요구수익률 ~ 사업부실제수익률	사업부실제수익률 ~
회사전체입장	기각	수락	수락
사업부입장	기각	기각	수락
	⇓ 목표 일치	⇓ 목표 불일치	⇓ 목표 일치

예제 [15-2] 목표불일치의 문제

투자중심점인 X사업부는 현재 ₩100,000을 투자해서 ₩20,000의 영업이익을 얻고 있으며 기업전체의 최저요구수익률은 10%이고 사업부의 경영자는 투자수익률로 성과를 평가받고 있다.
한편 X사업부는 새로운 투자안을 검토하고 있는데 이 투자안은 ₩60,000을 투자하면 ₩9,000의 이익을 얻을 수 있다.

요구사항

1. 회사전체의 관점에서 새로운 투자안을 채택해야 하는지 결정하시오.
2. X사업부의 책임자입장에서 사업부의 성과를 극대화하기 위한 의사결정을 하시오.

해답

1. 기업전체의 최적의사결정

신규투자안의 투자수익률 : $\frac{₩9,000}{₩60,000} = 15\%$

신규투자안의 투자수익률이 15%로 기업전체의 최저요구수익률인 10%보다 높다. 따라서 회사전체 관점에서는 새로운 투자안을 채택해야 한다.

2. X사업부의 책임자입장에서의 최적의사결정

X사업부의 현재의 투자수익률 : $\frac{₩20,000}{₩100,000}=20\%$ ← 신규투자 후에 X사업부 성과가 낮아짐

신규투자안 채택 후 투자수익률 : $\frac{₩20,000+₩9,000}{₩100,000+₩60,000}=18.125\%$

신규투자안을 채택하는 경우에 X사업부의 투자수익률은 18.125%로 기존의 투자수익률 20%보다 낮아진다. 따라서 X사업부의 투자수익률을 극대화하기 위해서는 신규투자안을 채택하지 않아야 한다.

(2) 투자수익률의 장단점

투자수익률을 투자중심점의 성과평가방법으로 사용하면 다음과 같은 장점이 있다.

① 투자중심점의 성과를 이익으로 평가하는 것보다 투자수익률로 평가하는 것이 투자액을 고려할 수 있으므로 보다 바람직하다.

② 비교적 간단한 수익률 지표로 여러 투자중심점의 수익률을 상호비교 할 수 있다.

투자수익률은 다음과 같은 단점도 존재하므로 이를 고려해야 한다.

① 투자수익률로 투자중심점의 성과를 평가하면 회사의 최저요구수익률과 기존의 사업부수익률 사이의 수익률을 가지는 투자안에 대해서 목표불일치의 문제가 발생할 수 있다.

② 투자수익률은 회계적 이익을 사용하기 때문에 의사결정과 성과평가의 일관성이 결여된다. 투자의사결정에서는 영업활동에 의한 현금흐름을 사용하는 반면에 투자중심점의 성과평가에서는 회계적 이익을 사용하는 것이므로 일관성이 결여된다.

③ 투자수익률은 각 투자중심점의 투자위험성을 고려하지 못한다. 여러 개의 투자중심점이 있고 각각 사업내용이 다르다면 투자위험성도 각각 다르게 되는데 투자수익률 자체는 이러한 투자위험성을 반영하지 않고 있다.

	내 용
계산방법	투자수익률$=\frac{영업이익}{투자액}=\underbrace{\frac{영업이익}{매출액}}_{매출액이익률}\times\underbrace{\frac{매출액}{투자액}}_{자산회전율}$
장점	① 투자액을 고려한다. ② 간단한 수익률 지표로 여러 투자중심점의 수익률을 상호비교 할 수 있다.
단점	① 목표불일치의 문제가 발생 ② 의사결정(현금흐름)과 성과평가(회계이익)의 일관성 결여 ③ 각 투자중심점의 투자위험성을 고려하지 못함

15

2. 잔여이익

잔여이익(residual income : RI)은 투자중심점이 사용하는 영업자산으로부터 획득해야 하는 최소한의 이익을 초과하는 영업이익을 의미하는 것으로 영업이익에서 투자중심점의 영업자산에 최저요구수익률을 곱한 금액을 차감해서 계산한다.

$$\text{잔여이익} = \underbrace{\text{영업이익}}_{\text{실 적}} - \underbrace{\text{투자액} \times \text{최저요구수익률}}_{\text{영업자산으로 획득할 최소이익}}$$

잔여이익은 투자수익률이 갖고 있는 목표불일치의 문제를 해결하기 위해 도입한 것이다. 잔여이익은 투자중심점이 사용하는 영업자산에 대한 암묵적 이익을 초과해서 얻어낸 이익을 계산하는 것으로 투자수익률이 투자중심점의 자산에 대한 영업이익의 수익률로 성과를 파악하는 반면에 잔여이익은 절대금액으로 성과를 파악한다. 이와 같은 잔여이익으로 성과를 평가하면 목표불일치의 문제가 해결된다.

예제[15-3] 잔여이익과 목표불일치 문제의 해결

투자중심점인 X사업부는 현재 ₩100,000을 투자해서 ₩20,000의 영업이익을 얻고 있으며, 기업전체의 최저요구수익률은 10%이고 사업부의 경영자는 잔여이익으로 성과를 평가받고 있다.
한편, X사업부는 새로운 투자안을 검토하고 있는데, 이 투자안은 ₩60,000을 투자하면 ₩9,000의 이익을 얻을 수 있다.

요구사항

1. X사업부에서 기존에 얻고 있던 잔여이익을 계산하시오.
2. 회사전체의 관점에서 새로운 투자안을 채택해야 하는지 결정하시오.
3. X사업부의 책임자입장에서 사업부의 성과를 극대화하기 위한 의사결정을 하시오.

해답

1. 기존의 잔여이익
   잔여이익 : ₩20,000 − ₩100,000 × 10% = ₩10,000
2. 회사전체의 최적의사결정
   신규투자안의 잔여이익 : ₩9,000 − ₩60,000 × 10% = ₩3,000
   신규투자안은 잔여이익이 ₩3,000만큼 얻어지므로 신규투자안을 채택해야 한다.
3. X사업부의 책임자입장에서의 최적의사결정
   신규투자안 채택 후 잔여이익은 다음과 같다.

(₩20,000+₩9,000)−(₩100,000+₩60,000)×10%=₩13,000

신규투자안을 채택하는 경우에 X사업부의 잔여이익은 ₩13,000으로 기존의 잔여이익 ₩10,000보다 커진다. 따라서 X사업부의 잔여이익을 극대화하기 위해서는 신규투자안을 채택해야 한다.

예제에서 살펴본 바와 같이 잔여이익으로 투자중심점의 성과를 평가하는 경우에는 회사의 최저요구수익률과 기존사업부 수익률사이의 수익률을 가지는 투자안도 사업부의 잔여이익을 증가시키므로 기업전체입장과 투자중심점의 경영자입장에서 모두 투자안을 수락해서 목표불일치의 문제가 해결된다.

(1) 투자규모에 따른 평가의 왜곡

잔여이익은 투자규모가 커질수록 동일한 투자수익률에서도 잔여이익이 커지므로 대규모로 투자한 사업부의 성과가 높게 평가되는 문제점이 있다. 따라서 각 사업부의 투자규모가 다른 경우에는 잔여이익을 기준으로 사업부 사이의 성과를 비교할 때는 이와 같은 잔여이익의 한계를 고려해야 한다.

예제[15-4] 투자규모가 다른 투자중심점의 비교

(주)원가는 X사업부와 Y사업부로 구성되어 있으며, 각 사업부에 관한 자료는 다음과 같다.

	X사업부	Y사업부
사업부의 영업이익	₩20,000	₩150,000
사업부의 영업자산	100,000	1,000,000

각 사업부에 요구되는 최저요구수익률은 10%이다.

요구사항

1. 투자수익률에 따라서 두 사업부의 성과를 평가하시오.
2. 잔여이익에 따라서 두 사업부의 성과를 평가하시오.

해답

1. 투자수익률

X사업부 : $\frac{₩20,000}{₩100,000}=20\%$　　Y사업부 : $\frac{₩150,000}{₩1,000,000}=15\%$

투자수익률로 성과를 평가하면 투자규모가 소규모인 X사업부의 성과가 높다.

2. 잔여이익

X사업부 : ₩20,000－₩100,000×10%=₩10,000

Y사업부 : ₩150,000－₩1,000,000×10%=₩50,000

잔여이익으로 성과를 평가하면 투자규모가 대규모인 Y사업부의 성과가 높다.

---

(2) 잔여이익의 장단점

잔여이익으로 투자중심점의 성과를 평가하게 되면 다음과 같은 장점이 있다.

① 잔여이익으로 성과를 평가하면 투자수익률에서 나타나는 목표불일치의 문제를 해결할 수 있다. 잔여이익으로 성과평가를 할 경우 각 사업부의 경영자는 요구수익률을 초과하는 기대수익률을 갖는 모든 투자안을 수락하게 되므로 목표불일치의 문제가 발생하지 않는다.

② 각 사업부가 가지고 있는 사업위험을 반영하여 성과를 평가할 수 있다. 각 투자중심점의 사업내용이 다른 경우에는 그 위험의 정도를 요구수익률에 반영하여 잔여이익을 측정하므로 보다 의미 있는 성과평가를 할 수 있다.

반면에 잔여이익은 다음과 같은 단점도 가지고 있으므로 이를 고려해야 한다.

① 투자규모가 다른 사업부의 성과를 서로 비교하면 성과가 왜곡될 수 있다. 같은 투자수익률을 달성하더라도 투자규모가 큰 사업부의 잔여이익이 더 크게 나타나므로 대규모 투자중심점이 소규모 투자중심점 보다 유리한 평가를 받는 문제가 나타난다.

② 투자의사결정과 투자중심점의 성과평가 사이에 일관성이 결여된다. 잔여이익은 회계적 이익에 기초하여 산출되므로 현금흐름에 기초한 투자의사결정과 성과평가 사이의 일관성이 결여된다.

	내 용
계산방법	잔여이익=영업이익(실 적) － 투자액×최저요구수익률(영업자산으로 획득할 최소이익)
장점	① 투자수익률에서 나타나는 목표불일치의 문제를 해결 ② 사업부가 가지고 있는 사업위험을 반영하여 성과를 평가 ③ 투자액을 고려한다.
단점	① 대규모 투자중심점이 소규모 투자중심점 보다 유리한 평가 ② 의사결정과 성과평가 사이의 일관성이 결여

3. 경제적 부가가치

'경제적 부가가치(economic value added : EVA)'는 영업이익에서 법인세와 투자액에 소요되는 자본비용을 차감한 이익을 의미한다. 경제적 부가가치는 잔여이익의 산식에서 ① 영업이익

대신에 세후영업이익을 사용하고, ② 요구수익률 대신에 가중평균자본비용(WACC)을 사용하며, ③ 투자액 대신에 투자자본을 사용하여 계산한 특수한 형태의 잔여이익이다.

경제적 부가가치=영업이익×(1－세율)－투자자본×가중평균자본비용
(영업이익×(1－세율): 세후영업이익, 투자자본×가중평균자본비용: 부채와 주주에 대한 자본비용)
=영업이익－세금－주주나 채권자에 대한 자본비용

경제적 부가가치는 영업이익에서 국가, 지방자치단체 등에 지급해야 할 세금과 주주나 채권자에게 자금차입의 대가로 지급해야 할 자본비용을 차감하고 남은 순수한 이익으로 경제적 부가가치만큼 기업의 가치가 커져서 주주의 부가 증가하게 된다.

(1) 투자자본

'투자자본(Invested Capital : IC)'이란 기업이 영업활동을 위해 조달한 자금 중에서 자금조달비용인 자본비용이 발생하는 항목의 합계이다. 투자자본은 이자발생 부채와 자기자본의 합계로 계산하는데, 일반적인 경우에 이자발생 부채는 고정부채이므로 고정부채와 자본총계의 합계로도 계산할 수 있으며, 고정자산과 운전자본의 합계로도 계산할 수 있다. 투자자본을 계산하는 다양한 방법들은 다음의 재무상태표를 보면 쉽게 이해할 수 있다.

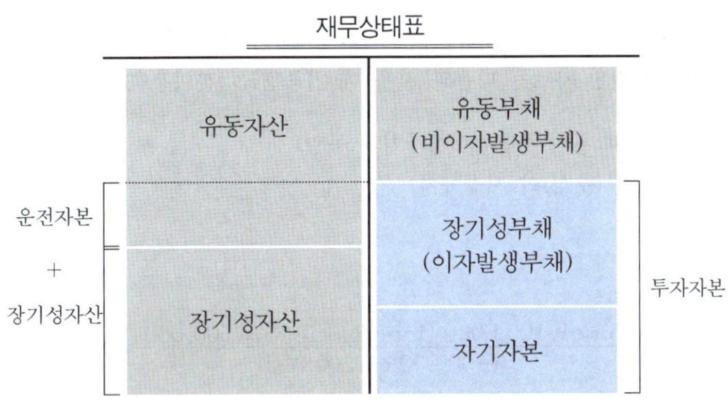

한편, 투자자본을 계산할 때 비이자발생부채는 제외하는데 매입채무, 미지급금, 미지급비용과 같은 비이자발생비용은 자본비용이 발생하지 않기 때문이다.

투자자본=이자발생부채+자기자본
=장기성부채+자기자본=자산총액－유동부채
=장기성자산+(유동자산－유동부채)=장기성자산+운전자본

(2) 가중평균자본비용

'가중평균자본비용(weighted average cost of capital : WACC)'이란 기업이 영업활동을 위하여 조달한 자금에 지급되는 비용으로서 외부차입에 대한 타인자본비용 뿐만 아니라 주주들이 제공한 자기자본에 대한 비용까지 포함한 총자본비용을 말하며, 이는 다음과 같이 계산된다.

이자비용은 감세효과를 고려한다.

$$\text{가중평균자본비용(WACC)} = \frac{\text{부채 시장가치} \times \text{이자율} \times (1-\text{세율}) + \text{자본 시장가치} \times \text{자기자본비용}}{\text{부채 시장가치} + \text{자본 시장가치}}$$

가중평균자본비용을 계산할 때 주의할 점은 이자비용이 감세효과가 있어서 이를 고려해야 한다는 것이다. 예를 들어 이자비용이 ₩100,000이고 법인세율의 40%라면 이자비용이 세전이익을 ₩100,000만큼 감소시켜서 법인세를 ₩40,000(₩100,000×40%)만큼 감소시키므로 세후로 부담하는 이자비용은 ₩60,000이 된다.

$$\underbrace{₩100,000}_{\text{이자비용}} - \underbrace{₩100,000 \times 40\%}_{\text{이자비용의 감세효과}} = \underbrace{₩100,000}_{\text{이자비용}} \times \underbrace{(1-0.4)}_{1-\text{세율}} = \underbrace{₩60,000}_{\text{세후 이자비용 부담액}}$$

예제 [15-5] 가중평균자본비용

(주)원가의 부채에 대한 이자비용은 15%이며, 주식시장에서의 자기자본비용은 18%이다. 법인세율이 40%이고, 부채와 자본과 관련된 자료는 다음과 같을 때 가중평균자본비용을 계산하시오.

부채의 장부가액(시장가치와 동일)	₩100,000
자본(주식)의 시장가치	500,000

해답

$$\text{가중평균자본비용} : \frac{15\% \times ₩100,000 \times (1-40\%) + 18\% \times ₩500,000}{₩100,000 + ₩500,000} = 16.5\%$$

(3) 경제적 부가가치의 성과평가효과

경제적 부가가치는 이익 위주의 전통적인 경영성과 평가방법과는 달리 자본의 효율성까지도 고려하여 경영자의 성과가 주주의 부와 일치하도록 함으로써 경영자로 하여금 기업가치극대화에 기업의 역량을 집중하도록 자극한다. 즉, 사업부의 경영자는 경제적 부가가치를 높이기 위해서 동일한 투자액으로는 더 많은 영업이익을 획득하고, 동일한 영업이익을 획득한다면 투자액이 적은 투자안을 선택하여 자본비용이 낮은 자본을 활용하도록 동기부여된다.

예제[15-6] 경제적 부가가치(EVA)

(주)원가는 소형차사업부와 대형차사업부로 구성되어 있는데, 이들은 각각 투자중심점으로 운영되고 있다. 각 사업부의 당기자료는 다음과 같다. (주)원가의 주주나 채권자가 원하는 가중평균자본비용은 16.5%이며, 세율은 40%이다. 각 사업부의 경제적 부가가치(EVA)를 계산하시오.

	소형차사업부	대형차사업부
영 업 자 산	₩100,000	₩400,000
매 출 액	400,000	800,000
영 업 이 익	40,000	80,000
유 동 부 채	20,000	60,000

해답

사 업 부	사업부의 경제적 부가가치
소형차사업부	$\underbrace{₩40,000 \times (1-0.4)}_{\text{세후영업이익}} - \underbrace{(₩100,000 - ₩20,000)}_{\text{투자자본}} \times 16.5\% = ₩10,800$
대형차사업부	$\underbrace{₩80,000 \times (1-0.4)}_{\text{세후영업이익}} - \underbrace{(₩400,000 - ₩60,000)}_{\text{투자자본}} \times 16.5\% = ₩(8,100)$

(4) 경제적 부가가치의 장단점

경제적 부가가치는 다음과 같은 장점이 있기 때문에 성과평가의 기준 뿐만 아니라 기업가치 평가, 투자의사결정 등에서도 다양하게 사용되고 있다.

① 경제적 부가가치는 주주에게 돌아가는 초과이익이므로 경영자가 경제적 부가가치의 증대를 추구하는 것은 주주와 경영자의 이해관계를 동일하게 만들어주어 대리인 문제를 감소시킬 수 있다.

② 비교적 확보하기 쉬운 회계적 정보를 활용하여 기업의 근본적인 가치창출 능력을 측정할 수 있다.

③ 당기순이익에서는 고려되지 못하는 자기자본비용을 고려하여 경영성과를 평가한다.

반면에 경제적 부가가치는 다음과 같은 단점도 가지고 있기 때문에 투자중심점의 성과를 평가할 때는 이를 고려해야 한다.

① 회계적 이익인 영업이익을 기초로 하기 때문에 회계처리 방법에 따라 세후영업이익이 변동된다.

② 경제적부가가치의 계산에 적합하도록 영업이익과 투자자본을 재조정하기 위한 수정사항이 많고 불명확하다.

15

③ 자기자본비용이 명확하지 않아서 가중평균자본비용을 계산하는 것에 어려움이 있다.

④ 금액으로 측정되어 규모가 큰 사업부가 상대적으로 유리하므로 사업규모에 대한 조정을 고려하여야 한다.

	내 용
계산방법	경제적 부가가치 = 영업이익×(1−세율) − 투자자본×가중평균자본비용* (영업이익×(1−세율): 세후영업이익, 투자자본×가중평균자본비용: 부채와 주주에 대한 자본비용) * 가중평균자본비용(WACC) = $\frac{\text{부채 시장가치} \times \text{이자율} \times (1-\text{세율}) + \text{자본 시장가치} \times \text{자기자본비용}}{\text{부채 시장가치} + \text{자본 시장가치}}$
장점	① 투자수익률에서 나타나는 목표불일치의 문제를 해결 ② 기업의 근본적인 가치창출 능력을 측정 ③ 자기자본비용을 고려하여 경영성과를 평가
단점	① 회계처리 방법에 따라 세후영업이익이 변동 ② 영업이익과 투자자본을 재조정하기 위한 수정사항이 많고 불명확 ③ 가중평균자본비용을 계산하는 것에 어려움 ④ 금액으로 측정되어 규모가 큰 사업부가 상대적으로 유리

4. 투자액의 범위

투자중심점의 성과를 평가하기 위해 투자수익률, 잔여이익, 경제적 부가가치를 산출하려면 각 투자중심점의 투자액의 범위를 합리적으로 결정해야 한다. 성과평가의 대상이 되는 투자액은 투자중심점 책임자가 통제가능한 범위에 따라 다음과 같은 유형이 있다.

① **총가용자산**(total assets avaiable) : 각 자산의 특정목적과 관계없이 모든 자산을 포함한다.

② **총사용자산**(total assets employed) : 현재의 수익창출활동에 사용하는 자산으로 총가용자산에서 유휴자산과 미래확장을 위해서 미리 구입한 자산을 차감한 금액이다.

③ **운전자본과 장기성자산의 합계**(working capital plus long-term assets) : 총가용자산에서 단기채권자로부터 조달된 유동부채를 제외한 금액이다.

④ **주주지분**(stockholders' equity) : 총가용자산 또는 총사용자산에서 부채를 차감한 금액이다.

이상의 투자액에 대한 다양한 범위 중에서 투자중심점의 성과평가에는 주로 총가용자산이나 운전자본과 장기성자산의 합계가 사용된다. 그러나 최고경영진이 사업부경영자에게 잉여자산을 관리하도록 지시하여 투자중심점 경영자가 잉여자산에 대한 책임이 없는 경우에는 총가용자산보다는 총사용자산이 보다 유용하다. 또한 투자중심점 경영자가 유동부채에 독립적으로 영향을 미칠 수 있는 경우에는 운전자본과 장기성자산의 합계를 투자액으로 사용하는 것이 바람직하다.

5. 투자액의 측정방법

투자수익률, 잔여이익, 경제적 부가가치를 계산하기 위해서는 투자액의 범위와 함께 투자액의 구체적인 측정방법을 결정해야 한다. 투자액을 측정하는 대안적인 방법에는 ① 역사적 원가 또는 현행원가, ② 총장부가액 또는 순장부가액으로 측정하는 방법, ③ 기초가액이나 기말가액 또는 평균가액으로 측정하는 방법이 있다.

(1) 역사적원가와 현행원가

투자액을 측정할 때는 역사적 원가로 측정하는 방법과 현행원가로 측정하는 방법이 있다.

- **역사적 원가**(historial cost) : 투자된 자산의 취득원가로 투자액을 측정하는 방법이다. 역사적 원가의 장점은 ① 원가자료를 쉽게 확보할 수 있고, ② 객관적이라는 점이다. 단점으로는 인플레이션이 있는 경우에 ① 자산의 취득시점이 상이한 부문의 성과를 비교하기 어렵다. 또한 오래된 자산을 보유한 투자중심점은 역사적 원가에 따라서 감가상각비가 계상되므로 영업이익은 커지는 반면에 투자액은 작아져서 ② 자산취득시점이 오래될수록 성과가 높게 측정되는 문제가 있다. 역사적 원가의 단점을 보완하기 위해 물가변동수준을 반영해서 조정한 역사적 원가를 사용하기도 한다.
- **현행원가**(current cost) : 투자된 자산을 지금 새로 취득한다고 할 때 지급해야 하는 금액으로 투자액을 측정하는 방법이다. 현행원가의 장점은 인플레이션이 있는 경우에도 영업이익과 투자액이 적정하게 계산되므로 ① 성과가 공정하게 측정되고 ② 자산의 취득시점이 상이한 부문사이의 성과를 비교하는데 유용하다는 것이다. 단점으로는 ① 현행원가정보를 확보하는데 어려움이 있고 ② 객관성이 낮다는 문제점이 있다.

15

(2) 총장부가액과 순장부가액

고정자산의 투자액을 측정할 때에는 감가상각누계액을 포함하는지 여부에 따라 총장부가액과 순장부가액으로 구분할 수 있다.

- **총장부가액**(gross book value) : 감가상각누계액을 고려하지 않고 자산의 취득원가로 투자액을 측정하는 방법이다. 장점으로는 ① 감가상각방법 등이 투자수익률에 미치는 영향을 감소시킬 수 있고, 구형설비는 장부가액이 크더라도 수익창출능력이 떨어지므로 구형설비를 가지고 있는 경우에는 투자수익률이 낮아져서 ② 설비대체를 촉진하게 된다. 단점으로는 영업이익에서는 감가상각비를 차감하면서도 투자액에서는 배제하여 ① 감가상각비의 적용에 일관성이 떨어진다는 점과 투자중심점의 성과를 기간별로 비교할 때 투자초기의 수익성은 높은 반면에 투자기간이 경과할수록 수익성이 낮아지게 되어 ② 기간별 성과비교가 공정하지 않다.

• **순장부가액**(net book value) : 투자자산의 취득원가에서 감가상각누계액을 차감한 금액으로 투자액을 측정하는 방법이다. 장점으로는 ① 일반적으로 재무상태표의 금액과 일치하며 영업이익에서는 감가상각비를 차감하므로 투자액과 영업이익계산과정에서 ② 감가상각비의 적용이 일관성이 있다. 단점으로는 투자기간이 경과하면 순장부가액이 감소하여 투자수익률이나 잔여이익이 증가하게 되어 ① 설비대체를 억제하고 ② 여러 투자중심점 사이의 성과평가가 불공정할 수 있다.

(3) 기초가액과 기말가액 또는 평균가액

투자액을 측정할 때에는 기초가액이나 기말가액을 사용하는 방법과 평균가액을 사용하는 방법이 있다. 그런데 투자액을 기초가액이나 기말가액 등 특정시점의 가액으로 측정하게 되면, 투자중심점의 경영자는 특정시점의 투자액을 가능한 적게 만들려는 유인이 존재하며, 일정기간의 경영성과인 영업이익을 특정시점의 투자액으로 수익성을 검토한다는 문제가 있다. 따라서 특정시점의 투자액보다는 평균가액을 투자액으로 결정하는 것이 보다 합리적이다.

이와 같이 투자액을 측정하는 방법은 여러 가지가 있는데 각 방법들 사이의 관계는 다음 그림이 잘 설명해 주고 있다.

투자액측정방법 사이의 관계

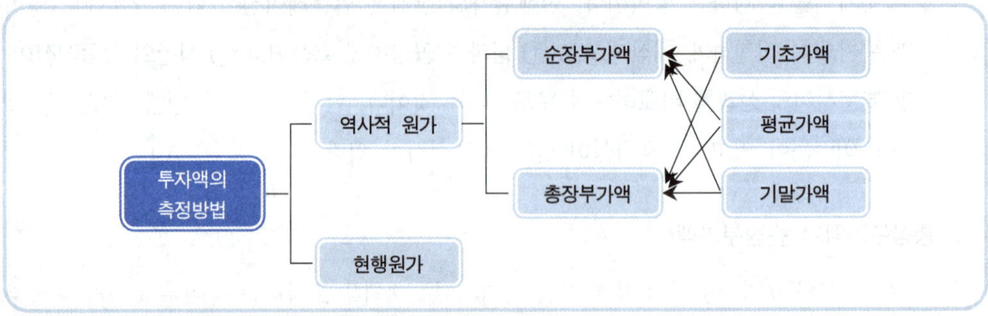

제 2 절 대체가격의 개념

분권화된 조직에서 투자중심점의 성과를 측정하는 문제는 투자중심점들 사이에 부품이나 제품 등이 이전됨으로써 더욱 복잡해진다. 이와 같이 기업내부의 책임중심점간에 부품이나 제품 등이 이전되는 거래를 내부거래 또는 대체거래라고 한다. '대체가격(transfer price : TP)'은 내부거래가 이루어질 때 한 책임중심점에서 다른 책임중심점(구매부서)으로 이전되는 부품이나 제품에 부여되는 가격을 말하며, 이전가격이라고도 한다.

대체가격의 개념

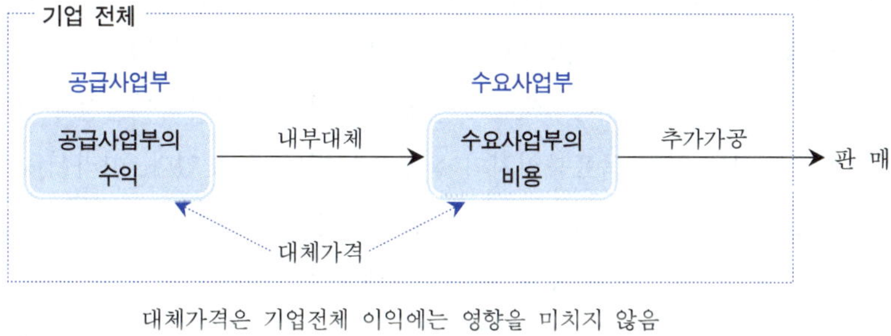

대체가격이 공급사업부와 수요사업부 및 기업전체에서 어떻게 판단되는지를 구분해서 살펴보면 다음과 같다.

① **공급사업부** : 공급사업부입장에서는 대체가격이 수익이 된다. 따라서 공급사업부는 대체가격이 높아질수록 성과가 높아지므로 가능한 높은 대체가격을 희망하게 된다.

② **수요사업부** : 수요사업부입장에서는 대체가격이 비용이 된다. 따라서 수요사업부는 대체가격이 낮아질수록 성과가 높아지므로 가능한 낮은 대체가격을 희망하게 된다.

③ **기업전체입장** : 대체가격 자체는 기업전체 이익에 직접적으로 영향을 미치지는 않는다. 대체가격은 공급사업부에서는 수익이지만, 수요사업부에서는 비용이므로 기업전체 손익에는 직접적인 영향이 없다. 하지만 대체가격으로 인해서 각 사업부경영자의 의사결정이 달라지므로 결과적으로 회사전체의 성과에도 영향을 미친다.

	내부대체가격이 이익에 미치는 효과
수요사업부입장	수요사업부는 대체가격이 비용이므로 대체가격이 낮아질수록 성과가 높아지므로 가능한 낮은 대체가격을 희망하게 된다.
공급사업부입장	공급사업부는 대체가격이 수익이므로 대체가격이 높아질수록 성과가 높아지므로 가능한 높은 대체가격을 희망하게 된다.
기업전체입장	대체가격 자체는 기업전체 이익에 직접적으로 영향을 미치지는 않는다.

1. 대체가격의 결정기준

대체가격을 결정하는 것은 매우 어려운 문제로 ① 목표일치성 기준, ② 성과평가 기준, ③ 자율성기준 및 ④ 재정가격 결정기준을 고려해서 신중히 결정해야 한다.

(1) 목표일치성 기준

'목표일치성'은 각 사업경영자가 자기사업부의 이익을 극대화하는 의사결정을 할 때 회사전체의 이익도 극대화되도록 대체가격을 결정해야 한다는 기준이다. 의사결정이 각 사업부 경영자에게 위임된 상태에서 특정 대체가격으로 인해 회사전체의 최적의사결정과 개별사업부의 최적의사결정이 일치하지 않고 목표불일치의 상태가 나타날 수도 있다. 따라서 대체가격을 결정할 때에는 목표일치성이 달성되도록 해서 사업부의 경영자가 자기사업부의 목표보다 회사전체의 목표를 더 중요하게 생각하도록 동기부여를 해야 한다.

목표일치성을 달성하는 대체가격은 특정금액으로 확정되는 것이 아니고 일반적으로 일정한 범위로 설정된다.

(2) 사업부의 성과평가 기준

성과평가기준(performance evaluation)은 각 사업부의 성과를 공정하게 평가할 수 있도록 설정해야 한다는 것이다. 대체가격을 얼마로 설정하느냐에 따라 각 사업부의 성과가 크게 달라진다. 따라서 대체가격이 합리적으로 설정되지 않는다면 각 사업부의 성과평가는 공정성을 상실하게 되어, 각 사업부경영자는 회사전체의 목표에 일치하지 않는 행동을 할 수도 있게 되고 결국에는 이익창출 의욕을 저하시킴으로써 분권화의 본래 목적을 달성하지 못할 수도 있다. 성과평가가 공정하게 이루어 지면 각 사업부의 경영자들은 자신의 성과를 극대화하기 위해서 노력하도록 동기부여된다. 성과평가기준은 최근에는 하위경영자입장에서 동기부여 측면을 강조해서 동기부여기준이라고도 한다.

(3) 사업부의 자율성기준

'자율성(autonomy)'은 대체가격과 내부대체 여부를 결정하는 권한을 해당 사업부의 경영자에게 위임하도록 하는 것이다. 개별 사업부의 경영자에게 해당사업부의 경영과 관련된 의사결정 권한을 위임해야만 동기부여가 될 수 있다. 자율성이 보장되면 사업부 경영자의 의사결정이 목표불일치가 부분적으로 나타날 수 있지만 이는 자율성을 보장해서 얻어지는 동기부여 측면의 효익을 위한 대가로 바라본다. 다만, 최고경영자는 자율성을 침해하지 않으면서 목표불일치 문제가 최소화될 수 있도록 사업부간의 이해관계를 조정해야 한다.

(4) 공기관에 의한 재정가격 결정기준

'공기관에 의한 재정가격 결정기준'은 공기관이 인정하는 대체가격의 범위내에서 기업에 미칠 수 있는 불리한 영향은 최소화하고 유리한 영향을 최대화할 수 있도록 대체가격을 결정해야 한다는 기준이다. 사업부가 여러 나라에 분산되어 있는 다국적기업의 경우 각 나라마다 적용되는 세율이나 법률규정이 서로 상이하므로 대체가격을 얼마로 결정하는가에 따라 기업전체의 세금과 이익이 달라질 수 있다. 이런 경우 회사는 대체가격을 조정해서 상대적으로 세율이 높은 국가에 있는 사업부의 이익은 낮게 하고, 세율이 낮은 국가에 있는 사업부의 이익을 높게 해서 전체세금을 최소화하려고 한다. 반면에 각 나라의 정부에서는 세금을 확보하기 위해 이익을 적게 보고하려는 기업의 의도를 엄격하게 통제한다.

결정기준	대체가격 결정기준의 내용
목표일치성	사업부 목표만 아니라 기업전체 목표도 극대화하도록 대체가격 결정
성과평가 (동기부여)	사업부 성과를 공정하게 평가할 수 있도록 대체가격 결정
	경영자가 보다 열심히 노력하도록 하는 유인을 제공하도록 결정
자율성	사업부 경영자가 자기사업부 이익을 극대화하도록 자율적으로 대체가격 결정
재정가격결정기준	공기관이 인정하는 범위 내에서 기업의 이익을 극대화하도록 대체가격 결정

제 3 절 대체가격의 결정방법

대체가격을 결정하기 위한 규범적인 기준이 모두 달성되도록 실제 대체가격을 결정하는 것은 매우 까다롭다. 따라서 실제로 적용되는 대체가격은 최고경영자가 직접 중재하거나, 사업경영자간의 협상, 또는 사전에 합리적으로 결정한 일정한 규칙에 의해 결정하는 것이 일반적이다. 이번 절에서는 이와 같이 다양한 대체가격의 실질적인 결정방법에 대해 알아보도록 하겠다.

15

(1) 시장가격기준 설정방법

내부대체 되는 재화나 용역의 완전경쟁 시장이 존재하는 경우 그 시장에서 형성된 가격을 대체가격으로 결정하는 방법이다. 완전경쟁 시장에서는 재화와 용역의 가격을 쉽게 입수할 수 있으므로 이 가격을 대체가격으로 결정하면 각 사업부의 목표일치성, 성과평가, 자율성 기준을 모두 충족시킬 수 있는 가장 이상적인 대체가격이 된다. 단, 대체되는 중간제품의 가격이 시장에서 널리 알려져 있지 않은 경우에는 시장가격을 파악하기 위해 많은 비용을 지출할 수 있다.

(2) 원가기준 설정방법

내부대체 되는 재화나 용역의 시장이 존재하지 않거나 시장가격을 신뢰할 수 없는 경우에 대체되는 재화나 용역의 원가를 기준으로 대체가격을 결정하는 방법이다. 대체가격결정을 위해 원가기준을 사용하는 경우 많은 기업들이 활동기준원가계산에 의해 원가를 정확히 산정하여 이를 토대로 대체가격을 결정한다. 원가를 기준으로 대체가격을 결정하는 방법은 다시 다음과 같이 구분할 수 있다.

- **변동원가기준** : 변동원가를 대체가격으로 결정하는 방법
- **전부원가기준** : 전부원가를 대체가격으로 결정하는 방법
- **변동원가 이익가산기준** : 변동원가에 일정금액을 가산하여 대체가격을 결정하는 방법
- **전부원가 이익가산기준** : 전부원가에 일정금액을 가산하여 대체가격을 결정하는 방법

원가기준 대체가격결정방법의 장점은 ① 적용이 쉽고 이해하기 편하다는 점과 ② 사업부간 내부적인 마찰을 줄인다는 점이 있다. 원가기준 가격결정방법은 다음과 같은 문제점도 가지고 있다.

① 목표불일치 : 전부원가기준으로 대체가격을 결정하는 경우에는 회사 전체의 최적의사결정과 각 사업부의 최적의사결정이 다르게 나타날 수 있다.

② 성과평가 왜곡 : 원가기준으로 대체가격을 결정하는 경우 공급사업부의 비능률적인 실제원가가 그대로 수요사업부로 전가되어 각 사업부의 성과평가가 적절하게 이루어지지 못할 수 있다.

③ 원가절감동기부여 부재 : 공급사업부 입장에서는 투입된 모든 원가를 보상받을 수 있기 때문에 원가를 절감할 동기부여가 이루어지지 않는다.

한편, 표준원가를 사용해서 대체가격을 결정하는 경우에는 성과평가를 보다 공정하게 할 수 있고 표준을 달성하도록 하는 과정에서 원가절감에 대한 동기부여도 가능해서 원가기준대체가격결정방법의 문제점을 보완할 수 있다.

(3) 협상방법

공급사업부와 수요사업부가 자율적인 협상을 거쳐 대체가격을 결정하는 방법이다. 이 방법의 장점은 각 사업부 경영자들에게 ① 자율성을 최대한 보장함으로써 ② 바람직한 동기부여가 이루어지고 ③ 사업부간의 이해관계를 해소할 수 있다는 점이다. 단점으로는 대체가격이 사업부경영자의 협상능력에 영향을 받기 때문에 ① 성과평가에 유용하지만 협상력에 영향을 받을 가능성이 있으며, 첨예한 이해관계가 대립되는 경우 ② 많은 시간이 소요되고 ③ 조직의 화합을 깨뜨릴 위험이 있다.

(4) 직접 중재하는 방법

대체가격을 자율적으로 결정하도록 하면 수요사업부와 공급사업부 사이에 대체가격을 결정할 때 분쟁이 발생할 가능성이 있으므로 최고경영자가 직접 개입해서 대체가격을 중재하는 방법이다. 이 방법은 최고경영자가 회사전체의 이익을 극대화시킬 수 있도록 대체가격을 중재할

수 있으나, 사업부 경영자는 자율성을 침해받을 수 있기 때문에 대체거래의 규모가 매우 크거나 대체거래의 발생빈도가 적은 경우에만 사용되는 것이 바람직하고 많이 사용되는 방법은 아니다.

대체가격 결정기준	내용 및 장단점
시장가격기준	시장에서 형성된 가격을 대체가격으로 결정하는 방법 • 장점 : 목표일치성,성과평가,자율성기준을 모두 충족 • 단점 : 시장가격이 알려져 있지 않은 경우 많은 비용을 지출
원가기준	대체되는 재화나 용역의 원가를 기준으로 대체가격을 결정하는 방법 • 장점 : ① 적용이 쉽고 이해하기 편하다 ② 사업부간 내부적인 마찰을 줄인다 • 단점 : ① 목표불일치 ② 성과평가 왜곡(예산정보를 활용하는 경우 보완가능) ③ 원가절감동기부여 부재(예산정보를 활용하는 경우 보완가능)
협상방법	공급사업부와 수요사업부가 서로 합의한 가격을 대체가격으로 하는 방법 • 장점 : ① 자율성을 최대한 보장 ② 바람직한 동기부여 ③ 사업부간의 이해관계를 해소 • 단점 : ① 성과평가에 유용하지만 협상력에 영향을 받을 가능성 ② 많은 시간이 소요 ③ 조직의 화합을 깨뜨릴 위험

예제 [15-7] 대체가격의 결정방법

(주)원가는 분권화된 사업부 X와 Y를 운영하고 있다. X사업부에서는 부품을 생산하고 Y사업부에서는 X사업부에서 생산하는 부품을 가공해서 판매한다. 두 사업부의 생산과 관련되는 자료는 다음과 같다.

	X사업부	Y사업부
연간최대 생산능력	1,000개	200개
단위당 판매가격	₩500	₩1,000
단위당 변동제조원가	200	300(부품원가는 제외)
단위당 변동판매관리비	100	100
단위당 고정제조간접원가	60	100

X사업부에서 생산하는 부품의 외부구입가격은 ₩350이고, 고정원가는 부품의 생산이나 대체여부와 관계없이 발생한다.

15

요구사항

다음의 대체가격결정방법에 따라 대체가격을 결정하시오.

1. 시장가격을 대체가격으로 결정하는 방법
2. 변동원가에 20%이익을 가산해서 대체가격을 결정하는 방법
3. 전부원가에 30%이익을 가산해서 대체가격을 결정하는 방법

해답

1. 시장가격기준 결정방법

X사업부에서 생산하는 부품의 외부구입가격은 ₩350이므로 대체가격은 ₩350으로 결정한다.

2. 변동원가 이익가산기준 결정방법

₩300(변동원가) + ₩300×20%(이익가산액) = ₩360

3. 전부원가 이익가산기준 결정방법

₩260(전부원가) + ₩260×30%(이익가산액) = ₩338

이상으로 대체가격을 결정하는 다양한 방법에 대해서 살펴보았다. 그 중 주로 사용되는 시장가격기준 결정방법과 원가기준 결정방법 및 협상가격기준 결정방법이 2절에서 살펴보았던 목표일치성·성과평가·자율성을 어떻게 달성하고 있는지 요약하면 다음의 표와 같다.

대체가격의 고려요소와 결정방법과의 관계

고려요소	시장가격기준	원가기준	협상가격
목표일치성	가 능	불가능한 경우 발생	가 능
성 과 평 가	유 용	실제원가에 근거한 경우 : 어려움 예산에 근거한 경우 : 가능	유용하나 협상력에 의해 성과평가가 영향을 받음
동 기 부 여	동기부여됨	예산에 근거하는 경우 : 가능 실제원가에 근거하는 경우 : 불가능	동기부여됨
자 율 성	경쟁시장인 경우 : 가능	규정에 따르므로 자율성확보 불가능	협상에 의하므로 가능

제 4 절 목표일치성 기준에 따른 대체가격의 책정범위

이번 절에서는 자율성도 유지하면서 목표일치성도 달성될 수 있도록 대체가격을 결정하려면 어떤 가격범위 내에서 대체가격이 결정되야 하는지 살펴보겠다. 단, 논의의 편의를 위해서 대체거래 외 상황은 제회니 서비스의 외부시장이 존재하고 시장가격을 알 수 있는 다음 그림과 같은 상황을 전제로 하겠다.

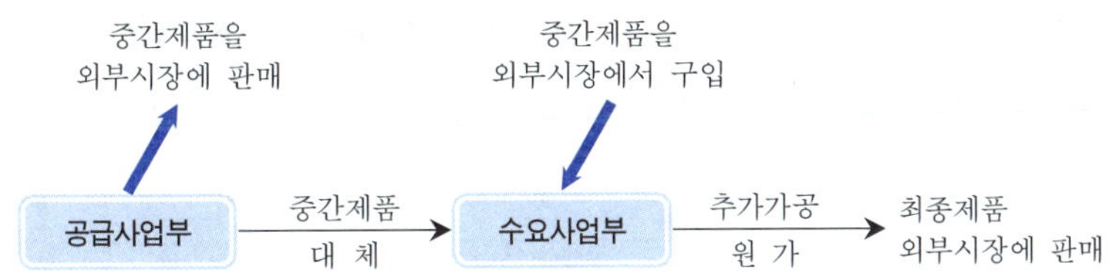

목표일치성을 달성하기 위한 대체가격 범위를 논의할 때에는 크게 세 가지 입장에서 분석을 해야 한다. 수요사업부 입장과 공급사업부 입장에서 해당 사업부의 이익을 극대화하기 위한 대체가격 범위를 살펴봐야 하고, 마지막으로 기업전체 이익을 증가시키는 대체가격의 범위도 살펴봐야 한다.

1. 수요사업부의 최대대체가격

수요사업부 입장에서 대체가격은 구입비용이므로 작을수록 유리하지만 공급사업부 입장에서는 판매가격에 해당하므로 높은 가격을 원할 것이다. 따라서 수요사업부 입장에서는 내부대체를 했을 때 이익이 증가하기 위해 대체가격(구입비용)으로 지급할 수 있는 상한선이 존재하게 되는데 이를 '수요사업부의 최대대체가격(the maximum transfer price)'이라고 한다. 수요사업부는 외부시장이 존재하는 경우 비용을 최소화하기 위해서 단위당 외부구입가격이상은 대체가격이라는 비용을 지급하지 않을 것이다. 대체가격이 외부구입가격보다 높은 경우에는 중간제품을 대체하지 않고 외부구입하는 것이 수요사업부의 이익을 극대화할 수 있기 때문이다.

한편, 대체받은 중간제품을 추가가공해서 판매했을 때 수요사업부 입장에서는 증분이익이 발생해야 하므로 단위당 지출가능원가가 외부구입가격보다 낮은 경우에는 단위당 지출가능원가 이상은 지급하지 않는다. 여기서 단위당 지출가능원가는 최종제품의 판매가격에서 수요사업부가 추가가공과 판매과정에서 추가적으로 지출한 원가를 차감한 금액으로 중간제품을 추가가공했을 때 얻을 수 있는 증분이익에 해당한다.

15

고려항목	최대대체가격 고려항목의 내용
① 외부구입가격	수요사업부는 외부시장이 존재하는 경우 비용을 최소화하기 위해서 단위당 외부구입가격 이상으로는 비용을 지급하려고 하지 않을 것이다.
② 지출가능원가	최종제품의 판매가격에서 수요사업부가 추가가공과 판매과정에서 추가적으로 지출한 원가를 차감한 금액으로 중간제품을 추가가공했을 때 얻을 수 있는 증분이익에 해당한다. 대체받은 중간제품을 추가가공해서 판매했을 때 수요사업부 입장에서는 증분이익이 발생해야 하므로 단위당 지출가능원가가 외부구입가격보다 낮은 경우에는 단위당 지출가능원가 이상은 지급하지 않는다.

따라서 수요사업부의 최대대체가격은 ① 단위당 외부구입가격으로 결정하는 경우가 일반적이지만 ② 단위당 지출가능원가가 외부구입가격보다 낮은 경우에는 단위당 지출가능원가를 최대대체가격으로 본다.

수요사업부의 최대대체가격=Min[단위당 외부구입가격, 단위당 지출가능 원가]
수요사업부가 지급할 수 있는 최대대체구입가격

예제 [15-8] 수요사업부의 최대대체가격

(주)원가는 분권화된 사업부 X와 Y를 운영하고 있다. X사업부에서는 부품을 생산하고, Y사업부에서는 X사업부에서 생산하는 부품을 가공해서 판매한다. Y사업부의 생산과 관련되는 자료는 다음과 같다.

연간최대생산능력	200개
단위당 판매가격	₩1,000
단위당 변동원가	400(부품원가는 제외)
고정원가	50,000

Y사업부의 고정원가는 부품의 대체여부와 관계없이 발생한다.

요구사항

다음 각각의 상황에서 Y사업부가 해당 사업부의 이익을 극대화하기 위해서 대체가격으로 지급할 수 있는 최대금액을 계산하시오.

1. X사업부가 생산하는 부품의 외부시장이 존재하지 않는 경우
2. X사업부가 생산하는 부품의 외부시장가격이 ₩450인 경우
3. X사업부가 생산하는 부품의 외부시장가격이 ₩650인 경우

해답

1. 부품의 외부시장 가격이 존재하지 않는 경우
   부품의 외부시장 가격이 존재하지 않는 경우 수요사업부 입장에서 이익을 극대화하기 위해서는 단위당 지출가능원가 이상은 지급하지 않는다.
   ₩1,000(최종판매가격) - ₩400(추가발생원가) = ₩600

2. 외부구입가격이 존재하는 경우
   외부구입가격이 존재하는 경우에는 기본적으로 외부구입가격 이상은 대체가격으로 지급하지 않는다. 다만, 단위당 지출가능원가가 외부구입가격보다 낮은 경우에는 단위당 지출가능원가 이상은 지급하지 않는다.
   ① 외부구입가격 : ₩450
   ② 단위당 지출가능원가 : ₩1,000 - ₩400 = ₩600
   따라서 수요사업부 입장에서 이익을 극대화하기 위해서 대체가격으로 지급할 수 있는 최대비용은 ₩450이다.

3. 단위당 지출가능원가가 외부구입가격보다 낮은 경우
   ① 외부구입가격 : ₩650
   ② 단위당 지출가능원가 : ₩1,000 - ₩400 = ₩600
   이 경우에는 외부구입가격은 ₩650이지만 수요사업부가 대체받은 부품을 추가가공해서 얻을 수 있는 증분이익(지출가능원가)이 ₩600밖에 되지 않기 때문에 수요사업부 입장에서 이익을 극대화하기 위해서 대체가격으로 지급할 수 있는 최대비용은 단위당 지출가능 원가인 ₩600이다.

15

수요사업부는 ① 최대대체가격보다 낮은 가격으로 대체가격이 결정되면 대체시에 이익이 증가한다. 반대로 ② 최대대체가격보다 높은 가격으로 대체가격이 결정되면 수요사업부는 대체시 이익이 감소한다. 예제의 [요구사항 2]의 상황, 즉 최대대체가격이 ₩450으로 계산된 상태에서 다음의 두 대체가격상황에서 이익이 어떻게 되는지를 살펴보면 다음과 같다.

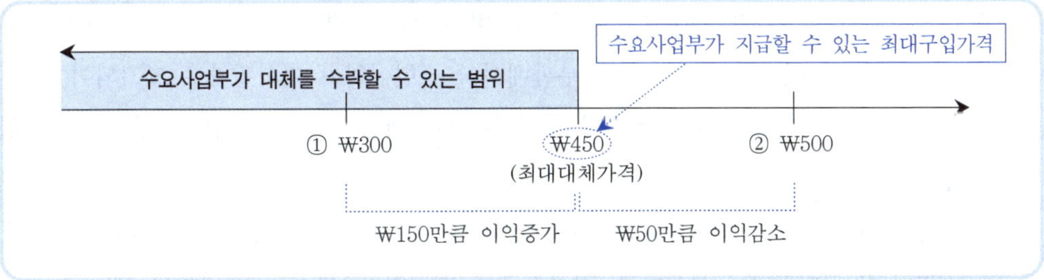

① 최대대체가격보다 낮은 가격으로 대체가격이 결정된 경우 : 실제대체가격이 ₩300으로 결정되었다면 수요사업부는 내부대체를 하는 경우에 외부구입하는 경우에 비해서 ₩150(₩450 - ₩300)만큼 비용이 감소하고 이익은 증가한다.

② 최대대체가격보다 높은 가격으로 대체가격이 결정된 경우 : 내부대체가격이 ₩500으로 결정되었다면 수요사업부는 내부대체를 하는 경우에 외부구입하는 경우에 비해서 ₩50(₩500－₩450)만큼 비용이 증가하고 이익은 감소한다.

2. 공급사업부의 최소대체가격

공급사업부 입장에서 대체가격은 판매가격이므로 클수록 유리하지만 수요사업부 입장에서는 구입비용에 해당하므로 낮은 가격을 원한다. 따라서 공급사업부 입장에서는 내부대체를 했을 때 이익이 증가하기 위해 대체가격으로 최소한 받아야 하는 하한선이 존재하게 되는데, 이를 '공급사업부의 최소대체가격(the minimum transfer price)'이라고 한다.

공급사업부가 대체를 했을 때 이익이 증가하기 위해서는 대체품을 생산하기 위해 발생하는 증분비용보다 최소대체가격(수익)이 커야 한다. 그리고 내부대체를 위해 외부판매를 포기하는 경우에는 외부판매 포기로 상실되는 공헌이익, 즉 기회원가까지도 보상받아야 한다. 즉, 공급사업부의 최소대체가격은 다음에서 설명하는 ① 단위당 증분원가와 ② 단위당 기회원가를 보상받아야 한다.

(1) 단위당 증분원가

내부대체를 하는 경우에 원가측면에서는 대체수량만큼 생산량이 증가하는 것이므로 변동원가는 증가하고 고정원가는 변하지 않는 경우가 일반적이므로 단위당 증분원가는 주로 변동원가만 고려된다. 고정원가가 변동되는 경우에는 해당금액도 고려해야 한다.

(2) 단위당 기회비용

공급사업부의 최소대체가격을 계산하는 과정에서 고려해야 하는 기회비용은 유휴설비의 존재여부에 따라 달라진다. 유휴설비가 충분한 경우에는 유휴설비를 이용해서 대체수량을 생산하면 되므로 기회원가가 없는 반면에, 유휴설비가 부족한 경우에는 외부판매를 포기해야 내부대체 수량을 생산할 수 있으므로 외부판매시의 공헌이익이 기회원가로 고려되어야 한다.

① 유휴설비가 존재하는 경우 : 유휴설비를 이용해서 대체수량을 생산할 수 있으므로 기회비용은 '0'이다. 즉, 기회비용이 없다.

② 유휴설비가 부족한 경우 : 내부대체를 위해 외부시장 판매를 감소시켜야 하므로 그만큼의 외부시장 공헌이익을 상실하게 되는데 그 공헌이익감소액이 기회비용이 된다.

고려항목	최소대체가격 고려항목의 내용
① 단위당 증분원가	내부대체를 하는 경우에 원가측면에서는 대체수량만큼 생산량이 증가하는 것이므로 변동원가는 증가하고 고정원가는 변하지 않는 경우가 일반적이므로 단위당 증분원가는 주로 변동원가만 고려된다.
② 단위당 기회원가	유휴설비의 존재여부에 따라 달라진다. • 유휴설비가 존재하는 경우: 유휴설비를 이용해서 대체수량을 생산할 수 있으므로 기회비용은 '0'이다. • 유휴설비가 부족한 경우: 내부대체를 위해 외부시장 판매를 감소시켜야 하므로 그만큼의 외부시장 공헌이익을 상실하게 되는데 그 공헌이익 감소액이 기회비용이 된다.

따라서 공급사업부의 최소대체가격은 ① 단위당 증분원가에 ② 단위당 기회원가를 합친 가격으로 정한다. 공급사업부는 최소대체가격 이상의 가격으로 대체를 하는 경우에만 사업부의 이익이 증가한다.

> 공급사업부의 최소대체가격=① 단위당 증분원가+② 단위당 기회원가
> 공급사업부가 받아야 하는 최소대체판매가격

예제[15-9] 공급사업부의 최소대체가격

(주)원가는 분권화된 사업부 X와 Y를 운영하고 있다. X사업부에서는 부품을 생산하고, Y사업부에서는 X사업부에서 생산하는 부품을 가공해서 판매한다. (주)원가의 경영자들은 판매처나 공급처를 자유롭게 결정할 수 있는 권한이 있다. X사업부는 부품을 생산해서 외부에 판매할 수도 있고, Y사업부에 대체해 줄 수도 있다. X사업부의 생산과 관련된 자료는 다음과 같으며, Y사업부의 부품수요량은 200개이다.

연간최대생산능력	1,000개
단위당 판매가격	₩500
단위당 변동원가	300
고정원가	100,000

X사업부의 고정원가는 부품의 외부판매나 대체여부와 관계없이 발생한다.

요구사항

다음 각각의 상황에서 X사업부가 해당 사업부의 이익을 극대화하기 위해서 대체가격으로 최소한 받아야 하는 최소대체가격을 계산하시오.

1. X사업부가 생산하는 부품의 외부시장수요가 600개인 경우
2. X사업부가 생산하는 부품의 외부시장수요가 1,000개인 경우

15

3. X사업부가 생산하는 부품의 외부시장수요가 1,000개이고, 내부대체시에 변동판매비가 ₩100만큼 절감되는 경우

해답

1. 유휴설비가 존재하는 경우

최소대체가격=₩300(증분원가)+₩0(기회원가)=₩300

2. 유휴설비가 존재하지 않는 경우

최소대체가격=₩300(증분원가)+(₩500−₩300)(기회원가)=₩500

3. 유휴설비가 존재하지 않지만 대체시 변동판매비가 절감되는 경우

최소대체가격=₩200(증분원가)+(₩500−₩300)(기회원가)=₩400

내부대체시 변동판매관리비가 발생하지 않기 때문에 대체시 단위당 증분비용이 ₩200(₩300−₩100)이고, 여기에 단위당 기회비용 ₩200을 합한 ₩400이 X사업부의 최소대체가격이 된다.

(3) 유휴설비가 있는 경우

유휴생산시설이 충분하면 기회비용은 없으므로 공급사업부의 최소대체가격은 증분원가만 보상받으면 된다. 따라서 예제의 요구사항1의 경우 X사업부의 최소대체가격은 부품의 단위당 변동원가 ₩300이 되고, 대체가격이 최소대체가격 ₩300보다 높은 가격으로 결정되면 대체시 이익이 증가한다. 예를 들어 대체가격이 ₩400으로 정해졌다면 X사업부는 한 단위를 대체할 때마다 ₩100(₩400−₩300)만큼 이익이 증가한다.

공급사업부의 대체가격 수락범위

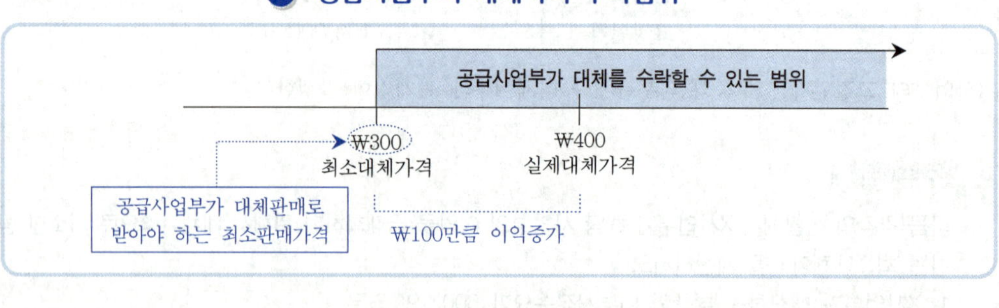

(4) 유휴설비가 부족한 경우

유휴설비가 부족한 경우에 외부판매포기로 상실된 공헌이익, 즉 기회원가까지도 보상받아야 한다. 예제의 [요구사항 2]를 살펴보면 X사업부가 이익을 증가시키기 위해 대체가격으로 최소한 받아야 하는 최소대체가격은 대체시 단위당 증분비용 ₩300에 대체시의 단위당 기회원가 ₩200을 합한 ₩500이 된다.

즉, X사업부는 내체가격이 최소대체가격 ₩500보다 높은 가격으로 결정되면 내부대체시 기존상태에 비해 이익이 증가하고 ₩500보다 낮은 가격으로 결정되면 내부대체시에 공급사업부의 이익이 감소한다. 예제의 [요구사항 2]에서 다음의 두 가지 대체가격의 예를 살펴보면 보다 정확하게 이해할 수 있다.

① 대체가격이 ₩550인 경우 : 내부대체시 단위당 공헌이익이 ₩250(₩550－₩300)으로 외부판매시의 공헌이익 ₩200보다 ₩50만큼 증가한다.

② 대체가격이 ₩450인 경우 : 내부대체시의 단위당 공헌이익이 ₩150(₩450－₩300)으로 외부판매시의 공헌이익 ₩200보다 ₩50만큼 감소된다.

공급사업부의 대체가격 수락범위

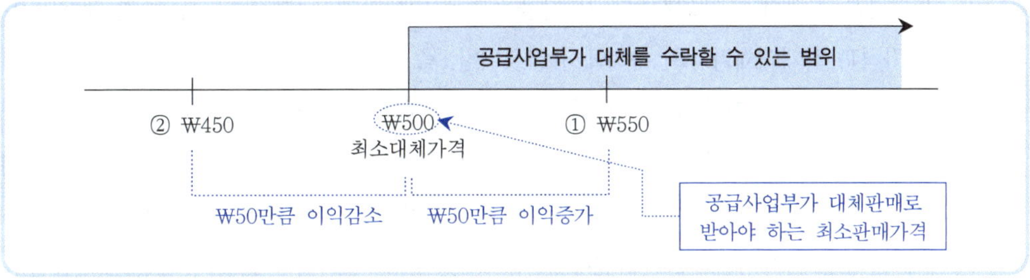

이와 같이 공급사업부는 최소대체가격 이상으로 대체가격이 결정되면 이익이 증가하게 되며, 이익이 얼마나 증가하는지는 실제대체가격과 최소대체가격과의 차이로 계산된다.

3. 목표일치성에 따른 기업전체의 이익효과

지금까지는 개별사업부 입장에서 해당사업부의 이익을 극대화 할 수 있는 대체가격의 범위를 살펴보았다. 수요사업부는 대체가격이 비용이므로 대체가격으로 지급할 수 있는 최대금액인 최대대체가격을 살펴보았고, 공급사업부는 대체가격이 수익이므로 대체가격으로 최소한 받아야하는 최소금액인 최소대체가격을 살펴보았다. 이제 앞에서 살펴본 최대대체가격과 최소대체가격을 함께 분석해서 대체거래의 성립여부와 기업전체이익을 극대화할 수 있는 대체가격의 범위에 대해서 살펴보자.

(1) 수요사업부의 최대대체가격이 공급사업부의 최소대체가격보다 높은 경우

수요사업부는 최대대체가격 이하로 대체가격이 결정되면 이익이 증가하고, 공급사업부는 최소대체가격 이상으로 대체가격이 결정되면 이익이 증가한다. 그런데 공급사업부가 최소 받아야 하는 판매가격보다 수요사업부가 지급할 수 있는 최대구입 가격이 크면 다음의 그림과 같이 두 사업부의 이익이 모두 증가할 수 있는 대체가격의 범위가 존재하게 된다.

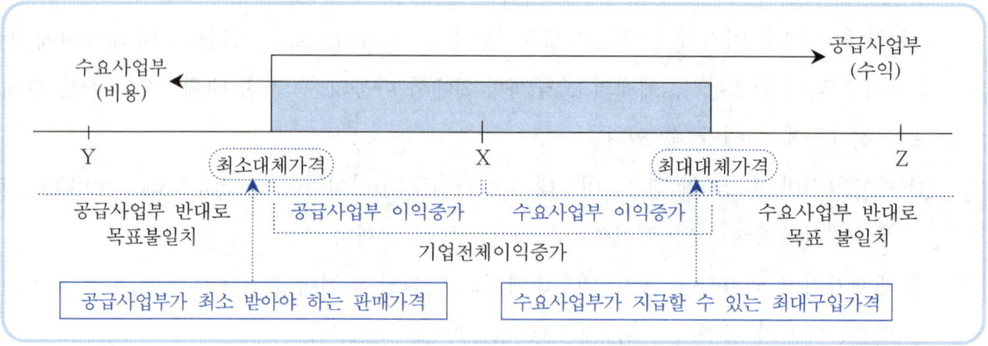

각 사업부의 의사결정

이와 같은 상황에서 개별사업부가 자율적으로 대체가격을 결정하도록 하면 대체가격은 최소대체가격과 최대대체가격의 사이에서 결정된다. 즉, 앞의 그림에서 X로 대체가격이 결정되면 수요사업부는 최대대체가격(최대구입비용)보다 싸게 부품을 공급받을 수 있고, 공급사업부는 최소대체가격(최소판매가격)보다 비싸게 부품을 판매할 수 있으므로 두 사업부 모두 이익이 증가해서 대체를 수락할 수 있다. 따라서 대체를 수락할 수 있는 대체가격의 범위는 최소대체가격과 최대대체 가격의 사이가 된다. 그리고 실제대체가격이 X로 결정되었다면 공급사업부는 최소대체가격과 X와의 차이만큼 이익이 증가하고, 수요사업부는 X와 최대대체가격의 차이만큼 이익이 증가한다.

한편, 실제대체가격이 Y로 결정되었다면 수요사업부는 대체를 원하지만 공급사업부가 대체를 거부하여 목표불일치 상태가 되고, 실제대체가격이 Z로 결정되었다면 공급사업부는 대체를 원하지만 수요사업부가 대체를 거부하여 목표불일치 상태가 된다.

기업전체 의사결정

기업전체 입장에서는 대체가 일어나는 경우에 공급사업부의 이익증가분과 수요사업부의 이익증가분을 합한 금액만큼 이익이 증가하므로 최소대체가격과 최대대체가격의 차이만큼 기업전체 이익이 증가한다.

공급사업부의 최소판매가격

기업전체이익 증가액 = 최소대체가격 − 최대대체가격

수요사업부의 최대구입가격

여기서 한 가지 주의할 점은 앞의 그림에서 보는 것처럼 수요사업부의 최대대체가격이 공급사업부의 최소대체가격보다 높은 수준이어서 대체가격의 범위가 존재한다면 회사 전체의 입장에서는 대체가격이 얼마로 결정되든 상관없이 기업전체의 이익증가액은 일정하며 외부구입보다는 내부대체가 유리하다는 점이다. 예를 들어, 앞의 그림에서 공급사업부가 수요사업부의 최대대체가격을 초과하는 Z를 대체가격으로 주장한다면, 수요사업부는 내부대체시에 Z(최대대체가격)만큼 증분손실을 기록할 것이다. 하지만 공급사업부는 내부대체시에 Z(최소대체가격)만큼 증분이익을 기록할 것이므로 회사 전체의 입장에서 보면 역시(최대대체가격−최소대체가격)만큼 증분이익을 얻게 되는 것이다.

따라서 수요사업부의 최대대체가격이 공급사업부의 최소대체가격보다 큰 경우에는 두 사업부 모두 수락할 수 있는 대체가격의 범위가 존재하며, 이 때 기업전체 입장에서는 최소대체가격과 최대대체가격의 차이만큼 이익이 증가하므로 반드시 중간제품을 내부대체 하여야 한다.

예제 [15-10] 목표일치성을 달성하는 기업전체 의사결정

(주)원가는 분권화된 사업부 X와 Y를 운영하고 있다. X사업부에서는 부품을 생산하고, Y사업부에서는 X사업부에서 생산하는 부품을 가공해서 판매한다. 두 사업부의 생산과 관련되는 자료는 다음과 같다.

	X사업부	Y사업부
연간최대생산능력	1,000개	200개
단위당 판매가격	₩500	₩1,000
단위당 변동원가	300	400(부품원가는 제외)
고정원가	100,000	50,000

X사업부의 외부시장 수요는 600개이며, Y사업부는 부품의 외부에서 ₩450에 구입할 수 있다. 고정원가는 부품의 생산이나 대체여부와 관계없이 발생한다.

요구사항

1. 이와 같은 상황에서 설정가능한 대체가격의 범위를 구하여 회사전체의 입장에서 내부대체를 하는 경우와 하지 않는 경우 둘 중에 어떤 것이 더 유리한지 판단하시오.
2. 각각의 경우에 공헌이익손익계산서를 작성하여 분석하시오.
3. 대체가격을 ₩350으로 결정해서 내부대체를 실시하는 경우 다음에 답하시오.
   (1) 대체시 공급사업부의 단위당 이익변화액
   (2) 대체시 수요사업부의 단위당 이익변화액
   (3) 대체시 기업전체의 단위당 이익변화액

해답

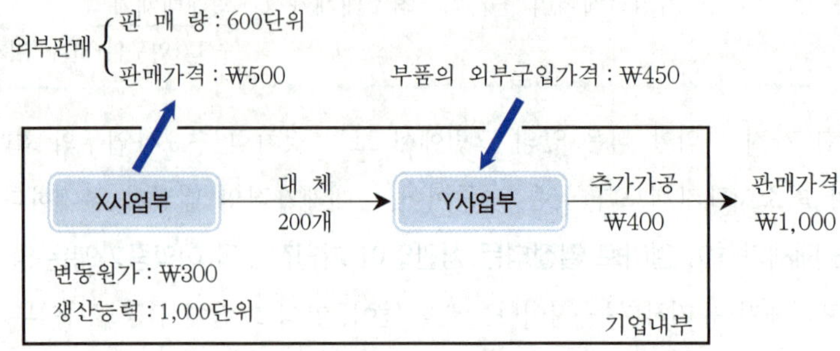

1. 대체가격의 범위

X사업부의 최소대체 가격=₩300

Y사업부의 최대대체 가격=₩450

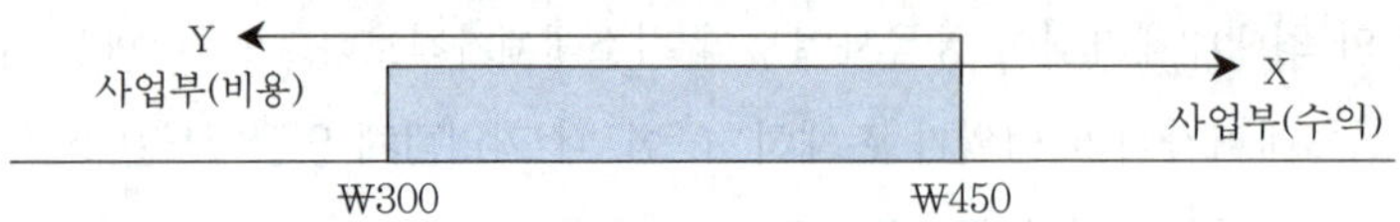

X사업부와 Y사업부간의 대체가능한 범위가 존재하므로 회사전체의 입장에서는 대체가격에 관계없이 내부대체 하는 것이 더 유리하며, 이때 내부대체로 인한 증분이익은 (₩450−₩300)×200단위=₩30,000이다.

2. 공헌이익손익계산서

(1) 내부대체를 하지 않는 경우

		X사업부		Y사업부	회사전체
매 출 액	600단위×₩500=	₩300,000	200단위×₩1,000=	₩200,000	₩500,000
변동원가	600단위×₩300=	180,000	200단위×₩400=	80,000	260,000
			200단위×₩450=	90,000	90,000
공헌이익		₩120,000		₩30,000	₩150,000
고정원가		100,000		50,000	150,000
영업이익		₩20,000		₩(20,000)	₩0

(2) 내부대체를 하는 경우

		X사업부		Y사업부	회사전체
매 출 액	600단위×₩500=	₩300,000	200단위×₩1,000=	₩200,000	₩500,000
	200단위×TP=	200TP			200TP
변동원가	800단위×₩300=	240,000	200단위×₩400=	80,000	320,000
			200단위×TP=	200TP	200TP
공헌이익		₩60,000+200TP		₩120,000−200TP	₩180,000
고정원가		100,000		50,000	150,000
영업이익		200TP−₩40,000		₩70,000−200TP	₩30,000

내부대체를 함으로 인한 증분이익은 ₩30,000－₩0＝₩30,000으로써 대체가격의 범위를 이용하여 분석한 결과와 일치한다.

3. 내부대체시 단위당 이익변화액

(1) 공급사업부의 이익증가액

₩350－₩300＝₩50 이익증가
대체가격　최소대체가격

공급사업부의 최소대체가격은 공급사업부 입장에서 내부대체시에 이익이 증가하기 위해 최소한도로 받아야 하는 대체가격이다. 따라서 이 금액(₩300)보다 대체가격(₩350)이 큰 경우에는 그 차이(₩50)만큼 공급사업부의 이익이 증가한다.

(2) 수요사업부의 이익증가액

₩450－₩350＝₩100 이익증가
최대대체가격　대체가격

수요사업부의 최대대체가격은 수요사업부입장에서 내부대체시에 이익이 증가하기 위해 비용으로 지급할 수 있는 최대금액을 의미한다. 따라서 이 금액(₩450)보다 대체가격(₩350)이 작은 경우에는 그 차이만큼 수요사업부의 이익이 증가한다.

(3) 기업전체의 이익증가액

₩450－₩300＝₩150 이익증가
최대대체가격　최소대체가격

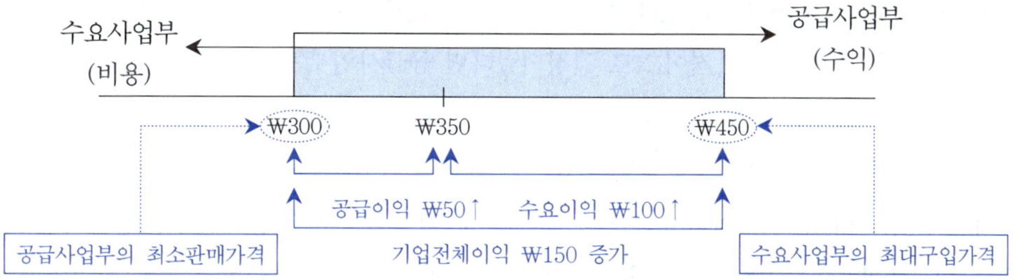

이와 같이 공급사업부와 수요사업부가 동시에 수락할 수 있는 대체가격의 범위가 존재하는 상황에서 회사전체의 이익을 극대화하기 위해서는 최소대체가격과 최대대체가격 사이에서 대체가격이 결정되도록 함으로써 공급사업부와 수요사업부간의 대체거래가 성립하도록 유인해야 할 것이다.

(2) 수요사업부의 최대대체가격이 공급사업부의 최소대체가격보다 낮은 경우

공급사업부가 받아야 하는 최소대체가격이 수요사업부가 지급할 수 있는 최대대체가격보다 높은 경우에는 다음 그림에서 보는 바와 같이 공급사업부와 수요사업부가 모두 수용가능한 대체가격이 존재하지 않기 때문에 대체거래는 성립하지 않는다.

대체가격의 범위

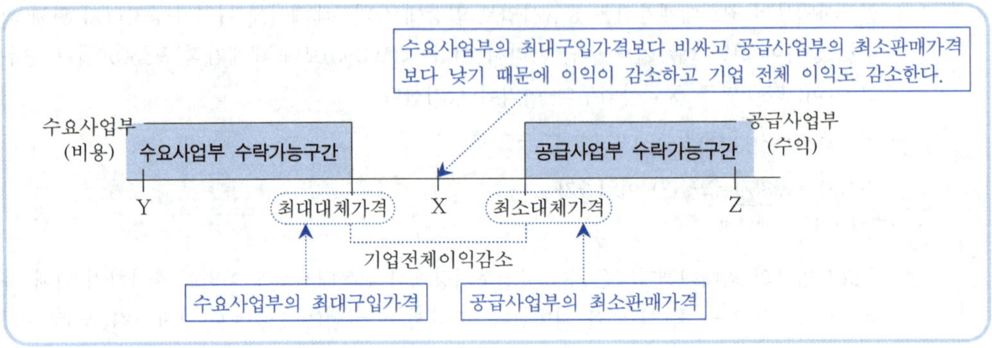

각 사업부의 의사결정

이와 같은 상황에서 개별사업부가 자율적으로 대체가격을 결정하도록 하면 내부대체는 일어나지 않는다. 즉, 앞의 그림에서 X로 대체가격이 결정되면 수요사업부는 최대대체가격(최대구입비용)보다 높은 구입가격으로 부품을 공급받아야 하고, 공급사업부는 최소대체가격(최소판매가격)보다 낮은 가격으로 판매할 수밖에 없기 때문에 두 사업부 모두 대체를 수락하지 않게 된다. 그리고 실제대체가격이 X로 결정되었다면 공급사업부는 최소대체가격과 X와의 차이만큼 이익이 감소하고, 수요사업부는 X와 최대대체가격의 차이만큼 이익이 감소한다.

한편, 실제대체가격이 Y로 결정되었다면, 수요사업부는 대체를 원하지만 공급사업부가 대체를 거부하여 대체가 일어나지 않고, 실제대체 가격이 Z로 결정되었다면 공급사업부는 대체를 원하지만, 수요사업부가 대체를 거부하여 대체가 일어나지 않는다. 결국 이런 경우에는 어떤 가격범위에서도 대체가 일어나지 않는다.

기업전체 의사결정

기업전체 입장에서는 대체가 일어나는 경우에 최소대체가격과 최대대체가격과의 차이만큼 기업전체 이익이 감소한다. 따라서 수요사업부의 최대대체가격이 공급사업부의 최소대체가격보다 작은 경우에는 두 사업부 모두 대체를 수락할 수 있는 대체가격의 범위가 존재하지 않으며, 이 때 기업전체 입장에서도 대체를 하는 경우 최소대체가격과 최대대체가격의 차이만큼 이익이 감소하므로 반드시 중간제품을 내부대체하지 말아야 한다.

예제[15-11] 기업전체 의사결정

[예제 15－10]의 자료에서 X사업부는 외부시장 수요가 1,000개인 것으로 조정하여 다음 물음에 답하시오.

요구사항

1. 이와 같은 상황에서 설정가능한 대체가격의 범위를 구하여 회사 전체의 입장에서 내부대체를 하는 경우와 하지 않는 경우 어떤 것이 더 유리한지 판단하시오.
2. 각각의 경우에 공헌이익손익계산서를 작성하여 분석하시오.
3. 대체가격을 ₩470으로 결정해서 내부대체를 실시하는 경우 다음에 답하시오.
   (1) 대체시 공급사업부의 단위당 이익변화액
   (2) 대체시 수요사업부의 단위당 이익변화액
   (3) 대체시 기업전체의 단위당 이익변화액

해답

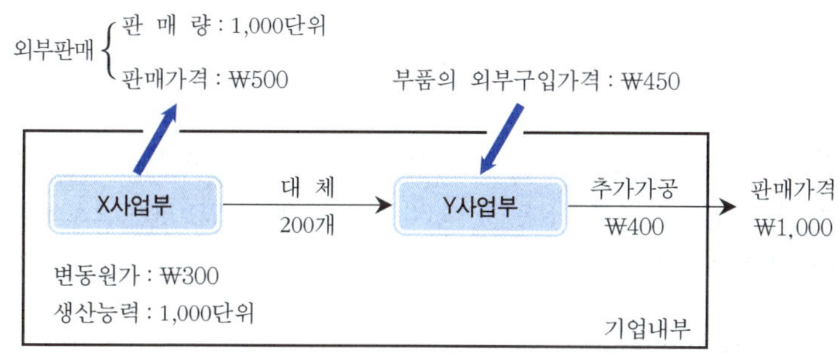

1. 대체가격의 범위
   X사업부의 최소대체가격＝₩300＋(₩500－₩300)＝₩500
   Y사업부의 최대대체가격＝₩450

X사업부와 Y사업부간의 대체가능한 범위가 존재하지 않으므로 회사전체의 입장에서는 내부대체를 하지 않는 것이 더 유리하며, 내부대체를 할 경우의 증분손실은 (₩500－₩450)×200단위＝₩10,000이다.

2. 공헌이익손익계산서

(1) 내부대체를 하지 않는 경우

	X사업부		Y사업부		회사전체
매 출 액	1,000단위×₩500=	₩500,000	200단위×₩1,000=	₩200,000	₩700,000
변동원가	1,000단위×₩300=	300,000	200단위×₩400=	80,000	380,000
			200단위×₩450=	90,000	90,000
공헌이익		₩200,000		₩30,000	₩230,000
고정원가		100,000		50,000	150,000
영업이익		₩100,000		₩(20,000)	₩80,000

(2) 내부대체 하는 경우

	X사업부		Y사업부		회사전체
매 출 액	800단위×₩500=	₩400,000	200단위×₩1,000=	₩200,000	₩600,000
	200단위×TP=	200TP			200TP
변동원가	1,000단위×₩300=	300,000	200단위×₩400=	80,000	380,000
			200단위×TP=	200TP	200TP
공헌이익		₩100,000+200TP		₩120,000−200TP	₩220,000
고정원가		100,000		50,000	150,000
영업이익		200TP		₩70,000−200TP	₩70,000

내부대체를 함으로 인한 증분손실은 ₩80,000−₩70,000=₩10,000으로써 대체가격의 범위를 이용하여 분석한 결과와 일치한다.

3. 내부대체시 단위당 이익변화액

(1) 공급사업부의 이익증가액

₩470(대체가격)−₩500(최소대체 가격)=₩30 이익감소

(2) 수요사업부의 이익증가액

₩450(최대대체가격)−₩470(대체가격)=₩20 이익감소

(3) 기업전체의 이익증가액

₩450(최대대체가격)−₩500(최소대체가격)=₩50 이익감소

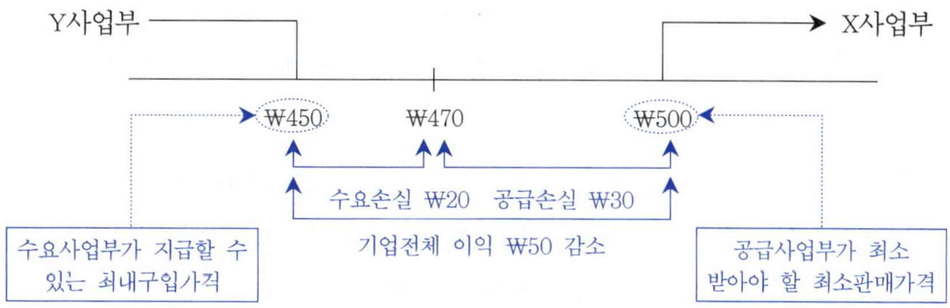

이와 같이 공급사업부와 수요사업부가 동시에 수락할 수 있는 대체가격의 범위가 존재하지 않는 상황에서 회사전체의 이익을 극대화하기 공급사업부와 수요사업부간의 대체거래가 성립하지 않도록 유인해야 하고 자율성을 부여한 경우에 각 사업부는 대체를 하지 않는 의사결정을 할 것이다.

제 5 절 다국적 기업의 대체가격결정

다국적기업은 본사와 지사간의 재화나 용역의 거래가 필수적이고, 이에 따라 해당 재화나 용역의 거래에 수반되는 가격, 즉 대체 및 이전가격의 문제가 중요한 관심사로 등장하고 있는데, 이와 같은 다국적기업에서 대체가격을 결정할 때에는 ① 성과평가, ② 경영자동기부여, ③ 법인세최소화, ④ 각국의 법적규제(배당송금 제한·수입관세 등)를 고려하여야 한다.

대체유형	국내대체가격과 국제대체가격의 고려 요소
국내대체가격	① 보다 높은 목표일치성 달성 ② 더 나은 성과평가 ③ 더 많은 자율성 유지 ④ 경영자에게 더 큰 동기부여
국제대체가격	① 더 낮은 세금, 의무 및 관세 ② 더 적은 외환위험 ③ 더 나은 경쟁적 위치 ④ 각국 정부와의 더 나은 관계

이 중에서 법인세의 최소화를 살펴보면, 국가마다 세율의 차이가 있으므로 다국적기업은 대체가격의 수준을 조정하여 본사와 지사의 이익배분액을 조정하면 회사전체의 입장에서 세금총액이 줄어들거나 늘어날 수 있다. 즉, 회사전체의 세전이익은 대체가격과 관계없이 일정하지만 회사전체의 세후이익은 대체가격의 수준에 따라 달라질 수 있다는 것이다. 한편, 개별국가의 입장에서는 대체가격의 조정을 규제 없이 방치한다면 조세 수입의 감소는 물론이거니와 다국적기업의 저가

공세로 인해 동종 업계의 국내 기업들이 고사해 버리는 결과까지도 초래할 수 있다. 따라서 이러한 현상을 방지하기 위해 대부분의 국가들은 법적규제를 통해서 다국적기업의 대체가격 설정수준을 통제하고 있다.

결국 이러한 현실적인 한계가 존재하기 때문에 다국적기업이 대체가격을 설정할 때에는 대체·이전하고자 하는 지사나 사업부가 위치하고 있는 해당 국가의 법적인 규제를 검토하여 그 규제의 테두리 내에서 세율이 낮은 국가의 이익이 커지도록 하여 회사 전체의 세후이익을 극대화할 수 있는 대체가격의 수준을 모색해야 할 것이다.

예제 [15-12] 다국적기업의 대체가격결정-세금최소화

다국적기업인 (주)원가는 한국과 영국에 각각 사업부를 두고 있다. 한국사업부에서 생산하는 부품의 단위당 변동원가는 ₩100이며, 연간 고정제조간접원가는 ₩100,000이다. 6차년도에 부품 2,000개를 생산하여 그 중 60%는 한국시장에 단위당 ₩200에 판매하였으며, 나머지 40%는 영국에 수출하여 추가가공 하였다. 영국에서 추가가공 하는데 소요되는 단위당 변동원가는 ₩20이며, 연간 고정원가는 ₩15,000이다. 영국에서의 단위당 최종판매가격은 ₩250이다.

요구사항

한국의 법인세율은 40%이며, 영국의 법인세율은 25%라고 가정하고 다음 물음에 답하시오.

1. 시장가격 기준으로 대체가격을 설정할 때, 한국과 영국에서의 세후이익을 계산하라.
2. 전부원가 기준으로 대체가격을 설정할 때, 한국과 영국에서의 세후이익을 계산하라.
3. 각 사업부의 성과평가를 법인세 차감 후 순이익에 의해서 한다면, 한국사업부의 경영자와 영국사업부의 경영자가 각각 받아들일 수 있는 대체가격은 요구사항1과 요구사항2 중에서 어느 가격을 사용할지 결정하시오.
4. 법인세측면만을 고려하여 대체가격을 설정할 경우 기업전체 입장에서 최적의 대체가격은 [요구사항 1]과 [요구사항 2] 중에서 어느 가격을 사용할지 결정하시오.

해답

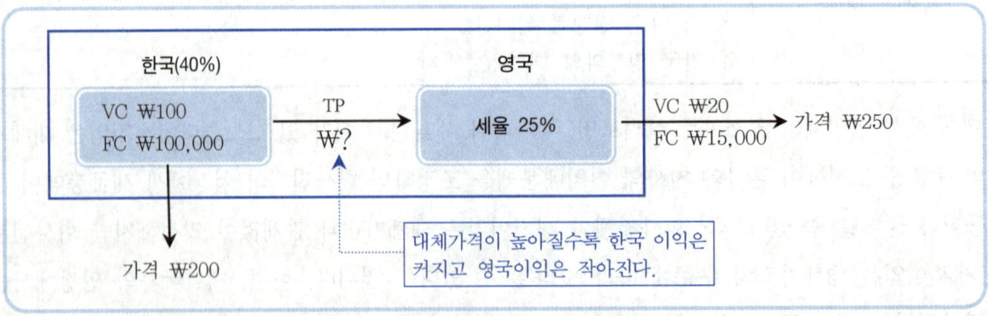

1. 다국적기업 사이의 거래시 세후이익

시장가격은 ₩200이므로 대체가격을 ₩200으로 설정한다.

		한 국		영 국	합 계
매 출 액	₩200×1,200개=	₩240,000			
	₩200×800개=	160,000	₩250×800개=	₩200,000	₩600,000
변동원가	₩100×2,000개=	200,000	₩200×800개=	160,000	
			₩20×800개=	16,000	376,000
공헌이익		₩200,000		₩24,000	₩224,000
고정원가		100,000		15,000	115,000
영업이익		₩100,000		₩9,000	₩109,000[*1]
법 인 세	₩100,000×40%=	40,000	₩9,000×25%=	2,250	42,250
세후이익		₩60,000		₩6,750	₩66,750[*2]

2. 전부원가기준 대체가격

전부원가기준 대체가격=₩100+(₩100,000÷2,000개)=₩150

전부원가를 대체가격으로 설정할 경우 한국과 영국에서의 세후이익은 다음과 같다.

		한 국		영 국	합 계
매 출 액	₩200×1,200개=	₩240,000			
	₩150×800개=	120,000	₩250×800개=	₩200,000	₩560,000
변동원가	₩100×2,000개=	200,000	₩150×800개=	120,000	
			₩20×800개=	16,000	336,000
공헌이익		₩160,000		₩64,000	₩224,000
고정원가		100,000		15,000	115,000
영업이익		₩60,000		₩49,000	₩109,000[*1]
법 인 세	₩60,000×40%=	24,000	₩49,000×25%=	12,250	36,250
세후이익		₩36,000		₩36,750	₩72,750[*2]

*1. 세전이익은 대체가격과 무관하게 기업전체이익이 동일하다.
2. 세후기업전체이익을 극대화하는 대체가격이 존재한다.

3. 한국사업부의 경영자는 법인세차감 후 순이익이 큰 방법인 시장가격을 대체가격으로 설정하고자 할 것이다. 그러나 영국사업부의 경영자는 법인세차감 후 순이익이 큰 전부원가를 대체가격으로 설정하고자 할 것이다.

4. 기업전체입장에서는 법인세가 낮아서 법인세 차감 후 순이익이 큰 전부원가를 기준으로 대체가격으로 설정하고자 할 것이다.

보론 공급사업부의 기회비용 유형

내부대체를 위해 기존의 판매수량을 포기하게 되면 기회비용이 발생한다. 그런데 이 기회비용의 유형은 외부판매방식에 따라 매우 다양하다. 이중에서 특수한 형태의 기회비용 유형 세 가지를 살펴보도록 하겠다.

(1) 외부판매가 특별주문인 경우

특별주문은 특별주문수량 전체를 수락하거나 특별주문전체수량을 거부하는 것이지 분할 수락은 일반적으로 논의하지 않는다. 따라서 내부대체를 위해 특별주문을 포기하는 경우에 내부대체수량만큼만 포기할 수 있는 것이 아니라 특별주문수량 전체를 포기해야 하므로 기회비용을 계산할 때 이를 고려해서 다음과 같이 계산한다.

$$\text{최소대체가격} = \text{대체시 단위당 증분비용} + \underbrace{\frac{\text{특별주문전체수량포기로인한 공헌이익감소액}}{\text{내부대체수량}}}_{\text{기회비용}}$$

보론예제 1 기회비용−외부판매가 특별주문

공급사업부의 생산능력은 5,000단위이고 5,000단위 전체를 외부의 한 업체에 특별주문으로 공급하고 있으며 별도의 외부판매는 없다. 이 외부업체의 주문은 전량을 수락하거나 거부해야 한다. 외부업체에 대한 판매가격은 ₩1,000이고 공급사업부의 원가자료는 다음과 같다.

단위당 재료원가	₩300
단위당 노무원가	100
단위당 변동제조간접원가	200
단위당 변동판매관리비	100

요구사항

최근에 수요사업부에서 4,000개를 내부대체하려는 요청이 들어왔다. 내부대체시에 변동판매관리비는 발생하지 않는다. 공급사업부 입장에서 최소대체가격을 계산하시오.

해답

$$\text{최소대체가격}: \underbrace{₩600}_{\text{증분비용}} + \underbrace{\frac{(₩1,000-₩700)\times 5,000\text{단위}}{4,000\text{단위}}}_{\text{기회비용}} = ₩975$$

(2) 내부대체시 외부판매가격이 변동되는 경우

공급사업부가 시장에 영향을 미칠 수 있는 상황인 경우 내부대체로 인하여 외부판매량이 감소되면 공급감소로 인해 외부판매가격이 인상된다. 따라서 기회비용을 계산할 때 내부대체로 인해서 기존의 공헌이익 총액이 변동된 금액만큼을 대체수량으로 나누어서 다음과 같이 계산해야 한다.

$$\text{최소대체가격} = \text{단위당 증분비용} + \underbrace{\frac{\text{대체전 외부판매공헌이익} - \text{대체후 외부판매공헌이익}}{\text{내부대체수량}}}_{\text{기회비용}}$$

보론예제 2 기회비용－외부판매가격 변동

공급사업부의 생산능력은 5,000단위이고 5,000단위 전체를 외부에 판매하면 판매가격이 ₩900이며 4,000단위만을 외부에 판매하면 ₩920을 받을 수 있다. 공급사업부의 원가자료는 다음과 같다.

단위당 재료원가	₩300
단위당 노무원가	100
단위당 변동제조간접원가	200
단위당 변동판매관리비	100

요구사항

최근에 수요사업부에서 1,000개를 내부대체하려는 요청이 들어왔다. 내부대체시에 변동판매관리비는 발생하지 않는다. 공급사업부 입장에서 최소대체가격을 계산하시오.

해답

$$TP = \underbrace{₩600}_{\text{증분비용}} + \underbrace{\frac{(₩900 - ₩700) \times 5{,}000\text{단위} - (₩920 - ₩700) \times 4{,}000\text{단위}}{1{,}000\text{단위}}}_{\text{기회비용}} = ₩720$$

15 연습문제

객관식 문제

01 투자수익률–투자안선택

당신은 나무회사의 투자중심점의 최고경영자로 일하고 있으며, 현재 투자중심점의 총투자액은 1,000,000원이고 회계이익은 연간 150,000원이다. 당신은 다음의 투자안을 고려하고 있다.

투 자 안	투자요구액	투자로부터 연간이익
A	₩200,000	₩40,000
B	300,000	42,000
C	400,000	50,000

회사의 요구수익률은 13%이며, 투자에 필요한 자금은 본사에서 조달해 준다. 당신의 경영성과 투자수익률에 의해 결정되는 경우 회사에 유리한 투자안과 당신에게 유리한 투자안을 각각 옳게 지적한 것은?

	회사에 유리한 투자안	당신에게 유리한 투자안
①	모든 투자안(A, B, C)	투자안 A
②	투자안 A와 B	투자안 A와 B
③	투자안 A	투자안 A
④	투자안 A와 B	투자안 A
⑤	투자안 A	투자안 A와 B

02 투자수익률

다음은 (주)한라의 연간 경영성과자료이다.

매 출 액	₩600,000
영 업 이 익	100,000
투 자 액	400,000

다음 방정식 중 (주)한라의 투자수익률을 계산하는데 이용될 수 있는 것은?

① (4/6)×(6/1)=ROI ② (6/4)×(1/6)=ROI ③ (4/6)×(1/6)=ROI
④ (6/4)×(6/1)=ROI ⑤ (1/4)×(6/1)=ROI

03 투자수익률의 단점

업적평가의 기법으로 투자수익률(ROI : Return on Investments)을 사용할 때의 단점은?

① 매출순이익률과 자산회전율로 구분하여 분석이 가능하다.

② 투자중심점의 업적비교가 곤란하다.

③ 기존 자본비용을 초과하는 이익이 기대되는 사업에 대한 투자를 유도한다.

④ 투자중심점의 업적평가로는 적합하나 투자중심점 책임자의 업적평가로는 부적합히다.

⑤ 현재의 투자수익률 보다 낮은 투자수익률이 기대되는 사업에 대한 투자를 기피한다.

04 투자수익률의 증대방안

매출순이익률과 자산회전율이 어떻게 변화해야 투자수익률이 극대화될 것인가?

	자산회전율	매출순이익률
①	증 가	감 소
②	증 가	증 가
③	감 소	증 가
④	감 소	감 소
⑤	감 소	관계없음

05 투자수익률 : 투자액의 추정

선양회사는 당기 초에 새 기계를 구입하였다. 이 기계의 잔존가치는 없으며, 정액법 기준으로 10년에 걸쳐서 감가상각을 한다. 새 기계는 향후 10년간 영업활동과 관련하여 매년 법인세비용 차감 전 ₩3,300,000의 현금유입을 창출할 수 있을 것으로 기대되고 있다. 투자자본에 대한 투자수익률(법인세비용 차감 전 기준)이 10%로 예상된다면 새 기계의 원가는 얼마인가?

① ₩33,000,000 ② ₩27,500,000 ③ ₩12,500,000

④ ₩15,000,000 ⑤ ₩16,500,000

06 잔여이익

(주)계룡은 전국에 10개의 체인점을 운영하고 있다. 이 회사의 10개 체인점은 각각 독립적으로 운영되고 있다. 각 체인점의 성과는 매출액의 4%를 목표이익으로 하는 잔여이익에 의해 측정된다. 서울 강남의 A체인점의 연간매출이 ₩300,000이고 매출원가는 ₩120,000이며 영업비용이 ₩155,000, 투자액이 ₩300,000일 때, 그 체인점의 잔여이익은 얼마인가?

① ₩8,000 ② ₩10,000 ③ ₩13,000

④ ₩19,000 ⑤ ₩21,000

07 잔여이익 (2010. 세무사)

(주)강릉은 다음과 같은 3개의 사업부(A, B, C)를 갖고 있다. 다음 자료를 이용하여 각 사업부를 잔여이익으로 평가했을 때 성과가 높은 사업부 순서대로 옳게 배열한 것은?

구 분	A	B	C
투 자 액	₩1,300,000	₩1,200,000	₩1,500,000
영 업 이 익	300,000	330,000	350,000
최저필수수익률	16%	19%	16%

① C>A>B ② C>B>A ③ B>A>C
④ A>C>B ⑤ A>B>C

08 잔여이익 (2004. 세무사)

(주)공주의 갑사업부의 작년도 ROI는 15%이었다. 갑사업부의 최저필수 수익률은 10%이다. 만약 작년도 갑사업부의 평균영업용 자산이 ₩450,000이었다면 잔여이익은 얼마이었겠는가?

① ₩67,500 ② ₩22,500 ③ ₩37,500
④ ₩45,000 ⑤ ₩35,000

09 투자수익률과 잔여이익의 비교 (2000. 세무사)

(주)서울에는 A와 B 두 개의 사업부가 있는데, 다음은 두 사업부의 성과평가와 관련된 자료이다.

구 분	A사업부	B사업부
투 자 액	2,000억원	4,000억원
순 이 익	400	720

(주)서울의 자본비용은 10%이다. (주)서울이 사업부의 평가를 투자수익률과 잔여이익으로 평가하는 경우 어떠한 평가가 이루어지겠는가?

① 투자수익률로 평가하는 경우에는 A사업부, 잔여이익으로 평가하는 경우에는 B사업부가 각각 더 우수한 결과가 나온다.
② 투자수익률로 평가하는 경우에는 B사업부, 잔여이익으로 평가하는 경우에는 A사업부가 각각 더 우수한 결과가 나온다.
③ A사업부가 투자수익률이나 잔여이익 모두 더 우수하다는 결과가 나온다.
④ B사업부가 투자수익률이나 잔여이익 모두 더 우수하다는 결과가 나온다.
⑤ A사업부와 B사업부 부문 모두 성과가 차이가 없다.

10 EVA

다음 자료에 의해 계산된 종옥(주)의 경제적부가가치(EVA)는 얼마인가?

• 세전 영업이익	₩1,500,000
• 법인세율	35%
• 가중평균자본비용	13%
• 총자산(비영업자산 제외)	₩6,600,000
• 유동부채(이자발생 부채는 없음)	₩600,000
• 최소요구투자수익률	15%

① ₩255,000 ② ₩510,000 ③ ₩183,000

④ ₩708,000 ⑤ ₩195,000

11 경제적부가가치의 계산 (2006. KICPA)

다음은 (주)누리의 남부사업부와 중부사업부의 대차대조표와 손익계산서 자료의 일부이다.

구 분	남부 사업부	중부 사업부
총 자 산	₩2,000,000	₩10,000,000
유 동 부 채	500,000	3,000,000
세전영업이익	250,000	2,000,000

(주)누리의 가중평균자본비용 계산에 관련된 자료는 다음과 같다.

• 장기부채 : 시장가치 ₩7,000,000 이 자 율 12%
• 자기자본 : 시장가치 ₩7,000,000 자본비용 14%

법인세율은 40%이다. 남부사업부와 중부사업부의 경제적 부가가치(EVA)는 얼마인가? (단, 각 사업부에는 동일한 가중평균자본비용을 적용한다)

	남부 사업부	중부 사업부
①	₩100,000	₩130,000
②	50,000	130,000
③	−9,000	458,000
④	50,000	200,000
⑤	100,000	200,000

15

12 투자자본변동시의 EVA 계산 (2010. KICPA 수정)

(주)한해는 당기 초부터 고객에 대한 신용매출 기간을 3개월에서 6개월로 연장하는 판매촉진정책을 실시하였다. 그 결과 당기에는 전기에 비해 매출액과 세후이익이 모두 증가하였고, 재고자산과 매출채권은 각각 ₩4,500과 ₩3,500만큼 증가하였다. 회사가 제시한 비교손익계산서와 법인세율 및 자본비용(cost of capital)은 다음과 같다.

항 목	당 기	전 기	증 감
매 출 액	₩275,000	₩250,000	10% 증가
차 감			
매출원가	₩192,500	₩175,000	
판매관리비	55,000	50,000	
이자비용	1,400	1,400	
세전이익	₩26,100	₩23,600	
법인세비용	9,135	8,260	
세후이익	₩16,965	₩15,340	10.6% 증가
법인세율	35%	35%	
자본비용	15%	15%	

새로운 판매촉진정책의 실시로 인하여 당기의 경제적 부가가치(economic value added, EVA)는 전기에 비해 얼마만큼 증가(혹은 감소)하였는가? (단, 세후영업이익에 대한 추가적인 조정은 없으며 재고자산과 매출채권 이외에 투하자본(invested capital)의 변동은 없다고 가정한다)

① ₩825 감소 ② ₩1,400 감소 ③ ₩500 증가
④ ₩425 증가 ⑤ ₩1,625 증가

13 ROI, RI, EVA의 개념 (2007. 세무사)

투자수익률(ROI), 잔여이익(RI) 및 경제적 부가가치(EVA)에 대한 설명으로 옳지 않은 것은?

① ROI를 전문경영자의 보상평가기준으로 사용한다면 대리인비용이 절감되고 투자안의 경제성 평가기준으로 사용될 수 있다.
② EVA는 타인자본비용 뿐만 아니라 자기자본비용도 고려하여 산출한다.
③ EVA는 주주의 입장에서 바라보는 이익개념으로 기업고유의 영업활동에서 창출된 순가치의 증가분을 의미한다.
④ ROI는 회사 전체적으로 채택하는 것이 유리한 투자안을 부당하게 기각할 가능성이 있지만, RI와 EVA는 그럴 가능성이 없다.
⑤ RI는 ROI의 단점인 준최적화현상을 보완하기 위하여 개발되었다.

14 분권화 개념문제 (2005. 세무사)

다음 중 분권화된 조직에서의 책임회계제도, 대체가격, 투자중심점, 성과평가 등과 관련한 설명으로 옳지 않은 것은?

① 책임회계제도는 조직의 자원이 어느 기능을 위하여 사용되었는가 보다는 누가 사용하였는가에 관심을 둔다.

② 이익중심점이란 수익과 비용 모두에 대하여 책임이 부여된 조직의 하위단위 또는 부문을 말한다.

③ 잔여이익(residual income)이란 투자중심점이 사용하는 영업자산으로부터 당해 투자중심점이 획득하여야 하는 최소한의 이익을 초과하는 영업이익을 말한다.

④ 조직의 하위부문 사이에 재화를 주고받을 경우 각 하위부문에 대한 공정한 성과평가를 하려면 공급부문의 변동원가에 근거하여 대체가격을 설정하는 것이 바람직하다.

⑤ 투자수익률(return on investment)이란 수익성지표의 일종으로서 이는 투하된 자본금액에 대한 이익의 비율을 나타낸다.

15 ROI, RI, EVA의 개념 (2009. KICPA)

투자중심점(investment center)의 투자성과 평가지표에 관한 다음의 설명 중 가장 타당하지 않은 것은?

① 투자수익률(return on investment : ROI)은 투하자본에 대한 투자이익의 비율을 나타내는 수익성 지표이며, 매출이익률에 자산회전율을 곱하여 계산할 수 있다.

② 투자수익률은 기업의 여러 투자중심점의 성과를 비교하는데 유용할 수 있지만, 투자수익률의 수준이 투자중심점 경영자의 성과평가기준으로 사용될 경우에는 목표불일치 문제를 야기할 수 있다.

③ 잔여이익에 의한 투자중심점 성과평가는 투자수익률에 의한 준최적화 문제를 해결할 수 있으며, 각기 다른 투자규모의 투자중심점들의 성과를 잔여이익에 의하여 직접적으로 비교평가 할 수 있는 장점이 있다.

④ 경제적부가가치(economic value added : EVA)는 세후영업이익에서 투하자본에 대한 자본비용을 차감하여 계산할 수 있다.

⑤ 경제적부가가치의 관점에서는 영업이익이 당기순이익보다 기업의 경영성과를 평가하는데 유용한 지표라고 본다.

15

16 대체가격의 결정기준

다음 중에서 대체가격의 결정기준에 대한 설명으로 타당하지 않은 것은?

① 목표일치성은 각 사업경영자가 자기사업부의 이익을 극대화하는 의사결정을 할 때 회사전체의 이익도 극대화되도록 대체가격을 결정해야 한다는 기준으로 대체가격을 결정할 때에는 목표일치성이 달성되도록 해서 사업부의 경영자가 자기사업부의 목표보다 회사전체의 목표를 더 중요하게 생각하도록 동기부여를 해야 한다.

② 자율성은 사업부의 경영자에게 대체가격을 결정하고 내부대체 여부를 결정하는 권한을 위임하도록 하는 것으로 동기부여를 위해서 자율성이 필요한 것으로 널리 인식되어 왔다. 하지만 개별사업부의 경영자가 목표불일치가 나타나는 의사결정을 할 수도 있는 문제점이 있다.

③ 성과평가기준은 각 사업부의 성과를 공정하게 평가할 수 있도록 대체가격을 설정해야 한다는 기준으로 대체가격이 합리적으로 설정되지 않는다면 각 사업부의 성과평가는 공정성을 상실하게 된다. 이렇게 되면 각 사업부경영자는 회사전체의 목표에 일치하지 않는 행동을 할 수도 있고, 결국에는 이익창출 의욕을 저하시킴으로써 분권하의 목적을 달성하지 못할 수도 있다.

④ 공기관에 의한 재정가격 결정기준은 공기관이 인정하는 대체가격의 범위내에서 기업에 미칠 수 있는 불리한 영향은 최소화하고 유리한 영향을 최대화할 수 있도록 대체가격을 결정해야 한다는 기준이다. 다국적기업의 경우 대체가격을 조정해서 상대적으로 세율이 높은 국가에 있는 사업부의 이익은 높게 하고, 세율이 낮은 국가에 있는 사업부의 이익을 낮게 해서 전체 세금을 최소화하려고 한다.

⑤ 완전경쟁 시장에서는 재화와 용역의 가격을 쉽게 입수할 수 있으므로 이 시장가격을 대체가격으로 결정하면 각 사업부의 목표일치성, 성과평가, 자율성 기준을 모두 충족시킬 수 있는 가장 이상적인 대체가격이 된다.

17 대체가격의 결정방법 (2002. KICPA)

이전가격 결정방법의 선택에는 아래와 같은 다섯 가지의 요소들이 고려된다. 각 요소의 특성이 세 가지의 이전가격 결정방법별로 모두 올바르게 기술된 것은?

		이전가격 결정방법		
	고려요소	시장가격기준 이전가격	원가기준 이전가격	협상 이전가격
①	경영노력 동기부여	동기부여	예산원가에서 가능	동기부여
②	목표일치성	경쟁시장에서 가능	항상 가능	가능
③	하위단위 성과평가 유용	경쟁시장에서 유용	유용	협상력의 영향
④	하위단위 자율성 유지	경쟁시장에서 가능	불가능	불가능
⑤	적용 용이성	시장유무에 따라 상이	용이	용이

18 유휴생산능력과 최소대체가격

M회사의 A사업부는 제품생산에 소요되는 부품을 생산하여 외부에 단위당 ₩250씩 10,000개를 판매하고 있으며 부품을 생산·판매하는데 드는 단위당 변동원가는 다음과 같다.

재 료 원 가	₩40
노 무 원 가	60
변동제조간접원가	40
변 동 판 매 비	50
	₩190

부품을 내부대체할 경우 변동판매비의 40%를 절감할 수 있다. B사업부로부터 3,000개의 공급요청을 받았다. 최대생산능력이 15,000개인 경우와 10,000개인 경우에 A사업부가 B사업부에 요구할 수 있는 최소대체가격은 각각 얼마인가?

	15,000개인 경우	10,000개인 경우
①	₩190	₩250
②	190	225
③	170	250
④	170	230
⑤	250	250

15

19 공급사업부의 최소대체가격

부품 생산능력이 연간 50,000단위인 (주)원가의 수익과 원가자료는 다음과 같다.

• 단위당 외부판매가격	₩400
• 단위당 변동원가	220
• 단위당 고정원가(연간 50,000단위 기준)	100

이 회사는 부품을 이용하여 완제품을 생산하는 공장을 보유하고 있다. 이 공장은 현재 연간 5,000단위의 부품을 단위당 ₩380에 외부에서 조달하고 있다. 회사가 생산하는 제품 전량을 외부시장에 판매할 수 있고 사내 대체시 단위당 변동판매관리비 ₩25을 절감할 수 있다면, 회사전체의 이익극대화 입장에서 부품의 단위당 최소대체가격은?

① ₩220 ② ₩250 ③ ₩370
④ ₩375 ⑤ ₩400

20 공급사업부와 수요사업부의 대체가격 범위

(주)강원은 A사업부와 B사업부로 구성되어 있다. A사업부는 부품을 생산하고 B사업부는 A사업부에서 생산한 부품을 가공하여 완제품을 생산한다. A사업부에서 생산할 수 있는 부품의 수는 연간 10,000개이고 외부시장에 ₩100에 6,000개를 판매하고 있으며 부품 1개당 ₩50의 변동원가가 발생한다. B사업부는 4,000개의 부품을 가지고 ₩120의 추가가공원가를 지출하여 완제품을 생산한 후 ₩200에 외부로 판매한다. B사업부는 외부공급자로부터 부품을 ₩70에 구입한다. 두 사업부가 동의할 수 있는 대체가격의 범위로 얼마인가?

① ₩50~₩100　　② ₩50~₩70　　③ ₩70~₩100
④ ₩100~₩200　　⑤ ₩70~₩200

21 최소판매가격의 결정 (2006. 세무사)

한 회사는 갑 부문과 을 부문으로 구성되어 있다. 갑 부문에서 생산하는 부품 한 단위의 생산 및 외부판매에 소요되는 원가는 아래와 같다.

제조원가 :	변동제조원가	₩300
	고정제조원가	100
판 매 비 :	변동판매비	₩30
	고정판매비	50

갑 부문이 생산하는 부품의 외부판매가격은 단위당 ₩600이고, 동 생산 부품을 을 부문에 내부 판매할 경우 변동판매비 ₩30 중 반을 절약할 수 있다. 을 부문은 필요한 부품을 갑 부문이나 외부에서 항상 일정한 가격으로 구입할 수 있는 바, 외부에서 구입할 경우 단위당 ₩640이 소요된다. 각 부문이 이익중심점이라는 가정 하에 다음의 내용 중 가장 옳지 않은 것은?

① 갑 부문이 제조할 수 있는 부품을 전량 외부에 판매할 수 있다면 갑 부문의 최저대체가격 제시액은 ₩585이다.
② 갑 부문에 유휴 생산설비가 존재하는 경우 갑 부문의 최저대체가격 제시액은 ₩315이다.
③ 을 부문이 지급하고자 하는 최고대체가격 제시액은 ₩610이다.
④ 갑 부문과 을 부문의 내부 대체거래가 이루어지지 않을 경우 기업전체 관점에서 단위당 ₩55에서 ₩325의 손실이 발생한다.
⑤ 갑 부문과 을 부문의 내부 대체거래가 이루어지지 않을 경우 기업전체 관점에서의 단위당 손실금액은 갑 부문의 유휴 생산설비 보유여부에 영향을 받는다.

22 대체가격의 범위결정 (2007. 세무사)

대한회사는 분권화된 사업부 1과 사업부 2를 이익중심점으로 설정하여 운영하고 있다. 그동안 사업부 1은 부품 A를 생산하여 단위당 ₩110으로 사업부 2에 공급해왔다. 그런데 최근에 사업부 2는 외부공급업체로부터 부품 A를 단위당 ₩95에 공급해주겠다는 제안을 받고 있다. 사업부 1은 생산하고 있는 부품 A를 사업부 2 이외에는 판매할 수 없으며 부품 A의 단위당 제조원가 자료는 다음과 같다.

직접재료원가	₩40
직접노무원가	28
변동제조간접원가	12
고정제조간접원가	24
합계	₩104

사업부 1의 고정제조간접원가는 부품 A의 생산여부에 관계없이 계속 발생한다. 다음 설명 중 옳지 않은 것은?

① 사업부 2의 경영자는 사업부 1에 대하여 현재의 사내이전가격을 ₩95 이하로 낮추어줄 것을 요구할 것이다.

② 사업부 1이 현재의 사내이전가격을 그대로 유지하고자 한다면 사업부 2의 경영자는 부품 A의 공급자를 외부공급업자로 변경하는 것이 유리하다.

③ 사업부 1이 요구할 수 있는 최소한의 내부이전가격은 ₩95이다.

④ 사업부 1은 부품 A를 단위당 ₩90으로 사업부 2에 공급하면 단위당 ₩10만큼의 공헌이익이 발생하게 된다.

⑤ 회사전체의 입장에서는 부품 A를 자가제조하여 사내이전하는 것이 단위당 ₩15만큼 유리하다.

15

23 대체가격범위 결정 (2001. 세무사)

(주)혁신은 분권화된 사업부 갑과 을을 이익중심점으로 설정하고 있다. 사업부 갑에서 생산되는 제품 A는 사업부 을에 대체하거나 외부시장에 판매할 수 있으며, 관련된 원가자료가 다음과 같이 제시되어 있다. 사업부 을은 제품 A를 주요부품으로 사용하여 완제품을 생산하고 있으며, 공급처는 자유로이 선택할 수 있다. 현재 사업부 갑은 100,000단위의 제품 A를 생산하여 전부 외부시장에 판매하고 있으며, 사업부 을에서는 연간 50,000단위의 제품 A를 단위당 ₩42의 가격으로 외부공급업자로부터 구입하고 있다. 만일 사업부 갑이 제품 A를 사업부 을에 사내대체하여야 하고, 이 경우 단위당 ₩9의 판매비와관리비를 절감할 수 있다면 제품 A의 사내대체가격은 어느 범위에서 결정되겠는가?

제품 A의 원가자료	
단위당 외부판매가격	₩46
단위당 변동원가	30(변동판매비와관리비 포함)
연간 고정원가	1,000,000
연간 최대생산능력	100,000단위

① ₩22과 ₩42 사이　　② ₩22과 ₩30 사이　　③ ₩30과 ₩37 사이
④ ₩37과 ₩42 사이　　⑤ ₩42과 ₩45 사이

24 대체가격의 범위

밸브 생산능력이 100,000개인 (주)남산의 자료는 다음과 같다.

밸브단위당 시장가격	₩30
단위당 변동원가	16
단위당 고정원가	9(생산능력기준)

이 회사는 밸브를 이용한 펌프제작 공장을 보유하고 있다. 이 공장은 현재 연간 10,000단위의 밸브를 ₩29에 외부조달하고 있다. (주)남산이 생산하는 제품 전량을 외부시장에 팔 수 있고 사내대체시 변동원가 ₩3을 절감할 수 있는 경우 남산회사의 이익극대화 입장에서 두 부문의 대체가격으로서 적절한 가격은?

① ₩13　　② ₩16　　③ ₩27
④ ₩30　　⑤ ₩25

25 대체시 이익변화

(주)서울은 분권화된 A사업부와 B사업부를 이익중심점으로 설정하고 있다. A사업부는 중간제품을 생산하고 있는데, 연간 생산량의 20%를 B사업부에 대체하고 나머지는 외부시장에 판매하고 있다. A사업부의 연간 최대생산능력은 10,000단위로서 전량을 외부시장에 판매할 수도 있다. A사업부에서 생산되는 중간제품의 변동제조원가는 단위당 ₩450이며, 외부판매와 관련된 변동판매관리비는 단위당 ₩10이 발생한다. 고정원가는 생산량과 판매량에 상관없이 항상 일정한 금액으로 유지된다. A사업부는 그 동안 B사업부에 대체해 오던 2,000단위의 중간제품을 내년도부터 단위당 ₩750의 가격으로 외부시장에 판매할 수 있게 되었다. 또한 B사업부는 중간제품을 외부공급업자로부터 단위당 ₩820의 가격으로 구입할 수 있다. 만일, A사업부가 B사업부에 대체해 오던 중간제품 2,000단위를 외부시장에 판매하고, B사업부는 외부공급업자로부터 구입한다면 기존의 정책에 비하여 회사전체의 입장에서는 어떤 변화가 초래되겠는가?

① ₩140,000의 이익감소를 초래한다.
② ₩160,000의 이익감소를 초래한다.
③ ₩160,000의 이익증가를 초래한다.
④ ₩140,000의 이익증가를 초래한다.
⑤ 개별사업부의 이익수치만 달라질 뿐 회사전체의 이익에는 변동이 초래되지 않는다.

해 답 *Answer*

01 ④

A투자안 투자수익률$=\frac{₩40,000}{₩200,000}=20\%$

B투자안 투자수익률$=\frac{₩42,000}{₩300,000}=14\%$

C투자안 투자수익률$=\frac{₩50,000}{₩400,000}=12.5\%$

당신의 투자수익률$=\frac{₩150,000}{₩1,000,000}=15\%$

회사는 요구수익률이 13%이므로 그 이상인 A투자안과 B투자안이 유리하며 당신의 현재수익률은 15%이므로 그 이상인 A투자안이 유리하다.

02 ②

$$ROI=\frac{순이익}{투자액}=\frac{매출액}{투자액}\times\frac{순이익}{매출액}=\frac{₩600,000}{₩400,000}\times\frac{₩100,000}{₩600,000}$$

03 ⑤

ROI 사용시 단점은 회사의 요구수익률보다 높은 ROI를 가지는 투자안의 ROI가 사업부의 기존 ROI보다 낮아서 기각되는 준최적화 현상이 발생할 수 있다는 것이다.

04 ②

$$ROI=\frac{순이익}{투자액}=\underbrace{\frac{매출액}{투자액}}_{자산회전율}\times\underbrace{\frac{순이익}{매출액}}_{매출액이익률}$$

05 ⑤

$$ROI=\frac{순이익}{투자액}=\frac{₩3,300,000-감가상각비}{초기투자액}$$

여기서 감가상각비는 10년간 감가상각하므로 투자액을 x라고 하면 연간 감가상각비는 $x/10=0.1x$이다. 따라서

$$ROI=\frac{₩3,300,000-0.1x}{x}=0.1 \qquad \therefore 투자액(x)=₩16,500,000$$

06 ③

(1) 영업이익

₩300,000−₩12,000−₩155,000=₩25,000

(2) 잔여이익

₩25,000−₩300,000×0.04=₩13,000

07 ②

A의 잔여이익　₩300,000－₩1,300,000×16%=₩92,000

B의 잔여이익　₩330,000－₩1,200,000×19%=₩102,000

C의 잔여이익　₩350,000－₩1,500,000×16%=₩110,000

08 ②

(주)공주의 영업이익 : ₩450,000×0.15=₩67,500

잔여이익=영업이익－영업용자산×최저필수수익율=₩67,500－₩450,000×10%=₩22,500

09 ①

	A사업부		B사업부
ROI	₩400/₩2,000=20%	>	₩720/₩4,000=18%
RI	₩400－₩2,000×10%=₩200	<	₩720－₩4,000×10%=₩320

10 ⑤

경제적부가가치

세전영업이익×(1－세율)－(총자산－유동부채)×가중평균자본비용

₩1,500,000×(1－35%)－(₩6,600,000－₩600,000)×13%=₩195,000

11 ③

(1) 가중평균자본비용

$$12\% \times (1-40\%) \times \frac{₩7,000,000}{₩7,000,000+₩7,000,000} + 14\% \times \frac{₩7,000,000}{₩7,000,000+₩7,000,000} = 10.6\%$$

(2) 경제적 부가가치

남부사업부 ₩250,000×(1－40%)－(₩2,000,000－500,000)×10.6%=－₩9,000

중부사업부 ₩2,000,000×(1－40%)－(₩10,000,000－3,000,000)×10.6%=₩458,000

12 ④

매출액증가 : ₩275,000－250,000=₩25,000

매출원가증가 : ₩192,500－175,000=₩17,500

판매관리비증가 : ₩55,000－50,000=₩5,000

투하자본증가 : ₩4,500+3,500=₩8,000

EVA증가액 : (₩25,000－₩17,500－₩5,000)×(1－0.35)－₩8,000×15%=₩425

(영업이익: ₩25,000－₩17,500－₩5,000 / 투하자본: ₩8,000)

13 ①

투자수익률은 목표불일치의 문제가 발생할 수 있기 때문에 대리인비용이 절감된다고 할 수 없다.

14 ④

조직의 하위부문 사이에 재화를 주고받을 경우 각 하위부문에 대한 공정한 성과평가를 하려면 재화의 시장가격에 근거하여 대체가격을 설정하거나 표준원가를 기준으로 대체가격을 결정하는 것이 바람직하다.

15 ③

잔여이익은 투자규모가 다른 사업부의 성과를 평가하는 경우에 투자규모가 큰 사업부의 성과가 높게 나타나서 투자규모가 다른 사업부의 성과를 평가하는 경우에 이를 고려해야 한다.

16 ④

다국적기업의 경우 대체가격을 조정해서 상대적으로 세율이 높은 국가에 있는 사업부의 이익은 낮게 하여야 하고, 세율이 낮은 국가에 있는 사업부의 이익을 높게 해야만 전체 세금을 최소화할 수 있다.

17 ①

② 원가기준이전가격은 목표일치성이 달성되지 않을 수도 있다.

③ 원가기준이전가격은 공급사업부의 비능률이 수요사업부로 이전될 수 있으므로 성과평가에 유용하지 않다. 다만, 예산을 기준으로 대체가격을 결정하는 경우에는 성과평가가 가능하다.

④ 협상이전가격은 하위단위의 자율성이 유지된다.

⑤ 협상이전가격은 협상과정에서 많은 시간과 노력이 소모될 수 있으므로 적용이 용이하지는 않다.

18 ④

내부대체를 하는 경우에 증분비용은 다음과 같다.

재 료 원 가		₩40
노 무 원 가		60
변동제조간접원가		40
변동판매관리비	₩50×(1−40%)=	30
증 분 비 용		₩170

(1) 최대생산능력이 15,000개인 경우

유휴설비가 충분하므로 외부판매수량을 감소시키지 않아도 된다. 즉, 기회비용이 없으므로 최소대체가격은 ₩170이 된다.

최소대체가격 : ₩170(증분비용)+₩0(기회비용)=₩170

(2) 최대생산능력이 10,000개인 경우

유휴설비가 전혀 없으므로 내부대체를 위해서는 외부판매량을 감소시켜야 하므로 기회비용(외부판매시의 공헌이익)이 존재한다.

최소대체가격 : ₩170(증분비용)+(₩250−₩190)(기회비용)=₩230

19 ④

(주)원가는 유휴설비를 보유하고 있지 않으므로 단위당 최소대체가격은 단위당 변동제조원가(변동비－변동판매비절감액)에 외부판매포기로 상실되는 단위당 기회비용을 반영한 가격이 된다.

단위당 최소대체가격 : ₩220－₩25＋₩400－₩220＝₩375

변동제조원가 기회비용

20 ②

A사업부의 최소대체가격 : ₩50(단위당 변동비)

→ 유휴설비가 충분하므로 기회비용이 존재하지 않는다.

B사업부의 최대대체가격 : ₩70(외부구입가격)

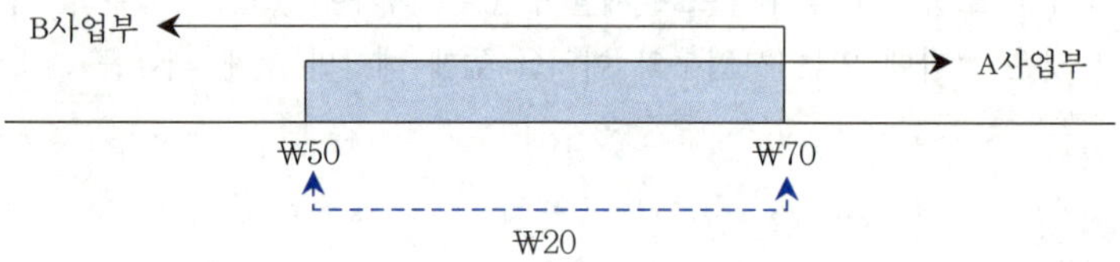

A사업부와 B사업부간에 대체가능한 범위가 존재하므로 회사전체의 입장에서는 대체가격에 관계없이 내부대체하는 것이 더 유리하며, 이때 내부대체로 인한 증분이익은 (₩70－₩50)×4,000단위＝₩80,000이다.

21 ③

(1) 갑부문에 유휴생산능력이 있는 경우

갑사업부 최소대체가격

최소대체가격 : ₩315＋₩0＝₩315

증분비용 기회원가

을사업부의 최대대체가격 ₩640(외부구입가격)

대체시 단위당 이익증가액

₩640－₩315＝₩325

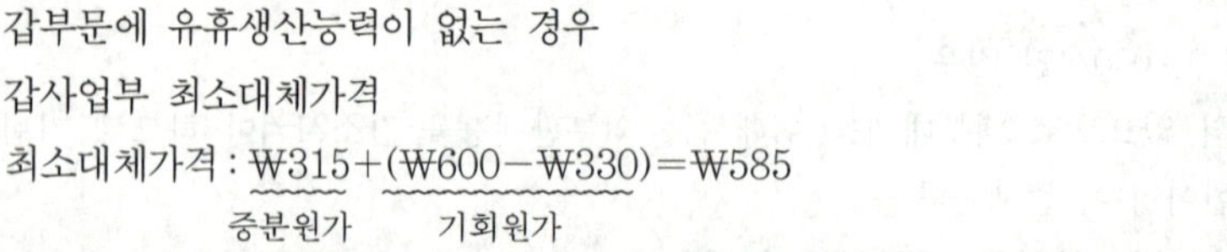

(2) 갑부문에 유휴생산능력이 없는 경우

갑사업부 최소대체가격

최소대체가격 : ₩315＋(₩600－₩330)＝₩585

증분원가 기회원가

을사업부의 최대대체가격 ₩640(외부구입가격)

대체시 단위당 이익증가액

₩640－₩585＝₩55

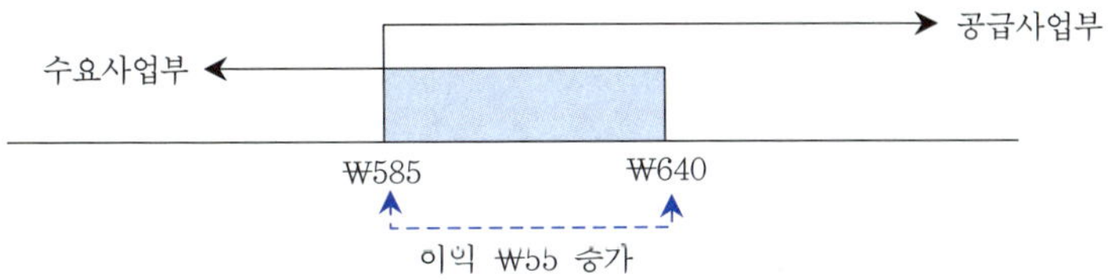

22 ③

(1) 수요사업부의 최대대체가격

Min[외부구입가격 ₩95, 지출가능원가 ?]＝₩95

(2) 공급사업부의 최소대체가격

증분원가＋기회원가＝₩80＋₩0＝₩80

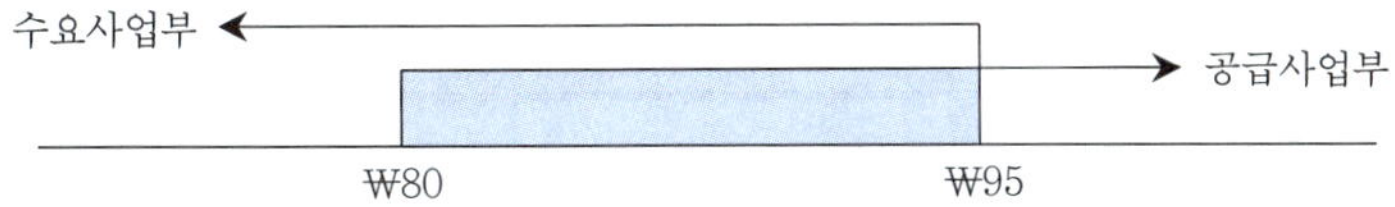

23 ④

(1) 수요사업부의 최대대체가격 : ₩42

(2) 공급사업부의 최소대체가격 : (₩30－₩9)＋(₩46－₩30)＝₩37

단위당 증분비용　단위당 기회비용

(3) 기업 전체의 이익에 미치는 효과

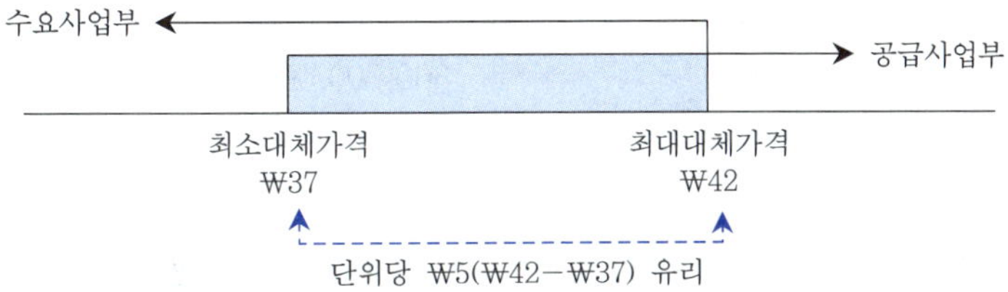

기업 전체의 입장에서는 대체를 하는 것이 단위당 ₩5(₩42－₩37)만큼 유리하다. 따라서 대체를 하기 위해서는 대체가격이 ₩37과 ₩42 사이에서 결정되어야 한다.

24 ③

수요부문의 최대대체가격 : ₩29

공급부문의 최소대체가격 : ₩13＋(₩30－₩16)＝₩27 또는 ₩30－₩3＝₩27

증분비용　기회비용

∴ ₩27≤대체가격≤₩29

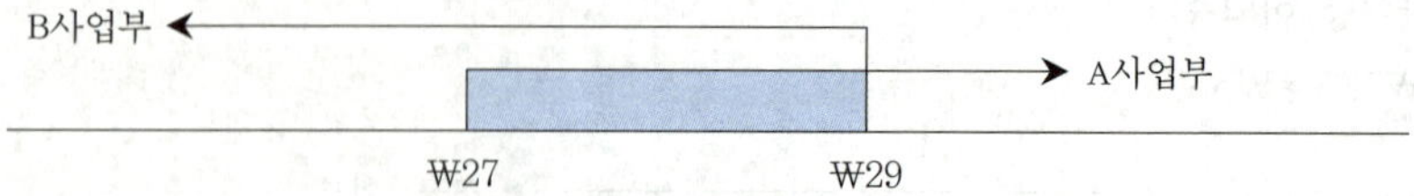

25 ②

최대대체가격 : ₩820(외부구입가격)

최소대체가격 : ₩450(증분비용)+(₩750−₩450−₩10)(기회비용)=₩740

∴ ₩740≤대체가격≤₩820

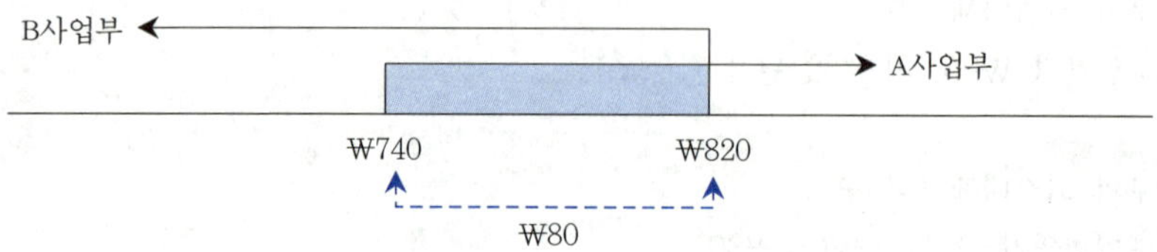

∴ 내부대체시 단위당 ₩80(₩820−₩740)이 유리하다(₩80×2,000단위=₩160,000).

주관식 문제

01 투자중심점의 성과평가-투자수익률, 잔여이익, 경제적부가가치

아래의 지역에서 이익중심점으로 영업하고 있는 두꺼비 소주 2개 사업부의 자료를 검토하라.

	경상도 사업부	수도권 사업부
자 산 총 액	₩200,000,000	₩1,000,000,000
유 동 부 채	50,000,000	300,000,000
영 업 이 익	40,000,000	150,000,000

【물음 1】 이익의 측정치로서는 영업이익을, 투자액의 측정치로서는 자산총액을 이용하여 각 사업부의 투자수익률을 계산하시오.

【물음 2】 두꺼비 소주는 경영자가 최대화시키기를 원하는 변수인 잔여이익을 경영의 성공측정치로 사용한다. 이 기준을 이용할 때 만일 요구수익률이 12%일 경우 영업이익과 자산총액을 사용한 각 사업부의 잔여이익은 얼마인가?

【물음 3】 두꺼비 소주의 자금원천은 이자율이 10%인 시장가치 ₩700,000,000의 고정부채와 자기자본비용 14%인 시장가치 ₩700,000,000의 자기자본이며, 두꺼비 소주의 법인세율은 40%이다. 그리고 이 회사는 각 사업부가 동일한 위험에 직면하기 때문에 동일한 가중평균 자본비용을 적용한다. 이 경우 두꺼비 소주의 경제적 부가가치를 계산하시오. 또한 [물음 1~3]에서 계산한 측정치 중 당신은 두꺼비 소주가 어떤 것을 사용하도록 권고하겠는가? 이유를 간단히 설명하시오.

해답

[물음 1] 투자수익률

경상도 사업부	수도권 사업부
$\frac{₩40,000,000}{₩200,000,000}=20\%$	$\frac{₩150,000,000}{₩1,000,000,000}=15\%$

[물음 2] 잔여이익

경상도 사업부	수도권 사업부
₩40,000,000－₩200,000,000×12% =₩16,000,000	₩150,000,000－₩1,000,000,000×12% =₩30,000,000

[물음 3] 경제적 부가가치

(1) 가중평균자본비용 $=\frac{₩700,000,000\times10\%\times(1-40\%)+₩700,000,000\times14\%}{₩700,000,000+₩700,000,000}=10\%$

(2) 경제적 부가가치(EVA)

경상도 사업부 : ₩40,000,000×(1－40%)－(₩200,000,000－₩50,000,000)×10%
=₩9,000,000

수도권 사업부 : ₩150,000,000×(1－40%)－(₩1,000,000,000－₩300,000,000)×10%
=₩20,000,000

(3) 투자수익률을 이용하여 사업부 책임자를 평가하게 되면 사업부 담당자는 투자수익률보다 높은 투자안에는 투자를 하고 투자수익률보다 낮은 투자안은 투자하지 않을 것이다. 그런데 기업이 자금을 조달한 비용은 투자수익률이 아니라 가중평균자본비용이므로 가중평균자본비용으로 사업부 책임자를 평가하여 사업부 담당자가 가중평균자본비용을 기준으로 투자안을 평가하도록 하는 것이 기업의 가치를 극대화하는 방법이다. 또한 경제적 부가가치를 증대시키기 위해서는 영업이익을 증가시키는 방법 이외에 자본비용을 낮추기 위해서 노력하게 된다. 따라서 성과를 평가함에 있어서는 투자수익률이나 잔여이익보다 경제적 부가가치가 더 유용하다.

해설

가중평균자본비용 $=\frac{\text{차입금}\times\text{이자율}\times(1-\text{세율})+\text{자기자본}\times\text{자본비용}}{\text{차입금}+\text{자기자본}}$

경제적 부가가치(EVA)=영업이익×(1－세율)－가중평균자본비용×(총자산－유동부채)

15

02 투자중심점 성과평가와 의사결정

(주)원가회사는 다양한 제품을 생산·판매하고 있다. 이 회사의 사업부 중 하나인 제1사업부는 정수기를 만들어 판매하고 있으며, 투자중심점으로 운영된다. (주)원가회사의 정수기에 대한 시장수요는 가격변화에 대해 그다지 민감하지 않을 것으로 예상된다. 20×1회계연도의 (주)원가회사의 제1사업부와 정수기의 생산·판매에 관한 예상자료는 다음과 같다.

제1사업부의 연간 예상 총고정비	₩100,000,000
정수기 한 대당 예상 변동비	₩30,000
정수기의 연간 예상 판매대수	10,000대

(주)원가회사의 최근 몇 해동안의 투자수익률(ROI)은 평균 20%이며, 자본비용(즉, 최저필수수익률)은 15%이다. 정수기사업부가 사용하고 있는 자산은 다음과 같다.

현 금	₩6,000,000
매 출 채 권	20,000,000
재 고 자 산	30,000,000
공생산설비(장부가액)	104,000,000
자 산 총 계	₩160,000,000

【물음 1】 (주)원가회사의 투자중심점 경영자의 성과평가가 투자수익률(ROI)에 근거하여 평가된다면, 제1사업부의 사업부장이 불리한 평가를 받지 않기 위해 20×1년 중 부과해야 하는 정수기 한 대당 최소판매가격은 얼마인가?

【물음 2】 투자수익률(ROI)만을 이용하여 사업부장의 성과평가를 하는 경우 발생할 수 있는 문제점을 간략하게 지적하시오.

【물음 3】 (주)원가회사의 투자중심점 경영자의 성과평가를 잔여이익(residual income)에 입각하여 평가한다고 가정할 때, 제1사업부의 사업부장이 불리한 평가를 받지 않기 위해 20×1년 중 부과해야 하는 정수기 한 대 당 최소판매가격은 얼마인가?

【물음 4】 최근 들어 투자중심점의 성과평가를 위한 재무측정치로서 경제적 부가가치(EVA)가 자주 사용되고 있다. 경제적 부가가치는 다음과 같이 정의된다. (주)원가회사의 2006년초 총자산은 50억원이며, 이는 부채 30억원과 자본 20억원으로 구성되어 있다. 모든 부채는 이자발생부채이다. (주)원가회사의 부채에 대한 연이자율은 10%이고, 법인세율은 25%이며, 자기자본비용은 15%이다. (주)원가회사의 2006년 영업이익은 8억원이다. (주)원가회사의 20×1년 EVA를 계산하시오.

【물음 5】 (주)원가회사의 해외고객이 정수기사업부가 생산하고 있는 정수기 2,500단위를 주문하였다. 정수기사업부는 유휴 생산능력이 존재하나 정상판매량보다 초과 생산 시 추가적으로 ₩50,000,000의 설비투자가 필요하다. 정수기 사업부의 경영자가 다음의 각 방법에 따라 성과평가를 받는 경우에 이 주문을 수락할 수 있는 최소판매가격은 얼마인가? 단, 해외주문을 수락하는 경우에도 변동원가와 (주)원가회사의 자본구조, 부채조달비용, 자기자본비용 및 법인세율은 동일하다고 가정한다.

(1) 투자수익률

(2) 잔여이익

(3) 경제적 부가가치

해답

[물음 1] 목표수익률 달성을 위한 최소판매가격

$$\text{ROI}=\frac{10{,}000x-30{,}000\times10{,}000-100{,}000{,}000}{160{,}000{,}000}\geq 20\% \qquad \therefore\ x\geq ₩43{,}200$$

[물음 2] 투자수익률의 문제점

투자수익률(ROI)에 의해 성과평가를 받는 경영자는 신규투자안이 회사 전체적인 입장에서 유리하더라도 예상수익률이 사업부의 현재수익률낮으면 현행수익률을 낮추는 투자안을 기각하게 되어 목표불일치가 나타날 수 있다.

[물음 3] 잔여이익기준 최소판매가격

RI＝(10,000x－30,000×10,000－100,000,000)－160,000,000×15%≧0

10,000x－400,000,000－24,000,000≧0

∴ x≧₩42,400

[물음 4] 경제적 부가가치

세후가중평균자본비용＝10%×(1－0.25)×(3 / 5)＋15%×(2 / 5)＝10.5%

EVA＝8억원×(1－0.25)－(50억원×10.5%)＝0.75억원

[물음 5] 특별주문수락을 위한 최소판매가격

(1) 투자수익률

(2,500단위×P－2,500단위×@30,000)÷₩50,000,000≧20%

∴ P≧₩34,000

(2) 잔여이익에서 특별주문수락을 위한 최소판매가격

(2,500단위×P－2,500단위×@30,000)－₩50,000,000×15%≧₩0

∴ P≧₩33,000

(3) EVA에서 특별주문수락을 위한 최소판매가격

(2,500단위×P－2,500단위×@30,000)×(1－0.25)－₩50,000,000×10.5%≧₩0

∴ P≧₩32,800

15

03 대체가격의 개념

(주)원가는 두 개의 사업부가 있으며, 이들은 모두 이익중심점이다. A사업부에서는 부품을 제조(변동제조원가 ₩600)하며, B사업부에서는 이 부품을 조립(추가가공변동원가 ₩750)하여 완제품을 만들어 ₩2,000에 판매한다. A사업부에서 부품을 내부대체하지 않고 외부에 판매한다면 ₩50의 변동판매비를 추가적으로 지출하여 ₩1,000을 받을 수 있다. B사업부에서 6월에 필요로 하는 부품은 200개이며, 외부에서 ₩900에 구입할 수 있다. B사업부의 고정원가는 회피불능이다.

【물음 1】 수요사업부 입장에서 최대대체가격을 결정하시오.

【물음 2】 A사업부의 최대생산능력이 월 1,000단위이며, 현재 외부시장에 월 800개를 판매할 수 있는 경우에 다음에 답하시오.

(1) 공급사업부의 최소대체가격을 결정하시오.

(2) 기업전체입장에서 최적의 대체의사결정을 하시오.

(3) 대체가격을 ₩800으로 책정한다면, 부품을 내부대체하는 경우에 공급부서와 수요부서의 이익은 어떻게 달라지는 계산하시오.

(4) 목표일치성을 갖기 위한 내부대체가격의 범위를 결정하시오.

【물음 3】 A사업부의 최대생산 능력이 월 1,000단위이며, 현재 외부시장에 월 1,000개를 모두 판매할 수 있는 경우에 다음에 답하시오.

(1) 공급사업부의 최소대체가격을 결정하시오.

(2) 기업전체 입장에서 최적의 대체의사결정을 하시오.

(3) 대체가격을 부품의 시장가격인 ₩800으로 책정한다면, 부품을 내부대체하는 경우에 공급부서와 수요부서의 이익은 어떻게 달라지는 계산하시오.

해답

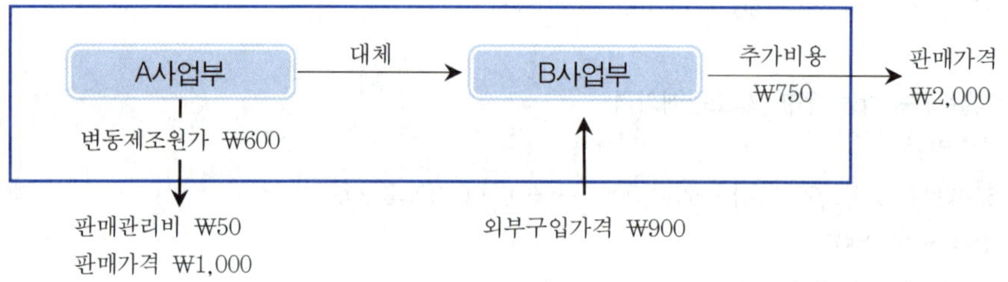

[물음 1] 수요사업부의 최대대체가격

수요사업부의 최대대체가격=Min[외부구입원가, 최종판매가치−추가가공원가]

① 외부구입가격 : ₩900

② 순실현가치 : ₩2,000−₩750=₩1,250

수요사업부의 최대대체가격은 ₩900이다.

[물음 2] 공급사업부의 유휴설비가 충분한 경우

(1) 공급사업부의 최소대체가격 : 증분비용+기회비용=₩600+₩0=₩600

(2) 최소대체 가격과 최대대체 가격 사이에 교집합이 존재하므로 기업전체 입장에서는 200개를 대체하는 것이 최적의사결정이다.

(3) ① 대체시 수요사업부의 이익증가액 : (₩900−₩800)×200개=₩20,000

② 대체시 공급사업부의 이익증가액 : (₩800−₩600)×200개=₩40,000

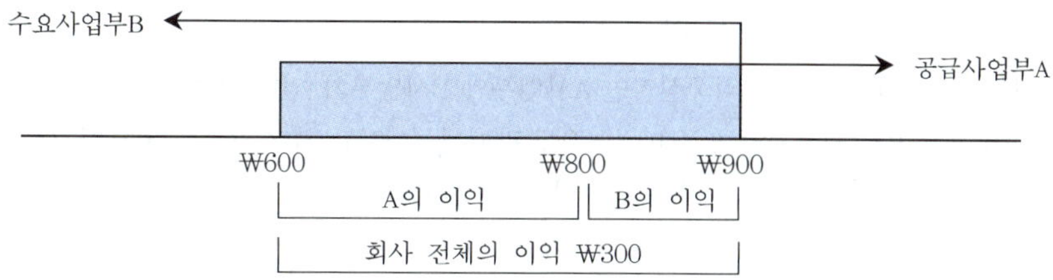

(4) 목표일치성을 달성하는 내체가격의 범위 : ₩600 < 대체가격 < ₩900

[물음 3] 공급사업부의 유휴설비가 존재하지 않는 경우

(1) 공급사업부의 최소대체가격 : 증분비용 + 기회비용

₩600 + (₩1,000 − ₩650*) = ₩950

* 외부판매시 증분비용 : ₩600 + ₩50 = ₩650

(2) 최소대체 가격과 최대대체 가격 사이에 교집합이 존재하지 않기 때문에 기업전체 입장에서는 200개를 대체하지 않는 것이 최적의사 결정이다.

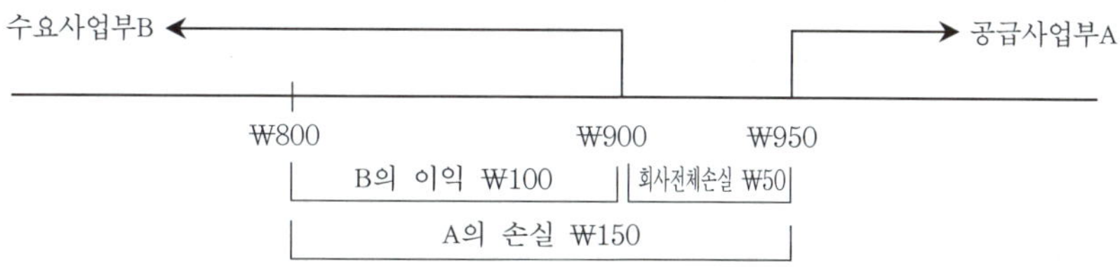

(3) ① 대체시 수요사업부의 이익증가액 : (₩900 − ₩800) × 200개 = ₩20,000

② 대체시 공급사업부의 이익감소액 : (₩800 − ₩950) × 200개 = ₩30,000

해설

15

1. 수요사업부입장에서 대체가격은 비용이다. 따라서 대체의사결정을 했을 때 수요사업부의 성과가 높아지기 위해서 공급사업부에 대체가격으로 지급할 수 있는 최대금액이 존재하는데 이를 수요사업부의 최대대체가격이라고 한다. 수요사업부 입장에서 최대대체가격보다 낮은 가격으로 대체가격이 결정되면 대체하기 전에 비해서 성과가 높아진다.
2. 공급사업부 입장에서 대체가격은 수익이다. 따라서 대체의사결정을 했을 때 공급사업부의 성과가 높아지기 위해서 수요사업부로부터 대체가격으로 받아야 하는 최소금액이 존재하는데 이를 공급사업부의 최소대체가격이라고 한다. 공급사업부입장에서 최소대체가격보다 높은 가격으로 대체가격이 결정되면 대체하기 전에 비해서 성과가 높아진다. 만약에 최소대체가격보다 낮은 가격으로 대체가격이 결정되면 기존상황에 비해서 공급사업부의 이익이 감소하게 된다.
3. 공급사업부의 최소대체가격 : 외부판매 가격의 변동이 없는 경우에 공급사업부의 최소대체 가격은 다음과 같다.

	증분원가		기회원가
(1) 유휴설비 충분	증분원가	+	0
(2) 유휴설비 없는 경우	증분원가	+	외부판매시 공헌이익

04 내부대체 또는 외부구입 의사결정

(주)원가는 두 개의 독립적 이익중심점인 A사업부와 B사업부가 있다. 사업부 A는 제품 P를 제조하고 있는데, 이 제품 P는 외부기업에 ₩100,000에 판매될 수 있고, 추가가공을 위하여 B사업부에 이전할 수도 있다. 제품 P와 관련된 원가자료는 다음과 같다.

직 접 재 료 원 가	₩25,000
직 접 노 무 원 가	15,000
변동제조간접원가	10,000
고정제조간접원가	15,000
단위당 제조원가	₩65,000

B사업부의 외부구입가격은 다음과 같다. A사업부가 유휴설비가 있는 경우와 없는 경우에 회사 전체의 이익을 극대화하기 위해서는 각 구입가격별로 제품 P를 내부대체 해야 하는지 아니면 B사업부가 외부구입 해야 하는지를 결정하시오.

B사업부의 외부구입가격	A사업부가 유휴생산 시설이 있는 경우	A사업부가 유휴생산 시설이 없는 경우
₩40,000	( )	( )
90,000	( )	( )
100,000	( )	( )
110,000	( )	( )

해답

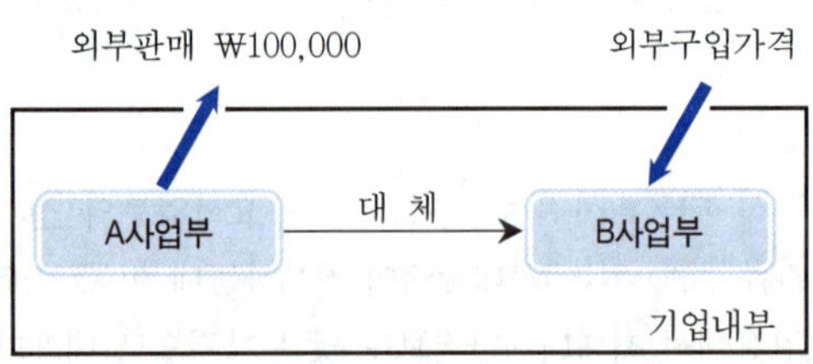

[물음 1] A사업부가 유휴생산시설이 있는 경우

A사업부가 유휴생산시설을 보유하고 있으므로 이 경우 공급사업부인 A가 받아들일 수 있는 최소대체가격은 단위당 변동제조원가인 ₩50,000(=₩25,000+₩15,000+₩10,000)이고 B사업부가 받아들일 수 있는 최대대체가격은 외부구입가격이 된다. B사업부의 외부구입가격을 x라 하면, 다음의 그림에서 보듯이 두 사업부가 모두 받아들일 수 있는 대체가격이 존재하는 경우에 회사전체의 관점에서 내부대체 하는 것이 단위당($x-$₩50,000)만큼 유리하다.

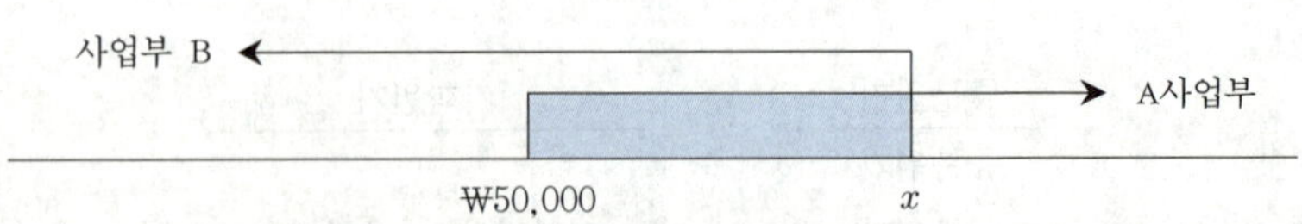

따라서 회사전체의 이익을 극대화하기 위한 의사결정은 다음과 같다.

x < ₩50,000인 경우 : 외부구입

x = ₩50,000인 경우 : 무차별

x > ₩50,000인 경우 : 내부대체

[물음 2] A사업부가 유휴생산시설이 없는 경우

A사업부가 유휴생산시설을 보유하고 있지 않기 때문에 이 경우 공급사업부인 A가 받아들일 수 있는 최소대체가격은 단위당 변동제조원가 ₩50,000과 외부판매로 인해 포기해야 하는 단위당 공헌이익 ₩50,000(외부판매가격 ₩100,000－단위당 변동제조원가 ₩50,000)의 합계, 즉 외부판매가격 ₩100,000이고 사업부B가 받아들일 수 있는 최대대체가격은 여전히 외부구입가격이다. B사업부의 외부구입가격을 x라 하면 다음의 그림에서 보듯이 두 사업부가 모두 받아들일 수 있는 대체가격이 존재하는 경우에 회사 전체의 관점에서 내부대체하는 것이 단위당(x－₩100,000)큼 유리하다.

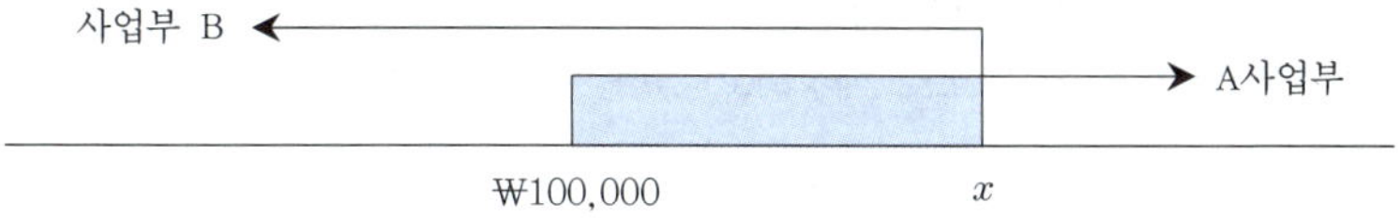

따라서 회사전체의 이익을 극대화하기 위한 의사결정은 다음과 같다.

x < ₩100,000인 경우 : 외부구입

x = ₩100,000인 경우 : 무차별

x > ₩100,000인 경우 : 내부대체

위의 두 가지 경우에 있어서의 의사결정을 요약하면 다음과 같다.

B사업부의 외부구입가격	A사업부가 유휴생산 시설이 있는 경우	A사업부가 유휴생산 시설이 없는 경우
₩40,000	외부구입	외부구입
90,000	내부대체	외부구입
100,000	내부대체	무 차 별
110,000	내부대체	내부대체

05 대체가격과 목표불일치

나무는 LCD모니터 생산회사로 LCD기판유리를 전문적으로 생산하는 LCD기판사업부와 LCD기판을 이용하여 LCD모니터를 생산하는 LCD모니터사업부로 구성되어 있다. 다음은 두 사업부의 월간 생산과 판매에 대한 예산이다.

	LCD기판사업부	LCD모니터사업부
현 생산량(단위)	4,000개	900개
판매가격	₩400	₩1,000
변동제조원가	150	700
고정제조원가	80	200
변동판매비	40	50

LCD모니터사업부의 변동제조원가에는 외부에서 구입한 LCD기판의 단위당 구입가격 ₩200이 포함되어 있으며 고정제조간접원가는 모두 감가상각원가이고 변동판매관리비는 외부판매시에만 발생한다. LCD모니터사업부는 현재 LCD모니터 1단위에 1단위씩 소요되는 LCD기판 전량을 외부에서 구입하고 있다. LCD기판사업부는 유휴설비를 보유하고 있으므로 적절한 가격만 책정된다면 사내대체할 수도 있다는 생각을 갖고 있다.

【물음 1】 LCD기판사업부가 유휴설비를 이용하여 LCD기판을 생산할 경우 사내대체가격 ₩180을 목표일치성 관점에서 평가하라.

【물음 2】 LCD기판사업부가 유휴설비를 이용하여 LCD기판을 생산할 경우 사내대체가격을 ₩220으로 설정하면 준최적화현상이 발생된다. 준최적화의 의미를 설명하고 준최적화가 발생된 구체적 상황을 상세히 설명하라.

【물음 3】 3개월 후에는 LCD기판의 수요가 폭증하여 LCD기판사업부는 최대생산능력으로 가동하여 전량 외부에 판매할 것으로 예상되고 LCD모니터사업부에 LCD기판을 공급하던 외부의 LCD기판생산업자가 더 이상 공급을 하지 않을 것으로 예상되고 있다. 이 상황에서 다음에 답하시오.

(1) LCD기판사업부가 제시할 수 있는 최소대체가격은 얼마인가?

(2) LCD모니터사업부가 수락할 수 있는 최대대체가격은 얼마인가?

(3) 회사전체의 최적의사결정과 사내대체에 따른 공헌이익의 변화는 어떤가?

해답

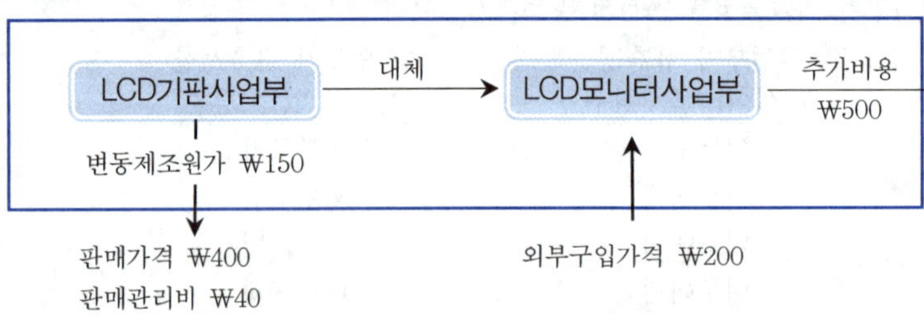

[물음 1] 대체가격의 목표일치성

① 공급(기판)사업부의 최소대체가격=증분비용+기회비용
₩150+₩0=₩150

② 수요(모니터)사업부의 최대대체가격=Min[외부구입원가, 최종판매가치−추가가공원가]
외부구입가격 : ₩200
단위당 지출가능원가 : ₩1,000−(₩700−₩200+₩50)=₩450
따라서 수요사업부가 대체가격으로 지급할 수 있는 최대금액은 ₩200이다.

③ 목표일치성

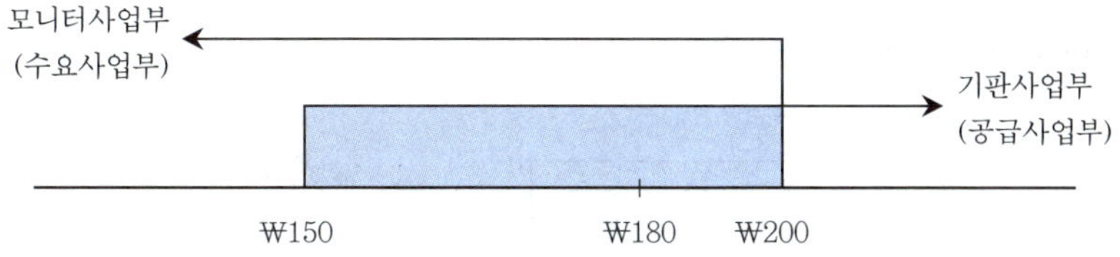

공급사업부와 수요사업부사이에 대체를 수락할 수 있는 범위가 존재하므로 대체를 하는 경우 최소대체가격과 최대대체가격의 차이 ₩50(₩200−₩150)만큼 기업전체 이익이 증가한다. 따라서 기업전체 최적의사결정은 내부대체를 하는 것이며 이를 각 사업부가 수락하기 위해서는 대체가격이 ₩150~₩200사이에서 결정되어야 하는데 ₩180은 그 구간 안에 있어 대체가 일어나게 되므로 ₩180은 목표일치성을 달성하는 대체가격이다.

[물음 2] 준최적화

(1) 준최적화의 의미

사업부의 경영자가 의사결정을 할 때 조직전체의 최적의사결정임에도 불구하고 각 사업부 입장에서 사업부 경영자의 성과에 불리한 영향을 미치게 되면 사업부 경영자는 회사 전체의 최적의사결정과 상이한 의사결정을 하며 회사 전체적으로 최적의 상황이 되지 못하게 되는 현상을 말한다.

(2) 준최적화 현상의 구체적 상황

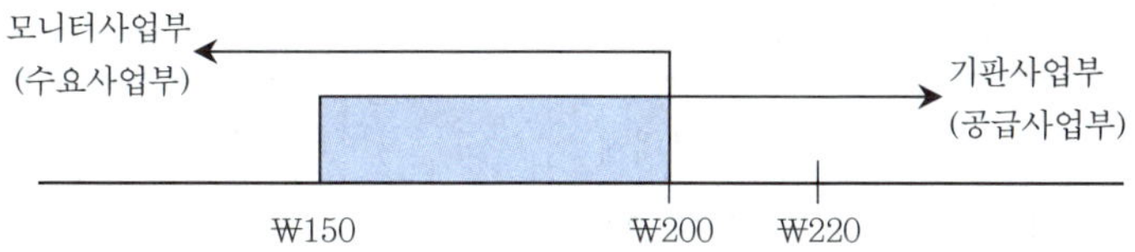

회사 전체의 최적의사결정은 대체로 하는 것이 단위당 ₩50만큼 유리하다. 그런데 대체가격을 ₩220으로 결정하면 수요사업부는 외부구입가격보다 내부대체가격이 크므로 대체를 하지 않는 의사결정을 하여 준최적화의 상황이 된다.

[물음 3] 유휴설비가 없는 경우 대체가격

(1) LCD기판사업부의 최소대체가격

유휴설비가 없으므로 현재 외부시장에 판매하는 LCD기판을 LCD모니터사업부로 사내대체하게 된다.

① 외부판매시의 공헌이익 : ₩400−₩150−₩40 = ₩210

② 최소대체가격 : ₩150+₩210 = ₩360

(2) LCD모니터사업부의 최대대체가격

판 매 가 격		₩1,000
증분변동제조원가 :	₩700−₩200(부품구입가격)=	500
변동판매비		50
단위당 지출가능원가		₩450

15

그러므로 ₩450이 LCD모니터사업부가 수락할 수 있는 최대대체가격이 된다.

(3) 대체의사결정과 이익 변화액

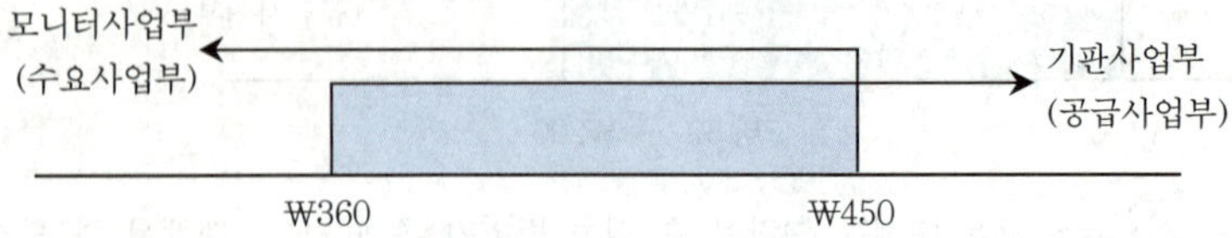

공급사업부와 수요사업부사이에 대체를 수락할 수 있는 범위가 존재하므로 한 단위를 대체하는 경우에 최소대체가격과 최대대체가격의 차이 ₩90(₩450－₩360)만큼 기업전체 이익이 증가한다. 따라서 900개를 대체하는 경우에 ₩81,000(900개×₩90)만큼 기업전체이익이 증가한다.

해설

1. 목표일치성 달성
₩180으로 대체를 하는 경우에 각 사업부와 기업전체의 이익변화

	회사전체		기 판		모니터	
	내부대체	외부구입	내부대체	생산안함	내부대체	외부구입
수 익	–	–	₩180	–	–	–
비 용	₩150	₩200	150	–	₩180	₩200
이 익	₩(150)	₩(200)	₩30	–	₩(180)	₩(200)
	내부대체		내부대체		내부대체	
	₩50 유리		₩30 유리		₩20 유리	

내부대체시 단위당 ₩50(₩200－₩150)만큼 기업전체 이익이 증가한다.

2. 준최적화의 상황
₩220으로 대체를 하는 경우에 각 사업부와 기업전체의 이익변화

	회사전체		기 판		모니터	
	내부대체	외부구입	내부대체	생산안함	내부대체	외부구입
수 익	–	–	₩220	–	–	–
비 용	₩150	₩200	150	–	₩200	₩200
이 익	₩(150)	₩(200)	₩70	–	₩(220)	₩(200)
	내부대체		내부대체		외부구입	
	₩50 유리		₩70 유리		₩20 유리	

기업전체적으로는 내부대체가 단위당 ₩50만큼 이익이 증가하지만 모니터 사업부는 외부구입이 단위당 ₩20만큼 이익을 증가시키므로 준최적화가 발생한다.

06 대체가격결정–유휴설비 고려

삼송전자는 D램사업부와 컴퓨터사업부를 각각 독립적으로 운영하고 있다. D램사업부는 D램을 생산하여 컴퓨터사업부에 공급하거나 외부에 판매하고 있다. 다음은 D램사업부와 컴퓨터사업부의 관련 자료이다.

D램사업부	
외부판매가격	₩48,000
단위당 변동제조원가	31,200
단위당 변동판관비	5,400
총고정제조간접원가	180,000,000
연간 생산능력	25,000단위
컴퓨터사업부	
D램의 외부구입가격	₩48,000

컴퓨터사업부는 현재 D램을 외부에서 구입하고 있으며, 실제구입가격은 단위당 구입가격 ₩48,000에서 5%의 수량할인을 차감한 금액이다. 컴퓨터사업부는 금년부터 D램을 D램사업부에서 공급받는 것을 검토하고 있다. 분석에 의하면 컴퓨터사업부에 D램을 공급하는 경우에 D램의 변동판관비가 1/3만큼 감소할 것으로 파악되었다.

【물음 1】 D램사업부는 현재 매년 20,000단위를 외부에 판매하고 있으며 컴퓨터사업부는 연간 5,000단위의 D램을 필요로 한다. 다음 항목들에 답하시오.

(1) D램사업부가 대체를 수락할 수 있는 대체가격의 최저수준은 얼마인가?

(2) 컴퓨터사업부가 대체를 수락할 수 있는 대체가격의 최고수준은 얼마인가?

(3) 주어진 자료에서 D램사업부가 부품의 외부판매가격을 ₩51,000으로 인상하였고 이 가격을 내부대체에도 적용하려고 한다. 이 가격으로 대체가 일어나는 경우에 대체가 한 단위 일어날 때마다 D램사업부, 컴퓨터사업부, 기업전체의 이익은 외부에서 구입하는 경우에 비하여 각각 얼마나 변화하는가?

(4) 컴퓨터사업부가 D램을 ₩39,000에 공급해 줄 수 있는 새로운 외부납품 업체를 찾았다면 기업전체입장에서 D램을 내부에서 사도록 하여야 하는가? 그렇다면 그 이유를 설명하시오(단, 이 경우 수량할인은 없다).

【물음 2】 D램사업부는 현재 매년 25,000단위 전부를 외부에 판매하고 있으며, 컴퓨터사업부는 연간 5,000단위의 D램을 필요로 한다. 다음 항목들에 답하시오.

(1) D램사업부가 대체를 수락할 수 있는 대체가격의 최저수준은 얼마인가?

(2) 컴퓨터사업부가 대체를 수락할 수 있는 대체가격의 최고수준은 얼마인가?

(3) 주어진 자료에서 D램사업부가 부품의 외부판매가격을 ₩51,000으로 인상하였고 이 가격을 내부대체에도 적용하려고 한다. 이 가격으로 대체가 일어나는 경우에 대체가 한 단위 일어날 때마다 D램사업부, 컴퓨터사업부, 기업전체의 이익은 외부에서 구입하는 경우에 비하여 각각 얼마나 변화하는가?

15

(4) 컴퓨터사업부가 D램을 ₩39,000에 공급해 줄 수 있는 새로운 외부납품업체를 찾았다면 기업전체 입장에서 D램을 내부에서 사도록 하여야 하는가? 그렇다면 그 이유를 설명하시오(단, 이 경우 수량할인은 없다).

해답

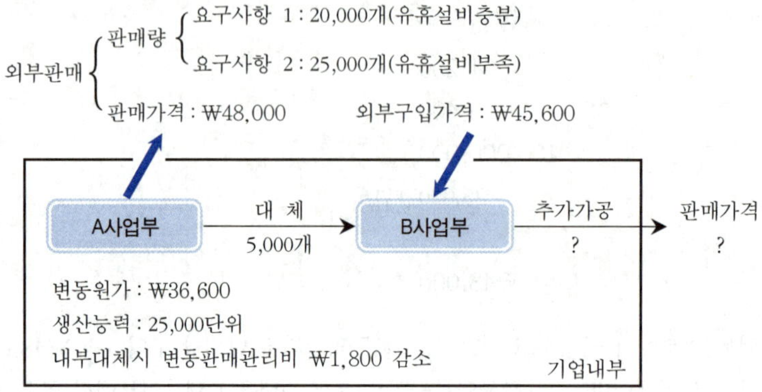

[물음 1] 유휴설비존재시 대체여부

(1) 대체가격의 최저수준

공급사업부의 최소대체가격 : ₩31,200+₩5,400−₩1,800(₩5,400×$\frac{1}{3}$)=₩34,800

유휴설비가 충분하므로 기회비용은 없으며, 증분비용만 고려하면 된다.

(2) 대체가격의 최고수준

수요사업부의 최대대체가격(외부구입가격) : ₩48,000−₩48,000×5%=₩45,600

(3) ① D램사업부는 D램 한 단위를 대체할 때마다 ₩16,200(₩51,000−₩34,800)만큼 이익이 증가한다.

② 컴퓨터사업부는 D램 한 단위를 대체할 때마다 ₩5,400(₩51,000−₩45,600)만큼 이익이 감소한다.

③ 기업 전체적으로는 D램 한 단위를 대체할 때마다 ₩10,800(₩45,600−₩34,800)만큼 이익이 증가한다.

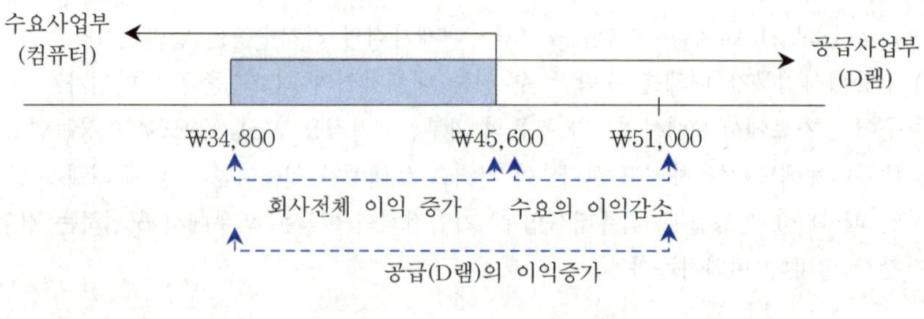

(4) 새로운 외부구입가격 ₩39,000보다 공급사업부의 최소대체가격 ₩34,800이 낮기 때문에 여전히 D램을 내부대체하는 것이 유리하다. 이 경우에도 D램을 내부대체하는 경우에 한 단위를 대체할 때마다 ₩4,200(₩39,000−₩34,800)만큼 이익이 증가한다.

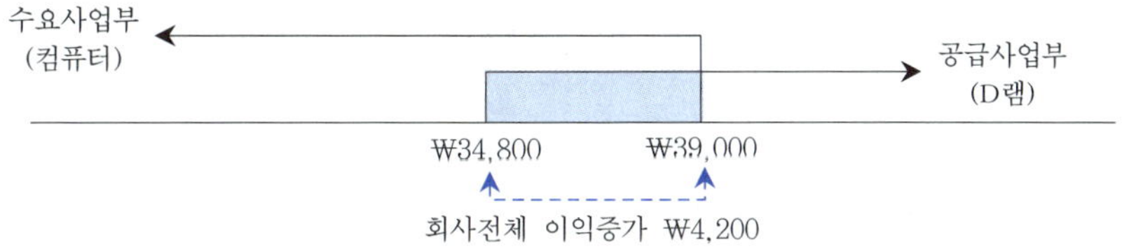

[물음 2] 유휴설비가 없는 경우의 대체여부

(1) 대체가격의 최저수준

공급사업부의 최소대체가격 : ₩34,800(증분비용) + ₩11,400*(기회원가) = ₩46,200

* 외부판매시의 공헌이익 : ₩48,000−(₩31,200+₩5,400)=₩11,400

(2) 대체가격의 최고수준

수요사업부의 최대대체가격(외부구입가격) : ₩48,000−₩48,000×5%=₩45,600

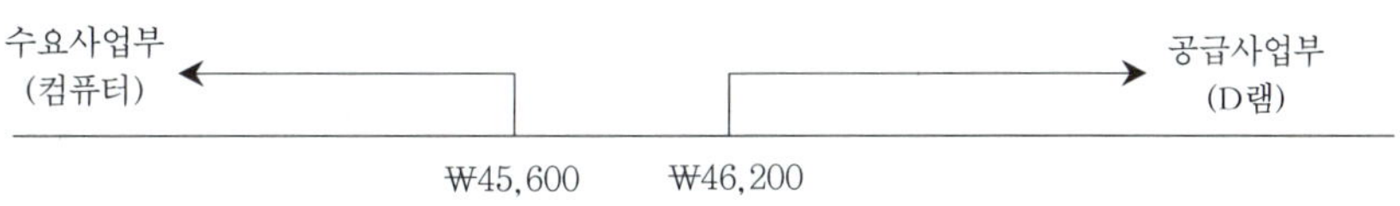

(3) ① D램사업부는 D램 한 단위를 대체할 때마다 ₩1,800(₩51,000−₩49,200*)만큼 이익이 증가한다.

*D램사업부의 새로운 최소대체가격 ₩34,800+{₩51,000−(₩31,200+₩5,400)}=₩49,200

② 컴퓨터사업부는 D램 한 단위를 대체할 때마다 ₩5,400(₩51,000−₩45,600)만큼 이익이 감소한다.

③ 기업 전체적으로는 D램 한 단위를 대체할 때마다 ₩3,600(₩45,600−₩49,200)만큼 이익이 감소한다.

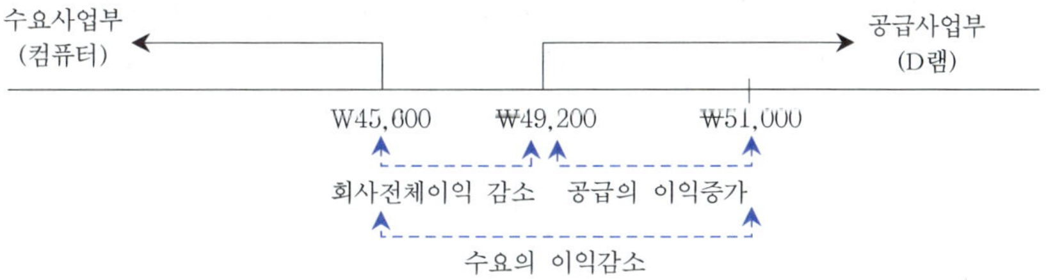

(4) 새로운 외부구입가격 ₩39,000보다 공급사업부의 최소대체가격 ₩46,200이 높기 때문에 D램을 외부에서 구입하는 것이 내부에서 대체하는 것보다는 유리하다. D램을 외부에서 구입하는 경우에 한 단위를 구입할 때마다 내부대체에 비하여 ₩7,200(₩46,200−₩39,000)만큼 유리하다.

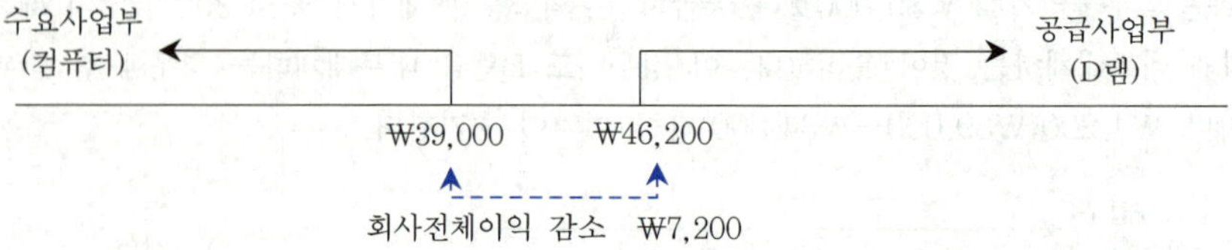

07 대체가격결정과 이익중심점의 성과

(주)하늘의 A부문은 전기모터를 생산하는데 이 중 20%는 (주)하늘의 B부문에 이전되고 나머지는 외부에 판매된다. (주)하늘은 이 사업부들을 이익중심점으로 간주하고 있으며, 부문관리자들이 판매처나 공급원을 선택할 수 있도록 허용하고 있다. 회사의 최대조업도가 100,000개이며, A부문의 추정매출액 및 표준원가 자료는 다음과 같다.

A부문 부문별 예상손익계산서

	B부문에 내부대체		외부판매분	
판매수량		20,000개		80,000개
매출액	20,000개×@45=	₩900,000	80,000개×@100=	₩8,000,000
변동원가	₩900,000		₩3,600,000	
고정원가	300,000	1,200,000	1,200,000	4,800,000
이익		₩(300,000)		₩3,200,000

A부문은 단위당 ₩75의 가격으로 외부고객에게 연간 20,000개를 추가로 판매할 수 있는 기회를 가지고 있다. B부문은 필요한 제품을 외부공급자로부터 단위당 ₩85의 가격으로 구입할 수 있다.

【물음 1】 A부문이 이익을 극대화하기 원한다고 가정하면 A부문은 새로운 외부고객과 거래를 하고 B부문에 대한 판매를 감소시켜야 하는가? 그렇다면 그 이유를 설명하시오.

【물음 2】 A부문은 새로운 고객과 거래를 하고 B부문은 외부공급자로부터 구입하여야 한다면 회사전체의 이익에는 어떤 변화가 생기는가?

【물음 3】 (주)하늘이 대체가격을 부문관리자로 하여금 협상하여 결정하도록 허락하였다고 가정하자. A부문과 B부문의 관리자들은 내부대체로 인한 회사전체의 증분이익을 균등하게 공유하기로 합의하였다. 합의된 대체가격은 얼마겠는가?

해답

[물음 1] 20,000개를 외부판매 할 경우 A부문의 증분이익

Ⅰ. 증분수익			
증 가	20,000×@75=	₩1,500,000	
감 소	20,000×@45*=	(900,000)	₩600,000
Ⅱ. 증분비용			0
Ⅲ. 증분이익			₩600,000

* ₩900,000÷20,000개=₩45

A부문의 입장에서는 20,000개를 부문 B에 판매하는 것보다는 새로운 외부고객에게 판매하는 것이 ₩600,000만큼 유리하다.

[물음 2] 회사전체의 입장에서 제품을 외부에 판매할 경우 증분이익

Ⅰ. 증분수익	20,000개×@75=	₩1,500,000
Ⅱ. 증분비용	20,000개×@85=	1,700,000
Ⅲ. 증분이익		₩(200,000)

회사전체의 입장에서는 A부문이 20,000개를 외부판매하고 B부문은 20,000개를 외부에서 구입하는 경우가 두 부문 간의 내부대체하는 경우보다 ₩200,000만큼 불리하다. 따라서 회사전체의 입장에서는 내부대체하는 것이 더 유리하다.

[물음 3] 내부대체의 이익균등배분

A부문의 최소대체가격		
단위당 변동원가	₩900,000÷20,000개=	₩45
기 회 비 용	₩75−₩45=	30
최소대체가격		₩75
B부문의 최대대체가격=외부구입가격		₩85

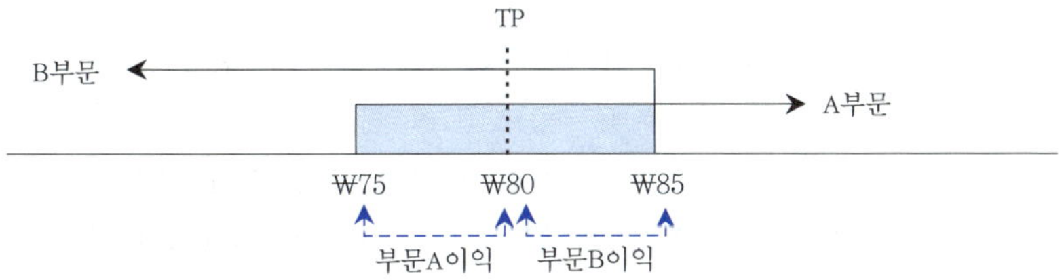

회사전체의 입장에서 내부대체로 인한 단위당 증분이익은 ₩85−₩75=₩10이다. A부문과 B부문이 이 증분이익을 균등하게 공유하려면 ₩10÷2=₩5씩 공유하면 된다.
그러므로 A부문과 B부문의 합의된 대체가격은 ₩80이 된다.

15

별해

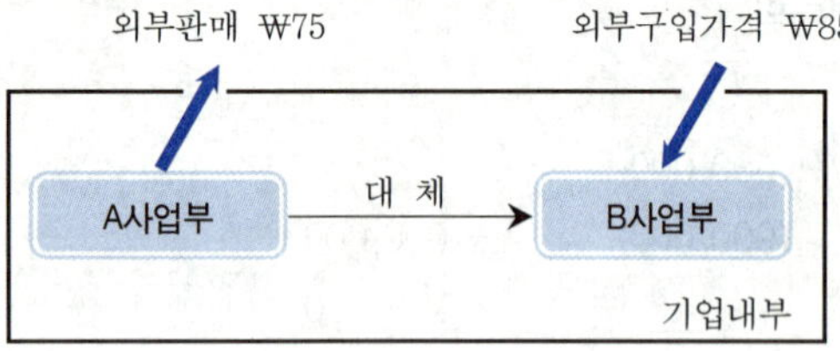

현재 A부문은 B부문에 대한 대체거래에 있어서 기존의 판매가격 ₩45을 계속 적용할 경우 손실을 기록하므로 요구사항 1의 해답에서 보듯이 외부판매를 원하게 된다. 반면 요구사항 2에서 보듯이 회사전체의 입장에서는 외부판매보다는 내부대체가 이익이 더 크다. 그러므로 A부문의 최소대체가격과 B부문의 최대대체 가격범위 내에서 대체가격이 결정되도록 함으로써 대체거래가 이루어지도록 유도하는 것이 바람직하다.

08 다국적기업의 국가별 대체가격

(주)한국목재는 인도네시아에 위치한 원목사업부와 한국에 위치한 합판사업부로 구성되어 있다. 인도네시아의 원목사업부에서 벌목된 원목은 전량 한국의 합판사업부에서 합판으로 가공된다. 인도네시아에 있는 합판회사들은 1t당 3,200루피아에 다른 지역의 원목회사로부터 원목을 구입한다(현행 환율 : ₩1=8루피아). 원목사업부와 합판사업부의 원가는 다음과 같다.

	원목사업부		합판사업부	
변동원가	원목 1t당	800루피아	합판 1t당	₩200
고정원가		1,600,000루피아		₩300,000

합판 1t을 생산하는 데에는 원목 2t이 소요되며, 합판은 t당 ₩4,000에 팔린다.

【물음 1】 다음 두 가지 방법하에서 원목사업부에서 합판사업부로 대체된 원목 1t당 대체이전가격을 구하시오(단, 원화로 표시할 것).

(1) 전부원가의 300%. 단, 원목사업부의 연간 벌목량은 1,000t으로 가정한다.

(2) 시장가격

【물음 2】 세금이 없다고 가정할 경우 1,000t의 원목이 원목사업부에서 벌목되어 합판사업부에서 가공되어 팔린다면 [물음 1]의 대체가격 결정방법 하에서 각 사업부의 영업이익을 구하시오(단, 원화로 표시할 것).

【물음 3】 인도네시아의 세율은 20%이고, 한국의 세율은 35%라고 가정할 경우 [물음 2]의 영업이익을 세금차감 후 기준으로 계산하고, 원화로 표시하시오(세금은 원가기준 대체이전 가격계산에 포함되지 않으며, 인도네시아에서 이미 과세된 소득에 대해서는 한국에서는 과세되지 않는다).

【물음 4】 [물음 1]의 어떤 대체가격 결정방법이 합판에 대한 세금차감 후 전체 영업이익을 극대화시키는가?

해답

[물음 1] 대체가격결정

(1) 전부원가의 300% : ₩300* × 300% = ₩900

* 단위당 전부원가 : $\frac{800\text{루피아} \times 1{,}000t + 1{,}600{,}000\text{루피아}}{1{,}000t} = 2{,}400\text{루피아}$

원화환산 : $\frac{2400\text{루피아}}{8\text{루피아}/₩} = ₩300$

(2) 시장가격 : $\frac{3{,}200\text{루피아}}{8\text{루피아}/₩} = ₩400$

[물음 2] 세금이 없는 경우 각 사업부 영업이익

(1) 전부원가의 300%

	원목사업부		합판사업부		합 계
매 출 액	1,000t × @900=	₩900,000	500t × @4,000=	₩2,000,000	₩2,900,000
변 동 원 가					
부문원가	1,000t × @100*1 =	100,000	500t × @200=	100,000	
대체원가		–	→	900,000	1,100,000
공 헌 이 익		800,000		1,000,000	1,800,000
고 정 원 가		200,000*2		300,000	500,000
영 업 이 익		₩600,000		₩700,000	₩1,300,000

*1. $\frac{800\text{루피아}}{8\text{루피아}/₩} = ₩100$

2. $\frac{1{,}600{,}000\text{루피아}}{8\text{루피아}/₩} = ₩200{,}000$

(2) 시장가격

	원목사업부		합판사업부		합 계
매 출 액	1,000t × @400=	₩400,000		₩2,000,000	
변 동 원 가			500t × @4,000=	₩2,000,000	₩2,400,000
부 문 원 가	1,000t × @100=	100,000			
대 체 원 가			500t × @200=	100,000	
공 헌 이 익		300,000	→	400,000	600,000
고 정 원 가		200,000		1,500,000	1,800,000
영 업 이 익		₩100,000		300,000	500,000

15

[물음 3] 세금이 있는 경우 각 사업부 영업이익

(1) 전부원가의 300%

	원목사업부	합판사업부	합 계
세전영업이익	₩600,000	₩700,000	₩1,300,000
법인세(20%, 35%)	120,000	245,000	365,000
세후영업이익	₩480,000	₩455,000	₩935,000

(2) 시장가격

	원목사업부	합판사업부	합 계
세전영업이익	₩100,000	₩1,200,000	₩1,300,000
법인세(20%, 35%)	20,000	420,000	440,000
세후영업이익	₩80,000	₩780,000	₩860,000

[물음 4] 세후영업이익 극대화

전부원가의 300%를 대체가격으로 할 경우 회사 전체 이익은 ₩480,000+₩455,000=₩935,000이고 시장가격을 대체가격으로 할 경우 회사 전체 이익은 ₩80,000+₩780,000=₩860,000이다. 따라서 전부원가 300% 대체가격 결정방법이 세금차감 후 전체영업이익을 극대화한다.

별해

[물음 2]에서 보는 바와 같이 기본적으로 대체가격을 얼마로 결정하는가는 기업전체의 손익에는 영향을 주지 않으나 개별사업부의 성과에는 영향을 미친다. 다만, 다국적기업에서 법인세 등이 다른 경우에는 대체가격을 얼마로 결정하는가에 따라서 기업전체의 세후이익은 달라지게 된다.

PART 04

경쟁력 유지를 위한 원가정보의 활용

원가관리회계

Cost & Management Accounting

CHAPTER 16

Cost & Management Accounting

전략적 원가관리와 성과평가

제1절 전략적 원가관리의 의의

전략적 원가관리(strategic cost management)는 기업이 고객가치를 효과적이고 효율적으로 창출할 수 있도록 전략을 실행하고 경쟁우위를 확보하는 목적으로 원가정보를 파악하고 활용하는 것을 말한다. 최근에 기업들은 치열한 국제적 경쟁과 소비자 욕구변화, 생산기술 변화에 직면하고 있으며, 이런 경영환경에서 경영자들은 기업의 경쟁력을 유지하고 발전시켜 경쟁우위를 확보하는데 관심을 두고 있다. 관리회계도 최근의 경영환경에 맞도록 기업의 경쟁력을 파악하고 높일 수 있는 여러 관리기법을 개발하고 있는데 이런 기법들을 통칭해서 전략적 원가관리라고 한다.

1. 전략적 원가관리의 특징

전통적인 관리회계가 기업의 상황을 주어진 조건으로 보고 효율적인 관리만 추구하였다면 전략적 원가관리는 원가와 고객가치를 고려해서 기업이 경쟁업체에 비해 낮은 비용으로 높은 가치를 창출할 수 있도록 원가정보를 분석하고 활용해서 효과적으로 경쟁우위를 확보할 수 있도록 한다. 이와 같은 전략적 원가관리는 다음과 같은 특징을 가지고 있다.

- 기존의 조업도 중심 관련원가 분석이 단기적 분석을 위주로 이루어지는데 비해 전략적 원가관리는 전략적 요소를 고려하여 광범위한 원가분석이 실시된다.
- 전통적인 원가관리를 한 차원 높여 제조, 판매, 물류 등 경영기능전반에 걸친 유기적인 관계를 광범위하고 장기적인 시각에서 파악하도록 한다.
- 제품의 수명주기가 짧아지고 있기 때문에 종래의 원가 3요소(직접재료원가, 직접노무원가, 제조간접원가)에 치중하였던 원가관리에서 벗어나 수명주기 전체에 걸친 원가를 관리대상으로 한다.
- 지속적인 경쟁우위를 확보하여 전략이 달성될 수 있도록 하는데 원가정보를 활용한다.
- 전통적인 원가관리는 각 공정의 효율성에 초점을 두었던 것에 반해 전략적 원가관리는 고객가치를 효과적으로 창출하는데 관심의 초점을 두고 있다.

여기서 '효율성(efficiency)'이란 실제산출량을 생산하는데 낭비요소가 없었는가를 측정하는 것으로 산출량에 허용된 투입량과 실제투입량을 비교해서 계산하며 이는 투입물을 얼마나 효율적으로

16

활용했는지를 파악할 수 있도록 한다. 반면에 '효과성(effectiveness)'이란 사전에 설정한 목표를 얼마나 달성했는지를 파악하는 것으로 목표산출량과 실제산출량을 비교해서 측정한다. 개별기능을 아무리 효율적으로 수행하더라도 고객가치를 효과적으로 얻지 못하면 경쟁우위는 얻을 수 없기 때문에 전략적 원가관리에서는 효율성보다는 효과성에 관심을 집중한다.

이상의 특징을 가지는 전략적 원가관리에서는 기업이 지속적인 경쟁우위를 확보하는데 초점을 두고 있으며 다음 세 가지 요소를 핵심개념으로 한다.

• 전략적 포지셔닝 • 가치사슬분석 • 원가동인분석

따라서 이번 장에서는 우선 위의 세 가지 요소에 대해서 살펴보고 그 외의 경쟁우위를 확보하기 위해서 개발된 여러 관리회계 기법에 대해서는 17장에서 살펴보도록 하자.

2. 전략적 포지셔닝

'전략적 포지셔닝(strategic positioning)'은 경쟁우위를 확보할 수 있는 본원적인 전략을 결정하는 것으로, 사용하는 전략이 무엇인가에 따라서 원가를 관리하는 관점이 달라지게 된다. 전략이 서로 다르면 원가관리의 관점도 서로 다르게 되므로 전략적 포지셔닝은 전략적 원가관리의 핵심적인 요소이다.

(1) 전략의 유형

기업이 사용하는 전략에는 원가우위, 차별화, 집중화가 있으며 기업이 선택한 전략에 따라 전략을 실행하는 방법이 서로 다르기 때문에 각각 다른 경영관점과 원가분석이 요구된다.

① 원가우위 전략(cost leadership) : 특정기업에서 원가를 낮추기 위한 일련의 기능별 정책을 통하여 산업 내에서 원가상의 우위를 달성하는 것이다. 원가우위 전략을 추구하는 기업은 제품생산원가와 고객의 구매 후 원가까지 최소화할 수 있도록 제품설계를 조정하고 원가절감에 원가관리의 초점을 둔다.

② 차별화 전략(differentiation) : 기업이 제공하는 제품이나 서비스를 다른 기업과 차별화함으로써 산업전반에 걸쳐서 그 기업이 독특하다고 인식될 수 있는 그 무엇을 창조하는 것이다. 차별화 전략은 고객이 받는 가치를 증가시켜서 고객가치를 창출하는 전략으로 차별화에는 고객에 대한 서비스, 디자인, 상표이미지와 기술 등 여러 가지 방법이 있다. 차별화전략을 추구하는 기업은 원가절감보다는 차별화달성에 초점을 두고 원가를 관리한다. 즉, 기업이 추가적으로 얻는 가치가 차별화를 위해 추가적으로 지출하는 원가보다 커야 한다.

③ 집중화 전략(focusing) : 세분화된 시장을 집중적으로 공략하는 것으로 원가우위 전략과 차별화 전략이 전체 시장을 대상으로 하는 반면에 집중화 전략은 특정 세분화된 목표시장에만 집중한다. 집중화 전략은 목표시장에서 원가우위를 추구하는 원가집중화와 차별화를 추구하는 차별집중화가 있다.

기본적인 전략의 유형

경쟁우위요소 / 경쟁의 범위	원가우위	제품의 특성
산업전체	원가우위 전략	차별화 전략
세분화된 시장	집중화 전략	

이와 같은 세 가지 유형의 전략 중에서 집중화전략은 기업 외부의 시장을 집중하는 것으로 내부관리관점에서는 다시 원가우위나 차별화를 선택해야 한다. 따라서 내부관리가 초점인 관리회계에서는 주로 원가우위 전략과 차별화 전략을 논의한다.

(2) 전략유형별 원가관리의 관점

상이한 전략에는 상이한 원가관리의 관점이 필요하다. 예를 들어, 원가계산을 하는데 있어서 성숙기에 이른 일용품을 생산하는 기업이 원가우위전략을 택하고 있다면 목표원가가 주된 관심사항이 되겠지만, 시장중심적이고 급격한 성장 및 변화를 특징으로 하는 사업에서 제품차별화 전략을 채택하고 있는 기업의 경우에는 제조원가를 절감하는 것보다는 차별화를 높일 수 있는 방법에 관심을 집중하게 된다. 각 기업이 선택하는 전략이 무엇인가에 따라 원가분석의 목적과 방법도 서로 달라진다는 점에서 전략적 포지셔닝은 원가분석의 역할에 중요한 영향을 미치게 된다.

3. 가치사슬분석

가치사슬분석은 기업의 가치사슬을 파악하고 이를 기초로 원가를 보다 낮추거나 또는 고객가치를 보다 강화시킬 수 있는 부분을 결정하고 관리하는 것이다. 가치사슬분석에는 기업내부 가치사슬분석과 공급사슬관리가 있다.

(1) 가치사슬과 공급사슬의 개념

'가치사슬(value chain)'이란 기업이 고객에게 가치를 제공하는데 직·간접적으로 기여하는 일련의 활동들을 체계적으로 분석하여 전략적인 가치를 창출할 수 있는 가치활동(value activity)들로 구분해서 배열한 것을 말한다. 다음의 그림은 가장 단순한 형태의 가치사슬의 예를 보여주고 있다.

가치사슬

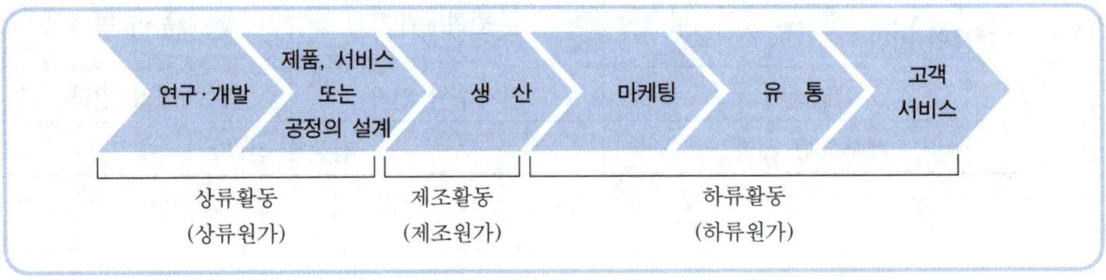

'공급사슬(supply chain)'은 각 기업의 가치사슬이 연결되어 최초의 원재료 공급자로부터 최종소비자에 이르는 전체의 흐름을 말한다.

가치사슬과 공급사슬

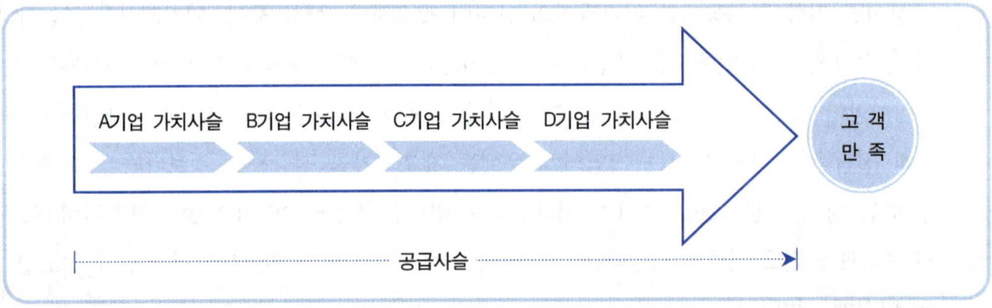

구 분	구성요소	분석대상	정 의
가 치 사 슬	가치활동 (생산, 판매, 구매, 지원 등)	기업내부	가치활동의 연결을 통해 부가가치를 창출하는 기업내부의 프로세스
공 급 사 슬	가치사슬 (공급, 제조, 유통업체 등)	산업·기업간 관계	가치사슬의 연결을 통해 최종고객의 가치를 창조하는 프로세스

(2) 기업내부 가치사슬분석

'가치사슬분석'은 가치사슬내의 가치활동을 분석해서 서로 다른 가치창출 활동에 의해 얻어지는 가치결정 부분이 '원가(cost)'나 '효율성(efficiency)'측면에서 최적으로 운영되도록 관리하여 경쟁우위를 확보해 가는 과정을 말한다.

가치사슬을 분석할 때 주의할 점은 각 가치활동들이 상호의존적이므로 이를 독립적으로 분석해서는 안되며, 그 '연계(linkages)'를 통한 시너지효과를 고려하여 분석해야 한다는 것이다. 즉, 기존의 관리회계기법은 각 활동들의 효율화에만 관심을 기울였지만 가치사슬 분석은 개별 활동의 효율화만이 아니라 활동들 간의 연결관계에 주목하여 경쟁우위를 창출하는 방법으로 '활동간'의 효과적인 관리에 보다 초점을 두고 있다.

(3) 공급사슬관리

'공급사슬관리(supply chain management : SCM)'란 특정 산업의 공급사슬에 있는 모든 기업의 가치사슬을 통합해서 공급자로부터 최종소비자에 이르는 공급사슬의 전체적인 정보와 물량의 흐름을 최적화하여 경쟁우위를 확보하는 것을 말한다. 가치사슬 분석이 기업내부의 시각에서 경쟁우위를 분석하기 위한 도구라면 공급사슬관리는 경쟁우위의 창출단위를 기업사이의 연계까지로 확장한 것이다.

공급사슬관리에서는 가치사슬간의 새로운 조합형태를 만들어 최종소비자가 요구하는 가치를 낮은 원가로 달성할 수 있는 최적의 가치시스템을 구축해 나간다.

공급사슬관리의 예는 초코릿산업에서 찾아 볼 수 있다. 초코릿회사가 액체초코릿을 막대형으로 굳혀서 과자회사에 납품하고, 과자회사는 이를 다시 녹여 사용하는 관행을 가지고 있었는데 공급사슬관리를 통해서 초코릿을 막대형태로 납품하는 대신 액체형태 그대로 납품하면서, 초코릿회사는 초코릿을 막대모양으로 만들고 포장하는데 소요되는 원가를 절감할 수 있었으며, 과자회사는 포장을 벗기고 초코릿을 용해시키는데 소요되던 원가를 절약할 수 있어서 공급사슬전체의 원가를 절감할 수 있었다.

이와 같이 공급사슬관리에서는 가치사슬을 조정하여 경쟁우위를 확보하는데 이를 위해 사용하는 방법은 다음과 같다.

① 가치사슬 해체 : 수직통합형 기업이 자사의 가치사슬 중에서 경쟁우위를 확실히 보유한 부문과 경쟁우위의 창출에 있어서 필수적인 부문에 자원을 집중하고 다른 부문은 외부에서 주문하는 방법이다. 시스코시스템이 핵심연구개발을 제외한 대부분의 기능을 외주화한 것이 대표적인 예이다.

② 가치사슬간의 통합 : 다양하고 고도화된 서비스·제품을 적절히 공급하기 위해 전략적으로 제휴한다거나 전산기술을 활용해서 기업 간의 신경망을 통합함으로써 상호협력 체제를 구축하는 방법이다. 월마트와 P&G가 고객정보 및 물류전산망을 통합한 사례나 델(Dell)이 공급업체와 고객데이터베이스를 공유하여 수요변동을 파악한 사례가 대표적이다.

③ 가치사슬 제거 : 특정가치 사슬을 제거함으로써 고객에게 제품이나 서비스가 전달되는 시간이나 비용을 절감하는 방법이다. 중간유통업체를 생략하여 유통단계를 압축하거나 제거하는 것이 대표적인 예이다.

④ 가치사슬의 삽입 : 기존 가치시스템에서는 제공되지 않았던 새로운 부가가치를 제공하는 가치사슬을 첨가하는 방법이다. IBM이 고객의 문제전반에 대한 종합솔루션을 제공하는 고객지향형 사업을 추가한 것이 대표적인 예이다.

4. 원가동인분석

기업은 가치사슬분석을 통해 경쟁우위를 확보할 수 있는 가치활동을 식별하고 선택하며, 각 가치활동의 원가동인을 파악하여 원가를 최소화하면서 가치활동을 수행하도록 관리해야 한다. 여기서 분석해야 하는 원가동인은 기업의 원가를 결정하는 근원적인 요인을 말하는 것으로 구조적 원가동인과 실행적 원가동인 및 운영활동 원가동인으로 구분할 수 있다.

(1) 구조적 원가동인

'구조적 원가동인(structural cost driver)'은 조직의 기본경제 구조를 결정할 때 고려하는 요인으로 규모, 범위, 경험, 기술, 복잡성 등이 있으며 이는 조직을 처음 구성할 때 주로 고려하는 요인이다.

① **규모(scale)** : 생산이나 연구개발 및 마케팅에 대한 투자규모를 어느 정도로 하느냐에 따라 제품원가는 중요한 영향을 받는다. 예를 들어 규모의 경제가 나타나는 산업에서는 생산설비의 규모를 어느 정도로 투자할 것인지가 원가에 가장 크게 영향을 주는 요인이 된다.

② **범위(scope)** : 기업의 수직적 통합수준은 원가발생에 영향을 미친다. 기업은 공급자에 대한 협상력(buying power) 및 수요자에 대한 협상력(seller power) 등을 고려하여, 공급사슬에서 기업이 담당할 최적의 수직적 통합수준을 수행할 때 원가를 최소화하면서 가치를 극대화할 수 있다.

③ **경험(experience)** : 수행하고 있는 과업이 과거에 수행해 본 경험이 있는지가 원가에 영향을 미친다. 예를 들어 학습효과가 나타나는 산업에서는 경험이 원가에 영향을 주는 핵심적인 요인이므로 이를 고려해서 기술이나 공정을 선택해야 한다.

④ **기술(technology)** : 가치사슬의 각 단계에서 어떤 기술을 선택할 것인지가 기업의 원가에 영향을 준다.

⑤ **복잡성(complexity)** : 고객에게 제품 및 서비스를 어느 정도 다양하게 제공할 것인지가 기업의 원가에 영향을 준다. 시장의 다양한 욕구를 맞추기 위해 제품의 종류를 증가시키면 제조공정이나 유통채널이 복잡해져서 원가를 증가시키게 된다. 따라서 기업은 복잡성으로 인한 조직전체의 원가부담을 파악하고 이를 기조로 복잡성의 수준을 결정해야 한다.

동인 유형	구조적 원가동인의 유형별 내용
규 모 (scale)	생산이나 연구개발 및 마케팅에 대한 투자규모
범 위(scope)	기업의 수직적 통합수준
경 험(experience)	기업이 현재 수행하고 있는 과업을 과거에 수행해 본 경험
기 술(technology)	가치사슬의 각 단계에서 선택한 기술
복잡성(complexity)	제품 및 서비스의 다양성

구조적 원가동인은 각 원가동인이 독립적으로 원가에 영향을 미치는 것이 아니라 여러 원가동인이 복합적으로 원가에 영향을 미치기 때문에 원가를 최소화하는 구조적 원가동인의 조합을 결정해야 한다. 또한 원가동인의 변화에 따라 효율적으로 원가동인을 고려하는 방식도 달라진다는 것도 고려해야 한다. 예를 들어 철강 산업의 경우, 과거에는 규모의 경제가 중요한 원가동인이어서 대형고로를 사용하는 철강공장이 효율적이었지만, 기술이 발전하고 제품에 대한 고객의 요구가 다양해지면서 규모의 경제가 줄어들어 소형고로를 사용하는 철강공장이 보다 효율적인 상황으로 바뀌었다.

16

(2) 실행적 원가동인

'실행적 원가동인(executional cost driver)'은 기업이 성공적으로 과업을 수행할 수 있도록 프로세스를 결정할 때 고려하는 요인을 말하며, 그 예로는 종업원 참여도, 품질에 대한 접근방법, 공정배치의 효율성, 제품의 사양, 생산능력의 최적활용 등이 있다.

① 종업원 참여도(degree of involvement) : 종업원들이 지속적인 개선에 얼마나 헌신하는지가 원가에 영향을 미친다. 종업원이 적극적으로 참여해서 원가개선방안을 모색하게 되면 기업의 원가는 크게 낮아질 수 있다. 종업원의 참여도는 종업원에 대한 권한, 문화, 위임정도 등에 영향을 받기 때문에 이를 효과적으로 관리해서 참여도를 높이도록 하는 것이 원가절감방안이 된다.

② 품질에 대한 관점(quality management approach) : 기업이 전사적 품질관리를 수행하였을 때 품질은 개선되고 원가가 절감되어 기업의 이익이 증가할 수 있다.

③ 공정배치의 효율성(plant layout efficiency) : 공장 내의 공정과 기계장치를 어떻게 배치할 것인가에 따라 원가가 달라진다.

④ 제품의 사양(product configuration) : 제품의 기능의 다양성도 원가에 영향을 미친다. 제품을 설계할 때 기능을 다양하게 하면 고객만족도는 높아지겠지만 원가가 상승하게 된다.

⑤ 생산능력의 최적활용(capacity utilization) : 공장의 설비를 최적으로 활용하였을 때 원가는 절감된다.

실행적 원가동인 유형	실행적 원가동인의 유형별 내용
종업원 참여도	종업원에 대한 권한, 문화, 위임정도 등을 효과적으로 관리해서 종업원 참여도를 높이도록 하는 것이 원가절감방안이 된다.
품질에 대한 관점	전사적 품질관리는 품질이 개선되고 원가도 절감될 수 있다.
공정배치의 효율성	공장 내의 공정과 기계장치의 배치에 따라 원가가 달라진다.
제품의 사양	제품을 설계할 때 기능을 다양하게 하면 고객만족도는 높아지겠지만 원가가 상승하게 된다.
생산능력의 최적활용	공장의 설비를 최적으로 활용하였을 때 원가는 절감된다.

구조적 원가동인이 결정되어 기업의 조직구조가 정해진 상황에서도 조직이 어떻게 업무를 수행하는가에 따라 기업의 원가는 크게 달라질 수 있기 때문에 실행적 원가동인의 중요성은 점점 커지고 있다. 종업원의 적극적인 참여와 전사적 품질관리, 효율적인 공정재배치 등을 적절하게 관리하고 있는 기업이 단순히 조업도를 중심으로 원가를 관리하는 기업보다 높은 성과를 얻고 있다.

(3) 운영활동 원가동인

운영활동 원가동인은 기업이 구조적 원가동인과 실행적 원가동인을 고려하여 기본구조와 프로세스를 선택한 결과로서 매일매일 수행해야 하는 활동의 원가동인을 말한다. 활동기준원가계산에서 논의하는 원가동인이 운영활동 원가동인에 해당한다.

이상에서 살펴본 세 가지 유형의 원가동인은 서로 밀접하게 관련되어 있다. 예를 들어 구조적 원가동인으로 두 종류 이상의 제품을 생산하기로 결정하면 일정관리활동(scheduling)이라는 새로운 운영활동이 필요해서 그 원가동인을 관리해야 한다. 다른 예로 실행적 원가동인으로 공정배치의 효율성을 고려해서 공정의 재배치하면 원재료처리활동과 같은 활동이 줄어들어 그 원가동인이 영향을 받는다. 이와 같이 원가동인들은 서로 밀접하게 관련되므로 경영자는 총체적인 관점에서 원가동인을 관리해야 한다.

제 2 절 전략적 성과평가

전략적 성과평가는 전략의 전개과정에서 전략목표와 세부목표를 조직구성원들에게 정확하게 전달하고 실행한 뒤에 조직구성원들이 세부전략 목표들을 얼마나 달성했는지를 평가하는 것이다. 전략이 성공하기 위해서는 기업 세부조직에서 세부전략 목표를 달성하는 것이 필수적이므로 성과평가시스템은 조직구성원이 최선을 다해서 세부전략 목표를 달성하도록 동기부여를 해야 한다. 그런데 전통적인 책임회계는 주로 단기적인 재무성과만을 평가하므로 이와 같은 전략성과를 평가하는 데에는 다음과 같은 한계점을 가지고 있다.

① 재무적인 측정치에 대한 강조 : 전통적인 책임회계에서는 투자수익률, 예산차이와 같은 단기적인 재무성과를 강조하는데 기업이 장기적으로 성과를 얻으려면 재무적인 성과뿐만 아니라 고객만족도, 품질, 납기와 같은 비재무적인 성과에 대한 평가도 이루어져야 한다.

② 내부적 측면의 강조 : 전통적인 책임회계에서는 표준이나 예산 등과 같이 기업 내부의 목표치만을 이용하여 성과를 평가하는데 최근에는 고객의 만족도, 경쟁사와의 비교 등 기업의 외부평가자료를 이용하는 것이 중요해지고 있다.

③ 비부가가치원가의 무시 : 기업에서 발생하는 여러 가지 원가 중에는 고객을 만족시키는데 기여하지 못하는 비부가가치원가가 존재하는데 전통적인 책임회계에서는 이와 같은 비부가가치원가를 구분하여 파악하지 않는다.

④ 부적절한 동기부여 : 전통적인 책임회계에서는 표준에 의해서 성과를 평가하므로 조직 전체적으로 바람직하지 못한 결과를 얻을 수도 있다. 예를 들어, 재료가격 차이를 유리하게 하기 위해서 대량구매를 한다거나 생산부서에서 유리한 조업도차이나 능률차이를 얻기 위해서 생산량을 증가시키면 과다한 재고자산을 보유하게 되어 기업 전체의 성과에 악영향을 미칠 수도 있다.

이상에서 살펴본 전통적 책임회계의 문제점을 해결하기 위해서 새롭게 전략을 평가할 수 있는 성과평가 제도의 필요성이 커지고 있다. 새롭게 만들어지고 있는 전략적인 성과평가제도는 전략을 달성하기 위한 세부목표의 성과평가에 초점을 두는 부분최적화가 아니라 전사적인 최적화를 추구한다. 또한 전략달성을 위한 다양한 성과측정치를 통합적으로 평가하며, 개인의 학습과 성과보다는 조직의 학습과 성과를 장려할 수 있도록 설계되고 있다.

16

책임회계제도와 전략적 성과평가의 비교

기 준	전통적인 책임회계제도	전략적인 성과평가제도
환 경	정적이고 안정적인 환경	동적이고 급변하는 경쟁적 환경
성과 평가단위	조직단위와 개인에 대한 재무적 책임	공정과 팀, 다차원적 가치사슬
성과 측정기준	예산과 고정적인 표준에 초점 달성 가능한 표준원가(재무적)	최적의 공정·활동, 역동적인 고객가치, 시간·품질·효율(비재무적)
성 과 평 가	실행원가와 표준원가의 비교 통제가능원가	적시납품, 총통과시간, 품질, 공정의 효율성, 원가절감, 원가추세
보 상	예산기준 성과평가에 근거한 개인적인 보상	다차원적인 성과평가에 근거한 개인성과에 대한 개인보상, 팀성과에 대한 그룹기준 보상

전략적 성과평가제도에는 여러 유형이 있는데 그 대표적인 방법인 균형성과표와 영업이익의 전략적인 분석에 대해 자세히 살펴보도록 하자.

제 3 절 균형성과표

균형성과표(balanced score card : BSC)는 전략을 평가하는 관점을 재무적인 관점, 고객관점, 내부프로세스관점, 학습과 성장관점의 네 가지 관점으로 나누어서 평가하는 것으로 각 관점의 성과평가지표들이 전략달성에 맞도록 유기적으로 구성되어야 한다. 균형성과표는 다음과 같이 여러 관점의 지표들을 균형있게 사용해서 기업의 성과를 평가한다.

① 전통적인 책임회계에서 사용하던 재무적인 지표 이외에도 다양한 비재무적인 지표를 사용해서 성과평가의 균형을 이룬다.

② 재무적인 지표와 같은 과거지향적인 지표와 종업원의 핵심역량 강화와 같은 미래지향적인 지표가 균형을 이룬다.

③ 이익률이나 불량률과 같은 정량적인 측정치(quantitative measures)와 종업원의 사기와 같은 정성적인 측정치(qualitative measures)가 균형을 이룬다.

④ 표준이나 예산 등과 같이 기업 내부의 성과지표와 고객의 만족도, 경쟁사와의 비교 등 기업의 외부평가지표가 균형을 이룬다.

균형성과표(BSC)(자료 : Kaplan and Norton 1996)

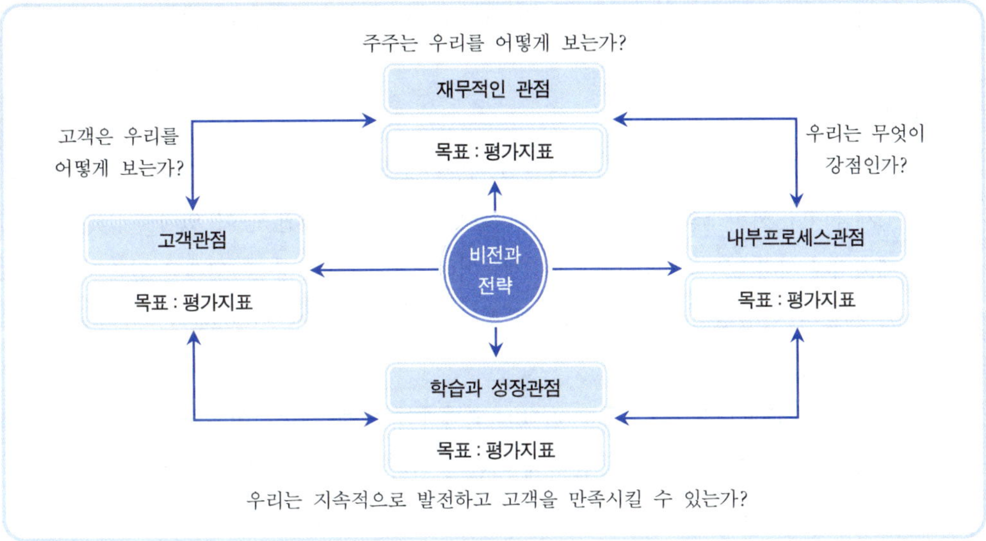

1. 재무적인 관점(financial perspective)

재무적인 관점은 전략을 실행하여 순이익과 같은 재무적인 성과가 개선되었는지를 측정하는 것이다. 이 관점은 주주에게 어떻게 보일 것인가를 중시하며, 그 성과측정치로는 영업이익, 투자수익률, 잔여이익 등이 대표적이고 최근에는 경제적부가가치도 많이 사용되고 있다. 또한 재무적 측정치의 대안으로는 판매성장 혹은 현금흐름 등이 사용될 수도 있다.

재무적인 관점의 성과지표는 회계시스템을 통해서 쉽게 확보할 수 있는 정보로 조직단위간이 성과를 비교할 때 용이하다. 하지만 조직단위의 전략이 다른 경우에는 전략의 특성에 적합한 재무적인 지표를 사용하는 것이 바람직하다. 예를 들어 확장기인 사업부는 매출액증가율과 같은 지표로 사업규모의 확장수준을 평가할 수 있고, 수확기에 있는 사업부는 매출액성장률보다는 이익률이나 투자수익률과 같이 수익성과 관련된 지표를 사용하는 것이 바람직하다.

2. 고객관점(customer perspective)

재무적인 관점의 성과를 얻기 위해서는 기업이 고객에게 가치를 제공하여 고객을 만족시켜야 하므로 고객관점의 성과도 평가해야 한다. 고객관점에서 성과를 평가하기 위해서는 성과평가의 대상이 되는 고객의 범위를 명확히 하여야 한다. 특정기업이나 사업부는 시장에 존재하는 모든 고객을 만족시켜야 하는 것이 아니므로 전략적으로 차별화하고 있는 시장에 존재하는 기존고객과 잠재고객을 정확하게 파악해야 하며, 성과평가대상은 이 고객들이 중심이 되어야 한다.

따라서 고객관점 성과평가에서는 성과평가대상이 되는 고객의 범위를 명확히 하는 것과 함께 대상고객이 기업의 어떤 요소로 인하여 만족을 얻는지도 파악하여야 한다.

(1) 고객만족요소

기업이 고객을 만족시킬 수 있으려면 고객만족요소(가치)를 가지고 있어야 하는데, 그 요소에는 제품이나 서비스의 특성, 고객과의 관계, 이미지와 평판 등이 있다.

① 제품이나 서비스의 특성(attributes) : 제품이나 서비스의 특성 중 고객을 만족시키는 요소로는 제품의 '독창성(uniqueness)', '기능성(functionality)', '품질(quality)', '가격(price)', '납기(time)' 등이 있다.

② 고객과의 관계(customer relationship) : 고객과의 관계는 고객이 기업의 제품을 구매하는 과정에서 어떠한 느낌을 얻었는가에 대한 것이다. 고객의 느낌이나 만족도는 고객이 얼마나 편안하게 제품을 구매하였으며 기업에 대하여 신뢰하고 있는지, 또한 기업이 고객의 요구에 대해 얼마나 빨리 대응하는지에 따라서 달라지게 된다.

③ 이미지와 평판(image and reputation) : 이미지와 평판은 고객이 기업을 어떻게 바라보는가에 대한 것이다. 고객이 기업에 대해 가지고 있는 좋은 이미지나 고객에게 전달되는 외부의 긍정적인 평판은 해당 고객으로 하여금 기업과 지속적인 관계를 유지하고자 하는 유인으로 작용한다.

(2) 고객관점의 성과평가지표

고객관점의 성과는 고객만족도를 높여서 기존고객을 유지하고 신규고객을 확보하여 시장점유율을 높이는 것이며, 이와 같은 고객관점에서 성과를 평가하는 지표로는 시장점유율, 고객유지율이나 충성도, 신규고객확보율, 고객만족도, 고객수익성 등이 있다.

고객만족요소(가치)와 성과 사이의 관계

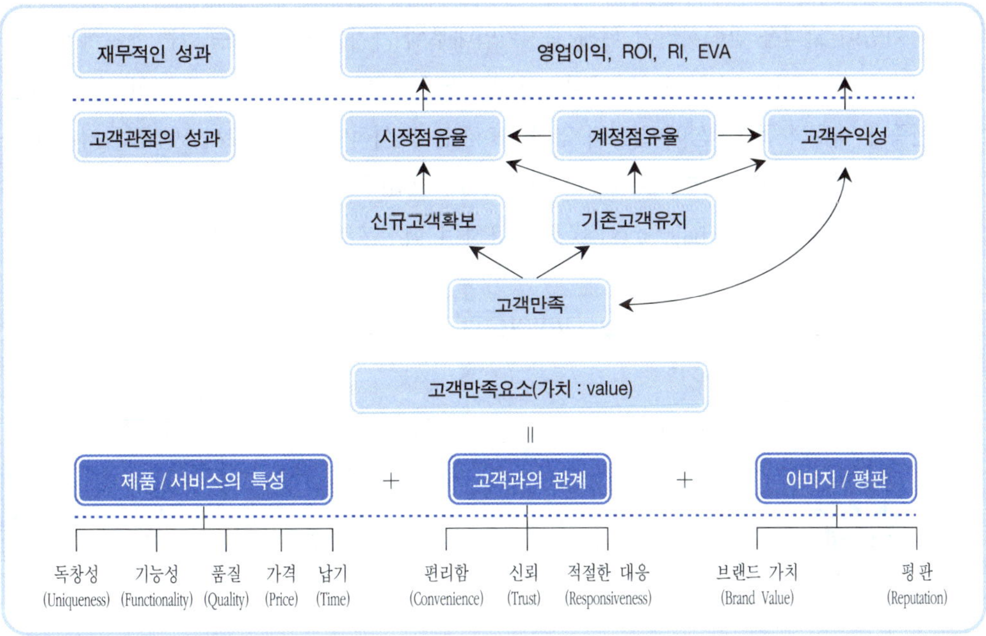

① 시장점유율(market share) : 시장점유율은 세분화된 시장에서 기업이 차지하는 비중으로 고객의 수, 매출액, 매출수량 등으로 측정할 수 있으며 기업이 목표로 하는 시장에 얼마나 성공적으로 침투하였는지를 파악할 수 있는 지표이다.

② 계정점유율(account share) : 특정 고객에 대해서 기업이 차지하는 비중으로 측정할 수 있다. 예를 들어 의류회사에서 해당회사의 제품을 구입하는 고객이 의류구입액의 40%를 해당회사에서 구입하고 있다면 40%가 계정점유율이다.

③ 고객유지율 : 고객유지율은 기업이 영위하고 있는 사업에서 기존고객과 지속적인 관계를 유지하는 비율로 측정할 수 있으며 세분화된 시장에서 기업이 성장하기 위해서는 기존고객이 계속적으로 고객으로 남아 있게 해야 하므로 이를 평가하는 지표이다.

④ 신규고객확보율 : 신규고객확보율은 세분화된 시장에서 신규로 확보된 고객의 수나 신규고객에서 발생한 매출액 등으로 측정하며 기업이 성장하기 위해서는 세분화된 시장에서 지속적으로 신규고객을 확보하여야 하므로 이를 측정하는 지표이다.

⑤ 고객만족도 : 고객만족도는 일반적으로 '질문조사(questionnaire surveys)'나 고객불만건수 등으로 측정하며, 기업이 고객의 요구를 얼마나 만족시켰는지를 파악할 수 있는 지표이다.

⑥ 고객수익성 : 고객수익성은 활동기준원가 계산자료를 이용하여 고객별로 수익성을 파악하는 것이다. 기업이 고객만족도를 높여서 기존고객을 유지시키고, 신규고객을 확보하여 시장점유율을 높인 결과로서 고객수익성이 확보되어야만 성공한 전략이라고 볼 수 있다.

3. 내부프로세스관점(internal process perspective)

기업이 고객을 만족시키기 위해서는 기업내부에 가치를 창출할 수 있는 프로세스를 가지고 있어야 하며 이를 평가하는 것이 내부프로세스관점이다. 내부프로세스관점의 성과평가는 고객만족과 재무적 목표달성에 결정적 영향을 미치는 핵심적인 내부프로세스에 집중되어야 하는데 고객을 만족시키는 내부프로세스의 조합은 각 기업이나 사업부마다 다르므로 '내부가치사슬모델(internal value chain model)'을 이용하여 핵심프로세스를 파악한다.

가치사슬과 내부프로세스

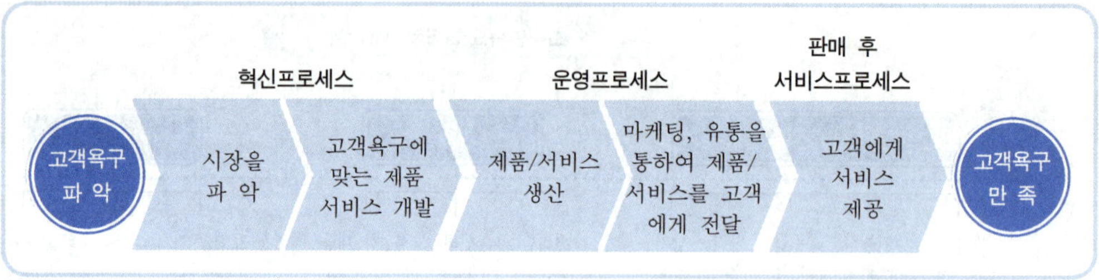

(1) 혁신프로세스(innovation process)

혁신프로세스는 새로운 시장, 새로운 고객, 고객의 새로운 욕구를 파악하고 이를 충족시킬 수 있는 제품을 개발해 내는 프로세스이다. 혁신프로세스는 다시 두 가지 구성요소로 구분할 수 있는데, 첫째는 기업이 시장조사를 통하여 시장의 크기와 고객선호형태 및 제품이나 서비스에 대한 가격민감도 등을 파악하는 것이고, 둘째는 시장조사의 결과에 따라서 고객의 욕구에 맞도록 제품이나 서비스를 개발하고 기업내부프로세스를 적절하게 배치하는 것이다. 혁신프로세스에 대한 성과평가지표로는 신제품의 매출액비중, 경쟁자대비 신제품출시수, 신제품 개발기간, 시장주도제품의 수, 손익분기기간 등이 사용된다.

(2) 운영프로세스(operation process)

운영프로세스는 기존의 제품이나 서비스를 생산하여 고객에게 전달하는 프로세스로 고객에게 주문을 받는 것으로부터 시작해서 고객에게 제품이나 서비스를 전달하는 것으로 끝난다. 운영프로세스에서 창출되는 고객만족 요소는 '제조주기(time)', '품질(quality)', '원가(cost)'가 있다.

① 시간(time) : 많은 소비자들은 기업이 고객주문에 신속하게 대응하는 능력을 매우 중요시하고 있으므로, 운영프로세스에서 고객주문에 신속하게 대응하는 것은 기업이 고객을 만족시키는 핵심적인 요소가 되었다. 시간관리 능력을 측정하는 지표에는 고객대응시간과 정시납품성과 및 제조주기효율성 등이 있다.

② 품질(quality) : 고객을 만족시키는 요소 중에서 품질은 반드시 고려해야 하는 요소이며, 많은 회사들도 품질을 중요한 고객만족요소로 파악하고 있다. 따라서 운영프로세스를 평가할 때 품질의 평가는 대부분의 회사에서 필수적이며 그 평가지표는 이미 많은 회사들이 사용하고 있는데, 제조기업에서 사용하는 평가지표로는 백만개당 불량품수(PPM defect rates), 수율, 작업폐물, 통계적인 품질통제, 재작업, 반품 등이 있다.

③ 원가(cost) : 운영프로세스에서 시간과 품질의 중요성을 지나치게 강조하다 보면 원가측면에서는 경쟁우위를 잃을 수도 있으므로 운영프로세스의 원가를 성과평가지표로 포함시키는 것은 필수적이다. 다만, 운영프로세스의 원가를 측정함에 있어서는 활동기준원가계산시스템을 사용하여 각 프로세스의 원가를 측정해야만 프로세스별로 발생한 원가를 정확하게 측정할 수 있을 것이다.

(3) 판매후 서비스 프로세스

내부가치사슬의 마지막 단계인 '판매 후 서비스 프로세스(post-sales process)'는 제품이나 서비스가 고객에게 전달된 이후에 서비스를 제공하는 단계로 판매보증, 무상 수리, 반품처리 등을 수행하며 고객의 만족도를 높이는 중요한 프로세스이다. 예를 들어 정밀기계나 소프트웨어와 같은 업종에서는 이 프로세스의 강점을 고객만족요소로 파악하기도 한다. 즉, 고객회사의 종업원에게 기계나 소프트웨어의 사용법과 활용법을 자세하게 교육하고, 고장이 발생하였을 경우에 빠르게 정비해 주는 것으로 고객을 만족시키는 것이다. 이와 같은 판매 후 서비스 프로세스는 운영프로세스와 같이 시간, 품질, 원가를 성과평가지표로 사용하는데, 그 대표적인 예로는 제품사용방법을 고객에게 교육하는 데 소요된 시간, 불량제품을 수리하는 데 소요된 시간, 하자보증원가 등이 있다.

16

프로세스 유형	프로세스 유형별 내용
혁 신 프로세스	새로운 시장, 새로운 고객, 고객의 새로운 욕구를 파악하고 충족시킬 수 있는 제품을 개발해 내는 프로세스이다. 성과평가지표로는 신제품의 매출액비중, 경쟁자대비 신제품출시수, 신제품개발기간, 시장주도제품의수, 손익분기기간 등이 사용된다.
운 영 프로세스	기존의 제품이나 서비스를 생산하여 고객에게 전달하는 프로세스로 고객에게 주문을 받는 것으로부터 시작해서 고객에게 제품이나 서비스를 전달하는 것으로 끝난다. 운영프로세스에서 창출되는 고객만족요소는 제조주기(time), 품질(quality), 원가(cost)가 있다.
판매후 서비스 프로세스	제품이나 서비스가 고객에게 전달된 이후에 판매보증, 무상수리, 반품처리 등을 수행하며 고객의 만족도를 높이는 중요한 프로세스이다. 판매후 서비스프로세스는 운영프로세스와 같이 시간, 품질, 원가를 성과평가지표로 사용하며 대표적인 예로는 제품 사용방법을 고객에게 교육하는 데 소요된 시간, 불량제품을 수리하는데 소요된 시간, 하자보증원가 등이 있다.

(4) 시간에 대한 성과지표 – 고객대응시간과 정시납품성과

내부프로세스의 중요한 성과평가지표인 시간은 고객대응시간과 정시납품성과 및 제조주기 효율성이 있는데 이에 대해서 좀 더 자세히 살펴보도록 하자.

우선, '고객대응시간(customer response time)'은 고객이 제품을 주문하거나 서비스를 요청하는 시간으로부터 제품과 서비스를 고객에게 인도하는 데까지 소요되는 시간으로서 배달주기라고도 한다. 고객대응시간은 고객주문에 얼마나 신속하게 대응하였는지를 평가하는 지표이며 고객대응시간을 구성하는 시간은 주문접수시간, 생산주기, 인도시간으로 구분하고 있으며 다음과 같다.

고객대응시간의 구성요소

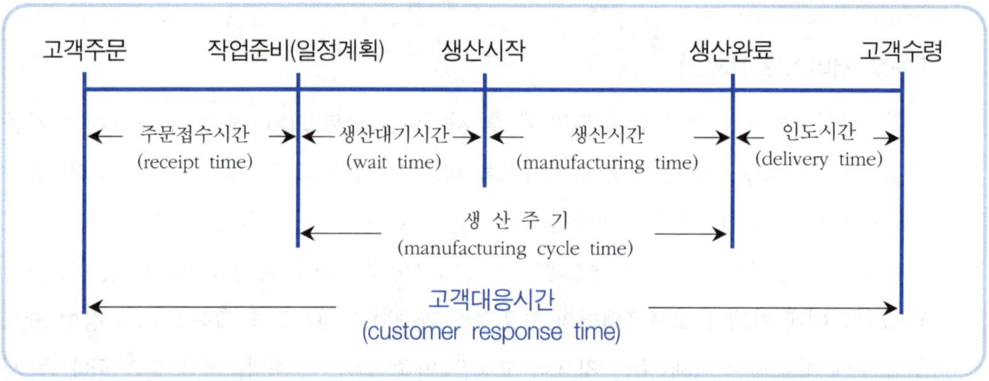

① 주문접수시간(receipt time) : 마케팅부서가 고객으로부터 주문을 받은 후 생산부서에 고객주문서의 구체적인 요구사항을 명시하여 전달하는데 소요되는 시간이다.

② 제조주기(manufacturing cycle time) : 생산부서가 주문을 접수한 시간부터 제품을 생산할 때까지 소요되는 시간으로 생산대기시간과 생산시간으로 구성된다.

③ 인도시간(delivery time) : 생산된 제품을 고객에게 인도하는데 소요되는 시간이다.

한편, '정시납품성과(on-time performance)'는 제품이나 서비스를 납품하기로 계획했던 시간을 실제로 얼마나 정확하게 지켰는지를 측정하는 것이다. 대부분의 고객들은 정시납품을 기대하고 있기 때문에 정시납품성과는 중요한 고객만족요인이다.

(5) 시간에 대한 성과지표 – 제조주기효율성

제조주기효율성(manufacturing cycle efficiency : MCE)은 통과시간 중에서 부가가치시간이 차지하는 비중을 계산한 것이다. 여기서 '통과시간(throughput time)'은 관리대상이 되는 전체 시간을 말하며, 주로 제조주기를 사용하지만 고객대응시간을 사용하는 경우도 있다. 그리고

'부가가치시간(value-added time)'이란 전체 통과시간 중에서 고객에게 만족을 주는 가치를 창출하는 시간이다.

$$\text{제조주기효율성(MCE)} = \frac{\text{부가가치시간(value-added time)}}{\text{통과시간(throughput time)}}$$

가치창출에 기여한 시간 (분자)

관리대상 전체시간 (분모)

제조주기를 통과시간으로 사용하는 경우를 가정하면 제조주기는 일반적으로 공정시간(process time), 검사시간, 이동시간, 투입준비시간(queue time), 대기시간으로 구성된다. 이 중에서 부가가치시간은 공정시간뿐이며 나머지 시간은 가치를 창출하지 못하는 시간이므로 '비부가가치시간(non-value-added time)'이라 하며, 이는 공정이 비효율적이어서 나타나는 것이다.

$$\text{제조주기(통과시간)} = \underbrace{\text{공정시간}}_{\text{부가가치시간}} + \underbrace{\text{검사시간} + \text{이동시간} + \text{투입준비시간} + \text{대기시간}}_{\text{비부가가치시간}}$$

MCE가 1보다 작다는 것은 통과시간에 비부가가치시간이 존재한다는 것을 의미한다. 많은 제조기업들의 MCE가 10%에 미달하고 있는데, 이는 통과시간의 90% 이상이 제품의 가치를 증가시키지 않는 활동에 소비되었다는 것이다. MCE를 성과지표에 포함시키면 회사는 비부가가치활동을 줄여서 비부가가치시간을 감소시키도록 유도하여 제품을 보다 빠르게 고객에게 전달할 수 있다.

16

예제 [16-1] 시간의 평가

(주)희망의 경영자는 제조주기, 제조주기 효율성, 고객대응 시간을 성과평가지표에 포함시키기로 하고 제품단위당 시간자료를 집계한 결과 다음과 같은 자료를 얻었다.

주문접수시간(receipt time)	16.5일	투입준비시간(queue time)	5.6일
검사시간(inspection time)	0.9	이동시간(move time)	0.3
공정시간(process time)	1.7	인도시간(delivery time)	2.0

요구사항

1. 제조주기
2. 제조주기효율성(제조주기를 통과시간으로 사용한다)
3. 고객대응시간

해답

1. 제조주기

검사시간(inspection time)	0.9일	
공정시간(process time)	1.7	← 부가가치시간
투입준비시간(queue time)	5.6	
이동시간(move time)	0.3	
제조주기	8.5일	

2. 제조주기효율성(MCE) : 1.7일(공정시간)÷8.5일(통과시간)=20%

3. 고객대응시간 : 16.5일(주문접수시간)+8.5일(제조주기)+2일(인도시간)=27일

4. 학습과 성장관점(learning and growth perspective)

기업이 새로운 프로세스를 개발하고 장기적으로 성장하려면 고객을 만족시킬 수 있는 능력을 지속적으로 향상시켜나갈 수 있는 조직기반을 가지고 있어야 하며 이 부분의 성과를 평가하는 것이 학습과 성장관점이다. 학습과 성장관점에서 기업의 능력을 향상해 갈 수 있는 조직기반은 크게 ① 종업원능력, ② 정보시스템능력, ③ 보상시스템과 권한이양으로 구분할 수 있다.

(1) 종업원의 능력

종업원의 능력(employee capabilities)을 평가하는 척도로는 종업원의 만족도, 종업원의 유지, 종업원의 생산성을 사용한다.

① 종업원 만족도 : 주로 설문조사의 방법으로 측정되며 종업원의 만족도를 높이기 위해서는 의사결정에 종업원의 참여도를 높이고 종업원이 수행하는 업무에 대한 정보를 보다 많이 제공하며 관리부서와 업무협조를 충실히 하고 기업에 대한 전반적인 만족도를 높이도록 노력해야 한다.

② 종업원의 유지(retention) : 종업원이 회사를 퇴사하지 않고 계속 근무하는 것을 의미하며, 일반적으로 이직률을 측정지표로 사용한다.

③ 종업원의 생산성 : 종업원당 매출이나 종업원당 이익으로 측정된다.

이외에도 종업원의 교육과 기술수준, 종업원 제안의 채택비율이 종업원의 능력을 평가하는 지표로 사용되기도 한다.

(2) 정보시스템의 능력

급변하는 시장 환경에서 종업원이 높은 성과를 올리려면 고객이나 내부프로세스에 대해서 신속하고 정확한 정보를 얻는 것이 필수적이므로 전략을 성공적으로 수행하기 위해서는 정보시스템의 능력(information system capabilities)을 높이도록 노력하고 이를 평가하는 것이 필요하다. 정보시스템의 능력을 측정하는 방법으로는 '실시간 능력(real-time ability)'이 사용되는데, 이는 고객이나 프로세스 및 피드백에 대한 정보가 정보시스템을 통하여 이에 대한 의사결정을 하는 종업원에게까지 전달되는 데 소요되는 시간이다. 이외에도 정보시스템 활용률 등이 사용된다.

(3) 보상시스템과 동기부여 및 권한이양

고객을 만족시키는 구체적인 활동을 수행하는 것은 종업원이므로 이들이 자발적이고 적극적으로 고객을 만족시킬 수 있는 방안을 모색해 나가도록 유도하여야 한다. 이를 위해서는 적절하게 권한이 이양되고 기업 전체의 전략에 맞도록 각 종업원의 역할과 성과평가지표가 결정되어 있어야 한다. 또한 종업원의 성과에 대한 적절한 보상시스템이 구축되어 있어야 하고, 경영자는 이런 시스템이 적절하게 유지되고 있는지를 평가해야 한다. 보상시스템과 동기부여에 대한 평가지표로는 개인목표를 달성한 종업원의 비율, 직원 1인당 제안건수 등이 사용된다.

균형성과표의 성과평가지표

네 가지 관점		성과 평가지표
재무적 관점		영업이익, 투자수익률, 잔여이익, 경제적 부가가치
고 객 관 점		시장점유율, 고객만족도, 기존고객 유지율, 신규고객확보율, 고객별 수익성
내부 프로세스 관점	혁 신	신제품의 매출액 비중, 경쟁사대비 신제품출시의 수, 신제품 개발기간, 시장주도제품의 수, 손익분기기간
	운 영	① 시간 : 고객대응시간, 정시납품성과, 제조주기효율성(MCE) ② 품질 : PPM불량품수, 수율, 통계적 품질자료, 반품, 재작업 ③ 원가 : ABC를 이용하여 계산된 원가
	판매후 서비스	고객 교육에 소요된 시간, 불량품을 수리하는데 소요된 시간, 하자보승원가
학습과 성장관점		① 종업원 능력 : 종업원 만족도, 종업원유지율(이직률), 종업원당 매출, 종업원의 교육 및 기술수준 ② 정보시스템 능력 : 실시간 능력, 종업원당 PC수, 네트워크의 수준 ③ 보상시스템 : 개인목표를 달성한 종업원의 비율, 개인과 팀에 대한 인센티브와 보상의 정도, 직원 1인당 제안건수

5. 균형성과표의 인과관계

균형성과표의 '인과관계(cause-and-effect relationships)'는 핵심성과지표 간의 관련성뿐만 아니라 균형성과표의 모든 구성요소들 사이에서 성립하여야 한다. 구성요소들 사이의 인과관계를 좀 더 살펴보면 아래와 같다.

① 비전과 전략 사이의 인과관계 : 조직이 비전을 달성하기 위해서는 조직의 비전과 전략들 사이의 인과관계가 적절하게 수립되어야 한다. 비전과 전략의 인과관계는 핵심성공요인과 핵심성과지표를 도출하는데 필요한 전제조건이 된다.

② 조직 내의 수직적 인과관계와 수평적 인과관계 : 조직 내의 하위 전략의 달성은 상위전략의 달성에 대한 인과관계를 구성하여야 하며, 각 조직사이에 설정되는 전략은 조직간의 수평적 연관성을 적절히 반영해야 한다. 즉, 전략은 조직 내에서의 수직적 인과관계와 동일한 수준의 조직사이에서의 수평적 인과관계를 가져야 한다.

③ 관점사이의 인과관계 : 균형성과표의 재무적 관점과 세 가지의 비재무적 관점은 인과관계를 가지도록 구성해야 한다.

균형성과표는 조직구성원들에게 조직의 비전과 전략이 일상적인 업무에 어떻게 연계되는지를 나타내며 이러한 인과관계에 따라 업무에 대한 책임을 명확히 함과 동시에 성과에 대한 보상을 객관화 할 수 있는 근거로 사용될 수 있다.

특히 네 가지 관점은 학습과 성장관점, 내부 프로세스관점 및 고객관점의 순서에 따른 인과관계를 가지면서 가장 후행지표가 재무적 관점이 되도록 구성한다. 예를 들어 선행지표인 성장과 학습의 관점에서 종업원의 교육이 잘되고 정보시스템이 효율화되면, 후행지표로 내부 프로세스 관점에서의 제조 프로세스가 효율화되고 품질수준이 높아지게 된다. 선행지표로 내부 프로세스 관점의 성과가 개선되면 후행지표로 고객 관점에서는 고객만족도가 올라가고 기존고객은 유지되고 신규 고객을 유치하게 된다. 그 결과, 최종적으로 매출액이 증가하고 이익이 커져서 가장 후행지표인 재무적 성과가 높아지는 것으로 귀결되게 된다.

인과관계 구조를 명확하게 할 수 있도록 성과측정지표, 목표, 전략적 활동들과 전략을 연계시키는 '전략체계도(strategy map)'를 작성한다.

품질향상전략에서 성과지표의 인과관계

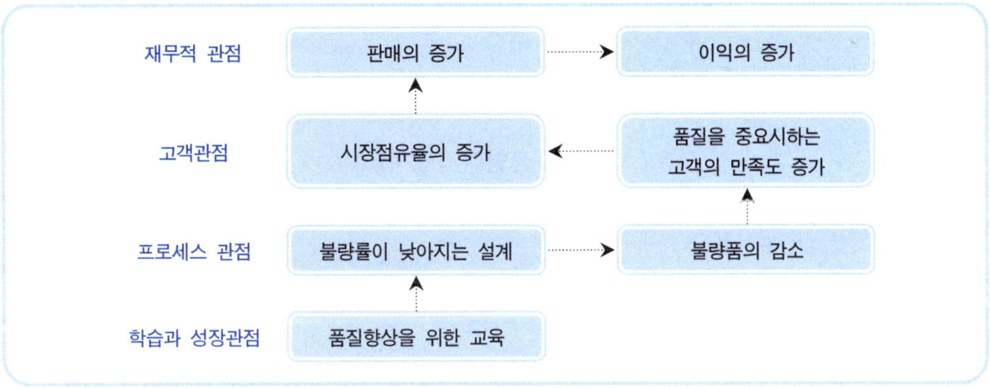

6. 균형성과표의 구축절차

기업은 전략이 구체적으로 실행되어 달성될 수 있도록 다음의 절차에 따라 균형성과표를 구축한다.

① 비전과 전략의 제시 : 기업이 현재의 경영환경에서 성장할 수 있는 비전과 전략을 선택해서 제시해야 한다.

② 전략적 목표의 설정 : 비전 및 전략을 달성하기 위해서 네 가지 관점별로 전략적 목표를 설정한다. 예를 들어 재무적 관점에서는 수익성 있는 성장을 목표로 하고, 고개관점에서는 시장점유율 증가를, 내부프로세스관점에서는 적시배송을, 학습과 성장관점에서는 역량 있는 종업원 육성을 목표로 설정할 수 있다.

③ 핵심성공요인의 설정 : 전략적 목표를 달성할 수 있는 핵심성공요인(CSF : critical success factor)을 설정한다. 핵심성공요소는 전략이 실현되기 위해 가장 근원적이고 중요하게 영향을 미치는 요인을 말한다. 전략이 달성되기 위해서는 기업의 CSF가 경쟁자보다 우위에 있어야 하므로 시장의 경쟁수준과 기업의 현재역량을 분석해서 결정한다. 예를 들어 높은 생산성, 높은 품질, 적시공급, 우수한 개발능력 등에서 경쟁자보다 우위에 있다면 CSF가 될 수 있다.

④ 핵심성과지표의 설정 : CSF의 경쟁력이 높아지도록 관리하기 위해서 핵심성과지표(KPI : key performance indicator)를 설정한다. 핵심성과지표란 CSF를 양적인 측면이나 질적인 측면에서 측정한 지표로 CSF가 적절히 관리되고 있는지를 객관적으로 파악할 수 있도록 하는 역할을 한다. 예를 들어 CSF를 생산성으로 정했다면 KPI로는 종업원 1인당 생산성을 정할 수 있고, CSF를 적시공급능력으로 정했다면 KPI는 정시납품성과로 정할 수 있다.

⑤ 실행계획의 구체화 : KPI를 달성할 수 있는 구체적인 실행프로그램을 계획하고 실행한다.

기업에서 균형성과표를 어떻게 적용하는지를 구체적으로 살펴보기 위해 원가우위를 확보하여 시장점유율을 높이고 지속적으로 성장하는 것을 전략으로 하는 기업에서 적용하고 있는 균형성과표를 예시하면 다음과 같다.

균형성과표 사례

관 점	전략목표	성과측정지표	목표달성방안	목표성과	현재성과
재무	주주가치 증가	생산성 향상으로 영업이익 증가	원가절감 및 유휴설비 관리		
		성장으로 영업이익 증가	강력한 고객관리체계 구축		
		매출성장	강력한 고객관리체계 구축		
고객	시장점유율 증가	저가시장 점유율	고객의 미래욕구변화 규명		
		신규고객 확보율	새로운 목표시장 선정		
	고객만족도증가	고객만족도 조사	고객지향적인 판매조직 육성		
내부 프로세스	생산능력 증진	새로운 통제기법을 적용한 공정의 비율	발전된 통제시스템의 개발과 생산팀의 조직		
	품질과 생산성 향상	불량률	생산증진과 문제점에 대한 원인규명		
	고객대응 시간단축	고객대응시간	주문－인도프로세스의 리엔지니어링		
학습과 성장	생산직에 권한부여	관리과정에서 생산직근로자에 대한 권한부여정도	상사를 의사결정자가 아닌 조언자가 되도록 조정		
	종업원과 조직의 목표일치	종업원 만족도	팀제구축 프로그램에 대한 종업원 참여정도		
	정보시스템 능력의 향상	생산프로세스에 대한 실시간 피드백정보의 비율	전산상이 아닌 현장정보 수집능력의 증진		

7. 균형성과표 구축시 고려요소

균형성과표는 전략적 성과평가제도의 대표적인 형태로 전략의 구체적인 수행 목표를 결정해 주고 이에 대한 성과평가를 할 수 있도록 한다. 이런 균형성과표가 전략목표를 달성하는데 유용한 역할을 하기 위해서는 균형성과표를 구축할 때 다음 사항을 고려해야 한다.

① 핵심변수에 초점을 두어 네 관점의 성과평가지표가 서로 '인과관계'를 가지도록 해야 한다.

② 균형성과표를 구축하기 위해서는 기업의 전략을 이해하고, 전략을 달성하기 위한 '핵심성공요소'를 명확히 해야 하며 이에 대한 성과를 '핵심성과지표'에 반영하여 조직구성원이 핵심성과지표의 관리에 관심을 집중하도록 한다.

③ 균형성과표는 단순한 성과측정을 위한 방법이 아니며, 성과목표를 구축하는 과정에서 전략목표를 구체화하고, 전략이 실제업무상으로 시행될 수 있도록 한다.

④ 진정한 균형성과표는 동적인 의사소통과 피드백이 되어야 한다. 기업이 처한 환경은 변화되기 때문에 균형성과표는 조직구성원간의 기업전략에 대한 의사소통을 도와주고 피드백을 통해 기업환경에 맞도록 성과지표를 재조정해가는 선순환의 과정이 형성되어야 한다.

⑤ 균형성과표에 의한 성과평가가 보상으로 이어지도록 하여야 한다. 전략은 기업의 종업원들에 의해서 구체적으로 수행되므로 균형성과표의 성과들이 보상으로 연결되어야만 종업원들이 동기부여(motivation)가 되어 목표일치성이 달성될 수 있다.

⑥ 기업외부의 성과측정치도 고려해야 한다. 전략이 성공하기 위해서는 경쟁자나 선도기업의 성과보다 높은 성과를 얻어 경쟁우위를 확보하여야 하므로 경쟁자 및 선도기업들과 성과를 비교하며 성과평가를 해야 한다.

8. 균형성과표의 유용성과 한계점

(1) 균형성과표의 유용성

기업이 균형성과표를 구축하면 다음과 같은 유용성을 얻을 수 있다.

① 성과평가의 균형 : 균형성과표는 다양한 성과의 평가에서 균형을 유지하고 이를 통해서 종합적인 성과평가를 가능하도록 한다.

- 재무적 성과와 비재무적 성과의 균형
- 선행지표와 후행지표 성과의 균형
- 단기적 측정치와 장기적 측정치의 균형
- 조직 외부경영지표와 내부 경영지표의 균형

② 전략달성의 효율적인 지원 : 관점별로 구체화된 전략을 핵심성과지표에 반영해서 조직의 자원을 핵심역량에 집중하도록 해서 전략이 효율적으로 달성되도록 지원한다.

③ 성과평가의 다양화와 동기부여 : 균형성과표는 관점별 인과관계에 따라서 성과지표가 결정되므로 성과에 대한 책임부서나 담당자가 명확해지고 성과지표가 다양해진다. 이를 통해 구성원이 업무수행에 대해 동기부여가 되도록 한다.

④ 의사소통과 피드백 : 조직의 구성원들에게 명확한 비전과 전략목표를 구체화하도록 해서 수직적·수평적 의사소통을 지원하고, 조직의 부서 간에 목표의 이해와 조정 및 피드백을 가능하게 한다.

(2) 균형성과표의 한계점

균형성과표는 다음과 같은 한계점도 가지고 있기 때문에 균형성과표를 적용할 때는 이를 고려해서 유용성이 극대화되도록 하여야 한다.

① 주관의 개입 : 균형성과표에는 비재무적 관점의 성과지표 중에서는 고객만족도나 종업원 만족도 등과 같은 주관점인 지표가 포함되므로 주관이 개입되고 객관성이 확보되지 않는다.

② 시간과 비용이 과다소요 : 균형성과표는 네 가지 관점별로 성과지표를 구축해야 하므로 책임회계보다 시간과 비용이 많이 소요된다.

③ 비재무적인 성과의 연관성 파악의 어려움 : 비재무적 측면인 고객관점, 내부프로세스관점, 학습과 성장관점의 성과지표는 주관적인 지표가 많이 포함되어 성과지표가 기업의 가치창출에 기여한 정도를 정확하게 파악하기 어렵다.

제 4 절 생산성과 영업이익의 전략적인 분석

경영전략을 얼마나 적절히 수행하였는가를 평가하는 것이 성과평가의 중요한 과제로 대두되면서 균형성과표와 더불어 생산성을 분석하고 이를 이용하여 영업이익의 변화 중에서 전략수행으로 얻어진 성과를 파악하는 기법도 개발되고 있다.

1. 생산성 분석의 의의와 분석방법

생산성이란 생산에 투입된 투입량과 그 산출량 사이의 관계를 측정한 것으로 산출물을 얼마나 효율적으로 생산하고 있는지를 파악하게 해주는 지표로서 다음과 같이 계산된다.

$$\text{생산성 지수} = \frac{\text{산 출 량}}{\text{투 입 량}}$$

생산성이 향상되면 단위당 원가가 낮아지므로 시간경과에 따른 생산성향상을 파악하는 것은 전략적 성과평가에 중요한 요소이며 특히 원가우위전략을 선택하는 경우에는 그 의미가 더 크다. 생산성에는 부분생산성과 전체생산성이 있는데, 부분생산성은 원재료, 노무원가, 자본 등의 생산요소별로 각각 생산성을 측정하는 방법이며 전체생산성은 투입요소 전체의 생산성을 측정하는 방법이다.

(1) 부분생산성 분석

'부분생산성(partial productivity)'은 단일생산 요소의 투입량에 대한 산출량을 비율로 계산한다. 부분생산성은 특정 투입요소의 효율성에 초점을 두기 때문에 특정 투입요소에 책임이 있는 운영부서의 달성목표를 설정하고 성과를 평가하는 데 유용하게 사용된다. 예를 들어 직접재료단위당 생산량이나 노동시간당 생산량 등은 계산이 간단하고 운영부서의 관리자가 이해하기 쉬우므로 이를 운영부서의 달성목표로 정하면 계획된 생산성 향상을 쉽게 점검할 수 있다.

$$\text{부분생산성} = \frac{\text{생산된 수량}}{\text{개별원가요소의 투입량}}$$

부분생산성은 투입요소 간에 '상충관계(trade-off)'가 존재할 수 있으므로 경영자는 부분생산성만이 아니라 모든 투입요소를 결합하여 생산성을 측정하는 총생산성을 함께 고려해야 한다. 예를 들어 노동생산성을 높이기 위해 노동시간을 절감한 결과 노동시간의 생산성은 높아졌지만 불량품이 많아져서 직접재료의 생산성이 낮아짐에 따라 전체생산성이 낮아질 수도 있다.

(2) 전체생산성 분석

'전체생산성(total productivity)'은 투입요소 전체의 생산성을 측정하는 방법으로, 전체생산성에 영향을 미치는 요인은 기술효율성과 투입배합효율성이 있다.

① 기술효율성(technical efficiency) : 비부가치활동은 제거되고 부가가치활동은 산출량을 생산하기 위해 필요한 최소생산요소만을 투입한 상태를 말한다.

② 투입배합효율성(input trade-off efficiency)[7] : 원가요소의 가격을 고려하여 원가요소의 투입배합비율을 조정함으로써 경제적 효율성을 증가시킨 상태를 말한다.

16

즉, 기술효율성은 투입생산요소의 배합은 일정한 가운데 생산성 향상을 도모하는 것이며, 투입배합효율성은 투입배합을 조정하여 경제적 효율성의 향상을 도모하는 것이다. 따라서 '전체생산효율성(total productivity efficiency)'은 기술효율성과 투입배합효율성이 최적상태로 결합했을 때 달성된다. 전체생산성을 측정하는 방법으로는 총요소생산성과 이익연계생산성이 있다.

2. 총요소생산성

총요소생산성은 사용된 모든 투입물의 원가에 대한 산출량 비율로 계산하며 이는 생산을 위해 투입된 원가 단위당 산출물을 의미한다.

---

7) 투입배합효율성은 생산요소의 가격을 고려하여 투입배합을 결정하므로 '가격효율성(price efficiency)'이라고 부르기도 한다.

$$총요소생산성 = \frac{생산된\ 수량}{사용된\ 모든\ 투입물의\ 원가}$$

총요소생산성은 산출물을 생산하는데 사용된 모든 투입물의 생산성을 결합하여 측정하므로 다음과 같은 장점이 있다.

① 투입요소간의 상충효과를 고려하여 투입배합조정을 통한 전체생산성 효과를 파악할 수 있다.

② 품질향상 등을 통해 전체투입량을 감소시켜 얻는 전체생산성 효과도 정확하게 파악할 수 있으므로 일부 투입요소의 생산성만을 개선하고자하는 잘못된 의사결정을 방지할 수 있다.

이러한 장점 때문에 기업전체의 전략적 목표를 설정하고 평가하는 데는 총요소생산성을 사용하지만 다음과 같은 단점이 있음을 간과해서는 안된다.

① 총요소생산성은 투입원가단위당 산출물로 계산되므로 운영부서의 담당자들이 이해하기 어렵고 그 변화의 원인을 정확하게 파악하는 것이 곤란하다.

② 기간별로 생산성을 비교하는 경우에 기간별 총요소생산성의 크기만을 가지고 비교하는 것은 무의미한 결과를 가져올 수 있다. 투입요소의 가격이 인상되는 경우에 총요소생산성이 바뀔 수가 있는데, 이는 기업이 생산성을 향상시키기 위해 노력한 성과와는 무관하기 때문이다. 이런 문제를 해결하기 위해서 기간별 총요소생산성을 비교하는 경우 모든 총요소생산성을 계산할 때 요소별 단가는 분석연도의 투입물 가격만을 적용하여 계산하기도 한다.

③ 재무적인 측정치인 총요소생산성은 수요크기의 변화, 산출물가격의 변화 및 투입재료의 구매정책 변화에 의해서도 영향을 받게 되는데 이런 변화가 생산성에 미치는 효과를 고려하지 못한다. 예를 들어 대량생산이 이루어져 대량구매를 통해서 생산요소의 구입단가가 낮아진다면 총요소생산성은 좋아지겠지만 이는 작업자들의 생산성 변화와는 무관한 것이다.

이와 같이 총요소생산성은 순수한 생산성변화 뿐만 아니라 여러 '혼합요인(confounding factor)'에 영향을 받을 수 있다는 점에 주의해야 한다.

구분	총요소생산성의 장단점 내용
장 점	① 투입배합 조정을 통한 전체생산성 효과를 분석 가능 ② 생산성개선방안(품질향상등)의 전체생산성 효과를 파악 → 일부 투입요소의 생산성만 개선하는 오류 방지
단 점	① 총요소생산성의 의미를 이해하기 어렵다. ② 기간별 총요소생산성의 크기를 비교하는 것은 무의미할 수 있다. → 생산성과 무관한 투입요소의 가격변화가 영향을 미침 ③ 총요소 생산성에는 여러요인(혼합요인)이 영향을 미친다. → 제품수요변화, 산출물 가격변화, 투입요소의 구매정책변화등이 영향

예제 [16-2] 생산성의 분석방법

(주)원가는 4차년도에 생산공정을 기술적으로 개선시켰다. 회사는 새로운 생산공정의 생산성을 파악하기 위해서 제조원가와 관련된 자료를 집계하였다. 회사의 생산량과 판매량은 동일하며 3차년도와 4차년도의 원가자료는 다음과 같다.

	3차년도(기준연도)		4차년도(분석연도)	
수 익	200단위×@1,000=	₩200,000	250단위×@1,200=	₩300,000
비 용				
직접재료원가	2,000kg×@20=₩40,000		3,000kg×@30=₩90,000	
직접노무원가	1,000시간×@50=₩50,000	90,000	1,100시간×@60=₩66,000	156,000
영 업 이 익		₩110,000		₩144,000

요구사항

1. 3차년도와 4차년도의 원가요소별 부분생산성을 계산하고 평가하시오.
   (단, 소수점 넷째 자리에서 반올림하시오)
2. 3차년도와 4차년도의 총요소생산성을 계산하고 평가하시오.
   (단, 소수점 다섯째 자리에서 반올림하시오)

해답

1. 부분생산성

	3차년도	4차년도
직접재료원가의 생산성지수	$\frac{200단위}{2,000kg}$=kg당 0.1	$\frac{250단위}{3,000kg}$=kg당 0.083
직접노무원가의 생산성지수	$\frac{200단위}{1,000시간}$=시간당 0.2	$\frac{250단위}{1,100시간}$=시간당 0.227

이와 같이 부분생산성은 원가요소 단위당 산출물수량을 의미한다. 직접재료원가는 생산성이 0.1에서 0.083으로 낮아졌으며, 직접노무원가는 생산성이 0.2에서 0.227로 향상되었다.

2. 총요소생산성

	3차년도	4차년도
총요소생산성	$\frac{200단위}{₩90,000}$=₩1당 0.0022	$\frac{250단위}{₩156,000}$=₩1당 0.0016

예제에서 보는 바와 같이 직접노무원가의 부분생산성은 향상되었지만 직접재료원가의 부분생산성은 나빠졌으므로 경영자는 부분생산성의 상충관계를 항상 고려해야 하며 따라서 총요소

생산성에 보다 주의를 기울여야 한다. 그리고 총요소생산성의 경우에도 그 변화의 원인이 생산성의 변화도 있지만 원가요소의 구입가격이 변화한 이유도 있으므로 이를 함께 고려해야 한다.

3. 이익연계생산성

이익연계생산성(profit linked productivity)은 가격변화의 효과를 배제하고 순수하게 생산성 변화가 이익에 미친 영향을 측정하여 전체생산성을 평가하는 방법이다. 총요소생산성은 생산요소(원재료, 직접노동 등)의 구입가격이나 구입정책이 달라져도 영향을 받는 단점이 있는 반면에 이익연계생산성은 이 문제가 나타나지 않는다. 이익연계생산성을 계산하기 위해서는 ① 생산성중립수량을 먼저 파악하고 생산성중립수량과 실제투입량의 차이에 생산요소의 분석연도 구입가격을 곱해서 ② 이익연계생산성을 계산한다.

① **생산성중립수량**(productivity-neutral quantity) : 생산성은 변하지 않는다고 가정하고 분석연도의 생산량을 산출하기 위해 필요한 원가요소의 투입량을 기준연도의 생산성을 기준으로 계산한 수량이다.

$$\text{생산성중립수량} = \frac{\text{분석연도의 생산량}}{\text{기준연도의 생산성지수}} = \text{기준연도 투입량} \times \underbrace{\frac{\text{분석연도의 생산량}}{\text{기준연도의 생산량}}}_{\text{생산량 증가율}}$$

② **이익연계생산성**(profit linked productivity) : 생산성중립수량과 실제투입수량의 차이에 분석연도 요소가격을 곱해서 계산한다. 이익연계생산성은 가격변동효과를 제거하고 순수하게 생산성변화가 이익에 미친 영향을 계산 할 수 있다.

$$\text{이익연계생산성} = \Sigma\{PNQ \times AP - AQ \times AP\} = \Sigma\{(PNQ - AQ) \times AP\}$$

단, PNQ : 생산성중립수량, AQ : 분석연도의 실제투입량, AP : 분석연도의 실제가격

예제 [16-3] 이익연계생산성

[예제 16-2]의 자료를 이용하여 다음 요구사항에 답하시오.

요구사항

1. 3차년도의 생산성지수와 3차년도를 기준연도로 하여 4차년도의 생산성중립수량을 계산하시오.
2. 3차년도를 기준연도로 하여 4차년도의 이익연계생산성을 계산하시오.

해답

1. 생산성중립수량

(1) 3차년도의 생산성지수

직접재료원가의 생산성지수 : $\frac{200단위}{2,000kg}$=kg당 0.1

직접노무원가의 생산성지수 : $\frac{200단위}{1,000시간}$=시간당 0.2

(2) 생산성중립수량

직접재료원가 : $\frac{250단위}{0.1}$=2,500kg 또는 2,000kg × $\frac{250단위}{200단위}$=2,500kg

직접노무원가 : $\frac{250단위}{0.2}$=1,250시간 또는 1,000시간 × $\frac{250단위}{200단위}$=1,250시간

이와 같이 생산성중립수량은 분석연도(4차년도)의 생산성이 기준연도(3차년도)와 동일하다고 가정하고 분석연도(4차년도)의 생산량을 기준연도(3차년도)의 생산성지수로 나누어 계산하거나 기준연도(3차년도)의 원가요소투입량에 생산량증가율을 곱하여 계산하기도 한다.

2. 이익연계생산성

	생산성중립원가		실제원가		이익연계생산성
직접재료원가	2,500kg × @30=	₩75,000	3,000kg × @30=	₩90,000	₩15,000U
직접노무원가	1,250시간 × @60=	75,000	1,100시간 × @60=	66,000	9,000F
합 계		₩150,000		₩156,000	₩6,000U

기준년도의 생산성이 유지되는 경우의 투입량

[예제 16-3]에서 살펴본 바와 같이 이익연계생산성은 원가요소의 가격변동이 생산성측정에 미치는 효과를 제거하고 순수하게 작업자의 생산성 변화가 원가에 미친 영향을 계산한 것이다. 왜냐하면 이익연계생산성을 계산할 때 원가요소의 가격은 모두 분석연도인 4차년도의 단가를 사용하고 기준연도인 3차년도의 단가는 사용하지 않으므로 가격변화의 효과가 나타나지 않기 때문이다.

[예제 16-3]을 분석해 보면 (주)원가는 생산공정을 기술적으로 개선해서 직접노무원가의 생산성은 향상시켰지만 작업폐물이나 불량품이 증가하여 직접재료원가의 생산성은 나빠졌다. 결과적으로 이익연계생산성은 ₩6,000만큼 불리하게 나타났다. 따라서 경영자는 부분생산성만이 아니라 전체생산성이 이익에 미친 영향을 고려하여 의사결정을 해야 하며 이익연계생산성은 이에 대한 정보를 제공한다.

4. 영업이익변화의 전략적인 분석

전략이 성공하고 있는지를 파악하는 방법에는 전기와 당기의 영업이익크기를 비교하여 그 차이를 분석하는 방법도 있다. 영업이익은 생산성에 의해서 영향을 받지만 제품의 판매가격이나 판매량에 의해서도 영향을 받는데 생산성중립수량을 이용하여 영업이익을 분석하게 되면 전략의 수행으로 나타난 판매량, 가격, 생산성의 변화가 영업이익에 어떻게 영향을 미쳤는지를 세분하여 파악할 수 있다. 경영전략으로 인해서 영업이익이 영향받은 효과를 생산성중립수량을 이용하여 분석하기 위해서는 다음의 두 단계를 거쳐야 한다.

1단계 : 영업이익변화액의 요인별 구분

영업이익의 변화액을 판매량증감, 가격변화 및 생산성변화로 인해서 영향받은 금액으로 구분한다.

2단계 : 경영전략요인의 영업이익효과 파악

1단계에서 구분된 영업이익을 기초로 경영전략요인으로 인해서 영업이익이 영향받은 금액을 구분해서 파악한다.

(1) 영업이익변화액의 요인별 구분

영업이익이 증감하는 요인은 크게 판매량의 변동과 가격변동 및 생산성 변동이 있다. 영업이익을 전략적으로 분석하기 위해서는 이 세 가지 요인으로 영업이익이 변동된 금액을 구분해야 한다. 영업이익을 요인별로 구분하기 위해서는 우선 성장요소반영 경영성과와 가격보상요소반영 경영성과를 계산해야 한다.

① **성장요소(판매량 변화)반영 경영성과** : 성장요소 반영 경영성과는 생산성, 판매가격, 원가요소의 가격은 기준연도와 동일하다고 가정하고 전기와 달라진 당기의 판매량에 전기의 생산성, 판매가격, 원가요소의 가격을 적용하여 계산한 영업이익을 말한다.

② **가격보상요소(가격변화)반영 경영성과** : 가격보상 요소반영 경영성과는 생산성은 기준연도와 동일하다고 가정하고 전기와 달라진 당기의 판매량과 판매가격, 원가요소의 가격을 적용하여 계산한 영업이익을 말한다.

이와 같이 성장요소반영 경영성과와 가격보상요소반영 경영성과를 포함하여 전기(기준연도)와 당기(분석연도)의 경영성과를 파악하면 영업이익의 변동액을 ① 판매량변동효과(전기경영성과와 성장요소반영 경영성과의 차이), ② 가격변동효과(성장요소반영 경영성과와 가격보상요소반영 경영성과의 차이), ③ 생산성변동효과(가격보상요소반영 경영성과와 당기 경영성과의 차이)로 구분하여 파악할 수 있다.

영업이익변화액의 요인별 구분

	기준연도 경영성과	성장요소반영 경영성과	가격보상요소반영 경영성과	분석연도 경영성과
〈수　익〉	(BQ×BP)	(AQ×BP)	(AQ×AP)	(AQ×AP)
	판매량변동 수익효과	가격변동 수익효과	–	
〈비　용〉	(BQ×BP)	(PNQ×BP)	(PNQ×AP)	(AQ×AP)
	판매량변동 비용효과	가격변동 비용효과	생산성변동 비용효과	
〈영업이익〉	×××	×××	×××	×××
	판매량변동 이익효과	가격변동 이익효과	생산성변동 이익효과	

단, BQ : 기준연도의 판매량, 원가요소의 사용량(basic quantity)
BP : 기준연도의 판매가격, 원가요소의 가격(basic price)
AQ : 분석연도의 실제판매량, 원가요소의 실제사용량(actual quantity)
AP : 분석연도의 실제판매가격, 원가요소의 실제가격(actual price)
PNQ : 생산성중립수량(productivity-neutral quantity)

이와 같이 영업이익 변화액를 분석하면 판매량변동의 이익효과, 가격변동의 이익효과, 생산성변동의 이익효과를 구분할 수 있는데, 이는 각각 성장요소의 이익효과, 가격보상요소의 이익효과, 생산성의 이익효과라고 부르기도 한다.

16

예제[16-4] 영업이익의 전략적인 분석

(주)원가는 새로운 제품을 개발하여 시장차별화 전략을 수행하고 있다. 회사의 생산량과 판매량은 동일하며 3차년도와 4차년도의 경영성과 자료는 다음과 같다.

	3차년도(기준연도)		4차년도(분석연도)	
수　　익	200단위×@1,000=	₩200,000	250단위×@1,200=	₩300,000
비　　용				
직접재료원가	2,000kg×@20=₩40,000		3,000kg×@30=₩ 90,000	
직접노무원가	1,000시간×@50=₩50,000	90,000	1,100시간×@60=₩66,000	156,000
영 업 이 익		₩110,000		₩144,000

요구사항

1. 3차년도와 4차년도의 영업이익차이 중에서 판매량변동으로 인하여 발생한 차이를 계산하시오.
2. 3차년도와 4차년도의 영업이익차이 중에서 가격변동으로 인하여 발생한 차이를 계산하시오.
3. 3차년도와 4차년도의 영업이익차이 중에서 생산성변동으로 인하여 발생한 차이를 계산하시오.

해답

1. 판매량 변동으로 인한 영업이익의 변화(성장요소)

	3차년도(기준연도) 경영성과		성장요소반영 경영성과	
수익	200단위×@1,000=	₩200,000	250단위×@1,000=	₩250,000
비용				
직접재료원가	2,000kg×@20=	₩40,000	2,500kg* ×@20=	₩50,000
직접노무원가	1,000시간×@50=	50,000	1,250시간* ×@50=	62,500
영업이익		₩110,000		₩137,500

₩27,500F
판매량변동으로 인한 영업이익 변화(성장요소)

생산성중립수량(PNQ) 적용
산출량이 125%로 증가했으므로 투입량도 125%로 증가하면 생산성의 변화는 없는 투입량인 PNQ가 된다.

* 생산성중립수량
원재료 : 2,000kg×250단위/200단위=2,500kg
노무시간 : 1,000시간×250단위/200단위=1,250시간

기준연도의 경영성과와 성장요소반영 경영성과 사이에는 판매량 이외의 다른 요소는 모두 동일하고 판매량만이 200단위와 250단위로 차이가 난다. 따라서 이 둘을 비교하면 전기와 당기의 판매량 변동이 영업이익에 미친 효과를 정확하게 파악할 수 있으며 이를 성장요소라고도 한다. 여기서 주의할 점은 성장요소반영 경영성과를 계산할 때 원가요소는 생산성변화효과를 제외하기 위해 생산성중립수량을 사용한다는 것이다.

2. 가격변동으로 인한 영업이익의 변화(가격보상요소)

	성장요소반영 경영성과		가격보상요소반영 경영성과	
수익	250단위×@1,000=	₩250,000	250단위× @1,200 =	₩300,000
비용				
직접재료원가	2,500kg×@20=	₩50,000	2,500kg× @30 =	₩75,000
직접노무원가	1,250시간×@50=	62,500	1,250시간× @60 =	75,000
영업이익		₩137,500		₩150,000

₩12,500F
가격변동으로 인한 영업이익 변화(가격회복요소)

분석년도 가격(AP)만 조정
투입량은 PNQ를 사용하고 단가만 분석년도의 가격으로 조정한다.

성장요소반영 경영성과와 가격보상요소반영 경영성과 사이에는 가격 이외의 요소는 모두 동일하고 제품의 판매가격(₩1,000과 ₩1,200)과 원가요소의 가격만이 차이가 난다. 따라서 이 둘을 비교하면 전기와 당기의 가격변화가 영업이익에 미친 영향을 정확하게 파악할 수 있다.

3. 생산성변동으로 인한 영업이익의 변화(생산성요소)

	가격보상요소반영 경영성과		분석연도(4차년도) 경영성과	
수 익	250단위 × @1,200=	₩300,000	250단위 × @1,200=	₩300,000
비 용				
직접재료원가	2,500kg × @30=	₩75,000	3,000kg × @30=	₩90,000
가 공 원 가	1,250시간 × @60=	75,000	1,100시간 × @60=	66,000
영 업 이 익		₩150,000		₩144,000
		₩6,000U (생산성변동으로 인한 영업이익 변화(생산성요소))		

분석년도 실제투입량(AQ)만 조정
투입량만 실제투입량으로 조정해서
생산성 변화를 분석한다.

가격보상요소반영 경영성과와 실제경영성과 사이에는 생산성 이외의 다른 요소는 모두 동일하고 생산성만이 차이가 나므로 이 둘을 비교하면 순수하게 전기와 당기의 생산성변동이 영업이익에 미친 영향을 파악할 수 있다.

한편, 생산성변동으로 인한 영업이익변화액은 이익연계생산성의 합계와 동일하다. 이 둘은 분석의 틀만 다를 뿐이며 그 분석내용은 동일한 것이다. [예제 16－4]에서 살펴본 영업이익변화의 전략적 분석내용을 요약하면 다음과 같다.

	경영성과	성장요소반영 4차년도 경영성과	가격보상요소반영 4차년도 경영성과	경영성과
수 익	200개 × @1,000 =₩200,000	250개 × @1,000 =₩250,000	250개 × @1,200 =₩300,000	250개 × @1,200 =₩300,000
	성장요소 ₩50,000F		가격보상요소 ₩50,000F	생산성요소 –
비 용				
직접재료원가	2,000kg × @20 =₩40,000	2,500kg × @20 =₩50,000	2,500kg × @30 =₩75,000	3,000kg × @30 =₩90,000
직접노무원가	1,000시간 × @50 =₩50,000	1,250시간 × @50 =₩62,500	1,250시간 × @60 =₩75,000	1,100시간 × @60 =₩66,000
	₩90,000	₩112,500	₩150,000	₩156,000
	성장요소 ₩22,500U		가격회복요소 ₩37,500U	생산성요소 ₩6,000U

이 익	₩110,000		₩137,500		₩150,000		₩144,000
		₩27,500F		₩12,500F		₩6,000U	
		성장요소 (판매량 변화)		가격보상 요소 (가격변화)		생산성 요소 (생산성 변화)	
		영업이익 변화액 ₩34,000F					

(2) 경영전략요인의 영업이익효과

영업이익 변화금액을 판매량, 가격, 생산성변화로 인한 금액으로 구분하고 나면 이를 기초로 시장규모의 변화를 고려하여 영업이익을 분석해서 경영전략요인으로 인한 영업이익의 변화금액을 파악할 수 있다. 영업이익변화액을 경영전략요인으로 구분해보면 ① 시장규모요소효과, ② 제품차별화효과, ③ 원가우위효과로 구분할 수 있다.

① **시장규모요소효과** : 영업이익의 변화액 중에서 경영전략과 무관하게 시장규모가 커지거나 줄어들어서 영업이익이 영향을 받은 금액을 말한다.

② **제품차별화효과** : 기업의 제품차별화요인으로 인해서 영업이익이 영향을 받은 금액을 의미한다. 차별화가 달성되어 시장점유율이 높아졌다거나 가격이 인상되면 차별화요인으로 영업이익 달라진 부분이 된다. 차별화를 위해 품질을 높이는 과정에서 원가요소의 가격이 인상되었다면 이로 인해서 영업이익이 영향을 받은 부분도 차별화효과에 포함된다.

③ **원가우위효과** : 기업의 원가우위요인으로 인해서 영업이익이 영향을 받은 금액을 의미한다. 원가우위가 달성되어 시장점유율이 높아졌다면 원가우위요인으로 영업이익 달라진 부분이 된다. 원가우위를 달성하기 위해 원가요소의 가격을 인하했다면 이로 인해서 영업이익이 영향을 받은 부분도 원가우위효과에 포함된다. 또한 생산성의 변동은 산출물의 가치와 무관하게 투입량의 관리로 얻어지므로 원가우위효과에 포함된다.

예제 [16-5] 경영전략요인의 영업이익효과

[예제 16-4]의 자료를 이용하시오. 20×4년도 제품의 시장규모는 15% 성장하였으며 회사는 차별화 전략을 수행하여 가격을 인상할 수 있었으며 원가요소의 가격도 차별화를 수행하는 과정에서 발생했다.

요구사항

1. 영업이익변화액 중에서 시장규모효과에 해당하는 금액을 계산하시오.
2. 영업이익변화액 중에서 제품차별화효과에 해당하는 금액을 계산하시오.
3. 영업이익변화액 중에서 원가우위효과에 해당하는 금액을 계산하시오.

해답

1. 시장규모효과로 인한 영업이익 변화액

시장규모의 성장률이 15%라고 하면 판매량증가 50개 중 30개(200개×15%)는 시장규모의 성장으로 인해서 나타난 것이다.

₩27,500×30개/50개=₩16,500F
(₩27,500: 성장요소, 30개/50개: 시장규모효과)

2. 제품차별화로 인한 영업이익 변화액

① 시장점유율증가 : 기본전략이 차별화 전략이므로 판매량 증가량 50개 중 시장규모의 성장으로 인해서 나타난 30개를 제외한 나머지 20개는 시장차별화 전략으로 인해 시장 점유율이 높아져서 나타난 것이다.

② 차별화로 인한 판매가격 인상 : 제품의 판매가격을 인상한 것도 차별화를 통해서 가능해졌으므로 판매가격인상으로 인한 영업이익의 증가액도 차별화효과에 포함한다.

③ 차별화로 인한 원가요소가격의 인상 : 차별화를 달성하기 위해 품질수준이 높은 원가요소를 구입하면 가격이 높아지므로 원가인상으로 인한 영업이익의 감소액도 차별화효과에 포함한다.

시장점유율 증가효과	₩27,500×20개/50개= (₩27,500: 성장요소, 20개/50개: 시장점유율효과)	₩11,000F
판매가격 인상효과	250개×(₩1,200−₩1,000)= (250개: 판매량, (₩1,200−₩1,000): 판매가격 인상효과)	50,000F
원가요소가격 인상효과		37,500U
차별화 요인으로 인한 영업이익 변화액		₩23,500F

3. 원가우위로 인한 영업이익 변화액

생산성의 변화로 영업이익이 영향받은 부분은 전액이 원가우위요인과 관련된 금액이다. 생산성이 낮아졌다면 원가우위요인에서 경쟁력이 낮아져서 영업이익이 악화된 것으로 판단한다.

생산성악화로 인한 영업이익 변화액 : ₩6,000U

예제에서 구분한 전략요소의 영업이익효과를 요약하면 다음과 같다.

시장규모 요소의 효과	₩27,500×30개/50개=		₩16,500F
제품차별화 효과			
차별화로 인한 시장점유율 증가	₩27,500×20개/50개=	₩11,000F	
차별화로 인한 판매가격 증가		50,000F	
원가요소의 매입가격 증가		37,500U	23,500F
원가우위 효과			6,000U
영업이익의 변화액			₩34,000F

16

제 5 절 성과보상제도

성과보상시스템은 종업원들이 동기부여가 되도록 일정기간 동안의 성과를 평가하고 이를 바탕으로 기본급과 보너스 등의 보상을 결정하는 보상프로그램을 말한다. 전략이 성공하기 위해서는 경영자와 조직구성원들이 전략의 세부목표를 달성하기 위해서 최선을 다해야 하며 성과평가제도는 종업원이 세부목표를 달성하기 위해 최선을 다하도록 동기부여(motivation)하는 역할을 한다. 성과보상제도의 목적을 요약하면 다음과 같다.

① 능력 있는 경영자를 확보하고 영입하여 기업경쟁력을 제고하기 위해서이다.

② 핵심성과지표와 보상을 연계해서 기업의 핵심역량을 강화하기 위해서이다.

③ 조직의 목표를 달성할 수 있도록 종업원들을 동기부여하기 위해서이다.

④ 조직의 구성원들이 조직의 목표와 일치하는 의사결정을 할 수 있도록 하는 목표일치성을 달성하기 위해서이다.

1. 바람직한 성과보상시스템의 요건

성과보상시스템이 구성원들을 동기부여하고, 조직의 목표와 일치하는 의사결정을 하도록 유인을 제공하려면 다음의 요건을 충족해야 한다.

① 종업원이 자신의 노력을 성과보상시스템이 정확히 측정한다는 믿음을 가질 수 있도록 보상시스템이 구축되어야 한다.

② 경영자들은 종업원의 행동이 기업성과로 이어지는 인과관계를 명확하게 이해하여 조직의 성공에 중요한 영향을 미치는 핵심성공요소를 성과보상시스템에 포함시켜야 한다.

③ 성과보상시스템은 종업원이 수용할 수 있는 명확한 성과측정기준을 제시해야 한다. 만약 성과측정기준이 불명확하게 되면 성과와 보상간의 인과관계가 모호해져서 성과측정시스템의 동기유발효과가 감소된다.

④ 종업원간의 협조가 필수적인 성과들의 경우에는 개인이 아니라 집단의 성과에 대해서 보상해야 한다. 오늘날 많은 조직의 성과들이 팀에 의해서 달성되는데 이런 성과는 집단성과로 보상하는 것이 바람직하다.

⑤ 기업의 주주들을 위해서 종업원들이 산출한 결과를 중심으로 보상하여야 한다. 단순히 종업원이 투입한 시간, 지식, 기술자체에 대한 투입/산출물에 대해서가 아니라 이를 사용한 결과로 주주에게 기여한 부분에 성과보상시스템의 초점이 맞추어져 있어야 한다는 것이다. 예를 들어, 종업원이 새로운 품질개선 기술을 습득한 것에 대해 보상하는 것이 아니라 그 기술을 활용하여 원가를 절감했다면 그 원가절감액을 기준으로 성과를 평가해야 한다는

것이다. 만약 결과를 측정하는 것이 불가능하거나 결과가 종업원이 통제할 수 없는 요소에 의해 영향을 받는 경우에는 투입한 시간, 지식, 기술 등을 근거로 보상하게 되는데 이 경우에도 종업원의 투입물(시간, 지식, 기술 등)이 산출물과 인과관계가 있어야 한다.

2. 성과보상계약의 고려사항

성과보상계약를 수립할 때 고려해야할 요소로 ① 위험분담의 문제와 ② 성과보상강도에 영향을 미치는 요인 및 ③ 래칫효과 등이 있다.

(1) 위험분담의 문제

일반적으로 경영자는 자신의 인적자원을 한 회사에 모두 투입하므로 위험에 대해 회피적이다. 따라서 경영자가 성과급을 지급받게 되면 고정급보다 위험이 높기 때문에 위험프리미엄을 요구하게 되므로 효율적인 성과보상계약이 되려면 성과급으로 인한 효익과 성과급(인센티브)으로 발생하는 위험프리미엄이 균형을 이루도록 해야 한다. 급여의 지급방식에는 확정고정급여와 성과급여가 있다.

① 확정고정급여 : 경영자에게 고정급을 지급하면 직무성과에 따라 경영자의 급여가 변동되는 위험을 줄여서 위험비용을 최소화하지만 경영자가 노력하도록 동기부여해서 얻는 효익은 제거된다.

② 성과급여 : 경영자에게 인센티브를 부여하는 것은 인센티브로 인한 효익을 얻을 수는 있지만 위험부담비용도 역시 상승한다. 즉, 경영자의 급여를 100% 고정급으로 할 경우, 경영자는 위험을 전혀 부담하지 않아 만족스럽지만, 인센티브 기능을 전혀 발휘하지 못해 주주에게는 불만족스럽다. 반면에 100% 성과급은 경영자가 전적으로 위험을 부담하므로 경영자는 매우 불만족스럽지만, 인센티브 기능은 극대화되기 때문에 주주에게는 만족스러운 방법이다.

구 분	고 정 급	성 과 급
장 점	경영자의 급여가 변동되는 위험을 줄여서 위험비용을 최소화	인센티브(동기부여)로 인한 효익을 얻을 수 있음
단 점	경영자가 노력하도록 동기부여해서 얻는 효익을 제거	위험부담비용 상승

효율적인 성과보상계약은 경영자가 위험을 부담하여 입을 수 있는 손실과 성과급(인센티브)에 의한 이득이 균형을 이룰 수 있는 상태에서 달성된다. 따라서 실제 성과급을 설계할 때는 주주와 경영자의 이해관계를 반영해서 조정된 고정급여와 성과급여를 절충한 다음의 형태가 채택되는 경향이 높다.

16

$$\text{성과보상금액} = \underbrace{\text{기본급여}}_{\text{고정급여}} + \underbrace{\beta(\text{보상강도}) \times x(\text{성과지표})}_{\text{성과급여(보너스)}}$$

(2) 성과보상강도에 영향을 미치는 요인

성과보상체계를 결정할 때 보상강도(β)를 어느 수준으로 결정해서 성과급을 지급할 것인지를 결정하는 것은 중요한 요소이다. 보상강도의 수준에 따라 경영자의 동기부여를 높이면서 기업의 비용을 최소화할 수 있기 때문이다. 예를 들어 이익초과달성액을 기준으로 성과급여를 지급한다면 성과급을 이익의 10%로 결정하느냐 아니면 20%로 지급하느냐에 따라 경영자의 동기부여와 기업의 부담비용이 달라진다.

이처럼 성과급의 구조를 결정할 때는 동기부여의 효익과 비용부담이 균형을 이루는 보상강도를 결정해야 하며 보상강도에 영향을 미치는 요인으로 고려할 사항은 다음과 같다.

① 추가적인 노력에 의해 창출되는 증분이익 : 추가적인 노력이 증분이익을 많이 창출한다면 보상강도를 높여야 하고, 증분이익을 창출하지 못한다면 성과보상을 제공할 필요가 없다.

② 성과측정의 정확성 : 성과를 정확하게 측정할 수 있으면 기업이 위험프리미엄을 적게 부담하면서 경영자를 동기부여할 수 있기 때문에 금전적인 성과보상의 강도를 높이는 것이 바람직하다.

③ 경영자의 위험회피성향 : 경영자가 위험회피성향이 약할수록 위험프리미엄을 적게 부담하면서 동기부여할 수 있기 때문에 성과보상의 강도를 높이는 것이 바람직하다.

④ 경영자의 노력이 보상에 반응하는 민감도 : 성과보상에 대해 경영자가 민감하게 반응할수록 성과보상의 강도를 높이는 것이 비용부담보다 동기부여의 효과가 크다.

(3) 래첫효과

'래첫(retchet : 톱니효과)'는 과거성과에 근거해서 현재 생산기간에 목표로 설정해야 하는 최소한의 표준을 의미한다. 예산의 편성과정에서 일반적으로 미래의 목표를 설정하기 위해 현재의 성과를 기준으로 삼는 것이 보편적이다. 따라서 현재의 높은 성과로 높은 보상을 받는 경우에 현재의 성과가 다음기간의 표준(래첫)이 되어 미래에는 보다 높은 보상을 받는데 불리하게 작용한다. 이런 이유로 예산참여자는 다음 생산기간에 보다 쉽게 목표를 달성할 목적으로 현 생산기간의 성과를 줄이려고 하는데 이런 현상을 래첫효과라고 하는 것이다.

래첫의 반영여부에 따라 예산슬랙과 성과실적이 영향을 받는다. 래첫을 반영하는 경우에 래첫을 반영하지 않는 경우보다 예산슬랙은 더 많이 창출되고 성과도 낮게 달성되어, 예산슬랙과 성과실적에 유의적인 영향을 미치는 것으로 연구되었다.

① 보상계약에 래칫이 부여되면 하위자들은 레칫이 없는 경우보다 더 많은 예산슬랙을 창출한다.
② 보상계약에 래칫이 부여되면 하위자들은 레칫이 없는 경우보다 더 낮은 성과실적를 달성해서 보고한다.
③ 위험중립형인 하위자들보다 위험회피형이 하위자들은 더 많은 예산슬랙을 창출한다.
④ 보상제도에 래칫이 부여되어 있는 경우 위험회피형 하위자들의 평균성과실적은 위험중립형 하위자들의 평균성과실적보다 낮을 것이다.

따라서 참여예산의 경우에 래칫효과에 따라 예산슬랙 수준과 성과가 다르게 나타날 가능성이 있으므로 성과보상체계를 설계할 때는 래칫효과를 신중히 고려해야 한다. 또한 하위자의 위험선호도 역시 하위자의 예산슬랙에 영향을 미치기 때문에 하위자의 인적특성을 고려해서 보상계약을 해야 한다.

(4) 성과보상체계 구축의 추가고려사항

성과보상체계는 경영자의 위험에 대한 태도, 보상강도, 래칫 등을 고려해서 결정해야 하며, 이외에 다음의 원칙도 고려해야 한다.

① 정보의 원칙 : 경영자의 노력을 측정할 때 측정오차를 줄일 수 있는 성과측정척도를 포함시키고, 경영자의 노력에 대한 측정오차를 크게 하는 성과척도는 제외해야 한다는 원칙이다. 이렇게 해야만 경영자의 성과측정과정에서 경영자가 통제할 수 없는 위험요인의 영향을 줄여서 확실성화폐등가액을 높일 수 있어서 위험프리미엄이 낮아진다.
② 감독강도의 원칙 : 경영자의 보수를 성과지표에 매우 민감하게 설정해서 성과보상강도를 높인 경우에는 감독비용을 증가시켜 성과측정의 정확성을 높이는 것이 바람직하다. 성과측정의 정확성을 높여야만 위험이 낮아져서 위험프리미엄이 낮아지고 성과보상의 효과를 높일 수 있다.
③ 동등보상의 원칙 : 경영자가 여러 업무를 동시에 수행할 때, 경영자가 여러 가지 업무에 적절하게 노력을 배분하기 위해서는 각각 업무에 기울이는 노력에 대한 한계효용이 같아지도록 보상을 해야 한다.

3. 성과측정치의 선택

성과를 보상하기 위해서는 성과를 측정하는 지표가 있어야 한다. 균형성과표는 네 관점의 성과지표를 균형있게 사용하지만, 최종적으로 성과보상에 가장 중요한 측정지표는 재무적인 지표이다. 재무적 지표 중에서 많이 사용되면서도 서로 성격이 다른 성과측정치로는 회계성과측정치와 주식가격연계측정치가 있다.

(1) 회계관련 성과측정치

회계관련 성과측정치는 회계정보시스템에서 얻어지는 정보를 성과의 지표로 사용하는 방법으로 다음과 같은 장점이 있다.

① 기업고유의 경영성과를 반영한다. 기업이 영위하는 사업영역에서 얻어진 회계상의 이익을 성과측정치로 사용하면 주식시장의 변동에 영향을 받지 않기 때문에 기업고유의 영업활동에서 얻어진 성과를 반영한다.

② 위험 회피형 경영자에게 위험프리미엄의 지급액이 주식관련측정치보다 낮아진다. 주식가격관련 성과측정치는 주식시장의 변동에 영향을 받기 때문에 경영자가 위험프리미엄을 보다 많이 요구하지만 회계적이익은 주식시장의 변동에 영향을 받지 않기 때문에 위험 프리미엄이 낮아진다.

한편, 회계관련 성과측정치는 다음과 같은 단점도 가지고 있으므로 경영자는 이를 고려해서 성과평가에 활용해야 한다.

① 회계이익의 조작가능성이 있다. 발생주의에 따르는 회계의 특성을 이용해서 회계이익을 조작할 유인이 존재한다.

② 단기간을 위한 생산, 영업, 연구개발 의사결정이 이루어질 가능성이 높아진다. 회계상의 이익은 단기간에 그 성과가 결정되므로 경영자는 자신이 근무하는 기간의 회계상의 이익을 증가시키기 위해 생산계획을 변경하고 판매계획을 수정하려고 하는 유인이 존재한다.

(2) 주식가격관련 성과측정치

주주입장에서는 자신의 부를 극대화하기 위해서는 경영자가 주식가격의 증가에 노력을 투입하게 하는 것이 가장 이상적이다. 따라서 많은 기업에서 주식가격관련 성과측정치를 성과보상을 위한 측정치로 사용하는데 다음과 같은 장점이 있다.

① 주주의 부(富)와 경영자의 보상이 연계되어 목표일치성이 효과적으로 달성될 수 있어서 대리인비용을 감소시키는 효과가 있다.

② 기업은 최소의 비용으로 유능한 인재를 확보하여 장기적인 관점에서 기업의 경쟁력은 높일 수 있다.

③ 경영자로 하여금 단기적인 성과뿐만 아니라 장기적인 성과를 높이는 방향으로 동기부여 한다.

④ 기업이 성장함에 따라 종업원에게 적정한 보상과 과실의 분배로 주인의식고취 및 근로 의욕상승을 통한 실적향상을 얻을 수 있다.

그런데 주식가격에 연계된 보상제도는 다음과 같은 문제점이 있다.

① 주식가격이 경영자가 통제할 수 없어서 주식시장의 상황에 따라 경영자의 보상이 영향을 받게 된다. 예를 들어 기업의 실적과 주가와의 상관관계가 낮은 기업의 경우에 주식시장이 약세인 상황에서는 스톡옵션의 실익이 줄어들 수 있다.

② 위험회피형인 경영자는 위험프리미엄을 요구하게 된다. 주식가격은 경영자의 노력이외에도 주식시장상황등과 같은 외부요인에 영향을 받기 때문에 주식가격만이 상여금을 결정하는데 사용되면 경영자는 위험을 보다 많이 부담하게 되므로 위험회피형인 경영자는 위험프리미엄을 요구하게 된다.

③ 경영자들이 스톡옵션의 행사기간 내에 경영성과를 높이기 위해서 장기적인 성장잠재력보다는 옵션행사기간의 성과에 매달리는 경영형태가 나타날 가능성이 있다.

④ 스톡옵션을 부여받지 못한 직원의 불만으로 직원간의 화합을 저해할 수 있다.

구 분	장 점	단 점
회계관련 측정치	① 기업의 고유영업활동의 성과 반영 ② 위험프리미엄이 주식관련 측정치보다 낮다.	① 회계이익의 조작가능성이 있다. ② 단기적인 성과에 동기부여
주식관련 측정치	① 대리인 비용이 감소한다. ② 장기적인 성과에 동기부여 ③ 최소비용으로 유능한 인재 확보	① 주식시장상황이 보상에 영향 ② 위험프리미엄이 높아진다. ③ 직원간의 화합 저해

4. 내재적보상과 외재적 보상

성과측정치를 기초로 기업은 성과보상을 종업원에게 제공하는데 성과보상유형은 크게 내재적 보상과 외재적 보상으로 구분할 수 있으며, 그 형태는 매우 다양하다.

16

① **내재적 보상(intrinsic rewards)** : 자신의 가치관과 일치하는 업무를 수행함으로써 개인 내부로부터 느끼는 성취감, 도전감, 자기만족 등을 의미한다. 예를 들어 종업원은 표준을 달성하는 것 자체로 자기만족을 느낄 수 있고, 상사의 칭찬으로 강화되면 종업원은 과업을 보다 잘 수행하려는 동기부여가 될 수 있다. 일반적으로 많은 기업에서 직무설계, 조직문화, 경영방식 등을 통해서 종업원이 내재적 보상을 보다 많이 느낄 수 있도록 하고 있다.

② **외재적 보상(extrinsic rewards)** : 성과금과 같이 타인이 다른 사람에게 부여하는 보상을 의미하는 것으로 성과급, 승진, 상여금, 휴가 등이 있으며 비용지출이 필요하다는 공통점이 있다.

(1) 내재적 보상과 외재적 보상의 효과비교

내재적 보상과 외재적 보상의 효과에 대해서는 최근에 많은 논란이 되고 있다. 일반적으로 인센티브 급여와 같은 외재적 보상이 동기부여에 매우 중요하다고 하지만 일부 학자들은 내재적 보상의 동기부여효과가 외재적 보상보다 효과적이라고 주장하며, 고용계약이라는 것은 종업원이 열심히 업무를 수행하는 것을 조건으로 하기 때문에 인센티브 보상은 인정할 수 없다고 주장하기도 한다.

구 분	내 용	장 점	단 점
내재적 보 상	임직원들이 사명감을 가지고 일하도록 미션, 공유가치, 비젼 등을 설정	기업에 추가비용의 부담이 없다.	창출한 결과의 확인 어려움 결과가 자신의 삶에 직접 영향이 없어 지치기 쉬움
외재적 보 상	성과에 따라 현금, 주식, 스톡옵션등 부여	종업원에게 직접적인 영향	추가적인 비용부담이 있음 잘못 운영시 조직질서 해침

내재적인 보상이 외재적인 보상보다 효과적인가에 대해서는 입증할 수 없지만 금전적인 보상만이 효과적이라는 주장은 타당하지 않으며, 내재적보상과 외재적보상이 모두 종업원의 동기부여에 중요한 역할을 하고 있다고 보는 것이 보다 타당한 주장이다.

(2) 외재적 보상의 유형분류

외재적 보상으로는 기본급여와 성과에 따라 지급하는 보너스가 대표적인 유형이지만 이외에도 전용자동차의 지급이나 골프회원권 제공, 공로표창 등 다양한 형태의 보상방법이 있는데 다음과 같이 크게 네 가지 구분기준이 있다.

① 단기적 보상과 장기적 보상 : 성과급여는 보상대상기간을 기준으로 구분하면 당기성과에 근거한 현금보너스나 주식지급 등의 단기적인 보상과 3년 내에 행사가 불가능한 주식매입선택권과 같은 장기적인 보상이 있다.

② 금전적 보상과 비금전적 보상 : 성과급여는 현금이나 주식과 같은 금전적인 보상도 있지만 휴가 등과 같은 비금전적 보상도 있다. 비금전적 보상의 예에는 회사차량의 지급, 주택자금대출, 골프장회원권 제공, 공로표창, 개인교육프로그램 참여 등이 있다.

③ 현금보상과 주식보상 : 성과급여의 형태에는 현금으로 지급되는 형태와 주식으로 지급되는 형태가 있는데 일반적으로 현금보상은 단기적 이익에 근거한 보상인 경우가 많고 주식보상은 기업의 장기적인 주가상승을 통한 보상인 경우가 많다.

④ 개인성과에 기초한 보상과 집단성과에 기초한 보상 : 보상의 기준을 개인성과에 기초할 것인가 아니면 집단성과에 기초할 것인가에 따라서도 보상방법을 구분할 수 있다.

(3) 개인성과와 집단성과에 기초한 보상

개인성과에 기초한 보상은 성과의 책임이 명확하므로 개인성과에 동기부여가 확실하게 이루어지는 장점이 있는 반면에 집단지향적인 성과에 대한 동기부여가 되지 않는 문제가 있다. 반면에 집단성과에 기초한 보상은 집단 지향적인 행동은 동기부여 되지만 집단 내에서 무임승차의 문제가 발생하여 조직구성원에 대한 동기부여가 약해질 수 있다.

구 분	장 점	단 점
개인성과에 기초한 보상	• 성과의 책임이 명확 • 개인성과에 확실한 동기부여	• 집단지향성과에 동기부여가 되지 않음
집단성과에 기초한 보상	• 집단지향성과에 동기부여	• 무임승차의 문제발생 • 개인지향성과에 동기부여 약해짐

개인성과에 기초한 보상과 집단성과에 기초한 보상을 보완하는 방법에는 팀별 보상과 개인별 보상을 결합하는 방법이 있다. 예를 들어, 팀의 성과에 기초해서 팀에 지급하는 총보상금액을 결정하고 개인별 보상은 개인별 성과에 따라서 팀에서 지급할 수 있는 총보상액 중에서 개인의 몫을 결정하는 방법이다.

예제 [16-6] 개인성과와 집단성과에 기초한 보상

병원에 의료기기를 납품하는 (주)용감한은 이익분배제도를 채택하고 있는데 이익분배액은 다음의 두 항목 중 작은 금액으로 결정된다.

(1) 목표이익(순자산의 18%로 주주의 목표수익률)을 초과하는 세전순수익의 40%

(2) ₩7,000,000

개별 종업원이 받게 되는 이익분배액은 회사의 총급여에서 차지하는 당해 종업원의 급여비율에 따라 총이익분배액을 안분하여 계산한다.

요구사항

1. 회사의 순자산이 ₩100,000,000이고 이익이 ₩45,000,000이었다면 총이익분배액은 얼마로 결정될 것인가?
2. 종업원 갑의 급여가 ₩68,000이고 회사전체의 급여가 ₩25,000,000이라면 종업원 갑이 받게 될 이익분배금액은 얼마인가?

해답

1. 이익분배

(1) 목표이익초과액기준 금액

(₩45,000,000－₩100,000,000×18%)×40%＝₩10,800,000

(2) 목표이익초과액기준 이익분배액 ₩10,800,000이 ₩7,000,000보다 크기 때문에 이익분배액은 금액크기가 작은 ₩7,000,000이 된다.

2. 갑의 예상상여금

₩7,000,000×₩68,000/₩25,000,000＝₩19,040

5. 금전적 보상의 유형

외재적 보상의 대표적인 방법이 금전적인 보상제도이다. 금전적인 보상제도에도 다양한 종류가 있는데 ① 기본급여와 상여금, ② 주식연계보상, ③ 기타의 장기보상으로 구분할 수 있다.

(1) 기본급여와 현금보너스

기본급여와 현금보너스(상여금)는 모두 현금으로 지급되는 보상으로 금전적 보상의 가장 기본이 되는 요소이다.

기본급여는 고정급여를 형성하고 있어서 위험을 꺼리는 경영자들은 기본급여의 보상을 원하고 대부분의 다른 요소들이 기본급여를 기준으로 결정된다.

현금보너스는 상여금으로 성과급여를 형성하고 있어서 경영자를 동기부여하는 요인이다. 상여금은 단기적인 보상제도에 해당하며 기업의 일상적이고 단기적인 성과에 대해 보상하는 것이다.

상여금을 계산하는 성과지표로는 주로 당기순이익, 매출, 주당순이익 등이 사용된다. 상여금을 지급하는 방식에는 현금보너스, 이익분배, 성과초과분 분배의 방식이 있다.

① **현금보너스(cash bonus)** : 성과지표의 실적에 근거하여 현금을 지급하는 것으로 측정된 성과가 목표를 초과했을 때 일정현금을 지급하거나 목표와 성과의 차이에 비례하여 현금을 지급할 수도 있고, 개인성과를 근거로 지급하거나 집단성과를 근거로 지급할 수도 있다.

② **이익분배(profit sharing)** : 이익을 성과지표로 해서 기업 또는 사업부에서 얻은 이익 중 일정비율을 종업원에게 배분하는 단기성과에 초점을 둔 성과급여이다. 최근의 여러 기업들은 경제적부가가치에 근거해서 이익분배를 실시하고 있다. 이 경우 회계이익에서 자본비용을 차감한 잔여이익인 경제적 부가가치가 이익배분의 대상이 되며 EVA를 일정한 비율로 주주와 종업원에게 배분(예를 들어 70%：30%)한다. 종업원에게 할당된 경제적 부가가치는

종업원의 직급과 성과에 따라 개별종업원에게 배분되거나 모든 종업원에게 동일한 비율로 배분된다. 이와 같은 이익배분방식의 문제점은 일반적으로 종업원의 노력과 이익사이의 상관관계를 파악하기가 어렵고, 종업원의 개인적인 노력 정도에 대해 파악이 어렵기 때문에 무임승차(free riding)의 가능성이 있다는 점이다.

③ **성과초과분 분배(gain sharing)** : 인건비와 같은 특정요소를 성과지표로 해서 사전에 목표를 정해놓고 실제성괴가 목표치를 초과하는 경우에 ⊥ 초과달성한 부분을 현금보너스로 지급하는 성과급여이다. 이득분배는 일반적으로 개인적인 보상보다는 집단적인 보상이 주로 사용되며 이득분배의 사전목표는 벤치마크를 통하여 결정된다. 이득분배의 예로는 스캔론플랜과 럭커플랜이 있다.

- 스캔론플랜(Scanlon plan) : 매출액을 기준으로 매출액과 노무비의 비율에 따라서 보너스를 지급하는 방법이다. 다시 말해 매출액대비 노무비의 비율을 계산하여 현재실제매출액에 이를 곱하여 목표노무비를 계산하고 실제노무비가 이보다 적은 경우에는 그 차이를 보너스로 지급하는 방법이다.
- 럭커플랜(Rucker plan) : 매출액이 아니라 기업이 창출한 부가가치를 기준으로 하여 스캔론플랜과 동일한 방식으로 보너스금액을 계산하는 방법이다.

예제 [16-7] 금전적 보상－이익분배

제약회사인 (주)원가는 종업원에게 동기를 부여하기 위해서 이익분배제도를 채택하고 있다. (주)원가의 경영진은 목표영업이익(earning from operation)을 설정하여 이익분배제도를 실행하고 있는데 이 목표영업이익은 회사의 사업계획과 시장경제상황을 바탕으로 결정한다. 이 제도는 또한 영업이익의 상한값(stretch)과 하한값(threshold)이라는 주요한 값을 사용하고 있다. 20×4년의 목표값은 다음과 같다

영업이익의 하한	목표영업이익	영업이익의 상한
₩250,000(1%)	₩320,000(4%)	₩390,000(7%)

실제 영업이익이 위의 하한값보다 낮게 나타나면 이익을 분배하지 않고, 하한과 목표영업이익 사이의 값으로 나타나면 하한값일 때의 1%와 목표영업이익일 때의 4% 사이의 비례값을 분배한다. 실제영업이익이 위의 상한값보다 높게 나타나면 영업이익의 7%를 배분하고, 목표영업이익과 상한 사이의 값이 나타나면 4%와 7%사이의 비례값을 배분한다.

요구사항

1. 20×4년의 실제 영업이익이 ₩332,000이라고 가정할 때 이익분배액을 계산하시오.

16

2. 20×5년에 이익분배구조는 영업이익의 하한값이 ₩420,000, 목표영업이익이 ₩490,000, 상한값이 ₩560,000으로 결정되었다. 이처럼 20×4년에 비해 20×5년의 목표를 상향하여 실행하는 것에 대해 평가하시오.

해답

1. 이익분배액

(1) 이익분배율

4%+{(₩332,000－₩320,000)/(₩390,000－₩320,000)}×3%=4.51%

(2) 이익분배액

₩332,000×4.51%=₩14,973

2. 성과보상방법의 평가

매년 성과목표를 증가하는 것은 이런 성과평가로 얻어지는 동기부여효과를 감소시킨다. 왜냐하면 프로세스를 향상시켜 얻어지는 효익이 매우 단기적이기 때문이다. 따라서 3년 정도의 기간 동안에는 현재의 평가목표를 유지하는 것이 바람직하다.

(2) 기타의 금전보상

기본급과 현금상여금 이외의 금전적 보상으로는 주식연계보상과 연금, 퇴직금, 복리후생비, 이연보상과 같은 장기간에 걸쳐서 형성되는 보상이 있다.

① 주식연계보상 : 기업의 주식가격 상승에 대해 경영자에게 보상을 제공하는 장기적 보상제도로 스톡옵션이 대표적인 방법이며 주식을 직접 보상하는 방법도 있다.

② 이연보상(deferred compensation) : 현금 등의 보너스나 보상금액의 지급시점이 모두 미래의 특정시점까지 이연되는 형태의 보상을 말한다. 예로는 매년 성과에 근거해서 보너스를 정립하지만 해당 임원이 일정기간 이상 회사를 위해 근무를 하는 경우에만 보너스를 지급해서 임원을 묶어두기도 한다. 이를 금수갑(golden handcuff)이라고 하며 첨단산업의 임원에게 많이 사용되는 방식이다.

제 6 절 대리인이론

1. 대리인문제의 개관

'대리인문제(agency problem)'란 기업의 소유자와 경영자가 분리되어 있는 기업에서 위임자(principal)인 주주가 대리인(agent)인 경영자에게 의사결정권한을 양도하는 경우에 경영자가 자신의 이익을 위해 주주의 이익에 반하는 행동을 해서 목표불일치가 발생하는 문제를 말한다.

(1) 대리인 문제의 발생 배경

대리인은 주인인 주주의 부를 증가시키는 성과를 얻기 위해 노력을 하고, 노력의 결과로 기업의 성과가 높아지고, 주주는 기업의 성과를 기초로 성과급을 지급하면 대리인문제는 나타나지 않는다.

그런데 종업원이 노력해서 성과를 얻어가는 과정에서 노력이외의 외부요인이 성과에 영향을 미친다. 이로 인해 높은 노력에서도 낮은 성과가 나올 수도 있고 낮은 노력에서도 높은 성과를 얻을 수도 있다. 즉, 주주의 부를 증가시키는 성과는 대리인의 노력에 비례해서 얻어지는 것이 아니다.

한편, 주인인 주주는 대리인의 노력은 관찰할 수 없고 기업의 성과만을 관찰할 수 있다.

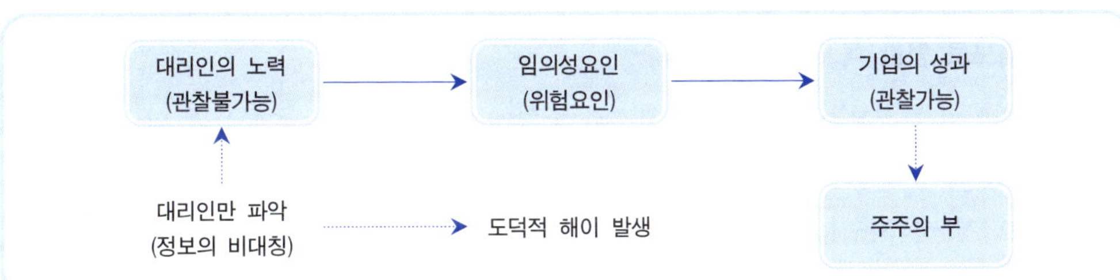

이와 같이 외부요인이 성과에 영향을 미치게 되면 대리인은 노력(투입)을 하지 않더라도 외부요인으로 인해 성과(산출)가 높아질 수도 있기 때문에 주인이 노력을 관찰할 수 없는 정보비대칭의 상황에서 노력을 하지 않는 도덕적 해이가 나타날 수 있다. 따라서 주인은 대리인의 도덕적 해이를 통제할 수 있는 적절한 방법을 적용해서 도덕적 해이가 나타나지 않도록 해야 한다.

(2) 임의성요인

대리인의 노력이외의 요인으로 동일한 노력에서도 성과가 달라지는 현상을 '위험 또는 임의성(randomness)'이라고 하며 이를 발생시키는 요인은 다음과 같다.

① 대리인이 통제하기 어려운 외부요인 : 시장규모의 급격한 감소나 정부의 규제재정등 대리인이 통제할 수 없는 외부요인

② 성과측정과정의 오차 : 감독자가 대리인의 성과를 평가하게 되면 감독자의 주관적 판단이 성과평가에 영향을 미칠 수 있으며 그 사례는 다음과 같다.

- 감독자의 몸사리기 – 우수, 매우 우수 등의 상향평준화
- 강제배분 – 평가집단이 소규모인 경우의 문제
- 영향비용(influence costs) – 로비활동으로 성과조작
- 약속위반 – 성과보상을 약속하고 사후에 정당하지 않게 성과를 낮추는 행위

③ 대리인의 업무수행능력에 영향을 미치는 요인 : 예를 들어 대리인의 건강에 이상이 생겨서 업무수행능력을 저하시킬 수 있다.

이와 같은 임의성요인으로 인해서 정보의 비대칭 상황이 나타난다. 주주는 성과만은 관찰할 수 있고 대리인의 노력은 관찰할 수 없다. 따라서 성과는 높더라도 대리인이 노력을 하지 않았을 수 있는데, 이러한 임의성요인으로 인한 영향을 주인은 파악할 수 없으며, 대리인인 경영자만이 노력의 정보를 알고 있는 정보의 비대칭 상황이 나타난다.

(3) 사적정보로 인한 목표불일치

대리인인 경영자는 자신의 작업환경과 노력에 대해 위임자인 주주보다 더 많은 정보를 가지고 있으며, 이러한 사적정보를 자신의 행동선택에 유리한 방향으로 사용하게 되어 이로 인해 도덕적 해이(moral hazard)의 문제와 역선택(adverse selection)의 문제가 나타난다.

① 도덕적 해이의 문제 : 본인이 대리인의 노력을 직접 관찰할 수 없다면 회계정보와 같은 다른 대용물(surrogate)로 대리인의 노력을 추론해야 한다. 그런데 이런 대용측정치는 대리인이 제공한 노력을 정확하게 반영하지 못할 수 있다. 즉, 대용측정치와 대리인이 제공한 노력사이에 불확실성이 존재할 수 있다. 이러한 경우, 대리인은 고용계약에 협정된 것과는 다르게 행동하여 고의적으로 태만(shirking)하게 될 유인을 가질 수 있다. 이러한 문제를 도덕적 해이의 문제라고 한다.

② 역선택의 문제 : 의사결정상황에서 대리인은 본인보다 많은 정보를 가지게 되며 대리인은 본인의 효용을 극대화하는 것과는 달리 대리인의 효용을 극대화하는 행동을 선택하기 위해서 자신만이 알고 있는 사적정보를 왜곡 전달하는 유인을 가지게 되는데 이런 문제를 역선택의 문제라고 한다.

(4) 대리비용

이와 같이 위임자와 대리인 사이에 대리인문제가 발생하므로 주주는 이를 감소시키기 위해 대리비용을 지출하게 되는데 대리비용으로는 감시통제비용과 구속비용 및 잔여손실 등이 존재한다.

① 감시통제비용(monitoring costs) : 위임자가 대리인의 투입노력과 의사결정을 감시하는데 지출되는 비용

② 구속비용(bonding costs) : 대리인이 주인의 이익을 위해 최선을 다한다는 것을 보증하기 위해 대리인이 지불하는 비용. 경영자가 불법행위를 하지 않겠다는 명시적인 약속, 재무재표에 대한 외부감사비용, 경영자의 의사결정범위를 명시하여 수익률 높은 투자를 기각할 위험.

③ 잔여손실(residual loss) : 주인과 대리인간의 계약이 최적으로 이행되더라도 완전히 이행되지는 않음에 따라 남게 되는 기회손실. 즉, 감시비용과 구속비용을 지출하더라도 배제할 수 없는 주인의 이익감소분을 말한다.

(5) 대리인문제의 해결방법

이와 같은 대리인문제를 해결하는 방법에는 ① 법제도를 통한 방법, ② 시장기구를 통한 방법, ③ 경영자보상제도를 통한 방법이 있다.

① 법제도를 통한 방법 : 주주의 재산권 및 관리권, 이사회제도, 기업공시제도와 같은 법제도를 이용해서 대리인문제를 감시하는 방법이다. 예를 들어 미국이나 영국에서는 외부이사들로만 구성되는 내부감사위원회와 임원보상위원회가 있어 비교적 독립적인 권한을 유지하면서 최고경영진에 대한 감시와 평가를 하여 책임경영을 유인하는 역할을 수행한다.

② 시장기구를 통한 방법 : 경쟁적인 주식시장에서 어느 기업의 주가가 동일한 조건의 다른 기업에 비해 상대적으로 낮다고 하는 것은 그 기업의 경영자의 능력이 낮게 평가되고 있음을 뜻한다. 그리고 무능력한 경영자는 기업의 한정된 자원을 다른 기업의 경영자에 비해 비효율적으로 활용하고 있게 된다. 이러한 기업의 주식은 기업인수나 합병의 대상이 된다. 즉, 기존의 경영진을 교체하고 새로운 경영방식을 도입함으로써 주가가 크게 상승할 것을 기대할 수 있는 것이다.

③ 경영자보상제도를 통한 방법 : 경영자의 노력에 대한 대가를 경영성과에 따라 조절함으로써 전문경영자의 불성실한 업무자세로 인한 도덕적 해이의 문제를 줄이는 방법이다. 그 예로는 경영자와 소유주의 이해를 일치시키도록 경영자에게 보상계약을 제공하는 방법으로 이윤분배제도나 주식매입선택권 등이 있다.

16

이중에서 관리회계에서는 경영자 보상계약을 제공하여 도덕적 해이를 줄이는 방법에 대해서 중심적으로 논의한다.

2. 대리인문제의 유형

소유와 경영이 분리된 기업지배구조에서 경영자와 관련된 도덕적 해이의 구체적인 내용을 살펴보면 다음과 같다.

(1) 단기의사결정문제(horizon problem)

투자의사결정과 투자의 경제적 결과의 실현사이에 시차가 존재하는 경우 경영자는 투자의사결정을 할 때 자신의 임기만료일을 고려하는 경향이 있다. 즉, 경영자는 자신의 재직기간 동안의 현금흐름만을 계산해서 투자안을 선택하므로 단기간 동안 발생하는 현금흐름의 현재가치가 현재의 투자지출액을 초과하는 경우에만 투자안을 채택하게 되는 투자왜곡의 유인이 발생한다. 투자회수기간의 차이로 발생하는 대리인문제를 해소하기 위해 경영자에게 장기유인보상을 지급하거나 임기후에도 일정기간 동안 재임시 수행한 의사결정의 경제적 효과에 대한 보상을 지급하는 이연보상제도를 채택하는 방법이 있다.

(2) 노력의 회피

대리인은 자신의 노력이나 시간의 투입으로 직접적인 비효용이 발생하므로 이러한 비효용을 초과하는 보상이 주어지지 않는 경우에는 가능한 노력을 투입하는 것을 회피하려고 한다.

노력회피성향은 궁극적으로 기업의 가치를 감소시켜서 주주의 이해와 역행하는 행동유형이므로 경영자에 대한 유인보상제도를 통해서 노력회피경향을 감소시킬 수 있다. 그리고 대리인과 위임자 사이에 최적위험부담과 최적유인제공이 균형을 이룰 때 최적유인보상계획이 된다. 즉, 경영자에 대한 보상의 크기는 경영자 노력의 한계효용이 기업의 한계가치증가와 동일하게 되도록 경영성과에 대한 보상의 유인강도를 부과해야 한다.

(3) 특권적 소비

경영자는 경영활동과정에서 얻을 수 있는 비화폐적이익에 의해서도 자신의 효용을 증대시킬 수 있는데 이를 특권적 소비라고 한다. 특권적소비의 예로는 좋은 집무실, 비서, 골프회원권, 고급승용차 사용, 업무적 해외여행 등이 있다. 경영자가 지분율이 낮을수록 특권적소비로 인한 비용부담을 주주에게 이전하는 비율이 높아진다. 특권적소비로인한 대리인문제를 감소시키려면 주식보상제도를 이용할 수 있다. 주식보상으로 경영자의 지분율이 높아지면 특권적소비가 감소하게 된다.

(4) 과소투자

경영자는 자신의 인적자본을 한 기업에 모두 투입하므로 분산투자를 한 주주보다 위험에 대해 회피적이다. 이런 위험에 대한 성향의 차이로 위험회피적인 경영자는 기대수익률이 높고 위험이 높은 투자안은 기각하게 되어 과소투자가 일어나고 결과적으로 기업의 가치가 감소하게 된다. 과소투자를 감소시키는 유인보상제도로는 스톡옵션보상제도가 있다. 스톡옵션은 경영자에게 위험유인효과(risk-incentive)를 제공해서 경영자가 보다 더 공격적으로 투자의사결정을 하도록 유도한다.

(5) 예산슬랙

일반적으로 하위관리자는 자신의 성과에 영향을 미치는 요인에 대해 상위자보다 더 정확한 정보 즉, 사적정보를 소유하고 있다. 만약 상위자가 예산편성전에 하위관리자가 사적정보를 소유하고 있다는 사실을 알고 있다면 예산편성과정에 하위자를 참여시키는 것이 하위자의 동기부여측면에서 바람직하고 성과도 높일 수 있다. 그러나 하위관리자가 자신이 소유한 사적정보가 자신을 평가하는데 사용되리라는 것을 알고 있다면, 자신의 성과를 좀 더 유리하게 평가받기 위해 사적정보를 왜곡되게 전달할 유인을 가지게 된다. 이러한 정보의 왜곡전달문제는 보상제도가 예산과 연계되어 있고 하위자가 예산편성과정에 참여하는 경우에 더 많이 나타나서 예산슬랙이 발생한다. 이를 해결하기 위해 최근에 참여적 예산편성하에서 하위관리자로 하여금 진실된 사적정보를 전달하게 함으로써 예산슬랙을 줄이고 성과를 극대화하도록 유인하는 진실유도보상계약(truth inducing pay scheme)이 있다.

대리인문제의 유형	대리인문제 감소방법의 사례
단기의사결정	① 이연보상제도 ② 장기유인보상 지급
노력의 회피	경영자 노력에 대한 한계효용과 기업의 한계가치 증가가 동일하게 되도록 경영성과에 대한 보상을 부과
특권적 소비	주식연계보상지급
과소투자	경영자는 위험회피적이기 때문에 스톡옵션보상제도 등을 도입하여 위험유인효과를 제공한다.
예산슬랙	진실유도보상계약

보론 1 주인대리인모델

'주인－대리인 모델(principal-agent model)'은 대리인이론을 기본적인 1기간, 2인으로 단순화한 모델로 대리인의 노력을 관찰하기 어려워서 도덕적 해이의 문제가 존재하는 상황에서 대리인에 대한 고용계약을 효율적으로 설계하기 위해 필요한 기본개념과 논리를 모형화한 것이다.

1. 주인대리인모형의 개관

주인대리인모델은 위임자와 대리인은 각각 한 명이고 단일기간을 대상으로 대리인이론을 모델화했다. 대리인이 속한 조직이 영리기업이라고 하고 그 기업의 성과를 x라고 한다. 기업의 성과(x)는 대리인이 성과를 높이기 위한 노력(e)의 결과로서 나타날 수도 있고, 불확실한 외생적 상황(θ)에 의해서도 영향을 받을 수 있다. 그리고 대리인은 기업의 성과에 따른 보상액 w를 지급받고 주주는 기업의 성과(x)에서 대리인에게 지급되는 보상액을 차감한 나머지 부분인 $x-w$를 가지게 된다. 이를 그림으로 나타내면 다음과 같다.

주인－대리인 모델

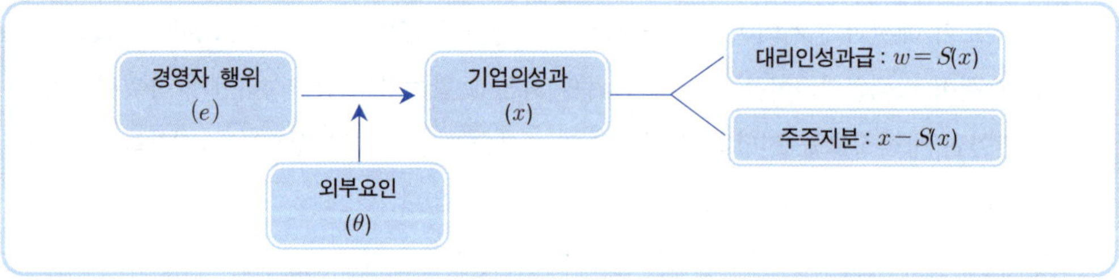

(1) 주인대리인모델의 기본가정

앞에서 살펴본 주인대리인모델의 기본구조안에서 대리인이론을 전개하기 위해서는 다음의 가정이 필요하다.

① 대리인은 노력(e)을 해서 기업의 성과(x)를 얻어낸다. 그런데 외부요인(θ : 위험)으로 인해서 대리인의 동일한 노력에서도 성과(x)는 달라진다. 따라서 기업의 성과는 대리인이 노력(e)과 외부요인(θ)의 함수 즉, $x=f(e, \theta)$로 표시된다.

② 대리인은 자신의 인적자본을 한 회사에 모두 투입하므로 위험에 회피적이다. 대리인의 효용함수는 기업의 성과에 따라서 지급받는 보상액부분 $U(w)$과 대리인의 노력에 따른 비효용부분 $U(e)$으로 분리할 수 있다. 대리인은 성과급에 대해서는 정의 효용을 가지며 노력투입에 따른 행위에 대해서는 비효용을 갖는다. 즉 대리인의 효용함수는 $U(w, e)=U(w)-U(e)$로 표시할 수 있다. 대리인의 노력에 대해 비효용이 발생하므로 대리인문제가 발생한다.

③ 주주인 위임자는 투자금을 분산투자해서 포트폴리오를 구성하고 있어서 위험에 중립적이며 주주는 기업의 성과(x)에서 대리인에게 지급되는 보상액을 차감한 나머지 부분인 $x-w$를 가지게 된다. 따라서 주주의 효용은 $B(x,\ w)=f(x-w)$이다.

④ 위임자(주주)와 대리인은 상호간의 합의하에서, 산출된 성과를 어떻게 배분할 것인가를 규정하는 보상계약을 체결한다. 이 때 보상함수를 결정하는 변수는 위임자와 대리인 양자가 확인 또는 관찰이 가능한 변수이어야 한다. 양자가 확인할 수 있는 변수는 두 사람이 직접 관찰할 수 있거나 보고절차에 의해 파악될 수 있어야 한다.

⑤ 보상계약이 이행가능하기 위해서는 파레토최적상태에 있는 계약이어야 한다. 즉, 서로 상충되는 이해관계를 가진 개인들이 상대방의 부를 희생시키지 않고, 각자의 효용을 최대한으로 만족시키는 보상계약을 설정해야만 그 보상계약은 상호 준수될 수 있다는 점이다. 이 가정은 대리인이론이 지향하고 있는 궁극적인 목표에 해당한다.

(2) 주인대리인모델의 수식화

이와 같은 가정하에서 주주(위임자)는 대리인에게 지급하고 남은 잔여지분으로부터 얻는 기대효용(G)을 극대화하려고 한다. 이를 목적함수로 표현하면 다음과 같다.

목적함수 $\underset{s(x),\ e}{\text{Max}} = \sum_x G(x-S(x))f(\theta)$ ………………………………………… (1)

여기에 대리인이 고용되어서 노력을 하도록 유도하기 위한 제약조건으로는 ① 참여제약과 ② 유인제약이 있다.

① 참여제약(participation constraint) : 대리인은 고용계약에 참여함으로서 다른 고용대안으로부터 얻을 수 있는 최소한 기회효용(U_0)보다는 높은 효용을 얻을 수 있어야만 참여한다.

subject to $\underbrace{\sum_x U(S(x),\ e)f(\theta)}_{\text{고용되는 경우의 효용}} \geq \underbrace{U_0}_{\text{기회효용}}$ ………………………………………… (2)

② 유인제약(incentive constraint) : 대리인이 자신의 기대효용을 극대화시키기 위한 행위를 선택하므로 노력을 하도록 유도하려면 대리인이 높은 노력을 하는 경우의 기대효용이 낮은 노력을 하지 않는 경우의 기대효용보다 커야 한다.

subject to $\underbrace{\sum_x U(S(x),\ e)f(\theta)}_{\text{높은 노력의 효용}} \geq \underbrace{\sum_x U(S(x),\ e')f(\theta)}_{\text{낮은 노력의 효용}}$ …………………… (3)

단, e는 높은노력, e'는 낮은노력 행위

16

주인대리인모델은 위와 같이 두 가지의 제약조건하에서 주인의 효용(부)을 극대화하는 최적보상계획을 수립하는 모형이다.

(3) 주인대리인모델의 유형

주인대리인모델은 계약의 이행여부를 계약당사자들이 객관적으로 관찰할 수 있는가에 따라 완전계약과 불완전계약으로 구분할 수 있다.

① 완전계약(complete contract) : 주인이 대리인의 노력을 관찰할 수 있는 상황에서 고용계약을 체결하는 경우를 말한다. 완전계약에서는 주인이 기업의 성과만이 아니라 대리인의 노력까지도 완전히 알 수 있어서 정보의 비대칭이 나타나지 않는다. 현실상황의 계약이 완전계약은 아니며 주인대리인모델을 이해하기 위해 사용하는 계약유형이다.

② 불완전계약(incomplete contract) : 계약의 이행여부를 계약당사자들이 객관적으로 관찰할 수 없어서 주인이 대리인의 노력을 관찰할 수 없는 상황에서 고용계약을 체결하는 경우를 말한다. 불완전계약에서는 주인이 대리인의 노력을 관찰할 수 없고 대리인만이 자신의 노력을 알 수 있기 때문에 정보의 비대칭이 나타난다. 현실상황에서는 불완전계약이 발생한다.

2. 완전계약의 최적보상계획

완전계약의 상황에서는 주인이 대리인의 노력을 관찰할 수 있기 때문에 정보의 비대칭 현상이 발생하지 않아서 도덕적 해이가 나타날 수 없다. 따라서 완전계약은 유인제약은 필요하지 않으며 참여제약만 충족하면서 주주의 부를 극대화하면 된다.

완전계약에서 주주의 부를 극대화하려면 주주는 대리인에게 주주의 기대효용을 극대화하는 행동 e를 실행하도록 계약하고 급여로 대리인이 얻는 효용이 기회효용 U_0를 보상하는 고정급을 지급하면 된다. 이 경우에 대리인이 계약한 행동을 수행하지 않으면 보상을 하지 않고 해고하는 강압적 계약(forcing contract)이 된다.

완전계약의 상황에서 주인은 고정급으로 급여를 지급하도록 계약하는 것이 주주의 부를 극대화한다. 대리인은 고정급으로 급여를 받기 때문에 위험부담이 없으며 주인이 위험중립적이므로 완전계약에서는 고정급의 위험 분담구조가 가장 효율적인 방법이다. 만약, 주인이 대리인의 노력을 관찰할 수 있는 상황에서 대리인의 임금으로 고정급이 아니라 최종수익에 연계된 성과급을 지급하게 되면 대리인이 위험의 일부를 부담하게 되어 대리인은 위험부담에 대한 추가적인 보상을 원하게 된다.

보론예제 1 주인대리인모형–완전계약

주인은 기업의 소유주인 주주이고 대리인은 이 기업의 전문경영인으로 가정하자. 주주인 주인은 투자금을 분산투자해서 포트폴리오를 구성하고 있어서 위험에 중립적이고, 대리인은 위험에 회피적이며 노력을 투입함에 따라 효용이 감소하는 비효용(disutility)이 나타난다.

(1) 주인인 주주집단의 효용함수 B는 다음과 같이 이익수준인 x와 전문경영인보수인 w에 의해서 결정된다.

$$B(x,\ w)=x-w$$

(단, x : 기업의 성과(이익) w : 대리인에게 지급하는 임금)

(2) 전문경영인 대리인의 효용은 노력의 수준인 e와 임금의 수준인 w에 의해 결정되며 다음과 같은 효용함수를 가진다고 보자.

$$\text{대리인의 효용함수 } U(w,\ e)=\sqrt{w}-e$$

(단, w : 대리인이 받는 임금 e : 대리인의 노력)

상황을 단순화해서 노력의 수준은 $e=1$, $e=2$만 가능하다고 가정하자. 한편, 대리인이 외부의 다른 고용기회로부터 얻을 수 있는 기대효용(기회효용)은 1이라고 한다.

(3) 대리인의 노력은 기업의 성과를 높이는데 기여한다. 하지만 통제가 불가능한 외부요인(확률변수)이 영향을 미치기 때문에 동일한 노력을 하더라도 다른 성과를 얻을 수 있다. 대리인의 노력수준에 따라 나타날 수 있는 이익과 확률은 다음과 같다.

노력	성과(이익) ₩10	성과(이익) ₩30
$e=1$	확률=80%	확률=20%
$e=2$	확률=10%	확률=90%

대리인에게 성과급을 지급하는 방법에는 대리인의 노력이 관찰가능한 경우와 대리인의 노력을 관찰할 수 없는 경우에 따라 다르게 설계해야 한다. 대리인의 노력을 관찰할 수 있는 경우로 가정하자.

16

요구사항

1. 대리인이 이 회사의 고용계약을 수락하고 노력 2를 투입하도록 하기 위해서 지급해야 하는 최소고정급을 계산하시오.
2. [요구사항 1]의 최소고정급으로 급여를 지급하는 경우에 주인의 기대이익을 계산하시오.
3. 주인이 대리인에게 낮은 노력 1을 투입하도록 하기 위한 최소계약금액을 계산하시오.
4. [요구사항 3]의 최소고정급으로 급여를 지급하는 경우에 주인의 기대이익을 계산하시오.
5. 주주가 대리인이 높은 노력을 하도록 계약해서 얻을 수 있는 이익증가액을 계산하시오.

해답

1. 대리인 입장의 최소고정급
   대리인이 다른 차선의 고용계약으로부터 얻을 수 있는 효용이 1인 경우에 대리인에게 노력 2를 투입하도록 하고 지급해야 하는 최소고정급은 다음과 같이 계산된다.

$$\text{U}(w,\ 2)=\underbrace{\sqrt{w}-2}_{e=2\text{의 효용}} \geq \underbrace{1}_{\text{기회효용}} \qquad \therefore\ w \geq \text{₩}9$$

2. 높은 노력에서 주인입장의 기대이익

   주인이 대리인에게 노력 2를 투입하도록 하고 임금 4를 지급하는 계약을 체결한 경우에 기대수익은 다음과 같다.

   $$\text{주인의 기대이익} : \underbrace{(\text{₩}10\times10\%+\text{₩}30\times90\%)}_{e=2\text{의 기대이익}}-\underbrace{\text{₩}9}_{\text{고정급여}}=\text{₩}19$$

3. 낮은 노력 1을 투입하도록 하기 위한 최소계약금액

   $$\text{U}(w,\ 1)=\underbrace{\sqrt{w}-1}_{e=1\text{의 효용}} \geq \underbrace{1}_{\text{기회효용}} \qquad \therefore\ w \geq \text{₩}4$$

4. 낮은 노력에서 주인입장의 기대이익

   주인이 대리인에게 노력 1을 투입하도록 하고 임금 4를 지급하는 계약을 체결한 경우에 기대수익은 다음과 같다.

   $$\text{주인의 기대이익} : \underbrace{(\text{₩}10\times80\%+\text{₩}30\times20\%)}_{e=1\text{의 기대성과}}-\underbrace{\text{₩}4}_{\text{고정급여}}=\text{₩}10$$

5. 대리인이 높은 노력을 하는 경우 주인의 이익 증가액

   $$\underbrace{\text{₩}19}_{e=2\text{의 기대이익}}-\underbrace{\text{₩}10}_{e=1\text{의 기대이익}}=\text{₩}9$$

예제에서 주인의 효용을 극대화하는 대리인의 행동은 $e=2$이므로 노력을 관찰할 수 있는 완전계약이라면 대리인이 $e=2$를 실행하도록 계약하고 급여로는 대리인의 기회효용 1을 얻을 수 있는 최소고정급 ₩9을 지급하도록 계약하는 것이 주인의 부를 극대화한다.

3. 불완전계약의 최적보상계획

불완전계약에서 주인은 대리인의 노력을 관찰할 수 없으므로 최종산출인 성과만을 관찰할 수 있다. 따라서 주인은 특정노력을 투입하도록 효과적으로 통제할 수 없으며 사후적으로 확인하는 것도 불가능하므로 고용계약은 최종성과를 기준으로 체결된다. 그런데 최종성과는 노력에 영향을 받지만 위험요소에도 영향을 받기 때문에 대리인의 노력에 대해서 정보의 불균형이 존재하게 된다. 이로 인해 노력하지 않는 대리인문제가 발생하고 이를 감소시키기 위해서는 적절한 유인보상계약을 체결해야 한다. 즉, 참여제약만이 아니라 유인제약이 성립하도록 보상계약을 체결해야 한다는 것이다.

한편, 대리인 입장에서 행위(e)는 위험이 존재하지 않지만 외부적 위험요소로 인해 기업의 성과(x)에는 불확실성이 존재한다. 따라서 대리인의 행위를 관찰할 수 없는 상황에서 성과(x)를 기준으로 보상계약을 체결하는 경우 위험회피적인 대리인은 위험에 대한 위험 프리미엄을 요구하게 되므로, 행위(e)를 기준으로 한 보상보다 성과(x)를 기준으로 한 보상이 대리인이 동일한 효용을 얻도록 하기 위해서 더 많은 기대보상금액이 필요하게 된다.

보론예제 2 불완전계약하에서의 고용계약 설계

[보론예제 1]의 자료를 사용하시오. 주인은 대리인의 노력을 관찰할 수 없어서 최종 성과에 기초해 성과급을 지급하는 고용계약을 체결하려고 한다. 전문경영인으로 하여금 높은 수준의 노력($e=2$)을 투입하도록 동기부여하기 위해서 참여제약과 유인제약이 성립하면서 주인의 부를 극대화하는 성과급을 계산한 결과, 최종 성과가 ₩10일 경우에는 성과급 ₩3을, 그리고 최종 성과가 ₩30일 경우에는 성과급 ₩10을 지급하는 것이 최적으로 분석되었다고 하자.

요구사항

1. 성과에 따라 최소성과급으로 성과급을 지급하는 경우에 주인이 기대할 수 있는 이익을 계산하시오.
2. 주인이 대리인에게 낮은 노력 1을 투입하도록 하기 위한 최소고정급이 ₩4이며 이를 지급하는 경우 주인의 기대이익을 계산하시오.
3. 주주가 대리인이 높은 노력을 하도록 계약해서 얻을 수 있는 이익증가액을 계산하시오.
4. 주인이 대리인의 행위를 관찰할 수 없기 때문에 지불하는 위험프리미엄을 계산하시오.

해답

1. 최소성과급의 주인의 기대이익
   (₩10－₩3)×10%+(₩30－₩10)×90%=₩18.7

2. 대리인이 최소노력을 하는 경우에 주인의 기대이익
   (₩10－₩4)×80%+(₩30－₩4)×20%=₩10

   대리인이 노력 2를 하는 경우에 비해서 주인의 기대이익이 감소하므로 노력 2를 하도록 성과급을 지급하는 것이 유리하다.

3. 대리인이 높은 노력을 하는 경우에 이익증가액
   ₩18.7－₩10=₩8.7

4. 위험프리미엄
   주주입장에서 $e=2$를 기준으로 계약과 성과를 기준으로 $e=2$를 유인한 계약의 기대이익의 차이가 위험프리미엄이다.

16

$$\underbrace{₩19}_{\text{완전계약 주주이익}} - \underbrace{₩18.7}_{\text{불완전계약의 주주이익}} = ₩0.3$$

위험프리미엄은 대리인의 기대급여를 사용해서 계산할 수도 있다.

$$\underbrace{(₩3 \times 10\% + ₩10 \times 90\%)}_{\text{불완전계약에서 } e=2\text{의 기대급여}} - \underbrace{₩9}_{\text{완전계약의 급여}} = ₩0.3$$

예제에서 주인은 대리인의 노력을 관찰할 수 없으므로 유인제약이 성립하도록 최소한의 유인보상계약금액을 계산해서 최종 성과가 ₩10일 경우에는 성과급 ₩3을, 그리고 최종 성과가 ₩30일 경우에는 성과급 ₩10을 지급하는 것이다. 이렇게 성과급을 지급하면 참여제약과 유인제약이 모두 성립하면서 성과급을 최소화할 수 있으며 두 제약의 성립여부를 검토해 보면 다음과 같다.

$$\text{참여제약} : \underbrace{(\sqrt{₩3} \times 10\% + \sqrt{₩10} \times 90\%) - 2}_{e=2\text{의 효용 } 1.019255} \geq \underbrace{1}_{\text{기회효용}} \quad \cdots\cdots (1)$$

$$\text{유인제약} : \underbrace{(\sqrt{₩3} \times 10\% + \sqrt{₩10} \times 90\%) - 2}_{e=2\text{의 효용 } 1.019255} \geq \underbrace{(\sqrt{₩3} \times 80\% + \sqrt{₩10} \times 20\%) - 1}_{e=1\text{의 효용 } 1.018096} \quad \cdots (2)$$

구 분	완전계약	불완전 계약
가 정	주인이 대리인의 노력을 관찰가능 정보의 비대칭이 나타나지 않음	주인이 대리인의 노력을 관찰 불가능 정보의 비대칭 나타남(도덕적 해이 가능)
목적함수	주주의 이익극대화	주주의 이익 극대화
제약조건	① 참여제약 필요 ② 유인제약 : 노력을 관찰할 수 있으므로 필요 없다.	① 참여제약 필요 ② 유인제약 필요
최적 계약	강압적 계약 : 주주의 부를 극대화하는 행동을 하는 경우에 확정고정급 지급	유인보상계약 체결

보론 2 진실유도보상계약

'진실유도보상계약(truth inducing pay scheme)'은 참여적 예산편성 상황에서 예산참여자들이 자신이 소유한 개인적 정보를 이용해서 예산을 의도적으로 낮게 설정하고 그 예산을 쉽게 달성하려는 유인을 억제할 뿐만 아니라 성과를 극대화하도록 유인할 수 있는 예산을 설정하게 유도하는 보상계약을 말한다.

보상계약을 체결하는 시점에는 주인이나 대리인이 최적의 성과표준을 알 수 없으나 자신의 성과표준이 보상에 중요한 변수가 된다는 사실을 알고 있기 때문에 하급자는 자신에게 가장 바람직한 성과표준을 설정하려고 한다. 따라서 감독자는 하급자에게 최적인 성과표준이 자신에게도 최적이 되는 보상시스템을 구축해야 한다.

(1) 진실유도 보상계획의 기본모델

진실유도보상계약의 핵심은 목표판매량을 지나치게 낮게 잡아서 예산을 쉽게 달성하려는 종업원에게 패널티를 부과함과 동시에 예산을 초과달성한 종업원에게 그에 비례하여 인센티브를 제공하는 것이다. 이러한 보상계약은 종업원으로 하여금 목표설정과정에서 자신이 개인적으로 파악하고 있는 사적정보를 드러내게 하고, 목표가 설정된 이후에는 목표를 초과달성하도록 동기부여 해야 하며 이를 위한 보상계약모형은 다음의 식으로 나타낼 수 있다.

보상 $= B = B_0 + b \times y' + a \times (y - y')$ 단, 예산을 초과달성한 경우($y \geq y'$일 경우)

$B = B_0 + b \times y' + c \times (y - y')$ 단, 예산을 과소달성한 경우($y < y'$일 경우)

단, y : 실제판매량 ($y \geq 0$)

y' : 하급자에 의해 설정된 목표판매량 ($y' \geq 0$)

a, b, c : 계수 (a, b, $c > 0$)

B_0 : 상위자가 제시하는 기본보상액

이와 같은 기본모형은 다음의 3단계를 통해서 도출된다.

1단계 : 상위자는 자신의 정보를 기초로 해서 하위부문이 목표를 달성할 경우에 지급할 기본보상액(B_0)를 제시한다. 그리고 보너스계수인 a, b, c(0<a<b<c)를 제시한다. 여기서 세 보너스계수는 0<a<b<c가 성립해야 하며 그 이유는 다음과 같다.

① 예산의 과소설정 방지 조건 a<b : 하급자에 의해서 설정된 예산수준(y')을 낮게 설정하고 예산을 초과한 성과를 달성했다고 해서 보상금액이 증가되는 것은 아니다. 예산을 낮게 설정한 뒤에 예산을 초과달성해서 보너스계수를 a를 적용받는 것보다 가능한 예산을 높게 설정해서 보너스계수를 b를 적용받는 것이 성과급이 커진다.

16

② 예산의 과대설정 방지 조건 b<c : 하급자에 의해서 설정된 예산수준(y')을 높게 설정하고 예산을 달성하지 못했다고 해서 보상금액이 증가하는 것은 아니다. 예산을 높게 설정한 뒤에 예산을 달성하지 못하면 예산을 달성하지 못한 부분은 (b−c)만큼 마이너스의 보너스계수가 곱해져서 성과급이 감소하므로 예산을 과대편성하지 않도록 유인한다.

③ 성과극대화 유인조건 0<a : 보상의 한계효용이 노력의 한계비효용을 초과한다고 가정할 때 예산이 왜곡되었다 하더라도 높은 성과를 올릴 수 있는 동기를 제공해 준다.

2단계 : 하위경영자는 제 1단계에서 제시된 기본보상액(B_0)와 보너스계수인 a, b, c를 고려해서 자신의 목표판매량(y')을 결정한다.

3단계 : 각 하위경영자는 실제생산을 수행한 후 참여예산의 목표판매량(y')을 기준으로 목표판매량을 초과 혹은 미달했느냐에 따라 다음과 같은 식에 따라 보너스를 받는다.

보상 $= B = B_0 + b \times y' + a \times (y - y')$ 단, 예산을 초과달성한 경우($y \geq y'$ 일 경우)

$B = B_0 + b \times y' + c \times (y - y')$ 단, 예산을 과소달성한 경우($y < y'$ 일 경우)

유인의 유형	제약조건	제약조건의 내용
성과극대화	0 < 초과달성성과계수(a)	예산을 초과달성하는 경우 성과급이 증가한다.
예산과소방지	예산초과 실적계수(a) < 예산기준 성과계수(b)	진실을 예산에 반영한 보너스가 예산을 초과달성한 보너스보다 커야 한다.
예산과대방지	예산기준 성과계수(b) < 예산미달 실적계수(c)	예산을 달성하지 못하면 (b−c)만큼 마이너스의 보너스계수가 곱해져서 성과급이 감소한다.
진실유도	0<a<b<c	진실유도 유인보상계약 체결
슬랙유도 과소예산유인	예산초과 실적계수(a) > 예산기준 성과계수(b)	예산을 초과달성할수록 성과급이 높아지므로 예산을 최소로 설정하는 유인이 있다.
과대예산유인	예산기준 성과계수(b) > 예산미달 실적계수(c)	예산를 최대로 설정하는 것이 성과급이 최대가 되므로 최대로 예산을 설정하는 유인이 있다.

위의 식을 살펴보면 하급자의 보상액(B)은 실제성과(y)와 참여과정을 통해서 하위경영자에 의해 설정된 예산(y')과 그리고 감독자에 의해 제안된 기본보상액(B_0)과 보너스계수에 의해 결정됨을 알 수 있다. 여기서 기본보상액(B_0)과 보너스계수는 상위자가 일방적으로 결정하는 것이므로 하급자는 예산(y')과 실제성과(y)를 조정해서 자신의 보상액이 최대가 되도록 해야 한다.

보론예제 3 진실유도보상계약

(주)원가의 경영자는 하위관리자와 참여예산을 작성하기로 하고 다음과 같은 보상계약을 체결하였다.

예산을 초과달성한 경우($y \geq y'$) $B = B_0 + b \times y' + a \times (y - y')$

예산을 과소달성한 경우($y < y'$) $B = B_0 + b \times y' + c \times (y - y')$

여기서 경영자가 결정한 기본보상액은 B_0=₩2,000, a=0.2, b=0.4 c=0.6이다. 경영자는 하위관리자의 실적이 1,000개, 2,000개, 3,000개, 4,000개 중에서 정확하게 얼마가 될지에 대한 정보를 가지고 있지 않다.

요구사항

1. 하위관리자가 예상하는 실적이 3,000개인 경우에 하위관리자가 성과급여를 극대화하기 위해 설정하는 목표판매량(y')을 계산하시오.
2. 하위관리자가 실적을 높이려고 하는 동기가 존재하는지에 대해 설명하시오.
3. 경영자가 설정한 보너스계수가 a=0.4, b=0.2, c=0.6인 경우에 하위관리자가 예상하는 실적이 3,000개라면 하위관리자가 성과급여를 극대화하기 위해 설정하는 목표판매량(y')을 계산하시오.

해답

1. 진실유도보상계약의 목표판매량의 설정

(1) 목표판매량과 실제판매량의 조합에서 이익

실제판매량(y)	참여예산에 보고한 목표판매량(y')			
	1,000개	2,000개	3,000개	4,000개
1,000개	₩2,400*1	₩2,200*3	₩2,000	₩1,800
2,000개	2,600*2	2,800	2,600	2,400
3,000개	2,800	3,000	3,200	3,000
4,000개	3,000	3,200	3,400	3,600

* 1. ₩2,000+0.4×1,000개=₩2,400

2. 예산초과달성 ₩2,000+0.4×1,000개+0.2×(2,000개−1,000개)=₩2,600

3. 예산미달달성 ₩2,000+0.4×2,000개+0.6×(1,000개−2,000개)=₩2,200

(2) 목표판매량의 설정

예상판매량이 3,000개인 경우에 참여예산에도 목표판매량을 3,000개로 보고하는 것이 성과급여를 극대화시킨다. 예상되는 실제판매량과 보고한 목표판매량이 다른 경우에는 성과급여가 감소한다. 따라서 이와 같은 진실유도보상제도를 사용하면 하위자는 예상하는 판매량을 정확하게 보고하게 된다.

2. 진실유도보상계약의 실적향상에 대한 동기부여

해답 1의 표를 세로로 보면 목표판매량(y')이 결정된 상태에서는 실제판매량(y)이 증가할수록 이익이 증가한다. 따라서 이와 같은 진실유도보상계약은 하위 경영자가 목표판매량(y')을 얼마로 보고하는지와 관계없이 자신의 실적을 높이려는 동기부여가 이루어진다.

3. 슬랙유도형 보상계약 목표판매량의 결정

실제판매량(y)	참여예산에 보고한 목표판매량(y')			
	1,000개	2,000개	3,000개	4,000개
1,000개	₩2,200*1	₩1,800*3	₩1,400	₩1,000
2,000개	2,600*2	2,400	2,000	1,600
3,000개	3,000	2,800	2,600	2,200
4,000개	3,400	3,200	3,000	2,800

* 1. ₩2,000+0.2×1,000개=₩2,200
2. 예산초과달성 ₩2,000+0.2×1,000개+0.4×(2,000개−1,000개)=₩2,600
3. 예산미달달성 ₩2,000+0.2×2,000개+0.6×(1,000개−2,000개)=₩1,800

예상판매량이 3,000개인 경우에 본 문제의 보상계약(슬랙유도보상계약)에서는 목표판매량을 최소로 보고했을 때 성과급여가 극대화된다. 따라서 보고가능한 판매량중에서는 최소판매량을 보고할 것이다. 따라서 예상판매량이 3,000개인 경우에 참여예산에 목표판매량은 최소값인 1,000개로 보고하는 것이 성과급여를 극대화시킨다.

예제에서 살펴본 바와 같이 진실유도보상제도가 바람직한 속성을 가지기 위해서는 세 보너스계수가 0<a<b<c의 관계를 가지고 있어야 한다. 진실유도보상제도를 설계한 구소련의 설계자들은 이를 실무에 적용할 때 a보다 b를 30%높게, b보다 c를 30%높게 설정하는 것이 바람직하다는 원칙을 제시했다.

CHAPTER Cost & Management Accounting

16 연 습 문 제

객관식 문제

01 전략적 원가관리에 대한 설명으로 틀린 문장은?

① 전략적 원가관리는 고객가치를 효과적으로 창출하는데 관심의 초점을 두고 있으며 제조, 판매, 물류 등 경영기능전반에 걸친 유기적인 관계를 광범위하고 장기적인 시각에서 파악하도록 한다.

② 상이한 전략에는 상이한 원가관리의 관점이 필요하다. 기업이 선택하는 전략이 무엇인가에 따라 원가분석의 목적과 방법도 서로 달라지게 되어 기업이 원가우위전략을 택하고 있다면 단위당 제조원가가 주된 관심사항이고, 제품차별화 전략을 채택하고 있는 기업은 차별화를 높일 수 있는 방법에 관심을 집중하게 된다.

③ 가치사슬분석은 각 가치활동들이 상호의존적이므로 이를 독립적으로 분석해서는 안되며, 그 '연계(linkages)'를 통한 시너지효과를 고려하여 분석해야 하는 것으로 가치사슬 분석은 개별 활동의 효율화만이 아니라 활동들 간의 연결관계에 주목하여 경쟁우위를 창출하는 방법으로 '활동간'의 효과성을 높이도록 관리한다.

④ 구조적 원가동인은 기업의 원가에 근원적으로 영향을 주는 요인으로 규모, 범위, 경험, 기술, 복잡성등이 있으며 구조적 원가동인은 각 원가동인이 독립적으로 원가에 영향을 미치고 어느 시장상황에서나 원가동인의 고려방식은 일정하다.

⑤ 실행적 원가동인은 기업이 성공적으로 과업을 수행할 수 있도록 프로세스를 결정할 때 고려하는 요인을 말하며, 그 예로는 종업원 참여도, 품질에 대한 접근방법, 공정배치의 효율성, 제품의 사양, 생산능력의 최적활용 등이 있으며 실행적원가동인의 성과가 높을수록 기업의 성과가 높아져서 최근들어 성과평가지표에 많이 포함되고 있다.

02 전통적인 책임회계는 여러 가지 한계점을 가지고 있어서 최근에는 전략적 성과평가를 위한 여러 가지 틀들이 생겼다. 다음 중에서 전통적인 책임회계의 문제점에 대한 설명이 아닌 것은?

① 전통적인 책임회계는 비부가가치원가를 구분하여 파악하지 않기 때문에 비부가치활동을 제거해 나가고 기업역량이 부가가치활동에 집중하도록 하지 못한다.

② 전통적인 책임회계는 표준이나 예산 등과 같이 기업 내부의 목표치만을 이용하여 성과를 평가하는 문제점이 있는데, 경쟁우위를 확보하기 위해서는 고객의 만족도, 경쟁사와의 비교 등 기업의 외부평가 자료를 이용하는 것이 중요하다.

③ 전통적인 책임회계에서는 표준에 의해서 성과를 평가하므로 조직 전체적으로는 바람직하지 못한 결과를 얻을 수도 있다. 예를 들어, 재료가격 차이를 유리하게 하기 위해서 대량구매를 한다거나

생산부서에서 유리한 조업도 차이나 능률차이를 얻기 위해서 생산량을 증가시키면 과다한 재고자산을 보유하게 되어 기업전체의 성과에 악영향을 미칠 수도 있다.

④ 전통적 책임회계는 전략을 달성하기 위한 세부목표의 성과를 평가하기 어렵고 전사적인 최적화가 아니라 부분최적화가 이루어지기 쉽다. 또한 전략달성을 위한 다양한 성과측정치를 통합적으로 평가하지 못한다.

⑤ 전통적인 책임회계에서는 투자수익률, 예산차이와 같은 장기적인 성과를 강조하지만 기업이 단기적으로 성과를 얻으려면 재무적인 성과뿐만 아니라 고객만족도, 품질, 납기와 같은 비재무적인 성과에 대한 평가도 이루어져야 한다.

03 균형성과표 개요 (2000. KICPA)

균형성과표(Balanced Scorecard)에 대한 내용 중 옳지 않은 것은?

① 재무적 관점, 고객관점, 내부프로세스 관점, 학습과 성장관점에서 성과를 측정한다.

② Kaplan과 Norton에 의해 개발된 개념이다.

③ 조직의 전략과 성과평가시스템을 연계하는 점이 강조된다.

④ 재무적 관점은 경제적 부가가치(EVA)로, 고객관점은 시장점유율로, 내부프로세스 관점은 수율(yield rate)로 측정할 수 있다.

⑤ 균형성과표의 장점은 계량화된 객관적인 측정치만을 사용하는 것이다.

04 균형성과표의 개념 (2005. 세무사)

다음 중 균형성과표(BSC)에 대한 설명으로 옳지 않은 것은?

① 비영리단체에서도 재무적 관점, 고객관점, 내부프로세스관점, 학습과 성장관점을 사용할 수 있다.

② 전략과 연계된 주요평가지표(KPI)를 사용한다.

③ 관점 사이의 인과관계를 전략체계도(strategy map)로 나타낸다.

④ 미국에서 시작된 기법이다.

⑤ 균형성과표는 전략의 구체화와 의사소통보다 성과보상에 초점이 맞추어진 제도이다.

05 균형성과표의 개념 (2006. 세무사)

균형성과표(제도)에 관련된 설명으로 가장 옳지 않은 것은?

① 균형성과표는 기업의 가치를 향상시키기 위해 전통적인 재무적 지표 이외에 다양한 관점의 성과지표가 측정되어야 한다는 것을 강조하고 있다.

② 고객의 관점은 고객만족에 대한 성과를 측정하는데 고객만족도 조사, 고객확보율, 고객유지율, 반복구매정도 등의 지표가 사용된다.

③ 내부프로세스의 관점은 원가를 낮은 수준에서 유지하여 제품을 저렴한 가격으로 고객에게 제공할 수 있도록 기업내부의 업무가 효율적으로 수행되는 정도를 의미하는데 불량률, 작업폐물, 재작업률, 수율, 납기, 생산처리시간 등의 지표가 사용된다.

④ 학습과 성장의 관점은 기존의 프로세스와 제품에 만족하지 않고 기술 및 제품의 혁신적인 발전을 추구하는 정도를 의미하는데 종업원만족도, 전략적 직무충족도 등의 지표가 이용된다.

⑤ 재무적 성과는 수익을 제공하는 고객으로부터 달성될 수 있으므로 고객관점지표가 재무적 지표의 동인이 될 수 있으나, 내부프로세스의 효율성 향상과 재무적 성과에 따라 학습과 성장의 지표가 달성되므로 결국 학습과 성장의 지표가 최종적인 결과물이 된다.

06 균형성과표의 개념 (2009, KICPA)

균형성과표(balanced scorecard : BSC)에 관한 다음의 설명 중 가장 타당하지 않은 것은?

① 균형성과표는 재무적인 성과지표를 중심으로 하는 전통적인 성과측정제도의 문제점을 보완할 수 있는 성과측정시스템으로 인식되고 있다.

② 균형성과표는 조직의 비전과 전략을 성과지표로 구체화함으로써 조직의 전략수행을 지원한다.

③ 균형성과표의 다양한 성과지표 간의 인과관계를 통하여 조직의 전략목표 달성과정을 제시하는 성과지표의 체계를 전략지도(strategy map)라고 한다.

④ 균형성과표는 일반적으로 재무관점, 고객관점, 내부프로세스관점, 학습과 성장관점의 다양한 성과지표에 의하여 조직의 성과를 측정하고자 한다.

⑤ 균형성과표는 조직의 수익성을 최종적인 목표로 설정하기 때문에 4가지 관점의 성과지표 중에서 학습과 성장관점의 성과지표를 가장 중시한다.

07 관점별 성과평가지표

다음 중 균형성과표의 관점과 성과평가지표를 연결한 것이 적절치 않은 것은?

① 고객관점－고객만족도, 신규고객확보율

② 내부프로세스관점－수율, 배송시간

③ 학습과 성장관점－종업원만족도, 이직률

④ 재무적 관점－EVA, RI, 시장점유율

⑤ 내부프로세스관점－손익분기기간, 불량품교체시간

08 균형성과표의 특징 (2014. KICPA)

균형성과표에 관한 다음의 설명 중 옳지 않은 것은?

① 균형성과표에서 전략에 근거하여 도출한 비재무적 성과측정치는 재무적 성과측정치의 후행지표가 된다.

② 균형성과표의 다양한 성과지표간의 인과관계를 통하여 조직의 전략목표 달성과정을 제시하는 성과지표의 체계를 전략지도(strategy map)라고 한다.

③ 균형성과표의 고객 관점은 고객만족에 대한 성과를 측정하는데 고객만족도, 고객유지율, 반복구매정도, 시장점유율 등의 지표가 사용된다.

④ 균형성과표의 내부프로세스 관점은 기업내부의 업무가 효율적으로 수행되는 정도를 의미하는데 불량률, 작업폐물, 재작업율, 수율, 납기, 생산처리시간 등의 지표가 사용된다.

⑤ 균형성과표의 학습과 성장 관점은 기존의 프로세스와 제품에 만족하지 않고 기술 및 제품의 혁신적인 발전을 추구하는 정도를 의미하는데 종업원만족도, 종업원 이직률, 종업원 1인당 사내훈련시간 등의 지표가 이용된다.

09 시간에 대한 성과평가

(주)원가의 경영자는 제조주기, 제조주기효율성, 고객대응시간을 성과평가지표에 포함시키기로 하고 제품단위당 시간자료를 집계한 결과 다음과 같은 자료를 얻었다.

주문접수시간(receipt time)	19일
검사시간(inspection time)	0.9
공정시간(process time)	1.7
투입준비시간(queue time)	7.0
이동시간(move time)	0.4
인도시간(delivery time)	1.0

제조주기와 제조주기효율성(제조주기를 통과시간으로 사용) 및 고객대응 시간을 각각 계산한 것으로 옳은 것은?

	제조주기	제조주기 효율성	고객대응시간
①	10일	17%	30일
②	18	20	30
③	10	20	19
④	18	17	30
⑤	10	20	30

10 제조주기와 이익변화

나무전자는 프린터를 생산하는데 생산은 모두 50개를 한 lot단위로 이루어지며, 기존프린터의 예상판매량은 연간 20,000개이다. 프린터를 생산하는데 소요되는 제조기간(throughput time)은 공정시간과 대기시간으로 이루어지며, 공정시간은 lot당 150시간이고, 공정대기(queue)시간은 lot당 100시간이다. 최근 회사는 소비자 요구의 변화를 반영하여 기능이 향상된 신형프린터의 개발을 고려하고 있다. 신형프린터의 예상판매량은 15,000개이며, 기존의 프린터판매량에는 영향을 주지 않고 유휴설비를 이용해서 생산할 수 있다. 회사가 기존프린터와 신형프린터를 함께 생산할 경우 공정대기시간이 길어져서 두 제품 모두 lot당 250시간이 되며, 공정시간은 기존프린터는 변화가 없고, 신형프린터는 lot당 250시간이다. 프린터시장은 납기를 중요시하기 때문에 제조기간이 길어져서 납기를 맞추기 어려워지면 판매가격을 다음과 같이 인하해야 한다.

제품종류	lot당 제조주기		제품단위당 변동원가
	300시간 이하일 때	300시간 초과일 때	
기존의 프린터	단위당 판매가격 ₩80	단위당 판매가격 ₩60	₩50
신형 프린터	단위당 판매가격 70	단위당 판매가격 50	40

회사가 신형프린터를 생산하는 경우에 기존의 프린터만을 생산하는 경우에 비하여 공헌이익이 얼마나 변하는가?

① 공헌이익이 ₩100,000 증가한다.
② 공헌이익이 ₩50,000 증가한다.
③ 공헌이익의 변화가 없다.
④ 공헌이익이 ₩50,000 감소한다.
⑤ 공헌이익이 ₩250,000 감소한다.

11 시간을 고려한 재무적 분석 (2003. 세무사)

16

대한건설은 천안 ↔ 논산간 신고속도로를 개통하고 통행료를 책정하기 위하여 고속도로 이용자의 입장을 반영하고자 한다. 다음 자료를 이용하여 승용차 운전자의 입장에서 새로운 고속도로 통행료로 지불하려고 하는 최대금액을 구하시오.

- 종전노선의 천안 ↔ 논산간 거리 : 90km
- 새로 건설한 고속도로의 천안 ↔ 논산간 거리 : 60km
- 승용차 운전자들은 5분의 시간가치를 ₩1,000으로 평가한다.
- 승용차의 연비는 평균 10km/1ℓ이다.
- 휘발유는 1ℓ당 ₩1,500이다.
- 승용차의 고속도로상 평균속력은 시속 100km이다.

① ₩7,200
② ₩7,000
③ ₩6,800
④ ₩7,800
⑤ ₩8,100

12 다음의 설명 중에서 생산성에 대한 설명으로 틀린 것은?

① 생산성 중립수량은 생산성은 변하지 않는다고 가정하고 분석연도의 생산량을 산출하기 위해 필요한 원가요소의 투입량을 기준연도의 생산성을 기준으로 계산한 수량으로 분석연도의 생산량을 분석연도의 투입요소별 생산성지수로 나누어 계산하거나 기준연도의 투입량에 생산량증가율을 곱하여 계산한다.

② 전체 생산성은 기술효율성과 투입배합효율성에 의해 결정되는데, 기술 효율성은 비부가가치활동은 제거되고 부가가치활동은 산출량을 생산하기 위해 필요한 최소생산요소만을 투입한 상태를 의미하며, 투입배합효율성은 원가요소의 가격을 고려하여 원가요소의 투입배합비율을 조정함으로써 경제적 효율성을 증가시킨 상태를 의미한다. 전체생산효율성은 기술효율성과 투입배합효율성이 최적상태로 결합했을 때 달성된다.

③ 총요소생산성은 산출물을 생산하는데 사용된 모든 투입물의 생산성을 결합하여 측정하므로 투입요소간의 상충효과를 고려하여 투입배합조정을 통한 전체생산성 효과를 파악할 수 있고, 품질향상 등을 통해 전체투입량을 감소시켜 얻는 전체생산성 효과도 정확하게 파악할 수 있으므로 일부투입요소의 생산성만을 개선하고자하는 잘못된 의사결정을 방지할 수 있다.

④ 총요소생산성은 운영부서의 담당자들이 이해하기 어렵고 그 변화의 원인을 정확하게 파악하는 것이 힘들다. 재무적인 측정치인 총요소생산성은 수요크기의 변화, 산출물가격의 변화 및 투입재료의 구매정책 변화에 의해서도 영향을 받게 되는데 이런 변화가 생산성에 미치는 효과를 고려하지 못한다.

⑤ 부분생산성은 특정 투입요소의 효율성에 초점을 두기 때문에 특정 투입요소에 책임이 있는 운영부서의 달성목표를 설정하고 성과를 평가하는 데 유용하게 사용되며, 부분생산성을 측정한 뒤에는 이를 전년도의 생산성과 비교하거나 벤치마크를 통해 경쟁업체의 생산성과 비교하여 성과를 평가한다.

13 부분생산성과 총요소생산성

(주)알짜는 모터를 생산하는 회사로 20×5년도에 생산성을 파악하기로 하고 제조원가와 관련된 자료를 다음과 같이 수집하였다.

• 제품 생산량	120,000개
• 사용한 노동시간	30,000시간
• 노동시간당 임률	₩10
• 사용한 재료투입량	2,250,000kg
• 원재료 kg당 원가	₩2

(주)알짜의 노동시간의 부분생산성과 총요소생산성은 각각 얼마인가?

	노동시간의 부분생산성	총요소생산성
①	3	0.025
②	4	0.025
③	3	0.015
④	4	0.010
⑤	3.5	0.025

14 이익연계생산성

현각제조회사는 6차년도말에 효율적인 생산을 위해 생산공정을 일부 개선하였다. 7차년도말 회사의 경영자는 생산공정개선의 성과를 평가하고자 다음과 같은 자료를 수집하였다.

	6차년도	7차년도
제품생산량	5,000개	6,000개
제품단위당 판매가격	₩10	₩10
원재료 투입량	4,000kg	4,200kg
원재료 단위당 가격	₩3	₩4
직접노동시간	2,500시간	2,300시간
시간당 임률	₩8	₩8
전력사용량	1,000kWh	1,500kWh
kWh당 전력비	₩2	₩3

현각제조회사의 7차년도의 이익연계생산성은 얼마인가?

① ₩7,100 유리 ② ₩6,300 유리 ③ ₩7,100 불리
④ ₩6,300 불리 ⑤ 정답 없음

16

15 성과급 산정

도건전자는 인천공장의 공장장에 대한 성과급을 다음의 세 가지 조건에 따라서 지급하고 있다.

(1) 영업이익의 4%를 지급한다.
(2) 정시납품성과 : 주요 거래처에 정시납품성과가 95% 이상인 경우에는 ₩10,000을 추가로 지급한다.
(3) 품질성과 : 불량품원가가 매출액의 2%를 초과하는 경우에는 초과하는 금액의 20%를 성과급에서 차감한다.

다음은 7차년도에 인천공장에서 달성한 성과이다. 인천공장 공장장에게 지급해야 하는 성과급으로 맞는 것은?

매 출 액	₩40,000,000
영 업 이 익	2,000,000
정 시 납 품 률	97%
불 량 품 원 가	₩340,000
영 업 자 산	12,000,000

① ₩50,000　② ₩60,000　③ ₩70,000
④ ₩80,000　⑤ ₩90,000

16 대리인이론의 개념 (2007. KICPA)

(주)아리수는 전문경영인을 채용하기 위해 전문경영인의 보수 w를 결정하고자 한다. 전문경영인의 노력 e와 외부 경영환경 S에 따른 회사의 이익(전문경영인의 보수 차감 전) x는 다음과 같다.

구 분		외부 경영환경		
		S_1	S_2	S_3
전문경영인의 노력	$e=7$	$x=$₩60,000	$x=$₩60,000	$x=$₩30,000
	$e=5$	$x=$₩30,000	$x=$₩60,000	$x=$₩30,000

외부 경영환경(S_1, S_2, S_3) 각각의 발생확률은 $\frac{1}{3}$로 모두 동일하다. 회사 이익 x는 객관적으로 관찰 가능하지만, 전문경영인의 노력 e는 관찰 불가능하다. (주)아리수의 주주집단의 효용함수 B는 다음과 같이 이익 x와 전문경영인의 보수 w로 이루어진다.

$$B(x,\ w)=x-w$$

전문경영인의 효용함수 U는 다음과 같다.

$$U(w,\ e)=\sqrt{w}-e^2$$

전문경영인은 자신의 효용이 101 이상일 경우에만 고용계약을 수락할 것이다. 단, 모든 세금 효과는 무시한다.

이상의 내용과 관련하여 다음 설명 중 적절하지 않은 것은?

① 전문경영인의 보수를 고정급으로 지급할 때 회사의 이익이 감소될 수 있다.
② 만약 전문경영인의 노력이 관찰가능하다면, 회사 이익보다 전문경영인의 노력을 기초로 성과급을 지급하는 것이 주주집단의 효용을 더 높인다.
③ 만약 전문경영인이 노력 $e=7$을 기울인다면, 회사의 기대 이익은 ₩50,000이 된다.
④ 주어진 전문경영인의 효용함수에 의하면 전문경영인은 보수 w에 대해 위험회피적이다.
⑤ 만약 전문경영인이 노력 $e=7$을 기울이고, 보수 $w=$₩22,500을 받는다면 전문경영인의 효용(U)은 114가 된다.

해 답 Answer

01 ④

구조적 원가동인은 각 원가동인이 독립적으로 원가에 영향을 미치는 것이 아니라 여러 원가동인이 복합적으로 원가에 영향을 준다는 것이다. 또한 원가동인의 변화에 따라 효율적인 원가동인의 고려방식도 달라진다는 것도 고려해야 한다. 예를 들어 철강 산업의 경우에 과거에는 규모의 경제가 중요한 원가동인이어서 대형고로를 사용하는 철강공장이 효율적이었지만, 기술이 발전하고 제품에 대한 고객의 요구가 다양해지면서 규모의 경제가 줄어들어 소형고로를 사용하는 철강공장이 보다 효율적인 상황으로 바뀌었다.

02 ⑤

전통적인 책임회계에서 사용하는 투자수익률, 예산차이와 같은 재무성과는 단기적인 성과를 강조지만 기업이 장기적으로 성과를 얻으려면 재무적인 성과뿐만 아니라 고객만족도, 품질, 납기와 같은 비재무적인 성과에 대한 평가도 이루어져야 한다.

03 ⑤

균형성과표의 장점은 계량화된 정보뿐만 아니라 비계량화된 정보도 반영된다는 것이다.

04 ⑤

균형성과표는 성과지표를 결정하는 과정에서 전략을 구체화하고 의사소통이 이루어지도록 도와준다.

05 ⑤

균형성과표는 네 가지 관점의 성과평가지표가 인과관계를 가지면서 재무적인 성과를 달성하도록 구성해야 한다. 따라서 최종적인 결과는 재무성과가 된다. 다만, 정부기관과 같은 비영리법인은 고객관점(고객만족)의 성과를 최종적인 결과로 구성하는 경우도 있다.

06 ⑤

균형성과표는 조직의 수익성을 최종적인 목표로 설정하기 때문에 4가지 관점의 성과지표 중에서 재무적인 성과지표를 가장 중시한다.

07 ④

시장점유율은 고객관점의 성과평가지표이다.

08 ①

균형성과표에서 전략에 근거하여 도출한 비재무적 성과측정치는 재무적 성과측정치의 선행지표가 된다.

16

09 ①

(1) 제조주기

검사시간(inspection time)	0.9일
공정시간(process time)	1.7
투입준비시간(queue time)	7.0
이동시간(move time)	0.4
제조주기	10.0일

(2) 제조주기 효율성(MCE : manufacturing cycle efficiency)

$$제조주기\ 효율성(MCE)=\frac{부가가치시간(value\text{-}addedtime)}{통과시간(throughput\ time)}$$

제조주기에서 부가가치 시간은 공정시간 뿐이므로 제조주기 효율성은 다음과 같다.

1.7일÷10일=17%

(3) 고객대응시간

주문접수시간	19일
공정통과시간	10
인도시간(delivery time)	1
	30일

10 ⑤

(1) lot당 제조기간과 판매가격

제조방법 / 비 고	기존프린터만을 생산하는 경우	신형프린터를 생산하는 경우	
		기존프린터	신형프린터
공정시간(①)	150시간	150시간	250시간
공정대기시간(②)	100시간	250시간	250시간
제조주기(①+②)	250시간	400시간	500시간
제품판매가격	₩80	₩60	₩50

(2) 공헌이익 변화액

신형프린터를 생산하는 경우에 증분이익은 다음과 같다.

Ⅰ. 증분수익		
증 가 : 15,000대×₩50=	₩750,000	
감 소 : 20,000대×(₩80−₩60)=	(400,000)	₩350,000
Ⅱ. 증분비용		
증 가 : 15,000대×₩40=		600,000
Ⅲ. 증분이익		₩(250,000)

따라서 신형프린터 생산시 공헌이익은 ₩250,000 감소한다.

11 ⑤

(1) 신고속도로의 효익

① 시간절감 : $\frac{90km-60km}{10km}\times 60분=18분$

② 시간절감에 따른 효익 : $18분\times\frac{₩1,000}{5분}=₩3,600$

③ 휘발유 절감에 따른 효익 : $30km\times\frac{₩1,500}{10km}=₩4,500$

(2) 통행료 최대금액 : ₩3,600+₩4,500=₩8,100

12 ①

생산성중립수량은 분석연도의 생산량을 기준연도의 투입요소별 생산성지수로 나누어 계산하거나 기준연도의 투입량에 생산량증가율을 곱하여 계산한다.

13 ②

(1) 노동시간의 부분생산성 : 120,000개÷30,000시간=시간당 4개

(2) 총요소생산성 : 120,000개÷(30,000시간×@10+2,250,000kg×@2)=₩당 0.025

14 ①

생산요소	생산성 지수	생산성 중립수량
원 재 료	$\frac{5,000개}{4,000kg}=1.25$	$\frac{6,000개}{1.25}=4,800kg$
노 동 시 간	$\frac{5,000개}{2,500시간}=2$	$\frac{6,000개}{2}=3,000시간$
전력사용량	$\frac{5,000개}{1,000kWh}=5$	$\frac{6,000개}{5}=1,200kWh$

생산요소	생산성중립원가		실제발생원가		이익연계생산성
원 재 료	4,800kg×₩4=	₩19,200	4,200kg×₩4=	₩16,800	₩2,400F
노 동 시 간	3,000시간×₩8=	24,000	2,300시간×₩8=	18,400	5,600F
전력사용량	1,200kW×₩3=	3,600	1,500kW×₩3=	4,500	900U
합 계		₩46,800		₩39,700	₩7,100F

15 ⑤

영 업 이 익 : ₩2,000,000×4%=	₩80,000
정 시 납 품 률	10,000
불 량 품 원 가*	0
상여금지급액	₩90,000

* 불량품 원가비율 : 340,000÷40,000,000=0.85%(2% 미만)

16 ⑤

① 전문경영인을 고정급으로 지급하는 경우에 전문경영인은 노력을 조금하더라도 고정급을 받을 수 있으므로 최소의 노력을 하게 되고 회사의 이익이 감소될 수 있는 도덕적해이가 나타날 수 있다.

② 전문경영인의 노력이 관찰가능하다면 노력을 기준으로 성과급을 지급하는 것이 바람직하다. 성과를 기준으로 성과급을 지급하게 되면 위험프리미엄을 주어야 한다. 성과의 경우에는 전문경영인의 노력의 정도에 대해 불확실성이 존재하기 때문이다.

③ 전문경영인이 $e=7$의 노력을 기울이는 경우 회사의 기대이익
₩60,000×1/3+₩60,000×1/3+₩30,000×1/3=₩50,000

④ 효용함수가 $U(w,\ e)=\sqrt{w}-e^2$로 표시되어 있는데 여기서 $\sqrt{w}$는 위험회피적인 효용함수를 의미한다.

⑤ $U(w,\ e)=\sqrt{₩22,500}-72=101$

주관식 문제

01 전략적 원가관리와 가치사슬 분석

(주)원가정밀은 국내부품 제조업체로부터 부품을 조달해서 PC메인보드를 조립하여 PC메이커 회사에 판매하는 회사인데 회사의 주요 활동과 그에 따른 원가행태는 다음과 같다.

활 동	원가행태
부품조립	직접노동시간당 ₩100
작업준비	변동원가 : 작업준비횟수당 ₩1,000 준고정원가 : 10회 작업 준비마다 ₩200,000
부품수령	준고정원가 : 부품 수령시간 2,000시간마다 ₩400,000

원가발생이 준고정원가의 행태를 보이는 활동은 필요한 자원이 현재의 제품생산에 완전히 이용되고 있기 때문에 만일 신제품을 생산하게 된다면 필요한 자원들은 추가적으로 확보해야 한다. 회사는 새로운 메인보드 10,000단위를 생산계획하고 있는데 현재 고려되고 있는 제품설계유형은 두 가지이다. 다음은 두 가지 유형의 제품설계에 대한 예측자료이다.

활동동인	설계유형 1	설계유형 2
직접노동시간	3,000시간	2,000시간
작업준비횟수	20회	40회
부품수령시간	2,000시간	4,000시간

한편, 회사는 최근에 과거의 원가자료를 토대로 직접노동시간을 원가동인으로 하는 제조원가 추정방정식을 다음과 같이 도출하였다.

$$y = ₩1,500,000 + ₩200x$$
(단, x : 직접노동시간, y : 제조원가)

【물음 1】 직접노동시간을 원가동인으로 하는 원가추정식을 이용하여 새로운 메인보드의 원가를 각 설계유형별로 추정하시오. 이러한 단위수준 원가추정에 의할 때는 어느 설계유형을 선택하게 되는가?

【물음 2】 활동과 활동원가동인 정보를 이용하여 새로운 메인보드의 원가를 추정하기로 하였다.
(1) 설계유형별 추정원가는 각각 얼마인가?
(2) [물음 1]의 결과와 비교하여 설계유형별로 제품원가가 다르게 추정된다면 그 원인을 설명하시오.
(3) 회사가 추정된 원가정보를 이용하여 신제품에 대한 가격을 결정한다면 [물음 1]의 방식과 비교할 때 어떤 차이를 야기할 수 있는가?

【물음 3】 회사에 항상 적절한 경영자문을 해주는 박회계사는 위의 사항과 관련하여 "제품의 목표원가관리와 같은 전략적 원가관리에 있어서 가치사슬분석이 중요할 뿐만 아니라 공급사슬 관점에서의 분석도 필요하다"고 조언하였다. 이러한 시각에서 볼 때 회사가 추가적으로 고려해야 할 사항이 무엇인지 설명하시오.

해답

[물음 1] 단위수준 원가동인을 이용한 원가추정

설계유형 1 : ₩1,500,000+₩200×3,000시간=₩2,100,000

설계유형 2 : ₩1,500,000+₩200×2,000시간=₩1,900,000

따라서 설계유형 2를 채택하였을 때 원가측면에서 유리한 제품생산이 가능하다.

[물음 2] 활동기준원가계산을 이용한 원가추정

(1) 설계유형별 추정원가

활 동	설계유형 1		설계유형 2	
부품조립	₩100×3,000시간=	₩300,000	₩100×2,000시간=	₩200,000
작업준비	₩1,000×20회+₩200,000×2=	420,000	₩1,000×40회+₩200,000×4=	840,000
부품수령	₩400,000×1=	400,000	₩400,000×2=	800,000
합 계		₩1,120,000		₩1,840,000

활동기준 원가계산을 이용한 원가추정으로는 설계유형 1을 채택하였을 때, 원가측면에서 유리한 제품생산이 가능하다.

(2) 단위수준 원가계산과 활동기준원가 계산의 차이점

[물음 1]의 결과로는 설계유형 2가 단위수준활동(직접노동시간)을 적게 발생시키기 때문에 원가측면에서 유리한 것으로 분석되지만 비단위수준활동(작업준비, 부품수령)을 설계유형 1에 비해서 많이 발생시킨다. 따라서 단위수준활동과 비단위수준활동을 모두 고려하는 활동기준원가계산으로 원가를 추정하는 [물음 2]의 결과는 단위수준활동은 많이 발생시키지만 비단위수준활동은 적게 발생시키는 설계유형 1이 원가가 적게 발생하는 것으로 추정되는 것이다.

16

(3) 원가추정방법이 가격결정에 미치는 영향

[물음 1]에 따라 원가추정을 하는 경우에는 설계유형 2를 선택하고 추정된 총원가 ₩1,900,000을 회수할 수 있는 높은 제품가격을 책정하게 된다. 반면, [물음 2]에 따라 원가를 추정하는 경우에는 설계유형 1을 선택하고, 추정된 총원가 ₩1,120,000을 회수할 수 있는 제품의 가격을 책정하므로, 제품가격이 비교적 낮아질 수 있다. 또한 [물음 1]의 결과에 비해 활동기준 원가계산의 결과가 두 설계유형 모두 더 작은 원가추정치가 산출되므로 신제품의 수익성 예측이나 마케팅정책 수립에서 큰 차이를 보일 수 있다.

[물음 3] 전략적 원가관리와 가치사슬분석

전통적 원가관리가 단기적 관점에서 제조부문을 중심으로 이루어진 반면, 전략적 원가관리는 장기적 관점에서 가치사슬 전반에 걸친 원가절감을 중심으로 전사적 원가관리를 강조하며, 전략적 포지셔닝, 가치사슬분석, 원가동인분석을 핵심개념으로 한다. 따라서 전략적 원가관리에서는 특정기업의 가치사슬을 '주요 원자재의 공급자로부터 최종 고객에게 이르는 상호 연결되는 일련의 가치창조활동'인 해당 산업의 공급사슬과 연계되어 분석해야 한다.

현재, (주)원가정밀의 원가관리는 회사 내의 생산과 관련된 가치창출활동을 중심으로 회사의 구매에서 판매 사이의 부가가치를 최대화하는 데 초점이 맞추어져 있는데, 전략적 원가관리의 시각에서는 제품 개발에서 최종고객에의 전달에 이르기까지 가치사슬을 구성하는 모든 가치창출활동을 대상으로 원가 분석과 원가절감이 이루어져야 한다는 점을 추가적으로 고려해야 한다.

뿐만 아니라 회사는 고객과 공급자를 포함하는 공급 사슬을 전략적 원가관리 대상에 포함시킴으로써 기업의 설계팀 단독으로 목표원가를 추구하는 것에 비해 더 낮은 원가로 제품을 생산할 수 있는 기회를 찾을 수 있다는 점도 고려해야 한다. 따라서 제품이 전략적으로 경쟁우위를 갖기 위해서는 가치사슬분석과 공급사슬관리가 필요하다.

02 균형성과표의 구축

(주)평평은 원유를 정제하여 휘발유를 생산해서 자체주유소에서 판매하는 회사이다. 시장조사결과, 휘발유 소비자의 60%는 고품질의 휘발유와 친절하고 서비스가 좋은 주유소를 선호하는 것으로 분석되었고, 그 이외의 40%에 해당하는 소비자는 가격이 싼 휘발유를 선호하는 것으로 분석되었다. (주)평평은 품질에서 경쟁우위가 있으므로 고품질의 휘발유를 선호하는 소비자층을 공략하는 판매전략을 수립하고 이에 따라 균형성과표를 작성하였는데 6차년도의 균형성과표는 다음과 같다.

관 점	목 적	성과평가지표	목표성과	실제성과
재 무	주주가치 극대화	가격요인의 이익효과	₩90,000,000	₩95,000,000
		성장요인의 이익효과	65,000,000	67,000,000
고 객	시장점유율 향상	휘발유시장 점유율	10%	9.8%
내부프로세스	품질향상	품질지표	94점	95점
	정제도 향상	정제신뢰도	99%	91%
	품질의 보증	품질보증척도	99%	100%
학습과 성장	고급정제공정의 생산력증가	고급정제비율	88%	90%

【물음 1】 (주)평평이 전략을 적용함에 있어 학습과 성장관점에서 종업원의 교육이나 만족도에 대한 성과평가지표를 포함시켜야 하는가? 그러한 이유는 무엇인가?

【물음 2】 (주)평평은 시장점유율 목표치를 달성하지는 못하였지만 재무적인 성과는 높아졌는데 그 이유는 무엇인가? 휘발유시장 전체에 대한 점유율로 성과를 평가하는 것이 타당한가?

【물음 3】 고객관점과 내부프로세스 관점에서 성과평가지표가 인과관계를 가지는가? 그렇지 않다면 추가해야 할 지표에는 어떤 것이 있겠는가?

【물음 4】 회사는 현재 생산성 향상으로 인한 이익증가에 대해서는 성과평가를 하고 있지 않다. 이와 같은 회사의 성과평가는 전략적인 관점에서 타당한 것인가?

해답

[물음 1] 학습과 성장관점의 성과지표

(주)평평은 균형성과표에 학습과 성장관점의 성과지표로 종업원의 교육이나 만족도에 대한 평가지표를 포함해야 한다. (주)평평은 고품질의 휘발유와 친절하고 서비스가 좋은 주유소를 선호하는 고객을 공략하는 판매전략을 실행하고 있는데, 그러한 주유소를 만들기 위해서는 종업원이 잘 교육되고, 직무에 만족하여야만 한다. 그러므로 전략을 실행함에 있어서 종업원을 훈련하고 직무에 만족하도록 하는 것은 매우 중요한 요소이다. 따라서 종업원의 교육이나 만족도는 (주)평평의 전략이 성공적으로 수행되고 있는지를 나타내 주는 중요한 지표가 된다.

[물음 2] 고객관점의 성과와 재무적 관점의 성과 연계

휘발유 전체 시장의 점유율은 낮아졌지만 가격을 높여서 재무적인 성과가 높아졌다. (주)평평의 전략은 고품질의 휘발유와 친절하고 서비스가 좋은 주유소를 선호하는 60%의 고객을 공략하는 것이다. 그 이외의 가격이 싼 휘발유를 선호하는 고객은 공략대상이 아니다. 따라서 전체시장에서의 점유율은 큰 의미가 없으며, 고급휘발유 시장의 점유율을 성과평가지표로 사용해야만 할 것이다.

[물음 3] 고객관점의 성과와 내부프로세스관점의 성과 연계

현재의 내부프로세스 관점과 고객관점의 성과평가지표도 인과관계가 있다. 그런데 현재의 성과평가지표는 주로 정제공정의 운영과 관련된 것이다. (주)평평이 공략하고 있는 소비자는 고품질의 휘발유를 선호할 뿐만 아니라 친절하고 서비스가 좋은 주유소도 선호한다. 따라서 균형성과표에 주유소의 운영과 관련된 프로세스의 성과평가지표도 포함하는 것이 공략하고 있는 고객을 보다 만족시키는 수단이 될 것이다. 주유소의 운영을 평가하는 지표로는 각 주유소의 청결도, 주유시간 등이 있을 것이다.

[물음 4] 전략과 균형성과표

(주)평평이 균형성과표에서 재무적 관점의 성과평가지표로 생산성 향상으로 인한 이익증가를 평가하는 지표를 포함하지 않은 것은 적절한 결정이다. (주)평평의 전략은 높은 품질과 서비스로 가격을 차별화하는 것이다. 따라서 생산성 향상으로 이익이 증가하는 것은 현재의 균형성과표에서 중요한 평가지표가 아니다.

16

03 균형성과표의 성과평가

대원산업의 사장인 우준영씨는 새로운 성과급제 도입을 고려하고 있다. 이에 나무회계법인에 의뢰해 4가지 평가항목과 연계한 새로운 성과급제도를 수립하였다. 사장은 회사의 20개의 사업부가 각 평가항목마다 업계의 90%수준을 달성하기를 바라고 있다. 현재 회사의 성과는 다음과 같다.

평가항목	평가지표	대원산업의 성과	업계 90%수준
종업원 생산성	종업원당 매출액	₩175,000	₩200,000
제품의 품질	제품불량율	2.0%	0.02%
고객만족	고객만족지수	72점	89점
수익성	ROI	10.3%	30%

회사의 사업부들은 다음과 같이 세 가지 그룹으로 나눌 수 있다.

평가지표	낮은 성과	보통의 성과	높은 성과
사업부수	6개	10개	4개
종업원당 매출액	₩158,333	₩175,000	₩200,000
제품불량율	3.33%	2.0%	0.01%
고객만족지수	59점	72점	92점
ROI	−9.50%	10.3%	40%

【물음 1】 각 사업부장들은 ₩75,000의 연봉을 받고 있다. 만약 업계의 90%수준을 초과하는 평가항목당 연봉의 1%를 성과급으로 지급한다면, 현재 성과수준에서 지급할 성과급의 총액은 얼마인가?

【물음 2】 만약 모든 사업부가 높은 성과를 달성한다면 지급할 성과급의 총액은 얼마인가?

【물음 3】 위와 같은 성과급제도가 좋은 제도인가? 절대적인 목표보다 개선율에 의거한 성과급제도는 좋은 방법인가? 설명하시오.

【물음 4】 절대적인 목표와 상대적인 개선율에 의한 성과급제도의 대안을 제시해 보시오.

【물음 5】 나무은행과 경쟁관계에 있는 종로은행 또한 수익성장율 목표를 초과하여 달성한 지점장들에게 초과하는 매 1%마다 연봉의 6%를 성과급으로 지급하기로 하였다. 현재 종로은행에는 50명의 지점장들이 있으며 평균연봉은 ₩40,000이다. 또한 전년도 은행의 수익성장율은 12%였다. 수익성장율 목표를 10%로 설정한 경우 지점장들이 받게 될 것으로 기대되는 성과급의 총액은 얼마인가? 또 은행의 평균 이익률이 20%라면 이러한 성과급을 지급하기 위해 증가되어야 하는 수익은 얼마인가? 성장률이 1%상승할 때 수익은 ₩200,000씩 증가한다면 위의 성과급 총액을 지급하기 위해 성장률을 몇% 향상시켜야 하는가?

【물음 6】 스포츠용품을 판매하는 대형 소매상인 지원산업은 온라인 데이터베이스를 개선하고 고객서비스직원들을 훈련함으로써 고객지원활동을 강화시킬 것을 고려하고 있다. 관련자료는 다음과 같다. 고객지원활동을 강화한 후의 1차년도의 수익성을 분석하시오.

현 재		고객지원활동 강화후 연간예상자료	
매 출 액	₩15,000,000	고객만족도 증가율	10%
매출원가율	60%	지원활동 강화로 인한 훈련비용 및 소프트웨어비용	₩300,000
매출성장율	4%	지원활동 강화로 인한 연간 운영비용	₩400,000
		E-mail답변 감소로 인한 비용절감액	₩100,000
		추가적인 매출성장율	6%

【물음 7】 [물음 6]의 교육훈련이 2차년도와 3차년도의 수익성에 미치는 효과를 분석하고 고객지원활동을 강화할 것인지 판단하시오.

해답

[물음 1] 성과급총액

높은 성과를 달성한 그룹에서 업계의 90%수준을 초과한 평가항목은 제품의 품질, 고객만족, 수익성 3가지 항목이다.

3×1%×₩75,000×4명=₩9,000

[물음 2] 최대성과급

모든 사업부가 높은 성과를 달성한다면

3×1%×₩75,000×20개=₩45,000

[물음 3] 성과급제도의 장단점

성과의 달성수준에 비해 보너스는 낮은 편이다. 보너스율을 올리는 것이 좋은 방법일 것이다. 어떤 사업부들은 이러한 목표를 달성할 수 없으므로 성과급을 받지 못할 수 도 있다. 회사는 이러한 사업부에게 개선에 따른 성과급을 지급하는 것이 더욱 동기부여를 하는 방법일 것이다.

16

[물음 4] 성과급의 대안

업계의 방법을 벤치마킹하는 방법이 있으며, 업계의 90% 수준을 초과시 성과급을 지급하지만 동시에 지속적인 개선측면도 동시에 고려하는 방법도 있다. 하지만 절대적으로 높은 성과를 달성한 사업부에게는 다른 사업부에 비해 높은 성과급을 보장해야 한다.

[물음 5] 성과와 성과급

① 지점장들이 받을 것으로 기대되는 성과급의 총액

(12−10)×6%×₩40,000×50명=₩240,000

② 성과급을 지급하기 위한 수익의 증가분

₩240,000÷20%=₩1,200,000

③ 성과급총액을 지급하기 위해 향상시켜야 할 성장률

₩240,000÷(₩200,000×20%)=6

그러므로 6%를 상승시켜야 한다.

[물음 6] 지원활동 강화 후 첫 년도의 수익성

서비스 도입전		
매출액	₩15,000,000×(1+0.04)=	₩15,600,000
매출원가	₩15,600,000×60%=	9,360,000
매출총이익		₩6,240,000
서비스 도입후		
매출액	₩15,000,000×(1+0.04+0.06)=	₩16,500,000
매출원가	₩16,500,000×60%=	9,900,000
매출총이익		₩6,600,000
매출총이익의 변화		₩360,000
운영비용의 변화(다른 비용들은 불변)		
지원활동 강화로 인한 훈련비용 및 소프트웨어비용		₩300,000
지원활동 강화로 인한 운영비용		400,000
E-mail답변의 감소로 인한 비용의 절감		−100,000
운영비용의 증가액		₩600,000
새로운 서비스 도입 후 이익의 차이		₩(240,000)

[물음 7]

2차년도 매출액 증가 $₩15,000,000 \times 1.1^2 - ₩15,000,000 \times 1.04^2 =$ ₩1,926,000

3차년도 매출액 증가 $₩15,000,000 \times 1.1^3 - ₩15,000,000 \times 1.04^3 =$ ₩3,092,040

2차년도 3차년도의 수익성

	1차년도	2차년도	3차년도
매출총이익 변화	₩360,000	₩1,926,000×40% =₩770,400	₩3,092,040×40% =₩1,236,816
훈련비용	(300,000)	(300,000)	(300,000)
운영비용	(400,000)	(400,000)	(400,000)
이메일답변비용감소	100,000	100,000	100,000
이익차이	₩(240,000)	₩170,400	₩636,816

교육훈련활동은 단기적으로 재무적 성과가 나빠질 수 있지만 장기적으로 기업재무적 성과를 크게 개선할 수 있으므로 도입해야 한다.

04 균형성과표의 성과평가—시간동인 (2008. KICPA 수정)

(주)한강은 1대의 유연화 생산기계를 사용하여 A제품을 주문에 따라 생산하고 있고 다음 해인 2008년에는 B제품도 주문 생산할 것을 고려하고 있다. 다음 자료는 2008년의 제품별 예상 정보이다.

제 품	연간 평균 주문 횟수	주문별 판매가액		주문별 재료구입 원가	주문별 시간당 재고유지원가
		MLT < 300	MLT ≥ 300		
A	30	₩22,000	₩21,500	₩16,000	₩2
B	10	10,000	9,600	7,000	1

* MLT : 주문별 평균생산소요시간

A제품에 대한 주문별 제조시간은 100시간이고, B제품을 생산하지 않을 경우의 주문별 평균대기시간은 150시간이다. B제품의 주문별 제조시간은 50시간이다. B제품을 생산하게 되면, A제품과 B제품에 동시에 적용되는 주문별 평균대기시간은 325시간이다.

생산소요시간(manufacturing lead-time)은 수익과 원가에 영향을 미친다. 주문처에서는 빠른 납품을 선호하므로 평균생산소요시간이 300시간 이상인 경우에는 주문별 판매가액을 낮추어야 한다. A제품을 생산하고 있는 상황에서 B제품을 추가 생산하게 되면 다른 원가들은 일정하고 직접재료원가와 재고유지원가만 영향을 받는다. 직접재료의 구입은 제조부문의 주문접수와 동시에 이루어진다. 재고유지원가는 재고에 투입되는 자금의 기회비용과 창고임차료, 보험료, 도난, 감손 등에 대한 비용으로 구성된다. 일반적으로 기업들은 재고유지원가를 제품단위당 연간기준으로 표현하지만, (주)한강은 주문별 시간기준으로 표현한다.

【물음 1】 (주)한강이 2008년에 B제품을 생산하게 될 경우 평균생산소요시간 증가에 따른 시간원가(기대수익의 감소 및 재고유지원가의 증가)를 계산하시오.

【물음 2】 (주)한강이 2008년에 B제품을 생산하는 것이 좋은지 포기하는 것이 좋은지 밝히고 그 이유를 재료처리량 공헌이익과 [물음 1]에서 계산한 시간원가를 비교하여 설명하시오. (5줄 이내)

16

해답

[물음 1] 생산소요시간의 시간원가

기대수익의 감소 :	30회 × (₩22,000 − ₩21,500) =	₩15,000
재고유지원가의 증가 :	30회 × (425시간 − 250시간) × ₩2 + 10회 × 375시간 × ₩1 =	14,250
생산소요시간증가로 인한 시간원가		₩(29,250)

[물음 2] B제품의 추가 의사결정

(주)한강이 B제품을 추가가공하는 경우에 증분이익은 다음과 같다.

Ⅰ. 단위당 증분수익		
재료처리량공헌이익증가	10회 × (₩9,600 − ₩7,000) =	₩26,000
Ⅱ. 단위당 증분비용		
시간원가의 증가		29,250
Ⅲ. 증분이익		₩(3,250)

따라서 (주)한강은 B제품의 생산을 포기하는 것이 이익을 증가시킨다.

05 생산성의 측정

희망사는 20×5년도에 생산공정을 기술적으로 개선시켰다. 회사는 새로운 생산공정의 생산성을 파악하기 위해서 제조원가와 관련된 자료를 집계하였다. 회사의 생산량과 판매량은 동일하며 20×4년도와 20×5년도의 원가자료는 다음과 같다.

	20×4년도		20×5년도(분석연도)	
생 산 량		500단위		400단위
재 조 원 가				
직접재료원가	200kg×@1,500=	₩300,000	150kg×@2,000=	₩300,000
직접가공원가	100시간×@3,000=	300,000	90시간×@3,000=	270,000
총 원 가		₩600,000		₩570,000

【물음 1】 20×4년도와 20×5년도의 원가요소별 부분생산성을 계산하고 생산성 향상여부를 평가하시오. 단, 소수점 셋째 자리에서 반올림하시오.

【물음 2】 20×4년도와 20×5년도의 총요소생산성을 계산하고 생산성 향상여부를 평가하시오. 단, 소수점 다섯째 자리에서 반올림하시오.

【물음 3】 20×4년도를 기준연도로 하여 20×5년도의 생산성중립수량을 계산하시오.

【물음 4】 20×4년도를 기준연도로 하여 20×5년도의 이익연계생산성을 계산하고 총요소생산성과 비교하시오.

해답

[물음 1] 부분생산성

	20×4년도	20×5년도
직접재료원가의 생산성지수	$\frac{500단위}{200kg}$=kg당 2.5	$\frac{400단위}{150kg}$=kg당 2.67
직접가공원가의 생산성지수	$\frac{500단위}{100시간}$=시간당 5.0	$\frac{400단위}{90시간}$=시간당 4.44

부분생산성은 원가요소 단위당 산출물수량을 의미한다. 직접재료 원가의 생산성은 2.5에서 2.67로 향상되었으며, 직접가공원가의 생산성은 5.0에서 4.44로 악화되었다. 이 자료는 각 운영부서의 성과를 평가할 때는 의미 있는 평가 자료가 된다. 반면에 기업전체의 총생산성이 향상되었는지에 대해서는 알 수 없다.

[물음 2] 총요소생산성

	20×4년도	20×5년도
총요소생산성	$\frac{500단위}{₩600,000}$=₩1당 0.0008	$\frac{400단위}{₩570,000}$=₩1당 0.0007

총요소생산성은 20×4년도에 비하여 20×5년도에 악화되었다. 이렇게 총요소생산성은 기업전체의 생산성 변화를 파악해 볼 수 있다. 즉, 총요소생산성은 모든 투입물을 동시에 고려하면서 투입가격까지 반영하여 투입요소간의 상충관계를 파악할 수 있다.

한편, 총요소생산성의 변화에 영향을 미치는 요인에는 생산현장의 생산성 변화도 있지만 생산요소의 가격이 변해도 달라지는 문제가 있다. 이 문제의 경우에도 직접재료원가가 20×4년도에는 kg당 ₩1,500에서 20×5년도에는 kg당 ₩2,000으로 인상되었는데, 이 변화도 총요소생산성의 변화에 영향을 주었다. 따라서 총요소생산성은 생산요소의 가격이 변동되게 되면 기간별 비교가 어렵다.

[물음 3] 생산성중립수량

직접재료원가 $\frac{400단위}{2.5}$=160kg 또는, 200kg×$\frac{400단위}{500단위}$=160kg

직접가공원가 $\frac{400단위}{5}$=80시간 또는, 100시간×$\frac{400단위}{500단위}$=80시간

이와 같이 생산성중립수량은 분석연도(20×5년도)의 생산성이 기준연도(20×4년도)와 동일하다고 가정하고 분석연도(20×5년도)의 생산량을 기준연도(20×4년도)의 생산성지수로 나누어 계산하거나 기준연도(20×4년도)의 원가요소투입량에 생산량증가율을 곱하여 계산하기도 한다.

[물음 4] 이익연계생산성

	생산성중립원가		실제발생원가		이익연계생산성
직접재료원가	160kg×@2,000=	₩320,000	150kg×@2,000=	₩300,000	₩20,000F
직접노무원가	80시간×@3,000=	240,000	90시간×@3,000=	270,000	30,000U
합 계		₩560,000		₩570,000	₩10,000U

총요소생산성의 변화는 원가요소의 가격변화가 영향을 미치지만 이익연계생산성은 원가요소의 가격은 분석연도의 가격만을 사용하므로 순수하게 생산현장의 생산성 변화가 이익에 미친 영향을 파악할 수 있다.

16

06 생산성과 영업이익의 전략적인 분석

신영사는 7차년도 말에 제조부문의 효율성을 높이기 위해서 생산공정의 일부를 개선하였다. 회사의 경영자는 7차년도의 제조활동과 관련된 경영성과를 다음과 같이 집계하였다.

	6차년도			7차년도		
매 출 액	5,000단위×@10=		₩50,000	6,000단위×@11=		₩66,000
직접재료원가	4,000kg×@3=	₩12,000		5,000kg×@4=	₩20,000	
직접노무원가	2,500시간×@8=	20,000		2,400시간×@10=	24,000	
전 력 비	1,000kW×@2=	2,000	34,000	1,500kW×@3=	4,500	48,500
영 업 이 익			₩16,000			₩17,500

【물음 1】 6차년도와 7차년도 자료를 이용하여 재료원가와 노무원가의 부분생산성을 구하시오.

【물음 2】 6차년도와 7차년도의 총요소생산성을 구하시오(단, 소수점 넷째 자리에서 반올림하시오).

【물음 3】 각 원가요소별로 6차년도를 기준으로 하여 7차년도의 생산성중립수량과 생산성중립원가를 계산하시오.

【물음 4】 생산성요소로 인한 이익변화액은 이익연계생산성이라고도 하는데 이익연계생산성을 다시 부분생산성과 전체생산성으로 구분하고 이를 평가하시오.

【물음 5】 6차년도와 7차년도의 영업이익 변화액을 성장요소, 가격회복요소, 생산성요소로 구분하시오.

【물음 6】 7차년도 제품의 시장규모는 5% 성장하였으며, 회사는 차별화 전략을 수행하여 가격을 인상할 수 있었으며, 원가요소의 가격도 차별화를 수행하는 과정에서 발생했다. [물음 4, 5]에서 분석한 영업이익 변화액을 다음의 원인별로 다시 세분하여 분석하시오.

(1) 시장규모 효과

(2) 제품차별화 효과

(3) 원가우위 효과

해답

[물음 1] 부분생산성

	6차년도	7차년도
원 재 료	$\frac{5,000\text{단위}}{4,000\text{kg}}=1.25$	$\frac{6,000\text{단위}}{5,000\text{kg}}=1.2$
노 동 시 간	$\frac{5,000\text{단위}}{2,500\text{시간}}=2$	$\frac{6,000\text{단위}}{2,400\text{시간}}=2.5$

[물음 2] 총요소생산성

6차년도	7차년도
$\frac{5,000\text{단위}}{₩34,000}=0.147$	$\frac{6,000\text{단위}}{₩48,500}=0.124$

[물음 3] 생산성중립수량(PNQ : productivity-neutral quantity)과 생산성중립원가

생산요소	생산성지수	생산성중립수량(PNQ)	생산성중립원가(PNQ×AP)
원 재 료	$\frac{5,000\text{단위}}{4,000\text{kg}}=1.25$	$\frac{6,000\text{단위}}{1.25}=4,800\text{kg}$	4,800kg×@4= ₩19,200
노 동 시 간	$\frac{5,000\text{단위}}{2,500\text{시간}}=2$	$\frac{6,000\text{단위}}{2}=3,000\text{시간}$	3,000시간×@10= 30,000
전력사용량	$\frac{5,000\text{단위}}{1,000\text{kW}}=5$	$\frac{6,000\text{단위}}{5}=1,200\text{kW}$	1,200kW×@3= 3,600

[물음 4] 이익연계생산성

	생산성중립원가 (PNQ×AP)		실제발생원가 (AQ×AP)		이익연계생산성 (PNQ－AP)×AP
직접재료원가	4,800kg×@4=	₩19,200	5,000kg×@4=	₩20,000	₩800U
직접노무원가	3,000시간×@10=	30,000	2,400시간×@10=	24,000	6,000F
전 력 비	1,200kW×@3=	3,600	1,500kW×@3=	4,500	900U
		₩52,800		₩48,500	₩4,300F

부분생산성을 평가하면 생산공정의 개선으로 인하여 직접노무원가는 생산성이 높아져서 이익연계생산성이 ₩6,000 유리한 성과를 얻었으나, 직접재료원가와 전력비는 생산성이 낮아져서 이익연계 생산성이 각각 ₩800과 ₩900 불리한 성과를 얻었다. 그러나 전체생산성은 ₩4,300만큼 유리하게 나타났으므로 생산공정 개선의 효과는 긍정적이다.

[물음 5] 영업이익 변화액 분석

	6차년도 실제성과 (BQ×BP)	성장요소반영성과 (PNQ×BP)	가격요소반영성과 (PNQ×AP)	7차년도 실제성과 (AQ×AP)
매 출 액	5,000단위×@10 =₩50,000	6,000단위×@10 =₩60,000	6,000단위×@11 =₩66,000	6,000단위×@11 =₩66,000

- 성장요소: ₩10,000F
- 가격회복요소: ₩6,000F
- 생산성요소: –

	6차년도 실제성과 (BQ×BP)	성장요소반영성과 (PNQ×BP)	가격요소반영성과 (PNQ×AP)	7차년도 실제성과 (AQ×AP)
직접재료원가	4,000kg×@3 =₩12,000	4,800kg×@3 =₩14,400	4,800kg×@4 =₩19,200	5,000kg×@4 =₩20,000
직접노무원가	2,500시간×@8 =₩ 20,000	3,000시간×@8 =₩ 24,000	3,000시간×@10 =₩ 30,000	2,400시간×@10 =₩ 24,000
전 력 비	1,000kW×@2 =₩2,000	1,200kW×@2 =₩2,400	1,200kW×@3 =₩3,600	1,500kW×@3 =₩4,500
	₩34,000	₩40,800	₩52,800	₩48,500

- 성장요소: ₩6,800U
- 가격회복 요소: ₩12,000U
- 생산성요소: ₩4,300F

₩16,000	₩19,200	₩13,200	₩17,500

- 성장요소: ₩3,200F
- 가격회복요소: ₩6,000U
- 생산성요소: ₩4,300F

[물음 6] 영업이익의 전략적인 분석

(1) 시장규모효과

$$₩3,200 \times \frac{250단위^{*}}{1,000단위} = \qquad ₩800F$$

* 시장규모증가효과 : 5,000단위×5%=250단위

16

(2) 제품차별화 효과

시장점유율 변화요인 :	$₩3,200 \times \frac{750단위}{1,000단위} =$	₩2,400F	
판매가격 중 차별화 요소		6,000F	
원가요소가격 중 차별화요소		12,000U	3,600U

(3) 원가우위효과

생산성 변화요인	4,300F
	₩1,500F

07 재무적, 비재무적 성과측정과 보상

(주)메디슨은 의료장비를 전문으로 생산하는 업체이다. 의료장비 시장은 점점 경쟁이 치열해지고 있으며, (주)메디슨의 경영자는 성과평가를 전략적인 관점에서 행하기로 결정하고, 각 사업부 경영자들이 고객을 중요시하고 원가를 증가시키지 않으면서 고객을 만족시킬 수 있는 요소에 관심을 집중하도록 상여금제도를 개편했다. 기존의 상여금제도는 영업이익만을 기준으로 성과급을 지급하였는데, 새로운 상여금제도에서는 수익성 이외에 재작업 원가절감, 매출환입감소, 정시납품 등에 대해서도 성과급을 지급하기로 하였다. 새로운 상여금제도에 의하면 영업이익의 2%와 아래사항에 따른 상여금의 합계를 6개월에 한 번씩 지급한다.

(1) 영업이익의 2%를 초과하는 재작업원가는 상여금에서 차감한다.
(2) 정시납품 비율이 98% 이상이면 ₩5,000, 96%~98% 사이이면 ₩2,000을 상여금으로 지급한다.
(3) 매출환입액이 총매출액의 1.5% 이하인 경우에는 ₩3,000을 상여금으로 지급하고, 매출환입액이 총매출의 1.5%를 초과하는 경우에는 그 초과액의 50%를 상여금에서 차감한다.
(4) 이상의 조건으로 계산된 상여금이 음수일 경우에 경영자는 상여금을 지급받지 못할 뿐이며, 이 금액이 다음기간으로 이월되지는 않는다.
20×5년까지는 기존의 상여금제도를 적용하였는데 MRI사업부와 CT사업부의 경영자는 20×5년에 각각 ₩10,000, ₩8,000의 상여금을 지급받았다. 새로운 상여금 제도는 20×6년부터 시행하였으며 20×6년의 영업활동 결과는 다음과 같다.

	MRI사업부		CT사업부	
	20×6년 상반기	20×6년 하반기	20×6년 상반기	20×6년 하반기
매출액	₩4,200,000	₩4,400,000	₩2,850,000	₩2,900,000
영업이익	462,000	440,000	342,000	406,000
정시납품비율	95.4%	97.3%	98.2%	94.6%
재작업원가	₩11,500	₩11,000	₩6,000	₩8,000
매출환입	84,000	70,000	44,750	42,500

【물음 1】 (주)메디슨이 이와 같은 새로운 성과평가시스템을 도입한 이유는 무엇인가?

【물음 2】 20×6년 상반기와 하반기의 각 사업부 경영자에게 지급되어야 할 상여금이 얼마인지 계산하시오.

【물음 3】 상여금제도를 변경하면 각 사업부 경영자들의 행동이 어떻게 변화하겠는가? 그리고 새로운 상여금제도가 (주)메디슨의 전략을 달성시키는데 적합한지 설명하시오.

【물음 4】 새로운 상여금제도에 문제점이 있다면 이를 개선할 수 있는 방안에는 어떠한 것이 있는가?

【물음 5】 바람직한 성과보상시스템의 요건을 세 가지 적으시오.

해답

[물음 1] 성과평가시스템에 비재무적 지표 도입 이유

영업이익은 단기적인 재무적 성과를 평가하는 가장 좋은 측정치이다. 그러나 영업이익만으로는 기업이 장기적인 경쟁우위요소를 확보하고 있는지를 평가할 수 없으며, 경영자들이 단기적인 영업이익을 증가시키기 위해서 품질이나 재작업과 같은 경쟁우위요소를 소홀히 할 수도 있다. 이러한 문제를 해결하기 위해 균형성과표의 관점에서 품질과 납기, 반품 등의 비재무적 성과에 대한 측정치를 포함시킨 것이다. 이렇게 성과평가를 하게 되면 (주)메디슨은 당기의 영업이익만이 아니라 장기적으로도 영업이익을 증가시키는 데 도움을 받을 것이라고 판단하고 있다.

[물음 2] 상여금 계산

(1) MRI사업부의 상여금

	20×6년 상반기		20×6년 하반기	
수 익 성	₩462,000×2%=	₩9,240	₩440,000×2%=	₩8,800
재 작 업	₩462,000×2%−₩11,500=	(2,260)	₩440,000×2%−₩11,000=	(2,200)
정 시 납 품	96% 미만	0	97.3%	2,000
매 출 환 입	(₩4,200,000×1.5%−₩84,000)×50%=	(10,500)	(₩4,400,000×1.5%−₩70,000)×50%=	(2,000)
보너스계산금액		₩(3,520)		₩6,600
보너스지급액		₩0		₩6,600

(2) CT사업부의 상여금

	20×6년 상반기		20×6년 하반기	
수 익 성	₩342,000×2%−₩6,000=	0	₩406,000×2%=	₩8,120
재 작 업	98% 이상	5,000	₩406,000×2%−₩8,000=	0
성 시 납 품	(₩2,850,000×1.5%−₩44,750)×50%=	(1,000)	96% 미만	0
매 출 환 입		₩10,840	총매출액의 1.5% 이하*	3,000
보너스계산금액		₩10,840		₩11,120
보너스지급액		₩0		₩11,120

* 매출액의 1.5%가 ₩43,500(₩2,900,000×1.5%)이므로 ₩42,500의 매출환입액이 이보다 적다.

16

[물음 3] 새로운 상여금제도에서 MRI사업부와 CT사업부의 경영자들의 행동변화

(1) MRI사업부의 경영자는 새로운 상여금제도의 도입으로 상반기에는 보너스를 한푼도 지급받지 못하였다. 따라서 보너스를 지급받기 위해서 수익성에 관심을 집중하고 있던 상황에서 재작업, 적시납기, 매출환입 등에도 관심을 기울이게 되어 하반기에는 재작업원가는 줄고 적시납기비율은 높아졌으며 매출환입은 크게 감소하여 ₩6,600의 보너스를 지급받게 되었다.

(2) CT사업부의 경영자는 새로운 상여금제도로 인하여 상여금이 크게 증가하여 상반기에 상여금 ₩10,840을 지급받았다. 그러나 동 상여금은 CT사업부의 경영자가 성과목표를 향상시켜서 지급받은 것이 아니라 별다른 노력 없이 기존에 있던 성과에 의해 지급받은 것이다. 오히려 적시납기율은 하반기에 나빠졌다. 이렇게 CT사업부의 경영자는 (주)메디슨의 경영자가 원하는 성과목표를 향상시키지 않더라도 상여금을 지급받을 수 있으므로 현재의 상여금제도는 경영자에게 동기부여를 하지 못하고 있다. 따라서 상여금제도로 경영자가 성과목표를 향상시키도록 동기부여하기 위해서는 성과목표를 조정하는 것이 보다 바람직할 것이다.

[물음 4] 성과보상시스템의 개선방안

① 영업이익에 대해서 상여금을 지급하는 비율을 2%보다 낮추는 대신에 재작업원가, 적시납기, 매출환입에 대한 가중치를 보다 높인다.

② 재작업원가가 매출액의 2%보다 낮아진 경우에는 상여금을 지급하는 제도를 추가한다.

③ 반기별로 지급하는 상여금을 연간 합계로 지급한다. 이렇게 하면 MRI사업부의 경영성과가 20×6년 상반기와 같은 경우에도 MRI사업부의 경영자는 부의 보너스를 줄이기 위해서 성과향상을 위해 노력할 것이다.

④ 벤치마크를 활성화하여 경쟁자들의 성과를 달성목표로 사용한다.

⑤ 전년도의 성과와 비교하여 성과가 향상된 경우에는 상여금을 추가로 지급한다.

[물음 5] 바람직한 성과보상시스템의 요건

① 성과측정 대상이 되는 종업원이 자신의 업무와 보상시스템을 정확하게 이해하고 자신의 노력한 바가 보상시스템에 의해서 정확하게 평가된다고 믿을 수 있어야 한다.

② 경영자들은 종업원의 행동이 기업성과로 이어지는 인과관계를 명확하게 이해하여 조직의 성공에 중요한 영향을 미치는 요소를 성과보상시스템에 포함시켜야 한다.

③ 성과보상시스템은 종업원이 수용할 수 있는 명확한 성과측정기준을 제시해야 한다.

④ 오늘날 많은 조직의 성과는 팀에 의해서 이루어지고 있는데 이런 팀의 성과는 집단성과로 보상하는 것이 바람직하다.

⑤ 기업은 단순히 종업원들의 투입·산출물에 대해서가 아니라 기업의 주주들을 위해서 종업원들이 산출한 결과를 중심으로 보상하여야 한다.

CHAPTER 17

Cost & Management Accounting

전략경영을 위한 관리회계기법

제1절 최신 관리회계의 의의

1980년대를 지나면서 시장구조는 생산자중심에서 소비자중심으로 전환되었고, 고객의 욕구는 그 어느 때보다도 빠른 속도로 변화하고 있다. 이런 시장상황에서 기업들은 소비자의 욕구변화를 파악하고 이를 충족시키는 제품이나 서비스를 공급해서 경쟁력을 지속적으로 유지하는 문제에 관심을 집중하고 있다. 경영자의 관심이 기업이 지속적으로 경쟁력을 유지하도록 하는 문제에 집중되면서 경영자의 의사결정내용도 다음 사안들이 중심을 이루고 있다.

① 고객중심 : 경영자는 수익성 있는 고객을 만족시켜서 지속적으로 기업의 제품이나 서비스를 구매하도록 적절한 자원을 배분해야 한다.

② 주요 성공요인 : 고객만족을 위해서는 원가, 품질, 시간, 혁신 등의 주요 성공요인의 경쟁력이 향상되어야 한다.

③ 지속적인 개선 : 경쟁에서 살아남기 위해 많은 기업들은 경영의 여러 측면들을 지속적으로 개선해 나가는 데 관심을 기울여야 한다.

④ 가치사슬과 공급사슬 분석 : 기업 내 가치사슬의 각 기능이 가치를 창출할 수 있도록 관리하고, '공급자(supplier)'로부터 최종소비자에 이르는 전체 '공급사슬(supply chain)'을 총체적으로 관리하는데 심혈을 기울여야 한다.

17

경쟁환경에서의 주요의사결정대상

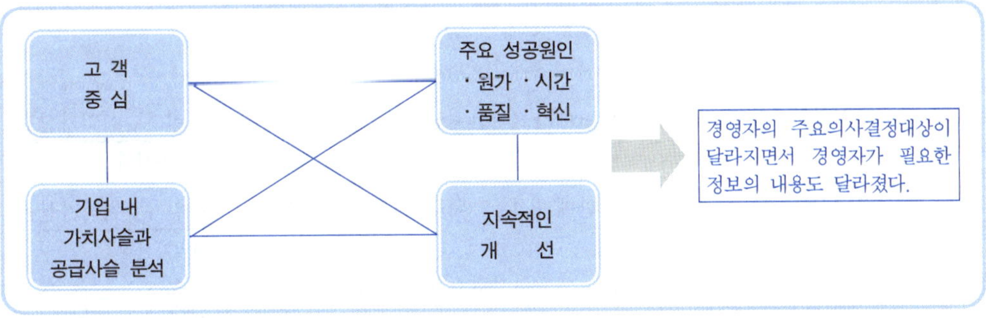

새로운 관리회계기법들은 이와 같은 경영자의 관심을 반영해서 기업이 경쟁력을 확보할 수 있도록 제품이나 서비스의 원가를 절감하면서 동시에 높은 수준의 품질을 유지하여 소비자인 고객의 욕구변화에 지속적으로 맞추어 나갈 수 있도록 하는 데 초점을 두고 있다. 이번 장에서는 이런 목적의 새로운 관리회계기법들을 논의하겠으며 그 내용을 기업 내의 가치사슬과 연결하여 살펴보면 다음과 같다.

가치사슬과 최신관리 회계기법

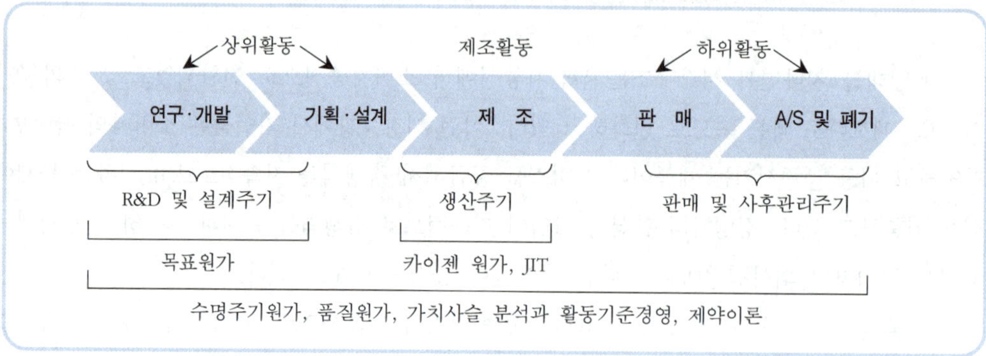

제 2 절 원가기준 가격결정방법

원가기준 가격결정방법이란 원가에 일정한 이익을 가산해서 판매가격을 결정하는 방법으로 원가가산 가격결정방법(cost-plus pricing method)이라고도 한다. 원가기준 가격결정방법은 제품이나 서비스가 보다 차별화된 기업에서 사용한다. 원가기준 가격결정방법에서 원가에 가산되는 이익은 일반적으로 목표투자수익률을 이용하여 계산한다. 즉, 목표투자수익률에 의하여 계산된 목표이익이 달성되도록 원가에 이익을 가산하여 판매가격을 결정하는데 어떤 원가를 기준으로 이익을 가산할 것인지에 따라 다음과 같은 세 가지 방법이 있다.

공헌이익접근법	단위당 판매가격=단위당 변동원가+$\underbrace{\text{단위당 변동원가} \times \text{이익가산율}}_{\text{이익가산액}}$
전부원가접근법	단위당 판매가격=단위당 전부원가+$\underbrace{\text{단위당 전부원가} \times \text{이익가산율}}_{\text{이익가산액}}$
총원가접근법	단위당 판매가격=단위당 총원가+$\underbrace{\text{단위당 총원가} \times \text{이익가산율}}_{\text{이익가산액}}$

여기서 전부원가는 변동제조원가와 고정제조간접원가를 합한 제조원가를 의미하는 반면, 총원가는 제조원가뿐만 아니라 판매비와관리비까지 합한 금액을 말한다. 위의 세 가지 방법들은 가격결정에 기초가 되는 원가만 다를 뿐이며, 일정 금액의 목표이익을 얻을 수 있도록 각 방법에 의하여 결정되는 제품의 판매가격은 동일하다.

한편, 이 방법들은 가격결정에 기초가 되는 원가가 각각 다르기 때문에 각 방법에서의 '이익가산액(markup)'과 '이익가산율(markup-rate)'이 서로 다르게 결정되는데, 각각의 방법에 따른 이익가산율은 제조원가 및 판매비와관리비를 회수하고 일정한 목표이익을 달성할 수 있도록 다음과 같이 계산된다.

공헌이익접근법 $\text{이익가산율} = \dfrac{\text{고정원가} + \text{목표이익}}{\text{변동원가}}$

전부원가접근법 $\text{이익가산율} = \dfrac{\text{판매관리비} + \text{목표이익}}{\text{전부원가}}$

총원가접근법 $\text{이익가산율} = \dfrac{\text{목표이익}}{\text{총원가}}$

이익가산액으로 받아야 하는 금액

예제 [17-1] 원가기준 가격결정방법

부산회사는 다음과 같은 원가정보를 기초로 하여 제품의 판매가격을 결정하려고 한다. 이 제품을 생산하기 위하여 ₩4,000,000이 투자되었으며, 회사의 목표투자수익률은 15%이다.

단위당 변동제조원가	₩150
단위당 변동판매관리비	50
연간고정제조간접원가	900,000
연간고정판매관리비	100,000

회사는 이 제품의 연간 판매량이 10,000단위일 것으로 예상하고 있다.

요구사항

1. 목표이익이 달성될 수 있는 판매가격을 계산하시오.
2. [요구사항 1]에서 계산된 판매가격이 달성되도록 공헌이익접근법, 전부원가접근법, 총원가접근법에 따라서 이익가산율을 구하시오.

해답

1. 판매가격

변동제조원가 : ₩150×10,000단위=	₩1,500,000
변동판매관리비 : ₩50×10,000단위=	500,000
고정제조간접원가	900,000
고정판매관리비	100,000
목표이익 : ₩4,000,000×15%=	600,000
	₩3,600,000
판 매 량	÷10,000단위
판매가격	@360

2. 이익가산율

① 공헌이익접근법 : $\frac{₩900,000+₩100,000+₩600,000}{₩1,500,000+₩500,000}$ =변동원가의 80%

② 전부원가접근법 : $\frac{₩500,000+₩100,000+₩600,000}{₩1,500,000+₩900,000}$ =전부원가의 50%

③ 총원가접근법 : $\frac{₩600,000}{₩1,500,000+₩500,000+₩900,000+₩100,000}$ =총원가의 20%

제 3 절 수명주기원가

'수명주기원가계산(life cycle costing : LCC)'이란 연구개발에서부터 폐기에 이르는 제품수명주기 전체를 대상으로 원가를 집계하는 원가계산방법으로서 경영자에게 수명주기원가를 계획하고 통제할 수 있는 정보를 제공하여 준다. 수명주기원가는 공급자 측면에서 발생하는 연구개발비, 제조원가, 판매비, 물류비 등과 수요자 측면에서 발생하는 유지비, 폐기비용 등을 포함한다. 수명주기원가관리는 생산자의 마케팅관점과 제품생산관점 및 사용자관점 그리고 사회적관점으로 나누어 볼 수 있다.

(1) 생산자의 마케팅관점

마케팅관점은 제품수명주기 각 단계에서 제품의 일반적인 판매패턴을 살펴보는 것으로 도입기, 성장기, 성숙기, 쇠퇴기로 구분할 수 있다.

① 도입기 : 수요량과 경쟁기업이 적으며 판매량이 조금씩 증가한다. 가격전략으로는 고급이미지를 지속하려는 고가가격전략(skimming price)과 낮은 가격을 설정하여 판매수량 증가와 시장점유율확대를 추구하는 침투가격전략(penetrating price)이 사용된다.

② 성장기 : 성장기초기에는 수요증가로 매출액이 증가하고 시장참여자가 많아지면서 가격이 하락한다. 이 단계에서 취할 수 있는 전략으로는 품질향상, 서비스향상 등으로 얻어지는 차별화전략이 있다.

③ 성숙기 : 제품과 생산방법의 표준화가 이루어지고 경쟁은 심화된다. 이 시기에는 고객요구에 대응할 수 있는 신기능을 추가한 신제품을 개발하고 다품종 소량생산에 대응할 수 있는 생산전략이 필요하다.

④ 쇠퇴기 : 수요의 감소현상이 나타나고 저가전략의 기업이 나타난다. 이 시기에는 새로운 사용자의 발견, 제품신뢰도 향상으로 인한 제품활성화 등을 추진한다. 활성화가 어려운 경우에는 제품철수시기를 검토한다.

(2) 생산자의 제품생산관점

제품의 생산자 관점에서 수명주기는 제조이전단계, 제조단계, 제조이후단계로 구분할 수 있다. 수명주기 중 생산주기에서 가장 많은 원가가 실제로 발생하며, 전통적인 관리회계에서는 생산주기의 원가절감에 초점을 두고 표준원가와 같은 관리회계기법들을 만들었다. 그런데 최근의 연구에 의하면 수명주기 전체에 걸쳐서 발생하는 원가 중에서 80%~85%가 연구개발 및 설계주기에서 결정되는 것으로 보고되고 있다. 연구개발 및 설계주기 자체에서 실제로 발생한 원가는 크지 않지만 생산주기 및 판매 후 서비스와 폐기주기에서 발생하는 원가의 대부분이 연구개발단계에서 결정된다는 것이다. 반면에 생산주기에는 가장 많은 원가가 발생하기는 하지만 공장설비투자금액과 사용할 부품의 종류 등 원가에 영향을 줄 수 있는 사항들이 대부분 연구개발 및 설계주기에서 결정되므로 생산주기자체에서 원가를 절감할 수 있는 부분은 매우 제한적이다.

수명주기와 원가결정비율

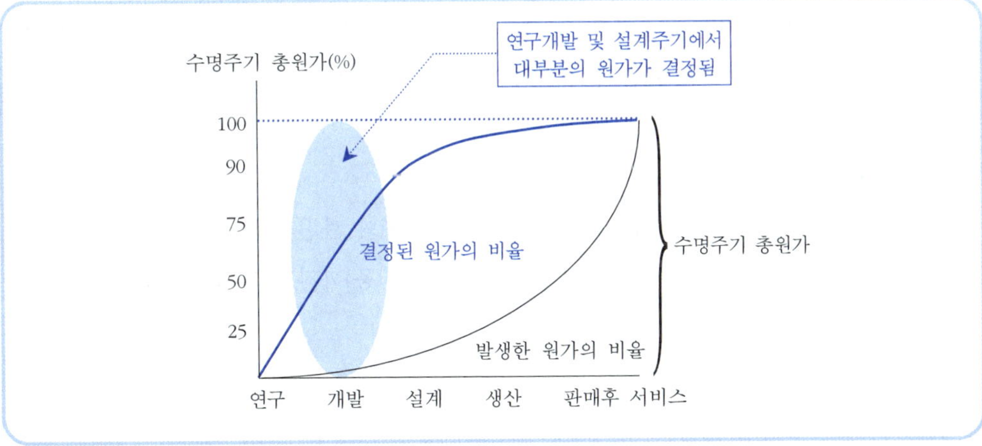

17

이와 같이 수명주기원가의 대부분이 연구개발 및 설계주기에서 결정되므로 연구개발 및 설계주기에서는 이후 주기의 원가까지도 고려하여 수명주기 전체의 원가가 최소화되도록 제품을 개발하고 설계해야 한다.

(3) 사용자관점

사용자관점의 수명주기원가관리는 사용자가 제품을 취득하는 과정에서 지출하는 원가 이외에 유지비용과 폐기비용을 포함한 총비용을 고려해서 원가를 관리하는 것을 말하며 내구재(durable goods)를 사용자관점에서 관리하는 것이 일반적이다.

초기투자액과 운영비용 및 폐기비용의 상충관계

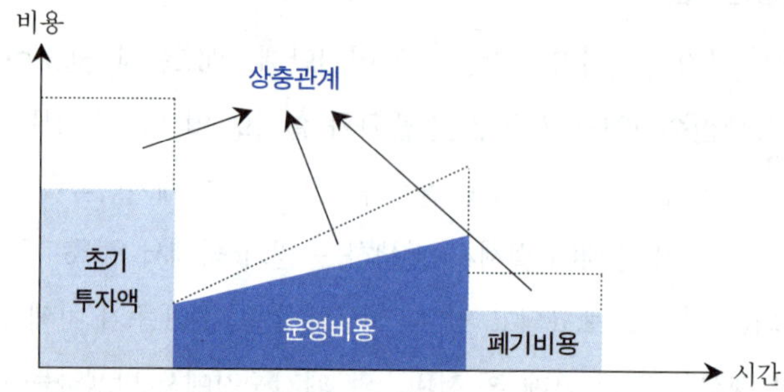

사용자관점에서 수명주기원가를 최적화하는 방법은 초기투자액, 유지비용, 폐기비용을 고려해서 결정해야 한다. 과거에 사용자는 제품을 구입시점의 초기투자액에 중점을 두고 낮은 가격의 제품을 구매하는 경우가 많았지만 이런 제품의 경우 취득이후에 유지비용이나 폐기비용이 증가하는 경우가 많다. 반면에 제품의 초기투자액은 크더라도 유지비용과 폐기비용이 작으면 수명주기전체원가를 최소화할 수 있다. 제품을 개발할 때는 이와 같이 사용자가 지출하는 비용까지 고려하는 것이 제품의 경쟁력을 높이는 방법이다.

(4) 사회적인 관점

사회적인 관점의 수명주기원가관리는 제품의 폐기와 관련해서 발생하는 폐기비용, 생산과정의 공해로 인해 발생하는 외적인 비용(환경보존비용)까지도 고려하는 관점이다.

관점별 수명주기원가의 구분과 범위

수명주기의 구분		내 용
생산자	마케팅관점	도입기, 성장기, 성숙기, 쇠퇴기로 주기가 구성되며 매출액의 형태에 초점이 맞추어진 관점
	제품생산관점	연구개발활동, 생산활동, 판매 및 물류지원활동으로 주기가 구성되며 원가발생에 초점이 맞추어진 관점
사용자	고객수명주기	수요자의 활동에 따라 구매, 사용, 유지, 폐기의 단계로 이루어져 있고 고객가치에 초점이 맞추어진 관점
사 회	사회적 관점	사회적으로 지출되는 환경보존 비용까지도 고려하는 관점

(5) 수명주기원가관리의 중요성

최근에는 제조원가 이외에 연구개발비, 마케팅비용, 유지비용, 폐기비용과 같은 원가를 관리하는 수명주기원가관리의 중요성이 커지고 있는데 그 이유는 다음과 같다.

① 공장자동화로 인해 제조단계에서 원가를 절감할 여지는 감소하고 있어서 원가관리의 중점이 계획 및 설계단계의 관리로 바뀌어가고 있다.

② 마케팅비용이 증가하고 있다.

③ 자동차나 가전제품과 같은 내구재의 소비가 증가하면서 사용자원가에 대한 관리가 중요해지고 있다.

④ 환경문제 등으로 제품의 폐기비용이 증가하고 있다.

(6) 수명주기원가관리의 유용성

이와 같이 수명주기원가관리의 중요성이 커지면서 보다 많은 기업들이 수명주기원가관리를 사용하고 있다. 수명주기원가관점에서 원가관리를 하는 경우에는 다음과 같은 유용성이 있다.

① 정확한 개별제품의 수익성 분석 : 제품의 개발단계에서 폐기까지의 총원가를 파악할 수 있으므로 제품의 수익성을 합리적으로 분석할 수 있다.

② 효과적인 원가절감 : 수명주기원가의 대부분이 생산주기 이전인 연구개발 및 설계주기에서 결정되므로 연구개발 및 설계주기에서부터 체계적인 원가절감방안을 모색해서 효과적인 원가절감을 할 수 있다.

③ 주기별 원가의 상호관계 파악 : 수명주기원가관리는 제품의 수명주기 동안에 걸쳐 발생하는 원가들간의 상호관계를 분석하여 전체수명주기원가를 낮출 수 있는 방안을 강구하도록 유도한다.

17

예제 [17-2] 수명주기 원가계산과 가격결정

(주)단명은 신제품 개발에 앞서 개발단계에서 제품의 수익성을 검토하려고 한다. 신제품과 관련하여 2년의 연구개발기간이 소요되며, 연구개발비와 설계비로 각각 ₩200,000,000과 ₩150,000,000이 발생할 것으로 예상된다. 생산주기 및 판매 후 서비스와 폐기주기에는 다음과 같은 비용이 발생할 것으로 예상되며, 3년에 걸쳐서 총 40,000단위가 판매될 것으로 예상된다.

	총고정원가	단위당 변동원가
제 조 원 가	₩100,000,000	₩5,000
판 매 원 가	70,000,000	600
유 통 원 가	50,000,000	400
고객서비스원가	80,000,000	200

요구사항

1. 시장조사결과 소비자들이 원하는 판매가격이 ₩25,000으로 파악된 경우에 수명주기원가를 계산하여 제품의 수익성을 검토하시오.
2. 설계비로 ₩20,000,000을 추가적으로 지출하여 설계변경을 하면 단위당 제조원가 ₩400과 고객서비스원가 ₩5,000,000을 절감할 수 있다면 설계를 변경해야 하는지 결정하시오.

해답

1. 수명주기영업이익

Ⅰ. 제품수명주기 수익 : 40,000단위×₩25,000=		₩1,000,000,000
Ⅱ. 제품수명주기 원가		
연구개발 및 설계원가		
연구개발비	₩200,000,000	
설계비	150,000,000	350,000,000
생산원가 : ₩100,000,000+40,000단위×₩5,000=		300,000,000
판매원가 : ₩70,000,000+40,000단위×₩600=		94,000,000
유통원가 : ₩50,000,000+40,000단위×₩400=		66,000,000
고객서비스원가 : ₩80,000,000+40,000단위×₩200=		88,000,000
계		₩898,000,000
Ⅲ. 제품수명주기영업이익		₩102,000,000

2. 설계변경 의사결정

설계를 변경하는 경우의 증분이익은 다음과 같다.

Ⅰ. 증분수익			₩0
Ⅱ. 증분비용			
증가 설계비용		₩20,000,000	
감소 제조원가	40,000단위×₩400=	(16,000,000)	
고객서비스 원가		(5,000,000)	(1,000,000)
Ⅲ. 증분이익			₩1,000,000

설계변경의 경우 증분이익이 ₩1,000,000이므로 설계를 변경하는 것이 유리하다.

(7) 수명주기원가계산의 한계점

수명주기원가는 다양한 유용성 때문에 최근에 많이 사용되고 있지만 다음과 같은 한계점도 가지고 있으므로 이를 고려하면서 적용해야 한다.

① 수명주기원가의 추정의 어려움: 제품수명주기원가를 모든 단계별로 정확하게 추정하는 것이 어렵다. 그 중에서 생산이후단계에서 발생하는 원가는 소비자가 부담하는 금액이 많이 포함되고 상황에 따라 원가발생액이 달라질 수 있기 때문에 측정하는 것은 더 어렵다.

② 수명주기가 긴 제품의 유용성 감소: 수명주기가 긴 제품의 경우에는 미래에 발생할 금액을 미리 추정해서 추정시점의 현재가치로 평가해야 하는데, 이 과정에서 주관이 개입되고 추정의 정확성도 낮아져서 그 유용성이 떨어지게 된다.

③ 재무회계에서 인정되지 않음: 수명주기원가계산은 주관이 많이 개입되어 외부보고 목적으로는 인정되지 않는다는 한계가 있다. 따라서 수명주기원가계산의 정보는 기업내부의 경영자가 의사결정과정에서 사용한다.

17

제 4 절 목표원가

목표원가(target costing)란 시장의 수요에 기초해서 제품의 수익성이 확보될 수 있도록 원가를 결정하는 구조화된 접근법으로 제품 개발의 초기단계에서 사용되며 원가기획이라고도 한다. 1960년대 초에 도요타자동차에서 '원가기획'이라는 이름으로 신제품의 원가를 관리한 것을 시초로 보고 있다. 목표원가의 시작은 공학적인 방법을 사용해서 제품개발단계에서 원가절감방안을 모색하는 것을 목표로 하는 기법이었으며 이후에 관리회계나 마케팅 등도 고려하는 종합적인 이익원가관리 기법으로 체계화되었다. 목표원가는 다음과 같은 특징이 있다.

① 시장가격에 기초한 원가의 목표치 설정 : 경쟁시장에서 정해진 시장가격에서 기업의 재무적 요구정도에 따라 결정되는 이익목표치를 차감함으로써 달성해야 할 목표원가가 결정된다.

② 제품설계단계의 중점 관리 : 목표원가관리에서는 제품개발 및 설계단계에서 제품의 사양변경이나 생산프로세스변경을 통해 원가절감과 품질향상을 동시에 달성하고자 한다.

(1) 목표원가의 중요원칙

목표원가는 원가기획활동에서 제품사양을 결정하는 각 활동으로 달성해야할 목표가 되는 원가를 말하며 수명주기에 따라 신제품의 개발설계비목표, 제조원가목표, 판매비목표, 사용원가목표를 포함한다. 목표원가에는 생산자에게 발생하는 원가만이 아니라 사용자에게 발생하는 원가도 포함해서 모든 원가를 관리대상으로 하며 다음과 같은 원칙을 적용한다.

① 가격은 원가계산을 유도한다 : 원가기획에서 제품의 목표가격은 경쟁시장에서 결정되며 기업의 재무적인 요구사항에 의해 목표이익이 결정된다. 그리고 목표가격에서 목표이익을 차감해서 원가목표를 설정한다.

$$목표원가(C) = 경쟁시장가격(P) - 목표이익(\pi)$$

② 고객위주관점 : 원가기획은 시장에 의해 유도(market driven)되어 원가와 품질 및 시간에 대한 고객의 요구가 제품과 프로세스에 대한 원가분석의 기준이 된다.

③ 디자인(설계) 지향 : 원가기획에서 원가관리의 핵심요소는 제품과 프로세스의 디자인(설계)이며 이를 위해 다음의 하위원칙이 있다. 원가발생 전인 생산이전단계에서 엔지니어로 하여금 제품과 기술 및 프로세스가 원가에 미치는 영향을 고려하도록 한다.

④ 여러 기능부문의 참여 : 원가기획은 연구, 개발, 제조, 마케팅, 구매, 회계를 대표하는 인원으로 이루어진 제품 및 프로세스팀에서 이루어지며 공급자, 고객, 딜러 등의 외부참가자도 포함된다. 이 팀에서 제품의 개념설계에서 생산까지를 책임진다.

⑤ 수명주기 지향성 : 원가기획은 제품의 생산자와 고객의 수명주기동안 발생하는 모든 원가를 최소화하는 것을 목표로 하며 생산자관점과 고객관점의 목표가 있다. 생산자관점에서 수명주기에 초점을 두는 것은 개발, 생산, 유통, 서비스 비용의 최소화를 의미한다. 고객관점에서는 제품소유원가를 최소화하는 것이다. 이는 제품의 운영비용, 수선비용 및 처분비용을 모두 포함한 원가를 낮추는 것을 의미한다.

⑥ 가치사슬고려 : 원가기획은 '확대된 기업'개념을 적용해서 원가기획과정에서 공급자, 유통업자, 서비스제공자와 같은 가치사슬에 있는 모든 구성원들이 참여하고 협조적인 관계를 유지함으로써 가치사슬을 통해 원가절감의 효과가 극대화되도록 한다.

예제[17-3] 목표원가

(주)명동조명은 시장상황을 조사한 결과 새로운 조명장치에 대한 시장수요를 파악하였으며, 이와 더불어 판매가격이 ₩20,000인 경우에 연간 100,000개의 수요가 있을 것으로 파악하였다. (주)명동조명의 목표수익률은 매출액의 20%이고, 연구개발비로 ₩200,000,000이 발생할 것으로 예상될 경우 연구개발비를 제외한 제품단위당 목표원가를 결정하시오.

해답

목표매출 : 100,000개×₩20,000=	₩2,000,000,000
목표이익 : 100,000개×₩20,000×20%=	400,000,000
총목표원가	1,600,000,000
연구개발비	200,000,000
100,000개에 대한 목표원가(연구개발비 제외)	1,400,000,000
총예상생산량	÷100,000개
제품단위당 목표원가(연구개발비 제외)	₩14,000

(2) 목표원가의 실행도구

목표원가를 결정하고 나면 여러 가지 방법을 이용하여 목표원가를 달성할 수 있도록 노력을 기울이게 되는데 그 방법으로는 가치공학, 동시설계 및 게스트엔지니어링이 있다.

① 가치공학(value engineering : VE) : 제품의 설계변경이나 공정조정, 부품교체와 같은 공학적인 방법을 이용해서 동일한 기능에서는 원가를 낮추든지, 동일한 원가에서는 기능을 추가해서 제품의 가치를 높여서 기업에서 설정한 목표원가가 되도록 원가절감을 달성하는 것이다. 예컨대, 제품설계를 변경하면 동일한 기능은 유지하면서 좀 더 낮은 단가의 소재를 사용할 수 있는지 등을 검토하여 목표원가를 달성하는 것이다.

② 동시설계(concurrent engineering : CE) : 제품의 기획·설계단계에 기업의 기획, 설계, 구매, 생산, 판매조직이 모두 참여해서 협력하여 제품을 개발하는 기법으로 각 기능조직별로 고려하고 있는 제품관련정보를 개발단계에서 제품에 반영할 수 있다. 기업의 가치사슬 선제적으로 원가를 감소시키는 것이 제품의 전체원가를 최소화한다.

③ 게스트엔지니어링(guest engineering) : 제품의 기획·설계단계에서부터 협력업체와 한 팀을 이루어 공동 작업을 하는 것이다. 이 기법은 공급사슬전체적으로 비용을 최소화하는 것으로 협력업체를 배제하고 제품을 개발했을 때 발생할 수 있는 비효율을 예방할 수 있고, 협력업체와 보다 돈독한 협력관계를 유지할 수 있게 해 준다.

④ 협력업체의 공급단가 인하 : 협력업체에게도 원가를 절감하도록 압력을 가하고 우수한 원가 절감 아이디어를 제시한 협력업체에게는 보상을 하는 동기유발계획 등을 사용하여 협력업체의 공급단가를 낮추어서 제품의 원가를 절감할 수 있다.

목표원가의 적용과정

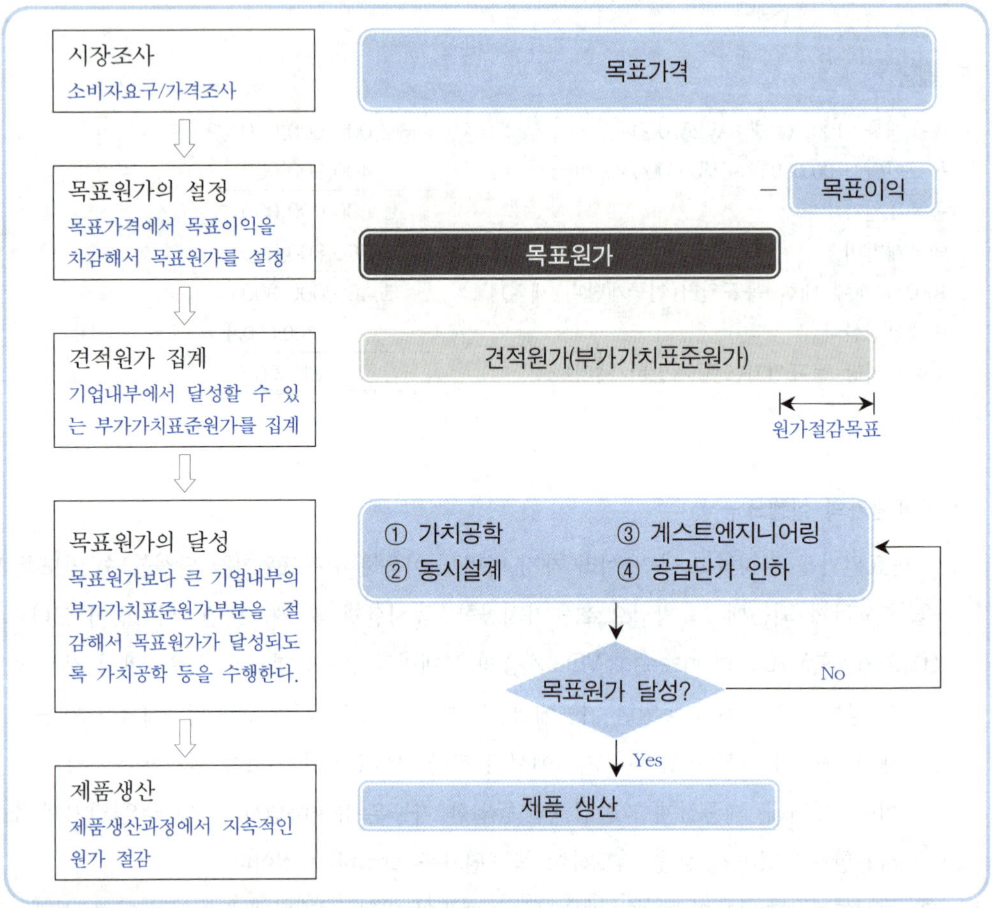

(3) 전통적 원가관리시스템과 목표원가관리의 비교

전통적인 원가관리시스템은 발생하는 원가를 통제하고 지속적으로 절감하는 데 관리의 초점을 맞추고 있으나 목표원가관리시스템에서는 원가가 결정되는 단계에서 원가절감방안을 찾는 데 중점을 두는 차이가 있다.

원가기준 제품개발시스템과 목표원가의 비교

원가기준 제품개발시스템	목 표 원 가
시장조사를 통하여 소비자욕구파악	시장조사를 통하여 소비자욕구 파악
↓	↓
소비자욕구에 맞는 제품설계	시장상황을 분석하여 목표가격 결정
↓	↓
설계에 맞는 제품의 예상원가결정	목표가격에서 목표이익을 차감하여 목표원가결정
↓	↓
예상원가에 예상이익을 가산하여 예상판매 가격결정	목표원가가 달성되도록 제품설계 (가치엔지니어링) 및 부품구입 가격인하
↓	↓
제품을 생산하면서 주기적으로 원가절감노력을 함	제품을 생산하면서 지속적으로 원가절감노력을 함

(4) 목표원가의 문제점

시장경쟁이 치열한 경우에는 목표원가의 유용성이 매우 크지만 다음과 같은 문제점이 있으므로 목표원가를 적용하는 경영자는 이를 잘 고려해야 한다.

① 설계담당자 등 종업원이 제품개발에 심한 중압감을 느낀다.

② 가치공학의 반복으로 제품개발이 늦어져 시장선점을 빼앗길 수 있다. 최근의 경쟁상황에서는 목표원가가 달성되더라도 신제품이 시장에 늦게 출시되면 수익성에 악영향을 미칠 수 있다.

③ 협력업체로부터 부품구입가격을 인하하는 과정에서 불편한 관계가 조성될 수 있다.

17

제 5 절 카이젠원가

'카이젠(개선)'이란 거대한 혁신을 통해서가 아니라 작으면서도 지속적인 공정개선을 통해서 원가절감이 이루어진다는 의미의 일본어이다. 카이젠원가는 제품수명주기 중 생산주기에 초점을 맞추어 이미 결정된 제품설계에 따라서 제품을 생산하면서 지속적인 개선을 통하여 원가를 절감할 수 있도록 하는 방법이다.

전통적인 원가통제방법에서는 원가절감의 노하우가 경영자나 공학자들에게 있다고 보아 이들이 작업자들의 달성목표치인 표준원가를 설정하고 그 표준원가는 계속적으로 성과평가의 기준이 된다. 반면에 카이젠원가에서는 공정에서 직접 작업을 수행하는 작업자들이 원가절감의 노하우를 가지고 있다고 보아 지속적으로 공정이 개선되도록 목표원가절감액(카이젠원가)을 성과평가를 위한 목표치에서 지속적으로 차감해 가는 방법이다. 전통적인 표준원가와 카이젠원가의 차이는 다음 표를 보면 쉽게 이해할 수 있다.

표준원가와 카이젠원가의 비교

차 이 점	표 준 원 가	카이젠원가
원가절감 지식보유자	경영자나 공학자	공정에 가장 가까이 있는 작업자
공정에 대한 가정	생산공정을 안정적으로 가정	생산활동의 지속적 개선을 가정
수립횟수	1년에 한 번 또는 두 번	원가절감 목표가 매달 수립
원가차이 분석	표준원가와 실제원가를 비교	목표카이젠원가와 실제원가를 비교
시스템 운영목적	원가통제	원가절감

예제 [17-4] 카이젠원가

동교가구는 책상제조회사로 2월에 1,000개의 책상을 제조하였으며, 단위당 직접재료원가와 직접노무원가가 다음과 같이 발생하였으며, 3월부터 카이젠원가를 도입하여 매월 목표원가절감액을 1%로 설정하였다.

	단위당 사용량		단 가		
직접재료원가	10㎡	×	㎡당 ₩10,000	=	₩100,000
직접노무원가	2시간	×	시간당 ₩20,000	=	40,000

요구사항

동교가구는 3월에도 1,000개의 책상을 제조하였고 실제 발생한 원가는 다음과 같다.

직접재료원가	₩99,500
직접노무원가	39,400
	₩138,900

3월의 카이젠원가는 얼마인지 계산하고 실제원가와의 차이금액을 구하시오.

해답

	실제원가	카이젠원가		차 이
직접재료원가	₩99,500	₩100,000×(1−0.01)=	₩99,000	₩500 불리
직접노무원가	39,400	₩40,000×(1−0.01)=	39,600	200 유리
	₩138,900		₩138,600	₩300 불리

카이젠원가를 적용하게 되면 공정이 지속적으로 개선되고 원가가 절감되지만 한편으로 종업원들이 원가를 절감해야만 한다는 중압감에 시달리게 된다. 왜냐하면 카이젠원가는 공정개선과 원가절감에 대한 책임이 공학자가 아닌 공정을 관리하는 작업자에게 부여되기 때문이다. 따라서 이러한 문제를 완화하기 위해서는 신제품이 개발되어 양산되기 전까지 원가유지기간이라는 유예기간을 두어 작업자들에게 생산절차를 학습할 수 있는 기회를 제공한 후에 카이젠목표원가를 적용해 나가는 것이 효과적이다.

한편, 표준원가와 카이젠원가는 제조단계에서 원가를 절감하는 방법으로 원가절감의 여지가 크지 않다. 혁신적인 원가절감을 하기 위해서는 연구개발단계에서 원가절감방안을 모색해야 하며 수명주기원가계산과 목표원가(원가기획)가 이에 해당한다.

제 6 절 품질원가

많은 관리기법들은 주로 원가절감에 초점이 맞추어져 있다. 그런데 여기서 간과해서는 안 될 것이 원가절감은 무조건 추진하는 것이 아니라 제품이나 서비스가 소비자가 원하는 품질수준을 만족시키는 한도 내에서 이루어져야 한다는 것이다. 왜냐하면 원가절감 때문에 품질이 떨어지는 경우에는 현재의 경쟁 환경에서는 기업이 살아남을 수 없기 때문이다. 17

따라서 기업들은 품질관리에 주의를 기울이고 있는데, 기업이 관리해야 하는 품질에는 설계품질과 일치품질이 있다.

① **설계품질(quality of design)** : 제품의 특성이 소비자 욕구(needs)를 얼마나 충족시키는지를 평가하는 것으로 그 제품의 품질 경쟁력을 결정짓는 중요한 요소이다. 예를 들어 복사기에 대해서 소비자들은 복사, 팩스, 스캐닝, 프린트기능을 원하는데 단순히 복사만 가능한 제품을 설계했다면 고객이 만족할 수 없는데 이 경우에 설계품질에서 실패했다고 볼 수 있다.

② **일치품질(또는 적합품질, 제조품질 : quality of conformance)** : 생산된 제품이나 서비스가 설계된 제품의 사양과 얼마나 일치하는지를 평가하는 것이다. 예를 들어 복사기능만 있는 복사기를

설계하였는데, 복사기가 종이가 끼거나 복사기능이 불량하다면 이는 일치품질에 문제가 있는 것이다.

이와 같은 설계품질과 일치품질 중에서 최근에는 설계품질의 중요성이 커지고 있다. 일치품질은 단지 무결점의 제품을 생산하는 데에 역점을 두고 있기 때문에 일치품질이 향상되었다 해서 그 제품의 품질 경쟁력이 향상되었다는 것을 의미하지는 않는다. 기업의 경쟁우위는 제품의 품질이 고객의 욕구충족도를 높여야만 얻어지므로 설계품질이 중요하다.

고객의 욕구충족도와 품질의 관련성

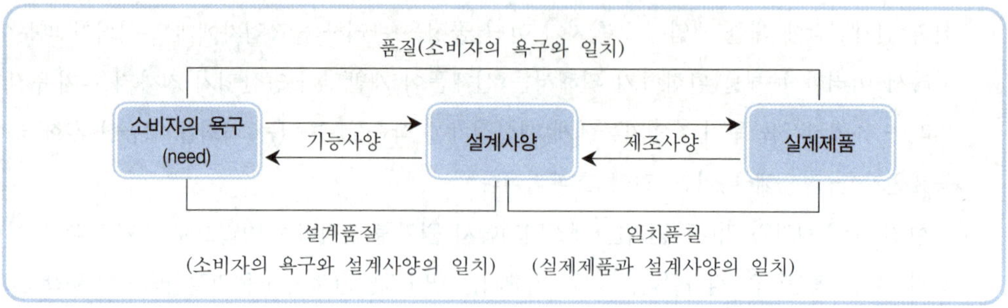

이처럼 품질은 기업의 경쟁력을 유지하기 위한 중요한 요소이므로 기업은 품질유지와 관련하여 여러 가지 비용을 지출하게 되는데, 이를 품질원가라 한다.

즉, '품질원가(cost of quality)'란 제품의 품질에 문제가 발생하지 않도록 예방하거나 품질에 하자가 발생하는지를 검사하고 품질에 문제가 발생한 경우 이를 해결하기 위하여 발생하는 모든 원가를 말한다. 기업 간의 경쟁이 치열해지면서 기업들은 품질의 유지에 보다 많은 비용을 지출하게 되었고, 이를 체계적으로 관리할 필요성이 커지면서 품질원가의 중요성이 높아졌다.

1. 품질원가의 분류

품질원가는 다양한 형태로 발생하게 되는데 크게 예방원가, 평가원가, 내부실패원가 및 외부실패원가의 네 가지 유형으로 구분된다. 여기서 예방원가와 평가원가를 합쳐서 통제원가라 하고 내부실패원가와 외부실패원가를 합쳐서 실패원가라고 한다.

① **예방원가**(prevention costs) : 제조과정에서 불량품이 발생하지 않도록 예방하기 위하여 지출되는 원가로서 예방원가가 많이 지출될수록 불량품이 발생할 가능성은 낮아진다. 여기에는 품질관리기술을 개발하는 비용, 불량이 최소화되도록 제품을 설계하는 비용, 품질관리를 위하여 종업원을 훈련하는 비용, 결함이 없는 제품을 공급받기 위하여 공급자를 교육하거나 평가하는 비용 등이 포함된다.

② **평가원가**(appraisal costs) : 기업이 제조하는 제품이나 서비스가 품질기준을 만족시키는지를 검사하고 평가하기 위하여 발생하는 원가를 말한다. 여기에는 검사장비의 유지비, 검사인력의 인건비, 공정의 통제와 관찰비용 등이 포함된다.

③ **내부실패원가**(internal failure costs) : 품질수준에 미달하는 제품이나 서비스가 소비자에게 전달되기 전에 발견됨으로써 발생하는 원가이다. 여기에는 불량품의 재작업원가, 불량품의 폐기비용, 품질결함으로 인한 공정중단비용 등이 포함된다.

④ **외부실패원가**(external failure costs) : 고객이 제품을 인도받은 후에 품질의 결함이 발견되어 발생하는 원가이다. 여기에는 보증수리비용, 불량품 교환에 따른 비용, 손해배상소송에 대응하기 위한 비용, 기업이미지 실추에 따른 판매기회상실로 인한 기회비용 등이 포함된다. 외부실패원가는 단기적으로는 불량품을 해결하는 과정에서 발생하는 비용이지만 장기적으로는 기업의 평판 실추와 고객의 만족도 하락이라고 하는 타격이 큰 비용이 될 수 있다.

구분		개념	사례
통제원가	예방원가	제조과정에서 불량이 발생하지 않도록 예방하기 위하여 지출하는 원가	• 품질관련 개발비용 • 품질을 위한 작업자 훈련비용 • 공급자의 평가(인증)
	평가원가	제품이나 서비스가 품질기준을 만족시키는지를 검사하고 평가하기 위하여 지출하는 원가	• 원재료 검사비용 • 검사장비의 유지, 수선비용 • 품질검사부서 인건비
실패원가	내부 실패원가	품질수준에 미달하는 제품이나 서비스가 소비자에게 전달되기 전에 발견하여 발생하는 원가	• 불량품원가 • 재가공원가 • 결함으로 인한 공정중단비용
	외부 실패원가	고객이 제품을 인도받은 후에 품질의 결함이 발견되어 발생하는 원가	• 반품 및 제품회수비용 • 제품손해배상비용 • 판매기회 상실로 인한 기회비용

경영자는 위의 네 종류의 품질원가가 제품의 수명주기 전체에 걸쳐서 어떻게 발생하는지 또는 매출액 대비 품질원가의 비중 등은 얼마나 되는지를 검토하여 품질원가총액이 최소화되도록 관리하여야 한다. 그런데 기존의 원가회계시스템에서는 연구개발단계에서 발생하는 예방원가는 연구개발비에 포함되고 품질검사시에 발생하는 평가원가는 제조원가에 포함되며, 하자보수와 관련된 원가는 판매관리비에 포함되므로 품질원가를 총체적으로 분석하는 것이 매우 곤란하다.

따라서 경영자가 한 제품의 품질유지를 위해서 발생한 총원가를 분석하고 통제하기 위해서는 별도로 품질원가를 집계하는 것이 필요하며, 이를 위해서 품질원가보고서를 작성하게 된다. 품질원가보고서는 다음 예제를 토대로 살펴보자.

예제[17-5] 품질원가 보고서

다음은 신뢰전자의 7차년도의 품질원가 정보이다.

매출	₩12,500,000	예방설비유지	₩20,000
라인검사	150,000	제품손해배상	125,000
작업폐물	300,000	입고재료검사	15,000
설계엔지니어링	40,000	공정중단	250,000
반품제품원가	145,000	제품시험	75,000
검사장비유지	130,000	훈련	30,000
고객지원	30,000	수선보증	200,000
재작업	450,000	공급자평가	30,000

요구사항

1. 품질원가보고서를 작성하시오.
2. 총품질원가를 절감하기 위해서 경영자가 고려하여야 할 사항을 적으시오.

해답

1. 품질원가 보고서

품질원가		연간발생원가	매출액 비율
예방원가	설계엔지니어링	₩40,000	0.32%
	예방설비유지	20,000	0.16
	훈련	30,000	0.24
	공급자 평가	30,000	0.24
	총예방원가	₩120,000	0.96%
평가원가	라인검사	₩150,000	1.20%
	검사장비유지	130,000	1.04
	입고재료검사	15,000	0.12
	제품시험	75,000	0.60
	총평가원가	₩370,000	2.96%
내부실패원가	작업폐물	₩300,000	2.40
	재작업	450,000	3.60
	공정중단	250,000	2.00
	총내부실패원가	₩1,000,000	8.00%
외부실패원가	반품제품원가	₩145,000	1.16%
	고객지원	30,000	0.24
	제품손해배상	125,000	1.00
	수선보증	200,000	1.60
	총외부실패원가	₩500,000	4.00%
총품질원가		₩1,990,000	15.92%

(총예방원가 0.96% ← 예방원가 지출이 작다.)

(총내부실패원가 8.00% ← 예방원가 지출이 너무 크다.)

2. 품질원가의 관리
신뢰전자의 품질원가보고서를 검토해 보면, 예방원가는 매우 적은 반면에 내부실패원가는 매우 크다. 따라서 제품설계를 변경하거나 품질에 대한 교육을 통하여 예방원가의 지출을 증가시켜 내부실패원가를 감소시키는 것이 제품수명주기 전체의 품질원가를 최소화하는 방법일 것이다.

2. 품질원가의 관리

품질원가 중에서 통제원가(예방원가와 평가원가)가 적게 지출되면 불량률이 높아져서 실패원가(내부 실패원가와 외부 실패원가)가 커지게 되고 통제원가가 많이 지출되면 불량률이 낮아져서 실패원가가 작아지게 된다. 이와 같이 통제원가와 불량률 및 실패원가 사이에는 부의 상관관계가 존재하는데 이런 품질원가를 총체적으로 관리하는 방법에는 허용품질수준관점 관리방법과 무결점수준관점 관리방법 및 전사적 품질관리가 있다.

(1) 허용품질수준관점

'허용품질수준관점(acceptable quality view)'의 품질원가 관리방법에서는 통제원가와 실패원가의 합계인 품질원가를 최소화할 수 있는 최적지출액배합이 존재한다고 보아 그 최적지출액배합에 맞도록 통제원가와 실패원가를 관리하는 방법이다. 허용품질수준관점에 따라서 최적지출액 배합에 해당하는 통제원가를 지출하게 되면 일정수준의 불량률은 감수하여야 하는데 이를 '허용품질수준(acceptable quality level : AQL)'이라고 한다. 그림 (a)는 허용품질수준관점에 따라서 통제원가와 실패원가 사이의 관계를 보여주고 있다.

품질원가 도표

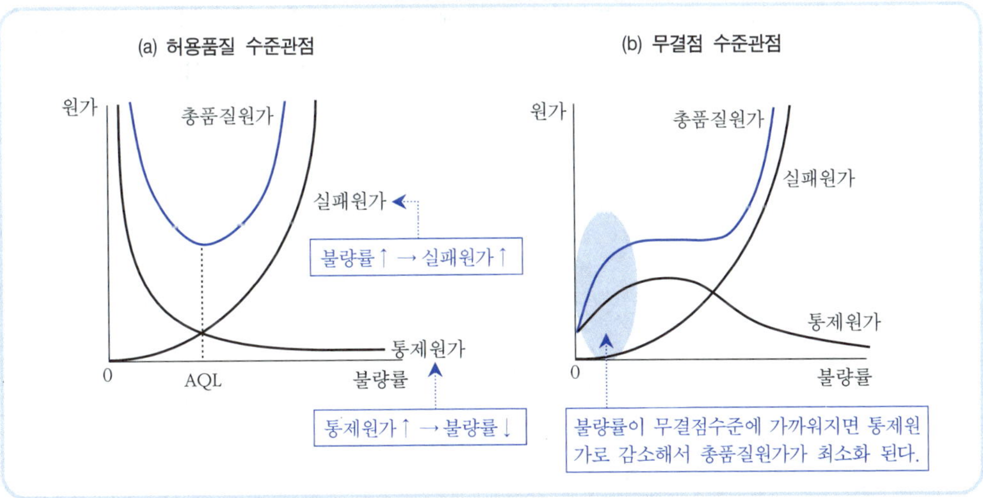

(2) 무결점수준관점

'무결점수준관점(zero-defects view)'의 품질원가 관리방법은 불량률이 0(zero)이 되도록 품질원가를 관리하는 방법이다. 이 관점에서는 불량률을 낮추어 실패원가를 줄이기 위해서는 통제원가의 지출이 증가해야 하지만 불량률이 무결점수준에 가까워지면 실패원가와 통제원가 모두 감소되어 전체품질원가가 최소화된다고 가정한다. 예를 들어, 부품공급자의 평가를 위한 예방원가를 많이 지출하면 품질이 우수한 부품을 공급받게 되어 평가원가가 줄어들고 실패원가도 줄어든다. 그리고 한 번 선정된 부품공급업자가 무결점수준의 부품을 지속적으로 공급하여 주게 되면 더 이상 예방원가도 지출되지 않고 평가원가와 실패원가도 발생하지 않게 되므로 총 품질원가가 전체적으로 감소된다. 그림 (b)는 무결점수준관점에 따라서 통제원가와 실패원가와의 관계를 명확하게 보여주고 있다.

최근의 실증적인 결과는 불량률이 0(zero)에 가까워질수록 품질원가가 감소하는 무결점수준관점이 허용품질수준관점보다 타당한 것으로 나타나고 있다. 따라서 최근에는 불량률을 '무결점(zero-defects)' 수준이 되도록 품질원가를 지출하는 것이 품질원가를 가장 최소화하는 관리방법이라고 본다.

(3) 전사적품질관리

품질원가는 제품수명주기전체에 걸쳐서 발생하기 때문에 소비자가 만족하는 품질수준을 얻기 위해서는 전 종업원이 참여하여 품질을 유지하기 위해 계획하고 실행하고 통제해야 하는데, 이를 '전사적 품질관리시스템(total quality control : TQC)'이라고 한다. 전사적 품질관리를 적용하게 되면 일반적으로 시간이 경과함에 따라 품질원가 중에서 예방원가와 평가원가는 완만하게 증가하다가 일정한 수준을 유지하며 품질개선노력의 효과가 나타나게 되면 내부실패원가와 외부 실패원가가 큰 폭으로 감소되어 총품질원가는 감소하게 된다. 다음 그림은 전사적 품질관리를 적용하는 경우에 품질원가의 장기적인 추세가 어떻게 되는지를 잘 보여주고 있다.

TQC적용시 품질원가의 장기적인 추세

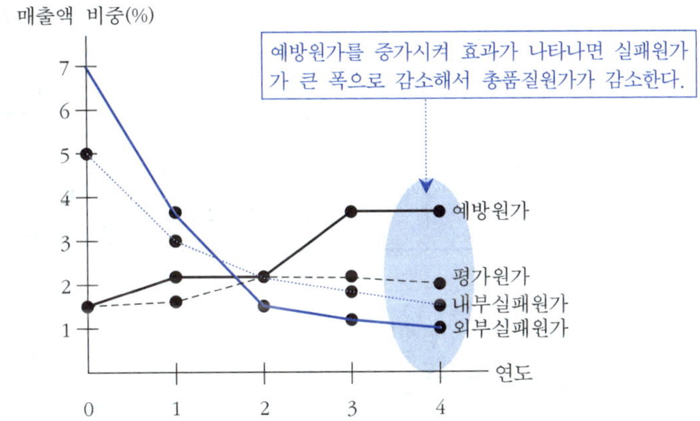

제 7 절 활동기준경영

'활동기준경영(activity based management : ABM)'이란 기업에서 수행되고 있는 활동을 관리함으로써 고객에 대한 가치 창출을 높이고 원가를 절감하여 기업의 이익을 증대시키기 위한 관리기법이다. 활동기준원가계산이 자원원가를 자원동인에 의하여 활동원가로 집계하고 활동동인을 적용하여 원가대상별 원가를 측정하고 활용하는 원가관리기법이라면 활동기준경영은 활동분석을 통하여 파악된 정보를 토대로 활동과 프로세스의 효율성과 효과성을 지속적으로 개선하려는 경영관리기법이다. 활동기준원가계산과 활동기준경영의 관계를 나타내면 다음과 같다.

구 분	활동기준원가계산(ABC)	활동기준경영(ABM)
목 적	원가대상의 정확한 원가계산 (원가배부의 관점)	활동과 프로세스 개선을 통한 가치창출능력 증대(프로세스관리의 관점)
정보의 활용	원가정보의 전략적 활용 • 수익성 분석 • 가격결정지원 • 투자타당성 분석 • 목표원가관리 등	원가정보의 운영적 활용 • 프로세스원가관리(프로세스개선) • 비부가가치활동원가(활동능력관리) • 원가동인관리(원가절감) • 성과평가 등
공 통 점	활동(activity)중심의 원가관리	

원가를 정확하게 통제하고 성과를 평가하기 위해 각 활동을 분석한 자료를 이용하는 활동기준경영이 대두되었다. 활동기준원가계산(ABC)과 활동기준경영(ABM)의 관계를 그림으로 살펴보면 다음과 같다.

ABC와 ABM의 관계

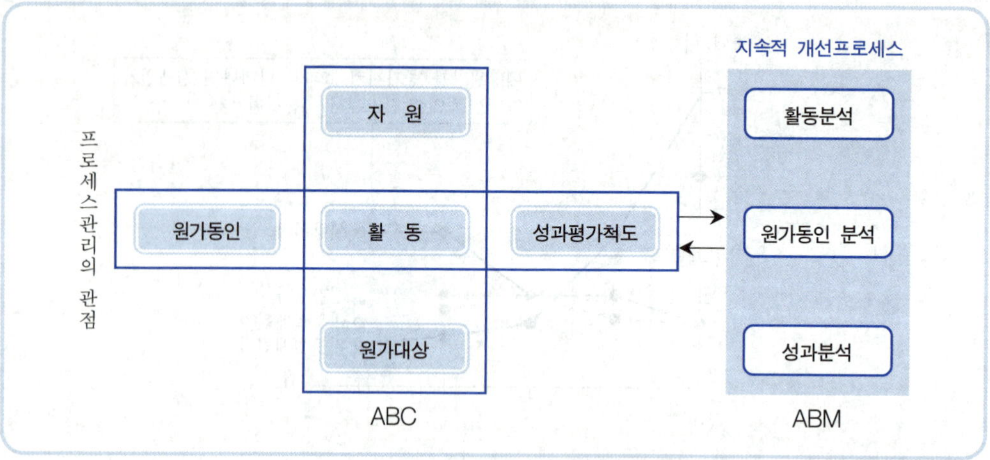

위 그림에서 세로축은 원가배부에 초점을 둔 ABC의 흐름을 나타내는 것으로 사용한 자원의 원가를 재화나 용역 등의 원가대상에 배분하는 흐름이다. 그리고 가로축으로 나타나는 ABM은 원가의 배분이 아니라 업무의 프로세스에 초점을 두고 어떤 활동이 수행되고 있는지를 파악하고 해당 활동이 필요한가와 활동이 효율적으로 수행되고 있는가를 검토하여 활동의 성과를 평가하는 것이다. ABM의 대표적인 내용은 활동분석과 원가동인분석인데, 이를 토대로 활동원가를 절감하고 성과평가에 활용하며, 미사용 자원을 관리하게 된다. 활동기준경영은 고객가치창출능력을 개선해주고 이러한 개선을 달성하는 활동관리에 초점을 두고 있으며 활동기준원가계산에서 제공되는 원가정보를 다음과 같이 다양하게 활용한다.

① 활동분석(activity analysis)과 개선프로세스 : 기업의 활동분석은 원가절감기회를 파악하고 성과개선을 위한 목표를 종업원에게 전달하는 것으로 총체적 성과개선 노력을 강화하기 위해서 필요하다.

② 생산능력관리(capacity management) : 설비의 생산능력규모를 결정하고 활용하는 의사결정을 할 경우에 활동기준원가정보를 사용한다.

③ 활동기준예산 : 활동기준에 따라 예산이 수립되면 조업도에 근거한 전통적인 방법의 예산보다는 정확한 예산이 수립되고 책임중심점의 성과를 보다 정확하게 평가할 수 있다.

1. 활동분석과 개선프로세스

활동원가정보를 기초로 원가절감기회를 파악하고 원가동인을 관리하며 성과를 높이는 개선프로세스를 실행하는데 그 과정은 크게 활동분석과 원가동인분석 및 성과분석으로 구분할 수 있다.

(1) 활동분석

활동분석은 기업이 어떤 활동을 수행하고 있으며 얼마나 잘 수행되었는지를 이해함으로써 고객가치를 창출하는데 필수적인 활동을 파악하고 고객가치를 증가시키지 못하는 활동을 색출하는 과정이다. 이를 위해 기업이 수행하는 모든 활동들을 나타내는 활동흐름도를 작성하고 활동흐름도에 표시된 활동들을 분석해서 부가가치활동과 비부가가치활동을 구분한다.

① 부가가치활동(value added activity) : 제품의 가치를 증대시키는 활동을 의미하며 절삭, 조립, 포장 등과 같이 필수적인 제조공정이 이에 해당한다.

② 비부가가치활동(nonvalue added activity) : 제품의 가치는 증가시키지 못하면서 자원만 낭비하는 활동을 말하며 검사, 이동, 대기, 저장 등이 그 예이다.

비부가가치활동과 같은 낭비요소로 파악된 항목은 제거하여 기업의 전략적 위치를 강화시켜야 한다.

(2) 원가동인분석

원가동인분석은 기업에서 수행하고 있는 활동들이 무엇 때문에 발생하고 있는지를 분석하는 것이다. 여기서의 원가동인은 단순히 활동원가를 배부하는 기준을 말하는 것이 아니라 기업이 특정활동을 수행하게 만드는 근원적인 요인을 말한다. 각 활동의 원가동인이 파악되면 비부가가치활동은 원가동인을 제거하고 부가가치활동은 원가동인의 효율성을 관리한다.

① 비부가가치활동 : 원가동인을 제거해서 비부가가치활동을 제거할 수 있도록 관리한다. 예를 들어 기업이 현재의 공정시스템에서는 비부가가치활동인 저장활동을 필수적으로 수행해야 한다면 공정시스템이 저장활동의 원가동인이 되며 공정시스템을 적시생산시스템 등으로 전환해서 원가동인을 제거해야만 저장활동을 제거할 수 있다.

② 부가가치활동 : 원가동인을 효율적으로 관리해서 최소의 원가로 가치를 창출하도록 관리한다. 예를 들어 재료운반활동은 부가가치활동이고 원가동인이 운반시간으로 파악되었으며 공장설비의 배치로 인해 운반시간이 증가한 것으로 분석됐다면, 설비의 배치를 재조정함으로써 운반시간을 줄여서 부가가치활동의 원가를 절감해 간다.

활동유형	활동유형의 내용	활동유형별 원가절감방법
부가가치활동	• 제품가치를 증대시키는 활동 예 : 절삭, 조립, 포장 등 필수적 제조활동	원가동인의 효율성을 높인다.
비부가가치활동	• 제품가치를 증가시키지 못하는 활동 예 : 검사, 이동, 대기, 저장 등 자원낭비활동	원가동인을 제거해서 활동을 제거한다.

부가가치활동은 그 원가동인을 효율적으로 관리해서 최소의 원가로 가치가 창출될 수 있도록 관리한다. 부가가치활동의 원가동인을 관리하기 위해 각 활동별로 원가동인 사용량의 목표치인 부가가치표준을 설정하여 관리하는데 여기에 원가동인당 표준활동원가를 곱하면 부가가치활동을 효율적으로 수행하였을 때 발생할 원가를 계산할 수 있으며 이를 부가가치원가라고 한다. 그리고 실제로 발생한 원가와 부가가치원가의 차이를 계산하면 비부가가치활동이나 비효율적인 활동을 수행하면서 발생한 원가를 파악할 수 있는데 이를 비부가가치원가라고 한다.

예제 [17-6] 활동분석과 부가가치 원가

(주)첨단은 활동기준경영을 도입하기 위하여 활동을 분석하였다. 그 결과는 다음과 같다.

활동구분	원가동인	실제원가동인수	부가가치표준동인수	표준단가
구　　매	주문횟수	2,500회	2,500회	₩2,000
창고운반	운반횟수	2,000회	비부가가치활동	1,500
작업준비	준비시간	250시간	200시간	25,000

요구사항

각 활동별 실제원가를 부가가치원가와 비부가가치원가로 구분하시오.

해답

활동구분	부가가치원가		비부가가치원가	
구　　매	2,500회×₩2,000=	₩5,000,000		₩0
창고운반			2,000회×₩1,500=	3,000,000
작업준비	200시간×₩25,000=	5,000,000	50시간×₩25,000=	1,250,000
		₩10,000,000		₩4,250,000

예제에서 살펴본 바와 같이 부가가치활동에서 효율적으로 수행되어 발생한 원가는 부가가치원가이며 부가가치활동 중에서 비효율적으로 수행되면서 발생한 원가와 비부가가가활동의 원가는 비부가가치원가이므로 절감해 가야 한다.

<table>
<tr><th colspan="2">활동유형</th><th>부가가치원가 판단</th><th>원가동인의 관리</th></tr>
<tr><td rowspan="2">부가가치활동</td><td>효율적으로 수행된 활동</td><td>부가가치원가</td><td rowspan="2">원가동인의 효율성을 높여서 비부가가치원가를 제거</td></tr>
<tr><td>비효율적으로 수행된 활동</td><td>비부가가치원가</td></tr>
<tr><td colspan="2">비부가가치활동</td><td>비부가가치원가</td><td>원가동인을 제거해서 활동을 제거</td></tr>
</table>

(3) 성과분석

활동기준경영에서 성과를 분석할 때는 활동의 원가동인을 최적으로 구성한 뒤에 이를 얼마나 적절히 수행했는지를 평가하는데 활동의 효율성과 품질(quality) 그리고 시간이 중심을 이루고 재무적인 성과와 비재무적인 성과가 함께 측정된다.

① **활동의 효율성** : 활동의 투입과 산출사이의 관계를 평가하는 것이다.

② **활동의 품질** : 활동의 결과로 올바른 산출이 얻어지는지를 평가하는 것이다. 활동의 결과로 불량품이 생산되는 경우에는 원가와 효율성이 모두 떨어지게 된다.

③ **활동의 시간** : 활동에 투입된 시간을 평가하는 것이다. 시간이 길어질수록 고객요구에 적절하게 대응할 수 없고 자원의 소비가 증가한다.

2. 생산능력의 관리

기업의 원가는 자원의 확보와 관련해서 발생하며 자원의 확보수준에 따라 생산능력(capacity)이 결정된다. 기업의 생산능력의 수준을 결정하고 조정하는 의사결정을 할 경우에는 활동기준원가정보를 사용할 수 있다. 생산능력 관리에 대해 논의하기 위해서는 우선 자원(resource)을 유동자원과 고착자원으로 구분해서 정확히 이해해야 한다.

(1) 자원의 유형

자원은 원가를 발생시키며, 자원을 소비해서 활동이 수행되고 활동을 소비해서 제품이 만들어진다. 다음 그림은 이 관계를 잘 보여주고 있다.

활동과 자원 및 원가의 관계

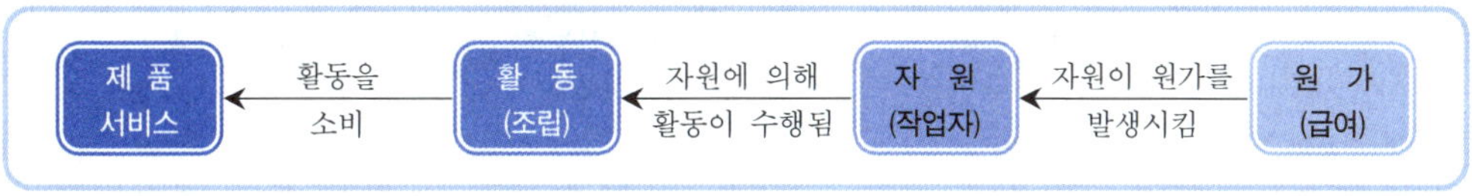

이와 같이 원가를 발생시키는 자원은 유동자원과 고착자원으로 구분할 수 있다.

① **유동자원**(flexible resources) : 필요한 자원을 필요시점에 즉시 확보할 수 있는 자원으로서 유동자원으로 수행하는 활동이 변동활동에 해당하며 유동자원을 확보하기 위하여 소요된 원가는 변동활동원가에 해당한다. 유동자원은 필요한 만큼 확보해서 사용하므로 자원을 모두 사용하고 미사용한 생산능력은 발생하지 않는다.

② **고착자원**(committed resources) : 필요시점에 즉시 취득하기 어려운 자원으로서 경영자는 기초에 고착자원으로 수행되는 활동을 미리 예측하여 필요한 만큼의 자원을 사전에 미리 확보해 놓아야 하는 자원을 말한다. 그리고 기초에 확보해야 하는 고착자원 수량은 경영자의 재량에 따라 결정할 수 있지만 일단 고착자원을 획득하고 나면 고착자원의 활용여부와 관계없이 고착자원에 소요된 원가는 감소시킬 수 없기 때문에 고착자원획득에 소요된 원가는 단기적으로 고정원가의 성격을 가지게 된다. 따라서 고착자원으로 수행되는 활동은 고정활동에 해당되고 고착자원의 취득에 소요된 원가는 고정활동 원가에 해당한다.

자원유형	자원의 특징	원가 행태 구분
유동자원	• 필요시 즉시 확보할 수 있는 자원 • 필요한 만큼 확보하므로 자원을 모두 사용	변동원가에 해당한다.
고착자원	• 사전에 미리 확보해 놓아야 하는 자원 • 미리확보한 생산능력 중에서 미사용된 생산능력이 나타날 수 있다.	고정원가에 해당한다.

(2) 미사용생산능력의 관리

고착자원이 획득되고 나면 현재 획득된 고착자원으로 수행할 수 있는 활동원가동인의 총수가 결정되는데 이를 '사용가능한 활동수량(available activity)'이라고 한다. 여기서 사용가능한 활동수량은 기초에 그 수요를 예측하여 미리 확보해 놓은 수량이므로 경영활동을 수행하는 과정에서 그 수량의 대부분은 사용되겠지만, 사용되지 못하고 남는 부분이 나타날 수도 있는데 이를 미사용활동(또는 미사용 생산능력)이라고 한다. 즉, '미사용활동(unused capacity)[8]'이란 기초에 확보해 놓은 사용가능한 활동 중에서 실제로 활용되지 못한 활동을 의미한다.

사전에 확보된 활동원가	=	실제로 사용된 활동원가	+	미사용활동원가
(사용가능한 활동수량×SP)		(실제사용된 활동수량×SP)		(미사용활동수량×SP)
확보한 생산능력		활용한 생산능력		유휴생산능력

8) 미사용활동을 분석하는 모형을 'ARU모형(activity resources usage model)'이라고 한다.

미사용 생산능력을 파악하면 자원공급량과 자원사용량 및 미사용자원에 대한 정보를 정확하게 파악할 수 있기 때문에 생산능력을 최적으로 활용할 수 있도록 경영자가 의사결정을 할 때 유용한 정보로 활용된다.

예제[17-7] 미사용활동원가

태양상사는 작업준비활동을 수행하고 있다. 이 활동을 수행하는 작업자는 1인당 1,200시간을 작업할 수 있고, 각 작업자는 ₩36,000의 연봉계약을 체결하여 고용해야 한다. 연초에 연간 필요한 작업준비 시간을 검토한 결과 7,200시간이 필요한 것으로 파악되었다. 태양상사는 작업준비작업자를 6명 고용하였으며, 실제작업 준비는 6,750시간을 수행하였다.

요구사항

1. 확보한 활동과 활동시간당 배부율을 계산하시오.
2. 미사용활동과 미사용활동원가를 계산하시오.

해답

1. 확보한 활동과 활동시간당 배부율
   (1) 확보한 활동 : 1,200시간×6명=7,200시간
   (2) 활동시간당 배부율 : ₩36,000×6명÷7,200시간=₩30

2. 미사용활동과 미사용활동원가
   (1) 미사용활동 : 7,200시간−6,750시간=450시간
   (2) 미사용활동원가 : 450시간×₩30=₩13,500

예제의 내용을 정리하면 다음과 같다.

사전에 확보된 활동원가	=	실제로 사용된 활동원가	+	미사용활동원가
(7,200시간×₩30=₩216,000)		(6,750시간×₩30=₩202,500)		(450시간×₩30=₩13,500)

이와 같은 미사용활동은 기업이 필요 이상으로 자원을 확보하여 나타날 수도 있으며, 활동의 효율성을 높여서 나타날 수도 있다. 미사용활동이 파악되면 경영자는 단기적으로 미사용활동을 다른 부문에 활용할 수 있는 방안을 모색함으로써 구속자원의 낭비를 줄이고 다른 부문에 투입될 원가를 절감하여야 하며, 차기에는 미사용활동을 고려하여 구속자원의 획득수량을 줄여서 사용가능활동수량을 감소시키고 이를 통해서 구속자원에 지출되는 원가를 절감할 수 있을 것이다.

3. 활동기준변동예산

활동기준원가정보를 기초로 예산이 수립되면 조업도에 근거한 전통적인 방법의 예산보다는 정확한 예산이 수립되고, 책임중심점의 성과를 평가하는 기준으로 보다 적합하다.

(1) 표준원가계산과 활동기준경영의 통합

표준원가계산과 활동기준경영은 많은 차이점을 가지고 있는데 이는 상호 대체적인 시스템이 아니라 보완적인 역할을 수행할 수 있다. 즉, 표준원가계산은 단기적으로 원가계획과 통제에 활용될 수 있고 활동기준경영은 장기적으로 기업운영과 전략에 관련되는 의사결정에 이용될 수 있다. 이 두 시스템을 보완적으로 활용하기 위해서 다음과 같은 방안을 적용한다.

① **활동원가동인의 통합적용** : 활동기준원가계산에서 사용하는 거래현상을 반영한 원가동인을 표준원가계산에서도 사용하는 것이다.

② **부가가치원가와 비부가가치원가의 개념을 적용** : 표준원가정보에서 파악된 비부가가치원가를 제거하기 위해 지속적으로 개선노력을 하면 표준원가 시스템을 운영하면서 활동기준경영의 효익을 얻을 수 있다.

③ **활동기준예산의 활용** : 표준원가계산에서 적용하는 변동예산을 활동기준경영에도 반영하면 표준원가계산에서 얻을 수 있었던 계획과 통제에 필요한 정보를 활동기준경영에서도 얻을 수 있다.

(2) 활동기준변동예산의 설정

활동기준변동예산은 실제조업도에 대한 각 활동별 원가동인의 표준수량에 따라 변동예산을 수립한다. 활동기준 변동예산은 조업도를 기준으로 한 전통적인 변동예산보다 정확하게 원가목표를 설정할 수 있으므로 성과평가에 보다 유용하다. 활동기준변동예산과 실제원가를 비교해서 차이가 나타나면 이 부분은 경영자가 지속적으로 관리하여 제거해 나가야 한다.

예제 [17-8] 활동기준변동예산

(주)용감한은 제조원가의 예산편성에 있어서 활동기준으로 변동예산을 수립하기로 하고, 원가동인별로 제조원가를 추정한 결과 다음과 같은 원가함수가 추정되었다.

작업준비활동	묶 음 수 준	₩216,000+₩20×작업준비시간
검사활동	단 위 수 준	₩240,000+₩2×부품의 수
포장활동	묶 음 수 준	₩180,000+₩30×포장묶음의 수

당기 151,200단위 생산에 대한 각 원가동인의 부가가치 표준수량은 다음과 같다.

작업준비 묶음의 크기	150단위(묶음당 6시간)
제품단위당 검사부품 수	20개
포장묶음의 크기	5단위

요구사항

1. 다음 조건하에서 당기 151,200단위 생산에 대한 활동기준변동예산을 각각 작성하시오.
2. 당기에 실제 발생한 원가가 다음과 같을 때 활동기준변동예산에 대한 원가차이를 계산하시오.

작업준비활동	₩361,750
검사활동	6,500,000
포장활동	1,900,000
	₩8,761,750

해답

1. 활동기준변동예산

① 151,200단위 생산에 대한 부가가치 표준

작업준비횟수 : 151,200단위÷150단위×6시간=6,048시간

검사부품수 : 151,200단위×20개=3,024,000개

포장묶음수 : 151,200단위÷5단위=30,240묶음

② 활동기준변동예산

활동	고정활동원가		변동활동원가		활동기준변동예산
작업준비활동	₩216,000	+	6,048시간×₩20	=	₩336,960
검사활동	240,000	+	3,024,000개×₩2	=	6,288,000
포장활동	180,000	+	30,240묶음×₩30	=	1,087,200
합계					₩7,712,160

2. 활동기준변동예산 원가차이

활동	실제원가	변동예산	예산차이
작업준비활동	₩361,750	₩336,960	₩24,790 불리
검사활동	6,500,000	6,288,000	212,000 불리
포장활동	1,900,000	1,087,200	812,800 불리
합계	₩8,761,750	₩7,712,160	₩1,049,590 불리

(3) 묶음수준활동의 차이분석

활동기준변동예산의 차이분석은 표준원가계산의 제조간접원가 차이분석과 동일한 방식으로 이루어진다. 다만, 묶음수준활동의 경우에는 묶음 크기에 따라서 원가동인(묶음의 수)이 달라질 수 있으므로 제조간접원가 차이분석에서는 고려하지 않았던 묶음크기를 추가적으로 고려해야 한다. 묶음크기를 고려해서 부가가치 표준수량을 계산하면 다음과 같다.

- 예상묶음수 = 실제생산량 ÷ 예상묶음크기
- 총예상작업시간(SQ) = 예상묶음수 × 묶음당 예상작업시간
  (부가가치표준)

부가가치표준수량을 계산한 후에는 묶음수준활동원가를 변동활동원가와 고정활동원가로 구분해서 차이를 분석한다. 예를 들어 작업준비활동원가 중에서 변동활동원가에는 시간급 작업자, 작업준비 관련 장비의 전기료, 작업준비에 사용되는 재료 등이 포함될 것이며, 고정활동원가에는 연봉계약을 한 감독자나 장비의 리스료 등이 포함될 것이다.

(4) 변동활동원가차이분석

변동활동원가는 유동자원의 사용에 따른 원가로 활동의 발생량에 비례하여 변동하는 원가이다. 변동활동원가차이는 소비차이와 능률차이로 구분된다.

① 변동활동원가 소비차이 : 기업이 확보한 활동수량에 대하여 지출한 금액과 예산액과의 가격차이이다.

② 변동활동원가 능률차이 : 실제산출량을 생산하면 사용한 활동수량과 부가가치표준수량의 차이에 표준가격을 곱한 것으로 활동자체의 효율성을 분석하는 차이이다.

실제수량 × 실제가격 (AQ × AP)	실제수량 × 표준가격 (AQ × SP)	부가가치표준수량 × 표준가격 (SQ × SP)
소비차이 AQ × (AP − SP)	능률차이 (AQ − SQ) × SP	

(5) 고정활동원가차이분석

고정활동원가는 고착자원(committed resources)의 확보에 따른 원가로 활동의 발생량과는 상관없이 자원의 확보량에 따라 발생하는 원가이다. 고정활동원가차이는 소비차이, 활동수량차이(조업도차이), 미사용활동차이로 분석할 수 있다.

① 고정활동원가 소비차이 : 기업이 확보한 활동수량에 대하여 지출한 금액과 실제 확보된 활동수량에 대한 예산액과의 가격차이이다.

② 고정활동원가 활동수량차이(조업도차이) : 실제 확보한 활동수량과 부가가치표준수량의 차이에 표준가격을 곱한 것으로 비부가가치원가를 의미한다.

③ 고정활동원가 미사용활동차이 : 기업이 확보한 사용가능한 활동수량에서 실제 작업에 사용된 활동수량을 차감한 수량(미사용 활동수량)에 표준가격을 곱하여 계산한다. 미사용활동원가는 기업이 필요이상으로 자원을 확보하여 나타날 수도 있고 활동의 효율성을 높여서 나타날 수도 있다.

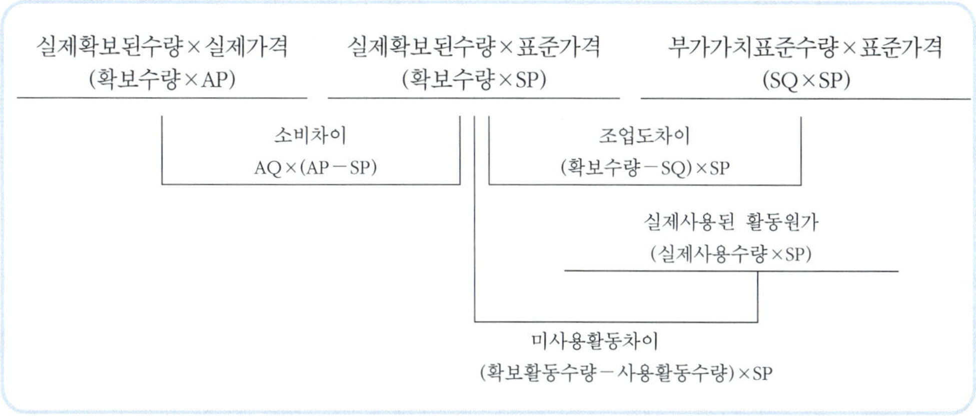

예제[17-9] 묶음수준활동의 차이분석

다음은 (주)원가의 작업준비활동과 관련된 6차년도의 자료이다. 고착자원으로는 1,200시간을 작업 준비할 수 있는 작업자를 한 명당 ₩36,000의 연봉으로 고용할 수 있다고 예상하였다.

	고정예산	당기 발생액
제품생산량	180,000개	151,200개
묶음크기	÷묶음당 150개	÷묶음당 140개
묶음의 수	1,200묶음	1,080묶음
묶음당 작업준비시간	×6시간	×6.25시간
총작업준비시간	7,200시간	6,750시간
시간당 변동활동원가	×₩20	×₩21
변동활동원가	₩144,000	₩141,750
고정활동원가	₩216,000	₩220,000

요구사항

1. 작업준비활동의 변동예산을 계산하시오.
2. 작업준비활동의 변동활동원가차이를 분석하시오.
3. 실제생산량이 151,100개인 경우에 작업준비시간의 부가가치표준수량을 계산하시오.
4. 고정활동원가의 미사용활동원가를 계산하시오.
5. 고정활동원가에 대해 예산차이, 조업도차이, 미사용활동원가로 구분하시오.

해답

1. 작업준비활동의 변동예산

(1) 변동활동원가

변동예산의 예산묶음수=151,200개÷150개(예산묶음크기)=1,008묶음

부가가치표준시간(SQ)=1,008묶음×6시간(예산묶음당 작업준비시간)=6,048시간

변동활동원가 변동예산 6,048시간(SQ)×₩20(SP)=₩120,960

(2) 고정활동원가

고정활동원가 변동예산 6명×₩36,000=₩216,000

2. 변동활동원가의 차이분석

AQ×AP	AQ×SP	SQ×SP
6,750시간×@21 =₩141,750	6,750시간×@20 =₩135,000	6,048시간×@20 =₩120,960

소비차이 ₩6,750U　　능률차이 ₩14,040U

변동활동원가 예산차이 ₩20,790U

변동활동원가 능률차이가 발생하는 이유는 첫째, 묶음의 크기가 예상했던 150개에서 실제 140개로 작아졌기 때문이고, 둘째, 묶음당 작업시간이 예상했던 6시간에서 실제 6.25시간으로 증가하였기 때문이다.

3. 묶음수준활동의 부가가치표준수량

예상묶음수=실제생산량÷예상묶음크기=151,100개÷150개=1,007.33묶음

총예상작업시간=예상묶음수×묶음당 작업시간=1,008묶음×6시간=6,048시간

묶음수가 소숫점이 이하의 값이 있는 경우에는 마지막 묶음의 크기가 예산 묶음크기보다 작다는 의미이며 묶음수준활동은 여전히 1회가 필요하다. 따라서 묶음수에서 소수점이하의 값이 있으면 올림하여 묶음수를 계산한다.

4. 고정활동의 미사용활동원가

(1) 확보한 활동 : 1,200시간×6명=7,200시간

(2) 활동시간당 배부율 : ₩216,000÷7,200시간=₩30

(3) 미사용활동 : 7,200시간－6,750시간＝450시간

(4) 미사용활동원가 : 450시간×₩30＝₩13,500

5. 고정활동의 차이분석

실 제	예 산	SQ×SP
	7,200시간×@30	6,048시간×@30
₩220,000	＝₩216,000	＝₩181,440

예산차이 ₩4,000U (실제 − 예산)

조업도 차이 ₩34,560U (예산 − SQ×SP)

AQ×SP
6,750시간×@30
＝₩202,500

미사용활동원가 ₩13,500 (예산 − AQ×SP)

4. 활동자원모형의 관련원가분석

전통적인 관련원가 분석은 조업도를 기준으로 변동원가와 고정원가를 구분해서 관련항목을 분석한다. 반면에 활동자원모형에서는 자원조달기간의 유형에 따라 자원을 다음의 3가지로 구분하고 각 유형별로 관련항목에 고려되는 방식을 다르게 한다.

① 단기간에 조달할 수 있는 유동자원 : 페인트나 포장재와 같이 몇 주 미만의 단기간 내에 조달할 수 있는 유동성이 있는 자원이다. 일반적이므로 유동자원의 원가는 변동원가인 경우가 대부분이다.

② 중간기간 내에 조달할 수 있는 생산능력관련 자원 : 작업자와 같이 몇 주 이상에서 6개월 사이에 조달이 가능한 자원을 말한다. 이 유형의 자원을 획득하는 과정에서 발생한 원가는 준고정원가로 발생하는 경우가 대부분이다. 예를 들어 회사가 다음 분기에 한 명의 작업자를 고용하기로 계획하고 있다. 한 작업자가 한 달에 160시간의 작업을 하고, 한 단위의 제품을 생산하기 위해 0.8시간의 작업시간이 소요된다고 가정하자. 이러한 생산의사결정을 통해 결정되는 중기간의 최대 생산능력은 200단위(160시간÷0.8)로 결정될 것이다.

③ 장기간에 걸쳐 조달이 가능한 장기 생산능력관련 자원 : 공장을 신축하는 것과 같이 조달기간이 6개월 이상이 소요되는 장기생산능력관련 자원은 그 설비가 사용되는지 여부와 관계없이 그 자원을 획득하기 위해 투입되는 원가는 변함이 없으며, 생산력 수준과 생산력관련 원가는 단기간에는 변경하기 매우 어렵다. 장기생산능력관련 원가가 투입되어 생산능력이 결정되면 매우 넓은 관련 범위에서 금액이 바뀌지 않아서 고정원가의 원가행태를 가지는 경우가 대부분이다.

자원의 형태와 관련원가 고려방식

자원의 유형	사례	증분접근법에서 고려방식
조달기간이 단기간(몇 주 미만)인 유동자원	원재료, 부품, 일용작업자	변동원가로 관련항목으로 고려한다.
조달기간이 중간기간(몇 주 이상 6개월 이하)인 고착(고정)자원	작업자, 범용설비, 특수한 원재료	준고정원가로 의사결정내용에 따라 관련항목포함여부가 달라져서 주의한다.
조달기간이 장기간(6개월 초과)인 장기생산능력관련 고착(고정)자원	건물, 특수목적의 설비	단기간에 바뀌지 않기 때문에 고정원가는 일반적으로 비관련항목으로 고려한다.

예제 [17-10] 활동자원모형의 관련원가 분석

(주)원가는 단위당 판매가격이 ₩14인 제품을 생산하여 판매하고 있다. 최근 회사는 단위당 ₩10에 제품 2,000단위를 구입하겠다는 특별 주문을 받았다. 이 주문을 수락하여도 정규고객과의 거래에는 아무런 영향이 없다. 다음은 활동기준원가계산 시스템이 제공한 정보이다.

활 동	원가동인	미사용 생산능력	자원수요량*1	활동률	
				고정원가*2	변동원가*3
원재료사용	생 산 량	0	2,000단위	–	₩3/단위
직 접 노 동	직접노동시간	0	400시간	–	7/시간
작 업 준 비	작업준비시간	0	25	₩50/시간	8/시간
기 계	기 계 시 간	6,000시간	4,000	4/시간	1/시간

*1. 특별주문을 수락할 경우 소비되는 자원수요량
2. 활동생산능력 단위당 지불되는 원가
3. 소비되는 활동자원 단위당 원가

작업준비 활동의 생산능력 확대는 100시간 단위로 이루어진다.

요구사항

1. 단기적인 관점에서 볼 때 특별주문을 수락하여야 하는가?
2. 장기적인 관점에서 볼 때 특별주문을 수락하여야 하는가?
3. 만약 작업준비 활동의 미사용 생산능력이 50시간이라면 특별주문을 수락하여야 하는가?

↗ 해답

1. 단기적인 관점의 특별주문 수락여부 의사결정

특별주문을 수락할 경우 증분이익은 다음과 같다.

Ⅰ. 증분수익 :	2,000개 × @10=		₩20,000
Ⅱ. 증분비용			
직접재료원가 :	2,000개 × @3=	₩6,000	
식섭노무원가 :	400시간 × @7=	2,800	
작업준비활동원가 :	25시간 × @8+100시간* × @50=	5,200	
기계활동원가 :	4,000시간 × @1=	4,000	18,000
Ⅲ. 증분이익			₩2,000

* 작업준비활동의 미사용 생산능력이 없으므로 특별주문을 수락할 경우 생산능력 100시간을 확대해야 한다.

따라서 증분이익이 발생하므로 단기적 관점에서 특별주문을 수락하여야 한다.

2. 장기적인 관점의 특별주문 수락여부 의사결정

작업준비활동의 생산능력을 일시적으로만 확대하는 것이 가능하다면 특별주문을 수락하여야 한다. 그러나 만약 그렇지 않다면 생산능력의 확대로 인하여 앞으로 매 기간마다 ₩5,000(100시간 × @50)의 작업준비활동원가를 계속 추가로 부담하여야 하므로 특별주문을 거절하여야 한다.

3. 미사용 능력 존재시 특별주문 수락 여부 의사결정

특별주문을 수락할 경우 증분이익은 다음과 같다.

Ⅰ. 증분수익 :	2,000개 × @10=		₩20,000
Ⅱ. 증분비용			
직접재료원가 :	2,000개 × @3=	₩6,000	
직접노무원가 :	400시간 × @7=	2,800	
작업준비활동원가 :	25시간 × @8=	200	
기계활동원가 :	4,000시간 × @1=	4,000	13,000
Ⅲ. 증분이익			₩7,000

따라서 특별주문을 수락하여야 한다.

제 8 절 재고관리와 적시생산시스템

'재고관리(inventory control)'란 재고에 대한 수요에 신속하고 경제적으로 적응할 수 있도록 재고를 최적상태로 관리하는 절차를 말한다. 이러한 재고관리의 목표는 재고와 관련된 비용을 최소화하면서 적절한 재고수준을 유지하는 것이다.

재고관리에 대한 내용은 생산관리에서 자세히 다루고 있으므로 여기서는 다음과 같은 재고관리의 기본문제에 대해서만 간략하게 살펴보기로 한다.

① 1회의 주문량을 얼마로 할 것인가?

② 언제 주문할 것인가?

③ 재고수준을 어느 정도로 유지할 것인가?

여기서 ①은 경제적 주문량을 결정하는 문제이며, ②와 ③은 재주문점을 결정하는 문제이다. 경제적 주문량과 재주문점을 결정하기 위해서는 재고관리비용을 고려해야 하는데 재고관리비용에는 재고유지비용, 재고주문비용, 재고부족비용 등이 있다.

- 재고유지비용(carrying costs) : 구입된 재고나 생산된 재고를 유지하고 보관하는 데 소요된 비용으로서 주로 재고자산에 투하된 자본비용, 보관비, 도난·부패 등으로 인한 재고감모손실이나 평가손실, 보험료 등으로 구성된다.
- 재고주문비용(ordering costs) : 필요한 재고를 주문하여 창고에 입고할 때까지 발생한 제비용으로서 주문서 발행비, 통신비, 선적 및 하역비 등이 이에 속한다.
- 재고부족비용(out-of stock costs) : 재고가 고갈되어 발생하는 판매기회의 상실과 이로 인한 고객들로부터의 불신, 생산계획의 차질 등에 의하여 발생하는 손실을 말한다.

재고유지비용	구입된 재고나 생산된 재고를 유지하고 보관하는데 소요된 비용 ㉮ 재고자산에 투하된 자본비용, 보관비, 재고감모손실 등
재고주문비용	재고를 주문하여 창고에 입고할 때까지 발생한 비용 ㉮ 주문서 발행비, 통신비, 선적 및 하역비 등
재고부족비용	재고의 고갈로 발생하는 판매기회의 상실, 고객의 불신, 생산계획의 차질 등에 의한 손실

이상의 재고관리 비용들 사이의 관계를 살펴보면 재고량이 증가할수록 재고유지비용은 증가하지만 재고주문 비용이나 재고고갈로 인한 기회비용은 감소하게 되며, 재고량이 감소할수록 재고유지비용은 감소하지만 재고주문비용이나 재고고갈로 인한 기회비용은 증가하게 된다. 따라서 재고관리 계획과 통제모형은 이들 재고관리비용을 모두 합한 총재고관리비용이 가장 낮은 적정재고수준을 유지할 수 있도록 이루어져야 한다.

1. 경제적 주문량

'경제적 주문량(economic order quantity : EOQ)'이란 재고관리 비용만을 고려하여 재고주문비용과 재고유지 비용을 최소화 할 수 있는 1회 주문량을 말한다. 경제적 주문량을 결정하기 위해서 다음과 같은 주문상황을 가정한다.

• 분석기간 중 재고수요는 일정하고 확정적이다.

• 재고는 주문 즉시 입고되며(재고조달에 소요되는 기간은 없다)재주문은 재고가 0일 때 한다.

• 재고조달에 소요되는 기간이 없으므로 재고부족현상은 발생하지 않고 재고부족비용도 발생하지 않는다.

• 단위당 재고가격은 일정하며 수량 할인 등은 없다.

• 재고유지비용은 재고수준에 비례(변동원가적 성격)하고 재고주문비용은 주문량의 크기와 관계없이 일정(고정원가적 성격)하다.

이와 같이 가정하면 재고부족비용은 발생하지 않고 재고주문비용과 재고유지비용만이 발생한다.

(1) 재고관리비용의 구성

재고관리비용은 재고유지비용과 재고부족비용으로 구성된다. 연간 발생하는 재고유지비용과 재고주문비용은 1회 주문량에 따라 발생액이 달라진다.

① **재고유지비용** : 재고유지비용을 계산하기 위해서는 우선 연평균재고량을 계산해야 하는데, 앞의 가정을 전제하면 연평균재고량은 1회 주문량(Q)을 반으로 나눈 값과 같다. 다음 그래프는 이를 잘 보여주고 있다.

연평균재고

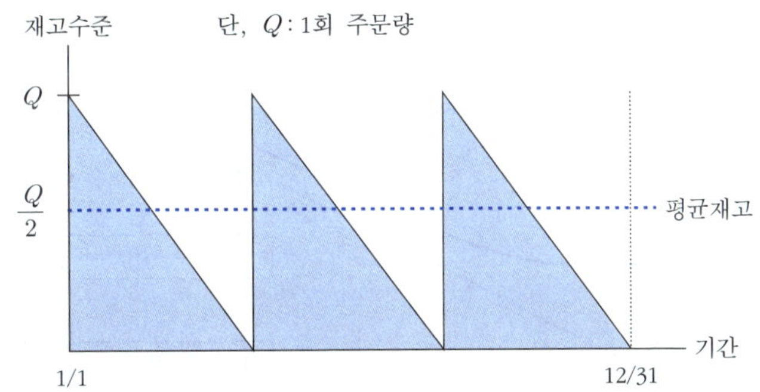

재고유지비용은 변동원가의 성격을 가지고 있으므로 연평균재고량에 재고 한 개를 연간 유지하는 비용(C)을 곱해서 다음과 같이 계산한다.

$$\text{재고유지비용} = \text{연평균재고량}\left(\frac{Q}{2}\right) \times \text{연간유지비용}(C) = \frac{Q}{2} \times C$$

1회 주문량이 증가하면 연평균재고가 증가하므로 재고유지비용은 증가한다.

② **재고주문비용** : 재고주문비용은 연간주문 횟수에 1회 주문에 소요되는 비용(O)을 곱해서 계산한다. 여기서 연간주문 횟수는 연간수요량(D)을 1회주문량(Q)으로 나누어 계산한다.

$$재고주문비용 = 연간주문횟수\left(\frac{D}{Q}\right) \times 1회\ 주문비용(O) = \frac{D}{Q} \times O$$

1회 주문량이 증가할수록 연간 주문횟수가 적어지기 때문에 연간 재고유지비용은 감소한다.

③ **총재고관리비용** : 총재고비용은 재고유지비용과 주문비용 및 재고부족비용으로 구성되는데 경제적주문량을 계산할 때는 재고부족현상이 없는 것으로 가정하므로 총비용은 재고유지비용과 주문비용의 합으로 구할 수 있다.

$$총재고비용 = \underbrace{\frac{Q}{2} \times C}_{유지비용} + \underbrace{\frac{D}{Q} \times O}_{주문비용}$$

이와 같은 총재고비용은 1회 주문량(Q)의 변화에 따라 총금액이 달라지는데 1회 주문량 변화와 총재고비용과의 관계를 도표로 표시하면 다음과 같다.

총재고관리비용

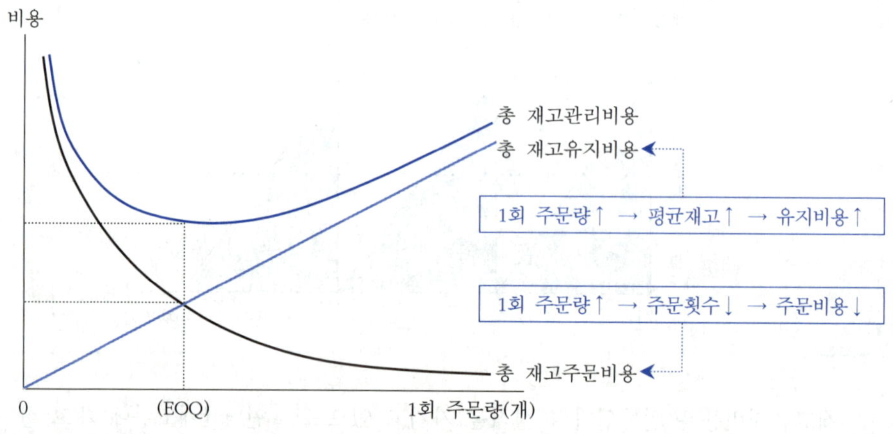

(2) 경제적 주문량

앞의 도표에서와 같이 총재고비용은 1회 주문량에 따라 달라지는데, 경제적주문량(EOQ)은 총재고비용이 최소가 될 수 있는 주문량으로 이를 구하기 위해서는 앞의 총재고비용의 식을 Q에 대해서 미분한 값을 '0'으로 만드는 Q의 값을 찾으면 된다.

$$\frac{dTC}{dQ}=\frac{DO}{Q^2}+\frac{C}{2}=0$$

이 등식을 만족시키는 주문량(Q)값이 경제적 주문량(EOQ)이 되며, 이를 풀면 다음과 같이 계산된다.

$$\text{경제적주문량}(EOQ)=\sqrt{\frac{2DO}{C}}$$

참고로 경제적 주문량으로 주문이 이루어지면 관련기간동안의 총주문비용과 총유지비용은 금액크기가 서로 같아진다. 경제적 주문량을 계산하는 방법을 다음 예제를 이용해서 살펴보기로 하자.

예제 [17-11] 경제적 주문량과 재고관비용

나무기업의 1년간 A상품의 총수요량(D)은 4,000개이며, 연간 250일을 작업해서 하루수요량(d)은 16개이다. 1회 주문비용은 ₩16,000이고, 재고유지비용은 ₩200이다.

요구사항

1. 경제적 주문량을 계산하시오.
2. 경제적 주문량에서의 총주문비용과 유지비용 및 총재고관리비용을 계산하시오.

해답

1. 경제적 주문량

$$EOQ=\frac{\sqrt{2\times 4{,}000\text{개}\times ₩16{,}000}}{₩200}=800\text{개}$$

2. 재고관리비용

(1) 총주문비용 : $\underbrace{\frac{4{,}000\text{개}}{800\text{개}}}_{\text{주문횟수}}\times ₩16{,}000=₩80{,}000$

17

(2) 총유지비용 : $\frac{800개}{2}\times ₩200 = ₩80,000$

(3) 총재고관리비용 : $\underbrace{\frac{4,000개}{800개}}_{\text{주문횟수}}\times ₩16,000 + \underbrace{\frac{800개}{2}}_{\text{평균재고}}\times ₩200 = ₩160,000$

2. 재주문점

경제적주문량을 계산할 때는 주문즉시 재고가 조달된다고 가정하는데 현실적으로는 재고조달에 시간이 소요된다. 따라서 재고조달기간동안 사용할 재고량을 계산해서 재고량이 그 수준에 도달했을 때 재주문을 해야한다. 또한 경제적주문량 계산을 위한 가정에서는 재고수요량이 일정하고 확정적이라고 가정하는데 실제수요량은 일정하지 않으므로 회사는 안전재고를 유지해서 수요의 불확실성을 예방하려고 할 것이다.

'재주문점(reorder point : ROP)'은 신규주문을 하기 위한 최소재고량으로 재고조달에 소요되는 기간과 수요의 불확실성을 고려해서 조달기간 동안의 사용량에 안전재고를 더해서 계산한다.

$$ROP = \underbrace{L \times \frac{D}{n}}_{\text{조달기간 동안의 사용량}} + \underbrace{S}_{\text{안전재고}}$$

($\frac{D}{n}$: 1일 사용량)

단, L : 조달기간(lead time)
D : 재고관리대상기간 동안의 총재고사용량
n : 재고관리대상기간 동안의 재고사용일
S : 안전재고

예제 [17-12] 재주문점의 계산

나무기업의 상품에 대한 수요량은 연간 40,000개이며, 연간 250일을 작업하고 정상조달기간은 작업일수를 기준으로 10일이다. 또한 안전재고는 1,000개로 결정하였고, 연간 재고수요는 일정하다.

요구사항

재주문점을 결정하시오.

해답

재주문점 $= \underbrace{10일 \times 160개^{*}}_{\text{조달기간동안의 사용량}} + \underbrace{1,000개}_{\text{안전재고}} = 2,600개$

* 재고일일사용량 : 40,000개 ÷ 250일 = 160개

3. 적시생산시스템

'적시생산시스템(just-in-time : JIT)'이란 수요에 따라서 필요한 부품을 구입하거나 반제품을 생산하는 '수요견인시스템(demand-pull system)'으로 무재고시스템, 도요다 생산방식이라고도 한다. 적시시스템에서는 제품에 대한 수요가 파악되면 생산계획이 세워지고 생산계획에 따라 해당 제품을 생산하기 위한 제조공정의 마지막 단계로부터 시작하여 생산공정의 순서를 거꾸로 거슬러 올라가면서 원재료나 부품의 수요를 파악하고 이에 따라 순차적으로 필요한 양만큼 원재료를 주문하거나 생산하게 되어 제품이 만들어진다. 적시생산시스템은 수요변화에 유연하게 대응할 수 있고 재고와 낭비도 줄일 수 있다.

(1) 적시생산시스템의 구성요소

적시생산시스템은 수요견인시스템이므로 적시생산시스템의 장점을 최대한으로 살려서 원가를 절감하기 위해서는 전통적인 생산시스템과는 달리 공정이 다음과 같이 변화하여야 한다.

① **칸반시스템(Kanban System)** : 간판이라는 뜻의 일본말로 작업에 필요한 부품이나 반제품의 양, 시간, 장소 등을 적어서 그 전 공정의 작업자에게 생산해 줄 것을 지시하는 엽서 크기의 카드나 전표를 말한다.

② **풀 시스템(pull system)** : 종래의 푸시 시스템(push system) "고객 ⇐ 영업부 ⇐ 생산부 ⇐ 부품공급업자"과는 달리 "부품공급업자 ⇐ 생산부 ⇐ 영업부 ⇐ 고객"의 순서로 칸반을 통하여 뒤 공정에서 필요한 부품을 필요한 때에 공급해 줄 것을 앞 공정에 지시하는 수요견인시스템의 형태를 말한다.

③ **생산평준화(smoothing of production)** : 설비와 설비의 유휴시간을 최소화하기 위해 각 공정의 작업자가 한 번의 작업에 소요되는 시간을 동일하게 함으로써 다음 공정에서 유휴시간 없이 생산작업을 수행할 수 있도록 해야 한다.

④ **전사적 품질관리** : 품질불량은 낭비를 초래하고 생산일정에도 차질이 생기므로 품질문제가 발생하면 생산을 중단(line stop)하여 즉시 공장전체로 품질문제를 노출시키고 수정하게 한다. 불량의 원인을 제거하고 원천적으로 불량이 발생하지 않도록 하는 전사적 품질관리가 필수적이다.

⑤ **다기능작업자의 육성** : 다품종 소량생산이 가능해야 하기 때문에 작업자는 수요변동에 따라 다양한 기계를 사용할 수 있어야 하므로 다기능작업자가 필요하게 되고 수요변동에 적응하기 위하여 생산현장의 작업자수는 최소화하여 유지한다.

⑥ **셀방식 공정배치** : 특정 제품의 생산에 필요한 다양한 기계나 설비를 근접하게 배치하는 것으로 운반활동이나 이동시간 및 대기시간을 줄일 수 있다. 소수의 작업자를 유지하기 위해서 일반적으로 U자형 배치를 한다.

기능별 공정배치와 셀방식 공정배치

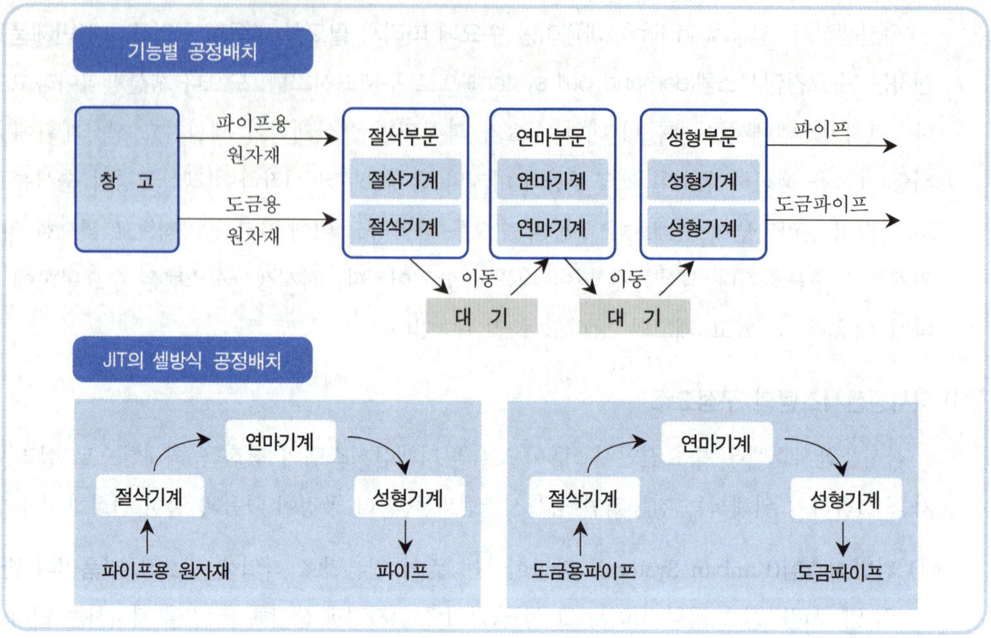

⑦ **협력업체와의 강력한 유대관계** : 적시생산시스템에서는 수요에 따라서 즉시 제품을 생산해야 하므로 협력업체가 고품질의 부품을 정시에 납품하는 것이 필수적이며 일반적으로 협력업체가 직접 부품을 검사하고 공정에 납품하게 하여 부품의 검수, 보관, 재고유지 및 원재료처리와 관련된 활동을 제거한다. 따라서 신뢰할 수 있는 공급업자로부터 안정적인 품질을 보장받아야만 하며 이를 위해 공급업자를 신중히 선정하거나 교육하고 자문 등으로 신뢰할 수 있도록 만든 후 장기공급계약을 체결한다.

(2) 적시생산시스템의 효익

지금까지 적시생산시스템의 특징에 대해 살펴보았는데 이와 같은 특징의 적시생산시스템을 도입하면 다음과 같은 효익이 있다.

① 시장수요의 변화에 신속히 대응할 수 있다.

② 전사적 품질관리를 통하여 불량률을 낮추고 품질을 개선할 수 있다.

③ 재고보관창고에 대한 수요가 줄어들어서 설비투자액을 감소시킬 수 있다.

④ 재고자산이 감소되어 재고자산투자액에 대한 금융비용을 감소시킬 수 있다.

예제 [17-13] 적시생산시스템의 효익

나무컵스는 (주)원가로부터 종이컵을 납품받아 판매하고 있는데, JIT시스템의 도입을 검토하고 있다. 종이컵의 연간 수요량은 20,000단위이며, JIT시스템이 도입되면 주문 1회당 주문비용은 변화 없이 ₩5이지만, 주문횟수가 20회에서 200회로 증가하고, 단위당 구입가격이 ₩10에서 ₩10.05로 증가할 것을 예상하고 있다. 재고유지비용은 단위당 ₩4.5로 변화 없으며, 재고부족비용은 현재 발생하지 않고 있지만 JIT이 도입되면 재고부족수량이 100단위로 예상되고, 이로 인해 단위당 ₩3의 손실이 예상되고 있다. 구입가격을 기준으로 재고액과 관련된 자본비용은 20%이다.

요구사항

1. 현재 구매정책 관련비용을 계산하시오.
2. JIT 구매정책 관련비용을 계산하시오.
3. JIT 도입여부를 결정하시오.

해답

1. 현재의 구매정책 관련비용

구 입 비 용 : 20,000단위 × ₩10 =	₩200,000
주 문 비 용 : 20회 × ₩5 =	100
재고유지비용 : 500단위* × ₩4.5 =	2,250
관련자본비용 : 500단위 × ₩10 × 20% =	1,000
재고부족비용	0
합 계	₩203,350

* 1회 주문량 : $\frac{20{,}000\text{단위}}{20\text{회}}$ = 1,000단위 평균재고 : $\frac{1{,}000\text{단위}}{2}$ = 500단위

2. JIT 구매정책 관련비용

구 입 비 용 : 20,000단위 × ₩10.05 =	₩201,000
주 문 비 용 : 200회 × ₩5 =	1,000
재고유지비용 : 50단위* × ₩4.5 =	225
관련자본비용 : 50단위 × ₩10.05 × 20%	100.5
재고부족비용 : 100단위 × ₩3 =	300
합 계	₩202,625.5

* 1회 주문량 : $\frac{20{,}000\text{단위}}{200\text{회}}$ = 100단위 평균재고 : $\frac{100\text{단위}}{2}$ = 50단위

3. 의사결정

JIT구매정책 경우의 단위당 구입가격이 기존구입정책 경우보다 비싸지만 구입비용 이외의 비용이 적게 발생하여 재고관련원가가 적게 발생하므로 JIT구매정책을 도입한다.

17

(3) 적시생산시스템이 회계에 미친 영향

적시생산시스템을 도입하면 제조기간이 최소화되어 구매, 생산, 판매가 순차적으로 신속하게 이루어지므로 원재료에서 매출원가에 이르는 원가의 흐름도 빠르게 전환된다. 이런 변화로 인해 적시생산시스템에서는 회계처리도 다음과 같이 영향을 받는다.

① 회계처리 단순화 : 제조기간이 최소화되어 원재료가 빠르게 매출원가로 전환되고 원재료가 창고가 아닌 제조공정에 직접 납품되므로 회계처리상 원재료계정과 재공품 계정을 통합하거나 원가흐름에 따른 분개를 생략할 수 있다.

② 원가흐름가정의 중요성 감소 : 재고자산이 없거나 매우 적기 때문에 회계처리상 FIFO, LIFO, 평균법 등의 물량흐름의 가정의 차이가 중요하지 않다.

③ 원가의 추적가능성 향상 : 원재료처리, 재고보유, 소모품검사 등의 활동이 줄어들어서 제조간접원가가 줄어들고 제조셀에서 생산이 이루어지므로 제조간접원가의 많은 부분이 제품에 추적이 가능한 직접원가화된다.

④ 종합원가계산 적용의 확대 : FMS, CIM 등의 자동화 기술이 적용되어 한 공정에서 다양한 제품의 작업이 수행되므로 종합원가계산의 적용가능성이 높아진다.

⑤ 정상공손원가 배분의 중요성 감소 : 불량률이 크게 낮아지므로 종합원가계산에서 정상공손원가를 재배분해야 할 필요성이 감소된다.

(4) 적시생산시스템의 성과측정치

적시생산시스템은 생산현장에서 발생하는 낭비요소를 제거하는 생산시스템으로 낭비의 형태를 구분해서 불량품의 낭비, 초과 및 조기달성의 낭비, 재고의 낭비, 운반의 낭비, 가공의 낭비, 동작의 낭비, 대기의 낭비로 나누고 이런 낭비들을 철저히 제거하고자 한다. 따라서 그 성과측정치도 품질, 시간, 원가, 보유재고를 관리하는 지표를 사용한다.

① 품질에 관한 비재무적인 성과지표 : 재작업률, 작업폐물비율

② 시간에 대한 성과측정치 : 생산소요시간, 시간당 생산량, 제조주기효율성

③ 재무적인 성과측정치 : 재고자산회전율, 표준재료원가와 표준가공원가의 원가차이 분석

④ 보유재고에 대한 성과측정치 : 일별보유재고량

제 9 절 제약이론

제약이론은 "지속적으로 이익(돈)을 번다"는 기업의 목표를 달성하는 과정에서 제약이 되는 요인을 찾아 이를 집중적으로 관리하고 개선해서 기업의 성과를 높이는 방법이다. 제약이론은 단기적으로는 제약요소를 최대한 활용하여 가시적인 성과개선을 달성하고, 장기적으로는 제약요소를 극복해서 시스템 전체의 최적화를 추구하는 프로세스 중심의 경영혁신기법이다.

1. 제약공정관리의 중요성

제약이론은 모든 시스템에 제약자원이 있다고 보고 이것을 찾아내어 관리하는 것에 초점을 두고 있다. 물론 가장 바람직한 공장은 모든 자원의 생산능력이 시장수요와 정확하게 균형을 이루고 있는 공장이지만 생산현장에서는 통계적 변동성과 사건의 종속성이라는 두 가지 현상 때문에 균형이 잡힌 공장은 오히려 손실을 불러올 가능성이 있다.

① **통계적 변동성** : 각 공정 작업자의 작업수행시간에 일관성 부족, 불량 발생, 기계 고장 등의 예기치 못한 현상이 발생하면 각 공정의 소요시간이 일정하지 않고 변동하게 된다.

② **사건의 종속성** : 선행공정이 처리되지 않은 상태에서 후속공정이 먼저 처리될 수 없는 현상을 말한다.

전통적인 생산관리는 품질과 납기를 맞추기 위해 주로 각 공정의 생산능력을 동일한 수준으로 일관성 있게 유지해서 운영의 변동성을 줄이는데 초점을 두어 왔으며 통계적 변동성과 종속성은 고려하지 않는다. 즉, 효율이 낮은 공정을 개선하여 각 공정의 평균 효율을 높이면 공장 전체의 생산성이 향상될 것이라고 보고 공정간 생산성의 균형을 맞추는데 노력을 기울인 것이다. 그러나 실제 생산과정에서는 변동성과 종속성이 결합되어 예측할 수 없는 상황이 발생하기 때문에 평균효율을 관리하는 공장의 경우 오히려 현금창출률은 떨어지고, 재고가 누적되며 재고유지비로 인한 운영비용이 증가하는 상황이 나타난다. 이런 상황에 대한 이해를 돕기 위해 긴급생산요청에 대한 다음의 예제를 생각해 보자.

예제 [17-14] 생산능력관리와 생산량의 관계

(주)원가는 2개의 공정을 거쳐서 제품을 생산되는데 선행공정은 수동공정이고 후속공정은 자동화된 공정이며, 각 공정의 시간당 생산능력은 25개이다. 후속공정은 선행공정이 1시간동안 생산한 수량을 받아서 그 다음 1시간에 제품을 생산한다. 판매부서에서 긴급생산요청이 들어왔는데 그 내용은 12시 현재 납기가 많이 지연되고 있는 100개의 주문을 오후 5시까지 처리하는 것이다. 오후 5시에 선행공정의 생산일지를

보았더니 12시부터 4시까지 4시간 동안 100개를 생산하기는 하였으나, 시간대에 따라 생산량이 19개, 21개, 28개, 32개로 변화하는 통계적 변동성이 있었다. 후속공정은 자동공정이라 통계적 변동성이 없다.

요구사항

(주)원가가 오후 6시에 실제로 완성해서 생산한 수량을 계산하시오.

해답

후속공정은 자동공정이라 통계적 변동성이 없다고 하여도 사건의 종속성으로 인해 19개, 21개, 25개, 25개로 4시간 동안 90개 밖에 생산할 수 없게 되는 것이다.

	선행공정	후속공정			
생산시간	생산량	도착물량	생산	재고잔량	완성수량
12시~1시	19개				
1시~2시	21	19개	19개		19개
2시~3시	28	21	21		21
3시~4시	32	28	25	3개	25
4시~5시		32	25	7	25
	100개		90개	10개	90개

• 통계적 변동성
시간당 생산량이 일정하지 않고 변동된다.

• 사건의 종속성
선행공정에서 생산한 수량만 후속공정에서 생산할 수 있다.

예제에서와 같이 각 공정의 시간당 생산능력은 25개여서 생산능력만으로 보면 각 공정은 12시부터 5시까지 5시간동안 100개를 생산할 수 있으므로 100개의 긴급생산요청을 처리하는 데는 문제가 없는 것처럼 보인다. 그러나 선행공정인 수동공정이 통계적 변동성을 가지고 있고 이 변동성에 후속공정이 종속되어 있기 때문에 5시까지 100개를 생산할 수 없는 경우도 나타난다. 즉, 모든 자원의 능력을 시장수요에 맞추어 평균효율을 관리하는 것은 통계적 변동이 없을 경우에나 가능한 것이지 실제로는 가능하지도 않다.

따라서 생산과정에서 나타나는 변동성과 종속성을 인정하고 제약자원의 생산능력을 기준으로 현실적인 생산계획을 수립하는 것이 전체성과를 향상시켜서 그 결과로 재고를 줄이고 납기를 단축할 수 있다. 제약이론에서 제약요소를 관리하고 해소하는 방법을 구체적으로 살펴보면 다음과 같은 영역으로 나눌 수 있다.

① 집중개선 프로세스 : 의사결정의 초점을 흐름의 제약에 맞추고 이를 지속적으로 해결해 나가는 방법 및 절차를 말한다.

② 쓰루풋 회계(throughput costing) : 돈의 흐름을 투명하게 보고하고 공정한 성과측정을 유도하여 분업화로 형성된 조직의 벽을 허물어 조직 전체의 목표를 모두가 공유하도록 만드는 새로운 업무성과 평가방식을 말한다.

③ 드럼-버퍼-로프 생산일정관리(DBR scheduling) : 물자의 흐름을 제약하는 생산 및 물류 분야의 물리적 제약을 통제하고 극복하기 위한 방법을 말한다.

이러한 구성영역 가운데 제약이론의 기본개념을 가장 잘 반영하고 있는 DBR생산일정관리를 우선 설명하고 관리회계 영역과 관련성이 높은 집중개선 프로세스와 쓰루풋 회계에 대해서 보다 자세히 살펴보도록 하겠다.

2. DBR 생산일정관리

'드럼-버퍼-로프(DBR)일정관리'는 드럼, 버퍼, 로프로 구성되며 이 세 가지 요소를 적절히 고려하여 생산스케줄을 작성하면 제약공정의 생산능력은 최대로 활용하면서 초과재고는 최소화할 수 있다.

① **드럼(drum)** : 제약자원의 생산속도에 맞추어 다른 공정의 생산속도를 이에 일치시키는 작업스케줄을 말한다. 마치 행렬의 행진 속도를 맞추기 위해 북을 두드리는 것처럼 제약자원의 생산속도에 맞추어 공장의 전체 생산속도가 결정된다. 비제약자원의 생산속도가 제약자원의 생산속도보다 빠르면 제약자원이 처리할 수가 없어서 불필요한 재고가 발생하고 비제약자원의 생산속도가 제약자원의 생산속도보다 늦으면 제약자원의 생산흐름이 중단되어 산출량이 감소된다. 따라서 재고를 최소화하면서 산출량을 최대화하기 위해서 모든 공정의 생산속도를 제약공정의 생산속도에 맞춘다.

② **버퍼(buffer)** : 제약공정 앞에 놓여지는 완충재고를 말하는데, 이는 예상하지 못한 요인으로 제약자원의 생산흐름인 드럼이 멈추는 것을 막기 위해 제약공정에 단절 없이 작업물을 제공해 주는 역할을 한다. 즉, 제약공정이 작업을 중단하면 그 시간만큼 생산능력이 감소되므로 이를 예방하기 위해 제약공정 앞에 여유분의 재고를 보유하는데 이를 버퍼라고 하는 것이다. 드럼에서의 한 시간 작업 중단은 시스템 전체의 한 시간 작업 중단과 동일하므로 드럼은 버퍼를 통해 절대적으로 보호되어야 한다.

③ **로프(rope)** : 제약공정에서 생산되는 수량에 맞추어 최초공정에서 새로운 재료가 투입되도록 하는 투입스케줄을 말하며 제약공정의 선행공정에서 불필요한 초과재고가 발생하지 않도록 한다. 로프의 특징은 생산시스템에 투입되는 원재료의 양과 시기를 통제하고 중간의 비제약 공정에 대해서는 별도로 작업 시기를 통제하지 않는 것에 있으며 이 개념을 분배, 유통의 분야로 확대하여 '동기화(synchronization)'라는 용어로 사용하고 있다.

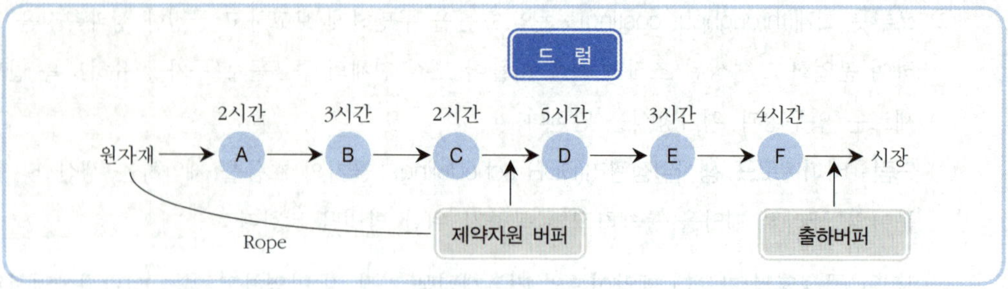

구성요소	내 용
드 럼 (drum)	제약자원의 생산속도에 맞추어 다른 공정의 생산속도를 이에 일치시키는 작업스케줄.
버 퍼 (buffer)	제약공정 앞에 놓여지는 완충재고. 제약자원의 생산흐름인 드럼이 멈추는 것을 막기 위해 제약공정에 단절 없이 작업물을 제공해 주는 역할.
로 프 (rope)	제약공정의 생산수량에 맞추어 최초공정에서 새로운 재료가 투입되도록 하는 투입스케줄. 생산시스템에 투입되는 원재료의 양과 시기를 통제하고 중간의 비제약 공정에 대해서는 별도로 작업 시기를 통제하지 않는 것.

이상에서 살펴본 드럼, 버퍼, 로프를 고려하는 DBR생산일정관리는 제약공정의 드럼에 맞추어서 모든 공정이 제품을 생산하고 최초공정의 투입량도 로프에 묶여 제약공정의 생산량에 따라 결정되며 제약공정에서 생산중단이 일어나지 않도록 제약공정 앞에 버퍼의 여유재고를 두도록 하여 제약공정을 최대한 활용하면서도 초과재고를 보유하지 않도록 유지할 수 있다.

3. 쓰루풋 회계

제약이론은 단기적으로 제약요소의 관리와 현금창출능력의 향상에 초점을 맞춘 이론으로, 조직의 성과를 측정하는 지표도 전통적인 관리회계에서 보는 시각과 달리 ① 재료처리량 공헌이익, ② 운영비용, ③ 재고자산투자액을 사용한다.

① **재료처리량 공헌이익**(throughput) : 매출액에서 직접재료원가와 같은 제품단위수준 변동비를 차감하여 계산하는데, 이는 매출을 통하여 기업이 외부로부터 벌어들이는 현금이다.

② **운영비용**(operating expense) : 재고자산이 재료처리량 공헌이익이 되도록 하기 위해서 기업이 외부로 지출하는 비용을 직접노무원가, 제조간접원가, 그리고 기업의 운영 및 유지 활동에서 발생하는 모든 비용을 포함하는 개념이다. 운영비용을 임의적으로 배부하는 원가계산방식은 종종 하부조직의 행동이 기업 전체의 이익을 감소시키는 준 최적화 문제를 야기하기 때문에 제약이론에서는 운영비용을 고정원가로 보고 총액으로만 취급하게 된다.

③ **재고자산투자액**(inventory or investment) : 현재 기업에 투자되어 내부적으로 묶여 있는 현금총액을 의미하는데, 원재료재고, 재공품재고, 완성품재고 등 재고자산 금액(inventory)과

기계나 건물과 같은 설비자산에 투자된 금액(investment)이 해당된다. 재공품이나 완성품의 재고금액에 직접노무원가나 제조간접원가를 포함시키지 않으므로 재고보유만으로 비용인식이 지연되어 기업의 재무성과를 높일 수 있는 전통적인 원가회계 문제를 방지한다. 또한 재고자산 등에 묶이는 돈을 자본비용이 발생하는 일종의 부채로 보기 때문에 재고자산투자액을 감소시켜서 재무성과를 개선할 수 있다고 본다.

제약이론에서는 재료처리량 공헌이익을 증가시키고, 재고자산투자액을 최소화하며, 운영비용을 감소시키게 되면 기업의 재무적 성과인 '순이익(net profit)'과 '투자수익률(ROI)'이 높아지고 '현금흐름(cash flow)'도 좋아진다.

제약이론의 성과지표

재료처리량공헌이익(Throughput)	재고자산투자액(Inventory)
기업이 판매를 통해 벌어들인 이익을 의미한다. • 재료처리량공헌이익=매출액−재료원가 • 변동원가 계산의 공헌이익과 유사하지만 직접노무원가와 변동제조간접원가가 차감되지 않는 점에서 차이가 있다.	판매하고자 하는 물품을 생산, 구매하는데 투자한 총액 • 판매를 목적으로 보유하는 기존재고자산과는 차이가 있다. • 건물, 대지, 설비 등과 같은 유형자산 및 기존재고자산을 포함한 개념이다. • 기존회계의 투자액 개념이다.

운영비용(Operationg Expense)	투자수익률(ROI)
재고를 재료처리량공헌이익으로 전환하는데 발생하는 총비용 • 노무원가, 제조간접원가, 판매비, 관리비 등을 모두 포함한다.	투자수익률(ROI)은 다음과 같이 계산한다. • $\text{ROI}=\frac{(\text{재료처리량공헌이익}-\text{운영비용})}{\text{재고자산투자액}}$ • Throughput Accounting 세 가지 구성요소의 종합평가지표이다.

제약이론에서는 단기적으로 재료처리량 공헌이익을 증가시키는 것이 재무적 성과를 높이는데 가장 중요하다고 보고 재료처리량 공헌이익을 높일 수 있도록 제약자원을 최대한 활용하고 관리해야 한다고 주장한다. 장기적으로는 병목공정을 해소하고 재고자산투자액을 최소화하는 것은 투자수익률을 높이고 현금흐름을 개선할 뿐만 아니라 자본비용이나 재고자산 유지비용 등을 감소시켜 간접적으로 순이익을 증가시키는 효과도 있다.

반면, 전통적 원가관리에서 가장 중요하게 생각하는 운영비용의 절감에 대해서는 운영비용이 고정적으로 발생하는 비용이어서 단기적으로 통제하는 것이 어렵고 오히려 지나친 운영비용의 절감노력은 생산능력의 저하로 미래의 재료처리량 공헌이익을 악화시킬 수도 있다고 본다.

대상기간	제약이론의 성과개선방법
단기간	단기적으로는 운영비용은 고정원가로 가정하고 제약공정의 효율성을 최대한 높여서 재료처리량공헌이익을 최대화하는 것을 목표로 한다.
장기간	장기적으로는 병목공정을 해소하고 운영비용과 재고자산투자액을 감소하도록 관리한다.

4. 집중개선 프로세스

집중개선 프로세스는 흐름의 제약에 초점을 맞추는 제약이론상의 의사결정 과정으로 흐름을 막는 제약과 핵심문제를 찾고, 전체 흐름량을 최대화시키려는 지속적 개선 방법을 제시하는데 다음과 같이 5단계로 이루어진다.

1단계 : 기업의 성과를 결정짓는 제약요소를 찾아낸다.

기업의 목표를 제약하는 병목요인(bottle neck)을 파악하고 기업목표에 미치는 영향의 정도에 따라 우선순위를 결정한다. 기업전체의 성과는 소수의 몇 가지 병목요인에 의해 결정되므로 이러한 자원은 조금이라도 낭비하거나 잘못 사용하지 않도록 관심을 기울여야 하기 때문이다.

2단계 : 찾아낸 제약요소를 철저히 효율적으로 이용한다.

제약자원의 능력이 조직전체의 능력이 되므로 제약자원(들)을 최대한 효율적으로 이용할 방법을 찾는 단계이며 구체적으로 다음의 방법들이 사용된다.

① 제약공정의 유휴시간을 제거하고 작업준비시간과 처리시간을 단축한다.

② 제약공정의 생산능력을 보안하기 위해 비제약공정이나 외부에서 가공을 지원한다.

③ 비제약공정의 여유자원을 제약공정에 투입한다.

④ 제약공정 이전에 품질검사를 실시하여 제약공정에서 불량품의 처리를 최소화한다.

⑤ 제약자원단위당 재료처리량 공헌이익이 가장 큰 제품생산배합을 결정한다.

3단계 : 비제약요소에 대한 의사결정은 2단계의 결정에 종속시킨다.

비제약자원은 생산능력이 시장수요보다 큰 자원이므로 비제약자원은 병목공정에 동기(종속)시켜 움직이도록 하여 재고를 최소화한다. DBR생산일정관리에서 드럼과 로프가 비제약공정을 제약공정에 동기화시키기 위해 사용하는 방법이다.

4단계 : 제약요소의 생산능력을 증가시키는 조치를 취하여 제약을 극복한다.

3단계를 통해서도 제약공정의 생산능력이 시장수요에 비해 부족한 경우는 추가적인 투자를 통해서 제약공정의 생산시설을 늘리거나 새로운 인력을 채용하는 방법 등으로 제약자원의 생산능력을 강화한다.

5단계 : 첫 단계로 돌아가 전체 과정을 반복한다.

4단계를 통해 제약요소가 해소되면 1단계로 돌아가 또 다른 제약요소가 발생하는지를 파악하여 개선프로세스를 반복한다. 제약이론은 지속적인 개선활동이기 때문에 개선작업을 반복해야 한다.

제약공정의 파악과 관리

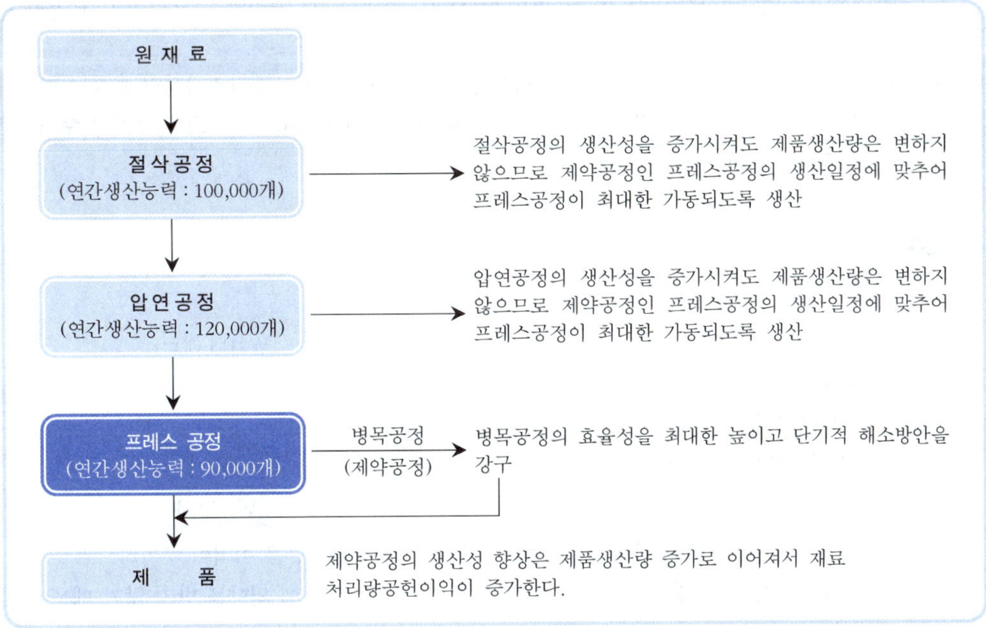

예제 [17-15] 제약이론

(주)TRW는 압연공정과 프레스공정 등 2개 공정을 통하여 트럭 문을 제조하고 있다. 압연공정과 프레스공정에 대한 정보는 다음과 같다.

	압연공정	프레스 공정
시간당 생산능력	20개	15개
연간 생산능력	120,000	90,000
연간생산량	90,000	90,000
고정운영원가(직접재료원가 제외)	₩720,000	₩1,080,000
단위당 고정운영원가	단위당 ₩8	단위당 ₩12

트럭 문의 단위당 판매가격은 ₩100이고, 단위당 직접재료원가는 ₩40이다. (주)TRW의 경영자는 프레스공정의 연간 생산능력이 90,000개로서 제약요소로 판단하고 있다.

요구사항

1. (주)TRW가 프레스공정을 개선하기 위하여 ₩50,000을 지출하면 프레스공정의 생산량을 1,000개 증가시킬 수 있다고 할 때 공정을 개선하여야 하는가?
2. (주)SBC는 (주)TRW가 원재료를 공급하는 조건으로 1,500개의 트럭 문을 개당 ₩15에 프레스가공을 하여 주겠다는 제안을 하였다. (주)TRW는 이 제안을 받아들여야 하는가?
3. (주)TRW가 ₩100,000의 비용을 지출할 경우 프레스공정의 작업준비시간과 처리시간이 단축되어 프레스공정의 작업준비시간 단축으로 인하여 2,500개를 추가적으로 처리할 수 있다면 이 비용을 지출하여야 하는가?
4. (주)TRW가 프레스공정에서는 공정의 종료시점에 품질검사를 한다. 프레스공정의 품질을 향상시키기 위하여 ₩60,000을 지출하면 프레스공정의 불량품을 1,000개에서 300개로 감소시킬 수 있다고 할 때 품질향상을 위한 지출을 하겠는가?

해답

1. 공정개선을 하는 경우에 관련원가를 분석하면 다음과 같다.

Ⅰ. 증분수익 : 1,000개 × @100 =		₩100,000
Ⅱ. 증분비용		
공정개선비용	₩50,000	
직접재료원가 : 1,000개 × @40 =	40,000	90,000
Ⅲ. 증분이익		₩10,000

공정을 개선하는 경우에 개선을 하지 않는 경우보다 ₩10,000만큼 이익이 증가하므로 프레스공정을 개선하여야 한다. 고정운영원가는 단기적으로 생산량의 변화에 영향을 받지 않기 때문에 비관련원가이다.

2. (주)SBC의 제안을 수락하는 경우에 관련원가를 분석하면 다음과 같다.

Ⅰ. 증분수익 : 1,500개 × @100 =		₩150,000
Ⅱ. 증분비용		
외주비용 : 1,500개 × @15 =	₩22,500	
직접재료원가 : 1,500개 × @40 =	60,000	82,500
Ⅲ. 증분이익		₩67,500

(주)SBC의 제안을 수락하는 경우에 ₩67,500만큼 이익이 증가하므로 (주)SBC의 제안을 수락하는 것이 유리하다. 물론 단위당 외주비용 ₩15는 프레스공정의 단위당 고정운영원가 ₩12보다 높지만 단기적으로 운영원가는 고정원가이므로 비관련원가이다.

3. 작업준비 시간을 단축시키는 경우에 관련원가를 분석하면 다음과 같다.

Ⅰ. 증분수익 : 2,500개 × @100=		₩250,000
Ⅱ. 증분비용		
작업준비시간 단축비용	₩100,000	
직접재료원가 : 2,500개 × @40=	100,000	200,000
Ⅲ. 증분이익		₩50,000

작업준비시간을 단축시키는 경우에는 ₩50,000만큼 이익이 증가하므로, 프레스공정의 작업준비시간을 단축시켜야 한다. 만약 (주)TRW사가 압연공정의 작업시간을 단축시킬 수 있는 방안이 있다면 여기에 지출을 하여야 하는가에 대하여 살펴보도록 하자. 압연공정은 제약공정이 아니므로 작업시간을 단축시켜 생산성을 높인다고 하여도 프레스공정에 의하여 제약받고 있으므로 현금창출률을 높일 수는 없으며, 오히려 과잉재고를 쌓이게 할 것이다. 따라서 경영자는 제약요소인 프레스공정에 관심을 집중하여야 한다.

4. 프레스공정의 품질을 향상시키는 경우에 관련원가를 분석하면 다음과 같다.

Ⅰ. 증분수익 : 700개 × @100=	₩70,000
Ⅱ. 증분비용	
품질개선비용	60,000
Ⅲ. 증분이익	₩10,000

프레스공정의 품질을 개선하는 경우에 ₩10,000만큼 이익이 증가하므로 프레스공정의 품질개선을 위한 비용을 지출하여야 한다. 이와 같이 제약공정의 품질을 향상시키게 되면 제약공정의 시간이 정상품 제조에 사용되어 현금창출률이 향상된다. 또한 합격품만이 제약공정에 투입되도록 제약공정에서 처리되기 이전에 품질검사가 실시되어야 한다.

보론 1 역류원가계산

적시생산시스템에서는 원재료가 구입과 동시에 공정에 투입되고 제품으로 만들어져 판매되므로 원가흐름의 단계가 3단계로 단순해진다. 기존원가시스템과 적시생산시스템 사이에 원가흐름의 차이는 다음과 같다.

기본원가시스템과 적시생산시스템의 원가흐름 차이

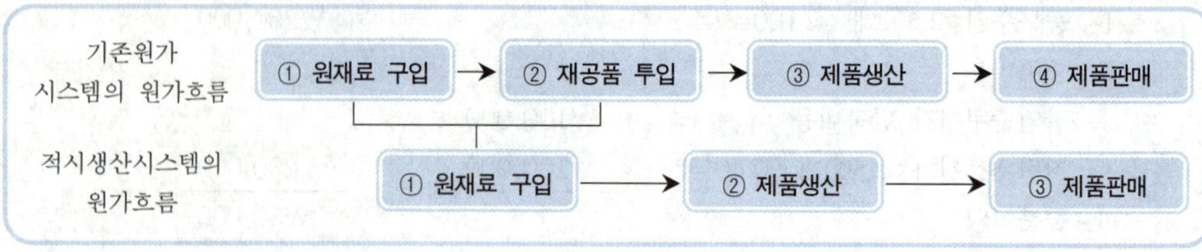

이와 같이 적시생산시스템에서는 원가의 흐름이 3단계로 단순화되며 제조기간도 짧아져서 원가흐름의 회계처리를 3단계로 나누어 분개하거나 이마저도 간소하게 처리하여 일부단계만을 분개하는 원가계산시스템을 사용하는 경우가 많은데 이런 간소화된 원가계산시스템을 '역류원가계산(backflush costing)'이라고 한다. 역류원가계산은 기존의 원가계산시스템과 다르게 다음과 같은 특징이 있다.

① **원재료계정과 재공품계정의 통합** : 원재료를 공정에서 직접 수령하므로 원재료계정과 재공품계정을 통합하여 재공원재료(material in process)라는 계정을 사용한다. 보다 단순한 경우에는 바로 매출원가에 집계하기도 한다.

② **가공원가계정의 사용** : 직접노무원가와 제조간접원가를 구분하지 않고 가공원가계정으로 통합하여 집계하였다가 제품이 완성되면 제품계정으로 대체한다. 제조된 제품이 즉시 판매되는 상황에서는 매출원가로 바로 대체할 수 있다.

③ **표준원가의 사용** : 회계처리를 단순화하기 위해 표준원가로 제품원가를 계산하는 경우가 많다. 또한 실제로 발생한 원가의 대부분이 매출원가에 포함되어 있기 때문에 표준원가와 실제원가 사이에 원가차이가 발생하는 경우에 매출원가에서 조정한다.

이런 특징을 가지는 역류원가계산은 적시생산시스템의 세 가지 원가흐름 중 어느 단계를 생략하고 어느 단계를 회계처리 하는가에 따라 크게 네 가지 유형으로 구분할 수 있다. 이에 대해서는 다음 예제를 이용해서 살펴보도록 하자.

보론예제 1 역류원가계산

(주)원가는 영업을 개시하였으며, 한 종류의 계산기를 생산하여 판매하는 회사로 적시생산시스템을 운용하고 있다. 제품원가계산은 표준원가를 사용하는데, 단위당 표준원가는 ₩50(재료원가 ₩20, 가공원가 ₩30)이다. (주)원가의 1월의 거래내역은 다음과 같다.

(1) 제품 102,500개를 만들 수 있는 원재료를 ₩2,050,000에 구입하였다.
(2) 직접노무원가 ₩2,000,000과 제조간접원가 ₩1,200,000이 발생하였다.
(3) 100,000단위를 생산하여 이 중 99,000단위가 판매되었다.

요구사항

역류원가계산의 네 가지 유형에 따라 회계처리 하시오.

Ⅰ유형 : 3단계를 모두 회계처리 하는 방법

Ⅱ유형 : 원재료구입과 제품판매시점에만 회계처리 하는 방법

Ⅲ유형 : 제품완성시점과 판매시점에만 회계처리 하는 방법

Ⅳ유형 : 제품판매시점에만 회계처리 하는 방법

(1) Ⅰ유형 : 3단계를 모두 회계처리 하는 방법

이 방법은 ① 원재료구입, ② 제품완성, ③ 제품판매의 각 시점마다 회계처리를 하는 방법으로 이 방법에 따라서 예제의 회계처리를 하면 다음과 같다.

① 원재료 구입시점

(차) 재 공 원 재 료	2,050,000	(대) 매 입 채 무	2,050,000

② 발생한 가공원가의 집계

(차) 가 공 원 가	3,200,000	(대) 직 접 노 무 원 가	2,000,000
		제 조 간 접 원 가	1,200,000

③ 완성된 제품 대체

(차) 제 품	5,000,000 (100,000개×@50)	(대) 재 공 원 재 료	2,000,000 (100,000개×@20)
		가 공 원 가	3,000,000 (100,000개×@30)

④ 제품의 판매

(차) 매 출 원 가	4,950,000 (99,000개×@50)	(대) 제 품	4,950,000

⑤ 원가차이의 배부

(차) 매 출 원 가	200,000	(대) 가 공 원 가	200,000

이상의 회계처리를 T계정에 전기하면 다음과 같다.

17

재공원재료

차변	금액	대변	금액
기초	0	제품	2,000,000
매입	2,050,000	기말	50,000
	2,050,000		2,050,000

제품

차변	금액	대변	금액
기초	0	판매	4,950,000
완성	5,000,000	기말	50,000
	5,000,000		5,000,000

매출원가

차변	대변
4,950,000	
200,000	
5,150,000	

가공원가

차변	금액	대변	금액
직접노무원가	2,000,000	제품	3,000,000
제조간접원가	1,200,000	배부차이	200,000
	3,200,000		3,200,000

이 방법은 원재료가 구입즉시 공정에 투입되어 원재료재고가 거의 없는 경우에 사용하는 방법이다.

(2) II유형 : 원재료 구입과 제품판매시점에만 회계처리 하는 방법

이 방법은 ① 원재료구입과 ③ 제품판매시점에서만 회계처리하고 ② 제품완성시점의 회계처리는 생략하는 방법으로 재공원재료계정을 사용하지 않고 재고자산계정을 사용한다. 이 방법에 따라서 (주)원가의 회계처리를 하면 다음과 같다.

① 원재료 구입시점

(차) 재공원재료	2,050,000	(대) 매입채무	2,050,000

② 발생한 가공원가의 집계

(차) 가공원가	3,200,000	(대) 직접노무원가	2,000,000
		제조간접원가	1,200,000

③ 완성된 제품 대체

별도의 회계처리를 하지 않는다.

④ 제품의 판매

(차) 매출원가	4,950,000	(대) 재고자산	1,980,000
		가공원가	2,970,000

⑤ 원가차이의 배부

(차) 매출원가	230,000	(대) 가공원가	230,000

이상의 회계처리를 T계정에 전기하면 다음과 같다.

재공원재료

차변		대변	
기 초	0	제 품	1,980,000
매 입	2,050,000	기 말	70,000
	2,050,000		2,050,000

매출원가

차변	
	4,950,000
	230,000
	5,180,000

가 공 비

차변		대변	
직접노무원가	2,000,000	매 출 원 가	2,970,000
제조간접원가	1,200,000	배 부 차 이	230,000
	3,200,000		3,200,000

이 방법은 재고자산을 하나의 계정만 사용하는 것으로 원재료가 구입즉시 공정에 투입되고 투입즉시 제품화되어서 재공품재고와 제품재고가 거의 없는 경우에 사용하는 방법이다. 이 방법을 이용하는 경우에는 모든 가공원가는 재고자산에 포함되지 않고 기간비용화 되므로 초변동 원가계산에서와 같이 경영진이 재고자산을 누적시키려고 하는 동기를 제거하며, 경영진이 제품생산보다는 제품판매에 보다 초점을 가지도록 강화하는 장점이 있다.

(3) Ⅲ유형 : 제품의 완성시점과 제품판매시점에만 회계 처리하는 방법

이 방법은 ② 제품완성과 ③ 제품판매시점에서만 회계처리하고 ① 원재료구입시점의 회계처리는 생략하는 방법으로 재고자산계정으로 제품계정만을 사용한다. 이 방법에 따라 예제의 회계처리를 하면 다음과 같다.

① 원재료 구입시점

별도의 회계처리를 하지 않는다.

② 발생한 가공원가의 집계

(차)		(대)	
가 공 원 가	3,200,000	직 접 노 무 원 가	2,000,000
		제 조 간 접 원 가	1,200,000

③ 완성된 제품 대체

(차)		(대)	
제 품	5,000,000	매 입 채 무	2,000,000
		가 공 원 가	3,000,000

④ 제품의 판매

(차)		(대)	
매 출 원 가	4,950,000	제 품	4,950,000

⑤ 원가차이의 배부

(차)		(대)	
매 출 원 가	200,000	가 공 원 가	200,000

이 방법을 사용할 경우에 원재료구입시점에서 회계처리를 하지 않고 제품생산량을 기준으로 매입채무를 기록하는 방법으로 이 방법에 따라서 이상의 회계처리를 T계정에 전기하면 다음과 같다.

재공원재료

차변	금액	대변	금액
직접노무원가	2,000,000	제　　품	3,000,000
제조간접원가	1,200,000	배부차이	200,000
	3,200,000		3,200,000

제　품

차변	금액	대변	금액
기　　초	0	매출원가	4,950,000
완　　성	5,000,000	기　　말	50,000
	5,000,000		5,000,000

매출원가

차변	대변
4,950,000	
200,000	
5,150,000	

매입채무

차변	대변	금액
	매　　입	2,000,000

이 방법은 첫째, 제품생산량을 기준으로 매입채무를 기록하므로 매입채무 중에서 제품으로 생산되지 않은 원재료의 매입액은 매입채무계정의 잔액에 포함되지 않으며, 둘째, 기말에 완성되지 못한 재고자산은 재고자산계정의 잔액에 포함되지 않는다는 문제점이 있다.

(4) Ⅳ유형 : 제품판매시점만을 회계처리하는 방법

이 방법은 ③ 제품판매시점에서만 회계처리하고, ① 원재료구입시점과 ② 제품완성과의 회계처리는 생략하는 방법으로 재고자산계정이 없으며, 매출원가계정만을 사용한다. 이 방법을 사용하려면 원재료, 재공품, 제품의 재고수준이 매우 낮은 경우에만 적용할 수 있으며, 그렇지 않은 경우에는 회계처리의 타당성을 가지기 어렵다.

이상에서 살펴본 역류원가계산의 여러 방법 중에서 어느 방법을 사용할지는 상황과 각 방법의 장단점을 고려해서 결정해야 한다. 각 방법의 특징을 요약하면 다음과 같다.

역류원가 계산방법의 요약

구　분	Ⅰ유형	Ⅱ유형	Ⅲ유형	Ⅳ유형
분개시점	① 원재료 구입 ② 제품완성 ③ 제품판매	① 원재료 구입 ③ 제품판매	② 제품완성 ③ 제품판매	③ 제품판매
사용하는 계정과목	• 재공원재료 • 제품 • 매출원가	• 재고자산 • 매출원가	• 제품 • 매출원가	매출원가
적용 가능한 재고수준	원재료재고 또는 재공품재고가 거의 없는 경우	재공품재고와 제품재고가 거의 없는 경우	원재료재고와 재공품재고가 거의 없는 경우	원재료, 재공품, 제품 등 재고자산 재고가 거의 없는 경우

한편, 역류원가 계산은 다음과 같은 문제점이 있으므로 이를 적용함에 있어서는 신중을 기해야 한다.

① 외부보고를 위해서 지켜야 하는 일반적으로 인정된 회계원칙에 부합하지 않는다. 예를 들어 재고자산이 존재함에도 불구하고 재고자산을 인식하지 않는 경우도 있다.

② 외부감사를 받을 때 원가계산의 객관적인 증거자료를 추적·제시하기가 어렵다.

보론 2 시간동인활동원가계산과 시간방정식

(1) 전통적 ABC 모형의 단점

① 비용과다지출 : 활동을 분석하기 위해 수행하는 인터뷰와 설문조사에 많은 시간과 비용이 소비된다.

② 주관의 개입 : 인터뷰나 설문조사에 참여한 종업원의 주관이 개입되어 활동측정에 오류가 포함될 수 있다.

③ 업데이트의 어려움 : 제조환경이 변화될 때 신속하게 원가계산시스템을 업데이트 할 수 없다.

④ 유휴생산능력의 파악 어려움 : 확보한 자원 중에서 사용되지 않은 부분도 자원사용량에 배분되므로 자원원가를 활동에 정확하게 배분하기 어렵다.

(2) 시간동인 활동원가계산의 개요

전통적 ABC의 문제를 해결하기 위해 기존의 활동기준원가계산을 개선해서 새롭게 적용되고 있는 방법이 시간동인 활동기준원가계산이다. 시간동인활동기준원가계산(time-driven activity based costing)은 한번에 소비된 활동의 양을 직접 측정해서 활동의 원가동인당 배부율을 계산하는 방법이다. 기존의 활동기준원가계산은 활동원가의 동인당 배부율을 계산하기 위해서 ① 자원원가를 활동에 배부하고 ② 활동별원가를 원가동인으로 나누어서 배부율을 계산한다. 반면에 시간동인활동기준원가계산은 한 번의 활동이 동일한 양의 자원을 소비한다고 가정하고 다음의 두 단계를 거쳐서 활동의 원가동인당 배부율을 결정한다.

① 자원의 시간단위당 원가의 계산 : 변동원가를 발생시키는 자원은 시간당 원가를 바로 계산하고, 고정원가를 발생시키는 자원은 자원으로 사용할 수 있는 실제적 최대조업도(practical capacity) 및 조업도(시간) 단위당 원가를 계산한다. 이렇게 계산된 시간당 원가는 자원생산능력(resource capacity)에 대한 시간당 원가율을 의미한다.

$$\frac{\text{자원의 시간당 원가}}{\text{(생산능력의 원가율)}} = \frac{\text{자원확보관련 원가}}{\text{자원의 생산능력}}$$

자원의 시간당 원가활동의 원가동인당 배부율=활동 1회당 자원소비시간×자원의 시간당 원가

② 활동의 단위당 원가의 계산 : 활동을 1회 수행할 때 자원을 사용하는 시간을 계산한 후 사용시간에 시간당 배부율을 곱해서 활동의 원가동인당 배부율을 계산한다.

활동의 원가동인당 배부율=활동 1회당 자원소비시간×자원의 시간당 원가

(3) 시간동인 활동원가계산의 적용

① 시간방정식 측정 : 여러 활동에서 공통으로 사용하는 자원은 특정 원가대상(제품이나 작업)별로 자원의 사용량을 직접 계산하기 때문에 전통적인 ABC에서 자원원가를 개별 활동별로 구분해서 집계했다가 제품에 배부하는 번거로움을 없게 할 수 있다. 예를 들어 간접작업자가 생산계획활동과 작업준비활동 및 제품유지활동을 수행하며, A제품의 각 활동별 횟수와 자원사용시간을 직접 합계하면 다음과 같이 A제품이 사용한 자원소비량을 직접 계산해서 활동별로 구분하는 번거로움을 줄일 수 있다.

	배치생산스케줄링		작업준비활동		제품유지		간접노무시간
제 품 A	8시간×12배치	+	12시간×12배치	+	15시간	=	255시간

② 미사용 생산능력 원가의 계산 : 시간동인활동기준원가계산을 적용하면 자원중에서 사용되지 않은 자원의 조업도에 해당하는 원가는 별도로 파악되어 미사용생산조업도의 원가도 파악할 수 있다.

자원의 미사용생산조업도의 원가=미사용 자원시간×자원의 시간당 원가

보론예제 2 시간동인 활동기준원가계산

(주)원가는 초기에는 제품A만을 생산해서 높은 수익성을 실현하다가 최근 추가로 제품B를 생산하면서 생산공정, 제품개발공정 등이 매우 복잡해졌고 간접제조간접원가의 비중이 증가하였다. (주)원가는 시간동인 활동기준원가계산을 적용한다. (주)원가의 자원원가 중에서 작업자 관련원가를 분석하였고, 3월 정보는 다음과 같다.

(1) 7명의 작업자가 제조 및 제조지원 활동에 투입되어 직접노무시간과 간접노무시간이 발생하며, 시간당 임률은 직접 또는 간접노무시간에 상관없이 동일하고 작업자 1명당 월 급여는 ₩133,000이다. 작업자는 월 19일 동안 하루 8시간을 근무하며 휴식시간, 교육훈련 등에 1시간이 소비되므로 작업자 1인이 하루에 제조활동과 제조지원활동에 투입하는 노무시간은 7시간이다.

(2) 작업자의 노무시간이 사용되는 항목을 분석할 결과는 다음과 같다.

	원가동인	제품A	제품B
생산 및 판매량		8,000개	800개
단위당 직접노무시간		0.05시간	0.05시간
간접노무원가			
생산배치 수		12배치	6배치
배치생산 스케줄링	배치당 배치생산 스케줄링 시간	8시간	8시간
작업준비활동	배치당 작업준비노무시간	12	24
제품유지활동	제품당 제품유지활동 시간	15	15

요구사항

1. (주)원가의 시간당 노무원가를 계산하시오.
2. (주)원가의 3월의 제품별 간접노무시간을 계산하시오.
3. (주)원가의 제품별 노무원가를 계산하시오. 단, 유휴생산능력원가는 별도로 구분하여 표시하시오.

해답

1. 1시간당 노무원가

시간당 노무원가 : ₩133,000÷(19일×7시간*)=₩1,000

* 실제로 작업가능한 노동시간을 기준으로 시간당 노무원가를 계산한다.

2. 제품별 간접노무시간

	배치생산스케줄링		작업준비활동		제품유지		간접노무시간
제 품 A	8시간×12배치	+	12시간×12배치	+	15시간	=	255시간
제 품 B	8시간×6배치	+	24시간×6배치	+	15시간	=	207시간

3. 제품별 노무원가

	제품A		제품B		합 계
직접노무비	8,000개×0.05×₩1,000=	400,000	800개×0.05×₩1,000=	40,000	₩440,000
간접노무원가	255시간×₩1,000=	255,000	207시간×₩1,000=	207,000	462,000
제품별이익		₩655,000		₩247,000	₩902,000
유휴생산능력원가	(931시간* −8,800개×0.05시간−255시간−207시간)×₩1,000=				29,000
노무원가			7명×₩133,000=		₩931,000

* 노무인력의 총 공급능력 : 7명×7시간×19일=931시간

17 연습문제

객관식 문제

01 원가기준가격결정과 최저한 가격결정

(주)원가의 20×5년도 특정제품 1단위당 제조원가 및 가격결정과 관련된 기타 사항은 다음과 같다.

직 접 재 료 원 가	₩500	직 접 노 무 원 가	₩800
변동제조간접원가	400	고정제조간접원가	200
변 동 판 매 관 리 비	50	고 정 판 매 관 리 비	50

이 회사의 평상시 판매가격은 원가가산(cost plus)기준에 의거 결정하며 이윤은 총원가의 15%라고 할 때 첫째, 정상판매단가와 둘째, 만약 현재 80%의 조업수준으로 생산 여유분만큼의 범위 내에서 시장확대를 위해 특별주문(정상적인 판매관리비 이외에 주문의 이행에 따른 추가적인 판매관리비는 발생하지 않으므로 추가 부담이 없으며 가격차별화로 인한 시장교란도 없음)을 수락하기 위한 최저한의 판매단가를 각각 얼마로 하는 것이 적정한가?

	정상판매단가	최저한의 판매단가		정상판매단가	최저한의 판매단가
①	₩2,300	₩1,750	②	₩1,925	₩1,300
③	2,090	1,430	④	2,300	1,700
⑤	2,090	1,870			

02 목표원가

A사는 소형TV를 생산판매하고 있으며, 대당 판매가는 ₩180,000이고 제조원가는 ₩150,000이다. 이 회사의 경영자는 향후 소형TV시장에서 경쟁력을 가지기 위해서는 판매가격을 ₩150,000으로 인하해야 한다고 보고 있다. 마케팅부서의 조사에 의하면 판매가격을 ₩150,000으로 인하할 경우 새로운 경쟁업체가 있다 하더라도 판매량은 25% 증가할 것으로 내다보고 있다. A사의 현재 판매량은 100,000대이다, 마케팅부서의 조사가 맞다고 할 때 현재와 동일한 매출총이익을 얻기 위해서 달성해야 하는 목표원가는 얼마인가?

① ₩110,000 ② ₩120,000 ③ ₩125,000
④ ₩126,000 ⑤ ₩140,000

03 목표가격과 목표원가관리 (2001. KICPA)

목표가격(target price)에 대한 설명 중 가장 적절한 것은?

① 생산요소의 시장가격과 목표이익률을 고려하여 결정되는 가격이다.
② 변동원가의 회수에 초점을 둔, 기업의 생존을 도모하기 위한 가격이다.
③ 목표원가에 목표영업이익을 가산하여 책정되는 가격이다.
④ 제품디자인에서부터 공급사가격, 제조공정 등에 이르는 모든 단계에서 원가절감요인을 도출해 최소의 원가를 달성하여 목표가격을 설정한다.
⑤ 설정된 목표가격을 달성할 수 있는 원가를 가치공학 등의 수행을 통하여 달성하는 것이 중요한 절차이다.

04 목표원가의 개념 (2007. 세무사)

목표원가계산(target costing)에 대한 설명으로 옳지 않은 것은?

① 목표원가는 기업이 내부적으로 기술진이나 생산담당자들의 분석평가에 의하여 설정하는 부가가치표준과는 상이할 수 있다.
② 목표원가는 외부시장환경과 경쟁업체의 대응 정도 등을 고려하여 기업이 목표로 설정한 시장점유율의 유지 또는 목표로 하는 이익을 달성하기 위하여 전략적인 차원에서 책정하는 원가이다.
③ 목표원가는 목표가격에서 목표이익을 차감하여 결정한다.
④ 목표원가계산 기법은 원가우위(cost leadership) 전략과 연계하여 실시할 수 있다.
⑤ 목표원가계산은 표준원가계산과 마찬가지로 제조단계에서의 원가절감을 강조한다.

05 활동기준원가계산과 목표원가

(주)스머프는 모형비행항공기를 생산하여 판매하는 회사로서 활동기준에 따라서 원가계산을 하고 있다. 이 회사의 각 활동과 활동별 원가배부율은 다음과 같다.

활 동	원 가 동 인	예정원가배부율
재 료 처 리	부 품	부 품 당 ₩80
기 계 작 업	기 계 시 간	시 간 당 120
조 립 작 업	조 립 시 간	시 간 당 75
검 사	검 사 시 간	시 간 당 110

모형항공기 한 대에는 ₩10,000의 직접재료원가가 소요되고 40개의 부품이 필요하며 12시간의 기계시간, 15시간의 조립시간, 4시간의 검사시간이 필요하다. 한편, (주)스머프는 목표원가를 적용하고 있는 회사로 목표가격의 20%를 목표이익으로 설정하여 목표이익이 달성되도록 목표원가를 설정하고 있다. (주)가가멜이 50대의 모형항공기를 단위당 ₩20,000에 주문하였다면 목표원가를 달성하기 위해서는 총 얼마의 원가를 절감하여야 하는가?

① ₩10,000　② ₩10,250　③ ₩11,250
④ ₩12,000　⑤ ₩12,250

06 수명주기원가계산

다음은 수명주기원가계산에 대한 설명이다. 틀린 것은?

① 제품의 원가관리는 생산주기만이 아니라 제품의 개발·생산·판매 및 폐기단계를 포함한 전 수명주기를 통하여 계획하고 관리되어야만 한다.
② 생산주기는 수명주기 전체에 걸쳐서 가장 많은 원가가 발생하는 주기로 생산주기를 정확하게 통제하기 위한 기법으로는 카이젠원가와 JIT 등이 있다.
③ 판매후 서비스와 폐기주기는 자체주기의 원가를 효율적으로 관리함으로써 이 주기에서 발생하는 원가를 크게 절감할 수 있다.
④ 연구·개발 및 설계주기는 보통 제품수명주기원가의 80~85%를 구속하므로 이 단계에서 수명주기원가를 고려하여 원가가 절감되도록 하여야 한다.
⑤ 최근에 제품의 수명이 짧아지면서 생산주기 이외의 주기에서 발생하는 원가가 기업 전체 입장에서 중요해지면서 대두된 관리회계기법이 수명주기원가관리이다.

07 수명주기원가기준 영업이익률

(주)안진은 A제품과 B제품을 생산하여 판매하고 있다. 이 두 제품의 수명주기는 2년으로 예상하고 있으며 2년간 1,000단위씩 판매될 것으로 예상된다. 이 예상판매량을 기준으로 각 제품에 대하여 다음과 같은 영업이익이 발생할 것으로 예상하고 있다.

	A제품	B제품
매 출 액	₩4,000,000	₩6,000,000
매 출 원 가	2,000,000	4,000,000
영 업 이 익	₩2,000,000	₩2,000,000

이와 같은 제조주기의 원가 이외에 연구개발비와 판매보증비로 각각 ₩1,000,000, ₩400,000이 지출되었다. 연구개발비의 30%, 판매보증비의 75%가 A제품과 관련되어 발생하였다면 A제품과 B제품의 수명주기원가기준으로 영업이익률은 각각 얼마인가?

	A제품	B제품
①	50%	33.33%
②	20	25
③	35	20
④	20	35
⑤	40	45

08 카이젠원가

박영상사는 카이젠원가를 적용하고 있으면 매월 목표원가절감액을 1%로 설정하고 있다. 5월에는 5,000단위의 제품을 생산하였으며, 10,000노동시간과 시간당 ₩1,000이 카이젠목표원가였다. 6월에도 5,000단위를 생산하였는데, 이를 위하여 11,000시간의 노동시간을 사용하였으며, 시간당 임금이 ₩950이었다. 6월의 직접노무원가 가격 차이와 능률차이를 계산하시오.

	가 격 차 이	능 률 차 이
①	₩550,000F	₩1,000,000U
②	550,000F	1,100,000U
③	500,000F	1,000,000U
④	500,000F	1,100,000U
⑤	500,000U	1,000,000F

09 최신이론 서술문제 (2005. KICPA)

다음 중 다양한 원가계산방법에 대한 설명으로 올바른 것은?

① 목표원가계산(Target Costing)은 표준원가계산과 동일하게 제조단계의 원가절감을 강조한다.

② 개선원가계산(Kaizen Costing)은 점진적이고 지속적인 원가절감보다는 내부프로세스의 혁신적인 변화를 추구한다.

③ 가치사슬원가계산(Supply Chain Costing)은 생산 전 활동과 관련된 원가와 생산 후 활동과 관련된 원가를 구분 할 수 있다.

④ 활동기준원가계산(Activity Based Costing)은 비부가가치원가를 계산할 수 없다.

⑤ 제품수명주기원가계산(Life Cycle Costing)은 장기적 의사결정보다는 단기적 의사결정에 더욱 유용하다.

17

10 품질원가의 분류 (2001. KICPA)

(주)시그마는 품질원가의 측정을 위해 품질관리 활동원가를 계산하고 있다. 다음에 나열된 품질관련 활동원가 중 '예방원가(prevention cost of quality)'에 포함되어야 할 금액은?

활 동	활동원가 (또는 비용)	활 동	활동원가 (또는 비용)
품질방침기획 및 선포활동	₩10	제품품질검사 및 시험활동	₩60
선적전에 발견된 부적합품 재작업활동	20	원부자재 공급사 평가활동	50
반품재작업활동	30	반품 재검사활동	80
예방적 설비보수 및 유지활동	30	품질교육 및 훈련활동	70
미래판매기회 상실에 따른 기회비용	50		

① ₩50　　② ₩80　　③ ₩140
④ ₩160　　⑤ ₩210

11 품질원가의 개념 (2007. 세무사)

품질원가에 대한 설명으로 옳지 않은 것은?

① 품질원가의 바람직한 분포는 일반적으로 "예방원가 > 평가원가 > 내부실패원가 > 외부실패원가" 이다.
② 예방원가와 평가원가를 포함하는 통제원가는 불량품의 발생률과 역의 관계를 갖는다.
③ 제조물책임법에 의한 소송비용, 제품보증수리비용, 불량품으로 인한 회사 이미지 실추에 따른 판매기회상실로 인한 기회비용 등은 외부실패원가에 해당한다.
④ 불량품으로 인한 기계가동중단손실, 재작업원가 등은 내부실패원가에 해당한다.
⑤ 품질관리계획수립원가, 품질관리기술개발원가, 품질개선을 위한 토의원가 등은 평가원가에 해당한다.

12 품질원가 지출의 조정 (2010. 세무사)

(주)대전은 20×1년 품질과 관련된 원가를 분류한 결과 다음과 같은 항목을 파악하였다.

• 반품재작업	₩100억	• 설계개선작업	₩200억
• 사후수리(A/S)	150억	• 완성품검사	50억
• 불량재공품재작업	100억	• 고객 불량품 피해 손해배상	150억
• 품질교육	100억		

(주)대전의 원가담당자는 위의 항목들을 예방원가, 평가원가, 내부실패원가, 외부실패원가로 재분류한 후 구체적으로 분석한 결과, 현재 예방원가에 사용된 자원의 50%만큼을 추가로 투입하는 경우 내부실패원가를 60%, 외부실패원가를 40%씩 절감할 수 있다고 주장하였다. 원가담당자의 주장을 수용하는 경우 이익은 얼마나 증가하는가?

① ₩30억　　② ₩40억　　③ ₩50억
④ ₩60억　　⑤ ₩70억

13 전략적 원가관리의 특징 (2004. KICPA)

다음은 최신관리회계기법에 관해 설명한 것이다. 이 중에서 적절하지 않은 표현은 어떤 것인가?

① target costing(목표원가관리 또는 원가기획)은 제품의 수명주기 중에서 연구개발 및 설계 단계에 초점을 맞추는 원가관리기법이다.

② 제약자원이론에서는 직접재료원가만을 진정한 변동원가로 본다.

③ 개선원가계산(kaizen costing)은 제조단계에서의 원가절감에 초점을 맞추고 있다.

④ 품질원가계산에서 낭비, 재가공, 폐품원가 등은 외부실패원가에 해당한다.

⑤ 균형성과표(balanced scorecard)는 조직의 전략과 성과평가시스템을 연계시키는 것이 강조된다.

14 최신관리회계의 개념 (2008. 세무사)

원가관리 기법과 관련한 새로운 접근방법들에 대한 설명으로서 옳은 것은?

① 카이젠원가계산은 제품제조 이전단계에서의 지속적인 원가절감에 초점을 둔다.

② 목표원가계산 기법은 기존의 표준원가계산과 마찬가지로 제품 제조단계에서의 원가절감을 강조한다.

③ 제품수명주기원가계산은 제품제조단계에서의 원가절감을 강조한다.

④ 가치사슬원가계산에 있어서는 제품생산 이전에 발생된 활동과 관련된 원가는 물론 제품생산 이후에 발생된 활동과 관련된 원가도 분석한다.

⑤ 품질원가분석에 있어서 제품보증수리비용은 내부 실패원가에 해당한다.

15 비부가가치원가

(주)꼼꼼은 당 회계연도에 구매활동, 조립활동, 검사활동에 대하여 부가가치표준을 설정하였으며 이와 관련된 자료는 다음과 같다.

활 동	원가동인 (activity driver)	SQ	AQ	SP
구매활동	주 문 수	500	700	₩300
조립활동	노동시간	60,000	66,500	12
검사활동	검사시간	0	25,000	15

원가동인당 실제원가는 표준원가와 동일한 경우에 비부가가치활동원가는 얼마인가?

① ₩510,000 ② ₩511,000 ③ ₩513,000
④ ₩520,000 ⑤ ₩525,000

17

16 활동원가 차이분석

다음은 활동기준경영을 도입하여 적용하고 있는 무악상사의 원가와 관련된 자료 중에서 변동활동원가가 발생하는 검사활동의 원가자료를 발췌한 것이다.

	고정예산	당기발생액
제 품 생 산 량	20,000개	30,000개
묶 음 크 기	÷묶음당 200개	÷묶음당 150개
묶 음 의 수	100묶음	200묶음
묶음당 작업준비시간	×5시간	×4시간
총 작 업 준 비 시 간	500시간	800시간
시간당변동활동원가	×₩100	×₩120
변 동 활 동 원 가	₩50,000	₩96,000

변동활동원가의 소비차이와 능률차이는 각각 얼마인가?

	소비차이	능률차이
①	₩16,000F	₩5,000F
②	16,000U	5,000U
③	5,000F	16,000F
④	5,000U	16,000U
⑤	5,000F	21,000F

17 ABC의 원가차이분석 (2006, KICPA)

(주)평화는 표준원가계산을 사용하고 있는데 총제조간접원가를 변동제조간접원가와 고정제조간접원가로 구분하여 다음과 같이 원가차이를 계산하고 있다.

변동제조간접원가(a)	소비차이	능률차이	–
고정제조간접원가(b)	예산차이	–	조업도차이
총제조간접원가(a+b)	㉮ 소비차이	㉯ 능률차이	㉰ 조업도차이

위의 총제조간접원가 중 ㉮ 소비차이, ㉯ 능률차이, ㉰ 조업도차이를 다음 자료를 이용하여 구하면 각각 얼마인가?

	고정예산 (static budget)	실 제 (actual results)
a. 생산 및 판매수량	30,000개	23,000개
b. 배치크기(batch size)	250개	230개
c. 배치수(a÷b)	120회	100회
d. 배치당 작업준비시간	5시간	5.6시간
e. 작업준비시간당 변동제조간접원가	₩5,000	₩4,000
f. 작업준비시간 총고정제조간접원가	₩3,600,000	₩3,190,000

	㉮ 소비차이	㉯ 능률차이	㉰ 조업도차이
①	₩970,000(유리)	₩500,000(불리)	₩840,000(불리)
②	550,000(유리)	250,000(불리)	0
③	550,000(유리)	500,000(불리)	600,000(불리)
④	410,000(유리)	250,000(불리)	430,000(불리)
⑤	140,000(유리)	450,000(유리)	840,000(유리)

18 미사용활동원가

(주)북한산은 자동화된 기계장치를 이용하여 자동차부품을 생산하는 회사로 기계장치의 수선유지부문에 5명의 작업자를 고용하여 파손하였거나 정상적으로 작동되지 않는 기계를 수리하고 있다. 각 수선유지 작업자는 하루에 8시간씩 250일을 작업하고 있으며, 각각 ₩50,000의 연봉계약으로 고용되어 있다. 당해연도에 9,200시간의 수선유지 작업을 수행하였다. 미사용활동원가는 얼마인가?

① ₩20,000 ② ₩40,000 ③ ₩60,000
④ ₩80,000 ⑤ ₩100,000

19 경제적 주문량

(주)태양은 한 해 동안 20,000개의 라디오를 꾸준하게 판매한다. 1년 동안 재고자산 한 단위를 유지하는데 소요되는 비용은 ₩16이고 한 주문당 매입주문 비용은 ₩64이다. 경제적 주문량은 얼마인가?

① 625개 ② 400개 ③ 283개
④ 200개 ⑤ 300개

20 재주문점

다음은 신념사에 의해 이용된 원재료에 관한 자료이다.

• 연간 사용량	25,000개
• 한 해의 영업일	250일
• 안전재고	800개
• 조달기간	30일

원재료의 재주문점은?

① 800개 ② 1,600개 ③ 2,400개
④ 3,200개 ⑤ 3,800개

21 적시생산시스템의 특징

다음은 적시생산시스템에 대한 설명이다. 틀린 것은?

① 적시생산시스템은 수요-풀(demand-pull)에 의해 부품이 구매 또는 생산되며 제조 셀(manufacturing cell) 생산방식을 사용한다.

② 특정 셀 내에는 제품을 제조하기 위한 여러 공정이 포함되어 있으므로 작업자는 셀 내의 모든 작업공정을 수행할 수 있는 다기능 기술자로 훈련된다.

③ 적시생산시스템하의 회계시스템에서는 재고자산을 쉽게 파악할 수 있다.

④ 적시생산시스템에서는 여유재고가 없으므로 전사적 품질관리가 이루어져야 한다.

⑤ 적시생산시스템에서는 회계시스템이 단순화된다.

22 JIT의 특징

다음은 적시재고관리(Just-In-Time)시스템에 대한 설명이다. 옳지 않은 것은?

① 적시재고관리시스템에서 각 공정 간에 필요부품수량과 생산량에 대한 정보를 교환하는 수단이 칸반시스템이다.

② 적시재고관리시스템에서 노동력과 설비의 유휴시간, 재공품 재고를 최소화하기 위해서는 생산평준화에 의해 모든 공정이 일정한 속도 또는 일정한 양으로 생산이 이루어져야 한다.

③ 적시재고관리시스템에서는 재고자산을 최소화하므로 원가계산의 중요성이 감소되고 있으며 역류원가계산을 적용하기도 한다.

④ 적시재고관리시스템을 운영하게 되면 주문횟수가 증가하여 제품원가계산의 회계처리가 복잡해진다.

⑤ 적시재고관리시스템에서는 안전재고를 보유하고 있지 않으므로 저장시간이 제거되고 이동시간, 대기시간을 최소화하거나 제거하여야 한다. 또한 공정시간 중 작업준비시간도 최소화하여 제조기간을 단축하여야 한다.

23 비부가가치시간 (2001. KICPA)

제품이 생산되어 고객에게 발송되기 이전까지의 과정은 다음과 같이 시간의 개념으로 표현될 수 있다.

- 공정시간(processing time) : 제품의 가공에 소요되는 시간
- 저장시간(storage time) : 원재료 또는 제품의 재고로써 저장되어 있는 시간
- 투입대기시간(queue time) : 다음 작업으로 이동하기 전에 대기하는 시간
- 이동시간(moving time) : 다음 작업장으로 이동하는 시간

적시재고관리(Just-In-Time)시스템에서 제거 또는 최소화하고자 의도하는 것의 조합은?

① 공정 · 저장 · 대기시간
② 저장 · 대기 · 이동시간
③ 대기 · 이동 · 공정시간
④ 대기 · 공정 · 저장시간
⑤ 저장 · 이동 · 공정시간

24 적시생산시스템 도입 효과분석

(주)파랑새는 완구를 생산하고 있다. (주)파랑새는 적시생산시스템을 도입하는 것을 계획하고 있는데 이 시스템을 도입하기 위해서는 연간 ₩250,000의 비용이 추가로 발생한다. (주)파랑새는 적시생산시스템을 도입하여 다음과 같이 원가가 절감될 것으로 예상하고 있다.

(1) 평균재고는 기존의 ₩900,000에서 ₩300,000으로 ₩600,000이 감소할 것으로 예상된다.
(2) 보험료, 건물임차료, 원재료처리비, 작업준비원가 등의 합계가 현재 ₩300,000인데 이 금액 중 20%가 감소할 것으로 예상된다.
(3) 품질이 중요한 적시생산시스템으로 인해 재작업원가가 20% 감소할 것으로 예상되고 있으며 현재 (주)파랑새 재작업원가는 ₩400,000이다.
(4) 품질향상으로 인하여 (주)파랑새는 제품판매가격을 단위당 ₩10을 올릴 수 있을 것으로 예상되며, 내년에 10,000단위의 제품을 판매할 것으로 예상된다.
(5) (주)파랑새의 투자액에 대한 요구수익률을 연간 15%이다.

적시생산시스템을 도입하면 (주)파랑새의 영업이익이 얼마나 변하는가?

① ₩30,000 증가
② ₩30,000 감소
③ ₩60,000 감소
④ ₩60,000 증가
⑤ ₩80,000 증가

25 재고관리비용

한국스포츠는 축구공을 납품하는 업체를 선정하려고 한다. 현재 납품제안을 한 업체는 두 개가 있는데 각 업체와 관련된 정보는 다음과 같다.

	피파 축구공	월드컵 축구공
단위당 구입가격	₩50	₩51
주문당 주문비용	6	6
단위당 검사비용	0.02	0
단위당 연간 유지비용	4	4.5
연평균수요량	12,000단위	12,000단위
연평균재고량	100	100
요구수익률	14%	15%
재고부족단위당 손실	₩20	₩10
재고부족수량	350단위	60단위
고객반품수량	300	25
단위당 반품처리비용	₩25	₩25

17

피파축구공으로부터 축구공을 구입하는 경우에 발생하는 비용을 계산하시오.

① ₩616,200 ② ₩653,350 ③ ₩680,245
④ ₩690,450 ⑤ ₩695,435

26 적시생산시스템의 재무적 도입효과

나무전자는 핸드폰을 생산하는 회사로 당기에 적시재고관리시스템을 새로이 도입하였다. 나무전자의 경영자는 적시생산시스템이 나무전자의 재무성과에 어떻게 영향을 주었는지를 파악하기 위하여 다음과 같은 자료를 수집하였다.

(1) 지원사업부의 평균재고는 ₩550,000에서 ₩150,000으로 감소하였다.
(2) 평균재고감소로 인하여 ₩80,000에 달하던 보험료의 60%가 감소하였다.
(3) 종전에 원재료보관에 사용하던 임차창고를 사용하지 않게 되었다. 이 창고의 임차료는 연간 ₩11,200인데, 임차계약을 해지하지 않고 외부에 연간 ₩14,000에 재임대하였다.
(4) 담당업무가 없어진 두 명의 창고담당자를 구매부서로 인사이동시켜서 적시시스템을 적용하는 업무를 담당하게 하였다. 이 두 명의 연간 인건비는 ₩35,000이다.
(5) 지원사업부는 7,500개의 예비부품을 생산하기 위해 가끔 초과작업을 하였으며 부품 단위당 초과 작업비는 ₩5.6이었다. 예비부품을 생산하기 위하여 사용된 작업시간은 적시생산시스템을 도입하기 전에는 발생하지 않았다.
(6) 재고품절로 인하여 판매기회를 상실한 부품수량은 3,800개였으며 부품당 공헌이익을 ₩10이다.
(7) 나무전자의 투자액에 대한 요구수익률은 연간 15%이다.

나무전자가 적시생산시스템을 도입함으로써 재무상태에 얼마나 영향을 주었는지에 대한 설명으로 옳은 것은?

① 적시생산시스템의 도입으로 인해 재무성과가 ₩42,000만큼 증가했다.
② 적시생산시스템의 도입으로 인해 재무성과가 ₩17,000만큼 감소했다.
③ 적시생산시스템의 도입으로 인해 재무성과가 ₩58,000만큼 증가했다.
④ 적시생산시스템의 도입으로 인해 재무성과가 ₩81,000만큼 증가했다.
⑤ 적시생산시스템의 도입으로 인해 재무성과가 ₩75,000만큼 증가했다.

27 적시생산시스템 도입의사결정 (2003. 세무사)

대규모 가구제조업을 영위하는 종로회사는 적시(JIT)구매/생산시스템을 채택하고자 한다. 높은 재고수준을 요하는 업종의 특성으로 이 회사의 평균재고액은 ₩75,000,000이다. 종로회사가 JIT시스템을 채택하면 현재 사용 중인 가구보관창고 2개가 더 이상 필요 없게 되며, 이 가구보관창고를 다른 회사에 임대할 경우 한 개당 연간 ₩3,000,000의 임대료를 받을 것으로 예상한다. 추가적인 원가절감요인으로 창고운영비와 재고자산손해보험료 등 연간 ₩500,000을 절감할 수 있으며, 재고수준감소에 따라 재고자산파손비와 기업의 자금비용으로 각각 평균재고액의 1%, 5%를 원가절감 할 수 있다.

그러나 JIT시스템은 가구의 주문횟수를 증가시켜 주문원가가 ₩5,000,000이 추가적으로 발생한다. 또한 수요가 일시적으로 증가할 경우 수요에 감당하지 못하여 연간 200단위의 재고부족원가가 예상된다. 재고자산의 단위당 공헌이익은 ₩20,000이다. 종로회사가 JIT시스템을 채택할 경우 절감할 수 있는 원가를 구하시오.

① ₩2,000,000　　② ₩5,000,000　　③ ₩6,000,000
④ ₩7,000,000　　⑤ ₩8,000,000

28 역류원가계산의 개념 (2007. KICPA)

다음 중에서 역류원가계산(backflush costing)에 대한 설명으로 가장 타당한 내용은?

① 역류원가계산방법을 사용하는 기업은 표준원가를 사용하지 않고 항상 실제원가를 사용한다.
② 역류원가계산방법은 생산공정의 리드타임(lead time)이 긴 기업에서 주로 사용된다.
③ 역류원가계산방법의 장점 중의 하나는 순차적 계산방법에 비하여 거래의 흔적을 더 잘 추적할 수 있다는 것이다.
④ 역류원가계산방법에서는 재고자산의 수준이 낮아져서 주문이 필요한 시점에서만 분개가 이루어진다.
⑤ 역류원가계산방법에서는 재료 구입부터 제품 판매까지의 분개 기록 중 일부가 생략될 수 있다.

29 제약이론의 개념

제약이론(theory of constraints)에 대한 다음의 설명 중 가장 타당하지 않은 것은?

① 제약이론에서는 기업의 생산활동과 관련된 내부적 제약요인을 집중적으로 관리하고 개선하여 생산활동을 최적화하고자 한다.
② 제약이론의 생산최적화 과정은 제약요인을 찾아 개선한 후에 또 다른 제약요인을 찾아 지속적으로 개선하는 과정을 밟는다.
③ 제약이론을 원가관리에 적용한 재료처리량공헌이익(throughput contribution)은 매출액에서 직접재료비와 직접노무비를 차감하여 계산한다.
④ 제약이론은 재료처리량공헌이익을 증가시키고, 투자 및 운영원가를 감소시키는 것을 목적으로 한다.
⑤ 제약이론에서는 운영원가를 단기적으로 변화시킬 수 없는 고정비로 본다.

17

※ 다음은 30~31번에 관련된 자료이다.

(주)외성은 기계공정과 마무리공정에서 사무용 의자를 만들고 있다. 이에 관련된 자료는 다음과 같다.

	기계공정	마무리공정
연간처리능력	1,000단위	800단위
연간생산수량	800단위	800단위
고정운영원가(직접재료원가 제외)	₩8,000,000	₩4,800,000
단위당 고정운영원가	10,000	6,000

의자는 단위당 ₩90,000에 판매되고, 기계공정 초기에 ₩40,000의 직접재료원가가 투입된다. (주)외성은 이 외에 다른 변동원가가 없다. 또한 생산된 완제품은 모두 판매할 수 있다.

30 제약공정의 개선효과분석 (2004. KICPA)

(주)외성은 마무리공정의 처리능력을 100단위 증가시킬 수 있는 최신설비를 마무리공정에 설치할 것을 고려하고 있다. 이 최신설비의 연간원가는 ₩4,000,000이다. (주)외성이 이 설비를 설치한다면 얼마의 순이익이 추가로 발생하는가?

① ₩0　② ₩1,000,000　③ ₩(4,000,000)
④ ₩4,000,000　⑤ ₩8,000,000

31 제약공정의 재료처리량 공헌이익 (2004. KICPA)

(주)외성은 현재 마무리공정에서 200단위의 불량품을 생산했다. 이 불량품으로 인해 발생하는 총 손실은 얼마인가?

① ₩0　② ₩4,800,000　③ ₩8,000,000
④ ₩10,000,000　⑤ ₩18,000,000

32 품질개선 의사결정 (2006. 세무사)

인왕공구는 A공정과 B공정을 거쳐 가정용 공구를 생산·판매한다. 다음은 두 공정의 생산에 관한 자료이다.

구　분	A공정	B공정
월 생산능력	10,000개	15,000개
착수량 단위당 변동원가	₩500	₩100
총고정원가	₩100,000	₩200,000

A공정에서 작업이 완료된 중간제품은 불량품을 제외하고 전량 B 공정으로 대체된다. A공정이 완료된 시점에서 검사한 중간제품 중 10%가 불량품이 되며, 동 불량품은 B공정으로 대체되지 않고 전량 폐기된다. B공정이 완료된 시점에서 검사한 완제품 중 5%는 불량품이 되며, 동 불량품은 전량 폐기된다. B공정을 거친 완제품은 단위당 ₩1,500에 판매되며 수요는 무한하다. 만약 A공정의 불량률을 7%로 낮출 수 있는 새로운 작업방법을 실행하기 위해서는 월 ₩200,000의 추가비용이 필요하다면 새로운 작업방법을 수행하는 것이 회사의 월간 이익을 얼마나 증가 또는 감소시키는가?

① ₩150,000 감소 ② ₩427,500 증가 ③ ₩247,500 증가
④ ₩197,500 증가 ⑤ ₩30,000 증가

33 전략적 원가관리의 개념 (2008, KICPA)

다음의 전략적 원가관리기법에 관한 설명 중 타당한 것은?

① 적시생산시스템(JIT)은 짧아진 제품수명 및 제품의 다양성에 따라 증가하는 재고관리비용 등을 감소시키는 방안으로 유용하며, 초변동원가계산법(throughput costing)을 사용하여 제품원가를 계산하여야 한다.
② 전사적 품질관리(TQM)의 도입 후 내부실패원가와 외부실패원가의 상충관계(trade-off)에 입각하여 품질원가를 분석하고, 적정한 불량률은 허용해야 하는 것으로 인식이 변화하였다.
③ 제약이론(theory of constraint)은 병목공정(bottleneck)에 의하여 전체 공정의 처리량이 제한되는 현상에 주목한 이론으로, 비효율적 재고 및 대기시간의 절감을 위하여 모든 공정을 병목공정의 처리량에 맞추어 진행할 것을 장기적인 개선책으로 제안한다.
④ 제품수명주기원가(product life-cycle cost)는 제품의 기획 및 개발·설계에서 고객서비스와 제품 폐기까지의 모든 단계에서 발생하는 원가를 의미하며, 제품수명주기원가의 상당 부분은 제품의 기획에서 설계까지 이르는 과정에서 확정된다.
⑤ 목표원가(target cost)는 시장상황의 검토를 통하여 예상되는 제품의 목표가격을 확인한 후 기업이 필요로 하는 목표이익을 차감하여 결정되며, 기존 생산공정을 유지하며 발생하는 제조원가를 고려하여 생산개시 후 결정된다.

17

34 최신이론 서술문제 (2003, KICPA)

다음은 전략적 관리회계 토픽들과 관련된 문장들이다.

a. 균형성과표(BSC : balanced scorecard)는 일반적으로 기업들이 수립된 전략의 커뮤니케이션과 실행보다는 전략의 질에 문제가 있음을 강조한다.
b. BSC의 균형(balace)이란 용어는 단기와 장기, 내부와 외부, 재무와 비재무적 관점 그리고 선행 및 후행지표를 동시에 활용할 것을 강조하는 개념이다.

c. 활동기준원가계산(ABC)에서는 전통적인 고정원가, 변동원가의 2분류체계에 비해 단위기준, 배치기준, 제품기준, 시설기준 4원가분류체계를 이용하는 것이 일반적이다.
d. 타겟코스팅(target costing)은 제조(양산)단계에서의 지속적이고, 증분적인 소규모 개선활동을 의미한다.
e. 병목자원의 관리를 중요시 하는 TOC(제약이론)는 효율성보다는 효과성을 강조한다.

위의 문장들 중 올바르거나 타당한 문장들만을 모은 것은?

① a, b, c　　② a, b, c, d　　③ b, e
④ b, c, e　　⑤ c, d, e

해 답 Answer

01 ①

(1) 정상판매단가 : ₩2,000* + ₩2,000 × 15% = ₩2,300

* 총원가 : ₩500 + ₩400 + ₩50 + ₩800 + ₩200 + ₩50 = ₩2,000

(2) 최저한의 판매단가 : 증분비용 이상을 받아야 하는데 유휴설비가 있으므로 변동비가 증분비용이 된다.

₩500 + ₩400 + ₩50 + ₩800 = ₩1,750

02 ④

(1) 판매가격인하전의 매출총이익

100,000대 × (₩180,000 − ₩150,000) = ₩3,000,000,000

(2) 판매가격 인하후의 목표원가를 x라고 하면 다음식이 성립한다.

100,000대 × 125% × (₩150,000 − x) = ₩3,000,000,000

∴ x = ₩126,000

따라서 단위당 목표원가(x)는 ₩126,000이 된다.

03 ⑤

시장조사를 통해 소비자 욕구를 파악하여 결정한 목표가격에서 목표이익을 차감하여 목표원가를 결정한 후 가치공학 등의 방법을 통해 목표원가를 달성할 수 있도록 제품을 설계·생산하는 일련의 과정이 목표원가시스템이다.

04 ⑤

목표원가계산(target costing)은 연구, 개발 및 엔지니어링단계 등 생산이전단계에서의 원가절감에 초점을 둔다.

05 ②

(1) 목표원가 : 50대×₩20,000×(1－20%)＝₩800,000

(2) 현행원가

직접재료원가: 50대×₩10,000＝	₩500,000
재 료 처 리: 50대×40개×₩80＝	160,000
기 계 작 업: 50대×12시간×₩120＝	72,000
조 립 작 업: 50대×15시간×₩75＝	56,250
검 사: 50대×4시간×₩110＝	22,000
	₩810,250

(3) 원가절감목표액 : ₩810,250－₩800,000＝₩10,250

06 ③

판매후 서비스와 폐기주기에서 발생하는 원가의 대부분은 연구·개발 및 설계주기에서 미리 결정되는 경우가 대부분이다.

07 ③

		A제품		B 제품
제품수명주기수익		₩4,000,000		₩6,000,000
제품수명주기원가				
연구·개발 및 설계원가	₩1,000,000×30%＝	300,000	₩1,000,000×70%＝	700,000
생산원가		2,000,000		4,000,000
판매후 서비스주기원가	₩400,000×75%＝	300,000	₩400,000×25%＝	100,000
제품수명주기영업이익		₩1,400,000		₩1,200,000
		35%		20%

08 ②

(1) 카이젠예산 : 10,000시간×(1－0.01)＝9,900시간

(2) 차이분석

AQ×AP	AQ×SP	SQ×SP
11,000시간×₩950 ＝₩10,450,000	11,000시간×₩1,000 ＝₩11,000,000	9,900시간×₩1,000 ＝₩9,900,000

가격차이 ₩550,000F　　능률차이 ₩1,100,000U

09 ③

① 목표원가계산(Target Costing)은 제품기획단계의 원가절감을 강조한다.

② 개선원가계산(Kaizen Costing)은 점진적이고 지속적인 원가절감을 추구한다.

④ 활동기준원가계산은 비부가가치원가를 계산할 수 있다.

⑤ 제품수명주기원가계산은 장기적 의사결정에 더욱 유용하다.

17

10 ④

문제에서 제시된 활동을 구분하면 다음과 같다.

	예방원가	평가원가	내부실패원가	외부실패원가
품질방침기획 및 선포활동	₩10			
선적 전 발견된 부적합품 재작업활동			₩20	
반품 재작업활동				₩30
예방적 설비보수 및 유지활동	30			
미래기회상실 기회비용				50
제품품질검사 및 시험활동		₩60		
원부자재 공급사 평가활동	50			
반품 재검사활동				80
품질교육 및 훈련활동	70			
합 계	₩160	₩60	₩20	₩160

11 ⑤

품질관리계획수립원가, 품질관리기술개발원가, 품질개선을 위한 토의원가는 예방원가에 해당한다.

12 ⑤

(1) 품질원가의 분류

	예방원가	평가원가	내부실패원가	외부실패원가
반품재작업				₩100억
사후수리(A/S)				150억
불량재공품재작업			₩100억	
품질교육	₩100억			
설계개선작업	200억			
완성품검사		₩50억		
고객피해보상				150억
	₩300억	₩50억	₩100억	₩400억

(2) 품질원가 조정시 증분이익

예방원가 증가	₩300억×50%=	₩150억
내부실패원가 감소	₩100억×60%=	(60억)
외부실패원가 감소	₩400억×40%=	(160억)
품질원가 감소		(₩70억)

13 ④

낭비, 재가공, 폐품원가 등은 내부실패원가에 해당한다.

14 ④

① 카이젠원가계산은 제품제조단계에서의 지속적인 원가절감에 초점을 둔다.

② 목표원가계산 기법은 기존의 표준원가계산과는 다르게 제품 제조단계이전인 제품설계단계에서의 원가절감을 강조한다.

③ 제품수명주기원가계산은 제품설계단계에서의 원가절감을 강조한다.

⑤ 품질원가분석에 있어서 제품보증수리비용은 외부 실패원가에 해당한다.

15 ③

활 동	부가가치원가		비부가가치원가	총 원 가
구매활동	500회 × ₩300 =	₩150,000	₩60,000	₩210,000
조립활동	60,000시간 × ₩12 =	720,000	78,000	798,000
검사활동		0	375,000	375,000
		₩870,000	₩513,000	₩1,383,000

16 ②

(1) 예상묶음수 = 실제생산량 ÷ 예상묶음크기 = 30,000개 ÷ 200개 = 150묶음

총부가가치표준(SQ) = 예상묶음수 × 묶음당 예상작업시간

= 150묶음 × 5시간 = 750시간

AQ × AP	AQ × SP	SQ × SP
800시간 × @120 = ₩96,000	800시간 × @100 = ₩80,000	750시간 × @100 = ₩75,000

소비차이 ₩16,000U (AQ × AP와 AQ × SP 사이) · 능률차이 ₩5,000U (AQ × SP와 SQ × SP 사이)

17 ①

	AQ × AP	AQ × SQ	SQ × SP
변동제조 간접원가	560시간 × ₩4,000 = ₩2,240,000	560시간 × ₩5,000 = ₩2,800,000	460시간*1 × ₩5,000 = ₩2,300,000

	실제액	예 산	SQ × SP
고정제조 간접원가	₩3,190,000	600시간*2 × ₩6,000 = ₩3,600,000	460시간 × ₩6,000 = ₩2,760,000

* 1. SQ : 23,000개 ÷ 250개 × 5시간 = 460시간
  2. 기준조업도 120배치 × 5시간 = 600시간

㉮ 소비차이 : (₩2,240,000 + ₩3,190,000) − (560시간 × ₩5,000 + 3,600,000) = ₩970,000 유리

㉯ 능률차이 : ₩2,300,000 − ₩2,800,000 = ₩500,000 불리

㉰ 조업도차이 : ₩2,760,000 − ₩3,600,000 = ₩840,000 불리

18 ①

(1) 사전에 확보된 수선작업시간 : 5명 × 250일 × 8시간 = 10,000시간

(2) 수선작업시간당 원가 : 5명 × ₩50,000 ÷ 10,000시간 = 시간당 ₩25

(3) 미사용활동원가 : (10,000시간－9,200시간)×₩25＝₩20,000

$$\underbrace{\text{사전에 확보된 활동원가}}_{(10,000\text{시간}\times ₩25=₩250,000)\ \text{안전재고}} = \underbrace{\text{실제로 사용된 활동원가}}_{(9,200\text{시간}\times ₩25=₩230,000)} + \underbrace{\text{미사용활동원가}}_{(800\text{시간}\times ₩25=₩20,000)}$$

19 ②

$$EOQ=\sqrt{\frac{2DO}{C}}=\sqrt{\frac{2\times 20,000\text{개}\times ₩64}{₩16}}=400\text{개}$$

별해

재고유지비용 : $\frac{EOQ}{2}\times ₩16$

재고주문비용 : $\frac{20,000\text{개}}{EOQ}\times ₩64$

* '유지비용＝주문비용'이 되는 시점이 EOQ

$8EOQ=\frac{20,000\text{개}\times ₩64}{EOQ}$ ∴ EOQ＝400개

20 ⑤

$$R=\underbrace{L\times\frac{D}{n}}_{\text{조달기간동안의 사용량}}+S$$

영업일당수요량 : 25,000개/250일＝100개

∴ 재주문점 : 100개×30일＋800일＝3,800개

21 ③

적시생산시스템에서는 회계시스템이 단순화되는 대신에 재고자산을 추적할 수 없다. 따라서 재고자산을 파악하기 위한 실지재고조사법과 같은 재고파악시스템이 별도로 필요하다.

22 ④

적시재고관리시스템에서는 재고자산을 최소화하므로 원가계산의 중요성이 낮아져서 원가계산 관련 회계처리를 간단히 한다. 그 대표적인 형태가 역류원가계산에 의한 회계처리이다.

23 ②

JIT시스템은 재고보유를 최소화하고 '제조 셀(manufacturing cell)'방식으로 공정을 배치하여 전체 작업준비시간을 최소화함으로써 소비자의 요구에 신속하게 대응하고자 하는 시스템이다. 그러므로 JIT시스템은 저장시간과 투입대기시간 및 이동시간을 제거하거나 최소화하고자 하는 시스템이다.

24 ⑤

기존의 시스템에서 적시시스템으로 전환한 경우에 증분이익은 다음과 같다.

Ⅰ. 증분수익				
판매가격인상		10,000개×₩10=		₩100,000
Ⅱ. 증분비용				
증 가	연간추가비용		₩250,000	
감 소	보험료등의 감소	₩300,000×20%=	(60,000)	
	재작업비 감소	₩400,000×20%=	(80,000)	
	재고투자액에 대한 기회비용 감소	₩600,000×15%=	(90,000)	20,000
				₩80,000

25 ①

피파축구공 관련비용

구 입 비 용	12,000단위×₩50=	₩600,000
주 문 비 용	12,000단위÷200단위*×₩6=	360
검 사 비 용	12,000단위×₩0.02=	240
재고유지비용	100단위×₩4=	400
관련자본비용	100단위×₩50×14%=	700
재고부족비용	350단위×₩20=	7,000
반품처리비용	300단위×₩25=	7,500
합 계		₩616,200

* 1회주문량 : 100단위(평균재고)×2=200단위

26 ①

기존의 시스템에서 적시생산시스템으로 전환한 경우에 증분이익은 다음과 같다.

Ⅰ. 증분수익				
증 가	원재료창고의 임대수익		₩14,000	
감 소	판매기회상실	3,800개×₩10=	(38,000)	₩(24,000)
Ⅱ. 증분비용				
증 가	초과작업비	7,500개×₩5.6=	₩42,000	
감 소	보험료 등의 감소	₩80,000×60%=	(48,000)	
	재고투자액에 대한 요구수익 감소	₩400,000×15%=	(60,000)	(66,000)
Ⅲ. 증분이익				₩42,000

적시생산시스템을 도입함으로 인해 재무성과가 ₩42,000만큼 증가했다.

17

27 ①

Ⅰ. 증분수익			
임대료수익 :	₩3,000,000×2=	₩6,000,000	
재고부족 기회비용 :	200개×₩20,000=	(4,000,000)	₩2,000,000
Ⅱ. 증분비용			
주문원가 증가		₩5,000,000	
창고운영비 등 절감		(500,000)	
파손비 절감 :	₩75,000,000×1%=	(750,000)	
자금비용 절감 :	₩75,000,000×5%=	(3,750,000)	0
Ⅲ. 증분이익			₩2,000,000

28 ⑤

① 역류원가계산은 적시생산시스템에서 회계처리를 단순화하기 위해 사용하는 원가계산방법으로 단위당 표준원가를 설정하여 이를 이용해서 원가계산을 하는 것이 일반적이다.

② 역류원가계산은 적시생산시스템에서 사용하는 방법으로 생산공정의 리드타임(lead time)이 최소화 되어 있는 시스템에서 사용된다.

③ 역류원가계산은 원가흐름의 회계처리를 간소화해서 일부단계를 생략하고 원가계산을 하는 시스템으로 거래의 일반적인 흐름을 추적하기는 어려운 단점이 있다.

④ 역류원가계산은 회계처리를 단순화하므로 주문시점과 생산시점을 통합하기도 하고 극단적으로는 판매시점에만 회계처리하기도 한다.

29 ③

재료처리량공헌이익(throughput contribution)은 매출액에서 직접재료비를 차감하여 계산하며 직접노무비는 운영비용에 포함해서 고정원가로 분류하여 기간비용화한다.

30 ②

제약공정인 마무리공정의 처리능력 단위당 재료처리량 공헌이익은 ₩50,000(=₩90,000−₩40,000)이므로 최신설비 설치에 따른 증분이익은 다음과 같다.

Ⅰ. 증분수익	
재료처리량 공헌이익 증가 : ₩50,000×100단위=	₩5,000,000
Ⅱ. 증분비용	
설비원가	4,000,000
Ⅲ. 증분이익	₩1,000,000

31 ⑤

제약공정에서 불량품이 발생하였으므로 ₩90,000×200단위=₩18,000,000의 손실이 발생한다.

32 ④

(1) 공정개선시 산출량 변화

A공정: 10,000개×3% =300개 정상 → B공정: 300개 가공 (5% 공손) → 300개×95% =285개 판매

(2) 공정개선시 증분이익

Ⅰ. 증분수익			
매출증가	285개×₩1,500=		₩427,500
Ⅱ. 증분비용			
B공정 변동원가증가	300개×₩100=	₩30,000	
공정개선비용증가		200,000	230,000
Ⅲ. 증분이익			₩197,500

33 ④

① 적시생산시스템(JIT)은 짧아진 제품수명 및 제품의 다양성에 따라 증가하는 재고관리비용 등을 감소시키는 방안으로 유용하며, 역류원가계산을 사용하여 회계처리한다.

② 허용품질수준관점에서는 내부실패원가와 외부실패원가의 상충관계(trade-off)에 입각하여 품질원가를 분석하고, 적정한 불량률은 허용해야 하는 것으로 인식이 변화하였다.

③ 제약이론(theory of constraint)은 병목공정(bottleneck)에 의하여 전체 공정의 처리량이 제한되는 현상에 주목한 이론으로, 비효율적 재고 및 대기시간의 절감을 위하여 모든 공정을 병목공정의 처리량에 맞추어 진행할 것을 단기적인 개선책으로 제안한다.

⑤ 목표원가(target cost)는 시장상황의 검토를 통하여 예상되는 제품의 목표가격을 확인한 후 기업이 필요로 하는 목표이익을 차감하여 결정되며, 생산개시 전에 결정된다.

34 ④

a : 균형성과표(BSC : balanced seorecard)는 일반적으로 기업들이 수립된 전략의 조직구성원 사이에 커뮤니케이션되도록 하는 역할도 한다.

d : 카이젠원가계산에 대한 설명이다. 타켓코스팅(target costing)은 생산이전인 설계단계에 목표원가를 달성하도록 가치공학을 실행하는 것이 가장 중요한 절차이다.

주관식 문제

01 시장기준 가격결정

영창피아노는 전자피아노를 생산하여 판매하는 회사로 지속적으로 성장하고 있으며, 당사의 품질에 만족하고 있는 안정적인 고객을 많이 확보하고 있다. 당해 연도에는 ₩700의 판매가격에 200,000대를 판매하였다. 다음 연도에는 외국회사에 시장이 개방되면서 경쟁이 치열해져서 200,000대를 계속적으로 판매하려면 판매가격을 ₩600으로 낮추어야 할 것으로 예상된다. 당해 연도의 영업활동과 관련된 내용은 다음과 같으며, 영창피아노의 매출총이익률은 15%이었다.

단위당 판매가격		₩700
단위당 제조원가		
1. 직접재료원가		
컴퓨터칩	₩79	
모터	60	
외장재	50	
전자부품	86	
기타부품	20	295
2. 직접노무원가		
조립작업노무원가	₩90	
검사작업노무원가	60	150
3. 제조간접원가		
추적가능제조간접원가	₩70	
기타제조간접원가	80	150
단위당 제조원가 합계		₩595
단위당 이익		₩105
매출총이익률		15%

영창피아노는 다음 연도에도 전자피아노를 판매해서 15%의 매출총이익률을 달성하기 위하여 다음과 같은 원가절감방안을 계획하고 있다.

(1) 컴퓨터칩을 장기계약으로 구매하면 제품 단위당 컴퓨터칩을 ₩50에 구매할 수 있다.

(2) 설계를 변경하여 부품수를 줄이고 저렴한 부품을 사용하는 등 가치엔지니어링을 통하여 외장재원가와 기타부품원가의 20%를 절감할 수 있고 조립작업 노무원가와 검사작업노무원가 및 추적가능한 제조간접원가의 20%도 절감될 것으로 예상된다.

【물음 1】 영창피아노에서 계획하고 있는 원가절감방안을 실행하면 목표매출총이익률 15%를 달성할 수 있는지 계산하고 이 절감방안의 문제점을 지적하시오.

【물음 2】 다음연도의 실제경쟁상황이 기존의 예상보다 치열하여 판매가격이 ₩580으로 하락할 것이라는 새로운 전망이 나왔다. 이 예상아래에서 목표매출총이익률 15%를 달성하기 위한 목표원가와 추가적인 원가절감액을 계산하시오.

해답

[물음 1] 목표원가관리

단위당 판매가격				₩600
단위당 제조원가				
1. 직접재료원가				
컴퓨터칩			₩50	
모터			60	
외장재	:	₩50×(100%−20%)=	40	
전자부품			86	
기타부품	:	₩20×(100%−20%)=	16	252
2. 직접노무원가				
조립작업노무원가	:	₩90×(100%−20%)=	₩72	
검사작업노무원가	:	₩60×(100%−20%)=	48	120
3. 제조간접원가				
추적가능제조간접원가	:	₩70×(100%−20%)=	₩56	
기타제조간접원가			80	136
단위당 제조원가 합계				₩508
단위당 이익				₩92
매출총이익률				15.33%

새로운 원가절감방안을 실행하면 ₩600으로 가격을 인하하더라도 15.33%의 매출총이익률을 달성하여 목표이익률 15%를 초과한다. 그러나 이 원가절감방안에 따라서 저렴한 부품과 외장재를 사용하다 보면 품질이 떨어질 수 있는 문제점이 있다. 따라서 원가절감과 함께 품질유지에 주의해야 한다.

[물음 2] 목표원가절감액 파악

새로운 판매가격 ₩580에서의 목표원가 : ₩580×(100%−15%)=	₩493
현재 원가절감방안의 단위당 제조원가	508
추가적인 단위당 원가절감액	₩15

17

02 수명주기 원가계산

엘지전자는 PDA를 생산하는 회사로 새로운 PDA를 개발하려고 한다. 새로운 PDA는 3년의 수명주기를 가질 것으로 예상하고 있으며, 새로운 PDA와 관련된 예상자료는 다음과 같다.

3년간 예상판매량	400,000단위
단위당 판매가격	₩400
수명주기원가	
연구개발 및 설계원가	₩10,000,000
제조주기원가	
단위당 변동원가	₩150
제조묶음당 변동원가	6,000
제조묶음크기	500단위
고정원가	₩18,000,000
마케팅원가	
단위당 변동원가	₩32
고정원가	10,000,000
유통원가	
유통묶음당 변동원가	₩2,800
유통묶음크기	160단위
고정원가	₩7,200,000
고객서비스원가	
단위당 고객서비스원가	₩15

【물음 1】 새로운 PDA의 수명주기예산의 영업이익을 계산하시오.

【물음 2】 수명주기원가 중에서 연구개발 및 설계단계에서 발생할 것으로 예상되는 원가의 비중은 몇 % 인가?

【물음 3】 수명주기원가를 검토한 결과 수명주기총원가의 80%가 연구개발 및 설계단계에서 결정되는 것으로 분석되었다. 이 내용은 새로운 PDA의 원가를 관리하는데 어떠한 의미를 가지는지 [물음 2]의 결과와 연계하여 설명하시오.

【물음 4】 엘지전자의 마케팅부서에서 새로운 PDA의 가격을 ₩30 인하하면 매출수량이 10% 증가할 것으로 시장상황을 분석하였다. 만약 매출수량이 10%가 증가하면 제조 및 유통묶음크기를 10% 증가시킬 계획이고 다른 항목들은 동일한 경우에 수명주기 영업이익을 구하고 엘지전자는 새로운 PDA의 가격을 ₩30 인하해야 하는지를 판단하시오.

해답

[물음 1] 수명주기 영업이익

Ⅰ. 수명주기 수익 : 400,000단위×₩400=		₩160,000,000
Ⅱ. 수명주기 원가		
1. 연구개발 및 설계원가	₩10,000,000	
2. 제조주기원가		
변동원가 : 400,000단위×₩150=	60,000,000	
묶음수준원가 : 800묶음*1×₩6,000=	4,800,000	
고정원가	18,000,000	
3. 마케팅원가		
변동원가 : 400,000단위×₩32=	12,800,000	
고정원가	10,000,000	
4. 유통원가		
묶음수준원가 : 2,500묶음*2×₩2,800=	7,000,000	
고정원가	7,200,000	
5. 고객서비스원가		
변동원가 : 400,000단위×₩15=	6,000,000	135,800,000
Ⅲ. 수명주기 영업이익		₩24,200,000

* 1. 제조묶음의 수 : 400,000단위÷500단위=800묶음
  2. 유통묶음의 수 : 400,000단위÷160단위=2,500묶음

[물음 2] 연구개발 및 설계주기원가의 비중

₩10,000,000÷₩135,800,000=7.36%

[물음 3] 수명주기 원가관리의 의의

연구개발 및 설계주기에서 실제로 발생하는 원가의 비중은 7.36%로 크지 않지만 수명주기총원가의 80%가 이 단계에서 '결정(locked in)'되므로, 제조과정에서 원가를 절감하는 것은 매우 어렵다. 따라서 수명주기총원가를 절감하기 위해서는 원가가 결정되는 단계인 연구개발 및 설계주기에서 디자인이나 설계를 변경하여 원가를 절감하여야 한다.

[물음 4] 가격결정과 수명주기 영업이익

엘지전자가 PDA의 판매가격을 ₩30 인하하는 경우에 수명주기 영업이익은 다음과 같다.

Ⅰ. 수명주기 수익 : 440,000단위×₩370=		₩162,800,000
Ⅱ. 수명주기 원가		
1. 연구개발 및 설계원가	₩10,000,000	
2. 제조주기원가		
변동원가 : 440,000단위×₩150=	66,000,000	
묶음수준원가 : 800묶음*1×₩6,000=	4,800,000	
고정원가	18,000,000	
3. 마케팅원가		
변동원가 : 440,000단위×₩32=	14,080,000	
고정원가	10,000,000	
4. 유통원가		
묶음수준원가 : 2,500묶음*2×₩2,800=	7,000,000	
고정원가	7,200,000	
5. 고객서비스원가		
변동원가 : 440,000단위×₩15=	6,600,000	143,680,000
Ⅲ. 수명주기 영업이익		₩19,120,000

*1. 제조묶음의 수 : 440,000단위÷(500단위×110%)=800묶음

2. 유통묶음의 수 : 440,000단위÷(160단위×110%)=2,500묶음

판매가격을 ₩30 인하하는 경우에 영업이익이 인하 전보다 ₩5,080,000(=₩24,200,000−₩19,120,000) 만큼 감소되므로 판매가격을 낮추지 말아야 한다.

별해

판매가격을 ₩30 인하하였을 경우에 증분이익은 다음과 같다.

Ⅰ. 증분수익		
증　가 : 440,000단위×₩370=	₩162,800,000	
감　소 : 400,000단위×₩400=	(160,000,000)	₩2,800,000
Ⅱ. 증분비용		
단위당 변동원가 : 40,000단위(₩150+₩32+₩15)=	₩7,880,000	
제조묶음당 변동원가	0*	
유통묶음당 변동원가	0*	7,880,000
Ⅲ. 증분이익		₩(5,080,000)

* 매출수량이 10% 증가하지만 제조 및 유통묶음크기를 10% 증가시키므로 제조묶음수와 유통묶음 수는 기존과 달라지지 않는다. 따라서 묶음수준원가는 증가하지 않는다.

03 목표원가와 원가기획의 개념 (2005. KICPA)

나무전자(주)는 100개의 부품을 조립하여 에어컨 OAC(old air conditioner)를 생산, 단위당 판매가격 ₩530으로 매월 5,000단위씩 중국 바이어에게 수출하고 있다. OAC의 단위당 제조원가는 ₩485이며 매월 제조원가는 ₩2,425,000이고 이에 관한 자료는 다음과 같다.

직접재료원가	₩1,500,000
직접노무원가	300,000
기계가공원가	250,000
검사원가	100,000
재작업원가	15,000
엔지니어링원가	260,000
총제조원가	₩2,425,000

회사의 경영진이 확인한 결과 활동원가집합, 각 활동별 원가동인 및 각 활동별 원가동인 단위당 원가는 다음과 같다.

제조활동별 원가집합	내 용	원가동인	원가동인 단위당 원가
기계가공원가	부품기계조립	기계가공시간	₩50
검사원가	부품과 제품검사	검사시간	10
재작업원가	불합격품 수리	OAC의 재작업량	30
엔지니어링원가	제품과 공정의 설계 관리	엔지니어링시간	400

위에서 설명한 바와 같이 각 활동원가는 해당 원가동인에 따라 변화한다. 또한 OAC의 설계에 관한 추가정보는 다음과 같다.

① 단위당 기계가공시간은 1시간이며 단위당 검사시간은 2시간이다. 이때 부품과 제품검사는 모든 단위에 대한 전수검사가 실시된다.

② 기존 제조공정하에서는 OAC 생산량의 10%가 재작업 대상이다.

최근 중국산 경쟁제품이 저가격 파상공세로 대량 출하되면서 가격경쟁이 치열해지고 있다. 경영진은 이에 대한 대응방안을 모색한 결과 가격경쟁력을 유지하기 위해서는 단위당 판매가격을 ₩480 수준으로 인하할 필요가 있다고 판단되었다. 그러나 가격 인하조치에도 불구하고 판매량 증가는 없을 것이며, 만일 현행 판매가격을 그대로 유지한다면 엄청난 수출 감소가 예상된다.

이러한 위기에서 경영진은 원가관리회계팀장에게 단위당 제조원가를 ₩50만큼 절감할 수 있는 구체적인 방안을 강구하도록 요구했다. 그러나 팀장의 판단으로는 단위당 ₩30정도 절감할 수 있을 것으로 예상하였다. 이와는 달리 엔지니어링 팀장은 가치공학에 의한 목표원가 방식을 도입하여 기존의 OAC의 부품을 10% 수준으로 줄여 검사를 단순화시켜 줄 설계변경 방안을 제안하였다. 즉, 설계변경을 통하여 기존 제품을 대체할 NAC(new air conditioner)를 출시하는 것이다.

NAC로의 설계변경에 따른 구체적인 원가절감의 기대효과는 아래와 같다.

17

① 직접재료원가 절감액 : 단위당 ₩30
② 직접노무원가 절감액 : 단위당 ₩10
③ 기계가공시간이 10% 감소되며, 미사용 기계가공 생산능력은 선풍기 제조용으로 활용된다.
④ 검사소요시간이 10% 감소된다.
⑤ 재작업수량비율은 현재의 10%에서 5%로 감소된다.
⑥ 엔지니어링 생산능력은 설계변경전과 동일한 수준으로 유지된다.

OAC의 원가동인 단위당 원가는 NAC에도 그대로 적용되는 것으로 가정한다.

【물음 1】 NAC의 단위당 제조원가를 계산하라.

【물음 2】 NAC는 책정된 단위당 원가절감목표를 달성할 것인가? 구체적인 계산과정을 제시하라.

【물음 3】 위의 상황에서는 원가절감을 위한 전략으로 ① 기존제조공정의 효율성을 개선하는 방안과 ② 설계변경에 따른 대체품 NAC를 개발하는 방안이 제안되고 있다. ①과 ② 중 원가절감 효과가 보다 큰 전략은 어느 것인가? 이유에 대해서도 설명하라(5줄 내외).

【물음 4】 최근 디지털 기기 등 첨단제품의 가격이 급락하고 제품제조기술을 혁신하여 시장경쟁력을 획기적으로 높이는 기업들이 다수 출현하고, 장기 불황하에서 제조기술을 개발하고 제조공정은 혁신해 온 일본기업들이 경쟁력을 회복하면서 이들 선진기업과의 기술격차가 국내 기업들에게 큰 위협요인으로 작용하고 있다. 결과적으로 이러한 경영 환경의 변화하에 실무계와 학계로부터 표준원가 중심의 전통적인 원가절감 사고에 대한 한계가 지적되었고, 그 대안으로 부상하고 있는 원가기획, 즉 가치공학과 목표원가 중심의 새로운 원가절감 사고에 대한 관심이 커지고 있다. 과연 전통적인 원가절감사고와 새로운 원가절감 사고에는 어떠한 차이가 있는가? 수명주기원가의 관점에서 보면 원가기획에서는 원가절감에 대한 발상의 대전환이 필요하다는 점을 알 수 있는데 이러한 원가기획의 구체적인 시각은 무엇인가에 대해 간략하게 설명하라(5줄 내외).

해답

[물음 1] 단위당 제조원가

	OAC	원가절감액		NAC
직접재료원가	₩1,500,000	5,000개×₩30=	₩150,000	₩1,350,000
직접노무원가	300,000	5,000개×₩10=	50,000	250,000
기계가공원가	250,000	5,000개×1시간×0.1×₩50=	25,000	225,000
검사원가	100,000	5,000개×2시간×0.1×₩10=	10,000	90,000
재작업원가	15,000	5,000개×0.05×₩30=	7,500	7,500
엔지니어링원가	260,000		–	260,000
총제조원가	₩2,425,000		₩242,500	₩2,182,500

NAC의 단위당 원가 : ₩2,182,500÷5,000개=단위당 ₩436.5

[물음 2] 목표원가 달성여부

단위당 원가절감액 : ₩485 − ₩436.5 = ₩48.5 또는 ₩242,500 ÷ 5,000개 = ₩48.5

설계변경을 통한 단위당 원가절감액이 ₩48.5으로 원가절감목표 ₩50을 달성하지 못한다.

[물음 3] 원가절감효과가 큰 전략

수명주기전체의 원가 대부분이 연구개발 및 설계주기에 결정(committed 또는 locked in)되므로 제조주기에서 ① 기존제조공정의 효율성을 개선하는 방안은 원가를 절감할 여지가 크지 않다. 따라서 효과가 큰 원가절감방안은 ② 설계변경에 따른 대체품 NAC를 개발하는 방안이다.

[물음 4] 원가기획의 구체적인 시각

표준원가를 중심으로 한 전통적인 원가절감사고는 현재 제조공정의 효율성을 높여서 경쟁력을 확보하는 방안인 반면에 원가기획의 관점은 소비자의 욕구에 따라 제품개발의 방향과 목표가격을 결정하고 목표가격이 달성되도록 연구개발단계에서 가치공학 등을 통해 최소의 원가로 소비자가 원하는 기능이 있는 제품을 개발하는 것으로 소비자들이 원하는 가치는 달성하면서 원가를 최소화하는 방안을 제품기획단계에서 달성해 가는 것이다.

04 품질원가 – 품질원가의 분류와 관리 (2002. KICPA)

최근 우리나라는 20×2년 7월 1일부터 본격 시행되는 제조물책임법(product liabilities : PL법)에 대하여 국내기업들은 제품결함관련 손해배상의 부담을 안게 되었다. 그 결과 경영자들은 품질경쟁력을 높이기 위한 방안을 신중히 검토하고, 품질관리와 신제품개발에 총력을 기울여야 하는 상황에 직면하게 되었다. 두 가지 형태의 냉장고를 생산·판매하고 있는 (주)신바람전자도 냉장고의 품질을 믿을 수 없어 전사적 품질관리를 시도하게 되었다.

품질원가에 대한 전반적인 자료를 수집한 결과 일반적으로 품질원가는 네 가지 범주로 구분된다는 것을 파악하고, 품질원가를 요약하여 품질원가 보고서를 작성하기로 하였다.

(주)신바람전자의 각 냉장고와 관련된 품질관리 자료를 요약하면 다음과 같다.

구 분	A형 냉장고	B형 냉장고
생산 및 판매수량	10,000단위	5,000단위
단위당 판매가격	₩200,000	₩150,000
단위당 변동원가	120,000	80,000
설계개선에 소요된 시간	6,000시간	1,000시간
단위당 품질검사시간	1시간	0.5시간
재작업수량비율	4%	10%
단위당 재작업원가	₩50,000	₩40,000
고객의 요구에 따른 수선비율	3%	8%
단위당 수선비용	₩50,000	₩40,000
불량품으로 인하여 상실된 추정매출수량	–	300단위
손해배상추정액	₩10,000,000	₩5,000,000

17

품질관리와 관련하여 설계 개선에 참가한 직원과 품질검사원의 임률은 각각 다음과 같다.

설계 개선에 참가한 직원 : 시간당 ₩7,500

품질검사원 : 시간당 ₩4,000

【물음 1】 (주)신바람전자의 품질원가를 네 가지 범주로 구분하여 A형과 B형 냉장고에 대한 품질원가와 매출액 대비 범주별 원가비율을 나타내는 품질원가보고서를 작성하시오. 단, 비율은 %로 나타내고, 표시는 소수점 셋째 자리에서 반올림하시오.

【물음 2】 (주)신바람전자의 매출액 대비 각 범주별 품질원가의 비율에 기초하여 냉장고 A형과 B형에 대한 품질원가를 비교 설명하시오.

【물음 3】 무결점(zero defects)을 추구하는 현대기업의 품질원가형태를 품질원가와 품질수준(quality of conformance)의 관계를 이용하여 도표로 나타내시오.

해답

[물음 1] 품질원가보고서의 작성

(1) A형 냉장고 품질원가보고서

구 분	금 액			매출액대비율
I. 매출액	10,000단위×₩200,000=		₩2,000,000,000	100%
II. 품질원가				
예방원가				
설계개선원가	6,000시간×₩7,500=		₩45,000,000	2.25
평가원가				
품질검사원가	10,000단위×1시간×₩4,000=		40,000,000	2
내부실패원가				
재작업원가	10,000단위×4%×₩50,000=		20,000,000	1
외부실패원가				
수선비용	10,000단위×3%×₩50,000=	₩15,000,000		
판매기회상실		–		
손해배상추정액		10,000,000	25,000,000	1.25
품질원가합계			₩130,000,00	6.5%

(2) B형 냉장고 품질원가보고서

구 분	금 액			매출액대비율
Ⅰ. 매출액	5,000단위×₩150,000=		₩750,000,000	100%
Ⅱ. 품질원가				
예방원가				
설계개선원가	1,000시간×₩7,500=		₩7,500,000	1
평가원가				
품질검사원가	5,000단위×0.5시간×₩4,000=		10,000,000	1.33
내부실패원가				
재작업원가	5,000단위×10%×₩40,000=		20,000,000	2.67
외부실패원가				
수선비용	5,000단위×8%×₩40,000=	₩16,000,000		
판매기회상실	300단위×(₩150,000−₩80,000)=	21,000,000		
손해배상추정액		5,000,000	42,000,000	5.6
품질원가합계			₩79,500,000	10.6%

[물음 2] 제품별 품질원가의 비교

A형 냉장고의 경우, 통제원가(예방원가+평가원가)의 비중이 높고, 실패원가(내부실패원가+외부실패원가)의 비중이 낮다. 반면 B형 냉장고의 경우, 통제원가의 비중이 작고 실패원가의 비중이 높다. 이처럼 통제원가와 실패원가가 부의 상관관계를 갖는 것이 전통적인 관점의 품질원가로서 품질원가와 품질수준과의 관계를 도표로 나타내면 다음과 같다.

〈AQL 품질원가 도표〉

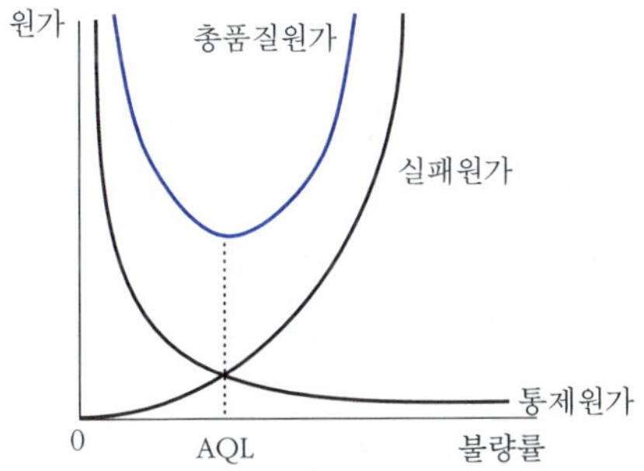

[물음 3] 무결점수준 관점의 품질원가 형태

전통적인 품질원가의 관점과 달리 무결점수준 관점의 품질원가는 일정 수준 이상의 품질을 갖추게 되면 통제원가도 절감됨으로써 전체 품질원가가 불량률이 0인 수준에서 최소화될 수 있다는 것으로 이를 도표로 나타내면 다음과 같다.

〈최근의 품질원가 도표〉

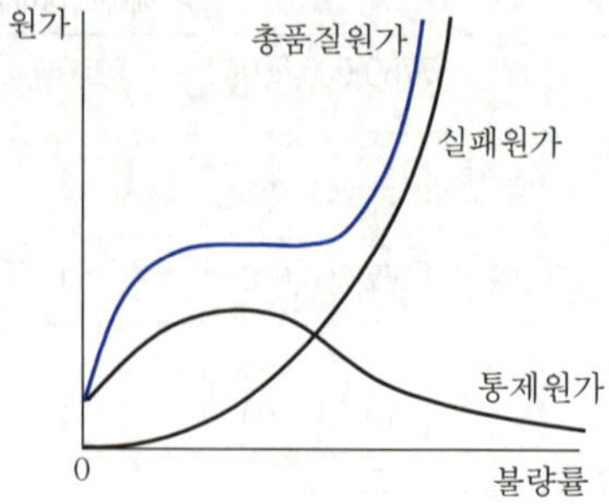

05 품질원가와 품질개선 및 시간관리 (2008. KICPA 수정)

※ 각 물음은 서로 독립적임

【물음 1】 다음은 R제품을 생산하는 (주)백양의 품질활동에 대한 재무적 정보이다. 아래의 자료를 이용하여 물음에 답하시오.

매 출	₩1,000,000	재작업	₩12,500
작업폐물	35,000	공급업체평가	5,000
고객지원	4,000	제품시험	10,000
반품제품원가	6,000	보증수리	50,000
품질교육	5,000	입고재료검사	5,000
설계엔지니어링	10,000	작업중단 복구	2,500
제품검사설비 보수	25,000		

(1) 품질원가 보고서를 작성하시오.
(단, 원가항목들을 예방원가, 평가원가, 내부실패원가, 외부실패원가로 분류하여 각 범주별로 소계를 표시하고 각 소계 옆에는 매출액에 대한 비율을 표시한다.)

(2) R제품과 같은 종류의 제품을 생산하는 경쟁업체인 (주)낙동의 매출액에 대한 각 품질원가 범주의 비율이 다음과 같다. (주)백양의 품질원가 보고서를 이와 비교하고 시사점을 제시하시오 (3줄 이내).

예방원가	평가원가	내부실패원가	외부실패원가	합 계
4.0%	2.0%	3.0%	4.0%	13.0%

【물음 2】 (주)새한의 X제품에 대한 연간 수요는 500,000단위이다. (주)새한은 110,000기계시간의 생산능력을 가지고 있고, 기계시간당 X제품 4단위씩 생산할 수 있다. (주)새한은 X제품을 400,000단위 판매하는데, 그 이유는 40,000단위(생산량의 10%)가 재작업 되어야 하기 때문이다. 재작업을 위해서는 4단위당 1기계시간이 필요하므로 생산능력 중 10,000기계시간이 재작업을 위해 사용된다. 재작업이 필요 없는 X제품의 단위당 공헌이익은 ₩8이다. (주)새한의 재작업원가(재작업 이전에 발생한 원가는 포함되지 않음)는 ₩280,000으로서 세부내역은 다음과 같다.

① 직접재료원가, 직접노무원가 등의 변동원가 : 단위당 ₩3

② 설비감가상각비, 임차료 등의 고정원가 배부액 : 단위당 ₩4

(주)새한의 공정설계자는 현재의 공정속도를 유지하면서도 재작업을 근본적으로 없애는 공정개선안을 개발했다. 새로운 공정을 실행하기 위해서는 연간 ₩250,000의 원가가 추가로 소요된다.

(1) (주)새한이 새로운 공정을 채택하는 것이 좋은지 기존 공정을 유지하는 것이 좋은지 계산과정을 통해 밝혀 보시오.

(2) (주)새한이 새로운 공정을 채택했다고 가정하자. (주)새한은 (주)삼정으로부터 X제품과 유사한 Y제품을 330,000단위 공급해 달라는 요청을 받았고 Y제품은 재작업 없이 기계시간당 3단위씩 생산할 수 있다. Y제품의 단위당 공헌이익은 ₩10이다. (주)새한은 (주)삼정의 요청을 수락해야 하는지 거절해야 하는지 계산과정을 통해 밝혀 보시오.

해답

[물음 1] 품질원가계산

(1) 품질원가보고서

		품질원가	매출액비율
예방원가			
품질교육	₩5,000		
설계엔지니어링	10,000		
공급업체평가	5,000	₩20,000	2%
평가원가			
제품검사설비 보수	25,000		
제품시험	10,000		
입고재료검사	5,000	40,000	4
내부실패원가			
작업폐물	35,000		
재작업	12,500		
작업중단 복구	2,500	50,000	5
외부실패원가			
고객지원	4,000		
반품제품원가	6,000		
보증수리	50,000	60,000	6
합 계		₩170,000	17%
매 출 액		₩1,000,000	

(2) 품질원가 비교

(주)백양은 (주)낙동과 비교하면 예방원가의 비율이 낮은 대신에 내부실패원가와 외부실패원가의 비율이 높아서 총품질원가의 비율이 (주)낙동보다 더 높다. (주)백양이 예방원가의 지출을 증가시키면 내부실패원가와 외부실패원가가 큰폭으로 감소해서 전체품질원가가 감소할 수 있다는 점을 시사하고 있다.

[물음 2] 품질개선 의사결정

(1) 공정개선 의사결정

새로운 공정을 채택할 경우의 증분이익은 다음과 같다.

Ⅰ. 단위당 증분수익			
증분공헌이익	40,000단위×₩8=		₩320,000
Ⅱ. 단위당 증분비용			
공정개선비용증가		₩250,000	
재작업원가감소	40,000단위×₩3=	(120,000)	130,000
Ⅲ. 증분이익			₩190,000

(주)새한은 새로운 공정을 채택하는 것이 이익을 증가시킨다.

(2) 외부주문의 수락 의사결정

(주)삼정의 요청을 수락할 경우의 증분이익은 다음과 같다.

Ⅰ. 단위당 증분수익			
공헌이익증가	330,000단위×₩10=	₩3,300,000	
공헌이익감소	440,000단위*×₩8=	(3,520,000)	₩(220,000)
Ⅱ. 단위당 증분비용			–
Ⅲ. 증분이익			₩(220,000)

* (주)삼정의 주문을 수락하려면 110,000시간의 기계시간이 모두 필요하므로 X제품의 판매를 모두 감소시켜야 한다.

따라서 (주)새한은 (주)삼정의 주문을 거절하는 것이 이익을 증가시킨다.

06 활동기준경영 – 미사용활동원가

나무목재는 당 회계연도의 원재료, 구매주문, 검사활동에 대하여 부가가치표준을 설정하였으며 이와 관련된 자료는 다음과 같다.

활 동	원가동인(activity driver)	SQ	AQ	SP
원재료가공	원재료체적(㎥)	24,000	30,000	₩10
구매주문활동	주문횟수	800	1,000	50
검사활동	검사시간	0	4,000	12

원재료가공활동과 구매주문활동에서 발생하는 원가는 변동활동원가이며, 검사활동에서 발생하는 원가는 1인당 2,000시간을 검사할 수 있는 검사원 2인의 고정인건비이다.
또한 실제로 발생한 원가동인당 원가는 부가가치표준원가(SP)와 동일하다.

【물음 1】 나무목재는 품질향상을 위한 지속적인 노력을 한 결과 검사활동을 30% 감소시켰다. 고정활동원가인 검사활동의 미사용활동원가를 계산하시오.

【물음 2】 당기 발생한 활동별 원가를 부가가치원가와 비부가가치원가로 구분하시오.

【물음 3】 나무목재는 다음 회계연도의 예산을 편성함에 있어서 비부가가치원가를 30% 감소시키는 카이젠예산을 편성하였다. 다음 회계연도의 생산량이 당회계연도와 동일한 경우에 카이젠예산에 의하여 계산된 각 활동별 표준원가를 구하고 카이젠예산이 달성되는 경우에 당기에 비하여 절감되는 원가를 계산하시오.

해답

[물음 1] 미사용활동원가

사전에 확보된 활동원가 = 실제로 사용된 활동원가 + 미사용활동원가

(4,000시간 × ₩12 = ₩48,000) (2,800시간* × ₩12 = ₩33,600) (1,200시간 × ₩12 = ₩14,400)

* 4,000시간 × (1 − 30%) = 2,800시간

따라서 미사용활동원가는 ₩14,400이다. 1인당 2,000시간을 검사할 수 있는 검사원 2인을 고용하여 4,000시간의 검사활동을 사전에 확보하였으나 품질향상을 위한 지속적인 노력으로 인해 실제로 검사활동은 2,800시간만이 수행되었다. 결과적으로 1,200시간의 검사활동이 미사용활동으로 남게 되었다.

[물음 2] 부가가치원가와 비부가가치원가

(1) 카이젠표준원가

활 동	부가가치원가		비부가가치원가	총원가
원 재 료 가 공	24,000 × @10 =	₩240,000	₩60,000	₩300,000
구 매 주 문 활 동	800 × @50 =	40,000	10,000	50,000
검 사 활 동		0	48,000	48,000
		₩280,000	₩118,000	₩398,000

[물음 3] 카이젠예산편성

(1) 카이젠표준원가

활 동	SQ	AQ	카이젠표준수량	SP	카이젠표준수량
원 재 료 가 공	24,000	30,000	28,200*1	₩10	₩282,000
구 매 주 문 활 동	800	1,000	940*2	50	47,000
검 사 활 동	0	4,000	2,800	12	33,600

* 1. 30,000 − (30,000 − 24,000) × 30% = 28,200㎥
  (비부가가치활동 절감량: (30,000 − 24,000) × 30%)
  2. 1,000 − (1,000 − 800) × 30% = 940회
  (비부가가치활동 절감량: (1,000 − 800) × 30%)

(2) 원가절감액

	절 감 량		SP		원가절감액
원 재 료 가 공	1,800㎥	×	₩10	=	₩18,000
구 매 주 문 활 동	60회	×	50	=	3,000
					₩21,000

검사활동원가는 2,000시간을 기준으로 원가가 증가하는 준고정원가로 당회계연도에 2명의 검사원이 고용되어 있다. 따라서 카이젠표준수량을 달성하더라도 1,200시간만이 감소하므로 여전히 2명이 고용되어 있어야 하기 때문에 고정활동원가인 검사활동원가는 절감되지 않고 변동활동원가인 원재료가공활동원가와 구매주문활동원가는 절감되었다.

07 1회 생산규모, EOQ, JIT

(주)따봉은 기계작업으로 강철봉 제품을 생산하는 회사로 제품의 연간수요량이 5,000개이다. 제품을 생산과정에서 기계작업준비원가는 생산 1회당 ₩400이고, 제품의 단위당 변동제조원가는 ₩250이며, 재고유지원가는 변동제조원가의 25.6%이다.

【물음 1】 제품의 경제적 생산량을 계산하시오.

【물음 2】 (주)따봉은 제품의 작업준비원가를 절감시킬 수 있는 방안을 검토하고 있다. 이 방안을 적용하는 경우에 제품의 단위당 변동제조원가에는 영향을 미치지 않는다. 한편, (주)따봉의 경영자는 연간재고유지원가가 과소평가되고 있다고 판단하고 있다. 다음의 상황에서 제품의 경제적 생산량을 계산하시오.

(1) 연간수요량 5,000단위, 작업준비원가 ₩400, 재고유지원가는 변동제조원가의 30%
(2) 연간수요량 5,000단위, 작업준비원가 ₩108, 재고유지원가는 변동제조원가의 30%

【물음 3】 [물음 1]과 [물음 2]의 분석결과는 적시생산시스템의 도입과 관련하여 어떠한 시사점을 주는지 설명하시오.

해답

[물음 1] 경제적 생산량

경제적 생산량은 EOQ모형을 이용하여 계산할 수 있다. 경제적 생산량은 기계작업준비원가와 재고유지원가의 합계를 최소화하는 원가이다.

$$EOQ = \sqrt{\frac{2DO}{H}} \sqrt{\frac{2 \times 5{,}000\text{개} \times ₩400}{₩64^{*}}} = 250\text{개}$$

* 단위당 재고유지비용 : ₩250×25.6%=₩64

[물음 2] 작업준비원가의 변동에 따른 경제적 생산량

$$(1)\ EOQ = \sqrt{\frac{2DO}{H}} \sqrt{\frac{2 \times 5{,}000\text{개} \times ₩400}{₩75^{*}}} = 230.94\text{개}$$

* 단위당 재고유지비용 : ₩250×30%=₩75

$$(2)\ EOQ = \sqrt{\frac{2DO}{H}} \sqrt{\frac{2 \times 5{,}000\text{개} \times ₩108}{₩75^{*}}} = 120\text{개}$$

* 단위당 재고유지비용 : ₩250×30%=₩75

[물음 3] 적시생산시스템과 경제적 생산량

[물음 1]과 [물음 2]의 결과를 보면 재고유지비용이 증가하면 1회에 생산하는 경제적 생산수량이 감소하며, 작업준비원가가 감소하여도 1회당 경제적 생산수량이 감소된다. 적시생산시스템이란 고객의 요구에 맞추어 최소한의 수량을 생산하여 재고자산을 최소화하는 시스템이므로 재고유지비용이 크고, 작업준비원가가 작은 회사에 적용하는 경우에 그 효과가 커질 것이다. 또한 적시생산시스템을 적용하는 회사에서는 작업준비원가를 최소화하기 위하여 노력하여야 한다.

08 재고비용과 관련원가분석 (2007. 세무사 기출수정)

나무스케이트는 인라인 스케이트를 생산하고 있다. 인라인스케이트 전문매장부터 일반 운동용품점까지 다양한 유통망을 통해 전국으로 판매하고 있다. 나무스케이트는 도매업자에게 인라인 스케이트를 단위당 ₩37,000에 판매하고 도매업자들은 이를 최종소비자에게 단위당 ₩70,000에 판매한다. 지난 3년 동안 나무스케이트의 매출은 연평균 16,000단위로 매우 부진하였으며 이는 생산능력의 50%에 불과한 수준이다. 이 회사의 시장 수요는 향후 몇 년 동안 이 수준에 머물 것으로 예상되고 있다.
(주)종로마트는 할인매장으로 나무스케이트의 인라인 스케이트의 구입을 타진해 왔다. (주)종로마트는 향후 3년 동안 연간 6,000단위의 인라인 스케이트를 단위당 ₩25,000에 구입하겠다고 제의해왔다. (주)종로마트는 인라인 스케이트를 소비자들에게 ₩40,000에 판매할 계획을 가지고 있다.
(주)종로마트가 나무스케이트의 정상적인 판매가격보다 훨씬 낮은 가격에 제의를 해왔지만 나무스케이트는 현재 충분한 유휴설비가 존재하기 때문에 이 제의에 대해 관심이 많다. 나무스케이트는 이 특별주문 수락시 예상되는 단위당 변동제조원가에 관한 자료를 다음과 같이 수집하였다.

직접재료비	₩10,000
직접노무비	6,000
변동제조간접비	5,000
	₩21,000

나무스케이트가 예상하는 단위당 직접재료비는 ₩10,000이며 이 금액에는 (주)종로마트의 상표를 부착하는데 필요한 추가적인 원가 ₩400이 포함되어 있다. 나무스케이트의 연간 고정제조간접원가는 ₩35,000,000이며 나무스케이트는 통상 판매가격의 10%에 해당하는 금액을 판매사원들에게 판매수당으로 지급하고 있으나 특별주문에 대하여는 판매수당을 지급할 필요가 없다. (주)종로마트의 특별주문을 수락하는 경우 이로 인한 연간 재고수준의 증가는 다음과 같을 것으로 예상된다.

- 원재료 : 1개월분 공급량
- 제공품 : 1.5개월분 공급량
  (원재료는 100% 투입이 완료된 상태이고, 변동가공비는 50%가 투입된 상태임)
- 제　품 : 0.5개월분 공급량

연간 재고유지비용은 변동제조원가를 기준으로 계산한 재고자산가액의 10%로 예상된다. 특별주문을 수락하면, 나무스케이트는 인라인 스케이트를 자사의 창고에 보관해두었다가 (주)종로마트가 요청할 때마다 즉시 인도하여야 한다. 나무스케이트가 (주)종로마트의 제안을 받아들이면 현재 연간 판매량의 5%정도가 감소될 것으로 예상된다. 나무스케이트는 (주)종로마트의 제안을 받아들여야 할 것인지를 고려중이다. 주어진 자료의 다음 물음에 답하시오.

【물음 1】 특별주문을 수락할 경우, 기존판매량의 감소에 따른 연간 총공헌이익감소액은 얼마인가?

【물음 2】 특별주문을 수락할 경우, 추가로 발생할 것으로 예상되는 연간 재고유지비용은 얼마인가?

【물음 3】 특별주문 제안에 대한 합리적인 의사결정과 그 근거를 서술하시오.

【물음 4】 나무스케이트가 (주)종로마트의 특별주문에 대한 수락여부 결정시 물음과 같은 계량적 요소 외에 추가적으로 고려해야 할 질적 요인을 열거하시오.

해답

[물음 1] 기존 판매량감소에 따른 공헌이익 감소액

Ⅰ. 증분수익 매출감소	800단위*1×₩37,000=	₩(29,600,000)
Ⅱ. 증분비용 변동원가 감소	800단위*1×₩24,300*2=	19,440,000
Ⅲ. 증분이익		₩(10,160,000)

*1. 기존 판매량의 감소분=16,000단위×5%=800단위

2. 단위당 변동원가

단위당 직접재료비	₩10,000−₩400=	₩9,600
단위당 직접노무비		6,000
단위당 변동제조간접비		5,000
단위당 판매수수료	₩37,000×10%=	3,700
		₩24,300

[물음 2] 연간 재고유지비용 추가 발생액

(1) 평균재고자산 증가액

원재료		6,000단위×1/12×₩10,000=		₩5,000,000
재공품	재료원가	6,000단위×1.5/12×₩10,000×100%=	₩7,500,000	
	가공원가	6,000단위×1.5/12×(₩6,000+₩5,000)×50%=	4,125,000	11,625,000
제 품		6,000단위×0.5/12×₩21,000=		5,250,000
계				₩21,875,000

(2) 연간 재고유지비용 추가 발생액 : ₩21,875,000×10%=₩2,187,500

[물음 3] 특별주문에 대한 의사결정

특별주문을 수락하는 경우에 증분이익은 다음과 같다.

Ⅰ. 증분수익	매출증가	6,000단위×₩25,000=	₩150,000,000	
	매출감소로 인한 기회비용		(10,160,000)	₩139,840,000
Ⅱ. 증분비용	변동제조원가 증가	6,000단위×₩21,000=	₩126,000,000	
	재고유지비용 증가		2,187,500	₩128,187,500
Ⅲ. 증분이익				₩11,652,500

특별주문을 수락하는 경우에 이익이 ₩11,652,500만큼 증가하므로 특별주문을 수락해야 한다.

[물음 4] 특별주문 수락하는 경우에 고려할 질적 요인

첫째, (주)종로마트에 대해 공급하는 것이 정규시장에서 판매가격을 인하시키는 압력으로 작용할지 여부

둘째, (주)종로마트로부터 계속적으로 구매주문이 있을지의 여부

셋째, 기존거래처들이 다른 거래처로 옮겨갈 수 있는 경우에 그 영향의 분석

넷째, (주)종로마트의 주문으로 인해서 장기적으로 생산능력을 확대해야 하는지에 대한 분석

09 JIT와 공급사슬분석

나무컵스는 (주)NAMU로부터 종이컵을 납품받아 판매하고 있는데 JIT시스템을 도입하려고 검토하고 있다. 종이컵의 연간 수요량은 20,000개이며 JIT시스템이 도입되면 주문 1회당 주문비용은 변화없이 ₩5이지만 주문횟수가 20회에서 200회로 증가하고 단위당 구입가격이 ₩10에서 ₩10.05으로 증가할 것으로 예상하고 있다. 재고유지비용은 단위당 ₩4.5으로 변화 없으며 재고부족비용은 현재 발생하지 않고 있지만 JIT이 도입되면 재고부족수량이 100개로 예상되고 이로 인해 단위당 ₩3의 손실이 예상되고 있다. 구입가격을 기준으로 재고액과 관련된 자본비용은 20%이다.

【물음 1】 JIT도입여부에 대한 의사결정을 하시오.

【물음 2】 공급사슬관점에서 나무컵스와 (주)NAMU는 재고자산을 어떻게 관리하는 것이 서로의 효익을 크게 할 수 있는지 설명하시오.

【물음 3】 나무컵스는 서울상사로부터 종이컵 공급제안서를 받았는데 이를 검토한 결과 다음과 같은 정보를 얻었다.

(1) 단위당 구입가격 ₩9.75에 공급해 주겠다고 제의했다.

(2) 연간재고유지비용을 단위당 ₩4.4으로 낮출 수 있다.

(3) 재고부족수량이 800개로 예상되고 이로 인해 단위당 ₩3의 손실이 예상되고 있다.

(4) 서울상사의 종이컵은 품질이 낮아서 나무컵스는 다음과 같은 추가적인 비용이 발생할 것으로 예상된다.

- 품질검사비용으로 단위당 ₩0.08을 추가로 지출해야한다.
- 판매한 종이컵의 10%는 불량품으로 반품될 것으로 예상되며 반품 한 단위당 ₩6이 추가적으로 발생할 것이다.

나무컵스의 구매담당이사는 공급단가가 저렴한 서울상사로 공급업체를 변경해야한다고 주장하는 반면 회사의 관리회계이사는 전체 재고관리원가를 고려하여 공급업체를 선정해야 한다고 주장한다. 관리회계이사의 입장에서 공급업체를 선택하시오.

해답

[물음 1] JIT도입여부 의사결정

(1) 현재의 구매정책 관련비용

구입비용 :	20,000단위×₩10=	₩200,000
주문비용 :	20회×₩5=	100
재고유지비용 :	500단위*×₩4.5=	2,250
관련자본비용 :	500단위×₩10×20%=	1,000
재고부족비용 :		0
합　계		₩203,350

* 평균재고 : 20,000단위÷20회÷2=500단위

(2) JIT 구매정책 관련비용

구입비용 :	20,000단위×₩10.05=	₩201,000
주문비용 :	200회×₩5=	1,000
재고유지비용 :	50단위*×₩4.5=	225
관련자본비용 :	50단위×₩10.05×20%=	100.5
재고부족비용 :	100단위×₩3=	300
합　계		₩202,625.5

* 평균재고 : 20,000단위÷200회÷2=50단위

(3) 의사결정

JIT구매정책 경우의 단위당 구입가격이 기존구입정책 경우보다 비싸지만 구입비용 이외의 비용이 적게 발생하여 재고관련원가가 적게 발생하므로 JIT구매정책을 도입한다.

[물음 2] 공급사슬관점과 JIT

나무컵스와 (주)NAMU는 재고와 관련된 정보를 서로 공유함으로써 공급사슬 전체의 재고를 최소화하면서도 적절하게 수요변화에 대응할 수 있을 것이다. 따라서 나무컵스와 (주)NAMU는 신뢰관계를 구축하고 정보시스템을 공유하여 자유롭게 의사소통이 일어나도록 하는 것이 바람직하다.

[물음 3] 재고관련원가와 공급업체 선정

구입비용 :	20,000단위×₩9.75=	₩195,000
주문비용 :	200회×₩5=	1,000
재고유지비용 :	50단위×₩4.4=	220
관련자본비용 :	50단위×₩9.75×20%=	97.5
재고부족비용 :	800단위×₩3=	2,400
검사비용 :	20,000단위×₩0.08=	1,600
반품처리비용 :	20,000단위×10%×₩6=	12,000
서울상사의 재고관련원가		₩212,317.5

서울상사의 단위당 구입가격이 (주)NAMU보다 저렴하지만 구입비용 이외의 비용까지 포함하면 ₩212,317.5으로 (주)NAMU보다 많이 발생하므로 (주)NAMU에서 계속 종이컵을 구매하는 것이 유리하다.

10 제약이론과 공정개선 (2000. KICPA 수정)

(주)번영은 절단공정과 염색공정을 거쳐 제품을 생산하고 있다. 절단공정과 염색공정의 생산관련 자료는 다음과 같다.

	절 단 공 정	염 색 공 정
월생산능력(투입기준)	10,000단위	15,000단위
월완성량	9,500	8,550
단위당변동원가	₩550	₩120
고정원가	3,000,000	475,000

위의 공정을 거친 제품은 수요량이 크고 단위당 ₩1,300에 팔린다. 작업폐물은 공정의 종료시점에서 구분되는데 절단공정에서는 작업폐물이 500개(5%)가 나오고 염색공정에서는 950개(10%)의 작업폐물이 나온다. 회사는 이러한 작업폐물을 모두 비정상적인 것으로 간주한다.

【물음 1】 각 공정에서 발생한 작업폐물의 단위당 원가를 각각 구하시오.

【물음 2】 다음의 독립적인 물음에 답하시오.

(1) 절단공정의 생산능력을 늘릴 수 있다면 회사의 이익은 1단위가 늘어날 때마다 얼마나 증가하는가?

(2) 절단공정의 작업폐물 1단위가 합격품으로 바뀐다면 회사의 이익은 얼마나 증가하겠는가?

(3) 염색공정의 작업폐물 1단위가 합격품으로 바뀐다면 회사의 이익은 얼마나 증가하겠는가?

【물음 3】 절단공정의 작업폐물이 나오는 비율을 5%에서 3%로 개선할 수 있는 방안이 있는 데 이를 수행하기 위해서는 ₩220,000의 비용이 든다. 이 방안을 수행하겠는가?

【물음 4】 외부에서 5,000개를 ₩1,000에 절단작업하여 염색공정에 공급하겠다고 한다. 이는 회사의 절단공정에서 만든 중간재와 품질차이가 없다고 가정한다. 이를 수락하겠는가?

해답

[물음 1] 작업폐물의 원가계산

(1) 절단공정 : ₩550+₩3,000,000/(9,500개+500개)=₩850

(2) 염색공정 : ₩850(전공정원가)+₩120+₩475,000/(8,550개+950개)=₩1,020

17

[물음 2] 재료처리량 공헌이익 계산

(1) 절단공정의 투입물 단위당 재료처리량 공헌이익 증가액

Ⅰ. 증분수익 : ₩1,300×95%×90%=	₩1,111.5
Ⅱ. 증분비용 : ₩550+₩120×95%=	664
Ⅲ. 증분이익	₩447.5

(2) 절단공정의 합격품 단위당 재료처리량 공헌이익 증가액

Ⅰ. 증분수익 : ₩1,300×90%=	₩1,170
Ⅱ. 증분비용 :	120
Ⅲ. 증분이익	₩1,050

(3) 염색공정의 합격품 단위당 재료처리량 공헌이익 증가액

Ⅰ. 증분수익	₩1,300
Ⅱ. 증분비용	0
Ⅲ. 증분이익	₩1,300

[물음 3] 제약공정의 개선

절단공정의 개선방안을 수행하는 경우에 증분이익은 다음과 같다.

Ⅰ. 증분수익 :	10,000단위×(5%−3%)×90%×₩1,300= 공손감소량	₩234,000
Ⅱ. 증분비용		
개선비용		220,000
염색공정 추가가공원가 :	10,000단위×(5%−3%)×₩120=	24,000
Ⅲ. 증분이익		₩(10,000)

따라서 절단공정의 개선방안을 수행하는 경우에 이익이 ₩10,000만큼 감소하므로 공정개선방안을 실행하지 않는 것이 유리하다.

별해

절단공정에서 작업폐물 1단위가 합격품 1단위로 바뀔 때의 쓰루풋이 ₩1,050이므로 작업폐물의 비율이 2% 감소된다면 200단위가 합격품이 되므로 다음과 같이 계산할 수 있다.

Ⅰ. 증분수익 : 200단위×₩1,050=	₩210,000
Ⅱ. 증분비용	
공정개선비용	220,000
Ⅲ. 증분이익	₩(10,000)

[물음 4] 제약공정과 외부 추가구입

외부에서 추가구입하는 경우에 증분이익이 다음과 같다.

Ⅰ. 증분수익 :	5,000개×₩1,300×90%=	₩5,850,000
Ⅱ. 증분비용		
염색공정 추가가공원가 :	5,000개×₩120=	600,000
외부구입비용 :	5,000개×₩1,000=	5,000,000
Ⅲ. 증분이익		₩250,000

별해

이 문제도 접근방법은 [물음 3]과 동일하다. 즉, 절단공정(혹은 동일한 작업을 외부에서 구입)을 거쳐서 염색공정에 투입될 시점의 예상 재료처리량 공헌이익 증가액과 추가발생비용을 비교하여 의사결정 한다.

Ⅰ. 증분수익 :	5,000단위×₩1,050=	₩5,250,000
Ⅱ. 증분비용 :	5,000단위×₩1,000=	5,000,000
Ⅲ. 증분이익		₩250,000

17

부 록

원가관리회계

Cost & Management Accounting

♣ 참고문헌

- Horngern, C.T., Data, S.M., & Rajan, M.V., Cost accounting, 16th Ed., Pearson, 2015.
- Horngern, C.T., Sundem, G.L., & Stratton, W.O., Management accounting, 16th Ed., Pearson, 2005.
- Atkinson, A.A., Kaplan R.S., & Young, S.M, Management accounting, 4th Ed., Pearson, 2012.
- Kaplan R.S., & Atkinson, A., Advanced Management accounting, 3th Ed., Prentice Hall, 1998.
- Zimmerman J.L., Accounting for decision making and control, 9th Ed., Mcgraw Hill, 2017.
- Hansen, D.R., & Mowen, M.M., Cost Management, 6th Ed., Thomson, 2009.
- Hansen, D.R., & Mowen, M.M., Managerial Accounting, 9th Ed., Thomson, 2013.
- Hilton, R.W., Managerial Accounting, 11th Ed., Mcgraw Hill, 2008.
- Hilton, R.W., & Maher, M.W., & Selto, F.H., Cost Management, 3th Ed., Mcgraw Hill, 2006.
- Garrison, R.H., & Noreen, E.W., Managerial Accounting, 16th Ed., Mcgraw Hill, 2017.
- Blcher, E.J., Chen, K.H., Cokims, G. & Lin, T.W., Cost Management, 7th Ed., Mcgraw Hill, 2015.
- Morse, W.J., Davis, J.R., & Hartgraves, A.L., Management Accounting, 2th Ed., South-Western, 2000.
- 정명환, 관리회계, 학현사, 2005.
- 신홍철, 관리회계, 경문사, 2006.
- 김학범, 전략적 원가관리, 도서출판 대명, 2004.
- 안일준, 유희경, 관리회계원론, 형설출판사, 2004.
- 김순기, 이남주, 황국재, 관리회계, 7판, 홍문사, 2014.
- 이창우, 고종권, 전규안, 원가관리회계, 개정판, 박영사, 2002.
- 임정규, 21세기 첨단 원가관리회계, 성균관대학교 출판부, 2002.
- 유관희, 전략경영을 위한 원가관리회계, 박영사, 2000.
- 박이봉, 전략관리회계론, 도서출판 대명, 2005.
- 김학범, 김윤태, 장진형 관리회계, 신영사, 2014.

[부표 1] 현재가치계수($PVIF$)

$$PVIF = \frac{1}{(1+r)^n}$$

기간/이자율 (n) (r)	2%	$2^1/_2$%	3%	4%	5%	6%	7%	8%	9%	10%
1	.98039	.97561	.97087	.96154	.95238	.94340	.93458	.92593	.91743	.90909
2	.96117	.95181	.94260	.92456	.90703	.89000	.87344	.85734	.84168	.82645
3	.94232	.92860	.91514	.88900	.86384	.83962	.81630	.79383	.77218	.75131
4	.92385	.90595	.88849	.85480	.82270	.79209	.76290	.73503	.70843	.68301
5	.90573	.88385	.86261	.82193	.78353	.74726	.71299	.68058	.64993	.62092
6	.88797	.86230	.83748	.79031	.74622	.70496	.66634	.63017	.59627	.56447
7	.87056	.84127	.81309	.75992	.71068	.66506	.62275	.58349	.54703	.51316
8	.85349	.82075	.78941	.73069	.67684	.62741	.58201	.54027	.50187	.46651
9	.83676	.80073	.76642	.70259	.64461	.59190	.54393	.50025	.46043	.42410
10	.82035	.78120	.74409	.67556	.61391	.55839	.50835	.46319	.42241	.38554
11	.80426	.76214	.72242	.64958	.58468	.52679	.47509	.42888	.38753	.35049
12	.78849	.74356	.70138	.62460	.55684	.49697	.44401	.39711	.35553	.31863
13	.77303	.72542	.68095	.60057	.53032	.46884	.41496	.36770	.32618	.28966
14	.75788	.70773	.66112	.57748	.50507	.44230	.38782	.34046	.29925	.26333
15	.74301	.69047	.64186	.55526	.48102	.41727	.36245	.31524	.27454	.23939
16	.72845	.67362	.62317	.53391	.45811	.39365	.33873	.29189	.25187	.21763
17	.71416	.65720	.60502	.51337	.43630	.37136	.31657	.27027	.23107	.19784
18	.70016	.64117	.58739	.49363	.41552	.35034	.29586	.25025	.21199	.17986
19	.68643	.62553	.57029	.47464	.39573	.33051	.27651	.23171	.19449	.16351
20	.67297	.61027	.55368	.45639	.37689	.31180	.25842	.21455	.17843	.14864
21	.65978	.59539	.53755	.43883	.35894	.29416	.24151	.19866	.16370	.13513
22	.64684	.58086	.52189	.42196	.34185	.27751	.22571	.18394	.15018	.12285
23	.63416	.56670	.50669	.40573	.32557	.26180	.21095	.17032	.13778	.11168
24	.62172	.55288	.49193	.39012	.31007	.24698	.19715	.15770	.12640	.10153
25	.60953	.53939	.47761	.37512	.29530	.23300	.18425	.14602	.11597	.09230

기간/이자율 (n) (r)	11%	12%	14%	15%	16%	18%	20%	22%	24%	25%
1	.90090	.89286	.87719	.86957	.86207	.84746	.83333	.81967	.80645	.80000
2	.81162	.79719	.76947	.75614	.74316	.71818	.69444	.67186	.65036	.64000
3	.73119	.71178	.67497	.65752	.64066	.60863	.57870	.55071	.52449	.51200
4	.65873	.63552	.59208	.57175	.55229	.51579	.48225	.45140	.42297	.40960
5	.59345	.56743	.51937	.49718	.47611	.43711	.40188	.37000	.34111	.32768
6	.53464	.50663	.45559	.43233	.41044	.37043	.33490	.30328	.27509	.26214
7	.48166	.45235	.39964	.37594	.35383	.31393	.27908	.24859	.22184	.20972
8	.43393	.40388	.35056	.32690	.30503	.26604	.23257	.20376	.17891	.16777
9	.39092	.36061	.30751	.28426	.26265	.22546	.19381	.16702	.14428	.13422
10	.35218	.32197	.26974	.24718	.22668	.19106	.16151	.13690	.11635	.10737
11	.31728	.28748	.23662	.21494	.19542	.16192	.13459	.11221	.09389	.08590
12	.28584	.25668	.20756	.18691	.16846	.13722	.11216	.09198	.07567	.06872
13	.25751	.22917	.18027	.16253	.14523	.11629	.09346	.07539	.06103	.05498
14	.23199	.20462	.15971	.14133	.12520	.09855	.07789	.06180	.04921	.04398
15	.20900	.18270	.14010	.12289	.10793	.08352	.06491	.05065	.03969	.03518
16	.18829	.16312	.12289	.10686	.09304	.07078	.05409	.04152	.03201	.02815
17	.16963	.14564	.10780	.09293	.08021	.05998	.04507	.03403	.02581	.02252
18	.15282	.13004	.09456	.08081	.06914	.05083	.03756	.02789	.02082	.01801
19	.13768	.11611	.08295	.07027	.05961	.04308	.03130	.02286	.01679	.01441
20	.12403	.10367	.07276	.06110	.05139	.03651	.02608	.01874	.01354	.01153
21	.11174	.09256	.06383	.05313	.04430	.03094	.02174	.01536	.01092	.00922
22	.10067	.08264	.05599	.04620	.03819	.02622	.01811	.01259	.00880	.00738
23	.09069	.07379	.04911	.04017	.03292	.02222	.01509	.01032	.00710	.00590
24	.08170	.06588	.04308	.03493	.02838	.01883	.01258	.00846	.00573	.00472
25	.07361	.05882	.03779	.03038	.02447	.01596	.01048	.00693	.00462	.00378

[부표 2] 연금의 현재가치계수($PVIF$)

$$PVIFA = \frac{(1+r)^n - 1}{r(1+r)^n}$$

기간/이자율 (n) (r)	2%	$2^1/_2$%	3%	4%	5%	6%	7%	8%	9%	10%
1	.98039	.97561	.97087	.96154	.95238	.94340	.93458	.92593	.91743	.90909
2	1.94156	1.92742	1.91347	1.88609	1.85941	1.83339	1.80802	1.78326	1.75911	1.73554
3	2.88388	2.85602	2.82861	2.77509	2.72325	2.67301	2.62432	2.57710	2.53129	2.48685
4	3.80773	3.76197	3.71710	3.62990	3.54595	3.46511	3.38721	3.31213	3.23972	3.16987
5	4.71346	4.64583	4.57971	4.45182	4.32948	4.21236	4.10020	3.99271	3.88965	3.79079
6	5.60143	5.50813	5.41719	5.24214	5.07569	4.91732	4.76654	4.62288	4.48592	4.35526
7	6.47199	6.34939	6.23028	6.00205	5.78637	5.58238	5.38929	5.20637	5.03295	4.86842
8	7.32548	7.17014	7.01969	6.73274	6.46321	6.20979	5.97130	5.74664	5.53482	5.33493
9	8.16224	7.97087	7.78611	7.43533	7.10782	6.80169	6.51523	6.24689	5.99525	5.75902
10	8.98259	8.75206	8.53020	8.11090	7.72173	7.36009	7.02358	6.71008	6.41766	6.14457
11	9.78685	9.51421	9.25262	8.76048	8.30641	7.88687	7.49867	7.13896	6.80519	6.49506
12	10.57534	10.25776	9.95400	9.38507	8.86325	8.38384	7.94269	7.53608	7.16073	6.81369
13	11.34837	10.98316	10.63496	9.98565	9.39357	8.85268	8.35765	7.90378	7.48690	7.10336
14	12.10625	11.69091	11.29607	10.56312	9.89864	9.29498	8.74547	8.24424	7.78615	7.36669
15	12.84926	12.38138	11.93794	11.11839	10.37966	9.71225	9.10791	8.55948	8.06069	7.60608
16	13.57771	13.05500	12.56110	11.65230	10.83777	10.10590	9.44665	8.85137	8.31256	7.82371
17	14.29187	13.71220	13.16612	12.16567	11.27407	10.47726	9.76322	9.12164	8.56363	8.02155
18	14.99203	14.35336	13.75351	12.65930	11.68959	10.82760	10.05909	9.37189	8.75563	8.20141
19	15.67846	14.97889	14.32380	13.13394	12.08532	11.15812	10.33560	9.60360	8.95011	8.36492
20	16.35143	15.58916	14.87747	13.59033	12.46221	11.46992	10.59401	9.81815	9.12855	8.51356
21	17.01121	16.18455	15.41502	14.02916	12.82115	11.76408	10.83553	10.01680	9.29224	8.64869
22	17.65805	16.76541	15.93692	14.45112	13.16300	12.04158	11.06124	10.20074	9.44243	8.77154
23	18.29220	17.33211	16.44361	14.85684	13.48857	12.30338	11.27219	10.37106	9.58021	8.88322
24	18.91393	17.88499	16.93554	15.24696	13.79864	12.55036	11.46933	10.52876	9.70661	8.98474
25	19.52346	18.42438	17.41315	15.62208	14.09394	12.78336	11.65358	10.67478	9.82258	9.07704

기간/이자율 (n) (r)	11%	12%	14%	15%	16%	18%	20%	22%	24%	25%
1	.90090	.89286	.87719	.86957	.86207	.84746	.83333	.81967	.80645	.80000
2	1.71252	1.69005	1.64666	1.62571	1.60523	1.56564	1.52778	1.49153	1.45682	1.44000
3	2.44371	2.40183	2.32163	2.28323	2.24589	2.17427	2.10648	2.04224	1.98130	1.95200
4	3.10245	3.03735	2.91371	2.85498	2.79818	2.69006	2.58873	2.49364	2.40428	2.36160
5	3.69590	3.60478	3.43308	3.35216	3.27429	3.12717	2.99061	2.86364	2.74538	2.68928
6	4.23054	4.11141	3.88867	3.78448	3.68474	3.49760	3.32551	3.16692	3.02047	2.95142
7	4.71220	4.56376	4.28830	4.16042	4.03857	3.81153	3.60459	3.41551	3.24232	3.16114
8	5.14612	4.96764	4.63886	4.48732	4.34359	4.07757	3.83716	3.61927	3.42122	3.32891
9	5.53705	5.32825	4.94637	4.77158	4.60654	4.30302	4.03097	3.78628	3.56550	3.46313
10	5.88923	5.65022	5.21612	5.01877	4.83323	4.49409	4.19247	3.92318	3.68186	3.57050
11	6.20652	5.93770	5.45273	5.23371	5.02864	4.65601	4.32706	4.03540	3.77569	3.65640
12	6.49236	6.19437	5.66029	5.42062	5.19711	4.79322	4.43922	4.12737	3.85136	3.72512
13	6.74987	6.42355	5.84236	5.58315	5.34233	4.90951	4.53268	4.20277	3.91239	3.78010
14	6.98187	6.62817	6.00207	5.72448	5.46753	5.00806	4.61057	4.26456	3.96160	3.82408
15	7.19087	6.81086	6.14217	5.84737	5.57546	5.09158	4.67547	4.31522	4.00129	3.85926
16	7.37916	6.97399	6.26506	5.95423	5.66850	5.16235	6.72956	4.35673	4.03330	3.88741
17	7.54879	7.11963	6.37286	6.04716	5.74870	5.22233	4.77463	4.39077	4.05911	3.90993
18	7.70162	7.24967	6.46742	6.12797	5.81785	5.27316	4.81219	4.41866	4.07993	3.92794
19	7.83929	7.36578	6.55037	6.19823	5.87746	5.31624	4.84350	4.44152	4.09672	3.94235
20	7.96333	7.46944	6.62313	6.25933	5.92884	5.35275	4.86958	4.46027	4.11026	3.95388
21	8.07507	7.56200	6.68696	6.31246	5.97314	5.38368	4.89132	4.47563	4.12117	3.96311
22	8.17574	7.64465	6.74294	6.35866	6.01133	5.40990	4.90943	4.48822	4.12998	3.97049
23	8.26643	7.71843	6.79206	6.39884	6.04425	5.43212	4.92453	4.49854	4.13708	3.97639
24	8.34814	7.78432	6.79206	6.43377	6.07263	5.45095	4.93710	4.50700	4.14281	3.98111
25	8.42174	7.84314	6.87293	6.46415	6.09709	5.46691	4.94759	4.51393	4.14742	3.98489

[부표 3] 표준정규분포표(0에서 Z까지의 누적확률)

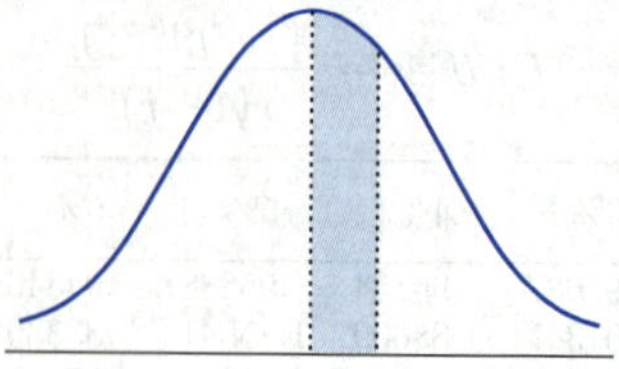

Z	.00	.01	.02	.03	.04	.05	.06	.07	.08	.09
0.0	.0000	.0040	.0080	.0120	.0160	.0199	.0239	.0279	.0319	.0359
0.1	.0398	.0438	.0479	.0517	.0596	.0596	.0636	.0675	.0714	.0753
0.2	.0793	.0832	.0871	.0910	.0987	.0987	.1026	.1064	.1103	.1141
0.3	.1179	.1217	.1255	.1293	.1368	.1368	.1406	.1443	.1480	.1517
0.4	.1554	.1591	.1628	.1664	.1736	.1736	.1772	.1808	.1844	.1879
0.5	.1915	.1950	.1985	.2019	.2054	.2088	.2123	.2157	.2190	.2224
0.6	.2257	.2291	.2324	.2357	.2389	.2422	.2454	.2486	.2517	.2549
0.7	.2580	.2611	.2642	.2673	.2704	.2734	.2764	.2794	.2823	.2852
0.8	.2881	.2910	.2939	.2967	.2995	.3023	.3051	.3078	.3106	.3133
0.9	.3159	.3186	.3212	.3238	.3264	.3289	.3315	.3340	.3365	.3389
1.0	.3413	.3438	.3461	.3485	.3508	.3531	.3554	.3577	.3599	.3621
1.1	.3643	.3665	.3686	.3708	.3729	.3749	.3770	.3790	.3810	.3830
1.2	.3849	.3869	.3888	.3907	.3925	.3944	.3962	.3980	.3997	.4015
1.3	.4032	.4049	.4066	.4082	.4099	.4115	.4131	.4147	.4162	.4177
1.4	.4192	.4207	.4222	.4236	.4251	.4265	.4279	.4292	.4306	.4319
1.5	.4332	.4345	.4357	.4370	.4382	.4394	.4406	.4418	.4429	.4441
1.6	.4452	.4463	.4474	.4484	.4495	.4505	.4515	.4525	.4535	.4545
1.7	.4554	.4564	.4573	.4582	.4591	.4599	.4608	.4616	.4625	.4633
1.8	.4641	.4649	.4656	.4664	.4671	.4678	.4686	.4693	.4699	.4706
1.9	.4713	.4719	.4726	.4732	.4738	.4744	.4750	.4756	.4761	.4767
2.0	.4772	.4778	.4783	.4788	.4793	.4798	.4803	.4808	.4812	.4817
2.1	.4821	.4826	.4830	.4834	.4838	.4842	.4846	.4850	.4854	.4857
2.2	.4861	.4864	.4868	.4871	.4875	.4878	.4881	.4884	.4887	.4890
2.3	.4893	.4896	.4898	.4901	.4904	.4906	.4909	.4911	.4913	.4916
2.4	.4918	.4920	.4922	.4925	.4927	.4929	.4931	.4932	.4934	.4936
2.5	.4938	.4949	.4941	.4943	.4945	.4746	.4948	.4949	.4951	.4952
2.6	.4953	.4955	.4956	.4957	.4959	.4960	.4961	.4962	.4963	.4964
2.7	.4965	.4966	.4967	.4968	.4969	.4970	.4971	.4972	.4973	.4974
2.8	.4974	.4975	.4976	.4977	.4977	.4978	.4979	.4980	.4980	.4981
2.9	.4981	.4982	.4982	.4983	.4984	.4984	.4985	.4985	.4986	.4986
3.0	.4987	.4987	.4987	.4988	.4988	.4988	.4989	.4989	.4990	.4990
3.1	.4990	.4991	.4991	.4991	.4991	.4992	.4992	.4992	.4993	.4993
3.2	.4993	.4993	.4994	.4994	.4994	.4994	.4994	.4995	.4995	.4995
3.3	.4995	.4995	.4995	.4996	.4996	.4996	.4996	.4996	.4996	.4997
3.6	.4998	.4998	.4999	.4999	.4999	.4999	.4999	.4999	.4999	.4999
3.9	.5000									

[부표 4] 누적정규분포표

$$F(z)=\int_{-\infty}^{z}\frac{1}{\sqrt{2\pi}}e^{-\frac{1}{2}dz}$$

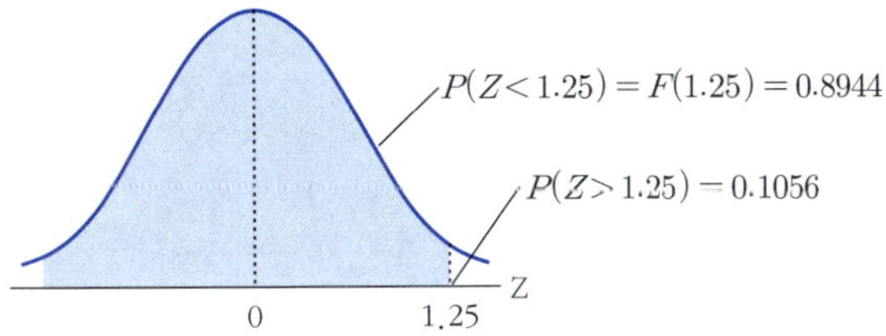

Z	.00	.01	.02	.03	.04	.05	.06	.07	.08	.09
0.0	.5000	.5040	.5080	.5120	.5160	.5199	.5239	.5279	.5319	.5359
0.1	.5398	.5438	.5478	.5517	.5557	.5596	.5636	.5675	.5714	.5753
0.2	.5793	.5832	.5871	.5910	.5948	.5987	.6026	.6064	.6103	.6141
0.3	.6179	.6217	.6255	.6293	.6331	.6368	.6406	.6443	.6480	.6517
0.4	.6554	.6591	.6628	.6664	.6700	.6736	.6772	.6808	.6844	.6879
0.5	.6915	.6950	.6985	.7019	.7054	.7088	.7123	.7157	.7190	.7224
0.6	.7257	.7291	.7324	.7357	.7389	.7422	.7454	.7486	.7517	.7549
0.7	.7580	.7611	.7642	.7673	.7704	.7734	.7764	.7794	.7823	.7852
0.8	.7881	.7910	.7939	.7967	.7995	.8023	.8051	.8078	.8106	.8133
0.9	.8159	.8186	.8212	.8238	.8264	.8289	.8315	.8340	.8365	.8389
1.0	.8413	.8438	.8461	.8485	.8508	.8531	.8554	.8577	.8599	.8621
1.1	.8643	.8665	.8686	.8708	.8729	.8749	.8770	.8790	.8810	.8830
1.2	.8849	.8869	.8888	.8907	.8925	.8944	.8962	.8980	.8997	.9015
1.3	.9032	.9049	.9066	.9082	.9099	.9115	.9131	.9147	.9162	.9177
1.4	.9192	.9207	.9222	.9236	.9251	.9265	.9279	.9292	.9306	.9319
1.5	.9332	.9345	.9357	.9370	.9382	.9394	.9406	.9418	.9429	.9441
1.6	.9452	.9463	.9474	.9484	.9495	.9505	.9515	.9525	.9535	.9545
1.7	.9554	.9564	.9573	.9582	.9591	.9599	.9608	.9616	.9625	.9633
1.8	.9641	.9649	.9656	.9664	.9671	.9678	.9686	.9693	.9699	.9706
1.9	.9713	.9719	.9726	.9732	.9738	.9744	.9750	.9756	.9761	.9767
2.0	.9772	.9778	.9783	.9788	.9793	.9798	.9803	.9808	.9812	.9817
2.1	.9821	.9826	.9830	.9834	.9838	.9842	.9846	.9850	.9854	.9857
2.2	.9861	.9864	.9868	.9871	.9875	.9878	.9881	.9884	.9887	.9890
2.3	.9893	.9896	.9898	.9901	.9904	.9906	.9909	.9911	.9913	.9916
2.4	.9918	.9920	.9922	.9925	.9927	.9929	.9931	.9932	.9934	.9936
2.5	.9938	.9940	.9941	.9943	.9945	.9946	.9948	.9949	.9951	.9952
2.6	.9953	.9955	.9956	.9957	.9959	.9960	.9961	.9962	.9963	.9964
2.7	.9965	.9966	.9967	.9968	.9969	.9970	.9971	.9972	.9973	.9974
2.8	.9974	.9975	.9976	.9977	.9977	.9978	.9979	.9979	.9980	.9981
2.9	.9981	.9982	.9982	.9983	.9984	.9984	.9985	.9985	.9986	.9986
3.0	.9987	.9987	.9987	.9988	.9988	.9989	.9989	.9989	.9990	.9990
3.1	.9990	.9991	.9991	.9991	.9992	.9992	.9992	.9992	.9993	.9993
3.2	.9993	.9993	.9994	.9994	.9994	.9994	.9994	.9995	.9995	.9995
3.3	.9995	.9995	.9995	.9996	.9996	.9996	.9996	.9996	.9996	.9997
3.4	.9997	.9997	.9997	.9997	.9997	.9997	.9997	.9997	.9997	.9998